Klaus Merten · Siegfried J. Schmidt
Siegfried Weischenberg (Hrsg.)

Die Wirklichkeit der Medien

Klaus Merten · Siegfried J. Schmidt
Siegfried Weischenberg (Hrsg.)

Die Wirklichkeit der Medien

Eine Einführung in die Kommunikationswissenschaft

Westdeutscher Verlag

Durchgesehener Nachdruck der 1. Auflage 1994

Umschlaggestaltung: Horst Dieter Bürkle, Darmstadt
Umschlagbild: Sam Francis, Untitled. © VG Bild-Kunst, Bonn 1994
Druck und buchbinderische Verarbeitung: Lengericher Handelsdruckerei, Lengerich
Gedruckt auf säurefreiem Papier
Printed in Germany

ISBN 3-531-12327-0

Inhalt

Vorbemerkung der Herausgeber

Handbücher und Einführungen sind in den Wissenschaften lange Zeit als Kompendien gesicherten Fachwissens angesehen worden, die den – für veränderungsresistent angesehenen – Grundstock an Erkenntnissen und Verfahren einer Disziplin versammeln.

In einer Zeit extremer Spezialisierung und Pluralisierung ist diese Auffassung nicht mehr vertretbar. Es gibt, und zwar nicht nur im Bereich der Geistes- und Sozialwissenschaften, heute kaum eine Disziplin, in der nicht Kontroversen bis hinein in die wissenschafts- und objekttheoretischen Grundüberzeugungen ausgetragen werden. Man mag das als Krisensymptom beklagen oder mit postmodernem Lob des Widerstreits begrüssen: Pluralität ist zur Grundverfassung des Sozialsystems „Wissenschaft" geworden, und das einst naive Vertrauen in die Wahrheitsproduktion „der Wissenschaft" ist längst differenzierter Skepsis gewichen; auch wissenschaftlich gewonnenes Wissen kann – darin sind sich kritische Rationalisten wie Konstruktivisten einig – heute bestenfalls den Status der „Gültigkeit beim heutigen Kenntnisstand" beanspruchen.

Warum aber, so wird man zu Recht fragen, müht man sich dann noch ab mit Einführungen oder Handbüchern, zumal in einem Feld wie der Kommunikationswissenschaft, die es als wohldefinierte Disziplin offenbar (noch?) nicht gibt? Weil, so könnte eine Antwort lauten, heute zwar nicht mehr objektiv gesicherte Wissensbestände für den Diskurs von Kommunikationswissenschaftlern repräsentativ sind, wohl aber die Problembestände, mit denen eine wissenschaftliche Beschäftigung mit Kommunikation und Medien konfrontiert ist. Wie immer auch solche Probleme formuliert und gewichtet werden – um eine zentrale Frage wird heute kein(e) KommunikationswissenschaftlerIn herumkommen: Wie steht es mit „der Wirklichkeit der Medien"?

Bewußt ist dieses Problem doppeldeutig formuliert. Die Medien sind in allen modernen Gesellschaften zu einem mental wie wirtschaftlich und politisch entscheidenden Faktum, zu einem Wirklichkeitsgenerator *sui generis* geworden. Medien entfalten öffentliche wie private Kommunikation, und umgekehrt führt diese Entfaltung der Kommunikation zur Entwicklung neuer Medien. Vom *agenda setting* bis hin zur Produktion von Prominenz beeinflussen Medien heute die öffentliche Meinung, unser Welt-Bild – ob aus Frauen- oder aus Männerperspektive.

Damit kommen wir zur zweiten Bedeutung des Titels unserer Einführung: Stellen Medien die *Wirklichkeit dar* oder stellen sie *Wirklichkeiten her*? Informieren uns die Medien objektiv, wie noch heute viele Journalisten und Journalistinnen behaupten, oder inszenieren sie durch Auswahl und Präsentationsformen gerade das, was die meisten von uns für wirklich halten, obwohl wir es weder erfahren haben noch überprüfen können?

Daß bei der Diskussion dieser Probleme historische Aspekte oft zu kurz kommen, ist symptomatisch für unser Vertrauen in die Macht des Wortes und in die Verläßlichkeit der Bilder. Ist aber aus den Bildern der Wirklichkeit nicht schon längst – und nicht nur in Computersimulationen – die Wirklichkeit der Bilder geworden, die sich einer hochentwickelten Technik und der ökonomisch bestimmten Arbeit eines komplexen journalistischen Systems verdanken?

Und wie steht es mit der Wirkung, die die Massenmedien heute auf Kinder, Jugendliche und Erwachsene ausüben? Sind die Medien zur eigentlichen Schule der Nation geworden, oder verkommt das Fernsehen, wie viele Kritiker behaupten, zur bloßen Sex- and Crime-Show?

Die Themen, die in dieser Einführung behandelt werden, decken keineswegs den Diskussionsstand „der" Kommunikationswissenschaften ab. Sie perspektivieren vielmehr den kommunikationswissenschaftlichen Diskurs unter mehreren Aspekten, wobei der Blick bewußt von außen (interdisziplinär) auf diesen Diskurs gerichtet wird.

Mit diesem Buch setzen die in Münster ansässigen Herausgeber in gewisser Weise eine Tradition des Konstruktivismus fort, die mit dem Wirken des Gestaltpsychologen Wolfgang Metzger vor fünfzig Jahren in Münster begonnen hatte.

Zu danken haben wir vielen. Allen voran Jochen Greven, der den Mut hatte, eine konstruktivistische Einführung in die Kommunikationswissenschaften im Rahmen eines Funkkollegs „Medien und Kommunikation" zu planen und gegen mancherlei Widerstände durchzusetzen. Sandra Caviola, Petra Gansen und Martin Löffelholz besorgten die Redaktion des Buches. Ihnen schulden wir mehr als Dank für zahlreiche Hinweise und Verbesserungsvorschläge sowie für ihre heftig strapazierte Geduld im Umgang mit immer neuen Umarbeitungen und Korrekturen. Uwe Rutenfranz schließlich erstellte aus oft ungenießbaren Vorlagen lesbare Tabellen und verständliche Graphiken und besorgte mit professionellem Engagement das gesamte Layout.

Ihren Zweck erfüllt diese Einführung dann, wenn ihre BenutzerInnen bei der Lektüre lernen, Fallstricke zu erkennen: bei der Kommunikation über Kommunikation, beim Verstehen des Verstehens, beim Beobachten des Beobachtens, wenn sie erkennen, wie sehr uns Metaphern und Bilder in ihren Bann schlagen. Wie man sehen lernt, was man beim Sehen nicht sieht – auch und gerade bei einer Einführung in die Kommunikationswissenschaft im Medium Buch.

Münster, den 20.11.93   K. Merten   S.J. Schmidt   S. Weischenberg

I. Grundlagen der Medienkommunikation

SIEGFRIED J. SCHMIDT

Die Wirklichkeit des Beobachters

> *„Wirklichkeit ist eines der wenigen*
> *Worte, die ohne Anführungszeichen*
> *bedeutungslos sind."*
> (V. Nabokov)

Vorbemerkung

Immer wenn Medienskandale die Öffentlichkeit beschäftigen – sei es das Gladbecker Geiseldrama, die Barschel-Affäre oder der Golfkrieg –, wird auch einem breiten Publikum bewußt, daß die Sicherheit der Fakten prekär ist. Was ist Wirklichkeit, was Lüge oder Fiktion? Wer sagt die Wahrheit, wer verschleiert sie? Transportieren Fernsehbilder Abbilder der Wirklichkeit in unsere Wohnzimmer oder inszenieren sie Wirklichkeit(en)? Welche Rolle spielen Reporter und Journalisten als „Beobachter der Wirklichkeit", welche Funktion kommt Beobachtungsinstrumenten wie Fotoapparat und Fernsehkamera zu?

Fragen nach der Wirklichkeit und ihrer verläßlichen Erkennbarkeit sind aber keineswegs Produkte des Medienzeitalters. „Die Wirklichkeit" war, wie es Gottfried Benn in den 20er Jahren einmal formulierte, schon seit den griechischen Philosophen „Europas dämonischer Begriff". So ist es nur konsequent, daß auch ein Handbuch über Medien und Kommunikation mit der Frage nach der Wirklichkeit und der Rolle des Beobachters beginnt. Vorgestellt wird dabei ein Diskurs über diese Themen, der seit Jahren prononciert kontra-intuitive Auffassungen vertritt und entsprechend heftige Reaktionen herausgefordert hat: der Diskurs des sogenannten Radikalen Konstruktivismus.

1. Was ist Konstruktivismus – was heißt Konstruktivismus?

Versuche, kohärent darzustellen, was der Radikale Konstruktivismus ist (vgl. von Glasersfeld 1992), ebenso wie Versuche, den Radikalen Konstruktivismus zu kritisieren (vgl. Nüse et al. 1991), stoßen bald an eine

Grenze: der Konstruktivismus ist kein einheitliches Theoriegebäude[1], das von einer homogenen Gruppe von Forschern entwickelt worden ist und bereits in lehrbuchhafter Form vorliegt. Vielmehr handelt es sich eher um einen Diskurs, in dem viele Stimmen aus ganz unterschiedlichen Disziplinen zu hören sind.

Peter Janich hat zu diesem Problem zu Recht angemerkt, „[...] daß die Zusammenfassung von Forschern zu Schulen oder Gruppen immer eine zweifache Simplifizierung darstellt: jeder Forscher hat in der Regel seinen eigenen Kopf, und dieser durchläuft auch noch eine lebenslange Entwicklung" (Janich 1992: 24 f.). Außerdem gibt es – zur Verwirrung jedes Beobachters – ganz unterschiedliche „Konstruktivismen": den Sozialkonstruktivismus von Berger/Luckmann, den Kognitionstheoretischen Konstruktivismus, den Empirischen Konstruktivismus, den Kognitiven Konstruktivismus, den Erlanger Konstruktivismus, den Radikalen Konstruktivismus usw. – von Konstruktivismen in der Kunstgeschichte und Mathematik einmal ganz abgesehen (vgl. u.a. Zitterbarth 1991, Knorr-Cetina 1989, Janich 1992).

Was also können oder sollten Beobachter sinnvollerweise ‚Konstruktivismus' nennen?[2] Eine mögliche Antwort liefert ein Blick auf die Liste der Themen, die im ‚konstruktivistisch' genannten Diskurs bis heute vorherrschen: Beobachten und Unterscheiden, Selbstorganisation und Selbstreferenz, Autonomie und Regelung, organisationelle Geschlossenheit und Strukturdeterminiertheit, Umwelt und System. Diese Themen verweisen auf die vielfachen Wurzeln konstruktivistischer Theoriebildung: auf die empirische(n) Kognitionstheorie(n) (vgl. u.a. Maturana 1985, Roth 1992); auf Heinz von Foersters Kybernetik zweiter Ordnung (vgl. von Foerster 1993); auf Ernst von Glasersfelds Radikalen Konstruktivismus im Anschluß an Jean Piaget (vgl. von Glasersfeld 1987); auf Peter M. Hejls konstruktivistische Systemtheorie (vgl. Hejl 1982) sowie auf differenzlogische Entwürfe von Gotthard Günther (vgl. Günther 1976 ff.) und George Spencer Brown (vgl. Spencer Brown 1972), die vor allem Niklas Luhmann (vgl. Luhmann 1984, 1990 f., 1990b) (wieder) in die Diskussion gebracht hat.

In einer ersten groben Einteilung kann man drei Arten von Zugangsweisen zu grundsätzlichen konstruktivistischen Hypothesen voneinander unterscheiden: biologisch-neurowissenschaftliche in der Tradition Maturanas, Varelas und Roths; kybernetische im Gefolge von Foersters; philosophisch-soziologische auf der Linie Luhmanns sowie Zugangsweisen zu konstruktivistischen Hypothesen über eine neue Lektüre philosophischer und psychologischer Traditionen (so etwa bei von Glasersfeld).

---

1 Die Neigung mancher Konstruktivisten, schon ein „neues Paradigma" zu unterstellen (so auch Schmidt 1987b), muß gelinde gesagt als voreilig kritisiert werden.

2 Die Bezeichnung ‚Radikaler Konstruktivismus' hat Ernst von Glasersfeld in die Diskussion eingeführt. Zu Gründen und Hintergründen dieser Terminologie vgl. Rusch 1987b.

Alle Zugangsweisen kommen in einem grundlegenden Punkt zu demselben Ergebnis: Es empfiehlt sich, in erkenntnistheoretischen Diskussionen von Was-Fragen auf Wie-Fragen umzustellen; denn wenn wir in einer Wirklichkeit leben, die durch unsere kognitiven und sozialen Aktivitäten definiert wird, ist es ratsam, von Operationen und deren Bedingungen auszugehen statt von Objekten oder von „der Natur".

Bei der kritischen Diskussion konstruktivistischer Theorien taucht immer wieder ein Mißverständnis auf, das durch die umgangssprachliche Verwendung von ‚Konstruktion' nahegelegt wird. Umgangssprachlich bezeichnet man planvolle, intentionale Herstellungen von etwas als Konstruktion. Ganz im Gegensatz dazu benutzen Konstruktivisten dieses Wort, um Prozesse zu bezeichnen, in deren Verlauf Wirklichkeitsentwürfe sich herausbilden, und zwar keineswegs willkürlich, sondern gemäß den biologischen, kognitiven und soziokulturellen Bedingungen, denen sozialisierte Individuen in ihrer sozialen und natürlichen Umwelt unterworfen sind. Über viele dieser Bedingungen kann ein Individuum überhaupt nicht verfügen. Schon deshalb wäre es sinnlos, Wirklichkeitskonstruktion als planvollen und in jeder Phase bewußt gesteuerten Prozeß zu konzipieren. Wirklichkeitskonstruktion widerfährt uns mehr als daß sie uns bewußt wird – weshalb wir die Konstruiertheit unserer Wirklichkeit erst dann bemerken, wenn wir beobachten, wie wir beobachten, handeln und kommunizieren, und weshalb der Konstruktivismus zu Recht als eine Theorie der Beobachtung zweiter Ordnung bezeichnet werden kann.

Kritiker, die den Neuheitswert konstruktivistischer Diskurse in Frage stellen, verweisen zu Recht darauf, daß Einsichten in die wirklichkeitskonstitutive Rolle von Individuen und Gesellschaft schon seit langer Zeit formuliert worden sind. So in der Philosophie von Demokrit über Vico, Kant, Nietzsche und Vaihinger bis zu Popper, Goodman und Rorty; in der Gestaltpsychologie, der Sozial- und Entwicklungspsychologie, der Attributionstheorie und Ethnomethodologie bis zu Bergers und Luckmanns Bestseller „Die gesellschaftliche Konstruktion der Wirklichkeit" (vgl. Berger/Luckmann 1969, → I, Krippendorff) sowie in der Medien- und Kommunikationstheorie (vgl. Weischenberg 1990b).

„Soweit der Konstruktivismus", resümiert also Niklas Luhmann zu Recht, „nichts anderes behauptet als die Unzugänglichkeit der Außenwelt ‚an sich' und das Eingeschlossensein des Erkennens im kognitiven System, ohne damit dem alten (skeptischen oder solipsistischen) Zweifel zu verfallen, ob es eine Außenwelt überhaupt gibt – insoweit bringt er nichts Neues." Neues sieht Luhmann allerdings in der „Theorieform" einer konstruktivistischen Theorie „[...] des selbstreferentiellen, in sich geschlossenen Erkennens" (Luhmann 1990a: 33) – einer Theorie, die prinzipiell ausgeht von Unterscheidungen (System/Umwelt), operativer Geschlossenheit und Selbstreferenz. Neu – oder zumindest doch produktiv – scheint mir auch zu sein, daß konstruktivistische Überlegungen zur Erkenntnistheorie durch neuere Forschungsergebnisse der Neuro- und Kognitionswissenschaften gleichsam „unterfüttert" (nicht etwa bewiesen) werden können. Sie stellen einer Erkenntnistheorie die Einsicht zur Verfügung, daß nur geschlossene Systeme erkennen können.

2. Wirklichkeit und Beobachten

Kaum ein Problem hat die Europäer so beschäftigt wie die Frage nach dem Verhältnis zwischen Sein und Bewußtsein, nach der Möglichkeit oder Unmöglichkeit wahrer bzw. objektiver Erkenntnis. Philosophen, die die Objektivität menschlicher Erkenntnis in Frage stellten, haben sich seit Demokrit auf das Subjekt und die Unhintergehbarkeit subjektiver Wahrnehmung konzentriert, sie haben die Aktivität der menschlichen Sinne in den Vordergrund gerückt (Vico) bzw. wie Kant transzendental formuliert, „[...] daß die Dinge, die wir anschauen, nicht das an sich selbst sind, wofür wir sie anschauen [...] und als Erscheinungen nicht an sich selbst, sondern nur in uns existieren können" (Kritik der reinen Vernunft, B 59). Vorwiegend subjektzentriert bleibt diese Argumentationstradition auch im konstruktivistischen Diskurs, wie von Glasersfelds Diktum belegt, daß alles, was als Wirklichkeit aufgebaut wird, „[...] offensichtlich nie mehr [ist] als die Erlebniswelt des einzelnen Subjekts" (von Glasersfeld 1985b: 21).

Demgegenüber erprobt Luhmann eine Strategie, die sich zunächst nicht auf eine ontologische Festschreibung der „wirklichkeitserzeugenden Instanz" als Subjekt oder Individuum festlegt, sondern von Operationen ausgeht, primär von der Operation des Beobachtens (im Unterschied zum Beobachter). Dabei baut er – im Anschluß an Spencer Browns Unterscheidungslogik – folgende abstrakte Argumentation auf: Spencer Brown konzeptualisiert Wahrnehmen und Erkennen als die Einführung und Weiterbearbeitung von Unterscheidungen in einem „unmarked space". Unterscheiden als Markieren einer Differenz bereitet deren Bezeichnung vor, die nur im Rahmen von Unterscheidungen Sinn macht. Die Unterscheidung, mit der man beginnt, ist eine Grundoperation, die nicht wieder „gelöscht" werden kann und eine grundlegende Asymmetrie einführt: Im folgenden betrachtet man entweder die eine oder die andere Seite der Unterscheidung, setzt seine Operationen hier oder dort fort und wendet die Unterscheidung wieder auf sich selbst an.

Jede Unterscheidung hat ihren sog. blinden Fleck; denn die jeweils benutzte Unterscheidung kann im Unterscheidungsprozeß nicht zugleich beobachtet werden; wohl kann sie in einer Beobachtung zweiter Ordnung beobachtet und motiviert bzw. nachträglich rationalisiert werden. Unterscheidungen werden notwendig beobachtungsabhängig getroffen.

Die Einheit der Unterscheidung, mit der beobachtet wird, gibt es nur im jeweils beobachtenden System. Dementsprechend liefern Wahrnehmen und Erkennen keine getreuen Abbildungen der Umwelt; sie sind Konstruktionen, die – bei Benutzung anderer Unterscheidungen – auch anders ausfallen können. In keinem Falle aber werden sie willkürlich getroffen; denn im Wahrnehmen, Erkennen und Handeln sind beobachtende Systeme „eingebunden" in ihre Artgeschichte sowie in bisher gemachte Erfahrungen, in Wissen, Kommunikation, Normen, Konsens usw. Konstruktive Unterscheidungen bewähren sich nicht im unmittelbaren Vergleich mit der Umwelt. Vielmehr kontrolliert jedes beobachtende System seine Wirklichkeitsannahmen rekursiv (d.h. durch Beobachtung seiner Beobachtungen oder durch die Beobachtung anderer Beobachter) auf ihre Konsistenz, ihre Anschließbarkeit und ihren Erfolg hin (→ I, Rusch).

Auf der Grundlage solcher Überlegungen schlägt Luhmann vor, mit dem Beobachten und nicht mit dem Beobachter zu beginnen. Luhmann verzögert in theoretisch durchaus folgenreicher Weise die Gleichsetzung beider Kategorien bei vielen kognitionstheoretisch orientierten Konstruktivisten und erlaubt damit zu sehen, daß die Zurechnung von Beobachtungen zu beobachtenden Instanzen/Systemen eine weitere und wie immer voraussetzungsreiche Unterscheidung erfordert. Damit setzt er als Ausgangspunkt seiner Argumentation eine Differenz (System/Umwelt), die nicht ontologisch interpretiert wird als Zerlegung einer Gesamtrealität in Teile, sondern die gesehen wird als eine stets systemrelative Unterscheidungsleistung: „Es gibt danach keine systemfrei objektivierbare, keine ontologische Welt. Erreichbar ist nur, daß ein System beobachtet, was ein anderes System beobachtet. Die ontologische Welt-Theorie muß durch eine Theorie der Beobachtung zweiter Ordnung oder, um mit Heinz von Foerster zu formulieren, durch eine ‚second order cybernetics' ersetzt werden" (Luhmann 1986a: 50). Nach Luhmanns Auffassung wird Erkenntnis nur gesichert durch die selbstkonstituierte, systemrelative Handhabung der System/Umwelt-Differenzierung erkennender Systeme. „Jedes selbstreferentielle System hat nur den Umweltkontakt, den es sich selbst ermöglicht, und keine Umwelt ‚an sich'" (Luhmann 1984: 146). Die Einheit eines Systems wird durch Selbstreferenz konstituiert, also dadurch, daß ein System sich selbst in Differenz zu seiner Umwelt beobachtet. Beobachten wird dabei – ohne exklusive Bindung an Bewußtseinsakte – rein formal bestimmt als Handhabung von Unterscheidungen (vgl. Luhmann 1984: 63). Selbstbeobachtung entsteht dann „[...] durch die Einführung der System/Umwelt-Differenz in das System, das sich mit ihrer Hilfe konstituiert" (Luhmann 1985: 63). Was immer als Einheit oder als Element erscheint, ist vom System konstituiert, das etwas als Element für Relationierungen in Anspruch nimmt (vgl. Luhmann 1985: 42).

Damit wird die These von der Konstruktivität von Wirklichkeit(en) nicht nur als Konsequenz der Beobachterabhängigkeit gedeutet, sondern in die allgemeinere These umformuliert, daß es keine systemunabhängig objektivierbare ontologische Realität gibt, sondern so viele Wirklichkeiten, wie es Systeme gibt, die zu beobachten in der Lage sind. In diesem Zusammenhang verweist Luhmann (im Anschluß an von Foerster[3]) immer wieder darauf, daß es für Unterscheidungen, Beobachtungen und deren Bezeichnungen keine Korrelate in der Umwelt gibt. Damit, so Luhmann, wird nicht etwa die Realität der Außenwelt bestritten, sondern lediglich festgehalten, daß Unterscheiden und Benennen systemrelative Operationen sind, die weder Realität noch Information in ein System „hineinholen". Der operative Einsatz von Unterscheidungen ist vielmehr im Moment des Gebrauchs „blind". Luhmann betont aber mit allem Nachdruck, daß kein Zweifel daran bestehen kann, daß die Außenwelt existiert und ein wirklicher Kontakt mit ihr möglich ist als Bedingung der Wirklichkeit der Operationen des Systems selbst (vgl. Luhmann 1990 f.: 40). Auch bestehe kein Zweifel daran, daß erkennende Systeme wirkliche, beobachtbare, empirische Systeme in einer wirklichen Welt sind. „Sie könnten ohne Welt gar nicht existieren und auch nichts erkennen. Die Welt ist ihnen also *nur kognitiv unzugänglich*" (Luhmann 1990 f.: 41).

3. Wirklichkeit und Beobachter

Beobachtet man nun Wahrnehmen und Erkennen als systemabhängige Handhabungen von Unterscheidungen und Benennungen bei menschlichen Beobachtern, dann stößt man auf folgende Aspekte konstruktivistischer Argumentationen und auf folgende empirische Forschungsergebnisse: Menschliche Beobachter können nur wahrnehmen und erkennen, wenn und weil sie von ihrer Umwelt abgekoppelte, operativ geschlossene Systeme sind, d.h. Systeme, die nicht außerhalb ihrer Grenzen operieren und sich auch nicht selbst durch ihre Operationen mit der Umwelt verknüpfen können.

Die hier einschlägigen Forschungsergebnisse haben Gerhard Roth und Helmut Schwegler (1992) wie folgt zusammengefaßt: Anstelle der in der Hirnforschung lange vertretenen Filtertheorie, nach der von der Sinnesperipherie zu den höchsten Wahrnehmungszentren die neuronalen Filter immer spezifischer und selektiver werden, ist heute ein Modell der parallelen und distributiven Verarbeitung von Erregungen getreten. Danach werden komplexe Wahrnehmungszustände nicht durch kleine Neuronenverbände oder gar einzelne Neuronen repräsentiert, sondern durch eine

---

3   „Die Umwelt enthält keine Information. Die Umwelt ist wie sie ist" (von Foerster 1985: 93).

räumlich verteilte simultane Aktivität vieler Nervenzellen und Nervenzellenverbände. Zugleich damit hat sich die Einsicht in die Konstruktivität des Wahrnehmungsvorgangs entwickelt. Im aktiven Prozeß der Wahrnehmung „suchen" das Gehirn und die Sinnesorgane die Umwelt nach Reizzusammenhängen ab, die aufgrund von Erwartungen und Vorerfahrungen wichtig sind.

> „Es ist für das Gehirn und die Sinnesorgane als Teil der Welt sowohl im Prinzip unmöglich [...] als auch unzweckmäßig, die Welt abzubilden, ‚so wie sie wirklich ist'. Vielmehr ist es das Ziel des kognitiven Systems, Kenntnis über die Welt zu gewinnen, die für ein überlebensförderndes (oder zumindest einem aktuellen Interesse dienendes) Handeln ausreicht. Diese Unterscheidung existiert natürlich nicht in der Umwelt, die ja für verschiedene Systeme ganz verschieden bedeutungshaft ist, sondern muß durch das kognitive System selbst getroffen werden. Die Kriterien für Bedeutungshaftes entstammen vielmehr stets dem System selbst, auch wenn sie bei individuellem Lernen oder im Laufe der Evolution in Auseinandersetzung mit der Umwelt gewonnen werden. Dies ist die grundsätzliche Selbstreferentialität des Gehirns bzw. des kognitiven Systems" (Roth/Schwegler 1992: 107; vgl. dazu auch Roth 1992, Rusch 1987b).

Wie die Autoren betonen, wird das menschliche Gehirn nicht mit einer „fertigen kognitiven Welt" geboren. Vielmehr differenzieren sich die Erregungszustände des Gehirns erst allmählich in selbstorganisierender und selbstreferentieller Weise zu der kognitiven Vielfalt aus, die später bewußt erfahren wird. In den ersten Lebensjahren werden im Rahmen der anatomisch weitgehend vorgegebenen, vielfach rückgekoppelten Verknüpfungsstruktur zwischen Sinnesorganen, Zentrum und motorischer Peripherie die Erregungszustände des Gehirns in drei Grundbereiche der Erlebniswelt eingeteilt: in Körper, Umwelt und „Mentales" (Vorstellung, Denken, Fühlen, Erinnern). Diese drei Bereiche resultieren nach Ansicht der Autoren aus sekundären Differenzierungen des kognitiven Systems selbst und gehören nicht etwa verschiedenen „Seinsbereichen" an (vgl. Roth/Schwegler 1992: 110).[4] Viele Evidenzen sprechen dafür, daß diese Selbstdifferenzierung bei verschiedenen Individuen in unterschiedlicher Weise erfolgt. Daraus schließen die Autoren, daß es für jedes Individuum

---

4   „Der Bereich des ‚Mentalen' wird relativ spät abgegrenzt, und zwar offenbar ‚per exclusionem'. ‚Geistiges' scheint all das zu sein, was nicht propriozeptiv als *körperlich* rückgemeldet wird und was sich nicht mit der koordinierten Aktivität der Sinnesorgane ‚umwelthaft' ändert. Die Unterscheidung zwischen ‚nur Vorgestelltem', ‚nur Erinnertem', ‚nur Gewolltem' einerseits und ‚tatsächlich Vorhandenem' andererseits ist zwar für unser Leben und Überleben außerordentlich wichtig, sie ist gleichzeitig aber sehr instabil, wie jedermann aus eigener Erfahrung weiß und wie die Psychopathologie es zeigt" (Roth/ Schwegler 1992: 110).

nur eine erfahrbare Welt gibt, nämlich seine Erlebniswelt, und daß die Erlebniswelten der Individuen nur zum Teil miteinander übereinstimmen.

Der gehirninterne Aufbau von Kenntnissen über die Umwelt wird durch lange Lernprozesse geprüft. Parallel zu diesem Kenntnisaufbau erfolgt seine Überprüfung durch Gleichgewichts- und Gesichtssinn sowie eine Prüfung durch Vergleich mit dem Gedächtnis. Abstraktionen oder die Bildung von Invarianten (wie zum Beispiel konstanten Objekten) folgen dabei zum Teil angeborenen Mechanismen bzw. Mechanismen, die in ontogenetisch frühen Versuchs- und Irrtumsprozessen prägungsartig entwickelt worden sind. Hinzu kommt, daß kognitive Wirklichkeit nur unter spezifisch sozialen Bedingungen ständiger Interaktion mit anderen Menschen entwickelt werden kann. Die von unserem Gehirn konstruierte Wirklichkeit ist eine soziale Wirklichkeit, obgleich das Gehirn keine „Fenster nach draußen" hat. Sie ist subjektabhängig, aber nicht subjektiv im Sinne von willkürlich. Mit der Formel von der „gesellschaftlichen Konstruktion von Wirklichkeit im Individuum" versuchen Konstruktivisten, der Alltagserfahrung Rechnung zu tragen, daß wir im täglichen Leben – abgesehen von Situationen des Streits – intuitiv den Eindruck haben, wir lebten doch mehr oder weniger alle in ein und derselben Wirklichkeit.

4. Kognitionstheorie: Rationalistisch halbiert?

Gegen eine Verkürzung konstruktivistischer Kognitionstheorien auf den rational-analytischen Aspekt hat sich vor allem Henrike F. Alfes (1992) gewandt und eine explizitere Berücksichtigung emotionaler Aspekte eingefordert. Ihr eigener Vorschlag basiert auf folgenden Grundannahmen:

(a) Gefühle sind anzusehen als konstitutive Bestandteile menschlichen Lebens. Der Mensch, so Alfes, „besitzt" keine Gefühle, „sondern er verkörpert sie im Rahmen seiner konstruktiven Kognitionsprozesse."

(b) Komplexe Phänomene wie Gefühle können als ein Zusammenwirken physiologischer, psychischer und sozialer Prozesse konstruiert werden.

(c) Bei der Beschreibung von Gefühlen muß unterschieden werden zwischen psychophysiologischen Erregungszuständen und Arten der Selbst- und Fremdbeschreibung auf Beobachter-Ebenen (1992: 38).

In einer kritischen Literaturstudie verweist Alfes dann auf wichtige Aspekte der Emotionsforschung, die ich hier kurz zusammenfasse. So betont sie zunächst die Komplexität des biologischen Apparats, der schon einfachen emotionalen Zuständen zugrundeliegt: „Neuronale Prozesse, Hormonausschüttungen, Herzmuskelaktivitäten, verstärkte bzw. verminderte Muskelarbeit, Atmung und Temperatur bis hin zu Verdauungsbeeinträchtigungen – alles verwirkt (sich) miteinander zu einem Gefühl" (a.a.O.: 77). Nicht nur beim Wahrnehmen, auch beim Lernen und Erinnern spielen „emotionale Grundierungen bzw. Bewertungen" grundsätzlich eine Rolle. Erinnern und Vergessen sind offensichtlich durch hedonistische Prinzipien gesteuert. Kognitive Schemata sind besetzt und beeinflußt von emotionalen Strukturen, die Verknüpfung, Speicherung und den Abruf solcher Schemata (mit-) regulieren. Daneben gibt es eigenständige emotionale Schemata, die aus affektiven Begriffs-, Imaginations- und Körperassoziationen bestehen und mit anderen affektiven und kognitiven Schemata verbunden sind. „Sie sind kontextspezifisch unterschiedlich abrufbereit, besonders flexibel, schnell und ausdauernd wirksam" (a.a.O.: 104).

Auch die Strategien und Regulationen bei der Produktion, Aufnahme und Verarbeitung von Wissen sind emotional beeinflußt. (Bekanntermaßen ist Neuartiges immer mit Staunen, Überraschung, Schreck oder gar Angst verbunden.) Emotionale Bewertung wirkt sich automatisch auch motivational aus: „Das vorgegebene Erregungs- und Stimmungsniveau eines Organismus trägt in entscheidendem Maße dazu bei, ob und inwiefern eine Handlungsplanung erfolgreich und befriedigend verläuft" (a.a.O.: 107), wieviel Anstrengung man zu investieren bereit ist und welches Problemniveau toleriert wird.

Unter soziologischer Perspektive erscheinen Gefühle keineswegs als etwas besonders Privates, sondern als Resultat wie als unentbehrliche Komponente sozialer Interaktion. Interaktion ist eingebettet in eine Grundemotionalität (Vergnügen, Haß, Gleichgültigkeit) und produziert ihrerseits Emotion(en). Der verbale wie nonverbale Ausdruck von Gefühlen spielt sich nach sozialen „Drehbüchern" ab, die regeln, wie Interaktionspartner ihre eigene emotionale Befindlichkeit sowie die der anderen bemerken und darstellen (bis hin zur Simulation im Theater), welches Gefühl in welcher Situation angemessen und erwartbar ist und wie es ausgedrückt werden muß. Insofern sind Emotionen beschreibbar als kulturell geteiltes Wissen, das entsprechend konventionalisiert und codiert ist. Solche Codes sind z.B. Emotionsbegriffe, Typisierungen und repräsentative Medienangebote (Texte, Musikstücke, Filme usw.) Sie formen Gefühle, aktualisieren und kontrollieren sie. Emotionen sind jedoch ständig über- bzw. untercodiert, so daß subjektiv der Eindruck entsteht, Emotionen und Codes seien notorisch inkommensurabel.

Wie Alfes zeigt, sind Kommunikation und Kultur ebenso wie alle kognitiven Prozesse von Gefühlen geprägt, entwickeln Gefühle strategische und motivationale Relevanz und beeinflussen die Bewertung von Zustands-, Prozeß- oder Ziel-/Resultaterfahrungen. Eine Kognitionstheorie ohne explizite Berücksichtigung der emotionalen Komponente wäre also in der Tat rationalistisch halbiert.

5. Wie verläßlich sind unsere Wirklichkeitskonstruktionen?

Weil Menschen offenbar sehr ähnlich gebaute Wahrnehmungsapparate besitzen und ständig miteinander interagieren, ähneln sich die Interaktionseinheiten (genannt Gegenstände), und ihre Produziertheit gerät – als blinder Fleck – nicht in den Blick, solange wir nicht wahrnehmungspsychologische Versuche anstellen. Heinz von Foerster hat diese Überlegungen wie folgt zusammengefaßt:

> „Da jedoch der Organismus aufgrund seiner Nerventätigkeit nur Wissen von seinem eigenen Verhalten haben kann, sind [Objekte] strenggenommen Zeichen für die verschiedenen ‚Eigenverhaltensweisen' des Organismus. Daraus folgt, daß Objekte keine primären Einheiten sind, sondern subjektabhängige Fertigkeiten, die gelernt werden müssen und die daher auch durch den kulturellen Kontext beeinflußt werden" (von Foerster 1993: 279).

Von Foerster hat auch eingehend analysiert, daß menschliche Beobachter als geschichtsabhängige und unvorhersehbare selbstorganisierende Systeme (sogenannte „nicht-triviale Maschinen") ständig dabei sind, ihre Umwelt in eine triviale Maschine mit eindeutigen Input- und Output-Beziehungen zu verwandeln, einschließlich dort agierender anderer Beobachter. In unserer Gesellschaft werden Sprache und Kultur, soziale Rollen, Kleidung, Frisur usw. zur Trivialisierung „nicht-trivialer Maschinen" (anderer Menschen) eingesetzt, um deren Unvorhersagbarkeit und Indeterminierbarkeit partiell zu reduzieren und so pragmatisch Interaktion und Kommunikation zu erleichtern.

Je weiter wir uns von sinnlichen Wahrnehmungen der natürlichen Umwelt entfernen und in den Bereich von Kommunikation, Konflikt, Diskurs und Geschichte (soziale Umwelt) geraten, desto komplexer wird die Situation; und es ist wohl kein Zufall, daß hier auch von harten Realisten „dem subjektiven Faktor" mehr Gewicht eingeräumt wird. Aus konstruktivistischer Sicht besteht aber, erkenntnistheoretisch gesehen, kein Unterschied hinsichtlich der Konstruktivität in beiden Bereichen: In beiden Bereichen konstruieren beobachtende Systeme ihre sinnvollen Wirklichkeiten und gleichen ihre Konstruktionen interaktiv und kommunikativ miteinander ab. Nur der Grad der Trivialisierungsmöglichkeiten wird erfahrungsgemäß geringer und ist schwerer auf einen gemeinsamen Nenner zu bringen. Auch die scheinbare Objektivität naturwissenschaftlich-experimenteller Forschung resultiert – konstruktivistisch betrachtet – nicht aus einer korrekten Abbildung „der Natur", sondern aus methodisch kontrollierter Trivialisierung; d.h. Daten werden unter (z.T. extrem) komplexitätsreduzierten Bedingungen konstruiert und in Theorien und Modellen interpretiert.

Damit kommen wir noch einmal zurück zur Beobachtungsproblematik. Beobachtung, so hat Luhmann immer wieder betont, ist eine empirische, ihrerseits beobachtbare Operation, die immer empirisch konditioniert ist. Zu diesen empirischen Konditionierungen gehören Bau und Funktionsmöglichkeiten der Sinne, des Gehirns und der motorischen Peripherie; Gedächtnisleistungen (vgl. Schmidt 1991b) und emotionale Steuerungen durch das limbische System (Lust-Unlust-Äquilibrierungen sensu Ciompi 1986, Überzeugtheitsgefühle sensu Stierlin 1991). Dazu gehört aber auch in besonderem Maße Sprache, die in einem langen Prozeß der (Selbst-)Sozialisation erworben wird. Wichtig ist nun, daß Sprache im konstruktivistischen Diskurs nicht nur als semiotisches System, sondern als sozial sanktioniertes Instrument der Verhaltenskoordinierung gesehen wird. Semantische Referenz wird dementsprechend als eine sprachliche Operation angesehen, die auf Kommunikation und nicht etwa auf Umwelt bezogen ist. Anders ausgedrückt: Sprache reguliert Verhalten, indem sie Unterscheidungen benennt, intersubjektiv vermittelt und damit sozial zu „prozessieren" erlaubt.

Beobachtungen sind weiterhin – vor allem in funktional differenzierten Gesellschaften – konditioniert durch Diskurse, also durch Wissens- und Themenzusammenhänge samt dazugehörigen Gattungen, Darstellungs- und Argumentationsformen. Und die umfassendste Konditionierung erfolgt durch „Kultur", hier verstanden als der Zusammenhang gesellschaftlich relevanter kommunikativer Thematisierungsmöglichkeiten der im Wirklichkeitsmodell einer Gesellschaft grundlegenden Differenzen (wie zum Beispiel real/fiktiv, wahr/falsch, gut/böse, heilig/profan, arm/reich, schön/häßlich) (vgl. Schmidt 1992a). Im Rahmen von Kultur entfalten sich gleichermaßen Kognition und Kommunikation und bestätigen damit zugleich die Kultur, in deren Rahmen sie sich allererst entfalten (vgl. Morin 1991).

Im Gesamtrahmen gesellschaftlich bewerteter Wirklichkeitskonstrukte sowie kommunikativer und kultureller Konditionierungen konstruiert Gesellschaft Wirklichkeit. Zum einen vollzieht sich diese Konstruktion kognitiv im Individuum als empirischem „Ort" von Informationsproduktion. In der Kognition vollzieht das kognizierende System eine mehr oder weniger bewußte Selektion, Kombination und Evaluation von Operationsmöglichkeiten im Rahmen dieser Constraints. Der individuelle Aktant ist also gewissermaßen ein Schnittpunkt von Constraints, kein autonomer oder gar willkürlicher Sinnproduzent. Zum anderen vollzieht sich die Konstruktion aber auch kommunikativ-kulturell in den Diskursen sozialer Systeme in funktional differenzierten Gesellschaften. Die Gesellschaft bestätigt diese Konstrukte durch andere Konstrukte (nicht etwa durch „Realitätsvergleich"), etwa durch die Konstruktion von Kriterien für die Akzeptanz, Bewertung und Fortsetzung dieser „Inszenierungen". Die gesellschaftliche

Konstruktion von Wirklichkeit ist – so gesehen – ein selbstreferentieller, selbstorganisierender und sich selbst legitimierender Prozeß, an dem Individuen in ganz unterschiedlichem Maße beteiligt sind. Die Korrelation ist dabei wohl eher zeitlich als kausal zu bestimmen: Jedes System (ob kognitiv oder sozial) kontrolliert seine Wirklichkeitsannahmen durch Beobachtung von Beobachtungen. Da selbstreferentielle Systeme – kognitive wie soziale – parallel in der Zeit ko-evolvieren, sichern sie durch wechselseitige Beobachtbarkeit jedem Beobachter „seine Wirklichkeit".

6. Wirklichkeitskonstruktion und Massenmedien

Es bedarf heute wohl kaum noch einer langen Begründung, daß Massenmedien – allen voran das Fernsehen, auf das ich mich im Folgenden exemplarisch konzentriere – für unsere Sozialisation, unsere Gefühle und Erfahrungen, unser Wissen, unsere Kommunikation, für Politik und Wirtschaft usw. eine entscheidende Rolle spielen: Sie sind zu Instrumenten der Wirklichkeitskonstruktion geworden.

Wie verhält sich aber nun die These von Medien als Instrumenten der Wirklichkeitskonstruktion zu dem bis heute vertretenen Topos, „das Fernsehen" bilde „die Realität" ab? Die scheinbar intuitive Plausibilität, Bilder gäben wieder, was „da sei", steht historisch in engem Zusammenhang damit, daß unser Gesichtssinn als verläßlichster aller Sinne gilt. Schon Aristoteles empfahl in der Metaphysik, nur dem Gesichtssinn zu trauen. Sehen hieß und heißt auch heute noch: glauben. Beobachtbare Objekte und Ereignisse gelten als natürlich oder real, der Bezug darauf als wahr. Und auch bei Gericht hat das Wort des Augen-Zeugen das größte Gewicht. Die Vorstellung von der Kamera als Auge hat diese Verläßlichkeitserwartung auf Foto und Fernsehen übertragen und den Fernseher als „Fenster zur Welt" – so ein Werbeslogan der 50er Jahre – verklärt.

Peter M. Spangenberg verweist immer wieder darauf, daß Fotos und Bilder zu jenen „Fetischen der Realität" gehören, „[...] durch die die Authentizität individuellen Erlebens mit der sozialen Wirklichkeitskonstruktion untrennbar verbunden wird" – weshalb auch die Herrschaft über die Bilder die Herrschaft über das derzeit entscheidende „Mittel sozial anschließbarer Wirklichkeitserfahrung" bedeutet. Offenbar besteht bis heute die Autorität der Bilder beim Publikum unangetastet weiter. Wie schon Rudolph Arnheim in den 40er Jahren befürchtete, wird die konstruktive Komponente audiovisueller Kommunikation, deren Erkennen Walter Benjamin noch als Instrument der Aufklärung betrachtet hatte, bis heute schlicht vergessen (vgl. Arnheim 1981). Bei der Inszenierung medial vermittelter Nähe dominiert im Fernsehen die Tendenz, die eigene Medialität unsichtbar zu machen. Damit aber fallen im Endeffekt „Anschaulichkeit und Sichtbarkeit mit Wirklichkeit zusammen" (Spangenberg 1992: 3 f.). Die Frage nach der Autorität des Fernsehens kann, wie Spangenberg zu Recht sieht, nicht auf das Problem der Glaubwürdigkeit von Medienangeboten beschränkt werden: „Audiovisuelle Medien – ihre Techniken und ihre institutionelle Organisation – erzeugen und stabilisieren diese Wirklichkeitskonstruktionen im Sinne einer alltäglichen Erwartbarkeit." (Spangenberg 1992: 5) Auch wenn das Bewußtsein die Konstruktivität medial vermittelter Wahrnehmung erkennt und sich ihrer bewußt ist, schlägt doch das Bild das Auge in seinen Bann.

Hinzu kommt – darauf hat Sabine Jörg aufmerksam gemacht –, daß Bilder stärker als Texte emotionale Wirkungen erzielen. Emotional aber, so Jörg, unterscheidet der Mensch weit weniger zwischen Fiktion und Nicht-Fiktion: Auch vor dem Fernseher fließen Tränen der Rührung und Wut (Jörg 1992: 283).

Christian Doelker (1979) hat m.E. zu Recht darauf hingewiesen, daß die Redeweise von einer dokumentarischen Abbildung durch Foto oder Fernsehen irreführend ist. Doelker spricht im Bezug auf das Fernsehen von einer „Umbildung durch Abbildung", wobei höchst komplexe und voraussetzungsreiche Prozesse ablaufen. Vor der Aufnahme sind Recherchen, Exposés, Treatments und Drehbücher erforderlich. Während der Aufnahme muß das komplexe Zusammenspiel von Faktoren hinter und vor der Kamera organisiert werden. Und nach der Aufnahme kommen die Phasen Montage, Vertonung und Einkopieren.[5] Zwar scheinen die Fernsehbilder die Authentizität der alltäglichen visuellen Wahrnehmung-als ... zu simulieren; aber nur, weil der Beobachter und seine Beobachtungs- wie Transmissionsinstrumente unsichtbar gemacht werden, weil Selektion und Formgebung ausgeblendet sind und erst dem Beobachter zweiter Ordnung beobachtbar werden. „Medienrealität" ist allemal eine Konstruktion unter höchst voraussetzungsreichen operativen Bedingungen; und zwar eine Konstruktion, die sich immer auf Kommunikation und auf andere Medienangebote bezieht und die wahrnehmungssteuernden Möglichkeiten der Materialitäten von Medien unsichtbar ins Spiel bringt.

Die Irritationen in der „Realitätsdiskussion" lassen sich auflösen, wenn man nicht länger von der scheinbar selbstverständlichen Differenz Lebensrealität/Medienrealität ausgeht, sondern die Systemreferenzen einerseits, die Konstruktionsprozesse und ihre empirischen Voraussetzungen andererseits genauer berücksichtigt. In den Organisationen, die für die Produktion und Distribution von Medienangeboten zuständig sind, operieren Aktanten, die – kognitiv und kommunikativ – ständig mit der Konstruktion

---

5   Für Life-Übertragungen wäre diese Liste entsprechend zu modifizieren, aber auch hier bildet die Kamera keineswegs objektiv ab.

von Wirklichkeiten beschäftigt sind. Sie erzeugen unter den vielfältigen
soziokulturellen, ökonomischen, politischen und juristischen Bedingungen
der Organisation Medienangebote, die sie als Kopplungsangebote für kognitive und kommunikative Systeme zur Verfügung stellen. In diese Produktion gehen ihre eigenen Wirklichkeitskonstruktionen als bestimmende
Größen ein – ob sie nun dokumentarisch oder fiktional arbeiten. „Television is a human construct, and the job that it does is the result of human
choice, cultural decisions and social pressures" (Fiske/Hartley 1978: 17).

Medienangebote lassen sich aus vielen Gründen nicht als Abbilder von
Wirklichkeit bestimmen, sondern als Angebote an kognitive und kommunikative Systeme, unter ihren jeweiligen Systembedingungen Wirklichkeitskonstruktionen in Gang zu setzen. Werden diese Angebote nicht
genutzt, „transportieren" Medienangebote gar nichts. Werden sie genutzt,
geschieht dies je systemspezifisch. Die Redeweise vom „Massenpublikum"
wird damit revisionsbedürftig.

Durch die Simulation von visueller Authentizität suggerieren Fernseh-
angebote Beobachtern erster Ordnung, die Kopplung ihres kognitiven Systems an das jeweilige Medienangebot erfolge unter denselben Bedingungen wie in interaktiven Wahrnehmungsprozessen. Diese Suggestion wird
dadurch erleichtert, daß sowohl der verbale als auch der nichtverbale
Kanal aktiviert sind/werden können. Werden Fernseh-Angebote kognitiv
und kommunikativ so realisiert, daß sie bruchlos an eigene Erfahrungen
(d.h. an frühere kognitive bzw. kommunikative Prozesse) angeschlossen
werden können bzw. ihnen nicht widersprechen, dann wird quasi automatisch der subjektive Eindruck von „Realitätswiedergabe" entstehen, zumal
der komplexe Produktionsprozeß von Medienangeboten invisibilisiert
wird und Wahrnehmungsprozesse im Beobachter erster Ordnung in aller
Regel weder bewußtseinsfähig noch bewußtseinspflichtig ablaufen: Er
sieht einen Vorgang, nicht ein Bild auf einem Bildschirm, und reagiert mit
dem Körper wie bei interaktiver Wahrnehmung und Kommunikation. Offenbar sind Fernseh-Angebote besonders in der Lage, durch die kognitiven Leistungen den Anschein und die Intensität von Unmittelbarkeit und
face-to-face Interaktion hervorzurufen. TV „[...] appears to be the natural
way of seeing the world" (Fiske/Hartley 1978: 17). Wie Spangenberg
betont, tritt deshalb oft der Effekt auf, „[...] daß Interaktionserfahrungen
zwar der Realität zugeordnet werden, die massenmediale Berichterstattung über sie jedoch aufgrund ihrer Kommunikationsqualität – Kom-
plexitätsreduktion und Anordnung – als noch ‚realer' als diese Realität
erfahren wird" (1992: 19).

Das Suggestive des Fernsehens kann von zwei Seiten her beschrieben
werden, und zwar von der Angebots- wie von der Rezeptionsseite her.
Durch die Integration von Sprache, Körpersprache, Kostümsprache, Ausstattung, Architektur, Musik, Licht, Einstellung usw., durch die Wieder-

holung von Situationsstereotypen (wie Kanzleramt und Bundestag) wird ein semiotisch überdeterminiertes Wahrnehmungsangebot geliefert, in dem das Bild dominiert.

Auf der Rezipientenseite verhindern Vielfalt und Schnelligkeit der Einzelbilder deren genaue „Verarbeitung". Außerdem glauben fernsehgeübte Zuschauer, sich beim Fern-Sehen nicht anstrengen zu müssen (vgl. Salomon 1987) und rezipieren Fernsehen mit geringerem Aufwand als etwa Texte (vgl. Weidenmann 1989). Da dem geübten Zu-Seher auch komplizierteste Kamera- und Schnittmanöver schon als natürliche Wahrnehmungsformen erscheinen, also nicht länger auf Konstruktivität verweisen, und da Texte und Bilder sich gegenseitig zu beglaubigen scheinen, erscheint ihm das Fernseh-Medienangebot als authentisches Bild der Wirklichkeit.

Als Folge seiner sozialen Verwendung als Informations- und Dokumentationsmittel ist das Fernsehen zum Verkörperer des Realitätsprinzips in der modernen Gesellschaft geworden. Das Fernsehen konstruiert bestimmte „Welten" und macht sie zu Bereichen sozialen Wissens. Viele Ereignisse werden bekanntermaßen speziell für das Fernsehen oder im Hinblick auf Fernseh-Gerechtheit inszeniert (bis hin zu bewußten Täuschungen, vgl. Weischenberg 1990b). Sobald eine Kamera dabei ist, ändert sich bekanntermaßen das Verhalten der Menschen. Gaye Tuchman (1978) hat zu Recht betont, daß etwa Fernseh-Nachrichten keine objektiven Informationen liefern, sondern eher Interpretations- und Orientierungsrahmen für soziale und politische Ereignisse. Mit dem Fernsehen öffnet sich kein Fenster zur Welt, sondern ein Fenster zu unserer Kultur und Gesellschaft. Fernsehen macht die Komplexität sozialer Erfahrungen überschaubar und suggeriert, auch funktional differenzierte Gesellschaften seien noch „einheitlich beobachtbar".

Solche Beobachtungen und Beschreibungen plausibilisieren meines Erachtens die Hypothese, daß die Medien – alle Medien – als Instrumente kognitiver wie kommunikativer Wirklichkeitskonstruktion bereitstehen und genutzt werden. Das Angebot an Medienangeboten, die zu Wirklichkeitskonstruktionen genutzt werden können, steigt bislang noch ständig an, so daß bereits die Selektion dieser Angebote einen Hinweis auf die Spezifik der Wirklichkeitskonstruktion durch bestimmte kognitive und kommunikative Instanzen liefert. Dem Fernsehen als Bild-Ton-Text-Verbindung kommt dabei bisher noch eine führende Rolle zu, weil es seine Medialität und Konstruktivität am perfektesten von allen Medien verschleiert, interaktive Wahrnehmung suggeriert und emotionale Bindung provoziert.

Das Verhältnis zwischen „Erfahrungswirklichkeit" und „Medienwirklichkeit" ist erheblich komplexer, als meist dargestellt wird. In die Informationsproduktion anläßlich der Rezeption von Medienangeboten gehen die Erfahrungen der Rezipienten unvermeidlich ein (man sieht, was man weiß). Jeder Rezeptionsprozeß hat seinerseits Auswirkungen auf Art und Umfang künftiger Erfahrungen der Rezipienten. Fernsehzuschauer leben deshalb in anderen Wirklichkeiten als Nichtzuschauer, und ein fernsehgeübter Blick sieht auch Inszenierungen älterer Medien (wie zum Beispiel Theater) anders. Hinzu kommt, daß die emotionale Besetzung und empraktische Relevanzabschätzung von Erfahrungen mit und ohne Medienangebote sich gegenseitig beeinflussen. Statt also einschichtig zwischen „Realität" und „Medienrealität" unterscheiden und deren Verhältnis nach dem Muster wahrer oder falscher Abbildung bestimmen zu wollen, sollte man genauer auf die jeweiligen konstruktiven Prozesse und ihre empirischen Konditionierungen achten.

Die Forderung großer Teile der Öffentlichkeit wie von Medien- und Kommunikationswissenschaftlern nach „objektiver Berichterstattung" ist angesichts der angedeuteten komplexen Situation zwar verständlich, im Journalismus aber völlig unrealistisch. Natürlich ist bewußte Täuschung moralisch tabuisiert – und die Konkurrenz der verschiedenen Medien führt auch meist rasch zu ihrer Aufdeckung (Klier 1989). Aber die Forderung nach objektiver Berichterstattung übersieht, daß Journalisten nicht mehr abverlangt werden kann als intellektuelle Redlichkeit und handwerklich bestmögliche Recherche (vgl. Weischenberg 1992; → II, Haller).

Wirklichkeit ist in einer von Massenmedien geprägten Gesellschaft also zunehmend das, was wir über Mediengebrauch als Wirklichkeit konstruieren, dann daran glauben und entsprechend handeln und kommunizieren. Deshalb fasziniert heute wohl so viele die Entwicklung von Cyberspaces, von „virtuellen Realitäten", von Bildern ohne Vorbild, die die Gewißheit unserer visuellen Wahrnehmung denunzieren.

Offensichtlich sind wir in einer massenmedial geprägten Gesellschaft stärker als je zuvor damit beschäftigt, operativ und pragmatisch, und nicht etwa ontologisch, zu definieren, was wir als Wirklichkeit annehmen in dem Sinne, daß wir unsere Handlungen und Interpretationen darauf beziehen und im Sinne von Erwartungserwartungen auch von anderen erwarten, daß sie sich damit kompatibel verhalten. Das heißt, der Wirklichkeitsbegriff wird kontextualisiert im Rahmen von pragmatischen Operationen, die den Wirklichkeitsstatus kognitiver wie kommunikativer Operationen erst definieren. Damit aber kommt ein starkes Moment von Verzeitlichung und Kontingenzbildung in alle Wirklichkeitskonstruktionen hinein.

Wenn der Wirklichkeitsbegriff nicht mehr an Realität gebunden, also ontologisch definiert werden kann, dann pluralisieren sich automatisch die Wirklichkeitsmodelle und unterscheiden sich nach dem Grad und der Richtung ihrer Viabilität, nach der Art ihrer Operationalisierung, nach der Relevanz, die sie für das Problemlösen und Überleben haben – und diese praktische Erfahrung der Konstruktivität ist heute allgemein erfahrbar und wird in der Kommunikation zunehmend thematisiert. Damit beschleunigt sich eine Entwicklung, die im 18. Jahrhundert als funktionale Differenzierung begonnen hat. Soziale Systeme entwickeln ihre je systemspezifischen Wirklichkeitsmodelle, wobei das Kriterium für diese Pluralisierung von Wirklichkeiten mehr und mehr ihre Herstellungsmethode und ihre Anwendungsspezifik ist – wobei wiederum diese Kriterien keineswegs willkürlich gehandhabt werden, sondern in den jeweiligen sozialen Systemen kommunikativ ausgehandelt werden müssen (vgl. Fuchs 1992).

Dieser rasche Blick auf einige zentrale Aspekte massenmedialer Gesellschaften legte den Schluß nahe, daß der Konstruktivismus sich offenbar als eine Kognitionstheorie funktional differenzierter Massenmediengesellschaften entwickelt hat. Sein Hauptaugenmerk gilt nicht länger der Frage nach dem Verhältnis von Subjekt und Objekt, nach Objektivität und Wahrheit von Wahrnehmung und Erkenntnis oder verbindlichen Deutungen von Individuum und Gesellschaft, sondern in erster Linie den Voraussetzungen, Mechanismen und Anschließbarkeitskriterien kognitiver und kommunikativer Wirklichkeitskonstruktionen unter der Bedingung vorausgesetzter Selbstorganisation der konstruierenden Systeme (= operativer Konstruktivismus) (vgl. Luhmann 1990f).

Wenn sich dieses Forschungsinteresse durchsetzt, ließe sich vielleicht auch die Vexierung im Denken vieler Medien- und Kommunikationsforscher auflösen, die Nachrichten einerseits als subjektiv bedingte „Interpretationen von Realität" ansehen, andererseits aber an die Nachrichten das „Kriterium der Realitätsadäquatheit" anlegen.

PETER KRUSE / MICHAEL STADLER

Der psychische Apparat des Menschen

1. Erkenntnistheoretische Position

Kein anderes Problem hat die Philosophiegeschichte nachhaltiger bestimmt als die Frage nach dem Verhältnis von Sein und Bewußtsein, nach der Möglichkeit oder Unmöglichkeit objektiver, „wahrer" Erkenntnis. Die logische Konsequenz einer skeptischen Position steht in deutlichem Widerspruch zu unseren Alltagsüberzeugungen.

Die Feststellung, daß wir eine unabhängig von unserem Erleben existierende Realität niemals anders erfahren können als eben über unser Erleben, ist argumentativ zwingend. Selbst die Effizienz und Angepaßtheit unseres Handelns bleibt letztlich eine Erlebnisqualität und die prinzipielle Abgeschlossenheit des Erkenntnisaktes ungebrochen. Um über falsch und richtig, wahr oder unwahr entscheiden zu können, müßten wir gewissermaßen in der Lage sein – jenseits des Erlebens oder der Wahrnehmung –, die Realität mit den Produkten des Erkenntnisprozesses zu vergleichen. Der Feststellung, daß ein derartiger Vergleich letztlich unmöglich bleibt, ist kaum zu widersprechen.

Auf der Grundlage des Zweifels an der Möglichkeit objektiver Erkenntnis kann unsere Erlebniswirklichkeit – zumindest mit Blick auf eine wünschenswerte theoretische „Sparsamkeit" – nur als aktive Konstruktion verstanden werden. Wo jede Aussage über einen Ursache-Wirkungszusammenhang zwischen Realität und Erlebniswirklichkeit über die Unkenntnis der Ursache (im Falle der Wahrnehmung) oder der Wirkung (im Falle des Handelns) ausgeschlossen ist, können Beziehungsaussagen generell nicht voraussetzungslos gemacht werden. Wird eine direkte Bestimmung der Identität oder Ähnlichkeit zwischen der realen und der erlebten Welt prinzipiell ausgeschlossen, ist jede Position, die trotzdem eine Identitäts- oder Ähnlichkeitsbeziehung annimmt, nur um den Preis zusätzlicher Grundannahmen aufrechtzuerhalten. Eine solche Zusatzannahme ist z.B. die Leibnizsche Idee, daß Realität und Erlebniswirklichkeit im Sinne einer göttlichen Vorgabe wie zwei parallel laufende Uhrwerke aufeinander abgestimmt sind (prästabilierte Harmonie), oder die Annahme der Evolutionären Erkenntnistheorie, daß es im Laufe der biologischen Evolution zu einer Anpassung der Erkenntnisstrukturen an die

Strukturen der Realität gekommen ist (vgl. z.B. Vollmer 1983). In einer konstruktivistischen Kognitionstheorie ist die einzige realitätsbezogene Prämisse die einfache Annahme der Existenz einer erlebnisunabhängigen Realität selbst. Wird auf dieses Postulat verzichtet, mündet die Theorie notwendig in die unbefriedigende und fruchtlose Feststellung, daß nichts außer dem eigenen Erleben existiert (Solipsismus). Die Frage nach dem Ob und Wie menschlicher Erkenntnis wird entweder zum reinen Gedankenexperiment oder zum praxisfernen metaphysischen Problem.

Ein Ansatz, der philosophische, psychologische und biologische Erkenntnisse im Sinne einer modernen erkenntniskritischen Kognitionstheorie zusammenfaßt, ist der Radikale Konstruktivismus. Im Sinne der skizzierten Argumentation geht der Radikale Konstruktivismus zwar von der Existenz einer objektiven Realität aus, macht jedoch keinerlei Aussagen über deren Identität oder Ähnlichkeit mit der individuellen Erlebniswelt. Im Radikalen Konstruktivismus wird angenommen, daß die reale Welt nicht formend oder ordnend auf das Erleben einwirkt, sondern ausschließlich den Charakter einer unspezifischen Anregung hat. Kognitive Systeme wären demnach zwar energetisch offen, d.h. durch äußere Gegebenheiten in Aktivität zu versetzen, aber semantisch abgeschlossen, d.h. in den internen Bedeutungszuweisungen und Ordnungsbildungen unabhängig und ausschließlich selbstbestimmt. Eine derartige Annahme allerdings ist weitreichend kontraintuitiv. Sie widerspricht völlig unseren Alltagserfahrungen und Alltagseinsichten. Die sich unserem Bewußtsein darbietende Erlebniswirklichkeit ist zu offenkundig konstant und willensunabhängig, und unser Denken und Handeln vermittelt eine zu große Praktikabilität und Effizienz, um die Annahme ihrer ausschließlichen Selbstbestimmtheit oder grundlegenden Konstruiertheit widerspruchslos hinzunehmen. Der Gedanke, daß z.B. die Wahrnehmungswelt nicht das Ergebnis eines Abbildprozesses, d.h. Aufnahme und Verarbeitung von Umweltinformation, sondern in ihren Ordnungsbildungen und Bedeutungen ein Produkt unseres Gehirns ist, erscheint eher absurd. Für gewöhnlich gehen wir erfolgreich davon aus, daß unsere Erlebniswirklichkeit direkt von der Realität hervorgebracht wird und weitgehend mit ihr identisch ist. Im Alltag sind wir naive Realisten und auf dem Hintergrund unserer Lebenserfahrung scheint die Erinnerung an die logische Notwendigkeit der Hinterfragung des Erkenntnisprozesses nicht mehr zu sein als eine akademische Spitzfindigkeit. Der Zweifel erscheint als ein rein theoretischer (vgl. Mach 1918: 30).

Ebenso wie für den erkenntnistheoretischen Skeptiker stellt sich auch für den Radikalen Konstruktivisten das Problem, einen Begründungszusammenhang aufzuzeigen, der eine scheinbar so lebensferne Theorie dennoch als tragfähiges und sinnvolles Konzept wissenschaftlichen und eventuell auch alltäglichen Handelns ausweist. In konsequenter Anwendung seiner Grundannahmen ist der Radikale Konstruktivismus als Produkt kognitiver Systeme selbst eine Konstruktion und unterliegt damit den eigenen Gütekriterien. Ebenso wie Erlebniswirklichkeiten aus der Sicht des Radikalen Konstuktivismus nicht als wahr oder unwahr in Bezug auf eine objektive Realität bewertet werden können, ist auch eine wissenschaftliche Theorie nicht falsch oder richtig, ja nicht einmal mehr oder weniger wahrscheinlich.

Wirklichkeitskonstruktionen (damit wissenschaftliche Theorien) sind viabel (vgl. Glasersfeld 1985b), d.h. sie sind bezogen auf bestimmte Kriterien möglich oder sinnvoll. Viable Wirklichkeitskonstruktionen zeichnen sich dadurch aus, daß sie es dem konstruierenden System erlauben, in einer ihm prinzipiell unzugänglichen Realität die Erhaltung der eigenen Existenz zu gewährleisten. Für das konstruierende System erfüllt die Wirklichkeitskonstruktion zwei Aufgaben; sie muß beruhigen, d.h. den Ansprüchen, die das System selbst an seine Konstruktionen stellt, genügen und handlungsfähig erhalten, d.h. das System nicht an die Grenzen seiner Überlebensmöglichkeiten führen.

Inwieweit also stellt der Radikale Konstruktivismus als Theorie, d.h., als Konstruktion kognitiver Systeme, selbst eine viable Lösung dar? Inwieweit ist er in der Lage, z.B. als psychologische Metatheorie, eine viable Ordnung in der Vielfalt beobachtbarer Phänomene zu erzeugen und handlungsfähig zu machen oder zu erhalten?

2. Psychologische Metatheorien

In den Anfängen der wissenschaftlichen Psychologie hat die Auseinandersetzung mit der erkenntnistheoretischen Dimension der eigenen Theorie und Empirie für die Forscher stets eine zentrale Rolle gespielt. So hat z.B. Gustav Theodor Fechner (1801-1887), dessen psychophysisches Grundgesetz vielleicht eine der wichtigsten Entwicklungsstufen der Psychologie auf dem Weg zur eigenständigen Wissenschaft markiert, der Darstellung seiner erkenntnistheoretischen Position das 1879 erschienene Buch „Die Tagesansicht gegenüber der Nachtansicht" gewidmet. Unter Psychophysik verstand Fechner die exakte Lehre von den Abhängigkeitsbeziehungen zwischen physischer und psychischer Welt. Obwohl er, wie aus dem obigen Zitat hervorgeht, mit der Feststellung der prinzipiellen Unmöglichkeit objektiver Erkenntnis vorbehaltlos übereinstimmt, bezieht er absichtsvoll und als bewußtes Credo den Standpunkt eines Realisten. Jedoch vertritt er nicht den naiven Realismus des Alltagsmenschen, die natürliche Ansicht, die eine einfache Identität zwischen Außen und Innen zur Grundlage des Handelns macht, sondern er weist auf die Wahrscheinlichkeit von Verzerrungen und Veränderungen durch die Eigenart des erkennenden Systems hin. Dieser kritische Realismus spielt in der Psychologie eine wesentliche Rolle, auf die noch eingegangen wird. Hier soll jedoch vorerst nur der überaus bewußte Umgang mit den eigenen erkenntnistheoretischen Prämissen hervorgehoben werden, der die Pioniere der Psychologie auszeichnet (vgl. auch James 1891; Wundt 1885). In kaum einer anderen Wissenschaft ist diese Bewußtheit so zwingend notwendig wie in der Psychologie, in der Erkenntnisobjekt und Erkenntnissubjekt zusammenfallen und damit die Annahmen des Forschers unmittelbar auf den Prozeß der Erkenntnisgewinnung zurückwirken.

2.1 Realismus

In der heutigen Psychologie ist die Beschäftigung mit den eigenen Grundannahmen keineswegs selbstverständlich, und die gemachten Annahmen sind nur zu oft stillschweigende Prämissen. Ernst von Glasersfeld (1981) wirft der gegenwärtigen theoretischen, empirischen und praktischen Auseinandersetzung mit kognitiven Prozessen – in Anlehnung an eine Aussage des amerikanischen Wissenschaftsphilosophen Hilary Putnam – vor, einen metaphysischen Realismus zur Grundlage zu haben. Der Begriff des Metaphysischen bezieht sich dabei ausschließlich auf die Tatsache, daß die Grundannahme einer mittelbaren oder unmittelbaren Abhängigkeit der Erlebniswirklichkeit von der Realität als konkurrenzloses und damit unhinterfragt selbstverständliches Glaubenssystem behandelt wird.

Ein derartiger eher unreflektierter Realismus liegt der u.a. aus den Ergebnissen der neurophysiologischen Einzelzellableitung hervorgegangenen Sicht des Kognitiven zugrunde, in der der Erkenntnisprozeß als Informationsaufnahme und -verarbeitung betrachtet wird (vgl. Lindsay/ Norman 1981). In dieser Metapher treffen physikalische Reize aus der Umwelt auf Sinnesrezeptoren, z.B. die Stäbchen und Zäpfchen der Netzhaut. Die ausgelösten Impulse werden über verschiedene neuronale Filtermechanismen analysiert, die auf jeweils ein bestimmtes Merkmal des vorgegebenen Reizmusters reagieren, um schließlich in einer aufsteigenden Hierarchie unter Vermittlung von Zwischenstationen zur Reaktion einer endgültigen integrativen Instanz zu führen.

Das Erkennen findet in Interaktion mit Kontextinformationen und Gedächtnisinhalten statt. Am Ende des Prozesses steht ein durch die evolutionäre Gewordenheit und die individuelle Lerngeschichte des erkennenden Systems modifiziertes Abbild der physikalischen Welt. Dieses Abbild wiederum ist als kognitive Landkarte die Grundlage planvollen Handelns. Über eine absteigende Hierarchie ineinandergreifender Regelvorgänge werden die Aktivitäten ausführender Instanzen, z.B. die Aktivitäten des motorischen Nervensystems, des Skelett- und Muskelapparates zu angepaßtem, d.h. überlebensrelevantem Verhalten organisiert. Der Kreis von Umwelt und erkennendem Subjekt schließt sich.

Basale Wahrnehmungsprozesse und einige der bekannten Täuschungsphänomene können im Informationsverarbeitungsmodell hinreichend befriedigend erklärt werden (vgl. z.B. Marr 1982; Frisby 1983). Für kognitive Vorgänge allgemein legt es eine Analogie mit der Funktionsweise eines Computers nahe (vgl. z.B. Ritter 1986). Trotz jahrzehntelanger intensiver neurophysiologischer und psychologischer Forschung hat sich das Modell jedoch für die Beschreibung der Komplexität des Kognitiven als unzureichend erwiesen. Eine akzeptable Erklärung alltäglicher Wahrnehmungs- oder Denkprozesse ist nicht möglich. Der intuitiven Überzeugungskraft des Informationsverarbeitungsmodells steht keine entsprechende empirische oder theoretische Schlüssigkeit gegenüber. So bleibt theoretisch z.B. für die Seite der Informationsaufnahme das Problem, wer die Aktivität der in der Hierarchie am höchsten stehenden Verarbeitungsinstanz wahrnimmt, wer dann auf die Aktivität einer solchen weiteren wahrnehmenden Instanz reagiert, wer diese Reaktion wiederum wahrnimmt usw. Das im Informationsverarbeitungsmodell angelegte Konzept integrativer Untersysteme (Homunkuluskonzept) mündet in einem theoretisch unbefriedigenden unendlichen Zurückschreiten von Bedingung zu Bedingung (infiniter Regreß). Die Frage, wo und wie das Erkennen oder eine Handlungsentscheidung letzlich zustande kommt, bleibt ungeklärt. Die Vorstellung, mit der Kenntnis der Summe der Filtereigenschaften der im Gehirn vorhandenen Nervenzellen und neuronalen Verknüpfungen einen Schlüssel zum inneren Abbild einer objektivrealen Umwelt zu besitzen, ist so nicht aufrechtzuerhalten. Welche kognitiven Leistungen auch betrachtet werden – z.B. Wahrnehmung, Denken, Gedächtnis oder Kommunikation – : der Versuch, kognitive Systeme als informationsverarbeitende Systeme zu begreifen, findet seine Grenzen in dem faszinierenden Miteinander von Komplexität und Leichtigkeit der Ordnungsbildung, das unsere Erlebniswirklichkeit auszeichnet.

Erkenntnistheoretisch vertritt das Informationsverarbeitungsmodell implizit die Position eines *kritischen Realismus*, da davon ausgegangen wird, daß die Stabilität und Geordnetheit der Erlebniswirklichkeit zwar eine abhängige Größe der Stabilität und Geordnetheit der Realität, aber keine unmittelbare Abbildung ist. Die kognitive Landkarte unterliegt den modifizierenden Gegebenheiten und Grenzen des abbildenden Systems. So werden z.B. nur bestimmte Ausschnitte des physikalisch Möglichen verarbeitet (begrenzter Spektralbereich des Lichtes etc.) und es treten gesetzmäßige Verzerrungen (z.B. optische Täuschungen) auf.

Die vielleicht einzige Theorie kognitiver Prozesse, die mehr oder weniger explizit einen *naiven Realismus*, also eine direkte und unbeeinflußte Informationsaufnahme aus der Umwelt vertritt, ist der ökologische An satz in der visuellen Wahrnehmung von James J. Gibson (z.B. 1982). Ausgehend von dem Bedürfnis, der Komplexität des Alltagsgeschehens und nicht nur den Phänomenen laborexperimenteller Vereinfachung zu genügen, übergeht Gibson das ganze Problem der Informationsverarbeitung kurzerhand, indem er die Erlebniswirklichkeit unmittelbar aus bestimmten Eigenschaften der physikalischen Realität ableitet. Diese Eigenschaften, sogenannte Invarianten oder Variablen höherer Ordnung, ermöglichen eine unmittelbare Handlungsfähigkeit. Die Intelligenz liegt gewissermaßen nicht in der Informationsverarbeitung, sondern in der Informationsselektion. Bezogen auf die Beschreibung einiger ausgewählter Wahrnehmungs-Handlungs-Koordinationen ist der Ansatz elegant und praktikabel (z.B. Turvey et al. 1990). Mit der einfachen Ausklammerung der innersystemischen Anteile des Erkenntnisprozesses ist er jedoch zu vereinfachend, um auch als generelles Kognitionskonzept tragfähig zu sein. Gedächtnis, Denken und Vorstellung werden in Gibson's Ansatz in einem Umfang zu Randphänomenen, der auch für eine Wahrnehmungstheorie nicht sinnvoll aufrecht erhalten werden kann.

2.2 Konstruktivismus

In Abgrenzung vom primär reizdominierten Informationsverarbeitungsansatz (bottom up) und von der im ökologischen Ansatz praktizierten Ausblendung systeminterner Prozesse beziehen eine Reihe von Theorien gezielt die Möglichkeit einer Beeinflussung basaler kognitiver Funktionen durch höhergeordnete psychische Phänomene (top down) in die Modellbildung mit ein. In diesen Theorien wird die Abbildung der Umwelt nicht nur über die physiologischen Systemgegebenheiten modifiziert, sondern auch durch die Erwartungen, Vorstellungen oder Bewertungen des Wahrnehmenden. Sie sind damit konstruktivistisch, wenn auch auf eine, wie von Glasersfeld (1985b) formuliert, „triviale" Art. In der Perspektive des *trivialen Konstruktivismus* gewinnt z.B. die Wahrnehmung den Charakter einer Interpretation und Hypothesentestung. Wahrnehmung wird zum Versuch des wahrnehmenden Systems, aus der angebotenen Reizkonfiguration aktiv „Sinn" zu machen.

Beispiele trivial konstruktivistischer Wahrnehmungstheorien sind das Konzept der Wahrnehmung als Kategorisierung von Jerome S. Bruner (1973), die Theorie der Wahrnehmung als Hypothesenbildung von Richard L. Gregory (z.B. 1973b), der Wahrnehmungszyklus von Ulric Neisser (1976) oder das Konzept der Wahrnehmung als Problemlösen von Irvin Rock (1983). Gemeinsam ist diesen Konzepten, daß sie den Schritt zur Postulierung einer radikalen Konstruktivität der Erlebniswirklichkeit letztlich nicht vollziehen. Am Ende des Wahrnehmungsprozesses steht stets eine möglichst große Annäherung der Erlebniswirklichkeit an die jeweiligen Reizgegebenheiten. Auch für andere kognitive Bereiche existieren in der Psychologie trivial-konstruktivistische Modelle. Für den Bereich des Gedächtnisses ist z.b. der Ansatz von F. C. Bartlett (1932) und für den Bereich der Kommunikation z.b. der Ansatz von H. Hörmann (1976) zu nennen.

Die bislang zur Einordnung der verschiedenen psychologischen Ansätze zugrundegelegte, erkenntnistheoretisch zentrierte Perspektive legt es nahe, Modelle in den Vordergrund der Betrachtung zu stellen, die sich hauptsächlich mit dem Prozeß der Wahrnehmung beschäftigen. An der Modellierung der Wahrnehmung, des Vorgangs der „für wahr"-Nehmung, lassen sich Unterschiede in den erkenntnistheoretischen Prämissen zu vergleichender Kognitionstheorien am deutlichsten herauskristallisieren. Entsprechend soll dieses Vorgehen auch bei der Frage nach psychologischen Theorien eines *Radikalen Konstruktivismus* beibehalten werden.

Die psychologische Theorie, in der die Voraussetzungen für ein radikalkonstruktivistisches Kognitionskonzept am ehesten gegeben sind, ist die, in den ersten Jahrzehnten dieses Jahrhunderts entstandene und mit den Namen Max Wertheimer, Wolfgang Köhler und Kurt Koffka verbundene Gestalttheorie der Berliner Schule (vgl. Stadler/Kruse 1986). Für die Gestalttheoretiker stand der Abschied von der Möglichkeit, Wahrnehmung als Abbildprozeß zu begreifen, von Beginn an im Mittelpunkt ihrer Modellierungen. Immer wieder haben sie in einer Vielzahl kreativer experimenteller Untersuchungen die grundsätzliche Autonomie der kognitiven Ordnungsbildung hervorgehoben. Mit der Postulierung von Gestaltgesetzen und dem Nachweis ihrer phänomenalen Wirksamkeit gelang es ihnen, plausibel zu machen, daß die Stabilität und Geordnetheit unserer Erlebniswirklichkeit nicht in den realen Gegebenheiten der Umwelt gründet, sondern ein Produkt der selbstorganisierten Ordnungsbildung des kognitiven Systems ist. Die Wirkung von Gestaltgesetzen, insbesondere des übergeordneten Prinzips der Tendenz zur prägnanten, d.h. ausgezeichneten oder nur einfachen und stabilen Ordnung, konnte nicht nur für die Wahrnehmung, sondern auch für Denk- und Gedächtnisprozesse gezeigt werden.

Aus derartigen Überlegungen und den zugehörigen Untersuchungsergebnissen zog z.B. Köhler den folgenden erkenntnistheoretischen Schluß: „Der Mensch hat keinen unmittelbaren Zugang zur physikalischen Welt. Die phänomenale Welt enthält alles, was ihm unmittelbar gegeben ist. Daher wird unser Zugang zum physikalischen Bereich unter allen Umständen auf Schlüsse beschränkt sein, die wir aus gewissen Wahrnehmungen oder vielleicht auch aus anderen Erfahrungen ziehen; immer wird unser Verfahren eine gedankliche Konstruktion bedeuten. Für diese Konstruktion ist kein anderes Material verfügbar als das in der phänomenalen Welt gegebene" (Köhler 1938: 104). Köhler führt damit implizit eine Trennung zwischen einer physikalischen Welt im Sinne der objektiv gegebenen Realität und einer physikalischen Welt im Sinne des durch Wissenschaftler konstruierten Weltbildes ein. Das physikalische Weltbild ist dabei ein reines Produkt des theoretischen und empirischen Wissenschaftprozesses und steht wie die unmittelbar phänomenal gegebene Wirklichkeit in keinerlei Abbildbeziehung zur erlebnisjenseitigen Realität. Köhler nimmt den Standpunkt eines radikalen Konstruktivisten ein.

Noch eindeutiger und differenzierter wird dieser Standpunkt von dem Gestalttheoretiker und Köhler-Schüler Wolfgang Metzger bezogen:

> „Wir können nicht aus unserer Wahrnehmungswelt heraus; wir können niemals das andere Glied des Vergleiches, den ‚wirklichen Sachverhalt' selbst in die Hand bekommen und ihn neben seine Wahrnehmungserscheinungen halten, um deren Übereinstimmung mit ihm unmittelbar festzustellen [...]. Nur unser Handeln spielt sich jenseits unserer Wahrnehmungswelt ab: Es ist daher sogar dem Handelnden selbst ebensowenig unmittelbar gegeben wie die Dinge, auf die es sich bezieht; was wir davon sehen und verspüren und im täglichen Leben – ohne Schaden – für die Tätigkeit selbst halten, ist strenggenommen nur ein Geschehen im Kommandoturm unseres Organismus; in einem etwas mechanistisch klingenden, stark vereinfachenden Bild: das Drehen der Hebel und die selbsttätige Rückmeldung über die dadurch veranlaßte Tätigkeit der durch sie in Gang gehaltenen Geräte. Der wahrgenommene Erfolg oder Mißerfolg unseres handelnden Eingreifens ist unter diesen Umständen das letzte und schlechthin entscheidende Zeichen der Übereinstimmung. Nun unterscheiden wir freilich, auch wo wir nicht handelnd eingreifen können oder dürfen, vielfach ohne Zögern die wahren von den falschen Auffassungen des in der Wahrnehmung Gegebenen. Hierfür aber ist die einzige unmittelbar greifbare Grundlage seine ‚innere Wahrheit', die größere Einheitlichkeit, Geschlossenheit und Notwendigkeit, die größere Schärfe, Härte, Festigkeit, Unbeeinflußbarkeit durch den Wechsel der Einstellung des ‚Standpunkts' und der ‚Beleuchtung' [...]" (Metzger 1941: 239f).

Jüngere Beschreibungen des kognitiven Geschehens, die unmittelbar der Theorie des Radikalen Konstruktivismus zuzuordnen sind, weichen selbst in der Wahl ihrer bildlichen Vereinfachungen so gut wie nicht von Metzgers Darstellung ab. Humberto R. Maturana und Francisco J. Varela wählen z.B. in ihrem 1987 in Deutsch erschienenen Buch „Der Baum der Erkenntnis" die folgende parallele Analogie:

> „Stellen wir uns jemanden vor, der sein ganzes Leben in einem Unterseeboot verbracht hat, ohne es je zu verlassen, und der im Umgang damit ausgebildet wurde. Nun sind wir am Strand und sehen, daß das Unterseeboot sich nähert und sanft an der Oberfläche auftaucht. Über Funk sagen wir dann dem Steuermann: ‚Glückwunsch, du hast alle Riffe vermieden und bist elegant aufgetaucht; du hast das Unterseeboot perfekt manövriert.' Der Steuermann

im Innern des Bootes ist jedoch erstaunt: ‚Was heißt denn ‚Riffe' und ‚Auftauchen'? Alles, was ich getan habe, war, Hebel zu betätigen und Knöpfe zu
drehen und bestimmte Relationen zwischen den Anzeigen der Geräte beim
Betätigen der Knöpfe und Hebel herzustellen – und zwar in der vorgeschrie-
benen Reihenfolge, an die ich gewöhnt bin. Ich habe kein ‚Manöver' durchgeführt, und was soll das Gerede von einem ‚Unterseeboot'?' Für den Fahrer
im Inneren des Unterseeboots gibt es nur das Anzeigen der Instrumente, ihre
Übergänge und die Art, wie zwischen ihnen bestimmte Relationen hergestellt
werden können" (Maturana/Varela 1987: 149).

Die Parallelität der Standpunkte ist trotz des großen zeitlichen Abstands
und trotz der Tatsache, daß keine unmittelbare historische Beziehung
zwischen der Gestalttheorie und dem heutigen Radikalen Konstruktivismus besteht, kaum verwunderlich, wenn man sich vergegenwärtigt, daß
in beiden Ansätzen die Autonomie kognitiver Systeme, d.h. ihre Fähigkeit zur selbstbestimmten bzw. selbstorganisierten Ordnungsbildung das
theoretische Zentrum darstellt (vgl. Kruse et al. 1987). Wäre die Gestalttheorie in der Konsequenz fortgeführt worden, in der sie vor dem zweiten Weltkrieg, d.h. vor der Emigration ihrer Hauptvertreter aus Deutschland, betrieben wurde, wäre eine tragfähige Alternative zum Informationsverarbeitungsmodell, wie sie sich in der gegenwärtigen Entwicklung
einer Selbstorganisationstheorie des Kognitiven andeutet (vgl. z.B.: Stad-
ler/Kruse 1990a; Stadler/Kruse 1991) möglicherweise früher, zumindest
aber in unmittelbarerer Verbindung zur Psychologie entstanden.

3. Psychologische Phänomene

Vor der Betrachtung konkreter empirische Phänomene und Fragestellungen soll kurz ein Beispiel der Konstruktion von Wirklichkeit skizziert
werden, das geeignet erscheint, die Spannbreite der Problematik noch
einmal zu verdeutlichen und einer expliziteren begrifflichen Klärung zu
dienen. Gedacht ist an den nächtlichen Sternenhimmel, der sowohl
Gegenstand einfacher Beobachtung als auch Symbol für das Bild sein
kann, das sich Kulturen von der Welt machen. Die Auswahl dieses
Beispieles liegt vielleicht deshalb besonders nahe, weil Erkenntnisse über
das Universum, mit Ausnahme der Erde und der unmittelbaren Erdnähe,
bislang nicht über den direkten handelnden Zugriff möglich sind und der
Begriff der Konstruktion daher nicht so kontraintuitiv wirkt wie bei (be)-
greifbareren Gegebenheiten.

Am Anfang jeder Auseinandersetzung mit dem phänomenal Ange-
troffenen, d.h., gesehenen, gehörten, gefühlten usw. Ereignissen unserer
Erlebniswirklichkeit, steht ein Prozeß basaler Ordnungsbildung. Wissenschaftliche Forschung beginnt mit der Kategorisierung von Gegebenhei-

ten und der Prozeß der Wahrnehmung mit der Objektausgrenzung. Die Leuchtpunkte am Nachthimmel, die wir als Sterne zu bezeichnen pflegen, besitzen für sich genommen vorderhand wenig Objektqualität. In allen Kulturen wurden sie zu Sternbildern zusammengefügt. Diese Ordnungsbildung, obwohl sicherlich unwidersprochen nicht abbildend, sondern rein konstruktiv, ist nicht beliebig. Sie gehorcht den Gestaltprinzipien. Zufallsmuster akzeptiert die Wahrnehmung nicht.

Sterne und Sternbilder wurden und werden darüberhinaus in den unterschiedlichsten Formen mit Bedeutung belegt. So dienen sie z.B. für den Navigator zur Orientierung und ermöglichen erfolgreiches Handeln im Sinne einer zuverlässigen Ortsbestimmung und Zielfindung. Für den Astrologen sind sie Abbild menschlicher Schicksale und ermöglichen erfolgreiches Handeln im Sinne einer befriedigenden Deutung des Bestehenden bzw. einer klärenden und möglicherweise beruhigenden Vorhersage des Zukünftigen. Für den Astronomen sind sie Gegenstand verschiedenster Forschungsbemühungen und ermöglichen erfolgreiches Handeln im Sinne der weitgehend widerspruchsfreien Interpretation gemachter Beobachtungen durch eine Theorie der Entwicklung des Universums usw. Das Kaleidoskop der Weltbilder ist über die Zeit und über die Kulturen hinweg in keinem Bereich so vielfältig und bunt wie in der Auseinandersetzung mit den Sternen. Die Sicht des Kosmos bildet in der Menschheitsgeschichte Spiegel, Rahmen und Voraussetzung der allgemeinen Sicht der Natur (vgl. Koestler 1980). Ob Wohnstatt der Götter oder ins Unendliche strebendes Überbleibsel eines Urknalles, zweifelsfrei ist oder war jedes dieser Multiversen für seine Schöpfer wirklich, d.h. akzeptabel und handlungsrelevant.

Für die Auseinandersetzung mit dem Prozess der kognitiven Wirklichkeitskonstruktion bleibt festzuhalten, daß es vom psychologischen Standpunkt aus sinnvoll ist, zwischen einer basalen Objektausgrenzung und einem Vorgang der Bedeutungszuweisung zu unterscheiden. Darüberhinaus wird deutlich, daß der Begriff eines physikalischen Weltbildes (vgl. Bischof 1966) in der gestaltpsychologischen Deutung einer radikal-konstruktivistischen Position ohne weiteres verwendet werden kann, da das physikalische Weltbild letztlich ausschließlich das Ergebnis eines kulturellen Konstruktionsprozesses beschreibt. Das physikalische Weltbild umfaßt das kulturelle Wissen über die Erscheinungsformen der Materie und des Lebens nach dem jeweils neuesten Stand der Naturwissenschaften. Dieser Bereich der Wirklichkeit kann verändert, ergänzt oder auch revolutionär umstrukturiert werden. Die Geschichte der Naturwissenschaften liefert dafür viele Beispiele. Auch das physikalisch Gemessene ist keineswegs real, sondern beruht letzlich auf einem Wahrnehmungs- und Interpretationsakt.

Im physikalischen Weltbild existieren Beschreibungen eines beobacht-
und meßbaren menschlichen Körpers, des Gehirns usw. Dies führt zu
einer Vervielfältigung der Kategorien innerhalb der Wirklichkeitskonstruktion. Neben die physikalische Umwelt und den physikalischen Organismus, die die wissenschaftlich erschlossene Wirklichkeit umschreiben, tritt eine phänomenale, d.h. unmittelbar erlebte Umwelt und ein
phänomenaler, d.h. direkt empfundener Körper. Zusätzlich können wir
uns eine Umwelt und unseren Körper vergegenwärtigen, z.B. halluzinie-
ren, träumen, erinnern oder vorstellen (siehe Abb. 1).

Abb. 1.: Die Kategorien der kognitiven Wirklichkeitskonstruktion

Realität	Wirklichkeit	
	physikalisches Weltbild	*phänomenale Wirklichkeit*
	physikalische Umwelt	anschauliche Umwelt
	physikalischer Organismus	anschaulicher Körper
		vergegenwärtigte Umwelt
		vergegenwärtigter Körper

Den verschiedenen Kategorien der kognitiven Wirklichkeitskonstruktion
haftet offenkundig ein unterschiedlicher Grad subjektiv empfundener
Wirklichkeit an. Dem wissenschaftlich Erschlossenen wird häufig eine
höhere Wirklichkeit beigemessen als dem Wahrgenommenen (s. Täuschungsphänomene) und das „tatsächlich" Wahrgenommene steht über
dem „bloß" Vorgestellten. Auf dieses Phänomen der Attribution eines
Wirklichkeitsgrades und seiner besonderen Bedeutung für eine radikal
konstruktivistische Kognitionstheorie wird im weiteren noch näher eingegangen. Vorher sollen einige Phänomene vorgestellt und theoretisch
eingeordnet werden, die den Bereich der basalen Ordnungsbildung und
der Bedeutungszuweisung betreffen.

3.1 Instabilität und Ambiguität

Argumente für eine radikal konstruktivistische Position, d.h. Akzeptanz-
hilfen für die theoretische Konstruktion des Radikalen Konstruktivismus,
und Nachweise ihrer empirischen Brauchbarkeit, d.h. Hinweise auf ihre
Handlungsrelevanz, können in und zwischen den verschiedenen Kategorien der Wirklichkeit aufgezeigt werden.
Aus dem Blickwinkel des physikalischen Weltbildes, z.B. in der Sicht der
biologischen Erkenntnisse der Funktionsweise und der Entwicklungsgeschichte des Gehirns, ergeben sich u.a. die folgenden Argumente:

- Die Vorstellung eines die Umwelt abbildenden, informationsverarbeitenden Gehirns ist nicht in der Lage, komplexe kognitive Prozesse hinreichend zu beschreiben (s.o.). Dieses Argument hat einen eher indirekten Stellenwert.

- Von Gerhard Roth (z.B. 1985) stammt das Argument, daß es keinen direkten Bezug zwischen der Komplexität von Wahrnehmungssystemen und dem evolutionärem Erfolg der damit ausgestatteten Art gibt. Tiere mit sehr einfach gebauten Gehirnen sind individuell und gattungsbezogen nicht weniger überlebensfähig – mitunter sogar überlebensfähiger – als Tiere mit einem komplexen Nervensystem. Darüberhinaus bezieht sich der Komplexitätsgewinn „höher" entwickelter Gehirne in erster Linie auf die Zunahme unspezifischer Hirnbereiche und nicht auf die „informationsaufnehmenden" Subsysteme. Überlebensfähigkeit und Abbildgenauigkeit sind unabhängig voneinander.

- Heinz von Foerster (z.B. 1985) führt an, daß Nervenzellen ausschließlich nach dem „Prinzip der undifferenzierten Kodierung" arbeiten. Auch Sinnesrezeptoren enkodieren nicht die physikalischen Merkmale des Reizes, sondern ausschließlich dessen Intensität. Es wird lediglich das ‚so viel' enkodiert, nicht aber das ‚was'. Das Korn der kognitiven Mühlen besteht aus Intensitäten und nicht aus Informationen. Selbst ob ein Reiz visuell, akustisch oder taktil etc. ist, bestimmt das Gehirn ausschließlich aufgrund seiner eigenen internen Organisation.

Mit dem Vergleich von physikalischem Weltbild und anschaulicher Wirklichkeit rücken Phänomene in den Vordergrund, die im Überschneidungsbereich von Physiologie und Psychologie anzusiedeln sind. Für diesen Bereich sollen – wiederum ohne weitergehende theoretische Einordnung – einige empirische Ergebnisse angeführt werden, die sich konsistent in den Zusammenhang eines radikal konstruktivistischen Kognitionskozeptes fügen:

- Penfield und Rasmussen (z.B. 1950) haben im Verlauf von Gehirnoperationen mithilfe einer Mikroelektrode bei Patienten verschiedene Hirnareale gereizt. In Abhängigkeit vom jeweiligen Reizort rief der Stromstoß visuelle, akustische oder auch Körperempfindungshalluzinationen hervor. Für das Gehirn sind interne und externe Ereignisse im Prinzip ununterscheidbar.

- Bestimmte biochemische Veränderungen im Gehirn (über Drogen wie Meskalin oder LSD, z.B. Siegel 1977) sind in der Lage, überwältigend „echte" Halluzinationen zu erzeugen.

- Der Verlust eines großen Teiles des visuellen Feldes (Skotom durch Hirnverletzungen, vgl. Teuber 1961), also eine weitreichende funktionale Blindheit wird nicht unmittelbar, sondern nur über davon abhängige motorische Beeinträchtigungen erlebt. Das Gesichtsfeld bleibt für

den Wahrnehmenden vollständig. Gleiches gilt im Übrigen wesentlich
undramatischer für den sogenannten blinden Fleck, d.h. den Bereich
der Netzhaut, an dem die Nervenfasern der Netzhaut sich zum Seh-
nerv vereinigen und keine Photorezeptoren vorhanden sind. Ein entsprechendes schwarzes Loch tritt im Erleben nicht auf. Die Geschlossenheit der Wahrnehmungswelt entsteht im Gehirn.

Zentrale Annahme des Radikalen Konstruktivismus ist, daß Umweltge-
gebenheiten kognitive Systeme nur im Sinne unspezifischer energetischer
Veränderungen (Perturbationen oder Fluktuationen) anregen, und daß
die Erlebniswirklichkeit ausschließlich Produkt einer selbstorganisierten
Ordnungsbildung bzw. einer selbstbestimmten (selbstreferentiellen) Bedeutungszuweisung ist. Die Überlegung, daß die postulierte Realität für
den Erkenntnisprozeß eine per se ungeordnete Randbedingung und nicht
Vorgabe einer stabilen Ordnung ist, wurde in der Psychologie in verschiedenen Zusammenhängen formuliert. William James (1891) z.B. beschreibt das Rohmaterial der Wahrnehmung als einen Tumult „brennen-
der, summender Verworrenheit". In der Gestalttheorie und darüber hinaus hat die Kategorie der situativen Ambiguität und Instabilität eine
große theoretische und empirische Bedeutung gewonnen.

Dem in der Wahrnehmungspsychologie ansonsten eher randständigen
Phänomen der perzeptiven Multistabilität wird in der Gestalttheorie ein
besonderer Stellenwert eingeräumt (vgl. z.B.: Köhler 1940; Attneave
1971). Multistabile Reizmuster sind Gegebenheiten, für die im Wahrnehmungsprozeß keine eindeutige Ordnung hergestellt werden kann und die
im Erleben durch einen ständigen, spontanen Wechsel zwischen den
möglichen alternativen Sichtweisen ausgezeichnet sind. Im Bereich des
Sehens z.B. sind derartige Kippmuster in unterschiedlichsten Zusammenhängen und für verschiedene Komplexitätsstufen gefunden oder konstruiert worden. Beispiele reichen von einfachen Figur-Grund-Reversionen,
über perspektivische Instabilitäten bis hin zu Mustern, bei denen ein
Wechsel der Bedeutungszuweisung auftritt.

Derartige „Umschlagmuster" widersprechen der naiven wie der ab-
bildtheoretischen Stabilitätserwartung gegenüber der Wahrnehmung. Für
den Abbildtheoretiker, d.h. unter der Annahme, daß Wahrnehmung
äußere Gegebenheiten mehr oder weniger getreu widerspiegelt, können
sie nur kuriose Systemfehler sein, die auf künstliche Situationen beschränkt sind.

Muster, die bei Betrachtung spontane Reversionen zwischen verschiedenen stabilen Zuständen auslösen, sind zwar tatsächlich eher selten
bzw. zumeist künstlich hergestellt, dennoch ist das Phänomen der Multistabilität keine Randerscheinung. Es ist eine gut begründbare Hypothese
der Gestalttheorie, daß im Prinzip jede Reizgegebenheit multistabil ist
(vgl. Kruse 1988, Kruse/Stadler 1990). Der basale Prozeß der Objektiden-

tifikation in der visuellen Wahrnehmung ist notwendig gebunden an eine aktive Figur-Grund-Trennung und für jede im visuellen Feld bestehende Kontur ist z.B. zu entscheiden, zu welcher Seite sie ein Objekt begrenzt. Sehen ist demnach ein hocheffizienter Vorgang der Ambiguitätsbewältigung durch aktive Ordnungsbildung. Diese Ordnungsbildung läuft in einer Geschwindigkeit ab, die ein unmittelbares Erleben der Ambiguitätsauflösung für gewöhnlich unmöglich macht. Auch bei multistabilen Mustern ist der Prozeß der Umorganisation selbst kaum wahrnehmbar. Die sich spontan ablösenden Stabilitätszustände gehen scheinbar direkt ineinander über.

Nur bei wenigen komplexen multistabilen Bewegungsmustern ist bei sehr genauer Beobachtung zwischen den sich abwechselnden Alternativen eine kurze Phase der Unordnung auszumachen. Auch einige statische Muster, bei denen von vornherein keine ausgezeichneten Zustände existieren, machen den Ordnungsbildungsprozeß über dauernde Veränderungen erlebbar. Ein weiteres Beispiel für die unablässige aktive Stabilitätssuche des visuellen Systems ist der sogenannte Autokinetische Effekt. Bietet man einem Beobachter in einem ansonsten völlig dunklen Raum einen einzelnen ruhenden Leuchtpunkt dar, so wird dieser als eigenbewegt wahrgenommen. Umfang, Art und Richtung der gesehenen Bewegung hängen dabei von den Vorstellungen und Erwartungen des Beobachters ab (vgl. z.B. Sherif 1935).

Nicht nur für den Bereich des Sehens, sondern für alle Sinnesmodalitäten lassen sich erlebnismäßig instabile Wahrnehmungssituationen aufzeigen. Wird z.B. ein einzelnes Wort auf ein Tonband gesprochen und das Band zu einer Schleife zusammengeklebt, so daß ein unablässiges Wiederholen möglich ist, beginnt sich das Wort schon nach wenigen Minuten des Hörens ständig zu ändern. Ein einzelnes Wort wird auf bis zu mehrere hundert verschiedene Arten gehört. Aus dem englischen Wort ‚tress‘ wird ‚dress‘, ‚stress‘, ‚floris‘, ‚purse‘ usw. (vgl. z.B. Warren 1961).

Für Berührungs-, Geschmacks- und Geruchsempfindungen ist bereits die intuitive Stabilitätserwartung gering, da im Gegensatz zum Hören und Sehen insbesondere bei komplexeren Reizkonstellationen aus der Erfahrung Eindeutigkeit nicht selbstverständlich vorausgesetzt wird.

Generell nimmt die Eindeutigkeit im Kognitiven jenseits der basalen Ordnungsbildungsprozesse der Wahrnehmung mit der Komplexität der situativen oder individuellen Gegebenheiten ab. Betrachtet man z.B. nicht allein die einfache Wortwahrnehmung, sondern das darauf aufbauende Verstehen, dann wird deutlich, daß auch sprachliche Kommunikation kaum sinnvoll als Informationsaufnahme aufgefaßt werden kann. Sprache ist hochgradig mehrdeutig und Verstehen wiederum ein Vorgang der Ambiguitätsauflösung bzw. der aktiven Ordnungsbildung. Sprachliche Multistabilitäten, wie sie mitunter in Witzen oder Karrikaturen verwandt werden, weisen vergleichbar mit den Kippfiguren in der visuellen Wahrnehmung auf den allgemeinen Prozeß der Bedeutungskonstruktion hin ("lieber arm dran als Bein ab"). Gleiches gilt für das Phänomen der Ironie (z.B. Groeben 1984). Ironie ist notwendig konstruktiv, d.h. auf die aktive Bedeutungszuweisung des Zuhörers angewiesen, da entsprechende Aussagen stets auch „ernst" verstanden werden können.

Alle aufgeführten Beispiele legen gewissermaßen über die Ausnahmesituation der bewußt gewordenen Ambiguität die grundsätzliche Konstruktivität des Kognitiven offen. Der Eindeutigkeit, die wir in der Wahrnehmung und beim Verstehen zumeist erleben, steht offensichtlich keine entsprechende situative Eindeutigkeit gegenüber. Die Vorstellung, daß die so selbstverständliche Ordnung unseres Lebensraumes eine zu „entdeckende" Vorgabe realer Gegebenheiten ist, und daß Kommunikation Senden, Empfangen und Entschlüsseln von Information ist, verliert stark an Plausibilität.

Ein deutliches Mißverhältnis zwischen erlebter Eindeutigkeit und beobachtbarer Ambiguität ist auch für die Welt der Gefühle und den „erlittenen" körperlichen Schmerz aufzeigbar. Der Sozialpsychologe Stanley Schachter hat eine „kognitive Emotionstheorie" entwickelt, in der Gefühle als aktive Bedeutungszuweisung für ansonsten nicht erklärliche körperliche Veränderungen verstanden werden. Nehmen wir in unserem Körper eine unspezifische Erregung war, d.h. eine Erregung, die wir nicht auf äußere Eingriffe (z.B. Medikamente) zurückführen können, so beschreiben wir diese Veränderungen als Emotion. Die Qualität oder die Bedeutung dieser Gefühle (Angst, Freude etc.) definiert sich dabei über das Gesamt der für den Moment bestehenden kognitiven Bedingungen (Erwartungen, Erinnerungen, Bewertung der Situation etc.). Löst man z.B. bei Personen durch Verabreichung des Hormons Adrenalin eine körperlichen Erregungszustand aus, ohne daß die Personen von der erregungssteigernden Wirkung der verabreichten Substanz wissen, so deuten diese ihren Zustand in Abhängigkeit von absichtlich geschaffenen „lustigen" oder „ärgerlichen" situativen Bedingungen entweder als Euphorie oder als Wut und verhalten sich entsprechend (vgl. Schachter/Singer 1962). Selbst der körperliche Schmerz, der demjenigen, der ihm ausgesetzt ist, so unentrinnbar „real" erscheint, ist mehr ein Ergebnis aktiver Bedeutungszuweisung als eine eindeutige Information. Einfache sprachliche Suggestionen oder das von einem Medikament ausgehende Versprechen auf Linderung (Placebo-Effekt) können ohne jeden „tatsächlich" wirkstoffgebundenen Effekt auch starke Schmerzempfindungen völlig ausschalten oder umdefinieren (vgl. z.B. Peter 1986).

Auch ohne die Lebensbedingungen mit einzubeziehen, in denen wir mit der Uneindeutigkeit komplexer sozialer Situationen oder konflikthafter Entscheidungsanforderungen konfrontiert sind, kann zusammenfassend festgestellt werden, daß die für jedes Handeln so notwendige Stabilität und Geordnetheit der individuelle Erlebniswirklichkeit, kaum widerspruchsfrei als das Ergebnis einer Aufnahme und Verarbeitung von Information anzusehen ist. Die Frage, wie denn ein Lebewesen in der Lage sein kann, sich zu erhalten und sich zu verhalten, wenn es seine Wirklichkeit konstruiert, verkehrt sich in die Frage, wie denn ein Lebewesen angesichts der grundsätzlichen Ambiguität und Instabilität der Gegebenheiten überleben soll, wenn es nicht konstruiert.

Eine kognitive Leistung, bei der der Gedanke der Konstruktivität auch aus der Alltagserfahrung heraus weniger kontraintuitiv ist als z.B. bei Wahrnehmung und Verstehen, ist das Gedächtnis. Daß Erinnerungen nicht notwendig eine getreue Reproduktion erlebter Gegebenheiten sind, sondern unmerklich starken Veränderungen unterliegen können, ist wohl jedem aus eigener Erfahrung bekannt. Das zur Zeit trotzdem noch häufig angeführte Speichermodell des Gedächtnisses, in dem in Analogie zur elektronischen Datenverarbeitung davon ausgegangen wird, daß Gedächtnisinhalte bis zum Wiederabruf veränderungsneutral hinterlegt werden können, ist kaum haltbar. Gedächtnisinhalte unterliegen zu offensichtlich einer eigendynamischen Veränderung. Ihrem Interesse an der autonomen Organisation kognitiver Prozesse folgend hat die Gestaltpsychologie früh begonnen, die unwillkürlichen Veränderungen von Gedächtnisinhalten zu untersuchen.

Die Gestaltpsychologen Köhler und von Restorff (1933, 1937) fanden z.B. heraus, daß unstrukturiert vorgegebenes Gedächtnismaterial überwiegend in strukturierter Form reproduziert wird. Streut man etwa in eine Serie von figürlichen Darstellungen zwei Buchstaben oder in eine Serie von Blumennamen zwei Vogelbezeichnungen ein, so werden häufig bereits bei der ersten Wiedergabe zunächst die beiden nicht in die Serie passenden Glieder angeführt. Die kleinere Gruppe der unpassenden Glieder hebt sich wie eine Figur vor dem Hintergrund des relativ homogenen Restes ab. Dieser Effekt der „Bereichsbildung im Spurenfeld", wie Köhler und von Restorff es bezeichneten, findet sich auch bei komplexeren Material. Metzger (1982) benutzte zur Demonstration des gleichen Effektes zwei ineinander verschachtelte Geschichten. Sätze aus verschiedenen Geschichten wurden abwechselnd hintereinandergefügt und Personen zur Reproduktion angeboten. Die Personen erinnerten spontan zwei getrennte Geschichten; eine Wiedergabe in der durchmischten Satzfolge war nicht möglich.

Auch über die gesetzmäßige Veränderung von visuellem Ausgangsmaterial im Gedächtnis liegt eine lange Serie von Untersuchungen vor (vgl. zusammenfassend: Riley 1964; Goldmeyer 1982). Personen wurde z.B. ein einfaches Muster vorgegeben und sie wurden gebeten, dieses sofort, nach zwei Tagen sowie nach zwei und zehn Wochen zu reproduzieren. Es zeigten sich systematische Veränderungen, die auf die Eigendynamik der Gedächtnistätigkeit zurückgeführt werden. So traten häufig deutliche Verschärfungsprozesse auf, die von Wulf (1922), auf den derartige Experimente zurückgehen, als Pointierung bezeichnet wurden. Komplexere Muster tendieren nach mehrfacher Reproduktion mit zunehmendem Zeitabstand in Richtung auf eine immer größere Regelmäßigkeit und Prägnanz. Einmal mehr wird deutlich, daß die Computeranalogie für das Verständnis kognitiver Prozesse wenig nützlich und ein Verständnis der autonomen Anteile der Ordnungsbildung von zentraler Bedeutung ist.

3.2 Wirklichkeitsempfinden und Wirklichkeitskriterien

Stellt man sich auf den Standpunkt des Radikalen Konstruktivismus, daß die Erlebniswirklichkeit nicht als mehr oder weniger gelungenes Abbild einer bewußtseinsunabhängigen Realität, sondern als Produkt eines kognitiven Konstruktionsprozesses anzusehen ist, ergeben sich eine Reihe grundsätzlicher theoretischer Probleme, die in konkrete empirische Fragestellungen münden. Ein Problem, das mit der Autonomie der Ordnungsbildung und Bedeutungszuweisung einhergeht, hat William James bereits 1890 mit herausfordernder Prägnanz in die wissenschaftliche Diskussion eingeführt: „Under what circumstances do we think things real?" (James 1891: 287).

Diese scheinbar unscheinbare Frage gewinnt bei näherer Betrachtung eine ebensolche Bedeutung wie die gestaltpsychologische Frage, warum die Dinge in unserem Erleben so aussehen, wie sie aussehen. Beide Fragen sind nur dann nicht trivial, wenn die Antwort des Realismus ("weil die Dinge mehr oder weniger in der Form real gegeben sind, in der sie erscheinen") ausgeklammert wird. Die gestaltpsychologische Frage mündet in der Suche nach innerkognitiven Ordnungsprinzipien (Gestaltgesetzen) und die Frage nach der Herkunft der im Alltagserleben so sicheren Unterscheidung zwischen wirklichen und halluzinierten, geträumten, vorgestellten, erinnerten oder gedachten Gegebenheiten mündet in der Suche nach innerkognitiven Unterscheidungsmechanismen (Wirklichkeitskriterien).

Die Autonomie der basalen Ordnungsbildung in der Wahrnehmung wird nahegelegt durch die – der intuitiven Stabilitätserwartung widersprechende – Existenz multistabiler Phänomene. Wenn das Wirklichkeitsempfinden ebensowenig eine Funktion der erlebnisunabhängigen Realität ist wie die Ordnung der Wahrnehmungswelt, dann sollte auch hier keine eindeutige Abhängigkeit zwischen der individuellen Wirklichkeitsattribution und beobachtbaren situativen Bedingungen bestehen. Zu erwarten wäre beispielsweise, daß Reizgegebenheiten generell als mehr oder weniger wirklich beurteilt werden können oder daß z.B. unter bestimmten Bedingungen eine Wahrnehmung als Vorstellung bzw. eine Vorstellung als Wahrnehmung interpretiert wird (vgl. Stadler/Kruse 1990b).

Albert Michotte, der besonders durch seine Untersuchungen zum Entstehen des Kausalitätseindrucks in der Wahrnehmung bekannt geworden ist, hat mit seiner Arbeitsgruppe Untersuchungen zum Wirklichkeitsempfinden durchgeführt. Beobachtern wurden Abbildungen dreidimensionaler Objekte bei unterschiedlichem Aufsichtswinkel dargeboten. Es stellte sich heraus, daß dabei der Wirklichkeitseindruck, d.h. die Körperhaftigkeit der zweidimensionalen Abbildungen, mit dem Aufsichtswinkel variierte. Je nach der Art der Darbietung wurden die abgebildeten Objekte für mehr oder weniger wirklich gehalten. Dabei gab es ein eindeutig definiertes Optimum (vgl. z.B. Phémister 1951).

In einer Reihe von empirischen Arbeiten ist unter dem Stichwort „reality testing" (Wirklichkeitsüberprüfung) oder „reality decision" (Wirklichkeitsentscheidung) erforscht worden, anhand welcher Kriterien die Festlegung eines Ereignisses auf der Dimension „wirklich – unwirklich" vorgenommen wird (zusammenfassend vgl. Segal 1971). Schon Oswald Külpe (1902) ging davon aus und bestätigte experimentell, daß die Unterscheidbarkeit „objektiver", für real gehaltener, und „subjektiver", z.B. vorgestellter, phänomenaler Gegebenheiten nicht eine Eigenschaft der Gegebenheiten selbst ist, sondern auf der Anwendung innerkognitiver Kriterien beruht (Kontrast, Beständigkeit, Verhalten gegenüber Eigenbewegungen und Lidschluß etc.). Die in diesem Zusammenhang vielleicht interessantesten Ergebnisse liefert eine Untersuchung, die direkt auf die Anregungen Külpes zurückgeht. Bittet man Personen sich ein Objekt, z.B. eine Banane, intensiv vorzustellen und zeigt man den Personen währenddessen, ohne daß sie es merken, tatsächlich eine schwache Projektion des Objektes, so wird diese Wahrnehmung als Vorstellung akzeptiert (Perky 1910). Die Grenze zwischen Wahrnehmung und Vorstellung ist keineswegs so eindeutig gezogen, wie es aus der Alltagserfahrung erscheint. Das umgekehrte Phänomen, daß Vorstellungen für Wahrnehmungen gehalten werden, ist ebenfalls möglich und nicht auf drogeninduzierte oder als krankhaft eingestufte (z.B. bei Schizophrenie) Halluzinationen beschränkt. Verwendet man z.B. technische Geräte, die eine schwache Sinnesreizung in verschiedenen Modalitäten (visuell, akustisch oder taktil) vortäuschen, so berichten Personen allein auf der Grundlage dieser Apparatesuggestionen von Wahrnehmungseindrücken (Gheorghiu 1989). Es liegt nahe, daß die Personen dabei Vorstellungsinhalte als Wahrnehmungen interpretieren.

Auch ein Experiment des Gestaltpsychologen Wolfgang Metzger belegt, daß der Wirklichkeitseindruck eines Ereignisses von innerkognitiven Kriterien bestimmt wird. Metzger hat mit einer einfachen Anordnung gezeigt, daß der Wirklichkeitseindruck eines Gegenstandes unter bestimmten Bedingungen auf seinen Schatten übergehen kann. Wird ein weißer Drahtwürfel mit einem Scheinwerfer so angestrahlt, daß ein klar konturierter schwarzer Schlagschatten auf eine dicht hinter dem Würfel stehende weiße Wand fällt, so wird der Schatten vom Beobachter als Objekt und das Objekt als Schatten wahrgenommen. Diese Zuordnung des höheren Wirklichkeitsgrades zum Schatten kommt auf der Grundlage der stärkeren Abgehobenheit des Schattens vom Hintergrund, d.h. auf der Grundlage des Kontrastkriteriums, zustande.

Betrachtet man also den Wirklichkeitscharakter, der einem phänomenalen Ereignis beigeordnet wird, als Ausdruck der Wirksamkeit innerkognitiver, d.h. im System selbst erzeugter Kriterien, ergibt sich eine Situation, die den Anfängen der Gestaltpsychologie vergleichbar ist. Zur Frage, welche Gestaltgesetze die Figur- und Gruppenbildung im Wahrnehmungsfeld bestimmen, tritt die Frage, anhand welcher Kriterien oder Kriterienhierachien z.B. der Eindruck „tatsächlicher" Existenz eines Wahrnehmungsobjektes festgelegt wird. Es ist eine Vielzahl von Wirklichkeitskriterien auf verschiedenen Abstraktionsebenen denkbar. Ein Objekt oder ein Ereignis dürfte auf der Wahrnehmungsebene wirklicher erscheinen, wenn es konturiert, kontrastreich, strukturiert, dreidimensional, gegenüber Veränderungen invariant, räumlich eingeordnet und über mehrere Sinnesmodalitäten gleichzeitig erlebbar ist. Auf der Bedeutungsebene dürfte ein Objekt oder ein Ereignis wirklicher erscheinen, wenn es bedeutungs- und ausdruckshaltig sowie für den Wahrnehmenden attraktiv ist und sich widerspruchsfrei in den Wahrnehmungskontext fügt. Auf der Handlungsebene dürfte ein Objekt oder ein Ereignis wirklicher erscheinen, wenn es in Ursache-Wirkungszusammenhänge eingebettet ist, Tastwiderstand wahrgenommen werden kann, Eigenschaften oder Verhaltenweisen vorhersagbar sind und das Erleben auch von Anderen bestätigt wird.

In der Kunst wird häufig absichtsvoll gegen diese Wirklichkeitskriterien gearbeitet, um über Verfremdung Bewußtheit des Wahrnehmungsprozesses zu erzeugen. Viele Filmregisseure benutzen dieses Stilmittel virtuos. So werden z.B. Rückblenden in die Vergangenheit oder Traumszenen durch Farbveränderungen unwirklich gemacht und Wahnvorstellungen durch unlogische, nicht vorhersagbare Ereignisketten markiert. Ein in diesem Zusammenhang besonders interessanter Film ist Rainer Werner Fassbinders „Welt am Draht", in dem drei unterschiedlich wirkliche Spielebenen (eine Wirklichkeit, eine simulierte Wirklichkeit und eine in der Simulation simulierte Wirklichkeit) szenisch ineinander verwoben sind.

Auch in der Malerei, insbesondere in der surrealistischen Malerei, spielt der Umgang mit Wirklichkeitskriterien eine zentrale Rolle. Besonders prägnante Beispiele finden sich bei dem belgischen Maler René

Magritte. Magritte spielt oft mit dem Kriterium der Kontextstimmigkeit. Bildelemente, die für sich genommen naturgetreu dargestellt sind, erzeugen Irritation durch die Art des Arrangementes oder Eigenschaften dargestellter Objekte widersprechen intuitiven Erwartungen und machen diese damit bewußt.

Großen Einfluß dürften derartige Kriterien allgemein bei der spontanen Einschätzung von Medienwirklichkeiten haben. Hier öffnet sich ein weites und bedeutsames Untersuchungsfeld. So kann z.B. eine Nachrichtenmeldung durchaus authentischer erscheinen, wenn die Nachricht in schlechter optischer Qualität dargeboten wird, obwohl dies sonst den Wirklichkeitseindruck eher verringert. Ein Beispiel hierfür sind die Fotos noch nicht am Markt befindlicher neuer Automodelle. Die publizierten Fotos dieser „Erlkönige" haben zumeist eine erstaunlich schlechte Qualität, obwohl es hierfür eigentlich keine technischen Gründe mehr geben kann. Die unscharfe oder wenig kontrastreiche Darstellung vermittelt dem Betrachter die Gewißheit, daß es sich tatsächlich um die zufällig geglückte „geheime" Aufnahme eines noch nicht öffentlich zugänglichen Automodells handelt.

Ebenso, wie Gestaltgesetze in ihrer Gültigkeit nicht auf den Bereich der Wahrnehmung beschränkt sind, kann auch den Wirklichkeitskriterien in allen kognitiven Funktionen Wirksamkeit unterstellt werden. Für das Gedächtnis ist diese Wirksamkeit bereits umfassender empirisch überprüft, da, wie erwähnt, für das Gedächtnis der Gedanke der Konstruktivität weniger absurd erscheint und damit die Frage nach der Bestimmung des Wirklichkeitsgehaltes einer Erinnerung auch unabhängig von der radikal konstruktivistischen Position von vornherein plausibler ist. Ob eine Erinnerung auf einen „realen" Sachverhalt zurückgeht oder der eigenen Vorstellung entspringt erscheint „fragwürdiger" als der Wirklichkeitsgehalt einer Wahrnehmung. In einer Reihe von Experimenten haben Johnson und Raye (1981) überzeugend nachgewiesen, daß die Entscheidung, ob eine Erinnerung einer externen oder einer internen Quelle entspringt, ausschließlich anhand systemeigener Zuordnungen getroffen wird. In einem sehr schnell und nahezu unbewußt ablaufenden Vergleichsprozeß wird die sensorische Lebhaftigkeit, die bedeutungs- und kontextbezogene Detailliertheit sowie der Anteil der mit der Erinnerung verbundenen kognitiven Operationen überprüft. Je stärker diese Kriterien für eine Erinnerung ausgeprägt sind, desto eindeutiger wird sie als wahrnehmungsbezogen und nicht als der Vorstellung entstammend eingestuft.

4. Einige abschließende Bemerkungen

Jenseits der Diskussion um die wissenschaftliche und alltagspraktische Haltbarkeit der Theorie eines Radikalen Konstruktivismus steht bei Kritikern dieses Standpunktes häufig ein Vorwurf im Mittelpunkt, der die Auseinandersetzung notwendig in den Bereich des Ethischen verlängert: der Vorwurf, daß die Annahme der Konstruktivität menschlicher Erlebniswelten unmittelbar deren Beliebigkeit impliziert.

Das „Wahre, Gute, Schöne" scheint sich in einem allumfassenden Relativismus (Duncker 1981; Wertheimer 1988) und das Streben nach Erkenntnis des Gegebenen in der Allmachtsphantasie eines „Alles ist möglich" zu verlieren. Der Begriff der Beliebigkeit wird sowohl auf die Frage nach gültigen Wertmaßstäben als auch auf die konkrete Ausgestaltung individueller Erlebniswirklichkeiten angewandt (vgl. Stadler/ Kruse 1989).

Kein Konstruktivist behauptet, daß die Ausgestaltung der Erlebniswirklichkeit – auch wenn sie letztlich in ihren Ordnungsbildungen und Bedeutungszuweisungen von individuellen kognitiven Systemen hervorgebracht wird – von diesen kognitiven Systemen vollständig willkürlich verändert werden kann. Zur argumentativen Auseinandersetzung mit dem Mißverständnis der Gleichsetzung von Konstruktivität mit Beliebigkeit und allumfassender Verfügbarkeit sei es erlaubt, die Gleichsetzung von Psychosomatik und Simulantentum als Analogie heranzuziehen. Es gehört zur Definition der Psychosomatik, daß die individuellen psychischen Gegebenheiten wesentlichen Einfluß auf die Entstehung und den Verlauf körperlicher Krankheitserscheinungen haben. Dennoch wird kein Psychologe letztlich die Meinung vertreten, daß die Abwesenheit einer klar umgrenzten Ursachenzuweisung die Krankheit in das Belieben des Individuums stellt. Individuelle Verursachung und subjektives Erleiden sind in der Psychosomatik akzeptiertermaßen keine Gegensätze.

Auch außerhalb der konstruktivistischen Theoriebildung scheinen psychologische Phänomene auf, die die Begriffe Beliebigkeit und willkürliche Verfügbarkeit grundsätzlich von der Frage der eigenaktiven Anteile kognitiver Systeme an der individuellen Erlebniswirklichkeit trennen. Darüberhinaus geht die Position des Radikalen Konstruktivismus davon aus, daß die viablen Wirklichkeitskonstruktionen individueller kognitiver Systeme zu großen Anteilen evolutionär entstanden und damit in der neuronalen Struktur des Gehirns vorgegeben sind. Das Konzept der Viabilität erlaubt zwar keinen Rückschluß von der Erlebniswirklichkeit auf die angenommene Realität; es unterstellt jedoch, daß diese für die Wirklichkeitskonstruktion die Funktion einer unspezifischen Randbedingung hat.

Der zweite Vorwurf, daß der Radikale Konstruktivismus mit einer nicht zu tolerierenden Relativität gesellschaftlicher und persönlicher

Werte einhergeht, entspringt ebenfalls dem Mißverständnis einer Gleichsetzung von Konstruktivität und Beliebigkeit. Wenn Handlungen, Vorstellungen, Theorien usw. nicht mehr pauschal über das Kriterium der Wahrheit sanktioniert werden können, sind sie deshalb nicht gleichzeitig unbewertbar. Im Gegenteil, der Mangel an eindimensionaler Wertigkeit (wahr – unwahr) erzwingt die Explizierung individuell oder gesellschaftlich gesetzter Maßstäbe und die offene Auseinandersetzung mit diesem Maßstäben. Mit kaum einer Bewertung ist in der Geschichte der Menschheit mehr Elend verantwortet worden als mit der Wahrheit. Die radikalkonstruktivistische Forderung nach einer umfassenden Offenlegung der Prämissen, Ziele und Wertigkeiten erscheint im Kontrast zum Unterdrückungspotential der Wahrheit weit weniger beunruhigend. Allerdings erzwingt dieser Aspekt des Konstruktivismus die völlige Übernahme der Verantwortung für die gesetzten Maßstäbe. Der zentrale Wert des im Konstruktivismus angelegten Menschenbildes ist die Autonomie (vgl. auch Portele 1989).

Auf der Grundlage eines derartigen Menschenbildes entsteht eine Form der Wertschätzung der Wirklichkeit des Anderen, die gesellschaftliche und individuelle Machtausübung zwar nicht verhindert, aber tiefgreifend diskreditiert. Der Weltbildimperialismus einer naiv verstandenen „Entwicklungs"-Hilfe verliert ebenso seine Berechtigung wie die abqualifizierende Unterscheidung zwischen einer „normalen" und einer „verrückten" Erlebniswirklichkeit. Die Stärke der radikal-konstruktivistischen Position liegt in der Notwendigkeit des bewußten und selbstverantwortlichen Umgangs mit ansonsten nur allzuoft unhinterfragten Grundannahmen.

Faßt man mögliche Argumente zusammen, die für die Einnahme eines radikal konstruktivistischen Standpunktes bei der Betrachtung kognitiver Systeme sprechen, so ergeben sich auf dem Stand der Überlegung die folgenden vier Aspekte:

- Der Radikale Konstruktivismus ist in der Lage, vorhandene physiologische und psychologische Erkenntnisse in eine konsistente Ordnung zueinander zu bringen.

- Der Radikale Konstruktivismus bezieht sich als Metatheorie explizit selbst in die gesetzten Grundannahmen ein. Diese theoretische Selbstbezüglichkeit ist logisch notwendig.

- Das Menschenbild des Radikalen Konstruktivisms fußt auf dem Gedanken der Autonomie. An die Stelle der zwischenmenschlichen Machtausübung tritt die Aufforderung zur gegenseitigen Akzeptanz und zur Offenlegung der angelegten Wertmaßstäbe und der beabsichtigten Handlungsziele.

– Für die Psychologie allgemein und bei der Analyse von Kommunikationsprozessen und Medienereignissen im Besonderen verlagert der
  Radikale Konstruktivismus das forschende Staunen von der Seite des
  Mißlingens auf die Seite des Gelingens. Aus der Frage, warum z.B.
  Wahrnehmung oder Kommunikation manchmal nicht zufriedenstellend vonstatten geht, wird die fruchtbarere Frage, warum die Ordnungsbildung im Kognitiven zumeist so selbstverständlich „richtig"
  erscheint und wie sie zustande kommt.

Peter M. Hejl

Soziale Konstruktion von Wirklichkeit

Einleitung

Daß Wirklichkeiten[1] als soziale Konstrukte verstanden werden können
oder gar sollten, haben zumindest einige Soziologen seit der Etablierung
ihrer Disziplin gewußt[2]. Weil jedoch die Medien weder in der heute gegebenen technischen Vielfalt und Leistungsstärke, noch in der damit einher-
gehenden sozialen Organisation präsent waren, konnten diese frühen
Überlegungen zur sozialen Konstruktion von Wirklichkeit noch nicht in
eine Medientheorie verlängert werden. Indem sie jedoch die Folgen sozialer Differenzierung für Wirklichkeitsvorstellungen und Kommunikation
thematisierte, verband bereits die frühe evolutionistische Soziologie konstruktivistische und funktionale Überlegungen in einer Weise, die in der
soziologischen Theorie die systematische Stelle entstehen ließ, die die moderne Medientheorie ausfüllen konnte.

Für den frühen Konstruktivismus in der Soziologie gibt es verschiedene
Ursachen. Zunächst ist natürlich die Philosophie zu nennen, entstand doch
die Soziologie zumindest teilweise aus der Sozialphilosophie. Damit
schloß sie auch an die erkenntniskritische Tradition der Philosophie an
(→ I, Schmidt). Außerdem war die Soziologie aber auch über den Positivismus des 19. Jahrhunderts (vgl. Blühdorn/Ritter 1971) von Kants Koper-
nikanischer Wende mitgeprägt, also von der Erkenntnis, daß von der Empirie kein Weg zu allgemeinen Gesetzen führt. Diese werden vielmehr von
wahrnehmenden und denkenden Bewußtseinen erzeugt.

Das marxsche Konzept der Ideologie trug ebenfalls zur verbreiteten erkenntniskritischen und auf unterschiedliche Wirklichkeiten orientierten
Haltung vieler Soziologen bei. Freilich ist das marxsche Ideologieverständ-
nis noch vorkritisch in dem Sinne, daß es mit der Alternative „richtiges"
versus „falsches" Bewußtsein arbeitet. Einen entscheidenden Schritt über
Marx hinaus ging dann K. Mannheim (1969) mit seiner – Schelersche

---

1 Der Begriff „Wirklichkeit" im Sinne von „sozial erzeugter Wirklichkeit" wird hier synonym mit „sozial erzeugtem Wissen" bzw. mit „Kultur" verwendet (vgl. dazu Hejl 1992a).

2 Als knappen Überblick über die Entwicklung der Wissenssoziologie vgl. Stehr/Meja
(1980).

Überlegungen (Scheler 1960) radikalisierenden – Wissenssoziologie. Er entwickelte die Vorstellung, daß „Wissen von Anfang an ein kooperativer Gruppenprozeß ist" (Mannheim 1969: 27) – und zwar jedes Wissen. Mannheim überwindet die Beschränktheit der marxschen Position, indem er davon ausgeht, daß Wissen immer standortbedingt ist. Angesichts der politischen Entwicklungen der Zeit kann diese Position aber nicht durchgesetzt und so vertieft werden, daß der traditionelle wahr-falsch-Dualismus überwunden wird. Das gelingt erst dem modernen Konstruktivismus.

Angesichts der bereits bei Mannheim erreichten Differenziertheit des wissenssoziologischen Selbstverständnisses ist Stehr und Meja (1980: 11) zuzustimmen, die darauf verweisen, daß die Stagnation der Wissenssoziologie nach dem 2. Weltkrieg ursächlich damit zusammenhängt, daß Soziologen die Radikalität der Wissenssoziologie in erkenntnistheoretischer Hinsicht neutralisierten. Genau das nämlich geschah, als sie die Wissenssoziologie in „normale Wissenschaft" überführten. Ein Beispiel dafür sind die Autoren, an die viele Leser sofort denken, wenn sie den Terminus „Konstruktivismus" hören. *Die gesellschaftliche Konstruktion der Wirklichkeit* von P. Berger und Th. Luckmann (1969) ist das (wissenssoziologisch interessante) Beispiel eines wissenssoziologischen Klassikers, der in erkenntnistheoretischer Hinsicht von seinen Autoren selber herabgestuft wurde. Obwohl an der Phänomenologie Husserls und Schütz' orientiert, d.h. an einer philosophischen Tradition, die die phänomenale Welt von den Vor-Urteilen über sie trennen möchte, und obwohl die Autoren die Bedeutung der erkenntnistheoretischen Probleme in der Wissenssoziologie kennen und sich ausdrücklich in die deutsche philosophische Tradition stellen, schließen sie die erkenntnistheoretischen Probleme aus der Wissenssoziologie aus (vgl. Berger/Luckmann 1969: 15 ff.). Sie betrachten „die Wissenssoziologie als ein Teilgebiet der empirischen Wissenschaft Soziologie" und verharmlosen eben damit ihre Bedeutung: „Unser spezielles Vorhaben ist zwar theoretischer Natur. Aber unsere Theorien gehören in das empirische Fach und zu seinen konkreten Problemen und haben nichts mit der Frage nach den Grundlagen des empirischen Faches zu tun" (Berger/Luckmann 1969: 15).

Der Verzicht darauf, die schwierige Problematik der Selbstanwendung anzugehen, d.h. der Verzicht darauf, generell wissenschaftliches und damit auch eigenes Denken als konstruktiv zu verstehen,[3] sichert zwar vor dem Verdacht überzogener Ansprüche und schützt vor den Reaktionen all derer, die ihre vermeintlich sicheren Grundlagen angegriffen wähnen.

---

3   Mannheim sah diese (heute mit dem Thema Selbstorganisation aufgenommene) sich aus wissenssoziologischer Sicht ergebende Beziehung der Erkenntnistheorie zu den Einzelwissenschaften deutlich, wenn er betonte, daß die Erkenntnistheorie einerseits die Einzelwissenschaften fundiere, andererseits aber auch durch sie fundiert werde (Mannheim 1969: 247).

Dieser Verzicht erklärt aber auch, warum diese Tradition, die konstruktivistischen Überlegungen in vieler Hinsicht so nahe steht, mit der Entwicklung des hier vertretenen Konstruktivismus kaum verbunden war, obwohl natürlich die entsprechenden Arbeiten selber bekannt waren.

Mit der Wissenssoziologie Durkheims gibt es jedoch eine Tradition, die sozial erzeugtem Wissen zentrale Bedeutung zumißt[4]. Das wird an zentralen Begriffen deutlich wie „représentation" und „conscience collective" bzw. „conscience commune", sowie, davon zu unterscheiden, „conscience sociale". Der scheinbar naheliegendste Begriff, „connaissance", d.h. „Wissen", fungiert eher als Oberbegriff, so wenn Durkheim von der „sociologie des connaissances" spricht.

Der erste wichtige Begriff, „représentation", wird von Durkheim als „Vorstellungen" verstanden[5]. Daß er ihnen eine zentrale Bedeutung einräumt, betont Durkheim an verschiedenen Stellen. In einer gegen Kritiker gerichteten Klarstellung sagt er z.B.: „... wir haben ausdrücklich gesagt und auf alle möglichen Weisen wiederholt, daß das soziale Leben vollständig aus Vorstellungen besteht, ..." (Durkheim 1983: X[6]). Das Soziale wird hier also sogar *vollständig* als „Vorstellungen" charakterisiert. Damit schießt Durkheim freilich insoweit über sein Ziel hinaus, als er auch Handlungen als Teil des Sozialen versteht (vgl. Durkheim 1986: 46 und 1983: 5). Daß mit der Betonung von Vorstellungen eine Position gemeint ist, die der hier vertretenen zumindest nicht fern steht, und zwar trotz vieler zeit- und kontextbedingter Kompromisse, wird an verschiedenen Stellen deutlich[7]. So zum Beispiel, wenn Durkheim sagt: „... die Welt existiert für uns nur, soweit sie vorgestellt ist ..." (Durkheim 1975c: 186). Der Begriff der „représentation" ist nicht zuletzt deshalb wichtig, weil Durkheim ihn kontinuierlich verwendet, während er die anderen Begriffe eher schwankend gebraucht. Gleichzeitig bilden der Begriff und das Konzept, das er bezeich-

---

4 So versteht Durkheim etwa seine ganze Religionssoziologie als Teil der Wissenssoziologie, vgl. Durkheim (1985: 1-28). Wichtige wissenssoziologische Texte sind (1974; 1975a; 1975b; 1987) sowie Durkheim/Mauss (1969). Zur Durkheimschen Wissenssoziologie vgl. z.B. Bloor (1980); Joas (1985); Lukes (1975: 435 ff.) und Namer (1977).

5 E. von Glasersfeld (1984) hat darauf verwiesen, daß im angelsächsischen Bereich, dies gilt ebenso für den französischsprechenden, der Begriff „representation" bzw. „représentation" vier im Deutschen unterschiedlich zu bezeichnende Bedeutungen hat: „darstellen", „abbilden", „vertreten" und „vorstellen". Klarerweise bezeichnen diese Wörter in erkenntnistheoretischer Sicht sehr unterschiedliche Konzepte, die nicht vermischt werden dürfen.

6 Alle Übersetzungen P. M. Hejl. Da die angebotenen Übersetzungen durchweg problematisch sind, wird, soweit nicht ausdrücklich angegeben, nach den Originaltexten zitiert.

7 So verweist er bereits in der 1893 veröffentlichten Arbeit zur sozialen Arbeitsteilung (Durkheim 1986: 335) darauf, daß die Welt für einen Organismus nur soweit besteht, wie sie ihn beeinflußt. In der Religionssoziologie, d.h. fast zwanzig Jahre später, bezeichnet er den klassischen Empirismus als einen Irrationalismus.

net, eine Verbindung zu neueren Auseinandersetzungen mit der Bewußtseins- und Wissensproblematik bis in die Kulturtheorie hinein.

Der andere zentrale Begriff, „conscience collective" bzw., synonym verwendet, „conscience commune", bezeichnet gleiche Vorstellungen in einer Gesellschaft (vgl. Durkheim 1986: 46 f.), d.h. ein von der großen Mehrheit einer Gesellschaft geteiltes Wissen, das die Gesellschaft selber und ihre natürliche Umwelt zum Gegenstand hat[8]. Außerdem umfaßt das Konzept aber auch eine emotionale Komponente. Das wird deutlich, wenn man die biologisch-entwicklungstheoretische Perspektive berücksichtigt, aus der Durkheim sozialen Wandel betrachtet[9]. Gewissermaßen als Ausgangsstadium geht er von traditionellen („primitiven", d.h. „ersten") Gesellschaften aus, in denen die Gleichheit der Vorstellungen mit intensivem Gemeinschaftserleben zusammengeht,[10] das schließlich auch gesellschaftszerstörende Konflikte bei Beginn von Differenzierungsprozessen verhindern soll. Im Anschluß an die Tönniessche Terminologie versteht er diese ursprünglichen Sozialgebilde in _idealtypischer_ Weise als Gemeinschaften (vgl. Tönnies 1979)[11]. Sie sind durch geringe interne Differenzierung und damit auch durch geringe Differenzierung der in ihnen vorhandenen Vorstellungen gekennzeichnet.

Als „conscience sociale" [soziales Bewußtsein] bezeichnet Durkheim jenes Spezialwissen, das in großen funktional spezialisierten Bereichen[12] wie Justiz, Regierung, Wissenschaft und Wirtschaft ausgebildet wird. Dieses Wissen ist zwar sozial, aber als Spezialwissen nicht kollektiv. Seinen Ursprung hat es in der internen Differenzierung von Gesellschaft (s.u.). Dabei wird die „conscience collective" weitgehend zurückgedrängt in ge-

---

8 Darauf, daß aus diesem Abstellen auf kognitive Prozesse das Mentalitätskonzept entstanden ist, sei hier nur verwiesen. Vgl. als Forschungsüberblick Schöttler (1989) und zum modernen Konzept der sozialen Repräsentationen Farr/Moscovici (1984).

9 Vgl. zu den Veränderungen des Evolutionsbegriffs Bowler (1975) und zur Bedeutung des Organismus- und Evolutionskonzepts für die Soziologie Spencers und Durkheims Hejl (1995).

10 Durkheim sieht in diesem Zusammenhang Religion entstehen als ersten Ausdruck der Erfahrung von Gesellschaft als einer überindividuellen Macht, zu der der Einzelne dennoch gehört, an der er sich orientiert, die ihn schützt, aber die auch Ansprüche stellt, vgl. etwa Durkheim (1985: 597 ff.).

11 Daß Durkheim wie viele frühe Evolutionisten den Grad der Differenzierung ursprünglicher Gesellschaften und auch das Ausmaß der in ihnen vorhandenen Konflikte unterschätzte, sei hier nur erwähnt.

12 Ich verwende hier den Begriff „soziale Differenzierung", der sich in der Soziologie durchgesetzt hat. Durkheim (1988: 421 f.) lehnte den Begriff ab und sprach stattdessen von „Arbeitsteilung" oder „sozialer Arbeitsteilung". Unter „Differenzierung" verstand er für die Gesellschaft negative (Differenzierungs-)Prozesse, etwa wenn Gesellschaftsmitglieder sonst allgemein akzeptierte Normen nicht länger anerkennen. Deshalb diskutiert er die Differenz zwischen Arbeitsteilung und Differenzierung auch erst im Zusammenhang mit seinem Konzept der Anomie.

nerelle Vorstellungen und Überzeugungen. Sie werden ergänzt durch das Wissen funktional spezialisierter Gruppen, die man heute schärfer als soziale Systeme bzw. Subsysteme fassen kann (vgl. Durkheim 1983: 5).

In der Auseinandersetzung mit dem Problem des Wissens unterschiedlichen Ursprungs taucht eine weitere wichtige Idee auf: die der *Autonomisierung von Wirklichkeiten*. Durkheim sagt: „In der Tat nehmen manche Arten des Handelns oder des Denkens eine gewisse Konsistenz an, die [...] sie von den einzelnen Ereignissen isoliert, in denen sie sich widerspiegeln. Sie nehmen so eine körperhafte Gestalt an, eine wahrnehmbare, ihnen eigene Form, die eine Realität *sui generis* bildet" (Durkheim 1983: 8 f.). Geht man davon aus, daß Handeln und Kommunizieren immer auch auf geteilte Vorstellungen über Wirklichkeiten und die Art des angemessenen Umgangs mit ihnen bezogen ist, dann beschreibt Durkheim hier den Übergang von der Ebene konkreten Handelns und Kommunizierens auf die Ebene der Kultur.

Die Idee der Autonomisierung wird u.a. in einer Arbeit erneut aufgenommen, in der Durkheim und Mauss (1969) eine Theorie der sozialen Entstehung fundamentaler Kategorien der Klassifikation entwickeln. Aufbauend auf der Überlegung, daß Klassifikationssysteme und dabei verwendete Kategorien immer in Gesellschaften ausgebildet werden, nehmen sie eine Verallgemeinerung von Unterscheidungen an, die zunächst *innerhalb* der betreffenden Gesellschaft entwickelt wurden. Diese Klassifikationen gewinnen dann jedoch eine relative Autonomie: „Die Ideen sind in ihnen [den Klassifikationssystemen] nach einem Modell organisiert, das die Gesellschaft geliefert hat. Sobald jedoch diese Organisation der Mentalität existiert, ist sie in der Lage, auf ihre Ursache zurückzuwirken und diese weiterhin zu verändern" (Durkheim/Mauss 1969: 417). Wir haben also einen Prozeß, in dem Vorstellungen gegenüber der sozialen Ebene autonomisiert werden. Ist dies eingetreten, kommt es zu einer Wechselwirkung mit dieser sozial erzeugten Wirklichkeit: die Vorstellungsebene wird von der sozialen Ebene aus bestätigt oder verändert, beeinflußt diese aber auch als das Wissen, das zur Gestaltung und zum Handeln auf der sozialen Ebene eben erreichbar ist.

Wie geht nun Durkheim mit dem bereits angesprochenen *Problem der Selbstanwendung* um? Es muß nämlich geklärt werden, welcher Status für wissenschaftliche Aussagen beansprucht werden kann und warum grundlegende Kategorien der Wirklichkeitsklassifikation und damit der Wirklichkeitskonstruktion, die an der sozialen Vorlage Gesellschaft gewonnen wurden, auch auf „nichtgesellschaftliche" Bereiche erfolgreich angewendet werden können.

Durkheims Position zur ersten Frage ist davon bestimmt, daß er die Soziologie als eine Wissenschaft unter anderen versteht. Der Status ihrer Aussagen ist damit für ihn nicht von der anderer Wissenschaften unterschieden. In Übereinstimmung mit seiner Überzeugung vom sozialen Ursprung jedes bewußten oder konzeptuellen Wissens sagt er: „Der Wert, den wir der Wissenschaft zusprechen, hängt von der Idee ab, die wir uns kollektiv von ihrer Besonderheit und ihrer Rolle im Leben machen, d.h. sie drückt einen jeweiligen Zustand der Meinung aus. Das bedeutet, daß alles im sozialen Leben, auch die Wissenschaft, auf Meinung beruht" (Durkheim 1985: 626).

Der Position, daß es nur eine Wissenschaft gibt, entspricht auch die Antwort auf die zweite Frage. Durkheim zufolge können am Muster der Differenzierung von Gesellschaften gewonnene Kategorien auch „außerhalb" von Gesellschaft verwendet werden. Die Vorstellung sei nämlich irrig, damit werde ein kategorial anderer Bereich betreten. In der Gesellschaft gewonnenes Wissen könne auf Natur erfolgreich angewendet werden, weil das Soziale Teil von Natur sei, so wie umgekehrt Natur als erfahrbare Natur immer wahrgenommene und konzeptuell strukturierte Natur sei (vgl. Durkheim 1985: 630).

Wie versteht Durkheim vor diesem Hintergrund den *Prozeß der Kommunikation*? In seiner Religionssoziologie beschäftigt sich Durkheim u.a. mit der Erklärung des Totemismus. Dabei geht er auf die Bedeutung von Zeichen und auf Kommunikation ein. Er sagt: „... die individuellen Bewußtseine sind füreinander verschlossen; sie können nur mittels Zeichen kommunizieren, in denen sich ihre internen Zustände ausdrücken" (Durkheim 1985: 329).

Fassen wir zusammen: Wissen besteht nach Durkheim aus Vorstellungen von Wirklichkeit(en) und Handlungen, die als Wirklichkeitskonstrukte verstanden werden können. Sie sind einerseits emotionalen Ursprungs und behalten stets gewisse emotionale Qualitäten. Andererseits sind Wirklichkeitskonstrukte aber auch Wissen über die Welt und wie in ihr zu handeln ist. Dieses Wissen ist sozialen Ursprungs, soweit es Konzepte, Kategorien, Klassifikationen usw. umfaßt. Dieses an und in Gesellschaften ausgebildete Wissen kann auf natürliche Prozesse übertragen werden, weil Gesellschaft ein natürliches Phänomen ist, so daß es keine fundamentale Diskontinuität zwischen Natur und Gesellschaft gibt. Wissensbestände, einmal ausgebildet, erlangen außerdem eine gewisse Autonomie von ihrem Entstehungszusammenhang. Damit geht Durkheim von zwei Dimensionen der Veränderung von Wirklichkeitskonstrukten aus, a) „horizontal", d.h. durch „Beeinflussungen" zwischen unterschiedlichen Vorstellungen, und b) „vertikal", nämlich durch Wechselwirkungen mit der sozialen Ebene. Da Vorstellungen den Kern des Sozialen ausmachen, die „individuellen Bewußtseine [aber] füreinander verschlossen" sind, ist Kommunikation, d.h. die Symbolisierung von Interaktionen und von sozial erzeugtem Wissen eine fundamentale Existenzbedingung für Gesellschaften. Im Zuge der internen Differenzierung von Gesellschaften kommt es schließlich dazu, daß in diesem Prozeß ausgebildete soziale Subsysteme zu Produzenten von Wirklichkeitskonstrukten werden. Obwohl ihr Wissen oft für die ganze Gesellschaft bedeutsam ist, ist es zwar „sozial", nicht aber „kollektiv".

1. Zur Evolution der sozialen Wirklichkeitskonstruktionen

Die bereits in der frühen Soziologie entwickelten Vorstellungen zur sozialen Konstruktion von Wirklichkeit werden gestützt durch neuere Arbeiten aus der Biologie[13] und Psychologie. Zu nennen sind hier einerseits die Primatologie und andererseits die an der Evolutionstheorie orientierte Psychologie. Während die primatologischen Arbeiten unabhängig von der Soziologie entstanden zu sein scheinen, stehen die psychologischen Arbeiten sogar in einer gewissen Opposition zur Soziologie, worauf noch einzugehen sein wird.

Wie skizziert, hatte Durkheim die Auffassung vertreten, daß in und an Gesellschaft die Konzepte und Kategorien entwickelt werden, die auch zur Konstruktion von „Natur" dienen. Eben dies wäre auch die Konsequenz der in der Primatologie diskutierten „Social Intelligence Hypothesis", die sogar noch über diese Position hinausgeht (vgl. Byrne/Whiten 1988; Humphrey 1988; Kummer/Dasser/Hoyningen 1990). Ihre Vertreter vermuten, daß die meistens durch komplexe Sozialbeziehungen gekennzeichneten menschlichen und nichtmenschlichen Primatengesellschaften[14] eine Umwelt für die in ihnen lebenden Mitglieder sind, in der sich die Fähigkeit zu differenzierter und verläßlicher Beobachtung und Einschätzung des Verhaltens der anderen Gruppenmitglieder als evolutionärer Vorteil erweist. Die Annahme lautet also, daß die intellektuellen Anforderungen des Soziallebens von Primaten die des Umgangs mit ihrer nichtsozialen Umwelt übersteigen und daß die dabei (dies gilt auch für unsere Vorfahren) selektierten intellektuellen Kapazitäten im Umgang auch mit der nichtsozialen Umwelt ein Gewinn waren. Wie die Bezeichnung sagt, handelt es sich bei der Social Intelligence Hypothesis um eine Hypothese. Sie ruht einerseits auf eher anekdotenhaften Beobachtungen, die einsichtiges und komplexes Verhalten höherer Primaten nahezulegen scheinen, und andererseits auf systematisch gewonnenen empirischen Ergebnissen,

---

13 Vgl. außerdem die im Beitrag von Schmidt genannten Arbeiten aus der biologischen Hirn- und Kognitionsforschung.

14 Zur Ausnahme von diesem allgemeinen Befund, den Orang Utans, vgl. die Diskussion bei Dunbar (1992).

die zumindest auf intellektuell anspruchsvollere Leistungen verweisen (vgl. Cheney/Seyfarth 1990a)[15].

Hier seien nur einige Beispiele genannt: Makaken scheinen über ein abstraktes Konzept der Mutter-Kind Beziehung zu verfügen, das sie auch von anderen Zweierbeziehungen unterscheiden können (vgl. Dasser 1988). Besondere Leistungen von Gruppenmitgliedern scheinen dazu zu führen, daß diese besser behandelt werden, es also ein Verhalten auf Gegenseitigkeit gibt (vgl. Kummer 1982: 122f). Hamadryas Männchen scheinen das steigende Risiko einschätzen zu können, das sich aus zunehmender Bindungsstärke zwischen anderen Männchen und deren Weibchen für sie ergibt, falls sie versuchen, das Weibchen mit Gewalt für sich zu gewinnen (vgl. Bachmann/Kummer 1980). Kummer (1982) berichtet ebenfalls, daß Primaten sowohl Koalitionen schwächerer Tiere gegen stärkere bilden, als auch ranghöhere Tiere instrumentell einsetzen, d.h. sie als „soziale Werkzeuge" verwenden.

Dem steht entgegen, daß selbst Primaten – eine Ausnahme scheinen hier lediglich Schimpansen zu sein – nicht in der Lage sind, selbst einfache Tätigkeiten gezielt nachzuahmen (vgl. Galef 1988).

Die Hypothese des sozialen Ursprungs von Intelligenz geht aber über die These der sozialen Erzeugung von Kategorien insofern noch hinaus, als ein kausaler Zusammenhang zwischen Sozialität und Intelligenz vermutet wird. So stellte Dunbar (1992) in einem umfangreichen Vergleich verschiedener Primatenarten eine positive Korrelation fest zwischen dem Verhältnis von Neokortex (in dem die „höheren" kognitiven Leistungen erzeugt werden) zum Rest des Gehirns auf der einen und der Größe der sozialen Gruppen der betreffenden Art auf der anderen Seite. Wodurch Gehirnwachstum auch immer ursprünglich ausgelöst worden sein mag, die Überlebensvorteile der größeren sozialen Einheit haben dann, so Dunbars Folgerung, bei Primaten dazu geführt, daß Tiere mit größerer Intelligenz sozial erfolgreicher waren und sich so besser fortpflanzten, was zu einer evolutionären Drift in Richtung größerer Intelligenz geführt haben könnte.

Zu diesen primatologischen kommen neuerdings psychologische Arbeiten (vgl. aber auch Meyer 1988), die ernst nehmen, daß die Evolution unserer Vorfahren die einer sozial lebenden Art war. Das müßte, so die heuristische Überlegung, sich darin dokumentieren, daß wir über angeborene „kognitive Mechanismen" verfügen sollten, die sich als vorteilhaft für das Leben in sozialen Gemeinschaften erweisen bzw. in der Vergangenheit erwiesen haben.

---

15 Als Bericht über systematische Feldforschungen, teilweise auch experimenteller Art, vgl. Cheney/Seyfarth (1990b).

Eine unmittelbare Folge bereits schon dieser Überlegung ist, daß das Menschenbild nicht länger unbefragt akzeptiert werden kann, das die Sozialwissenschaften weitgehend dominiert (vgl. Vowinckel 1991: 521)[16]. Es malt Menschen als Einheiten, die zwar biologische Bedürfnisse haben, die aber weder durch in der Artgeschichte ausgebildete kognitive Eigenschaften noch durch mit ihnen verbundene Handlungs"programme" und/oder Handlungsneigungen charakterisiert sind. All dies wird traditionellerweise vielmehr der *gesellschaftlichen Umwelt* zugeschrieben und zwar der jeweils *aktuellen*. Geschichte wirkt dabei als Veränderung der soziokulturellen Umwelt, nicht aber *auch* als Veränderung der Menschen. Dieses Menschenbild geht also von einer nur eingeschränkten Historizität aus und kennt keinen zu emotionalen und kognitiven Leistungen fähigen Akteur. Soweit sein Handeln gesellschaftlich, d.h. hier: von außen, gesteuert ist, handelt es sich letztlich um gesellschaftlich gelenkte „Zombies", um einen unter Jugendlichen populären Begriff freilich anderen Ursprungs aufzunehmen.

Auf der Basis spieltheoretischer Überlegungen zu altruistischem Verhalten lassen sich die Bedingungen überlegen, unter denen kooperatives Verhalten vorteilhafter ist als „egoistisches" (vgl. Trivers 1971; Axelrod 1988; Tooby/Cosmides 1989; Cosmides/Tooby 1989 und 1992). Es geht also um die Bedingungen, unter denen „Altruismus" der wirksamere „Egoismus" ist. Ohne hier auf die Problematik spieltheoretischer Überlegungen einzugehen, lassen sich einige aus ihnen folgende Ergebnisse für die Situation unserer Vorfahren in jene Frühzeit zurückverlängern, die, gemessen an der historischen, sehr viel länger dauerte und in der es weder ein modernes Wirtschaftssystem mit Geld gab, noch staatliche Institutionen. Unter diesen Bedingungen waren Hilfe und Erwiderung der Hilfe, wie auch in modernen Sozialsystemen, bereits *zeitlich getrennt*. Es gab jedoch noch keine Mittel, d.h. keine Medien wie Geld oder Formen der Berechtigung, um diese zeitliche Distanz zu überbrücken. Wie schon nicht-menschliche Primaten, die anderen Mitgliedern ihrer Horde helfen, darauf *vertrauen* müssen, daß diese Hilfe erwidert wird, muß auch der Jäger, der seine Beute mit anderen teilt, darauf vertrauen können, daß auch ihm mindestens dann geholfen wird, wenn er dies benötigt. Unter den Lebensbedingungen eiszeitlicher Jäger dürfte so ein relativ starker Druck zu Kooperation und zur Ausbildung seiner Basis, nämlich Vertrauen, bestanden haben.

---

16 Daly/Wilson (1989: 108) verweisen in diesem Sinne auch darauf, daß viele Erklärungen von Verbrechensraten passiv reagierende Akteure annehmen. Zur Kritik dieses nach wie vor am Behaviorismus orientierten Menschenbildes vieler Sozialwissenschaftler vgl. auch Moscovici (1984: 15 f.) und zu den fachspezifischen Menschenbildern *homo oeconomicus* und *homo sociologicus* Weise (1989).

Cosmides/Tooby (1992) gehen auf der Grundlage dieser Überlegungen
u.a. davon aus, daß unsere Vorfahren einen kognitiven Mechanismus entwickelt haben dürften, der ihnen und uns erlaubt, Verhalten zu identifizieren, das darauf abzuzielen scheint, Vertrauen zu mißbrauchen und
empfangene Leistungen nicht zu erwidern[17]. In einer Reihe psychologischer Experimente konnte die Annahme eines *spezifischen* „Mogler-Erken-
nungs-Mechanismus" erhärtet und plausibel gemacht werden, daß es sich
dabei nicht um Wirkungen anderer und allgemeinerer kognitiver Mechanismen handelt.

Anhand solcher und verwandter Befunde sei es notwendig, so die Autoren, davon auszugehen, daß an menschlicher Wahrnehmung und an
menschlichem Denken eine ganze Reihe spezialisierter und in der Evolution entstandener „Mechanismen" beteiligt seien. Diese Ergebnisse unterstützen auch die Kritik am sozialwissenschaftlichen Menschenbild. Insbesondere schränken sie die aus dem latenten Behaviorismus der Sozialwissenschaften und der Psychologie gefolgerte Annahme ein, Inhalte und Abläufe menschlichen Denkens und Handelns würden *fast ausschließlich*
durch Veränderungen der *aktuellen* sozialen Umwelt erzeugt.

Sowohl die primatologischen als auch die evolutionspsychologischen
Überlegungen und Befunde sind für ein besseres Verständnis der sozialen
Wirklichkeitskonstruktion wichtig. Erstens sind sie, bei allen auch historisch bedingten Differenzen, mit der bereits von Durkheim vertretenen
Auffassung vereinbar, daß eine Kontinuität zwischen sozialer und nichtso-
zialer Erfahrungswelt besteht. Die Konsequenzen gehen aber noch weiter.
Wenn man annimmt, daß unsere Vorfahren spezifische kognitive Mechanismen entwickelt haben, die einerseits eine soziale und physische Umwelt festlegen (vgl. Spelke 1988), sich andererseits aber auch in der Koevo-
lution mit dieser Umwelt verändern (vgl. Durham 1991), dann hat das
drei Folgen. Erstens wird verständlich, warum unterschiedliche Individuen, aber auch unterschiedliche Gesellschaften, ihre Wirklichkeiten in
stark vergleichbarer Weise wahrnehmen. Zweitens ist der Rückgriff auf
Individuen für Erklärungszwecke[18] nicht länger als Reduktionismus aufzufassen, sind doch, so läßt sich erwarten, wichtige „individuelle" Eigenschaften in der Anpassung an eine sich damit ausbildende soziale Lebens-

---

17 Es ist klar, daß ein derartiger Mechanismus unter den historisch sehr viel jüngeren verän-
    derten Bedingungen intern differenzierter Gesellschaften getäuscht werden kann oder nur
    auf spezifische Situationen „anspricht". Es sollte ebenso klar sein, daß die Entwicklung
    eines derartigen Mechanismus nicht nach dem Muster der Auseinandersetzung Durk-
    heims mit Spencers Vertragstheorie diskutiert werden kann. Die Ausbildung dieser und
    anderer Mechanismen und sozialer Lebensformen ist koevolutiv gedacht, also ist keiner
    Seite (kognitive Mechanismen, Gesellschaft) eine Priorität einzuräumen.

18 Obwohl er für soziologische Erklärungen nicht ausreicht, für die in der Regel auch die
    soziale Organisation heranzuziehen ist.

form entstanden. Drittens schließlich bietet sich an, der Frage nachzuge-
hen, was passiert, wenn sich soziale Verhältnisse in Zeiträumen ändern,
die unter dem evolutionären Gesichtspunkt sehr kurz sind.

2. Soziale Differenzierung und Differenzierung der Wissensproduktion

Jedes neue Mitglied einer Gesellschaft trifft auf eine Situation, in der es immer schon Wirklichkeiten gibt. Durch die Prozesse, die die Sozialwissenschaften als „Sozialisation" bezeichnen, erlernen neue Mitglieder einen
Teil der in einer Gesellschaft bestehenden Wirklichkeiten und wie man mit
ihnen umgeht. Hinzu kommt, daß alle Lernprozesse im Rahmen einer gesellschaftlichen Organisation stattfinden, die damit auch auf die Veränderungen von Wissensbeständen einwirkt. Außerdem werden Wissensbestände jedoch nicht nur verändert, sondern es entsteht auch neues Wissen.
  Bereits Nachahmung ist eine kognitive Leistung, die sich fast nur bei
Menschen findet. Dies gilt verstärkt für organisiertes, d.h. pädagogisch ge-
plantes Lernen mit seinen Aspekten der Festlegung von Lernzielen, der
Organisation von Lernschritten und der Überprüfung von Lernerfolgen.
Klarerweise wird Lernen in diesem Sinne durch die Ausbildung menschlicher Sprache noch erheblich wirksamer. Selbst unsere nächsten nichtmenschlichen Verwandten verfügen nicht über auch nur annähernd vergleichbar leistungsfähige Kommunikationssysteme.
  Trotz der Unterschiede zwischen biologischer und kultureller „Abstam-
mung mit Veränderungen" können an der biologischen Evolutionstheorie
orientierte Modelle der Weitergabe auch kulturellen Wissens entwickelt
werden. Bei ihnen steht freilich an der Stelle einer Weitergabe von Genen
die Weitergabe kulturellen Wissens durch Prozesse sozialen Lernens. Solche Modelle werden bis jetzt vor allem für Lernprozesse in traditionellen
Gesellschaft entwickelt[19]. Was noch aussteht, das sind Modelle, die stärker
auf die Bedingungen intern differenzierter Gesellschaften abgestellt sind.
  Tatsächlich läßt sich leicht zeigen, daß sich die Bedingungen für die
Weitergabe und Erzeugung sozialen Wissens im Prozeß des Übergangs
von traditionellen zu modernen Gesellschaften fundamental verändert haben. Die theoretische Rekonstruktion dieser Prozesse kann im Anschluß
auch an Durkheims *idealtypisches Modell* des Übergangs von Gemeinschaft
zu Gesellschaft als ein selbstorganisierender Prozeß beschrieben werden
(vgl. Hejl 1992a).

---

19 Vgl. als Überblick über Ansätze zu einer evolutionstheoretisch orientierten Kulturtheorie
    Durham (1990) und zur Weitergabe kulturellen Wissens Cavalli-Sforza/Feldman (1981);
    Boyd/Richerson (1985) und Richerson/Boyd (1989).

Gemeinschaften oder traditionelle Gesellschaften lassen sich unter Rückgriff auf systemtheoretische Überlegungen[20] rekonstruieren als eine Menge von Komponenten, die eine nicht-selektive Systemorganisation[21] ausgebildet haben. Gemeinschaften entsprechen demnach heterarchisch[22] organisierten Sozialsystemen. Ihre Besonderheit liegt darin, daß als ihre Komponenten *Individuen* angenommen werden, die lediglich Komponenten *eines* Sozialsystems sind, nämlich ihrer (traditionellen) Gesellschaft. Da alle Mitglieder solcher Gemeinschaften über die gleichen Wirklichkeitsvorstellungen verfügen und alle interagieren, handeln sie auch gleich (Durkheim: „mechanische Solidarität"), sieht man von biologischen Differenzen ab.

Wenn nun, erstens, das „Volumen" einer Gemeinschaft zunimmt, d.h. wenn sie sich territorial ausdehnt und immer mehr Mitglieder umfaßt, sowie, zweitens, die „dynamische oder moralische" Dichte (vgl. Collins 1987: 196) steigt, also die Menge stattfindender Interaktionen zunimmt, dann kommt es zu sozialer Differenzierung (sozialer Arbeitsteilung) und Individualisierung[23].

Die „Mechanik", die Durkheim dabei skizziert, geht davon aus, daß durch die angegebenen Entwicklungen die für Gemeinschaften charakteristische starke soziale Kontrolle (durch Familieneinfluß und Orientierung

---

20 *Sozialsysteme* werden dabei bestimmt als eine Menge von Individuen, die zwei Bedingungen erfüllen, durch die sie Systemkomponenten werden und zur Systemorganisation beitragen. Sie müssen a) die gleichen Wirklichkeitskonstrukte ausgebildet haben, sowie mit Bezug auf sie in einer spezifischen und ihnen zugeordneten Weise handeln können (wobei die Handlungen als angemessener Umgang mit dieser Wirklichkeit gesehen werden), und sie müssen b) mit Bezug auf diese Wirklichkeitskonstrukte tatsächlich handeln und interagieren. Individuen sind, das sei ausdrücklich hervorgehoben, *Komponenten* sozialer Systeme nur soweit, wie sie die angegebenen Bedingungen erfüllen. Die *Organisation* eines Sozialsystems wird als das zwischen den Komponenten bestehende Interaktionsmuster bestimmt (vgl. dazu ausführlich Hejl 1987 und 1992b).

21 Die *Systemorganisation* wird durch zwei Merkmale charakterisiert. Erstens ist sie gegenüber dem Verhalten einzelner oder weniger Komponenten relativ unabhängig, was als „Autonomisierung der Organisation" bezeichnet wird. Zweitens ist das zwischen Systemkomponenten bestehende Interaktionsmuster in der Regel dadurch gekennzeichnet, daß nicht alle Komponenten miteinander interagieren. Das wird als „Selektivität der Organisation" bezeichnet. Eine nichtselektive Organisation liegt also dann vor, wenn alle Komponenten interagieren, was etwa dem Konzept der Basisdemokratie entspricht.

22 Nichtselektive, im Anschluß an McCulloch (1965) als „heterarchisch" bezeichnete Organisationen bestehen aus einer Verkettung von Komponenten, die diese so am Systemverhalten beteiligt, daß keine Komponente aufgrund der Organisation von Entscheidungs- und damit Einflußmöglichkeiten auf das Gesamtsystem ausgeschlossen wird.

23 Hier werden lediglich die bei Durkheim genannten Hauptgründe genannt. Auch die moderne Anthropologie geht davon aus, daß das Bevölkerungswachstum wichtigster Auslöser sozialer Differenzierungen ist, nimmt freilich noch weitere Faktoren hinzu (vgl. Johnson/Earle 1987). Auf eine genauere Diskussion und Ergänzung muß hier verzichtet werden.

an Traditionen) zurückgeht. Gleichzeitig werden gesellschaftsweit geteilte Wirklichkeitskonstrukte und auf sie bezogene Handlungsprogramme abstrakter. Je mehr diese Entwicklung voranschreitet, desto mehr müssen die einzelnen Gesellschaftsmitglieder selber entscheiden, welche Situation konkret vorliegt und wie zu handeln ist. Sie müssen also Leistungen wie die Präzisierung von Wirklichkeitskonstrukten und die Auswahl von Handlungen, die früher sozial erbracht wurden, zunehmend selber übernehmen, wenn auch im Rahmen gesellschaftlicher „Vorgaben". Damit kommt es zu einer Differenzierung von Wahrnehmen und Handeln und schließlich dazu, daß die Gesellschaftsmitglieder sich selber zunehmend als Ursprung und Bezug ihres Handelns erfahren. Aus den der Konzeption nach in kognitiver Hinsicht und im Handeln sehr wenig unterschiedenen Gemeinschaftsmitgliedern werden zunehmend gegenüber den entstehenden Gesellschaften autonomisierte Individuen. Gleichzeitig nimmt mit der sozialen Differenzierung auch die Selektivität der Systemorganisation zu. Funktional spezialisierte soziale Subsysteme entstehen. Beides zusammen führt dazu, daß immer weniger Gesellschaftsmitglieder in untereinander vergleichbaren Interaktionen miteinander und mit ihrer gegenständlichen Umwelt stehen. Die durch die ursprünglichen Gründe bewirkten Differenzen zwischen Gesellschaftsmitgliedern werden damit ihrerseits zur Ursache weiterer Differenzierungen. Der Prozeß wird selbsttragend. Sein Grundmuster ist: Individualisierung → Steigerung der Selektivität der gesellschaftlichen Organisation → Individualisierung → Steigerung der Selektivität der gesellschaftlichen Organisation usw.[24] *Diese Wechselwirkung zwischen den Komponenten und der Systemorganisation, die zu einer Veränderung beider führt, bezeichne ich als „selbstorganisierend".* Ein System, das sich so verändert, ist ein selbstorganisierendes System.

Den selbstorganisierend ablaufenden Veränderungen auf der sozialen Ebene entsprechen Veränderungen auf der Ebene autonomisierter Wissensbestände, also auf der kulturellen Ebene von Gesellschaften. Eine Pluralität sozialer Wissensbestände oder Wirklichkeiten entsteht. Der Grund dafür ist das zwischen Individuen und Gesamtgesellschaft emergierende intermediäre Niveau sozialer Subsysteme. Mit seiner Entstehung ändert sich eine ganze Reihe von Wirkungszusammenhängen und zwar sowohl auf dem Niveau der Komponenten als auch auf dem der Organisation.

Wenn eine Gesellschaft Subsysteme ausdifferenziert, entstehen damit auch neue Quellen für die Erzeugung von Wirklichkeiten. Bereits Durkheim hatte so auf die Politik, die Justiz und das Literatursystem verwie-

---

24 Zur sozialen Emergenz sozialer Differenzierung und Individualisierung gehört freilich auch eine Imergenz, selbst wenn keine Gleichgewichtigkeit der beiden Prozesse leichtfertig unterstellt werden sollte (vgl. dazu Hejl 1992b).

sen[25]. In jedem dieser Subsysteme werden systemspezifische Wirklichkeitskonstrukte und auf sie bezogene Handlungs- und Verhaltensweisen
ausgebildet. Damit entstehen sofort zwei Probleme. Wie ist das Verhältnis
solcher Wirklichkeitskonstrukte zu denen anderer Subsysteme? Wie ist die
Beziehung der Subsysteme zum Gesamtsystem?

Sozialsysteme sind in aller Regel nicht autonom, sondern autonomisiert. Sie können also ihr Verhalten und die Ausprägung der für sie relevanten Wirklichkeit nur beschränkt in eigenen Prozessen festlegen. Ein
manifestes Beispiel dafür ist die Berichterstattung in den Medien. Die
Auswahl von Ereignissen und wie über sie berichtet wird ist abhängig
vom betreffenden Sozialsystem „Radio X" oder „Zeitung Y". Dabei spielen
Faktoren wie verfügbare materielle Ressourcen, fachlich/kulturelle/poli-
tische Orientierung der Systemangehörigen, ihre Organisation usw. eine
wichtige Rolle. Das Ergebnis, z.B. ein Bericht, ist in diesem Sinne ein
Systemprodukt, das durch ein externes Ereignis ausgelöst wurde. Trotzdem ist kein Mediensystem absolut frei in seiner Berichterstattung (→ IV,
Weischenberg). Sieht man einmal von den (vielfältige Konstruktionen
bedingenden) rechtlichen Beschränkungen ab, so ist bereits sein eigenes
Funktionieren und dessen Möglichkeiten die erste Einschränkung völliger
Beliebigkeit. Die zweite ergibt sich daraus, daß kein Mediensystem ohne
materielle (vor allem Geld) und ideelle (vor allem Glaubwürdigkeit und
Zustimmung) Unterstützung bestehen kann. Das bedeutet aber Abhängigkeit von den Nutzern, d.h. von denen, über die berichtet wird, und
schließlich auch von anderen Mediensystemen, deren Berichterstattung
ein wichtiger Kontext ist, in dem Glaubwürdigkeit festgestellt wird.

Eine ganz andere Beziehung ergibt sich für das Verhältnis der subsy-
stemspezifischen zu den gesellschaftsweit verwendeten Wirklichkeitskonstrukten. Im Zuge der funktionalen Differenzierung und Spezialisierung
kommt es dazu, daß das Repertoire der gesellschaftsweit akzeptierten
Wirklichkeitskonstrukte kleiner und abstrakter wird. Durkheim sah diese
Reste gesellschaftsweit geteilter Vorstellungen weitgehend auf die Religion und auf Spruchweisheiten der Unterschichten beschränkt. Dem wäre
sicher ein in seiner Bedeutung oft unterschätzter Bereich vor allem wohl
allgemeiner Normen hinzuzufügen, der natürlich nicht unabhängig von
den jeweiligen religiösen Traditionen ist. Dieser Bereich sehr allgemeiner
aber weitgehend gesellschaftliche Differenzierungen übergreifender Wirklichkeitskonstrukte ist jedoch keineswegs nur als ein Relikt der Vergangenheit anzusehen. Vielmehr scheint diese allgemeine Ebene in einer spezifischen Beziehung zur Ebene der systemrelativen Wirklichkeitskonstruktion zu stehen. Sie hat dort nämlich einerseits als unspezifische

---

25 Vgl. als Fallstudie zur Ausdifferenzierung des Justizsystems in Deutschland Ogorek (1986)
    und zur Selbstorganisation des Literatursystems Schmidt (1989).

Normebene eine regulative Wirkung, wird andererseits aber auch von Veränderungen beeinflußt, die auf der Ebene sozialer Subsysteme entstehen. Als Beispiel mag die Berichterstattung bei Verbrechen, Katastrophen oder Unfällen dienen. Hier taucht immer wieder das Problem auf, ob Berichterstatter sich auf das Berichten beschränken sollen (ausschließlicher Bezug auf ihre Zugehörigkeit zu einem Mediensystem) oder ob nicht umfassendere Normen „gleichzeitig" oder gar „stattdessen" Hilfeleistung verlangen.

Mit dem Blick auf diese allgemeinste Ebene der gesellschaftlichen Wirklichkeitskonstruktion wird eine andere Querverbindung deutlich, nämlich die zur Evolution soziokulturellen Verhaltens. Die Ebene allgemeiner kultureller Vorstellungen dürfte ihre relative Stabilität nicht nur einem Traditionalismus verdanken. Vielmehr, so läßt sich vermuten, wird eine genauere Analyse vieler Vorstellungen dieser Ebene zeigen, daß sie einen in der Evolution entstandenen „Kern" enthalten, der sich als vorteilhaft für unsere Vorfahren erwies, weil er zur Ausbildung eines stabilen Soziallebens beitrug. Das gilt sicherlich für unser Vermögen, Verletzungen von Austauschverhältnissen der unterschiedlichsten Art wahrzunehmen. Das mag auch gelten für Emotionen, deren sozialwissenschaftliche bzw. sozialpsychologische Erforschung unter dem Gesichtspunkt der Wirklichkeitskonstruktion und der Handlungssteuerung noch weitgehend aussteht (vgl. jedoch Harré 1986).

3. Zusammenfassung

Die Argumentation zur sozialen Konstruktion von Wirklichkeit ist nunmehr zusammenzufassen und abzurunden. Wie auch von Siegfried J. Schmidt und Gebhard Rusch dargestellt, können Wirklichkeiten als Konstrukte von individuellen und sozialen Systemen verstanden werden. Dem entspricht eine Wissenssoziologie, die in vielen wichtigen Aspekten bereits von Durkheim konzipiert wurde.

Die soziale Konstruktion von Wissen kann angesichts der heute vorhandenen theoretischen Konzepte und empirischen Befunde so zusammengefaßt werden: Auf der analytischen Ebene der Individuen entstehen Wirklichkeitskonstrukte als Ergebnis individueller Wahrnehmungs- und Denkprozesse. Immer schon soziale Individuen konstruieren dabei als Ergebnis der Artgeschichte eine weitgehend untereinander übereinstimmende physiko-chemische Wirklichkeit und besitzen darüber hinaus sozial wichtige evolutiv entstandene kognitive Mechanismen (Fähigkeit zur Sprachentwicklung und Symbolmanipulation, Umgang mit komplexen Reziprozitätsverhältnissen, Fähigkeit zur Imitation und damit zur Organisation von Lehr-/Lernzusammenhängen, Verknüpfung von Emotionalität und Sozialität usw.). Sie sind sowohl für das Sozialleben als auch für die davon analytisch zu unterscheidenden Prozesse der Wirklichkeitskonstruktion und des Umgangs mit Wirklichkeitskonstrukten wichtig.

Sozialsysteme können verstanden werden als relativ stabile Interaktionszusammenhänge, was eine mehr oder weniger große und strukturierte Menge geteilter Wirklichkeitskonstrukte für ihre Mitglieder notwendig voraussetzt. Diese Wirklichkeitskonstrukte umfassen auf der Ebene von Gesamtgesellschaften sowohl Selbstbeschreibungen der jeweiligen sozialen Wirklichkeit als auch der natürlichen Umwelt. Diese fundamentale Unterscheidung zwischen „sozial" und „natürlich" ist jedoch als eine sekundäre Differenzierung aufzufassen. Sie ist historisch notwendigerweise unter dem Einfluß der gleichen evolutionären Prozesse entstanden, in denen sich auch die ersten Gesellschaften ausgebildet haben. Mit der Bildung von Gesellschaften, d.h. mit der „Etablierung" geteilter Wirklichkeitskonstrukte als notwendiger Voraussetzung von Kommunikation und kooperativem Handeln, mußte auch die über die Pluralität einzelner kognitiver Prozesse verteilte „Gesamtwirklichkeit" in diesen Zusammenhang einbezogen werden. Diese Wirklichkeitskonstrukte erlangen aufgrund des Systemcharakters von Gesellschaften eine vom Einzelwissen der Gesellschaftsmitglieder unabhängige Existenz. Damit entsteht mit dem sozial erzeugten Wissen, seiner Weitergabe und Veränderung eine Ebene, die für menschliche Gesellschaften spezifisch ist (orale Traditionen, gestaltete dingliche Umwelt, Schrift, elektronische Medien). Sie muß von anderen analytischen Ebenen (Individuen, Komponenten sozialer Systeme, Systemorganisation) getrennt werden, da ihr eine der biologischen Vererbung vergleichbare Bedeutung für soziokulturelle Systeme zukommt.

Im Zuge unterschiedlich ausgelöster und mehr oder weniger selbstorganisiert ablaufender Prozesse sozialer Differenzierung entstehen einerseits funktional spezialisierte soziale Subsysteme, andererseits wird die sozial bedingte Individualisierung der Gesellschaftsmitglieder vorangetrieben. Diese Prozesse der sozialen Veränderung gehen notwendigerweise mit korrespondierenden Veränderungen auf der Ebene der Wirklichkeitsproduktion einher. Es entsteht eine Pluralität sozialer Wirklichkeiten, während gleichzeitig ältere Bestände verschwinden oder zusammen mit nunmehr in spezifischen Gesellschaftsbereichen erzeugten Wissensbeständen generalisiert werden. Dem sozial erzeugten erhöhten Bedarf an sozialer Koordination wird auf der Ebene der Handlungskoordination und der Stabilisierung erreichter Differenzierungen durch Systeme 2. Ordnung[26] zu genügen versucht.

---

26 Beispiele auf der Sozialebene: Justiz, Sozialversicherung, Bundeskartellamt; auf der Wirklichkeitsebene: wachsende Menge von Individualrechten, Ausbildung von Verfasssungs-, Vertrags-, Verwaltungsrecht usw.

Durch die Differenzierung auf der sozialen und damit auch auf der Ebene der Wirklichkeitserzeugung und des Umgangs mit Wirklichkeiten führt dieser Zusammenhang nicht zuletzt auch zur Bildung von Mediensystemen als sozialen Systemen 2. Ordnung. Sie tragen mit Hilfe technischer Mittel zunächst zur Überbrückung von Distanzen und zur Verteilung von Wissen bei, um schließlich zunehmend an der Erzeugung der damit keineswegs nur mehr „berichteten Wirklichkeiten" teilzuhaben.

GEBHARD RUSCH

Kommunikation und Verstehen

Modelliert man menschliche Individuen als kognitive, autopoietische Systeme, stellt sich die Frage, wie operational geschlossene, an ihr Medium[1] strukturell gekoppelte Organismen mit geschlossenen Nervensystemen miteinander interagieren können. Wenn schon – so könnte man fragen – die biologisch-kognitionstheoretischen Voraussetzungen, die in der Theorie autopoietischer Systeme (vgl. Maturana 1982) formuliert sind, den Common-Sense-Annahmen über die „Natur" des Menschen (als eines für seine Umwelt offenen, durch seine Sinne die Realität erkennenden Wesens) zum Teil erheblich widersprechen, wie groß mögen dann erst die Unterschiede zwischen einer auf der Theorie autopoietischer Systeme aufbauenden Kommunikations- und Sprachtheorie und den seit Generationen populären kommunikations- und sprachtheoretischen Überzeugungen (z.B. von der natürlichsprachlichen Informationsübertragung) sein?

In den folgenden Ausführungen soll gezeigt werden, daß und wie unter Zugrundelegung der kognitionstheoretischen Annahme von der Konstruktivität des menschlichen Wahrnehmens, Denkens, Auffassens und Begreifens sowie der Annahme von der operationalen Geschlossenheit des menschlichen Nervensystems Interaktion und Kommunikation begriffen werden können.

Die hier vorgestellten Zusammenhänge sind so fundamental, daß sie für Kommunikationsprozesse und das Phänomen des Verstehens – in welchen konkreten Formen diese auch immer beobachtet oder analysiert werden mögen – stets von unmittelbarer oder mittelbarer Relevanz sind.

Kognition und Aktion

Wie laufen nun unter den oben genannten Bedingungen menschliche Interaktion und Kommunikation ab? Betrachten wir zunächst zwei kognitive Systeme, A und B. Für jedes dieser beiden Systeme nehmen wir an, daß es mindestens die folgenden kognitiven Leistungen erbringt:

---

[1] ‚Medium' bezeichnet hier nicht den kommunikationstheoretischen Medienbegriff (Medien als Kommunikationsmittel), sondern den Begriff eines physikalischen bzw. chemo-physikalischen Mediums, in dem autopoietische Systeme – gewissermaßen wie Fische im Medium Wasser – existieren.

1) Es ist in der Lage, innerhalb seines Kognitionsbereiches Gegenstände, Vorgänge, Zustände und Beziehungen verschiedenster Arten auszudifferenzieren (*Invariantenbildung, Beobachtung*).

2) Es ist in der Lage, sich selber (d.h.: seinen Körper und seine Leistungen) als ein von allen übrigen Objekten verschiedenes Objekt auszudifferenzieren (*Selbst-Umwelt-Differenz, Selbstbewußtsein* als *Beobachtung der Selbst-Umwelt-Differenz*).

3) Es ist in der Lage, einige, eigenen Verhaltensweisen (zeitlich) folgende Vorgänge oder Zustände als durch das eigene Verhalten bewirkt auszudifferenzieren (*Handlungsmächtigkeit, Kausalität*).

Unter diesen Voraussetzungen können wir für die kognitiven Systeme A und B annehmen, daß sie in Interaktion mit ihrem (z.B. chemo-physikalisch charakterisierbaren) Medium in ihren Kognitionsbereichen Objekte O(X) (lies: ‚O von X') spezifizieren, z.B. ihre eigenen Körper, andere Dinge, andere Lebewesen, andere Personen usw.; d.h., daß sie diese Objekte in einem Prozeß der kognitiven Konstruktion „erzeugen". Dabei ist die Identität der spezifizierten Objekte durch die jeweiligen Modalitäten der Kognition bestimmt, wie sie in struktureller Kopplung von Organismus und Medium jeweils realisiert sind. *Was* ein Objekt O(A) für das kognitive System A, und was ein Objekt O(B) für das kognitive System B *ist*, hängt von deren jeweiligem Zustand und Funktionsmodus ab. *Ob* ein kognitives System X aber zu einem bestimmten Zeitpunkt ein bestimmtes Objekt O(X) erlebt oder nicht, hängt somit von seinen Kognitionsmodalitäten zu jenem Zeitpunkt und davon ab, ob entsprechende kognitive Anlässe (z.B. bestimmte Zustände der Sinnessysteme oder höherer Zentren im Nervensystem von X) zum Erleben von O(X) gegeben sind oder nicht. Solche Anlässe wiederum können als gegeben betrachtet werden, wenn X sich z.B. an bestimmten Orten oder in bestimmten Lagen innerhalb seines Mediums befindet[2], oder wenn bestimmte „Funktionsstörungen" im Nervensystem von X bestehen (z.B. bei Halluzinationen).

Unsere kognitiven Systeme, A und B, sind auch in der Lage, ihre Aufmerksamkeit auf spezifizierte Objekte in ihren Kognitionsbereichen zu richten und bestimmte Veränderungen an diesen Objekten zu bewirken. In seinen umfangreichen Arbeiten zur kognitiven Entwicklung beim Menschen hat J. Piaget gezeigt, daß elementare *Koordinationsleistungen sinnlicher und motorischer Aktivität* (z.B. das In-Richtung-eines-Geräusches-Blicken) die kognitive Basis der Handlungsmächtigkeit des Menschen darstellen (vgl. Piaget 1975). Solche Koordinationen gerinnen zu *komplexen senso-motorischen Schemata* bzw. handlungsschematischen Verknüpfungen

---

2 Umgekehrt werden Orte innerhalb des Mediums nun gerade durch bzw. als bestimmte Konfigurationen von Erlebnisqualitäten überhaupt erst bestimmt.

Abb. 1: *Kognitives System in struktureller Kopplung mit seinem Medium.* Das kognitive System erlebt seine Interaktionen mit dem Medium als Phänomene in seinem Kognitionsbereich. Innerhalb des Kognitionsbereiches erfolgt auch die Differenzierung von Selbst und Umwelt bzw. Situation.

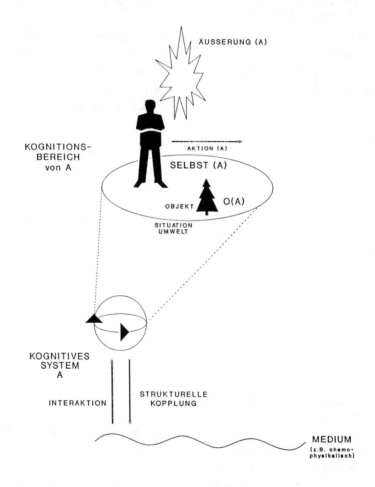

von Sinneseindrücken und Wahrnehmungen, die Menschen dazu führen, Ereignisse oder Veränderungen in ihrer Umgebung kausal mit ihrem eigenen Verhalten zu verknüpfen.

Diese Fähigkeit ist eine der wichtigsten Voraussetzungen dafür, überhaupt gezielt handeln zu können. Mit dem Begriff der Handlung ist auch der des Handlungszieles bzw. der Handlungsabsicht, der Begriff der *Intention*, impliziert. Dabei kann das Ergebnis einer Handlung zwar nicht als konkretes Ereignis vor der Ausführung der Handlung bestehen, es kann jedoch als *Erwartung* absehbar sein, einfach weil es als Folgeelement in eine Sequenz von Ereignissen gehört. Und es kann Element einer solchen Sequenz (also innerhalb einer Wissensstruktur oder eines Schemas erwartet) werden, wenn es bei früheren Gelegenheiten als Folgeelement in einem solchen Handlungszusammenhang erlebt und konzeptualisiert worden ist.

Interaktion

Im Rahmen der gegebenen Bedingungen können kognitive Systeme auch miteinander interagieren. Jedes der beteiligten kognitiven Systeme, in unserem Falle A und B, muß dazu seinen Interaktionspartner innerhalb seines eigenen Kognitionsbereiches, d.h. als ein Objekt von bestimmter Art (z.B.: belebt, biped, sprachbegabt, kultiviert, also: Mitmensch) spezifizieren.

Jedes der interagierenden kognitiven Systeme organisiert sein Verhalten und Handeln im Hinblick auf dasjenige Objekt, das es innerhalb seines Kognitionsbereiches als seinen Interaktionspartner spezifiziert. A interagiert mit *Partner* (A); B organisiert sein Verhalten gegenüber A dementsprechend abhängig von dem, was B im Verlaufe seiner Interaktion mit A als *Partner* (B) erlebt bzw. kognitiv konstruiert hat.

Interaktion, also das zwischen den Partnern ablaufende Geschehen, bedeutet nun für kognitive Systeme, daß sie auf die in ihren jeweiligen Kognitionsbereichen konstruierten Partner bezogen handeln. Sie wirken auf ihre Interaktionspartner ein, beobachten die Folgen ihrer einzelnen Tätigkeiten und konzeptualisieren ggf. rekurrente neue Erfahrungen mit diesen Tätigkeiten und deren (mehr oder weniger regelmäßig) eintretenden Folgen als Ursache-Wirkungs-Beziehungen in Form neuer Invarianten oder kognitiver Schemata. *Dabei handelt jeder der Interaktionspartner nach Maßgabe seiner eigenen, subjektiven, handlungsschematisch kodierten Erwartungen, Ziele und Zwecke.* Dieser Umstand wird in der soziologischen Theoriebildung (z.B. Parsons und Luhmanns) auf den Begriff der *doppelten Kontingenz* gebracht.

Zur Einwirkung auf ihre Interaktionspartner stehen den kognitiven Systemen alle bis zum jeweiligen Zeitpunkt entwickelten und ausführbaren Verhaltens- bzw. Handlungsweisen zur Verfügung, physisches Einwirken auf den anderen, Lautproduktion usw. Obwohl also jedes der beteiligten Systeme nur innerhalb seines eigenen Kognitionsbereiches agiert, sind dennoch Interaktionen, d.h. Verzahnungen der Verhaltens- bzw. Handlungsweisen der Systeme möglich.

Abb. 2: *Interaktion kognitiver Systeme.* Die Kognitionsbereiche von A und B überschneiden sich nur teilweise.

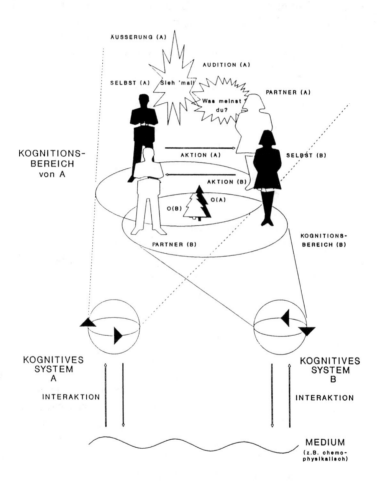

Kommunikation: Orientierungsinteraktion

Ein kognitives System A kann beispielsweise seinen Interaktionspartner auf ein Objekt O(A) im Kognitionsbereich von A zu orientieren versuchen (Intention). Dabei wird A – ausreichend Geduld oder Motivation vorausgesetzt – so lange durch Ausführung erfolgversprechender Verhaltensweisen (oder bei deren Scheitern durch versuchsweise Ausführung anderer Verhaltensweisen nach dem Prinzip von Trial-and-Error) auf seinen Interaktionspartner einwirken, bis A dessen Verhalten als die gewünschte Orientierung auf das Objekt O(A) wahrnimmt. Auf Seiten von B setzt dies natürlich voraus, daß B überhaupt in der Lage ist, ein Objekt O(B) innerhalb seines eigenen Kognitionsbereiches zu spezifizieren, auf das hin B sich orientieren/verhalten kann, so daß A das beobachtete Verhalten als Orientierung auf das von A avisierte Zielobjekt interpretieren kann. Die kognitiven Leistungen von A und B müssen insofern eine gewisse minimale Parallelität oder eine wenigstens teilweise Überschneidung aufweisen (vgl. das Konzept der Synreferentialität bei Hejl 1987).

Für den Orientierten, B, der in Anbetracht seines Erlebens der Einwirkungen seines Interaktionspartners auf ihn selbst nur im Rahmen der ihm bereits verfügbaren Verhaltensweisen oder nach Versuch-und-Irrtums-Strategien reagieren kann, bedeuten die erlebten Einwirkungen u.U. Störungen, Belästigungen, Unsicherheiten und womöglich Angst oder gar Schmerzen. Der Orientierte, B, wird also in der Planung und Ausführung seines Verhaltens/Handelns zumindest dahin tendieren, sich den als unangenehm, lästig oder schmerzhaft empfundenen Einwirkungen zu entziehen, oder als angenehm empfundene Einwirkungen zu verlängern oder zu wiederholen. Genau dies erreicht er durch die Ausführung des von A erwünschten Verhaltens. Der Orientierende, A, wird seine Einwirkungen auf den zu orientierenden Interaktionspartner nämlich spätestens dann einstellen oder deutlich verändern (z.B. seinen Interaktionspartner loben, belohnen o.ä.), wenn er sein Orientierungsziel erreicht hat. Aus der Sicht des Orientierten, B, muß dieses Verhalten von A als Resultat (Wirkung) seines eigenen (B's) Verhaltens (Ursache) erscheinen. Auf diese Weise kann es nun im Verlaufe der Interaktionen zweier kognitiv autonomer Systeme bei jedem einzelnen zur Ausbildung solcher Handlungsschemata und zur Festigung solcher Handlungsweisen kommen, in deren Zusammenspiel der Erfolg des einen ein strategisches Element im Verhalten oder Handeln des anderen ist (und umgekehrt).

Im einfachsten Falle verschränken oder verzahnen sich die Verhaltensweisen der Interaktionspartner nach Ablauf einer Initialphase so, daß jeder der Beteiligten sein eigenes Verhalten als Ursache des beobachteten Verhaltens des anderen ansehen kann. Und nach Maßgabe des Erfolges, d.h., nach Maßgabe der strategischen Funktionalität ihrer Verhaltensweisen, wird jeder Organismus aufgrund seines induktiven Funktionierens (Was

einmal erfolgreich war, wird wieder erfolgreich sein!) dahin tendieren, bei
der Verfolgung gleicher Ziele und angesichts gleicher Situationen auch
gleiches Verhalten zu zeigen.

An dieser Stelle ist wichtig, sich klarzumachen, daß es zu solcherart koordinierten Aktionen nicht etwa deshalb kommt, weil das spezifische
Verhalten des einen Interaktionspartners (als Stimulus) ein spezifisches
Verhalten des anderen Interaktionspartners (als Response) – sozusagen
mit naturgesetzlicher Notwendigkeit – determinierte. Vielmehr kommt es
dazu, weil jedes der beteiligten kognitiven Systeme im Verlaufe ihrer gemeinsamen Interaktionsgeschichte entsprechende Handlungsschemata
überhaupt erst entwickelt und dann mit großer Regelmäßigkeit anwendet.

Um erfolgreich operieren zu können (z.B. schon um zu überleben), sind
kognitive Systeme ständig genötigt, sich innerhalb ihrer Kognitionsbereiche an Beobachtungen jeder Art, insbesondere aber an Beobachtungen anderer Lebewesen zu orientieren, also z.B. an fremdem Verhalten, an Gestik
und Mimik anderer Personen usw., und zwar auch dann, wenn dies von
den betreffenden Personen weder erwünscht, noch beabsichtigt ist. Aus
diesem Umstand hat P. Watzlawick das sog. kommunikative Axiom ‚Man
kann nicht nicht-kommunizieren' (vgl. Watzlawick/Beavin/Jackson 1969:
53 ff.) abgeleitet. Diesem Axiom liegt jedoch eine Verwechslung von Kommunikation und subjektiver Informationserzeugung einerseits und von be-
liebigem Verhalten oder Handeln und Orientierungshandeln andererseits
zugrunde. Um den Kommunikationsbegriff nicht völlig mit dem der subjektiven Informationserzeugung bzw. Verhaltensäußerung zu konfundie-
ren, sollte die *Orientierungsintention* auf Seiten eines kommunikativ Handelnden als spezifische Differenz bzw. definierendes Merkmal angesehen
werden. Unter dieser Voraussetzung kann Kommunikation, genauer: Orientierungshandeln, auch unterlassen werden, obwohl der Prozeß der Informationserzeugung auf Seiten der Beobachter eines nicht orientierend
Handelnden selbstverständlich ununterbrochen und unbehindert weiter-
geht. Das Watzlawick'sche Axiom zeigt, wie weitgehend der Begriff der
Kommunikation vor der Folie der Informationstheorie und im Sinne des
klassischen Modells der Erzeugung, Übertragung und Dekodierung von
Information interpretiert wurde.

Der Gebrauch von Lautäußerungen in der zwischenmenschlichen Interaktion, speziell in Orientierungsinteraktionen, führt – über zahllose Repro-
duktionen einmal erfolgreicher lautlicher Handlungen und deren schließ-
liche Konventionalisierung – zu unseren natürlichen Sprachen hin, zur Äußerung von Bitten, Aufforderungen, Befehlen, Fragen, Namen, Kennzeich-
nungen, Beschreibungen, Erklärungen usw. Unter funktionalem Gesichtspunkt sind non-verbale Orientierungsstrategien daher nicht prinzipiell
verschieden von verbalen Orientierungsstrategien. Und was für Interaktionen zwischen kognitiven Systemen allgemein gilt, trifft auch für

sprachliche Orientierungsinteraktionen zu. Was dabei auf den ersten Blick verblüffen mag, nämlich die Tatsache, daß es in der sprachlichen Interaktion zwischen kognitiven Systemen keine Übertragung von Information (wie bei technischen Sende- und Empfangsanlagen) gibt, erweist sich beim zweiten Hinsehen schon nicht mehr als Handicap und noch weniger als Unmöglichkeit. Statt dessen ist es vielleicht sogar ein Vorteil gegenüber technischen Systemen: Die Tatsache nämlich, daß jedes kognitive System über den chemophysikalischen Veränderungen in den Sinneszellen seiner Sinnesorgane Informationen (z.B. in Gestalt von Sinneswahrnehmungen) sozusagen hausintern erst erzeugen muß, und der Umstand, daß solche Informationen unter maßgeblicher Beteiligung vergleichsweise abstrakter (i.S.v. vielseitig einsetzbarer, generalisierter) kognitiver Strukturen zustandekommen, ermöglicht erst die Flexibilität in der Bildung und Handhabung kognitiver Strukturen, die notwendig ist, um mit endlichen (kognitiven) Mitteln in potentiell unendlich vielen unterschiedlichen Situationen zurecht zu kommen. Kontextsensitive, explorativ und experimentell operierende, konstruierend verfahrende, d.h. im weitesten Sinne lernfähige und lernende Systeme sind allen bekannten technischen Informationsübertragungssystemen unter den Bedingungen menschlicher Alltagskommunikation überlegen.

Das bekannte Shannon-Weaver'sche informationstheoretische Kommunikationsmodell mit Sender, Nachricht, Störgrößen und Empfänger hat mit Bezug auf technische Systeme der Informationsübermittlung (z.B. von einem Telefonapparat zu einem anderen) durchaus seinen Sinn und seine Berechtigung. Problematisch ist nur die Anwendung dieses Modells auf die Verhältnisse zwischenmenschlicher Kommunikation bzw. allgemein auf die Verhältnisse in der Interaktion biologischer kognitiver Systeme. Hier haben wir es nämlich mit einem wesentlich komplexeren Geschehen zu tun. Denn anders als z.B. Telefonapparate oder Computer sind Menschen intelligente, kognitiv autonome und konstruktive Systeme, deren Verhalten z.B. in Kommunikationssituationen nicht einfach durch Ereignisse in ihrer Umgebung determiniert ist.

Wenn es trotzdem z.B. dazu kommt, daß ein Hörer der Bitte eines Sprechers unmittelbar nachkommt, so geschieht dies aufgrund einer vom Hörer (nach seinen Interaktionserfahrungen im Umgang mit seinen Mitmenschen) entwickelten (d.h. kognitiv konstruierten) Disposition oder Handlungsmöglichkeit. Der Hörer muß das erbetene bzw. erwünschte Verhalten aber nicht unbedingt und unter allen Umständen (gewissermaßen reflexartig) zeigen; er kann im Prinzip (wenn er die Folgen zu tragen bereit ist) die Erfüllung des Wunsches auch verweigern oder einfach unterlassen. Der optionale Charakter von Aktionen und Reaktionen im Kommunikationsprozeß markiert die entscheidende Differenz zwischen Apparaten und kognitiven Systemen.

Konvention

Die Darstellung der Art und Weise, wie kognitiv autonome Systeme miteinander interagieren, ihre Interaktionserfahrungen konzeptualisieren und in neue Interaktionsbeziehungen einbringen, bietet nun auch einen Ansatz, die Ausprägung und das Bestehen solcher Regularitäten in der Interaktion zu erklären, die vorzugsweise aus der Perspektive externer Beobachter in den Blick kommen.

Die handlungschematische Konzeptualisierung des eigenen Verhaltens und seiner Resultate führt Handlungsziele bzw. mit der Ausführung bestimmter Tätigkeiten verknüpfte Erwartungen in die (vor-) bewußte Handlungsplanung ein. Auf diese Weise können die Aktionen der einzelnen, aufeinander bezogen agierenden Partner zu einem einheitlichen Interaktionsgeschehen verschmelzen, können die jeweils subjektiven Verhalten-Verhaltensresultat-Schemata wie Zahnräder ineinandergreifen. Zusammen mit der induktiven Operationsweise kognitiver Systeme und mit Blick auf die z.B. schon aus biologischen und sozialen Gründen sich ergebenden Gelegenheiten zu häufigen, intensiven und sich wiederholenden Interaktionen sind damit auf Seiten der einzelnen Interaktionsbeteiligten alle wesentlichen Voraussetzungen für die Reproduktion der gleichen Handlungen bei gleichen Zielen in Interaktion mit gleichen Partnern in gleichen Situationen usw. gegeben.

Für jeden der beteiligten Interaktionspartner bedeutet die Ausführung gleichen Verhaltens bei gleichen Ausgangsbedingungen im Idealfall, daß seine subjektiven Erwartungen immer wieder (bzw. fast immer) erfüllt, seine Handlungsziele immer wieder erreicht, seine Absichten verwirklicht, seine Handlungspläne als valide und reliabel bestätigt werden. Auf diese Weise aber wird subjektiv und intersubjektiv Sicherheit und gegenseitiges Vertrauen gebildet, wird das eigene Handeln in zunehmendem Umfang planbar, wird das Verhalten von Interaktionspartnern kalkulierbar, weil absehbar, erwartbar.

Aus der Sicht eines Beobachters stellen solche Verhaltensreproduktionen jedoch auffällige Rekurrenzen von Verhaltens- oder Äußerungssequenzen (z.B. Spiele, Konversationen, kooperatives Handeln usw.) dar, die an bestimmte situative oder auch personelle Voraussetzungen gebunden (kontextuell determiniert) und deren Elemente voneinander abhängig (kotextuell determiniert) zu sein scheinen.[3]

Versucht man, die ,Regeln' solcher Interaktions*spiele* (vgl. Wittgenstein 1977) unter Einschluß der Akteure zu erfassen, so stößt man wiederum auf die zentrale Rolle der subjektiven Handlungsschemata, insbesondere auf

---

3   Von hier bis zur Annahme eines abstrakten Verhaltens- oder Sprachsystems ist es nur noch ein kleiner Schritt, wenn man die beteiligten Individuen und deren kognitive Leistungen außer Acht läßt.

die Rolle der Erwartungen, die jeder ‚Spieler' in bezug auf das Verhalten seiner ‚Mitspieler' hegt, d.h. in Hinsicht auf die Wirkung/Wirksamkeit seines eigenen Verhaltens (als Ursache).

Diese von den Interaktionspartnern aneinander gerichteten Erwartungen und ihre Tendenz, diesen Erwartungen gemäß zu handeln, begründen eines der sozialpsychologisch wichtigsten Konzepte: das der *Konvention*.

Der Begriff ist vom lat. *convenire* abgeleitet, was so viel bedeutet wie „angemessen, passen, annehmbar sein, zusagen, übereinkommen". In seiner abgeleiteten Form wird der Konventionsbegriff üblicherweise im Sinne von „Vereinbarung, Übereinkunft, gesellschaftlicher Brauch, Sitte o.ä." verwendet, so daß zwei zentrale Bedeutungsebenen hervortreten: Konventionen i.S.v. Absprachen, Abmachungen, Verabredungen, Verträgen hinsichtlich des Verhaltens/Handelns in einer bestimmten Angelegenheit (z.B. die Genfer Konvention, die Europäische Konvention zum Schutz der Menschenrechte und Grundfreiheiten); Konventionen im Sinne von Herkommen, Brauch, Sitte, Förmlichkeit (z.B. Begrüßungsrituale, Höflichkeitsformen, Lexikon und Idiomatik natürlicher Sprachen usw.). Hier interessieren Konventionen in erster Linie im letzteren Sinne.

Der englische Sprachphilosoph David Lewis hat in einer berühmten Arbeit die „Natur" von Konventionen untersucht und diese als Mittel zur Lösung von Koordinationsproblemen beschrieben. D. Lewis führt aus:

> „Wir (als Interaktionspartner in einer bestimmten sozialen Gruppe bzw. als deren Beobachter, G.R.) erwerben schließlich eine allgemeine, zeitlich unbeschränkte Überzeugung, daß Mitglieder einer bestimmten Gruppe bei einer bestimmten Art wiederkehrender Koordinationsprobleme zum Zweck der Koordination einer gewissen Regularität folgen. Jede neue in Übereinstimmung mit der Regularität erfolgte Handlung verstärkt unsere Erfahrung von der allgemeinen Befolgung dieser Regularität. [...] Ist der Prozeß einmal in Gang gekommen, so haben wir ein metastabiles, sich selbst perpetuierendes System von Präferenzen, Erwartungen und Handlungen, das in der Lage ist, unbegrenzt lange fortzubestehen. Solange allgemeine Befolgung zu einem koordinativen Gleichgewicht führt, so daß jeder sie üben will, sofern die anderen das Gleiche tun, bewirken regularitätskonforme Handlungen Erwartungen konformer Handlungen, und Erwartungen konformer Handlungen regularitätskonforme Handlungen. Dies ist das Phänomen, das ich Konvention nenne" (Lewis 1975: 42 f.).

Im weiteren Verlauf seiner Argumentation gelangt Lewis schließlich zu der folgenden Definition:

> „Eine Verhaltensregularität R von Mitgliedern einer Gruppe G, die an einer wiederholt auftretenden Situation S beteiligt sind, ist genau dann eine *Konvention*, wenn es wahr ist und wenn es in G zum gemeinsamen Wissen gehört, daß bei nahezu jedem Auftreten von S unter Mitgliedern von G
>
> (1) nahezu jeder R folgt;

(2) nahezu jeder von jedem anderen erwartet, daß er R folgt;

(3) nahezu jeder hinsichtlich aller möglichen Handlungskombinationen annähernd dieselben Präferenzen hat;

(4) nahezu jeder es vorzieht, daß jeder weitere Beteiligte R folgt, sofern nahezu alle übrigen R folgen;

(5) nahezu jeder es vorziehen würde, daß jeder weitere Beteiligte R' folgt, sofern nahezu alle übrigen R' folgten,wobei R' eine andere mögliche Verhaltensregularität der Mitglieder von G in S ist, derart daß nahezu jeder in nahezu keinem Fall von S zugleich R' und R folgen könnte" (Lewis 1975: 79; siehe dazu auch ebd.: 43).

Wegen der zentralen Rolle der je subjektiven Erwartungen der Interaktionspartner aneinander, werden Konventionen auch als Erwartungs-Erwartungen charakterisiert.

Wirklichkeit

Schon im vorletzten Abschnitt war neben den strukturellen Bedingungen und den Interaktionsmodalitäten der Umstand betont worden, daß Orientierungsinteraktionen nur unter der Bedingung erfolgreich sein können, daß sich die Kognitionsbereiche der beteiligten Partner wenigstens minimal „überschneiden" bzw. die kognitiven Leistungen der beteiligten Systeme bis zu einem gewissen Grade „parallelisiert" sind. „Überschneidung" und „Parallelität" sollte man hier nicht vorschnell zu wörtlich (etwa in mengentheoretischem oder Homologie-Sinne oder gar im Sinne von Identität) nehmen. Denn nach den Voraussetzungen, die wir für die Interaktion kognitiver Systeme eingeführt haben, handelt es sich bei solchen Feststellungen zunächst einmal um Folgerungen, die nur die jeweils einzelnen, an solchen Interaktionen beteiligten Organismen im Falle des (auf subjektiver Einschätzung/Bewertung beruhenden) Erfolges ihrer Orientierungshandlungen anstellen können. Erst ein Beobachter, der solche interagierenden Systeme genauer (z.B. physiologisch und psychologisch) untersucht, könnte Parallelitäten (i.S. von Gleichartigkeit, Ähnlichkeit usw.) in Aufbau und Funktion der Systeme durch Vergleich feststellen. Aus der Sicht der Interaktionspartner sind die Metaphern von Überschneidung und Parallelität vorerst Ausdruck der (jeweils subjektiven) Vermutung einer Art Übereinstimmung oder sogar Gleichheit der beteiligten Individuen und ihrer Umwelten. Wie kommt diese Vermutung zustande und was bewirkt sie?

Als erste Teilantwort kann – aus der Perspektive eines erfolgreich Orientierenden gesehen – die erste von zwei wichtigen Schlußfolgerung dienen: Wenn es mir gelingt, einen fremden Organismus auf ein Objekt O (bzw. auf mich selber, auf meinen Körper, meine Person) hin zu orientieren, dann muß dieses Objekt (bzw. mein Körper, meine Person) auch für den anderen Organismus existieren.

Die zweite Teilantwort lautet dann: Wenn das Objekt O (bzw. mein Körper, meine Person) sowohl für mich, als auch für den anderen Organismus existiert, gleichen wir uns darin, daß O (bzw. meine Person) für uns beide existiert.

Was aber jeder der Interaktionspartner als für beide existierend (d.h.: in beiden Kognitionsbereichen spezifiziert) ansieht, das gilt i.a. als real, wirklich, objektiv oder intersubjektiv (um die gebräuchlichsten Termini anzuführen). Wirklichkeit ist dann das, was als objektiv, genauer: als intersubjektiv existent angesehen wird.

Damit kommen wir zur dritten und letzten Teilantwort (bzgl. der Wirkungen der Annahme intersubjektiv existierender Entitäten): Je größer die Zahl der Objekte intersubjektiver Orientierungen (das können beliebige Entitäten sein: Personen, Dinge, Sachverhalte, Tiere, Pflanzen, Ideen, Gedanken, Befindlichkeiten usf.) für zwei oder mehr kognitive Systeme, desto reichhaltiger bzw. umfangreicher ist die als gemeinsam unterstellte Wirklichkeit. Und je häufiger und zuverlässiger Orientierungsinteraktionen gelingen, desto stärker wird die Überzeugung von der Gemeinsamkeit und Gleichheit der Wirklichkeit aller faktischen und potentiellen (interaktions- bzw. kommunikationsfähigen) Partner. Auf diese Weise ist durch das Gelingen von Orientierungsinteraktionen auch die Zugehörigkeit einzelner Individuen zu (sozialen) Gruppen definierbar, und zwar einmal durch die Art der zur Orientierung eingesetzten Mittel (z.B. Art der Sprache, Art der non-verbalen Signale usw.) und zum zweiten durch das Gelingen der Orientierungshandlungen selbst. Wer oder was ein Mensch, ein Mitglied der eigenen Sprachgemeinschaft, ein Mitglied der eigenen sozialen Schicht oder Gruppe, der eigenen Familie oder des eigenen Freundeskreises ist, kann nämlich durch Orientierungstests leicht entschieden werden – und ist, wie die Geschichte zeigt, zum Nachteil der auf solche Weise Ausgegrenzten allzu häufig leichtfertig entschieden worden.

Meinen[4] und Verstehen

„Übersetzen" wir die für Orientierungsinteraktionen beschriebenen Zusammenhänge einmal in die Begrifflichkeit des Meinens und Verstehens, so kommen wir zu folgender Auffassung: So wie ein Orientierender erst im Rahmen handlungschematischer Konzeptualisierungen so etwas wie Erwartungen an die Ausführung bestimmter Tätigkeiten knüpfen kann, so kann er mit seinen Orientierungshandlungen auch erst im Rahmen von

---

4 Abweichend vom üblichen Sprachgebrauch in der Publizistik/Journalistik wird der Begriff des Meinens hier nicht im Sinne des Äußerns von Meinungen, Einstellungen oder Ansichten verwendet, sondern im Sinne des englischen 'to mean': beabsichtigen, sagen wollen, bedeuten. So wird üblicherweise mit der Äußerung einer Bitte gemeint, daß der Adressat das in der Äußerung der Bitte Bezeichnete tun oder unterlassen möge.

Orientierungsinteraktionen und im Hinblick auf die Erwartungen, Zielvorstellungen, Absichten, Wünsche usw., die er mit der Ausführung seiner Orientierungshandlungen verbindet, etwas *meinen*. Das Gemeinte ist
nämlich als Orientierung*serwartung*, Orientierungs*ziel*, Orientierungs*absicht* usw. im kognitiven Bereich des Orientierenden (in seinem Denken
und Wissen) aktualisiert. Und erst wenn die entsprechenden Erwartungen
erfüllt, die Ziele erreicht sind, wird der Orientierende dem Orientierten attestieren wollen, daß dieser (ihn, die Orientierungshandlung oder das
Gemeinte) *verstanden* hat.

An diesem Zusammenhang ist bemerkenswert, daß die Feststellung bzw.
die Entscheidung darüber, ob der Orientierte *verstanden* hat oder nicht, zunächst einmal allein Sache des Orientierenden ist. Nur dieser vermag zu
beurteilen, ob das Verhalten des Orientierten seinen Orientierungserwartungen entspricht oder nicht. Und schließlich ist schon die zur Entscheidung
anstehende Frage selbst, ob nämlich die Orientierungserwartungen erfüllt
sind oder nicht, selbst nur im Zusammenhang der Handlungen eines
Orientierenden als solche sinnvoll zu begründen. Mit anderen Worten: Die
Frage der Zuschreibung von *Verstehen* oder *Nicht-Verstehen* stellt sich als
solche zunächst überhaupt nur für den Orientierenden.

Gerade weil der Orientierte nun seinerseits sein eigenes Verhalten bzw.
Handeln nach seinen eigenen ‚Maßstäben' und Wahrnehmungen organisiert, besteht die Chance, daß er das (von ihm) beobachtete Verhalten seines Interaktionspartners (des Orientierenden) in einem Handlungsschema
kausal mit seinem eigenen Verhalten verknüpft. Im Ergebnis bedeutet
dies, daß eine erfolgreiche Orientierungsinteraktion für jeden der beiden
beteiligten Partner ein Erfolg ist! Der Orientierende hat sein Orientierungsziel erreicht; der Orientierte hat sich von störenden Einwirkungen entlastet bzw. hat sich Lob oder Belohnung verdient. Dadurch wird die *Situation des Verstehens* für beide Interaktionspartner zu einem aus dem übrigen
Handlungsgeschehen besonders hervorgehobenen, angenehmen und wünschenswerten Zustand, in dem der individuelle Erfolg der einzelnen Partner zugleich ein sozialer Erfolg ist. *Verstehen* bedeutet dann also: *einer
Orientierungserwartung entsprechen.*

Verstehen ist ein *soziales Phänomen*. Es ist im Handeln der beteiligten
Individuen durch jeweils subjektiven Handlungserfolg hervorgehoben
und daher positiv ausgezeichnet. Deshalb erscheint es sinnvoll, Verstehen
nicht als einen Vorgang, z.B. als intellektuelle Leistung, als psychischen,
kognitiven Prozeß o.ä. aufzufassen. Verstehen erscheint vielmehr als eine
Eigenschaft, die einem erfolgreich orientierten Interaktionspartner zugeschrieben wird, nämlich: den Erwartungen des Orientierenden in der gegebenen Situation zu entsprechen. Ob (und wann im Verlaufe von Orientierungsinteraktionen) einem Orientierten diese Eigenschaft zukommt,
entscheidet der Orientierende aufgrund seiner Erwartungen und Beobach-

tungen. *Verstehen bzw. Verstanden-haben ist dann eine dem Orientierten zugeschriebene, nur in der Orientierungsinteraktion mögliche und nur aus der Sicht
des Orientierenden feststellbare Eigenschaft.* Welche kognitiven Leistungen es auch immer sein mögen, die dem Orientierten in einer Interaktion das Attribut des Verstehens einbringen, aus
der Perspektive des Orientierenden – und d.h.: für das Verstehen – spielen
sie nur eine instrumentelle Rolle. Mit anderen Worten: Für die Interaktionspartner kann es ganz gleichgültig sein, auf welche Weise das Verstehen
zustande kommt. Und – was etwas schwieriger nachzuvollziehen ist: Die
Zuschreibung von Verstehen hängt nicht von einer schon im Voraus bestimmbaren Art oder Qualität der kognitiven Leistungen des Orientierten
ab, sondern die Zuschreibung von Verstehen verleiht umgekehrt denjenigen kognitiven Leistungen, in deren Folge sie erteilt wird, eine bestimmte
Qualität! Die *Möglichkeit* von *Verstehen*, d.h. die Möglichkeit des Erfolges
von Orientierungsinteraktionen wird selbst zu einem *Kriterium zur Bewertung* der (beobachteten) Leistungen der Interaktionspartner. *Die Zuschreibung von Verstehen ist somit ein soziales (sozusagen ‚externes‘) Qualitätskriteri-
um für intellektuelle und physische Leistungen autonom operierender kognitiver
Systeme.* Was zum Verstehen führt und das Verstehen erkennen läßt, wird
durch entsprechendes Verhalten (z.B. Lob) positiv akzentuiert. Was zu
Un- bzw. Mißverständnis führt oder dies erkennen läßt, wird negativ bewertet (z.B. durch Tadel). „Interne" Kriterien für die Güte kognitiver Leistungen, etwa Stimmigkeit, Schlüssigkeit, Widerspruchsfreiheit, Sinnhaf-
tigkeit usw., haben demgegenüber mit dem Verstehen zunächst einmal gar
nichts zu tun.[5] Denn wie jedermann aus eigener Erfahrung weiß, kann gegenseitiges oder einseitiges *Nicht-Verstehen* oder *Mißverstehen* subjektiv
auch jeweils mit der größten Überzeugtheit und dem Gefühl größter Sicherheit bzgl. der Richtigkeit des eigenen Handelns assoziiert sein. Was
subjektiv als richtig erkannt ist, kann dennoch intersubjektiv als falsch gel-

---

5   Tatsächlich sind solche Kriterien (in ihrer Funktion als Kriterien) aber ebenfalls sozial kon-
    trolliert und nicht strikt „intern". Sie treten als formale bzw. ästhetische Eigenschaften
    kognitiver Leistungen bzw. manifester Äußerungen solcher Leistungen (und hier vor-
    nehmlich mit Bezug auf den gedanklich-sprachlich-symbolischen Bereich) insbesondere in
    der selbstbezüglichen Bewertung eigener (Äußerungen von) Kognitionen in den Vorder-
    grund. Ungereimtheiten und Widersprüchlichkeiten können (und müssen mitunter, um
    mit einem Interaktionspartner zum Verstehen zu kommen) gedacht und geäußert werden.
    Funktional oder operational gesehen behindern oder verhindern konzeptuelle Inkohären-
    zen oder Dissonanzen aber die Planung und Ausführung (im Sinne von Zielerreichung) er-
    folgreicher Handlungen. Der Erfolg von Handlungen wird aber insbesondere durch solche
    Teilhandlungen be- oder verhindert, die für die Erreichung des Zieles förderliche Schritte,
    z.B. die Erreichung von Teilzielen, im weiteren Handlungsverlauf zunichte machen bzw.
    von der Erreichung des Zieles wegführen. Aus der Umgangssprache sind dafür
    Wendungen wie z.B. „Zwei Schritte vor, drei zurück" bekannt. Stringenz im Handeln und
    Rationalität im Denken lassen hier ihre gemeinsamen Wurzeln in einer operationalen
    Logik erkennen.

ten (und umgekehrt). Pointiert könnte man zusammenfassend sagen: *Verstehen ist ein Mittel zur sozialen Kontrolle individueller Kognition.*

Für den Orientierenden ist Verständlichkeit und Verstehen ein jeweils subjektives (evtl. intersubjektivierbares) Maß für die Bewertung seiner Interaktionspartner, ein subjektives Maß für soziale und persönliche Nähe oder Distanz, kognitive Normalität oder Abnormität. Auf der Ebene von Gruppen und Gesellschaften ist Verstehen das Maß und der Mechanismus, nach dem und in dem akkulturiert und sozialisiert, gelehrt und gelernt wird, indem die Leistungen der Einzelnen unter dem Gesichtspunkt des Verstehens bewertet und selektiert, die zum Verstehen führenden Leistungen verstärkt und stabilisiert werden. Deshalb, und weil ein großer Teil der verfügbaren Orientierungshandlungen in kulturellen und Sprachgemeinschaften konventionalisiert ist, kann im Laufe der Zeit auch der Eindruck entstehen, die entsprechenden kognitiven Strategien, Verhaltensweisen usw. würden ganz unabhängig von Orientierungsinteraktionen zum Verstehen führen, bzw. das Verstehen sei eine rein subjektive Angelegenheit und allein abhängig von der richtigen Ausführung der entsprechenden Operationen (des Denkens oder Verhaltens). Aus denselben Gründen dürfte auch die irrige – das informationstechnologische Kommunikationsmodell stützende – Annahme entstanden sein, es müsse, um ein bestimmtes Orientierungsziel zuverlässig zu erreichen, im Prinzip und in allen Fällen genügen, die erfahrungsgemäß gewöhnlich erfolgreichen Kommunikationsmittel einzusetzen.

Begreift man zwischenmenschliche Kommunikation (von ihrer Grundform, der Face-to-face-Kommunikation ausgehend) als Orientierungsinteraktion, so können im Prinzip alle, gezielt zum Zwecke der Orientierung in der Interaktion verwendeten non-verbalen und verbalen Mittel als Kommunikationsmittel angesprochen werden. Beobachtet man Menschen, die sich verständlich zu machen suchen, obwohl sie die Landessprache nicht sprechen, oder Eltern, die mit ihren Kindern kommunizieren, so erhält man einen Eindruck von der Bandbreite der zum Zwecke der gegenseitigen Orientierung einsetzbaren Mittel. Im allgemeinen (und auch in den einschlägigen Wissenschaften) wird aber nicht die Gesamtheit aller in Frage kommenden und faktisch benutzten Mittel beachtet, sondern in erster Linie nur jener Teil, der in einzelnen menschlichen Gemeinschaften oder Gesellschaften konventionalisiert bzw. standardisiert ist: natürlichsprachliche Lautäußerungen (gesprochene Sprachen) und non-verbale Zeichensysteme (Gebärdensprachen, Alphabete, schriftsprachliche Texte, Symbolsysteme etc.). Konventionalisierte Kommunikationsmittel werden als Medien, genauer: als Kommunikationsmedien bezeichnet.

Verbale Kommunikation: Natürliche Sprache

Das wichtigste Kommunikationsmedium ist zweifellos die natürliche Sprache. An dieser zutreffenden Feststellung ist aber schon die Rede von *,der* natürlichen *Sprache'* problematisch. Denn was die Sprecher einer natürlichen Sprache, z.B. des Deutschen, sprechen, ist weder phonetisch, noch grammatisch, weder idiomatisch, noch semantisch völlig einheitlich. Die Sprecher des Deutschen bedienen sich eher als einer allen gemeinsamen Sprache in vergleichbaren Situationen und für vergleichbare Zwecke oder Ziele ähnlicher, vergleichbarer, wiedererkennbarer verbaler Mittel (z.B. bestimmter Worte oder Phrasen). Von einem einheitlichen Sprachsystem kann nur mit hoher Abstraktion und mit Blick z.B. auf eine standardisierte Hochsprache oder auf jeweils einzelne Dialekte die Rede sein. Aber selbst dann bestehen Differenzen nach der Zugehörigkeit zu sozialen Gruppen und nach idiosynkratischen Besonderheiten. Die Redeweise von *der* Sprache, ist eine nur kognitionsökonomisch zu erklärende Vereinfachung. Ludwig Wittgenstein hat dies sehr klar gesehen und zum Vergleich von Sprachhandlungen (und ,Sprachspielen') den Begriff der Familienähnlichkeit (vgl. Wittgenstein 1977) in die Diskussion gebracht. Die deutsche Sprache könnte so beschrieben werden als eine Familie verbaler Kommunikationsmittel mit weitläufiger Verwandtschaft.

Schriftsprache

Mit den Alphabet-Schriften, die es gestatten, gesprochene Rede zu repräsentieren, ist in die zwischenmenschliche Kommunikation ein noch immer problematisches Instrument eingeführt worden. Die sokratische Schrift- und Text-Kritik (vgl. Platon 1983: 7 f.; ders. 1988: 104 ff.) ist nach wie vor aktuell: kein schriftlicher Text ist selbstexplikativ, keine Zeile erläutert auf Nachfrage ihre Bedeutung. Stets sind schriftliche Texte in ihrer Bewertung abhängig von den Lesarten, die unterschiedlichste Leser (ob in der thematisierten Sache kompetent oder nicht) produzieren. Stets erscheinen Texte der Interpretation oder Kommentierung bedürftig, stets bieten sie den verschiedenen Lesern Anlaß zur Auseinandersetzung über ihre verschiedenen Lesarten.

Dies ist umso mehr der Fall, je weniger konventionalisiert oder reglementiert der Sprach- und Schriftgebrauch für spezifische Zwecke ist[6]. Die alltäglichen Kommunikationsroutinen sind in Sprache und Schrift grammatisch, lexikalisch und pragmatisch in hohem Maße standardisiert. Hier sind nicht nur Fachsprachen, Fachterminologien und fachspezifische Zei-

---

6 Ein Beispiel für die konventionale Regelung spezifischer Kommunikationsbelange liefert die Empirische Theorie der Literatur mit dem Postulat der Tatsachen- und Ästhetik-Konvention (vgl. Schmidt 1980).

chenrepertoirs (z.B. graphische Symbole in Konstruktionszeichnungen) zu nennen, sondern auch die sog. Genres bzw. Gattungen: Typen inhaltlicher und formaler Gestaltung von Texten in spezifischen Verwendungsweisen. So sind z.B. für Informations- und Nachweiszwecke im Verlaufe der mündlichen und schriftlichen Kommunikationspraxis z.B. die Genres ,Nachricht(en)', ,Bericht (Reportage)', ,Dokument(ation)' usw., für Zwecke des kultivierten Spiels und der Unterhaltung z.B. die literarischen Genres entstanden. Zwischen den Extremen der einklagbaren Tatsachenaussage (z.B. der Zeugen vor Gericht oder des wissenschaftlichen Berichts) auf der einen und den von der Forderung nach Tatsachenreferenz entlasteten Formen des spielerischen Umgangs mit verbalen und schriftlichen Ausdrücken natürlicher Sprache auf der anderen Seite hat sich eine ständig in Modifikation befindliche Vielfalt standardisierter Formen und Ausdrucksmöglichkeiten entwickelt (→ I, Krippendorff).

Im Wechselspiel mit Entwicklungen z.B. in den Bereichen Technik, Industrie, Wirtschaft, Politik, Recht, Bildung und Erziehung sind schließlich auch interessante und profitable Märkte im Kommunikationsbereich entstanden, die z.T. mit Spezialisierungen in einzelnen Medien (z.B. Print-Medien) ganze Industrien und Dienstleistungsbranchen (z.B. Pressewesen, Buchmarkt) und mit noch weitergehender Spezialisierung auf einzelne Gattungsbereiche (z.B. Fach-, Sach- und Unterhaltungsliteratur) besondere Unternehmensbereiche oder Unternehmenstypen (z.B. wissenschaftliche und belletristische Verlage und Buchhandlungen) ausdifferenziert haben.

Für den Bereich der schriftsprachlichen Kommunikation charakteristisch ist aber die Entstehung und allmähliche Professionalisierung von Handlungsmustern und Interaktionsformen, für die erst durch den Schriftgebrauch selbst ein gesellschaftlicher Bedarf erzeugt wird: So bedarf es schriftkundiger Personen, um illiteraten Laien schriftliche Texte nahezubringen (z.B. vorzulesen), es bedarf sachkundiger Interpreten und Kommentatoren schriftlicher Texte, die Erläuterungen geben und Fragen beantworten und sich als Kritiker der Autoren betätigen. Der Bedarf für solche Dienstleistungen besteht dauerhaft deshalb, weil die Autoren und Leser schriftlicher Texte (in welcher Form diese auch immer technisch realisiert sein mögen, ob z.B. handgeschrieben, gedruckt oder auf einem Bildschirm sichtbar) unter ganz anderen Voraussetzungen und Bedingungen agieren als die Sprecher und Hörer in der Face-to-Face-Kommunikation. Das Lesen ist nämlich kein interaktiver Prozeß, in dem zwei kognitive Systeme orientierend aufeinander einwirken, sondern die Aktion eines einzelnen Lesers, der für die Erzeugung von Information bzw. für die Konstruktion (s)einer Lesart zunächst ausschließlich auf den vorliegenden Text, sein eigenes Weltwissen sowie auf seine Sprach- und Lektürekompetenz angewiesen ist.

Um zu einer sozial verträglichen und sachlich begründbaren Lesart zu kommen, müssen Wissen und Kompetenz sehr weit entwickelt sein. Überall dort aber, wo das Wissen und die Kompetenz von Lesern nur eingeschränkt (z.b. in Fachgebieten) oder (noch) gar nicht vorhanden (z.b. bei Schülern) ist, bedarf es zusätzlicher Informationen und Erläuterungen, die der Text selbst nicht geben kann. Die Fähigkeit zur Entzifferung der Buchstaben und zur Verbalisation der geschriebenen Wörter und Sätze ist nur eine der Voraussetzungen für die Rezeption schriftlicher Texte. Ob die von Lesern produzierten Lesarten ganz oder nur in Teilen im Sinne des Autors sind oder nicht, wie überhaupt mit Texten umzugehen ist und wie sie zu verstehen bzw. verständlich zu machen sind, ist ein z.b. für die Exegese heiliger Schriften, für die Auslegung von Gesetzestexten, für die Kritik historischer Quellen und für die Interpretation von Literatur gleichermaßen bedeutungsvoller Komplex von Fragen. So hat sich schon in der Antike eine spezielle philosophisch-philologische Lehre, die *Hermeneutik*, zur Beantwortung dieser Fragen entwickelt. Die bis auf den heutigen Tag fortgeführten Studien zur Hermeneutik haben eine ganze Reihe, z.T. sehr folgenschwerer Vorschläge[7] zum Umgang mit dem Problem der richtigen, angemessenen oder auch nur möglichen Auffassung von Texten hervorgebracht. Eine Lösung des Problems ist jedoch bis heute nicht gefunden, wenn man die verbreitete Ansicht nicht selbst als die Lösung ansehen möchte, daß es für dieses Problem weder eine einfache, noch eine endgültige, und womöglich überhaupt keine Lösung geben kann.

Audio-visuelle und elektronische Medien

Die technischen Einrichtungen zur Übertragung und Distribution von Nachrichten, Daten, Bildern usw. (z.B. Drucktechnik, Hör-Funk, Fernseh-Funk) können eigentlich – entgegen der üblichen Redeweise – nicht als Kommunikationsmedien (wie natürliche Sprache und Schrift) gelten. Denn sie stellen nicht selbst Mittel dar, die von den Interaktionspartnern für Orientierungszwecke benutzt werden können, sondern dienen der Vermittlung, Übertragung und Verteilung von Kommunikationsmedien: gesprochene oder geschriebene Sprache, begleitende non-verbale (visuell wahrnehmbare) gestische oder mimische Mittel.

Als ein auch kommunikationstechnisch einsetzbares Verfahren ermöglicht die Funktechnik, so in Gestalt des Hörfunks, eine einseitig beschränkte und auf Audition reduzierte Form mündlicher Kommunikation. Wie der Lektüre mangelt es auch dem Radiohörer gewöhnlich an begleitenden

---

7 Dies gilt vor allem für W. Diltheys Vorschlag zur Unterscheidung und Teilung der Wissenschaften in verstehende (Geisteswissenschaften) und erklärende (Naturwissenschaften); vgl. Dilthey 1981. Zur Hermeneutik allgemein, vgl. Birus 1982, Coing 1976, Geldsetzer 1975, Japp 1981, Raible 1983, Ricklefs 1975, Rusterholz 1975.

z.B. non-verbalen oder nicht-akustischen, die Sendung kontextualisieren-
den und dadurch verständlicher machenden Signalen sowie insbesondere
an Rückfrage- und sonstigen dialogischen oder diskursiven Klärungsmög-
lichkeiten.

Bei den AV-Kommunikationstechniken, die wie der Hörfunk nur in einer Richtung (vom Funkhaus zum Zuschauer) operieren, werden zusätzlich zu den Sprach- und Tonsignalen auch noch Bilder gesendet, die
Sprach- und Tonsignale kontextualisieren und auf diese Weise in erheblichem Umfang zur Desambiguierung der vom Zuschauer/Zuhörer zu er-
zeugenden semantischen Informationen beitragen. Sprachliche Äußerungen treten in natürlichen oder artifiziellen, in jedem Fall aber in ihrer Spe-
zifität erkennbaren und interpretierbaren Kontexten (Handlungen, Situationen) auf. Dadurch wird das Verständnis der Äußerungen wesentlich erleichtert bzw. verbessert.

Betrachtet man jedoch z.B. einen Spielfilm im Hinblick auf die künstlerische Gesamtaussage, die Autor und/oder Regisseur beabsichtigt haben,
unter bild- und tonästhetischen, dramaturgischen oder anderen, z.B. die
Story oder die Ausstattung betreffenden Gesichtspunkten, sieht man sich
in prinzipiell der gleichen Lage wie der Leser eines schriftlichen Textes,
der zur Validierung seiner Lesart nicht-textueller Informationen bedarf.

Zusammenfassend kann man für alle Kommunikationsmedien außer-
oder oberhalb der Face-to-face-Kommunikation, also für die schriftlichen
und AV-Kommunikationsformen feststellen, daß sie ein spezifisches Ver-
stehensproblem erzeugen bzw. die aus der Face-to face-Kommunikation
bekannten Probleme des Verstehens in spezifischer Weise verschärfen.
Dabei liegt die Spezifik dieser Problem-Verschärfung in drei miteinander
zusammenhängenden Dimensionen: Orientierungsintentionen werden jeweils nur in einem Medium realisiert; Orientierungshandlungen bzw. deren Manifestationen werden (gewöhnlich) nur ein einziges Mal präsentiert;
das Rezipientenverhalten bleibt ohne Feedback durch den Orientierenden.

KLAUS KRIPPENDORFF

Der verschwundene Bote.
Metaphern und Modelle der Kommunikation

Problemeinstieg

An einem komplexen Wirtschaftssystem und einem Modell dieses Systems wird erkennbar, was Modelle für uns leisten können. Unsere Fähigkeit, mit dem Wirtschaftssystem experimentieren und von den Folgen dieser Experimente lernen zu können, ist stets auf das beschränkt, was seine Teilnehmer – Produzenten, Verbraucher, Geschäftsleute, Bankiers, Ökonomen, Politiker – zu dulden bereit wären. Mit einem Computer-Modell solch eines Systems wäre man nicht nur in der Lage, sehr viel mehr Daten zu erfassen, als ein Mensch jemals könnte, sondern auch sehr viel freier mit dem System spielen zu können, ohne dabei dessen Teilnehmer zu gefährden. Mit Hilfe eines Computer-Modells kann man offensichtlich die kühnsten wirtschaftspolitischen Strategien durchspielen; man kann Faktoren einfügen, um Krisenpunkte aufzuspüren oder Revolutionen zu berechnen; man kann Veränderungen viele Jahre vor ihrem Eintreffen studieren; man kann die Lebensfähigkeit möglicher Wirklichkeiten testen und vieles andere mehr. Modelle können uns helfen zu verstehen, was das Modellierte uns verschweigt.

Modelle sind nicht an Computer gebunden. So kann etwa eine Modellstadt ein hervorragendes Beispiel dafür sein, wie andere Städte funktionieren sollen. Die Beschäftigung mit einer solchen Modellstadt könnte uns dann etwa vor Augen führen, mit welchen Problemen in den ihr nachgebildeten Städten zu rechnen ist. Viele zweckorientierte, funktionale Objekte können zum Modell erklärt werden und dann als Norm dienen. Man denke etwa an vorbildliche Bürger, Modell-Gemeinschaften, exemplarische Reden, beispielhafte Sendeanstalten und natürlich auch an Modelle der Kommunikation. Die Erforschung eines Objektes in den Begriffen eines anderen, das Frei-Machen des eigenen Denkens von den Zwängen herrschender Praktiken, etwas durchzusprechen, bevor man handelt – all dies sind grundlegende Eigenschaften menschlicher Kommunikation.

Frühe Kommunikationsmodelle waren weitgehend der Technologie entlehnt, wofür heutige Computermodelle noch immer ein Beispiel sind. Modelle können aber auch oft sprachlicher Natur sein oder Aussagesysteme darstellen, die eine schlüssige Beschreibung des Was, Wie oder Warum von Kommunikation liefern. Sie stellen dabei metaphorische Beziehungen zu solchen mechanischen Gebilden, physikalischen Prozessen oder gesellschaftlichen Rollen her, die wir bereits gut kennen. Wenn jemand sagt, Kommunikation sei das Nervensystem der Gesellschaft, so benutzt er den Begriff ‚Nervensystem' als biologische Metapher, um ein begriffliches Modell von gesellschaftlicher Kommunikation zu konstruieren. Jede Metapher hat die Eigenschaft, eine erklärungskräftige Struktur aus einem bekannten Erfahrungsbereich in einem anderen anzuwenden, der entweder noch erklärungsbedürftig ist oder den es neu zu verstehen gilt. Auf diese Weise gibt die Metapher einem unvertrauten oder unzureichend strukturierten Erfahrungsbereich eine neue Klarheit, Offensichtlichkeit und greifbare Gestalt. Metaphern bieten sogar eine sehr viel größere Experimentierfreiheit als physikalische Modelle. Zugleich aber werden die unkritischen Benutzer von Metaphern leicht dazu verführt, die damit geschaffene Neufassung von Wirklichkeit als Tatsächlichkeiten zu sehen und ihre Implikationen als selbstverständlich anzunehmen.

Da jedes Reden über Kommunikation immer schon das Verstricktsein des Sprechers in seine eigenen Konstruktionen von Kommunikation aufzeigt, liefern die Metaphern, Modelle, Mythen und andere umgangssprachliche Konstruktionen von Kommunikation einen günstigen, wenn nicht gar den einzigen Einstieg in unser Thema: die sozialen Implikationen von Metaphern und Modellen im Medium ihrer Beschreibung – also der von uns benutzten Sprache – zu verdeutlichen.

Deshalb bleiben wissenschaftliche Kommunikationsmodelle zunächst im Hintergrund. Der Schwerpunkt, zumindest am Anfang dieses Beitrags, wird auf einer alltagssprachlichen Erklärung von Kommunikation liegen, auf Metaphern, die wir im Alltag häufig – wenngleich oft unbewußt – verwenden, auf volkstümlichen Modellen, in deren Kategorien wir zu denken und zu handeln gewohnt sind. Obwohl ich mich also anfangs auf die Weisheit der Alltagssprache verlasse, um die sprachliche Grundlage des Verstehens von Kommunikation deutlich machen zu können, behaupte ich überdies, daß Sozialwissenschaftler es kaum vermeiden können, ihre Theorien in solchen Alltagsvorstellungen wurzeln zu lassen.

1. Alte Vorstellungen von Kommunikation

Kommunikation geschah nicht immer so, wie wir sie oben definierten. Gehen wir einmal ungefähr fünftausend Jahre zurück, ins damalige Babylon oder Ägypten, wo, wie wir glauben, die Schrift entstanden ist. Dort finden wir einen Hinweis dafür, daß Kommunikation als solche aufgefaßt wurde. Und dies ist keineswegs überraschend. Jedes uns universell umgebende

Medium des Lebens ist schwierig wahrzunehmen. Die Schwerkraft zum Beispiel wurde erst in der Neuzeit „entdeckt", weil sie in praktischen Situationen überall gegenwärtig ist. Und da Kommunikation, vielleicht sollte man hier besser von „Sprache" oder von „Sprechen" reden, eine den Menschen bestimmende Fähigkeit ist, schien es für eine lange Zeit nur natürlich, sie als selbstverständlich vorauszusetzen. Dennoch brachte die Einführung der Schrift so manche Störung der „natürlichen" Lebenspraxis mit sich und führte zu anfänglichen Vorstellungen von dem, was wir heute als Kommunikation auffassen.

Neben ihrer Funktion als Hilfe beim Zählen und bei der Buchführung erscheint die frühe Schrift Ägyptens hauptsächlich auf wichtigen öffentlichen Gebäuden und auf den Wänden der Grabkammern der Pharaonen, die allesamt für die Ewigkeit entworfen waren. Die Schriften nennen Erbfolgen der Herrscher, bedeutende Errungenschaften, erinnerungswürdige öffentliche Ereignisse, religiöse Anweisungen und nicht zuletzt auch Gründe, warum die jeweiligen Gebäude errichtet wurden. In Stein gemeißelte Bildinschriften konnten weder einfach verändert werden (obwohl unfreundlich gesonnene Nachfolger das mitunter taten) noch an einen anderen Ort gebracht werden (wenn auch die Römer ägyptische Obelisken als Souvenirs mitnahmen); sie teilten ihren Lesern nichts anderes mit als das, was sie schon wußten, aber nicht vergessen sollten: das staatsbürgerliche Wissen, das ihnen im Gedächtnis bleiben sollte, und welches Gesetz für diejenigen galt, die mit diesen Gedächtnisstützen lebten.

Diese monumentalen Inschriften konnten kaum als einseitige Kommunikation gesehen werden – etwa von einem Pharao an sein Volk. Sie waren ständig gegenwärtig; sie zeigten nachdrücklich die Macht rechtsgültiger Autorität; sie führten sichtbar die herrschende soziale, politische und religiöse Wirklichkeit vor Augen. Diese archaische Vorstellung von Kommunikation möchte ich als „Kommunikation ist die Schaffung von Monumenten" zusammenfassen. Monumente sind dabei nicht auf steinerne oder metallene Strukturen und Objekte beschränkt. Monumente sind Manifestationen einer Geschichte und einer Zukunft, in der es keine Änderungen gibt. Monumente garantieren die Dauerhaftigkeit sozialer Beziehungen, die durch keine jahreszeitliche Veränderungen, Kriege, Auswanderungen, nachfolgende Herrscher oder neuen Generationen von Einwohnern gestört werden darf. Wer ihre Leser sind – und womöglich auch ihre Autoren –, ist völlig nebensächlich. Die bloße Gegenwart monumentaler Inschriften reicht vermutlich aus, um jedermanns Fügsamkeit sicherzustellen.

Die Idee, eine solche fundamentale menschliche Aktivität wie Kommunikation mit der Erschaffung von Monumenten gleichzusetzen, könnte schon zu finden sein in den etwa fünfzehntausend Jahre alten paläolithischen Höhlenzeichnungen von Lascaux. Diese frühesten uns bekannten künstlerischen Dokumente zeigen Tiere, manchmal verschmolzen mit menschlichen Gestalten. Wir wissen zwar nicht viel von den Personen, die ihre Magie in diese Zeichnungen eingebracht haben, wir nehmen aber heute an, daß diese Zeichnungen das Verständnis der Beziehungen zwischen den Höhlenbewohnern und ihrer natürlichen Umgebung regelten. Sie identifizierten die Maler als Jäger und versprachen ihnen möglicherweise dauerhaften Erfolg bei der Nahrungssuche und vielleicht auch Schutz vor unberechenbar wilden Tieren. Magie verschmilzt den Unterschied zwischen Wirklichkeit und Bildern; und so gibt es kaum Grund zur Annahme, diese Zeichnungen seien bloße Abbildungen gewesen in einer Art, wie wir heute Fotos interpretieren. Sehr wahrscheinlich waren sie ein nicht entfremdeter Bestandteil einer Stammesidentität und stellten dar, was wissenswert oder zu verehren war. Sie waren Monumente im Leben der Stammesmitglieder.

Die Gleichsetzung von Kommunikation mit der Schaffung von Monumenten besteht heute noch. Beispiele dafür sind vertraute Bildnisse kulturell bedeutsamer Persönlichkeiten, Mahnmale für die im Krieg Gefallenen, die Millionen von Grabsteinen überall auf der Welt, aber auch Luthers Thesen, Hochzeitsanzeigen oder Werbung für neue Produkte in den Zeitungen, auch die Insignien, die Touristen auf historischen Sehenswürdigkeiten anläßlich ihres Besuches hinterlassen – allesamt haben sie im Grunde denselben Status: Eine selbsternannte Autorität schafft ein dauerhaftes Beweisstück für jemanden oder für etwas, das ihm wichtig scheint, oft an einem öffentlich, rechtlich oder persönlich bedeutsamen Übergangspunkt wie einer Thronbesteigung, einem Todesfall, dem Ende eines Krieges oder einem neuen Lebensabschnitt. Es scheint hinreichend, Monumente durch den Akt des Hinstellens für solche zu erklären.

Eine weitere alte Vorstellung von Kommunikation findet sich in der Wurzel unseres modernen Wortes ‚Symbol'. Es geht zurück auf das griechische ‚symbolon', eine Münze, die von zwei Freunden entzwei gebrochen wurde und deren Hälfte jeder getrennt mit sich trug in der Hoffnung, daß sie dies einst wieder zusammenführen werde. Diese Hälften bedeuten je für sich selbst gar nichts. Ihre magische Kraft entfaltete sich durch die Einheit, von der nur ihre Träger wußten. Der Begriff ‚Kommunikation als Symbolon' enthält die Idee von Gemeinsamkeit, von gemeinsamer Geschichte, von gemeinsam geteiltem Wissen. Diese Idee findet man mehr oder weniger auch in der modernen Auffassung von Kommunikation. Übrigens entsprach die Funktionsweise des Symbolons recht genau den damals angenommenen physikalischen Gesetzmäßigkeiten. Aristoteles zufolge hatte jedes Ding stets seinen (natürlichen) Bestimmungsort zu finden: Rauch mußte emporsteigen, Steine mußten fallen, so daß es nicht überrascht, daß ein Symbol sich wiedervereinigten mußte. Die Teile eines Symbolons paßten zueinander, die Bruchstücke ergänzten sich wie Spiegelbilder, und die Wiederherstellung der einstigen Einheit war ihr endgültiger Zweck. Die Statuen, welche die Griechen uns hinterlassen haben, könnten durchaus als Teile einer Einheit geschaffen worden sein, einer Einheit, die jedermann durch Betrachten vervollständigen konnte, und nicht als Abbilder, als Repräsentation, als die wir sie heute sehen wollen. Deshalb darf man „Kommunikation als Symbolon" nicht verwechseln mit der Abbildungsfunktion, die wir mit dem modernen Begriff des Symbols verbinden.

Die dritte in der Antike verankerte Vorstellung verweist auf ein Konzept von „Kommunikation als das, was göttlich inspirierte Boten tun". Natürlich kannten die Griechen Hermes, den Gott, der als Bote anderen Göttern diente. Die Idee des Boten gab es also ganz ohne Zweifel. Folgt man Julian Jaynes, so war es den Griechen bis zur Zeit der „Ilias" im wesentlichen unbekannt, individuelle Verantwortung für ihr Handeln zu übernehmen (vgl. Jaynes 1976: 286). Sie hörten Stimmen in ihren Köpfen, die sie Göttern zuschrieben und handelten so, als führten sie deren Aufträge aus. Um ein Bote zu sein, mußte man zu den entsprechenden Handlungen von „höheren Instanzen" inspiriert worden sein. Wir wissen nicht recht, wie Moses aus der Sicht der Israeliten die Gebote Gottes vom Berg Sinai brachte. Mohammed aber verstand sich ohne Zweifel als Bote und Prophet Allahs – als ein Medium, durch das ein Gott zu seinem Volk sprach.

Indem die göttlich inspirierten Boten Genauigkeit der mündlichen Wiedergabe für sich in Anspruch nahmen, wiesen sie zugleich die Verantwortung für die wiedergegebenen Inhalte von sich. Die alte Bedeutung von ‚Botschaft' ist ‚Auftrag', und in der auf mündlicher Überlieferung beruhenden Kultur waren Boten entsprechend Beauftragte auf göttliches Geheiß. Aus den Pflichten des Hermes kann man übrigens in etwa ersehen, was es hieß, ein Bote zu sein. Er herrschte über Straßen, Handel, Erfindung, Beredsamkeit, List und Diebstahl. Zweifellos hängen diese Gebiete im Wesen mit heutigen Kommunikationsbegriffen zusammen. Doch darf man nicht außer acht lassen, daß Hermes, um ein Bote zu sein, für andere Götter sprechen mußte.

Die vierte alte Vorstellung könnte man umschreiben als „Kommunikation ist, mit Argumenten umgehen". Die fehlende Einheit unter den griechischen Stadtstaaten und der nachfolgende Untergang der Aristokratie brachten viele öffentliche Angelegenheiten in die Debatte, deren Wahrheit ungewiß war und die es zu klären galt. An modernen Maßstäben gemessen ist eine Debatte ein Kommunikationsprozeß. Die Wissenschaft der Rhetorik, die im zunehmenden Bewußtsein für die Rolle der Sprache bei den zu klärenden Problemen dieser Zeit entstand, beschäftigte sich jedoch im wesentlichen mit Fragen der richtigen Argumentation, mit logisch folgerichtigem Denken, mit bildhaften Ausdrücken oder sprachlichen Figuren; sie behandelte diese Themen also aus einem normativen Blickwinkel.

Die Überlieferung besagt, daß die Rhetorik in Syrakus entstand und als ersten Erfolg die Versammlung der Bürger Athens von einem Bündnis überzeugte, das in einem verheerenden Feldzug endete (vgl. Eisenhut 1974: 19). Von den Sophisten erwarb die Rhetorik den Ruf, selbst unklugen Vorschlägen noch zur Annahme verhelfen zu können und ihre Schüler dazu zu befähigen, sich vor der Öffentlichkeit erfolgreich zu verteidigen. In einem seiner Dialoge, im „Phädrus", widersetzte sich Plato den Lehren der Rhetorik. Er karikierte die Bereitschaft der Sophisten, jeden beliebigen Standpunkt – ganz gleich, ob er es verdiene – argumentativ zu vertreten, und lobte statt dessen die Philosophen, die als Freunde der Weisheit versuchten, sich der Wahrheit von Argumenten im Dialog zu nähern. Ob das Kriterium nun (korrekte und überzeugende) Form oder (absolute) Wahrheit hieß – die Fähigkeit, mit Argumenten richtig umgehen zu können, wurde in jedem Falle zum Kernstück eines „sophistizierten" Verständnisses von Sprache. Der Schwerpunkt lag dabei auf dem Herstellen überzeugender Mitteilungen. Die Beziehungen zwischen den Kommunikationspartnern, die beteiligten kognitiven Prozesse und das Aushandeln von Bedeutungen blieben unreflektierte Gegebenheiten.

Historisch gesehen, war das Bewußtsein für Kommunikation nicht nur in westlichen Kulturkreisen gering ausgebildet. Das Wort ‚Komyu-ni-ke-shon' ist erst kürzlich in die japanische Sprache eingeführt worden. Viele Japaner können es zwar lesen, benutzen diesen Ausdruck aber nur selten (vgl. Ito 1989a: 174). Überlieferte japanische und chinesische Schriftzeichen, in die der westliche Begriff der Kommunikation übersetzt wird, sind recht spezifischer Natur und erfordern genaue Bezugnahmen auf die konkreten Objekte, die gegeben, empfangen oder ausgetauscht werden. Bei der Suche nach alten Kommunikationsvorstellungen hat Shutaro Mukai die Aufmerksamkeit auf das geschriebene Wort ‚Nin-gen' für Mensch gelenkt (vgl. Mukai 1979: 40–51). Das Wort besteht aus zwei getrennten Schriftzeichen: ‚Nin', das einer abstrakten menschlichen Figur ähnelt und ‚jemand', ‚einer' etwa wie in ‚man' (liest...) bedeutet, aber nie allein verwendet wird; und ‚Gen' oder ‚Ma' was ‚Zwischen-' (in Raum und Zeit) bedeutet. Demzufolge ist im Japanischen ein Mensch jemand mit Zwischenraum/zeit. Bemerkenswerterweise ist jemand ohne Zwischenraum/zeit (geschrieben ‚Ma-Nuke') ein Geistesgestörter. ‚ma' ist zudem ein Zeichen, das aus zwei Bildern zusammengesetzt ist: einem Tor, einem von Menschen geschaffenen Gebilde also, das geöffnet oder geschlossen werden kann, um Dinge oder Personen einzulassen oder ihnen den Zugang zu verwehren, und einer Sonne, einem natürlichen Gegenstand. Daher ist es naheliegend, das japanische ‚Ma' als eine archaische Form unseres heutigen Kommunikationsbegriffes zu sehen. Zweifellos benennt es eine räumliche und zeitliche Beziehung, die man als grundlegend für menschliche Individuen sieht, eine Beziehung, deren Abwesenheit jemandem, der nicht fähig ist zu denken, der sich nicht verständlich machen kann und damit letzlich unfähig ist, das zu besitzen, was ihn zum menschlichen Individuum macht: Sprache kommunikativ zu gebrauchen. Man könnte gar sagen ‚Kommunikation ist Ma' – oder war dem zumindest ähnlich.

Kommunikation ist ein Prozeß, der nur wenige physikalische Spuren hinterläßt. Deshalb ist es schwierig, aus der Überlieferung zu rekonstruieren, wie die Praktiken menschlichen Zusammenlebens konzipiert wurden, wie Menschen früher ihre soziale Welt sahen oder in welcher Form sie miteinander kommunizierten. Auch aus diesen Gründen ist die vorangegangene Beschreibung der alten Vorstellung von Kommunikation weder vollständig noch historisch exakt. Doch obwohl das Bewußtsein von Kommunizieren eine sehr junge kulturelle Erfindung darstellt, lassen sich Spuren von Monumenten, Symbolen, Argumenten und ‚Ma' in unseren zeitgenössischen Vorstellungen von Kommunikation wiederfinden.

2. Metaphern der Kommunikation

2.1 Die Metapher der Übertragung von Botschaften

Die Idee einer zu verschiedenen Orten tragbaren und damit „übertragbaren" Botschaft war wohl die einflußreichste Erfindung in der Geschichte der Kommunikation. Ähnlich wie bei der Erstellung von Monumenten, doch im Unterschied zu den göttlich inspirierten Boten der mündlichen Tradition, gewann die geschriebene Botschaft nun eher objektive Qualitäten. Die Botschaft konnte von vielen gelesen, wiedergelesen und auch aufbewahrt werden. Die ehemals subjektiven Bedeutungen konnten auf die Schriftzeichen so projiziert werden, daß sie zu objektiven Inhalten wurden, die Übertragungsverluste undenkbar machten. Geschriebene Botschaften dienten als Ausdruck der Absichten ihres Absenders. Sie konnten kopiert und verglichen werden. Sie gaben den Anstoß für soziale Institutionen, die sich etwa dem Erhalt religiöser Texte widmeten. Sie förderten frühes wissenschaftliches Interesse am Austausch von Kalendern, Berechnungen und experimentellen Ergebnissen. Anders als Monumente konnten Botschaften chiffriert werden, um unbefugtes Lesen zu verhindern. Briefe und schriftliche Verfügungen förderten neue Formen der Verwaltung, die beispielsweise bei der Expansion des Römischen Reiches halfen. Sie ersetzten das Reisen, begründeten neue Gemeinschaften (etwa die der Wissenschaftler), dokumentierten Geschichte und schufen historisches Bewußtsein. Der Begriff der Botschaft bewirkte eine Vielzahl technologischer Erfindungen. Er führte, um nur einige Folgen zu nennen, zum Berufszweig des Schreibers, machte Bibliotheken möglich, perfektionierte die

Entwicklung von Straßennetzen und ließ ein Postwesen mit einer technischen und personellen Infrastruktur von Austrägern, Postwegen und Gebührentarifen entstehen.

Die Metapher der übertragbaren Botschaft überlebte zahlreiche technologische Revolutionen. Sie paßte sich dem Buchdruck, dem Pressewesen, dem Telegraphen, dem Telefon, dem Radio und dem Fernsehen ebenso an wie dem Computer: Botschaftsübertragungen auf elektronischem Wege. Im Zuge dieser Anpassung aber geriet das Wort Botschaft, das anfänglich für „Auftrag" und später für eher konkrete physikalische Objekte stand, welche die Spuren des Schreibens bewahrten, zur Metapher für das, was „wirklich" in einem nicht länger berührbaren und sichtbaren Medium übertragen wird. Wir sprechen von elektronischen Botschaften, die man nicht mehr anfassen kann. Wir kaufen Anrufbeantworter, die Botschaften „aufbewahren", die ein Anrufer uns „geben" wollte. Wir sagen, wir haben eine Botschaft „nicht mitbekommen", wenn wir meinen, daß wir etwas nicht verstanden haben. Wir bitten jemanden, eine telefonische Nachricht zu „hinterlassen", die nur einen bestimmten Adressaten angeht.

Die technische Erfindung der transportierbaren Botschaft löste gewisse menschliche, soziale und spirituelle Probleme. Sie objektivierte, was anderenfalls zu erinnern gewesen wäre, und reduzierte damit das Kommunikationsproblem auf ein Transportproblem. Das nunmehr zur Metapher gewordene Übertragen von Botschaften behält diese Objektivität insofern bei, als es keine Bezugnahme mehr auf menschliche Fähigkeiten erfordert. Es erweitert die Idee der Übertragung auf das Übersetzen von einem Medium zu einem anderen.

2.2 Die Container-Metapher

Wesentlich für die Konzeption des göttlich inspirierten Boten war die Unterscheidung zwischen dem Boten selbst und dem, was zu übertragen er beauftragt war. Nachdem der menschliche Träger einer schriftlichen Botschaft nicht länger mit dem zu tun hatte, was die Botschaft besagte, sondern nur damit, sie an ihr Ziel zu bringen, wurde nun auch eine Unterscheidung nötig zwischen der materiellen Form einer Botschaft und ihren Bedeutungen. Die materielle Form beeinflußte die (Über-)Tragbarkeit, was man von Bedeutungen hingegen nicht sagen konnte. Vielleicht war es nur die Analogie zwischen Briefen, die in einer Schatulle einschließbar waren, und Schriftzeichen, denen man Bedeutungen „mitgeben" konnte, um sie gegen unberechtigte Einsichtnahme zu schützen, die zu der heute weit verbreiteten Metapher von der „Botschaft als Container" (Behälter) führte. Wir fragen jemanden, was „in" einem Brief steht, was er „aus" einem Vortrag entnommen hat, oder wir beklagen, daß jemand etwas „in" eine Botschaft hineinliest, was nicht „in" ihr „enthalten" ist. Noch mehr im Sinne des Wortes untersuchen wir den „Inhalt" einer Fernsehsendung, beurteilen einen Satz als bedeutungs"voll" oder „voller" Bedeutung, erklären, ein Artikel sei mit Ideen „gefüllt", oder behaupten, er „enthalte" gar nichts Neues.

Die Container-Metapher hat zur Folge, daß die Botschaft und ihr Inhalt Einheiten ("Entitäten") unterschiedlicher Art sind. Für den Container mag dies noch offensichtlich sein. Das Papier, auf dem etwas geschrieben steht, das elektronische Signal oder der Schall einer Stimme haben eine physikalisch meßbare Existenz. Die Metapher legt aber nahe, auch Sinn und Bedeutungen als Entitäten aufzufassen. Ein Studienkurs bringt uns „etwas"; wir erhalten Bruch„stücke" einer Information oder „Teile" einer Nachricht; manchmal glauben wir, jemand habe uns nur die „halbe" Wahrheit gesagt. Obwohl wir davon überzeugt sind, daß wir Bedeutungen nicht an einen Baum nageln können, haben wir keine Bedenken, Schilder, Warnungen und Bekanntmachungen an Straßenecken oder auf Litfaßsäulen anzubringen, womit wir deren unterschiedliche Bedeutungen als unterschiedliche Objekte behandeln.

Da Botschaften demnach Entitäten beinhalten können, liegt es nahe, sich auch Container in Containern vorzustellen. So werden Wörter zu Behältern von Ideen, Briefe zu Behältern von Wörtern, Umschläge zu Behältern von Briefen, die wiederum in Säcken verschickt werden können. Die jeweils enthaltenen Entitäten werden damit zum Zweck der Kommunikation und deren Container ihr Mittel, womit letzlich die Kommunikation als ein linear verlaufender Prozeß gedacht wird.

Wie stark sich die Metapher „Botschaften als Container für Entitäten" festgesetzt hat, sieht man besonders in den Erklärungen, die gegeben werden, wenn die Implikate der ihr innewohnenden Logik versagen: Wenn eine Botschaft Entitäten enthält, die jemand absichtlich dort hineingelegt hat, so sollte daraus folgen, daß ihr Empfänger sie genau so wieder entnimmt. Sollte er ihr aber etwas anderes entnehmen, so muß nach dieser Logik entweder ein Fehler auf dem Übertragungsweg vorliegen, oder der Empfänger ist inkompetent, hinterhältig oder gar verrückt. Die Möglichkeit, daß die dieser Logik zugrundeliegende Metapher unangemessen ist, wird nur selten bei der Schuldzuweisung für solche Ungereimtheiten in Betracht gezogen. Die Implikate dieser Metapher sind natürlich problemlos, wenn Kommunikation gelingt. Für den zweiten Leser einer Zeitung führen sie jedoch schon zu Widersprüchen, weil die Inhalte eben nicht als entfernt oder vom ersten Leser verbraucht erfahren werden. Trotz solcher physikalischer Absurditäten, zu denen die Container-Metapher letztlich führt, wird sie jedoch weitgehend aufrecht erhalten.

2.3 Die Metapher des Mitteilens von Gemeinsamkeiten
(cognitive sharing)

Die Metapher von Kommunikation als etwas, das den Kommunikatoren „zur Gemeinsamkeit wird", sie gleich macht oder gleichartig denken läßt, folgt logisch aus der Metapher, nach der Botschaften „Container für Entitäten" sind. Sie könnte schon in der alten Vorstellung des Symbolon vorweggenommen worden sein und ist auch im Begriff der Mitteilung enthalten.

Das englische Wort „sharing" hat zwei recht unterschiedliche Bedeutungen: Die erste meint „Teil des höheren Ganzen sein", „eine Rolle in einem größeren Zusammenhang spielen". Die zweite, und auf diese beziehen wir uns im folgenden, meint „etwas mit jemandem gemeinsam haben", „jemand anderem in bestimmter Hinsicht zu gleichen", „gleich denken und handeln". Letztere Gemeinsamkeit kann anhand der bekannten Vennschen Diagramme leicht verdeutlicht werden. Ein solches Diagramm zeigt mindestens zwei sich überlappende Kreise, die unterschiedliche Elemente enthalten. Die Überschneidung der beiden Mengen enthält nur solche Elemente, die beiden Mengen gemeinsam sind; die jeweilige Restmenge umfaßt dann nur noch solche Elemente, die der einen, nicht aber der anderen Menge zugehören.

Abb. 1: Darstellung der Schnittmenge im Venn-Diagramm

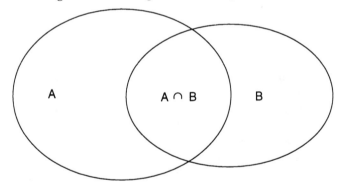

Wenn man das Versenden und Empfangen von Botschaften als das Ein- und Auspacken von Entitäten an unterschiedlichen Orten sieht, liegt es nahe, erfolgreiche Kommunikation an folgende Bedingungen zu binden:

- Was immer auch versandt wird, muß identisch empfangen werden.
- Die Absichten eines Kommunikators werden vom Empfänger einer Mitteilung direkt, also ohne Interpretation, aufgenommen.
- Wenn zwei Personen dieselbe Mitteilung erhalten, können sie ihr auch denselben Inhalt entnehmen.

– Alle diejenigen, die demselben massen-medialen Ereignis ausgesetzt sind, über denselben Zeichenvorrat verfügen, dieselben Regeln und Konventionen benutzen, dieselben Inhalte aufnehmen, über dieselben Sachverhalte informiert, dieselben Mediensozialisationsprozesse durchlaufen, dieselben Weltvorstellungen entwickeln, dieselben Wertvorstellungen vertreten – sie werden gleichartig denken und finden sich innerhalb der Schnittmenge des Venn-Diagramms repräsentiert.

Demnach schafft Kommunikation Gemeinsamkeiten oder informiert ihre Teilnehmer. Schon der unschuldig gebrauchte Begriff „Mitteilung" ist ein Ausdruck dieser Metapher. Während eine Botschaft über deren Träger nichts Wesentliches aussagt, ist eine Mitteilung immer ein Mittel, etwas mitzuteilen (und zwar nicht im Sinne von „Anteil" haben oder ein größeres Ganzes „aufteilen", sondern) im Sinne von „etwas gleiches gelesen" zu haben, „über das gleiche informiert zu sein", „gemeinsames Wissen" zu besitzen oder einfach „mitzuwissen". Obwohl man sich leicht vorstellen kann, daß eine einzige Nachricht sehr verschiedene Aussagen machen und Interpretationen hervorrufen kann (insbesondere für unterschiedliche Empfänger), macht die Metapher des Mitteilens von Gemeinsamkeiten eine Mitteilung zu einer Nachricht, die den beteiligten Kommunikationspartnern das gleiche sagt, also in der Schnittmenge eines Venn-Diagramms zu finden ist.

Was außerhalb der Schnittmenge liegt, muß demnach ein Irrtum sein: Bedeutungen, die in eine Botschaft hineingelegt, aber nicht in der gleichen Weise hinausgenommen wurden, oder Botschaften, die einer Botschaft entnommen wurden, aber in ihr gar nicht vorhanden waren. Außerhalb der Schnittmenge liegen die Zeichenrepertoires, welche die jeweils anderen nicht verstehen können, die demnach Kommunikation verhindern. Diese Restmengen eines Venn-Diagramms tragen also nichts dazu bei, Sprachgemeinschaften, soziale Gruppen oder kulturelle Gemeinsamkeiten, mögliche Zeichen, Bedeutungen oder Inhalte hervorzubringen. Deshalb werden diese Restmengen entweder als theoretisch unerhebliche Subjektivität ignoriert, als Idiosynkrasien abgeschrieben oder als Abweichungen, Verzerrungen oder Fehlschläge gebrandmarkt.

Belege für die Wirksamkeit dieser Metapher finden sich im Überfluß. Bei Gerichtsverhandlungen mag ein Richter darauf achten, daß die Unterzeichner eines Dokumentes der benutzen Sprache mächtig sind; er wird aber kaum daran zweifeln, daß es nur *eine* korrekte Leseart des Dokumentes gibt. Viele Inhaltsanalysen von Massenkommunikationsprodukten beanspruchen, ein objektives Bild davon zu zeichnen, was im Fernsehen, in Radiosendungen oder in der Presse der Öffentlichkeit präsentiert wird, als ob es nur *eine* korrekte Interpretation gäbe, die jeder kompetente Zuschauer oder Leser allein finden kann und danach völlig versteht. Die im Rahmen der Kommunikationsforschung weit verbreitete Annahme, man könne den Inhalt einer Botschaft objektiv (also ohne Bezug auf Sender oder Empfänger) analysieren, macht es gleichsam unnötig, danach zu fragen, wie Bedeutungen aus dem Kopf des einen Menschen in eine Botschaft umgesetzt werden und schließlich in den Kopf eines anderen Menschen gelangen können. Damit umgeht man Aspekte der menschlichen Kognition und reduziert die Frage, wie jemand etwas interpretiert, darauf, welchen Nachrichten er objektiv ausgesetzt war.

Im Alltagsleben ist die Vorstellung von Kommunikation als dem Herstellen kognitiver Gemeinsamkeiten noch sehr viel mehr zu Hause. Man denke an solch übliche Fragen wie: „Hast du verstanden, *was* (es ist, das) ich gesagt habe?", „Hast du *es* kapiert (auf den Inhalt des Gesagten verweisend)?", „Versprechen diese beiden Politiker *dasselbe*?", „Können wir dem zustimmen?", „Haben wir *denselben* Background (die gleichen Erfahrungen durchlaufen)?" All diese Fragen setzen voraus, daß es nur *eine* legitime Bedeutung gibt, die jeder kompetente Kommunikationspartner auf natürliche Weise durch bloßen Kontakt mit der vorhandenen Mitteilung begreift. Der objektive Status des allen Beteiligten gemeinsamen Inhalts von Mitteilungen wird überhaupt nicht in Frage gestellt.

Die Popularität dieser Metapher zeigt sich auch in der Bedeutungsgeschichte des Wortes ‚Kommunikation'. Es hat immerhin dieselbe Wurzel wie ‚Kommune', ‚Kommunion', „kommunal" oder gar ‚kommunistisch", die allesamt etwas mit ‚Gemeinsamkeit' zu tun haben und auf gleiches Denken, ähnliche Erfahrungen oder gemeinsame Geschichte ihrer Teilnehmer hinweisen. Auch das alte Symbolon, welches das Teilen gemeinsam erfahrener Freundschaft in den zwei Hälften einer Münze repräsentiert, gehört in diesen Zusammenhang.

2.4 Die Metapher vom Argument als Krieg

Aus dem oppositionellen Klima, dem die griechische Rhetorik entstammt, oder vielleicht auch gegründet auf die britische Tradition öffentlichen Debattierens, entstand eine Metapher, die vermutlich sehr viel enger am Sprechen als am Schreiben anknüpft und Kommunikation oder Argumentation als Kriegsführung sieht.

Sprachliche Kommunikation und bewaffnete Konflikte sind sicherlich wesentlich unterschiedliche Arten menschlichen Handelns. Übernimmt man aber die Metapher vom Argument als Krieg, so wird eine Kommunikationssituation zwangsläufig zum Konflikt, und die Kommunikationspartner werden gegeneinander gesetzt mit dem Ergebnis, daß sich jeder gegenüber dem anderen zu behaupten sucht, so daß am Ende nur einer gewinnen kann. Natürlich funktioniert diese Metapher am besten dort, wo es tatsächlich etwas zu gewinnen oder verlieren gibt, wie etwa beim Aushandeln eines guten Preises oder einer Parlamentsdebatte. Wenn es aber kein offensichtliches Kriterium gibt für das, was gewonnen oder verloren werden kann, so zieht der Gebrauch dieser Metaphern sogleich externe Einflüsse nach sich, wie etwa Stolz, Dominanz, demonstrative Kompetenz usw. All diese Kriterien müssen nichts mit dem zu tun haben, was eigentlich zur Diskussion ansteht. Dennoch können sie häufig recht wirkungsvoll die Lösung der Probleme behindern, derentwegen die Menschen miteinander reden.

2.5 Die Metapher vom Kanal oder: Der Fluß der Signale

Das 19. Jahrhundert brachte der menschlichen Kommunikation eine neue Technologie. Frühe Experimente mit beständigen Elektrizitätsquellen führten zu kommerziell betriebenen Telegrafenlinien. Das Telefon wurde 1876 erfunden und war zur Jahrhundertwende bereits weit verbreitet. Die Geschwindigkeit dieses technischen Fortschritts war atemberaubend und ließ, außer bei wenigen Experten, das Verständnis dafür weit hinter sich zurück, wie Botschaften mit ihrer nicht zu leugnenden physischen Gestalt (Dimensionalität) denn durch massive Kabel gezwängt werden könnten. Diese Situation bietet ein perfektes Beispiel für den Bedarf an neuen Metaphern, die bekannte, erklärungskräftige Strukturen auf neue Erfahrungsbereiche beziehen, um Erscheinungen, die sonst unverständlich blieben, ordnen und verstehen zu können. Die Vorstellung, Botschaften müßten durch Kabel gezwängt werden, hängt mit einer Metapher zusammen, die aus der Hydraulik, vielleicht gar aus dem Schiffswesen stammt und sich rasch als vorherrschende Metapher für die Funktionsweise dieser neuen Technologie durchsetzte. Das Kabel der Telegrafenleitung konnte man als Röhre sehen, durch die etwas von einem Sender zu einem Empfänger floß, ganz ähnlich wie bei einem Rohrleitungs- oder Kanalisationssystem. Nun konnte man auf dem Telegrafenweg ursprünglich aber nur elektrisches Potential ein- und ausschalten und dadurch Punkte und Striche übermitteln, welche den Buchstaben des Alphabets entsprachen, und der Telefonweg war auf akustische Eingabesignale wie die der menschlichen Stimme beschränkt.

Diese technische Beschränkung der Telegrafie und des Telefons führten ganz natürlich zum Begriff des Kommunikationskanals, also zu einer Zerlegung des physikalischen „Spektrums" in unterscheidbare „Flüsse". Mit der nun etablierten hydraulischen Metapher von Kommunikation als einem rohrartigen Kanal fällt es leicht, menschliche Kommunikation als mehr-kanalige Erscheinung anzusehen, die gleichzeitig verbale und nichtverbale Kanäle wie auch solche des Sehens, Hörens, Berührens, Riechens und Schmeckens umfaßt. In der Massenkommunikationsforschung spricht man von „Schleusen" (sog. gatekeeper), die den Informationsfluß hin zur Öffentlichkeit filtern und kanalisieren. In der Analyse von Kommunikation in sozialen Organisationen spricht man von „Engpässen", die den Gesamt-fluß beschränken. Um zu verstehen, wie Regierungsentscheidungen in ei-nem komplexen Verwaltungsapparat verarbeitet werden, spricht man von langen oder kurzen „Wegen". Man mißt das Kommunikationsvolumen, vergleicht es mit der Kanalkapazität und beklagt Überlastungen. Diese und andere Konzepte stammen ausschließlich aus der Hydraulik.

Die Metapher vom Kanal, die wir unseren Erfahrungen mit den Fließ-eigenschaften von Flüssigkeiten verdanken, stellt uns vor die gleichen Pro-bleme, denen wir schon bei der Übertragung von Botschaften begegneten: Wie konnte man das verstehen, was am anderen Ende Sinn macht, aber mit den durch den Kanal fließenden Flüssigkeiten nichts zu tun hatte? Die Erklärung der Physiker in Begriffen von Elektronenbewegungen, wellen-förmigen Modulationen, Quantenmechanik usw. waren allzu weit von den sozialen Konstruktionen entfernt, die das Verstehen von Kommunikation über Telefon, Radio oder Fernsehen leiteten. Selbst die Ingenieure mußten (oder konnten) sich nicht auf die Physik der Kommunikation einlassen. Sie entwickelten ein eigenes metaphorisches Verständnis des Signalverkehrs in den Kabeln: eine Vorstellung von Signalen, die Informationen durch den Kanal tragen und sich durch Störgeräusche verschmutzen lassen, als gäbe es objektive Unterschiede zwischen dem Signal und dem, was es mit sich trägt. Hier ist die Beziehung zwischen dem Behälter und Inhalt als ei-ne Beziehung zwischen Träger und Getragenem wieder aufgegriffen.

Auch diese neuartige Objektivierung des Gesendeten läßt die kogniti-ven Leistungen von Sender und Empfänger außer acht. Sie beschritt nur wieder den bereits ausgetretenen Pfad gebräuchlicher Metaphern des Ver-stehens von Kommunikation. Obwohl es uns nicht möglich ist, Zeichen, Symbole, Bilder oder Botschaften in einem Fluß von Signalen zu unter-scheiden und als solche zu erkennen, sprechen wir heute ohne Hemmun-gen von der Übertragung von Zeichen, Symbolen, Daten, Texten und Bil-dern durch Signale. Damit halten wir die Unterscheidung aufrecht zwi-schen Signal- und Zeichenträgern, denen physikalische Eigenschaften zu-geschrieben werden, und Zeichen, Symbolen oder Botschaften, von denen man glaubt, sie würden von Signalen getragen – als ob das Medium schlau genug sei, sich ihrer Unterschiede anzunehmen, also wüßte, was sie sind und wie man sie behandeln muß.

2.6 Die mathematische Theorie der Kommunikation (Informationstheorie)

Kurz nach der Beendigung des Zweiten Weltkrieges erschien Claude E. Shannons und Warren Weavers Buch „The Mathematical Theory of Com-munication" (Shannon/Weaver [2]1976). Im Grunde ist dies eine Theorie, die es gestattet, die Informationsmengen so zu quantifizieren, daß man sie als zwischen und innerhalb von Systemen übertragene Mengen interpretieren kann, gleich ob es sich um mechanische, biologische oder soziale Systeme handelt. Solche Quantifizierungen ermöglichen es, Informationsflüsse ähnlich denen des Geldes innerhalb eines Konzerns oder denen der Energie in einer Stadt darzustellen. Sie beziehen sich aber auf eine gänzlich andere Art von Quantitäten, nämlich auf Informationsmengen, die man in „bits" mißt.

Das Problem, das Volumen dessen zu messen, was durch Übertragungskanäle fließt oder fließen könnte, wurde eindeutig unter dem Eindruck der Metapher vom Kanal formuliert, und Shannons Erklärungen tragen deutlich deren Spuren. Für die Gewinnung von Informationsquantitäten in seinem Programm erwiesen sich jedoch die gerade diskutierten Metaphern und die mit ihnen verbundenen Konzepte als weitgehend ungeeignet und irreführend. Shannon selbst hat von sich aus davon abgesehen, den Begriff „Informationstheorie" zu verwenden. Denn er befürchtete, daß die quantitativen Begriffe, die er aus seinen Axiomen ableitete, nicht mit populären Begriffen von Information im Sinne benötigten Wissens, das man von einem Produzenten zu einem Konsumenten schicken könnte, harmonierten und daß der Gebrauch unvereinbarer Metaphern oder Begriffe die praktischen Anwendungen seiner Theorie erschweren würden. Dementsprechend hat er sich ausdrücklich nur damit beschäftigt, wieviel von einem Ort zu einem anderen kommuniziert werden kann (Kanalkapazität) und wird (Übertragungsmenge) und inwiefern die Natur der Encodierungs- und Decodierungsprozesse, einschließlich der Übertragungsfehler, in solchen quantitativen Begriffen beschreibbar ist und die übertragbaren Informationsqualitäten begrenzt.

Ähnlich dem Energiekonzept in der Physik, das nicht in Bezug auf spezielle Energieformen, sondern als Maß mechanischer Arbeit definiert ist, bestimmt sich Information hier weder als Bedeutung noch als Materie. Es ist ein Maß für die logische oder intellektuelle Arbeit, die eine Mitteilung im Zusammenhang des als möglich Erwarteten leisten kann. Logische oder intellektuelle Arbeit bezieht sich hier auf das Unterscheiden, das Fällen von Entschlüssen, das logische Verknüpfen und Organisieren oder Reproduzieren von Verhaltensmustern, und Kommunikation ermöglicht es, diese Arbeit über eine Distanz hinweg zu verrichten, zeitlich aufrechtzuerhalten oder in verschieden Formen und unter dem Einfluß zufälliger Störungen (Rauschen) zu übersetzen.

Historisch gesehen lieferte Shannons Theorie quantitative Begriffe wie ‚Informationsübertragung', ‚Kanalkapazität', ‚Redundanz', ‚Äquivokation' und ‚Rauschen' – ein Vokabular, das sich rasch in vielen Disziplinen ausbreitete. Unter dem Einfluß dieser Theorie wurde beispielsweise der Computer nicht länger als bloße Addiermaschine gesehen, sondern als Logikmaschine, von der man meinte, sie könne Entscheidungen treffen und Informationen verarbeiten. Organe, insbesondere das menschliche

Gehirn, wurden nun beschrieben als komplexe Nervensysteme zur Informationsverarbeitung. Hören, Denken und Sprechen wurden dargestellt als die Encodierung und Decodierung signifikanter Muster (als Vorstellungen im Nervensystem). Bibliotheken wurden zu Depots gesellschaftlicher Information, zu Sammelstellen des Wissens, das eine Kultur zu unterstützen in der Lage ist. Regierungen wurden zu politischen Informationsverarbeitungssystemen.

Shannons Arbeit hatte einen besonders entscheidenden Einfluß auf die moderne Kommunikationstechnologie. Die Quantifizierung von Information erzeugte das Bewußtsein ebenso wie die Fähigkeit, die Möglichkeit der alten Medien optimal auszunutzen und neue Medientechnologien, vom UKW-Radio bis zur Glasfasertechnologie (ISDN), zu erfinden. Die Idee der Informationsverarbeitung führte zu der Entwicklung neuer Codes für die Informationsübertragung zwischen den verschiedenen Systemen einschließlich der zwischen natürlichen und künstlichen Sprachen. Die Vorstellung von Übertragung wurde zunehmend unabhängig vom physikalischen Medium und statt dessen gekoppelt an die Vorstellung miteinander verbundener Muster. In dem Maße, in dem die technisch vermittelte Kommunikation einfacher und billiger wurde, konnten immer mehr Menschen durch weitausgedehnte Netzwerke miteinander in Verbindung treten, um Zugang zu Informationsquellen zu gewinnen oder um gemeinsame Handlungen über beliebige Entfernungen hinweg zu koordinieren. Ihr Handeln wurde damit um eine Vielzahl von Wahlmöglichkeiten erweitert, die zuvor nicht bestand. Die Theorie beschleunigte somit nicht nur die technische Entwicklung, sondern sie wurde auch zum Eckpfeiler zahlreicher neuer wissenschaftlicher Disziplinen, von der bereits erwähnten Kommunikationsforschung bis hin zur künstlichen Intelligenz. Sie leitete damit die Entstehung einer, wie manche behaupten, neuen Gesellschaftsform ein, die nicht in erster Linie durch Energie und Rohstoffquellen vorangetrieben wird, sondern durch Informationen.

2.7 Die Kontroll-Metapher

Sehr alt ist auch die metaphorische Gleichsetzung von Kommunikation mit Kontrolle, die Vorstellung, der Mensch müsse sich seine Umwelt unterwerfen. Was zwischenmenschliche Beziehungen betrifft, geht die Kontroll-Metapher mindestens auf die antike Sophistik zurück, in der überzeugende Argumentation höher gewichtet wurde als Wahrheit. Die Beherrschung der Natur, das Bedürfnis, angestrebte Ziele zu erreichen, die Suche nach technologischen Lösungen menschlicher Probleme, instrumentelle Rationalität im weitesten Sinne scheinen heute, zumindest in der technologisch fortgeschrittenen westlichen Welt, zum Selbstzweck geworden zu sein. Auch Konzeptionen von Kommunikation werden daher von die-

ser instrumentellen Vorstellung aufgesogen. Flankiert wird die Kontroll-
Metapher von mehreren Begriffen, die Kommunikation als Quelle von
Macht, als Technologie der Beherrschung und Manipulation oder als
Steuerung ausgeben.

In der Alltagssprache finden sich genügend Beispiele, die zeigen, daß
Kommunikation als kausales Phänomen verstanden wird. So sagt man:
„Der Wetterbericht *veranlaßte* sie, ihren Regenmantel anzuziehen", „Der
Brief, den ich bekommen habe, *machte mich glücklich*", „Die Massenmedien
haben das Wahlergebnis *beeinflußt*", „Fernsehen *wirkt sich* auf die Schulei-
stungen *aus*", „Ein rassistischer Werbespot *verursachte* eine Welle von Be-
schwerden", „Der Bericht *zwang* das Management, seinen Standpunkt zu
überdenken". Wo Kommunikation als Abfolge von Ursache und Wirkung
verstanden wird, ist man gezwungen, nach den Kräften zu suchen, die solche Wirkungen auszulösen vermögen. Man spricht demgemäß von über-
zeugenden Rednern, von starken Anreizen, wirkungsvollen Nachrichten
oder durchschlagenden Argumenten und besteht darauf, daß diese Kräfte
zusammen mit der Nachricht vermittelt werden oder in ihr selbst liegen
und nicht vom Rezipienten einer Botschaft aufgebracht werden müssen.
Ein Großteil der wissenschaftlichen Forschungsarbeiten zur Kommunikation ist um kausale Verbindungen zwischen Botschaft und Wirkung bemüht, sei es, daß die Auswirkungen neuer Technologien erfragt werden
oder die Reaktionen des Publikums auf einen Politiker untersucht werden.

Die gesamte Kommunikationsindustrie und besonders die Massenmedien sehen Kommunikation geradezu ausschließlich als Mittel, um etwas
aus der Distanz zu bewirken, das heißt als Manipulationstechnologie,
durch die ein Produkt verkauft, ein Politiker ins Amt gesetzt oder die Bür-
gerschaft zum Handeln aufgerufen werden sollen. Diese instrumentelle
Konzeption von Kommunikation spiegelt sich wiederum in der Alltagssprache. Wenn eine Show nicht das beabsichtigte Publikum anzieht, sagt
man schnell, „die Kommunikation ist gescheitert". Wenn Werbung den
Adressatenkreis nicht erreicht und das Produkt sich nicht verkauft, sagt
man, „die Werbebotschaft ist nicht durchgedrungen". Die Übernahme dieses engen Begriffs von Kommunikation als Kontrolle führt letztlich dazu,
unbeabsichtigte Folgen von Kommunikation zu übergehen.

Die Auffassung von Kommunikation als Mittel zum Zweck ist nicht auf
den institutionellen Bereich begrenzt. Wenn jemand ein Gespräch damit
beendet, daß er sagt: „Mir scheint, ich rede nicht mit Ihnen", so kann sich
diese Äußerung kaum auf das gegenseitige Verstehen dieser Äußerung
beziehen, sonst wäre sie nicht gemacht worden, sondern darauf, daß der
Sprecher nicht erreicht hat, was er wollte, nämlich die von ihm beabsichtigten Wirkungen. „Ich dringe zu Ihnen einfach nicht durch" (man beachte
die Kanal-Metapher), „Sie hören ja nicht zu" (man beachte, wie die Freiheit, jemandem nicht zustimmen zu müssen, hierbei umgewendet wird in

eine soziale Beurteilung der Rolle eines Zuhörers, der aufmerksam und empfänglich für das Gesagte zu sein hat), „Sie verstehen mich nicht" (Verstehen wird hier vom Sprecher entschieden und nicht vom Hörer. Dessen Antworten werden als abweichend oder gar fehlerhaft abgetan).

Alle diese eher geläufigen Beispiele legen es nahe, von drei konzeptuellen Komponenten der Kontroll-Metapher auszugehen:

– Die Existenz von Kommunikation ist an ihrem Erfolg erkennbar. Kommunikation ist erfolgreich, wenn jemand dazu gebracht werden kann, zu glauben oder zu tun, was der Sprecher möchte.

– Kommunikation ist asymmetrisch. Sie verläuft vom Sprecher zum Hörer; Rückkopplung kann zwar vorhanden sein, ist aber den Zielen des Sprechers untergeordnet.

– Der Sprecher bestimmt die Kriterien dafür, ob etwas als Kommunikation gilt oder nicht. Er entscheidet darüber, ob der Adressat die ihm zugeschriebene soziale Rolle erfüllt und die beabsichtigten Wirkungen zeigt.

3. Sind wir Opfer unserer Metaphern?

Die immensen Kapazitäten moderner Computer zur Informationsverarbeitung, die sich entfaltende Vielzahl verfügbarer Sprachen zur Erzeugung, Beschreibung, Berechnung und Übersetzung von Mustern; die wachsenden Möglichkeiten, mit anderen über große Entfernungen hinweg über Netzwerke verkehren und umfangreiche Datenbestände nahezu unmittelbar nutzen zu können; der Reichtum und die fast universelle Verfügbarkeit populärer massenmedialer Systeme haben uns eine Vielfalt der Auswahl beschert, die wohl jenseits individuellen Verstehens liegt.

Der Benutzer eines Macintosh Computers etwa hat den Eindruck, er öffne Dateien, wandere durch Dokumente, reorganisiere, redigiere, schreibe Textdateien und werfe die unerwünschten Textteile in einen elektronischen Papierkorb. Der Computer arbeitet jedoch nach einer Logik, die nur wenig mit solchen Benutzervorstellungen gemein hat. Im Computer gibt es keine Dateien, keine Papierkörbe, keine Zeichen des Alphabets, nicht einmal physikalische Objekte, die bewegt würden – es gibt nur komplexe Felder binärer Zustände, die sich angesichts anderer binärer Zustände ändern. Der Erfolg des Macintosh Computers liegt zum einen darin begründet, daß er von seinem Benutzer nicht einmal ein entferntes Verständnis davon verlangt, was in ihm vorgeht, und zum anderen darin, daß er Schnittstellen bietet, die an die vertraute Welt des Benutzers sinnvoll anschließen.

Der für das technische Kommunikationssystem Verantwortliche mag folgende Vorstellung vom Senden eines Telegramms oder einer Fax-Nachricht haben: Das originale Schriftstück wird elektronisch abgetastet, zerlegt, codiert, in ein kontinuierliches Medium zusammen mit anderen Signalen verschiedener Herkunft (und für viele Adressaten bestimmt) eingespeist. Diese Signale durchlaufen ein Netzwerk von Verbindungen, das sich ständig zugunsten seiner optimalen Effizienz organisiert (ohne das jemand wissen könnte, wo und was die Nachricht ist); sie werden an einen Satelliten abgestrahlt, transformiert, zurückgestrahlt, entschlüsselt ... und schließlich vom Empfänger reproduziert. Der Benutzer dieses Systems braucht von alledem nichts zu wissen. Er kann sich den Glauben leisten, daß das ursprüngliche Schriftstück in irgendeiner Form durch eine Leitung zum anderen Ende getragen wird, also eine Container-Metapher benutzen, solange deren Implikate nicht eigenen Erfahrungen widersprechen. Wenn der Benutzer nicht gerade mit dem technisch Verantwortlichen über das System sprechen muß, bleiben sich beide der wesentlich unterschiedlichen Modelle und Metaphern des anderen unbewußt, ohne das Funktionieren des Systems zu gefährden.

Diese beiden Bereiche für elektronische Kommunikation zwischen einem Computer (einer struktur-determinierten Maschine) und seinem wesentlich anders gearteten menschlichen Benutzer sowie zwischen zwei kognitiv kompetenten Freunden an entfernten Orten bedrohen keineswegs die Vorstellung der Beteiligten, in einer Papierwelt zu leben. Das Modell der Übertragung schriftlicher Botschaften behindert nicht ihre Kommunikation miteinander; es könnte diesen Prozeß im Gegenteil sogar befördern, insofern als es jedem seine eigenen Vorstellungen läßt. Die neuen elektronischen Medien der Kommunikation sind mit älteren Modellen und Metaphern durchaus beschreibbar. Diese älteren Konzepte eröffnen Möglichkeiten für die Entstehung höchst seltsamer Vorstellungen. Die Grenzen kommunikativer Entwicklung scheinen daher nicht länger technologischer Natur zu sein, zumindest heute weniger als früher. Sie liegen heute im Sprachgebrauch, in den Metaphern, die von Individuen, sozialen Gemeinschaften und Institutionen erfunden werden und die neue Medien trag- und lebensfähig machen können.

Modelle, Metaphern, aber eben auch Mythen der Kommunikation überleben kommunikative Praktiken, solange sie in der Praxis funktionieren. Zugleich bringen sie aber auch bedenkliche Implikationen mit sich.

Beginnen wir mit der unscheinbar anmutenden Metapher von Kommunikation als Mitteilung von Gemeinsamkeiten, die erstaunlicherweise einem Wolf im Schafspelz gleichkommt. Als Fundament von Freundschaft, Gemeinschaft und sozialer Organisation hoch geschätzt, nährt und begünstigt diese Metapher jedoch ihr Gegenteil: eine Autorität repressiven Charakters. Wenn man – wie bereits dargestellt – Botschaften als Behälter für Inhalte versteht, die objektiv existieren und damit Bestandteil einer beobachterunabhängigen Wirklichkeit sind, dann müssen kommunizierte Inhalte identisch sein für denjenigen, der sie in den Container legt, und für den, der sie entnimmt. Jeder, der dieselbe Nachricht erhält, müßte ihr folglich dasselbe entnehmen. Da Gemeinsamkeit eine gesellschaftlich hochbewertete Norm ist, wird die Erfahrung von Uneinigkeit oder Diskrepanz zwischen Absicht und Aufnahme oder zwischen unterschiedlichen Interpretationen derselben Botschaft zwangsläufig zum Ärgernis. Wenn solche Diskrepanzen offensichtlich werden, wird hier die benutzte Metapher jedoch nicht gleich aufgegeben. Man ist eher geneigt, entweder den technischen Übertragungsprozeß für unzuverlässig oder, was viel wichtiger ist, die Kommunikatoren für inkompetent, abweichlerisch oder im Irrtum befindlich zu halten.

Die Kommunikatoren für solche Diskrepanzen verantwortlich zu machen, erweckt drei typische Reaktionen, die allesamt inhuman sind:

– Man kann Wahrnehmungs-, Wissens- oder Interpretationsunterschiede entweder als Fehler, als pathologisch, als hinterhältige Verhaltensweise oder als bloße Belustigung erklären und als solche abweisen. Wir weisen sie als Fehler ab, wenn wir solche Diskrepanzen auf Unfähigkeiten, Zufälle oder unwillentliche Ereignisse zurückführen können. Wir lehnen sie als pathologisch ab, wenn wir sie mit Hilfe von krankhaften Umständen, etwa Schizophrenie, erklären können, die jemanden daran hindern, „normal" zu handeln. Wir lehnen sie als hinterhältige Verhaltensweise ab, wenn wir Gründe haben, versteckte Motive für ein Verhalten zu unterstellen, so etwa die kalkulierten Mehrdeutigkeiten in politischen Wahlkampagnen oder einfache Zwecklügen. Schließlich weisen wir sie als unterhaltsame Kuriositäten ab, wenn wir ihre Realität in Frage stellen können, so beispielsweise die Paradoxa, die Logiker zweitausend Jahre lang erfreut haben, bevor Whiteheads und Russels Theorie der logischen Typen (vgl. Whitehead/Russel 1986: 55 ff.) sie als bedeutungslos erklärte und aus jedem rationalen Diskurs ausklammerte.

Alle diese Abweisungen setzen die Autorität eines so Urteilenden voraus. Jemand, der für sich beansprucht, ablehnen zu können, was andere einer Botschaft entnehmen, muß sich selbst als fehlerfrei sehen, sonst würde er die Fehler anderer nicht als solche erkennen können; er muß Zugang zu allgemeingültigen Normen haben, sonst könnte er die Pathologien nicht diagnostizieren. Er muß überlegene Kenntnisse über die wahren Motive anderer besitzen, sonst könnte er hinterhältige Verhaltensweisen nicht als solche entlarven; und vor allem muß er privilegierten Zugang zur objektiven Realität haben, sonst könnte er Magisches und Paradoxa (und vielleicht auch Metaphern) nicht als unreal aus der Wissenschaft, der Objektivität und der Realität ausklammern. Es ist fast überflüssig hinzuzufügen, daß denjenigen, deren Wahrnehmung,

Interpretation oder Meinung als abweichend abgewiesen wird, damit auch ihre kognitive Autonomie abgesprochen wird. Sie müssen sich der von den Metaphern vorgebrachten Autorität beugen.

– Diskrepanzen im Verständnis einer Botschaft, die nicht durch Abweisung aus der Welt geschaffen werden können, können der Vermittlung durch eine andere Autorität unterworfen werden. Diese Autorität kann eine besonders angesehene Persönlichkeit, ein institutionalisiertes Verfahren oder beides sein. Wenn wir einen Redner fragen, was er meinte, dann geben wir diese Autorität dem Sprecher. Tatsächlich gibt es eine ganze rhetorische Tradition, welche die Intention eines Sprechers zum alleinigen Richter korrekter Interpretationen macht. Immerhin sind die Wörter ‚Autor‘ und ‚Autorität‘ gleichen Ursprungs. Wenn ein Autor nicht zwischen verschiedenen Lesearten seines Werkes vermitteln kann, dann gibt es andere Autoritäten, Experten, Richter oder entscheidende Persönlichkeiten, die entweder befragt werden können oder die von sich aus ein Interesse daran haben, ihre Legitimität in solchen Situationen zu beweisen. Professoren machen vom Privileg ihrer institutionellen Autorität Gebrauch, indem sie Arbeiten ihrer Studenten hinsichtlich der Frage bewerten, was wichtig ist und wie Wirklichkeit gesehen werden muß. Orthodoxe wissenschaftliche Verfahren verleihen Daten und Fakten institutionelle Autorität, die Nichtwissenschaftler nicht zu bezweifeln wagen, aus Angst, sich öffentlich lächerlich zu machen. Die letztlich bedeutendste institutionelle Autorität ist das Rechtssystem. Schon von seiner Konstitution her kann ein Gericht immer nur eine von mehreren Interpretationen einer Rechtslage zulassen. Es muß bestimmen, was die Fakten sind und welches Urteil als gerecht anderen Gerichten gegenüber angesehen werden kann.

– Diskrepanzen, die weder einfach abgewiesen werden noch durch Vermittlung entschieden werden können, vermögen physische Gewalt hervorzurufen. Physische Gewalt wird nicht nur von Kriminellen und zu persönlicher Bereicherung ausgeübt, wie uns das Fernsehen glauben machen möchte, sondern wesentlich häufiger zu Hause, in der Familie und wo auch immer mit diesen Metaphern kommuniziert wird. Gewalt in den Familien geht selten um das tägliche Brot, Liebe oder Kinder, sondern darum, wer recht, also die Autorität hat, darüber zu entscheiden, wessen Interpretation als wahr zu akzeptieren ist. Auch internationale Konflikte sind unzweifelhaft in Sprachgebrauch eingebettet, wobei im Konfliktfall die eine Seite gewöhnlich glaubt, ihr Anspruch sei korrekt, vernünftig und historisch gerechtfertigt, und der anderen Seite vorwirft, sie sei nicht willens, diese eine Interpretation zu akzeptieren. Wir wollen hier nicht den Eindruck erwecken, als sei alle Gewalt ausschließlich auf Sprache zurückzuführen. Doch rührt Gewalt meistens daher, daß die Metapher des Mitteilens, die Vorstellung, Kommunikation müsse Gemeinsamkeiten zur Folge haben, dort angewandt wird, wo sie einfach nicht paßt und ihre Implikate dann nicht mehr im Gespräch der Beteiligten reflektiert werden können. Sozialwissenschaftler der sog. kritischen Schulen diskutieren Gewalt häufig unter dem Gesichtspunkt von Macht und Ideologie. Der Gebrauch dieser physischen Metapher ist jedoch weder hilfreich noch brauchbar, insbesondere wenn wir schon mit der Anwendung der Metapher, wonach Kommunikation zu Gemeinsamkeiten führen muß, genügend Macht etablieren, die keinen Respekt vor der kognitiven Autonomie einzelner Menschen zuläßt. Physikalische Metaphern enthalten einen Determinismus, dem zufolge der Mensch nicht frei handeln und daher auch keine Verantwortung übernehmen kann (vgl. Krippendorff 1989b).

Der Bedarf an Autorität läßt sich auch am Gebrauch der Kanal-Metapher ablesen. Die Ähnlichkeit dieser beiden Metaphern liegt in der von beiden vorausgesetzten Objektivität, die hier den von einem Ort zum anderen fließenden Zeichen, Symbolen oder Informationen zugeschrieben wird. Ausdrucksweisen wie „Ich gebe dir ein Zeichen" (wobei das Zeichen hier ein physikalisches Ereignis ist), „Dieses Symbol bedeutet etwas ganz Bestimmtes", „Dieser Index gibt über jenen Sachverhalt Aufschluß" machen deutlich, daß Zeichen als handelnde Instanz (*Agens*) wirken, ganz gleich, ob sie von jemandem als solche erkannt werden oder ob jemand sie so zu sehen wünscht. Nicht anders verhält es sich mit der semiotischen Zeichentheorie, die auf der Untersuchung zwischen Zeichenträger und Zeichen beruht, das erstere als Mittel für das letztere sieht, um damit ein Bezugsobjekt der wirklichen Welt zu ersetzen oder darauf zeigen zu können.

Anders als die Metapher der Mitteilung von Gemeinsamkeiten, die Symmetrie in den gesellschaftlichen Beziehungen ausdrückt und gleichzeitig Autoritäten hervorbringt, welche die erforderliche Gemeinsamkeit zu erzwingen suchen, verankert die Kontroll-Metapher Asymmetrie direkt im Prozeß der Kommunikation. Diese Metapher meint zwei getrennte Welten: die Welt der zu kontrollierenden Rezipienten, Zuhörerschaften oder Zielgruppen und die Welt der kontrollierenden Urheber von Kommunikationsprozessen, der Kommunikatoren.

Die Kontroll-Metapher entzieht den Rezipienten die ihnen eigene Macht. Überzeugende Redner, starke Anreize und zwingende Argumente brechen den Widerstand eines Publikums, nicht weil sie mächtig wären, sondern weil die Rezipienten sie so konstruieren. Die Ohnmacht der Rezipienten drückt sich auch in der vertrauten Subjekt-Objekt-Gliederung indoeuropäischer Sprachen aus, in denen wir unter anderem das „Wer-sagt-was-wem" der Kommunikation beschreiben. Diese Satzform weist Objekten die passive Rolle zu und macht aus Subjekten willentlich Handelnde, also Kontrolleure. Als Mittel in einer von Kontrolleuren ausgehenden instrumentellen Kette von Ereignissen werden Zuhörerschaften idealerweise vorhersagbar, passiv in den Reaktionen und unpersönlich oder anonym. Da das Bewußtsein und der Wille der Rezipienten leicht die Vorhersagbarkeit ihres Verhaltens durchkreuzen können, bilden unbewußte Prozesse, unterschwellige Einflüsse und unreflektierte Reaktionen den bevorzugten Hintergrund, auf dem Publikumsreaktionen erklärt und erfolreiche Kommunikationskampagnen entworfen werden.

Im Gegensatz dazu läßt die Kontroll-Metapher die Welt der Kontrolleure wesentlich anders erscheinen. Willentlich Handelnde, häufig einfach „Kommunikatoren" genannt (denn ein passives, reagierendes Publikum spielt dann nur die untergeordnete Rolle), entscheiden rational über die Gestaltung von Botschaften, sind in der Lage, komplexe Voraussetzungen und verfügbare Informationen über erwartbare Publikumsreaktionen in Erwägung zu ziehen, und benutzen ihre Kreativität, Intelligenz und Autorität, selbstgesetzte Ziele zu erreichen. Die Gleichsetzung von Kommunikation mit Kontrolle bedeutet das Privileg der Kommunikatoren, Ziele zu verfolgen – ein Bestreben, das den Adressaten versagt bleibt oder bestenfalls als zu überwindende Störung bezeichnet wird. Sie verleiht Macht denen, die über Kommunikationsprozesse als Mittel gebieten, und Ohnmacht und Unwissen denen, die sich diesen Mitteln aussetzen müssen.

Wer sich der Kontroll-Metapher bedient, gleich auf welcher Seite er steht, muß Kommunikation grundsätzlich als interessen– und intentionsbedingt sehen. Kommunikationsinhalte können dann nicht länger für bare Münze genommen werden. Sie sind potentiell irreführend. Rezipienten, die sich der Kontrolle bewußt sind, werden gezwungen, zwischen den Zeilen zu lesen, unausgesprochene Motivationen zu suchen und auf die unterstellten Interessen der Kommunikatoren zu reagieren. Der Verdacht, von Argumenten überrollt zu werden, weckt jene Angst, welche die auf Manipulation ausgerichteten Kommunikationen durch zunehmend geschickteres Manövrieren vermeiden müssen, was letzlich in einer Spirale von Mißtrauen endet. Die Kontroll-Metapher zerstört daher symmetrische zwischenmenschliche Beziehungen.

4. Eine konstruktivistische Auffassung von Kommunikation und ihrer Erforschung

Was können wir nun aus Modellen und Metaphern der Kommunikation lernen? Eine traditionelle Antwort fiele wohl in Form einer Verallgemeinerung aus, welche die alltagssprachliche Redeweisen als Beschreibungsvarianten *einer* allen zugrunde liegenden Erscheinung ansieht und Gemeinsamkeiten als deren gesuchte Verallgemeinerung nimmt. Dies ist ein eher hoffnungsloses Unterfangen. Modelle, Metaphern und andere Bestimmungsformen von Kommunikation sind so sehr an ihren konkreten Gebrauch wie an die Geschichte der Kommunikationstechnologie gebunden, daß eine Abstraktion von allen jenen Bedingungen, die den Kommunikationsprozessen ihre soziale Bedeutung geben, nur wenig erwähnenswerte Gemeinsamkeiten zutage fördern könnte.

Eine andere traditionelle Antwort bestünde wohl darin, die volkstümlichen Modelle und alltagssprachlichen Metaphern als naive Beschreibungen einer unwissenden Öffentlichkeit zurückzuweisen und sie als Mythen anzufassen, die nur der qualifizierte Wissenschaftler objektiv klären kann. Objektivität verlangt nüchterne oder operationale Erklärungen einer Wirklichkeit, die als außerhalb und beobachterunabhängig existent angenommen wird. Anhängern dieser Auffassung von Wissenschaft fällt es schwer, sprachlich kompetente Subjekte in ihren Theoriebildungen zu berücksichtigen. Daher bevorzugen sie naturwissenschaftlich orientierte Ansätze, vor allem physikalisch meßbare Sachverhalte, und sehen von der eigenen Institution her nicht, wie sehr ihre Erklärungen dem Reichtum alltagssprachlicher Redeweisen (die hier besprochenen Modelle und Metaphern der Kommunikation eingeschlossen) entwachsen. Naturwissenschaftlich orientierte Kommunikationstheorien haben es möglich gemacht, mit Raumsonden in der Nähe des Neptuns zu kommunizieren und die breite technologische Infrastruktur moderner Kommunikation voranzutreiben. Dennoch sind es die „volkstümlichen Theorien von Kommunikation", die Modelle, Metaphern und Mythen, welche die kommunikative Praxis der Menschen und ihren Gebrauch von Kommunikationstechnologien leiten.

Davon ausgehend soll im folgenden versucht werden, einen konstruktivistischen Ansatz für das Verstehen menschlicher Kommunikation zu entwickeln, daß heißt nicht eine neue allgemeine Theorie, sondern einen erkenntnistheoretischen Rahmen für das Verständnis der Rollen, die Modelle und Metaphern in der Kommunikationspraxis spielen. Erkenntnistheorie ist eine philosophische Disziplin, die sich damit beschäftigt, wie wir zu Wissen gelangen (nicht was wir wissen). Der nachfolgende Rahmen soll nicht allein auf die bereits diskutierten Modelle und Metaphern anwendbar sein, sondern auch auf Alltagstheorien, die das Selbstverständnis von Teilnehmern an Massenkommunikation prägen, wie auch solche wissenschaftliche Theorien, die aufgrund der wissenschaftlichen Autorität ihrer Gründer bestimmte kommunikative Praktiken beeinflussen. Dieser Ansatz wird hier in Form von 6 Thesen zum Gebrauch von Modellen und Metaphern der Kommunikation skizziert:

(1) Es gibt offensichtlich nicht nur ein einziges allgemeines Kommunikationsphänomen, das ein Modell beschreiben und eine Metapher erhellen könnte.

– Die angeführten Modelle und Metaphern sind im Kontext unterscheidbarer Praktiken entstanden: dem Überbringen einer von übernatürlichen Mächten empfangenen Inspiration an das gemeine Volk, dem Tragen

schriftlicher Botschaften von einem Ort zum anderen, der Argumentation als einer Art von Kriegsführung, der Kontrolle menschlichen Verhaltens aus der Distanz. Die Phänomene, die zu diesen Modellen und
Metaphern führten, existieren nicht unabhängig von eben diesen Modellen und Metaphern, werden durch sie erst zur als solche erfahrbaren Wirklichkeit, können im Einzelfall heute bereits nicht wieder hervorgerufen werden und sind letzlich von geringer Bedeutung. Wie
Menschen ihre Praxis konzeptualisieren, was ihnen bewußt ist und was
sie berücksichtigen, wenn sie bestimmte Handlungen vollziehen, zeigt
sich dagegen im physischen und sprachlichen Gebrauch dieser Darstellungen.

– Die Modelle und Metaphern haben ihre Geschichten, und man kann sicher davon ausgehen, daß in ihnen nicht nur eine Geschichte der
Kommunikationsmedien und Technologien eingeschlossen ist, sondern
auch die Geschichte des gleichzeitigen Sprachgebrauchs, des gesellschaftlichen Bewußtseins und der Kognition. Das Meißeln in Stein, das
Schreiben auf Papyrus und Papier, das Druckwesen, das Telefon, Radio, Fernsehen und die Computertechnologie hätten sich ohne Sprache
und Kommunikation nicht in der Weise, wie es geschehen ist, ausbrei-
ten können. Und die verwendeten Modelle und Metaphern wurden
ebenso von der Entwicklung der technologischen Möglichkeiten der
Kommunikation geleitet, wie sie umgekehrt diesen Fortschritt selbst
auch vorangetrieben haben.

– Die Vielzahl verfügbarer Modelle und Metaphern der Kommunikation
bietet nicht nur Alternativen. Sie konstituiert auch eine komplexe Ökologie sich wechselwirkend beeinflussender „Arten", die miteinander kooperieren und konkurrieren, neue metaphorische Bündnisse eingehen,
sich selbst in Absurditäten verlaufen, sich in Nischen begeben oder einander ersetzen können – so etwa als die Container-Metapher mit der
Kanal-Metapher verbunden gar zum Kernstück ingenieurwissenschaft-
licher Darstellung von Kommunikation wurde. Einige Modelle und
Metaphern erweisen sich als überlebensfähiger in dieser Ökologie als
andere. Was jedoch ihre Wechselwirkungen ermöglicht, was ihre Geschichte erschafft, was zu ihrer Entwicklung führt, was sie in die Praxis
umsetzt, was diese komplexe Ökologie ins Leben ruft und nährt, ist der
menschliche Geist, sind Kognition und Kommunikation.

(2) Was wir auch immer sagen, tun und sogar sind – wir können immer
nur in der Wirklichkeit handeln, die wir verstehen und die uns unsere eigene Wahrnehmung sinnvoll macht. Wenngleich daraus folgen würde,
daß ich nur mit mir selbst sprechen könnte – durch den Gebrauch von
‚wir' möchte ich diese These auch für andere mir ähnliche Personen gültig
sehen, also meine Prinzipien der Konstruktion von Wirklichkeit auf andere
verallgemeinern. Und diese These lautet, daß jeder von uns immer so han-

delt, daß uns dieses Handeln sinnvoll erscheint, jedem und jeder für sich selbst, in der doppelten Bedeutung von ‚Sinn‘ als den Sinnen zugänglich und als bedeutungsvoll, verstehbar und verständlich. Die zentrale Einsicht in William Powers' Arbeit ist, daß Handlung und Wahrnehmung eine zirkuläre, eine kausale, eine Umgebung durchlaufende Rückkopplungsschleife bilden, durch die wir weder unsere eigenen Wirkungen auf die Außenwelt noch die Objekte in unserer Umgebung objektiv kontrollieren, sondern ausschließlich unsere Wahrnehmung von Ereignissen und Gegenständen (vgl. Powers 1973: 41–56). Aus der Perspektive eines objektiven, von außen sein Objekt angehenden Beobachters, beispielsweise eines Gottes, der eine andere Realität sehen muß als wir, sagen, tun und sind wir wahrscheinlich wesentlich mehr, als wir an uns selbst oder in den Konsequenzen für unsere Umgebung beobachten können, etwa wenn wir andere unabsichtlich verletzen (Sadisten etwa sind sich selten bewußt, daß sie Sadisten sind) oder das ökologische System zerstören, das uns als menschliche Wesen geschaffen und belebt hat (vor hundert Jahren hatten wir noch keine Vorstellung von dem Verhältnis zwischen Technologie und Natur, der Notwendigkeit unserer Koexistenz mit anderen Lebensformen). Da wir konstitutionell nicht in der Lage sind, die Verbindungen zwischen unseren eigenen Handlungen und deren objektiven Wirkungen auf andere wahrzunehmen, können wir auch nicht auf diese Wirkungen handelnd Einfluß nehmen. Die Erfindung von Mustern, die sich miteinander verbinden lassen, das Erklären und Handeln gemäß parallelen Erfahrungen und die Fähigkeit, Sinn aus anscheinend disparaten Beobachtungen zu machen, sind allesamt Akte der Konstruktion unserer eigenen kohärenten Wirklichkeiten, und zwar derselben, die wir letzlich sehen.

Wenn wir uns nun so sprechen hören, macht unser Sprechen erst einmal für uns selbst Sinn, weil wir es so konstruiert haben. Hören wir dagegen das Sprechen eines andern, so sind wir grundsätzlich nicht in der Lage, den Sinn herauszufinden, den es für den Sprecher macht. Wir könnten aber versuchen, für uns daraus Sinn zu machen, indem wir so tun, als wären es unsere eigenen Worte oder als hörten wir uns selbst sprechen. Auch wenn wir uns darum bemühen, unsere Interaktion mit anderen zu erklären, so sind es immer nur wir selbst, die den anderen als jemanden sehen, der auf das, was wir gesagt haben, reagiert, oder uns als diejenigen sehen, die auf das, was andere gesagt haben, reagieren. Anders gesagt, der Sinn, den uns unsere Kommunikation mit anderen macht, ist stets unser eigener, obwohl durch die Konstruktion eines anderen reflektiert. Eine Möglichkeit, unser Verständnis von etwas mit dem eines anderen objektiv zu vergleichen, gibt es nicht. Verstehen ist immer persönlich und privat. Wir haben keine Möglichkeit, die Gleichheit oder Ähnlichkeit individuellen Wissens und Denkens direkt erfahren zu können.

Daraus folgt, daß auch die Kommunikationen, an denen wir uns bewußt beteiligen, die wir mit unseren eigenen Augen sehen, unsere eigenen Konstruktionen sind und nicht ohne unsere aktive Teilnahme an diesem Prozeß existieren können. Sie sind ein wichtiger Bestandteil der von uns konstruierten oder erfundenen Wirklichkeiten, können nicht ohne unsere Körper stattfinden, sind subjektabhängig (was nicht mit subjektiv zu verwechseln ist) und verlangen von uns, eine Position innerhalb unserer eigenen Konstruktionen einzunehmen.

(3) Lebensfähige Wirklichkeitskonstruktionen sind operational geschlossen und können nicht außerhalb eines Mediums existieren. Um ein abstraktes Beispiel zu geben: Wenn A B bewirkt, B C bewirkt und C A bewirkt, dann bewirkt jedes sich selbst mit Hilfe eines anderen, ist selbstreferentiell, hat sein „eigenes Leben" als Ganzes und widersetzt sich weitgehend äußeren Einflüssen. Da die Konsequenzen seines Operierens nun Teil seiner Operanden sind, das System sich also selbst beeinflußt, sagt man, das System sei operational geschlossen. Operational geschlossene Systeme können nur in einer Umgebung existieren (entstehen oder erfahren werden), die, ohne das Operieren des Systems zu unterbrechen, die nötige Energie zur Erhaltung der Zirkularität des Prozesses und eventuell auch die Materie zur Ersetzung ausgefallener Komponenten liefert. Solche Systeme müssen daher offen gegenüber Materie und Energie sein. Operational geschlossene Systeme können auch durch Einflüsse außerhalb des Systems gestört werden, also das Verhalten der Komponenten des Systems verändern, nicht aber innerhalb des Systems als das, was sie „tatsächlich" sind, erkannt werden. Informationstheoretiker würden solche Störungen als Rauschen auffassen, Physiker als Chaos. Ein System, das seine operationale Geschlossenheit angesichts von Störungen bewahrt, beweist seine Lebensfähigkeit. Ein System, das unter solchen Störungen zusammenbricht, ist entsprechend nicht länger lebensfähig.

Im Bereich der menschlichen Kognition findet Wirklichkeitskonstruktion weder in den Köpfen von Individuen statt, wie Solipsisten es annehmen, noch läßt sie sich außerhalb des menschlichen Körpers entdecken, worauf Objektivisten pochen. Kognition liegt in den operational geschlossenen Praktiken lebender Systeme einschließlich ihrer Umwelt. Augen können nicht sehen, sondern ermöglichen, daß Störungen in jene zirkuläre Organisation der Kognition eingehen können, deren Teil sie sind. Wir können nicht sehen, was wir sehen, wir können uns des Sehens nur bewußt werden.

Mit jemandem irgendeinem Kommunikationsmodell gemäß zu kommunizieren, ist wie das Fahren nach einer Straßenkarte durch ein anderweitig nicht erkennbares Terrain. Die Wirklichkeitskonstruktionen, die eine Karte bietet, entfalten sich erst in der Praxis des Fahrens. Ein Modell begrenzt also die Menge der denkbaren Möglichkeiten, ist aber ohne praktischen Wert wie ein unbenutzter Straßenatlas im Bücherregal, solange seine Angebote nicht praktisch umgesetzt werden. Unsere Wirklichkeitskonstruktionen einschließlich der Kommunikationsmodelle werden lebensfähig, solange wir keine Unstimmigkeiten (zwischen dem, was wir sehen sollten und dem, was wir sehen) erleben. So ist es möglich, mit dem Computer zu kommunizieren, als ob wir Dokumente manipulierten. So ist es möglich, anzunehmen, wir würden miteinander kommunizieren, indem wir Botschaften hin und her schicken, obwohl wir eigentlich nichts anderes tun als Sprechen – solange unsere Vorstellung, Botschaften zu versenden und ihnen Inhalte zu entnehmen, nicht zu Widersprüchen führt. Sobald die sich in der Praxis entfaltenden Wirklichkeitskonstruktionen zu Widersprüchen oder gar einem Zusammenbruch führen, verlieren sie ihre Lebensfähigkeit.

(4) Kommunikation erfordert die Konstruktion anderer Kommunikationspartner, ergänzend zur Konstruktion des Selbst. Wenn zwei Individuen sich bewußt werden, miteinander kommunizieren zu können, so können sie sich weder als Solipsisten verstehen, indem sie glauben, sie seien der Mittelpunkt ihres eigenen Universums und jedem anderen überlegen, noch als Objektivisten, indem sie einander als strukturdeterminierte Maschinen sehen, die möglicherweise unterschiedlich, aber auf objektiv identifizierbare und folglich beobachterunabhängig existierende Ereignisse, Gegenstände, Zeichen, Symbole, Bilder usw. reagieren. Im ersten Falle würde das verletzt, was Heinz von Foerster das Prinzip der Relativität genannt hat. Es besagt, daß jede Hypothese zurückzuweisen ist, die für jedes einzelne zweier getrennter Ereignisse, aber nicht für beide zusammen gilt (vgl. von Foerster 1985: 40 f.). Demnach können zwei Solipsisten nicht coexistieren, geschweige denn miteinander kommunizieren, denn keiner kann gleichzeitig eine Position im Mittelpunkt einer gemeinsamen Welt einnehmen. Der zweite Fall läuft letzlich auf einen Widerspruch hinaus: Man kann nicht annehmen, mit jemandem kommunizieren zu können, also aus seinen Vorstellungsmöglichkeiten, Modellen und Metaphern wählen zu können, und zugleich behaupten, man verhalte sich wie eine strukturdeterminierte Maschine, deren Implikate eine solche Wahlfreiheit ausschließen. Wenn jemand, der für sich kognitive Autonomie bei der Konstruktion seiner Wirklichkeiten in Anspruch nimmt, einen anderen konstruiert, der für sich dieselbe Autonomie in Anspruch nimmt, so kann ersterer nicht länger nur allein autonom sein. Für einen Konstruktivisten, der meint, Wirklichkeit finde weder innerhalb noch außerhalb eines lebenden Organismus statt, sondern in den operational geschlossenen sozialen Praktiken in einem Medium, impliziert zwischenmenschliche Kommunikation einen Prozeß der Konstruktion anderer mit uns ähnlichen Fähigkeiten, die ihre eigenen Wirklichkeiten konstruieren, die uns wiederum als kognitiv autonome Wesen in ihre Konstruktion einschließen, usw.

Für Konstruktivisten ist es eine ethische Frage, anderen Personen zumindest die gleichen kognitiven Fähigkeiten zuzuschreiben, die sie bei ihrer Konstruktion anderer in Anspruch nehmen (vgl. Krippendorff 1989a: 88 ff.). Ein solcher ethischer Imperativ mag jedoch nicht immer für jedermann und alle Situationen akzeptierbar sein. So wird im Verhältnis von Untergebenen (etwa beim Militär) von beiden Partnern erwartet, daß sie ihre jeweiligen Rollen erfüllen und sich auf die Kontroll-Metapher für die Organisation ihres kommunikativen Handelns einlassen. Um aber kommunizieren zu können, ist es grundsätzlich erforderlich, daß jeder Partner Annahmen darüber bildet, wer der andere ist, wie er wiederum seinen Partner konstruiert, einschließlich nach welchen Kommunikationsmodellen er handelt – daß heißt, sie müssen sich selbst und den anderen in Einklang mit der sprachlichen Praxis rekursiv konstruieren.

Geht man davon aus, daß Kommunikationspartner innerhalb ihrer eigenen Wirklichkeitskonstruktionen und im Verstehen eines anderen handeln, so müssen sich die Konstruktionen des Selbst und des anderen (operational) komplementär zueinander verhalten. Abgesehen von solchen komplementären Rollen wie Eltern und Kinder, Käufer und Verkäufer, Arzt und Patient, Polizist und Krimineller, Entertainer und Publikum usw. – keines dieser Komplemente kann übrigens ohne sein Gegenstück in einer Wirklichkeitskonstruktion vorkommen – beherrscht Komplementarität auch den Diskurs. Die Praxis eines erfolgreichen Kommunikationsmodells läßt deshalb zwar auf die Komplementarität der am Prozeß beteiligten Wirklichkeitskonstruktionen schließen, nicht aber auf deren Gleichartigkeit. Ernst von Glasersfeld sagt sicher dasselbe, wenn er behauptet, daß Konstruktionen zu ihrer Umgebung „passen" müssen, und das Beispiel eines Schlüssels aufgreift, der zwar viele Türen öffnen kann, aber nicht in jedes Schloß paßt (vgl. Glasersfeld 1985a: 20 f.). Mit einem Schlüssel in der Hand kann man über ein Schloß nicht mehr erfahren, als daß er schließt. Modelle und Metaphern, die sich in der Kommunikationspraxis bewähren, also lebensfähige rekursive Konstruktionen entfalten, erlauben uns jedenfalls nicht mehr zu sagen, als daß unsere Konstruktionen zu möglichen Konstruktionen anderer passen.

(5) Sprachgebrauch konstituiert soziale Wirklichkeiten. Von den Beschreibungs- und Überzeugungsfunktionen, die der Sprache üblicherweise zugeschrieben werden, einmal abgesehen, wird die Rolle, welche die Sprache in der Gestaltung von sozialen Wirklichkeiten spielt, weitgehend ignoriert, obwohl sie für das Verständnis von Kommunikation wohl am wichtigsten ist. Mit dem Bezug auf „soziale Wirklichkeit" ist nicht beabsichtigt, eine Unterscheidung zwischen Natur und gestalteter Welt bzw. Kultur hervorzurufen. Er soll vielmehr dafür Rechnung tragen, daß es höchst individuelle Erfahrungen gibt, die schwierig zu verbalisieren sind, oder daß man sich eigener kognitiver Konstruktionen bewußt sein kann, die sich ohne

Bezug auf Sprache oder andere Menschen gebildet haben. Der größte Teil unseres Wissens wird jedoch in Kommunikation mit anderen und durch den Sprachgebrauch erworben und ist folglich sozialer Natur. Die Vorstellung, Sprache könne soziale Wirklichkeiten konstituieren, das heißt ein wesentlicher Bestandteil genau der Wirklichkeit sein, die sie definiert, geht auf Ludwig Wittgenstein zurück, der den Begriff von Sprache als Spiel, das von Sprechern gespielt wird, entwickelte und betonte, daß Wörter eben auch Handlungen seien (vgl. Wittgenstein 1984: 225–580). J. L. Austin (^{2}1972) ergänzt diese Vorstellung um das Konzept der performativen Sprechakte, das heißt um Äußerungen, die genau das tun, was sie besagen. Wenn ein Pfarrer unter geeigneten Voraussetzungen an zwei Personen gerichtet sagt: „Hiermit erkläre ich euch zu Mann und Frau", dann macht diese (performative) Äußerung aus einem Mann einen Ehemann und aus einer Frau eine Ehefrau. Sie verpflichtet das Ehepaar, diese Beziehungen auch so miteinander zu benutzen, und schafft damit eine komplementäre Beziehung zwischen den beiden und der größeren Gemeinschaft, die den Vollzug der Eheschließung (als konstitutive Handlung) darstellt. Performative Äußerungen tun, was sie sagen.

Die Erfahrung von Komplementarität, die Erfahrung zu wissen, einschließlich der Annahme, das Wissen anderer zu kennen, die Erfahrung zu kommunizieren, kann nur aufrecht erhalten werden, indem man sich am Diskurs beteiligt, indem man Sprachfiguren koordiniert gebraucht, wie etwa in einem Wittgensteinschen Sprachspiel. Zur Klärung dieser konstruktivistischen Grundlage sozialer Wirklichkeit hat John Shotter die These entwickelt, nach der kompetente Sprecher einer Sprache soziale Rechenschaft für den Sprachgebrauch sowohl fordern als auch zu geben gewillt sind (vgl. Shotter 1984). Wenn wir miteinander sprechen, verwenden wir Modelle und Metaphern, die nicht nur für uns Sinn machen, sondern tun dies in der Erwartung, daß sie anderen ebenso sinnvoll erscheinen. Wir sind uns der Möglichkeit bewußt und sprechen in dem Bewußtsein, daß wir von anderen beurteilt und verantwortlich gehalten werden für das, was wir sagten, wie wir es sagten, und für den Sinn, den das Gesagte für andere macht. Die damit verknüpfte Erwartung, für das Gesagte verantwortlich gemacht zu werden und gegebenenfalls Rechenschaft dafür ablegen zu müssen, ist eine notwendige Folge unserer Konstruktion anderer als sprachlich kompetenter Kommunikationspartner. Im Rahmen traditioneller Ansätze wird soziale Wirklichkeit mit Hilfe von Konventionen erklärt, so als gäbe es objektive Regeln, die von Außenstehenden gemacht worden wären und die jeder zu befolgen hätte. Im Gegensatz dazu, und wie Shotter richtig bemerkt, sind Verhaltensregeln immer Erfindungen, die an andere gerichtete (nicht notwendigerweise mit ihnen „geteilte") Verhaltenserwartungen implizieren; sie können befolgt oder verletzt werden. Wir kommunizieren also immer im Hinblick auf die Möglichkeit, daß unsere sprachlichen Handlungen von anderen geprüft werden könnten. Zwischenmenschliche Kommunikation, das sprachliche Konstruieren anderer, Praktiken gesellschaftlichen Rechenschaftablegens und Verhalten bilden eine kreiskausale Schleife, die koordinierte sprachliche Praktiken, insbesondere die Nutzung von Modellen und Metaphern der Kommunikation etabliert und damit komplementäre Wirklichkeitskonstruktionen aufrecht erhält.

Eine Voraussetzung dieses Beitrags war, daß Modelle und Metaphern der Kommunikation eine besondere Rolle in der Konstruktion zwischenmenschlicher Beziehungen spielen.

Von den sprachlichen Rollen von Modellen und Metaphern der Kommunikation können wissenschaftliche Kommunikationstheorien nicht ausgeklammert werden. Denn auch Theorien werden sprachlich formuliert, handeln von Kommunikation und müssen sich häufig in genau der Öffentlichkeit bewähren, deren kommunikative Praxis sie zu beschreiben suchen. Die so Angesprochenen können sich diesen Theorien widersetzen, das Gegenteil des theoretisch Vorhergesagten tun, mit ihnen übereinstimmen oder sie als Standard für ihr eigenes Verhalten nehmen. Auch die Begründer von Kommunikationstheorien kann man zur Rechenschaft für das Kommunizieren ihrer Theorien ziehen und sie auffordern, Verantwortung für ihre Konstruktionen zu übernehmen. Auch wissenschaftliche Kommunikationstheorien müssen sich durch die kommunikative Praxis etablieren, die sie in einer Umgebung konstituieren.

Die Erfahrung von Inkohärenzen zwischen der Kommunikationspraxis und den Implikaten entsprechender Theorien, Modelle und Metaphern und anderen Beschreibungen dieser Praxis kann zu Parodoxien, Pathologien oder Zusammenbrüchen sozialer Beziehungen führen. Der Befehl „Widersetze dich meinen Befehlen!" läßt seinen Adressaten entweder in einer lähmenden Unentschlossenheit zwischen seiner Befolgung, womit er sich ihm nicht widersetzt, und seiner Nichtbefolgung, die seiner Befolgung gleichkommt, oder führt ihn dazu, den Sprecher für inkompetent zu erklären, sich der Situation zu entziehen und damit die Beziehung abzubrechen.

(6) Kommunikationsprozesse setzen eine Dreierbeziehung zwischen Kognitionen, Interaktionen und Institutionen in Bewegung. Kognition ist der ganzheitliche Prozeß, die Wirklichkeiten, die wir sehen, kohärent und aus sich heraus zu konstruieren. Interaktion fügt dem die Konstruktion anderer hinzu, einschließlich Sprache und Technologie, mit deren Hilfe sie sich verständigen. Institution ist die Konstruktion überindividueller Netzwerke von Prozessen, die wir aus Mangel an angemessenem Verständnis zu objektivieren neigen, in denen wir ihnen zum Beispiel rechtlichen Status, Persönlichkeit oder übernatürliche Kräfte zuschreiben. Kognitionen, Interaktionen und Institutionen können nicht ohne Kommunikation bestehen, und alle drei sind eingebettet in einen zirkulären, insgesamt rekursi-

Abb. 2: Die drei Positionen der Individuen in ihrer Wirklichkeitskonstruktion

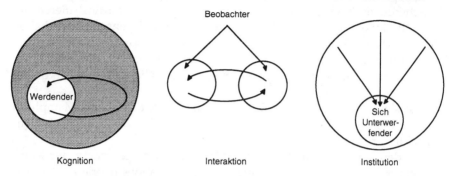

ven, sich gegenseitig stabilisierenden und sich selbst abschließenden Prozeß der Konstruktion sozialer Wirklichkeiten.

Kognitionen, Interaktionen und Institutionen implizieren drei Positionen, die Individuen in ihren eigenen Wirklichkeitskonstruktionen einnehmen und zwischen denen sie wechseln können. Die mit diesen Positionen verbundenen Rollen möchte ich als Werdender (becoming), Beobachter und sich äußeren Umständen Unterwerfender (subjekt) bezeichnen.

Werdende sind mit nichts anderem beschäftigt als der Entfaltung ihrer kognitiven Autonomie, der ununterbrochenen Konstruktion, Dekonstruktion und Rekonstruktion ihrer Wirklichkeiten, ihrer Ökologie des Geistes. Aus diesem Blickwinkel ist Kommunikation weder darauf gerichtet, externe Ziele zu erreichen, noch von für außen herantragbare „Kräfte" verantwortlich zu sein, sondern kann als ein im Selbst stattfindender, kontinuierlich sich selbst erzeugender Prozeß angesehen werden. Kommunikation ist Selbstreflexion. Werdende realisieren sich ständig die Konstruktionen ihres Selbst und bewahren ihre Lebensfähigkeit, solange sie sich aktiv mit ihrer Umgebung auseinandersetzen. Sie können sich selbst unwissentlich in die Enge ihrer eigenen Konstruktion treiben, sich in ihr einschließen oder sich aus einer solchen Falle befreien, indem sie Positionen innerhalb ihrer eigenen rekursiven Wirklichkeitskonstruktionen einnehmen, aus denen sie ihr Selbst sehen, de-konstruieren oder re-konstruieren und neu sehen können.

Beobachter hingegen konstruieren und sehen Wirklichkeiten, als wären sie außerhalb des Selbst. Ein Beobachter nimmt konstruktiven Einfluß auf das Beobachtete; er konstruiert es vor seinen Augen. Auch die Position des Beobachters bleibt natürlich stets innerhalb seiner eigenen Wirklichkeitskonstruktion, was ihn deshalb nicht der Verantwortlichkeit für seine Konstruktionen entbindet. Da die Konstruktion des Beobachters selbst im Moment des Konstruierens ungeprüft bleibt, zum Beispiel indem er Kommunikation zwischen Partnern unter Ausschluß seines eigenen Beitrags beschreibt, ist sich der Beobachter seines Einflusses nicht bewußt und weist die Verantwortung für sein Handeln von sich. Beobachterpositionen werden typischerweise von Wissenschaftlern eingenommen, die ihr eigenes Untersuchungsobjekt ohne ihre eigene Teilnahme zu beschreiben suchen. Sie sind unvermeidlich für Ingenieure, die neue Technologien erfinden, die allesamt mit Kontrollbegriffen verbunden werden können.

Sich Unterwerfende sehen sich entweder als determiniertes Teil eines größeren Ganzen, etwa einer sozialen Organisation, oder einer unabhängig von ihnen herrschenden Macht konfrontiert, nach deren Regeln sie sich zu verhalten und deren Struktur sie sich anzupassen suchen. Ohne Zweifel sind diese überindividuellen, übernatürlichen oder außerhalb menschlicher Erfahrungen liegenden Wirklichkeiten von Sich Unterwerfenden als solche konstruiert, können aber von der darin eingenommenen Position nicht in Frage gestellt oder bezweifelt werden. Sich als Teilnehmer etwa einer sozialen Bewegung erfahren, die konstruierte Natur sozialer Institutionen, wie Konventionen, Kultur und Staat zu verleugnen, Göttern überirdische Kräfte zuzuschreiben oder sich von einem erfahrbaren objektiven Universum beherrscht zu sehen, sind allesamt Beispiele von Wirklichkeiten, deren konstruierte Natur den sich Unterwerfenden unbewußt bleibt.

Positionen, von denen aus man seine Wirklichkeiten konstruiert und sieht, können gewechselt werden. Um zum Beispiel in interpersonaler Kommunikation das Gefühl für das Selbst zu bewahren, ist es wichtig, nicht nur die anderen, sondern auch sich selbst durch die Augen anderer sehen zu können, das heißt aus der Position eines Werdenden in die eines anderen Beobachters des Selbst wechseln zu können (auch wenn all dies innerhalb der eigenen Kognition stattfindet).

Diese drei Positionen führen zu einer Unterscheidung grundlegend unterschiedlicher Ansätze zur Formulierung von Kommunikationstheorien:

- Aus dem Blickwinkel eines Werdenden wird Kommunikationstheorie zur *Theorie kommunikativer Kompetenz*, das heißt zu einer Theorie, die erklärt, wie Individuen ihre kognitive Autonomie angesichts von Störungen aufrechterhalten oder aufgrund welcher Fähigkeiten sie ihre eigenen Wirklichkeitskonstruktionen erfinden, also die kontinuierlichen Prozesse der Dekonstruktion und Rekonstruktion oder die interaktive Entfaltung dieser Konstruktion erleben können.

- Aus der Beobachterperspektive wird Kommunikationstheorie zur *Theorie der Übertragung von Mustern* von einem Medium zu einem anderen bzw. zur Theorie, die erklärt, wie Individuen (einschließlich des Beobachters selbst) ihr Zusammenleben koordinieren, miteinander oder gegeneinander sprechen, wie Handlungsmuster von einem Ort zu einem anderen übertragen und übersetzt werden. Alle Kommunikationstechniken, die auf die Einflußnahme auf andere abzielen, die meisten wissenschaftlichen Kommunikationstheorien, etwa Shannons mathematische Informationstheorie und die Definition von Kommunikati-

on, die wir zu Anfang benutzt haben, gehen auf diese Beobachterperspektive zurück.

– In der Position eines sich äußeren Umständen unterwerfenden Subjekts
wird Kommunikationstheorie zur *Theorie kommunikativer Autorität*, das
heißt zu einer Theorie, welche die Bedingungen darzulegen sucht, unter denen Individuen ihre kognitive Autonomie abgeben, ihre Wirklichkeitskonstruktionen objektivieren und sich von ihnen dann beeinflussen und beherrschen lassen.

Schließlich vergleiche man unsere gebräuchliche Definition von Kommunikation (als eine Übermittlung von Verhaltensmustern von einem System/
Raum/Zeit/Medium zu einem anderen), wie sie am Anfang dieses Beitrags gegeben wurde, mit dem Begriff einer sprachlich ausgedrückten Metapher (als der Fähigkeit, mit einer aus einem Erfahrungsbereich stammenden erklärungskräftigen Struktur einen anderen Erfahrungsbereich neu zu
erfahren). Kommunikation, was auch immer das Modell, die Metapher
oder der Mythos sein mag, der diese zwischenmenschliche Erfahrung hervorruft, scheint nichts anderes zu sein als eine rekursive Metapher für
menschliches Zusammenleben. Die gebräuchliche Definition verwirklicht
eben nicht nur eine Klasse möglicher Konstruktionen. Der hier vorgestellte
radikal selbst-reflexive Rahmen empfiehlt, verständnisvoll und die Vielfalt
alternativer Konstruktionen respektierend mit der Sprache der Kommunikation zu kommunizieren.

Eine solche Theorie befaßt sich unter anderem mit den Fragen, warum
Individuen willens sind, Institutionen als ihnen übergeordnet zu konzipieren, warum sie Konventionen als unanfechtbar befolgen, sich gezwungen
fühlen, Führern zu folgen, sich von rationalen Argumenten zwingen zu
lassen oder das Bedürfnis verspüren, sich einer beobachterunabhängigen
(also nicht erfahrbaren) externen Wirklichkeit anzupassen. Im Bereich der
Massenkommunikation etwa können Wirkungen von Kommunikation unter Bezugnahme auf den Begriff zugeschriebener Autorität erklärt werden,
wie etwa die journalistische Autorität eines Nachrichtensprechers, die
künstlerische Autorität eines populären Entertainers, die politische Autorität eines Regierungsbeauftragten, die wissenschaftliche Autorität eines
Forschers (der z.B den Anspruch erhebt, Zugang zu Wahrheiten zu haben,
die gewöhnlichen Menschen nicht gewährt werden), die rechtliche Autorität eines Richters usw. Soziale Institutionen, Geschichten und Realitäten
sind soziale Konstruktionen, die in jedem Falle von Teilnehmern realisiert
werden, die in diesen Konstruktionen allerdings verschiedene Positionen
einnehmen können, was wiederum zu höchst unterschiedlichem Kommunikationsverhalten führen kann.

Zusammenfassend sei festgestellt, daß der Radikale Konstruktivismus
das oben Gesagte nicht nur praktiziert, sondern auch auf die Wissenschaftstheorie anwendet. Er macht dem Forscher bewußt, daß auch er

kognitiv verstrickt ist in die Erzeugung seines eigenen Forschungsobjekts, während er es erforscht, und daß er sich einer Teilnahme an institutionellen Praktiken nicht entziehen kann. Dieser Ansatz stellt nicht eine spezielle Theorie der Kommunikation dar, sondern einen wissenschaftlichen Rahmen für das Verständnis der Rolle, welche die verschiedenen Kommunikationstheorien (wie auch die Metaphern der Kommunikation) für die kommunikativen Praktiken spielen. Dieser Rahmen dient zugleich einem kritischen Ansatz, insofern er weniger auf Beschreibungen von Ist-Zuständen zielt als vielmehr auf die Konstruktion dessen, was möglich sein könnte, und von dorther erklärt, warum welche Möglichkeiten nicht realisiert werden. Er ruft Kommunikationsforscher dazu auf, ihre eigene kognitive Autonomie in der Konstruktion von Theorien zu erkennen und im Hinblick auf die Autonomie ihrer Mitmenschen auszuüben, aber soziale Verantwortung für die kommunikativen Praktiken zu übernehmen, welche die Publikation ihrer Kommunikationstheorien darstellt.

Aleida Assmann / Jan Assmann

Das Gestern im Heute.
Medien und soziales Gedächtnis

1. Grundlagen des sozialen Gedächtnisses

Vorbemerkung

Das Gedächtnis entsteht nicht nur *in*, sondern vor allem *zwischen* den Menschen. Es ist nicht nur ein neuronales und psychisches, sondern auch und vor allem ein soziales Phänomen. Es entfaltet sich in Kommunikation und Gedächtnismedien, die solcher Kommunikation ihre Wiedererkennbarkeit und Kontinuität sichern. Was und wie erinnert wird, darüber entscheiden neben den technischen Möglichkeiten der Aufzeichnung und Speicherung auch die Relevanzrahmen, die in einer Gesellschaft gelten. Aufbauend auf der Gedächtnistheorie des Soziologen Maurice Halbwachs entwickelt der folgende Beitrag eine Theorie des kulturellen Gedächtnisses, die den kulturellen Aspekt der Gedächtnisbildung in den Vordergrund stellt und nach den Medien und Institutionen fragt, die dieses „Zwischen" organisieren. Medien wie Schrift und Buchdruck sowie Institutionen der Kanonisierung und Interpretation von Texten haben in der Vergangenheit die Möglichkeiten des kollektiven oder sozialen Gedächtnisses fundamental erweitert. Entsprechende Wandlungen zeichnen sich mit der Heraufkunft der elektronischen Medien ab. Kultur wird in diesem Sinne verstanden als der historisch veränderliche Zusammenhang von Kommunikation, Gedächtnis und Medien.

1.1 Koordination und Kontinuierung:
Die synchrone und die diachrone Dimension der Kultur

Kultur erfüllt zwei Aufgaben. Die eine ist die *Koordination*, die Ermöglichung von Kommunikation durch Herstellung von Gleichzeitigkeit. Sie erfordert die Ausbildung symbolischer Zeichensysteme sowie die technische und begriffliche Zurichtung eines gemeinsamen Lebens-Horizonts, in dem sich die Teilnehmer der Kultur begegnen und verständigen können. Norbert Elias hat diese soziale Koordinationsfunktion durch Zeitregulierung geradezu eine „fünfte Dimension" (vgl. Elias 1987) genannt; und auch der Soziologe Niklas Luhmann hat diesen Aspekt besonders betont.

> „Damit Gesellschaft überhaupt möglich ist, darf es keinen Zeitunterschied zwischen den erlebenden Subjekten geben. Ihr aktuelles Erleben muß zeitlich synchronisiert sein, also ihrem eigenen Verständnis nach gleichzeitig ablaufen. Nicht nur die Gegenwart selbst, sondern auch ihre Zeithorizonte der Zukunft bzw. Vergangenheit müssen egalisiert und [...] auf gleiche Distanz gebracht werden" (Luhmann 1971b: 54 f.).

Die andere Aufgabe der Kultur ist die Ermöglichung von *Kontinuität*. Sie führt aus der synchronen Dimension hinüber in die diachrone. Kultur erschöpft sich nicht in der Leistung, daß sich Menschen untereinander mit Zeichen einigermaßen zuverlässig verständigen und so in größeren Verbänden zusammenleben und zusammenhandeln können. Sie stellt auch die Bedingungen dafür bereit, daß nicht jeder einzelne und jede Generation wieder von vorne anfangen müssen. Unsere Frage nach dem kulturellen und sozialen Gedächtnis führt uns heraus aus der synchronen in die diachrone Dimension der Kultur.

Das Gedächtnis ist das Organ der Diachronie, der Ermöglichung von Ausdehnung in der Zeit. Ihm kommen grundsätzlich zwei verschiedene Funktionen zu: die Speicherung und die Wiederherstellung, die im Deutschen oft mit den Worten Gedächtnis und Erinnerung verbunden werden. Beide Funktionen sind an der Herstellung von Diachronie, also zeitlicher Ausdehnung beteiligt, wenn auch auf verschiedene Weise. Das Gedächtnis als Reproduktion beruht auf Programmierung, auf einem generativen Prinzip, welches die Kontinuierung kultureller Muster ermöglicht. Die (tiefenstrukturelle) Speicherung von Formen sichert die Wiederholbarkeit (manifester) Handlungen und macht damit Kultur reproduktionsfähig – nicht im Sinne serieller Vervielfältigung, sondern im Sinne einer bruchlosen Kontinuierung der symbolischen Sinnwelt, der Handlungsweisen und Gestaltgebungen.

Die andere Funktion des Gedächtnisses, die Rekonstruktion, setzt einen Kontinuitätsbruch voraus. Während im Falle der Speicherung von Tiefenstrukturen eine Art von Dauer erreicht wird, die das Heute als Verlängerung des Gestern erscheinen läßt und das eine vom andern nicht ablösbar macht, setzt Rekonstruktion eine klare Trennung zwischen Gestern und Heute voraus. Erst in diesem Fall kommt überhaupt jener Vergangenheitsbezug ins Spiel, der für unser landläufiges Verständnis von Erinnerung bestimmend ist. Programmierungen ermöglichen Reproduktion als unbewußte Kontinuität, Rekonstruktion stellt über Traditionsbrüche hinweg eine bewußte Kontinuität her.

1.2 Kultur als Gedächtnis

Kultur ist wiederholt als „Gedächtnis" bezeichnet worden. Eine solche
Aussage hat je nach dem dabei bezogenen Standpunkt ganz verschiedene
Implikationen. Im Rahmen eines biologischen Evolutionsmodells zum Beispiel wird Kultur als komplexer Überlebensmechanismus verstanden, der
die Anpassung an veränderte Umweltbedingungen gewährleistet. Kultur
erscheint in dieser Perspektive als Gedächtnis bzw. Speicher, womit die
Summe der Verhaltenskonditionierungen gemeint ist, die sich im physiologischen Substrat der Individuen als genetische Informationen niederge-
schlagen haben. Die Grenze zwischen kognitiven Potentialen und biologi-
schem Substrat ist fließend. Es gibt ein Wissen, daran erinnern uns die Biologen, „was wir nicht lernen müssen und nicht lernen können, weil wir es
mit den genetischen Bauplänen unseres Nervensystems ererbt haben",
und was „zum Zweck des Überlebens in unsere Ganglien geschrieben" ist.
Es handelt sich dabei um das Artgedächtnis:

> „Wir tragen vier Milliarden Jahre Erfahrung in unseren genotypisch und phä-
> notypisch festgelegten Erlebnis- und Erkenntnisvoraussetzungen mit uns her-
> um. Was immer unser kognitiver Apparat in sich verbirgt, ist Informations-
> gewinn aus Jahrmilliarden" (Frankl 1985: 11 u. 15).

In die Erbmasse verlegt wurde das kulturelle Gedächtnis von denjenigen,
die von einem apriorischen Wissen ausgehen. Platons Theorie der Anam-
nesis, die alles Erkennen als Wiedererkennen unverkörperter, überzeitli-
cher Ideen auffaßte, hat in unserem Jahrhundert eine überraschende Wiederkehr in den Thesen des Psychologen C. G. Jung erlebt. Er geht von einem kollektiven Menschheitsgedächtnis aus, das den Einzelgedächtnissen
vorgeburtlich aufgeprägt ist. Das individuelle Gedächtnis ist für Jung kein
unbeschriebenes Blatt, sondern ist bereits mit bestimmten Konfigurationen
beschrieben, eine Annahme, mit der Jung die metahistorische Präsenz und
Ubiquität gewisser Archetypen und Ursymbole erklärt. Dieser Sicht
schließt sich Thomas Butler an; er versteht die menschliche Geschichte als
spirituelle Evolution, in der genetisch übertragenen Archetypen eine
Grundfunktion bei der generationenübergreifenden Kommunikation zukommt (Butler 1989: 3).

   In Abhebung von derartigen biologischen oder kollektivpsychologi-
schen Voraussetzungen hat der russische Semiotiker Juri Lotman die Kultur als das nichtvererbbare Gedächtnis einer Gruppe definiert.

> „Im weitesten Sinne kann Kultur als das nicht vererbbare Gedächtnis eines
> Kollektivs verstanden werden, das in einem bestimmten System von Verboten
> und Vorschriften seinen Ausdruck findet. [...] Gleichzeitig erscheint Kultur –
> das System des kollektiven Gedächtnisses und des kollektiven Bewußtseins –
> als eine für das jeweilige Kollektiv einheitliche Wertstruktur" (Lotman/Us-
> penskij 1977: 1).

Lotman versteht die Kultur als ein System, das zum Zweck der Selbstorganisation und Reproduktion auf Selbstbeschreibungen angewiesen ist. Kultur ist Gedächtnis insofern, als sie „für sich selbst ein eigenes Modell schafft".

Die kultursemiotische These von der Nicht-Vererbbarkeit reißt die Kluft zwischen sozialer und biologischer Sphäre auf. Was die Tiere können, können sie zuverlässig ein für alle mal vollständig, und in jeder Generation neu. Ihr Wissen ist instinktiv, was soviel heißt wie: der Sitz ihres Gedächtnisses sind die Gene. Die Rede von Kultur als nichtvererbbarem Gedächtnis verweist uns über die biologische Dimension hinaus auf die symbolische. Symbole sind Erzeugnisse des Menschen in seiner Eigenschaft als homo significans, als informationsverarbeitendes Wesen. Auf der Ebene der Symbole entstehen ebenfalls Gedächtnis-Programme, die aber nicht in den Genen verankert sind, sondern in der Sozialität. Die symbolische Fähigkeit ist eine Funktion der sozialen Dimension. Allein im Rahmen der Mit- bzw. Zwischenmenschlichkeit werden Symbole produziert und tradiert.

Wenn Kultur nicht durch Vererbung gesichert oder zumindest abgestützt ist, dann rückt die Frage nach den Formen der Weitergabe von Überlieferungen und den Maßnahmen der Traditionssicherung in den Vordergrund. Tradition ist oft als ein Fundus bzw. als eine kulturelle Energie aufgefaßt worden. Tradition wurde häufiger als eine Instanz beschworen, denn als ein komplexes Handlungs- und Institutionengefüge beschrieben. Unser Vorschlag, Tradition durch Gedächtnis zu ersetzen, ist geleitet von dem Interesse, an die Stelle voreiliger Antworten eine offene Frage zu setzen. Diese Frage lautet dann: *Auf welche Weise und mit welcher Absicht wird ein für eine Gruppe als Gemeinschaft relevantes Wissen von einer Generation an die nächste übermittelt?*

1.3 Maurice Halbwachs' Theorie vom Sozialen Gedächtnis

Die zentrale These, die Maurice Halbwachs in verschiedenen Büchern entwickelt hat, lautet: *Es gibt kein Gedächtnis, das nicht sozial ist.* Selbst die noch so privaten Erinnerungen des Einzelnen bilden sich in der Interaktion mit anderen, entstehen stets auf dem Boden der Sozialität. Was ich erinnere, erinnere ich mit Blick auf andere und dank der Erinnerung anderer. Es gibt mithin keine scharfen Grenzen zwischen eigenen und fremden Erinnerungen, einmal, weil sie im Prozeß alltäglicher Gegenseitigkeit und unter Verwendung gemeinsamer Bezugsrahmen entstehen, und zum anderen, weil jeder Mensch auch Erinnerungen anderer mit sich trägt. Stellen wir uns den hypothetischen Grenzfall eines vollkommen einsamen Menschen vor, so hätte dieser überhaupt keine Erinnerungen, denn:

„Es gibt kein mögliches Gedächtnis außerhalb derjenigen Bezugsrahmen, deren sich die in der Gesellschaft lebenden Menschen bedienen, um ihre Erinnerungen zu fixieren und wiederzufinden" (Halbwachs 1985a: 121).

Zu den wichtigsten Ergebnissen von Halbwachs´ Gedächtnisforschung (vgl. Halbwachs 1985a u. 1985b) gehören die folgenden:

– *Soziogenese des Gedächtnisses:* Das Gedächtnis ist soziogen im doppelten Sinne: Es entsteht durch Gemeinschaft und es läßt Gemeinschaft entstehen. Das individuelle Gedächtnis ist in Gruppen-Gedächtnisse eingegliedert; man lebt nicht nur, man erinnert auch in bezug auf das andere; das individuelle Gedächtnis ist Kreuzungspunkt verschiedener Sozialgedächtnisse.

– *Rekonstruktivität:* Das soziale Gedächtnis verfährt rekonstruktiv: Von der Vergangenheit wird nur bewahrt, „was die Gesellschaft in jeder Epoche mit ihren jeweiligen Bezugsrahmen rekonstruieren kann" (vgl. Halbwachs 1985a: 390). Erinnerungen werden also bewahrt, indem sie in einen Sinn-Rahmen „eingehängt" werden. Dieser Rahmen hat den *Status einer Fiktion.* Erinnern bedeutet Sinngebung für Erfahrungen in einem Rahmen; Vergessen bedeutet Auflösung des Sinn-Rahmens, wobei bestimmte Erinnerungen beziehungslos und also vergessen werden, während andere in neue Rahmen (= Beziehungsmuster) einrücken und also erinnert werden.

– *Gedächtnis versus Geschichte:* Das kollektive Gedächtnis ist auf Kontinuität und Wiedererkennbarkeit angelegt. Seine Funktion besteht darin, ein eigenes Profil zu entwerfen und selbstbezüglich die Eigenart und Dauer der Gruppe zu sichern. Diesem Gedächtnis, das „bewohnt" wird, steht die Geschichte gegenüber, die nicht bewohnt wird, die keinen Bezug zu einer Gruppenidentität hat. Die stets parteiischen Gruppengedächtnisse existieren im Plural, die „objektive" Historie existiert dagegen im Singular. Die Historiographie wird nicht erinnert, sie hat keine Träger. Im Rahmen des Gedächtnisses werden Veränderungen weitgehend ausgeblendet, im Rahmen der Geschichte werden Veränderungen aufgesucht und festgehalten.

Mit diesen Thesen hat Halbwachs den Weg zu einer soziologischen Gedächtnisforschung geöffnet, und auf diesem Weg wollen wir mit einigen Vorschlägen zur terminologischen Differenzierung einige Schritte weitergehen.

2. Formationen des sozialen Gedächtnisses

2.1 Kommunikatives Kurzzeit-Gedächtnis und kulturelles Langzeit-Gedächtnis

Halbwachs darf als Entdecker des „kommunikativen" sozialen Gedächtnisses gelten. Er hat als erster dessen Merkmale der Sozialität, der Rekonstruktions-Rahmen und des Subjektbezugs systematisch entwickelt und an unterschiedlichen Befunden illustriert. Weniger Aufmerksamkeit hat Halbwachs der Frage der Medien, der Zeitstrukturen und den unterschiedlichen Funktionen des sozialen Gedächtnisses geschenkt. Im Folgenden soll deshalb gezeigt werden, in welcher Richtung der kompakte Begriff des „sozialen Gedächtnisses" näher zu differenzieren ist.

Ethnologen sowie Vertreter der Oral History haben festgestellt, daß das soziale Gedächtnis ohne die Hilfe der Schrift verhältnismäßig kurz ist. Der Ethnologe Jan Vansina, der das Geschichtsbewußtsein afrikanischer Stämme untersuchte, hat dabei einige wichtige Beobachtungen gemacht (vgl. Vansina 1985):

- Die mündliche Überlieferung kennt im wesentlichen nur zwei Register, nämlich die Kunde von der rezenten Vergangenheit in der Erinnerung der Lebenden, und die Kunde vom Ursprung, die mythische Überlieferung vom Zeitalter der Götter und Heroen.

- Beide Register, die rezente und die absolute Vergangenheit, stoßen unmittelbar aneinander.

- Die rezente Vergangenheit reicht in der Regel nicht mehr als drei Generationen zurück.

Diese Beobachtungen werden durch andere Berichte bestätigt. „Zahllose Genealogien", so schreibt Keith Thomas über die frühe Neuzeit in England, „sprangen direkt von den mythischen Ahnherrn in die Moderne und waren, wie ein Antiquar sich ausdrückte, ‚wie Kopf und Füße ohne einen Körper, zwei Enden ohne Mitte'" (vgl. Thomas 1988: 21). Die beiden Vergangenheitsregister, diese beiden Enden ohne Mitte, entsprechen zwei Gedächtnis-Rahmen, die sich in wesentlichen Punkten voneinander unterscheiden. Wir nennen sie das *kommunikative* und das *kulturelle Gedächtnis*.

Das kommunikative Gedächtnis bezieht sich auf die rezente Vergangenheit. Es sind dies Erinnerungen, die der Mensch mit seinen Zeitgenossen teilt. Der typische Fall ist das Generationen-Gedächtnis (vgl. Mentré 1920). Dieses Gedächtnis wächst der Gruppe historisch zu; es entsteht in der Zeit und vergeht mit ihr, genauer: mit seinen Trägern. Wenn die Träger, die es verkörperten, gestorben sind, weicht es einem neuen Gedächtnis.

Tab. 1: Vergleich von kommunikativem Gedächtnis und kulturellem Gedächtnis

	kommunikatives Gedächtnis	kulturelles Gedächtnis
Inhalt	Geschichtserfahrungen im Rahmen indiv. Biographien	mythische Urgeschichte, Ereignisse in einer absoluten Vergangenheit
Formen	informell, wenig geformt, naturwüchsig, entstehend durch Interaktion Alltag	gestiftet, hoher Grad an Geformtheit, zeremonielle Kommunikation Fest
Codes, Speicherung	lebendige Erinnerung in organischen Gedächtnissen, Erfahrungen und Hörensagen	feste Objektivationen, traditionelle symbolische Kodierung/ Inszenierung in Wort, Bild, Tanz usw.
Zeitstruktur	80–100 Jahre, mit der Gegenwart mitwandernder Zeithorizont von 3–4 Generationen	absolute Vergangenheit einer mythischen Urzeit
Träger	unspezifisch, Zeitzeugen einer Erinnerungsgemeinschaft	spezialisierte Traditionsträger

Meist vergeht das kommunikative Gedächtnis leise und unmerklich. „In aller Stille" wird ein Gedächtniskapitel nach dem anderen geschlossen. Historisch signifikant wird das unmerkliche Absterben eines Gedächtnis-Abschnitts erst, wenn damit bleibende Erfahrungen verbunden sind, die dauerhaft sicher zu stellen sind. Das ist der Fall der Greuel der NS-Zeit. Nach diesen Jahrzehnten wird jene Generation ausgestorben sein, für die Hitlers Judenverfolgung und -vernichtung Gegenstand persönlich traumatischer Erfahrung ist. Was heute z.T. noch lebendige Erinnerung ist, wird morgen nur noch über externe Speicher-Medien vermittelt sein. Dieser Übergang drückt sich schon jetzt in einem Schub schriftlicher Erinnerungsarbeit der Betroffenen, sowie einer intensivierten Sammelarbeit der Archivare aus.

Der Übergang aus dem kommunikativen Gedächtnis ins kulturelle Gedächtnis wird durch Medien gewährleistet. Medien sind die Bedingung der Möglichkeit dafür, daß spätere Generationen zu Zeugen eines längst vergangenen und in seinen Einzelheiten vergessenen Geschehens werden können. Sie erweitern drastisch den Radius der Zeitgenossenschaft. Durch Materialisierung auf Datenträgern sichern die Medien den lebendigen Erinnerungen einen Platz im kulturellen Gedächtnis. Das Photo, die Reportage, die Memoiren, der Film werden in der großen Datenbank objektivierter Vergangenheit archiviert. Der Weg in die aktuelle Erinnerung ist damit noch nicht automatisch geöffnet. Dazu bedarf es sozusagen Medien zweiten Grades, die die gespeicherten Daten wiederum aktivieren. Die Medien ersten Grades nennen wir Dokumente, die Medien zweiten Grades Monumente. Dokumente beruhen auf Kodifikation und Speicherung von Information, Monumente beruhen auf Kodifikation und Speicherung *plus sozial bestimmtem und praktizierten Erinnerungswert.*

Das kommunikative Gedächtnis wird in den Situationen des Alltagslebens zirkuliert. Anders das kulturelle Gedächtnis, denn „Identitäten sind", wie N. Luhmann treffend bemerkt, „nicht für den Alltagsgebrauch bestimmt" (vgl. Luhmann 1979a: 336). Als Kommunikationsraum für die Zirkulation kulturellen Sinns kommen in erster Linie Feste, Feiern und andere Anlässe rituellen und zeremoniellen Handelns in Frage. In dieser zeremoniellen Kommunikation wird das kulturelle Gedächtnis in der ganzen Multimedialität ihrer symbolischen Formen inszeniert: In mündlichen Stammesgesellschaften sind dies vor allem Rituale, Tänze, Mythen, Muster, Kleidung, Schmuck, Tätowierung, Wege, Male, Landschaften usw., in Schriftkulturen sind es die Formen symbolischer Repräsentation (Monumente), Ansprachen, Kommemorationsriten. Vorrangiger Zweck dieser Übungen ist dabei jeweils die Sicherung und Kontinuierung einer sozialen Identität.

2.2 Bewohntes Funktions-Gedächtnis und unbewohntes Speicher-Gedächtnis

Das mündlich-kommunikative Gedächtnis hat seine Bedeutung auch in schriftverwendenden Gesellschaften. Die Rekonstruktion dieses im engeren lebensweltlichen Horizont fundierten Gedächtnisses bildet den Gegenstand der *Oral History,* eines neueren Zweiges der Geschichtswissenschaft, welcher Methoden entwickelt hat, um das vergangene Alltagswissen als historische Quelle zu erschließen. Alle Untersuchungen der „Oral History" bestätigen, daß auch in literalen Gesellschaften die lebendige Erinnerung nicht weiter als 80 Jahre zurückreicht (vgl. Niethammer 1980). Hier folgen dann anstelle der Ursprungsmythen die Daten der Schulbücher und Monumente, d.h. die objektivierte und offizielle Überlieferung der Historiographie.

Im Bereich des kulturellen Gedächtnisses ergeben sich jedoch mit Übergang in die Schriftlichkeit gravierende Unterschiede. Der Einsatz von Schrift als einem Medium, das neben bestimmten pragmatischen Funktionen auch die grundsätzliche Möglichkeit bietet, kulturellen Sinn extern zu speichern, bedeutet eine tiefgreifende Änderung in der Struktur des sozialen Gedächtnisses. Das *Potential,* das hinzukommt, besteht in der Kodierung und Speicherung von Informationen jenseits lebendiger Träger und unabhängig von der Aktualisierung in kollektiven Inszenierungen. Das *Problem,* das hinzukommt, besteht in der tendenziell unbeschränkten Akkumulation von Informationen. Durch die Materialisierung der Medien werden der Horizont verkörperter, lebendiger Erinnerung gesprengt und die Bedingung für abstraktes Wissen und unverkörperte Überlieferung geschaffen.

Die allgemeinste Beschreibung der Konsequenz von Schrift ist die, daß mehr gespeichert werden kann, als gebraucht und aktualisiert wird. Die Dimensionen des Gedächtnisses fallen auseinander in Vordergrund und Hintergrund, in die Bereiche des Bewohnten und des Unbewohnten, des Aktualisierten und des Latenten. Eine ähnliche Grenze verläuft bereits innerhalb des individuellen Gedächtnisses. Auch in der Psyche gibt es bewohnte und unbewohnte Erinnerungen. Zu letzteren gehören latente, erratische und auch unbewältigte Erinnerungen. Um jene Region des Gedächtnisses, in der Erfahrungen kultiviert, domestiziert, semiotisiert werden, dehnt sich ein weites unstrukturiertes Feld. Diese verschiedenen Bezirke der Erinnerungslandschaft wollen wir hier als *Speicher-* und *Funktionsgedächtnis* voneinander unterscheiden. Das Speicher-Gedächtnis umschreibt eine Region, die stets größer ist als das Bewußtsein; das Funktions-Gedächtnis dagegen bezieht sich nur auf den jeweils bewohnten Bezirk.

Tab. 2: Idealtypischer Vergleich von Speichergedächtnis und Funktionsgedächtnis

Speicher-Gedächtnis	Funktions-Gedächtnis
residual, unstrukturiert	konfiguriert, sinnhaft
unbewohnte Elemente	bewohnte Lebensgeschichte
Es	Ich (bzw.) Wir – Identität

Das Speicher-Gedächtnis enthält eine unstrukturierte Menge von Elementen, einen unsortierten Vorrat. Auf der Ebene des individuellen Seelenhaushalts sind die Elemente dieses Gedächtnisses äußerst heterogen: teilweise inaktiv, unproduktiv, teilweise latent, außerhalb der Belichtung durch Aufmerksamkeit, teilweise überdeterminiert und daher zu sperrig für ein ordentliches Zurückholen, teilweise schmerzhaft oder skandalös und deshalb tief vergraben. Die Elemente des Speicher-Gedächtnisses gehören dem Individuum zwar zu, aber es ist weit davon entfernt, über sie zu verfügen. Auf kollektiver Ebene enthält das Speicher-Gedächtnis das unbrauchbar, obsolet und fremd Gewordene, das neutrale, identitätsabstrakte Sachwissen, aber auch das Repertoire verpaßter Möglichkeiten und alternativer Optionen.

Den Aspekt des Gedächtnisses, der tatsächlich bewohnt wird, nennen wir das Funktions-Gedächtnis. Es handelt sich dabei um ein Stück *angeeignetes Gedächtnis*, wie es aus einem Prozeß der Auswahl, der Verknüpfung, der Sinnkonstitution – oder, mit Halbwachs zu sprechen: der Rahmenbildung – hervorgeht. Die strukturlosen, unzusammenhängenden Elemente treten ins Funktions-Gedächtnis als komponiert, konstruiert, verbunden ein. Aus diesem konstruktiven Akt geht *Sinn* hervor, eine Qualität, die dem Speicher-Gedächtnis abgeht.

Als Konstruktion ist das Funktions-Gedächtnis an ein Subjekt gebunden, das sich als solches konstituiert, indem es sich als dessen Träger oder Zurechnungssubjekt versteht. Subjekte konstituieren sich durch ein Funktions-Gedächtnis, d.h. durch selektives und bewußtes Verfügen über Vergangenheit. Solche Subjekte mögen Kollektive, Institutionen oder Individuen sein – in allen Fällen besteht derselbe Zusammenhang zwischen Funktions-Gedächtnis und Identität. Das Speicher-Gedächtnis dagegen fundiert keine Identität. Seine nicht minder wesentliche Funktion besteht darin, mehr und anderes zu enthalten, als es das Funktions-Gedächtnis zuläßt. Das kulturelle Gedächtnis verliert unter den Bedingungen externer Speicherungstechniken seine Konturen. Für diese grundsätzlich unbegrenzbare, ständig sich vermehrende, amorphe Masse von Daten, Informationen, Erinnerungen gibt es kein Subjekt mehr, dem sie sich noch zuordnen ließe. Allenfalls könnte man noch von einem gänzlich abstrakten Welt- oder Menschheitsgedächtnis sprechen. Vor diesem Hintergrund entstehen zwei neue Gedächtnis-Formationen, die dialektisch aufeinander bezogen sind.

Mündlichkeit → kulturelles Gedächtnis

Schriftlichkeit → Speicher-Gedächtnis + Funktions-Gedächtnis

Die Grenze zwischen dem Speicher- und dem Funktions-Gedächtnis ist deswegen nicht immer klar zu ziehen, weil Inhalte und Speicherungsmedien weitgehend identisch sein können. Was freilich deutlich auseinandertritt, sind die Gebrauchsformen und Funktionen. Die wichtigsten Unterschiede stellen wir in einer Übersicht zusammen:

Tab. 3: Unterschiede zwischen Speichergedächtnis und Funktionsgedächtnis

	Speicher-Gedächtnis	Funktions-Gedächtnis
Inhalt	Das Andere, Überschreitung der Gegenwart	Das Eigene, Fundierung der Gegenwart auf einer bestimmten Vergangenheit
Zeitstruktur	anachron: Zweizeitigkeit, Gestern neben dem Heute, kontrapräsentisch	diachron: Anbindung des Gestern an das Heute
Formen	Unantastbarkeit der Texte, autonomer Status der Dokumente	selektiver = strategischer, perspektivischer Gebrauch von Erinnerungen
Medien und Institutionen	Literatur, Kunst Museum, Wissenschaft	Feste, öffentliche Riten kollektiver Kommemoration
Träger	Individuen innerhalb der Kulturgemeinschaft	kollektivierte Handlungssubjekte

3. Funktionen des sozialen Gedächtnisses

3.1 Motive des Funktions-Gedächtnisses:
Legitimation, Delegitimation, Distinktion

Es gibt verschiedene Varianten des Funktions-Gedächtnisses, die darin übereinstimmen, daß sie einen bestimmten Gebrauch von der Vergangenheit machen, und die sich darin unterscheiden, daß die Motive dieses Gebrauchs verschieden sind. Als wichtigste Motive sind drei hervorzuheben: Legitimation, Delegitimation und Distinktion.

Wo *Legitimation* vorherrscht, haben wir es mit dem offiziellen oder politischen Gedächtnis zu tun. Die für diesen Fall charakteristische Allianz zwischen Herrschaft und Gedächtnis äußert sich positiv in der Entstehung elaborierterer Formen geschichtlichen Wissens, vorzugsweise in der Form der Genealogie. Ohne Zweifel: Herrschaft braucht Herkunft. Genau auf dieses Desiderat antwortet die genealogische Erinnerung.

Die Allianz zwischen Herrschaft und Erinnerung hat neben der retrospektiven auch eine prospektive Seite. Die Herrscher usurpieren nicht nur die Vergangenheit, sondern auch die Zukunft, sie wollen erinnert werden und setzen sich zu diesem Zweck Denkmäler ihrer Taten. Sie sorgen dafür, daß diese Taten erzählt, besungen, in Monumenten verewigt oder zumindest archivarisch dokumentiert werden. Herrschaft legitimiert sich retrospektiv und verewigt sich prospektiv. In diesem Kontext der offiziellen politischen Mnemotechnik gehört fast alles, was aus dem Alten Orient an Geschichtsquellen auf uns gekommen ist.

Die Memorialpolitik hat sich ihre eigenen Medien geschaffen. Zur repräsentativen Verewigung von Geschichte dienten im alten Ägypten besonders die Wände der Tempel-Pylone und Außenmauern. Diese Schlachten-Darstellungen sind als Volksreden zu lesen, die die Taten Pharaohs verkündigen und verewigen. Neben solchen immobilen Monumenten spielt die Kleinform handlicher Objekte eine besonders wichtige Rolle, die vor allem die Zirkulation solchen Wissens unterstützte. Amenophis III (1400–1360 v.Chr.) ließ zur Erinnerung an herausragende Ereignisse seiner Regierungszeit (Anlage eines Sees, Hochzeit mit einer Prinzessin von Mitanni, Löwen- und Wildstierjagd u.A.) sog. Gedenkskarabäen herstellen. Im Rom der Kaiserzeit haben die Feldherrn ihre Siege in Münzen publiziert. Ludwig der XIV ließ Medaillen prägen, die die wichtigsten seiner Taten verewigten. Mit der ganzen Sammlung entstand auf diese Weise eine „metallische Chronik" seiner Epoche (vgl. Jacquiot 1968: 617f., zit. n. Burke 1991: 300).

Es ist das Kennzeichen staatlicher Erinnerungspolitik, daß sie ein aktuelles Gedächtnis stiftet und dabei bemüht ist, vorgängige Erinnerungsstrukturen zu usurpieren. Amos Ben-Avner schreibt dazu:

„Jedes politische Regime konstruiert seine eigene Version der Vergangenheit, die als offizielles Gedächtnis des Staates in verschiedenen Medien – Schulbüchern, Statuen, Straßennamen, Gedenkfeiern – propagiert wird. Während man das offizielle Gedächtnis im staatlichen Diskurs fassen kann, ist das nationale Gedächtnis wesentlich ungreifbarer. Es gehört zu den von M. Halbwachs untersuchten Kollektivgedächtnissen, ist aber umfassender als alle anderen, weil es soziale, ethnische und geographische Grenzen überschreitet. Das Ziel eines Regimes ist es, das offizielle und das nationale Gedächtnis zur Deckung zu bringen, um die mögliche Bedrohung zu reduzieren, die von letzterem ausgeht" (Ben-Avner 1989: 87–88).

Auch Pierre Nora betont, daß der Aufwand an äußeren Stützen und handgreiflichen Zeichen desto größer ist, je weniger ein Gedächtnis von innen her bewohnt ist (vgl. Nora 1990). Die Crux des offiziellen Gedächtnisses besteht darin, daß es auf Zensur und künstliche Animationen angewiesen ist. Es dauert nur so lange, wie die Macht von Dauer ist, die es stützt. Darin gleicht es einem Zimmer, das mit jedem neuen Mieter ummöbliert wird. Je stärker in der Neuzeit das soziale Gedächtnis in die Sphäre der Politik rückt, desto kürzer wird seine jeweilige Geltungsdauer.

Delegitimierung, das inoffizielle Gedächtnis, die kritische oder subversive Gegenerinnerung, konstituiert als zweites Motiv eine weitere Variante des Funktionsgedächtnisses.

Es wird oft gesagt, daß Geschichte von den Siegern geschrieben wird. Ebensogut könnte es heißen: Geschichte wird von den Siegern vergessen. Sie können es sich leisten zu vergessen, was die Besiegten, die sich nicht abfinden können mit dem, was geschehen ist, verdammt sind, unablässig zu bedenken, wieder durchzumachen und zu erwägen, wie es anders hätte kommen können (Burke 1991: 297).

Ein aktuelles Beispiel für die delegitimierende Erinnerung sind die Kommemorationsfeierlichkeiten im Jahre 1989 für Imre Nagy. Dieser war während des Ungarn-Aufstandes 1956 Ministerpräsident und ist nach Niederschlagung des Aufstandes durch die sowjetischen Truppen hingerichtet worden. Sein Andenken war von der kommunistischen Regierung aus den Geschichtsbüchern getilgt und von der Öffentlichkeit mit Sorgfalt ferngehalten worden. Doch es ist nicht verlöscht. Eine Gruppe von Dissidenten inszenierte 1989 zunächst auf einem Pariser Friedhof eine symbolische Beisetzung und noch im selben Jahr eine Umbettung mit Ehrengeleit und größtem zeremoniellen Aufwand und Medienbeteiligung auf dem Friedhof in Budapest. Imre Nagy, Inbegriff der offiziell vernichteten Erinnerung, wurde zur Symbolfigur einer Gegen-Erinnerung und damit zu einem entscheidenden Ferment im jüngsten Prozeß der Entstalinisierung Ungarns (vgl. Szabo 1991).

Das Motiv der Gegenerinnerung, deren Träger die Besiegten und Unterdrückten sind, ist die Delegitimierung der herrschenden Machtverhältnisse. Sie ist politisch, da es ebenso wie bei der offiziellen Erinnerung um Legitimierung eines Handlungssubjekts und Ausübung von Macht geht. Die Erinnerung, die in diesem Falle ausgewählt und aufbewahrt wird, dient zur Fundierung nicht der Gegenwart, sondern der Zukunft, d.h. jener Gegenwart, die auf den Umsturz der bestehenden Machtverhältnisse folgt. Das Gegenstück zur genealogischen Erinnerung ist die eschatologische Erinnerung. Ist erstere auf Stabilisierung und Konstanz der Verhältnisse hin entworfen, betont letztere Wandel und Veränderung. Unterdrückung ist ein Auslöser für ein eschatologisches Geschichtsdenken. In diesem Rahmen steuert die Geschichte auf ein Ziel zu, über Brüche, Umschwünge und Veränderungen hinweg. Die Utopie des Neuen gehört zur delegitimierenden Erinnerung ebenso wie die Verherrlichung des Alten zur Rhetorik der legitimierenden Erinnerung.

Die Gattung par excellence für eschatologische Erinnerung ist die Apokalyptik. In der gesamten Alten und Neuen Welt artikuliert sie die Ideologie revolutionärer Widerstandsbewegungen. Gleichzeitig gehört sie zu den in der Geschichte am beharrlichsten verfolgten und vernichteten Gattungen, die zu allen Zeiten die Zensur der Herrschenden auf den Plan rief. Zensur bedeutet Eliminierung von Gegen-Erinnerungen und mit ihnen verknüpften Ansprüche, sei es durch Verbrennung von Büchern oder von Menschen. Tacitus beschreibt in seinen *Annalen* solche Formen verordneten Vergessens für die römische Kaiserzeit. Für die Moderne hat vor allem G. Orwell diese Strategie in seinem Roman *1984* aufgedeckt.

Ein weiteres Motiv für Vergangenheitsgebrauch und ihre Verfestigung in einem sozialen Gedächtnis ist die *Distinktion*. Darunter verstehen wir alle symbolischen Äußerungsformen, die zur Profilierung einer kollektiven Identität eingesetzt werden. Im *religiösen* Bereich geht es um Gemeinschaftsbildung, die durch gemeinsame Erinnerung vermittelt und durch Riten und Feste erneuert wird. Die Feste ‚befestigen‘ den Bezug auf eine gemeinsame Gründungsgeschichte. Der jüdische Festkalender z.B. kommemoriert die Geschichte Israels vom Auszug aus Ägypten (Passah) bis zur erneuerten Tempelweihe nach den Makkabäerkriegen (Hanukkah), der christliche kommemoriert die Lebensgeschichte Christi von der Geburt über die Auferstehung bis zur Ausgießung des Hl. Geistes. Beispiele religiös besetzter politischer Identitätsstiftung durch Feste und die damit verbundene Inszenierung gemeinsamer Partizipation liefern die attische Demokratie und die französische Revolution. Im *säkularen* Bereich sind die nationalen Bewegungen des 19. Jahrhunderts zu nennen, die durch Rekonstruktion bzw. „Erfindungen" gemeinsamer Traditionen für das neue politische Handlungssubjekt „Volk" eine Identität schufen. Im Rahmen nationaler Bewegungen wurden die eigene Geschichte und die eigene Überlieferung, mitsamt wiedererweckten Brauchtumsformen erinnerungspflichtig. Das nationale Gedächtnis ist eine Erfindung des sich nationalstaatlich reorganisierenden 19. Jahrhunderts; mit ihm entstand in Europa eine neuartige Memorialpolitik. Das nationale Gedächtnis ist nicht auf „Kultur" beschränkt. Es kann jederzeit ebenso politisch werden wie das offizielle, zumal wenn es als Gegenerinnerung gegen dieses antritt und dessen auf Monumente, Zensur und Propaganda gestützte Legitimation in Frage stellt.

3.2 Eigenschaften des Speicher-Gedächtnisses: Distanzierung, Zweizeitigkeit, Individualisierung

Mit dem Funktionsgedächtnis ist ein politischer Anspruch verbunden bzw. wird eine besondere Identität profiliert. Das Speichergedächtnis bildet den Gegenpart zu diesen verschiedenen Perspektivierungen des kulturellen Gedächtnisses. Was es zu leisten vermag, wird dort am deutlichsten, wo es, wie in totalitären Gesellschaften, abgeschafft ist. Im stalinistischen Rußland wurde das kulturelle Speicher-Gedächtnis zerstört. Nur das war zugelassen, was durchs Nadelöhr der offiziellen Lehre paßte. Orwell hat diese Verhältnisse in seinem Roman *1984* eindringlich geschildert und die Verhältnisse, wie man heute weiß, keineswegs übertrieben.

Als Gründe für eine mögliche politische Unliebsamkeit des Speichergedächtnisses wären etwa zu nennen:

– Das Vorhandensein eines residualen Speicher-Gedächtnisses macht das Beharrungsvermögen, die Schwerfälligkeit des sozialen Gedächtnisses und das heißt zugleich: seine immer nur begrenzte Manipulierbarkeit aus.

– An bestimmte Elemente dieses Speicher-Gedächtnisses kann sich die Phantasie späterer Generationen heften und sie von neuem in ein Funktions-Gedächtnis integrieren. Das ist nicht nur die Bedingung jenes kulturellen Phänomens, das wir „Renaissance" nennen, es ist ganz allgemein eine wichtige Ressource kulturellen Wandels.

– Das Speicher-Gedächtnis kann zum Korrektiv des Funktionsgedächtnisses werden. Nur indem immer mehr erinnert wird, als tatsächlich gebraucht wird, bleiben die Ränder des Funktions-Gedächtnisses sichtbar.

Die Möglichkeit zur permanenten Erneuerung setzt eine hohe Durchlässigkeit der Grenze zwischen Funktions-Gedächtnis und Speicher-Gedächtnis voraus. Wird die Grenze offengehalten, kann es zu einem Austausch der Elemente und einer Umstrukturierung des Sinnmusters kommen. Im entgegengesetzten Falle geschieht eine Fixierung durch Ausblendung des relativierenden Kontextes des Speicher-Gedächtnisses. Wird der Grenzverkehr zwischen beiden Gedächtnissen durch eine Mauer versperrt und das Speicher-Gedächtnis als latentes Reservoir von ungebrauchten Möglichkeiten, Alternativen, Widersprüchen, Relativierungen und kritischen Einsprüchen ausgesperrt, dann wird Wandel ausgeschlossen und es kommt zu einer Erstarrung und Verabsolutierung des Gedächtnisses.

Orwell ging davon aus, daß sich das Speicher-Gedächtnis automatisch und zuverlässig bildet, sofern man nur darauf verzichtet, es manipulieren oder gar eliminieren zu wollen. Das ist jedoch nicht der Fall. Es ist ebensowenig naturwüchsig wie das Funktions-Gedächtnis. Denn was immer als kultureller Sinn erfahren und historisch wirksam werden soll, muß geformt, aufbewahrt und zirkuliert werden. Das Speicher-Gedächtnis bedarf deshalb in besonderer Weise der Formen und Institutionen (Archive), welche das vom Gestern bewahren, was im Horizont des Heute nicht gebraucht wird. Es leistet dem unwillkürlichen Abstoßen von Vergangenheit im kommunikativen Gedächtnis ebenso Widerstand wie dem bewußten Ausblenden im Funktionsgedächtnis. Dafür bedarf es zweierlei: der Stabilisierung der Texte und/oder eines Kontextes, der von einer unmittelbaren sozialen Gebrauchsfunktion entlastet ist.

Die Stabilisierung der Texte geschieht zum einen durch Materialisierung in Gestalt der Schrift, welche Sprache unabänderlich zum Stehen bringt, und darüberhinaus durch Fixierung oder Kanonisierung, welche garantiert, daß Texte durch die Zeit in unantastbarer Gestalt erhalten bleiben. Zunächst genossen heilige und rechtliche, später dann auch durch Autorschaft exponierte literarische Texte das Privileg der Kanonisierung. Sie haben eine reale Chance, unabhängig von ihrer Inanspruchnahme durch spezifische Funktionsgedächtnisse im kulturellen Speichergedächtnis zu überdauern. Sie bilden einen Teil jener imaginären Bibliothek, genannt Weltliteratur, die der ungarische Schriftsteller G. Konrad das „europäische Gedächtnis" genannt hat.

Die andere Bedingung eines kulturellen Speichergedächtnisses ist die Lizenz, die in der Entlastung von sozialer Gebrauchsfunktion besteht. Eine Gesellschaft, die sich solche Nischen und Freiräume nicht leistet, wird kaum ein Speicher-Gedächtnis akkumulieren. Kontexte solcher Lizenz sind die Kunst, die Wissenschaft und das Museum. In solchen Kontexten werden kulturelle Informationen unter Distanzwahrung stabilisiert, ein Modus, der weder im mündlich verfaßten Sozialgedächtnis noch im schriftgestützten Funktionsgedächtnis vorstellbar ist. Ein Teil dieser Informationen muß als schlechthin unbewohnbar gelten; das sind jene Daten, die allein im Rahmen einer wissenschaftlichen oder historistischen Neugierde noch zurückgerufen werden; ein anderer Teil ist über eine didaktische oder ästhetische Wahrnehmung erschließbar, das sind Themen, Konzepte, Gegenstände, die in Museen, Filmen, Romanen und anderen Medien der Reaktualisierung ins öffentliche Bewußtsein zurückgeführt werden können; ein weiterer Teil schließlich erfährt eine Renaissance in Funktionsgedächtnissen, in denen inaktive kulturelle Informationen wiederbelebt und erneut bewohnt werden können. Als Beispiel für diese drei Weisen der Aktualisierung nennen wir die jüdische Kabbala. Unter der Voraussetzung seiner materialen Abspeicherung im kulturellen Gedächtnis, d.h. seiner Zugänglichkeit in verstreuten Handschriften, kann dieses komplexe Sinngefüge 1. in seiner Ausbreitung historisch rekonstruiert und in seiner Entwicklung wissenschaftlich interpretiert werden, 2. in einem Roman wie dem *Foucaultschen Pendel* von Umberto Eco ästhetisch aktualisiert werden und 3. in der okkultistisch aufgeladenen Szene der Popkultur als kosmische Mystik persönlich erfahren werden.

Ein anderer, mit dem Verzicht auf die für das Funktionsgedächtnis charakteristische Fokussierung und Aneignung von Vergangenheit verbundener Aspekt ist die Zwei-Zeitigkeit des kulturellen Speicher-Gedächtnisses. Zwei-Zeitigkeit ist eine weitere Form von Distanzwahrung, sie entspringt einer Verriegelung zwischen Gestern und Heute auf der Zeitachse. Die Vergangenheit wird nicht wie beim Funktions-Gedächtnis als legitimierende und fundierende Vorgeschichte zur Gegenwart in Anspruch genommen, sie bleibt in einer anderen Zeitlichkeit stehen und gewinnt dadurch ihre Immunität gegenüber instrumentellen Übergriffen und Vereinnahmungen. So entsteht mit dem Speichergedächtnis eine temporale Komplexität, die wir als Zwei-Zeitigkeit oder *Anachronie* bezeichnen, und die sich von der *Synchronie* des kommunikativen Gedächtnisses, der Kollokation von Erinnerungen in einem begrenzten Zeithorizont, ebenso abhebt wie von der *Diachronie* des Funktions-Gedächtnisses, das die Vergangenheit an die Gegenwart ankoppelt.

Aus all dem ergibt sich, daß das Speicher-Gedächtnis keine Erinnerungsbasis für kollektive Identitäten bereitzustellen vermag. Die eingebaute Distanzwahrung und Relativierung der Inhalte versperren ja gerade den instrumentellen Identifikationsbezug. Verkörperungen dieses Gedächtnisses sind allenfalls sporadisch und idiosynkratisch denkbar, also auf individueller Ebene. Dennoch ist die Bedeutung des Speicher-Gedächtnisses für die Gesellschaft nicht zu unterschätzen; es bildet den Kontext der verschiedenen Funktionsgedächtnisse, gewissermaßen deren Außenhorizont, von dem aus die verengten Perspektiven auf die Vergangenheit relativiert, kritisiert, und nicht zuletzt: verändert werden können. Es wäre sicher unsinnig, für das eine und gegen das andere zu plädieren. Auf dem Boden des kulturellen Gedächtnisses existieren nun einmal beide Formationen, und es hängt für die Zukunft der Kultur viel davon ab, daß sie in ihrem Nebeneinander auch unter neuen medialen Bedingungen erhalten bleiben.

4. Die Medien-Evolution und der Wandel sozialer Gedächtnisstrukturen

Die Forschung über die Geschichte der Medientechnologie ist seit der Mitte dieses Jahrhunderts sprunghaft angewachsen. Das hängt mit dem beschleunigten Wandel auf diesem Gebiet zusammen, der einen entsprechenden Reflexionsdruck über Potentiale und Probleme der verschiedenen Medien auslöst. Diese Geschichte greift in alle Bereiche der Kultur so weit aus, daß sie hier auch nicht annähernd skizziert werden kann. Wir müssen uns deshalb auf jene Aspekte dieser Geschichte beschränken, die in einem direkten Verhältnis zu den Organisationsformen des sozialen Gedächtnisses stehen.

4.1 Oralität / Literalität

1. *Organisation des Wissens* – In rein mündlich organisierten Stammesgesellschaften wird nur das tradiert, was gebraucht wird, und das, was tradiert wird, wird auch gebraucht. Durch diesen Zirkel werden die Lebensformen stabilisiert und die Überlieferung gefestigt. Es entsteht eine geschlossene Struktur, die mit den Begriffen der *Homöostase* (die Wiederherstellung eines Gleichgewichtszustandes) oder der *strukturellen Amnesie* (das Vergessen kultureller Elemente, die nicht gebraucht werden) beschrieben wurden. Beide Begriffe gehören zusammen und heben die in der Oralität unvermeidliche Verschränkung zwischen Erinnern und Vergessen hervor. Ein weiterer Begriff, der auf die Geschlossenheit der Struktur hinweist, lautet *Präventivzensur*. Er beinhaltet, daß die Möglichkeiten dessen, was überhaupt artikuliert werden kann, durch das Fundament des aktuellen Rezeptionsvermögens und sozialen Konsenses bestimmt und begrenzt sind.

Die Geschlossenheit der Struktur ist nicht zu verwechseln mit einer Statik der Kultur. Zur Homöostase gehört die beträchtliche Elastizität und Anpassungsfähigkeit mündlicher Kulturen an veränderte historische Bedingungen. Wir dürfen uns die Welt dieser Stammesgesellschaften nicht als ein unwandelbares Paradies vorstellen. Naturkatastrophen, Hungerperioden, aber auch Bedrohung durch Nachbarstämme und erst recht Invasionen durch Vertreter der Zivilisation stellen Herausforderungen dar, die in der kulturellen Semantik verarbeitet werden. Wozu es allerdings *nicht* kommt, ist eine Kumulation von Erfahrungen oder der Fall kognitiver Dissonanz. Positiv formuliert: Die geschlossene Struktur bleibt erhalten, indem die neuen Erfahrungen mit dem alten Wissen kompatibel gemacht werden; die Schemata bleiben erhalten, auch wenn sich die konkreten Ausformungen ändern. Aber die Tatsache solcher Änderungen hat keinen

Beobachter. Sie wären nur von außen sichtbar; von innen wird schleichender Wandel als Kontinuität und Identität erlebt.

In unserer Teminologie formuliert heißt das: Speichergedächtnis und Funktionsgedächtnis fallen zusammen. Was in letzterem keinen Platz findet, hat keine Chance zu überdauern. Es bleiben keine virtuellen, latenten Gedächtniselemente stehen.

Tab. 4: Stationen der Medientechnologie und die Veränderungen des sozialen Gedächtnisses

	Oralität	Literalität	Druck	Elektronik
Organisation des Wissens	– geschlossene Struktur – absolute Vergangenheit	– offene Struktur – Geschichtsbewußtsein	– Steigerung: Wissensexplosion – Neue Wissenschaften	– Sprengung von Bildungskanones – sprachfreies rechnergestütztes Denken – sekundärer Analphabetismus
Medium = Kodierung und Speicherung	– Körpernähe und Flüchtigkeit des Mediums – Multimedialität	– Trennung von Medium und Träger – autonome Existenz des Textes – Vereinseitigung des Visuellen	– Steigerung der Zeichenabstraktion – Standardisierung	– Wiederkehr der Stimme – maschinelle Re-Sensualisierung unter Umgehung eines Zeichencodes – Dynamisierung des Texts ("processing")
Kommunikationsformen, Zirkulation	– rituelle Inszenierungen gemeinsamer Partizipation – begrenzte Reichweite	– Rezitation und Lektüre – Raum- und Zeittransparenz	– einsame Lektüre und Öffentlichkeit – Massenkultur	– Interaktion in einem Netzwerk – Globalisierung

Für diesen Befund einer geschlossenen kulturellen Struktur hat der französische Anthropologe Claude Lévi-Strauss den Begriff der „Kalten Gesellschaft" geprägt. Kalte Gesellschaften sind solche, deren kulturelle Reproduktionsformen zwar nicht den Wandel aber die Entwicklung aussperren. Sie verschließen sich den Möglichkeiten der Evolution, der progressiven

Rationalisierung von Handlungen, der Optimierung von Werkzeugen, der Abstrahierung kognitiver Strukturen.

Lévi-Strauss sieht den entscheidenden Unterschied zwischen kalten, evolutionshemmenden und „heißen", evolutionstreibenden Gesellschaften in der Form ihres Vergangenheitsbewußtseins.

Für die schriftlosen Gesellschaften ist die Vergangenheit das Ur-Modell, zu dem jedes Heute zurückkehrt. Es handelt sich um eine „absolute Vergangenheit", von der jede Gegenwart gleichweit entfernt bleibt. Gesellschaften dieses Typs streben danach, „mithilfe der Institutionen, die sie sich geben, auf quasi automatische Weise die Wirkungen auszulöschen, die historische Faktoren auf ihr Gleichgewicht und ihre Kontinuität haben könnten. (Sie) scheinen eine besondere Weisheit erworben oder bewahrt zu haben, die sie veranlaßt, (jede) Veränderung ihrer Struktur, die ein Eindringen der Geschichte ermöglichen würde, (auszublenden)." (Lévi-Strauss 1962: 309; 1975: 39).

Die Erfindung der Schrift bedeutet den entscheidenden Einschnitt in der Geschichte der kulturellen Erinnerung. Mit der Schrift geht eine völlig neuartige Form der Vergangenheitsrepräsentation, des „Gestern im Heute" einher. Die Schrift vermag nicht nur festzuhalten, was nicht mehr gebraucht wird, sie sprengt auch den Horizont des sozialen Konsenses, indem sie der vereinzelten (Gegen-)Stimme eine Chance gibt. Der Prophet Jeremia erhielt von Gott den Befehl: „Schreibe in ein Buch!" (Jer. 30,2) – mit anderen Worten: Rede nicht mit deinen Zeitgenossen, sondern wende dich an die Nachwelt. Die Kulturtechnik der Schrift ermöglicht nicht nur Ferne-Kommunikation, sondern auch „Geschichtsbewußtsein". Heiße Gesellschaften wiederholen nach Lévi-Strauss nicht die Modelle der Urzeit, sondern überblicken den Weg ihres Werdens und schreiten auf ihm fort. Sie sind durch ein „gieriges Bedürfnis nach Veränderung" gekennzeichnet und haben ihre Geschichte (leur devenir historique) „verinnerlicht, um sie zum Motor ihrer Entwicklung zu machen".

Eine mögliche Auswirkung der Schrift betrifft die Abstraktionsfähigkeit. Hier ist es notwendig, zwischen Abstraktion und Generalisierung klar zu unterscheiden. Mündliche Gesellschaften bedienen sich ebenso wie schriftverwendende eines verallgemeinernden Denkens. Die Fähigkeit zur Verallgemeinerung, zum Klassifizieren und Systematisieren, ist nicht auf die Schrift angewiesen. Strukturalistische Ethnologen haben die komplexe Struktur solcher Ordnungsgefüge herausgearbeitet. Allerdings verbleibt dieses Ordnungsdenken diesseits einer Grenze, die durch die Abstraktion gezogen wird. Das haben Feldforschungen des russischen Gedächtnisforschers Aleksandr Luria bestätigt, die er in Uzbekistan, einer überwiegend von schriftlosen Stämmen besiedelten Region, durchgeführt hat. Personen, denen er geometrische Figuren wie Kreise, Quadrate und Rechtecke vorlegte, identifizierten diese spontan als Siebe, Ziegelsteine, Dachgiebel u.ä., während auch nur flüchtig alphabetisierte Schüler sofort die geometrischen Begriffe parat hatten (vgl. Luria 1986). Die Loslösung von der Anschaulichkeit konkreter realweltlicher Dinge und die Hinwendung zu reinen Zeichen bildet genau den Schritt, der mit der phonetischen Schrift unternommen wird.

2. *Materialität des Mediums* – In Stammesgesellschaften gibt es ausgeprägte Gedächtnisspezialisten, die für das Gestern im Heute zuständig sind. Ihre Aufgabe besteht darin, leibhaftig zu verkörpern, was literale Gesellschaften in Bibliotheken zusammenstellen. Ohne die Schrift, oder allgemeiner: ohne externe Speicherungs-Techniken, obliegt es den menschlichen Gedächtnissen, die kulturelle Überlieferung zu bewahren. Mit anderen Worten: Die mündliche Überlieferung ist dadurch gekennzeichnet, daß sie an lebendigen Trägern haftet und nicht auf materiale Träger verlagert werden kann. Der Dichter hatte ursprünglich die Funktion, das Gruppengedächtnis zu bewahren. In dieser Funktion tritt noch heute in mündlichen Gesellschaften der Griot hervor. Einer von ihnen, der Senegalese Lamine Konte, hat die Rolle des Griot folgendermaßen beschrieben:

> „Zu jener Zeit, in der es praktisch nirgends in Afrika Aufzeichnungen gab, mußte die Aufgabe des Erinnerns und des Nacherzählens der Geschichte einer besonderen Gesellschaftsgruppe übertragen werden. Man glaubte, daß eine erfolgreiche Übermittlung der Geschichte einer musikalischen Untermalung bedürfe, damit wurde die mündliche Überlieferung den Griots oder Stehgreifsängern, dem Stand der Musiker anvertraut. So wurden diese die Bewahrer gemeinsamer Erinnerung der afrikanischen Völker. Griots sind auch Dichter, Schauspieler, Tänzer und Mimen, die alle diese Künste in ihren Darbietungen anwenden" (Zumthor 1985: 7).

Diese Multimedialität ist ein Kennzeichen mündlicher Inszenierung. Es handelt sich dabei um körperliche Darbietungsformen, die sich in der Zeit entfalten und mit der Zeit vergehen. Nach einer Aufführung bleibt nichts von ihr übrig. Das Ensemble von Dichtung, Melodie, Spiel und Tanz, das die Griechen unter dem Begriff „Mousike" zusammengefaßt haben, dient ebenso der Übermittlung wie der oralen Mnemotechnik.

In der Oralkultur sind Medien (= Gedächtnisstützen, Zeichenträger) von Trägern (= erinnernden Subjekten) ebensowenig geschieden wie die Aufführung vom Text. Die Ingredienzien mündlicher Rezitation wie Masken, Gewänder, Bemalung, Trommeln und Instrumente, zeremonielle Objekte und Bewegungen sind Requisiten der lebendigen Inszenierung des sozialen Gedächtnisses. Was es nicht gibt, ist ein abstraktes Zeichensystem, ein von der aktuellen Aufführung ablösbarer Kode. Die Knotenschnüre, die bei manchen Stämmen als Memorierhilfe für die Stammesgeschichte in Gebrauch sind, verraten dem, der diese Geschichte nicht kennt, genausoviel wie der Knoten im Taschentuch einem Außenstehenden.

Inbegriff der Körpernähe oraler Medien ist die Stimme. Ethnologen, Mediävisten und andere Erforscher oraler Kulturen haben die Bedeutung der Vokalität betont. Die große Modulationsfähigkeit der Stimme nach Ton, Klang, Umfang, Höhe und Lage macht ihre sinnliche Kraft aus, die sich nicht festhalten läßt und in der Zeit verfliegt.

Der oralen Multimedialität steht in der Schrift die rigorose Vereinseitigung des sinnlichen Spektrums aufs Visuelle gegenüber. An die Stelle einer ganzheitlich synästhetischen Wahrnehmung tritt die Konzentration des Blicks, der nicht im Schauen schweift, sondern im Lesen sammelt. Das, worauf er sich richtet, ist eine abstrakte Notation, ein Zeichen-Kode, nicht mehr. Die Koinzidenz von Medium und Träger, von Text und Aufführung ist auseinandergetreten, zwischen beidem macht sich etwas Neues breit: die Buchstaben der visuellen Worte. Damit ist eine neue Bedeutung von Medium verbunden: Medium im Sinne von Vermittlung, Überleitung, Übersetzung.

Mit der Schrift entsteht zum ersten Mal die Möglichkeit, das kulturelle Gedächtnis in gegenständliche Träger auszulagern. Damit reduziert sich freilich die aurale/orale Multimedialität der Inszenierung auf einen einzigen Strang, den sprachlichen. Kein Wunder, daß manche Gesellschaften von dieser Möglichkeit keinen Gebrauch machten, weil sie in der Kodifizierung ihrer Überlieferung vornehmlich ein Verlustgeschäft sahen. Mit der Kodifizierung, wie sie die phonetische Schrift darstellt, vollzieht sich genau genommen zweierlei: zum einen die Überführung von belebten auf unbelebte Träger, und zum anderen die Ersetzung von symbolischen, mitsprechenden Medien (den Requisiten der Inszenierung) durch abstrakte, in sich stumme Zeichen. Beide Vorgänge zusammengenommen – der der Materialisierung und der der Abstraktion – machen die tiefgreifende Revolutionierung des kulturellen Gedächtnisses aus. Damit rückt die Überlieferung aus den lebendigen Trägern und den aktuellen Aufführungen ins Zwischenreich der abstrakten Zeichen, wo sie als Text eine neue dingliche Existenzform begründet.

3. *Kommunikationsformen* – Die für orale Gesellschaften charakteristische Verkörperung der Überlieferung in lebendigen Trägern hat auch eine wichtige soziale Bedeutung. Das kulturelle Gedächtnis ist hier in den Alten verkörpert, die es den Frauen und Kindern vorenthalten und in den rituellen Formen der Initiation, verbunden mit Ängsten und Qualen, an die jungen männlichen Mitglieder des Stammes weitergeben. In schriftlosen Gesellschaften stellt die im Wissen der Ältesten niedergeschlagene Erfahrung eine wichtige Machtquelle dar. Es geht dabei nicht nur um das praktische Wissen von den notwendigen Überlebensstrategien (Nahrungsquellen, Wanderwege, Jagdgründe etc.) – worüber auch die Frauen verfügen können –, sondern vor allem um das identitätssichernde Wissen über Sit-

ten und Gebräuche, Mythen, Heiratsregeln usw., das fest in männlichem Besitz ist (vgl. Erdheim 1984: 289 f.). Die Kommunikation dieses identitätssichernden Wissens geschieht zeremoniell-rituell, d.h. in den Formen der Initiation, die „auf den Vorstellungen von der Zyklizität der Zeit beruht":

> „Die Feste inszenieren den Bezug zu den Ahnen und die Grundidee von Tod und Wiedergeburt. Die Initiation selbst eröffnet den Zugang zu den mythischen Zyklen und zur Heiratsordnung, durch welche die Gesellschaft sich erhält. Mensch wird nur der, der durch die Initiation hindurchgegangen ist, d.h. die Werte seiner Kultur akzeptiert hat. Wer die Initiation erlebt, erfährt am eigenen Leibe, durch die Wunden, die man ihm beibringt, daß er nun wie die Ahnen ist: Was er tut und erleidet, taten und erlitten auch schon die Ahnen" (Erdheim 1984: 291).

Wenn das kulturelle Gedächtnis zur schriftlichen Überlieferung gerinnt, dann ist das identitätssichernde Wissen nicht nur von den lebendigen, autoritativen Trägern, den weisen Alten, sondern auch von den Situationen der festlichen, rituellen Kommunikation getrennt. Es wird verfügbar für andere und zugänglich außerhalb der Riten. Anstelle der Riten nimmt es die Form des Textes an. Als Text tritt es in neue Kommunikationssituationen ein. Die in Texten gespeicherten Informationen besitzen andere Aktualisierungsmöglichkeiten als die rituelle oder informelle Inszenierung. Sie sind paraphrasierbar, summierbar, kritisierbar, und vor allem interpretierbar. Durch Interpretationen werden Überlieferungen historisch entwicklungsfähig.

Die mit der Schrift und mit dem Textstatus vollzogene mediale Externalisierung der Überlieferung stellt sie in eine neue Kommunikationssituation. Es ist eine Kommunikation unter Fernhorizont-Bedingungen, die die Grenzen der Mündlichkeit räumlich und zeitlich überschreitet. Dem unverminderten zeitlichen Überdauerungsvermögen entspricht räumlich eine virtuell unerschöpfliche Expansionskraft.

4.2 Handschriftlichkeit und Druckschriftlichkeit

Die nächste erhebliche Schwelle der Medienevolution, der in der Mitte des 15. Jahrhunderts vollzogene Übergang von der Manuskriptkultur zum Buchdruck, bedeutet keine grundsätzliche Veränderung der in der Schrift angelegten Potentiale, wohl aber die akute Steigerung dieser Potentiale. Diese Steigerung ist zunächst eine der Quantität. Die im ersten halben Jahrhundert des Buchdrucks erreichte Zahl der Bücherproduktion liegt bei ca. 8 Millionen, ein Output, das in sämtlichen Skriptorien Europas in elf Jahrhunderten nicht erreicht worden ist (vgl. Clapham 1957: 37, zit. n. Eisenstein 1979: 45). Mit der drastischen Vermehrung der Bücher geht eine Explosion des Wissens einher. Der vormals durch Bildungsinstitutionen (wie Kirche, Universität, Palast und fürstliche Patronage) eingeschränkte

Zugang zur Schrift ist im Zuge der neuen Herstellungsverfahren demokratisiert und ökonomisiert. Die Buchproduktion wird zu einem Geschäft der Unternehmer und einem Faktor des Marktes, ein Handlungsrahmen, zu dem virtuell jeder Zugang hat. Einheitlichkeit und Zentralität der Tradition, verkörpert und zusammengehalten durch die Institution der Kirche, gerät in Gefahr durch die neue Instanz der Öffentlichkeit. Die mit dem Buchdruck forcierte Auflösung von Wissensmonopolen und Bildungsschranken ist ein Geschehen, das historisch mit dem Ereignis der Reformation verbunden ist. In dieselbe Epoche, auf den Beginn der Neuzeit, fällt die Geburtsstunde der exakten Wissenschaften – ebenfalls ein Ereignis, das mit der Medienevolution untrennbar verbunden ist.

Diese quantitative und qualitative Steigerung der in der Schrift angelegten Potentiale ist im Druck durch die konsequente Weiterentwicklung der medialen Zeichenabstraktion entfesselt worden. Der Einsatz beweglicher Typen aus Blei steigert das Prinzip der Abstraktion im Sinne der Beliebigkeit und Ersetzbarkeit der Zeichen. Die Materialität des Zeichens kann im Buchdruck noch effektiver neutralisiert werden, während der Handschrift als körperliches Relikt noch der Duktus eignet und die Handschriftkultur eine sinnliche Qualität behielt, die in den kalligraphischen und illuminierten Prachtausgaben ihre Monumente hatte. Das schafft die Bedingungen für eine neue Stufe der Rationalisierung des Herstellungsprozesses als maschinelle Serienfabrikation.

Mit dem Medium des Drucks entstehen neue Wissens- und Kommunikationsformen. Die neuen Wissenschaften gründen sich auf ein in Fachprosa gehaltenes, gedrucktes Wissen (vgl. Giesecke 1991; Cahn 1991). Die neuen Kommunikationsbedingungen weisen in zwei entgegengesetzte Richtungen. Auf der einen Seite setzt sich der Typus der einsamen Lektüre durch, auf der anderen entsteht das Netz einer literarischen Öffentlichkeit. Beide Formen befördern zugleich eine Standardisierung der Sprache, und zwar der Vulgärsprache, die sich gleichzeitig mit der Erfindung des Buchdrucks als überregionale Verkehrssprache durchzusetzen beginnt und das entscheidende Bindemittel der neuzeitlichen Territorialstaaten wird.

Standardisierung und Serienfabrikation, Alphabetisierung und Bürokratisierung sind die wichtigsten Agenten einer umfassenden Demokratisierung der Kultur. Das kulturelle Gedächtnis verliert unter diesen Bedingungen seine festen Konturen und wird diffus. Nicht Bewahrung, sondern Erneuerung, nicht Erinnerung, sondern Erfindung wird zum neuen Imperativ kulturellen Handelns. Die Mobilisierung der Tradition ist eine Folge der Demokratisierung der Kultur.

4.3 Von der Buchkultur zum elektronischen Zeitalter

1. *Organisation des Wissens* – Eine weitere Zäsur in der Geschichte der Medienevolution ist mit dem Übergang zu elektronischen Speicherungstechniken vollzogen. Dieses vorläufig letzte Kapitel beginnt im zwanzigsten Jahrhundert mit den Medien Film und Radio und nimmt nach dem zweiten Weltkrieg einen neuen Aufschwung mit der Ausbreitung des Fernsehens in den sechziger Jahren und der Etablierung des Personal Computers in den Achtzigern. Parallel zu der neuen Medienschwelle läuft eine kritische Diskussion und historische Revaluation der verschiedenen Medienphasen und ihrer Bedeutung für das soziale Gedächtnis: die empirischen Feldforschungen zur Oralität durch Parry und Lord (vgl. Parry 1971; Lord 1960/65), Ong und Vansina (vgl. Ong 1982; Vansina 1985), die Arbeiten über Schriftlichkeit bei Havelock, Goody und Watt (vgl. Havelock 1963; 1990; Goody/Watt 1986), über die Gutenberg-Ära von McLuhan und Eisenstein (vgl. McLuhan 1962/68; Eisenstein 1979), über die elektronische Medienszene durch Impulse von Lyotard, Baudrillard und Flusser (vgl. Flusser 1987).

Die mit der Verbreitung des Buchdrucks und der flächendeckenden Alphabetisierung verbundene Tendenz zur Nivellierung ständischer Bildungsprivilegien und Beförderung einer allgemeinen Demokratisierung der Kultur, diese Entwicklung wird mit Eintritt ins elektronische Zeitalter zugleich vorangetrieben und gehemmt. Vorangetrieben wird sie durch die gesteigerte Transportgeschwindigkeit und Speicherkapazität der Medien, die ihre Botschaften gedankenschnell und ohne Substanzverluste über den Globus tragen und so eine virtuelle Weltkommunikationsgemeinschaft bilden. Gehemmt wird sie durch sekundäre Sprachlosigkeit und Analphabetisierung, die dadurch entsteht, daß Informationen ihren Adressaten auf direkteren akustischen und optischen Wegen erreichen, ohne den Umweg über den abstrakten Schriftkode nehmen zu müssen. Entsprechendes gilt für das rechnergestützte Denken, das unter Umgehung der natürlichen Sprache vorangetrieben wird und sich zunehmend von dieser entfernt, so daß die Ergebnisse dieses Denkens nicht mehr in Sprache – und das heißt schließlich: menschlich kommunizierbare Erfahrungen – übersetzt werden können.

Beim Eintritt ins Gutenberg-Zeitalter trat der Aspekt der Wissens-Explosion, der Vervielfältigung und des Kontroverswerdens der Überlieferung besonders markant hervor, die z.B. in Enzyklopädien einer kritischen Prüfung unterzogen wurde. Beim Ausgang aus diesem Zeitalter tritt der Aspekt der durch Druckschriftlichkeit fundierten kanonischen Bildungseinheit hervor, die nach Ansicht der Kultur- und Medienkritiker in Zerstreuung und Auflösung begriffen ist. Das zeigt, wie jede Medienrevolution eine tiefgreifende Umstrukturierung des Wissens mit sich bringt, ganz unabhängig davon, ob diese als Befreiung oder Bedrohung erlebt wird.

2. *Materialität des Mediums* – Die Funktion jedweder Form von Schrift, ganz gleichgültig, ob graviert und geritzt oder gemalt und aufgeprägt, bestand bis vor kurzem in der bleibenden, meist unauslöschlichen Veränderung eines materiellen Gegenstandes. Dadurch kam „allem Geschriebenen (...) immer eine gewisse Endgültigkeit zu: Gesagt ist gesagt, was steht, das steht, und man soll es lassen stahn. Im Material erstarrte das Gedachte" (Zimmer 1988: 33).

Mit den Bildschirmen und Monitoren ändert sich dieser jahrtausendealte Sachverhalt. Es kann geschrieben werden, ohne dabei bleibend zu fixieren. Damit entwickelt das Medium eine neue Flüchtigkeit und Flüssigkeit; die zeitliche Dimension gewinnt wie einst in der Ära der Mündlichkeit wieder Vorrang vor der räumlichen Dimension. Die Endgültigkeit des Geschriebenen weicht – zumindest tendenziell – einer Dynamisierung des Textes als „Prozeßform" (der neue Begriff dafür lautet: „processing"), die den Vorgang des Schreibens eng an das Umschreiben und Überschreiben koppelt. Dieser Zustand hat seine genaueste Entsprechung in der Funktionsweise des menschlichen Gedächtnisses, jenem Organ, das nach Freud „die Fähigkeiten des Bewahrens und Vergehens miteinander kombiniert, indem es ‚unbegrenzte Aufnahmefähigkeit' bei ‚Erhaltung von Dauerspuren' garantiert" (vgl. Freud [8]1989: 543). Weit mehr trifft für den Bildschirm (als für das von Freud bemühte technische Modell des Wunderblocks) zu, daß er „immer frisch und aufnahmefähig" ist, weil die Form des Schreiben immateriell geworden ist. Das immaterielle Schreiben ist in der Ära des Schreibcomputers zur neuen Selbstverständlichkeit geworden.

Es ist, als wäre der Computer eine Extension des Geistes, einer mit einem übermenschlichen, buchstabengetreuen Gedächtnis – es ist, als wäre das Ausgedachte zwar geschrieben, aber auch, als hätte es den Kopf noch gar nicht verlassen, so daß man weiterhin beliebig eingreifen und alles nach Lust und Laune umdenken und umschreiben kann. Das Geschriebene gibt es dann schon, aber vorerst nur in einem unsichtbaren, gedankengleichen Medium (Zimmer 1988: 33).

3. *Kommunikationsformen* – Die Ubiquität der audiovisuellen Medien haben die kulturelle Dominanz des alphabetischen Schriftkodes unwiderruflich zu Fall gebracht. Diese Entwicklung wird sowohl als Befreiung, als auch als Bedrohung gewertet. Die einen sehen im Triumph der Medien „eine Art Rache der *Stimme* [...] nach Jahrhunderten der Verdrängung durch die Schrift" (vgl. Zumthor 1985: 8), eine Befreiung vom Zwang zum linearen Denken (vgl. Flusser 1987), bzw. ein Erwachen aus einer Hypnotisierung durch künstliche Atomisierung der Sinnesfunktionen und die Rückkehr in eine globale Welt organischer Sinnlichkeit und umfassender kommunika-

tiver Vernetzung (vgl. McLuhan 1962/68) Die anderen erkennen die Signatur der elektronischen Medien in der Erosion des bürgerlichen Bildungskanons und dem Fortschreiten sekundärer Analphabetisierung.

Der Vorgang der neuen „Kommunikations-Revolution" (vgl. Eisenstein 1979) ist noch keineswegs abgeschlossen und entzieht sich einstweilen einer umfassenden Beurteilung. Was sich allerdings mit der Dynamisierung des Textbegriffs und der Immaterialisierung der Medien schon jetzt abzeichnet, ist die Wandlung von Kommunikationsstrukturen. Die private Einsamkeit reflektierenden Lesens und Schreibens, sowie die originale Autorschaft werden dabei nicht mehr modellbildend sein; neben diese Formen druckschriftgestützter Kommunikation treten neue Formen einsamen und stummen Rezeptionsverhaltens (z.B. „walkman"), wie andererseits Chancen der globalen Interaktion, der kosmopolitischen Nachbarschaft durch Verkoppelung in einem offenen Netzwerk.

Die folgende Tabelle stellt die wichtigsten Veränderungen in der Medienevolution noch einmal zusammenfassend vor Augen:

Tab. 5: Das soziale Gedächtnis in den Etappen der Medienevolution

	Mündlichkeit	Schriftlichkeit	Elektronik
Kodierung	symbolische Kodes	Alphabet, verbale Kodes	nonverbale Kodes, künstliche Sprachen
Speicherung	begrenzt durch menschliches Gedächtnis	gefiltert durch Sprache in Texten	ungefilterte, unbegrenzte Dokumentationsmöglichkeit
Zirkulation	Feste	Bücher	audiovisuelle Medien

Gilt für die Oralkultur eine Gedächtnisgestütztheit, so gilt für die Buchkultur eine Sprachgestütztheit der Kommunikation. Beide Begrenzungen bzw. Formungen kommen im elektronischen Zeitalter nicht außer Gebrauch, aber sie verlieren ihre kulturprägende Dominanz. Die elektronische Kultur verliert damit ihre älteren anthropomorphen und anthropozentrischen Konturen. In dieser Situation kommt den Medien und Institutionen der Zirkulation von Information eine neue zentrale Bedeutung zu. Sie organisieren und steuern das Wissen in der Kommunikationsgesellschaft. Eine „Erinnerungskultur" erscheint im Osten wie im Westen gefährdet: In stalinistischen Staaten wurde Erinnerung unterdrückt, in demokratischen wird sie vernachlässigt. Beide Tendenzen werden durch die Medien verstärkt; im Osten dienten sie der Propaganda einer offiziellen Stimme, welche mit ermüdender Redundanz verkündet, daß sich nichts verändert. Im Westen beschleunigen sie einen Fluß immer neuer Nachrichten, der das Bewußtsein von Kontinuität zersprengt, indem er es auf den Sensationsgehalt der „Tagesschau" reduziert.

Gegen beide Tendenzen der Verengung von Zeiterfahrung aufs Heute und das vom Heute usurpierte Morgen wirkt ein und dasselbe Mittel: die Verstärkung des Gestern durch Anreicherung des kulturellen Speicher-Gedächtnisses. Diese Aufgabe der kulturnotwenigen Erhaltung des Gesterns im Heute hat der Historiker Peter Burke den historischen Wissenschaften zugewiesen. Er verwies dabei auf die Rolle des im Mittelalter sogenannten „Remembrancer" (Erinnerer = Schuldeneintreiber), eines unbeliebten Beamten, dessen Aufgabe darin bestanden hat, die Menschen an das zu erinnern, was sie am ehesten und liebsten vergessen, nämlich ihre Schulden. Wo die Historiker als Funktionäre einer offiziellen Memorialpolitik in Dienst genommen werden, geht der Erinnerungs-Auftrag an die Literatur über. A. Solschenizyns *Archipel Gulag* (1966) nimmt Erinnerungsarbeiten vorweg, die erst jetzt von Historikern wieder aufgenommen werden können. Für diesen Erinnerungs-Auftrag gibt es kein Monopol; er ist weder ausschließlich an die Historiker noch an die Literaten zu delegieren. Für die Hegung eines Speicher-Gedächtnisses und die „Eintreibung von Erinnerungsschulden" besitzen nicht zuletzt die Medien hervorragende Bedeutung (vgl. Pfaffenholz 1989). Über den gesetzlich verankerten Programmauftrag von Bildung, Information und Unterhaltung hinaus fällt ihnen damit noch ein weiteres Ressort zu: die Erinnerung.

II. Wirklichkeitskonstruktion durch Medien

Klaus Merten

Evolution der Kommunikation

1. Aufriß

Als Evolution kann man all solche Prozesse bezeichnen, bei denen vier Bedingungen erfüllt sind: Veränderungen der Struktur in gewissem Umfang und über eine gewisse Zeit hinweg (vgl. Campbell 1969; Luhmann 1984: 191 ff.) müssen eine positive Referenz auf die Systeme haben, deren Struktur verändert wird. Dies gilt für biologische Systeme (Lebewesen), wo solche Veränderungen als „Vorteile für die Art" bezeichnet werden, als auch für soziale Systeme, in denen „the gene has been replaced by the symbol" (Parsons 1964: 341). Dabei ist Evolution nur in dem Maß erwartbar oder vorhersagbar, wie der zugrundeliegende Prozeß von genereller Relevanz für Systeme ist und nicht auf evolutionäre Nischen verwiesen bleibt. Unter diesem Aspekt ist zu erwarten, daß die Evolution von Kommunikation ein durchgreifender und hochrelevanter Prozeß sowohl für die daran profitierenden psychischen Systeme ist, die durch Kommunikation verkoppelt werden als auch für die sozialen Systeme, insbesondere für das übergreifende System der Gesellschaft.

Denn wenn es zutrifft, daß „Gesellschaft nicht nur aufrechterhalten wird durch Kommunikation, sondern [...] überhaupt (erst) durch Kommunikation existiert", wie dies bereits John Dewey (1916: 5) behauptet hat, dann muß der Zustand von Gesellschaften in enger Abhängigkeit von ihren Möglichkeiten und Mitteln der Kommunikation gesehen werden. Oder anders gesagt: Die Evolution von Kommunikation ist notwendige Voraussetzung für die Evolution von Gesellschaften.

Unterstellt man weiterhin, daß die Entfaltung von Kommunikationsmöglichkeiten K in der Zeit T wegen der Selbstreferenz aller Kommunikation vom Potential der bereits möglichen Kommunikation K zum Zeitpunkt T abhängig sein muß, so läßt sich diese Beziehung formalisieren als Gleichung

(1a) $\quad \Delta K = a \cdot K \cdot \Delta T$

und, wenn man die Konstante A als $A = e^a$ einführt, als

(1b) $\quad K = A \cdot e^T + C$

Diese Beziehung zwischen dem Kommunikationspotential K und der Zeit T stellt nun genau eine Evolutionsfunktion dar. Sie besagt: Die Möglichkeiten von Kommunikation vergrößern sich evolutionär in der Zeit. Den Beweis für die Richtigkeit dieser Entwicklung kann man anhand vieler Trends von Kommunikator-, Medien-, Kommunikat- oder Rezipientenvariablen führen, z.B. anhand der Steigerung des täglichen Kommunikationsangebots, an der Zahl der Neuerscheinungen von Büchern pro Jahr, am Gewicht von Telefonbüchern oder an der Zahl verfügbarer Massenmedien. Trägt man zum Beispiel die Entwicklung der Zahl der Massenmedien in Abhängigkeit von der Zeit auf (Abb. 1), so zeigt sich, daß die Entwicklung der Massenmedien dieser Bedingung der Evolutionsfunktion sehr gut genügt. Diese Entwicklung läßt sich nicht nur an der Zahl der Medien, sondern auch, wie noch zu zeigen sein wird, am Kommunikationsangebot oder am Medienkonsum nachweisen.

Abb.1: Evolution der Kommunikation

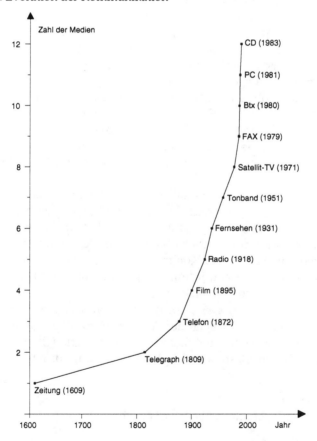

Im folgenden soll diese Entwicklung der Kommunikation chronologisch verfolgt werden, indem auf den verschiedenen Evolutions-Stufen von Kommunikation die Leistung von Kommunikation für die Stabilisierung von Gesellschaften jeweils aufgezeigt wird, insbesondere aber auch, wie verbesserte Strukturen von Kommunikation Ansatzpunkte für weitere Verbesserung liefern.

Dabei wird zugleich deutlich, daß und wie weltgesellschaftliche Kommunikation nur um den Preis möglich ist, daß immer stärker Strukturen genutzt werden, die, obwohl ihrem Typus nach *fiktional*, gleichwohl aber *faktisch* hochwirksam sind.

2. Vom animalischen Signalverhalten zur sprachlichen Kommunikation

Zweifellos können sich Tiere miteinander „verständigen", indem sie wechselseitig auf ihr Verhalten reagieren. Verschiedene Arten, z.B. der Buchfink oder die Bienen, besitzen ein hochentwickeltes Signalverhalten (vgl. Marler 1968; von Frisch 1965). Dieses Signale sind jedoch noch unmittelbar mit dem eigentlichen Verhalten gekoppelt und können diesem allenfalls temporal vorauseilen: Das „Knurren" eines Hundes zeigt unter bestimmten, exakt definierbaren Randbedingungen stets einen kommenden Angriff an, so daß man auch von einem „intrinsisch" codierten Zeichenverhalten (Ekman/Friesen 1969) spricht. Kommunikation kann jedoch erst dann stattfinden, wenn sich das Zeichenverhalten nicht nur partiell (ikonische Codierung), sondern vollständig vom eigentlichen Verhalten abgelöst hat und indifferent gegen dieses benutzt werden kann – wenn also Zeichen arbiträr codiert werden können.

Dies setzt freilich voraus, daß zumindest ein einfachster Typus von Meta-Kommunikation zur Verfügung steht, nämlich die Möglichkeit von *Negation*.

Man nimmt an, daß Sprache diese beiden Errungenschaften – Negation und arbiträre Codierung – bindend voraussetzt (vgl. Lenneberg 1968; Luhmann 1984: 191 ff.; Merten 1977a: 122 ff.).

Mit der *Sprache* verfügt der Mensch bereits über ein *Medium*, also ein Instrument, durch das und mit dem sich Kommunikation entfalten läßt. Sprache erlaubt zunächst Abstraktion durch Formulierung von Begriffen und Definitionen, die durch ihre explizite Normierung den Konsens bei der Sprach*verwendung* steigern. Desweiteren erlaubt Sprache die Ausbildung von *Regeln* (Normen). Dies sind nicht nur Regeln sozialen Verhaltens, der friedlichen Zusammenkunft, der Vorbereitung der Jagd oder von Zeremonien anläßlich von Festen, Entscheidungen oder Bestattungen, sondern vor allem auch Regeln des Umgangs mit Sprache. Bereits am Medium Sprache wird die wesentliche, *selbstreferentielle* Struktur aller Kommunikation sichtbar: Jede Steigerung des Potentials für Kommunikation hat nicht nur eine positive Funktion für die Gesellschaft, sondern immer auch eine positive Funktion für die *weitere* Verbesserung von Kommunikation.

In schriftlosen (illiteraten) Gesellschaften ist die Größe einer Gesellschaft (Clan, Stamm) noch durch den Radius der Wahrnehmbarkeit ihrer Mitglieder begrenzt: Entscheidungen über Jagd und Hausbau, über Krieg und Frieden müssen alltäglich verbal kommuniziert werden, was die allfällige Erreichbarkeit (Anwesenheit) aller Mitglieder ständig voraussetzt.

Diese notwendige Erreichbarkeit der Mitglieder illiterater Gesellschaften läßt sich noch heutzutage erkennen – etwa an der Größe von mittelalterlichen Marktplätzen. Denn im Mittelalter, wo längst Schrift und auch Buchdruck erfunden waren, konnte der überwiegende Teil der Bevölkerung weder lesen noch schreiben. Man brauchte also den Markt als Treffpunkt, als Ort für Sehen und Gesehen werden. Daher wurden Märkte gerade so groß angelegt, daß sich zwei Personen, die in äußerster Entfernung zueinander auf dem Platz anwesend waren, gerade noch erkennen (identifizieren) konnten.

Ebenfalls noch im Mittelalter wurden Informationsangebote überwiegend durch *informelle Kommunikation* – von Mund zu Mund – übermittelt, so daß die korrekte Wiedergabe nicht zweifelsfrei zu sichern war und immer Anlaß für subjektiv unvermeidliche – oder aber: erwünschte – Verfälschungen bot. Auch dies wirkt auf die Größe von Gesellschaften restriktiv: Kommunikation bleibt in der Zeit (über größere Zeiträume) und/oder über die Distanz (grössere Entfernungen) und/oder sozial (personenabhängig) hinweg unsicher: So viele Münder, so viele Wahrheiten.

Man kann sich ein Bild von den Informationsproblemen solcher Gesellschaften machen, wenn man sich vorstellt, daß alles Wissen nur mündlich weitergegeben wird – als Gerücht, als Mythos, als Sage oder als Spruch: Die übermittelten Informationsangebote leiden dann an mangelnder Verbürgtheit, so daß hilfsweise zusätzliche und aufwendige Strukturen der Absicherung ihrer Wiedergabetreue erfunden werden müssen: Mnemotechnische Verfahren des Auswendiglernens, metakommunikative Absicherung durch Beweispflichten des übermittelnden Boten (z.B. Verwendung von Siegeln, Glaubwürdigkeit durch Bekanntheit des Boten) usw.

Der Mangel an Authentizität und Glaubwürdigkeit verstärkt Tendenzen zur allfälligen Erzeugung und Weitergabe ungesicherter Informationsangebote – etwa in der Form des Gerüchts. Nochmals: Wenn Adressanten von Botschaften nicht identifizierbar, sondern anonym bleiben und die Inhalte der Botschaft nicht verbürgt, also an Wahrheit resp. Richtigkeit zu binden sind, sind Informationsangebote wie verbales Freiwild: Man muß sie unkontrolliert, so wie sie sind, akzeptieren; denn jeder kann sie, so wie sie sind oder auch ganz nach eigenem Belieben, weitergeben.

Konstruktionen von Wirklichkeit durch Kommunikation waren ohne Verfügbarkeit von Schrift also relativ riskant und zufällig, personenabhängig und tendenziell kurzlebig, weil die Authentizität der mitgeteilten Inhalte jeweils an die übermittelnde Person gebunden werden mußte – und somit von zweifelhaftem Bestand war: So viele Münder, so viele Wirklichkeiten.

Beispielsweise waren noch im Spätmittelalter die Postmeister wegen der laufend einkommenden Informationen an den Rast-Stationen der grossen Handelswege oft die ersten, die eine Zeitung herausbrachten. Sie waren von der Glaubwürdigkeit ihrer noch immer meist nur mündlich berichtenden Korrespondenten geradezu extrem abhängig. Dazu instruktiv die Klagen des Caspar von Stieler ([2]1969: 31):

> „Solche brafe Leute raffen nicht alles zusammen/ was ihnen aus der Luft entgegen geflogen kommt / examiniren und prüfen vorhero die bey ihnen einlaufende Zettul /wo sie herkommen und ob ihnen auch zu trauen sey? Es finden sich ofters Spötter /Gernwisser / Fabelhansen /und Wurmschneider /die/ aus lauter Leichtsinnigkeit / zuweilen auch aus gewissen vorteiligen Absehen / eine geflissene Lüge in die Welt streuen / und hernach darüber lachen."

Mangelnde Gewißheit machte jedoch Informationsangebote nicht nur unsicher, sondern garantierte – paradoxerweise – deren Weiterbestand: Was nicht als authentisch bewiesen war, ließ sich auch nicht widerlegen. So hielt sich solches Wissen als vermeintliche Wahrheit oft Jahrhunderte. Die schriftlose Gesellschaft war prädestiniert für Gerüchte, Märchen, Mythen, für Aberglauben und Magie: Noch bis ins Mittelalter war die *personale* Kommunikation der Kitt, der die Welt zusammenhielt. Daher mußten zusätzlich weitere Absicherungen für die Übermittlung von Botschaften ersonnen werden, die z.B. an der übermittelnden Person festgemacht wurden: Bekanntsein des Boten, Tragen von Emblemen, Benutzung von Codewörtern usw. Solche Absicherungen sind – wenn auch zum diplomatischen Ritual verkümmert – noch heute erkennbar, wenn Botschafter im diplomatischen Dienst zu Beginn ihrer Akkreditierung ihr Beglaubigungsschreiben vorlegen.

Oft kann man an einem Gerücht, hier definiert als ambivalentes Informationsangebot, das durch Kommunikation aktualisiert und anonym tradiert wird, auch heute noch solche Strukturen entdecken:

> „Passau, 22. I. (Eigenbericht.) In dem Böhmerwald-Grenzstädtchen Neuern kehrte unverhofft ein verschollener und längst in der Totenliste stehender österreichischer Soldat aus russischer Kriegsgefangenschaft in Sibirien zurück. Niemand erkannte ihn; nur einem Gastwirt, bei dem er schon vor dem Kriege verkehrt hatte, gab er sich zu erkennen. Um seine Eltern nicht allzusehr zu überraschen, erbat er sich zunächst im Vaterhause ein Nachtquartier. Auch die Eltern erkannten den Sohn nicht und wiesen ihm den Stall als Schlafstelle an. Die Mutter, eine habgierige Person, durchsuchte das Gepäck des Fremden und

fand einen großen Geldbetrag vor. Sie redete nun auf ihren Mann ein, er solle den Unbekannten wegen dieser Summe ermorden. Im Entschluß noch zögernd, trank sich der Mann in dem Wirtshaus, in dem sich der Sohn zu erkennen gegeben hatte, Mut an. Der Wirt teilte ihm das Geheimnis des Fremden mit. Der Vater eilte nach Hause, aber er fand seinen heimgekehrten Sohn im Stall tot auf. Die Mutter hatte bereits den eigenen Sohn ermordet'...

Für den Zeitungsleser lag kein Anlaß vor, an der Wahrheit dieser Nachricht, die durchaus den Eindruck der Glaubwürdigkeit machte, zu zweifeln, und doch handelte es sich hier um ein Gerücht, dem kein wirklicher Tatbestand zugrundelag. Bei genauerer Hinsicht entpuppte sich hingegen der Bericht vom ermordeten Sohn in Neuern als eine uralte Wandergeschichte, die sich bis ins Jahr 1618 zurückverfolgen läßt... Mehrfach wurde diese Erzählung zum Thema dichterischer Gestaltung gewählt, beispielsweise von Clemens Brentano in dem „Die Mordwirtin" betitelten Lied aus „Des Knaben Wunderhorn" (1807) und von Zacharias Werner in dem Schicksalsdrama „Der vierundzwanzigste Februar" (1809). Das Gerücht begegnet uns auch wieder in abgewandelter Form unter dem Titel „Die Mordwirtin" als 120. Stück in den Kinder- und Hausmärchen der Gebrüder Grimm" (Brinkmann 1943: 203).

Gesellschaften, die nur über das Kommunikationsmedium Sprache verfügen, sind daher von der Zahl ihrer Mitglieder her beschränkt in dem Maß, wie Absender, Übermittler und Empfänger einander bekannt sind. Überliefertes Wissen kann demnach nicht mehr an bekannte Personen gebunden werden und ist daher notwendig ungewiß, sofern man nicht Vorkehrungen trifft, die die Wiedergabetreue verbessern helfen: So wurde beispielsweise die Überlieferung hochrelevanten Wissens (z.B. Gesetze, Liturgien, Stammbäume von Herrschergeschlechtern usw.) dadurch gesichert, daß bestimmte, speziell dafür geschulte Personen diese auswendig lernen mußten, wobei Abweichungen von der korrekten Wiedergabe streng geahndet wurden: Wer bei bestimmten Gelegenheiten, wo solche Regeln usw. öffentlich vorgesprochen (verkündet) wurden, nicht korrekt erinnerte, verlor sofort sein Amt – oder sogar sein Leben (vgl. Schott 1968 sowie auch Ong 1987: 61 ff.).

Auch die Verwendung feststehender Redensarten, die das Auswendiglernen mnemotechnisch fördern konnten, sowie alle Arten von Redundanz sind hier zu nennen, z.B. Rhythmisierung durch Versmaße, Reimtechniken usw. Diese erleichterten die Befestigung des zu Erinnernden. So deuten typische Wendungen in der Homer zugeschriebenen „Ilias" und „Odyssee" darauf hin, daß Homer diese Werke mündlich übermittelt hat, also noch keine Schrift kannte bzw. die Verschriftung erst viel später erfolgt ist (Ong 1987: 26 ff.).

3. Von der Sprache zur Schrift

Die genannten Unsicherheiten der informellen (sprachlichen) Kommunikation dürften einen erheblichen Druck auf die Erfindung eines weiteren Mediums der Kommunikation ausgelöst haben. Zwar weiß man bis heute nicht, wo und wann die Schrift zum ersten Mal erfunden worden ist. Aus der Tatsache jedoch, daß dies an verschiedenen Orten und jeweils unabhängig voneinander geschehen ist, kann man ermessen, daß dieses Problem überall auf Lösungen drängte, so daß verschiedenste Schriften entwickelt wurden. Hieroglyphen markieren, wie die kretische Linear-A-Schrift sehr deutlich zeigt (Abb. 2), noch eine ikonische Schrift, während die geknüpften Schnurschriften der Inkas oder die sumerische Keilschrift, die als älteste und mittlerweile entzifferte Schrift gilt (ca. 3500 v. Chr.), arbiträr codiert sind: Von den Zeichen ist kein Rückschluß auf deren Sinn (Bedeutung) mehr möglich. Die Griechen entwickeln um 1200 v. Chr. als erste ein Alphabet, das durch die Verwendung von Vokalen die Reproduktion von Klängen ermöglicht und damit eine völlige Loslösung von der gesprochenen Sprache garantiert (vgl. Ong 1987: 88 ff.).

Abb 2: Die 45 ikonisch codierten Zeichen der kretischen Linear-A-Schrift (Kean 1985: 17)

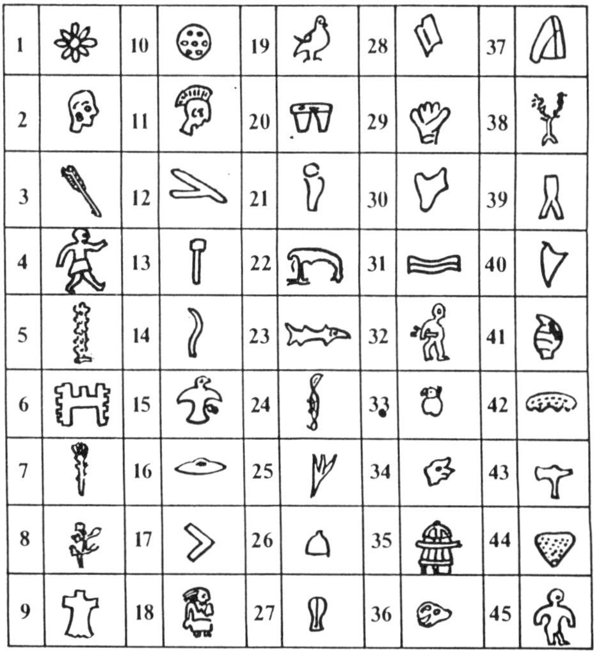

Die Verfügbarkeit von Schrift erlaubt es, den Radius von Gesellschaften fast beliebig auszudehnen: In *zeitlicher* Hinsicht, weil durch die Fixierung von Aussagen eine *Dauerwirkung* der fixierten Aussagen garantiert werden konnte, die für die verläßliche Sammlung und Anhäufung von Wissen notwendige Bedingung ist. In *sozialer* Hinsicht, weil durch Schrift Aussagen (Information) für im Prinzip beliebige und beliebig viele Personen bereitgestellt werden konnten. In *sachlicher* Hinsicht, weil Schrift Wiedergabetreue (Authenzität) der fixierten Aussagen garantierte. Diese drei Typen kommunikativer Leistung von Schrift sind aufeinanderbezogen und machen in ihrer Synopse die Leistung von Schrift als neuem Medium der Kommunikation erst deutlich.

Der oben unterstellte Zusammenhang zwischen Kommunikation und Gesellschaft läßt sich auch beim Übergang von schriftlosen zu schriftverwendenden Kulturen nachweisen. Es ist kein Zufall, daß alle Hochkulturen über Schrift als Kommunikationsmedium verfügen, denn die Weitergabe schriftlicher Texte ist gegenüber der mündlicher Texte erheblich unempfindlicher gegen Fälschungen: Jeder kann sehen, daß an der Tempelwand „Gajus ist ein Dummkopf" angeschrieben steht. Und was einmal schriftlich vorliegt, läßt sich nicht mehr wegdiskutieren – Publizität wird durch Veröffentlichung hergestellt. Die Wiedergabetreue von Schriftstücken läßt sich – analog zum gesprochenen Eid – dadurch steigern, daß bestimmte Aussagen durch *zusätzliche* Aussagen sozusagen geschützt werden: Codes, Siegel, Stempel oder sogar ganze Anschreiben in festgelegter Form sind solche Kommunikate, aber auch: Personalausweise, Scheckkarten, Clubzeichen. Prinzipiell läuft dadurch der folgende Kommunikationsprozeß an: „Daß der vorliegende Text wahr/richtig/verbürgt/ ist, dies wird durch das vorgelegte/-beigefügte Zeichen versichert". Typischerweise sind dies sämtlich metakommunikative Leistungen – auch hier wieder also Leistungssteigerung durch Bildung *reflexiver* Strukturen (vgl. Luhmann 1970b; Merten 1976).

Diese neue Kommunikationsleistung wird in ihrem ganzen Umfang aber erst dann sichtbar, wenn man nun den Analphabeten mit dem Schriftkundigen vergleicht: Wer nicht schriftkundig ist, ist deklassiert, und Gesellschaften lassen sich anhand der Schriftkenntnis ihrer Mitglieder differenzieren – in Barbaren und Schriftgelehrte. Die Beherrschung dieses neuen Mediums wird sowohl politisch als auch weltanschaulich sofort zur Stabilisierung von Macht genutzt:

Kaiser Heinrich VII. forderte eines Tages alle seine Lehensherren auf, sich das Lehen von ihm schriftlich verbriefen zu lassen. Einige Fürsten weigerten sich, dieser offenkundigen Machtdemonstration stattzugeben und blieben dem Herrscher trotzig fern. Darauf drehte der Kaiser das Argument um: Nur diejenigen seien zu Recht Lehensherren, die dies durch Brief nachweisen konnten: Wer den Brief nicht vorweisen konnte, hatte keinen Anspruch auf das Lehen (vgl. Krieger 1979: 79 ff. u. 100 ff.).

Gegenüber dem gemeinen Volk wurde, wie das folgende Beispiel zeigt, ganz analog verfahren: Im Jahre 1222 fügte der ehemalige Abt des Klosters Prüm (Eifel) der von ihm verfertigten Abschrift des aus dem Jahre 893 stammenden Verzeichnisses der Güter und Einkünfte folgenden Rat (in lateinischer Sprache) hinzu:

„Wer auch immer zusammen mit den Schöffen und unserer Hofgenossenschaft auf den Höfen Gericht hält, sollte sich hüten, ihnen das, was dieses Buch enthält, vorweg anzugeben. Vielmehr sollen die Rechte der Kirche (des Klosters) von ihnen sorgfältig erfragt werden, denn nichts ist in jeder Hinsicht zufriedenstellend (beschrieben), andere (Rechte) sind stark vernachlässigt, die nicht in diesem Buch geschrieben stehen – wie hier zu Birresborn die Fronfuhren und der Faß-Zins unerwähnt sind, beide jedoch geleistet werden.

Man erfrage von ihnen sorgfältig die Rechte der Kirche und höre sie darüber an; und sollten sie über irgendetwas schweigen, das in diesem Buch ausgedrückt ist, dann halte man ihnen dies geflissentlich vor, und so werden sie sich umso mehr fürchten" (Schwab 1983).

Dazu Kuchenbuch (1987): „Ob für den Beweis vor Gericht oder für den Verweis auf dem Hoftag, die genannten Schriftstücke erweisen sich als Behältnisse des besseren Rechts in der Hand der (kirchlichen) Herren. Und: Die Bauern, soweit sie überhaupt beteiligt werden, sie erkennen diese Schriftstücke als solche an!"

Aus diesem Grunde gab es aber auch sofort Versuche, Schriftstücke zu fälschen, so daß das Fälschen von Schriftstücken unter besonders harte Strafen gestellt wurde.

Darüberhinaus entfaltet die Verfügbarkeit von Schrift langfristig Konsensleistungen für die Ausprägung und Stabilisierung von *Sprache* und generiert auf diese Weise nochmals Identität und Sozialbindung. Auch dies ist ein erneuter Hinweis auf die selbstreferentielle Struktur aller Medien der Kommunikation. Parsons (1964: 341 f.) begreift daher Sprache als Typus evolutionärer Universalia, die er konsequent als selbstreferentiell definiert: „An evolutionary universal, then, is a complex of structures and associated processes the development of which so increases the long-run adaptive capacity of living systems ... that only systems, that develop the complex can attain certain higher levels of general adaptive capacity".

4. Technische Medien: Massenkommunikation

Wenn der Begriff der Massenkommunikation hier verwendet wird, um Kommunikationsprozesse und Strukturen der Massenmedien zu beschreiben, so nicht, weil er sachlich zutreffend, sondern nur deshalb, weil er ein eingeführter Begriff ist.

4.1 Entstehung der Massenmedien. Kommunikative Leistungen: Temporale Indifferenz, Zugänglichkeit für alle

Schon die Einführung der Schrift erbrachte drei neue kommunikative Leistungen: Temporale Indifferenz, Zugänglichkeit für alle (soziale Zugänglichkeit) und Absicherung der Authentizität in sachlicher Hinsicht.

Bei der Einführung der Massenmedien zeigen sich weitere Leistungen, die – analog zur Einführung von Schrift – soziale, sachliche und zeitliche Leistungen für die Gesellschaft, insbesondere aber wiederum für das System gesellschaftlicher Kommunikation markieren. In Abb. 3 ist der Zusammenhang zwischen Medien der Kommunikation und dem zugehörigen Gesellschaftstyp dargestellt:

Der gewichtigste Anlaß für die Einführung von Massenmedien bestand zunächst in der Vergrößerung des Adressatenkreises aktueller Mitteilungen. Es ist bezeichnend, daß der Begriff der Aktualität mit dem Aufkommen der Massenmedien auftaucht und die Beschleunigung des Erlebens durch Kommunikation anzeigt: Die Massenmedien befriedigen damit ein grundlegendes Bedürfnis des Menschen nach Neuem, nach Unerhörtem (vgl. Luhmann 1981b: 313 f.). Kaspar von Stieler bemerkt dazu ([2]1969) treffend:

> „Zu föderst muß dasjenige / was in die Zeitungen kommt /Neue seyn. Denn darum heißen die Zeitungen Novellen / von der Neulikeit / und würde der wol ein selzamer Heiliger seyn / der in die Zeitung bringen wolte /was Alexander Magnus...vor langen Jahren getan (hat). Denn was gingen solche verlegenen Sachen unsern itzigen Zustand an? Neue Sachen sind und bleiben angenehm: Was aber bey voriger Welt vorgangen / gehöret ins alte Eisen / und ersättiget das Lüsterne Gemüt keines weges" (von Stieler [2]1969: 29 f.).

Mit dieser Befriedigung geht ein Wandel des Erlebens einher, der sich durch die Gewöhnung an immer Neues ausweist: Die Erwartbarkeit von Unerwartetem wird auf diese Weise mit dem Aufkommen der Massenme-

Abb. 3: Medien der Kommunikation und Gesellschaftstyp

Voraussetzung	Kommunikationstypus	Gesellschaftstypus
Sprache	interaktive Kommunikation	archaische Gesellschaft
Sprache, Schrift	interaktive und non-interaktive Kommunikaton	Hochkultur
Sprache, Schrift, Technik	interaktive, non-interaktiv-nicht-organisierte und non-interaktiv-organisierte Kommunikation	Weltgesellschaft

Quelle: Merten 1977 : 142.

dien institutionalisiert und bleibt bis heute charakteristisch für die Nachrichtengebung der Massenmedien.

Aktualität ist damit keine Eigenschaft der Ereignisse *an sich*, sondern eine Relation zwischen einem Ereignis und den Erwartungen eines Empfängers einer Nachricht, die über dieses Ereignis berichtet (vgl. Merten 1973). Demgemäß berichtet die Presse von Anfang an bevorzugt Unerhörtes – Kriege, Seuchen und wundersame Erscheinungen (vgl. Schottenloher 1922).

Mit der Erfindung der Druckkunst (in Deutschland durch den Buchdrucker Johannes Gutenberg – genannt Gensfleisch zu Laden – im Jahre 1455) wurde es möglich, nicht nur einzelne Blätter („Fliegende Blätter"), sondern auch umfangreichere Texte in großer Auflage herzustellen. Es erschienen zahlreiche Flugblätter und Flugschriften, die das 15. und 16. Jahrhundert in Atem hielten.

Zur gleichen Zeit gab es jedoch einen zweiten, regelmäßigen Bedarf an wirtschaftlichen Mitteilungen, der sich in der Einrichtung von Kaufmannsbriefen, z.B. den sogenannten „Fugger-Zeitungen" aus Augsburg, niederschlug. Diese Briefe erschienen regelmäßig und enthielten Informationen über Preise und Waren an den wichtigsten Handelsplätzen der damaligen Welt, sowie Hinweise auf Bedrohung der Handelswege durch Krieg u.a.m. Damit gibt es neben der *Aktualität* von Ereignissen zugleich ein weiteres Kriterium, nämlich die *Periodizität* der Berichterstattung, die beide einen evolutionären Druck für die Befriedigung dieser Kommunikationsbedürfnisse erzeugten.

Im Jahre 1609 erschienen dann gleich zwei „Zeyttungen" zum ersten Mal, die Straßburger „Meßrelationen" und der „Aviso" in Wolfenbüttel bei Braunschweig: Das erste der sogenannten Massenmedien war geboren[1]. Zwar überwiegen zunächst Sensationsmeldungen von Kriegsschauplätzen und den großen Machtzentren, daneben wundersame Geschichten. Doch sehr schnell etabliert sich das neue Medium Zeitung: Einmal dadurch, daß die Erscheinungsweise nicht mehr ereignisbezogen, sondern *periodisch* erfolgt, zum anderen dadurch, daß die Inhalte immer mehr auf die gesamte Bevölkerung ausgerichtet werden. Damit wird auch das Kriterium der *Universalität* durch die Zeitung befriedigt (vgl. Groth 1960, I).

Zeitungen, die wegen ihres großen Wertes vor Ort regelmäßig ganz oder teilweise abgeschrieben und auf diese Weise zusätzlich weiterverbreitet wurden, vergrößerten den Radius des Interessanten, des Wissenswerten – und verkleinerten dadurch den Radius für „Welt". Gleichzeitig aber antwortet damit auch das neue Medium auf einen ganz offensichtlich vorhandenen Bedarf zur Konstruktion von Wirklichkeit durch Medien: War es vorher die

---

1 Selbstredend ist auch das Buch als Massenmedium anzusprechen. Doch seine Erscheinungsweise, seine fehlende Aktualität, sein Preis und tendenziell auch sein Bildungsanspruch verhinderten lange Zeit dessen weite Verbreitung, so daß das Buch bis heute nicht als eigentliches Massenmedium gilt. Vgl. hierzu auch Dorsch/Teckentrup (1981).

Ungewißheit, ob die Kunde von Mund zu Mund zutreffend war, die subjektiven Konstruktionen weiten Raum eröffnete, so ist dieses Problem zwar entschärft, aber nicht aus der Welt: Auch die Zeitung, insbesondere in damaliger Zeit, muß nicht „objektiv" berichten. So meint bereits Kaspar von Stieler ([2]1969: 34 ff.) über die ersten Journalisten:

> „Schandbare Worte und Narrenteidungen auch den Christen nicht geziemen / und ein Unterschied unter den Pritsch-Meistern und Bossen-Reissern / und dann Ehrliebenden Post-Meystern billig seyn soll..daß ein geschrieben oder gedrucktes Papier nicht erröte... Ob wir auch wol von denen (vermeintlich wahren) Zeitungen in unserer Bemerkung gemeldet; so ist es doch dahin nicht zu verstehen / als könte und dörfte ein Post-Meister seine eigenen Erfindungen und Gedichte vor Wahrheit aus geben und unter die Zeitungen setzen / Treume erzehlen und den Leuten einen Strohbart ankleiben.."

Was das neue Medium der Zeitung (Zeitschrift) bewirkt, kann man in vollem Umfang erst viel später erkennen. So kann man sich die Frage stellen, ob und wenn ja welchen Einfluß der Thesenanschlag des Dr. Martin Luther möglicherweise auf den Ausbruch der französischen Revolution gehabt hat. Ebenso kann man auch fragen, ob das Entstehen des ersten Massenmediums (1609) einen Einfluß darauf gehabt hat, daß sich die Gesellschaft im darauffolgenden Jahrhundert auf einmal von einer ständisch geordneten zu einer funktional differenzierten Gesellschaft wandelt (vgl. Schmidt 1989: 9 ff.).

Die wichtigste Eigenschaft des neuen Mediums ist dessen Multiplikatorfunktion: Prinzipiell jedermann kann aus der Zeitung das Neueste erfahren, es entsteht Publizität von allem für alle. Ebenfalls bedeutsam, wenn auch erst späterhin, ist die Verbürgtheit der Inhalte, die Zeitungen zu einem permanenten Zeitzeugen und zu einer wichtigen historischen Quelle machen. Schließlich spielt die Geschwindigkeit der Berichterstattung eine Rolle, die allerdings erst nach Erfindung elektronischer Hilfsmittel voll zur Geltung gelangt.

Zugleich zeigt sich, daß nun die Zeitungen Wirklichkeit konstruieren, indem sie *für alle verständlich* und *für alle erreichbar* Nachrichten über Ereignisse sammeln, sichten und veröffentlichen, die der Einzelne von sich aus nicht erfahren und daher auch nicht überprüfen kann. Damit stellt sich zum ersten Mal eine durchgängige Abhängigkeit des einzelnen von der Berichterstattung der Massenmedien ein, die sich mit dem Aufkommen weiterer Medien noch verstärkt. Da die Berichterstattung der Medien prinzipiell nicht überprüfbar ist, wird sie gewissermaßen als Vorstruktur für das eigene Erleben übernommen: *Medien konstruieren Wirklichkeit.*

Der Leistungsschub, den ein neues Medium nicht nur für die Entfaltung der Kommunikation, sondern auch für die Entwicklung weiterer Medien erbringt, läßt sich auch bei Buch und Presse nachweisen: So förderten Buchdruck und Zeitung im Deutschen die Ausprägung einer einheitlichen

Sprache ganz wesentlich. Daß es „Hochdeutsch" gibt, ist ein wesentliches Verdienst der Schriftsprache. Und die Einführung etwa der allgemeinen Schulpflicht, die von Handel und Gewerbe gefordert und im Preußen des 19. Jahrhunderts durchgesetzt wurde, beförderte – als unvorhergesehene Folge – die *weitere* Entwicklung von Buchdruck und Presse: Wenn Lesen und Schreiben flächendeckend gelehrt werden, so erzeugt dies im Gegenzug ein riesiges Nachfragepotential nach Medieninhalten.

4.2 Beschleunigung der Evolution der Massenmedien

Was am Beispiel der Presse ausführlicher dargestellt wurde – die gewaltige Wirkung neuer Medien der Kommunikation auf die Gesellschaft und die Rückwirkung der damit ausgerüsteten Gesellschaft wiederum auf verbesserte Medien der Kommunikation – wird erst recht deutlich, wenn man die Entstehung von Medien in größeren Zeiträumen verfolgt. Wie aus der obigen Gleichung (1b) hervorgeht, bewirkt die Evolution eine Beschleunigung der Kommunikationsentwicklung. In immer kürzerer Zeit entstehen *immer mehr Medien* und umgekehrt: Je mehr Medien entstehen, umso schneller entstehen *noch mehr Medien.* Diese Tendenz läßt sich bei genügendem zeitlichen Abstand sehr deutlich wahrnehmen. Wilbur Schramm (1981) hat die Evolution der Menschheit auf eine Million Jahre geschätzt und diese Zeit in einem 24-Stunden-Tag gerafft. Fragt man nun nach der Evolution von Kommunikation, so entsteht das erste Medium, die Sprache, erst um 21.33 Uhr, nachdem also bereits 89,8% der Zeit verstrichen sind; es sind 99,4% an Zeit verstrichen, da wird die Schrift erfunden. Die Erfindung aller anderen Medien der Kommunikation hat sich also, gemessen an der gesamten Zeit von 24 Stunden, im letzten halben Prozent der Gesamtzeit ereignet: 23.59'14" Uhr, also 46 Sekunden vor Mitternacht wird der Buchdruck, ganze 32 Sekunden vor Mitternacht wird die Zeitung, fünf Sekunden vor Mitternacht wird das Radio, vier Sekunden vor Mitternacht das Fernsehen erfunden. Dieses Bild verdeutlicht, wie jung im Grunde all das ist, was man Massenkommunikation nennt.

Unter abstrakteren Gesichtspunkten kann man diesen Boom durch eine Trias von Problemen deuten, die Gesellschaften auf dem Wege von der Nomadengesellschaft zur Mediengesellschaft vor sich haben: Nach Daniel Bell (1976) läßt sich die Entwicklung der Weltgesellschaft in der Trias Materie – Energie – Information deuten, nämlich als Lösung von Transportproblemen für Materie, Energie und Information. Eine feinere Analyse (vgl. Merten 1985c) macht jedoch deutlich, daß letztlich auch hier die *kommunikative* Dimension den Ausschlag gibt.

Der Transport von *Materie* stellt sich – nach Bell – als erstes evolutionäres Erfordernis für archaische Gesellschaften dar. Seine Lösung heißt: Bau von Wegenetzen, also die Anwendung eines kommunikativen Prinzips der

Vernetzung auf Transport. Archaische Gesellschaften sind so groß wie ihr Verkehrsnetz: Alle Wege führen nach Rom.

Im Zeitalter der Industrialisierung stellt sich das gleiche Problem ein weiteres Mal, diesmal jedoch nicht für Materie, sondern für *Energie*. Die Lösung heißt wiederum: Vernetzung von Energie – sei es durch Hochspannungsleitungen, Pipelines oder neuerdings durch Laser-Richtstrahl-Netze – und der zugehörige Typus von Gesellschaft ist die *Industriegesellschaft*.

Die dritte Stufe gesellschaftlicher Probleme ist markiert – wieder nach Bell – durch die Vernetzung von Information. Der zugehörige Typus von Gesellschaft ist demgemäß die Informations- oder *Mediengesellschaft*.

Bei genauerer Hinsicht erkennt man, daß auf dieser dritten Stufe das Prinzip der Vernetzung von Kommunikation auf sich selbst angewandt wird, d.h. es wird reflexiv. Aus der Systemtheorie weiß man, daß derartige reflexive Sprünge generell starke und zum Teil unvorhersehbare evolutionäre Leistungsschübe mit sich bringen. Von daher sind die Übergänge von der Nomadengesellschaft zur archaischen Gesellschaft, von der archaischen Gesellschaft zur Industriegesellschaft und von der Industriegesellschaft zur Mediengesellschaft nicht gleichwertig. Vielmehr steht zu erwarten, daß das Reflexiv-Werden weit mehr und größere Folgen als die ersten beiden Sprünge hat. Die Bestätigung dafür liefert die bereits prognostizierte Akzeleration gesellschaftlicher Entwicklung insgesamt, die unter dem Begriff des *sozialen Wandels* gefaßt wird und erneut aufs Engste mit den Medien verknüpft ist.

Greift man die Zeit von 1960 bis 1990 heraus, also etwa die Dauer einer Generation, und fragt nach der Entwicklung des Fernsehangebots von ARD und ZDF in dieser Zeitspanne, so hat sich dieses um 1250% vergrößert (Abb. 4), während sich die Rezeptionsdauer nur verdoppelt hat. Berechnet man für den gleichen Zeitraum den Zuwachs der dominanten Medien, so zeigt sich: Das Informationsangebot des Hörfunks[2] hat sich etwa um 250%, das der Tagespresse im Durchschnitt um 260% und das der Zeitschriften um etwa 1200% vergrößert (vgl. Merten et al. 1996). Da die Rezeption dieser Medien nur wechselseitig exklusiv erfolgen kann, entspricht diese einem Gesamtangebot von etwa 3000%, wobei dieser Wert bei Berücksichtigung der anderen Medien nochmals um wenigstens 1000% steigen dürfte[3]. Diese Zuwächse innerhalb einer Generation belegen nicht nur das Andauern der Medienevolution, sondern machen zugleich auf die mittlerweile erreichte Beschleunigung dieser Entwicklung

---

2   Nur gerechnet für die Hörfunksender der ARD.

3   Hinzuzurechnen wären mittlerweile nicht nur Anzeigen- und Stadtteilzeitungen und die Vielzahl der werblich produzierten Texte, sondern auch das Angebot von mindestens vier privaten Fernsehsendern mit Vollprogramm und das von derzeit etwa 250 lokalen Hörfunksendern sowie auch die Angebote anderer Medien.

Abb. 4: Fernsehangebot und Fernsehnachfrage

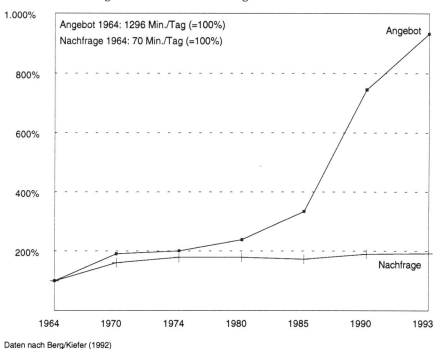

Angebot 1964: 1296 Min./Tag (=100%)
Nachfrage 1964: 70 Min./Tag (=100%)

Daten nach Berg/Kiefer (1992)

aufmerksam, die allein es allemal rechtfertigen würde, den Begriff der „Mediengesellschaft" zu benutzen.

5. Medien und Meta-Medien

Wenn – schon bei sehr vorsichtiger Rechnung – innerhalb einer Generation das Medienangebot um 4000% steigt, die anthropologisch fixierte Rezeptionskapazität des Menschen dagegen nur unwesentlich wächst[4], entsteht ein erhebliches und sich ständig vergrößerndes Überlast-Syndrom, ein „recipient's gap", das in der Mediengesellschaft zugleich seine spezifische Lösung findet. Sie liegt nicht in der Medienabstinenz oder gar der Medienreduktion, sondern sie erfordert im Gegenteil eine rigide gesteigerte Selektivität, die typischerweise durch die Institutionalisierung einer reflexiven Struktur, nämlich durch die Verfügbarkeit von *Meta-Medien* erzeugt wird, die die dafür notwendige Selektivitätsverstärkung aufbringen können – als Programmzeitschrift, als Katalog, als Datenbank, aber auch durch Verwendung von kleinen Klebezetteln, auf die man z.B. „Bitte 3x kopieren"

---

4 Dies ist der Zuwachs an Intelligenz, der auf etwa 5% pro Generation geschätzt wird.

schreibt usw. Die wachsende Tendenz der Medien, sich mit Medien zu befassen, ist ein weiterer Hinweis auf diesen Sachverhalt: So ist der Anteil aller deutschen Tageszeitungen, die „Pressestimmen" publizieren, zwischen 1960 und 1990 von 32% auf 78% angewachsen[5] (Merten et al. 1996).

Selektivitätsverstärkung durch Installation reflexiver Strukturen ist bereits auf der Ebene der Kommunikate – etwa durch die Differenzierung von Nachricht und Kommentar – als alltägliche Leistung bekannt. Weniger aufgefallen ist, daß die informelle Kommunikation, in der diese Differenzierung verbaler Informationsangebote in Aussagen und Bewertung dieser Aussagen, in Information und Meinung ebenfalls längst bekannt ist, durch die Entwicklung der Massenmedien selbst eine neue, anspruchsvollere Funktion gewinnt: Informelle Kommunikation ist nicht weniger wichtig, sondern eher noch wichtiger geworden. Allerdings nicht deshalb, weil sie in Konkurrenz zu den Massenmedien tritt – da ist sie in der Tat chancenlos –, sondern weil sie nun von der Funktion der Übermittlung von Informationsangeboten großenteils freigestellt ist und gerade deshalb als Meta-Kommunikation in vielfältigen Formen zur Verfügung stehen kann. Gerade in der Anfangsphase der Funkmedien entdeckte Paul F. Lazarsfeld (1944) bei einer Untersuchung des Einflusses der Massenmedien – eher zufällig –, daß die Wirkungen der Massenmedien auf die politische Wahlentscheidung sehr gering sind. Dagegen ist die Wirkung informeller Kommunikation mit persönlich bekannten, sachkundigen und/oder glaubwürdigen und gut informierten Personen sehr viel größer. Diese Personen gewinnen ihren Einfluß dadurch, daß sie es verstehen, zu den Informationen aus den Massenmedien durchsetzungsfähige *Meinungen* zu artikulieren (vgl. Merten 1988b).

Ein weiterer Hinweis auf die Zunahme der Bedeutung der informellen Kommunikation ergibt sich, wenn man nicht nur die Entwicklung der Massenmedien verfolgt, sondern der Frage nachgeht, in welchen Formen die private Kommunikation – sei es als Gespräch, sei es als Brief – in der Mediengesellschaft abgewickelt wird. Die Antwort ist erstaunlich. Für die informelle (private) Kommunikation hat es gleichfalls eine Entwicklung von technischen Medien gegeben: Telegraph, Telefon, Telefax, die hinsichtlich ihres Nutzungsvolumens dem Boom der Massenmedien in nichts nachstehen.

Noch interessanter ist die Feststellung, daß auch diese Individual-Medien zunächst aus wirtschaftlichen Gründen heraus eingerichtet wurden – insbesondere das Telefon –, daß sie sich dann aber sehr schnell zu allgemein zugänglichen Medien für informelle Kommunikation entwickelten (vgl. hierzu Beck 1989: 60 ff.).

---

5   Seit 1.9.91 publiziert beispielsweise die Frankfurter Rundschau neben dem Fernseh-Programmteil eine zusätzliche Seite unter dem Rubrum „Medienrundschau".

Selbst in den Massenmedien läßt sich die Renaissance der informellen Kommunikation an der Einrichtung einer Rubrik „Interview" mit Frage/Antwort-Spiel in der Presse oder sogar „life" – als Talkshow im Fernsehen – verfolgen.

Noch frappanter läßt sich dies am Beispiel des Aufkommens von Kontaktanzeigen in den Printmedien nachweisen. Es waren die Massenmedien, insbesondere das Fernsehen, die durch die Ausstrahlung von Oper, Theater und Konzerten, durch Fernsehgottesdienst und alle Arten von Shows die traditionalen Orte und Gelegenheiten der persönlichen Kontaktaufnahme (Volksfest, Kirchgang, kulturelle Veranstaltungen) zwischen den Geschlechtern mehr und mehr außer Kraft gesetzt haben. Quasi als Ersatz dafür sind es aber auch die Massenmedien, die mit der Einrichtung von Kontaktanzeigen (Heirats-, Bekanntschafts-, Urlaubs- und Geselligkeitsanzeigen), Kontaktsendungen und Kontakt-Shows sozusagen ein mediales Substitut für verlorengegangene Chancen informeller Kommunikation geliefert haben: Massenmedien erzeugen offensichtlich nicht nur Kommunikationsangebote für viele, sondern fördern – im zweiten Schritt - auch die private, die informelle Kommunikation (Giegler/Merten 1996). Andererseits: Auch bei den Massenmedien beginnt die Entwicklung der Medien mit dem abstraktesten Medium – der Schrift – und führt dann zurück:

> „Wir können noch anfügen, daß diese Reproduktionstechnik der sogenannten Massenmedien bei der am spätesten entwickelten Kommunikationsweise, der Schrift angesetzt hat, dann aber gleichsam die Kette der Evolution zurückgelaufen ist und mit Hilfe des Funks auch das gesprochene Wort, dann sogar die sprachlose Kommunikation, das volle Bild, einbezogen hat" (Luhmann 1981b: 312).

Diese Beispiele reichen aus, um zu zeigen, daß Massenmedien nicht Ersatz für informelle Kommunikation geworden sind, sondern daß sich beide Typen von Kommunikation in höchst sinnvoller Weise ergänzen. Der informelle Kommunikationskanal wird von der schnellen, verbürgten und auf große Distanz operierenden Leistung der Informationsvermittlung entlastet und freigesetzt für eine metakommunikative Funktion des Räsonnements, der Wertung, der Kommentierung in bezug auf massenmediale Angebote: Schon vor, aber auch während oder auch nach einer Fernsehsendung kann man *über* diese sprechen, sie auf Grund von Gesprächen schon vorweg ablehnen oder favorisieren. Historiker klagen – zu Recht – darüber, daß die Quellen für die Vorbereitung wichtiger Ereignisse nicht mehr, wie in früheren Jahrhunderten, aus den Akten zu entnehmen sind – weil Planung, Vorbereitung und Durchführung wichtiger Ereignisse längst durch die spurenlose, schnelle und auf beliebige Distanz hin realisierbare Kommunikation durch das Telefon möglich geworden ist (Lange 1989: 12).

Die informelle Kommunikation erbringt damit eine ganz neue Leistung: Sie erlaubt die metakommunikativ durchsetzbare, vor- und nachbereitende Einbindung anonymer, unspezifischer massenmedialer Angebote in gruppenspezifische, situationsgerechte Kontexte. In diesem Zusammenhang kann man sogar den noch älteren, nonverbalen Kommunikationskanal meta-meta-kommunikativ zur Steuerung des verbalen Kanals einsetzen. Man kann im Fernsehen ein Spektakel verfolgen, dabei mit anderen darüber diskutieren und durch Gestik, Mimik – oder einfach durch Gähnen – anzeigen, daß einen Spektakel und Diskussion langweilen.

6. Evolution von Konstruktionen der Wirklichkeit

Die bislang skizzierten Möglichkeiten moderner Kommunikation mit vielen zur Verfügung stehenden Medientypen und die laufende Verschränkung von mehreren, aufeinander bezogenen Kommunikationskanälen nehmen auf die Konstruktion von Wirklichkeiten nachhaltigen Einfluß.

Wie im weiteren gezeigt werden kann, stellt sich, verkürzt ausgedrückt, folgende Entwicklung ein: 1) Medien als Lieferanten für Wirklichkeitsentwürfe gewinnen steigenden Einfluß. 2) Als Folge dessen differenzieren sich Strukturen für Wirklichkeitsentwürfe weiter aus, insbesondere wird der Einsatz *fiktionaler* Elemente in großem Stil möglich. 3) Als Folge der Verfügbarkeit fiktionaler Elemente wiederum können sich völlig neuartige Aggregate der Kommunikation – zum Beispiel öffentliche Meinung oder Public Relations – bilden und ausdifferenzieren, die ohne Verwendung fiktionaler Elemente gar nicht denkbar sind. 4) Diese wiederum stützen das Kommunikationssystem moderner Gesellschaften, indem sie dessen Komplexität weiter vergrößern.

Wie die Langzeituntersuchung zur Mediennutzung (Berg/Kiefer 1992: 41 ff.) zeigt, hat die für diese drei Medien vom Durchschnittsbürger der Bundesrepublik aufgewendete Zeit pro Tag von 5:32 Stunden (1964) auf 7:10 Stunden (1990) zugenommen (129%) (Abb. 7). Rechnet man zu diesen Werten jeweils noch die Zeiten für die Nutzung neuerer Medien (insbesondere Kassetten, Video, CD) hinzu, so erkennt man deutlich den steigenden Anteil an Zeit, der für die Medien aufgebracht wird.

Aus Abb. 5 geht hervor, daß das Anwachsen verfügbarer Freizeit parallel verläuft zum Anwachsen des Medienkonsums. Oder anders: Die Vermehrung von verfügbarer Freizeit wird so gut wie völlig für die Vermehrung des Medienkonsums von Massenmedien genutzt! Diese steigende Tendenz belegt nicht nur den ungebrochenen Vormarsch in die Mediengesellschaft, sondern auch, wie die Modi menschlicher Erfahrung immer mehr an die Massenmedien abgetreten werden. Das hat u.a. zur Folge, daß die Medien neue Muster der Erfahrung liefern, die durch eigene, un-

Abb. 5: Mediennutzung für Fernsehen, Hörfunk und Tageszeitung 1964–1985

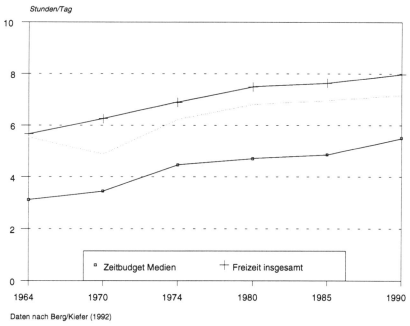

Daten nach Berg/Kiefer (1992)

vermittelte Erfahrungen nie abgerufen werden: Medien entfalten die Kommunikation und Kommunikation konstruiert Wirklichkeiten.

Damit steigt der Einfluß der Medien auf die Wirklichkeitskonstruktionen des einzelnen weiter an, so daß man – in the long run – die auf diese Weise zustandekommenden Wirkungen der Massenmedien ernst nehmen muß: Nichts ist wirksam und wirklich, was nicht in den Massenmedien konstruiert wird.

Bedingt durch die Zunahme der Zahl, der Typen und des Umfangs verfügbarer Massenmedien wächst die Fülle des Berichtenswerten, das Arsenal medialer Unterhaltung, die Zahl zielgruppenspezifischer Werbungs-, Bildungs- und Informationsangebote, das Ausmaß der zu druckenden und zu funkenden Kommunikationsangebote fast ins Astronomische. Stichworte wie „Informationsmüll" oder „Informationslawine" haben hier ihre Berechtigung.

Als Folge dessen muß die Selektivität, die Rigidität der Auswahl aus dem zur Verfügung gestellten Kommunikationsangebot, weiter gesteigert werden. Das aber heißt, daß die von den Medien entfaltete Kommunikation und die daraus zu konstruierenden Wirklichkeiten noch stärker unterschiedlich ausfallen werden, der Horizont möglicher Erfahrungen sich – ohne daß Grenzen zu erkennen wären – weiter ausdehnt. Der Vergleich mit illiteraten Gesellschaften ist an dieser Stelle aufschlußreich: Während

Abb. 6: Faktische und fiktionale Strukturelemente im Kommunikationsprozeß

Faktisch:
Verbale Information

Fiktional:
Wertungen, Meinungen

Handlungen
Autoptische Wahrnehmungen

Unterstellungen, Erwartungen,
Images, öffentliche Meinung

dort das Problem vor allem darin bestand, die *Glaubwürdigkeit* übermittelter Informationsangebote sicherzustellen, liegt in der Mediengesellschaft das Problem eher darin, die *Angemessenheit* der vorzunehmenden Selektionen bei der Herstellung von Informationsangeboten zu garantieren. Informationsangebote der Massenmedien können heutzutage zwar in aller Regel als verbürgt gelten. Doch der Preis, der für den Zugriff auf Medien zu zahlen ist, besteht paradoxerweise darin, daß auf Grund der verfügbaren Fülle von Informationsangeboten die Auswahl variabler und die darauf aufbauenden Wirklichkeitsentwürfe kontingenter geworden sind.

Die Bewältigung des Informationsangebotes durch gesteigerte Selektivität und dafür entwickelte reflexive Strukturen ist jedoch nur ein Merkmal moderner Kommunikation. Ein weiteres, nicht weniger wichtiges liegt in der – durch die Verfügbarkeit von Medien bedingten – immer stärkeren Verwendung *fiktionaler Konstrukte* – Konstrukte, die nicht wahrheitsfähig sind.

Die Verwendung fiktionaler Elemente findet sich bereits bei informellen Kommunikationsprozessen; dort werden neben der faktenbezogenen Information laufend Meinungen und Wertungen eingesetzt, deren Indifferenz gegen Faktizität im Kommunikationsprozeß bekannt ist und gerade daher taktisch genutzt wird. Der Vorteil liegt auf der Hand: Kommunikationsprozesse, selbst schon flüchtige Systeme, die alle weniger flüchtigen Systeme steuern und gerade daher ihre soziale Relevanz beziehen (vgl. Merten 1977a: 153 ff.), können durch die Verwendung von fiktionalen Konstrukten noch flexibler gehandhabt werden. In Abb. 6 sind faktische und fiktionale Strukturelemente, die in Kommunikationsprozessen eingesetzt werden, einander gegenübergestellt, um zu verdeutlichen, wie geradezu selbstverständlich bereits im informellen Kommunikationsprozeß fiktionale, nicht auf Authentizität prüfbare Strukturen wie Erwartungen oder Meinungen eingesetzt werden, die den ablaufenden faktischen Kommunikationsprozeß massiv mitsteuern.

Diese Möglichkeiten vervielfachen sich für die Medienkommunikation, und sie stoßen beim Rezipienten allemal auf Interesse und Akzeptanz: Der Rezipient ist sich, wie viele Untersuchungen zeigen, tendenziell bewußt, daß er nur *subjektive* Wirklichkeiten konstruieren, keine *objektiven* Wirklichkeiten erfahren kann (vgl. Schmidt 1987a: 34 ff.; Merten 1995b). Daher ist er anfällig für alle Arten gewißheitsverstärkender Struktur und genau deshalb stellt die Verwendung fiktionaler Strukturen in den Medien, wie gleich zu zeigen sein wird, für den Rezipienten eine hochwillkommene Ergänzung dar.

Der Ansatzpunkt liegt in der Tatsache, daß der Rezipient die Informationsangebote der Medien nur in den seltensten Fällen – und auch dies immer weniger – überprüfen kann, sondern diese als gegeben, als wirklich zu akzeptieren hat. Das bedeutet aber auch, daß er gegen vorsätzlich mit einem bias versehene Wirklichkeitsentwürfe, die den Weg in die Medien finden, ebenfalls machtlos ist bzw. diese gleicherweise als mögliche Wirklichkeitsentwürfe zu akzeptieren hat. Hierunter fallen eine ganze Reihe von Konstrukten resp. Mechanismen, angefangen bei virtuellen Ereignissen wie Pressekonferenzen oder bei der Kommunikation von Unwahrheiten bis hin zu organisierten Vorkehrungen zur Erzeugung fiktiver Strukturen. Der klassische *Meinungsführer*, der als real vorhandene Person in der direkten Interaktion mit anderen seinen Einfluß geltend machen konnte (vgl. Merten 1988b), wird tendenziell immer mehr abgelöst durch einen *virtuellen Meinungsführer*, der nicht real, sondern nur in den Medien vorhanden ist – vorzugsweise als prominenter und glaubwürdiger Politiker oder Journalist – und dessen in den Medien vorgestellte oder sogar nur beiläufig mitgeteilte Meinungen für die Rezipienten in steigendem Maß für die eigenen Wirklichkeitsentwürfe genutzt werden. Wenn Richard von Weizsäcker, Helmut Schmidt oder Hans Joachim Friedrichs sich – wo auch immer und zu welchem Thema auch immer – äußern, dann setzt dies Maßstäbe für entsprechende Wirklichkeitsentwürfe.

Noch deutlicher wird der virtuelle Bezug, wenn man die Evolution der öffentlichen Meinung betrachtet, an die mittlerweile bereits ein neues Subsystem der Kommunikation anknüpft, das mit der vorsätzlichen, professionellen Konstruktion virtueller Strukturen – nämlich der von Images – befaßt ist (→ II, Merten/Westerbarkey).

Insgesamt heißt dies, daß im Zeitalter der Mediengesellschaft die Funktion der Meinungsbildung zunehmend an die *Medien* abgegeben wird: Sei es, daß deren Informationsleistung verstärkt zur eigenverantwortlichen, autonomen Meinungsbildung herangezogen wird, sei es, daß Meinungen von nur aus den Medien bekannten, aber glaubwürdig erscheinenden Personen (virtuelle Meinungsführer) übernommen werden. In beiden Fällen heißt dies: *Wirkungen der Massenmedien* werden zukünftig nicht schwächer, sondern *stärker* ausfallen. Daraus läßt sich auch die Prognose ableiten, daß sich künftighin die Medien selbst noch wesentlich stärker differenzieren werden in meinungsbildende und meinungsverbreitende Medien.

Die hier skizzierte Evolution der Massenmedien, die dadurch mögliche und auch realisierte Entfaltung der Kommunikation, und die daraus erwachsenden Möglichkeiten für die Konstruktion von Wirklichkeiten haben durchgreifende Folgen für die Gesellschaft. Die zunehmende Rasanz der

Medienevolution hat aber eine ganz besondere Wirkung: Sie führt dazu, daß die Kommunikationsforschung, insbesondere die Wirkungsforschung und die Medienpädagogik, mit der Entwicklung ihres Erkenntnisobjekts nicht mehr Schritt halten können und immer stärker hinter ihrem Objekt herhinken, so daß die Zukunft der Kommunikation paradoxerweise immer mehr ins Dunkel gerät.

Monika Elsner/Hans Ulrich Gumbrecht/
Thomas Müller/Peter M. Spangenberg

Zur Kulturgeschichte der Medien

> *...bei jedem Brief, den man schreibt, trinkt ein*
> *Gespenst die Küsse aus, bevor er ankommt,*
> *vielleicht sogar bevor er abgeht, so daß man*
> *schon wieder den nächsten schreiben muß.*
> Franz Kafka, Briefe an Milena

Vorbemerkung

Der Medienhistoriker, der sich bewußt ist, daß Historiographie die aktive
Aneigung der Vergangenheit aus einer aktuellen Interessenlage bedeutet
(vgl. Elsner/Müller/Spangenberg 1991), sucht nach den Kategorien, mit
denen er Strukturwandel durch Medienevolution beschreiben soll. Wir
wollen auf diese Frage anhand von drei Kategorien – Objektbereich, Beobachtungsperspektive und Beschreibungshorizont – eingehen. Der Objektbereich scheint auf den ersten Blick recht wenig Probleme aufzuwerfen, da
es um die Evolution von Kommunikationsmedien gehen soll. Die Wahl
der Beobachtungsperspektive verweist auf die Interessen und Problemla-
gen, die wir an unseren Gegenstandsbereich herantragen und wird somit
auf seine Abgrenzung und Wahrnehmung zurückwirken. Auf der Ebene
des Beschreibungshorizonts müssen wir uns in Beziehung zu den Sichtweisen und Diskursen der Mediengeschichtsschreibung setzen. Mit dem
Versuch, die Medienevolution mit dem mentalitätsgeschichtlichen Ansatz
zu verknüpfen, wollen wir diesen Diskurs für die zentralen Zeiterfahrun-
gen der Moderne – erwartbarer Wandel und Beschleunigung – öffnen.

1. Medienevolution und ihre Geschichtsschreibung

1.1 Objektbereich: Kommunikationsmedien

Um das Verhältnis von Gesellschaftsstrukturen und Kommunikationsprozessen zu untersuchen, bedarf es eines für unsere Fragestellungen und
gegenüber dem Alltagswissen allgemeiner gefaßten Medienbegriffs. Mit
Medien sollen deshalb hier alle jene materialen Techniken und gesellschaftlich verbreiteten Formen ihrer Verwendung gemeint sein, welche die
kollektive Gestaltung von Wahrnehmung und Erfahrungsbildung in der

Lebenswelt bestimmen. Die konstruktivistische Fundierung dieser Perspektive ist daran erkenntlich, daß dieser mediengeschichtliche Ansatz Kommunikation nicht mehr als Übertragung, Verbreitung und Verteilung von Informationen (vgl. Schmidt 1990a) durch neutrale Instrumente (Medien) versteht, sondern von einer weiterreichenden Beteiligung der Medien an der Selbstorganisation sozialer Wirklichkeit ausgeht. Medien, so die Prämisse, bestimmten die Selbstorganisation des Kommunikationsprozesses, obwohl dies nicht immer als bewußtseinsfähiges oder -pflichtiges Wissen im Kommunikationsprozeß präsent sein muß. Kurz gesagt geht es um die Beteiligung von Medien an der Emergenz nichtintentionaler lebensweltlicher Strukturen.

Die Entscheidung für das Konzept der gesellschaftlichen Selbstorganisation hat weitreichende Konsequenzen. Der soziale Status von Medien und ihr Verhältnis zu anderen konkurrierenden oder sie ergänzenden Medien, ihre Möglichkeiten, einem „Inhalt" eine Erfahrungsqualität, Glaubwürdigkeit und Aufmerksamkeit zu verleihen, gewinnen gegenüber dem schrift-sprachlich fixierbaren Informationsgehalt einer „Nachricht" oder „Botschaft" an Bedeutung. Erst die medienhistorische Betrachtung öffnet den Blick dafür, daß der umfassende gesellschaftliche Erfolg der in Druckschrift organisierten Sprache daran zu ermessen ist, daß für alltagsweltliche Orientierungserfordernisse häufig der „eigentliche" Kommunikationsgehalt gleichgesetzt wird mit dem Abstraktionsgrad einer in Schriftlichkeit fixierbaren „Information" oder „Mitteilung". Vorgreifend kann schon hier darauf verwiesen werden, daß die Dominanz dieser medialen Abstraktionsleistung den Erfolg einer medialen Organisationsform kennzeichnet, die es verstanden hat, sich selbst weitgehend zu invisibilisieren. Den Strukturierungsleistungen des Mediums war ein derart nachhaltiger Erfolg beschieden, daß sie für die Reproduktion der modernen Gesellschaft unverzichtbar geworden sind. Moderne Formen der Politik, der Wissenschaft, des Rechts und der Literatur sind ohne Druckschriftlichkeit gar nicht zu denken. Auch der gesellschaftlich etablierte Diskurs des Denkens selbst – die Philosophie – bleibt an dieses Medium gebunden, und erst die Entwicklung anderer Medien ermöglicht es, einen andersartigen Schriftbegriff zu denken (vgl. Wetzel 1991).

1.2 Beobachtungsperspektive: Die Materialität von Kommunikation

Die Invisibilisierung der Organisationsleistungen des Mediums im Kommunikationsprozeß erzeugt Strukturen, die teilweise erst aus der historischen Distanz, also durch einen Wechsel der Beobachtungspräferenz erkennbar werden. Ein paar Beispiele: Mediale Parallelen der Letztbegründung von Autorität, die etwa die christliche, die jüdische und die islamische Religion dadurch gewinnen, daß sie sich auf eine göttliche Offenbarung in Form von Heiligen Schriften gründen, können nur aus der Distanz eines Beobachters in der säkularisierten Gesellschaft in den Blick kommen. Ableitbar daraus ist die Erkenntnis, daß Schrift mit Autorität, Legitimation und Macht auch in wissenschaftlichen Diskursen zusammenhängt. Die in den „großen Werken" materialisierte Originalität von prominenten Autoren (Schöpfern) – seien es nun Wissenschaftler oder Künstler – verfestigt sich weiter zu Institutionen wie Bibliotheken, Schulen, Museen und Forschungsinstituten. Sie bilden die materialisierten Strukturen eines gesellschaftlich erfolg- und folgenreichen Wissens.

Die Perspektiven, unter der wir den Medien unsere Aufmerksamkeit zuwenden wollen, die Materialität der Kommunikation, reicht von weitgehend beobachtungsresistenten Invisibilisierungen bis hin zur ganz bewußt im Kommunikationsprozeß stimulierten Erlebnisvielfalt von Medienprodukten. Je selbstverständlicher und „natürlicher" uns mediale Organisationsmuster erscheinen, desto stärker der mediengeschichtlich begründete „Invisibilisierungsverdacht". Die Gleichsetzung der Geschichte des Denkens mit einer schriftlichen Materialisierung in Werken oder die Gleichsetzung von photographischer Abbildung mit Realität sind Beispiele dafür (vgl. Amelunxen/Ujica 1990, Gehner 1992).

Gerade audiovisuelle Medien, die in Konkurrenz zu etablierten Kommunikationsstrukturen treten, definieren sich jedoch von Beginn an – und manchmal sogar gegen den Willen ihrer Erfinder – nicht nur durch ihre kommunikative Funktion für die Gesellschaft, sondern durch den Hinweis auf die Qualität ihrer kommunikativen Leistung für das Individuum. In dem Film *Radio Days* (R.: Woody Allen, 1987) wird eine spezifische, in der Erinnerung nostalgisch verklärte Erfahrungsqualität sogar zur Epochensignatur der 30er Jahre stilisiert. Obwohl also der technische Apparat und seine Effekte als mediale Inszenierung beobachtet werden können, legt ein derartiger Film die Vermutung nahe, daß den Rezipienten, wenn sie überhaupt bereit sind, den Zusammenhang von medialer Inszenierung und Authentizität – also die Unterscheidung von Authentizität und „Wahrheit" – zu akzeptieren, mehr daran liegt, sich auf die Materialität von Kommunikation genußvoll einzulassen, als eine kritische Haltung einzunehmen.

Bei der Beobachtungsperspektive der Materialität der Kommunikation geht es also nicht um die Suche nach einer letztfundierenden und dort zu findenden „wahren Wirklichkeit" der Kommunikation. Wir können jedoch sowohl die Semantik von Materialität als auch die historische Funktion der Unterscheidung zwischen Semantik und Materialität untersuchen und auch die Motivationen verfolgen, „[...] die uns veranlassen, *Dimensionen* des ‚Materialen' (Unausdrücklichen, Stillschweigenden, ‚Konkreten' und des Semantischen (des bewußten Interpretierens) zu *unterscheiden*" (Pfeiffer 1988: 17). In der medienwissenschaftlichen Diskussion wurden solche

Beobachtungsinteressen durch eine provokante Sichtweise angeregt, die im Kontrast zu gängigen Sichtweisen den Inhalten von Medienprodukten eine gänzlich sekundäre Rolle beimißt. Wissenschaftsgeschichtlich folgenreich bis in die Gegenwart ist die radikale These des kanadischen Medienwissenschaftlers Herbert Marshall McLuhan, der seine Fachkollegen in den 60er Jahren mit der Aussage: *Das Medium ist die Botschaft* konfrontierte, wobei er gleichzeitig den Medienbegriff weit über den Bereich der Kommunikationsmittel ausdehnte. Neben Grammophon, Kino, Fernsehen, Telefon und Schreibmaschine werden auch Uhren, Kleidung, Waffen, Verkehrsmittel und Automation als Medien betrachtet. Diese Ausweitung ist ebenso kennzeichnend für die Arbeiten französischer Wissenschaftler wie Jean Baudrillard (1985) und Paul Virilio (1989), wie für die technisch wie philosophisch orientierten Arbeiten von Friedrich Kittler (1990) und Norbert Bolz (1990). Diese Entwicklungsrichtung der Medienanalye – und es gibt durchaus auch andere – wurde hier nicht nur deshalb angerissen, weil wir sie für wesentlich halten, sondern auch, um zu zeigen, wie sich anhand der Rückkopplung zwischen Beobachtungsperspektiven und Objektbereichen die Selbstorganisation eines wissenschaftlichen Diskurses verfolgen läßt.

1.3 Beschreibungshorizont: Die mentalitätsgeschichtliche Dimension der Medienanalyse

Bei der Beschreibung der Materialität von Kommunikation stellt sich die Frage, an welche medienhistorischen Diskurse diese Beobachtungen anknüpfen können und unter welchem Gesichtspunkt sie über bestehende Beschreibungen hinausgehen müssen. Anknüpfungspunkte zu vorhandenen Mediengeschichten sehen wir besonders auf drei Ebenen:

– Auf ein grundlegendes Interesse anwortet eine *Technikgeschichte der Medien*, indem sie die Formulierung und Lösung von Problemen durch Natur- und Ingenieurwissenschaften beschreibt. Bereits die Ergebnisse solcher Lösungen, das heißt die Konstruktion problemorientierter Vorrichtungen und Apparate, die als Instrumente menschlichen Handelns genutzt werden können, überschreiten den engeren Bereich der Technikgeschichte. Spätestens mit dem Schritt zur industriellen Massenproduktion solcher Apparate wird die Berücksichtigung von wirtschaftsgeschichtlichen und sozialgeschichtlichen Daten unumgänglich. Denn breite und historisch weitreichende Konsequenzen werden technische Neuerungen erst dann haben, wenn sie allgemein verbreitet sind und somit in der sozialen Wirklichkeit des Alltags einer Gesellschaft eine Rolle spielen.

- Ein anderer wesentlicher Zweig der Mediengeschichtsschreibung beschäftigt sich mit der Geschichte von Medieneinrichtungen, etwa der Geschichte von Bibliotheken, von Rundfunk- und Fernsehanstalten. Traditionellerweise spricht man dabei von einer *Institutionsgeschichte* der Medien.

- Einen weiteren Schwerpunkt bildet schließlich die *Programmgeschichte* von Medien. Sie steht einer Tradition der Geschichts- und Kulturwissenschaften am nächsten, die sich hauptsächlich für die Inhalte interessiert, die von Medien verbreitet werden. Dabei standen zumeist schriftliche Quellen im Vordergrund. Doch in den letzten Jahrzehnten hat sich die Forschung auch intensiv den nichtschriftlichen Medien zugewandt; so gibt es heute viele Veröffentlichungen zur Geschichte der Fotografie, der Schallplatte, des Films und der Sendungsformen des Rundfunks und des Fernsehens.

Anknüpfend an diese historiographischen Diskurse schlagen wir vor, als zentrales Interesse einer *Kulturgeschichte der Medien*[1] (vgl. Schmidt 1992a) das Verhältnis zwischen dem gesellschaftlich vorherrschenden Gebrauch bestimmter Medien und den damit verbundenen Konsequenzen für die Struktur des Wissens einer Gesellschaft zu untersuchen. Vor diesem Erkenntnisinteresse halten wir eine Öffnung der Mediengeschichte auf jenen Bereich für notwendig, den die Historiker seit einigen Jahrzehnten mit dem Begriff *Mentalitätsgeschichte* bezeichnen. Um sie für die Mediengeschichte fruchtbar zu machen, plädieren wir für eine Konzeption der Mentalitätgeschichte, in der sich eine Vielzahl von Einzelgeschichten unterschiedlicher Erkenntnisinteressen und Objektbereiche ergänzen und bereichern sollen (vgl. Gumbrecht 1984). An ein Erkenntnisinteresse der traditionellen Mentalitätsgeschichte (vgl. Sellin 1985), die Strukturen langer bis sehr langer Dauer zu beschreiben, knüpft unsere Beschreibung des Übergangs von der Manuskriptkultur zum Buchdruck an. Die damit entstehende Organisation des Wissens wird interkulturell in der Tradition der europäischen Aufklärung fortgeführt und hat Aussicht, trotz aller Medienkonkurrenz in vielen Praxisbereichen der Gesellschaft die Position einer *longue-durée*-Struktur zu behaupten.

2. Von der Manuskriptkultur zum Buchdruck

Ob in Zeitschriften, Fragebögen, Eintrittskarten, Plakaten oder Büchern: der Gebrauch gedruckter Schrift gehört ganz selbstverständlich zur heutigen Alltagswelt. Ganz automatisch benutzen wir sie in den verschieden-

---

1 Ihren systematischen Ort könnte sie im Rahmen einer *Medienkulturwissenschaft* finden.

sten Situationen und für die unterschiedlichsten Zwecke. Deshalb können
wir uns nur schwerlich die Auswirkungen vergegenwärtigen, die die allgemeine Verwendung gedruckter Schrift verursachte. Um die Tragweite
dieses Prozesses nachvollziehen zu können, wollen wir den Umgang und
die Verwendungen von mittelalterlichen Manuskripten – Handschriften
und Sammelhandschriften – betrachten und auf die Veränderungen hinweisen, die mit der Verbreitung von gedruckten Texten zusammenhängen. Unter der Perspektive einer anderen Denk- und Handlungsweise, die
die Manuskriptkultur kennzeichnet, müssen wir uns dabei auf einige
charakteristische Gesichtspunkte beschränken.

Diese Rahmenbedingungen der Kommunikation lassen sich durch eine
Reihe von Gegensätzen beschreiben, die die Produktion und den Gebrauch von Manuskripten bestimmen und sich oft überlagern. So ist es
von Bedeutung, ob Handschriften in Latein oder – in Deutschland ab dem
11./12. Jahrhundert – in Volkssprache abgefaßt sind. Damit ist jedoch
nicht entschieden, ob sie wie etwa volkssprachliche Heiligenlegenden der
geistlichen oder wie der ebenfalls volkssprachliche Minnesang der welt-
lichen Kultur zuzurechnen sind. Dies wiederum ist nicht gleichzusetzen
mit dem Gegensatz zwischen gelehrten Traditionen wie etwa die Schriften
der Kirchenväter und ungelehrten Überlieferungen wie das Nibelungen-
lied oder der Parzivalroman (vgl. Haug 1983: 142 ff.). Vor dem Hintergrund unseres mediengeschichtlichen Interesses geht es uns jedoch nicht
um die Einordnung von Texten in ein System von Gattungen oder Traditionen, sondern um die Wechselbeziehung von Gebrauchssituationen,
mentalen Strukturen und den Medien Manuskript und Buch.

2.1 Manuskripte und christliche Weltordnung

Sieht man Geschichte nicht als Resultat einer notwendigen Entwicklung,
sondern, wie es der Historiker Reinhard Koselleck programmatisch formulierte, als vergangene Zukunft, so kann man die Handlungsmotive und
Wirklichkeitsbilder der Zeitgenossen aus einer neuen Perspektive betrachten. In der Neuzeit haben die säkularisierten Horizonte einer offenen Zukunft stets die innerweltliche Entwicklung zum Thema. Im Moment etwa
die Auseinandersetzung zwischen Geschichtsmodellen, die einerseits noch
an den Fortschrittsvorstellungen der Aufklärung festhalten, anderseits die
Zerstörung des Menschen und seiner Umwelt als Folge unbeherrschbarer
technologisch-ökonomischer Entwicklungen erwarten. Die Zukunftsvor-
stellungen des Mittelalters sind demgegenüber auf die Erfüllung der in
der Heiligen Schrift offenbarten christlichen Heilsgeschichte gerichtet. Jedes Ereignis muß sich in diesen Horizont einordnen, und so kann es nicht
darum gehen, einen offenen Zukunftshorizont mit Hilfe von historischer
Erfahrung aktiv zu gestalten. Der Mensch schafft sich somit nicht seine

eigene Geschichte selbst. Er kann bestenfalls aus den aktuellen Ereignissen ableiten, an welchem Platz des Heilsplans die eigene Gegenwart zu situieren ist.

In den zeitgenössischen Vorstellungen einer nach Ständen – Adel, Geistlichkeit und Bauern – gegliederten Gesellschaft des Mittelalters haben Aussagen über Aufgaben einzelner Gruppen zumeist normative Bedeutung. Sie beschreiben also Zustände eher wie sie sein sollen, auch wenn dies nur wenig mit der sozialen Wirklichkeit zu tun hat. Die beiden folgenden Zitate über die Rolle des Schreibers und den christlich gerechtfertigten Schriftgebrauch sind unter diesem Gesichtspunkt zu lesen. Das erste datiert vom Anfang des 9. Jahrhunderts. Der Verfasser ist Alkuin, der in York geborene Initiator der karolingischen Renaissance und Leiter der Aachener Hof- und Dichterschule Karls des Großen. Später verlieh ihm der Kaiser die Abtei St. Martin in Tours, an der Alkuin eine Schreiberschule gründete, für die diese Zeilen bestimmt sind.

> „Hier sind jene zu Haus, die der Heiligen Schrift und der frommen / Väter geheiligtes Wort schreiben mit Fleiß und Bedacht. / Hüte sich jeder, den eigenen Leichtsinn darunter zu mengen, / auch vermeide die Hand Fehler aus Leichtfertigkeit. / Eifrig sollen sie nach verbesserten Handschriften suchen, / daß auf dem richtigen Weg eile die Feder dahin. / Sinngemäß sollen sie gliedern und Kola und Kommata setzen / und das Gegliederte reihn, wie es die Ordnung verlangt, / so, daß nichts Falsches lese oder gar plötzlich verstumme / jener, der vor dem Altar vorliest den Brüdern im Herrn. / Wahrlich, ein großes Werk, die heiligen Bücher zu schreiben, / seines Lohnes gewiß darf auch der Schreibende sein. / Besser als Weinberge umgraben ist's, Bücher zu schreiben: / jenes kommt einzig dem Leib, dieses der Seele zugut. / Neues und Altes wird viel der Lehrer dann vortragen können, / wenn er der Väter Wort, welches geheiligt ist, liest." (zit. nach Eberle 1962: 69)

Vergleicht man Alkuins Verse mit dem folgenden Abschnitt aus einem Traktat des 15. Jahrhunderts: *De Laude Scriptorum* (Zum Lobe der Schreiber) und vergegenwärtigt sich, daß eine Zeitspanne von rund 600 Jahren zwischen beiden Texten liegt, so überrascht, daß beide Texte die Aufgaben und Pflichten der Schreiber und die Bedeutung von Schrift in einer christlichen Weltordnung mit fast identischen Argumenten bezeichnen.

Dabei hat sich die historische Situation, in der Johannes Trithemius, Benediktinermönch, Abt von Sponheim und St. Jakob in Würzburg, seine Schrift verfaßte, natürlich völlig verändert. Er schreibt auf Bitten seines Ordensbruders Gerlach von Breitbach, Abt zu Deutz, gerade weil das Kopieren von Handschriften von den Mönchen immer weniger praktiziert wurde. Trithemius, sein Name ist wie bei vielen Humanisten üblich latinisiert, versucht nun ein weiteres, aber letztes Mal, den Nutzen des handschriftlichen Kopierens aus christlicher Sicht zu begründen. Er denkt jedoch bereits in humanistischen Kategorien der Renaissance, die auf Quellenkritik, Reinheit der Sprache und Überlieferungsgenauigkeit Wert legt. Die semantische Bedeutung eines Textes und ihre unverfälschte Überlieferung sind für ihn, im Gegensatz zu Alkuin, deshalb wichtiger als die Gestalt eines Manuskriptes oder die Situation, in der eine Handschrift wieder Ausgangspunkt einer Interaktion wird.

Bei Alkuin hatte sich die Gestalt des Manuskriptes nach den Erfordernissen der Situation zu richten, für die es bestimmt war. Trithemius denkt bei Schriftlichkeit mehr an ein reines Speicher- und Verbreitungsmedium von Sinn und sucht deshalb nach Gründen für die Überlegenheit der Pergamentcodices – Sammlungen verschiedener Texte in einem Band – über das gedruckte Buch. Bei sonst gleichen Möglichkeiten der Speicherung spricht für die Handschrift nur noch die größere Haltbarkeit des Pergaments als Schriftträger. Damit allein ließ sich die Produktion von Handschriften nicht mehr rechtfertigen.

> „Bevor wir zum Lobe der Schreiber das Wort ergreifen, rufen wir die Hilfe dessen an, der den aufrichtigen Schreibern den Ruhm des ewigen Lebens als Lohn versprochen hat. Denn »die so viele zur Gerechtigkeit weisen, werden leuchten wie die Sterne in alle Ewigkeit. Denn wie nützlich die Ergebnisse des Gelehrten auch sein mögen, ohne die Dienstleistung des Schreibenden gelangten sie niemals zur Kenntnis der Nachwelt. Was wir auch immer Gutes tun, was wir Nützliches lehren, fiele bald der Vergessenheit anheim, würde es nicht durch den Eifer der Schreibenden in Buchstaben umgesetzt. Erst die Schreiber verleihen den Worten Kraft, den Dingen Dauer, Lebensfrische den Zeitläufen. Müßte die Kirche sie entbehren, dann würde der Glauben schwankend, die Liebe erkalten, die Hoffnung enttäuschen, das Recht untergehen, das Gesetz verwirrt und das Evangelium in Vergessenheit fallen. [...]
> Der Buchdruck nämlich hängt vom Papier ab und dieses wird in kurzer Zeit völlig zerstört. Der Schreiber jedoch, der seine Buchstaben dem Pergament anvertraut, sichert sich und dem, was er schreibt, langdauerndes Gedächtnis" (Trithemius 1973: 35)[2].

2.2 Die Verkörperung von Schrift

In vielen Handschriften des Mittelalters entsteht aus Text, Schriftart, dauerhaftem Schriftträger und *Illumination* – Buchmalerei – eine typische Verkörperung von Sinn. Die oft aufwendige Gestaltung solcher Manuskripte kann nicht eindeutig bewertet werden. Die Ausstattung kann entweder den Wert eines Textes unterstreichen, oder aber sie vermindert die Bedeutung des Textes auf ein Mindestmaß, wie die berühmten Stundenbücher des Duc de Berry aus dem 15. Jahrhundert zeigen. Diese Verkörpe-

---

2   Einen Eindruck der Arbeitsverhältnisse in mittelalterlichen Skriptorien vermittelt Jean (1991).

rung von Sinn im Manuskript verweist oft auf die Möglichkeiten, bei denen – Gottesdienste, höfische Feste oder Dichterwettbewerbe – Schrift wieder zum Ausgangspunkt von Interaktion wird.

Die enge Verbindung von Schriftlichkeit mit der Tradition des gesprochenen Wortes, der Rhetorik, ist kennzeichnend für diese Inszenierung von Schrift. Die Texte der christlichen Überlieferung sind zum Gesang oder für ein lautes, zumindest aber halblautes Lesen bestimmt. Sei es bei der Messe oder zur Lesung während der Mahlzeit der Mönche, wie es die Regel des Hl. Benedikt vorschreibt, oder sei es beim Unterricht in den Klosterschulen oder Universitäten, stets ist es ein Körper, eine Stimme, die der Schrift wieder eine Gestalt verleiht (vgl. Zumthor 1984). Jeder Leser war somit zugleich auch ein Hörer seiner eigenen Stimme und erfuhr somit seinen Körper selbst als Aneignungsmedium.

Die Verkörperung von Schrift findet zumeist in sehr festgelegten – institutionalisierten – Situationen statt, in denen es nicht um den Austausch von Wissen oder schriftlich festgelegten Inhalten geht. Indem die Akteure gegenseitig die Erwartungen erfüllen, die zur Aufrechterhaltung einer rituellen Interaktion gehören, geben sie ihr eine aktuelle Gestalt. Die Interaktion selbst, eine Situation, die auch einen festgelegten Umgang mit Schriftlichkeit verlangt, trägt ihre Bedeutung in sich. Sie bestätigt den Handelnden den Fortbestand und die Stabilität der interaktiven Erwartungen. Ein typischer Fall hierfür ist das Singen der Psalmen in den Klöstern. Viele Handschriften bewahren Spuren dieser Vergegenwärtigung und Verkörperung von Schrift. In ihnen finden sich viele Elemente, die auf den liturgischen Gebrauchskontext verweisen, wie etwa Musiknotationen und Illuminationen von Musikern und ihren Instrumenten (vgl. Smits van Waesberghe 1972). Da man mit Sicherheit weiß, daß Text und Gesangsweise der Psalmen den Mönchen bekannt war, verdeutlichen und notieren die außertextuellen Elemente eine typische Situation, in der die Schrift dazu dient, eine gemeinsame Bedeutung in der Interaktion der Mönche zu stiften.

Formen literarisch-volkssprachlicher Schriftlichkeit entwickeln sich zunächst in Freiräumen der christlichen Ordnung. Zuerst an den Höfen, später auch in den Städten (vgl. Gumbrecht 1988), waren sie entweder – wie die Lieder der Minnesänger oder der provenzalischen Trobadors – dazu bestimmt, die Interaktion durch ein kommunikatives Spiel zu stimulieren, oder sie bezogen ihre Attraktion, wie die Heldenepen über die Taten Rolands oder Siegfrieds dadurch, daß sie in der Schriftlichkeit den mündlichen Vortrag eines Spielmanns imitierten. Die Nähe dieser Manuskriptkultur zur mündlichen Interaktion verdeutlicht ein Phänomen, das man als *mouvance* (Veränderlichkeit) bezeichnet hat (vgl. Zumthor 1972). So bezeichnet man die Variantenvielfalt volkssprachlicher Texte, die noch nicht auf eine semantische Gestalt festgelegt sind. Nur langsam entsteht die uns vertraute Rolle des Autors als Urhebers eines ‚Werks', eines nur ihm zugeschriebenen Sinns.

2.3 Bücher als universelle Speichermedien

Die technische Überlegenheit der neuen Drucktechnik war auch für die Zeitgenossen augenfällig. Der Buchdruck gehört zu den nicht mehr rückgängig zu machenden, irreversiblen evolutionären Errungenschaften (vgl. Luhmann 1985), deren Bedeutung sehr schnell erkannt und genutzt wurde. Die Erfindung der beweglichen Lettern und der Druckerpresse ermöglichte ein Serienprodukt, das zwar durch verschiedene Handwerke gefertigt wurde, das aber den Zusammenhang von individuellem Werkstück und Produzent aufhebt (vgl. Kapr 1987: 164–185). Nicht die Bedeutung eines Textes für die Gesellschaft ist für die Drucklegung ausschlaggebend, sondern die Einschätzung anonymer Märkte, auf denen das gedruckte Buch als Ware auftritt. Ein Blick auf die erfolgreiche Schedelsche Weltchronik (1493), das wohl größte Buchunternehmen der Dürerzeit, macht dies deutlich. Sie erscheint wenige Monate nach der Rückkehr des Christoph Kolumbus von seiner Entdeckungsfahrt und verdankt ihren Erfolg nicht zuletzt den vielen Holzschnitten. Sie zeigen historische Persönlichkeiten sowie farbige, zum Teil recht naturgetreue Städteansichten, an denen der junge Dürer mitgearbeitet hat. Ihr aus vielen verschiedenden Quellen zusammengetragener Text vermittelt ein schon brüchig gewordenes, aber doch für die Käufer attraktives spätmittelalterliches Weltbild. Die *media aetas*, das Mittelalter oder genauer der zeitgeschichtliche Horizont der ‚Gegenwart', nimmt als *Das sechst alter der werlt* den breitesten Raum ein. Die Zeitgeschichte läßt sich jedoch nur noch im Sinne einer Chronik registrieren, aber nicht mehr auf heilsgeschichtliche Bedeutung hin interpretieren. Die Ereignisfülle kann also nicht mehr aus der Sicht einer christlichen Geschichtsdeutung verarbeitet werden.

Mit den beweglichen Lettern und der Druckerpresse war eine Technik geschaffen worden, die auch die Bedeutung des Schriftträgers radikal veränderte. Nicht mehr die Dauerhaftigkeit des Pergaments, sondern die Verfügbarkeit eines Textes sichert jetzt den Bestand kollektiv gespeicherten Sinns. Und für die nächsten Jahrhunderte war das gedruckte Buch die vorherrschende Form dieser Verfügbarkeit.

2.4 Buchdruck und der ‚Abschied' vom Körper

Mit dem Medium Buch sind der Körper eines Schreibers oder das Manuskript nicht mehr die einzigen materiellen Quellen der Schriftlichkeit (vgl. Gumbrecht 1985). Es ist nicht mehr der *Körper des Schreibers, der als materielle Quelle und Träger des Sinns* in einem Manuskript beim Vorgang des

Schreibens seine Spur hinterläßt, sondern die Druckerpresse, die sich zwischen einen *Autor als intellektuelle Quelle des Sinns* und die gedruckte, abstrakte Schriftlichkeit stellt. Die gesellschaftliche Organisation ließ sich immer weniger durch unmittelbare Kontakte zwischen Menschen aufrechterhalten. Schriftliche Kommunikation wurde in vielen Bereichen der Verwaltung, der Rechtspflege und des Handels unumgänglich.

So entstand und festigte sich in ein Umgang mit Schrift, der uns heute zur zweiten – ansozialisierten – Natur geworden ist. Sein Zweck ist es immer, die Bedeutung eines Textes, den semantischen Sinn, direkt und ohne Beteiligung des Körpers dem Bewußtsein zugänglich zu machen. Somit kann das Bewußtsein eines Autors zur entscheidenen *Quelle des Sinns* werden. Diesen Autor wiederum kann sich das Bewußtsein des Lesers in einsamer Lektüre als ein durch Druckschrift kommuniziertes *alter ego* (ein zweites, anderes Ich) vorstellen. So empfindet Enea Silvio de' Piccolomini, der Humanist und spätere Papst Pius II., bei der begeisterten Lektüre antiker Autoren Ähnliches wie vielleicht die ersten Hörer von Grammophonaufnahmen. Er meint nämlich die Stimmen von Abwesenden und längst Verstorbenen wieder hören zu können.

> „Jedem Gebildeten ist es gegeben, Plato, Aristoteles, Cicero, Seneca, Tertullian, Cyprian, Laktanz, Hieronymus, Gregor, Augustin, Ambrosius und die endlose Schar derer, die für die Nachwelt geschrieben haben, *sprechen zu hören.* Sieh, welch gewaltige Schar von Verstorbenen ist doch nicht tot! Nie habe ich euch mit leiblichen Augen gesehen, doch weiß ich aus Briefen euerer Freunde, wie die Gestalt, eure Augen, Hände, wie Fuß und Haar beschaffen sind. Durch eure eigenen Briefe aber *rücke ich ins Innere vor und erblicke dort,* was weder gemalt noch geformt werden kann" (Wolkan 1918: 318 f.)[3].

Dieser Leser ist also in der Lage, durch sein trainiertes Bewußtsein sich einen Körper als kommunikative Quelle des Sinns vorzustellen und reagiert somit ähnlich wie ein Nutzer audiovisueller Medien, weil beide bereits an neuzeitliche Kommunikation und die sie begleitende Ausblendung des Körpers gewöhnt sind. Die mediale Differenz manifestiert sich demnach nicht auf der Ebene der kommunikativen Funktion, sondern auf der Ebene der kommunikativen Leistung, die verschiedene Medien dem Bewußtsein vermitteln. Aufgrund seiner Mediensozialisation steht für Silvio de' Piccolomini sogar die Überlegenheit des schriftlichen Speichermediums über die visuellen Medien der Malerei und der bildenden Kunst unumstößlich fest, weil für ihn erst die Schrift den Zugang zu den mentalen Strukturen von Autorensubjekten erschließt.

Mit der breiten Anwendung und den vielfältigen Formen der Schriftkultur werden auch unterschiedliche Arten der Schrift notwendig. Für die Textbücher der Universitäten, die profane Literatur, für die Korrespon-

---

3 Hervorhebungen von den Verfassern.

denz und Rechnungsbücher im städtischen Fernhandel und die Akten der
Gerichte und Verwaltungen entwickeln sich die unterschiedlichsten Gebrauchsformen der Schrift. Der Wandel dieser Praxisformen – etwa der
Übergang vom lauten vokalisierenden Lesen zur einsamen und stillen
Lektüre – fällt nicht zeitlich mit der Erfindung der Drucktechnik zusammen und müßte gesondert beschrieben werden[4]. Diese Technologie und
die Ausweitung der Lesekompetenz war jedoch Voraussetzung dafür, daß
sich die Tendenz zu einer stillen Lektüre langfristig gesehen durchsetzen
konnte. An die Stelle einer interaktiven Verkörperung von Sinn trat damit
endgültig die Kommunikation von Wissen durch das abstrakte Medium
der Druckschrift[5].

Die mediale Form der linearen Schriftlichkeit ist die Art und Weise, in
der sich in der europäischen Kultur das Bewußtsein als Denkendes selbst
erfährt. Erst die Entwicklung neuer audiovisueller Kommunikationstechniken hat die Vorherrschaft dieses Mediums der Wirklichkeitskonstruktion in Frage gestellt. Die Sprache gerät dann in Konkurrenz zum technischen Bild der Fotografie, des Films und schließlich zu den Bildern der
elektronischen Medien. Die Speichermedien der Gutenberg-Galaxis verknüpfen und transformieren sich in den Netzwerken des globalen Dorfes
(vgl. McLuhan 1968). Doch die – sekundäre – Oralität der Telefone und
Terminals, die McLuhan beschreibt, ist keine Heimkehr zu Kommunika-
tionsverhältnissen einer vormodernen Gesellschaft. Die Konkurrenz von
Sprache und Bild führt im Gegenteil zur Dynamisierung der problema-
tischen Wirklichkeiterfahrung der Moderne, die erkenntnistheoretisch an
die immer komplexer werdende Beziehung von Sprache, Subjekt und Welt
anknüpft (vgl. Godzich 1991). Doch selbst im Zeitalter der Audiovision
bleibt die Gesellschaft auf elektronisch beschleunigte Technologien der
Schriftlichkeit angewiesen. Auch das papierlose Büro ist immer noch eine
Vision, denn die Einführung der Personalcomputer hat die Menge des
Gedruckten aller Art noch einmal immens gesteigert.

3. Körpererfahrung und Medienwirkung

Ein wesentliches Interesse unseres mediengeschichtlichen Ansatzes gilt
dem besonderen Verhältnis von menschlichem Körper und menschlichem
Bewußtsein, das sich unter der Einwirkung verschiedener Medien im 20.

---

4   Unter unserem mentalitätsgeschichtlichen Beschreibungshorizont akzentuieren wir mit
    dem Übergang zum Buchdruck eine Zäsur, die typologisch Gleichzeitiges zusammenfaßt,
    auch wenn darin viele historisch ungleichzeitige Einzelphänomene enthalten sind (vgl.
    Koselleck 1979).

5   Zur Psychodynamik der Oralität, dem Verhältnis von Schreiben und Denken, sowie dem
    Verhältnis von Raumerfahrung und Buchdruck vgl. Ong (1987).

Jahrhundert ausbildet. Ein vielleicht überraschendes Ergebnis der Medienentwicklung besteht darin, daß sowohl bei der einsamen, stillen Buchlektüre als auch innerhalb der Kinosituation und – mit Einschränkung – beim Fernsehen eine weitgehende *Ausblendung der kinästhetischen Körperselbsterfahrung aus dem Bewußtsein* die Voraussetzung bildet. Selbstverständlich ist Fernsehen oder die Lektüre eines Buches, selbst die sogenannte „reine Bewußtseinstätigkeit" des Denkens, ohne Körper, d.h. ohne anatomisch-physiologische Basis nicht vorstellbar. Die kinästhetische Erfahrung des eigenen Körpers muß jedoch nicht, parallel zu anderen Bewußtseinsinhalten, im Bewußtsein präsent sein. Aufgrund der „exzentrischen Positionalität" des Menschen zu seinem Leib und zur Welt (vgl. Plessner 1976) ist die Erfahrung des eigenen Körpers über das menschliche Bewußtsein vermittelt, andererseits ist es aber auch möglich, solche Körpererfahrung aus dem Bewußtsein auszublenden.

In Gesellschaften, die weitgehend von abendländischer Zivilisationsgeschichte geprägt sind, ist Körperselbsterfahrung nicht in allen – nicht einmal in vielen – kulturellen und alltagsweltlichen Situationen „erwünscht". Die Ausblendung von „Irritationen" der Körpererfahrung durch das Bewußtsein bildet sogar die Garantie für eine „geistige Freiheit", die sich „über den Menschen" hinaus richtet, und eine wichtige Voraussetzung für die rationalistisch-technologische Naturbeherrschung durch das moderne, neuzeitliche Subjekt. Parallel zu einem Prozeß der Ausdifferenzierung der Gesellschaft in funktionale Teilsysteme seit der Neuzeit ist ein Ausmaß an funktionaler Differenzierung entstanden, welches bewirkt, daß das menschliche Individuum – entgegen älterer humanistischer Tradition – aus gesellschaftlicher Sicht keineswegs mehr als unteilbares Letztelement und als ‚Einheit' von Körper und Geist betrachtet werden kann. Der menschliche Körper wird in den verschiedenen Sozialsystemen unter einer hochselektiven Perspektive berücksichtigt, z.B. als konsumierender Körper, arbeitender Körper, sexueller Körper, wahrnehmender Körper, Gewaltkörper usw. (vgl. Luhmann 1984). Aufgrund dieser Strukturveränderung der Gesellschaft ist es für den modernen Menschen zunehmend unmöglich, den Körper in einer einzigen Perspektive, d.h. als „Ganzheit" zu erfahren und wahrzunehmen[6]. Um die Jahrhundertwende rückte diese gesellschaftliche Strukturentwicklung und ihre Konsequenzen ins Problembewußtsein der Epoche und wurde in starkem Maße als Krisensymptom (vgl. Schmidt 1987c) auf der Ebene individueller Selbsterfahrung erlebt. Eine Schwelle der Indifferenz des Bewußtseins gegenüber dem Körper, die kulturspezifisch unterschiedlich hoch sein kann, zu durchbrechen, und zwar jenseits von Situationen wie Schmerz, Krankheit usw., kann

---

6 Zum Verhältnis von Körper und Gesellschaft in fortgeschrittener Modernität, in Anlehnung an Luhmann, vgl. Bette (1989: 50).

daher als Bewußtseinsleistung bzw. als motivierte Aufmerksamkeitslenkung verstanden werden (vgl. z.B. Hahn 1988).

Aus der Sicht des Individuums ist seit Beginn des 20. Jahrhunderts in europäischen Gesellschaften ein explizites Interesse an Körper*erfahrung* beobachtbar, die erst dann in die kollektive Aufmerksamkeit geraten kann, wenn gleichzeitig der Körper – zumindest zeitweise – von der funktionalen Inanspruchnahme durch die Teilsysteme so weit wie möglich freigehalten werden kann. Im Rahmen gesellschaftlicher Ausdifferenzierung von Freizeit- und Arbeitswelt werden daher seit der Jahrhundertwende Sozialbereiche aufgewertet, die mit Tanz, Sport und Gymnastik verschiedene Praktiken zur Kultivierung und Thematisierung von Körpererfahrung ermöglichen.

Komplexe Gesellschaften zeichnen sich daher sowohl durch Prozesse der Körperdistanzierung als auch durch Formen der Körperaufwertung aus, so daß sich moderne Subjekte in beiden Anspruchskulturen behaupten müssen (vgl. Rittner 1986). Doch trotz der Betonung der Gleichzeitigkeit dieser beiden Prozeßformen, die das Körperprojekt der Moderne konturieren, muß darauf hingewiesen werden, daß die Tendenz funktional ausdifferenzierter Gesellschaften zur Abstrahierung von Körpererfahrung auch durch explizite Körperthematisierung nicht aufgehoben werden kann (vgl. Bette 1989: 40 f., Kamper/Wulf 1982, dies. 1984).

Vor diesem Hintergrund ist die Ankopplung der menschlichen Physis an moderne Kommunikationstechniken, die seit Beginn des 20. Jahrhunderts neue Kommunikationssituationen und somit neue Erlebnis- und Erfahrungsbereiche etabliert haben, von besonderem Interesse. Wo immer deshalb im folgenden von der Präsenz oder der Abwesenheit des Körpers in der Kommunikation die Rede ist, meinen wir damit eine bestimmte Einstellung des Bewußtseins, die den Vollzug der Kommunikation – aufgrund bestimmter Konventionen und in Bezug auf medienspezifische Illusionseffekte – begleitet.

3.1. Inszenierungen von Authentizität

Die Ausblendung von Körpererfahrung zugunsten intellektueller Erfahrungsmodi wurde seit dem Übergang vom 19. ins 20. Jahrhundert als ein Problem angesehen. Erlebnisse des menschlichen Körpers und des menschlichen Geistes *als voneinander getrennte Ebenen* zu erfahren, war in dieser Epoche ins Problembewußtsein gerückt. Die Angst vor dem Verlust von Einheitserfahrungen von Körper und Geist und von Harmonieerfahrungen bezüglich Welt und Ich motivierte die Sehnsucht nach „Ganzheitlichkeits"-Erlebnissen und nach „Unmittelbarkeit". Das Erlebnis eines Bezugsverlusts gegenüber einem „[...] normale[n] Anblick der Welt, dem die

Menschen zunehmend mißtrauten" und die Sehnsucht nach einem „ganzen Menschen" gehen um die Jahrhundertwende eine Symbiose ein.

In dieser Situation wird der menschliche Körper zu einem Einheitssymbol und zum Hoffnungsträger auf der Suche nach neuen Formen von „Authentizität", die eine unverfälschte, unmittelbare Wirklichkeitserfahrung ermöglichen sollen. Kulturelle Fertigkeiten und alltagsweltliche Situationen, die sich durch die Fähigkeit und gewohnheitsmäßige Haltung einer Dichotomisierung in Körper und Geist auszeichnen (z.B. Buchlektüre, industrielle Arbeit, Bereiche kapitalistischen Berufslebens) geraten ins Zentrum der Selbstkritik des modernen Menschen, der in verschiedenen Diskursen nach „Erneuerung" von Kultur und Menschenbild strebt[7]. Das – naiv anmutende – Ideal und die Sehnsucht, auch in einer modernen, arbeitsteiligen Gesellschaft noch ganzheitliche Erfahrungen realisieren zu können, evoziert spezifische Körper-Faszinationen, die seit der Jahrhundertwende in Literatur, neu entstehenden Kommunikationssituationen wie Revue, Music-Hall und im Film aufgegriffen und *inszeniert* werden. Von 1900 bis in die dreißiger Jahre wird in verschiedensten Formen medialer Inszenierung die stilisierte Präsentation von „Wesen" attraktiv, denen – im Horizont europäischer Kultur – geringe bis „keine" Fähigkeit zu Selbstreflexivität unterstellt wird. Fiktionen eines unreflektierten, körperbetonten Erlebens finden auf diese Weise zu einer Charakterisierung durch faszinierende Körper, wobei auffällig ist, daß sich insbesondere die zeitgenössische Auffassung von „Weiblichkeit" in dieser Hinsicht in Anspruch nehmen läßt[8]:

- *Tier/Animalität* (Schlangen- und Katzenmetaphorik des Frauenbilds in der Literatur seit dem 19. Jahrhundert; Frauenbildnisse in der Malerei des fin de siècle; Tier- und Kind-Frau „Lulu" nach Dramen Frank Wedekinds – Bühneninszenierungen seit 1913, Opernversion mit Musik von Alban Berg 1936; „King Kong" – R.: Ernest Schoedsack 1932; „Tarzan, the Ape Man – R.: Woodbridge Van Dyke 1932),

---

7   Vgl. in diesem Zusammenhang die Ansprüche des Expressionismus; zur kulturhistorischen Perspektivierung des fin de siècle als ‚Krise und Modernisierung des Ich' (vgl. Pfister 1989).

8   Eine dominante Auffassung von Weiblichkeit (starke Determination durch Körperlichkeit, geringe Ausdifferenzierung des weiblichen Intellekts vom Körper, hohe Sensibilitätsfähigkeit) hatte im 18./19. Jahrhundert die Verweigerung von weiblichen Subjektivitätsansprüchen begründet, verbunden mit der Vorstellung, der weibliche Körper lasse aufgrund seiner anatomisch-organischen Beschaffenheit eine ichhafte Organisation und Befähigung zu Selbstreflexivität nicht zu. Die Elemente dieses Frauenbilds erfuhren seit Beginn des 20. Jahrhunderts – bedingt durch neue Sehnsüchte nach einer „Rückkehr zur Natur" sowie nach Erlebnisformen von „Unmittelbarkeit" – eine Umwertung, ohne revidiert zu werden. Zur Beschreibung einer Sonderanthropologie des Weiblichen im Rahmen der Ausdifferenzierung der Humanwissenschaften im 18./19. Jahrhundert vgl. Honegger (1991).

- *Kind/Infantilität* (publikumswirksame „Claudine"-Romane der Autorin Colette und „Claudine"-Inszenierungen auf Pariser Revuebühnen seit 1902, auch in einer Operettenfassung im Moulin Rouge 1910, Verfilmung von Serge de Poligny 1937),

- *Schwarze* („Ausstellung" von afrikanischen Dörfern im Tierpark Hagenbeck um 1910; Inszenierung des weiblichen und schwarzen Körpers von Josephine Baker, zuerst im Rahmen der „Revue Nègre" ab 1926; schwarz-gefärbter Weißer als Variétésänger im ersten erfolgreichen Tonfilm „Jazz Singer" – R.: Alan Crosland 1927; Imitationswunsch von imaginiertem „schwarzen" Rhythmuserleben – Lokale mit „Jazz"kapellen der zwanziger Jahre, Platten, Radioaufnahmen, Charleston-Mode),

- *Exoten* (bewunderte Figur des Tango-Argentiniers ab 1910/11; orientalische Tänzerinnen und Tänzer auf Variétébühnen seit Beginn des 20. Jahrhunderts).

Man suchte nach einer neuen Harmonie von Körper- und Bewußtseinserfahrung, die man als Zuschauer im Ausdruckstanz beobachten und „miterleben" zu können glaubte; ebenso indem man sich von immer neuen Tanzwellen mitreißen ließ oder an sozialen Bewegungen wie dem „Wandervogel" teilnahm, die sich an der Vorstellung des Einheitserlebens von Körper und Geist und von Mensch und Natur motivierten. Tendenzen der – wie man es empfand – „Wiederentdeckung" des Körpers wurden nach 1900 verstärkt durch medizinische und pädagogische Diskurse, die eine naturfundamentalistische Lebensreformbewegung in Gang setzten.

3.2 Imaginierte Nähe und distanzierte Körper

Neue, intensive Körpererfahrungen suchte man auch durch die Verbindung von Körper und *moderner Technik* zu erreichen, versinnbildlicht etwa durch die Begeisterung für die epochentypische Figur des „Piloten" oder der „modernen Frau am Steuer eines Automobils". Neue Kommunikationstechniken wie das Grammophon und vor allem der Kinematograph institutionalisieren sich um die Jahrhundertwende im Freizeiterleben der Epoche. Eine spezielle Faszination der Kinobilder besteht darin, daß eine technisch vermittelte Form der „leidenschaftlichen" Körperpräsentation der Stars – etwa Pola Negri oder Douglas Fairbanks – die gebannte Aufmerksamkeit des Zuschauers im dunklen Raum an die Leinwand fesselt. Die vom Zuschauer angestrebte Identifikation mit den attraktiven Körpern der Schauspieler im Kino kombiniert eine intensivierte imaginierte Körpererfahrung mit der Bewußtseinsleistung des Zuschauers, den eigenen alltäglichen Körper auszublenden. Der Zuschauer muß den eigenen physischen Körper – und dessen Einbindung in einen sozialen Alltag – im Kinosessel „vergessen" können und gleichzeitig im Bewußtsein die imaginierte

Körpererfahrung präsent halten, um ein intensives Kinoerlebnis zu erreichen. Die Inszenierung von Körperlichkeit in den Großaufnahmen der Kinoleinwand und das dabei entstehende, durchaus „reale" Erlebnis medial vermittelter Nähe scheinen besonders stimulierend auf die Imagination fremder Körpererfahrung zu wirken. Die „Authentizität" leidenschaftlicher Körpergesten – „bebende Lippen, zitternde Herzen" – konnte von den Zuschauern ebenso unmittelbar und intensiv „erlebt" werden wie sie andererseits technisch produzierbar und inszenierbar wurde.

Das spezifische Erlebnis dieser intensiven Körperpräsentation der Stars in den Glamour-Welten des Kinos ist gebunden an die räumliche „Anordnung des Sehens" im verdunkelten Vorführsaal[9]. Zwischen der medial vermittelten Wahrnehmung und dem Kinobesucher entsteht die widersprüchliche Struktur einer „Nähe in der Distanz" (vgl. Paech 1991: 777), die auch kennzeichnend ist für die Beziehung zwischen Zuschauern und ihren Stars. Die Tatsache, daß gerade aufgrund der Distanz des Zuschauers zum „Objekt seiner Wünsche" die Vorstellung der Nähe des Gesehenen entstehen kann, ist typisch für audiovisuell vermittelte Wahrnehmung (vgl. Deleuze 1989: 123–170). Es ist aus medienanalytischer Sicht aufschlußreich, daß gerade in der Kinosituation, die auf der Ausblendung der „Einheit" von eigenem Körper und Bewußtsein beruht, die Erfahrung, sich als „ganzer Mensch" und „unbeschädigt" in einer Erlebniswelt aufgehoben zu fühlen, besonders intensiv gemacht werden konnte; zumindest solange sich der Zuschauer in der Enklave der Kinosituation befand.

Im Rahmen des modernen Körperkults des frühen 20. Jahrhunderts, in dem aus dem europäischen Menschenbild der „Körper" unter bestimmten Vorgaben selegiert, *kollektiv* als Erfahrungsgegenstand konstituiert und als gesellschaftlich relevant in den Blick genommen wird, konstruiert sich zugleich – über mediale Inszenierung – eine Vorstellung von „idealen Körpern", die als Garanten für unmittelbares, „authentisches" Erleben fungieren; dies vollzieht sich aufgrund einer Projektion von Körpergestalt und Körperpräsentation auf eine unterstellte, intensive Körpererfahrung. „Authentizität" läßt sich daher mehr und mehr als eine „Qualität" beschreiben, „die aus der Richtigkeit in die Lebendigkeit der Darstellung führt – eine Eigenschaft, die ihrerseits ausschließlich der Darstellung zukommt und *durch Darstellung* entsteht."[10]

Allerdings ist und bleibt in komplexen, modernen Gesellschaften des 20. Jahrhunderts die Möglichkeit von „ganzheitlichen" Erfahrungen an ein hohes Maß von „Inszenierung" geknüpft. Auf der einen Seite eröffnet das Interesse an Körpererfahrung und Körperkult seit Beginn des 20. Jahrhun-

---

9 Vgl. zur Produktion von Realitätseffekten im wahrnehmenden Subjekt innerhalb der psychoanalytisch orientierten Filmtheorie Baudry (1975).

10 Vgl. diese Definition von 'Authentizität' als Terminus, der vom Begriff (historischer) ‚Wahrheit' abgekoppelt gedacht werden muß. Rother (1990: 305).

derts den Zugang zu höherer Körper-*Bewußtheit*, d.h. eine Intensivierung der Selbsterfahrungsmöglichkeit durch steigende Reflexivität, etwa im Rahmen von Tanz- und Gestalttherapien (vgl. Peter-Bolaender 1986). Andererseits verfügt modernes Körperbewußtsein auch über eine stärkere gesellschaftliche Disziplinierung des Körpers über steigende Ansprüche von Mode, Sport und Körperbeherrschung im Alltagsleben.

Trotz aller Imaginationsleistungen und Intensivierung von Erfahrungen bleiben jedoch die Grenzen zwischen verschiedenen Inszenierungswelten, insbesondere zwischen Kinowelt und Alltagswelt klar unterscheidbar. Dies hebt die Wahrnehmungssituation des Kinos deutlich von derjenigen des Fernsehens ab. Die Situation des Kinos ist durch eine doppelte Grenze gekennzeichnet. Die erste überschreitet man beim Eintritt in den Saal. Diese Grenze markiert alle Erlebnisse in diesem Raum als zugehörig zu einem eigenen Sinnbereich. Die zweite Grenze innerhalb des Kinos wird durch den scharfen Übergang zwischen Leinwand und dem verdunkelten Saal gezogen. Solange die Kinofaszination besteht, ist diese Grenze nicht bewußt, denn sie markiert eine Grenze zwischen optischer Wahrnehmung und Nicht-Wahrnehmung.

In der Situation „Fernsehen" sind beide Grenzen, die wir beim Kino vorfinden, durchlässig geworden. Die Kommunikationssituation des Fernsehens ist als auferlegte Bewußtseinsspannung räumlich nicht klar von anderen Bereichen der Alltagswelt getrennt. Der Rand des Fernsehbildschirms bildet nur eine schwache Grenze zu anderen Wahrnehmungsebenen. Eine Besonderheit der Fernsehrezeption besteht gerade darin, es sowohl gebannt vom Sessel aus betrachten zu können, aber auch – in größerer Handlungs- und Bewegungsfreiheit – neben dem Fernsehen andere Tätigkeiten verrichten zu können. Die vom Fernseher angebotene ist deshalb „nur" *eine* – wenn auch durch ihre Vielfalt und Abwechslung privilegierte – Wahrnehmungsmöglichkeit unter anderen. Auch das Fernsehen zeichnet sich jedoch durch eine ihm spezifische Form der Inszenierung von „Authentizität" aus. Bei seiner Institutionalisierung im sozialen Alltag der Bundesrepublik erhob das Fernsehen in den 50er Jahren den Anspruch auf eine unverfälschte Wiedergabe der Wirklichkeit, auf die Nähe zum Alltagsleben und auf die Darstellung des „echten Menschen", der als „Ihr Nachbar von nebenan" akzeptiert werden kann.

Die Unterschiede zwischen den Wahrnehmungssituationen Kino und Fernsehen haben Konsequenzen für die Intensität der Wahrnehmung und die Identifikationsmöglichkeiten der Zuschauer. Während sich im Starkult der Kinogrößen die *Inszenierung* von Körperlichkeit in einem eigens für die Zuschauer inszenierten Privatleben fortsetzt, in dem auch die Zurschaustellung ihrer Körper eine große Rolle spielt, wird das Privatleben der Fernsehstars häufig präsentiert als eine Verlängerung der beliebten Rolle, die mit ihrem Gesicht und ihrem Körper identifiziert wird. Humphrey

Bogart und Marilyn Monroe verkörpern in ihren Filmrollen verschiedene Varianten eines bestimmten Persönlichkeitstyps. Larry Hagman und Klaus-Jürgen Wussow verschmelzen für das Fernsehpublikum mit einer spezifischen Rolle und man ist irritiert, wenn sie nicht in der gewohnten „Umgebung" als J.R. in Dallas oder als Professor Brinkmann in der Schwarzwaldklinik auftreten.

4. Institutionalisierung des Fernsehens in den fünfziger Jahren

Bereits Mitte der 30er Jahre wurden vor allem in New York, London und Berlin erste experimentelle Fernsehprogramme ausgestrahlt. Diese ersten Fernsehprogramme konnten jedoch nur von einem exklusiven Kreis von Zuschauern empfangen werden, die bereits ein Gerät für den Heimempfang besaßen, oder sie konnten in öffentlichen Räumen wie Postämtern, Kinos oder Messehallen von einem interessierten Publikum als technische Sensation bestaunt werden (vgl. Elsner/Müller/Spangenberg 1991). Erst in den 50er Jahren vollzog sich der Durchbruch des Fernsehens zum vorherrschenden audio-visuellen Massenmedium der Privathaushalte weltweit mit großer Geschwindigkeit und Breitenwirkung. Der vom Medium provozierte Wandel in den Lebensgewohnheiten wurde begleitet von einem intensiven Gewöhnungsprozeß an neue – fernsehspezifische – Wahrnehmungs- und Handlungsschemata. Schon kurze Zeit nachdem die Tätigkeit des Fernsehens große Teile der alltäglichen Freizeit eines Massenpublikums füllte, war die Erinnerung daran verloren gegangen, welch tiefgreifende Veränderungen im Aufbau des sozialen Wissens damit verbunden waren.

Die Beschäftigung mit dem Fernsehen der 50er Jahre verfolgt daher das Ziel, das *Entstehen* dieser medialen Kommunikationsform aus zeitgenössischen Aussagen und Texten einer historischen Zeit zu rekonstruieren, in der die *Umbrüche* in den Strukturen des Bewußtseins und des sozialen Wissens (gerade) noch erfahrbar sind. Die Beschreibung des Fernsehens unter dem Blickwinkel neu entstehender *Strukturen der Wahrnehmung* sollte aus dieser historischen Perspektive auch die Möglichkeit näherrücken, die – uns schwer zugänglichen – Voraussetzungen unseres eigenen Wahrnehmens und Erkennens unter der Wirkung elektronischer Massenmedien zu umreißen. In Zusammenhang damit sind auch die durch das Fernsehen bewirkten Veränderungen in der Produktion und Verteilung von *sozialem Wissen* – also die Wirkung des Mediums auf die intersubjektiven Konstrukte, die das Weltbild einer Gesellschaft bestimmen – ein Gegenstand dieser Mediengeschichte.

4.1 Mediales Dabei-Sein

Als ein erstes spektakuläres Medien-Ereignis, welches dem Fernsehen der Nachkriegszeit verhalf, seine spezifischen Wirkungseffekte und Leistungen in Szene zu setzen, gilt die Live-Übertragung von der Krönung Elisabeths II. 1953 aus dem Londoner Westminster Abbey. Der *mentale Schock*, Raumgrenzen bei Gleichzeitigkeit des Erlebens überwinden zu können, oder auch, den Wahrnehmungshorizont über körperlich-sensuelle Beschränkungen hinweg durch Echtzeit-Übertragungen von realen Ereignissen erweitern zu können, hinterließ in vielen Textäußerungen und Presseberichten seine Spuren.

Die vom Fernsehen bewirkte Überraschung einer neuen, intensiven Form des „Miterlebens" basierte auf der Erfahrung einer Abtrennung der Wahrnehmungsfunktionen von körperlicher Anwesenheit, ohne das Erlebnis bzw. die Illusion des Dabeiseins einzuschränken. *Die Welt* vom 3. Juni 1953 schrieb zur Fernseh-Übertragung der Krönung:

> „Die Atmosphäre einer festlichen Stadt übertrug sich unmerklich auf den nüchternen Raum, in dem wir saßen. Wir wurden überflutet von dem Jubel aus den Menschenmauern. Und Elizabeth in ihrer goldenen Staatskutsche blickte aus dem Fenster und lächelte. Sie winkte mit der rechten Hand – und es war in diesem Augenblick, als ob dieses Lächeln nur uns allein galt [...] Manchmal vergaß man inmitten dieses faszinierenden Zeremoniells die Technik, die das alles vermittelte. Man vergaß, daß für diese Übermittlung Mikrophone nötig waren, lange Kabel, Scheinwerfer und unzählige Techniker."[11]

Das – genußvolle – Vergessen des technischen Filters hatte für die Zuschauer den Effekt, sich über die Grenzen ihrer Ortsgebundenheit hinweg in *intimer Nähe* an diesem Ereignis beteiligt zu fühlen, was gerade den Live-Effekt des Fernsehens als neue Erlebnisdimension ausmachte. Offenbar hatte man seit der vieldiskutierten, sozialen Teilhabe an jenem gesellschaftlichen Medienereignis auch die Vorzüge der kollektiven Suggestion, des nun akzeptablen *Eindrucks* einer direkten Teilhabe an dem medialen Geschehen *anerkannt*. Als gesellschaftliche Konvention durften die medial vermittelten Bilder der Krönungsfeier als eigene, unmittelbare Wirklichkeit eines erweiterten Wahrnehmungshorizonts betrachtet werden.

In zahlreichen Presseberichten wurden ebenso die Reaktionen auf das neuartige Erlebnis ‚Fußball im Fernsehen' geschildert, die allgemeine Begeisterung kannte kaum Grenzen; das Fernsehen hatte es geschafft, ein Sportspektakel, das traditionell an den Besuch des Stadions als dem Ort seiner Ereignishaftigkeit gebunden war, medial so zu vermitteln, daß die

---

11   Zit. nach Fernsehen. Gestalten – Senden – Schauen. Illustrierte Monatshefte für Fernsehfreunde, 6 (1953): 291.

Illusion des Dabei-Seins entstehen konnte und als akzeptable Form der unmittelbaren Teilnahme empfunden wurde:

> „Der erste Eindruck ist verblüffend genug. Man ist dabei. Da gibt es gar keinen Zweifel. Das Spiel beginnt. Man verfolgt es so, als ob man selber auf irgendeinem der Ränge säße."[12]

Das ungewohnte Erlebnis solchen *medialen Dabei-Seins* hatte offenbar zunächst etwas Sensationelles und Schockierendes. Mit dem beschriebenen Gefühl, etwas zu erleben „als ob", blieb in einer Übergangszeit die Erinnerung an die primäre Wahrnehmungs- und Erfahrungsdimension eines körperlich gebundenen Bewußtseins noch präsent. Dennoch wurde der mit dem Fernsehen verbundene Live-Effekt sehr schnell zur Gewöhnung; die „Sensation des Überall-dabei-sein-könnens"[13] verlor bald ihren überraschenden und befremdlichen Charakter. Für die parlamentarische Berichterstattung sollte das „Fernsehen im Bundestag" die Aufgabe eines „wichtigen Bindemittels" und Kontrollorgans erfüllen „für die Veranschaulichung der Vorgänge des politischen Lebens" und „für das Bekanntmachen zwischen Wählern und Abgeordneten, Staatsbürgern und Regierung"[14].

Mediales Dabei-Sein gewann allmählich denselben Wirklichkeitsakzent und Erlebnisstatus wie Erfahrungsbildungen in persönlicher Interaktion. Eine spezifische Wahrnehmungshaltung gegenüber Fernseh-Live-Ereignissen entstand in Verbindung mit dem Bewußtsein/Wissen von der realen Gleichzeitigkeit medial vermittelter Ereignisse auf dem Bildschirm. Das *Erlebnis von Gleichzeitigkeit*, zu dem die Fernsehansagerinnen oder spezielle Erkennungsmelodien wie die Eurovisionsfanfare ihr Publikum aufforderten, wurde zu einer Wahrnehmungsvoraussetzung vieler Fernsehübertragungen und prägte den vom Zuschauer seinen Wahrnehmungen zugeschriebenen Wirklichkeitsakzent.

Parallel mit ersten Live-Erfahrungen bildete sich ein spezifisches soziales Wissen der Zuschauer über das neue Medium, das von zahlreichen Fernseh-Fibeln, Selbstdarstellungen und nicht zuletzt den Programmzeitschriften mit gestaltet wurde. Der in den 50er Jahren ebenso beliebte wie stereotype Vergleich der Fernsehkameras mit dem menschlichen Auge unterstellte dabei eine Nähe der technisierten, medial vermittelten zur „natürlichen", alltagsweltlichen Realitätswahrnehmung. Nach dieser Vorstellung übernahm die Fernsehkamera quasi stellvertretend für den Menschen die Funktion, sich in der Welt zu bewegen und Wirklichkeit zu betrachten; im Unterschied zu Kino galt Fernsehen als ein Medium, das „echtes Leben"

---

12 Frankfurter Neue Presse, zit. nach Die Ansage. Mitteilungen des NWDR, Nr. 130 (1953): 6.

13 Bischoff, Friedrich: „Das ferngelenkte Bild der Welt". Frankfurter Allgemeine Zeitung, 3.6.1953, Feuilleton.

14 Fernsehen, 1 (1954): 39.

unverfälscht wiedergab, so wie die „Kamera-Augen" es eingefangen hatten[15].

Die Sendung, die den größten Anteil an der Angleichung der Sehge-
wohnheiten eines Massenpublikums hatte, war die „Tagesschau". Indem
sie den Zuschauer zum vermeintlichen „Zeugen" des Tagesgeschehens
machte, erfüllte sie Zuschauererwartungen und strukturierte gleichzeitig
die soziale Zeit. So wurde diese Nachrichtensendung selbst zu einem
wichtigen Ereignis im Tagesablauf ihrer Zuschauer.

> „Wer abends um 8 Uhr über eine Straße in der Bundesrepublik geht, der
> braucht kaum auf die Uhr zu schauen, um zu wissen, wie spät es ist, denn in
> diesem Augenblick wird er sicherlich aus irgendeinem Hause einen ganz be-
> stimmten Fanfarenstoß hören, und er weiß sofort: jetzt beginnt im Fernsehen
> die ‚Tagesschau' " (vgl. Mühlbauer 1959: 49).

4.2 Die Entstehung der Fernseh-Wirklichkeit

Ein weiteres Beschreibungsmuster medialer Wahrnehmung war der ebenfalls sehr populäre Vergleich des Bildschirms mit einem Fenster, der die
Grenze zwischen sozialen Alltagswelten und medial vermittelter Erfahrung verwischt. Der Bildschirm schien demnach keine *Grenze* zu bilden,
die man überwinden mußte.

In Anlehnung an die Theorie von Berger und Luckmann (1969) zur *gesellschaftlichen Konstruktion der Wirklichkeit* lassen sich – im Kontrast zu
Fernsehen – Kino oder Theater als eigenständige Wirklichkeitsbereiche
(*Sinnprovinzen*) mit einem je spezifischen Erlebnisstil auffassen, welche
von der *Lebenswelt des Alltags* als „oberster Wirklichkeit" durch vielfältige
Markierungen abgegrenzt sind; erst durch eine Grenzüberschreitung bzw.
durch einen „Sprung" des Erlebnisstils kann der Übergang in einen anderen, eindeutig bestimmbaren Wirklichkeitsbereich vollzogen werden. Der
Bildschirm – verglichen mit dem Fenster oder sogar dem Auge – präsentiert sich jedoch *nicht* als eine Grenze zwischen verschiedenen, abgeschlos-
senen Wirklichkeitsbereichen, sondern lediglich als eine Binnengrenze innerhalb derselben Wirklichkeitsordnung der Alltagswelt. Eine treffende
Beschreibung des „Fernseh-Wohnzimmers der 50er Jahre" als veränderter
Wirklichkeit, in der Rezeptionssituation und vom Fernsehen vermittelte
Sozialwelt zusammen*treffen*, leistet Claus-Dieter Rath mit seiner Metapher
des „Vexierbilds":

> „Der Raum vor dem Zuschauer bildet eine Art Vexierbild, dessen Realitätsebe-
> nen miteinander verschmelzen – die Personen und die Haustiere im Vorder-
> grund, durch das Fernsehbild im Hintergrund marschierend, das uns Szenen

---

15 Die Ansage, 114 (1953): 6.

aus dem japanischen Alltagsleben zeigt. Fernsehen ist Fließ-Kulisse" (vgl. Rath 1983: 39).

Aus der Mischung von sozialer Alltagswelt und medial rezipierter Welt-wirklichkeit, die oft dem eigenen Körpererleben radikal entzogen ist, kon-stituiert sich die *Fernsehwirklichkeit* zu einer Wirklichkeitsordnung neuen Typs; sie entwickelt sich in Verbindung mit einer sozial erlernten Form der Fernseh-Wahrnehmung. Kennzeichnend für Fernsehwirklichkeit ist die kommunikative Verbindung von bedeutsamen Ereignissen in der Außen-welt und der intim-privaten Rezeptionssituation: die „Verlötung von großem Ereignis und kleinem Zimmer" im Fernsehwohnzimmer der 50er Jahre (vgl. Rath 1983: 39). Dabei hat das prestigereiche Fernseh-Möbel, zum Aufmerksamkeitszentrum der Familie avanciert, als *„negativer Fami-lientisch"* deren Dezentralisierung und „Ex-Zentrik" bewirkt: „Nicht den gemeinsamen *Mittelpunkt* liefert er, vielmehr ersetzt er diesen durch den gemeinsamen Fluchtpunkt der Familie." (Eurich/Würzberg 1980: 41) Mit der Institutionalisierung einer solchen *Anordnung des Sehens*, zusammen mit einer durchlässigen oszillierenden Binnengrenze zwischen wahrge-nommener Alltagswelt und Fernsehwelt, ist *einerseits* die familiäre Alltags-wirklichkeit komplexer geworden. Dies war sicherlich ein erwünschter Effekt im Rahmen bundesdeutscher Nachkriegszeit, die durch eine starke Rückwendung der vitalen Lebensinteressen auf die persönlichen Bereiche des *privaten Daseins* (Familie, Beruf) gekennzeichnet war (vgl. Schelsky 1965). Aus vielen Texten der 50er Jahre läßt sich ein Bewußtsein erkennen, das von einer Spannung ausgeht zwischen a) dem Wissen, daß es kom-plexe, aber unerreichbare Bereiche von Realität gibt, die für die Lebens-welt des Alltags wichtig sind (z.B. Bundestag, Europa, Dritte Welt ...) und b) dem Wissen, daß zu einer Sinnbildung über solche Wirklichkeits-bereiche alltagsweltliche Interaktionen und Kommunikation zu beschränkt sind[16]. Die Fernsehverantwortlichen hatten in diesem gesellschaftlichen Vakuum „sozialer Unwirklichkeit" (Schelsky) schon früh eine Chance gesehen und genutzt, um einen gesellschaftlichen Bedarf und eine kommunikative Funktion für das Fernsehen zu reklamieren. Beispielswei-se argumentierte der Fernsehdirektor des Bayrischen Rundfunks, Clemens Münster, bereits 1955:

> „Die Desintegration, die zunehmende Loslösung und Abschließung der einzel-nen Familie von der Gesamtgesellschaft führt dazu, daß die Familie in bezug auf Informationen im weitesten Sinne des Wortes gefährlich verarmt. [...] Hier ist uns nun die Technik des Fernsehens gerade im richtigen Augenblick in die Hand gegeben worden" (Münster 1955: 38).

---

16 Fernsehen und Familie. Schriftenreihe der Evangelischen Akademie für Rundfunk und Fernsehen, 2 (1955).

Doch trotz der starken familienideologischen Komponente des bundesdeutschen Fernsehens in den Anfangsjahren konnte *andererseits* übersehen
werden, daß der Fernsehkonsum gerade jene – die familiäre Intimität be-
gründenden – Interaktionsmuster allmählich untergrub. Sie wurden über
medienspezifische Sendungsformen, z.B. von der *inszenierten Privatheit* der
Fernseh-Familien *Schölermann* oder *Hesselbach*, medial wieder aufgefüllt.
Mit der von den Programmzeitschriften verbreiteten Metapher der „Gäste
im Heim" eröffneten die Fernsehfamilien eine neue Erlebnisdimension des
Programms: nämlich eine interaktionsähnliche und gefühlsmäßige Beziehung zu Menschen zu entwickeln, die nur vermittelt durch elektronische
Medien erlebt wurden. Mit der Aufforderung von *Hörzu* und *Funkuhr*, die
Schölermanns (präsentiert als „Unsere Nachbarn von Nebenan") zu „Gast
bei Ihnen zu Hause" zu „empfangen", begann die Medienwand des Bildschirms dünner zu werden als die „Nachbarschafts-Wand". Die Erlebnisse
und Sorgen der medialen Familie wurden zu „Erfahrungen, die Millionen
bundesdeutscher Zuschauer teilen" und zum „Tauschobjekt in unzähligen
Gesprächen" (vgl. Rings 1962: 31).

4.3 Medial vermittelte Nähe

In Umkehrung der Blickrichtung auf das Fernsehen als „Ihr Fenster *zur*
Welt" gab es in der Fernsehgerätewerbung der 50er Jahre aber auch das
Versprechen, Fernsehen hole die Welt via Bildschirm *in* die Wohnstuben.
„Die Welt in Deinem Heim" war deshalb das Motto der Funkausstellung
1953. Neu entwickelte Programmformen brachten beide Kommunikations-
und Wirkungsrichtungen des Fernsehens zur Geltung; eine besondere Rolle spielten dabei die neuen Unterhaltungsshows wie z. B. das beliebte „1:0
für Sie" mit Peter Frankenfeld. Parallel zur Inszenierungstechnik der Spiel-
shows konnte der Zuschauer beide Bewegungsrichtungen – der Bildschirm öffnet den Blick auf die Welt oder er bringt die Welt ins Haus –
gleichzeitig präsent halten und zwischen ihnen wechseln. Die Möglichkeit
des Zuschauers, sich als *Beobachter* eines außenliegenden Geschehens zu
erfahren oder aber sich mit dem Geschehen, das in seine Wohnstube
kommt, zu *identifizieren*, gehört zu den spezifischen Sinnbildungsleistun-
gen des Zuschauers vor dem Fernseher. Die Sichtbarmachung der besonderen Kommunikationsmöglichkeiten des *Fernsehens* mit solchen populären Sendungsformen verhalf dem neuen Medium und seinem Programm
zur Institutionalisierung im Alltag und machte Peter Frankenfeld zum
unbestrittenen Fernseh-Star der 50er Jahre.

Als neuer Spielleiter im Fernsehen hatte es Frankenfeld verstanden,
sowohl die Zuschauer vor dem Bildschirm als auch das anwesende Saalpublikum im Studio während des Spielablaufs direkt anzusprechen. Die
zufällige Auswahl der Kandidaten aus dem Saalpublikum und die Live-

Atmosphäre in der Stadthalle schufen eine Lebendigkeit des Spiels, unter deren Wirkung sich auch die Zuschauer daheim – in Anschluß an (frühere) Erfahrungen körperlicher Teilnahme – *präsent* fühlen konnten. Die Nahaufnahmen der Fernsehkameras produzierten zudem einen Effekt menschlicher Nähe auf den Bildschirmen und einen verblüffenden Eindruck von Intimität, der zuvor auf unmittelbare physische Gegenwart am selben Ort und sogar auf private Interaktion beschränkt gewesen war. Die Fernsehzuschauer zu Hause fühlten sich daher „ihrem" Peter Frankenfeld genauso nah oder sogar noch näher als das anwesende Saalpublikum in der Stadthalle. Die spezifische Intimitätsbeziehung von Fernsehstars auf ihr Millionenpublikum haben die amerikanischen Wissenschaftler Horton und Wohl 1956 als „para-soziale Interaktion" bezeichnet, die psychologisch einer Begegnung von Angesicht zu Angesicht ähnelt (vgl. Horton/ Wohl 1956).

Die Fernsehwirklichkeit, in der sich mit neuen mediengerechten Sendungstypen zunächst heimische Privatheit und Sendungssituation angenähert hatten, begann eine neue Sphäre der Interaktion – *zwischen* den überkommenen Polen der Öffentlichkeit und Privatheit – zu konstituieren. Seitdem sich der Zuschauer als privilegierter Augenzeuge des vom Fernsehen gelieferten Weltgeschehens betrachtet, ist das Medium zu einem Wahrnehmungshorizont geworden, der unsere Konstrukte von Wirklichkeit beherrscht. Das Fernsehen hat sich im Bewußtsein eingenistet und unsere Wahrnehmungswelt so nachhaltig geprägt, daß es kein Zurück zu einer Zeit vor dem Fernsehen mehr geben kann. Es hat sich als privilegierte Form des Sehens und Erlebens etabliert. Der mit unserer Wahrnehmung eng verbundene, gleichsam *angewachsene Fernseher* im Kopf läßt sich kollektiv nicht mehr abschalten.

Zugleich hat sich unser – medial vermitteltes – Weltbild seit den 50er Jahren entscheidend gewandelt. Ein wichtiger Schritt weg von der Vorstellung der einen Weltwirklichkeit – repräsentiert durch das Bild des Globus vor den „Augen" der Fernsehkameras – hin zu einer Tendenz der Aufsplitterung des Welterlebens war erreicht mit der Einführung eines zweiten, zeitlich parallel sendenden Fernsehprogramms. Seitdem haben sich auch die vom Fernsehen vermittelten Weltbilder vervielfältigt: „die eine Welt", wie sie sich dem in gespannter Erwartung im Wohnzimmer versammelten Fernsehpublikum der 50er Jahre darbot, ist für den Zuschauer zu Beginn der 90er Jahre, der mit der Fernbedienung zwischen vielen Programmen hin und her springen kann, schon längst zu unzähligen „Weltsplittern" zersprungen. Die durch das Medium Fernsehen beeinflußten Konstruktionen von Wirklichkeit sind irritierender oder komplexer geworden. Das wird Folgen haben sowohl für die Ebene des individuellen Bewußtseins als auch für die Struktur der gesellschaftlichen Kommunikation.

KLAUS MERTEN / JOACHIM WESTERBARKEY

Public Opinion und Public Relations

Genauso wirklich wie die Tatsachen
sind die Vorstellungen von den Tatsachen.
Epiktet

1. Aufriß

Die Evolution von Kommunikation hat im 20. Jahrhundert nicht nur doppelt so viele Medien erzeugt wie in der gesamten Zeit davor (→ II, Merten), sondern sie hat auch zur weiteren Ausdifferenzierung des Kommunikationssystems selbst geführt, die, weit weniger als die Evolution der Medien ins Blickfeld geraten, gleichwohl erheblichen Einfluß auf Kommunikation in der Mediengesellschaft ausübt: Die Rede ist von den kommunikativen Subsystemen *Öffentliche Meinung und Public Relations*, die sich auf dem Rücken der Evolution von Öffentlichkeit entwickelt haben.

Beide Systeme sind bislang vorwiegend phänotypisch und damit unzureichend analysiert worden: Die reine Deskription führt dazu, daß z.B. auf der Ebene der Begriffsbildung stets ein unfruchtbarer Streit um „richtige" Definitionen entsteht (vgl. statt anderer Ronneberger/Rühl 1992: 24 ff. sowie generell Merten 1977a: 26 ff.).

Fruchtbarer erscheint es jedoch, die Ausdifferenzierung dieser Subsysteme zunächst an der Kategorie der *Öffentlichkeit* festzumachen. Dahinter steht, theoretisch gesprochen, die konstruktivistisch als sinnvoll und notwendig begreifbare Entwicklung fiktionaler Strukturen und deren faktische Instrumentalisierung. Es ist offensichtlich weniger aufgefallen, daß nicht nur der Zuwachs an Medien und Medienkonsum die Mediengesellschaft prägen, sondern daß sich weitere Differenzierungen auf einer ganz anderen Ebene eingestellt haben, die hier als *Zunahme fiktionaler Struktur* bezeichnet werden soll und die sich quer durch alle gesellschaftlichen Teilsysteme hindurchzieht: Konnte man Naturalien noch anfassen oder gar essen, so kann man an den Wert von Geld nur noch glauben. War das Geld lange Zeit noch aus Gold und daher seinen Preis „wert", so ist Geld heute nur ein Zahlungsversprechen, an das man glauben *muß*. Die Gesellschaft hat sich tendenziell auf die Nichtnachprüfbarkeit von Behauptungen aller Art eingerichtet, möglicherweise deshalb, weil sie auf der anderen Seite gelernt hat, die *Faktizität nichtwahrnehmbarer Ereignisse und Gefahren* ernst zu nehmen: Elektrische Energie, Strahlung, Viren oder toxische

Substanzen sind nicht wahrnehmbar (vgl. Beck 1986). Und umgekehrt: Warnungen vor kommenden Ereignissen – Unwetter, Stau im Straßenverkehr oder Aids – werden und müssen vom einzelnen auch dann ernst genommen werden, wenn er selbst keinerlei reale Hinweise dafür ausmachen kann.

Diese Zunahme fiktionaler Strukturen und die taktische Möglichkeit, sie funktional zu nutzen, läßt sich für das Kommunikationssystem durchgängig nachweisen: Den Anfang hat die Erfindung der Sprache gemacht, indem dort an die Stelle authentischen, beobachtbaren Verhaltens nun in Sprache gefaßte Wirklichkeiten modelliert werden, die jedoch auf Wirklichkeit referieren und ernst genommen werden müssen. Gerade deshalb war es notwendig, die Wahrheit sprachlicher Äußerungen durch geeignete Maßnahmen, die sämtlich eine reflexive Struktur installieren – z.B. das Schwören von Eiden – zu befestigen. Die Erfindung der Medien erzeugt einen weiteren Typus „berichteter Wirklichkeit", der als solcher, wie noch zu zeigen sein wird, wieder Modellcharakter für die Rezipienten hat.

Ausgangspunkt ist die evolutionäre Differenzierung von Gesellschaften, die den Stellenwert ihrer Teilsysteme offensichtlich ständig zugunsten des Mediensystems relativiert (vgl. Luhmann 1987: 32 ff.). Typisiert man Gesellschaften in drei Epochen und fragt nach den jeweiligen gesellschaftlichen Hauptproblemen (vgl. Bell 1976), so ergibt sich das in Tabelle 1 wiedergegebene Bild.

In der *Agrargesellschaft* liegt das Hauptproblem im Transport von Materie; die Lösung dafür ist die Vernetzung von Wegen. Die Produktion von Gütern wird vor allem durch das kollektive Handeln als Jäger oder Bauer, später durch das in Zünften organisierte Handwerk betrieben, dessen Ort für Produktion und Vertrieb mehr oder minder identisch ist: Der Kunde kann im Vergleich alle Produkte aller Anbieter am gleichen Ort begutachten, so daß Werbung nicht nur überflüssig, sondern oft sogar untersagt ist. Kommunikation wird fast ausschließlich face-to-face betrieben.

Das Hauptproblem der *Industriegesellschaft* besteht im Transport von Energie, die Lösung heißt Energieverbundnetz (Hochspannungsnetze, Pipelines, Laserrichtstrahlstrecken etc.); die Produktion wandert vom Handwerk ab in die Fabriken, die funktional und auf sich gestellt regional produzieren; der Ort der Produktion und des Vertriebes fallen auseinander: Es entstehen Verkaufsstellen resp. Filialen, die Bezahlung in Naturalien entfällt völlig zugunsten eines abstrakten Tauschmediums: Geld.

Tabelle 1: Strukturvergleich von Gesellschaften in drei Epochen

Kennzei-chen/Gesellschaft	Haupt-problem	Problem-Lösung	Produk-tion	Vertrieb	Kommu-nikation
Agrarge-sellschaft	Trans-port von Materie	Vernetzung von Wegen	Hand-werk, segmentär, in Zünften, lokal	Markt, face-to-face, (Natural-Tausch)	face-to-face Bild
Industrie-gesell-schaft	Trans-port von Energie	Vernetzung von Energie	Fabrik, funktional diffe-renziert, regional	Markt, Filiale/Büro, Geld	face-to-face, Presse, Film
Postindu-strielle Gesell-schaft	Trans-port von Informa-tion	Vernetzung von Infor-ma-tion/Kom-munikation	Konzerne funktional diffe-renziert, internatio-nal	Bestell-markt, Versand-haus/Ka-taloge, Überwei-sung	face-to-face, Presse, elektro-nische Medien, PR

Öffentlichkeit als wechselseitig unterstellbare Wahrnehmbarkeit füreinan-der verliert in der Industriegesellschaft an Stellenwert. Aus diesem Defizit heraus muß man den evolutionären Druck auf Ersatz – nämlich auf die Erfindung der Printmedien hin – würdigen: In Zeitschriften und Zeitun-gen *veröffentlichte* Meinungen geben nun ein Surrogat früher qua Anwe-senheit möglicher Gemeinsamkeiten in Bezug auf bestimmte Themata wie-der. Dies hat natürlich den Nachteil, daß die Authentizität gemeinsam geteilter Entscheidungen bzw. Ansichten nicht mehr gegeben ist. Der Vor-teil liegt auf der anderen Seite darin, daß eine Pluralität von Meinungen befördert wird und anhand der temporal sich verändernden Präferenz für bestimmte Perspektiven in der Behandlung bestimmter Themen zudem *Mehrheitsmeinungen* sichtbar werden. Öffentliche Meinung besitzt also be-reits hier eine doppelte Fiktionalität: Eine Meinung ist erstens indifferent gegen Wahrheit bzw. gegen die Faktizität zugrundeliegender Tatsachen, und zweitens wird die reale Anwesenheit der diese äußernden Personen durch die Unterstellung von Anwesenheit ersetzt.

Die *postindustrielle Gesellschaft* sieht ihr Hauptproblem nach Bell (1976) im Transport von Information, das durch Vernetzung von Kommuni-kation gelöst wird: Die Vernetzung von Telefon, Telex, Fax und anderen

Medien stellt die Antwort auf das Problem dar. Die Produktion erfolgt
nochmals anonymer in Konzernen, die nationale und internationale Ver-
triebsnetze aufbauen; der Kauf von Gütern wird mehr und mehr über
Medien (z.B. durch Anzeigen oder Kataloge) vollzogen, und auch die Bezahlung durch Bargeld wird durch kommunikative Lösungen (der Scheck
als Zahlungsversprechen bzw. die Scheckkarte als Vertrauensvorschuß)
ersetzt. Das moderne Kommunikationssystem umfaßt neben den klassischen Printmedien nun insbesondere die elektronischen Medien, die sowohl personen- (Telefon, Fax etc.) als als auch aktualitätsbezogen eine fast
vollkommene Unabhängigkeit von räumlichen und zeitlichen Distanzen
sicherstellen.

Paradoxerweise stellt nun gerade die Versorgung mit Information in
der postindustriellen Gesellschaft den wichtigsten Engpaß dar. Dies ergibt
sich aus der Diskontinuität zwischen Differenzierung von gesellschaftlichen Teilsystemen (bzw. dem Anwachsen von Orten, Organisationen und
Populationen etc.) und der daraus erwachsenden, durch Kommunikation
aufzubringenden Integrationsleistung: Wenn die Differenzierung linear in
n Teilsysteme erfolgt, dann können für die Integration die Relationen zwischen diesen Teilsystemen genutzt werden, die zahlenmäßig als Term z
mit $z=n(n-1)/2$ quadratisch mit der Zahl n der Teilsystem anwachsen und
damit eben jenen Engpaß an Information erzeugen[1].

Oder anders gesagt: Das Kommunikationssystem von Gesellschaften
wird *immer* schneller wachsen als alle anderen gesellschaftlichen Teilsysteme. Genau aus diesem Grunde ist es berechtigt, die postindustrielle Gesellschaft als *Mediengesellschaft* zu bezeichnen: Die Ausdifferenzierung der
Gesellschaft weist dem Kommunikationssystem nun eine neue und in Bezug auf Relevanz ständig wachsende Funktion zu, so daß dieses heute
längst zum führenden Teilsystem evolviert ist: Kein Wahlkampf, kein Absatz, kein Sport und keine Kunst ist heute ohne Medien mehr möglich. Die
zu beobachtende Evolution von Kommunikation spricht hier eine beredte
Sprache, denn ihr Wachstum *beschleunigt* sich – heute mehr denn je – ohne
daß ein Ende absehbar wäre: Binnen 30 Jahren, von 1960 bis 1990, hat sich
das Informationsangebot allein der klassischen Medien Zeitung, Zeitschrift, Hörfunk und Fernsehen um etwa das Dreißigfache (3000%) vergrößert (vgl. Merten et al. 1996).

Öffentlichkeit als Anwesenheit einander bekannter Personen ist in der
postindustriellen Gesellschaft allenfalls marginal herstellbar: Im Gerichts-
saal, bei der Zusammenkunft von Verwandten oder Kollegen. Auch die
Kategorie der Massenveranstaltung widerspricht dieser Feststellung nicht,

---

1   Daß die Zahl der Relationen sehr groß werden kann im Vergleich zu den zugrundeliegen-
    den absoluten Größen, gibt einen wichtigen Fingerzeig für die Vergrößerung von Struktur-
    reichtum, den Systeme, wenn sie ihre *Komplexität* steigern wollen, gehen müssen: Kom-
    plexität wird grundsätzlich über Relationierung gesteigert.

denn genau dort ist die wechselseitige Kenntnis voneinander nicht mehr gegeben. Folgerichtig hat sich der Einfluß der öffentlichen Meinung weiter vergrößert – ersichtlich vor allem im politischen System, aber auch bei Erscheinungen wie gesellschaftlichen Moden, Vorlieben und Verhaltensweisen: Öffentliche Meinung bezieht sich, wie man gerade an der Entwicklung des *Meinungsführers* von einer persönlich bekannten Person zu einer virtuellen, nur aus den Medien bekannten Person nachweisen kann (vgl. Merten 1995c), noch mehr auf Fiktionen als auf Fakten. Und da den Medien analog eine viel stärkere Rolle bei der Konstruktion von Wirklichkeit zugefallen ist, hat es der Rezipient in der Mediengesellschaft längst gelernt, *Fiktionen* operativ für reales Handeln einzusetzen.

2. Geheimnisse

Die Kategorie der Öffentlichkeit läßt sich sinnvoll nach dem heuristischen Prinzip, wonach man die Regel am besten an der Ausnahme erkennt, untersuchen. Daher wird im folgenden zunächst das genaue Gegenteil von Öffentlichkeit, nämlich Geheimnis und Geheimhaltung beschrieben.

Nach Simmel (^{5}1968) beruht jede menschliche Gemeinschaft auf einem Spannungsverhältnis zwischen Wissen und Nichtwissen voneinander, zwischen Offenbaren und Geheimhalten. Simmel hält Geheimnisse sogar für notwendige Bestandteile sozialer Beziehungen, schaffen sie doch lebenswichtige Distanzen (Simmel ^{5}1968: 271 f.). Geheimnisse sind also Phänomene, die aus zwischenmenschlichem Verhalten resultieren: Nicht etwa das, was man nicht weiß, ist ein Geheimnis, sondern das, was einem vorenthalten wird. Daraus folgt, daß Mysterien keine Geheimnisse sind, sondern allenfalls Rätsel, die wir nicht lösen können. Geheimnisse aber sind *soziale* Phänomene. Im Klartext: Ein Geheimnis besteht immer dann, wenn mindestens *eine* Person von einer Information ausgeschlossen wird, deren Kenntnis sie objektiv beansprucht.

Notwendige Geheimniskriterien sind also eine einseitige Mitteilungserwartung und die Negation von Mitteilung: Geheimhaltung ist Nicht-Information wider Erwarten. Diese Definition verdeutlicht einerseits, daß Geheimnisse nicht Zustände oder Ereignisse allein betreffen, sondern immer auch soziale Beziehungen. Außerdem wird klar, daß Geheimnisse nicht auf der *Zahl* jeweils Nichtwissender beruhen, sondern auf der erfolgreichen Verhinderung *spezifischen* Nachrichtenempfangs. Bleibt auch nur ein einziger in Unkenntnis, der etwas nicht wissen soll oder will, das ihn betrifft, so ist ein Geheimnis (zumindest ihm gegenüber) gewahrt. Stok nennt den ersten Fall übrigens „Retention" und den zweiten „Aussperrung" (im Sinne von Ignoranz; vgl. Stok 1929: 4 ff.).

Um das mögliche Wissen Ausgeschlossener um ihren Ausschluß auf den Begriff zu bringen, unterscheidet Sievers einfache Geheimhaltung von reflexiver (vgl. Sievers 1974: 26 ff.). Im ersten Fall bleibt nur der Inhalt einer potentiellen Mitteilung verborgen, im zweiten auch die Tatsache der Geheimhaltung selbst, also der Umstand, daß überhaupt ein Geheimnis besteht. Beide Varianten beeinflussen erheblich situative Handlungskontexte, denn die Entscheidung darüber, ob anderen etwas mitgeteilt werden soll oder nicht, ist unter Kommunikationsfragen vorrangig, und zwar umso mehr, je wichtiger der Inhalt für einen Kommunikanten oder ein Kommunikationssystem ist.

2.1 Masken

Bereits Freud (1960) stellt fest, daß wir uns gar nicht restlos mitteilen können, selbst wenn wir es wollten, da uns seelische Barrieren daran hindern. Aber wir *sollten* es wohl auch nicht versuchen, denn zuviel Offenheit gefährdet Beziehungen bekanntlich ebenso wie Mißtrauen, und nicht umsonst heißt es im Volksmund „Was ich nicht weiß, macht mich nicht heiß". Von Natur aus ist ohnehin jeder daran interessiert, intime Gefühle, Gedanken und andere exklusiv beanspruchte persönliche Reservate vor dem Einblick und Zugriff anderer zu schützen, und dieser Anspruch wird uns gemeinhin auch rechtlich zugesichert. Um ihn zu verwirklichen, ohne uns zu isolieren, spielen wir akzeptable Rollen, tragen also soziale Masken, hinter denen sensible Aspekte unseres Selbst verborgen werden können. Ein Minimum an gegenseitiger Täuschung ist daher unvermeidlich, und alle, denen „milde" Beziehungen am Herzen liegen, akzeptieren dies und helfen einander sogar durch taktvolle Diskretion dabei – vorausgesetzt, sie können darauf vertrauen, in wichtigen Belangen nicht betrogen zu werden (vgl. McCall/Simmons 1974: 206).

Dauerhafte Täuschung setzt allerdings jene doppelte, *reflexive* Geheimhaltung voraus, also die Verheimlichung der Tatsache, daß man ein Geheimnis hat. Das *einfache* Geheimnis resultiert dagegen aus der expliziten Verweigerung von Auskunft, und diese wird auch gern genutzt, um auf sich aufmerksam zu machen, zu imponieren oder die Spannung einer Geschichte oder einer Beziehung zu steigern. Schon Kinder machen sich mit dem Spruch „Ich weiß etwas, das du nicht weißt!" interessant und begreifen bald, daß exklusives Wissen Prestige und Macht begründen hilft und daß sich mancher leicht „bluffen" läßt, wenn man geheimnisvoll tut.

2.2 Systemgeheimnisse

Durch gesellschaftliche Differenzierung und Formalisierung von Beziehungen entstehen zwangsläufig Systemgeheimnisse. Sie sind zugleich Folge und Vehikel sozialer Komplexität und Organsiation, die Kommunikation von extremer Selektivität erfordern und fördern. Für Nicht-Eingeweihte bilden sie „böhmische Dörfer", auch wenn keine absichtliche Geheimhaltung betrieben wird. Statt einer gesamtgesellschaftlichen Öffentlichkeit potenzieren sich mithin Teilöffentlichkeiten, strukturiert durch ökonomische, fachliche, politische oder persönliche Interessen. Resultat ist ein vielschichtiges Geflecht wechselseitiger Abhängigkeiten, in dem kaum noch jemand das Sonderwissen eines anderen kennt und kontrollieren kann (vgl. Simmel 1968: 275).

Solche *funktionalen* Geheimnisse sind allgegenwärtig, sowohl institutionell wie instrumentell, kognitiv wie emotional, denn sie resultieren bereits aus jeder temporären Abschottung gegenüber externen Kommunikationspartnern. Dennoch wird den Mitgliedern der meisten Organisationen die Geheimhaltung bestimmter Interna ausdrücklich vorgeschrieben. Um zu vermeiden, daß schwerwiegende inkonsistente Fakten veröffentlicht werden, werden Loyalität und diszipliniertes Außenverhalten verlangt, wobei der *Präventivschutz* von Informationen (also ihre Geheimhaltung oder zumindest die Verhinderung ihrer publizistischen Verwertung) nach wie vor als sicherstes Mittel gilt (vgl. Donohue/Tichenor/Olien 1972: 41). Zu diesem Schluß führt bereits die schlichte Erkenntnis, daß nachträgliche Sanktionen im speziellen Fall wenig nützen, weil Veröffentlichungen eben nicht mehr rückgängig zu machen sind.

Damit wird die oft postulierte Kontrollfunktion der Medien auf Bereiche beschränkt, die den Kontrolleuren freiwillig zugänglich gemacht werden oder die gelegentlich durch Indiskretionen zutagetreten. Hinzu kommt, daß es der tägliche Zwang zum hochselektiven Umgang mit Quellen und Nachrichten wohl nirgends erlaubt, alle Hintergründe auszuleuchten. So kann niemand mehr ausmachen, welcher Anteil seines Nichtwissens durch gezielte Geheimhaltung verursacht wird.

Übrigens beunruhigen uns funktionale Geheimnisse weit weniger als intentionale, denn wir kompensieren die hohe Wahrscheinlichkeit, nicht ausreichend oder irreführend informiert zu werden, durch ein fundamentales Systemvertrauen. Gleichwohl implizieren Selektivität und interessenbedingte Perspektivität jeder Kommunikation genau das, was Habermas systemische Verzerrung oder gar Manipulation nennt, nämlich Mißverständnisse und (Selbst-)Täuschungen (vgl. Habermas 1981: 446).

2.3 Machtfragen

Geheimnisse sind gesellschaftlich in Verruf geraten, kaum daß Niccolò Machiavelli seinem „Principe" (1513) geraten hatte, sie als Regierungskunst zu pflegen. Die entscheidenden Anstöße dazu kamen aus der europäischen Aufklärungsbewegung, für deren Verfechter jede Geheimhaltung bedrohlich war, die machtorientiert betrieben und organisiert wurde. Demokratische Prinzipien vertragen sich nun einmal schlecht mit dieser Methode absolutistischer Staatsraison, die schon George Washington als Praxis der Desinformation verurteilt hat. Ihre negative Bewertung hinderte das räsonnierende Bürgertum nach zwei Jahrhunderten allerdings nicht daran, sich in Geheimbünden zusammenzuschließen, später einen umfangreichen Katalog von Berufs-, Amts-, Staats- und anderen Geheimnissen gesetzlich zu verankern und heute noch Geheimdienste zu unterhalten.

Spätestens Max Weber hat klargestellt, daß auch in bürgerlichen Institutionen die Maxime gilt, durch Geheimhaltung von Kenntnissen und Absichten Macht zu gewinnen, zu erhalten und zu steigern (vgl. Weber [5]1972: 548). Der strukturelle Vorteil straffer Organisation vergrößert sich nämlich noch durch Betriebsgeheimnisse, sei es, um Ressourcen zu sichern, Handlungsspielräume zu erweitern oder Profitchancen zu mehren. Deshalb signalisieren verschärfte Geheimhaltungsvorschriften gewöhnlich besonders expansive Machtansprüche oder Befürchtungen ihrer Bedrohtheit. *Sachlich* geht es dabei häufig um Ziele und Pläne, Strategien und Methoden, manchmal auch um bestimmte Vorgänge. In *sozialer* Dimension sind es z.B. Konzessionen an fremde Interessen, also Kompromisse, deren Zustandekommen oft sogar vor Mitgliedern oder Sympathisanten verborgen bleiben soll, und *normativ* verfallen zumeist nichtlegitimierbare Verhältnisse jener taktischen Nicht-Öffentlichkeit, zu der auch Informationen über die Systemvergangenheit gehören können. Und da normative Geheimnisse in der Regel reflexiv behandelt werden, ist wiederum von außen kaum zu durchschauen, ob überhaupt Geheimhaltung betrieben wird (Sievers 1974: 56 ff.).

2.4 Funktion von Geheimnissen

So ambivalent wie die Bewertung sind auch die Funktionen von Geheimnissen: Sie schließen ein und aus, sie schützen und bedrohen, und ihr Verrat kann bestraft oder belohnt werden, je nachdem, wem er schadet oder nützt. Exklusives Wissen kann Macht schaffen und steigern, macht andere aber auch aufmerksam und zudringlich. Deshalb sind Geheimnisse ein häufiger Anlaß zur Kommunikation und entfalten sich im Klatsch zu einem äußerst beliebten Gesellschaftsspiel. Vor allem normativ brisante Geheimnisse verlocken fast unwiderstehlich dazu, ausgeplaudert zu werden, „durchzusickern" und (gewöhnlich als Gerüchte) in Umlauf zu geraten. Neugier ist eine mächtige Verbündete menschlicher Konversation, und der *Enthüllungsjournalist* verdankt ihr seine Existenz, ganz gleich, ob er sich auf politische Skandale oder Prominentenaffären spezialisiert hat.

Geheimes erscheint eben meistens *möglichkeitsreicher* als Bekanntes, und eine erregende Mischung aus Begierden und Befürchtungen, aus Hoffnung und Angst beflügelt unsere Phantasie: Das Publikum wähnt hinter

den Fassaden Außergewöhnliches und schätzt die Spannung wohlkalku-
lierter Versteckspiele. Ungezählt sind daher die Bücher, Bühnenstücke,
Kassetten und Filme, die ihren Erfolg vor allem dem dramaturgischen
Spiel mit Verborgenem, Verschworenem oder Phantastischem verdanken.
So blüht der Handel mit Geheimnissen in allen Medien: Die Unterstellbarkeit attraktiver Inhalte und überraschender Erfahrungen macht sie zu pro-
fitablen publizistischen Themen von zeitloser Aktualität (vgl. Westerbarkey 1991a: 171 ff.).

3. Öffentlichkeit

3.1 Segmentäre Öffentlichkeit

Mit dem Geheimnisbegriff hat sich auch sein faktischer und normativer
Widerpart „Öffentlichkeit" dialektisch entwickelt und verändert, dessen
Wortverwendung allerdings fast ebenso vieldeutig geblieben ist wie umgangssprachlich. Besonders problematisch ist die Gleichsetzung von Öffentlichkeit und Gesellschaft, da sie irrtümlich ein geschlossenes gesellschaftliches Kommunikationssystem unterstellt. Aber auch ihre Identifizierung mit Markt, Staat, Volk oder Welt tradiert das vorfindliche Sprach-
dilemma, das zur völligen Konfusion führt, wenn man publizistische Medien als Repräsentanten von Öffentlichkeit bezeichnet oder wenn man
nach der Maxime einer „grundsätzlichen Zugänglichkeit für jedermann"
der Utopie einer Totalöffentlichkeit das Wort redet. Verständnis für diese
terminologischen Wirren können allein Analysen der historischen Entwicklung von Gegenstand und Begriff vermitteln.

Antike Öffentlichkeit entfaltet sich politisch in der Stadt als einer fest
umgrenzten Einrichtung gemeinsamer Plätze, Pläne und Themen. Noch
im Mittelalter war der kollektive Vollzug gemeinschaftlicher Angelegenheiten eine so selbstverständliche Tradition, daß eine explizite Kategorie
„Öffentlichkeit" entbehrlich war: Was vor „allen Leuten" bestand und geschah, war eben öffentlich. Charakteristisch ist, daß es dort relativ wenig
Gebäude für die Erfüllung von Aufgaben gab, die alle betrafen: Verkauf
von Waren, Amtshandlungen und die Verhandlung von Rechtsstreitigkei-
ten fanden möglichst im Freien statt, damit jeder daran teilnehmen konnte,
sei es als aktiv Mitwirkender oder als Zuschauer. Entscheidend für den
Tatbestand des Öffentlichen war neben Anwesenheit nämlich vor allem
visuelle Wahrnehmbarkeit; Gemeinschaftsangelegenheiten sollten deshalb
tagsüber geregelt werden. Faktisch sicherte aber allein das „Dingvolk" die
Öffentlichkeit von Verfahren: Leute, die beispielsweise an einem Fall interessiert waren und kommen konnten, bildeten einen Kreis, den besonderen
„Umstand" eines Prozesses. Öffentlichkeit meinte also keineswegs die

Teilnahme aller, sondern lediglich kommunal begrenzte Anwesenheit unter optimalen Wahrnehmungsbedingungen (vgl. Hölscher 1979: 136).

Was später zu einem diffusen Schlagwort bürgerlicher Aufklärung und Staatstheorie wurde, war hier also noch klar strukturiert, und zwar durch enge regionale Grenzen. Nostalgie ist deshalb unangebracht, denn Fremde hatten dort nichts zu suchen. Sie hätten wohl auch wenig davon gehabt, konnten sie doch mangels situativer Kenntnisse kaum beurteilen, worum es ging, wenn sie überhaupt rechtzeitig erscheinen konnten und die Sprache verstanden.

3.2 Bürgerliche Öffentlichkeit

Folglich hatten die meisten Menschen zunächst nur geringe Chancen, sich über Ereignisse und Themen außerhalb ihres engeren Lebensraums zu informieren, während sich später ihr Interesse zunehmend auf *funktionale* Spezifika konzentriert. Durch fortschreitende Differenzierung und Spezialisierung entstehen nun immer neue Kommunikationsbarrieren, die auch Tendenzen sozialer Exklusivität und Privilegierung begünstigen.

Hölscher vermutet, daß die Nominalisierung von „öffentlich" mit der juristischen Professionalisierung im Spätmittelalter zusammenfällt, durch die viele traditionelle Gepflogenheiten ihre Selbstverständlichkeit und Relevanz verlieren: Das Adjektiv „öffentlich" kennzeichnet zunächst die repräsentativen Feudalmächte Kirche, Fürstentum und Herrenstände sowie alle von diesen mit Autorität ausgestatteten Personen, seit dem 16. Jahrhundert aber auch andere Lebensbereiche, die formalrechtlich erfaßt wurden („öffentliche Angelegenheiten"). Seitdem meint „öffentliche Gewalt" nicht etwa das Gegenteil von heimlicher, sondern die legale Gewalt einer Obrigkeit, und bald wird „öffentlich" zum Synonym von staatlich: „Öffentliches Recht" nimmt in der zweiten Hälfte des 17. Jahrhunderts die Bedeutung „Staatsrecht" an, während Religion, fürstliche Höfe und bürgerliche Wirtschaft allmählich als Bereiche privater Autonomie ausgegrenzt werden (vgl. Hölscher 1979: 118 ff.).

Als Substantiv taucht „Öffentlichkeit" erst im 18. Jahrhundert auf und wird mit einer Vielzahl positiver Konnotationen befrachtet: „Öffentlichkeit" meint eine liberale Idee, ein ethisches Gebot, ein politisches Recht oder „das freie Volk" selbst, und was sich der öffentlichen Kritik entzieht wie alles Heimliche, wird als unmoralisch diskreditiert. Schon 1813 assoziieren deutsche Demokraten und Republikaner mit „Öffentlichkeit" untrennbar „Freiheit" als abzusicherndes Verfassungsrecht, und mit zunehmender Verallgemeinerung wird „Öffentlichkeit" zum Schlagwort, das ein nationales Gemeinschaftsgefühl signalisiert, zur Vorstellung einer soziokulturellen Handlungseinheit und eines gesellschaftlichen Personenverbandes, die Mitte des 19. Jahrhunderts in die Organismusmetapher mündet: „Öffentlichkeit" wird als Blut, Nerven- oder Lebensstrom oder gar „Gesundheitsferment" bezeichnet, das eine disparate Volksmasse in ein organisches Ganzes verwandelt. So avanciert der Begriff zur Strukturkategorie moderner politischer Systeme, wobei er allmählich die moralischen Konnotationen der Aufklärung verliert: Gesellschaft und Staat werden schließlich pauschal als „öffentliches Leben" bezeichnet (vgl. Hölscher 1979: 137 ff.).

Heute verweisen unterschiedliche Bedeutungszuweisungen vor allem auf verschiedene Disziplinen und Praxisfelder: Juristen interessiert der Aspekt der allgemeinen Zugänglichkeit, Politologen fragen nach Partizipationschancen, Soziologen problematisieren Mitgliedschaft und die System-Umwelt-Perspektive, Meinungsforscher suchen nach Mehrheiten und Kommunikationswissenschaftler denken an konkrete oder potentielle Publika. Folglich meint der Begriff hier Offenheit, dort Wähler, Kunden oder Klienten, hier Gesellschaft, dort Publizität oder gar „die Presse".

3.3 Virtuelle Öffentlichkeit

Erst in jüngerer Zeit gibt es tragfähige Ansätze zu einer kommunikationstheoretischen Präzisierung des Begriffs, namentlich Luhmanns Konstrukt einer „Unterstellbarkeit der Akzeptiertheit von Themen" (Luhmann 1979b: 44). Es stellt einen doppelten Sinnbezug zu Teilnehmern und Inhalten her und legt außerdem seine soziale Reflexivität nahe; denn da die Akzeptanz von Themen immer erst im Nachhinein festgestellt werden kann, muß sie anderen unterstellt werden, wenn aktuelle Öffentlichkeit gemeint ist.

Eigentlich ist Öffentlichkeit also ein *virtuelles* System: Aussagen, die in populären Medien an prominenter Stelle stehen, führen uns zu der Annahme, daß viele sie rezipiert haben, daß sie also „im Gespräch" sind. Mithin ist Öffentlichkeit die jeweils unterstellbare Verbreitung und Akzeptanz von Kommunikationsangeboten, und genau genommen besteht sie bereits dann, wenn wenigstens zwei Menschen ähnlich informiert sind und dieses aufgrund von Kommunikation auch voneinander erwarten können. Öffentlichkeit ist daher auch eine unterstellbare soziale Qualität von Wissen, nämlich aktuell und reflexiv „mitgeteiltes" Wissen, und es genügen zwei Personen und *ein* Thema, um sie herzustellen.

Insofern ist es auch eine Frage der Perspektive, einem Kollektiv auch Öffentlichkeit zuzuschreiben oder ihm diese Qualität im Hinblick auf seine internen oder externen Kommunikationsbarrieren zu verweigern (vgl. Hölscher 1979: 136). Ebenso wie das Geheimnis schließt Öffentlichkeit nämlich stets gleichzeitig ein und aus, nur mit entgegengesetztem Anspruch. Beide Begriffe kennzeichnen selektive Funktionen gesellschaftlicher Kommunikation, wobei Öffentlichkeit immer interpersonal strukturiert ist, während Geheimnisse auch intrapersonal bestehen können: Öffentlichkeit ist kommuniziertes Wissen, Geheimnis die interaktive Negation dieser Möglichkeit, und in beiden Fällen genügt der kommunikative Verweis auf nur einen anderen.

Fachtermini im engeren semantischen Umfeld von Öffentlichkeit lassen sich nun besser zuordnen: Publizität ist eine nahezu synonyme Kategorie und lediglich in der sozialen Dimension allgemeiner, Publizistik ist die Arbeit von Publizisten, deren Ergebnisse zwecks Herstellung von Öffentlichkeit in Publikationen materialisiert werden, und ein Publikum ist die rollenspezifische Sammelbezeichnung jeweiliger Rezipienten.

3.4 Funktionale Öffentlichkeit

Trotz konkreter Anlässe kommunikativer Unterstellungen hat Öffentlichkeit zumeist einen hochgradig fiktiven Charakter, denn individuelle Publizitätskonstrukte dürften die tatsächliche Verbreitung aktuellen Wissens i.d.R. erheblich überziehen und Möglichkeiten an die Stelle von Wirklichkeit setzen. Bei genauerer Betrachtung ist Öffentlichkeit außerdem eher instabil und flüchtig und kann aus unzähligen Kommunikationen bestehen.

Medien begünstigen dieses Chaos durch einen ständigen und unüberschaubaren Strom von Angeboten, reduzieren allerdings auch Komplexität durch thematische Kumulation und Konsonanz sowie diverse professionelle Standards (vgl. Noelle-Neumann 1973). Als Folge von beidem hat Öffentlichkeit so widersprüchliche Funktionen wie Differenzierung und Integration, Flexibilisierung und Organisation, Individuierung und Sozialisation. Differenzierung und Individuierung zeigen wiederum, daß es keinen Zustand schrankenloser Öffentlichkeit gibt, sondern immer nur simultane „Sonderöffentlichkeiten", deren Teilnehmer und Inhalte erheblich variieren. Sie bilden für Unbeteiligte jeweils funktionale Arkana, oft sogar im reflexiven Sinne, wenn diesen ihre Existenz unbekannt bleibt.

Trotz enorm gesteigerter Mobilität, Medienvielfalt und Nachrichtenproduktion sind wir daher nicht viel weitergekommen als Sokrates, der noch unterstellte zu wissen, daß er nichts wisse. Ungezählte Hindernisse blockieren den Zugang zu einem Großteil des Weltgeschehens, und der permanente Zwang zu extremer Selektivität steht der „Sturzflut" von Informationsangeboten (vgl. Postman 1992: 62) unversöhnlich gegenüber. Die Paradoxie des „Informationszeitalters" liegt im Antagonismus von universellem Öffentlichkeitsanspruch und chronisch knapper Aufmerksamkeit und hat zur Folge, daß Massenkommunikation nur durch temporäre Ignoranz der meisten Informationsangebote zu realisieren ist.

Erneut zahlt es sich also aus, Widersprüche zu bemühen; denn Öffentlichkeit und Geheimnis sind nur *Begriffs*gegensätze, deren Gegenstände sich wechselweise bedingen. So setzt einfache Geheimhaltung gerade die Bekanntheit dieser Tatsache voraus, und wenn man von offenen Geheim-

nissen und geheimen Öffentlichkeiten spricht, denkt man dabei keineswegs an Kuriosa, sondern an die tägliche Praxis taktvoller Tabuisierung
von Themen und an die übliche Bildung kleiner Verschwörungen hinter
anderer Leute Rücken (vgl. Goffman 1974: 438 f.).

4. Öffentliche Meinung

Stellt man in Rechnung daß die Entwicklung und Nutzung fiktionaler
Größen eine neuzeitliche Errungenschaft ist, die zur Unterstellung von
Authentizität hervorragend geeignet ist, dann steht zu erwarten daß diese
sich parallel zu Evolution von Kommunikation entwickelnde Innovation
tentativ instrumentalisiert wird. Dabei kann der *Konstruktivismus*, der sich
als moderne systemtheoretische Erkenntnis- und Kommunikationstheorie
versteht, relevante Erklärungen anbieten (vgl. Schmidt 1987a). Sehr verkürzt besagen seine zentralen Annahmen (Basistheorem) folgendes:
      Menschen können Wirklichkeit nicht abbilden, sondern nur subjektive
Wirklichkeiten konstruieren. Dies setzt Kommunikation voraus: Kommunikation konstruiert Wirklichkeit. Daraus folgt: Es gibt keine „Objektivität", sondern bestenfalls eine Intersubjektivität des Handelns und Erlebens, die auf ständige Kommunikation angewiesen bleibt. Weiterhin folgt
daraus: Menschen wissen im Grunde, daß ihre Wirklichkeit subjektiv ist;
sie sind daher auf fortlaufende Bestätigung ihrer Wirklichkeitsentwürfe
angewiesen und versuchen, diese durch fiktionale Strukturen abzustützen:
a) durch Orientierung an *anderen* und b) durch Konstruktion von *Vorstellungen* über Wahrheiten. Damit machen sie Gebrauch von zwei neuzeitlichen kommunikativen Konstruktionsmöglichkeiten: Der Orientierung an
der *öffentlichen Meinung* und der *Erzeugung von Images*.
      Die konsentierende Kraft von *Öffentlichkeit*, daß nämlich der einzelne
sich in Gegenwart *anderer* anders verhält, ist trotz ihres Strukturwandels
erhalten geblieben und hat die Ausbildung und Ausdifferenzierung öffentlicher Meinung wesentlich begünstigt: Die Öffentlichkeit der Marktplätze
und der Ereignisse früherer Zeiten hat heute, im Zeitalter der Mediengesellschaft, eine anonyme und fiktive Dimension gewonnen, die sich
als *öffentliche Meinung* äußert: Jeder weiß im Grunde, daß sie eine Fiktion
ist, richtet sein Verhalten aber gleichwohl daran aus. Und die rapide Zunahme der Konstruktion künstlicher Ereignisse wie Pressekonferenzen,
Demonstrationen und Happenings sind ein weiterer Hinweis auf diese
Leistung. Der besondere Vorteil liegt nun nicht nur darin, daß diese nicht
durch Wahrheit, Authentizität oder Evidenz gedeckt sein müssen, sondern daß sie infolge ihrer Flüchtigkeit besonders flexibel zu instrumentalisieren sind. Gesellschaften gehen mit solchen und anderen fiktionalen
Größen um wie mit einer neuen Erfindung: Man lernt, sie einzusetzen und

die Tatsache, daß sich durch Fiktionen Fakten erzeugen lassen, zu nutzen. Auf die systematische Verwertbarkeit dieser Chance konditioniert sich die öffentliche Meinung.

Öffentlichkeit in der Agrargesellschaft bedeutet die *unmittelbare* Erreichbarkeit aller für alle, also die physische *Anwesenheit* der Mitglieder eines Clans oder Stammes, die tagtäglich erwartbar – beim gemeinsamen Jagen, bei kultischen Handlungen oder in späterer Zeit bei Versammlungen auf dafür eigens konstruierten Plätzen – gegeben war. *Öffentliche Meinung* konnte sich zunächst nur als kollektive Akklamation[2] bei rituellen Versammlungen entwickeln, also in wechselseitiger *Anwesenheit*. Meinungen (als subjektives Räsonnieren) sind nur zu bestimmten, normativ definierten Themen zugelassen („Und sie bewegt sich doch!") und dies aus gutem Grunde: Als Meta-Aussage besitzt die Meinung gegenüber der zugrundeliegenden Aussage eine nichteinholbare Selektivität und Flexibilität, die zugleich ihren instant strukturerzeugenden Einfluß ausmacht.

Das äußert sich z.B. auch in der bekannten Tatsache, daß in früheren Zeiten das Recht des Redens bzw. das Recht, mit der Rede zu beginnen, ebenso streng sanktioniert war wie die Pflicht, gegenüber höherrangigen Personen keinen Widerspruch zu üben.

4.1 Öffentliche Meinung als Fiktion

Die Leistung von Öffentlichkeit ergibt sich aus der prinzipiellen Anwesenheit oder Wahrnehmbarkeit *anderer* für *andere*, denn daraus erwachsen unauffällige, aber gerade deshalb besonders starke konsentierende Bindewirkungen (vgl. exemplarisch Asch 1954). Systemtheoretisch läßt sich diese Leistung durch das Reflexivwerden von Wahrnehmungen begründen, die, wie alle reflexiven Strukturen, emergente Wirkungspotentiale freisetzen (vgl. Luhmann 1970a; Merten 1977a: 161).

Meinungen sind – als Aussagen über Aussagen – gleichfalls reflexiv strukturiert und diesen daher allemal überlegen, beispielsweise in der Form des Kommentars oder der Bewertung.

Der Prozeß der öffentlichen Meinung bezieht beide Strukturtypen aufeinander und gewinnt gerade dadurch seine ganz besondere Leistung: Die Absicherung der eigenen Meinung durch die Orientierung an anderen Meinungen ist nun nicht mehr an die physische Anwesenheit anderer gebunden, etwa in der Diskussion face-to-face, sondern nurmehr dadurch, daß Meinungen *anderer*, durch die Medien gespiegelt, als Entwurf für die

---

2 Die Kategorie der Anwesenheit als auch die Kategorie der Meinung verfügen ersichtlich je für sich über ein Reflexivitätspotential ersten Grades in sozialer bzw. sachlicher Dimension (vgl. Merten 1977a: 147 ff.), deren späterer Bezug aufeinander als *öffentliche Meinung* diese Potentiale nochmals erweitert.

eigene Meinungsbildung genutzt werden: Man weiß nicht, was *andere* wissen oder meinen, aber man *meint* zu wissen, was andere meinen, was *man* meint. Die Generalisierung auf „*man*" besitzt notwendig eine Struktur, die auf Negation und damit auf Reflexivität beruht.

Dabei wird die Leistung der öffentlichen Meinung durch die nur unterstellbare Wahrnehmbarkeit aller für alle nicht geschmälert, sondern im Gegenteil sogar noch gesteigert: Öffentliche Meinung ist daher diffus, instabil, irrational und keinesfalls, wie die klassische Theorie noch annahm, auf Wahrheit oder Richtigkeit verpflichtet. Im Gegenteil: Gerade dadurch, daß sie zu *Themen* nicht durch Wahrheit gedeckte Meinungen jederzeit schnell beschaffen kann, wird sie zu einem hochflexiblen Kommunikationsaggregat, auf das vergleichsweise leicht Einfluß genommen werden kann. Umgekehrt gilt aber auch: Öffentliche Meinung läßt sich als flüchtiges Kommunikationssystem beschreiben, das alle anderen, weniger flüchtigen Systeme steuert. Für das politische System kann man z.B. eine solche Hierarchie von Systemen abnehmender Flexibilität nachweisen: Öffentliche Meinung steuert die Wahlentscheidung der Wähler; diese steuert die Zusammensetzung des Parlaments, diese die Bildung der Regierung und diese schließlich steuert das starrste System: die Verwaltung.

In diesem Sinn läßt sich *Öffentliche Meinung* definieren als „Kommunikationsprozeß zur Auswahl von relevanten oder für relevant ausgegebenen Sachverhalten oder Problemen, die als *Themen* etabliert werden und zu denen vor allem durch die Medien *Meinungen* erzeugt werden. Die Präsentation von Meinungen in der *Öffentlichkeit* provoziert eine Auswahl relevanter oder für relevant gehaltener Meinungen, die von einer Mehrheit akzeptiert werden oder akzeptiert zu werden scheinen und dadurch politische Wirkungen entfalten" (Merten 1987: 331).

Medien spielen für die öffentliche Meinung eine ganz besondere Rolle; denn der einzelne entnimmt daraus vor allem Vorstellungen – so vage sie im Zweifelsfall sein mögen – über das Meinen anderer. Die oben beschriebene Evolution der Medien führt also auch zu einer entsprechenden Aufwertung der öffentlichen Meinung. So wird der Einfluß der Presse auf die Formierung öffentlicher Meinung zu Recht darin gesehen, daß sie Themen informeller Kommunikation flächendeckend aufgreifen und durch *kontinuierliche* Berichterstattung zugleich temporal verstärken kann. Daß dies ein Novum ist, belegen zeitgenössische Berichte: In den Parlamentsdebatten des Jahres 1819 in England findet sich hierzu angelegentlich der Hinweis, die öffentliche Meinung besitze „now tenfold force at the present comparing with former times" (Shepard 1909: 57). Im Gegensatz zum realen face-to-face-Kommunikationssystem schließlich könnte man die Medienkommunikation selbst als *virtuelle Kommunikation* bezeichnen, die zwar sehr diffus, aber sozial flächendeckend in Bezug auf Vorstellungen, Erwartungen und Meinungen konsentierend wirkt: Was der Nachrichtensprecher mitteilt, kann von uns aus eigener Anschauung nicht geprüft, sondern nur geglaubt werden. Daher setzt das Subsystem öffentlicher Meinung die Existenz von Massenmedien bereits voraus; nur dadurch wird es möglich, daß die perfekte Fiktion, die die öffentliche Meinung im Grunde ist, für die Öffentlichkeit als solche wahrnehmbar bzw. unterstellbar wird:

Wenn es richtig ist, daß heutzutage nichts wirklich ist, was nicht in den Medien ist, dann ist es nur konsequent, wenn gesellschaftlich relevante Handlungsträger – insbesondere aus dem politischen und dem ökonomischen System – mit ihren Meinungen in die Medien drängen.

4.2 *Messung öffentlicher Meinung*

Öffentliche Meinung als Prozeß läßt sich nicht messen. Aber man kann Meinungen durch mündliche oder schriftliche Befragung einer möglichst repräsentativen Stichprobe[3] von Personen gleichsam als Momentaufnahme erheben und daraus indirekt auf den zugrundeliegenden Prozeß der öffentlichen Meinung schließen (vgl. vor allem Noelle-Neumann 1963; Holm 1975 ff.; Van Koolwijk/Wieken-Mayser 1974).

Man kann aber auch Meinungen *von* Meinungen erheben und gewinnt, worauf Noelle-Neumann (1980) zum ersten Mal aufmerksam gemacht hat,[4] ein virtuelles Maß für öffentliche Meinung. Da die Befragung jedoch ebenfalls ein Kommunikationsprozeß ist, ergibt sich ein unter dem Stichwort „Reaktivität" vieldiskutiertes Paradoxon: Um Daten über einen virtuellen Kommunikationsprozeß (öffentliche Meinung) aus den Köpfen von Menschen abzurufen, muß man einen neuen Kommunikationsprozeß (eben die Befragung) dazwischenschalten. Oder anders gesagt: Der soziale Prozeß öffentlichen Meinens läßt sich niemals pur, sondern immer nur gebrochen, gebrochen durch den sozialen Prozeß der Befragung, erheben (vgl. Merten/Teipen 1991: 38 f.; Scholl 1993).

---

3 Statistisch wird dabei unterstellt, daß die Stichprobe alle Eigenschaften der Grundgesamtheit mit angebbarer Toleranz repräsentiert, so daß man mit angebbarer Wahrscheinlichkeit von Eigenschaften (insbesondere: von Mittelwerten von Variablen) in der Stichprobe auf entsprechende Eigenschaften in der Grundgesamtheit schließen kann. Vgl. dazu Kriz (1973) sowie Kromrey ([5]1991: 187 ff.).

4 Elisabeth Noelle-Neumann (1980) kommt auf Grund vieler demoskopischer Untersuchungen zum Schluß, daß neben der direkten Erhebung subjektiver Meinungen von Personen („Was meinen Sie zu XY"?) auch die Frage nach der aggregierten öffentlichen Meinung („Was meinen Sie, was *man* zu XY meint?") relevant sei. Der zweite Fragentyp wird von ihr folgerichtig als „Klimafrage" bezeichnet, mit der direkt auf das Klima der öffentlichen Meinung geschlossen werden kann (vgl. Noelle-Neumann 1980: 23 ff.). Die daran geknüpften Überlegungen zu einer Theorie der öffentlichen Meinung („Theorie der Schweigespirale") sind methodisch jedoch umstritten. Vgl. dazu instruktiv Merten (1985c); Scherer (1990); Fuchs/Gerhards/Neidhardt (1991).

Praktisch wird die Messung öffentlicher Meinung vor allem durch mündliche Befragung (Interview) mit einem standardisierten Fragebogen vorgenommen[5]. Da die Befragung selbst ein Kommunikationsprozeß ist, auf den der/die Befragte mit einer möglichst „richtigen" Antwort reagieren soll, hängen Meinungsumfragen außerordentlich stark von der Formulierung der Fragen ab, insbesondere dann, wenn nicht nur Informationen („Besitzen Sie ein Fahrrad?"), sondern Meinungen resp. Bewertungen („Fahren Sie gern Fahrrad?") erhoben werden.

Beispiel: Meinungen über Deutsche Universitäten

Im Frühjahr 1993 veröffentlichten *Stern* und *Spiegel*[6] als repräsentativ bezeichnete Meinungen über das Image aller 49 Universitäten der Bundesrepublik. Nach den Daten des *Stern* rangiert dabei beispielsweise die Universität Münster auf Platz 9, also auf einem der vorderen Plätze, während sie beim *Spiegel* auf Platz 48, dem vorletzten Platz rangiert. Diese auf den ersten Blick widersprüchlichen Ergebnisse verdanken sich jedoch völlig unterschiedlichen Fragen und unterschiedlichen Befragten: Bei der *Stern*-Umfrage wurden nur Professoren interviewt, die sich zudem nicht nur über die eigene, sondern auch über andere Universitäten äußern sollten; diese Befragten reproduzierten daher praktisch Images von Universitäten, an denen sie in der Regel nie selbst gelehrt hatten. Die erhobenen Images dürften zudem nicht aktuell, sondern auf Grund von „Erfahrung", mehr oder minder veraltet gewesen sein und imagemäßig vor allem die Reputation der Universitäten aus der Forschungsperspektive wiedergeben. Bei der *Spiegel*-Umfrage wurden Studenten nur über ihre Universität befragt. Die hier erhobenen Daten geben also konkrete und aktuelle Erfahrungen vor Ort wieder, die sich eher auf die Lehr- bzw. Studiensituation beziehen.

Meinungsumfragen werden besonders im Vorfeld von wichtigen politischen Wahlen durchgeführt und für Wahlprognosen verwendet. Wahlprognosen werden auf der Basis wiederholter Befragungen (panel) der gleichen Personen zum gleichen Thema (Wahlentscheidung) erstellt. Wahlprognosen auf Grund von Hochrechnungen basieren dagegen auf der wiederholten Stimmabgabe (nach der eigentlichen Stimmabgabe außerhalb der Wahllokale) in ausgesuchten Wahlbezirken, die in Bezug auf die Grundgesamtheit möglichst repräsentativ strukturiert sind (vgl. Böhret et al. 1977).

---

5   Nach herkömmlicher methodischer Auffassung soll der standardisierte Fragebogen sicherstellen, daß jede Person den gleichen „Stimulus" empfängt, so daß von der Gleichheit der Stimuli auf die Vergleichbarkeit der daraus resultierenden Antworten geschlossen werden kann (vgl. Scheuch 1973: 70 ff.). Aus konstruktivistischer Perspektive ist die Forderung der Gleichheit der Fragestellung im standardisierten Interview allerdings weder eine notwendige und erst recht keine hinreichende Bedingung für die Vergleichbarkeit der daraus resultierenden Antworten.

6   Siehe *Stern* vom 15.4.93: 171–184 sowie *Spiegel* vom 19.4.93: 80 ff.

5. Public Relations

Public Relations (PR) als weiteres kommunikatives Subsystem knüpft an Leistungen der öffentlichen Meinung, auf die ihre Funktionen bezogen sind, an. Dabei bleibt die Struktur von PR weitgehend im Dunkeln. Die Begriffsbildung von Public Relations (PR) spiegelt diesen diffusen Status getreulich wider: Wenn schon die öffentliche Meinung apokryph als ‚heiliger Geist des politischen Systems' (Key 1961: 8) bezeichnet wird, dann darf es auch nicht verwundern, daß das „Wesen" von PR ähnlich hilflos als „nature of the beast" bezeichnet, daß PR geradezu apokalyptisch als „Heimsuchung der Deutschen Publizistik" (Haacke 1957: 127) verstanden wird. Die Begriffsdefinitionen von PR zeigen zudem – wiederum typisch – noch erhebliche Varianz: PR wird, semantisch mehrdeutig, als universelle Sozialbeziehung („public relations means all things to all people"[7]), als listenreiche Handlungsanweisung („Tue Gutes und rede davon", vgl. Zedtwitz-Arnim 1961), als soziale Dienstleistung („Kontaktpflege"[8]) oder als Management-Funktion (Gumppenberg 1991) verstanden. Dieses umfangreiche Potpourri vorliegender Erklärungs-[9] und Abgrenzungsversuche signalisiert jedoch letztlich die Sterilität der zugrundegelegten Ansätze – weil sie gleichsam zu nah, zu vordergründig am praktischen Handeln ansetzen.

Unter konstruktivistischer Perspektive läßt sich eine tragfähigere Bestimmung von Begriff und Funktion von Public Relations vornehmen[10]. Der Vorteil dieses Ansatzes liegt zum einen darin, daß er Zusammenhänge auf verschiedenen Ebenen – Gesellschaft, Organisation und Person – herstellen und zueinander in Beziehung setzen kann. Es läßt sich darüberhinaus analytisch zeigen, daß und wie alle größeren sozialen Systeme durch das einfachste solcher Systeme begründet und gesteuert werden: durch *Kommunikation*. Zum anderen können Theorien Zusammenhänge sichtbar machen und erklären, vor allem aber: Prognosen für spezifische Fragestellungen von PR bereitstellen. Der hier vorzustellende Ansatz geht von zwei fiktionalen Größen aus: von der öffentlichen Meinung und vom Image.

---

7 Diese Bezeichnung verdankt sich einer amerikanischen Umfrage zum Verständnis von PR. Siehe Wedding (1955: 9). Zur allgemeinen Problematik der Definitionen von PR siehe auch Binder(1983) sowie Treppner(1990).

8 Der Begriff „Kontaktpflege" war der beste der schlechten Vorschläge, die auf Grund eines Preisausschreibens der „Zeit" im Jahre 1951 prämiert wurden. Siehe dazu Binder (1983: 11).

9 Die Versuche zur Begriffsdefinition von PR sind Legion. Vgl. etwa Albert Oeckl (1964: 25 ff.); Ronneberger/Rühl (1992: 24 ff.); Grunig/Hunt (1984: 3 ff.) Haedrich et al. (1982: 3 ff.).

10 Die Kritik an konstruktivistischen Ansätzen, die aus unterschiedlichen Positionen formuliert wird, leidet bislang offensichtlich daran, daß die dem Konstruktivismus zugrundeliegenden Prämissen in der Mehrzahl wenig zur Kenntnis genommen werden. Vgl. hierzu als Beispiel instruktiv Zerfaß/Scherer (1993).

5.1 Die Konstruktion von Images

Der Begriff des „Image" beschreibt eine weitere, für das Verständnis von Public Relations wichtige fiktionale Größe, die durch Kommunikation aufgebaut und befestigt wird. Und es ist wiederum bezeichnend, daß dieser neuzeitliche Begriff weder präzise definiert noch zufriedenstellend geklärt ist. Dies trifft im übrigen gerade für die Kommunikationswissenschaft als eine noch sehr junge Wissenschaft zu: Fast alle ihre relevanten Begriffe Kommunikation, Massenkommunikation, Öffentliche Meinung, Medienwirkung sind bis heute nicht zufriedenstellend definiert (vgl. Spiegel 1961; Merten 1992b).

Unter einem Image versteht man, verkürzt gesagt, ein konsonantes Schema kognitiver und emotiver Strukturen, das der Mensch von einem Objekt (Person, Organisation, Produkt, Idee, Ereignis) entwirft. Dies kann durch unmittelbare Wahrnehmung bestimmter Eigenheiten oder Relationen des Objektes zu anderen Objekten selbst geschehen oder durch die Information anderer Personen oder Medien über das Objekt und dies nicht einmalig, sondern in der Regel wiederholt oder gar laufend, so daß sich in einem Image eigene oder fremde Erfahrungen oder Meinungen resp. Vorstellungen *von* Erfahrungen oder Meinungen gleichsam absintern. Images sind als subjektive Konstruktionen anzusprechen, die der Mensch sich vor allem für all solche Objekte erzeugt, über die er kein direkt zugängliches Wissen, keine unmittelbare bzw. eine zu geringe Erfahrung verfügt, um sich ein konkretes „Bild zu machen". Ein Image unterscheidet sich von einer Einstellung, weil es kein subjektives, sondern ein soziales Konstrukt darstellt, an dem sich der einzelne orientieren kann. Es ist daher weder stabil noch objektiv, sondern veränderbar und selektiv und vor allem: Es läßt sich mit fiktionalen Strukturelementen kombinieren und konstruieren und antwortet damit in geradezu idealer Weise auf neuzeitliche Kommunikationsbedürfnisse der Mediengesellschaft: Zum einen hat sich der Radius mittelbarer Erfahrung im Zeitalter der Mediengesellschaft fast infinit erweitert, so daß die Zahl relevanter Objekte, die nicht mehr persönlich wahrnehmbar sind, ins Uferlose wächst und daher ein entsprechender Bedarf für schnell zu beschaffende und vorläufige „Erfahrungs-Stanzen" entsteht.

Zum anderen reduziert die Akzeleration von Zeit, sichtbar vor allem in der bevorzugten Betonung und positiven Bewertung alles „Neuen", alles „Modernen", die Konstanz eigener Erfahrungen. Das Verfallsdatum für die Gültigkeit einmal gemachter Erfahrungen, so könnte man pointiert sagen, nimmt systematisch und im großen Stil ab. Und dafür muß Ersatz geschaffen werden – Ersatz durch Konstruktion von Vorwissen und/oder Vor-Bewertungen – eben durch Images. Gesellschaften sind immer mehr darauf angewiesen, Images als Ersatz für verbürgte Erfahrungen zuzulassen und zu konstruieren; und sie bezahlen dies damit, daß Images weder Wahrheitscharakter noch Bestand abgefordert werden kann.

Die Konstruktion von Images läßt sich schließlich instrumentalisieren: Sie können vorsätzlich, kontingent, d.h. je nach Bedarf, kurzfristig und ökonomisch am Reißbrett entworfen und durch geeignete Strategien in die Öffentlichkeit getragen werden: Exakt dies ist die zentrale Aufgabe von Public Relations[11]. Strategisch kann dabei ein ganzes Arsenal als erfolgreich angesehener Maßnahmen genutzt werden. Diese umfassen nicht nur die klassische Möglichkeit der direkten Imagewerbung[12] in Medien, sondern die wohlabgestimmte Instrumentalisierung von Pressekonferenzen, direct mailings, Sponsoring und Lobbying, die Einbeziehung von opinion leadern, VIPs u.a.m. Hier besitzt die informelle Kommunikation – wie im übrigen auch an anderen Stellen – geradezu eine strategische Rolle. Nirgendwo zeigt sich die Bedeutung persönlicher Kontakte, vertraulicher Gespräche oder diskret gestreuter Desinformation durch Klatsch und Gerücht so deutlich wie in der PR-Branche.

Für die flächendeckende Durchsetzung eines Images ist der taktische Nutzen der veröffentlichen Meinung besonders bedeutsam: Die Absicherungen der eigenen Meinung durch die Orientierung an anderen Meinungen erfolgt, indem Meinungen anderer bzw. als Meinungen anderer wahrgenommene Meinungen, an den Medien gespiegelt, als Entwurf für die eigene Meinungsbildung genutzt werden. Unter dieser Perspektive ist auch die Erklärung der öffentlichen Meinung, wie sie Elisabeth Noelle-Neumann durch die „Schweigespirale" vornimmt, zu verstehen, nämlich ebenfalls als Prozeß, der gerade *nicht* an reale Meinungsverteilungen zu binden ist (vgl. Noelle-Neumann 1980).

Für das Agieren mit Images heißt dies: Die Konstruktion von Images unterliegt den Gesetzen der Konstruktion öffentlicher Meinung. Sie kann daher ebenfalls Gebrauch von fiktionalen Größen machen, und die Verpflichtung auf Wahrheit ist für ein Image ebenfalls nicht bindend, sondern überflüssig und besitzt im Zweifelsfall nurmehr den Stellenwert einer operativen Fiktion. Damit wird ein weiteres Element für die Konstruktion von Images deutlich: Die Stabilisierung eines Images als vergleichsweise beständige Meinungsstruktur setzt eine *kontinuierliche Unterfütterung mit In-*

---

11 Die PR-Praxis besteht ja kennzeichnerweise darin, eine Stärken-Schwächen-Analyse vorzunehmen und aus deren Befunden heraus ein Konzept zu entwickeln, das in der Regel den Weg vom vorhandenen Ist-Image zu dem wünschenswerten Soll-Image hinführt und alle dazu notwendigen Maßnahmen aufführt und deren Umsetzung operationalisiert. Siehe so etwa Droste (1989: 13 ff.).

12 Der Unterschied zwischen Werbung und PR ist eindeutig: Während Werbung sich sozusagen auf der taktischen Ebene bewegt, kurzfristig, konkret und direkt auf ein Ziel gerichtet ist, operiert PR auf der strategischen Ebene, ist langfristig, indirekt und diffus angelegt und kann neben der Werbung alle möglichen Instrumente der Kommunikation zur Konstruktion eines Image nutzen.

formationsangeboten durch die Medien voraus. Nachgewiesen ist, daß die Bekanntheit einer Unternehmenspersönlichkeit mit dem Grad der positiven Darstellung desselben korreliert (r = .54). Das heißt: Je öfter der Name oder das Logo eines Unternehmens erwähnt werden, umso positiver fällt die Konstruktion des Images des Unternehmens in den Köpfen der Rezipienten aus (vgl. Deutsches Manager-Magazin 1988: 164).

Der Begriff des Images hat einen Vorläufer im Begriff des „Rufes", der durch seine Bezeichnung auf die früher dafür ausschließlich benutzte verbale Kommunikation – Gespräch, Diskussion, Gerücht – aufmerksam macht (vgl. Hofstätter 1940). Der Übergang vom Ruf zum „Image" signalisiert damit nicht nur den Einfluß der Medien, sondern auch den Einfluß der durch Medien sehr viel stärker einsetzbaren Visualisierung: Wenn, wie oben ausgeführt, Images sich ständig laufend verändern und daher auch laufend stabilisiert werden müssen, dann muß bei der Konstruktion von Images ein Element der Bewahrung, der Konstanz wahrnehmbar, genauer: sichtbar sein, und dies sollte abstrakt, d.h. nicht verbal definiert sein – hier gewinnt das *Logo* seine strategische Wirkung: Es symbolisiert in der variierenden Wiederholung Konstanz. Und daher ist ein Logo sowohl zeitloser als auch wirksamer als ein Slogan, denn Slogans unterliegen viel stärker den Forderungen des sozialen Wandels.

Faßt man diese Überlegungen zusammen, so heißt das: Images sind variable, unter dem Einfluß von Öffentlichkeit konsentierte Schemata von Meinungen und Informationen über ein Objekt. Die Funktion eines Images liegt in der hilfsweisen Erzeugung von Wissensbeständen und Perspektiven in Bezug auf Objekte, die durch reale Erfahrung nicht beschafft werden können und gegen die ein Image daher unempfindlich sein darf. Das *Image* als moderne fiktionale Struktur ist daher nur die konsequente Antwort auf das o.a. Basistheorem des Konstruktivismus.

5.2 Public Relations als Konstruktion wünschenswerter Wirklichkeiten

Wie oben ausgeführt, eröffnet der gesteigerte Bedarf für Kommunikation und die Möglichkeit, mit fiktionalen Elementen zu hantieren, ein ganz neues Feld für die Konstruktion von Images, der von dafür ausgerüsteten „Konstruktionsbüros" befriedigt werden kann: Von Agenturen für Public Relations.

Agenturen für Public Relations verfahren daher *intentional* und *konstruktiv*: Sie sind auf die Konstruktion von *Images* für bestimmte Zielgruppen resp. Teilöffentlichkeiten spezialisiert, betreiben die Erzeugung und Verbreitung positiv getönter Aussagen über ein vorgegebenes Objekt mit dem Ziel, dessen Image zu befestigen und zu verbessern. Sie sind daher weder auf bestimmte Medien noch auf bestimmte Aussagen noch auf die Authentizität der Aussagen, sondern allein auf die Durchsetzung ihres

Zieles verpflichtet. Das bedeutet vor allem, daß sie bei der Konstruktion von Images kontingent – nach Sachlage – vorgehen können, ja müssen, wozu der Einsatz fiktionaler Elemente – vom persönlichen Auftreten bis hin zur Planung von Informationsangeboten – eine dominierende Rolle spielt.

Da sie eine zielgruppenspezifische Öffentlichkeit erreichen wollen, agieren sie letztlich auf eine positive Berichterstattung in den Medien hin:[13] *Kreativität* ist gefragt, Dialog ist erwünscht. Mit anderen Worten: PR unternimmt kommunikative Anstrengungen aller Art *zur* Erzeugung und Verbreitung von Kommunikation, sie betreibt Dialog, *um* damit Dialoge anzustoßen.

Diese Funktion stellt sie – verglichen mit anderen, professionellen Kommunikatoren in Journalismus und Werbung – a priori und definitiv auf eine hierarchisch höher angesiedelte Meta-Ebene, die von anderen Kommunikatoren gar nicht eingeholt werden kann: Sie sind *Meta-Kommunikatoren*, die entscheiden, was, wann, wo, wie und mit welcher gewünschten Wirkung kommuniziert werden soll. Dafür steht eine Fülle von Strategien zur Beeinflussung von Öffentlichkeit und von Teilöffentlichkeiten zur Verfügung: Neben der klassischen Werbung und dem Vertrieb eigener Medien vor allem die vorgeschaltete Ansprache von Journalisten, die Verfassung von Pressematerialen, das Abhalten von Pressekonferenzen, die Einbindung und Darstellung von Meinungsführern, Multiplikatoren und Trendsettern, Aktions-PR, Sponsoring und anderes mehr.

Da die in der Mediengesellschaft konstruierte Wirklichkeit der fortlaufenden Befestigung bedarf, werden zugleich Strategien der variierenden Wiederholung oder der komplementären Ansprache von Zielgruppen eingesetzt, um insbesondere die Glaubwürdigkeit (vgl. Bentele 1988) von Unternehmenspersönlichkeiten themen- und ereignisbezogen aufzubauen und damit langfristig *Vertrauen* zu erzeugen (vgl. Luhmann 1968). Und da Aufmerksamkeit nicht institutionalisiert werden kann, müssen dabei beständig neue Informationsangebote konstruiert und verbreitet werden, um eine temporal resistente Erwartung für Vertrauen zu erzeugen: Zur Absicherung ihrer Konstruktionen sind sie daher auf bestätigende Strukturierung angewiesen, die, theoretisch gesprochen, ebenfalls fiktional sein darf. Insbesondere a) *Orientierung* an anderen, b) *Bewertungen* und c) *progressive Wiederholungen* („das neue .. (x)"), also *reflexive Strukturen* in sozialer, sachlicher und zeitlicher Dimension können diese Bestätigung leisten. Kommunikative Mechanismen, die diese Leistungen erbringen, sind z.B. Meinungsführer (Trendsetter, Multiplikatoren) oder die öffentliche Meinung selbst.

---

13 Dies kann direkt durch Streuung von Pressemitteilungen und indirekt durch Inszenierung von strukturierten Ereignissen (z.B. Pressekonferenzen) oder unstrukturierten Ereignissen (Happenings, Aktions-PR etc.) erfolgen.

Wie man weiß (vgl. Baerns 1985: 91), verdanken sich beispielsweise fast zwei Drittel der gesamten journalistischen Berichterstattung der Tagespresse nicht der Recherche von Journalisten, sondern den Anstrengungen von PR. Ebenso weiß man, daß die Konstruktionen von Wirklichkeit, die PR erzeugt, auf Grund ihrer dafür besonders geeigneten fiktionalen Elemente in der Regel auch wirksam sind (vgl. Rolke 1992).

Auf Unternehmen bezogen hat PR damit eine strategische Management-Funktion: Sie konstruiert aus Unternehmen Unternehmenspersönlichkeiten. Demgemäß läßt sich PR wie folgt definieren:

Public Relations sind ein Prozeß intentionaler und kontingenter Konstruktion wünschenswerter Wirklichkeiten durch Erzeugung und Befestigung von Images in der Öffentlichkeit.

5.3 Probleme von PR

Die Freiheit von PR, Images zu konstruieren und dabei in steigendem Maße fiktionale Elemente einzusetzen, hat aber auch Probleme zur Folge, die abschließend beleuchtet werden sollen.

Der Satz „Erlaubt ist alles, wenn es nur im rechten Glauben geschieht", einst Maxime der Hohen Pforte zu Istanbul, paßt – nicht zufällig – auch für PR: Erlaubt ist alles, wenn es nur Erfolg hat. Solche Freiheiten stoßen jedoch sehr schnell an ethische und sogar juristische Grenzen (vgl. Bentele 1992). Daß es hier Richtlinien gibt, die das Handeln von PR gegenüber dem Auftraggeber resp. gegenüber der Öffentlichkeit reglementieren,[14] zeigt nur, wie leicht resp. wie häufig diese Grenzen bei solchen kontingenten Strategien zur Durchsetzung von Wirklichkeitskonstruktionen überschritten werden können. Dabei ist hier eine „Dunkelziffer" von Fällen anzunehmen, die deswegen sehr hoch liegen dürfte, weil der Code of Lisbon (Paragraph 7) zugleich auch Verschwiegenheit fordert. Die gelegentliche Beobachtung interner PR-Vorgänge zeigt jedenfalls ein riskantes Bild und liefert viele Erklärungen – etwa die, warum die Talkshows der Rundfunkanstalten so an Niveau verloren haben (vgl. dazu instruktiv Koberger 1991).

Dies färbt auch auf das Image der Image-Konstrukteure erwartbar ab: Es wird tendenziell davon beeinträchtigt, was sich z.B. darin äußert, daß die Seriosität von PR-Agenturen latent immer zur Disposition steht[15] und/oder die erbrachten Leistungen als solche nicht zureichend gewürdigt werden. Image-Konstrukteure müssen vorweg allemal ein eigenes

---

14 Dazu zählen die Codes von Athen, Lissabon sowie die Publizistischen Grundsätze des Deutschen Presserates (Presse Codex). Siehe dazu Baerns (1985: 200 ff.)

15 Wohl als Folge dessen ist das persönliche Auftreten von für PR tätigen Personen stark auf Perfektion und die Ausstrahlung von Erfolg ausgerichtet, was letztlich bedeutet, daß der Slogan „Mehr sein als scheinen" für die Konstruktion von Wirklichkeiten keine Gültigkeit haben *darf* und eher umgekehrt zu formulieren wäre.

Image konstruieren und vorleben: In Bezug auf die Öffentlichkeit gilt bindend, daß das Hantieren mit fiktionalen Elementen nur so lange effizient sein kann, wie fiktionale Konstrukte de facto von den Rezipienten akzeptiert und geglaubt werden: Dieser Typ von Fiktionalität ist kontraproduktiv, wenn er durchschaubar wird.

PR läßt sich, wie hier dargelegt, prinzipiell als strategisches Instrument der Unternehmensführung definieren. Allerdings ermangelt es einer systematischen Wirkungskontrolle – nicht nur, weil die Instrumente dafür so wenig valide sind (vgl. Merten/Teipen 1991), sondern auch deshalb, weil die fortlaufende Konstruktion von Images bei den Rezipienten nicht systematisch abgefragt werden kann. Hinzu kommt, daß die von PR-Agenturen intendierten *Wirkungen* – ebenfalls aus dem o.a. Basistheorem abgeleitet - für jeden Menschen anders ausfallen, weil diese ihnen eine jeweils *subjektive, kontextabhängige Bedeutung* zusprechen.

Zukünftig jedoch, so eine weitere Folgerung aus den oben aufgestellten Hypothesen, wird das Angebot für Wirklichkeitsentwürfe, die durch Medien verbreitet werden, steigen und damit auch der Bedarf, geeignete Entwürfe auszuwählen: Dieser Zuwachs erzeugt folgerichtig einen verstärkten Selektionsdruck, der freilich ebenfalls durch Medien befriedigt werden muß. Mit der durch Medien eröffneten Chance, immer mehr an fiktionalen Strukturen einzusetzen, ja selbst Glaubwürdigkeit immer mehr nur an solchen Strukturen zu befestigen, wird der Bedarf für PR notwendig weiter steigen: Unternehmen dürften gut auf die Zukunft vorbereitet sein, wenn sie PR als strategische Managementfunktion ernst nähmen: *Wer die Kommunikation hat, hat die Zukunft.*

SIEGFRIED J. SCHMIDT/SIEGFRIED WEISCHENBERG

Mediengattungen, Berichterstattungsmuster, Darstellungsformen

1. Der Umgang mit Medienangeboten

Im alltäglichen Umgang mit Medienangeboten aller Art stoßen wir auf ein vertrautes Phänomen: Programmzeitschriften für Funk und Fernsehen offerieren Krimis, Westernlegenden, Nachrichten und Kommentare; Buchläden ordnen ihr Sortiment unter Standorten für Romane, Kochbücher, Hobby, Jagd und Wild; der Hörfunk bietet Mittagsmagazin, Hörspiel, Funkkolleg und Unterhaltung à la carte. Die Präsentation von Medienangeboten wie die Kommunikation über Medienangebote kommt also offensichtlich nicht ohne Gattungsbezeichnungen aus; und die Kommunikationsteilnehmer wissen mit solchen Gattungsbeziehungen durchaus etwas anzufangen.

> „In der Kommunikationspraxis werden Texte regelmäßig bestimmten Gattungen ausdrücklich zugerechnet oder ausdrücklich nicht zugerechnet. Auch in nichtliterarischer, in alltagssprachlicher Kommunikation trifft man auf eine Fülle von Urteilen (häufig sehr rigide formulierte), die Texte z.B. als nicht gattungsspezifisch qualifizieren. Äußerungen wie: x sei kein Brief, keine Rede, keine ‚echte Predigt‘, kein ‚wirklicher Bericht‘, die Parodie einer Reportage usw. kann man täglich in großer Zahl wahrnehmen" (Steinmetz 1983: 72).

In der langen Geschichte der Gattungstheorie hat man immer wieder versucht zu bestimmen, was Gattungen *sind*. Erfolgversprechender scheint jedoch zu sein, das Verhalten von Menschen im Umgang mit Medien daraufhin zu untersuchen, wie sie mit Gattungsbezeichnungen *umgehen* und welches Wissen sie mit solchen Bezeichnungen verbinden.

Dieser Ansatz geht aus von der wahrnehmungs- und erkenntnistheoretischen Annahme, daß Eigenschaften und Bedeutungen nicht in Objekten, Ereignissen oder Medienangeboten selbst liegen, sondern ihnen von denkenden und handelnden Menschen in sozialen Kontexten *zugeschrieben* werden. Entsprechend kann auch bei der Entwicklung einer Mediengattungstheorie heuristisch angenommen werden, daß Gattungswissen/-konzepte und Gattungsbezeichnungen Besonderheiten des Handelns von Menschen in und mit Medien ausmachen, daß also das „Gattungshafte" nicht an isolierten Text- oder Bildmaterialien zu beobachten ist. Aufgrund dieser theoretischen Annahmen steht eine empirische Gattungstheorie vor der Aufgabe, Gattungen als *kognitive* und als *kommunikative* Phänomene zu erforschen.

Bei empirischen Gattungsforschungen lassen sich drei Untersuchungsebenen unterscheiden:

– Gattungsbezeichnungen oder Gattungsnamen
– die Wissensbestände und Erwartungen, die Benutzer mit Gattungsnamen verbinden
– die Wirkung bzw. die Funktion der Verwendung von Gattungsnamen.

Die erste Ebene liegt im Bereich gesellschaftlicher *Kommunikation*, die zweite im Bereich individuellen *Bewußtseins*, die dritte im Bereich individuellen und gesellschaftlichen *Handelns*.

2. Kognitive Schemata

Der Schweizer Entwicklungspsychologe Jean Piaget (1974) hat als einer der ersten darauf verwiesen, daß das Kind nicht nur angeborene Schemata mit auf die Welt bringt, sondern im Laufe seiner Entwicklung in seinem kognitiven Bereich auch Schemata aufbaut, welche die Fülle der Sinnesreize, Erfahrungen und Erlebnisse gliedern und beherrschbar machen. Durch Handeln, Handlungswiederholung, Handlungswahrnehmung und Handlungskorrektur, durch Eigenwahrnehmung, Interaktion und Kommunikation bilden sich durch Abstimmung psychischer Strukturen Schemata heraus, die gewissermaßen wie Bewußtseinsprogramme arbeiten. In diesen Schemata schleifen sich viele einzelne Wahrnehmungen und Erfahrungen aufgrund erkannter Gemeinsamkeiten zu schematischen Ganzheiten ab. Schemata werden im Laufe der kindlichen Entwicklung zunehmend verinnerlicht und stehen für solche nachfolgenden Handlungen zur Verfügung, die als vergleichbar eingeschätzt werden.

Schemata organisieren also Einzelheiten zu Gesamtheiten, sie ermöglichen es dem Bewußtsein, statt des mühsamen und langwierigen Durchmusterns von Details (Blättern, Zweigen, Ästen, Stamm, Rinde usw.) „auf einen Schlag" etwas als Baum wahrzunehmen und damit umzugehen. Schemata verringern also Komplexität. Sie verleihen unseren Vorstellungen Festigkeit und Dauer. Und sie erlauben rasches Reagieren.

Schon aus diesen wenigen Hinweisen wird deutlich, daß Schemata primär mit dem Operieren kognitiver Systeme zu tun haben und nicht mit erkannten Strukturen einer als subjektunabhängig gedachten Realität. Erst mit Hilfe von Schemata können wir etwas *als* etwas wahrnehmen und erkennen. Auf der anderen Seite wirken Schemata aber auch als einschränkende Bedingungen für jede weitere Bewußtseinstätigkeit: Sie machen

Wahrnehmen und Erkennen zu Prozessen der *Konstruktion* einer menschlichen Erfahrungswirklichkeit, die auf kognitionsabhängigen Unterscheidungen beruht und keineswegs als Abbildung einer objektiven Wirklichkeit gedeutet werden darf. Schemata entstehen nicht im isolierten Handeln, sondern durch Interaktion mit Handlungspartnern in bestimmten Handlungssituationen. Das heißt, sie werden im Laufe der Sozialisation als überindividuelle, intersubjektiv wirksame Ordnungsmuster oder Programme im Individuum aufgebaut. Eben diese Intersubjektivität sowie die Verwendung von Namen für solche Schemata sorgen dafür, daß wir über unsere durchaus *subjektabhängigen* Schematisierungen der Erfahrungswirklichkeit erfolgreich miteinander kommunizieren und interagieren können, da wir erwarten, daß andere vergleichbare Schematisierungen verwenden (→ I, Schmidt; I, Kruse/Stadler; I, Rusch).

Spezielle Typen komplexer Schemaorganisation werden in der einschlägigen Forschung *Scripts* und *Frames* genannt (vgl. u.a. de Beaugrande/Dressler 1981). ‚Scripts' heißen Schemata, die sich auf größere Ereignis- und Handlungsabläufe beziehen (z.B. Einkaufen in einem Supermarkt) und wiederkehrende routinisierte Handlungsabläufe strukturieren. Scripts bauen Erwartungen an nachfolgende Textäußerungen auf und regulieren einschlägige Inferenztätigkeiten. ‚Frames' oder ‚Rahmen' heißen komplexe Organisationen von Wissensstrukturen, die konventionell festgelegtes Wissen von Gesetzmäßigkeiten, Regelmäßigkeiten und Normen ordnen, das in sozialen Situationen eine Rolle spielt (vgl. van Dijk 1980: 169).

Wichtig an Schemata ist nicht nur ihr verstandesmäßiger, sondern ebenso ihr *gefühlsmäßiger* Aspekt. Nach Ansicht des Berner Neurophysiologen Luc Ciompi verbinden sich kognitive Schemata mit zugehörigen Gefühlsschemata zu sogenannten affektiv-kognitiven Bezugssystemen.

Ciompi beschreibt die menschliche Psyche als ein komplexes Gefüge, das aus solchen kognitiv-affektiven Bezugssystemen gebildet wird. Er betont, daß Gefühle wesentlich beteiligt sind am Erkennen kognitiver Stimmigkeiten. Gefühle leiten das Denken wie ein Kompaß auf Stimmigkeiten und Gleichgewichtigkeiten. Umgekehrt reagieren sie sehr empfindlich auf kognitive Unstimmigkeiten, wodurch Lust und Unlust zu Anzeichen erfolgreicher bzw. erfolgloser Bewußtseinsprozesse werden.

Ganz ähnlich argumentiert auch Luhmann:

> „Gefühle kommen auf und ergreifen Körper und Bewußtsein, wenn die Autopoiese des Bewußtseins gefährdet ist. [...] In jedem Fall sind Gefühle keine umweltbezogenen Repräsentationen, sondern interne Anpassungen an interne Problemlagen psychischer Systeme, und genauer: an interne Problemlagen, die es mit der laufenden Produktion der Elemente des Systems durch die Elemente des Systems zu tun haben. [...] Auf ihre Funktion hin gesehen, lassen sich Gefühle mit Immunsystemen vergleichen; sie scheinen geradezu die Immunfunktion des psychischen Systems zu übernehmen. [...] Sie lassen sich, ohne direk-

ten Bezug auf dieses Geschehen zur Umwelt, steigern oder abschwächen je nach der Erfahrung des Bewußtseins mit sich selbst. Die wohl wichtigste Einsicht aber ist: daß es sich bei allen Gefühlen um ein im wesentlichen einheitliches, gleichartiges Geschehen handelt. [...] Es ist eine Selbstinterpretation des psychischen Systems im Hinblick auf die Fortsetzbarkeit seiner Operationen. Die bekannte Vielfalt unterschiedlicher Gefühle kommt demnach erst sekundär, erst durch kognitive und sprachliche Interpretation zustande; sie ist also, wie aller Komplexitätsaufbau psychischer Systeme, sozial bedingt" (Luhmann 1985: 370-372).

Die meisten Schemata, über die ein Erwachsener verfügt, sind im Laufe der kindlichen Entwicklung sprachlicher Kommunikation entstanden. Da sie notwendig in Interaktionsprozessen mit anderen Menschen entstehen, bilden sie intersubjektiv vergleichbare und verläßliche Instrumente des Bewußtseins. Das gilt schon für Wahrnehmungsschemata, die Gestaltpsychologen als Gestalten untersucht haben. Das gilt mit großer Wahrscheinlichkeit für sprachliche und sozio-kulturell geprägte konventionalisierte Handlungs- und Kommunikationsschemata wie Höflichkeitsformen, Diskussionsstile, Riten, das Verhalten im Verkehr, vor Gericht usw.

Solche Schemata ermöglichen es auch kognitiv abgeschlossen operierenden Subjekten, erfolgreich miteinander umzugehen. Als affektiv-kognitive Bezugssysteme integrieren sie psychische Befindlichkeiten und kognitive Ordnungen im Prozeß der gesellschaftlichen Erzeugung von Wirklichkeiten und der Abstimmung von Handlungen und Kommunikationen auf diese Wirklichkeiten. Damit tragen Schemata bei zur Konformitätsbildung sozialen Verhaltens – und sie sind andererseits dessen Ergebnis wie Ausdruck. Wir leben als Mitglieder einer Gemeinschaft in vergleichbaren Welten, weil wir sie nach ähnlichen Schemata aufbauen und deuten.

Beim Nachdenken über Schemata (= Scripts, Frames) sind also folgende Gesichtspunkte festzuhalten:

- Schemata entstehen durch wiederholte und mit anderen erfolgreich geteilte Erfahrungen (z.B. Schemata für räumliche und zeitliche Ordnungen, Objekte und Farbräume) sowie durch Kommunikationen

- Schemata erlauben die rasche Bildung von Gestalten (= Invarianten) über einer großen Menge von Einzelheiten (Menschen, Uhren, Schalter, Gleise, Lärm, Lautsprecher → Bahnhof)

- Schemata sind nur zum Teil bewußt und nur zum Teil sprachlich kommunizierbar (z.B. Schemata für Gefühle)

- Schemata verbinden kognitive, affektive und assoziative Faktoren von Bewußtseinstätigkeit (z.B. Mutterschema, Heimatschema)

- Schemata sind in Netzwerken organisiert (Schemata für Wahrnehmungen, Schemata für Handlungen, Schemata für Kommunikationen)

- Schemata erlauben Intersubjektivität von Kommunikationen und Handlungen durch den Aufbau von Erwartungserwartungen (z.B. Schemata stereotyper Handlungsabläufe wie Autofahren in der Großstadt usw., Schemata der Kommunikation wie Witze erzählen, eine Predigt halten usw.).

3. Medienschemata

Damit ist ein kognitionstheoretischer Ansatz skizziert, der bei der Ausarbeitung einer Mediengattungstheorie eingesetzt werden kann. Denn nun können Gattungen theoretisch modelliert werden als kognitive und kommunikative Schemata zum Zwecke der Konstruktion und intersubjektiven Festigung von Wirklichkeitsmodellen. Gattungen sind sozusagen Programme zur intersubjektiven Sinnkonstruktion und deren rekursiver (Selbst-)Bestätigung.

Allerdings müssen wir diesen noch sehr allgemeinen Gattungsbegriff nun genauer bestimmen, da uns in einer *Medien*gattungstheorie nur die Schemata interessieren, die im Umgang mit *Kommunikationsmitteln* (Sprache, Bild, Ton usw.) zum Tragen kommen. Wir untersuchen also aus der gesamten Menge möglicher Schemata nur solche, die den Umgang mit Kommunikationsmitteln organisieren und nennen diese *Medienschemata*.

Unter diesen Begriff fassen wir alle Programme der Invariantenbildung, von denen bei der Produktion, Vermittlung, Rezeption und Verarbeitung von Medienangeboten wie Büchern, Filmen, Hörspielen, Videoclips usw. Gebrauch gemacht wird. Die Invariantenbildung wird durch Sozialisation und soziale Kontrolle erreicht und gefestigt. Medienschemata stehen für den Bereich der Verwendung von Kommunikationsmitteln als Schemata mittlerer Reichweite zur Verfügung. Das heißt, sie sind anzusiedeln zwischen einzelnen Wahrnehmungsschemata (Baum, Haus, Hund) und globalen Schemata der Weltinterpretation wie z.B. Ideologien oder Religionen (Marxismus, Christentum, Islam).

Medienschemata orientieren also jede medienbezogene Handlung und Kommunikation und tragen in allen Gesellschaften Bezeichnungen, die intersubjektiv verwendet werden. Sie sind erforderlich, um den Umgang mit der Überfülle einzelner Medienangebote in einer Gesellschaft intersubjektiv bewältigen zu können; denn einzelne Medienangebote, die nicht an Gattungen gebunden wären, würden uns als rein zufällige (also kontingente) Erscheinungen entgegentreten. Wenn jedes einzelne Medienangebot von Grund auf und in allen Aspekten jeweils neu erfaßt, benannt und in Zusammenhänge eingeordnet werden müßte, wäre unser Bewußtsein ebenso wie die gesellschaftliche Kommunikation überfordert. Kann man einzelne Medienangebote dagegen schon im Rahmen einer bestimmten Vorerwartung, im Rahmen eines allgemeinen Einordnungsschemas wahrnehmen, dann erspart das sonst höchst aufwendige Bewußtseins- und Kommunikationsarbeit. Wer unter zahllosen Buchangeboten zum Beispiel ein Kochbuch wählt, weiß was ihn erwartet – auch wenn es hunderte verschiedener Kochbücher gibt. Und wenn ein Kochbuch „ganz anders" ist als andere, dann merkt er das aufgrund seiner Vorerwartungen schnell und zuverlässig.

Im Hinblick auf Medien sind Gattungsbezeichnungen nur *ein* – allerdings besonders wichtiges – Element der Menge aller möglichen Aspekte, über denen Kategorien, Klassen oder Typen gebildet werden können. Daneben spielen Themen, Schauplätze, Handlungsmuster usw. eine Rolle.

Gattungsbezeichnungen scheinen vor allem als Namen für Gattungsschemata zu fungieren, die – sofern sie in dieser Funktion erkannt werden – die Ausbildung solcher Schemata in gewissem Sinne mitsteuern bzw. als Namen für bereits ausgebildete subjektive Schemata übernommen werden. Daraus resultieren Probleme, wenn verschiedene Schemata mit gleichen Namen oder gleiche Schemata mit verschiedenen Namen belegt werden.

In den bisherigen Überlegungen war vor allem der allgemeine Gesichtspunkt der Bildung von Invarianten im Bewußtsein betont worden. Fragt man nun, welche besondere *Funktion* Medienschemata erfüllen, dann stößt man auf folgenden Zusammenhang: Die für jede Gesellschaft entscheidende Frage, und zwar in Politik, Wirtschaft, Wissenschaft, Erziehung usw., ist die Frage nach der Wirklichkeit, die *ontologische Frage*, die alle anderen Grundsatzfragen beinhaltet: Was ist wahr? Was ist gut? Was soll getan werden?

Im Rahmen der hier vorausgesetzten Erkenntnistheorie (→ I, Schmidt) wird Wirklichkeit verstanden als das in einer Gesellschaft verbindlich gewordene Modell von/für Wirklichkeit, auf das alle Mitglieder einer Gesellschaft verpflichtet sind. Denn jedes soziale System muß aus Bestandserhaltungsgründen daran interessiert sein, daß das Wirklichkeitsmodell und die Bezüge von Aussagen und Handlungen auf dieses Modell überschaubar, von den Mitgliedern des Systems nachvollziehbar und vom System einklagbar sind und bleiben. Darum kann es in einem sozialen System nie beliebig viele Wirklichkeitsmodelle sowie Arten des Bezugs auf solche Modelle (= Referenzmodalitäten) geben. Bildlich gesprochen: Die Gewinnstrategien im „Realitätsspiel" müssen verbindlich und einvernehmlich geregelt sein, Verluststrategien müssen sozial sanktionierbar sein. Nur deshalb gibt es in unseren Gesellschaften Gerichte und Gefängnisse, psychiatrische Anstalten, Universitäten mit Nobelpreisträgern und Kirchen mit Heiligen, Dissidenten und Ketzern.

Vor allem aber muß in eindeutiger Weise geregelt sein, was als wirklich gilt und was nicht. Darauf bauen alle sozialen Prozesse auf, von der

Regelung der Macht bis zur Regelung der Fiktion. Dasselbe gilt nun auch für alle Kommunikationsprozesse in der Gesellschaft. Bei Medienangeboten, die (bzw. deren Teile) sich im Sinne von Aussagen oder Behauptungen (= referentiell) auf ein Wirklichkeitsmodell und seine Bestandteile beziehen lassen, muß die Qualität dieses Bezugs entscheidbar sein: Lüge und Wahrheit, richtig und falsch, zutreffend und haltlos müssen in jeweiligen Kommunikationen deutlich voneinander geschieden werden können.

Medienangebote unterscheiden sich nach diesen Überlegungen voneinander

- durch die Gesamtstrategie des Wirklichkeitsbezugs (Referenzmodalität)
- durch den thematisierten Wirklichkeitsbereich
- durch die Gestaltung und Darbietung eines Medienangebotes (seine Ästhetik und Stilistik).

Medienschemata regeln Erwartungen und Ansprüche an den Wirklichkeitsbezug referentialisierbarer Medienangebote bzw. an den Grad der Zuverlässigkeit oder Glaubwürdigkeit von Kommunikatoren in bezug auf die Verwendung des jeweiligen Medienschemas. So wird etwa die Glaubwürdigkeit eines Nachrichtensprechers im Rundfunk oder Fernsehen anders eingeschätzt als die eines Pressesprechers, der den Chemieunfall eines großen Konzerns darstellt. Und nur, weil das offenbar so funktioniert, konnte *Rudis Tagesshow* aus der Differenz zur regulären Tagesschau satirische Qualitäten gewinnen.

Das Verfügen über Medienschemata wird bestimmt von den Besonderheiten der schon erwähnten Handlungsrollen (Produktion, Vermittlung, Rezeption, Verarbeitung); von der Zugänglichkeit zu Medien bzw. der Verfügbarkeit über Medien (man denke etwa an die Frühzeit des Fernsehens in den 50er Jahren); vom Bildungsstand, der verfügbaren Zeit, Interessen, Gratifikationserwartungen, emotionalen Einstellungen usw. Wer zum Beispiel ein Feature für den Hörfunk produzieren will, muß genauer als ein zufälliger Hörer wissen, wie eine solche Sendeform gemacht wird. Wer hochkomplexe literarische „Gattungen" produzieren will, braucht eine Fülle von Vorbildern und Training. Und wer den Fernseher einschaltet, will in aller Regel eine bestimmte Sendung sehen (es sei denn, er will bloß fernsehen).

Außerdem muß berücksichtigt werden, daß jedes Medienschema seine Orientierungsleistung nur in Differenz zu anderen zur Verfügung stehenden Medienschemata entfalten kann. Weiterhin ist zu berücksichtigen, daß Medienschemata zum einen in bezug auf das Medienangebot in einem bestimmten Mediensystem, zum anderen in bezug auf das Medienangebot in allen anderen verfügbaren Mediensystemen zu bewerten sind. So gewinnt etwa ein politischer Essay seine Spezifik zum einen relativ zu Reportage, Dissertation, Roman usw., zum anderen – je nach Mediensystem – als Hörfunkessay im Vergleich mit politischen Zeitschriften- oder Fernsehessays. Eine Meldung in der Tageszeitung wird anders wahrgenommen als Neuigkeiten, die im Rahmen eines politischen Fernsehmagazins verbreitet werden oder in wissenschaftlichen Veröffentlichungen erscheinen. Sie wirkt anders, wenn sie zugleich auch in anderen Medien erscheint, als wenn sie nur im Fernsehen von einem Augenzeugen berichtet wird usw.

Technisch ausgedrückt: Wir haben es in modernen Gesellschaften mit einem in sich rückgekoppelten, selbstreferentiellen und selbstorganisierenden System von Kommunikationsmitteln, Mediensystemen, Medienschemata und Wirklichkeitskonstrukten zu tun. Medienschemata spielen in diesem System verschiedene Rollen:

– Sie steuern die Erwartungen von Mediennutzern hinsichtlich des Wirklichkeitsbezugs von Medienangeboten sowie hinsichtlich der kognitiven und emotionalen Gratifikationen der Nutzung von Medienangeboten und

– regeln die Erwartungen von Mediennutzern hinsichtlich der Zuverlässigkeit bzw. Glaubwürdigkeit von Kommunikatoren.

– Medienschemata regeln die Erwartungen, ob Kommunikationsmittel instrumental (wie etwa in Nachrichtensendungen) oder ausdrucksbezogen (wie etwa im literarischen Fernsehspiel) benutzt werden und

– teilen Aussagen in Medienangeboten in Kategorien wie Bericht, Appell, Reflexion, Spiel oder Reproduktion ein.

Medienschemata orientieren Mediennutzer also vorab, im Vollzug der Mediennutzung sowie bei Anschlußhandlungen und -kommunikationen darüber, welche allgemeinen Kommunikationsabsichten ein bestimmtes Schema ermöglicht, welche Themen im Rahmen dieses Schemas behandelt werden können und wie dies technisch und stilistisch inszeniert werden kann, d.h. welche Merkmale solchen Schemata zugeordnet werden können. Medienschemata ermöglichen bzw. erleichtern dem Mediennutzer das *Erkennen, Einordnen* und *Bewerten* von Medienangeboten. Sie leiten sein Verständnis, indem sie seine Aufmerksamkeit auf typische Merkmale von Medienangeboten lenken. Für Produzenten von Medienangeboten zum Beispiel stellen Medienschemata Erwartungsmuster (bzw. auch Suchmuster) zur Verfügung, um Themen, Präsentationsformen, Szenarios, aber auch Kostüme, Schauplätze und Schauspieler auszusuchen. Medienschemata regeln auch die emotionale und normative *Bewertung* von Medienangeboten, vor allem auch die Einschätzung der Wichtigkeit einer bestimmten Mediennutzung für das persönliche wie das öffentliche Leben.

Schließlich spielen Medienschemata eine wichtige Rolle bei der Organisation von *Mediensystemen* (Buchmarkt, Fernsehen, Zeitungswesen usw.) – von der Programmplanung bis hin etwa zur Organisation einer

Sendeanstalt. Nicht nur die Archivare und Bibliothekare, auch Sendeleiter, Regisseure und Kameraleute brauchen solche Schemata und Namen für solche Schemata, um die Flut von Medienangeboten klassifizieren zu können, bzw. um ihre Herstellung erwartungsgerecht durchführen zu können – aber auch um bewußt davon abweichen, bzw. um etwas Innovatives erstellen zu können (vgl. dazu ausführlich Rusch 1987d).

4. Alte Fragen – neue Antworten?

In der bisher geführten gattungstheoretischen Diskussion ist man immer wieder auf relativ gleichlautende Probleme gestoßen: Wie kann das Verhältnis zwischen Einzelwerk und Gattung erklärt werden? Wie läßt sich Wandel im Gattungssystem einer Gesellschaft erklären? Warum entsteht eine neue Gattung? Wie ist das Verhältnis zwischen Gattungskonzepten und Gattungsnamen zu bestimmen? Auf diese Fragen wollen wir mit den bisher entwickelten theoretischen Konzepten kurze Antworten zu geben versuchen.

Die hier skizzierte Mediengattungstheorie konzeptualisiert Gattungen als Schemata (bildlicher ausgedrückt: als Operationspläne oder Prozeßszenarios), die es dem individuellen Aktanten erlauben, im Umgang mit Medien Invarianzbildungen mit intersubjektiver Geltung produzierend und rezipierend vorzunehmen. Intersubjektivität wird durch Sozialisation grundgelegt und durch Konsens und Dissens bestätigt. Die Medienangebote, mit denen operiert wird, müssen intersubjektiv referenzfähig sein, d.h. Aussagen müssen konsensuell auf gesellschaftliche Wirklichkeitsmodelle bezogen werden können. Die Modi des Referierens sind in jeder Gesellschaft verbindlich konventionalisiert (= Klärung der „ontologischen Frage").

Mediengattungen qua Medienschemata steuern den Referenzbezug durch Selektion des epistemisch-doxastischen Aspekts (wahr, falsch, glaubwürdig usw.), des funktionalen Aspekts (Berichten, Referieren usw.) und des aktantiellen Aspekts (expressiv, instrumental) anhand damit verträglicher Themen, stilistischer Verfahren, technischer Möglichkeiten usw.

Geht man vom Invariantencharakter von Medienschemata aus, dann läßt sich die alte Streitfrage nach dem Verhältnis zwischen Gattung und Einzelwerk auflösen: Es geht dabei nicht um ein Verhältnis nach dem Muster type (= Universale) und token (= Einzelwerk), sondern um ein Verhältnis von konventionalisiertem Medienschema und individueller Anwendung (vgl. Steinmetz 1983: 76).

Versteht man „Gattungen" nicht als Universalien, sondern operationalisiert man sie gewissermaßen zu Instrumenten der kognitiven wie kommunikativen Sinnproduktion, die in langen (Medien-)Sozialisationsprozessen erworben werden, dann läßt sich die Frage nach der Vermittelbarkeit von intersubjektiver Geltung *und* Wandlungsfähigkeit klären: Als invarianz-bildendes kommunikatives Schema wirkt ein Medienschema für alle, die zu einem bestimmten Zeitpunkt mit diesem Schema operieren, *als* handle es sich dabei um eine Universalie. Und da sich Schemata langfristig verändern können, ohne ihren Invariantenstatus zu verlieren, läßt sich der Aspekt, der zum jeweiligen Handlungszeitpunkt scheinbar zeitenthobenen Funktion des Medienschemas mit dem seiner Dynamik leicht vereinbaren. Nur wer dies nicht bemerkt, verfällt dem Trugschluß zu meinen, ein Schema *müsse aber doch* immer ein bestimmtes Wesen, eine bestimmte Funktion oder bestimmte Merkmale besitzen, um *als solches* wirken zu können und erkennbar zu sein.

Unter diesem Aspekt wird deutlich, daß Schemata gleichgesetzt werden können mit dem blinden Fleck in Beobachtungen, der für den Beobachtenden selbst unsichtbar bleibt, da er im Prozeß des Unterscheidens die benutzte Unterscheidung nicht zugleich beobachten kann (zum Unterscheidungsproblem vgl. Luhmann 1990b). Erst ein Beobachter des Beobachters kann auch dessen blinden Fleck beobachten – auf Kosten eines anderen, nämlich dessen, mit dem er selbst nun beobachtet. Der Streit um Geltung und Wandel muß also auf zwei Beobachterebenen auseinandergezogen werden: Für den Beobachter erster Ordnung dominiert Geltung (er wendet das Schema an), für den Beobachter zweiter Ordnung wird Wandel erkennbar, er beobachtet die Schemaanwendung.

Wann und warum es zu *Wandlungsprozessen* in Gattungssystemen kommt, läßt sich nur empirisch-historisch bestimmen. Grundsätzlich kann man nur annehmen, daß Veränderungen im Wirklichkeitsmodell einer Gesellschaft und Gattungswandel eng miteinander synchronisiert sind – wir sprechen hier bewußt nicht von Kausalbeziehungen! „In den einzelnen Textsorten und Gattungen schlagen sich Wirklichkeitsperspektiven nieder, in ihnen spiegeln sich, wie gebrochen auch immer, Einstellungen gegenüber Phänomenen der Wirklichkeit, der Welt." Gattungen werden so „[...] wenigstens indirekt zum Ausdruck herrschender Weltbilder oder doch vorherrschender Sinn- und Wirklichkeitsstrukturierungen" (Steinmetz 1983: 73).

Das zeigt die Entstehung des Romans im 18. Jahrhundert (vgl. Schmidt 1989) ebenso wie das Aufkommen von Talkshows oder Soap operas. In Massenmediensystemen kommt dazu die nur schwer entwirrbare Kooperation von neuen technischen Möglichkeiten (wie Handkamera, MAZ-Schnitt, Blue und Paint Box, Computersimulation oder HDTV), Veränderung von Wahrnehmungsbedingungen (vgl. dazu Großklaus 1989) und Konkurrenz zwischen den Mediensystemen, die Medienschemata z.B. aus anderen Ländern „ausborgen", modifizieren oder umdefinieren können (man betrachte etwa die Entwicklung deutscher Talkshows nach dem Import aus den USA).

Generell wird man wohl annehmen können, daß Medienschemata und ihre Bezeichnungen gesellschaftliche Verhältnisse nicht einfach widerspiegeln, sondern vielmehr wichtige Instrumente im gesellschaftlichen Prozeß der Wirklichkeitskonstruktion sind, die zugleich in der Kognition wie in der Kommunikation wirksam sind. Unter diesem Aspekt wird Mediengattungstheorie zu einer speziellen Erkenntnistheorie der Medienforschung, die untersucht, wie in Mediensystemen Wirklichkeit durch Anwendung bestimmter Schemata inszeniert wird.

Damit kommen wir zur letzten der oben aufgeworfenen Fragen: Wie hängen Bezeichnungen für Medienschemata (Ebene der Kommunikation) und das Schemawissen von Kommunikatoren (Ebene der Kognition) miteinander zusammen? Muß jemand ein Schemawissen besitzen, um solche Bezeichnungen kommunikativ erfolgreich verwenden zu können? Ist dieses Schemawissen bewußtseinsfähig oder gar bewußtseinspflichtig?

Herauszufinden, was Leute in ihrem Bewußtsein an Schemawissen mit Gattungsbezeichnungen verbinden, ist die schwierigste Aufgabe einer empirischen Mediengattungstheorie[1]. Leichter zugänglich ist, wie auf der Ebene von Kommunikation, etwa in der Programmpresse, in Verlagsverzeichnissen, im Vorspann zu Sendungen oder in Programmankündigungen im Hörfunk Bezeichnungen für Medienschemata verwendet werden. Offensichtlich gibt es Bezeichnungen, die sozusagen allgemein bekannte Arten von Medienangeboten benennen, wie ‚Krimi', ‚Quiz', ‚Sportreportage' oder auch ganz einfach ‚Serie' oder ‚Sendung'. Sie bilden sozusagen die allgemeinsten Kerne von Bezeichnungen für Medienschemata. Diese Kerne werden dann je nach Handlungszusammenhang, Interesse und Mediensystem durch Zusatzbezeichnungen spezifiziert.

Analysen der Programmpresse und der Programmankündigungen im Mediensystem Fernsehen in der Bundesrepublik lassen erkennen, daß Kernbezeichnungen wie Bericht, Dokument(ation), Magazin, Reportage, Nachricht, Gespräch, Show, Quiz, Spiel, Film, Konzert, Thriller oder schlicht Sendung oder Serie spezifiziert werden durch[2]

– Sendeort (z.B. Fenster-Programme)

– Gegenstand (Kulturbericht, Film über das Dritte Reich)

– Aktantenangabe (Bericht von ..., Film mit ...)

– Form (Livebericht, Kurzfilm)

– Funktionsbezug (Hintergrundinformation)

---

1 Forschungen in diese Richtung werden im Rahmen des Projekts „Mediengattungstheorie" im Sonderforschungsbereich 240 an der Universität/GH Siegen durchgeführt.

2 H. Hauptmeier hat eine Liste von Gattungsbezeichnungen in deutschen Illustrierten, Film- und Videozeitschriften zusammengestellt (vgl. Schmidt 1987d: 201–205).

- Kombination mit anderen Gattungsnamen (Interviews und Berichte, Sport und Musik)
- Herkunftsland (US-Film)
- Sendespezifika (Fernsehspiel in vier Teilen)
- Wertattribute (raffinierter Horrorfilm)
- technische Spezifika (Mischung aus Real- und Trickfilm, Stummfilm, Schwarz-Weiß-Film)
- Empfängerspezifik (Spielfilm für Kinder, Seniorenmagazin)
- Jahreszeitenspezifik (weihnachtlicher Spielfilm)
- Beteiligungsangabe (Sendung mit Wählern und Gewählten)
- Entstehungszeit (Heimatfilm der 50er Jahre)
- Ausstrahlungsreichweite (Eurovisionssendung) (sowie durch Kombination mehrerer dieser Spezifikationen).

Bezeichnungen für Medienschemata sind also im Spezialisierungsbereich erstaunlich flexibel handhabbar. Je nach Situation und Interessen können Kerne mit den verschiedensten Hinweisen, „Aufmerksamkeitsweckern", Assoziationen u.ä. verquickt werden, um Interesse für ein Medienangebot zu erwecken (vgl. Rusch 1987d: 255 f.).

Aber auch die Kerne dürften ziemlich vielfältig verwendbar sein. Wie dehnbar sie je nach Mediensystem und Kontext bei den verschiedenen Kommunikatoren sind, wann also ein „Gattungswechsel" – etwa von einem „spannenden Lustspiel" zu einem „lustigen Krimi" – bemerkt oder vollzogen wird, das kann nur empirisch entschieden werden.

Die Subjektivität und Flexibilität von Bezeichnungen für Medienschemata stört auf der kommunikativen Ebene deshalb kaum, weil sich Medienhandelnde von früher Kindheit an mit anderen auf die Medienkomponenten ihrer Umwelt einstellen und abstimmen. Dazu braucht es keine förmlichen Definitionen – ja, die Kommunikation über Medienangebote klappt wohl gerade deshalb, weil keiner der Betroffenen sein Schemawissen und seine Gattungsbezeichnungen definiert (definieren kann?).

5. Medienschemata im Journalismus

Mit Medienschemata sind wir besonders bei den Angeboten gut vertraut, die uns der Journalismus jeden Tag in den Spalten der Presse und den Sendungen von Hörfunk und Fernsehen macht. Sie strukturieren unsere Erwartungen und orientieren uns in formaler und inhaltlicher Hinsicht. Dabei leiten Schemata gleichermaßen die Produktionsweisen in den Medieninstitutionen, also die Handlungen der Journalistinnen und Journalisten, wie die Rezeptionsweisen des Publikums. Dies gilt sowohl für die *Gesamtstrategien* des Wirklichkeitsbezugs und der Thematisierung im Journalismus als auch für die unterschiedlichen *Möglichkeiten der Gestaltung* sowie der Darbietung von einzelnen Medienangeboten. Erstere bezeichnen wir als „Berichterstattungsmuster", Letztere als „Darstellungsformen".

Empirische Befunde zeigen, daß Journalismus heute in erster Linie durch eine großbetrieblich-industrielle Produktionsweise und bestimmte formalisierte professionelle Prozeduren gekennzeichnet ist. Das heißt, die Herstellung und Bereitstellung von aktuellen Themen – primäre Funktion des Systems Journalismus – unterliegt prinzipiell den Kriterien der Warenproduktion in modernen Gesellschaften: Sie muß organisatorisch und technisch so beschaffen sein, daß sie insbesondere ökonomischen Effizienzkriterien gerecht wird. Es ist deshalb davon auszugehen, daß die Konstruktionspläne, nach denen die Medien ihre Wirklichkeitsmodelle entwerfen, diesen Maßstäben entsprechen. Ihre Berichterstattungsmuster geben also auch Auskunft über die Produktionsverhältnisse in den Medien.

Die Entstehung dieser Berichterstattungsmuster ist eng verknüpft mit der Entstehung der modernen Massenkommunikation, die vor etwa 100 Jahren auch erst die Berufsrolle „Redakteur" in ihrer heutigen Form schuf. Aussagenentstehung ist seitdem eben nicht mehr das Werk einzelner „publizistischer Persönlichkeiten", sondern Ergebnis komplizierter Handlungsabläufe in durchorganisierten Redaktionssystemen.

Der amerikanische Kommunikationswissenschaftler James Carey hat beschrieben, daß das für den bürgerlichen Journalismus kennzeichnende Muster der Objektiven Berichterstattung mit dem Entstehen der professionellen Kommunikatorrolle des „Vermittlers" direkt verbunden war. Damit sei der Journalist „vom unabhängigen Beobachter und Kritiker zu einem relativ passiven Glied in der Kommunikationskette" (Carey 1969: 32) geworden.

Dieser berufsstrukturelle Aspekt läßt sich direkt auf die Ökonomie der modernen Medien beziehen. Denn die Verbreitung des „Informationsjournalismus" – unter Berücksichtigung der gesamten Mediengeschichte eine relativ späte Erscheinung – ist vor allem auf Praktiken angelsächsischer Nachrichtenagenturen im 19. Jahrhundert zurückführen. Nach dem amerikanischen Bürgerkrieg wurde „objective reporting" vermutlich zuerst von der amerikanischen Nachrichtenagentur Associated Press eingeführt. Für den heiß umkämpften Nachrichtenmarkt der Lokalzeitungen, mit Abnehmern sowohl im Lager der Republikaner als auch der Demokraten, suchte das Unternehmen, ein Zusammenschluß von Zeitungsverlegern, ein wirtschaftlich vernünftiges Berichterstattungsmuster. Die Neutralität in der Nachrichtengebung erlaubte, einen großen Kundenstamm mit demselben Material gleichzeitig zu bedienen. „Objective reporting" stieß keinen der potentiellen Kunden vor den Kopf.

Berufssoziologische Entwicklungen im Journalismus haben dann später die Objektive Berichterstattung als Berichterstattungsmuster weiter begünstigt. Anfang dieses Jahrhunderts gingen die (nordamerikanischen) Journalisten auf die Suche nach beruflichen Normen, die ihren Status aufwerten und sie selbst gegen Kritik und Zensur ähnlich absichern sollten wie die klassischen Professionen, also zum Beispiel Ärzte und Rechtsanwälte. Diese Berufe leben ja geradezu davon, den Eindruck des Unpersönlich-Technischen, des Überparteilichen, des Wertneutralen zu erwekken. Von einem Rechtsanwalt erwartet man nicht Mitleid, sondern eine präzise, neutrale Analyse der Rechtslage. Warum also nicht aus dem Journalisten den neutralen, objektiven Vermittler zwischen den Tatsachen und der Gesellschaft machen? So trat zu der ökonomisch-organisatorischen die professionelle Komponente zur Legitimierung des „Informationsjournalismus" (vgl. Janowitz 1975).

Die Nachrichtenagenturen prägen dieses Berichterstattungsmuster bis heute, wobei ihr Einfluß über die Neutralitätsregel weit hinausreicht. Dieser Einfluß geht zum Beispiel von den stark formalisierten Arbeitsabläufen in den Agenturen aus, die zu relativ rigiden Vorgaben sowohl für die Nachrichtenauswahl als auch für die Gestaltung und Darbietung der Nachrichten führen. Deshalb händigen zum Beispiel die Agenturen AP, Reuters und dpa ihren Mitarbeitern „Stilbücher" mit Richtlinien für die redaktionelle Arbeit aus.

6. Zur „Objektivität" der Objektiven Berichterstattung

Wie steht es nun mit der ‚Objektivität' Objektiver Berichterstattung? Die Meinungen darüber gehen weit auseinander – wobei insbesondere Berufspraktiker glauben, daß allenfalls „menschliches Versagen" der Objektivität im Wege stehe (vgl. z.B. Boventer 1984; Leonhardt 1976). Anhänger der Ideale westlicher Gesellschafts- und Mediensysteme und ihrer sozialphilosophischen Tradition behaupten grundsätzlich, daß Nachrichten durchaus ‚wahr' sein könnten. Letztlich hänge die Realisierung vom Willen und Können des Einzelnen ab. Das Problem der „Objektivität" von Nachrichten sei deshalb ein graduelles, kein prinzipielles.

Forderungen nach Objektivität stehen nach wie vor im Zentrum des Selbstverständnisses der Mediensysteme westlichen Typs. Sie können sich direkt auf das gesellschaftliche Wertesystem stützen; in ihm besitzt Objektivität einen hohen Stellenwert. In diesem Objektivitätsideal sind grundlegende Fragen und Probleme angelegt, die zum Beispiel auch in den Sozialwissenschaften zu erkenntnistheoretischen Auseinandersetzungen geführt haben, die unter dem Namen „Werturteilsstreit" bekanntgeworden sind (vgl. Adorno et al. [3]1974). Dabei diskutierte Streitfragen lauten, auf den Journalismus bezogen, zum Beispiel:

- Ist „Objektive Berichterstattung" mit der Sprache des Journalismus überhaupt möglich?

- Lassen sich aus der Informationssammlung und Informationsumsetzung Wertungen überhaupt ausschalten?

- Lassen sich in der Darstellung Fakten von wertenden Erklärungen und Einordnungen trennen; machen „reine Fakten" einen Sinn?

Walter Lippmann (1922) hatte mit seiner Empfehlung, Nachricht und Wahrheit tunlichst zu unterscheiden, aus diesen erkenntnistheoretischen Problemen, aber auch aus den organisatorischen und professionellen Gegebenheiten im Journalismus eine pragmatische Schlußfolgerung gezogen. Inzwischen folgt ihm darin zumindest die Kommunikationswissenschaft. Es geht dabei nicht darum, Journalisten vorsätzlich wahrheitswidrige, unausgewogene, unobjektive Berichterstattung vorzuhalten; Verstöße gegen das Objektivitätsideal geschehen eher „unbewußt"; sie sind unter den bestehenden Bedingungen sozusagen zwangsläufig (vgl. Schudson 1991).

Marxistische Medienwissenschaftler halten ein solches Objektivitätsideal grundsätzlich für absurd. Es diene nur der Verschleierung von ökonomischen Interessen. Freilich gebe es „Objektivität": nämlich objektive Interessen, auch objektive Kommunikations-Interessen der Bevölkerung (vgl. Blumenauer et al. [2]1988). Auch westliche Wissenschaftler heben aber auf den ideologischen Charakter dieses Kernelements von Journalismus-Systemen in demokratischen Gesellschaften ab. Der amerikanische Soziologe Herbert Gans (1980) nennt den Objektivitätsanspruch „Paraideologie" der Medien, die freilich, wie es für Ideologien typisch sei, von den Betroffenen nicht wahrgenommen werde. Sie bestehe aus

- dauerhaften Wertvorstellungen im kognitiven System der Journalisten

- bewußten und unbewußten Meinungen

- spezifischen Beurteilungen der Wirklichkeit

Basis und zentrale Einflußgröße für diese eher Kommunikator-zentrierten Bestandteile bilden auch nach Einschätzung von Gans die Bedingungen des Mediensystems. Und so werden zur Erklärung und Relativierung des Objektivitätsanspruchs inzwischen vor allem ökonomische, organisatorische und professionelle Faktoren angeführt.

Auch die Auseinandersetzung mit der Praxis der Objektiven Berichterstattung liefert aber genug Anhaltspunkte dafür, dieses Muster in Frage zu stellen. So zeigen empirische Befunde, daß zum Beispiel bei den Tageszeitungen zumindest implizit gegen die Trennungsnorm von Nachricht und Meinung verstoßen wird: durch eine Anpassung der Nachrichtenauswahl an die Kommentierung (Synchronisation) (vgl. Schönbach 1977).

Alternative Publikationen weichen bewußt vom Objektivitätsideal ab. Doch auch in etablierten Medien wächst das Unbehagen gegenüber einem unreflektierten Objektivitätsanspruch. So bekennt sich etwa der Journalist Herbert Riehl-Heyse, Reporter der *Süddeutschen Zeitung*, zum „subjektiven Journalismus", der zum Beispiel in der Darstellungsform „Feature" zu einem subjektiv-wahrhaftigen, sogar charakteristischen Bild führen könne (vgl. Dorsch 1980).

Der Fernsehreporter Dagobert Lindlau plädiert sogar ohne Wenn und Aber für ganz andere Wege. Eine bestimmte Art von Objektivität bedeute geradezu eine „Exekution der Wirklichkeit" – wobei er freilich „Objektivität" durch den ganz anderen Begriff „Ausgewogenheit" ersetzt. Ausgewogenheit bezeichnet aber das Verhältnis von Aussagen zueinander, Objektivität das Verhältnis zwischen Aussagen und Ereignis. Lindlau wählt ein extremes Beispiel: „Ich warte auf den Tag, an dem wir der Ausgewogenheit zuliebe bei einem Bericht über die Hitlerschen KZ's einen alten Nazi vor die Kamera holen müssen, der dann feststellt, die Konzentrationslager hätten schließlich auch ihr Gutes gehabt" (Lindlau 1980: 45).

7. Objektive Berichterstattung als „strategisches Ritual"

Den Verteidigern wie den Kritikern der Objektiven Berichterstattung, die bisher zu Wort kamen, ist gemeinsam, daß sie das Ideal der Objektivität, der Wahrheitssuche in den westlichen Medien, ernstnehmen. Die einen sagen: Wir müssen an diesem Ideal festhalten, auch wenn es nicht immer erreichbar ist. Die anderen sagen: Dieses Objektivitätsideal ist reine Ideologie, ein Anspruch, der die wahren Verhältnisse vernebelt. Und sie bieten alternative Berichterstattungsmuster an.

Diese polaren Positionen tragen jedoch zu einem funktionalen Verständnis der „Objektivität" als Grundlage journalistischer Berichterstattung wenig bei. Dazu gelangt man, wenn man den Objektivitätsanspruch auf der institutionellen und professionellen Ebene einordnet, also fragt, welche Funktion die Objektivitätskategorie und die Objektivitätsforderung im Rahmen der Medienproduktion erfüllt.

Eine solche funktionale Perspektive führt zu einer Entmythologisierung des Objektivitätsideals, die insbesondere von der amerikanischen Soziologin Gaye Tuchman (1971; 1978) betrieben worden ist. Tuchman faßt Objektivität als Routine, als „strategisches Ritual" auf, das den Medien und den Journalisten – genauso wie anderen professionellen Berufen – Sicherheit und Arbeitsfähigkeit verschaffe; sie belegt dies unter Rekurs auf Kernelemente journalistischer Tätigkeit. „Objektivität" bedeute in den Medien nichts anderes als die ständige Wiederholung von fünf Prozeduren:

– Präsentation der widerstreitenden Möglichkeiten zu einem Thema

– Präsentation stützender Fakten zu den Aussagen

– gezielter Einsatz von Anführungszeichen

– Strukturierung der Informationen in einer bestimmten Anordnung

– formale – und oft willkürliche – Trennung von Nachricht und Meinung

Diese fünf strategischen Prozeduren sind die journalistischen Methoden, die nach Ansicht von Tuchman dem Objektivitätsanspruch der Medien zugrundeliegen. Hinzu kämen bei der Unterscheidung zwischen Wichtigem und Unwichtigem institutionelle Faktoren des Medienunternehmens. Und schließlich würden zur Beurteilung von Nachrichtenwert Erfahrung und gesunder Menschenverstand („common sense") bemüht.

Daraus kann man schließen, daß „Objektivität" im Journalismus ihre ganz eigene Wertigkeit hat. Es geht primär um bestimmte professionelle und institutionelle Abläufe, die sich an Formalien, Organisationsstrukturen und „gesundem Menschenverstand" orientieren. Dies führt nach Einschätzung von Tuchman zur Einladung für selektive Wahrnehmung, zum Irrglauben an die Aussagekraft von Fakten, zum Einschleusen der Journalistenmeinung durch die Hintertür, zur Anbindung der redaktionellen Verfahrensweisen an die Zeitungspolitik und zur Irreführung der Rezipientinnen und Rezipienten hinsichtlich der Validität von Nachrichtenanalysen (Kommentaren usw.), die nur formal-willkürlich von „reinen" Nachrichten getrennt würden.

Objektivität als „der Zement, der die westliche Medienwelt zusammenhält" (Phillips 1977: 71), bedeutet also gar nichts anderes als eine formale Technik bei der Herstellung von Nachrichten. Der Journalismus unterscheide sich damit, meint Gaye Tuchman, unter berufssoziologischen Aspekten in der Tat nicht von anderen vergleichbaren Berufstätigkeiten, die vergleichbare ritualisierte Prozeduren eingeführt haben, um sich aufzuwerten und zu schützen.

Aus konstruktivistischer Sicht läßt sich eine solche „methodische Objektivität" weiter fassen und auf den gesamten Prozeß der vermittelten Kommunikation und die daran beteiligten Akteure beziehen. Objektivität ist dann erstens eine intersubjektive Vereinbarung über die Art der Wirklichkeitskonstruktion, die vom System Journalismus erwartet werden kann. Die dieser Vereinbarung zugrundeliegenden Kriterien sind nicht „Wahrheit" oder „Realitätsnähe", sondern „Nützlichkeit", und „Glaubwürdigkeit". Sie gelten für die Sammlung, aber insbesondere auch für die Präsentation von Nachrichten mit Hilfe bestimmter Darstellungsformen. Diese Vereinbarung hat sich zum Berichterstattungsmuster der „Objektiven Berichterstattung" verdichtet, das für den Journalismus in marktwirtschaftlichen Mediensystemen zentral ist. Die Journalisten bilden dabei für die „Ereigniswahrnehmung" grundlegende kognitive Schemata heraus, die ihr berufliches Handeln steuern und die dabei zu leistenden Wirklich-keitskonstruktionen in besonderem Maße prägen.

Eine intersubjektive Vereinbarung über die Muster und Formen der Be-richterstattung besteht zweitens aber auch zwischen Kommunikatoren und Rezipienten. Sie ist die Grundlage für Absichten und Erwartungen bei der Wirklichkeitskonstruktion durch Medien. Auch die Rezipienten bilden dabei, wie oben dargestellt wurde, Schemata aus, die ihren Umgang mit den Medienangeboten steuern. Diese Schemata kommen durch Medien-sozialisation, Medienimages und frühere Erfahrungen im Umgang mit Medien zustande. In Medien- und Journalismussystemen westlichen Typs handelt es sich dabei insbesondere um Erwartungen, die mit den beschrie-benen Merkmalen Objektiver Berichterstattung korrespondieren.

8. Alternative Berichterstattungsmuster

Die Objektive Berichterstattung ist nicht zufällig seit den 60er Jahren in die Krise geraten. Insbesondere seit der Berichterstattung über den Vietnam-krieg wird gegen das Muster eingewendet, es klammere Hintergründe, Ursachen und Interpretationen aus; beschrieben würde nur die Ober-fläche: im Falle Vietnam eben die Zahl der Bomben, Divisionen und Toten.

Die Kritik richtet sich insbesondere gegen den Wirklichkeitsentwurf, der auf diese Weise zustandekommt. Da gibt es am Anfang z.B. den Agen-tur-Korrespondenten, der auf die Unterscheidung „Wer hat was getan/ge-sagt?" konditioniert ist. Das „Wie", also die Umstände eines Ereignisses, und das „Warum", also die Ursachen eines Ereignisses, sind in der Regel zunächst einmal keine Nachrichtenaufhänger. Die Antwort wird dann in einen formalen Rahmen gepreßt, und oft muß der Journalist nicht einmal das tun: Der Informant, die offizielle Quelle kennt dieses Prinzip so gut wie er selbst und stellt sich darauf ein. Den professionellen Prinzipien und dem Wettbewerb konkurrierender Informationen entspricht, daß Vorgän-ge dramatisiert, Wortbeiträge zugespitzt, zugeordnet, (be)greifbar ge-macht, d.h. personalisiert werden. Effekt dieser vorgefertigten Interpreta-tionsschemata ist nicht nur die Formung von Ereignissen durch den büro-kratischen Apparat einer Redaktion, der sie zu Nachrichten macht, son-dern auch, daß Ereignisse unsichtbar gemacht, zu „nonevents" (Fishman 1982) werden.

Philip Meyer (1973: 6 f.) kritisiert an der Objektiven Berichterstattung – zur Begründung eines alternativen, sozialwissenschaftlich fundierten Jour-nalismus („precision journalism") –, das Muster vereinfache den journali-stischen Entscheidungsprozeß. Man berichte über öffentliche Vorkomm-nisse wie ein unpersönlicher, vorurteilsloser Beobachter, ganz wie der sprichwörtliche Marsmensch. Die Objektive Berichterstattung schaukele auf der Oberfläche der Nachrichten wie ein Tischtennisball, der einen Fluß herunter treibt.

Bei diesem Vorwurf der Oberflächlichkeit setzen alle Gegenentwürfe zum „Informationsjournalismus" als beherrschendem Berichterstattungsmuster an. Sie stellen die intensive Recherche, das Hinterfragen und Ausleuchten in den Vordergrund: der schon erwähnte „Präzisionsjournalismus" (precision journalism), „Interpretativer Journalismus" (interpretative journalism), „Neuer Journalismus" (new journalism) und vor allem der „Enthüllungsjournalismus" (investigative reporting). Es handelt sich dabei um Muster, die in Nordamerika entstanden sind und zumeist über Lehrbücher verbreitet wurden.

Dies gilt insbesondere für den Interpretativen Journalismus, der schon vor dem Zweiten Weltkrieg Anleitungen aus einem erfolgreichen Lehrbuch bezog (MacDougall [4]1982). Dies ist kein revolutionärer Entwurf, eher ein Appell an gute alte Reportertugenden und eine Warnung vor allzu naivem „Informationsjournalismus": Zu den Fakten muß der Zusammenhang, muß der Hintergrund, muß die Analyse kommen. Dabei entsteht jedoch das Problem des Bezugsrahmens: Woher nimmt der Journalist seine Maßstäbe zur Einordnung von Fakten, zur Analyse von Nachrichtenmaterial, wenn er der Gefahr eines reinen Meinungsjournalismus entgehen will?

Hier setzt der „Präzisonsjournalismus" an, der seine Prominenz gleichfalls einem weitverbreiteten Lehrbuch (Meyer 1991) verdankt. Statt individueller Überzeugungen, parteilichem Denken in Ideologien oder Vorurteilen auf der Grundlage der für Journalisten typischen Mittelschicht-Perspektive werden als Ankerpunkt journalistischer Interpretation Instrumente und Validitätskriterien empirischer Sozialforschung vorgeschlagen. Insbesondere die Entwicklung der Umfrage- und Computertechnik erlaube nun – so lautet die optimistische Botschaft – die Einordnung von Tatsachen und sogar die Erfassung des sozialen Wandels; kurz: der Weg von den Fakten zur Interpretation werde verringert.

Der „Neue Journalismus" ist das weichste Muster. „Neuen" Journalismus, oder das was man für neu hielt, hat es in der Geschichte der modernen Massenkommunikation immer wieder gegeben. Im späten 19. Jahrhundert zum Beispiel wurde in angelsächsischen Ländern vom „new journalism" gesprochen, als sich Stil und Präsentationsformen diverser Zeitungen änderten (vgl. Smith 1977: 176 f.). „Neu" wurde auch ein professionellerer Lokaljournalismus genannt (vgl. Matt 1980), um dessen Qualität sich Praktiker und Wissenschaftler seit Jahren in zahlreichen Lehrbüchern bemühen.

In den USA wird mit „new journalism" seit den 70er Jahren aber etwas anderes bezeichnet: eine sehr persönliche Art journalistischer Darstellung, die in einer Grauzone zwischen dem System Journalismus und dem

Literatursystem angesiedelt ist. Was daran neu und was daran typisch ist, blieb auch nach eingehenden Diskussionen der Spezialisten unklar – bis auf zwei Kennzeichen: Rückgriff auf literarische Stilmittel und Profil des Schreibers. Zu Stars dieses „Neuen Journalismus" stiegen Autoren wie Tom Wolfe, Gay Talese, Jimmy Breslin auf; aber auch Truman Capote und Norman Mailer werden dazu gerechnet (vgl. Weber 1974).

Dem Enthüllungsjournalismus oder „Investigativen Journalismus" schließlich liegt ein altes journalistisches Rollenmuster zugrunde: der Journalist als Detektiv, der schonungslos Korruption in Staat und Gesellschaft aufdeckt. Theodore Roosevelt soll diesen Journalismus in seiner Blütezeit Anfang dieses Jahrhunderts abschätzig „muckraking" (wörtl.: im Dreck wühlen) genannt haben; das freundlichere Synonym ist „crusading" (Kreuzzüge führen). Der Vietnam-Krieg und im Zusammenhang damit die juristisch-publizistische Auseinandersetzung um die Veröffentlichung der „Pentagon-Papiere" durch *New York Times* und *Washington Post* haben seine Renaissance eingeleitet.

Pulitzer-Preisträger stehen in den USA für das, was Investigativer Journalismus ist: Carl Bernstein, Bob Woodward, Robert Greene, Jack Anderson, Seymour Hersh, der das My-Lai-Massaker an die Öffentlichkeit brachte, oder Ralph Nader, der Kreuzzüge gegen die Autoindustrie führte. Auch dieses Journalismus-Muster, das seine Attraktivität nicht zuletzt den damit erzielten spektakulären Ergebnissen verdankt, erscheint zunächst hochgradig subjektiv, kaum definierbar. Im Zentrum steht die Aufdeckung von Tatsachen, an deren Verschleierung Einzelnen, Gruppen oder Organisationen gelegen ist. Oft beruhen diese Enthüllungen aber zunächst nicht auf eigenen Recherchen der Journalisten, sondern auf den Angaben einer „undichten Stelle im Apparat". Beispiele dafür bieten zahlreiche große Affären der letzten Jahre in der Bundesrepublik, die vom *Spiegel* bekanntgemacht wurden: z.B. die Affäre um die Neue Heimat, die Parteispenden-Affäre und die Barschel-Affäre.

Alle diese Gegenentwürfe zur Objektiven Berichterstattung sind zwar als Angebote komplexerer Wirklichkeitsentwürfe attraktiv, doch sie abstrahieren vom strukturellen und professionellen Kontext, in dem der „Informationsjournalismus" angesiedelt ist – so vage und problematisch dessen Grundkategorien auch sein mögen (vgl. Weischenberg 1983a). Er ist als Grundprinzip der Nachrichtengebung für das heterogene Publikum des internationalen Nachrichtensystems wie auch für die meisten nationalen Mediensysteme bestimmend geblieben. Das Konzept selbst ist vermutlich nach wie vor bei Journalisten und Publikum weitgehend konsentiert, auch wenn die konventionellen journalistischen Schemata zunehmend in Frage gestellt werden.

Eine Kritik am „Informationsjournalismus", der die philosophische Frage nach der Wahrheit als Resultat der Berichterstattung zugrundeliegt, zielt ohnehin an den Bedingungen und Regeln der Wirklichkeitskonstruktion durch Medien vorbei. Denn für marktwirtschaftlich organisierte Mediensysteme sind Fragen technischer und ökonomischer Rationalität in besonderem Maße konstituierend. Es geht darum, mit knappen Ressourcen an Personal, Geld und Zeit Aussagen an ein heterogenes, möglichst großes Publikum zu liefern. Dabei wird bewußt in Kauf genommen, daß die Produzenten in wesentlichen Bereichen ein unzureichendes Wissen besitzen, und daß für die meisten Probleme keine Erklärungen geliefert werden. „Informationsjournalismus" ist deshalb ein Konzept, das auch für das Mediensystem in der Bundesrepublik offensichtliche Vorteile besitzt.

Es gibt somit keinen Grund zu der Annahme, daß es mit Hilfe alternativer Berichterstattungsmuster zu einem „Paradigmenwechsel" im Journalismus der westlichen Gesellschaften kommen wird. Zu eindeutig sind die Vorteile des „Informationsjournalismus" für alle Mediensysteme, in denen Aussagen nach dem Muster industrieller Produktionsweise zustande kommen. Auf der anderen Seite ist offenbar der Leidensdruck bei bestimmten Teilen des Publikums nicht groß genug, um auf breiter Linie Alternativen zu den von den Nachrichtenmedien angebotenen Wirklichkeitsmodellen durchzusetzen.

9. Darstellungsformen im Nachrichtenjournalismus

Nachrichtenagenturen, die an der Wiege des Berichterstattungsmusters der Objektiven Berichterstattung gestanden haben, prägen bis heute auch die verschiedenen Muster der Gestaltung und Darbietung von Medienangeboten, die wir „Darstellungsformen" nennen. Dieser Begriff ist dem in der Kommunikationswissenschaft häufig verwendeten Terminus „Stilformen" (Schönbach 1977: 45 ff.) allein schon deshalb vorzuziehen, weil es sich dabei um Präsentationsweisen handelt, die das Ergebnis von organisatorischen, technischen und professionellen Prozeduren sind. Sprachlich-stilistische Unterscheidungen von Textsorten oder Textgattungen beziehen sich hingegen nur auf das vorliegende Material und nicht auf seinen Herstellungsprozeß.

Über den Textcharakter ist freilich eine erste Annäherung und Differenzierung durchaus möglich. So unterscheidet zum Beispiel der Linguist Hans-Helmut Lüger (1983: bes. 64 ff.) bei seiner Untersuchung der Pressesprache zwischen „informationsbetonten Texten" (Nachricht, Reportage usw.), „meinungsbetont-persuasiven Texten" (Kommentar, Glosse, Kritik), „bizentrierten Texten" (z.B. Interview) und „kontaktherstellenden Texten" (z.B. Aufmachung von Titelseiten). Problematisch ist dabei jedoch, daß diese Systematisierung vor allem auf der Einschätzung von „Textintentionen" beruht.

Eine unter empirisch-analytischen Aspekten ähnlich unbefriedigende oder sogar irreführende Lösung bot die normative Publizistikwissenschaft an, die ihre „Stilformen" der „Meinungs- und Willensbildung in der Zeitung" bzw. dem „Gestaltungswillen des Kommunikators" (Dovifat 1967) unterordnete. Dabei versuchte sie freilich, einen Bogen zu schlagen zu praxisbestimmten Kategorisierungen von journalistischen Äußerungsformen, wie sie in einschlägigen nordamerikanischen Lehrbüchern seit Jahrzehnten vorgenommen werden. Im strikten Gegensatz zu solchen ontologisch gesteuerten Aufteilungen spricht Manfred Rühl (1980: 303) von journalismuseigenen „Genres" als einem Bereich der journalistischen „Symboltechniken", welche die Planung journalistischer Produkte ermöglichen.

Diese journalistischen Formen sind keine konstanten Größen; sie wandeln sich mit dem sozialen System und dem Mediensystem. Davon ist ihre Funktion abhängig, die also jeweils im Systemkontext zu bestimmen ist. Dies bedeutet auch, daß es – anders, als es die normative Publizistikwissenschaft unterstellt – für den Journalismus kein ein für allemal feststehendes Arsenal an Darstellungsformen gibt. Die eingesetzten Methoden und Techniken müssen freilich zu den ökonomisch-technischen Strukturen des Journalismus passen, die sich insbesondere in den Berichterstattungsmustern ausdrücken.

Eckart Klaus Roloff (1982) identifiziert auf der Grundlage einer Differenzierung von referierenden, interpretierenden und kommentierende Formen, die von den aktuellen Medien eingesetzt werden, heute insgesamt 19 vorkommende journalistische Darstellungsformen. Dazu gehört auch das Interview, das bei Hörfunk und Fernsehen eine zentrale Form (vgl. Burger 1984: 75 ff.), bei der Presse jedoch eher eine Recherchetechnik ist, deren Ergebnisse dann in bestimmte Darstellungsformen (zum Beispiel den Bericht) umgesetzt werden.

Der Wirklichkeitskonstruktion im System Journalismus liegen durchweg – mit gewissen medienspezifischen Besonderheiten (vgl. z.B. Püschel 1992, 1993) – nur sechs Darstellungsformen zugrunde: Meldung und Bericht als Nachrichtendarstellungsformen, Kommentar und Glosse als Meinungsdarstellungsformen sowie Reportage und Feature als Unterhaltungsdarstellungsformen. Unter empirisch-praktischen Aspekten lassen sich diese Darstellungsformen anhand einer Reihe von formalen, inhaltlichen und professionellen Merkmalen näher beschreiben (vgl. Weischenberg 1990d).

Zentral für die Funktion der Objektiven Berichterstattung sind insbesondere die Nachrichtendarstellungsformen. Sie erlauben mit kalkulierbarem Aufwand die tägliche Ausbreitung eines Informationsteppichs in den aktuellen Medien. „Nachricht" ist dabei der Oberbegriff für knapp und möglichst unparteilich formulierte Informationen der Massenmedien.

In der journalistischen Praxis wird üblicherweise nicht allgemein von „Nachrichten", sondern von konkreten Darstellungsformen gesprochen: von Meldung und Bericht als Bezeichnungen für Nachrichtendarstellungsformen. Dies ist eine formale Unterscheidung. „Meldungen" sind bei den Tageszeitungen Kurz-Nachrichten mit einer Länge von gewöhnlich nicht mehr als etwa 25 Druckzeilen. Sie werden – der typographischen Anordnung (dem „Umbruch") folgend – auch „Einspalter" genannt und enthalten, in aller Kürze, nur die notwendigsten Fakten. Der Übergang zwischen „Meldung" und „Bericht" ist fließend; eine Unterscheidung wird im praktischen Journalismus nach der Länge getroffen. Bei beiden Darstellungsformen entspricht der Aufbau dem Prinzip der „umgekehrten Pyramide", wonach das Wichtigste am Anfang steht. In Berichten – die nach ihrer typographischen Anordnung bei Zeitungen auch „Zweispalter" oder „Dreispalter" genannt werden – sind mehr Ereignisdetails enthalten als in Meldungen. Berichte können in Tatsachenbericht, Handlungsbericht und Zitatenbericht unterteilt werden. Dies ist nur eine inhaltliche Unterscheidung: Stets wird vom Journalisten erwartet, daß er den Informationskern durch die Plazierung hervorhebt.

Das Berichterstattungsmuster der Objektiven Berichterstattung beruht insbesondere auf der formalen Trennung von Nachricht und Meinung. Entsprechende Darstellungsformen sollen diese Trennung funktional umsetzen. Mit Hilfe von Meinungs- und Unterhaltungsdarstellungsformen sollen Nachrichten ergänzt und gedeutet, Ereignisse in einen Zusammenhang gestellt, durchleuchtet und bewertet werden.

Unter der Meinungsdarstellungsform „Glosse" wurde ursprünglich eine knappe und angreifende Randbemerkung verstanden ("Randglosse"). In einer Glosse werden in aller Kürze Zeiterscheinungen oder aktuelle Ereignisse spöttisch dargestellt ("glossiert"), kritisch durchleuchtet oder offen angeprangert. Die Lokalspitze ist eine am Erscheinungsort eines Mediums orientierte kleine Plauderei unterhaltender oder belehrender Art.

Bewußte Meinungsäußerungen des Autors enthält im allgemeinen der „Kommentar". Mit Hilfe dieses Darstellungsmittels sollen Fakten gedeutet und bewertet werden. Häufig sind Kommentare „Nachrichten-Analysen"; die Kommentatoren beschränken sich dann darauf, die verschiedenen Perspektiven eines Vorgangs einander gegenüberzustellen, ohne selbst eindeutig Stellung zu beziehen.

Ein Spezialfall des Kommentars ist der „Leitartikel". Im Leitartikel sollen Zusammenhänge von einem bestimmten Standpunkt aus eingehender erläutert, gedeutet und bewertet werden. In der Praxis unterscheidet sich der Leitartikel aber häufig nur durch Plazierung (z.B. auf der Titelseite einer Zeitung) und ausdrückliche Bezeichnung vom Kommentar.

Die Darstellungsformen Reportage und Feature erfüllen im Journalismus in besonderem Maße auch eine Unterhaltungsfunktion. Sie ergänzen insofern die üblichen Gestaltungs- und Darbietungsmittel des „Informationsjournalismus". Mit ihrer Hilfe können die näheren Umstände von Ereignissen beschrieben und ihre Hintergründe ausgeleuchtet werden, so daß sie gerade für alternative Berichterstattungsmuster interessant sind. Dabei spielt eine Rolle, daß die Notwendigkeit von Analysen, die über die Tagesaktualität hinausreichen, in einer Welt der Informationsüberflutung immer deutlicher geworden ist.

Die klassische Unterhaltungsdarstellungsform im aktuellen Journalismus ist die „Reportage" (von lat. *reportare*= überbringen). Sie beschreibt – häufig in der Ich-Form – mit mehr Details als der Bericht, mit erzählenden Stilmitteln und wechselnder Beobachtungsperspektive Personen und Situationen. Ähnliches gilt für das „Feature", so daß die Abgrenzung zwischen den beiden Darstellungsformen besonders schwierig ist (vgl. Haller 1987a). Features (wörtlich bedeutet *Feature* „charakteristischer Zug") erfüllen vor allem die Funktion, unter Einsatz bestimmter sprachlicher und dramaturgischer Mittel das Charakteristische von Personen und Vorgängen deutlich werden lassen. Sie werden aber von den verschiedenen Medien in unterschiedlicher Weise eingesetzt.

10. Journalistische Genres und journalistische Wahrnehmung

Journalistische Systeme werden von wirtschaftlichen, politischen und kulturellen Strukturen des sozialen Systems in erheblichem Maße bestimmt. Damit sind sie einerseits zwar einem gewissen Wandel unterworfen, der vom Wissenschaftssystem „Journalistik" beobachtet wird (vgl. Weischenberg 1992); andererseits erweisen sie sich aber auf Grund ihrer organisatorischen Komplexität als relativ träge. Dies gilt gleichermaßen für die Gesamtstrategien der Wirklichkeitskonstruktion, die wir „Berichterstattungsmuster" genannt haben, als auch für die Darstellungsformen, also die Gestaltung und Darbietung der von ihnen erfaßten Produkte. Diachronische Untersuchungen der Nachrichtenforschung belegen dies; sie zeigen, daß sich die Geschichten, die Journalisten erzählen, trotz aller Verschiedenheiten im Detail im Laufe der Jahrhunderte im Grunde kaum geändert haben (vgl. Darnton 1975).

Die empirische Nachrichtenforschung hat nachgewiesen, daß Journalisten – über alle strukturellen Unterschiede der Medienproduktion hinweg – sehr ähnliche Vorstellungen vom „Wert" von Nachrichten haben (vgl. Schulz 1976). Diese Invarianz drückt sich sichtbar in den Gattungen, Berichterstattungsmustern und Darstellungsformen aus, die von den Medien eingesetzt und von den Rezipienten als Ordnungsmuster wahrgenommen werden. Nur im 19. Jahrhundert wurde diese Stabilität nachhaltig gestört.

Als Ergebnis jahrzehntelanger Prozesse, die zu Veränderungen der Quellensituation (Nachrichtenagenturen), der Herstellung (Rotationsmaschine, Zeilensetzmaschine), der Berufstechniken (Steno, Telefon), der Organisationsformen (Großbetriebe der Massenpresse) und der Publikumsstruktur (Industrialisierung, Urbanisierung, Alphabetisierung) führten, bildete sich damals ein neues Journalismus-System mit neuen Berichterstattungsmustern und -formen heraus.

Gattungen, Berichterstattungsmuster, Darstellungsformen geben Auskunft über die Kommunikationsabsichten und Kommunikationserwartungen im Bereich der vermittelten Kommunikation (vgl. Weischenberg/ Scholl 1989), über die Wirklichkeitsmodelle, welche die Kommunikatoren anbieten wollen, und über die Wirklichkeitsmodelle, an welche die Rezipienten gewöhnt sind. Dabei lassen sich systemübergreifende Ähnlichkeiten oder sogar Übereinstimmungen feststellen – wie sogar die recht gut ausgearbeitete Genretheorie der sozialistischen Journalistik einräumen mußte (vgl. Blumenauer et al. [2]1988).

GEORG RUHRMANN

Ereignis, Nachricht und Rezipient

> *„Geburtenrückgang ...äh,... tja,...*
> *das wars eigentlich."*
> Mündliche Wiedergabe einer
> 15-minütigen ARD-Tagesschau
> durch einen Rezipienten.

1. Fragestellung

Ziel dieses Beitrages ist es, Nachrichtenproduktion und -rezeption als Prozesse der Selektion und Konstruktion sozialer Wirklichkeit zu begreifen. Analysiert werden sollen die Selektionskriterien der Produzenten und der Rezipienten von Nachrichten. Die zentralen Fragen lauten: Welche Ereignisse werden zur Nachricht? Welche der produzierten Nachrichten werden publiziert? Wie werden Nachrichten geschrieben? Welche Nachrichten werden rezipiert und verstanden? Und: Was machen verschiedene Rezipienten mit der Nachricht?

2. Vom Ereignis zur Nachricht

Das eigentliche Problem der Nachrichtenforschung liegt in der Erfassung der Selektivität des gesamten Nachrichtenprozesses. Nachrichten werden gewöhnlich von den Rezipienten mit einem hohen Vorschuß an Glaubwürdigkeit und Vertrauen bedacht. Allerdings kann der einzelne Rezipient nur einen Bruchteil des Nachrichtenangebotes wahrnehmen. Die Struktur dieser Wahrnehmung läßt sich hinsichtlich mehrerer Dimensionen beschreiben:

Ereignisse werden *zeitlich* immer in der Gegenwart wahrgenommen. Der Beobachter braucht selbst „Eigenzeit", um sich zu orientieren (vgl. Nowotny 1989, Luhmann 1990b: 89). Wann ist das Ereignis aufgetaucht, wann ist es verschwunden? Jedes Ereignis – sei es in der Wirtschaft, in der Politik oder in der Kultur – besitzt für jeden Beobachter ein eigenes spezifisches Verhältnis zur Vergangenheit und Zukunft. Ereignisse geben ihre Gegenwartsqualität an die nachfolgenden, „neuen" Ereignisse ab (vgl. Luhmann 1990d: 116).

Die Abschätzung der Wahrscheinlichkeit, mit der Ereignisse eintreten, wird beeinflußt von *sozialen Faktoren*, von Interessen und von Wissen. Mit jedem neuen Ereignis können sich auch die Einstellungen derjenigen verändern, die vom Ereignis betroffen sind. Jeder Beobachter „entscheidet" aufgrund seiner individuellen Relevanzkriterien, welche Ereignisse er überhaupt wahrnimmt (vgl. Tuchman 1978).

In *sachlicher* Hinsicht wächst die Menge möglicher Ereignisse und kommunizierbarer Themen und Meinungen schnell an (vgl. Ruhrmann 1994). Themen legen die Art und Weise fest, wie darüber gesprochen werden kann und wie nicht. Wissenschaftliche Themen erfordern eine andere Diskursform (z.B. Expertenstreit, Anhörung) als sportliche Ereignisse (Live-Reportage). Umgekehrt beeinflußt die Form (Aufmachung, Präsentation) einer Aussage ihre Akzeptanz.

Journalisten beobachten und beschreiben diese zeitlichen, sozialen und sachlichen Dimensionen von Ereignissen, indem sie bestimmte Merkmale oder Kriterien definieren, die ein Ereignis aufweisen muß, um zur Nachricht zu werden: Zeitlich etwa die *Dauer* eines Konfliktes, in sozialer Hinsicht das Prestige der *Akteure* einer Zusammenkunft, sachlich gesehen die räumliche *Nähe* eines bedrohlichen Ereignisses.

2.1 „Nachrichtenfaktoren"

Ausgehend von einer wahrnehmungspsychologischen Interpretation journalistischer Erfahrungen hat man versucht, diejenigen Eigenschaften zu spezifizieren, die ein Ereignis besitzen muß, um als Nachricht in die Medien zu „gelangen". Der bis heute prominente *„Nachrichtenfaktoren"*-Ansatz (vgl. Galtung/Ruge 1965; Schulz 1989b) geht davon aus, daß Journalisten sich bei der Auswahl des Zeitgeschehens an bestimmten Ereignismerkmalen, den „Nachrichtenfaktoren", orientieren.

Der Faktor *Ereignisentwicklung* besagt, daß kürzere und kurzfristig abgeschlossene Ereignisse eher zur Nachricht werden als langfristige Entwicklungen oder Trends. Beispielsweise wird eher über einen Börsenkrach berichtet als über seine Entstehungsgeschichte.

Ferner wird angenommen: Je *außergewöhnlicher* ein Ereignis angesehen wird, desto eher wird es als Nachricht gemeldet. Über die Entdeckung des ersten AIDS-Virus erfuhren wir auf den ersten Seiten unserer Tageszeitungen. Doch über die Existenz und die wissenschaftliche Aufklärung hunderter, verwandter Viren wird man – wenn überhaupt – allenfalls beiläufig in der aktuellen Wissenschaftsberichterstattung unterrichtet.

Ein weiterer Nachrichtenfaktor ist die *Eindeutigkeit* des Geschehens: Je einfacher, klarer und konsistenter ein Ereignis ist, desto eher wird es als Nachricht identifiziert und verbreitet. Man erfährt in der Regel wenig oder nichts über die komplizierten und widersprüchlichen Ergebnisse der Beratung eines Gesetzesvorhabens, stattdessen aber vom „Durchbruch" bei der Gewinnung eines tragfähigen Kompromisses.

Einem Nachrichtenereignis wird *Bedeutsamkeit* zugeschrieben, wobei gilt: Je wichtiger und folgenreicher das Geschehen für die Gesamtbevölkerung eingeschätzt wird, desto eher wird es zur Nachricht. So ist es zu verstehen, daß Ausbruch, Verlauf und Abwehr einer unheilbaren Krankheit (z.B. Krebs), d.h. die unmittelbare Bedrohung und Rettung von Leib und Leben, eine größere Medienaufmerksamkeit genießen als die jährliche Zunahme von Rheumaerkrankungen.

Die *Erwartungstreue* besagt: Je mehr ein Ereignis mit allgemeinen (politischen) Erwartungen übereinstimmt, desto wahrscheinlicher wird es zur Nachricht. Journalisten und Nachrichtenproduzenten müssen bestimmte Ereignisse sicher erwarten können, um organisatorische und technische Vorbereitungen für eine umfassende Berichterstattung treffen zu können. Klassische Beispiele für derartige, oft inszenierte Ereignisse sind Pressekonferenzen, Wahlentscheidungen und Sportereignisse.

Je *überraschender* das Geschehen auftritt, desto größer ist sein Nachrichtenwert. In diesem Sinne haben plötzlich hereinbrechende Naturkatastrophen[1] eine viel größere Chance, zur Nachricht zu werden als das Waldsterben in Mittel- und Osteuropa (vgl. Lindner 1990: 127).

In der Welt der Nachrichten machen Themen *Karriere*: Wenn ein Ereignis erst einmal Nachrichtenthema geworden ist, wird darüber auch kontinuierlich berichtet, auch wenn es vergleichbar relevantere Themen gibt, die (noch) nicht von den Journalisten ausgewählt wurden. Über die Barschel-Affäre und ihre Folgen berichten die Medien ausführlich; weitgehend unerwähnt indes bleiben die vielfältigen Aktivitäten, die im Wettbewerb um die politische Macht von einzelnen Akteuren ergriffen werden, um sich selbst Vorteile und dem politischen Gegner Schaden zuzufügen.

Die *relative Themenvarianz* besagt, daß Journalisten eher heterogene, als ähnliche Themen bevorzugen. Dominieren an einem Tag etwa Inlandsthemen, haben vergleichsweise unwichtigere Auslandsthemen dennoch eine Chance, als Meldung aufgegriffen zu werden, um das Nachrichtenbild einer ganzen Sendung oder einer Zeitungsseite ausgeglichener erscheinen zu lassen.

Je mehr sich ein Ereignis auf *Elitenationen* bezieht, desto eher wird dieses Geschehen zur Nachricht. Bereits nur angedeutete Entscheidungen politisch oder wirtschaftlich wichtiger Staaten mit weitreichenden Konsequenzen für die übrige Welt können einen hohen Nachrichtenwert gewinnen.

---

1 „Die Katastrophe ist die Nachricht par exellence [...] Das trifft auf den Ausbruch eines Vulkans ebensogut zu wie auf den atomaren Fallout oder auf die sich ‚aus heiterem Himmel' ergebende Flugschau-Katastrophe" (Lindner 1990: 127).

Ähnliches gilt für Personen: Je mehr und je intensiver *Elitepersonen* am Ereignis beteiligt sind, desto eher kann es zur Nachricht werden. Spitzenpolitiker, Wirtschaftsführer, Experten oder Stars treten nahezu in jeder Nachrichtensendung auf. Elitepersonen dienen den Journalisten zur Identifikation bzw. zur leichteren Einordnung des Geschehens in politische Zusammenhänge.

Personalisierung ist ein zentraler Nachrichtenfaktor: Je stärker Personen im Vordergrund stehen, desto eher wird ein Ereignis zur Meldung. Personalisierung kann als eine der wichtigsten Formen der Reduktion von Ereigniskomplexität bezeichnet werden (vgl. Sarcinelli 1991: 483). Aktuelle Beispiele dafür finden sich etwa in der Berichterstattung über internationale Flüchtlingsprobleme. Anstelle komplexer, schwer darstellbarer migrationspolitischer Zusammenhänge kann hier das Schicksal eines einzelnen „Asylanten" dargestellt werden (vgl. Ruhrmann 1991b: 42 ff.).

Je *negativer* das Ereignis ausfällt, desto wahrscheinlicher kann es zur Nachricht werden. „Only bad news are good news" kommentieren die amerikanischen Journalisten die Tatsache, daß negative Ereignisse[2] wichtiger, eindeutiger, dominanter und auch unerwarteter sind als positive Ereignisse. Am Beispiel der Berichterstattung über Protestbewegungen nennt Luhmann als „strenge Kriterien der Selektion" der Nachrichtenberichterstattung: „Neuheit, Konflikt, lokale Bezüge, Gewalt und Skandalnähe" (Luhmann 1991b: 151).

2.2 Kritik am „Nachrichtenfaktoren"-Ansatz

Ausgehend von neueren Einsichten der Kognitionsforschung können zunächst die *psychologischen Grundlagen* der zumindest implizit entwickelten ‚nachrichtentechnischen' Theorie der Wahrnehmung in Frage gestellt werden. Wahrnehmung begreift man heute nicht mehr als einen hierarchisch strukturierten Selektionsprozeß mit Hilfe der Sinnesorgane, auf die bestimmte Reize einwirken. Vielmehr geht man davon aus, daß Wahrnehmung in sich selbst organisierenden Gehirnzentren für akustische und visuelle Rezeption entsteht. Wahrnehmung weist den an sich bedeutungsfreien neuronalen Prozessen Bedeutung zu (vgl. Schmidt 1991b: 9 ff.). Dasjenige, was Journalisten als „reale" Ereignisse wahrnehmen, kann als diejenige soziale Wirklichkeit aufgefaßt werden, auf deren Grundlage Selektionsentscheidungen getroffen werden. Deren Ausgestaltung entscheidet letztlich über den Erfolg journalistischen Handelns. In diesem Sinne kann

---

2   Man kann dafür bereits evolutionäre Gründe anführen: *Negative* Ereignisse – die Bedrohung des Lebens durch Feinde – erzeugen mehr Aufmerksamkeit als „positive" Ereignisse, etwa Chancen zur Reproduktion.

man das journalistische Auswahlhandeln als eine professionalisierte Informations- und Sinnproduktion begreifen.

Ein zweiter Kritikpunkt betrifft die *Verallgemeinerbarkeit* der Faktoren auf „*nicht westliche*" Kulturen. Galtung/Ruge (1965) hatten bereits zwischen „kulturfreien" Nachrichtenkriterien (= Faktoren 1–8) und kulturspezifischen Faktoren unterschieden, die nur für Westeuropa und Nordamerika gelten. Dies betrifft die Faktoren 9–12: „Elitenationen", „Elitepersonen", „Personenbezug" und „Negativität". Man kann einwenden, daß auch unter den ersten acht Faktoren kulturspezifische Selektionskriterien zu finden sind (vgl. Erbring 1989: 302 ff.): Die Bedeutung von Faktor 8 („Relative Themenvarianz") etwa erklärt sich u.a. aus historischen Bedingungen und ökonomischen Zwängen des westlichen Mediensystems: Nachrichten müssen unterhaltsam und konsumierbar sein, als Infotainment verkauft werden können (vgl. Wilke/Rosenberger 1991: 80 ff.). Ebenfalls setzen zumindest die zeitbezogenen „Nachrichtenfaktoren" wie z.B. „Ereignisentwicklung" (1), „Überraschung" (6) oder „Themenkarriere" (7) eine kulturspezifische Auffassung von Zeit voraus: Naturale Zeit wird – sei es in der Wirtschaft, in der Wissenschaft oder in der Technik – in/durch Systemzeit verwandelt (vgl. Nowotny 1989).

Drittens bleibt zu fragen, inwieweit die Nachrichtenfaktoren voneinander *unabhängig* definiert sind. Die Faktoren betonen teilweise ähnliche, wenn nicht sogar identische Aspekte von Ereignissen (z.B. „Außergewöhnlichkeit" (2) und „Überraschung" (6) „Bezug auf Elitepersonen" (10) und „Personenbezug" (11), „Erwartungstreue" (5) und „Relative Themenvarianz" (8)). Zu fragen bleibt, welche Grundmerkmale ein Ereignis aufweisen muß, um zur Nachricht zu werden.

2.3 „Aktualität" als Auswahlkriterium

Eine umfassende Begriffsanalyse von Aktualität kommt zu dem Ergebnis: „Aktualität eines Ereignisses ist die Aufmerksamkeit, die diesem Ereignis zugewendet wird" (Merten 1973: 219). Die Funktion von Aufmerksamkeit liegt darin, Überraschungen abzuwehren bzw. Unsicherheit zu bewerten (vgl. Luhmann 1991b: 94 f.). Ereignisse müssen sowohl überraschend (im Sinne der mathematischen Informationstheorie) als auch relevant (bedeutsam, interessant) sein, um als Nachricht berichtet zu werden. Als drittes Kriterium ist die Anzahl der um Aktualität konkurrierenden jeweiligen Ereignisse ausschlaggebend (Merten 1977b: 452). Nur wenn das Produkt aus Information und Relevanz größer als Null ist und wenn dieses Produkt für ein Ereignis X1 größer ist als für das Gros aller anderen Ereignisse X2 ...... Xn, kann dieses Ereignis überhaupt zur Nachricht werden[3].

2.3.1 Ausdifferenzierung und Steigerung zeitlicher Selektivität

Nachrichtenmedien setzen bei ihrer aktualitätsorientierten Beobachtung von Ereignissen *diskontinuierliche Entwicklungen* voraus. Doch was in diesem Sinne überraschend ist und was nicht, kann nicht „objektiv" oder „physikalisch" definiert werden. Überraschungen lassen sich nicht mit einem *einheitlichen* zeitlichen Kriterium beurteilen.

Die „aktuelle" Nachrichtengebung spezialisiert sich auf den inhaltlich *und* formal *herstellbaren Kontrast* zur vorherigen Nachricht. Durch entsprechende Selektion, Positionierung und Präsentation einer Meldung kann dieser Kontrast sogar akzentuiert werden. Die jeweils *unerwartete Neuigkeit* wird beachtet und beschrieben, wobei allerdings eine – wenn auch sehr geringe – Eintrittswahrscheinlichkeit des Ereignisses antizipiert werden muß. Ohne Erwartung(shaltung) kann keine Überraschung erlebt werden.

Die sich *beschleunigenden* Entwicklungen (krisenhafte Zuspitzungen) werden bevorzugt. Oder Ereignisse werden so dargestellt bzw. redaktionell „geplant", als ob sich eine entsprechende Entwicklung ankündigt bzw. gerade begonnen hat. Indem die Nachrichtenmedien die Ereignisse bevorzugen, die gerade erst passiert sind, erzeugen sie den – wenn auch fiktiven Eindruck –, alle berichteten Ereignisse wären zum *gleichen Zeitpunkt* passiert (vgl. Luhmann 1990d: 108 ff.; Virilio 1993: 14 ff.).

Die zeitliche Selektivität wird gesteigert, wenn berichtet wird, daß man noch nicht weiß, *wann* die erwartete Sensation nun tatsächlich eintritt oder *worin* sie besteht. Oder man aktualisiert die Tatsache, daß man ein aktuelles Thema *zu spät* aktualisiert hat.

2.3.2 Ausdifferenzierung und Steigerung sachlicher Selektivität

In sachlicher Hinsicht nimmt die Menge berichtenswerter Ereignisse und Themen zu: Über wirtschaftliche Entwicklungen „informiert" sich der Journalist anhand weniger *quantitativer* Kennziffern bzw. ihrer Trends[4].

---

3   „Themenselektion durch Aktualität etwa [...] ermöglicht Entlastung von schwer durchschaubaren Relevanzstrukturen und offeriert Bewußtseinsinhalte ohne Zwang zu anschließendem Handeln. Zwischen den Fernsehkanälen kann die Aufmerksamkeit frei flottieren in einer Vielzahl von medialen Bewußtseinsströmen, in denen alles und somit nichts Zeichencharakter besitzt" (Spangenberg 1988: 791 f.). Zu möglichen Grenzen des journalistischen Aktualitätsbegriffs siehe auch Ruhrmann 1993.

4   Wie genau kann ein Journalist angesichts der schleichenden Glaubwürdigkeitskrise im politischen System erkennen, wann die Kompetenz und die Vertrauenswürdigkeit einzelner Politiker wirklich aktuell wird (vgl. Bentele 1988)? Entsprechende demoskopische Daten (die wie Fakten behandelt werden) bieten die Möglichkeit, bestimmte Trends und „Werte" zur Nachricht zu machen.

„Abweichende" Werte, „fallende" Kurse oder „alarmierende" Quoten provozieren journalistische Berichterstattung. Journalisten verwenden für bestimmte Orte „kognitive Landkarten": Die Zugänglichkeit, die Vertraut-
heit, die geographische Distanz und die Attraktivität von Verbindungswe-
gen beeinflussen die Art und Weise, wie in diesen Landkarten Erfahrungen und das Wissen organsiert werden (vgl. Winterhoff-Spurk 1989: 75
ff.). Gesteigert wird die sachliche Selektivität durch die Bewertung vorhandener Bewertungen: Kalkulationen werden kalkuliert, im Mediensystem werden eigens Übersichtsprogramme über andere Programme geschaffen, die wiederum über weitere Zusammenfassungen berichten.

2.3.3   Ausdifferenzierung und Steigerung sozialer Selektivität

Konflikte gelten als besonders aktuelle Nachrichtenthemen. Die Medien
können leicht zeigen, wer ‚für' oder wer ‚gegen' ein bestimmtes Thema ist.
Durch diese explizite ‚Zwei-Seiten'-Form können kompliziertere, „dritte
Wege" ausgeschlossen werden. Anläßlich von Konflikten können aktuelle
*Beziehungs*probleme[5] politischer Akteure bekannt werden. Auch werden
ansonsten nicht vermutete bzw. ignorierte *Verständigungs*sprobleme der
Akteure zum Thema (vgl. Luhmann 1991c: 86 ff.). Die Konfliktparteien
(bzw. die Journalisten) *können* wissen, daß eine Vermittlung der Stand-
punkte nur gelingt, wenn wechselseitig zugestanden wird, daß es unter-
schiedliche Formen und Verwendungsweisen von *Rationalität* gibt (vgl.
Ruhrmann 1991a: 149 ff.).

Auch *soziale* Selektvität wird gesteigert, indem diese auf sich selbst angewendet wird (vgl. Gerhards/Neidhardt 1991: 69 ff.). Kriege und Krisen
sind Ausdruck von Machtbeziehungen, die anläßlich der Berichterstattung
öffentlich bekannt werden. Indem die Medien bekannte Akteure sowie
eingeführte Themen und Bewertungen bewerten, begünstigen sie häufig
die für legitim erachteten Bewertungsmaßstäbe, die bereits im politischen
Diskurs dominant sind (vgl. Iyengar/Kinder 1987: 16 ff.; Neumann 1990:
159 ff.). Beispiel Sozialpolitik: Kritisiert wird nicht mehr, *daß* soziale Leistungen gekürzt oder abgebaut werden. Beklagt wird vielmehr die Effek-
tivität und die Effizienz, *wie* dies geschieht. Ein anderes Beispiel ist die
Berichterstattung über Skandale, Katastrophen und Risiken (vgl. Ruhrmann 1992).

---

5   Dazu gehören u.a.: Wechselseitiges Abstreiten valider und/oder rationaler Argumenta-
    tionen und Wahrnehmungen, Mißtrauen, (De-)Politisieren oder (De-)Legitimierung der je-
    weils anderen Position.

3. Strategien des Nachrichtenschreibens

Die Selektionskriterien und -strategien der eigentlichen Textproduktion werden nicht nur durch die Ereignismerkmale, sondern auch durch „interne" Konstruktionen und Kognitionen der Journalisten beeinflußt. Wenn Journalisten Ereignisse beobachten sowie Texte, Presseerklärungen, Statements oder Quellentexte interpretieren und weiterverarbeiten (vgl. Ericson et al. 1989: 12 ff.), verwenden sie ihr (Alltags-)Wissen bzw. Medienhandlungsschemata über typische Formen und Inhalte von Nachrichten. Journalisten verarbeiten und beschreiben die Ereignisse bzw. die Quellentexte vor allem nach folgenden Strategien (vgl. Weischenberg ²1990d; van Dijk 1991):

1. *Ausgewählt* werden müssen die zugänglichen Ereignisse und Quellentexte. Der Journalist hat bestimmte Vorstellungen von der Autorität oder Glaubwürdigkeit einer Quelle (Bentele 1988: 408 ff.), auch unabhängig von dem, was er gerade beobachtet und/oder gelesen hat.

2. Redakteure *reproduzieren* bestimmte Agenturmeldungen über ein Ereignis und wiederholen dabei häufig größere Teile dieses Textmaterials wortwörtlich, um sich weitere Recherchen zu sparen und um bei knapper Zeit ihre Nachricht möglichst komplikationslos und schnell schreiben zu können.

3. Informationen müssen beim Nachrichtenschreiben *zusammengefaßt* werden, indem unwesentliche Details ausgelassen werden, ähnliche oder übereinstimmende Eigenschaften bestimmter Personen oder Situationen verallgemeinert und/oder aus einer Abfolge von einzelnen Ereignissen oder Handlungen übergreifende Kategorien konstruiert werden.

4. Eine weitere Strategie ist die *Transformation*: Nicht überprüfbare Details werden ausgelassen. Jedoch werden auch für das Verständnis notwendige relevante Einzelheiten hinzugefügt. Berichte werden so umgestellt, so daß die wichtigsten Aussagen und Themen in der Meldung zuerst, weniger wichtige Informationen danach dargestellt werden. Typisch für eine Textstruktur (Schema) der Nachricht ist die Reihenfolge: Hauptereignis (sowie Ort und beteiligter Akteur) thematischer Zusammenhang, Hintergrund bzw. Ursachen, verbale Reaktionen und Kommentar, Wirkungen und Folgen.

5. Recherchenotizen, Vorberichte und Quellentexte werden je nach Einstellung oder nach politischem Standpunkt des Redakteurs bzw. des Mediums *reformuliert*. Die Meldung soll lesbarer und verständlicher werden: Die Nachricht muß direkt, kurz, prägnant, einfach und klar formuliert sein.

4. Nachrichtenrezeption

Eine eigenständige Theorie der Nachrichtenrezeption fehlt[6]. Aufgrund weiterreichender Überlegungen zur Medienwirkungsforschung (Merten 1991a: 45 f.) läßt sich für die Nachrichtenrezeption ein Prozeß gestufter Selektivität unterstellen. Diese läßt sich an mindestens neun Punkten nachzeichnen: Zunächst muß der Rezipient über die *Medien verfügen*, bzw. für den Kommunikator *erreichbar* sein, um ein Nachrichtenangebot wahrnehmen zu können (1). Ein weiteres Moment der Selektivität liegt in der Auswahl der Themen: In einer Nachricht werden bestimmte *inhaltliche* Aussagen gemacht über Personen, Ereignisse, Orte, Hintergründe und Folgen (2). Ferner kann der Leser, Hörer und Zuschauer aus den mitgeteilten *Bewertungen* bestimmte Absichten und Einstellungen des Kommunikators ablesen (3). Die *Aufmerksamkeit* für eine Nachricht wird sowohl von der Neuigkeit bzw. formalen Auffälligkeit (Präsentation) der Nachricht als auch von der Relevanz der Inhalte für den Rezipienten beeinflußt (vgl. Ruhrmann 1989: 33 ff.) (4). Rezipienten orientieren sich fast ausschließlich an der *Relevanz*, die sie den Nachrichten zurechnen. Bei der Einschätzung der Relevanz wird Alltagswissen über die behandelten Themen (van Dijk 1991: 32 ff.) sowie über Medienhandlungsschemata verwendet (5).

Der Rezipient kann das Informationsangebot der Nachrichten nur aufnehmen, behalten und verwenden, wenn er die Aussagen der Meldungen *versteht*,[7] d.h. mit Hilfe seines Hintergrundwissens interpretiert (6). Das (für die Rezeption) aktivierte Wissen sowie die Interessen der Rezipienten, werden beeinflußt durch seine *Einstellungen* (7). Schließlich wird die Selektionsleistung des Lesers, Zuhörers und Zuschauers beeinflußt durch die *Situation* (Anwesenheit anderer, Reden über Nachrichten während der Nachrichten, Störungen und Nebentätigkeiten) (8). Ein weiteres Selektionskriterium ist das *Erinnern und Erzählen* der rezipierten Nachrichten (9).

---

6 Vgl. jedoch die weiterführenden Ansätze und Befunde von Merten 1977b; Merten 1985a; Jensen 1986; Robinson/Levy 1986; Merten 1988a; Lutz/Wodak 1987; Ruhrmann 1989 sowie von Giegler/Ruhrmann 1990.

7 Bei Erinnerungs- und Wiedergabetests schließen die Forscher aus Veränderungen der Originalmeldungen durch den Rezipienten auf die nicht direkt beobachtbaren Verstehensprozesse (vgl. Lutz 1988: 10 ff., 63 ff.; siehe auch Graber 1984; van Dijk 1988; Berry 1988; Giegler/Ruhrmann 1990). Kritisch dazu: Brosius 1995: 66 ff.

5. Konstruktion sozialer Wirklichkeit durch Nachrichtenrezipienten

Die beschriebenen Selektionskriterien und Verstehensprozesse der Nachrichtenrezipienten lassen sich in einen größeren theoretischen Zusammenhang stellen, der mit dem Begriff der *sozialen Wirklichkeit* zu umschreiben ist. Man hat grundsätzlich im Prozess der (Massen)-Kommunikation mehrere Typen sozialer Wirklichkeit zu unterscheiden (vgl. Merten 1985a):

Die *konstruierte soziale Wirklichkeit* (a) kann hier als Summe aller Ereignisse in der natürlichen Umwelt und sozialen (Alltags-)Welt begriffen werden, die von den Menschen wahrgenommen, beobachtet oder erkannt werden. Kommuniziert wird über Fakten, Tatsachen oder über „objektive Wirklichkeit" (vgl. Berger/Luckmann 1970: 49).

Unter *konstruierter sozialer Wirklichkeit der Medien* (b) kann man die Medien- bzw. die Nachrichteninhalte verstehen. Dazu gehören alle diejenigen Konstrukte, die organisierte Kommunikatoren und Journalisten aus der (bereits immer schon als konstruiert vorgefundenen) sozialen Wirklichkeit nach bestimmten Kriterien auswählen, als Nachricht produzieren und verbreiten (vgl. Tuchman 1978; Schulz [2]1990a).

Die *konstruierte soziale Medienwirklichkeit der Rezipienten* (c) schließlich ist ein dritter Typus sozialer Wirklichkeit: Rezipienten konstruieren aus dem Angebot der Medien selektiv ihre subjektive Wirklichkeit, indem sie Nachrichten aufnehmen, mit Hilfe ihres Wissens interpretieren und später auch als „Erinnerung" elaborieren.

5.1 Nachrichtenwiedergabe

Wiedergabeprozesse von Nachrichtenrezipienten lassen sich empirisch analysieren, indem man Nachrichtenwiedergaben einzelner Rezipienten genauer beobachtet. Leser, Hörer und Zuschauer von Nachrichten rufen bei der Wiedergabe von Nachrichten nicht *gespeicherte Kopien* der gelesenen oder gesehenen Nachricht ab, sondern Konstruktionen ihres Alltagswissens, d.h. mit ihren Vorurteilen, Einstellungen und Meinungen usw. erstellte Konstruktionen.

Eine typische Strategie der Nachrichtenwiedergabe ist das *Auslassen und Hinzufügungen* (vgl. Jensen 1986: 69 f.; Lutz/Wodak 1987: 79): Einzelheiten, Berichte über Hintergründe und Folgen des Geschehens, aber auch überraschende – jedoch unwichtige – Inhalte der Originalmeldung werden bei der Nachrichtenwiedergabe weggelassen. Oder aber es werden gar nicht gemeldete, jedoch plausible Ereignisse so erzählt, *als ob* es sich um Nachrichten handeln würde (vgl. Findahl/Höijer 1985: 385 ff.).

Davon zu unterscheiden ist der Typ der *Rationalisierung*: Nachrichtenrezipienten ergänzen bei der Wiedergabe erinnerter Meldungen die Inhalte mit fiktiven Aussagen, die im wesentlichen die Funktion haben, Ungereimtheiten und Widersprüche aufzulösen, die Inkonsistenz zwischen Kognitionen (und entsprechende unangenehme psychische Spannungen) zu vermeiden, aber auch unvollständig aufgenommene Einzelheiten zu ‚erklären‘ oder unverständliche Nachrichten verständlicher zu machen. Ein dritter Typ ist die Hervorhebung *dominanter Einzelheiten* bei der Nachrichtenwiedergabe. Der Rezipient konstruiert aus allgemeinen Begriffen konkrete Teilbegriffe. Hauptthemen der Meldung werden durch Nennung relevanter Teilaspekte (ein bestimmter Politiker, der Ort des Geschehens, mögliche Wirkungen und Folgen) spezifiziert. Zusätzlich werden – ebenfalls fiktiv – Aussagen konstruiert, die einen mehr oder weniger kohärenten Zusammenhang zwischen diesen Hervorhebungen herstellen. Gleichzeitig werden Inhalte vergessen, die nicht in diesen Zusammenhang passen.

Eine vierte Strategie ist die *Transformation von Einzelheiten*: Unvertraute oder ungewohnte Themen und Zusammenhänge werden so verändert, daß der konstruierte Nachrichtentext dem Rezipienten vertrauter wird. Details einzelner Aussagen der Originalnachricht werden je nach Relevanz für den Rezipienten weggelassen oder neu hinzugefügt. Besonders stark werden Zitate und Sätze verändert, die in indirekter Rede formuliert worden sind. Der Rezipient verändert die *Dauer* der in den Nachrichten dargestellten Ereignisse. Zeitgeschehen mit einer sehr geringen oder einer sehr hohen Ereignisdichte werden länger andauernd eingeschätzt als Sachverhalte mit einer mittleren Ereignisdichte. Die *Abfolge* einzelner Ereignisse innerhalb der erzählten Nachricht wird vom Rezipienten – je nach Aufmerksamkeit, die er der Meldung entgegenbringt – variiert. Häufig werden die zuletzt präsentierten Meldungen zuerst erinnert. Möglicherweise konstruiert der Rezipient dann eine ganz neue Sinnstruktur der Nachricht.

5.2 Kontext der Nachrichtenwiedergabe

Rezipienten konstruieren bei der Nachrichtenwiedergabe einen eigenen Bezugsrahmen oder Kontext, in dem sie die erinnerten Nachrichten bewerten und verstehen. Sie interpretieren das Informationsangebot in Verbindung mit ihrem (Alltags-)Wissen. Rezipienten benutzen mehrere Medien und verfolgen unterschiedliche Darstellungen, um sich innerhalb des aktuellen politischen Zeitgeschehens zu orientieren.

Der konstruierte Kontext beschreibt dabei zum einen *individuelle* Erfahrungen und Meinungen. Die Nachrichten werden dann diesen Kontexten angepaßt: Bevorzugt rezipiert und konstruiert werden Nachrichten, in denen von Schicksalen einzelner Menschen oder von Gruppen berichtet wird. Politisches Geschehen wird in den Wiedergaben stark individualisiert und personalisiert. In einigen Fällen ersetzen die Rezipienten die Nachricht auch durch ihre persönliche Lebensgeschichte, sie suchen in den Nachrichten Bestätigung für ihre eigene Biographie.

Viele Rezipienten erzählen die Nachricht auch in einem *ereignis*bezogenen Kontext, sie orientieren sich stark an den vorherrschenden Themen und politischen Akteuren. Konstruiert werden diejenigen Aussagen und Meinungen, die in den Nachrichtenmedien präsentiert wurden.

Schließlich interpretieren die Rezipienten die Nachrichten auch in einem *abstrakteren* Kontext politischer Hintergründe und Folgen des berichteten Geschehens, sie benutzen Nachrichteninhalte nur als eine Art Indikator für komplexere Sachverhalten wie z.B. Ost-West-Konflikt, ökologische Krise oder Arbeitslosigkeit. Beispiele für diese Kontextualisierungen werden im nächsten Abschnitt gegeben.

5.3 Rezipienten erzählen Nachrichten: Acht Beispiele

Studien zur Nachrichtenrezeption zeigen übereinstimmend, daß durchschnittlich nur maximal 25 Prozent der Inhalte einer rezipierten Nachrichtensendung vom Zuschauer unmittelbar nach der Sendung überhaupt erinnert werden können (vgl. Ruhrmann 1989: 24 f.). Wiederum nur ein Teil dieser Erinnerung an Nachrichten kann auch in Wiedererzählungen verbalisiert werden. Entscheidend ist dabei, ob und inwieweit der Rezipient bereit und fähig ist, die Nachrichten in seiner eigenen Sprache zu erzählen (vgl. Lutz/Wodak 1987: 31 f.). Nur einen Teil dessen, was der Zuschauer erzählt, versteht er auch in dem von den Journalisten gemeinten Sinne. Das heißt: Der Zuschauer konstruiert, erzählt und interpretiert offensichtlich nur die für ihn persönlich relevante soziale Wirklichkeit.

In einer Studie zur TV-Nachrichtenrezeption (vgl. Merten 1985a; Ruhrmann 1989: 77 ff.) wurden Fernsehzuschauer unmittelbar nach Ende der beiden Nachrichtensendungen ZDF-Heute und ARD-Tagesschau befragt. Die Interviews fanden in der Wohnung der Rezipienten statt, d.h. in ihrer vertrauten Umgebung. Die Befragten wußten vorher nicht, daß sie zu Nachrichten befragt würden. Der Rezipient wurde jeweils zu Beginn des Interviews gebeten, die Nachrichtensendung zu erinnern und mit eigenen Worten wiederzugeben. Dieser Typ der „freien" Erinnerung („unaided recall") gilt als valider Indikator für die Selektion des Nachrichtenangebotes durch den Rezipienten.

Die theoretisch beschriebenen Kontexte und Strategien der Nachrichtenwiedergabe können in der gesprochenen Sprache der Nachrichtenwiedergabe eindrucksvoll illustriert werden. Dazu wird nachfolgend zunächst der Text der ersten Meldung der ARD-Tagesschau vom 14.12.83 wiedergegeben: In Klammern werden jeweils die fortlaufenden Kernaussagen der Meldung numeriert[8].

ARD-Tagesschau vom 14.12.83

Guten Abend meine Damen und Herren!

Einen drastischen Rückgang der deutschen Bevölkerung mit erheblichen politischen Auswirkungen haben Experten für die nächsten Jahrzehnte vorausgesagt (1). Ihr Bericht lag heute dem Bundeskabinett in Bonn vor, und gibt nach Ansicht der Regierung Anlaß zu ernster Sorge (2). In keinem anderen Land der Erde werden pro Familie so wenig Kinder geboren wie in der Bundesrepublik (3). In den nächsten Jahren wird die Zahl der Deutschen in diesem Land drastisch zurückgehen (4). Gegenwärtig gibt es in der Bundesrepublik 61,4 Millionen Einwohner (5), davon 56,9 Millionen Deutsche (6). Wenn es so weiter geht mit der Unlust am Baby, dann leben im Jahr 2000 52 Millionen (7) und im Jahr 2030 nur noch ganze 38 Millionen Deutsche in der Bundesrepublik (8). Nach Schätzungen von Experten wird die Zahl der Eheschliessungen weiter zurückgehen (9) und die Scheidungen zunehmen (10). Etwa 10% der Bevölkerung bleibt ledig und ein Fünftel (11) der Ehen wird ohne Kinder sein (12). Die Zahl der Ausländer steigt auf 7 Millionen (13). Es wird immer mehr ältere Menschen (14) geben und immer weniger unter 20 Jahren (15). Das hat Auswirkungen. Der Beitrag zur Rentenversicherung müßte bis zum Jahr 2000 verdoppelt werden, er läge dann bei 35% (16) und der Bundeswehr würden schon in den 90er Jahren 100 000 Wehrpflichtige fehlen (17). Das Kabinett beschäftigte sich heute mit dem Bericht einer Arbeitsgruppe, die diese Zahlen zusammengetragen hat (18). Die Regierung will die Entwicklung stoppen (19). Vor der Presse erklärte Staatssekretär Waffenschmidt: Mit Steuergestaltung und Mutterschaftsgeld sollten günstige Voraussetzungen geschaffen werden, um wieder ein kinderfreundliches Land zu schaffen (20). Generell wird es darum gehen, daß wir alle herausgefordert sind zu einer Gemeinschaftsaktion, für eine kinderfreundliche (Gelächter der Bundesrepressekonferenz) – ja! – ich, äh, höre mit Freuden, daß ich ... ich meine, alle gesellschaftlichen Gruppen, Bund, Länder, Gemeinden, alle sind aufgefordert, die Rahmenbedingungen zu verbessern ... (21). Der Bundespräsident merkte den Geburtenrückgang bei der Adventsfeier für seine Patenkinder (22). Jedes 7. Kind einer Familie kann Patenkind des Präsidenten werden (23), die aus Bonn waren eingeladen (24). Lübke hatte in seinen beiden Amtsperioden 28 000 Patenkinder (25), Carstens hat 1 540 (26)".

Illustriert wird zunächst am Beispiel von neun Rezipienten, wie diese Meldung mit eigenen Worten erzählt wird[9].

Rezipient 1:

„Ich weiß jetzt nicht genau, wieviele äh ... aber daß ... äh ... Menschen über 70 Jahren weitaus mehr da sind (14) ... und daß ... es ... daß Jugendliche wenig Arbeit haben (F) und daß ... wir ... wahrscheinlich im Jahre 2 000 ... nicht aufbringen können, die Renten im Sinne ne? ... (F/16)" (Interview Nr. 298).

---

8   Dieser Aufmacher bietet insgesamt 26 Aussagen an.

9   Die Aussagen der Rezipienten werden in Bezug zur gesendeten Meldung numeriert. Ein ‚F' markiert jeweils Aussagen, die in der Sendung nicht präsentiert wurden und vom Rezipienten bei Nachrichtenwiedergabe dazuerfunden wurden.

Nur zwei der insgesamt 26 in der Nachricht präsentierten Aussagen werden von diesem Rezipienten wiedergegeben. Es handelt sich bei den wiedergegebenen Aussagen um Kerninformationen der Meldung. Die Aussagen, „daß Jugendliche wenig Arbeit haben", wird frei erfunden (F) und möglicherweise mit der tatsächlich gesendeten Aussage verwechselt, daß „schon in den 90er Jahren 100 000 Wehrpflichtige fehlen".

Rezipient 2:

„Das Thema, mit dem Geburtenrückgang (3) ..., und da ist es folglich so, das ist ja nicht nur der Geburtenrückgang, der allgemeine Rückgang der Bevölkerung (1) ... und daß im Laufe der Jahre werden es immer weniger ... (4) und die Ausländer...quote steigt ... (F/13) somit, weil da also doch mehrere Kinder sind pro Familie ... (F) weil bei den Deutschen, da ist es ja hauptsächlich so, daß immer nur ein Kind ist... (F)" (Interview Nr. 352).

Dieser Rezipient erinnert sich an 4 von 26 Aussagen der Bezugsmeldung, die Wiedergabe ist allerdings fragmentarisch. Auch hier werden zwei Aussagen fingiert, die in der Ursprungsmeldung nicht auftauchen. In diesen beiden Aussagen erläutert der Rezipient seine Vorurteile und erklärt die steigende „Ausländerquote": „.. weil da also doch mehrere Kinder sind pro Familie..."

Rezipient 3:

„Also, ich erinnere mich daran, daß am Anfang äh...über den Bundespräsidenten berichtet wurde und ... über seine Patenkinder (23). Und da wurde gesagt, daß der Bundespräsident...weniger Patenkinder hat ... als sein Vorgänger ... (22) als oder ne, als (undeutlich) der Lübke, der Lübke hatte noch 24 000 (25), wenn ich erinnere, und der Carstens hat jetzt nur noch 1 000 (26). Das schien mir wohl ganz schön alarmierend ... (2/F)" (Interview Nr. 259).

Hier wird der Schluß der Meldung erinnert und damit die unwichtigste, illustrierende Aussage der Meldung. Das Geschehen wird personalisiert: Der Bundespräsident, nicht das Thema Bevölkerungsrückgang steht im Vordergrund der Ausführungen und wird erheblich dramatisiert. Die zum Schluß gegebene Bewertung repräsentiert die eigene Einstellung. Die Regierung sieht einen „Anlaß zu ernster Sorge", dem Rezipienten erscheint das „ganz schön alarmierend".

Rezipient 4:

„.... Zufällig habe ich das gesehen, daß die von äh ... daß zu wenige Kinder auf die Welt kommen (3) äh ... äh ... und daß ... dies gegen ... äh ... 19 ... äh also 2 000 sowieso, daß dann ... keine .... keine Renten (16) mehr äh ... sind zu wenig Kinder da ... da habe ich gesagt, das erlebe ich doch gar nicht, ha, ha, ha" (Interview Nr. 385).

Dieser Rezipient erinnert sich bruchstückhaft an die Meldung und kann nur zwei Aussagen andeuten. Der Hinweis „das erlebe ich doch gar nicht" und das anschließende Gelächter verdeutlichen, daß diese Meldung für eher irrelevant gehalten wird, der Sprecher distanziert sich ironisch vom Gesagten.

Rezipient 5:

„äh ... daß die ... öh die hatten da z.B. den Bundestag, wegen der Bevölkerung ... äh Bevölkerungsrückgang ... (1) äh, daß die da bis zum Jahre 2 000 ... (16) ich weiß natürlich jetzt die Zahl nicht so genau, aber erheblich zurückgehen sollte hier in Deutschland (8), weil so wenig Geburten wären (3) ... und das will man irgendwie begegnen, also in welch ... wie, daß wurde auch noch nicht gesagt" (F) (Interview Nr. 324).

Dieser Zuschauer gibt ca. 4 Aussagen der Meldung wieder und zieht ein Resumee (... „und das will man irgendwie begegnen"), das zwar in der Meldung so nicht erwähnt wird, aber durch die Ausführungen von Staatsekretär Waffenschmidt angedeutet wird.

Rezipient 6:

„Und dann fand ich sehr interessant, die äh ... Bevölkerungsrate ... (1) daß die im Jahre 2 000 so weit zurückgegangen ist für Deutschland (7) denn das wird ja ein wirkliches Problem werden für die Rentner (16)" (Interview Nr. 362).

Bei diesem Rezipienten werden drei Aussagen der gesendeten Meldung in einem ereignisbezogenen Kontext wiedergegeben, auf Wertungen wird weitgehend verzichtet.

Rezipient 7:

„Genau erinnern kann ich mich nur an den Bericht über die Bevölkerungszahlen (1), äh wie hoch die Bundesrepublik bevölkert war und wie es im nächsten Jahr sein wird (4)" (Interview Nr. 283).

Dieser Rezipient kann sich nur grob an zwei Aussagen erinnern, wobei jegliche Details weggelassen werden.

Rezipient 8:

„Geburtenrückgang ... äh, tja, das wars eigentlich" (Interview Nr. 350).

Diese Form der Wiedergabe der Meldung steht für die überwiegende Zahl von Fernsehzuschauern, die von einer ARD-Tagesschau eine einzige Meldung (1. Meldung der Sendung) und hier nur ein einziges Stichwort erinnern können. Hier fehlt jeder Kontext und jede Argumentation, aufgrund derer der Rezipient seine Erinnerung elaborieren könnte. Unklar ist, ob und inwieweit der Rezipient die Meldung verstanden hat.

5.4 Rezipiententypologie

Gibt es gruppenspezifische und/oder veränderte Besonderheiten bei der Nutzung von „Informationsprogrammen" bzw. der Rezeption und Wiedergabe von Nachrichten? Anläßlich der Ausweitung des Programmangebotes in allen westeuropäischen Ländern ist zunächst ein Trend zu „more of the same" festzustellen (Kaase 1989: 108 ff.): Nach Einführung des Kabel- bzw. des Privatfernsehens werden noch mehr Unterhaltungssendungen konsumiert. Für die prominentesten deutschen Nachrichtensendungen können ganz grob zunächst folgende Zuschauertypen charaktersiert werden (vgl. Merten 1988a: 28):

1. Gebildete Rezipienten der *ARD*-Nachrichten interessieren sich für die Meinung bekannter Journalisten. Nachrichten, ernste Unterhaltung und Politik werden als Medienangebote bevorzugt rezipiert.

2. Rezipienten der *ZDF*-Nachrichten sind in der Mehrzahl ältere Frauen mit weniger Schulbildung. Diese Zuschauerinnen orientieren sich ebenfalls, wenn auch nicht so intensiv wie die ARD-Rezipienten, an der Meinung bekannter Politiker und Journalisten. Als wichtigste Fernsehthemen gelten Nachrichten, ernste Unterhaltung und politische Sendungen.

3. Die Rezipienten der *SAT1*-Nachrichten sind vergleichsweise jung, haben geringere Schulbildung. Die Zuschauer von SAT1 geben an, Nachrichten nicht so wichtig zu finden. Nachrichten des ZDF halten die Zuschauer für informativer als die SAT1-Nachrichten.

4. Die Rezipienten der *RTL-Plus*-Nachrichten schließlich verfügen über die vergleichsweise schlechteste formale Schulbildung. Meinungen bekannter Journalisten und Politiker interessieren diese Zuschauer am wenigsten. Besonders attraktive Programme für diese Gruppe sind Sportsendungen, das Interesse an Nachrichten ist eher gering. Hinzu kommt, daß die RTL-Nachrichten für weniger informativ gehalten werden als die Nachrichten anderer Fernsehkanäle.

Ergebnisse einer Clusteranalyse

Ziel der Clusteranalyse ist es, Merkmalsprofile von Befragten nach Ähnlichkeit zu klassifizieren. Der Sinn des Clusterns besteht darin, möglichst *wenige* Cluster (Gruppen) zu erhalten (a), die in sich möglichst *homogen* sind, d.h. die Mitglieder eines Clusters sollen einander ähnlich sein (b). Dabei sollen die einzelnen Cluster sich voneinander deutlich *unterscheiden* (vgl. Ruhrmann 1989: 118 ff.).

In einer Studie zur Rezeption von Fernsehnachrichten (vgl. Merten 1985a) wurde mit Hilfe einer Clusteranalyse der Gesamtzusammenhang zwischen gesendeten Fernsehnachrichten, Zuschauern und ihrer freien Nachrichtenwiedergabe detaillierter analysiert.

Folgende (als theoretisch wichtig erachtete) Variablen der gesendeten *Nachrichten* wurden berücksichtigt: „Konflikthaftigkeit", die „Betroffenheit der Bevölkerung", „negative Entwicklungen", „Folgen", „Ort des Geschehens" oder die allgemeine „Relevanz".

Zentrale Merkmale der *Rezipienten* bei der Clusteranalyse waren u.a.: „Alter", „Einstellung", „Bildung" und „soziale Schicht", darüberhinaus auch das „Interesse" bzw. die „Lektüre von Prestige- und Tageszeitungen".

Als bedeutende Variablen der *Nachrichtenwiedergabe* erwiesen sich u.a. die der wiedergegebenen Meldung zugeschriebene „Konflikthaftigkeit", die mehr oder weniger elaborierten „Kontexte" der Wiedergabe, die „Wiedergabemenge", das „Verständnis", die Erinnerung an „Folgen" und „Wirkungen" des Ereignisses, die „Oberflächlichkeit" der Wiedergabe sowie der „Umfang fiktiver Wiedergaben".

Auf der Grundlage statistischer und inhaltlicher Überlegungen konnte eine 7-Cluster Lösung mit sieben stabilen Clustern gewonnen werden (vgl. Ruhrmann 1989: 120 ff.).

Cluster 1: Nachrichtenverstehen

Dieses Cluster umfaßt ca. 22% der Nachrichtenrezipienten. Dabei handelt es sich überwiegend um ältere, in der Mehrzahl männliche Personen, die häufiger, jedoch nicht ausschließlich, der oberen Mittelschicht angehören[10]. Mitglieder dieses Clusters lesen überdurchschnittlich häufig Prestigezeitungen. Erinnert werden konfliktärmere Inlandsmeldungen über die zentralen politischen Themen. Die Nachrichtenwiedergabe dieser Rezipienten hebt die besonders relevanten Entwicklungen hervor. Der Umfang der Wiedergabe ist überdurchschnittlich groß, die erinnerten Aussagen werden verstanden[11].

Cluster 2: Fehlendes Erinnern und Verstehen

In dieser Gruppe lassen sich 18% der Nachrichtenrezipienten zusammenfassen. Die Zuschauer dieses Clusters sind in der Mehrzahl weiblich, verfügen über vergleichsweise gute Schulbildung und sind vergleichsweise weniger normativ eingestellt. Die politisch eher desinteressierten Rezipienten sind in der Mehrzahl der Mittelschicht zuzurechnen. Pauschal erinnert werden diejenigen Nachrichten, die aus den Metropolen der westlichen Welt berichten. In diesen Meldungen wird überdurchschnittlich viel Prominenz gezeigt. Die Wiedergabe dieser Meldungen durch die Zuschauer ist fragmentarisch. Inhaltliche Kernaussagen der Meldung werden nicht in einem ereignisbezogenen Kontext wiedergegeben und verstanden[12].

Cluster 3: (Bewußtes) Mißverstehen der Nachricht

Dieses Cluster repräsentiert 14 Prozent der Rezipienten, jüngere in der Mehrzahl männliche Zuschauer, die teilweise der oberen Mittelschicht angehören. Angehörige dieses Clusters zeichnen sich dadurch aus, daß sie die großen deutschen Prestige-Zeitungen „Frankfurter Allgemeine", „Frankfur-

---

10 Bei den hier und nachfolgend angegebenen Merkmalen handelt es sich um signifikant vom (Skalen-)Mittelwert des Samples abweichende Clustermittelwerte. Zu weiteren (quantiativen) Einzelheiten siehe Ruhrmann 1989: 120 ff.

11 Einen ähnlichen Zusammenhang zwischen relevanten Meldungen und Erinnerungs- sowie Verstehensleistung finden Graber (1984: 33 ff.; 86 ff.), Findahl/Höijer 1985: 385 ff. sowie Merten 1988a: 35.

12 Auf den Einfluß des politischen Interesses auf Erinnerungs- und Verstehensleistung von Nachrichtenrezipieten haben Jensen (1986: 258 ff.) sowie Lutz/Wodak (1987: 139 ff.) hingewiesen.

ter Rundschau", „Süddeutsche Zeitung" und die „Welt" überdurchschnittlich häufig lesen. Bevorzugt erinnert werden die wichtigsten Inlandsmeldungen. Die Rezipienten erzählen die Meldungen in einem komplexeren
Kontext, die Inhalte werden korrekt wiedergegeben, allerdings werden die
beteiligten Akteure und die Orte des Geschehens nur ungenau erinnert. Das
Verständnis der Inhalte ist vergleichsweise schlecht. Die Zuschauer „mißverstehen möglicherweise [...] *bewußt* die journalistische Form der Wirklichkeitskonstruktion" (Ruhrmann 1989: 127).

Cluster 4: „Falsche Wiedergabe", Verwechselung und Mißverstehen

In diesem Cluster werden 10% der Fernsehzuschauer typisiert, es sind
vorwiegend ältere, wenig gebildete Frauen aus der sozialen Unterschicht
mit normativen Einstellungen. Zeitungen werden selten gelesen, das Interesse an der Darstellung von Politik in Presse und Fernsehen fehlt. Am ehesten erinnert werden Meldungen, die aus bekannten Orten des Auslandes
über negative Entwicklungen berichten. In den Wiedergaben werden die
Konflikte jedoch vollständig ignoriert, die Inhalte können nicht (mit eigenen Worten) in einem ereignisbezogenen Kontext wiedergegeben werden.
Stattdessen werden die (Inhalte einzelner) Meldungen miteinander verwechselt und mit (frei erfundenen) Aussagen konfundiert, die den Sinn
der Ursprungsmeldung sehr stark verändern.

Cluster 5: Konfliktorientierung

Dieses Cluster umfaßt 13% der Rezipienten, die hier als ältere, höher gebildete, vorwiegend der Oberschicht angehörenden Zuschauer charakterisiert werden können. Sie lesen seltener wichtige deutsche Tageszeitungen,
interessieren sich aber für politische Sendungen im Fernsehen. Erinnert
werden von diesen Rezipienten die konfliktreichen Auslandsmeldungen
über Sicherheits- und Wirtschaftspolitik in den wichtigsten Ländern der
westlichen Welt. Die Rezipienten erzählen konfliktreiche Entwicklungen in
einem komplexen, ereignisbezogenen Kontext. Die erzählten Inhalte -
werden umfassend verstanden. Die Zuschauer sind in der Lage, die
Meldung sinnvoll und eigenständig in einem größeren politischen
Zusammenhang einzuordnen (vgl. Graber 1984: 158 ff.; Iyengar/Kinder
1987: 90 ff., 95).

Cluster 6: Korrektes Erinnern von Details

Dieses Cluster umfaßt 12% der Rezipienten, vorwiegend jüngere, weniger
normativ eingestellte Angehörige der Mittelschicht, die sich für die politische Berichterstattung in der regionalen Presse interessieren. Die Rezipienten erinnern Nachrichten, die überraschende Ereignisse mit viel Promi-

nenz zeigen. Elaboriert wird ein ereignisbezogener Wiedergabekontext, selbst Details werden korrekt erinnert und wiedergegeben[13].

Cluster 7: Orientierung an auffälliger Gestaltung

Dieses Cluster, das ca. 10% der Fernsehzuschauer umfaßt, repräsentiert mehrheitlich weibliche, normativ eingestellte Unterschichtsangehörige mit geringer Schulbildung. Das Interesse für politische Berichterstattung kann als gering eingestuft werden. Erinnert werden wichtige, jedoch konflikt-ärmere Inlandsthemen, an denen viel Prominenz beteiligt ist. Die Meldungen enthalten überdurchschnittlich viele Filmberichte und sind formal auf-fälliger gestaltet. Die Wiedergabe der pauschal erinnerten Meldungen ist dadurch gekennzeichnet, daß ihre Inhalte häufiger miteinander verwech-selt werden. Die Nachrichten werden negativ bewertet.

Resümee

Meldungen über konfliktreiche, negative und folgenreiche Entwicklungen werden am ehesten erinnert und verstanden. Verstehen steht im engen Zusammenhang mit Hintergrundwissen, Schulbildung, politischem Inter-esse und Medienutzungsgewohnheiten des Zuschauers. Manche Rezipien-ten konstruieren Kontexte, die zwar nicht in den Nachrichten erwähnt wurden, aber so erzählt werden, *als ob* es Nachrichten wären. Mehrere Re-zipienten benötigen diese „Hinzufügungen" fiktiver Inhalte, um den Sinn der Meldung zu erfassen und einzelne Nachrichten in einen größeren poli-tischen Gesamtzusammenhang einordnen zu können.

6. Zusammenfassung und Ausblick

Am Beispiel von Nachrichten, dem bekanntesten und am häufigsten ge-nutzten Medienangebot, läßt sich zeigen, wie sich die Konstruktion sozia-ler Wirklichkeit als ein mehrfach gestaffelter Selektionsprozeß vollzieht. Nachrichtenproduktion und Nachrichtenrezeption sind selektive Prozesse, die auf Selektivität selektiv reagieren, also Selektivität verstärken. Aus der Überfülle der Ereignisse und Agenturmeldungen, die ihrerseits schon kon-struierte soziale Wirklichkeit repräsentieren, wählen Journalisten nur die überraschenden und relevanten Ereignisse und Meldungen aus. Zeitge-schehen „passiert" also nicht einfach, sondern wird als Nachricht konstru-iert und mit Hilfe der Massenmedien (Fernsehen, Rundfunk, Presse) ver-breitet. Aus diesem Angebot konstruierter sozialer Medienwirklichkeit wählen die Rezipienten „ihre Nachrichten" aus, allerdings weniger nach

---

13 Entsprechende Zusammenhänge zwischen Nachrichteninhalten und Rezeptionsmustern wurden bereits von Robinson/Levy (1986) vorgestellt.

journalistischen Kriterien (z.B. „Nachrichtenfaktoren" oder „Aktualität"), sondern nach ihren individuellen Interessen, d.h. nach dem Kriterium der subjektiven Relevanz. Die Zuschauer unterstellen dabei, daß das, was sie wahrnehmen, gleichzeitig auch andere Menschen wahrnehmen. Die Rezipienten nehmen bevorzugt wahr, was sie aufgrund ihres politischen Vor- und Hintergrundwissens am besten verstehen und als ihre subjektive Wirklichkeit konstruieren können. Erinnern und Erzählen von Nachrichten folgen dabei bestimmten Regeln: Irrelevante Details werden ausgelassen, politische Entwicklungen werden verallgemeinert oder eigene Meinungen werden hinzugefügt. Nachrichtenproduktion und Nachrichtenrezeption sind in diesem Verständnis nicht als ‚Widerspiegelungen' von Zeitgeschehen bzw. ‚Erinnerungskopien' von rezipierten Nachrichteninhalten zu verstehen. Vielmehr ist davon auszugehen, daß Journalisten und Rezipienten unterschiedliche Meinungen und Weltbilder entwickeln. Die Analyse der Nachrichtenrezeption zeigt, daß offensichtlich ein und dieselbe Nachricht vom Publikum sehr unterschiedlich aufgefaßt und bewertet wird. Das konstruierte Wissen, die artikulierten Meinungsbestände werden komplizierter, voraussetzungsvoller und variabler. Mehrere Zuschauertypen sind deutlich voneinander unterscheidbar. Verschiedene Lebenswelten können nur noch durch eine qualitative Veränderung von Nachrichtenprogrammen erreicht werden.

IRENE NEVERLA

Männerwelten – Frauenwelten. Wirklichkeitsmodelle, Geschlechterrollen, Chancenverteilung

Vorbemerkungen

„Kein Ort. Nirgends." So beschreibt Christa Wolf in ihrem gleichnamigen Buch das Lebensgefühl der Dichterin Karoline von Günderrode, einer Frau, die in der bürgerlichen Gesellschaft an der Wende zum 19. Jahrhundert keinen Platz hatte. Ähnlich wie andere Publizistinnen und Schriftstellerinnen des 19. Jahrhunderts mußte sie unter einem Pseudonym veröffentlichen, wie viele ambitionierte und begabte Frauen ihrer Zeit scheiterte sie an den starren und stereotypen Geschlechtsrollen (vgl. Kern/Kern 1988; Prokop 1983: 46–77; Pusch 1988; Schindel 1922; Theleweit 1989). Frauen galten damals als Hüterinnen von Heim und Herd; schriftstellerische, publizistische oder politische Betätigungen waren verpönt und wurden sanktioniert. Der Abbruch so manchen hoffnungsvollen Wirkens einer Frau auf künstlerischem, publizistischem oder politischem Gebiet erfolgte unter dramatischen, manchmal selbstzerstörerischen Umständen: Karoline von Günderrode setzte 1806, erst sechsundzwanzigjährig, ihrem Leben ein Ende.

„Kein Ort. Nirgends." So läßt sich im historischen Rückblick über viele Jahrhunderte hinweg der Platz der Frauen in der Öffentlichkeit charakterisieren – genauer: der ihnen vorenthaltene Platz. „Kein Ort. Nirgends": Das trifft zwar nicht mehr die Situation der Frauen in ihrem Verhältnis zur Öffentlichkeit in modernen Industriegesellschaften am Ende des 20. Jahrhunderts. Zumindest an den Rändern, in den Ecken und Nischen der Öffentlichkeit, haben die Frauen inzwischen Platz gefunden oder sich ihren Platz erkämpft. Und dennoch bleiben Frauen auch in der heutigen Gesellschaft aus der Öffentlichkeit ausgegrenzt.

Diese Ausgrenzungsstruktur mag zwar nicht immer auf den ersten Blick erkennbar sein. Immerhin sind im Journalismus auch Frauen tätig, und es sieht so aus, als hätten sie in den vergangenen Jahren in diesem Beruf einiges Terrain gewonnen. Immerhin gibt es eine Fülle von Frauenzeitschriften, immerhin gibt es Frauenmagazine bei Funk und Fernsehen, immerhin sehen, lesen und hören wir auch in den tagesaktuellen Medien mehr und mehr über Frauen in Politik, Wirtschaft und Kultur.

Doch Öffentlichkeit ist weiterhin eine Sphäre, die quantitativ eindeutig von Männern beherrscht wird und darüber hinaus auch qualitativ von Männern geprägt ist. Hier haben Maßstäbe und Wertungen Gültigkeit, die vor allem in den Lebenszusammenhängen, Orientierungen und Interessen von Männern wurzeln. Die patriarchalischen Gesellschaftsstrukturen besitzen auch für die Massenmedien Gültigkeit. Dies betrifft sowohl die berufliche Situation und das berufliche Handeln von Journalistinnen und Journalisten als auch die Angebote der Medien.

Vergleichen wir die beruflichen Bedingungen und Chancen von Journalistinnen und Journalisten genauer, etwa im Hinblick auf Bezahlung und Aufstiegschancen, Kooperationsstile, fachliche Spezialisierung und Themenwahl, so sehen wir, daß Männer Vorteile genießen. Sie betrachten sich selbst als „die Regel" und ihr berufliches Handeln als das den professionellen Normen entsprechende Handeln. Journalistinnen hingegen müssen in vielfältiger Weise damit fertig werden, daß sie selbst als Sonderfälle oder Ergänzungen zum Normalfall gesehen werden und daß sie in ihrem beruflichen Handeln immer wieder heikle Balanceakte zwischen den traditionell „männlichen" Berufsregeln und den traditionellen Werten „weiblicher" Lebensorientierung vollbringen müssen.

Betrachten wir die medialen Angebote im einzelnen, so läßt sich eine Fülle von Annullierungs- und Trivialisierungsmechanismen, Mechanismen der Nichtbeachtung und der normativen Abwertung erkennen, die mit der Darstellung von Frauen und Frauenthemen verbunden sind. Diese Mechanismen werden deutlich in den Sparten der Publikumszeitschriften, in den Ressortgliederungen der Medienbetriebe, in den Texten und Bildern, ja selbst noch in den Diskursformen der medialen Angebote. Widersprüchlich sind diese Medienaussagen insofern, als daß sich in ihnen Spuren traditioneller und modernisierter Geschlechtsrollen und geschlechtsbezogener Wirklichkeitsmodelle erkennen lassen.

Eine der spannendsten Fragen, vor die sich die Sozialforschung in modernen Gesellschaften gestellt sieht, ist, wie Frauen und Männer den sozialen Wandel der Geschlechterrollen bewältigen. Denn daß ein solcher Wandel stattfindet, ist unbestreitbar. Neue Rollen der Frauen im Berufsleben, das wachsende Bildungsniveau von Frauen, aber auch steigende Scheidungsziffern sind nur die Symptome. Geschlechterrollen gehören zum Kern jeder individuellen Identität wie zum Fundament jeder Gesellschaftsstruktur. Der Wandel der Geschlechterrollen berührt also die inneren psychischen Schichten der Individuen ebenso wie die grundlegenden Strukturen der Arbeitsteilung in unserer Gesellschaft.

Das berufliche Handeln der Medienschaffenden sowie die Angebote der Medien zeigen schlaglichtartig, wie dieser Wandlungsprozeß der Geschlechterrollen kommunikativ verarbeitet wird. Eine der Aufgaben der Kommunikationswissenschaft ist es daher nachzuzeichnen, wie sich dieser Wandlungsprozeß in den Wirklichkeitsmodellen der massenmedialen Öffentlichkeit vollzieht.

1. Öffentlichkeit als Szenario der Männerwelt

Öffentlichkeit ist normativ jene Sphäre, die für alle zugänglich sein soll und in der Belange von allgemeiner Bedeutung verhandelt werden (vgl. Habermas 1990; Negt/Kluge 1972; Schneider 1966). In der gesellschaftlichen Praxis war und ist machtarmen Bevölkerungsgruppen – Randgruppen im soziologischen Sinn – der Zutritt zu dieser Öffentlichkeit verwehrt. Im 19. Jahrhundert war dies die Arbeiterklasse; heute sind dies die Deklassierten unserer Gesellschaft, die „neuen Armen", etwa Langzeitarbeitslose, Ausländer, Sozialhilfeempfänger.

Die Besonderheit der historischen Ausgrenzung der Frauen aus der Öffentlichkeit besteht darin, daß sie nicht allein aufgrund ihrer sozialen Lage – als Proletarierin im 19. Jahrhundert oder heute als alleinerziehende Mutter oder als Rentnerin unter der Armutsgrenze – aus der Öffentlichkeit ausgeschlossen werden, sondern über ihre Geschlechtszugehörigkeit bzw. vermittels der gesellschaftlichen Definition ihrer Geschlechtsrolle[1].

Auch wenn die patriarchalisch-autoritativen Gesellschaftsstrukturen heute aufgeweicht sind – die Lebenswelten von Frauen und Männern sind aufgrund der herrschenden Arbeits-und Funktionsteilung noch immer weitgehend getrennt. Nach der vorherrschenden Arbeitsteilung besitzen Frauen Zuständigkeit für die „privaten" Belange der Reproduktionssphäre, also für das unmittelbare, elementare physische und psychische Wohl ihrer Angehörigen. Auch im Rahmen ihrer Berufstätigkeit sind Frauen überwiegend in sogenannten „Frauenberufen" tätig, in denen sie als Expertinnen für das leibliche und seelische Wohl der Individuen und für das Gelingen der Sozialbeziehungen Grundlagenarbeit verrichten.

Trotz dieser fundamentalen gesellschaftlichen Leistungen der Frauen verfügen Männer über den Löwenanteil der Definitionsmacht und Entscheidungsgewalt in wirtschaftlichen, politischen und kulturellen Belangen. Mehr noch: Status und Geschlecht sind derart miteinander verbunden, daß Tätigkeiten, Kompetenzen und Eigenschaften von Männern per

---

1 Wenn in diesen Erläuterungen generalisierend von Frauen und Männern, Frauenwelten und Männerwelten, weiblichen und männlichen Kommunikationsstilen die Rede ist, so ist dies immer im strukturellen Sinne gemeint. Diese Begriffe stellen typologische Verallgemeinerungen dar, die unsere Gesellschaft insgesamt kennzeichnen sollen, jedoch sicher nicht das Verhaltens- und Handlungsrepertoire einzelner Personen hinreichend charakterisieren können.

se als höherwertig und vorrangig gelten gegenüber jenen von Frauen. Ein wichtiges Erklärungsmoment dafür ist, daß „Frauenarbeit" außerhalb der Tauschwertbeziehungen des Marktes liegt und damit in einer warenproduzierenden und mehrwertorientierten Gesellschaft wenig Anerkennung findet. Neben solchen rein ökonomischen Begründungen spielen jedoch auch psychologische und kulturelle Aspekte eine Rolle.

Solange die Praxis und Ideologie der traditionellen Arbeits- und Funktionsteilung zwischen Frauen und Männern im wesentlichen aufrechterhalten bleibt, ist es nur logisch, daß das „Privatwesen" Frau in der Öffentlichkeitssphäre als Fremde erscheint und daß Frauenbelange auch in der Öffentlichkeitssphäre von einer Aura des Privaten und damit Marginalen umgeben sind. Die traditionelle Antwort der Frauen auf diese Mechanismen war (erzwungenermaßen) ihr jahrhundertelanges Schweigen in der Öffentlichkeit, zum Teil aber auch innerhalb der Privatsphäre. Sie entwickelten ihre eigene Art von „Gegenöffentlichkeit". Diese bestand zum Beispiel in den Formen von Tratsch und Klatsch – einer Diskursform, die von Männern gleichermaßen geächtet wie gefürchtet wurde (vgl. Rysman 1977: 176–180; Benard/Schlaffer 1981: 119–136). Sie entwickelten auch ihren eigenen Kommunikationsstil und wohl auch ihre eigene Interpretation von Macht.

Vor diesem Hintergrund ist zu verstehen, warum weibliche und männliche Sprach- und Sprechstile in der personalen wie in der massenmedialen Kommunikation grundlegend verschieden sind. Während Frauen in ihrem Sprach- und Sprechstil nach Integration und damit auch nach *ihrer* eigenen Integration in die Kommunikation streben, suchen Männer in ihrem Sprach- und Sprechstil Ausgrenzung und Kampf gegenüber anderen Männern, vor allem aber gegenüber den gesellschaftlich schwächeren Interaktionspartnern, den Frauen (vgl. Pusch 1980: 59–74; Trömel-Plötz 1984; Trömel-Plötz 1985b).

Doch weil die Ausgrenzung der Frauen aus der Öffentlichkeit heute in Widerspruch steht zum Faktum der Frauenerwerbstätigkeit und zum Status der Frauen als formal gleichberechtigte politische Subjekte, treten uns die Ausgrenzungsstrategien, die in den medialen Angeboten enthalten sind, umso schärfer konturiert vor Augen. Diese Strategien werden deutlich in den Bildern, in den Texten und in den Diskursformen der medialen Angebote: Annullierung durch Nichtbeachtung und Trivialisierung durch normative Abwertungen (vgl. Tuchman 1980: 10–42; Schmerl ²1989: 7–52).

Bei der folgenden Betrachtung einzelner medialer Angebote wird sofort auffallen, daß hier vor allem traditionelle Elemente der Geschlechterrollen konserviert werden. Wenn wir nun danach fragen, warum gerade diese traditionellen Wirklichkeitsmodelle so lebendig bleiben können, ist dreierlei zu bedenken:

– Erstens muß eine „Modernisierung" des Frauenbildes in den Medien – das heißt, eine Anpassung dieses Frauenbildes an den faktisch sich vollziehenden Wandel der Rolle und Funktionen der Geschlechter in unserer Gesellschaft – aus strukturellen Gründen der gesellschaftlichen Entwicklung hinterherhinken. Im institutionalisierten Rahmen der Medienbetriebe können Korrekturen nur mit Verzögerungseffekten wirksam werden. Dies umso mehr, da die Medienbetriebe als berufliche Institutionen mit hoher Öffentlichkeitsrelevanz selbst Männerdomänen darstellen.

– Zweitens wandeln sich geschlechtsspezifische Traditionen und Rollenbilder nur äußerst langsam, weil sie einen wesentlichen Bestandteil, vielleicht sogar den Kern jeder individuellen Identität ausmachen. Die traditionellen Geschlechtsrollen bilden geradezu einen Hort von Stabilität in einer Gesellschaft, die heute insgesamt unter einem erheblichen Modernisierungsdruck steht.

– Drittens wissen wir noch zu wenig darüber, wie diese medialen Angebote geschlechtsspezifischer Rollen von den Rezipientinnen und Rezipienten interpretiert werden. Denkbar ist, daß ihre Deutungen völlig entgegengesetzt zu den erkennbaren Wirklichkeitsmodellen erfolgen, die ihrerseits auf den traditionellen Rollenmustern aufbauen.

2. Medieninhalte und Wirklichkeitsmodelle

Die rund 20jährigen Forschungsbemühungen um die Frage, wie Frauen und Männer in den Medien dargestellt werden[2], lassen sich in einem Satz zusammenfassen: Die Medieninhalte sind strukturiert wie die Lebenswelten, über die sie berichten: entlang einer Trennung zwischen weiblichen und männlichen Lebenszusammenhängen. Diese Struktur wird zusätzlich akzentuiert durch medien- und marktspezifische Selektionskriterien. Das Frauenbild und die Behandlung von für Frauen relevante Themen sind durch Selektionsstrategien der Annullierung und Trivialisierung gekennzeichnet.

---

2 Die Frage, wie Frauen und Männer in den Medien dargestellt werden, in welchen Rollen sie auftreten und wie insbesondere sogenannte Frauenthemen behandelt werden, wurde in der kommunikationswissenschaftlichen Forschung in dem Maße aufgegriffen, wie sich die neuere Frauenbewegung mit ihrer Kritik und ihren Forderungen Geltung verschaffen konnte. Abgesehen von einigen Vorläufer-Untersuchungen (vgl. Holzer 1967, Trommsdorff 1969: 60-92; Langer-El Sayed 1971), kam es in der BRD in den 70er Jahren zu einem ziemlich plötzlichen und heftigen Boom auf diesem Forschungsgebiet, der jedoch danach – bis auf wenige Ausnahmen (vgl. Keil 1990) – wieder verebbte.

Gibt es dennoch Anzeichen einer aktuellen Korrektur des Frauenbildes? Anzeichen dafür, daß Frauen als Subjekte mit eigenständigen, öffentlichkeitsrelevanten Interessen dargestellt werden? Aktuell zeichnen sich zwei widersprüchliche Tendenzen ab. Einerseits kann nach der Marktlogik nicht völlig an den Frauen vorbeiproduziert werden, so daß sich (marktförmige) Anzeichen emanzipatorischer Thematisierungen erkennen lassen. Dem steht andererseits die um sich greifende Pornographisierung der Medieninhalte entgegen, d.h. die Expansion der warenförmigen Darbietung, Objektdegradierung und gewaltsamen Besetzung des weiblichen Körpers.

Zur Beantwortung der Frage, wie die Verhältnisse in den einzelnen Medien bzw. in den einzelnen redaktionellen Sparten sind, konzentrieren wir uns im folgenden auf die drei Medien Fernsehen, Zeitung und Publikumszeitschrift. Diese gehören – zusammen mit dem Hörfunk, der allerdings inhaltsanalytisch unter den hier relevanten Gesichtspunkten keine Beachtung gefunden hat – zu den weitest verbreiteten und genutzten Medien.

2.1 Fernsehen

Die „Küchenhoff-Studie" – seinerzeit (1975) im „Internationalen Jahr der Frau" im Auftrag des Bundesministerium für Jugend, Familie und Gesundheit durchgeführt – ist geradezu legendär geworden. Methodisch nicht unumstritten, besaß sie für die weitere Forschung auf diesem Gebiet Signalwirkung. Inhaltsanalytisch untersucht wurden das erste und das zweite Fernsehprogramm in der BRD in folgenden Sparten: Sendungen mit Spielhandlung, Quiz und Show, Non-Fiktion (im wesentlichen Magazine) und Nachrichten. Der Erhebungszeitraum umfaßte sechs Wochen. Die in den Sendungen gezeigten Personen wurden klassifiziert nach Haupt- und Nebenrollen und erfaßt im Hinblick auf die äußere Erscheinung der Protagonisten, ihre Lebensform, ihren Sozialstatus und ihre sozialen Beziehungen.

Die Ergebnisse wurden von den Autoren in folgenden Aussagen zusammengefaßt (Küchenhoff et al. 1975: 241 ff.):

1. „Frauen sind im deutschen Fernsehen erheblich unterrepräsentiert."

2. „Die Mittelschichtsorientierung in der Darstellung von Frauen steht im Gegensatz zur gesellschaftlichen Realität."

3. „Neben dem traditionellen Leitbild der Hausfrau und Mutter steht das Leitbild der jungen, schönen und unabhängigen Frau."

4. „Charakteristisch ist die mangelnde Thematisierung der Berufstätigkeit und die Nichtbehandlung von Problemen der Frauenarbeit und der Doppelbelastung. Berufstätigkeit von Frauen in Sendungen mit Spiel-

handlung dient im wesentlichen der Zuweisung des sozialen Status und der Legitimierung des Lebensstandards."

5. „Die Fernsehfrau ist unpolitisch. Sie zeigt sich wenig informiert und wird daher auch nicht politisch oder gesellschaftskritisch aktiv."

6. „Die Behandlung von Frauenfragen, d.h. die kritische Auseinandersetzung mit der besonderen Situation der Frau, wird in den Programmen des bundesdeutschen Fernsehens vernachlässigt."

7. „Auch die medieninterne Rollenverteilung in den Fernsehanstalten weist eine deutliche Benachteiligung der Frau auf."

Defizite als Ergebnis von Annullierungs- und Trivialisierungsstrategien wurden also in dieser Studie damals sehr deutlich – wie immer man die Validität der Befunde im einzelnen bewertet. Ohnehin aber könnte sich in den mehr als anderthalb Jahrzehnten, die seitdem vergangen sind, Erhebliches verändert haben. Für die Beurteilung der Entwicklung stehen uns freilich nur Alltagsbeobachtungen zur Verfügung, da die Küchenhoff-Studie nicht wiederholt wurde.

Offensichtlich ist, daß heute mehr Frauen auf dem Bildschirm als Sprecherinnen und Moderatorinnen in Nachrichtensendungen, in Magazinen diverser Sparten und in Talkshows präsent sind als früher. Ein sanfter neuer Wind mag auch in der Behandlung von Frauenthemen zu verspüren sein. Es gibt diese Themen – wenngleich eher in der Sparte Unterhaltungsangebote und auch hier eher am Rande, etwa in Talkshows der dritten Programme. Auf eine einfache Formel gebracht: Eine Modernisierung hat stattgefunden, weil Frauen und ihre Belange nunmehr Zutritt zu der durch Fernsehen vermittelten Öffentlichkeit haben; ihr Randgruppendasein ist dabei jedoch im wesentlichen erhalten geblieben.

2.2 Tageszeitungen

Systematische und umfassende Inhaltsanalysen von Tageszeitungen fehlen weitgehend – die Untersuchung von Christiane Schmerl stellt eine Ausnahme dar (vgl. Schmerl [2]1989: 7-52). Die Autorin wählte zwei überregionale Tageszeitungen (*Frankfurter Rundschau* und *Die Welt*), eine regionale Tageszeitung (*Neue Westfälische*) und zwei wöchentliche Magazine (*Stern* und *Spiegel*) für ihre Untersuchung aus. Anhand von 30 Kategorien wurden die redaktionellen Beiträge der Blätter im Zeitraum von sechs Monaten im Jahr 1976 und eines Monats im Jahr 1983 analysiert. In einer quantitativen Erhebung wurde ermittelt, in welchen thematischen Zusammenhängen Frauen und/oder Männer als Hauptakteure bzw. in Nebenrollen genannt wurden. Darüberhinaus wurde qualitativ untersucht, in welchen Wertungen über Frauen berichtet wurde.

Insgesamt waren Frauen in der Berichterstattung unterrepräsentiert, und zwar bei den Tageszeitungen mehr als bei den Magazinen (vgl. Schmerl [2]1989: 14). Die thematischen Kontexte beschreibt die Autorin so:

> „Die Welt der Männerberichterstattung ist die Welt schlechthin. [...] Die Frauen haben [...] zuvorderst an der heiteren und unterhaltsamen Seite dieser ‚Welt' teil. Wenn überhaupt über sie berichtet wird, dann ist dies ihre eigentlichste und sichtbarste Domäne: Kultur und Unterhaltung, Prominenz und Klatsch. Wenn es für Frauen ernst wird, dann als ‚Opfer' im Rahmen von Kriminalität" (Schmerl [2]1989: 21).

Dieser Annullierungsmechanismus wird dadurch noch vertieft, daß über alle Sparten hinweg Frauen eher nur in Nebenrollen, Männer dagegen als Hauptakteure auftreten. Der Trivialisierungsmechanismus kommt vor allem in den wertenden Details der Berichterstattung zum Ausdruck. So werden Frauen vor allem durch ihre äußere Aufmachung und ihre Emotionalität charakterisiert und disqualifiziert. Frauen sind nicht nur in der Sparte Humor bevorzugter Gegenstand von Witz und Häme und unterliegen so einer „Inszenierung ins Lächerliche" (Schmerl [2]1989: 51).

Die aktuelle Berichterstattung in Tageszeitungen, Nachrichtenmagazinen, im Fernsehen und vermutlich auch im Hörfunk ist fokussiert auf Themengebiete bzw. nachrichtengebende Lebensbereiche und Institutionen, die selbst wiederum Männerdomänen darstellen: In Politik, Wirtschaft, Kultur, Wissenschaft und Sportverbänden halten Männer die entscheidenden Machtpositionen. Sie setzen die Maßstäbe, sie bestimmen die internen Kooperationsregeln und den Nachrichtenfluß nach außen hin. In Anbetracht dieses Inputs muß der redaktionelle Output ein Übergewicht an männerorientierten Themen und Wertungen aufweisen.

Es kommt jedoch hinzu, daß die gängigen journalistischen Nachrichtenwerte und Sprachrituale weit an den Lebenszusammenhängen und Interessen der meisten Frauen vorbeigehen, so daß in der Berichterstattung da, wo die politischen Interessen der Frauen zum Thema werden könnten, großflächige Leerzonen zu verzeichnen sind (vgl. Kaiser [2]1989).

2.3 Frauenzeitschriften

Schon in der Terminologie wird bei den Zeitschriften die Stigmatisierung der Frauen deutlich. Daß sich Zeitschriften, z.B. Autozeitschriften, gezielt an Männer wenden, braucht offenbar nicht oder nur in Ausnahmefällen (den sogenannten „Herrenmagazinen") zum Ausdruck gebracht zu werden. Männer und ihre Zeitschriften gelten als Normalfall, Frauen und ihre „Frauenzeitschriften" sind die Abweichung von der Norm. Zugleich aber peilen Frauenzeitschriften nicht etwa spezifische Themenbereiche an, wie etwa die „special interests" der für Männer produzierten Zeitschriften; sie bieten vielmehr jene Themenbereiche (Haushalt und Kindererziehung,

Mode, Kosmetik usw.), die definitorisch das „Wesen" der Frau umreißen, ihre reproduktiven Arbeits- und Lebenszusammenhänge.

Die unterschiedlichen sozialen Lagen, in denen Frauen leben, und ihre entsprechend unterschiedlichen Orientierungen drücken sich in deutlich voneinander getrennten Marktsegmenten der Frauenzeitschriften aus. Oberschicht-, unterschicht- und mittelschichtorientierte Frauenzeitschriften unterscheiden sich voneinander im Preis, in der Erscheinungsweise, Aufmachung sowie in redaktionellen und werblichen Strategien und Stereotypisierungen weiblicher Lebensformen (vgl. Lindgens: 1982: 336–348; Duske [2]1989: 101–118). Während in Zeitschriften wie „Cosmopolitan", „Brigitte" oder „tina" so etwas wie Individualität und Persönlichkeit vermittelt werden soll, dominiert in Zeitschriften wie „Frau mit Herz" die Welt des Schicksals und der Gefühle (vgl. Duske [2]1989: 101–118). Mit „Emma" ist nach dem Ableben der „Courage" die einzige Frauenzeitschrift des einstmals vielfältigen Angebots alternativer Frauenzeitschriften übriggeblieben, die explizit die Anliegen der Frauenbewegung vertritt (vgl. Weinel 1984).

Während „Emma" inzwischen einen leicht steigenden, aber kleinen Leserinnenkreis hat (Druckauflage rund 65.000 Exemplare), erreichen die kommerziellen Frauenzeitschriften mit einer verkauften Auflage von rund 25 Millionen Exemplaren insgesamt etwa 92 Prozent der Frauen in der Bundesrepublik (vgl. Lindgens 1982: 336–348; Duske [2]1989: 101). Anders als etwa bei der Fernsehnutzung, die oft im familiären Kreis stattfindet und wo die Programmauswahl in wesentlichen Teilen von Männern bestimmt wird (vgl. Hurrelmann/Nowitzky/Possberg 1988: 152–165), ist es bei den Frauenzeitschriften so, daß Frauen selbst in eigenständiger Entscheidung die Zeitschrift kaufen und lesen. Offenbar gelingt es ihnen doch, diese mehr oder weniger konventionellen Frauenbilder in den Frauenzeitschriften mit den Anforderungen ihrer Geschlechtsrolle im Alltag zu verbinden. Ja, möglicherweise bilden diese Konventionen geradezu einen Anreiz für Identitätskonstruktionen.

2.4 Diskursformen im Fernsehen

Nicht nur in den Bildern und Texten der Medien werden Annullierungs- und Trivialisierungsstrategien deutlich, sondern auch durch die Diskursformen im Fernsehen (und wahrscheinlich auch im Hörfunk). Dies soll im folgenden illustriert werden am Beispiel einer Fernsehdiskussion zwischen Alice Schwarzer, Herausgeberin der Zeitschrift „Emma", und Rudolf Augstein, Herausgeber des „Spiegel". Das Gespräch fand Anfang 1984 statt und wurde vom WDR ausgestrahlt. Die Linguistin und Psychotherapeutin Senta Trömel-Plötz hat es sprach- und sprechanalytisch untersucht (vgl. Trömel-Plötz 1985a: 6–15).

Nun handelt es sich bei Alice Schwarzer und Rudolf Augstein gewiß um zwei Personen, die extrem profiliert und eigenwillig sind. Mag sein, daß ihre individuellen Konversationsstile miteinander besonders unverträglich sind. Aber gerade mit einem stellenweise vielleicht überzeichneten Extrembeispiel läßt sich gut zeigen, wie der an Dominanz orientierte Konversationsstil, den Augstein hier einbringt und an dem er starr festhält, einen symmetrischen, integrativen Konversationsstil, wie ihn Schwarzer versucht, scheitern läßt.

Schwarzer definiert sich eingangs als diejenige, die an Augstein einen Gesprächswunsch gerichtet hat und begründet dies mit menschlicher und politischer Sympathie. Augstein beläßt Schwarzer in dieser Position der Bittstellerin, gibt keinerlei Sympathiebekundungen zurück und dankt auch nur mit äußerst knapp gehaltenen Worten. Damit hat er die hohe Wertschätzung seiner eigenen Person untermauert, ohne seinerseits seiner Gesprächspartnerin eine ebenbürtige Anerkennung zukommen zu lassen. Sodann greift er unvermittelt eine Nebensächlichkeit, nämlich die Person eines Schauspielers, als Thema auf und fordert eine Rechtfertigung von Schwarzer für ihre Einschätzung dieses Menschen; so versucht er, Schwarzers persönliche Urteilskraft zu entwerten. Dann schweigt er. Die Rollen sind also festgelegt und bleiben es auch während des gesamten Gesprächs: „Schwarzer wird verantwortlich für das Gespräch und strampelt sich mit großem Energieaufwand ab, und Augstein geruht, sich von ihr über seine Bekanntschaft mit dem ‚großen‘ Rudolf Augstein interviewen zu lassen" (Trömel-Plötz 1985a: 11).

Während des gesamten Gespräches gelingt es Schwarzer nicht, Augsteins Dominanzverhalten aufzubrechen, obwohl sie vielfältige Sympathiesignale setzt, die jedoch im Gesamtkontext der von Augstein als Kampf definierten Gesprächssituation als Unterwerfungssignale gedeutet werden müssen. Als Indikatoren führt Trömel-Plötz Zahl und Dauer der Redebeiträge, Zahl und Struktur der Unterbrechungen, Lob, Komplimente und Unterstützung in verbaler und nonverbaler Form an (vgl. Trömel-Plötz 1985a: 10).

Selbst da noch, wo Schwarzer zu Kritik und Angriff übergeht, produziert sie „Modifizierungen", um ihr Gegenüber „als Person zu schonen und zu schützen" und trägt damit im Gesamtkontext der von Augstein definierten Gesprächssituation zu seiner Aufwertung bei:

> „Wenn Schwarzer [...] sagt, ‚[...] Sie sind einer der Männer, der von den Verhältnissen zwischen den Geschlechtern, so wie sie sind, ... profitiert', anstatt: ‚Sie profitieren von den Verhältnissen ...', dann schwächt sie ihre Angriffe auf Augstein persönlich ab, indem sie sie auf andere Männer ausdehnt. [...] Ebenso schützt sie sein Image, wenn sie sagt: ‚Die Auseinandersetzung mit uns hat jeglichen Niveaus ermangelt', anstatt: ‚Sie haben sich mit mir ohne jegliches Niveau auseinandergesetzt.' Oder wenn sie

sagt ‚was man in jeder engagierten Schrift nachlesen kann' anstatt ‚was Sie [...] nachlesen können'" (Trömel-Plötz 1985a: 13).

Am Ende des Gesprächs resigniert Schwarzer. Sie sagt zu Augstein, er begegne ihrer Kritik in einer unwürdigen Art und Weise und schließt das Gespräch: „Ich sehe Sie unerschüttert, umso mehr sehen Sie mich erschüttert." Augstein antwortet: „Das freut mich".

Mag sein, daß dieses Gespräch in seinen verbal-intellektuellen Zuspitzungen einen Extremfall darstellt; in den Grundzügen seiner Interaktionsstrukturen ist es dies nicht. Auch andere in öffentlichen Gesprächen geübte und erfahrene Frauen beugen sich solchen dominanzorientierten Sprach- und Sprechstilen, wie diverse Analysen von Fernsehgesprächen zeigen.

3. Zur Rezeption der Medienangebote

Nach diesen Befunden und Beobachtungen zu den geschlechtsbezogenen Inhalten der Medien in Bild, Text und Diskursformen stellt sich die Frage: Was aber denken und fühlen nun die, die sich unmittelbar in den Facetten dieses Spiegelbilds betrachten? Wie greifen die Rezipientinnen und Rezipienten die medialen Angebote auf und wie deuten sie diese Angebote?[3]

Drei Untersuchungen, eine deutsche und zwei amerikanische, sollen zur Beantwortung dieser Fragen näher dargestellt werden. Sie können als exemplarisch gelten, jedoch nicht, weil sie ausgewählte Beispiele aus einer Vielzahl gleichartiger Studien wären, sondern weil sie richtungweisend dafür stehen mögen, wie die Forschungsbemühungen der nächsten Jahre aussehen sollten.

Zillmann/Bryant (1982) befassen sich mit pornographischen Filmen und ihren Folgen für die Emotionalität in sexuellen Beziehungen und für die Haltung gegenüber sexueller Gewalttätigkeit. Die Thematik steht im Kontext der neu entfachten Diskussion über Pornographie, wie sie auch in der BRD – initiiert vor allem durch die Frauenzeitschrift „Emma" – in Gang gekommen ist. Nachdem in den 60er und 70er Jahren die Freigabe sexueller Darstellungen in den Medien als Teil einer politischen Liberali-

---

3   Diese Frage nach der Rezeption kann nicht allein mit Hilfe inhaltsanalytischer Untersuchungen beantwortet werden. Um die Deutungen der Rezipientinnen und Rezipienten zu rekonstruieren, müssen Forschungsfelder zusammengeführt und Methoden der Inhaltsanalyse, der Befragung und der Beobachtung kombiniert werden. Methodenkombinationen sind natürlich mit finanziellem und zeitlichem Mehraufwand verbunden. Andererseits ließen sich gerade bei so klar definierten Forschungsfragen, wie die nach geschlechtsbezogenen medialen Inhalten und ihren Verarbeitungsweisen durch die Rezipientinnen und Rezipienten, Methodendesigns entwickeln, die nicht aufwendiger wären als manche Untersuchung, die mit breit angelegten Inhaltsanalysen oder Umfragen arbeitet. Letztlich sind es also forschungspolitische Entscheidungen, die hier weichenstellend wirken.

sierungstendenz interpretierbar war, wurden die Probleme in den 80er Jahren unter anderen Vorzeichen gesehen. Die wachsende Flut von Bildern in Printmedien und audiovisuellen Medien – die von der „harmlosen" Zurschaustellung des nackten weiblichen Körpers bis hin zu gewalttätiger, sadistischer Pornographie – ließ manche argumentieren, dies diene nicht mehr der sexuellen Liberalisierung, sondern sei ganz im Gegenteil Ausdruck einer Degradierung des weiblichen Körpers und verletzte die Menschenwürde zuallererst der Frau, letztlich aber auch des Mannes.

Zillmann/Bryant gingen in ihrer Untersuchung der Frage nach, welche Folgen die Rezeption pornographischer Filme auf die Einstellung zur Frauenbewegung, zur Einschätzung von Vergewaltigung und auf die emotionale Haltung der Männer gegenüber ihren weiblichen Sexualpartnerinnen habe. Bei der Untersuchung handelte es sich um ein Experiment. 80 Studentinnen und 80 Studenten einer amerikanischen Universität wurden in vier Experimentalgruppen untersucht. Gruppe 1 („massive exposure") sah im Ablauf von sechs Wochen wöchentlich sechs Filme zu je acht Minuten, also insgesamt knapp fünf Stunden, die alle pornographische Inhalte hatten. Gruppe 2 („intermediate exposure") sah wöchentlich drei pornographische und drei nicht-pornographische Filme. Gruppe 3 sah wöchentlich sechs nicht-pornographische Filme. Gruppe 4 bildete die Kontrollgruppe, die in der Experimentalanordnung keine Filme sah. Drei Wochen nach der letzten Filmvorführung erfolgten Befragungen und Tests.

Die Reaktion der Probanden wurde auf folgende Weise untersucht:

- Erstens wurde ihnen ein Vergewaltigungsfall geschildert, in dem sie ein Urteil sprechen und das angemessene Strafmaß festsetzen sollten.

- Zweitens wurde mittels vorgegebener Statements ihre Einstellung zur Frauenbewegung einerseits und ihre Einschätzung der Verbreitung bestimmter sexueller Praktiken andererseits ermittelt.

- Drittens wurde ihnen ein pornographischer Film vorgeführt, nach dem sie ihre gefühlsmäßige Haltung und ihre Meinungen in vorgegebenen Statements bekunden sollten.

- Viertens wurde mittels einer Fragebatterie die emotionale Sensibilität der männlichen Probanden in ihrem Verhältnis zu Frauen untersucht.

Im Ergebnis zeigten sich – über die einzelnen Fragestellungen bzw. methodischen Instrumente hinaus – deutliche Differenzen der Experimentalgruppen, also je nach Ausmaß der rezipierten pornographischen Inhalte. Nach gehäuften pornographischen Darbietungen kommt es offenbar zu „visions of hypersexuality", wie Zillmann/Bryant (1982: 15) formulieren: Die Verbreitung bestimmter (gezeigter und nicht gezeigter) Sexualpraktiken in der Gesellschaft wurde in dem Maße deutlich höher eingeschätzt, wie die Menge der gesehenen Pornographie stieg; im übrigen auch höher, als die entsprechenden Maßzahlen aus Repräsentativstudien über faktisches Sexualverhalten ausweisen. Zudem tritt ein Gewöhnungseffekt ein: Wer pornographische Filme in massivem Umfang gesehen hatte, betrachtete Pornographie insgesamt als akzeptabler als jene, die weniger oder keine pornographischen Filme gesehen hatten.

Unabhängig von diesen generellen Tendenzen ist für Frauen Pornographie weniger akzeptabel als für Männer. Die Nutzung pornographischer Angebote führt, so lassen die Ergebnisse weiter erkennen, zu einer Trivialisierung von Vergewaltigung – und zwar bei Frauen und Männern – und unterminiert darüber hinaus die positive Haltung zur Frauenbewegung generell. Schließlich zeigte sich, daß Pornographie in massivem Umfang die emotionale Sensibilität der Männer gegenüber Frauen mindert.

Diese Befunde über die Wirkung der Pornographie sind selbstverständlich im Kontext des speziellen medialen Angebots zu sehen. Der Intimcharakter der Sexualität und die Aura des Tabus, das Sexualität insgesamt und bestimmte Sexualpraktiken im besonderen umgibt, lassen Pornographie zu einer Botschaft mit vorgeblich hohem Authentizitätswert werden. Diese Botschaft berührt ein Feld, in dem wohl jedermann und jedefrau auf eigene Erfahrungen zurückgreifen kann, wo aber Relativierungen und Modifikationen durch Vergleiche mit Erfahrungen anderer Personen im Alltag nur äußerst beschränkt möglich sind, so daß den Medienangeboten eine besondere Orientierungsfunktion zukommen könnte. Denn Wirklichkeitskonstruktionen und Deutungen der Rezipientinnen und Rezipienten finden hier in einem relativ ungeschützten, wenig vorstrukturierten und wenig überprüfbaren Feld statt.

Vor diesem Hintergrund und mit diesen Einschränkungen läßt sich das Untersuchungsergebnis von Zillmann/Bryant dahingehend interpretieren, daß Männer der Abwertung von Frauen, wie sie in pornographischen Medieninhalten dargeboten wird, tendenziell eher folgen. Frauen können sich dieser Abwertung zwar nicht gänzlich entziehen; sie können sich ihr aber tendenziell zu widersetzen versuchen.

In einem völlig anders gearteten, vertrauten, alltäglichen und durch Interaktionserfahrungen leichter reflektierbaren Feld bewegt sich Janice Radways' Untersuchung der Rezeption von Heftchenromanen (vgl. Radway 1984). Die Wissenschaftlerin arbeitet mit den Mitteln der Inhaltsanalyse und qualitativer Interviews mit Leserinnen und baut ihre Analysen in Nancy Chodorows (1985) feministische Theorie von der sozialen Reproduktion der Mutterschaft ein. Ihre Fragestellung lautet, warum Frauen gerade solche Liebes- und Ehegeschichten schätzen, die ein patriarchalisches Frauenbild manifestieren, in dem die Identität der Frauen über Männer definiert wird, ein Bild, das in der heutigen gesellschaftlichen Situation vielfältige Brüche aufweist.

Radways Antwort lautet, daß Frauen dieses traditionelle Frauenbild im vollen Bewußtsein seiner Brüchigkeit aufgreifen, sich in ihrer (erlernten)

Emotionalität bestätigt fühlen und zugleich ein „utopisches Moment" bewahren können, indem diese Emotionalität, die in der personalen Alltagskommunikation erhebliche Abwertungen erfährt, in der Fiktion auf Wertschätzung und Anerkennung trifft. Die Konstruktionen von Wirklichkeiten beim Medienangebot geschehen in einer eigensinnigen Weise, die sich eben nicht in den Rahmen des gängigen patriarchalischen Wirklichkeitsmodells einfügt. Vielmehr folgen sie einem matriarchalischen Wirklichkeitsmodell (das allerdings die Machtkonstellation unserer Gesellschaft ausblendet). So gesehen kann, was vordergründig antiaufklärerisch und vormodern erscheint, Anzeichen eines stillen Protests gegen die traditionelle Abwertung der Frau und ihrer Kompetenzen sein.

Radways Interpretation vernachlässigt zwar die politische Dimension des Problems, daß dieser Protest in der klassischen weiblichen Form der Verschwiegenheit im privaten Kontext stattfindet. Doch bietet sie immerhin einen Erklärungsansatz dafür, wie Frauen die widersprüchlichen Anforderungen und Wertungen zwischen ihrer klassischen und ihrer modernen Rolle zu bewältigen suchen.

Das Mediennutzungsverhalten von Frauen und ihre Wirklichkeitskonstruktionen sind – auf einen knappen Nenner gebracht – Ausdruck des pragmatischen Überlebenswillens von Frauen in einer Gesellschaft, die nach männlichen Maßstäben organisiert ist und in der normative Abwertungen der Frauenrolle die Regel sind. Frauen nehmen Annullierungen und Trivialisierungen der Frauenrolle in den Medien sehr wohl zur Kenntnis, betrachten sie als Reflex ihrer gesellschaftlichen Situation und gehen damit auf ihre eigene Art und Weise um. Sie holen sich das Material für ihre Interpretationen aus dem öffentlichen Angebot der Medien, bearbeiten es nach ihren Maßstäben und bilden im Zuge dieser Materialdeutungen eine Art „innere Gegenöffentlichkeit" heraus, die aber aufgrund ihres Verschwiegenheitscharakters im individuellen privaten Rahmen immer (noch) außerhalb der allgemeinen Öffentlichkeit verbleibt.

Frauen zollen der patriarchalischen Öffentlichkeitsstruktur ihren Tribut, nicht, indem sie diese voll akzeptieren, sondern indem sie stillschweigend ihre eigene, innere Gegenöffentlichkeit inszenieren. So gesehen läßt sich die Kommunikation zwischen Frauen und Männern als ein Dialog zwischen Stummen einerseits und Tauben andererseits verstehen. Der Stummheit der Frauen in der Öffentlichkeit und ihrer heimlichen, in der Privatsphäre verankerten Gegenöffentlichkeit steht die Schwierigkeit der hauptsächlich von Männern getragenen Öffentlichkeit gegenüber, die Stimmen, die aus der weiblichen Gegenöffentlichkeit klingen, zu hören und zu ertragen.

4. Frauen im Journalismus

Wer produziert nun anhand *welcher Maßstäbe* jene medialen Angebote, in denen der weibliche Lebenszusammenhang weitgehend annulliert und trivialisiert ist? Wir werden uns mit dieser Frage hier spezifischer auseinandersetzten: Wie ist die Arbeitssituation von Journalistinnen und welchen Orientierungsmustern folgen sie?

Frauen stellen im journalistischen Beruf nach wie vor eine Minderheit und eine Randgruppe dar. Journalistinnen sind benachteiligt im Hinblick auf Einkommen und Aufstiegschancen, Status und Macht. Die „Zentren" des journalistischen Berufs werden von Männern eingenommen. Sie halten die Mehrzahl der Positionen in den klassischen Ressorts (wie Politik und Wirtschaft), in den Medien mit hohem Prestige (aktuelle Medien) und in höheren Rängen. Mithin werden auch die professionellen Spielregeln im Journalismus von Männern diktiert. Dies alles gilt weiterhin – auch wenn sich in den vergangenen Jahren hier zugunsten der Frauen einiges bewegt hat.

4.1 Arbeitsmarkt und Arbeitsbedingungen

Der journalistische Arbeitsmarkt in seiner Gesamtheit hat sich den Frauen geöffnet. Nach den Ermittlungen der Forschungsgruppe Journalistik an der Universität Münster liegt der Anteil der Journalistinnen inzwischen bei rund einem Drittel der Arbeitsplätze, in Ostdeutschland sogar bei 38 Prozent (vgl. Weischenberg/Löffelholz/Scholl 1993).

Noch 1978/79 betrug der Frauenanteil bei Zeitungen und Zeitschriften unter den fest angestellten journalistisch Tätigen nur 12%. Bis 1988 war dieser Anteil dann auf rund 25% gestiegen, primär durch den Zuwachs an Frauen im Zeitschriftensektor. Auch bei den öffentlich-rechtlichen Rundfunkanstalten, wo 1978/79 nur rund 19% der Redakteursposten mit Frauen besetzt waren, ist der relative Anteil der Frauen seither gestiegen, wie auch eine Auszählung für drei Rundfunkanstalten zeigt (vgl. Deutsches Bühnenjahrbuch 1988). Unter den freiberuflich Tätigen aller Medien, so wird angenommen, gibt es ohnehin relativ mehr Frauen (vgl. Fürst 1987). Bei diesen Angaben handelt es sich aber nur um Schätzwerte, da die genaue Zahl aller Freien bisher nicht exakt zu ermitteln war.

Der journalistische Arbeitsmarkt ist praktisch in zwei Teile gespalten (vgl. Neverla 1983). Der *primäre Arbeitsmarkt* zeichnet sich aus durch höhere Einkommen und stabilere Karriereverläufe, die einerseits mit geringerem Risiko des Arbeitsplatzverlustes und andererseits mit bevorzugten Aufstiegsmöglichkeiten in höhere Ränge verbunden sind; hier sind in erster Linie Männer tätig. In welchem Maße die Pyramidenspitze der hierarchischen Ränge von Männern dominiert wird, läßt sich zumindest für die öffentlich-rechtlichen Rundfunkanstalten anhand empirischer Daten präzise belegen. 1985 waren in der ARD gerade sechs Prozent, beim ZDF drei Prozent der leitenden Positionen von Frauen besetzt (vgl. Bundesministerium für Bildung und Wissenschaft 1987: 22). Schon der Blick in die Impressa von Tageszeitungen, Nachrichtenmagazinen und Zeitschriften zeigt, daß auch hier die leitenden Positionen von Männern besetzt sind, und zwar selbst noch bei Frauenzeitschriften, wo sich die Redaktionen überwiegend aus Frauen zusammensetzen.

Der *sekundäre Arbeitsmarkt*, auf dem sich vor allem die Frauen bewegen, ist gekennzeichnet durch niedrigere Einkommen und geringe Aufstiegschancen und insgesamt durch konjunkturelle Instabilität. So wie sich expansive Entwicklungen des Arbeitsmarktes oder seiner Teile zugunsten von Frauen auswirken können, so fallen rezessive Entwicklungen zu ihren Lasten aus. Solche Mechanismen lassen sich präzise für die öffentlich-rechtlichen Rundfunkanstalten nachweisen (vgl. Neumann 1981), sie sind aber wohl auch aktuell wirksam im Zuge der Expansion des Zeitschriftenmarktes einerseits und der Einrichtung privater Funk- und Fernsehsender andererseits.

Weichenstellend für die Zugehörigkeit der Arbeitskraft zum primären oder sekundären Arbeitsmarktsegment kann bereits der erste Arbeitsplatz oder Einstiegsjob sein, wobei hier keineswegs die Qualifikation der Arbeitskraft das einzige oder auch nur primäre Entscheidungskriterium darstellt. Vielmehr werden im Zuge der ersten wie auch weiterer Einstellungen und Positionszuweisungen extrafunktionale Funktionszuschreibungen der Arbeitskraft qua Geschlechtszugehörigkeit wirksam. Überhaupt gilt, daß die relativ höhere formale Berufsbildung, über die Journalistinnen verfügen, ihnen lediglich als Eintrittspaß und Legitimationskarte für den Einstieg ins Berufsfeld und den Verbleib darin dienen, nicht jedoch als Ticket für einen weitergehenden Aufstieg (vgl. Corboud/Schanne 1987: 295–304).

Wie stehen nun die Chancen dafür, daß sich dieser Trend fortsetzt? Daß weiterhin mehr Frauen in den Journalismus kommen und in diesem Beruf verbleiben und daß sie in Zukunft Positionen mit mehr Macht und Einfluß erreichen, als dies heute noch der Fall ist?

Zunächst läßt sich diese Frage dadurch behandeln, daß wir uns die Situation der Nachwuchskräfte in Ausbildungseinrichtungen ansehen, die zum Journalismus führen. Die Kurse der Deutschen Journalistenschule in München haben seit 1961 im Schnitt etwa 40 Prozent Frauen absolviert. In den Lehrgängen der Henry-Nannen-Schule, 1978 gegründet, waren im Schnitt 39 Prozent Frauen. Die Volontariate von ARD und ZDF (die erst nach abgeschlossenem Studium und praktischer Zeitungserfahrung begonnen werden können) absolvierten 1985 44 Prozent Frauen. In den Studiengängen Journalistik diverser Universitäten lag der Frauenanteil in den vergangenen Jahren bei 40 bis 50 Prozent (vgl. Fürst 1987). In Anbetracht dieses Zahlenverhältnisses von 4:6 zwischen Frauen und Männern in den Ausbildungsgängen kann damit gerechnet werden, daß sich auch unter den faktisch berufstätigen JournalistInnen der Anteil der Frauen, der zur Zeit auf etwa ein Viertel geschätzt wird, vergrößern müßte – selbst wenn wir in Rechnung stellen, daß ein Teil der ausgebildeten Journalistinnen später in anderen Berufen arbeitet oder aber dem journalistischen Beruf nur in nebenberuflicher Form nachgehen könnte. Auch die Entwicklung in den USA zeigt, daß der Ausbau der überbetrieblichen Journalistenausbildung den Frauen bessere Karrierechancen bietet (vgl. Weaver/Wilhoit 1986).

Wird es also zu einer „Feminisierung" des Journalismus kommen? Wenn wir darunter lediglich verstehen, daß der Anteil der Frauen größer wird, läßt sich die Frage mit Ja beantworten. Das Nachdrängen der Frauen in den Journalismus, in dem das Abitur als formale Bildungsvoraussetzung üblich geworden und die Hochschulbildung immer üblicher wird, könnte nicht so sehr als berufsspezifische Besonderheit, sondern als Folge der weiblichen Bildungsrevolution der vergangenen Jahrzehnte betrachtet werden.

Doch mit der Feminisierung eines Berufs ist häufig verbunden, daß aufgrund struktureller Entwicklungen im Berufsfeld die Tätigkeitsstrukturen umorganisiert werden und an Attraktivität verlieren, so daß letztlich auch Einkommen und Status des Berufsangehörigen sinken. Auch wenn solche Anzeichen nicht für den Journalismus pauschal konstatierbar sind, so ist doch unverkennbar, daß mit Elektronisierung und Rationalisierungsmaßnahmen, mit strafferer Arbeitsteilung und größeren Betriebseinheiten einerseits, mit Intensivierung der Arbeit und Entbetrieblichung andererseits der Journalismus eine Art Entzauberung durchläuft. Hinzu treten die Rekrutierungsstrategien des learning-by-doing und die frühkapitalistischen Arbeitsbedingungen, die zum Teil in den neu gegründeten privaten Funk- und Fernsehsendern vorherrschen.

Betrachtet man das Nachdrängen der Frauen in den Journalismus unter diesen Vorzeichen, so drängt sich die Frage auf, ob hier, wie es auch in anderen Berufsfeldern immer wieder zu beobachten war und ist, die Frauen erst dann zum Zuge kommen, wenn die Attraktivität des Berufes oder zumindestens von Teilen des Berufsfeldes sinkt. Schließlich könnte unter Feminisierung aber auch verstanden werden, daß sich mit der wachsenden Zahl von Frauen im Journalismus – darunter möglicherweise auch Frauen in leitenden Positionen – ein neuer Kooperationsstil innerhalb der Redaktionen, ein neuer Recherche- und Interviewstil im Umgang mit Gesprächspartnern und letztlich neue Selektionskriterien bei der Themenwahl sowie neue Gestaltungsformen journalistischer Produkte entwickeln würden. Inwieweit können also Journalistinnen eine neue Qualität in den innerredak-

tionellen Kooperationsstil und in den Umgang mit Interviewpartnern einbringen? Welche Chancen liegen im weiblichen Sprach- und Sprechstil?

5. Orientierungsmuster und Kommunikationsstile

Wie schon bei der Analyse der Fernsehdiskussion zwischen Alice Schwarzer und Rudolf Augstein zu sehen war, und wie die Psycholinguistik für
viele Formen der alltäglichen personalen und medialen Kommunikation
zeigen konnte, unterscheiden sich weibliche und männliche Kommunika-
tionsstile grundlegend voneinander. Während Frauen eher die Gesprächsteilnehmer als gleichrangig definieren und auf eine Integration ihrer Anliegen hinzuwirken versuchen, definieren Männer Gespräche eher als Kampf
mit dem Ziel der Ausgrenzung anderer Gesprächsteilnehmer. Betrachten
wir in diesem Zusammenhang nun Redaktionskonferenzen näher – also
jene Kommunikationssituationen, in denen sich innerredaktionelle Öffentlichkeit verdichtet (vgl. Neverla 1986: 129–137; Neverla/Kanzleiter 1984).

Redaktionskonferenzen erfüllen in erster Linie die sachliche Aufgabe
der thematischen Strukturierung des redaktionellen Angebotes. Daneben
erfüllen sie aber auch die informelle Funktion der Weichenstellung für
Berufskarrieren. Überspitzt gesagt, ist die Redaktionskonferenz Bühne für
den Auftritt der eingespielten Stars und der weniger glänzenden Mitglieder der Redaktion und für Probeauftritte des Nachwuchses, der bei Bewährung allmählich auch in die Kernmannschaft aufgenommen wird (vgl.
Prott 1976: 34 ff.). Maßgeblich für solche Weichenstellungen sind die leitenden Redakteure, die ihrerseits nach ökonomischen, professionell-inhalt-
lichen und sachlich-politischen Kriterien, aber auch in Abwägung ihrer
subjektiv-machtpolitischen Interessen über Karrieren anderer entscheiden,
wobei die Bühnenfunktion der Redaktionskonferenzen einen gewissen legitimierenden Charakter hat (vgl. Weischenberg 1992: 304 ff.).

Die meisten Journalistinnen und Journalisten wissen von diesem Show-
charakter und äußern sich eher distanziert, zumindest aber zwiespältig gegenüber dem sachfremden, rituellen Charakter der Redaktionskonferenz
im Hinblick auf Karrierebeförderung. Letztlich siegt dann bei den Männern eher die „Vernunft" der Karriereplanung, während Frauen häufig
vor den althergebrachten Ritualen kapitulieren, indem sie sich ihnen beugen oder die Teilnahme verweigern, nicht aber dagegen kämpfen oder sie
für eigene Zwecke gebrauchen. Die Sprachlosigkeit der Frauen in fast allen
öffentlichen Räumen setzt sich so also auch im ritualisierten Szenarium
betrieblicher Öffentlichkeit fort. Sie ist gewissermaßen das Produkt von
beiderseitigem „Fehlverhalten". Auf der Seite der Frauen drückt es sich
darin aus, daß sie bei den Konkurrenzritualen nicht mitmachen wollen
oder ihnen teilweise auch nicht gewachsen sind. Auf der Seite der Männer

aber werden die sonst gültigen Spielregeln den Frauen gegenüber anders interpretiert und umgebogen.

Womöglich liegt die Stärke der Journalistinnen eben nicht darin, ihre Interessen in die „große" innerbetriebliche Öffentlichkeit der Redaktionskonferenz einzubringen, sondern darin, daß sie ihre Themen und Gestaltungsvorschläge im Kreis der „kleinen" Öffentlichkeit des Ressortteams und der unmittelbaren Arbeitskollegen einbringen und geltend machen können. Auf der anderen Seite finden die entscheidenden Weichenstellungen nicht im informellen Team, sondern in der Hierarchie statt, wie sie eben in der Redaktionskonferenz präsent ist.

Wie weit Frauen, die in leitenden Positionen tätig sind, überhaupt ihre spezifischen Einflüsse in der Redaktionskonferenz geltend machen können, ist bisher eine offene Frage. Lore Walb, die frühere Leiterin des Frauenfunks beim Bayrischen Rundfunk, berichtet über ihre Erfahrungen am Ende der 70er Jahre:

> „Als später mein junger Mitarbeiter statt meiner als Redakteur der Dienstagssendung in der Aktuellen Runde auftauchte, fiel selbst Männern auf, wieviel reibungsloser plötzlich politische Familienfunkprogramme in den Konferenzen über die Bühne gingen. Das alte Lied... der Mann, der politische Themen vertritt, ist sogleich akzeptiert, die Frau muß ihren Anspruch immer wieder verteidigen, begründen" (Walb [2]1989: 246).

Seither mag sich manches geändert haben. Die Generation der jungen Journalistinnen, die, anders als ihre Kolleginnen der ersten Generation nach 1945, mit mehr Selbstbewußtsein und einer soliden Ausbildung in den Beruf kommen, mögen heute auf Kollegen und Vorgesetzte treffen, die unter dem Eindruck der Frauenbewegung auch ihre Wandlungen durchlebt haben, so daß massive Abwertungen der Frauen nicht mehr im selben Maße zu beobachten sind wie vor 20 oder noch vor 10 Jahren. Im Prinzip aber gilt: Frauen haben im Beruf immer, unabhängig vom Berufszweig und unabhängig von ihrem hierarchischem Rang, zu vergegenwärtigen, daß ihr Status, und damit ihre Person und das, was sie inhaltlich vertreten und was sie produzieren, durch ihre weibliche Geschlechtszugehörigkeit tendenziell abgewertet wird.

Vor diesem Hintergrund läßt sich auch prognostizieren, daß der bisherige und der zu erwartende weitere Zuwachs an Frauen im Journalismus nicht gleichermaßen zu einem Zuwachs an Frauen in Spitzenrängen des Journalismus führen wird. Die Gründe dafür liegen erstens auf der Seite der Betriebe bzw. der männlichen Kollegen und Vorgesetzten, die offenbar eine unsichtbare Mauer gegen den Aufstieg von Frauen in den Journalismus gebaut haben. Dies findet etwa darin seinen Ausdruck, daß Frauen den Nachweis ihrer Qualifikation im Einzelfall jedesmal erst erbringen müssen. Im Gegensatz dazu wird bei Männern offenbar grundsätzlich davon ausgegangen, daß eine solche Qualifikation vorhanden ist.

Die Gründe liegen zweitens aber auch auf der Seite der Journalistinnen selbst. Das Argument, es gebe keine oder nicht genug qualifizierte Frauen für leitende Positionen, ist sicherlich nicht stichhaltig angesichts der Tatsache, daß Frauen im Vergleich zu Männern formal eher höher qualifiziert sind (vgl. Neverla/Kanzleiter 1984; Corboud/Schanne 1987: 295–304). Richtig ist allerdings, daß Frauen im Vergleich zu Männern eine größere Ambivalenz gegenüber Macht und beruflichem Aufstieg haben (vgl. Neverla/Kanzleiter 1984: 125–133 und 144–161). Ihre Haltung ist im allgemeinen distanzierter gegenüber der Berufstätigkeit insgesamt; sie betrachten die Berufsarbeit als ein Feld neben anderen Feldern der Lebenserfahrung, die sie nicht missen möchten, während Männer zumeist die Berufsarbeit als das Feld ihrer Identitätsfindung und -wahrung schlechthin betrachten.

Vor allem aber ist die Haltung der Journalistinnen gekennzeichnet von einer engen Bindung an die genuin journalistischen Tätigkeiten Recherchieren, Produzieren und Gestalten, wohingegen Tätigkeiten wie Verwalten, Organisieren und Managen, die mit höheren Positionen verbunden sind, für sie wenig Attraktivität besitzen. Zwar sind auch in den Augen der Journalisten höhere Positionen mit dem Makel verbunden, daß sie kaum mehr Gelegenheit für genuin journalistische Tätigkeiten bieten, doch nach ihren Worten und ihren Taten zu schließen, hat in ihrer Gewichtung der Zugang zu Macht und Einfluß Vorrang.

MICHAEL HALLER:

Recherche und Nachrichtenproduktion als Konstruktionsprozesse

Vorbemerkungen

Nicht nur in medientheoretischer, sondern auch in medienpraktischer Hinsicht besitzen die konstruktivistischen Theoreme und Denkmodelle einen großen heuristischen Wert. Sie konfrontieren den Wirklichkeitsbegriff des naiven, gleichwohl weit verbreiteten journalistischen Realismus[1] mit einem subjektbezogenen Wirklichkeitsbegriff, der den Prozeß menschlicher Wahrnehmung ins Blickfeld rückt und damit auf immanente Bedingtheiten des journalistischen Handelns verweist.

Tatsächlich muß jeder aufgeklärte Journalist mit beiden Betrachtungsweisen – der objektivistischen[2] und der konstruktivistischen – operieren, denn beide zusammen kennzeichnen den Journalismus in seiner funktionalen Widersprüchlichkeit: Zum einen soll er uns ins Bild setzen über die Veränderungen in der Welt, wie sie außerhalb unserer Köpfe sich ereignet; zum andern soll er unsere spezifischen Partizipations-, Animations- und Gratifikationsbedürfnisse befriedigen und insofern die gesellschaftliche Selbst-Verständigung ermöglichen.

Ich halte darum die vom Funkkolleg „Medien und Kommunikation" ausgelöste Konstruktivismus-Debatte nicht nur für die Journalistik als Wissenschaft vom Journalismus, sondern auch für die journalistische Praxis für sehr fruchtbar. Denn sie erlaubt das kritische Überdenken tra-

---

[1] Journalistischer Realismus zeigt sich in der Auffassung, die Massenmedien berichteten über Geschehnisse a) im Sinne einer Abbildung der Realität und sie täten dies b) nach Maßgabe eindeutiger und stets überprüfbarer Kriterien, ohne auf das Geschehen selbst Einfluß auszuüben. Vor allem die Redakteure des Nachrichtenmagazins „Der Spiegel" äußern dieses Selbstverständnis (vgl. hierzu etwa: Müller 1992: 67–71). Diese Auffassung findet sich auch in der Kritik am Journalismus, so insbes. bei H.M. Kepplinger, seinem Begriff der „Realkultur" (1975: 19) und seinem Maßstab der Kritik am Wirklichkeitsbild der Medien (1989: 16 f.).

[2] Mit Objektivismus ist – im Sinne der von O. Ewald erstmals formulierten Erkenntniskritik – der den logischen Naturwissenschaften entlehnte Ansatz gemeint, der das Erkenntnissubjekt eliminieren und von einer Gegenstandswelt als in toto beschreibbarer Objektwelt sprechen zu können glaubte. Zu dieser Kritik vgl. Ewald (1905); Carnap (²1961).

dierter und leichthin akzeptierter Objektivitätsnormen im Praxisfeld vor allem der *journalistischen Recherche*.

Von diesem heuristischen Verständnis ausgehend, sollen im Folgenden einige Recherche-Merkmale im Feld des journalistischen Handelns unter konstruktivistischen Prämissen diskutiert werden.

1. Journalismen und Medienwelten

Zunächst ist zu klären, welche Medientätigkeiten wir als „journalistisches Handeln" im allgemeinen und als Recherchetätigkeit im besonderen gelten lassen wollen. Die Palette unterschiedlicher Medienberufe hat sich in den vergangenen Jahrzehnten stetig verbreitert; heute rechnen sich auch PR-Texter, TV-Moderatoren und Radio-Entertainer zum Berufsfeld des Journalismus. Das Ensemble all dieser Tätigkeiten läßt sich zwar unter der Bezeichnung „Berufskommunikator" zusammenfassen, doch ist dies eine höchst abstrakte Formel, die auch solche Fernsehproduktionen einschließt, die ihre Wirklichkeit selbst inszenieren. Wo also ziehen wir die Grenze zwischen Nachrichtenproduktion und Inszenierung?

Es wäre zum Beispiel naheliegend – und zugleich polemisch –, wollte man die fiktionalen und/oder ludischen Fernseh-Produktionen (wie etwa die Vorabend-Serien) als Belege für die Wirklichkeitskonstruktion der Massenmedien anführen: Man kann dem Theater nicht anlasten, daß dort Theater gespielt wird.

Nicht mehr so einfach ist es mit Produktionen, die eine informierende Unterhaltung sein sollen – zur Zeit der Niederschrift dieses Textes (erstes Halbjahr 1993) etwa die Streitsendung „Der heiße Stuhl" bei RTL oder die Magazinsendung „Schreinemakers live" bei SAT.1. Hier wie dort handelt es sich unstrittig um Massenkommunikation, die mit journalistischen Mitteln (wie: Informationsbeschaffung und Themenrecherche durch ein Redaktionsteam) zubereitet wird. Dennoch sind es Medieninszenierungen, die sich selbst als Ereignis zelebrieren. Ihr Informationswert besteht im Auftritt und im Agieren der Personen; es sind darum (Selbst-)Darsteller. Nur ausnahmsweise besitzen einzelne Äußerungen der Akteure auch außerhalb der Inszenierung einen Nachrichtenwert; es ist dann ein Abfallprodukt der fraglichen Sendung.

Schwieriger einzuschätzen sind explizit *nachrichtlich* angelegte Produktionen wie z.B. Magazin- und Spezialsendungen aus Kriegs- und Katastrophengebieten, oder auch Serien, die unter den Rubriken „Reality-TV" und „Charity-Show" hergestellt werden: Hier treten die Verantwortlichen mit dem Anspruch auf, das Geschehen außerhalb des Mediums „realitätsgerecht" zu vermitteln – sei es als Vor-Ort-Berichte, sei es über nachgestellte und nachgespielte Szenen: „Das ungefilterte ‚Durchstechen' zur Live-

Wirklichkeit" nannte Heinz Klaus Mertes, Programmdirektor von SAT.1, dieses Genre (in: journalist 4/93: 81).

Bei näherem Hinsehen erweist sich diese Art TV-Produktion indessen keineswegs als Abbildung oder -vermittlung einer äußeren Wirklichkeit (Motto: Kamera draufhalten und abdrücken), sondern als Realitätsinszenierung, die meist den Produktionsimperativen des Medienapparats folgt: Der Themenaspekt, oft auch das Ereignis, die Personen und deren Handlungen, die Szenenauswahl, die Ausschnitte, die Einkleidung dieser Ausschnitte durch weiteres Bildmaterial und durch die Moderation – gerade dort, wo es um Krieg und Katastrophen geht, findet eine Themenbearbeitung statt, die nicht äußeren, sondern medienimmanenten Vorgaben und Bedingungen folgt.

Für die Kriegsberichterstattung des Fernsehens hat dies mustergültig der amerikanische Journalist John R. MacArthur am Golfkrieg 1990/91 nachgezeichnet: „Die Schlacht der Lügen – Wie die USA den Golfkrieg verkauften", nennt MacArthur seine Abhandlung, deren Fazit lautet: „Zur bühnenreifen Leistung schlechthin geriet die Inszenierung des Golfkriegs für die Augen der Öffentlichkeit [...]"; MacArthur beeindruckte dabei besonders, wie sich die Fernsehjournalisten marionettenhaft zu Multiplikatoren der vom Pentagon inszenierten Anti-Hussein-Kriegskampagne einspannen ließen, zugleich aber von ihrer Unabhängigkeit überzeugt waren (1993: 204, 247 f.).

Die „Reality-TV" genannten Produktionen folgen Inszenierungsgeboten, die nicht das Geschehen, sondern die Story-Dramaturgie umsetzen sollen, wie bereits in den 70er Jahren am Beispiel der Fahndungssendung „Aktenzeichen XY", der ersten deutschen „Reality TV"-Produktion, festgestellt wurde; entsprechend wurde auch die 1992/93 beliebte RTL-Sendung „Notruf" eingeschätzt[3].

In die Betrachtung einzubeziehen sind im weiteren die Vermittlungs- und Darstellungsformen des *subjektiven Journalismus*. Es würde kaum Schwierigkeiten bereiten, ihn mit konstruktivistischen Theoremen zu rechtfertigen. Dies gilt vor allem für die Formen des Kommentierens und Glossierens. Im Kommentar werden partikulare Sachverhaltsaussagen in einen Bedeutungszusammenhang gestellt, der zunächst nur im Kopf des Kommentators existiert. Einzig durch Plausibilität, also durch argumenta-

---

3 Beispiel: „Anders als im richtigen Leben gehen alle Geschichten immer gut aus – bei der BBC wie bei RTL; das ist das Positive am Reality-TV" (Weidinger in der „Süddeutschen Zeitung" vom 3.6.1993). Die vielleicht wichtigste Zweckvorgabe lautet bei diesem Genre außerdem, daß hohe Einschaltquoten mit Hilfe von Gewaltdarstellungen erreicht werden, die besonders billig zu produzieren sind und sich gegen medienethische Einwände mit dem Verweis auf die Lebenswelt als zu vermittelnde „Wirklichkeit" (Informationsbedarf) verteidigen lassen. Wir können also konstatieren, daß auch „Reality-TV" entgegen der Namensgebung zu den inszenierten, partiell fiktionalen Genres zu rechnen ist und konstruierte Wirklichkeiten liefert.

tionslogisches Verknüpfen von Aussagen auf der Basis konsentierter Regeln, erreicht es der Kommentator, daß der von ihm vorgestellte Bedeutungs- und Sinnzusammenhang von seinen Lesern oder Hörern nachvollzogen wird.

Aber auch die Reportage gehört – trotz ihres tatsachenbezogenen Vor-Ort-Augenscheins – zum Bereich des subjektiven Journalismus, dessen Aussagen sich über weite Teile der Überprüfung, also der Objektivierung entziehen. Denn gerade der Reporter wählt eine besondere Perspektive; er verwebt seine Beobachtungen mit Empfindungen und Assoziationen; es entsteht eine durch sein subjektives Erleben vermittelte Wirklichkeitskonstruktion: „Reportage ist immer Selbsterfahrung" (Leinemann 1990: 261), die sich jeder Objektivierung entziehe. Deren Informationswert liegt nicht zuletzt in der sprachlichen Gestaltung des Themas: „Nichts ist individueller, nichts ist weiter entfernt von der Regelbarkeit als der sprachliche Ausdruck" (Schreiber 1990: 252).

2. Nachrichtlicher Journalismus

2.1 Der rechtsnormative Ansatz

Anders als bei den ludischen, fiktionalen und den subjektiven Formen ist indessen höchst strittig, ob auch solche Medienaussagen eine Wirklichkeitskonstruktion darstellen, die über Vorgänge/Geschehnisse referieren, die sich in der Lebenswirklichkeit zugetragen haben und die auch ohne die Gegenwart des beobachtenden Journalisten *von anderen Menschen feststellbar* sind[4]: der Bereich des nachrichtlichen Journalismus, der es mit Sachverhalten – in der Sprache des Medienrechts: mit Tatsachen – zu tun hat.

Zweifellos steht der *nachrichtlich* arbeitende Journalist in einer *vermittelnden Beziehung* zur Welt, die unabhängig von massenmedialen Inszenierungen immer neue Ereignisse produziert, also unaufhörlich Vorgängen und Wandlungen unterworfen ist. Da sich nun dieses Geschehen offenbar unabhängig vom beobachtenden Journalisten zuträgt, mithin der sogenannten objektiven Welt zugehört, wäre dieses Geschehen – aus der Sicht des Konstruktivismus – eigentlich nicht erkennbar und über Sachverhaltsaussagen auch nicht abzubilden. Gleichwohl ist unstrittig, daß die nach-

---

4   Im subjektiven Journalismus darf der persönliche Eindruck des Journalisten vermittelt werden; seine Authentizität ersetzt die Überprüfbarkeit. Im nachrichtlichen Journalismus gelten nur faktizierbare Informationen als berichtenswert. Faktizierbarkeit ist an Überprüfbarkeit gebunden; diese wiederum setzt weitere Quellen voraus als nur den beobachtenden Journalisten (weitere Augenzeugen, Wissende usw.).

richtlichen Medienaussagen über die in der Alltagssprache „Realität"
genannte Lebenswirklichkeit informieren oder wenigstens informieren
sollen.

Ausgehend von Art. 5 Abs. 1 des Grundgesetzes, der die Informationsfreiheit gewährleistet (= das Recht, sich ungehindert aus allgemein zugänglichen Quellen zu unterrichten), verstand man bis in die 80er Jahre
unter Journalismus gemeinhin nur den nachrichtlichen[5]. An ihn richteten
sich die vom Gesetzgeber und von der Rechtsprechung formulierten gesellschaftlichen Funktionen, insbesondere: „Die Presse erfüllt eine öffentliche Aufgabe insbesondere dadurch, daß sie Nachrichten beschafft und
verbreitet, Stellung nimmt, Kritik übt oder auf andere Weise an der Meinungsbildung mitwirkt" (Pressegesetz Nordrhein-Westfalen, § 3).

Die Zuweisung einer „öffentlichen Aufgabe" wurde mit besonderen In-
formationsrechten und, folgerichtig, mit einer erhöhten, juristisch überprüfbaren Verantwortung der Presse verknüpft (vgl. u.a. BVerfGE 12/113
und BGHZ 31/308). Daraus leitete der Gesetzgeber die in den Landespressegesetzen seither festgeschriebene „Sorgfaltspflicht" der Presse ab, die
sinngleich auch für die elektronischen Medien gilt. So heißt es zum Beispiel im Hamburgischen Pressegesetz: „Die Presse hat alle Nachrichten
vor ihrer Verbreitung mit der nach den Umständen gebotenen Sorgfalt auf
Wahrheit, Inhalt und Herkunft zu prüfen" – eine Formulierung, deren
begriffliche Vagheit (was bedeutet in diesem Zusammenhang „Inhalt"?)
auch auf die rechtstheoretische Ungeklärtheit des Wirklichkeitsbegriffs
verweist.

Im Fortgang der Rechtsprechung hat man dann die „Sorgfalt" je nach
Tätigkeitsfeld detaillierter umschrieben, dabei aber die begriffliche Unklar-
heit eher vergrößert: Die Berichterstattung über Tatsächliches soll „so
wahrhaftig wie möglich" sein; für die redaktionelle Nachrichtenverarbei-
tung wird indessen die „Prüfung auf größtmögliche Richtigkeit" gefordert
(vgl. Mathy [4]1988: 59–63); und bei der Informationsbeschaffung (Recherche) sollen gleich beide Kriterien gelten. Als Hauptstütze des journalistischen Selbstverständnisses wird im übrigen „die Achtung vor der Wahrheit und wahrhaftige Unterrichtung der Öffentlichkeit" genannt (Absatz 1
des Pressekodex des Deutschen Presserats).

Man könnte diese Normen prima vista für eine Definition des objektivistischen Wirklichkeitsbegriffs – Identität von Wahrheit und Objektivität –
halten, die allerdings mit den Thesen des Konstruktivismus unvereinbar

---

5 Stichwort „Journalismus" in: Koszyk/Pruys 1969: „Haupt- oder Nebenberuf von Personen,
   die sich mit Sammeln, Sichten, Prüfen und Verbreiten von Nachrichten oder mit der
   Kommentierung aktueller Ereignisse befassen." In der „Einführung in den praktischen
   Journalismus" 1982 heißt es unter der Überschrift „Die Tätigkeit des Journalisten": „Was
   tut ein Journalist? Er trägt jeweils an seinem Platz dazu bei, daß die Medien ihre Aufgabe
   erfüllen können: zu informieren und zu kommentieren."

ist: „Kennzeichnend für Tatsachenbehauptungen ist, daß sie objektiv überprüfbar sind, d.h. ihr Wahrheitsgehalt in einem gerichtlichen Verfahren durch Beweisaufnahme prinzipiell festgestellt werden kann", heißt es in der Rechtslehre, und: „Ein Wahrheitsbeweis kann immer dann geführt werden, wenn für ihn ein absoluter Maßstab zur Verfügung steht, d.h. ein solcher, der von subjektiven Wertungen des Beurteilers frei ist" (Branahl 1992: 59). Doch spätestens im Zusammenhang komplexer Sachverhalte – man denke an eine Recherche über die Gefährlichkeit von Atomkraftwerken oder die Schädlichkeit fossiler Brennstoffe – erweisen sich solche Verpflichtungen als schwammige Formulierungen („so wahrhaftig wie möglich", „Wahrheitsgehalt" oder „Achtung vor der Wahrheit"), die mit dem auf Beweisfähigkeit angelegten Tatsachenbegriff des Medienrechts nicht einzulösen sind: In Ermangelung des „absoluten Maßstabs" sind es rhetorische Deklarationen und keine Definitionen[6].

Auch der Umstand, daß es zusätzlich zu der auf „Wahrheit" bezogenen Sorgfaltspflicht ein Gegendarstellungsrecht gibt, dem der Gedanke zugrunde liegt, daß es nicht allein um wahre oder falsche Tatsachenbehauptungen, sondern oftmals auch um unterschiedliche Versionen geht, die sich dem Kriterium wahr/falsch entziehen, ist ein Hinweis auf das vielschichtige Problem der Wirklichkeitskonstruktion durch Massenkommunikation.

2.2 Der pragmatische Ansatz

In der journalistischen Praxis zählt das Beschaffen und Fürwahrhalten *unüberprüfter* Mitteilungen (im journalistischen Sprachgebrauch: Informationen) erstaunlicherweise zu den tradierten Recherche-Gepflogenheiten, nach dem Muster: Zuerst geht der Journalist ins Archiv, dann „greift er zum Telefon und beginnt die Erkundigung" (LaRoche 1982: 49). Die semantisch verstandene Wahrheit (= Übereinstimmung der Beschreibung mit dem beschriebenen Sachverhalt) wird erst gar nicht in Zweifel gezogen; als einziges Verifikationsmuster dient die Regel: „Jedes Problem hat (mindestens) zwei Seiten, und ein kluger Lateinerspruch lautet: Audiatur et altera pars" (LaRoche 1982: 49), also soll auch der Betroffene sich äußern. Als Rechercheertrag bieten sich nur drei Varianten an: a) Der Betroffene hat nicht recht; b) die Sachlage ist nicht entscheidbar (strittig); c) der Betroffene hat recht und „wir erwägen das und werfen den ganzen Beitrag in den Papierkorb" (LaRoche 1982: 50).

---

6   Siehe hierzu die mit der Kritik am Deklarationscharakter des Pressekodexes 1981 eröffnete
    Medienethik-Debatte, die vor allem die Unverbindlichkeit (mangelnde Praktikabilität und
    Sanktionsfähigkeit) der „Wahrheits"-Verpflichtung kritisierte (vgl. Saxer 1986: 21–46).

Allein schon die Einhaltung derart simpler Verfahrensweisen gilt nach herrschender Spruchpraxis des Deutschen Presserats als Nachweis erfüllter Sorgfaltspflicht. Es bedarf keiner näheren Begründung, daß solche Verfahren oft genug zu unsinnigen Darstellungen führen, nicht nur, weil sie naiv die Wahrhaftigkeit der Informanten unterstellen, sondern auch, weil sie von einem pragmatisch gerechtfertigten, im Kern objektivistischen Abbildungsglauben getragen sind, der die Komplexität sozialer Wirklichkeit und die kognitive Konstruktionsarbeit des Journalisten schlicht übersieht.

3. Konstruktivismus und Recherche

Unter konstruktivistischem Blickwinkel wird der nachrichtlich arbeitende Rechercheur die ihm zugetragenen Mitteilungen erheblich reflektierter analysieren müssen. Denn er kann nicht davon ausgehen, daß sich die Informationen nach dem Muster: wahr/unwahr/nicht feststellbar bewerten lassen. Er wird vielmehr jede Aussage für eine *Version* halten, die *eine* Geschichte erzählt.

Freilich besitzt nicht jede Version dieselbe *Gültigkeit:* Es gibt mehr oder weniger strittige (in diesem Sinne: mehr oder weniger zutreffende) Darstellungen, Schilderungen, Erzählungen. Darum benutzt der reflektiert arbeitende Journalist solche Recherchierverfahren, mit denen er die *Unstrittigkeit* von Versionen und Teilversionen ermitteln und überprüfen kann.

Die diesem Verfahren zugrunde liegende Methode lautet: Eine Sachverhaltsaussage gilt dann als zutreffend, wenn sie durch *intersubjektive Überprüfung* verifiziert ist, d.h. wenn die unstrittigen – und damit auch die strittigen – Teilaussagen ermittelt sind[7]. Praktisch geschieht dies in erster Linie durch das gezielte Befragen der mit dem fraglichen Sachverhalt (durch Erfahrung, Wissen und/oder Beteiligtsein) in Beziehung stehenden Personen, in zweiter Linie (gegebenenfalls) durch Augenschein am Ort[8]. Aussagen, die sich intersubjektiv als unstrittig erweisen, besitzen Gültigkeit, d.h. sie werden nach Maßgabe des aktuellen Wissensstandes als zutreffend (in der Sprache der Argumentationslogik: als wahr) eingeschätzt. Dies bedeutet: Auch als wahr identifizierte Aussagen haben eine stets nur

---

7   „Verifikation" wird hier nicht als Tatsachen-, sondern als Aussagenabgleichsverfahren verstanden. Es objektiviert die Aussagen, ohne je Objektivität zu erlangen.

8   Der an Ort und Stelle rekognoszierende Rechercheur befindet sich in einer Doppelrolle, indem er einerseits als Augenzeuge eine Version kreiert, andrerseits aber sämtliche anderen Versionen, die er recherchierend beschafft, sine ira et studio abzugleichen hat.

vorläufige Gültigkeit; sie können jederzeit durch neues Wissen erneut strittig werden[9].

Das entscheidende Überprüfungsmerkmal heißt also „Unstrittigkeit", heißt: Konsens. Nicht jede Aussageart aber ist konsensfähig. Dies trifft vielmehr nur auf Aussagen zu, deren Prüfkriterien ebenfalls unstrittig gelten, so zum Beispiel die Art und Weise, wie ein geographischer Ort oder die Uhrzeit angegeben wird (alle Staaten anerkennen globale Konventionen wie die Längen- und Breitengrade und die Zeitzonen-Einteilung). Im engeren Rahmen kulturell tradierter Konventionen gilt dies auch für die Art und Weise, wie Subjekte und Objekte unverwechselbar bezeichnet (= identifiziert) werden. So erfolgt in unserem Kulturraum zum Beispiel die Personenbezeichnung durch Vor- und Zuname, ggf. zusätzlich durch Alter, Körpergröße, besondere Körpermerkmale; in tribalistischen Gesellschaften ist es der Verweis auf Stammeszugehörigkeit durch die Zuordnung des Vaters bzw. der Mutter; in agrarischen ist es neben dem Vornamen meist das Wohnhaus usw.

Diese wenigen Hinweise machen bereits deutlich, daß journalistische Prüfverfahren an *Referenzräume* gebunden sind, die nicht objektiv im globalen Sinne, sondern nur im begrenzten Rahmen von Konventionen und tradierten Übereinkünften gelten. Doch innerhalb ihres Geltungsrahmens haben konsentierte Konventionen für das Alltagsbewußtsein den Zuschnitt *objektiver* Bemessungsgrundlagen, die wiederum sogenannte objektive (= eindeutige und unstrittige) Aussagen gestatten[10]. Genauer betrachtet handelt es sich stets nur um die durch *intersubjektives Vergleichen* erzielte *Stimmigkeit* von Aussagen im Rahmen ihres Referenzbereichs.

Den skizzierten Prüfkriterien ist gemeinsam, daß sie nur für solche Informationen gelten, die das *Faktische* der Sachverhalte beschreiben, nach dem Muster: „Das von links kommende rote Auto stieß um 12.10 Uhr mit dem vom rechts einbiegenden blauen Auto zusammen; ob das rote Auto die zulässige Höchstgeschwindigkeit überschritten hatte, ist strittig." Doch solche auf das Faktische verkürzte Sachverhaltsaussagen rekonstruieren

---

9   Argumentationslogisch ähnelt das hier angedeutete Prüfverfahren einem Diskurs (vgl. Völzing 1979). Da ja der Sachverhalt selbst nicht zugänglich ist, stehen nur Aussagen über ihn (= Beobachtungen) als Prüfobjekte zur Verfügung. Stimmigkeit zwischen den Aussageversionen verschiedener Standpunkte (Interessen) bedeutet Eindeutigkeit und Unstrittigkeit. Praktisch (pragmatisch) wird damit die Übereinstimmung zwischen der Aussage und dem Gegenstand (Sachverhalt) *gesetzt*. Allerdings können sich auch die übereinstimmend aussagenden Zeugen trotz aller Interessensgegensätze in gleicher Weise täuschen (oder lügen). Hier, so meine ich, stoßen journalistische Verfahren (im Unterschied zu den sanktionsfähigen der Rechtspflege) an ihre inneren Grenzen. Konsonante Falschaussagen erweisen sich, wenn schon, dann meist erst im Rückblick (wenn aufgrund neuen Wissens eine Teilaussage strittig wird) als unzutreffend (zur journalistischen Argumentation vgl. Haller [4]1991: 252–256).

10 Dieser Typ einer soziokulturell eingeschränkten Objektivität war Thema in der „Ausgewogenheits-Debatte" Ende der 70er Jahre (vgl. Bentele/Ruoff 1982: 7 f.).

das Geschehen ohne jeden Sinn in der Art einer Momentaufnahme; die auf Verstehen und Bedeutung gerichteten Zusammenhangsinformationen *(wie* und *warum* kam es zu diesem Unfall?) besitzen kein Ereigniskorrelat. Das heißt: Unter konstruktivistischem Blickwinkel können Aussagen, die Geschehnisse erklären und/oder begründen, gar nicht verifiziert werden, weil sie eine *Interpretation* der faktischen Sachverhalte zur Voraussetzung haben.

Man braucht kein Konstruktivist zu sein, um der Einschätzung zuzustimmen, daß die Welt außerhalb unserer Köpfe zwar sicherlich existiert, daß aber ihr Geschehen keinen von uns unabhängigen Sinn besitzt. Das Gesetz der Kausalität etwa ist kein Natur-, sondern ein Denkgesetz, das jene Regeln beschreibt, nach denen *wir* das komplexe Naturgeschehen reduktiv strukturieren. Für den Journalisten bedeutet dies ganz konkret, daß er Sachverhaltsinformationen (in der Litanei der W-Fragen: Wer, Was, Wann, Wo) von interpretierenden Kontext-Informationen (die Motivations- und Kausalfragen: Wie, Warum) zu trennen versteht[11].

Es gehört m.E. zu den folgenreichen Versäumnissen der Journalistik, daß sie die Ausarbeitung einer Theorie der journalistischen Recherche (= der Geltung von Informationen) bisher unterlassen hat. Dieses auch in der Journalistenausbildung spürbare Defizit mag ein Grund dafür sein, daß der – vor allem im Feld der Politik relevante – Unterschied zwischen Aussage und Argument (zwischen faktischem Sachverhalt und deutender Kognition) weithin übersehen wird[12]. Man folgt dem Konstrukt des Tatsachenbegriffs im Medienrecht, der zwischen „äußeren Tatsachen" (= Ereignisse oder Zustände der Außenwelt) und „inneren Tatsachen" (= Motive, Absichten, Beweggründe, Seelenzustände) unterscheidet, beide aber – im Unterschied zu Meinungsäußerungen – für beweisfähig erklärt. Dies führt u.a. dazu, daß viele Massenmedien Argumente in der Art objektivierter Fakten präsentieren (zum Beispiel, wenn die mit einem Zitat verbundene Ansicht eines Politikers im Indikativ referiert wird): Sie geben Deutungen als faktische Tatsachen aus.

---

11 Der im praktischen Journalismus unreflektierte Umgang mit dem Status und der Geltung von Informationen zeigt sich besonders deutlich am Kriterienkatalog der berühmten sechs „W-Fragen", die in der Literatur über den Nachrichtenjournalismus stets als gleichartig und -gewichtig behandelt werden. Jüngstes Beispiel: Hruska (1993: 28).

12 Dies erklärt den Hang der Massenmedien, Aussagen im Feld der symbolischen Kommunikation und symbolischen Politik (wie: Absichtserklärungen von Politikern) als faktische Sachverhaltsinformationen darzustellen, die dann neue Aussagen und Gegenaussagen nach sich ziehen – mit dem Effekt, daß die beiden Aussageebenen unauflöslich ineinandergeschoben werden. Die in Gang gesetzte Interaktion erzeugt faktizierende Ereignisse: Manifestationen der Wirklichkeitskonstruktion. Auf solche Prozesse hat vor allem Weischenberg hingewiesen (z.B. 1987). Sarcinellis Feststellung: „Politische Realität ist nicht Realität an sich, sondern zumindest dort, wo sie massenkommunikativ relevant wird, mediale Wirklichkeitskonstruktion" (1987: 204) trifft m.E. auf solche Manifestationsprozesse zu.

Der konstruktivistisch aufgeklärte Journalist wird also den Status der ihm zugetragenen Mitteilungen prüfen, ehe er mit der Recherche beginnt: Er unterscheidet zwischen *Aussagen* (faktizierende Informationen) und *Argumenten* (erklärende und begründende, mithin deutende Informationen – nicht zu verwechseln mit Werturteilen)[13]. *Aussagenlogisch* handelt es sich dabei um zwei unterschiedliche Konstruktionsebenen mit unterschiedlichen Prüfverfahren. *Konstruktivistisch* gedacht, handelt es sich um zwei unterschiedliche Wirklichkeitstypen[14]:

a) Aussagen sind faktizierende Beschreibungen von Sachverhalten, wie: Aussehen und Beschaffenheit; besondere Kennzeichen; die Lage der Gegenstände in Raum und Zeit; ihre räumliche und chronologische Ordnung zueinander. Auf der Ebene der Aussagen geht es um das Rekonstruieren sinnlich wahrnehmbarer Geschehnisse in der unabhängig vom Journalisten existierenden Außenwelt; Ziel der Recherche ist der Nachweis der Unstrittigkeit (= Gültigkeit) durch Konsens im Fortgang der intersubjektiven Überprüfung.

b) Argumente sind interpretierende Beschreibungen von Handlungen und Handlungsabläufen, wie: Motive und Interessen; Ursachen, Gründe und Zwecke; determinierende Bedingungen und Umstände. Auf der Ebene der Argumente geht es um die Sinn-Konstruktion durch die Herstellung eines erklärenden Zusammenhangs zwischen überprüften Sachverhaltsinformationen und handelnden Personen; Ziel der Überprüfungsrecherche ist die Erzeugung von Plausibilität (= logische und empirische Stimmigkeit) nach Maßgabe konsentierter Argumentationsregeln.

Auch auf der zweiten, der Deutungsebene, gilt, daß Argumente keine Wahrheiten, sondern Versionen sind, die untrennbar mit den agierenden Personen verbunden bleiben: Über Ursachen, Motive und Zwecke kann immer nur im Zusammenhang mit den handelnden (oder das Geschehen beobachtenden) Menschen sinnvoll gesprochen werden[15]. Plausibilität läßt sich nur erzeugen, wenn die Argumente mit Erfahrungswissen und Denkregeln konform gehen. Mit anderen Worten: Auch das Plausibilitätskriteri-

---

13 Eine folgenreiche Verwechslung zwischen deutender Information (Argumenten) und subjektiven Werturteilen trat in der Debatte um die Trennung von Nachricht und Meinung (= Werturteil) zutage, indem Argumente (interpretierende Informationen) für wertende Urteile der Medien gehalten werden (vgl. u.a. Schönbach 1977: 24 f.; Kepplinger 1989: 218).

14 Das Konzept der unterschiedlichen Wirklichkeitstypen als Ensemble der Medienrealität vertritt auch G. Bentele im Kontext seiner Kritik an der konstruktivistischen Wirklichkeitsdefinition (vgl. Bentele 1990: 6 f.).

15 Nicht nur soziale Vorgänge, auch Naturereignisse werden, wenn es um Gründe, Ursachen und Folgen geht, von den Beobachtern (Experten, Betroffenen usw.) auf der Grundlage anthropozentrischer Regeln und Modelle beschrieben und interpretiert, wie dies etwa die Gen-Technologie- und die Risikodebatte augenfällig machen.

um ist auf eine Bemessungsgrundlage angewiesen, die durch allgemein akzeptierte Verhaltensregeln konsentiert sein muß. Daß etwa ein Unternehmer deshalb niedrige Löhne bezahlt, weil er sich um die soziale Not seiner Arbeitnehmer sorgt, wäre keine plausible Begründung für sein fragliches Handeln (= Es herrscht in unserer Gesellschaft Konsens, daß die Entlohnung der Arbeitnehmer ein Indikator für das Sozialverhalten des Arbeitgebers ist – usw.).

4. Konstruktivistisch begründete Handwerksregeln

Aus dem skizzierten Recherchierverfahren ergibt sich notwendig eine Reihe handwerklicher Alltagsregeln. Die wichtigsten lauten:

– Der recherchierende Journalist überprüft stets *zuerst* die Sachverhaltsinformationen, ehe er über Ursachen, Beweggründe, Zwecke und Verantwortlichkeiten recherchiert.

– Er überprüft Sachverhaltsinformationen durch das Auswerten verschiedenster Aussagen zum Sachverhalt, mit dem Ziel, im Feld des Strittigen Unstrittigkeiten festzustellen. Gültig sind die *intersubjektiv* als unstrittig ermittelten (= objektivierten) Informationen.

– Die Informanten (Quellen/Urheber) werden nach ihrem Standort (Interessen) und dem Grad ihres Beteiligtseins eingeschätzt und einander zugeordnet.

– Der Journalist ist jeder Version gegenüber offen (= hält grundsätzlich jede Version für möglich) und reflektiert seine Präferenzen (Vorurteile) bei der Konstruktion des *Zusammenhangs,* in dem die Ausgangsinformationen stehen könnten.

– Ausgangsinformationen werden stets im Kontext mit ihren Quellen/ ihren Urhebern betrachtet; strittig gebliebene Versionen müssen stets mit ihren Quellen genannt werden.

– Deutende Informationen über Motive, Ursachen und Folgen werden in ihrem kulturellen, ökonomischen und/oder politischen Kontext erfaßt; die Befunde werden unter Einbezug und Nennung der Prüfkriterien dargestellt.

– Eine Recherche ist erst dann abgeschlossen, wenn zu den geprüften Sachverhaltsaussagen der Geschehenszusammenhang mit Ursachen und Folgen plausibel gemacht werden kann.

– Wird im abgekürzten Verfahren recherchiert (dies ist im aktuellen Journalismus die Regel), dann müssen die unüberprüft gebliebenen Informationen *als Versionen* kenntlich gemacht werden; die Begründungen sind als *Deutungen* möglichst kompetenter Quellen zu referieren.

Das Ziel der Gesamtkonstruktion ist es, am Ende der Recherche (im Jargon:) „Roß und Reiter" zu nennen. Das von Vertretern des Radikalen Konstruktivismus vielfach zitierte Sinnbild vom Blindflug der Passagiermaschine, die ohne Bodensicht sicher landet, ist für den Wirklichkeitsbegriff, der diesem journalistischen Handeln zugrunde liegt, keine schlechte Metapher. Dabei ist freilich zu bedenken, daß der Blindflug zum Absturz führen müßte, wenn das Passagierflugzeug ein autopoietisches System wäre; tatsächlich sind ja die Instrumente justiert, die Maschine wird vom Boden aus observiert.

Das Passagierflugzeug funktioniert als Teil des Transportsystems, denn es ist mit der Bodenstation (= Beobachter 2. Ordnung) rückgekoppelt. Es ist mithin kein informationell geschlossenes System.

5. Nachrichtenselektion: Eine Art Wahrnehmung?

Journalistisches Handeln im Feld der Nachrichtenvermittlung erschöpft sich nun keineswegs in der Informationsbeschaffung und -überprüfung (= Recherche). In den Nachrichtenredaktionen stehen längst andere Tätigkeiten im Vordergrund. Die automatisiert und online abrollenden Informationsroutinen machen aus dem Journalisten einen Textmanager. Die Medienforschung legt darum seit mehreren Jahrzehnten auf die redaktionelle Nachrichtenselektion ein besonderes Augenmerk: Welche Informationen werden aus der wachsenden Flut des Informationsinput gefiltert; wie werden sie aufbereitet?

Diese Frage zielt auf jenes Feld journalistischen *Entscheidungshandelns,* das am ehesten mit dem neurobiologischen Verständnis der individuellen Wahrnehmung als komplexem Kognitionsprozeß verglichen werden könnte, weil hier zwischen Reizauslöser, Reiz und Reizverarbeitung sinnvoll nicht unterschieden werden kann: Der Wahrnehmungsprozeß selbst ist die Wirklichkeitskonstruktion, lautet hierzu das knappe Fazit des Radikalen Konstruktivismus.

Zu einer analogen Deutung gelangte Winfried Schulz bereits 1976, als er Rundfunk und Presse inhaltsanalytisch untersuchte. Ob die Medien „den Nachrichtenfluß ‚verzerren' oder ‚verfälschen'", hält er für wissenschaftlich nicht feststellbar. „Denn was ‚wirklich' geschah, welches das ‚richtige' Bild von Realität ist, das ist letztlich eine metaphysische Frage" (Schulz 1976: 27).

Sucht man nach Übereinstimmung mit der Reiz-Definition neurobiologischer Wahrnehmungsmodelle, dann dürfen nur solche Vorgänge als ein bemerkenswertes Ereignis gelten, die sich als Regelwidrigkeit, als unerwartete Veränderung (= Überraschung, Differenz) vom regulären Alltagsgeschehen abheben. Denn je regelkonformer und darum vorhersehbarer ein Vorgang abrollt, umso geringer ist die Wahrscheinlichkeit, daß er wahrgenommen wird. Der in der Linguistik und Informationstheorie gebräuchliche Begriff der Redundanz paßt hierher: Die Mitteilung über eine regelhafte, quasi schon gewußte Veränderung besitzt keinen Informationsgehalt; die Nachricht wird vom Mediator ausgefiltert.

Im massenmedialen Alltag wird „Information" mit Aktualität, Neuigkeit und Mitteilbarkeit assoziiert: Eine Mitteilung ist (nur) für denjenigen informationshaltig, der den Aussageinhalt noch nicht kennt. Es muß also zwischen Informant (Medium) und Informationsempfänger (Publikum) ein Wissensgefälle vorausgesetzt werden. Gleichwohl besteht der *Informationswert* der Mitteilung nicht allein in der Beseitigung dieses Gefälles, sondern – aus der Sicht des Empfängers – in der *Minderung von Ungewißheit*. Die Parallele zur Informationstheorie Shannons und Weavers ist offensichtlich: Dort gilt Information als die Meßgröße für die Ungewißheit des Eintretens von Ereignissen, d.h., Informationen dienen letztlich dem Zweck, Ungewißheiten in der Einschätzung von Veränderung abzubauen. Wenn diese für den Konstruktivismus maßgebliche Beschreibung auch auf soziale Systeme zutrifft, dann erfüllt die Medienredaktion die dem Sinnesorgan vergleichbare *Sensor-Funktion,* indem sie in erster Linie solche Informationen aufnimmt und vermittelt, die überraschend sind, eine Abweichung (Differenz) signalisieren und Ungewißheit vermindern.

Was regelhaft, was regelwidrig ist, entscheiden die Empfänger der Nachrichten. Das heißt: Die (erfolgreiche) Medienredaktion antizipiert die Einstellungen, das Wissen und die Erfahrungen ihres Publikums („virtuelle Rückkoppelung"), damit sie das für die Rezipienten Überraschende erkennt. Räumlich, historisch und soziokulturell gehören Redaktion und Rezipienten zum selben sozialen System, dessen Strukturen (etwa die rechtliche Grundordnung und das Wertegefüge, aber auch das Meinungsklima, die Einstellungen und Präferenzen) die Kommunikationspartner umschließt. Die Sensor-Rolle der Redaktion, die Nachrichten selektiert, weist also Parallelen zur Idee des „Beobachters" im Autopoiese-Modell des Radikalen Konstruktivismus auf, der systembezogene, quasi externe Aussagen zu machen vermag, obwohl er demselben System zugehört.

Das Modell des Sensors erklärt auch die systembezogene Voreingenommenheit von Journalisten und Redaktion (man könnte auch sagen: den Raster ihrer Selektivität) bei der Informationsvermittlung. Informationen über kulturell fremde Vorgänge werden in ihrer Eigentümlichkeit nicht verstanden, sondern mit den eigenen Regeln verglichen und bewertet: Das Exotische erscheint im Lichte der Massenkommunikation meist als

Regelwidrigkeit; und meist wird es als Gefährdung der Funktionalität des Systems interpretiert und verarbeitet[16].

Diese auf Bestandssicherung begrenzte Wirkungsweise der Sensorfunktion hat bekanntlich Talcott Parsons unter systemtheoretischen Prämissen bereits 1951 mit seinem „struktur-funktionalen" Ansatz modelliert. Die Kritik an diesem nur auf Systemstabilisierung ausgerichteten Funktionsmodell zielt auch auf den Konstruktivismus, der bislang weder die kommunikativen Prozesse des sozialen Wandels, noch das Prinzip Öffentlichkeit hinreichend zu erklären vermag[17].

Doch im Unterschied zu Parsons Ansatz kann der nicht dogmatisch verstandene Konstruktivismus die Systemorganisation als offen gelten lassen, die aufgrund ihrer „dissipativen Strukturen" (I. Prigogine) nicht nur sich selbst steuern, sondern auch verändern und – im Sinne wachsender Komplexität – sich entwickeln kann. Die vom Journalismus hierbei zu erbringenden nachrichtlichen Thematisierungsleistungen ermöglichen es, daß wir die zunehmend komplexen Lebensbedingungen unter dem Paradigma des Systembestands überhaupt bewältigen[18]. Diese für den praktischen Journalismus äußerst sinnvolle Betrachtungsweise setzt indessen voraus, daß wir das Mediensystem nicht „autopoietisch" geschlossen (Maturana), sondern als informationell offen erklären und beschreiben.

---

16 Dieser Mechanismus lag der Kritik vieler Drittwelt-Staaten an der Informationspolitik der Industrie-Gesellschaften im Rahmen der UNESCO-Debatte um eine neue Informationsordnung Ende der 70er Jahre zugrunde. Er trat wieder deutlich in den US-Medien zur Zeit des Golfkrieges im Frühjahr 1991 hervor (vgl. u.a. Haller: [4]1991; MacArthur 1993).

17 Zunächst stellte die funktional-strukturelle Systemtheorie Niklas Luhmanns (1984) gegen die Integrationsfunktion von Massenkommunikation die Frage nach den „Leistungen" der Systemstrukturen; diese müßten anhand der Informationsleistungen, die das Mediensystem unter definierten Rahmenbedingungen erbringt, ermittelt werden. Im Fortgang systemtheoretischer Modellierungen wurde journalistisches Handeln auch als Reduktionsleistung von Komplexität gefaßt; damit verfügt es über einen deutlich offeneren Handlungsrahmen und läßt sich als thematisierendes Handeln (Erfassen, Auswählen und Bearbeiten von Themen) beschreiben.

18 Diesem Gedanken folgt auch Rühl mit dem Konzept der auf Massenkommunikation angewiesenen „Wohlfahrtsgesellschaft"(vgl. Rühl 1992).

III. Wirkungen der Medien

Klaus Merten

Wirkungen von Kommunikation

1. Der Begriff der Wirkung

Fünfzig Jahre seit Ende der Phase der allmächtigen Wirkungen der Massenmedien[1] sind an der Medienwirkungsforschung nicht spurlos vorübergegangen: Eine Fülle neuer Ansätze mit klangvollen Namen hat sich entwickelt und etabliert. Die Medienwirkungsforschung scheint „inzwischen in ein Stadium bisher nie gekannter theoretischer und methodischer Prosperität eingetreten (zu sein)", und befindet sich „am Ende des Holzweges" (Schulz 1982: 66).

Daß dies in der Tat nur eine Vision sein kann, erkennt man spätestens dann, wenn man unbefangen nach einer tragfähigen *Definition* der Wirkung von Kommunikation, nach einem akzeptierten *Grundkonzept* des Wirkungsprozesses fragt: Spätestens dann verfängt man sich in einem Netz vorfindlicher Widersprüche.

Solche Widersprüche beziehen sich nicht nur auf unterschiedliche Konzepte zur Erklärung von Wirkungen, sondern – weit bedenklicher – auf den Ertrag der Wirkungsforschung insgesamt: Viele als verbürgt angesehene Theoreme, Konzepte und Ergebnisse der Wirkungsforschung erweisen sich ex post, bei genauerer Prüfung als wenig valide: Auf den „getarnten Elefanten" (Noelle-Neumann 1977a: 115 ff.) als Symbol der versteckten starken Wirkungen der Massenmedien folgt die „Enttarnung des Elefanten" (Weischenberg 1989a: 227 ff.). Während der mainstream der Wirkungsforschung noch unterstellt, daß die Wirkungen der Medien mittlerweile eher als schwach und vernachlässigbar anzusehen seien, wird diese Unterstellung zum gleichen Zeitpunkt bereits als historischer Irrtum entlarvt: „[...] (die heutige Kommunikationsforschung ist) [...] von den zum Teil noch heute geäußerten Vorstellungen, Medienwirkung sei nur

---

1   Eine im Jahre 1940 von Paul F. Lazarsfeld und seinen Mitarbeitern durchgeführte Untersuchung wies erstmals auf die rigide Selektivität des Rezipienten hin und gilt seitdem als Markstein für eine neue Ära der Wirkungsforschung, die das klassische Stimulus-Response-Modell als ungültig ansieht.

schwach oder gar nicht nachweisbar [...] weit entfernt" (Noelle-Neumann 1989: 389).

Das Patt der Befunde markiert nicht nur die Problematik des Ansatzes, sondern substituiert die Glaubwürdigkeit der Wirkungsforschung in der nichtwissenschaftlichen Öffentlichkeit durch offene Ironie: „Fernsehen kann schaden und nutzen. Es könnte aber auch umgekehrt sein" (vgl. Müller-Gerbes 1989). Unter dieser Perspektive erscheint die Frage, weshalb der Fortschritt der Wirkungsforschung nur diffus wahrzunehmen ist, berechtigter denn je.

Weil Kommunikation ein flüchtiger, leicht in Gang zu setzender Prozeß ist, dessen Aufwand im Verhältnis zu seinen Effekten vergleichsweise sehr gering ausfällt, ist Kommunikation ökonomisch interessant. Der Glaube an schnell, einfach und mit geringen Ressourcen zu erzielende Medienwirkungen ist nach wie vor der Motor der Kommunikationsforschung (vgl. Katz/Lazarsfeld 1955: 18 f.).

Auch wissenschaftssoziologisch ist bemerkenswert, daß die Entwicklung von Ansätzen zur Wirkung von Kommunikation nicht von ungefähr zusammenfällt mit dem Aufkommen der Massenmedien. Zugleich ist dies eine wichtige Erklärung für Probleme der Definition und der Messung von Wirkungen: Offensichtlich war (und ist) die Euphorie über die neuen Möglichkeiten der Einflußnahme auf Wissen, Einstellungen, Verhalten und Entscheiden von Menschen durch Kommunikation, insbesondere durch die Massenmedien, so groß, daß die wissenschaftliche Sorgfalt, mit der diese Möglichkeiten untersucht wurden, damit nicht Schritt gehalten hat – eine Erscheinung, die sich insbesondere für die vermuteten politischen Wirkungen der Massenmedien deutlich nachweisen läßt.

Im folgenden soll daher am Begriff der Wirkung angesetzt werden. Er ist zunächst abzugrenzen gegen verwandte Begriffe wie Funktionen, Folgen oder Leistungen von Kommunikation. In einem zweiten Schritt ist er inhaltlich zu präzisieren und zu kritisieren. In einem dritten Schritt wird sodann unter konstruktivistischer Perspektive ein Konzept von Kommunikationswirkung entwickelt, an dem die vorzustellenden Paradigmen der Wirkungsforschung gemessen und evaluiert werden können.

1.1 Zur Abgrenzung des Wirkungsbegriffs

Der Wirkungsbegriff der Kommunikationsforschung ist aus den Naturwissenschaften entlehnt. Dort wird mit dem Begriff der Wirkung eine kausal strukturierte Ursache-Folgen-Relation gefaßt, wobei die durch eine Ursache erzeugten Folgen prinzipiell als Wirkung von Irgendetwas beschrieben werden.

Für den Begriff der Wirkung werden oft andere Begriffe wie Funktion, Folge, Einfluß, Aufgabe und Leistung von Kommunikation benutzt. Diese

Abb. 1: Wirkung und Funktionen von Kommunikation

	Individuum	*Gesellschaft*
Erwünschter Zustand (Soll)	Normativ erwartete Wirkung	Aufgabe
Erzielter Zustand (Ist)	Empirisch festgestellte Wirkung	Leistung
Pauschal:	*Wirkung*	*Funktion*

Unschärfe verdankt sich der Vagheit des Wirkungsbegriffs gleich in doppelter Weise: Einmal in Bezug auf den Adressaten der Wirkung, zum anderen in Bezug auf den Prozeß der Wirkung.

Gegen den Funktionsbegriff läßt sich der Begriff der Wirkung dadurch abgrenzen, daß er grundsätzlich nur auf Individuen bezogen wird, während der diffusere Begriff der Funktion vorzugsweise auf größere soziale Aggregate, insbesondere auf die Gesellschaft, bezogen wird (vgl. Abb.1): Kommunikation erzeugt Wirkungen beim Individuum und hat Funktionen für die Gesellschaft. Dabei wird weiter differenziert zwischen normativen (erwünschten, gewollten) und faktischen (gemessenen) Wirkungen bzw. Funktionen. Bei den Funktionen spricht man hier von Aufgaben und Leistungen (vgl. Rühl 1991), bei den Wirkungen unterscheidet man intendierte Wirkungen (z.B. durch Propaganda oder Werbung) und de facto erzielte, meßbare Wirkungen. Diese Trennung ist freilich nur pragmatisch, nicht theoretisch begründet[2]. So erfüllt Kommunikation auch für Individuen Funktionen, z.B. die der Information, der Kommentation oder der Unterhaltung (vgl. Maletzke [2]1972:132 ff.) und man spricht umgekehrt auch von Veränderung (sozialem Wandel) der Gesellschaft durch die Massenmedien (vgl. Kaase 1989). Darüberhinaus hat die Diskussion des Funktionsbegriffs innerhalb des Funktionalismus – vor allem die Entdeckung latenter Funktionen und Dysfunktionen (vgl. Merton 1967) sowie die Einführung von Äquivalenzrelationen (vgl. Luhmann 1964) diesem unter abstrakteren Prämissen einen besonderen theoretischen Stellenwert zugewiesen, so daß seine Verwendung anstelle des Wirkungsbegriffs auch deshalb problematisch ist.

---

2 Zur Diskussion des Funktionsbegriffes siehe grundsätzlich Luhmann (1964) und Merton (1967). Zur funktionalen Analyse von Kommunikation siehe vor allem Lasswell (1948) sowie Wright (1960).

1.2 Zur Definition des Wirkungsbegriffs

Das Kausalitätskonzept stammt aus den Naturwissenschaften und wurde dort als strenge Relationierung von Ursache und Wirkung – am Beispiel einer exakt bestimmbaren Kraft und ihrer Wirkung – entwickelt. Später wurde es von der Psychologie aufgegriffen und als *Reiz-Reaktions-Schema* (stimulus-response) auf die Erklärung von bewußten oder unbewußten Reflexen angewendet. Für die Analyse von Propagandawirkungen wurde dieses Modell 1927 durch Lasswell in die Kommunikationsforschung eingeführt: Propaganda wurde als eine Strategie zur Erzeugung, Auswahl und Versendung wirkungsmächtiger Stimuli gedacht: „The strategy of propaganda [...] can readily be described in the language of stimulus-response [...] The propagandist may be said to be concerned with the multiplication of those stimuli which are best calculated to evoke the desired response, and with the nullification of those stimuli which are likely to instigate the undesired response" (Lasswell 1927: 630). In diesem klassischen Verständnis ist eine Wirkung – wie in der Physik – eine *Veränderung*, die sich jetzt allerdings auf die personenbezogen definierten Objektbereiche *Wissen, Einstellung und Verhalten* bezieht (vgl. Maletzke 1972: 190 ff.; Schenk 1987: 34). Differenzierungen, etwa in Kurzzeit- und Langzeit-, in starke und schwache oder direkte bzw. indirekte Wirkungen sind geläufig, aber meist recht willkürlich festgelegt[3].

Das klassische Wirkungsmodell (Abb. 2) unterstellt, in direkter Analogie zum Einwirken einer physikalischen Kraft auf einen Gegenstand, folgende Wirkungsbeziehung: Der Kommunikator „zielt" auf den Rezipienten. Wenn und sofern es ihm gelingt, diesen zu „treffen" (d.h. zu erreichen, daß der Rezipient sich dem Medium bzw. der Aussage aussetzt), *muß* er – ganz im Sinn aristotelischer Vorstellungen über sachgerechte Rhetorik – Wirkungen erzielen. Dazu Schramm (1972: 8): „At that time, the audience was typically thought of as a sitting target: if a communicator could hit it, he would affect it [...]. I have elsewhere called this the Bullet Theory of communication". Da die Wirkung ausschließlich am Stimulus festgemacht wird, folgt daraus sofort die für dieses Modell wesentlichste Annahme: *Gleicher Stimulus erzeugt gleiche Wirkung.*

Wie die jeweilige Wirkung konstruiert war, welche Population sie erreichen sollte und unter welchen anzugebenden Bedingungen dies geschehen konnte, blieb jeweils offen. Allenfalls als ungerichtete, informationsleere Hypothese konnte daher – fast ironisch – formuliert werden: „Some kinds of communication on some kinds of issues, brought to the attention of

---

3 So definieren Dröge et al. (1969: 23) Kurzzeitwirkungen ohne Angabe von Begründungen mit einer temporalen Spanne von 0 bis 6 Tagen; darüber hinausgehend wird von mittel- oder langfristigen Wirkungen gesprochen.

Abb. 2: Das Stimulus-Response-Modell

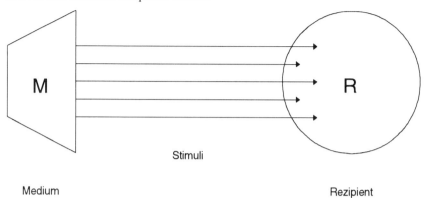

some kinds of people under some kinds of conditions, have some kinds of effects" (Berelson 1954: 345).

Daß mit diesem vergleichsweise sehr einfachen Wirkungsbegriff und Wirkungskonzept viele Fragen unbeantwortet und Widersprüche ungeklärt blieben, war freilich von Anfang an zu erwarten. So beschreibt bereits Klapper (1954) exemplarisch sechs Wirkungssituationen und resümiert warnend: „In brief, the same communication from the same source has produced six different effects among our sample of six listeners" (Klapper 1954: 99). Angesichts der nur marginalen theoretischen Vorklärung des Wirkungsbegriffs ist es, rückschauend, nicht verwunderlich, sondern geradezu erwartbar daß der Ertrag der Wirkungsforschung so widersprüchlich, ihre Evidenz so fraglich geblieben ist.

Diesem klassischen Stimulus-Response-Modell der Wirkungsforschung liegen drei Annahmen zugrunde, die hier als *Transitivität, Proportionalität und Kausalität* bezeichnet werden sollen.

1) *Transitivität:* Stimuli sind als Kräfte definiert und müssen – ob als energetische Korpuskel oder als andere Form kinetischer Energie gedacht – *Masse* besitzen, die vom Ursprung zum Ziel transferiert wird. Analog wird der Wirkungsprozeß, ja der gesamte Kommunikationsprozeß als transitiver Prozeß verstanden: Kommunikation ist „Übermittlung", „Transmission"[4], oder avancierter: „Kommunikation ist Zeichenaustausch", ist „gesellschaftliches Zwiegespräch" (Prakke et al. 1968: 58 f. u. 87), ist „Austausch gezielter Informationen" (Schelsky 1964: 156).

2) *Proportionalität:* Das Stimulus-Response-Modell unterstellt einen monoton wachsenden, positiven Zusammenhang zwischen der Stärke der

---

4   Eine Durchsicht von Definitionen zum Kommunikationsprozeß zeigt, daß von 160 Definitionen jede zweite Definition (50,6%) den ein- oder zweiseitigen Transfer von Irgendetwas als konstitutiv ansieht (Merten 1977a: 38).

Stimulation und der Stärke der Wirkung (je intensiver/anhaltender/ direkter der Stimulus, desto größer die Wirkung).

3) *Kausalität:* Zwischen der Wirkung und der sie hervorbringenden Ursache wird ein kausaler Zusammenhang angenommen, derart, daß die Wirkung dann und nur dann eintreten wird, wenn zuvor eine bestimmte Ursache nachgewiesen werden kann. Diese Ursache wird als kommunikative Stimulation durch den Kommunikator definiert. In der Wirkungsforschung ist gerade diese Vorstellung bereits seit Aristoteles eingeführt, der in seiner Theorie der Rhetorik, die zugleich als erste Wirkungstheorie von Kommunikation anzusprechen ist, bindend davon ausgeht, daß der Stimulus, sofern nur vom Kommunikator richtig präpariert, definitiv eine entsprechende, prognostizierbare Wirkung haben *muß* (vgl. Lausberg [3]1990).

Wie die jeweilige Wirkung beschaffen ist, welche Population sie erreichen kann und unter welchen anzugebenden Bedingungen dies geschehen kann, bleibt jeweils offen.

2. Kritik der Wirkungsforschung

Der unbefriedigende Zustand der Wirkungsforschung läßt sich vor allem an drei Problembereichen festmachen: 1) Am stillschweigenden Festhalten am klassischen Stimulus-Response-Modell, 2) an der Messung von Wirkungen und 3) an der fehlenden theoretischen Einbindung der Wirkungsforschung. Diese Problembereiche sollen daher im folgenden vorgestellt und diskutiert werden.

2.1 Die Annahmen des Stimulus-Response-Modells

2.1.1 Transitivität versus Systemizität

Wenn unterstellt wird, daß es der Stimulus ist, der die Wirkung beim Rezipienten erzeugt, dann muß ein Transfer vom Kommunikator zum Rezipienten stattfinden, wie es die o.a. Kanonentheorie von Schramm suggeriert. Dieses Problem ist jedoch bereits bei der Analyse des Kommunikationsprozesses selbst aufgetreten[5], nämlich in der Annahme, im Prozeß der Kommunikation würde ein wie auch immer gearteter Typ von Aussage (Inhalt, Information) vom Kommunikator zum Rezipienten transferiert.

---

5 Die Isomorphie zwischen einem Kommunikationsprozeß und dessen Wirkung ist bislang nicht systematisch analysiert, sondern nur mit Plausibilitätsargumenten behauptet worden: "Nach der Wirkung von Kommunikation zu fragen, enthält etwas Tautologisches. Kommunikation ist Wirkung" (Schulz 1982: 51).

Diese Annahme hat sich als unhaltbar erwiesen. Und auch für den Wirkungsprozeß muß gelten, daß es nicht der Stimulus ist, der wirkt, sondern die sich unausweichlich einstellende Kommunikationssituation, die Wissen, Einstellungen und/oder Verhalten des Rezipienten verändert, wobei aber deren Dauer – wiederum entgegen der Annahme des klassischen Modells – keinen validen Indikator für die erzielte Wirkung abgibt. Auch hier zeigt sich erneut, daß und wie auch in der Wirkungsforschung alltagswissenschaftliche Annahmen auch von hoher Plausibilität keinesfalls ungeprüft akzeptiert werden dürfen.

2.1.2 Proportionalität versus Selektivität

Das Stimulus-Response-Modell fordert, daß eine Wirkung umso stärker ausfällt, je stärker der Stimulus ist. Diese Vorstellung muß jedoch auf Grund einer Vielzahl von Befunden zugunsten einer differenzierteren, komplexeren Vorstellung aufgegeben werden. Zunächst läßt sich dies direkt an der Definition der Wirkungsgröße festmachen, nämlich dem Stimulus. Physikalisch gesehen ist ein Stimulus eine Kraft, die – als exakt bestimmbare Größe – in ihren Auswirkungen prognostizierbar ist. Das heißt: Eine Wirkung ist je größer, je stärker die Stimulation (etwa nach: Masse, Geschwindigkeit, Dauer) ausfällt.

Daß dieses physikalische Konzept für die Wirkungsforschung auf jeden Fall daneben greifen muß, zeigt bereits die Psychologie selbst in der Formulierung des Prinzips der Übersummation (vgl. Hebb 1969: 64 ff.). Danach ist das Auftreten einer Reaktion, einer Wirkung stark davon abhängig, daß ein Stimulus wiederholt auftritt, so daß neurophysiologisch eine Reaktionskumulation erfolgt, die erst zeitversetzt und bei Wiederholung, oberhalb eines bestimmten Schwellenwertes, eine Wirkung zeitigen kann. Sehr viel drastischer läßt sich die Unhaltbarkeit des Stimulus-Response-Modells für die Wirkungsforschung zeigen, wenn man die bereits angemerkte Kritik in Rechnung stellt, daß Kommunikation nicht Stimuli, sondern *Symbole* erfordert, also Zeichen, die Verschiedenes bedeuten können. Der Begriff der „Bedeutung", der hier üblicherweise benutzt wird, hat durch seine Assoziation zur lexikalischen Denotation eines Zeichens gerade in der Kommunikationswissenschaft die konstitutive Eigenschaft von Zeichen verdeckt: Sie sind nicht mit einer „Bedeutung" verknüpft oder ausgestattet, sondern ganz im Gegenteil mit einem Ensemble von Freiheitsgraden versehen, sie so oder auch anders zu begreifen. Diese Freiheitsgrade sind die Vorausetzung dafür, daß Kommunikation überhaupt möglich wird (vgl. dazu Eco 1972: 69 ff. sowie Schmidt 1990b: 50 ff.). Bereits 1965 konnte Jerry A. Fodor in der Auseinandersetzung mit dem Behavioristen Burrhus F. Skinner zeigen, daß die „Bedeutung" eines Zeichens nicht durch die Konditionierung von Reizen erklärt werden kann –

ein Beweis, der in seinen Implikationen für die Wirkungsforschung hoch-
interessant sein muß (vgl. Fodor 1965: 73 ff.; Fodor 1971: 558 ff.).

Und auch Charles Morris, letztlich noch selbst zu den Behavioristen
gerechnet, erkennt bereits die kausal nicht zureichend erklärbare Wirkung
von Zeichen, wenn er deren Funktion geradezu aufregend ungewohnt
beschreibt als „selecting responses in their interpreters"[6]. Schließlich zeigt
Kurt Lewin, daß das Verhalten als eine resultierende Wirkung definiert
werden kann, die nicht nur von der Aussage des Kommunikators, sondern zusätzlich auch von Kontextvariablen einerseits und von der Person
des Rezipienten andererseits abhängt. Lewin (1936) formuliert dies als:

$$B(\text{ehavior}) = f(\ P(\text{erson}),\ E(\text{nvironment})).$$

Dabei ist Verhalten (B) als resultante Wirkgröße prototypisch determiniert
durch bestimmte Personenvariablen (P) *und* bestimmte Umweltvariablen
(E) (Situationsvariablen, Kontextvariablen). Wichtig ist darüberhinaus, daß
diese Variablen in einer bestimmten Variablenkombination und damit
relational verrechnet werden. Methodisch wäre demnach zu fordern, daß
Wirkungsuntersuchungen nicht nur den Betrag bestimmter Variablen erfassen, sondern alle denkbaren und sinnfällig bedeutsamen Interaktionseffekte erster und höherer Ordnung eine besondere Aufmerksamkeit erfahren (vgl. Ziemke 1980: 497 ff.). Ziemke plädiert für die Berücksichtigung solcher (statistischer) Interaktionseffekte. Das entsprechende Verfahren zur kategorialen Berücksichtigung multipler Interaktionseffekte
großen Stils ist die explorative Clusteranalyse (vgl. Bardeleben 1985).

Noch deutlicher kommt dieser relationale Bezug von Wirkung gerade
durch das Konzept zum Vorschein, das die Ablösung des Stimulus-Response-Modells der Wirkungsforschung vorbereitet hat: Durch *Selektivität*.
Es läßt sich nachweisen, daß der gesamte Kommunikationsprozeß von
selektiven Prozessen und Strukturen systematisch und zugleich strategisch durchsetzt ist und von diesen geradezu definiert wird. In Anbetracht
der oben geforderten Isomorphie zwischen Kommunikations- und Wirkungsprozeß kann daher vermutet werden, daß Selektivität auch für den
Prozeß der Wirkung ein zentrales Konzept ist; denn Selektivität ist zugleich eine Strategie sinnvollen Verhaltens und das basale Konzept zur
Konstruktion von Wirklichkeit.

Schematisiert läßt sich dieser Prozeß gestufter Selektivität in 7 Stufen
wie folgt darstellen:

1. Die vom Kommunikator formulierte Aussage erreicht den Rezipienten
   als Informationsangebot auf Grund der organisatorischen Bedingungen
   (Verfügbarkeit von Medien, Erreichbarkeit des Kommunikators usw.) –
   oder sie erreicht ihn nicht.

---

6   Hier zitiert nach Cherry (1957: 16).

2. Die verbale Formulierung der Informationsangebote erlaubt eine Selektion nach *Themen* (WAS wird ausgesagt?).

3. In der Aussage enthaltene *Bewertungen* signalisieren Intentionen des Kommunikators und können als taktische Instanzen zur Selektion eingesetzt werden.

4. *Aufmerksamkeit* selegiert das Informationsangebot nach Kriterien der Überraschung und der Relevanz. Aufmerksamkeit ist ganz offensichtlich ein basaler Prozeß, dessen Funktion geradezu in seiner Selektivität zu bestehen scheint (Broadbent 1958; Kellermann 1985; Neumann 1985; Sperber/Wilson 1986). Nach Keidel handelt es sich bei dem Verhältnis einkommender zu bewußt verarbeitbarer Information um einen Faktor in der Größenordnung von $1/10^7$, also um eine ungeheure Selektionsleistung (vgl. Keidel 1963: 44 u. 65 sowie Roth 1978: 73 ff.). Dies gilt nicht nur für die rein informationstheoretische Perspektive, sondern auch für die sozial gesteuerte Aufmerksamkeit bzw. die darauf aufbauende *Wahrnehmung*, die ihrerseits hochgradig von Interessenstrukturen und Motivationslagen durchsetzt ist (vgl. Bruner/Goodman 1947).

5. Die Rezeptionssituation, vor allem die Gegenwart *anderer* Personen, leistet eine zusätzliche *kontextuelle Selektion*.

6. *Einstellungen* selegieren das Informationsangebot nach subjektiven Präferenzen.

7. Die Auswahl des Informationsangebots, die durch die bislang operierenden Instanzen erfolgt, wird nun in Bezug gesetzt zu intern vorhandenen Erfahrungen, Wissensbeständen usw., die ebenfalls nur selektiv zum Zuge kommen. Auch hier ist anzunehmen, daß Instanzen wie Einstellungen, aber auch Normen und Werte die *interne* Auswahl von Erfahrung mit dem jeweilig vorliegenden *externen* Informationsangebot „abgleichen", derart, daß internes und externes Informationsangebot zueinander „passen", Sinn stiften. Unerwartet, aber gerade deshalb *nicht* zufällig, zeigt sich dabei: Alle an diesem tentativen Schema gestufter Selektion sichtbar gewordenen Instanzen sind zugleich Instanzen für die Wirkungszuschreibung: Die Formulierung von Aussagen, die Zulassung von Bewertungen, die reale oder auch nur vorgestellte Gegenwart *anderer*, vorhandenes Wissen und vorhandene Einstellungen markieren *die zentralen Variablenbündel* der Wirkungsforschung. Oder anders gesagt: Überall dort, wo im Kommunikationsprozeß selektive, insonderheit reflexive Strukturen auftreten, sind *strategische* Ansatzpunkte für die Zuschreibung von Wirkungen gegeben.

2.1.3 Kausalität versus Reflexivität

Die Identifikation von Wirkungen stellt sich als grundsätzliches erkenntnistheoretisches Problem: Welche Bedingungen und Variablen bewirken eine Wirkung? Kann diese Wirkung nur durch bestimmte Variablen im Kommunikationsprozeß ausgelöst werden, oder gibt es dazu äquivalente Wirkgrößen? Sind diese nur innerhalb des Kommunikationsprozesses zulässig oder kann und muß man diese auch außerhalb des Kommunikationsprozesses – als operative Randbedingungen – suchen? Hinter diesem Identifikationsproblem steht ersichtlich ein erkenntnistheoretisches Problem, nämlich die Unterstellung der Gültigkeit des *Kausalitätsprinzips*, die ja notwendig ist, um Wirkungen in Bezug auf Ursachen zu relationieren.

Zunächst ist hier prinzipiell festzuhalten, daß Kausalität nicht, wie man bei unvorsichtiger Argumentation annehmen könnte (vgl. Schulz 1982: 66), bewiesen werden kann, sondern nur eine Annahme ist, deren Funktion vor allem in der temporalen Strukturierung des Wirkungsprozesses zu liegen scheint. Allenfalls das Gegenteil, also Nicht-Kausalität, läßt sich beweisen. Dabei müssen für die Annahme von Kausalität zumindest vier Bedingungen erfüllt sein (vgl. Blalock 1961: 9 ff.; Kenny 1979: 2 ff.; Schulz 1970: 50 ff.):

1) *Temporale Antezedenz der verursachenden Größe vor der bewirkten Größe*
   Diese Bedingung läßt sich vergleichsweise leicht prüfen, obwohl gerade in der Wirkungsforschung – etwa bei der Diskussion um die Gültigkeit von Reflexions- versus Kontrollhypothese (vgl. Merten 1992b: 107 f.) oder in der Diskussion um das Agenda-Setting-Paradigma (vgl. Swanson 1988) genau die Einhaltung dieser Bedingung offen thematisiert wird.
   Allenfalls über konkurrierende Kausalhypothesen lassen sich, mit Hilfe zeitversetzter Korrelationsmessungen (cross-lagged correlations), valide Entscheidungen treffen (vgl. Campbell/Starley 1963; Kenny 1979: 227 ff.; Spector 1981).

2) *Überzufälliger Zusammenhang (Korrelation) zwischen verursachender Größe und bewirkter Größe*
   Diese Bedingung läßt sich definitiv durch die Berechnung eines Korrelationskoeffizienten zwischen beiden Größen erfüllen: Überzufälligkeit heißt, daß die Korrelation auf einem vorzugebenden Signifikanzniveau signifikant ist.

3) *Valider Zusammenhang (keine Scheinkorrelation) zwischen verursachender und bewirkter Größe*
   Dieses Problem erfordert die Definition von sog. erklärenden Drittvariablen: Wird die aktuelle Korrelation durch Einführung dieser Drittvariablen *nicht* zerstört, besteht ein valider Zusammenhang. Das statistische Problem läßt sich einfach lösen, die Entdeckung denkbarer

Drittvariablen hingegen nicht, denn es gibt keine angebbare Regel zur endgültigen, erschöpfenden Aufdeckung solcher Variablen (vgl. Lazarsfeld/Rosenberg 1955).

4) *Raumzeitliche Indifferenz*
Die Annahme von Kausalität setzt die Gültigkeit der postulierten Ursache-Wirkungs-Relation unabhängig von Ort und Zeit voraus (nomologische Theorie). Wie noch zu zeigen sein wird, sind Wirkungsprozesse als Bestandteil von Kommunikationsprozessen aber geradezu exemplarisch *temporal* und womöglich auch regional different. Als instruktives Beispiel: Die von Paul F. Lazarsfeld und seinen Mitarbeitern 1944 formulierte These vom Zweistufenfluß der Kommunikation wurde in späteren Jahren wiederholt geprüft, aber nicht bestätigt, so daß sie schließlich verworfen wurde. Man kann jedoch zeigen, daß es die seit 1944 stark veränderte Medienausstattung und das daran orientierte, geänderte Medienverhalten der Rezipienten sind, die für das Nichtmehr-Zutreffen dieser Hypothese verantwortlich zu machen sind (vgl. Merten 1988b).

Diese Bedingungen zu erfüllen ist, wie gezeigt, schwierig und unsicher. Das aber heißt in letzter Konsequenz, daß die Unterstellung von Kausalität in der Wirkungsforschung schon immer riskant ist. Doch selbst wenn die hier genannten Bedingungen sämtlich erfüllt sind, sind damit nur notwendige, aber keineswegs hinreichende Bedingungen für Kausalität erfüllt. Damit steht die auf dem Prinzip der Kausalität beruhende Medienwirkungsforschung auf ungeklärtem, wenn nicht unsicherem erkenntnistheoretischen Terrain. Bereits der Sozialpsychologe Floyd H. Allport formuliert für die Konstruktion von Wirklichkeit (structuring of events) des Rezipienten mustergültig die Zweifel am Kausalitätskonzept und die Annahme von selektiven Reaktionen *auf* Selektion zur Erzeugung von Struktur wie folgt: „Patterns seem to flow not from linear traits of causes and effects, but somehow from patterns already existing. Structures come from structures" (Allport 1954: 291).

Die starke *kausale* Orientierung der Medienwirkungsforschung an den methodischen Standards der Naturwissenschaften suggeriert – ganz im Sinn jener Vorstellung von abzufeuernden Korpuskeln – zudem eine Identifikation von einzelnen Variablen und Wirkbedingungen. Klassischer Vertreter dieser Denkrichtung ist Carl Iver Hovland (1912 – 1961), der in vielen Reihenexperimenten die Wirkung einzelner Variablen zu spezifizieren versucht hat (vgl. Hovland/Lumsdaine/Sheffield 1949; Hovland et al. 1953).

Schließlich ergibt sich ein weiteres Problem dadurch, daß die Definition von Wirkungen als Veränderung eine Nullwirkung bzw. *Nichtwirkung* impliziert. Wenn aber das von Paul Watzlawick aufgestellte Axiom, daß man „nicht *nicht* kommunizieren" kann (Watzlawick u.a. 1971: 53) gültig ist, dann muß auch gelten daß Kommunikation nicht *nicht* wirken kann. Daraus ergibt sich für die Wirkungsmessung eine beachtliche Unschärfe: Bleibt etwa bei einer Messung die erwartete Wirkung aus, so kann das auch heißen, daß andere Effekte den an sich zu erwartenden Effekt überlagern, ihn ggf. konterkarieren, ohne daß entscheidbar wäre, welche Wirkungskonstellation nun genau zum Zug gekommen ist. Als Beispiel: Um die Wirkung der Einführung neuer Medien zu testen, wird üblicherweise am Versuchsort eine Vorher-/Nachhermessung durchgeführt, um aus der *Veränderung* der Struktur der Berichterstattung der örtlichen Tagespresse auf Wirkungen beim Rezipienten zu schließen. Etwaige Veränderungen werden dann als Wirkungen der Einführung der neuen Medien zugerechnet. Eine solche Zurechnung ist jedoch riskant, weil es funktional äquivalente Faktoren (konjunkturelle Einwirkungen, jahreszeitliche Schwankungen oder redaktionelle Veränderungen) geben kann, die den gleichen Effekt auslösen. In diesem Fall wäre also zusätzlich zur Vorher-/Nachhermessung eine Parallelerhebung an einem vergleichbaren Ort *ohne* neue Medien notwendig.

Dieses Problem ist freilich nicht neu: Bereits Zetterberg (1973) diskutiert Typen von Thesen nach fünf logischen Eigenschaften. Hypothesen über Kommunikationswirkungen (wenn X dann Y) können demnach klassifiziert werden entlang den Dimensionen 1) reversibel/irreversibel, 2) deterministisch/stochastisch, 3) subsequent/koexistent, 4) hinreichend/bedingt, 5) notwendig/substituierbar. Würde man strenge Kausalität unterstellen, wären Hypothesen über Wirkungen als irreversibel, deterministisch, subsequent, hinreichend und notwendig zu charakterisieren.

Die hier vorgetragene Argumentation zeigt jedoch, daß Hypothesen über Wirkungen der Kommunikation im Widerspruch dazu als stochastisch, bedingt und substituierbar zu charakterisieren sind:

Stochastisch, weil Wirkungen nur mit angebbarer Wahrscheinlichkeit, nicht jedoch „sicher" eintreten. *Bedingt*, weil nur unter bestimmten, gleichen Randbedingungen auch gleiche Wirkungen auftreten werden (ceteris-paribus-Klausel). Die Annahme der *Substituierbarkeit* schließlich ist die brisanteste: Sie unterstellt in letzter Konsequenz, daß Wirkungen gegebenenfalls mehrere, zueinander funktional äquivalente Ursachen haben können. Analog zur ceteris-paribus-Klausel kann man hier ex post immer auf die Behauptung solcher Faktoren ausweichen, ohne sie zu kennen.

Resümierend bleibt festzuhalten, daß streng kausale Annahmen für die Wirkungsforschung nicht aufrechterhalten werden können. Auch dieser Befund ist erheblich und deckt sich mit der kommunikationstheoretisch begründbaren Feststellung, daß Kommunikation nicht kausal, sondern nur *systemisch*, d.h. reflexiv strukturiert sein kann. Wieder unter Annahme der Isomorphie zwischen Kommunikation und Wirkung muß daher gefolgert werden, daß auch im Wirkungsprozeß reflexive Strukturen eine sehr viel prominentere Rolle spielen. Wenn dies so ist, dann hat das unmittelbare und nachhaltige Konsequenzen für die Validität der Feststellung und Messung von Wirkungen.

2.2 Das Meßproblem

Wirkungen zu messen, heißt *Veränderungen* zu messen. Dies kann auf zumindest drei verschiedenen Wegen erfolgen:

Im einfachsten Fall wird die Gültigkeit des Stimulus-Response-Modells unterstellt. Zwar ist diese nach dem oben Gesagten nicht vorhanden, so daß eine entsprechende Messung unzulässig ist. Da aber die Annahmen dieses Modells einfach sind, ist auch die Messung einfach, so daß in der Praxis nach wie vor die Versuchung sehr groß ist, so zu verfahren. Das Gros aller Wirkungsuntersuchungen wird nicht in der Kommunikationsforschung, sondern in der Werbewirtschaft durchgeführt. Dort dominiert das noch vorzustellende sogenannte Kontaktmodell, das sich bei näherem Hinsehen als exaktes Stimulus-Response-Modell entpuppt (vgl. Koschnick 1988: 288 ff.). Das entsprechende Design geht von einer einfachen Annahme aus: Wirkungen verdanken sich unmittelbar dem Stimulus und können daher an den Qualitäten des Stimulus festgemacht werden. Demgemäß können Wirkungen einfach durch eine Inhaltsanalyse der Medienangebote (Texte, Bilder, Programme etc.) erschlossen werden.

> *Beispiel*: Anhand einer Inhaltsanalyse von Nachrichten (Kepplinger 1985) wird festgestellt, daß die Hörfunknachrichten der ARD in bezug auf ein politisches Rechts-Links-Kontinuum nicht ausgewogen sind, sondern eine leichte „Linkspräferenz" aufweisen. Daraus wird implizit geschlossen, daß die Nachrichtensendungen auch entsprechend wirken. Ein solches Ergebnis ist dann und nur dann haltbar, wenn das Stimulus-Response-Modell als prinzipiell gültig unterstellt wird.

Begnügt man sich nicht mit dem Stimulus-Response-Modell, so muß man die Messung von Wirkungen am Rezipienten vornehmen. Hierzu ist das experimentelle Design besonders geeignet, das mehrere Varianten umfaßt. Grundsätzlich setzt das Experiment eine Mehrfachmessung – entweder über zwei Zeitpunkte (Vorher-/Nachhermessung) oder über zwei Populationen (Experimentier- und Kontrollgruppe) voraus (Abb. 3).

Im ersten Fall mißt man bei Personen, bei denen man eine Wirkung feststellen möchte, *vor* der Kommunikation und *nach* der Kommunikation den Bestand an Wissen, Einstellungen oder Verhalten und erklärt den gemessenen Unterschied als Wirkung der Kommunikation. Dies kann z.B. durch eine Befragung erfolgen, die vor und nach der Aussendung der als wirksam angesehenen Kommunikation mit den jeweiligen Testpersonen durchgeführt wird. In diesem Fall besteht aber die Gefahr, daß die Personen durch die erste Messung sensibilisiert bzw. irritiert werden, so daß

Abb. 3: Experimentelles Design

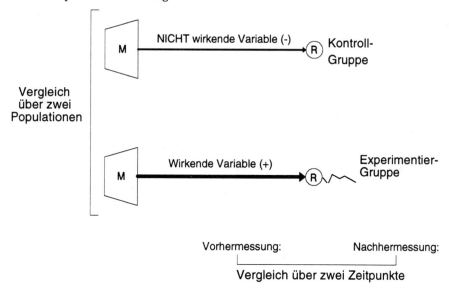

die Veränderung bei der zweiten Messung möglicherweise nicht auf die Wirkung, sondern auf diese Sensibilisierung (Lerneffekte) zrückzuführen ist: Die Testperson gewöhnt sich an den Test, sie bewältigt ihn in der Regel beim zweiten Mal besser und/oder schneller, so daß hinterher nicht unterscheidbar ist, ob die zwischen den Messungen stattfindende Kommunikation dafür verantwortlich gemacht werden kann (vgl. Petermann 1978: 22 ff.).

Der zweite methodische Weg zur Wirkungsmessung besteht in der Bildung von zwei hinsichtlich ihrer demographischen Variablen möglichst ähnlichen Gruppen – einer Kontroll- und eine Versuchsgruppe. Die Versuchsgruppe wird der Kommunikation (dem wirkenden Stimulus) ausgesetzt, die Kontrollgruppe nicht. Die Messung wird bei beiden Gruppen durchgeführt und der Unterschied der Meßergebnisse der Wirkung zugerechnet.

Experimentelle Anordnungen erlauben es zwar, die wirkende Variable perfekt zu isolieren (vgl. Schulz 1970; Petermann 1978). Aber sie setzen voraus, daß Versuchs- und Kontrollgruppe gleichartig sind (statistische Zwillinge), und daß die Situation, in der die Kommunikation stattfindet, ebenfalls gleichartig ist.

Carl Iver Hovland hat 1943 die Wirkung eines Anti-Nazifilms experimentell zu messen versucht, indem er diesen Film einer Versuchsgruppe vorgeführt hat; der Kontrollgruppe (gleiches Durchschnittsalter, gleiche Verteilung von Bildung, Region usw.) wurde dieser Film nicht gezeigt.

Beide Gruppen wurden hinterher auf ihre Einstellungen zum Krieg gegen Hitler-Deutschland befragt, und zwar einmal direkt nach der Filmvorführung und einmal neun Wochen nach der Filmvorführung. Es sollte geprüft werden, ob die Wirkung des Films direkt danach (Kurzzeitwirkung) eine andere ist als die später gemessene (Langzeitwirkung) (Hovland et al. 1953: 182 ff.).

Es zeigte sich entgegen den Erwartungen, daß die Wirkung, die direkt nach der Sendung gemessen wurde, weniger stark war als die neun Wochen später gemessene Wirkung. Hovland deutete dieses Ergebnis als Nachhallwirkung und kreierte damit den „Sleeper-Effekt". Spätere Untersuchungen zeigten jedoch, daß dieser Effekt nicht durch den Film, sondern durch andere Informationen über die aktuelle Entwicklung des Krieges, die während der neun Wochen zwischen Vorführung und letzter Messung vergingen) hervorgerufen worden sein muß: Der Sleeper-Effekt ist mithin ein Artefakt, d.h. er verdankt sich allein einem Meßfehler (vgl. Schenk 1987: 71 ff. sowie Capon/Hulbert 1973).

Dieses Beispiel steht exemplarisch für die Schwierigkeiten beim Messen von Wirkungen – und für manch anderes Ergebnis, das einer sorgfältigen Prüfung nicht standhält (vgl. Merten/Teipen 1991: 34 ff.).

Um solche störenden Außenbedingungen zu kontrollieren, kann ein Labor-Experiment konzipiert werden: Personen, an denen eine Wirkung gemessen werden soll, werden in eine Situation gebracht (z.B. in einen geschlossenen Raum), in dem alle Aussenbedingungen vom Versuchsleiter kontrolliert werden können.

Beispiel: Um herauszufinden, wie Fernsehnachrichten wirken, bat man Versuchspersonen in ein Studio und spielte ihnen dort Fernsehnachrichten vor. Danach wurden die Versuchspersonen gebeten, aus der Erinnerung die Nachrichten wiederzugeben. Das Ergebnis zeigt, daß im Durchschnitt etwa 50,3% aller Nachrichten erinnert wurden (Renckstorf 1980: 24).

Diese Untersuchung war methodisch gut vorbereitet, die Außenbedingungen waren unter voller Kontrolle, so daß dadurch keine Verzerrungen eintreten konnten. Diese Studie ist daher hervorragend geeignet, auf Wirkungen von Fernsehnachrichten bei Zuschauern zu schließen – allerdings in der Laborsituation; denn wenn man Versuchspersonen in ein Studio bringt, um einen Versuch durchzuführen, dann werden sich die Versuchspersonen Gedanken dazu machen, sich z.B. besonders anstrengen, Vorüberlegungen anstellen was getestet werden soll etc.. Mit anderen Worten: Die Laborsituation schaltet zwar störende Außenbedingungen aus, erzeugt aber gleichzeitig reaktive Störeffekte, die in der Regel gar nicht kontrolliert werden können.

Wäre dieser Test unter natürlichen Bedingungen durchgeführt worden, also mit Personen, die Nachrichten in ihrer gewohnten häuslichen Umgebung gesehen hatten und direkt nach der Sendung befragt worden wären (ohne daß die Personen von der Befragung vorher wissen konnten!),

Abb. 4: Mehrmethodendesign zur Wirkungsanalyse

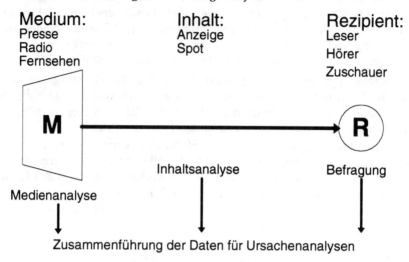

PROBLEM:

In welchem	rezipiert	WER, WANN, WARUM
MEDIUM	WAS	und mit welcher Wirkung?

so hätte man z.B. herausgefunden, daß sich Rezipienten nur an jeden 6. Nachrichtenbeitrag erinnern können (vgl. Merten 1985c; Ruhrmann 1989).

Das Laborexperiment ist, wie dieses Beispiel zeigt, gerade für die Messung von Wirkungen nicht gut geeignet, weil die Reaktivität, also der Einfluß der Testsituation auf das Verhalten des Rezipienten, groß und unkontrollierbar ist (vgl. Bungard/Lück 1974; Merten/Teipen 1991: 38 ff.). Das Feldexperiment, das in natürlicher Umgebung stattfindet, bietet hier bessere Chancen, allerdings wieder um den Preis, daß die perfekte Kontrolle der experimentell zu testenden Variablen nicht vollständig möglich ist.

Einen dritten und fruchtbareren Weg zur Messung von Wirkungen eröffnet die Verwendung von *Mehrmethodendesigns*. Darunter ist ein Design zu verstehen, bei dem mehrere, miteinander korrespondierende Erhebungsinstrumente – in der Regel Inhaltsanalyse und Befragung – zur Messung von Wirkungen eingesetzt werden (vgl. Noelle-Neumann 1979; Merten/Teipen 1991:99 ff.) (Abb. 4).

Beispiel: Um die Wirkungen von Fernsehnachrichten auf Rezipienten zu prüfen, wird folgendes Design gewählt (Abb. 4): Die gesendeten Inhalte (Input) werden mit der Methode der Inhaltsanalyse (1. Instrument) analysiert. Eine Zufallsstichprobe von Rezipienten wird unmittelbar nach der Nachrichtenrezeption – und ohne davon vorher zu wissen – gebeten, die gesehenen Nachrichten mündlich wiederzugeben; die Wiedergabe (Output) wird mit Recordern aufgezeichnet und ebenfalls einer Inhaltsanalyse (2. Instrument) unterzogen. Anschließend werden mit einem Fragebogen (3. Instrument) die personalen Daten des Rezipienten sowie Angaben über sein Rezeptionsverhalten für Nachrichten und Angaben über die zugrundeliegende Rezeptionssituation erhoben. Diese Daten erlauben es, durch Vergleich von Input und Output die persönliche Selektivität des Rezipienten, die als wesentlich für die Wirkungszuschreibung gelten muß, und die Rezeptionssituation präzise und reaktivitätsfrei zu erfassen, so daß die Ergebnisse eine sehr hohe Aussagekraft haben (vgl. Merten 1985c; Ruhrmann 1989).

Die Praxis der derzeitigen Wirkungsforschung zeigt allerdings ein wenig ermutigendes Bild: Es überwiegen Wirkungsmessungen, vor allem im Bereich der Werbung, allein durch Analyse der Kommunikate, es gibt sehr viel weniger experimentelle und so gut wie gar keine Mehrmethodenuntersuchungen.

2.3 Theoretische Einbindung der Wirkungsforschung

Die theoretische Einbindung der Wirkungsforschung zeigt ein sehr heterogenes Bild. Sie erschöpft sich, verkürzt gesagt, in der vorsichtigen Zurückweisung des klassischen Stimulus-Response-Modells und in der Entwicklung vieler, freilich meist partikularistischer Ansätze, die in Kapitel 4 vorgestellt werden.

Ungelöst sind dagegen die bereits angeschnittenen Fragen nach der Isomorphie von Kommunikation und Wirkung und die der Relation von Wirkung und Selektivität ebenso wie das hier zu diskutierende *Aggregatproblem*.

Das Aggregatproblem soll die Tatsache bezeichnen, daß Wirkungen der Medien nicht nur, wie gezeigt, direkt, auf Personen bezogen, auftreten, sondern daß Wirkungen der Kommunikation, insonderheit Medienwirkungen, auch indirekt zustandekommen, wobei hier verschiedene Randbedingungen zu unterscheiden sind: *situational*, wenn *andere* Personen – real oder fiktiv – in einer Situation anwesend sind oder anwesend zu sein scheinen, oder daß zusätzlich *soziale* Strukturen der Wahrnehmung, der Erwartung (oder der schieren Unterstellung dessen) wirksam sind, die die eigentliche direkte Wirkung von Kommunikation gegebenenfalls massiv überstrukturieren können.

Theoretisch gesprochen handelt es sich hier um einen Typus sozialer Reflexivität, der, wie alle reflexiven Strukturen, bei Bedarf geradezu brisante Wirkungen entfalten kann. Die Experimente von Asch (1954) sind ein prominentes Beispiel für diesen Typ von Struktur.

Anwesende Andere sind an der Kommunikation beteiligt mit dem Effekt, daß der Rezipient sich prompt *anders* verhält. Vorgestellte Andere erzeugen eine ähnliche, wenngleich noch diffusere Struktur: Der Rezipient mag zwar unbeeinflußt durch die Gegenwart Anderer die Aussagen oder die Botschaft eines Mediums rezipieren. Doch zugleich weiß dieser Rezipient, daß diese Aussage, diese Botschaft ebenfalls von anderen empfangen wird, so daß sich auch hier ein zwar diffuser, aber ähnlicher indirekter Effekt einstellt, der den direkten Effekt massiv überstrukturieren kann.

Beispiel: Die Tageszeitung bringt einen Bericht über ein gesellschaftliches Ereignis am Ort. Der Rezipient interessiert sich möglicherweise überhaupt nicht dafür. Der direkte Effekt ist sozusagen gleich Null. Da aber in diesem Bericht prominente Personen genannt werden, über die sowieso gesprochen wird, deren derzeitiges Tun und Lassen „man" kennen muß – insbesondere wenn „man" als informiert gelten will, Insider sein will, am anderen Tag oder Abend mitreden können will, wird der Rezipient diesen Bericht möglicherweise sehr sorgfältig lesen (indirekter Effekt). Solche Phänomene sind gerade erst in den letzten Jahren von der Wirkungsforschung mit Begriffen wie „Mitläufereffekt" (bandwaggon-effect) oder „Nichtwissen von Wissen" (pluralistic ignorance) entdeckt und analysiert worden (vgl. Navazio 1977).

Diese systemischen Effekte sind freilich faktisch längst bekannt. Elisabeth Noelle-Neumann hat hierfür den treffenden Begriff *Öffentlichkeitseffekt* geprägt: Bestimmte Handlungen, z.B. die Absetzung eines Ministers, der Bau einer Straße, der Kauf von Konsumgütern, werden nur deshalb ausgeführt (oder: storniert) weil die Medien darüber berichten (könnten), und weil der einzelne in der Vorwegnahme der Reaktion anderer sein Verhalten an den mutmaßlichen Reaktionen anderer ausrichtet (Noelle-Neumann 1973; Kepplinger 1982). Tendenziell hat dies zumindest eine deutliche und starke Konsens-Wirkung, die die direkten, „eigentlichen" Wirkungen der Medien mit Leichtigkeit in den Schatten stellen kann.

Schließlich gibt es einen weiteren Typus indirekter Wirkung, der sich der Tatsache verdankt, daß sich Gesellschaften – wie man in der Rückschau sehr gut erkennen kann – immer mehr auf eine Mediengesellschaft hin entwickeln (Merten et al. 1996). Das aber heißt: Auch wenn der Rezipient sich gar nicht selbst den Aussagen der Medien aussetzt, so wird er doch indirekt von dieser Strukturierung erreicht – sei es durch die stetig mehr durch Medien zu leistenden Wirklichkeitsentwürfe (vgl. Adoni/Mane 1984), sei es durch eine langfristig von den Medien geprägte Mentalität oder ein unter dem Einfluß der Medien ansozialisiertes instrumentelles Mediennutzungsverhalten. Entsprechende Langzeituntersuchungen, die „langfristige Medienwirkungen" zu messen suchen, sind mit diesem Problem direkt konfrontiert (vgl. Charlton/Neumann 1988).

3. Konstruktivistische Perspektiven

Die bislang geübte Kritik der Wirkungsforschung zeigt, daß der klassische Wirkungsbegriff nicht haltbar ist. Dennoch wird er – mehr oder minder abgewandelt – in vielen der im folgenden vorgestellten Ansätze und Paradigmen zur Wirkungsforschung benutzt, weil eine theoretische Auseinandersetzung und Aufarbeitung mit dem Konzept der Wirkung nur marginal und vor allem relativ folgenlos geführt wird.

Die vorgetragene Kritik läßt sich jedoch ummünzen in einen Entwurf anspruchsvollerer Wirkungsforschung, der theoretisch durch konstruktivistische Annahmen gestützt wird. Diese sind:

1) Das „Basistheorem" des Konstruktivismus: Wirklichkeit ist nicht objektiv gegeben und wird von Menschen als Abbild in deren kognitives System eingespeichert, sondern muß im Gegenteil jeweils subjektiv konstruiert werden, was die Bedingung der Möglichkeit zu *selektivem Verhalten* bindend voraussetzt (→ I, Hejl).

2) Rezipienten sind sich ihrer Subjektivität bewußt und daher bestrebt, sich der *Viabilität* dieser Konstruktionen auf alle erdenkliche Weise zu versichern.

3) Wirklichkeiten werden durch *Kommunikation* konstruiert, so daß hier relevante Selektionsinstanzen zu suchen sind.

4) Wenn Wirklichkeiten durch Kommunikation konstruiert werden und zugleich auch Wirkungen durch Kommunikation hervorgerufen werden, dann müssen zwischen Wirkungen und Wirklichkeitskonstruktionen affine Relationen bestehen.

Der Ansatzpunkt für eine Uminterpretation des Wirkungsprozesses scheint demnach in der systematischen Analyse *selektiver* Prozesse zu liegen. Demgemäß kann die Feststellung und Messung von Wirkungen nicht an der absoluten Größe (Stärke) der wirkenden Kommunikation festgemacht werden, sondern an der Konstellation von als wirkend vermuteten Variablen und dem relevanten *Kontext*, in dem sie rezipiert werden, denn diese erzeugen die für das Informationsangebot (den „Stimulus") notwendige Selektivität.

Selektivität ist in der Wirkungsforschung an verschiedenen Stationen des Wirk-Prozesses, beispielsweise im Begriff der selektiven Zuwendung (selective exposure), schon immer registriert worden. Doch selektive Prozesse durchsetzen den gesamten Kommunikationsprozeß systematisch und definieren ihn geradezu: Wahrnehmung und Wortwahl verlaufen selektiv und selegieren ihrerseits im Kommunikationsprozeß, was weiterhin passieren kann. Aufgenommene Informationsangebote müssen interpretiert werden; d.h. unter Mithilfe von bereits vorhandenem Wissen, Einstellungen und Erfahrungen einerseits und vor dem Hintergrund der in der

Situation operierenden Relevanzen andererseits wird das Informationsangebot laufend nach Kriterien des Interesses und der Relevanz „ausge-
schlachtet". Es ist mithin wenig sinnvoll, das Informationsangebot (die Stimuli) insgesamt für die Wirkung verantwortlich zu machen. Wesentlich
fruchtbarer wäre eine Bestimmung der jeweils operierenden selektiven
Strategien, denn erst diese legen fest, was wirklich als Information auf-
und wahrgenommen wird und wirken kann. Aus dieser Perspektive läßt
sich unmittelbar die Haltlosigkeit des Stimulus-Response-Ansatzes erklären: Es sind eben *nicht* die absoluten Qualitäten der Stimuli, sondern die
selektiven Operationen, die auf diese aufgesetzt werden, die für Wirkungen verantwortlich zu machen sind. Es kann keine „Bedeutung" von Stimuli geben, sondern diese werden selektiv erzeugt. Daraus folgt, daß alle
Möglichkeiten zur Erzeugung und Verstärkung von Selektivität besonders
zu beachten und in ihrer Relationierung zueinander zu analysieren sind.
Die wichtigsten für den Kommunikationsprozeß lassen sich als Aufmerksamkeit, Wahrnehmung (samt dahinter liegenden Interessenstrukturen),
Interpretation und Bewertung bezeichnen.

Selektivitätsverstärkung wird – gerade in Kommunikationsprozessen –
auf vielfältige Weise durch Reflexivisierung erzeugt (vgl. dazu grundlegend Luhmann 1970a)[7]. Die Erzeugung von Reflexiv-Verhältnissen in der
Sozialdimension erfolgt, indem eine Orientierung an *anderen* erfolgt – dies
ist die Grundstruktur öffentlicher Meinung. Die Erzeugung von Reflexiv-
Verhältnissen in der *Sachdimension* erfolgt, indem Meta-Aussagen konstruiert werden: Ein wertender Satz, ein nach unten zeigender Daumen kann
aus einem Buch Makulatur machen. Und gerade deshalb sind Meinungen
– als reflexives Strukturelement, als Aussage *über* eine zugrundeliegende
Aussage – so wirkungsmächtig (vgl. Merten 1977a: 110 ff.). Die Erzeugung
temporaler Reflexiv-Strukturen erfolgt durch Konstruktion von Beschleuni-
gungseffekten oder sogar nur durch die Behauptung solcher Effekte ("Immer mehr Hausfrauen waschen mit ...").

Verstärkt werden diese Prozesse der Selektion nochmals dadurch, daß
weitere strukturkatalytische Prozesse wie Erwartungen oder Fiktionen
dem Prozeß der Wirklichkeitskonstruktion vorausgehen und diesen vor-
strukturieren. Die Wirksamkeit dieser Prozesse ist freilich latent und wird
allenfalls in Extremsituationen wie Panik offenbar (vgl. Shibutani 1966).

Es ist einsichtig, daß eine derartige Perspektive zu einem anspruchsvolleren und komplexeren Konzept von Wirkungen führen muß. Die Bestätigung für die grundsätzliche Richtigkeit dieser Annahmen läßt sich –
paradoxerweise – nun gerade aus denjenigen Untersuchungen gewinnen,

---

7 Daß die Fähigkeit zu selektivem Verhalten selbst bereits schon Reflexivität und damit
einen wie auch immer gearteten bewußten Akt voraussetzt, ist bekannt: Selbst wenn man
diese Fähigkeit an den Zufall delegiert, wird diese Leistung als besondere Leistung in der
Regel dadurch gewürdigt, daß übernatürliche Instanzen (z.B. Kismet) eingeführt werden.

die noch immer als Kronzeuge für das klassische Wirkungsmodell des Stimulus-Response gelten: Die von Orson Welles 1938 inszenierte fiktive Landung von Marsmenschen in einer Hörfunksendung und die Rede von Goebbels 1943 im Reichssportpalast. Beide Sendungen gelten als Beweis für die starke Wirkung der Massenmedien, denen der Rezipient schutzlos ausgeliefert ist, wenn ihn die Medien nur erreichen können (vgl. Cantril 1966: 57 ff.).

Bei genauer Hinsicht liegt die starke Wirkung in beiden Fällen jedoch nicht an der Medienbotschaft allein, sondern wiederum an den Randbedingungen: Der „Krieg der Sterne" konnte nur deshalb so durchschlagend wirken, weil die dort konstruierte Wirklichkeit von den Randbedingungen gestützt und iterativ verstärkt wurde.

Das Hörspiel wurde am Abend des 30.10.1938 von etwa 9 Millionen Amerikanern empfangen. Nur ein verschwindend geringer Anteil war in Sorge geraten und griff z. B. zum Telefon, um bei der Polizei nachzufragen. Da dies aber wegen solcher Anrufe permanent blockiert war, wurde dieser Fakt falsch gedeutet: Die Polizei sei bereits im Einsatz. Als die ersten Personen ihre Häuser verließen, konnten andere dies *sehen* – und folgten dem Beispiel usw.

Bei der berühmten Rede von Goebbels im Sportpalast lag eine sehr ähnliche *reflexive Struktur* zugrunde. Zunächst waren im Sportpalast vor allem Parteimitglieder als Teilnehmer zugelassen. Goebbels führt mit ihnen einen Dialog, indem er von Frage zu Frage mehr fordert und dann die Frage: „Ich frage Euch: Wollt ihr den totalen Krieg?" stellt. Die tosenden Ja-Rufe der eingeschworenen Parteigänger werden reichsweit vom Rundfunk übertragen. Alle Hörer nehmen live wahr, wie der Sportpalast vor Begeisterung kocht, wie *andere* wahrnehmen. Auch hier war die Situation also ähnlich: Der große Effekt lag in der Tatsache, daß andere als Modell, als Beispiel dienen konnten. (Goebbels selbst hat diese Struktur durchschaut. Am Abend seiner Rede sagt er: „Diese Stunde der Idiotie! Wenn ich den Leuten gesagt hätte, springt aus dem dritten Stock des Columbushauses, sie hätten es auch getan!" (Ries 1950: 356)).

Mit anderen Worten: Starke Medienwirkungen sind offenbar solche, bei denen Medien Kommunikationsangebote (auch unter Benutzung fiktionaler Elemente) machen und die dadurch konstruierbare Wirklichkeit Relais, Katalysator für die Konstruktion weiterer Wirklichkeiten sein kann. Zugleich sind starke Wirkungen hier indirekt und zirkulär (selbstverstärkend).

Die hier diskutierten Überlegungen lassen sich in ein trimodales Wirkungsmodell einbringen (Abb. 5).

Bei diesem Modell wird die Wirkung von Kommunikation an drei Bündeln von Wirkfaktoren festgemacht, nämlich 1) am Informationsangebot (dem Stimulus), 2) dem *internen* Kontext, der durch Erfahrungen, Wissen und Einstellungen des Rezipienten, aber auch durch seine situative Disposition bestimmt ist und 3) durch den *externen* Kontext, der vor allem durch

Abb. 5: Ein trimodales Wirkungsmodell

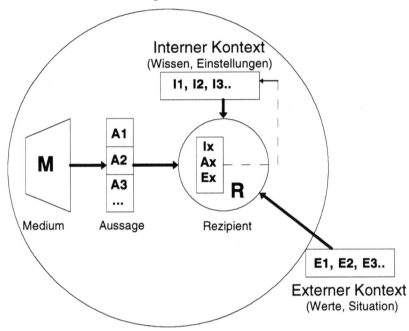

situative und soziale Randbedingungen (z.B. Anwesenheit anderer bei der Rezeption, Normen, Werte, Medienverfassung) definiert ist.

Zunächst gilt, daß unterschiedliche Rezipienten unterschiedliche Selektionen aus dem *Medienangebot* vornehmen (A_1, A_2 ... A_n). Schon dies kann im Sinn der klassischen Wirkungstheorie nicht möglich sein, denn: Gleicher Stimulus muß nach dieser Theorie gleiche Wirkung erzeugen. Darüberhinaus verknüpft der Rezipient selektive Bestände des Wahrgenommenen mit weiteren selektiven Beständen des Wissens, der Erfahrung (I_1, I_2, I_3 ... I_m). Die dritte Selektionsmodalität wird durch den *externen Kontext* beigesteuert: Situative Randbedingungen (E_1, E_2, ... E_x) definieren für den Rezipienten eine Umwelt, die ebenso wie die Erfahrungen des Rezipienten (interner Kontext) die Auswahl des Medienangebotes beeinflussen. Insofern bildet der Rezipient, methodologisch gesprochen, Kombinationen von Inhalts-, Erfahrungs- und Situationsvariablen, die als selektive Kombinationen 1., 2. und 3. Ordnung (z.B. A_2-I_3-E_1) zu bezeichnen sind und exakt als *Konstrukte* angesprochen werden können: Wirkungen sind in dieser Perspektive hochgradig abhängig von der Struktur der trimodalen Selektion einerseits und der daraus erzeugten Konstruktion aus uni-, bi- und/ oder tri-modalen Konstrukten andererseits.

Von besonderer Bedeutung ist dabei, daß sowohl die mitgeteilten Inhalte (das Medienangebot) die vorliegenden Erfahrungen resp. Einstellungen des Rezipienten als auch situationaler resp. sozialer Rahmen als *soziale* Variablen definiert oder strukturiert sind. Oft findet man unbedachte Formulierungen wie „Die Vorführung des Films hatte stärkere Wirkungen auf jüngere als auf ältere Personen". Gemäß dem Stimulus-Response-Modell dürfte dieser Sachverhalt gar nicht eintreten, denn es gilt „Gleicher Stimulus, gleiche Wirkung". Im Sinne des trimodalen Modells ist die Erklärung dagegen sehr einleuchtend: Die Variable Alter ist eine Variable der Person (interne Kontextvariable), die *erwartbar* Einfluß auf die Wirkung nimmt.

Faßt man die hier skizzierten Erkenntnisse zusammen und konfrontiert damit den herkömmlichen Wirkungsbegriff der Kommunikationsforschung, so erkennt man, wie stark dieser vereinfacht – und wie komplex die Struktur von Wirkungen „in Wirklichkeit" ist.

4. Ansätze der Wirkungsforschung

Die bislang geführte Diskussion zum Wirkungsbegriff und zur Feststellung von Wirkungen hat ein anderes und tieferes Verständnis von Wirkungen hervorgebracht. Bei der Vorstellung relevanter Ansätze wird daher eine Vorsortierung gemäß dem in Abb. 6 dargestellten Stammbaum der Wirkungsforschung vorgenommen.

Die einzelnen Ansätze zur Wirkungsforschung, die hier in historischer Reihenfolge vorgestellt werden sollen, sind: 1) Das Stimulus-Response-Modell, 2) der Zweistufenfluß (*Two-Step-Flow*), 3) der Nutzenansatz (*uses-and-gratifications approach*), 4) der Thematisierungs-Ansatz (*agenda-setting approach*), 5) die Wissenskluft-Hypothese (*knowledge gap*), 6) die Schweigespirale, 7) der dynamisch-transaktionale Ansatz und 8) das Kontaktmodell der Werbewirkung.

Der Stammbaum zeigt drei Entwicklungslinien: a) Ansätze, die in der direkten Tradition des Stimulus-Response stehen, b) Ansätze, die auf Lazarsfeld et al. (1944) und auf dem Ansatz von Heider (1946) aufbauen und das *selektive Verhalten* von Rezipienten in den Vordergrund stellen und c) Ansätze, die *Effekte reflexiver Struktur* berücksichtigen. Die vorgestellten Ansätze sind unterschiedlichen Theorien verpflichtet und stehen daher relativ isoliert nebeneinander, sie decken das gesamte Feld der Wirkungsforschung nur punktuell ab.

Das Stimulus-Response-Modell ist der älteste Ansatz der Wirkungsforschung, typischerweise benutzt, um die Wirkung von Propaganda, definiert als Strategie zur Erzeugung, Auswahl und Versendung von wirksamen Stimuli, zu messen. Zwei Annahmen sind relevant:

1. Die Gesellschaft besteht aus einer *Masse*, also aus einzelnen, atomisierten Individuen, die voneinander isoliert und deswegen extrem abhängig von den Botschaften der *Massen*kommunikation sind.

Abb. 6: Der Stammbaum der Wirkungsforschung

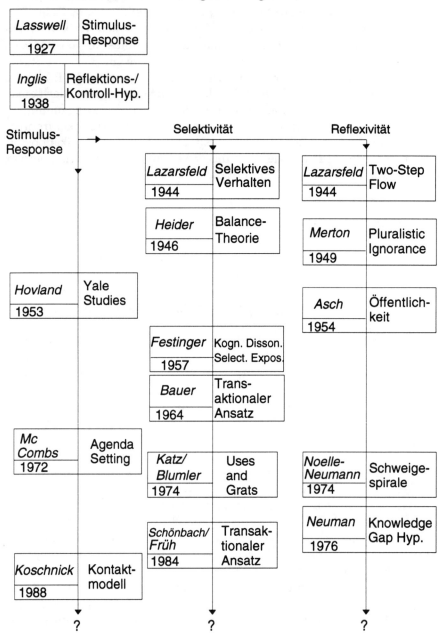

2. Massenmedien haben *starke* Wirkungen – die eingangs beschriebene Sendung von der Invasion vom Mars sowie die Analyse der Goebbels'schen Propaganda (vgl. Doob 1950) schien die Richtigkeit dieses Ansatzes zu bestätigen.

Später wurde dieser Ansatz zur Messung von *Einstellungen* leicht verändert: Einstellungen (attitudes) gelten als mentale sets oder Filter, die Emotionen, Wissen, Meinungen und Verhalten steuern und selbst nicht beobachtbar sind. Sie wurden als sogenannte „intervenierende Variablen" definiert, die zwischen beobachtbarer Ursache und beobachtbarer Wirkung intervenieren. Wegen ihrer Steuerwirkung auf die Bereiche Emotion, Kognition und Verhalten wurde die Messung von Einstellungen bzw. von Einstellungsänderungen später zum zentralen Ansatz der Wirkungsforschung (vgl. Rosenberg/Hovland 1960). Die Grundannahmen des Stimulus-Response-Ansatzes, nämlich a) Beschränkung auf die Stimulus-Variable b) Unterstellung von Kausalität und c) Personenzentriertheit von Wirkungen – bleiben damit freilich erhalten.

4.1 Der Zweistufenfluß der Kommunikation

Der Zweistufenfluß der Kommunikation (two-step flow of communication) wurde quasi zufällig entdeckt, nämlich anläßlich der ersten und dann sehr berühmt gewordenen Untersuchung zur Wirkung der Massenmedien im amerikanischen Wahlkampf des Jahres 1940 (Lazarsfeld et al. 1944).

Lazarsfeld ging davon aus, daß die (1940) in den USA bereits weit verbreiteten Massenmedien Presse und Rundfunk auf die Entscheidung der Wähler, ihre Stimme den Republikanern oder den Demokraten zu geben, eine direkte, unmittelbare und starke Wirkung im Sinne des Stimulus-Response-Ansatzes haben müßten.
Um diese nun ganz genau zu messen, befragte Lazarsfeld eine ausgewählte Stichprobe von etwa 600 Personen nicht nur einmal, sondern mehrmals: Sechs Monate vor der Wahl wurde begonnen, diese Personen jeden Monat einmal nach ihren Wahlabsichten und nach den benutzten Massenmedien zu befragen. Auf diese Weise sollten Veränderungen der Wahlabsicht sehr fein, von Monat zu Monat, sozusagen in Nuancen, gemessen werden.
Lazarsfeld erwartete, daß Leser von Zeitungen oder Hörer von Radiostationen, die die Republikaner favorisierten, republikanisch wählen würden und umgekehrt, daß Leser von Zeitungen resp. Hörer von Radiostationen, die für die Demokraten eintraten, demokratisch wählen würden.
Die Ergebnisse der Befragung zeigten jedoch überhaupt keinen Zusammenhang zwischen den rezipierten Medien und der Wahlabsicht. Damit war zunächst die Theorie der direkten und starken Wirkungen der Massenmedien stark erschüttert. Zugleich hatte Lazarsfeld – sozusagen ohne zu wissen, was

Abb. 7: Der Zweistufenfluß der Kommunikation

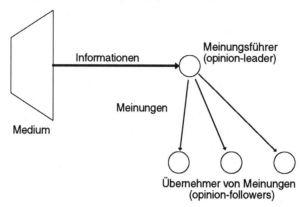

er da machte – gefragt, ob sich die Befragten auch direkt von anderen Personen Rat holten oder anderen Rat gaben. Dabei zeigte sich, daß diese Ratgeber, die Lazarsfeld *Meinungsführer* (opinion-leader) nannte, einen erheblich größeren Ausschlag für die Wahlentscheidung der Ratsucher (opinion-follower) gaben als die Massenmedien Presse und Radio.

Dieses Ergebnis wurde nicht nur politisch – der Wähler war souverän, er war nicht den Massenmedien ausgeliefert – gefeiert, sondern markiert die Abwendung von der Theorie der *starken Wirkungen* der Massenkommunikation. Zugleich liefert dieses Ergebnis eine Verknüpfung zwischen informeller und Massenkommunikation. Lazarsfeld formulierte dies als *Zweistufenfluß der Kommunikation*: „Aussagen fließen oft von Rundfunk und Presse zu den Meinungsführern und von dort zu den weniger aktiven Teilen der Bevölkerung" (Lazarsfeld et al. 1944: 151). Danach wirken die Massenmedien zweistufig (Abb. 7): Nur Opinion-leader werden von den Medien erreicht und beeinflußt.

Opinion-leader geben diesen Einfluß mündlich weiter an die opinionfollower, die sich davon beeinflussen lassen. Das setzt voraus, daß opinion-leader und opinion-follower miteinander in unmittelbaren Kontakt treten können, also einer gemeinsamen sozialen Gruppe angehören. Dieser Ansatz wurde in den 60er Jahren verworfen, weil sich gezeigt hatte:

– Nicht jeder Ratsucher ist integriert in eine soziale Gruppe.

– Jeder Ratsucher hat selbst direkte Kontakte zu den Massenmedien.

– Es ist fraglich, ob der Einfluß des opinion-leaders durch Weitergabe von Information oder durch Weitergabe von Meinungen (oder beides) zustande kommt.

– Die Definition des Meinungsführers durch Abfrage auf Ratgeben oder Ratsuchen ist zu einfach.

Andererseits zeigt sich, daß Meinungsführer durch die auf die zugrundeliegenden Aussagen aufgebrachten Meinungen, die sich gegenüber Meinungen der weniger prominenten Ratsucher in der Regel durchsetzen,
erheblichen Einfluß ausüben können. Desweiteren gibt es aber neben den
Meinungsführern auch Personen, die als Prominenz häufig in den Medien
auftreten und eine hohe Glaubwürdigkeit besitzen (vor allem aus der
Politik und den Medien selbst); diese werden als Ratgeber gerade von den
Personen genannt, die nicht so stark in Gruppen integriert sind und die
somit als „virtuelle Meinungsführer" Einfluß haben (vgl. Merten 1988b;
Eisenstein 1994).

Eliminiert man aus dem Konzept des Meinungsführers Widersprüche
und Unzulänglichkeiten, so bleibt folgende Erkenntnis: Rezipienten nutzen
die Massenmedien vor allem, um sich zu informieren; bei der Frage nach
Wichtigkeit und Richtigkeit von Informationsangeboten, beispielsweise für
Wahlentscheidungen, werden Meinungen benötigt, die als Meta-Aussage
(als Bewertung der zugrundeliegenden Information) die Entscheidung für
die Akzeptanz einer Information erleichtern. Diese Meinungen beschafft
sich der Rezipient

– bei glaubwürdigen Personen, die er persönlich kennt (opinion-leaders),

– bei glaubwürdigen Personen, die er aus den Medien kennt (virtuelle
  opinion- leaders),

– durch Diskussion und Argumentation mit anderen Personen oder
  durch Verfolgung solcher Diskussionen in den Massenmedien.

Das bedeutet letzthin, daß mit fortschreitender Mediatisierung die meinungsbildende Funktion der Massenmedien und damit die Wirkung der
Massenmedien zunehmen wird (Merten [2]1995a).

4.2 Der Nutzen- und Belohnungsansatz (uses-and-gratifications-Approach)

Ein weiterer Ansatz, der in bewußter Abkehr vom Stimulus-Response-Modell entstand, ist der sog. uses-and-gratifications-approach, der von Blum-
ler/Katz (1974) entwickelt worden ist. Während der Stimulus-Response-
Ansatz fragt „Was macht das Medium mit den Menschen?", fragt der
uses-and-gratifications-approach „Was machen die Menschen mit den Medien?" und stellt damit die aktive (selektive) Rolle des Publikums bei der
Auswahl der Medienangebote in den Mittelpunkt (vgl. Katz/Foulkes 1962:
378). Die erste dieser Studien wurde bereits 1940 durchgeführt: Es wurde
gefragt, welche Motive Hausfrauen haben, Hörfunk zu rezipieren (vgl.
Herzog 1941). Als Antwort ergaben sich:

– Kompensation für nichterfüllte Wünsche und Träume (Eskapismus),

- Identifikation mit demonstrierten Lebensstilen,
- Projektion eigenen Versagens auf dargestellte Handlungsträger,
- Ratschläge für die Verbesserung der eigenen Situation.

Insbesondere das Bedürfnis nach Flucht aus dem Alltag (Eskapismus) können Massenmedien vor allem durch Unterhaltung erfüllen: Die Darstellung von Prominenz, von unerreichbaren Lebensstilen und Karrieren kann Wünsche und Träume befriedigen. Typisches Beispiel hierfür sind etwa Fernsehserien wie „Dallas", „Denver" oder „Das Traumschiff".

Der erweiterte Nutzenansatz fragt einerseits nach dem Katalog der Bedürfnisse, die der Rezipient *hat* und prüft, welche dieser Bedürfnisse die Medien erfüllen können (gesuchte Gratifikation in Bezug zu erhaltener Gratifikation): Der Rezipient sucht sich als Folge solcher Bilanzierung dann das Medium aus, was ihm in der Regel die beste Befriedigung verspricht (vgl. Palmgreen 1984: 54).

Der uses-and-gratifications-approach ist damit ein Wirkungsansatz, der nicht die Wirkung einzelner Medienangebote erfaßt, sondern der das (tägliche, wöchentliche) durchschnittliche Medienangebot in Bezug setzt zu den Bedürfnissen des Rezipienten.

Ungeklärt an diesem Ansatz ist vor allem, ob hier theoretisch abgeleitete Motive (motives) oder am Medienkonsum orientierte Bedürfnisse (needs) gemessen werden. Von daher ist auch umstritten, ob es sich hier um ein theoretisches Konzept oder nur um eine Forschungsstrategie handelt, mit der man ermittelt, welche Medien von welchen Rezipienten für welche Zwecke am meisten geschätzt werden.

4.3 Der Thematisierungs-Ansatz (Agenda-Setting Approach)

Ebenfalls als Abkehr vom Stimulus-Response-Ansatz muß der Thematisierungsansatz (Agenda-Setting Approach) angesehen werden, der dem Bereich der kognitiven Wirkungen zuzurechnen ist (vgl. Schönbach 1984a). Formuliert wurde er anläßlich des Präsidentschaftswahlkampfes 1968 von McCombs und Shaw wie folgt:

> „Zwar haben die Massenmedien wenig Einfluß auf (Veränderung) von Richtung oder Stärke von Einstellungen. Aber es kann unterstellt werden, daß die Massenmedien den Markt (der Themen) für politische Kampagnen bestimmen, der seinerseits die Stärke von Einstellungen gegenüber politischen Themen beeinflußt" (Mc Combs/Shaw 1972: 177).

Der Grundgedanke lautet: Die Medien „besetzen" durch ihre laufende Berichterstattung bestimmte Themen mehr oder weniger stark. Als Folge dessen wird auch in den Köpfen der Rezipienten – mit bestimmtem Zeitabstand – eine entsprechende thematische Besetzung festzustellen sein (Abb. 8).

Der Agenda-Setting-Ansatz stellt – historisch gesehen – eine Weiterentwicklung der sogenannten Kontrollhypothese dar, die besagt: „Die Aussagen der Massenkommunikation sind nicht als Spiegelungen der Publikumsmentalität aufzufassen, sondern sie gehen den Veränderungen beim Publikum zeitlich voraus, sie beeinflussen, kontrollieren, strukturieren, kanalisieren das Weltbild des Rezipienten" (vgl. Maletzke 1972: 68). Der Rezipient nimmt aber nicht nur die kognitiven Informationsangebote wahr, sondern er erfährt zusätzlich – über den Umfang oder die Dauer der Berichterstattung – etwas über die Bedeutung des Themas. Diese zusätzliche Wirkung ist im Hinblick auf politische Themen, deren Thematisierung ja bevorzugt analysiert worden ist, besonders wichtig. Agenda-Setting-Wirkungen sind als *Langzeitwirkungen* anzusprechen.

Beispiel: Es soll geprüft werden, ob die Berichterstattung der lokalen Presse einen Einfluß auf die Wahlentscheidung anläßlich einer Kommunalwahl hat. Zu diesem Zweck werden alle Artikel in den lokalen Seiten auf ihre politische Berichterstattung hin analysiert. Dies geschieht mit der Methode der Inhaltsanalyse. Anhand der Auszählung von Artikelflächen und Bewertungen von Politikern und Parteien wird ermittelt, welches positive oder negative Bild die Presse von den einzelnen Parteien zeichnet. Zeitversetzt wird dann eine repräsentative Befragung durchgeführt, bei der die Befragten nach den wesentlichen kommunalpolitischen Problemen, nach der Kenntnis von Personen usw. gefragt werden. Stellt sich eine positive (zeitversetzt berechnete) Korrelation ein, so muß eine Einwirkung der Berichterstattung (Thematisierung) auf Wissen und Wertungen in den Köpfen der Wähler unterstellt werden.

Ob ein Thematisierungseffekt vorliegt, wird durch zeitversetzte Korrelationen gemessen (vgl. Abb.8): Je mehr die (inhaltsanalytisch) ermittelte The-

Abb. 8: Modell des Agenda-Setting

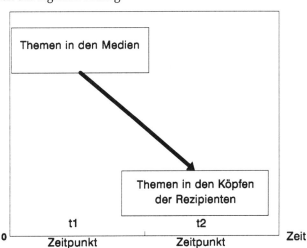

Abb. 9: Modell der Schweigespirale

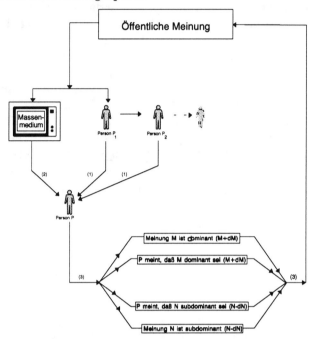

menstruktur zum Zeitpunkt t_1 mit der (durch Befragung erhobenen) Themenstruktur in den Köpfen der Rezipienten zum Zeitpunkt t_2 übereinstimmt, desto stärker ist der Thematisierungseffekt.

Problematisch ist auch hier der Nachweis vorliegender Kausalität. Die Tatsache, daß die Thematisierung in den Medien zeitlich *vor* der Thematisierung in den Köpfen der Rezipienten erfolgt, ist nur eine notwendige, keine hinreichende Bedingung. Zudem wäre auch zu prüfen, ob nicht auch gegensinnig Einflüsse im Sinn der Reflektionshypothese (Medien berichten das, was in den Köpfen der Rezipienten vorgeht, vgl. Inglis 1938) vorhanden sind, so daß hier eine wechselseitige Überlagerung anzunehmen ist.

4.4 Die Theorie der Schweigespirale

Überlegungen zu einer Theorie der öffentlichen Meinung, die vor allem durch die Medien gesteuert wird und Wirkungen auf die Wahlentscheidung von Wählern hat, wurden von Elisabeth Noelle-Neumann (1974; 1980) vorgelegt.

Dieser Ansatz erfaßt indirekte und nichtlineare Effekte, die auf der Orientierung bzw. der vorgerstellten Orientierung an *anderen* beruhen. Verkürzt gesagt beruht er auf folgenden Annahmen (vgl. Abb. 9):

1) Menschen sind gesellig und vermeiden daher Isolation. Ihre Meinungen formulieren sie daher möglichst unter Kenntnis der Meinung anderer.

2) Die Meinung anderer kann man direkt erfahren (1) oder durch die Medien wahrnehmen (2).

3) Der einzelne nimmt nun nicht nur die (statische) augenblickliche Meinungsverteilung wahr, sondern er nimmt auch deren Veränderung wahr (3).

4) Personen, die annehmen, daß sie die dominante Meinung vertreten, wagen sich damit stärker hervor als Personen, die dies nicht annehmen.

5) Dadurch wird in der *Öffentlichkeit* die Dominanz der bislang nur als dominant unterstellten Meinung M weiter verstärkt (M + dM) so daß sich deren Vertreter noch mehr hervorwagen etc. Umgekehrt werden Personen, die die als nicht-dominant angesehene Meinung (N) vertreten, dadurch weiter ein geschüchtert und verstummen noch mehr (N–dN).

6) Letztlich wird die als dominant angesehene Meinung *wirklich* zur dominanten Meinung.

Die Basis für diesen Ansatz ist eine reflexive Struktur der Orientierung an anderen (meinen, was andere meinen), die bereits (1954) von Asch in Versuchen zur Stärke von Gruppendruck festgestellt wurde (Asch 1954). Sie kann zugleich auch als ein prominentes Beispiel dafür angesehen werden, wie fiktionale Strukturen faktische Wirkungen erzeugen und Wirklichkeiten konstruieren (hier: Wahlen entscheiden).

Praktisch wird dabei wie folgt vorgegangen. Durch Befragung eines repräsentativen Samples werden zwei Angaben erhoben:

a) Welche Meinung hat der Befragte über Chancen einer Partei, die Wahl zu gewinnen (eigene Ansicht)?

b) Welche Meinung hat der Befragte in Bezug auf die Meinung *anderer* zum Wahlsieg (was wohl die anderen meinen, wie wohl die öffentliche Meinung beschaffen ist)? Dies ist die Klima-Frage.

Nach Noelle-Neumann mißt man mit der Klima-Frage nicht nur sensibler die Schwankungen der öffentlichen Meinung, sondern die Ergebnisse zeigen auch eher den zu erwartenden Trend an und sind daher für Prognosen des Wahlausgangs benutzbar.

Die Wirkung der Medien besteht bei diesem Ansatz in der Sichtbarmachung einer Orientierungsgröße (Meinung anderer), die dann als Leitlinie für eigenes Handeln übernommen wird. Das Problem dieses Ansatzes liegt in der Unterstellung, daß der einzelne sich ein zutreffendes Bild über die dominante Meinung machen kann. Denn, wie andere Untersuchungen

Abb. 10: Modell der wachsenden Wissenskluft

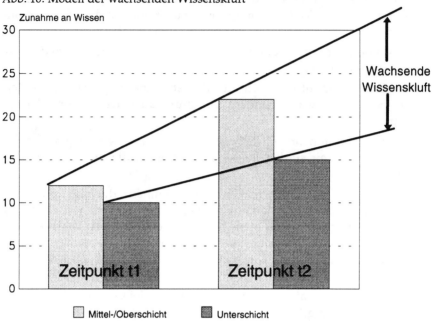

Zunahme an Wissen

□ Mittel-/Oberschicht   ■ Unterschicht

zeigen, kann sich die „Bevölkerung auch über die Bevölkerung täuschen" (vgl. O'Gorman 1975). Im übrigen zeigen mittlerweile vorliegende Prüfungen, daß dieser Ansatz nicht unbesehen als Wirkungsansatz akzeptiert werden kann (vgl. Scherer 1990: 269 sowie Fuchs et al. 1992). Eine Variation des Modells, die von einem „doppelten Meinungsklima" ausging (vgl. Noelle-Neumann 1980: 240 ff.), zeigt große Probleme der Validität (vgl. Merten 1985d).

4.5 Die Hypothese der wachsenden Wissenskluft

Im Jahr 1970 wurde von Tichenor, Donohue und Olien anhand einer Langzeituntersuchung festgestellt, daß das von den Medien vermittelte Wissen von unterschiedlichen Teilen der Bevölkerung unterschiedlich genutzt wird:

> „Wenn der Informationszufluß von den Massenmedien in ein Sozialsystem wächst, tendieren die Bevölkerungssegmente mit höherem sozioökonomischem Status und/oder höherer formaler Bildung zu einer rascheren Aneignung dieser Information als die status- und bildungsniedrigeren Segmente, so daß die Kluft zwischen diesen Segmenten tendenziell zu- statt abnimmt" (Tichenor et al. 1970: 161).

Diese Tendenz wird als Wissenskluft-Hypothese (Knowledge-Gap-Hypothesis) bezeichnet (Abb. 10). Die sich daraus längerfristig einstellende Ungleichheit des Wissens kann man den Medien zuschreiben. Insofern handelt es sich um ein Paradigma der Wirkung von Wissensvermittlung durch Medien.

Was diesen Ansatz jedoch auszeichnet, ist, daß die Wirkung nicht durch das Medium *direkt*, wie beim Stimulus-Response-Ansatz, zustandekommt, sondern als indirekte Wirkung: Personen mit besserer Bildung verstehen es offensichtlich, von den Massenmedien bereitgestellte Angebote an Wissen bzw. Information besser zu nutzen als Personen mit geringerer Bildung, so daß sich – längerfristig – die Personen mit besserer Bildung weitere Vorteile verschaffen können.

Was diesen Typus von Wirkung auszeichnet, ist die Tatsache, daß es sich hier um einen nichtlinearen, selbstverstärkenden Effekt handelt, der auch als Matthäus-Effekt bekannt ist: „Wer da hat, dem soll gegeben werden, und wer da nicht hat, dem soll genommen werden" (vgl. Merton 1968). Eine ganze Reihe von Effekten in der Wirkungsforschung sind als zirkuläre bzw. reflexive Effekte anzusprechen. Doch wegen Schwierigkeiten der Analyse, insbesondere wegen des hier nicht mehr unterstellbaren Kausalitätskonzeptes, fehlen ausgearbeitete, valide messende Ansätze bislang fast völlig.

Abb. 11: Das Modell des transaktionalen Ansatzes

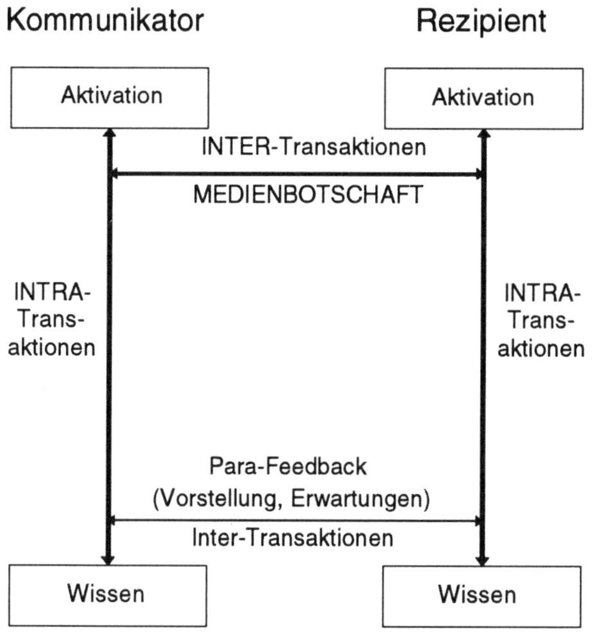

4.6 Der transaktionale Ansatz

Der transaktionale Ansatz, in seiner Konzeption bereits von Davison (1959) und Bauer (1964) skizziert, wurde von Früh/Schönbach (1982) systematisch ausgearbeitet (vgl. Abb.11, nach Früh 1992: 53). Der Ansatz definiert eine Wirkung von Kommunikation nicht mehr als Stimulus, sondern als zwei Prozesse der Relativierung (Transaktion) dieses Stimulus durch zwei Typen von Kontextvariablen:

1) Jeder Kommunikant versucht – analog zum uses-and-gratifications Modell – aus einem Kommunikationsprozeß möglichst viel an Gewinn für sich zu erzielen. Dies gelingt dadurch, daß er nicht nur die aktuellen Informationsangebote, die der jeweilige Kommunikant erhält, berücksichtigt, sondern daß er die Verarbeitung dieses Informationsangebots von einer Kontextvariablen abhängig macht, die als Vorstellung ("Bild") des Kommunikators beim Rezipienten bzw. als Vorstellung des Rezipienten beim Kommunikator definiert wird (vgl. Früh 1992: 42). Dies ist der Prozeß der *Inter*transaktion.

2) Die Verarbeitung des Informationsangebotes, das der Rezipient erhält, wird des weiteren abhängig gemacht von der subjektiven psychischen Verfassung, in der sich der Kommunikant befindet, insbesondere von seinem Aktivationsniveau, seinem Vorwissen und seinen Erfahrungen. Diese ist der Prozeß der *Intra*transaktion.

Beide Kontexte, die den Inter- bzw. Intra-Transaktionsprozeß steuern, sind dem psychischen System zuzurechnen. Das Modell erklärt damit prinzipiell die Wirkung einer Kommunikation – wie das oben skizzierte trimodale Modell – nicht mehr durch den Stimulus, sondern durch dessen Verarbeitung durch externe Faktoren (Kontextvariablen). Allerdings zeigt sich, daß beim Test des Modells bislang nur sehr geringe Transaktionseffekte gemessen werden konnten (vgl. instruktiv Früh 1992: 286 ff.). Dies spricht freilich nicht gegen das Modell an sich, sondern eher gegen die bislang unzureichende Methodik seiner Prüfung (vgl. auch Weischenberg et al. 1989).

4.7 Das Kontaktmodell

Die bislang beschriebenen Ansätze der Wirkungsforschung sind in ihrer Durchführung nicht nur aufwendig, sondern vergleichsweise realitätsfremd. Wer ein neues Produkt einführen will, möchte z.B. wissen, ob und wo er es zuerst auf einer Messe welchen Multiplikatoren vorstellen soll, wann und in welchen Medien er dafür in welchem Umfang werben soll, und wie die Werbebotschaft am suggestivsten in Wort, Bild und Ton, verfaßt werden kann, um *insgesamt* einen schnellen und großen Erfolg zu haben. Auf derartig komplexe, aber absolut praxisbezogene Fragen gibt keiner der hier vorgestellten Ansätze eine Antwort. Es überrascht daher nicht, wenn die Werbewirkungsforschung nach wie vor mit einem sehr simplen Modell, dem sogenannten *Kontaktmodell* arbeitet (vgl. Koschnick 1988: 288 ff.), das sich als lupenreines Stimulus-Response-Modell entpuppt: Um Werbewirkungen von Anzeigen in der Presse bzw. Werbespots im Rundfunk zu messen, werden folgende Angaben erhoben:

1) Kontakthäufigkeit: Wie oft hat ein Rezipient „Kontakt" mit dem Werbeträger (Medium) innerhalb einer bestimmten Zeitspanne ?

2) Kontaktqualität: Erinnert sich der Rezipient an die geschaltete Anzeige und wenn ja, in welcher Intensität (Vorgaben: a) nur ganz allgemein b) kann das beworbene Produkt nennen c) hat die Anzeige zumindest zur Hälfte gelesen).

Auf der Basis der mit den jeweiligen Kontaktqualitäten gewichteten Kontakthäufigkeiten wird dann für die jeweilige Zielgruppe die durchschnittlich zu erwartende Kontakthäufigkeit errechnet, die als anerkanntes Maß für Wirkung gilt.

4.8 Synopsis der Ansätze

Die hier behandelten Ansätze der Wirkungsforschung sind in Abb. 12 nochmals synoptisch zusammengestellt und nach

- Typ des Rezipienten

- Gesellschaftlichem Kontext

- Art der Aussage

- Typ der Wirkung

- Struktur der Wirkung und

- Problematik des Ansatzes sortiert.

Dabei zeigt sich nochmals sehr deutlich zweierlei:

a) Die Ansätze sind untereinander relativ unverbunden.

b) Die theoretische Ableitung resp. Ausarbeitung ist wenig entwickelt.

Diese Feststellung gibt die Problematik der gesamten Wirkungsforschung durchaus zutreffend wieder und hat auch unmittelbare Auswirkung auf die Beantwortung der Frage nach verschiedenen Typen von Wirkungen.

Abb. 12: Synopsis der Wirkungsansätze

Lineare Ansätze									
				Wirkung					
Ansatz	Aussage	Rezipient	Gesamt-Kontext	pers.	soz.	lin.	zirk.	dir.	ind.
Stimulus-Response	Stimulus	Individuum	Masse	+		+		+	
Einstell.-Ände-rung	Stimulus	Individuum	Masse	+		+		+	
Agenda-Setting	Thema	Individuum	Urbane Gesellschaft	+		+		+	
Wirklich-keits-konstruk-tion	Unter-haltung	Publikum	Urbane Gesellschaft		+	+		+	+
Uses and Gratifica-tions	aggreg. Aussage	Aktiver Rezipient	Publikum	+		+		+	
Reflexive Ansätze									
Two-Step-Flow	Inform./ Meinung	Individuum	Soziale Gruppe	+	+	+	+		+
Schweige-spirale	Meinung	Individuum	Öffentlich-keit	+	+		+	+	+
Wissens-kluft-Hypothese	kogn. Informa-tion	Soziale Schichten	Urbane Gesellschaft		+	+	+		+

5. Perspektiven

Die bislang geführte Diskussion hat eine Reihe von Problemen aufgezeigt, denen sich die Wirkungsforschung stellen muß. Vorrangig ist dabei der von der Evolution der Kommunikation gespeiste Trend zur *Medien-gesellschaft*, der einen steigenden Bedarf für rasch zu erbringende, viable

Wirklichkeitskonstruktionen erzeugt. Der zunehmende Bedarf inbesondere für fiktionale Konstruktionen hat längst zur Ausdifferenzierung kommunikativer Strukturen (→ II, Merten/Westerbarkey) – stellvertretend sei hier die öffentliche/veröffentlichte Meinung oder die flächendeckende Institutionalisierung von Public Relations erwähnt, die auf das Hantieren mit fiktionalen Konstruktionen spezialisiert sind – geführt. Gleiches gilt für die immer stärker in die Wirkungsforschung einzubeziehenden fiktionalen Strukturen wie Einstellungen, Erwartungen, Erwartungserwartungen oder den verstärkten Einsatz von Image-Konstruktionen (Merten 1992b).

Für die Wirkungsforschung bedeutet dies unmittelbar, daß sich Wirkungen von Kommunikation tendenziell verstärken werden – nicht im klassischen Sinne bei direkten Wirkungen, wohl aber auf dem Umweg über indirekte Effekte. Die Akzeleration der Gesellschaft im allgemeinen und die des Kommunikationssystems im besonderen haben aber noch eine zweite Konsequenz für die Wirkungsforschung, nämlich die *Veränderung von Wirkungen*. Der Grundgedanke ist folgender: Das sich vergrößernde Angebot an Information und Kommunikation verändert – etwa über die Freizeit oder aber inhaltlich durch die dadurch zu steigernde Selektivität des Erlebens – Normen, Werte und Lebensstile nachhaltig. Diese Veränderung wiederum wirkt – wie am Beispiel des trimodalen Wirkungsmodells beschrieben – verändernd auf die Kontexte, vor deren Hintergrund die Kommunikationsangebote selegiert und interpretiert und Wirkungen definiert werden. Überspitzt gesagt: Mehr denn je wird gelten, daß nicht mehr der Text, sondern der Kontext über Wirkungen entscheiden wird. Oder anders gesagt: Wirkungen verändern Wirkungen[1].

Der Bestand gesicherter Erkenntnisse der Wirkungsforschung, der als solcher schon immer Validitätsprobleme gezeigt hat, wird damit fast zwangsläufig zu einer wissenschaftlichen Konkursmasse[2], denn an den Ergebnissen der Wirkungsforschung nagt – im besten Sinne des Wortes – der Zahn der Zeit. Abhilfe tut Not und ist auf verschiedene Weise möglich: Zum einen fehlt ein Kataster von Hypothesen zur Wirkung von Kommunikation, der diese nicht nur auflistet, sondern auch deren Grad an Verallgemeinerbarkeit, Verifikation bzw. Falsifikation ausweist. Zum anderen ist im Angesicht der Veränderung von Wirkungen die systematische Replikation zu allen wesentlichen Effekten von besonderer Dringlichkeit.

---

1 Diese Formulierung ist nicht tautologisch, sondern signalisiert eine bereits eingetretene Reflexivisierung 2. Grades von Wirkungen: Wenn Wirkungen definiert sind als Veränderungen, dann ist dies identisch mit dem Satz „Veränderungen verändern Veränderungen".

2 Als Beispiel: Allein die systematische Kartierung von 300 Wirkungsstudien im Rahmen eines Katasters der Medienwirkungen führt auf etwa 1400 Variablen und eine gleich große Zahl von Hypothesen, deren Grad der Bestätigung bzw. Widerlegung eine erschreckende Varianz aufweist (vgl. Merten 1995d).

Mit anderen Worten: Wirkungen werden zukünftig sozial relevanter, Wirkungsforschung wird schwieriger werden. Stellt sich die Wirkungsforschung nicht auf diese Entwicklungen ein, wird sie das gleiche Schicksal ereilen, das derzeit schon die Medienpädagogik ereilt hat: Die Produktion wissenschaftlicher Erkenntnisse über das Erkenntnisobjekt Kommunikation wird durch die viel schnellere und sogar noch akzelerierende Entwicklung ihres Erkenntnisobjektes allemal überholt.

HANS PETER PETERS

Risikokommunikation in den Medien

1. „Risiken" als Kennzeichen moderner Industriegesellschaften

Der Risikobegriff hat derzeit in der öffentlichen Diskussion wie in der Sozialforschung Hochkonjunktur. Ulrich Beck hat sogar den Übergang von der klassischen Industriegesellschaft in die „Risikogesellschaft" postuliert. Die Produktion von Risiken, die sich in einem frühen Stadium noch als Nebenwirkungen hätten legitimieren lassen, gewinne in den politischen und sozialen Auseinandersetzungen der Risikogesellschaft eine neue und zentrale Bedeutung (vgl. Beck 1986: 17). Charles Perrow argumentiert, daß die beim Einsatz moderner Technologien auftretenden Risiken angesichts der Komplexität der (technischen und organisatorischen) Systeme zwangsläufig zu Katastrophen führen müßten (Perrow 1984). Kennzeichen der Risikogesellschaft ist aber nicht unbedingt die Höhe der uns umgebenden Gefahren, denen Menschen ja immer schon und – wie sich aus der Verlängerung der Lebensdauer ablesen läßt – früher vielleicht stärker als heute ausgesetzt waren. Als charakteristisches Merkmal der Risikogesellschaft wird vielmehr angeführt, daß Gefahren zunehmend nicht mehr als unbeeinflußbar hingenommen, sondern als kalkulierbar und gestaltbar problematisiert werden (vgl. z.B. Evers/Nowotny 1987; Luhmann 1991b).

Mit der Erkenntnis, daß Risiken durch menschliche Entscheidungen beeinflußbar sind, gerieten zahlreiche Risikoquellen, wie die Kernenergie, in Akzeptanzkrisen während andere, wie das Rauchen oder der Straßenverkehr, trotz hoher Unfall- und Krankheitsraten weiterhin akzeptiert werden. Staunend standen die Fachleute vor dem Phänomen, daß das „Risiko", das Menschen umbringt, und das „Risiko", das sie ängstigt, völlig verschiedene Sachverhalte sind (vgl. Sandman 1988). Die Abweichungen von einer als rational angesehenen Betrachtungsweise von Risiken veranlaßte zahlreiche Forscher, sich der Risikowahrnehmung und schließlich der Risikokommunikation zuzuwenden. Innerhalb der naturwissenschaftlich-technischen Kultur gilt das Akzeptanzproblem von Technologien in erster Linie als ein Informationsproblem. Wenn nur die Öffentlichkeit besser informiert wäre, dann – so meinen Experten häufig – wären die Akzeptanzprobleme gelöst. Und für die angenommene Fehlinformation der Öffentlichkeit werden oftmals die Medien verantwortlich gemacht.

In vielen Fällen sind technische und ökologische Risiken nicht – wie beispielsweise die des Straßenverkehrs – individuell erfahrbar und sinnlich wahrnehmbar. Dies ist insbesondere bei probabilistischen Ursache-Wirkungs-Beziehungen mit unter Umständen langer Latenzzeit (z.B. krebserregende Stoffe oder radioaktive Strahlung geringer Intensität) der Fall. Aber auch die Risiken mit geringer Eintrittswahrscheinlichkeit aber hohem Schadenspotential (z.B. Katastrophenrisiko von Kernkraftwerken) sind, da die diskutierten Ereignisse nur mit sehr geringer Häufigkeit auftreten, nicht aus der Erfahrung abschätzbar. Das statistische Konzept „Wahrscheinlichkeit" ist dann kaum noch im Rahmen der Alltagserfahrung als mehr oder weniger häufiges Auftreten von Schadensfällen interpretierbar. In diesen Fällen sind die Risiken dem einzelnen Bürger nur vermittelt über Experten und Medien zugänglich.

Die Risikoeinschätzungen der Experten basieren jedoch oft nicht auf direkten Messungen sondern vielmehr auf Extrapolationen (von der Wirkung hoher Dosen in den Bereich geringer Dosen) und Modellrechnungen. Der Umgang mit solchen von vielen Voraussetzungen abhängigen, im Geltungsbereich beschränkten und hochgradig abstrakten Informationen stellt Medien und Rezipienten vor hohe Anforderungen.

2. Darstellung technischer Risiken in den Medien

2.1 Medienberichterstattung und „Risikowirklichkeit"

Massenmedien werden von verschiedenen Seiten wegen ihrer Berichterstattung über technische Risiken und Umweltrisiken kritisiert. So geht beispielsweise der amerikanische Kernenergieexperte Bernard Cohen mit den Medien wegen ihrer Kernenergieberichterstattung hart ins Gericht: Während eine Vielzahl von vergleichenden Risikostudien bewiesen hätten, daß die Erzeugung von Strom aus Kohle mit einem höheren Risiko behaftet sei als die Stromerzeugung mittels Kernenergie, seien jedoch 80 Prozent der Amerikaner der Überzeugung, daß Kernenergie gefährlicher als die Verstromung der Kohle sei. Die Öffentlichkeit sei also falsch informiert. Da die Öffentlichkeit aber fast ihre gesamten Informationen aus den Medien beziehe, müsse der Journalismus für die Falschinformation der Öffentlichkeit verantwortlich sein. Cohen zählt dann eine Reihe von journalistischen Sünden auf, zu denen er beispielsweise das Aufbauschen von Ereignissen durch zu umfangreiche Berichterstattung, das Benutzen einer stark wertenden Sprache (z.B. „die tödliche Strahlung"), die fälschliche

Vermittlung des Eindrucks eines Expertenstreits und das Ignorieren vorhandener wissenschaftlicher Expertise zählt (vgl. Cohen 1983).

Im Kern wirft Cohen den Medien vor, daß diese die (durch wissenschaftliche Studien bekannte) „objektive Wirklichkeit" nicht adäquat abbildeten. Kritisiert wird also, daß die „Medienwirklichkeit" ein stark verzerrtes Bild der „objektiven Wirklichkeit" darstelle. Cohens Vorwürfe gegen die Medien dürften von vielen Experten, Managern und Politikern geteilt werden und scheinen auf den ersten Blick von einer ganze Reihe von wissenschaftlichen Untersuchungen bestätigt zu werden:

1) Daß der Umfang der Medienberichterstattung über verschiedene Todesursachen kaum mit der statistischen Häufigkeit der auf sie entfallenden Todesfälle korrespondiert, fanden Barbara Combs und Paul Slovic, die die Berichterstattung amerikanischer Zeitungen über Todesfälle analysierten. Über Unfälle, Verbrechen und Naturkatastrophen wurde – verglichen mit ihrer statistischen Bedeutung als Todesursachen – sehr viel, über Krankheiten dagegen sehr wenig berichtet. Sie betrachten dies als verzerrende Berichterstattung, meinen also wohl, daß der Umfang der Berichterstattung über verschiedene Todesarten mit ihrer statistischen Häufigkeit korrespondieren sollte.

Combs und Slovic verglichen dann statistische Daten über die Häufigkeit von Todesursachen und den Umfang der Berichterstattung mit Schätzungen der Häufigkeit von Todesursachen von Laien. Erwartungsgemäß überschätzten Befragte die Risiken, über die intensiver berichtet wurden und unterschätzten solche, die in den Medien nicht so häufig erwähnt wurden. Die Autoren sind vorsichtig, was die Unterstellung eines einseitigen Kausalzusammenhangs angeht. Sie meinen, daß sowohl die Schätzwerte der Laien von der Medienberichterstattung abhängen könnten, als auch der Umfang der Medienberichterstattung von der von den Journalisten antizipierten Bedeutung für die Rezipienten. Trotz dieser Einschränkung betrachten sie die Medienberichterstattung als eine der Ursachen für die Diskrepanz von Experten- und Laienurteilen (vgl. Combs/Slovic 1979).

2) Eleanor Singer und Phyllis Endreny analysierten etwa 1 200 Artikel bzw. Fernsehnachrichten aus 15 amerikanischen Medien (Tageszeitungen, Fernsehnachrichtensendungen und Zeitschriften), in denen es um Unfälle, Überschwemmungen, Rauchen, Flugzeugabstürze, Organtransplantationen, AIDS usw. ging. Ihre Ergebnisse stimmen mit denen von Combs und Slovic überein, daß der Umfang der Medienberichterstattung über Risiken nicht mit der Zahl der Opfer zusammenhängt. Stattdessen werde vor allem über solche Risiken berichtet, die „relativ ernst und relativ selten" seien. Singer und Endreny meinen, ähnlich wie Combs und Slovic, daß dadurch die realistische Wahrnehmung von Risiken in Frage gestellt sei: „Medien berichten nicht über Risiken, sie berichten über Schäden." Das

heißt, sie berichten über Unfälle und Naturkatastrophen mit den Wahrnehmungskategorien und Begriffen von Laien und verwenden kaum die abstrakten Konzepte „Risiko" und „Schadensumfang", die Experten zur statistischen Erfassung solcher Ereignisse entwickelt haben. Als Konsequenz dieser Art der Berichterstattung werde in den Medien zwar ein Bild vom möglichen Schadensumfang vermittelt; nur in den seltensten Fällen sei jedoch eine Angabe über die statistische Wahrscheinlichkeit des Eintretens dieses Schadens enthalten. Außerdem werde über den mit einer Risikoquelle verknüpften Nutzen weitaus seltener berichtet als über das damit verbundene Risiko (vgl. Singer/Endreny 1987).

3) In einer Untersuchung, die auf einer umfangreichen Inhaltsanalyse der Technikberichterstattung in deutschen Zeitungen und Zeitschriften basiert, hat Hans Mathias Kepplinger den statistischen Zusammenhang zwischen dem Umfang der Berichterstattung über Luftverschmutzung, Wasserverunreinigung, Waldschäden, radioaktive Niederschläge sowie tödliche Verkehrsunfälle und entsprechenden „objektiven" Indikatoren ermittelt. So wurde beispielsweise die Berichterstattung über die Verunreinigung der Luft den Daten des Umweltbundesamtes über die Emission von Luftschadstoffen gegenübergestellt (vgl. Kepplinger 1989).

Kepplinger stellte dabei fest, daß die Zunahme der Berichterstattung über die Verunreinigung der Luft in eine Zeit fiel, „in der alle verfügbaren Indikatoren eine Stagnation (Stickstoffoxide und organische Verbindungen) oder aber eine Verringerung der Schadstoffbelastungen (Schwefeldioxid, Kohlenmonoxid, Staub) anzeigten" (Kepplinger 1989: 117). Eine ähnlich geringe Übereinstimmung zwischen „objektiven" Risikoindikatoren und der Berichterstattung darüber fand er auch bei den übrigen betrachteten Risiken.

Die Änderungen in der Berichterstattung über Risiken führt Kepplinger weniger auf eine Veränderung der Art und Höhe dieser Risiken als vielmehr auf einen Wandel der Realitätswahrnehmung von Journalisten zurück. Journalisten seien anfällig für die „offensichtlich realitätswidrige Darstellung von Themen und Ereignissen" (Kepplinger 1989: 165). Er folgert daraus, daß es kaum möglich sei, sich anhand der Schadensdarstellung der untersuchten Medien über Risiken zu informieren: „Die Orientierung über Technikfolgen anhand der Presseberichterstattung gleicht damit einem Blindflug anhand eines künstlichen und völlig willkürlichen Horizonts" (Kepplinger 1989: 138).

2.2 Erwartungen an die Risikoberichterstattung

Die von Cohen, Combs und Slovic, Singer und Endreny, Kepplinger und vielen anderen vorgebrachten Einwände, daß die Medien kein zutreffendes Bild von den „objektiven Risiken" vermittelten und die Rezipienten in-

folgedessen ihr risikobezogenes Vehalten an einer Scheinwirklichkeit aus-
richteten, wiegen schwer. Es gibt aber eine Reihe von Gründen, warum
der Journalismus nicht einfach ein Abbild der „objektiven Risiken" liefert
und liefern kann.

1) Risiken sind nicht einfach vorhanden und damit (mehr oder weniger
korrekt) wahrnehmbar. Sie werden vielmehr sozial konstruiert und sind
damit unter anderem abhängig von der jeweiligen Kultur oder Subkultur,
in deren Kontext sie konstruiert werden (vgl. Douglas/Wildavsky 1982).
Die oben angeführten Untersuchungen vergleichen daher keineswegs die
„objektiven Risiken" mit dem von den Massenmedien gezeichneten Bild
davon, sondern vielmehr die von Experten konstruierten Risiken mit dazu
alternativen Risikokonstruktionen (vgl. Peters 1991a: 28–42).

Wie sich in der Kernenergiekontroverse gezeigt hat, können unterschiedliche Risikokonzeptionen zu sehr unterschiedlichen – sogar gegen-
sätzlichen – Ergebnissen führen. So werden von Kernenergiebefürwortern
häufig die – im Vergleich zu Kohlekraftwerken – geringen Umweltrisiken
der Kernkraftwerke hervorgehoben. In Kernkraftwerken entstünden keine
Luftschadstoffe, die die Umwelt belasten. Auch werde kein Kohlendioxid
produziert, von dem man befürchtet, daß es zu einer globalen Klimakata-
strophe führen könnte (vgl. Borsch/Wagner 1983). Eine dazu alternative
Risikobetrachtung führt jedoch zu einem anderen Ergebnis. Klaus M.
Meyer-Abich argumentiert im Rahmen seiner Sozialverträglichkeitsbe-
trachtung, daß mit bestimmten Energiesystemen nur bestimmte Gesell-
schaftsformen verträglich seien und dies im Falle der Kernenergie die Industriegesellschaft heutiger Prägung mit ihren erkennbaren Konsequenzen
der Umweltzerstörung sei (vgl. Meyer-Abich 1986).

Beide Argumentationsketten sind in sich schlüssig und nicht von vornherein als unsinnig abzutun. Welche Betrachtungsweise ist aber für das
Entscheidungsproblem „Kernenergie ja oder nein" angemessen? Die in
den Medien möglicherweise vorfindbare und auch in der Bevölkerung
vorhandene Assoziation von Kernenergie mit Umweltzerstörung mag also
nicht – wie Experten oft annehmen – auf eine falsche Wahrnehmung der
Risikoeinschätzungen von Experten zurückzuführen sein, sondern auf die
bewußte oder unbewußte Wahl einer anderen Sichtweise des Problems.

2) Experten sind oft uneinig über die Höhe von Risiken und ändern ihre
Einschätzungen im Laufe der Zeit. Über das Gesundheitsrisiko von Dioxin
beispielsweise gibt es extrem unterschiedliche Expertenmeinungen (vgl.
Kortenkamp 1988). Auch die Risiken der Gentechnologie werden von verschiedenen Experten höchst unterschiedlich eingeschätzt (vgl. Van den
Daele 1991). Ein Kennzeichen der „Risikowirklichkeit" ist also häufig deren Ambiguität.

3) Nach einer verbreiteten Vorstellung sollen Massenmedien eine möglichst zutreffende Beschreibung der Wirklichkeit liefern. Aus Sicht der

(sich im Besitz der korrekten Wirklichkeitswahrnehmung wähnenden) Experten besteht die Aufgabe der Medien darin, dafür zu sorgen, daß die Rezipienten eine Vorstellung von den verschiedenen Risiken entwickeln, die mit der „Wirklichkeit" (gemeint ist das Wirklichkeitskonstrukt der Experten) übereinstimmt. Gemäß ihrem simplen Wirkungsmodell von Massenkommunikation erscheint ihnen dazu beispielsweise eine Berichterstattung geeignet, die in der Popularisierung wissenschaftlicher Risikoabschätzungen besteht und die die Risikoquellen entsprechend ihrer relativen Riskantheit thematisiert.

Die Medien antizipieren zu Recht, daß sich Rezipienten mehr für das Ungewöhnliche als für das Normale interessieren. Die kommunikationswissenschaftliche Forschung hat eine ganze Reihe von Nachrichtenfaktoren identifiziert, die die Auswahl von Stoffen zur Berichterstattung steuern (vgl. z.B. Schulz 1990a). Diese Nachrichtenfaktoren stellen allerdings nur eine Beschreibung der Auswahlkriterien von Journalisten dar. Klaus Merten hat eine informationstheoretisch begründete „Theorie der Aktualität" dieser Auswahlkriterien vorgeschlagen. Er postuliert, daß sich die Aufmerksamkeit, die einer bestimmten Nachricht entgegengebracht wird, aus dem „Informationswert" dieser Nachricht und ihrer „Relevanz" für den Rezipienten ergibt. Der Informationswert wiederum werde bestimmt vom Grad der Überraschung, den eine Nachricht auslöst, ist mithin abhängig von den bestehenden Erwartungen (Merten 1973).

Der oft diagnostizierte „Negativismus" der Risikoberichterstattung, d.h. daß über Schadensereignisse häufiger als über ihr Ausbleiben oder über den Nutzen berichtet wird (vgl. Bohle 1986; Hömberg 1987), ist nach dieser Vorstellung letztlich darin begründet, daß wir in einer relativ sicheren und komfortablen Gesellschaft leben. Das Negative ist das Unerwartete, das Positive bzw. das Nichteintreten des Negativen der Normalfall. Eine Tendenz, vor allem über negative Sachverhalte zu berichten, ist außer durch die potentiell höhere Relevanz also auch damit zu erklären, daß nicht das Schadensereignis, sondern das Ausbleiben von Schadensereignissen die Erwartung bestimmt.

Noch nicht erklärt ist damit aber, wieso manche quantitativ geringe Risiken höhere Medienaufmerksamkeit finden als andere Risiken, die statistisch bedeutender sind. Gründe dafür sind unter anderem in den unterschiedlichen Risikokonzepten und Problemdefinitionen zu suchen. Für Experten sind die numerische Höhe des Risikos und die Risiko-Nutzen-Bilanz die ausschlaggebenden Aspekte für die Entscheidung, ob man ein Risiko akzeptieren sollte oder nicht. Für Laien spielen eine ganze Reihe weiterer und nicht notwendig irrationaler Aspekte eine Rolle wie die weiter unten diskutierten qualitativen Risikofaktoren, aber auch der wahrgenommene politische Handlungsbedarf im Hinblick auf das Risiko. Während man vielleicht meint, daß sich um das hohe Risiko der Herz-Kreislauf-Erkrankungen die Experten in der medizinischen Forschung ausreichend bemühen und daß das Risiko durch politische Maßnahmen kaum zu reduzieren ist, könnte man bei der Kernenergie auf dem Standpunkt stehen, daß z.b. aufgrund der engen Verflechtung von Staat, Kernenergieindustrie, Energieversorgungsunternehmen und Kernforschung („Atomlobby") eine ausreichende Kontrolle dieser Technologie nicht besteht und damit ein politisches, d.h. in einer Demokratie öffentlich zu behandelndes Problem vorliegt.

2.3 Gegenstände journalistischer Berichterstattung

Eine naive Vorstellung vom Journalismus besagt, daß Journalisten als Augenzeugen Informationen sammeln und ihre Wahrnehmungen in der Berichterstattung weitergeben. Realistische Analysen des Zustandekommens der Medienberichterstattung betonen demgegenüber die hohe Abhängigkeit des Journalismus von sogenannten Primärquellen wie Regierung, Parteien, Verbände, Unternehmen, wissenschaftlichen Instituten oder Bürgerinitiativen. Journalismus besteht zum überwiegenden Teil nicht in der Wiedergabe von Augenzeugenberichten, sondern in der Vermittlung von Aussagen und Meinungen von Politikern, Interessenvertretern und Experten der verschiedensten Bereiche. Primärquellen besitzen einen hohen – lange unterschätzten – Einfluß auf die Berichterstattung (vgl. Baerns 1985; VanSlyke Turk 1986; Schlesinger 1990). Grundlage der Berichterstattung ist daher nicht eine wie auch immer definierte „objektive Wirklichkeit", sondern sind beschreibende und bewertende Aussagen über die „Wirklichkeit" von verschiedensten Primärquellen (→ II, Haller).

Der Medieninhalt über die Umweltsituation spiegelt daher nicht die objektive Umweltsituation, sondern die gesellschaftliche Behandlung des Umweltthemas wider. David B. Sachsman beispielsweise fand bei einer Untersuchung der Umweltberichterstattung im Gebiet von San Francisco heraus, daß sich 40 Prozent der Berichterstattung auf Public Relations Aktivitäten zurückführen ließen und 20 Prozent schlicht aus umgeschriebenen Pressemeldungen bestanden (Sachsman 1976). Wenn gesellschaftliche Institutionen und Gruppen öffentliche Aktivitäten im Hinblick auf ein bestimmtes Thema (z.B. Waldsterben) entwickeln, dann spiegeln sich diese Aktivitäten auch in der Berichterstattung wider; bleiben solche Aktivitäten aus, dann gibt es auch keine intensive Medienberichterstattung darüber.

Aktuelle Massenmedien berichten daher nicht über die „objektiven Risiken" oder die „objektive Umweltsituation", sondern über die unter Umständen widersprüchlichen Wirklichkeitskonstruktionen von Experten, Interessenverbänden und Politikern und über die gesellschaftlichen und politischen Prozesse der Auseinandersetzung zwischen Akteuren mit unterschiedlichen Risikoauffassungen. Der Umfang der Berichterstattung über ein Risiko etwa korrespondiert nicht mit der Höhe des Risikos, sondern mit der Intensität seiner Behandlung im politischen System.

Für die Wahrnehmung von und den Umgang mit Risiken sind in erster Linie ausdifferenzierte Institutionen zuständig (etwa der Technische Überwachungsverein, die Gewerbeaufsichtsämter, der Katastrophenschutz und die Feuerwehr). Die Fakteninformationen, die die Medien den Rezipienten zur Verfügung stellten, können im wesentlichen nur die Informationen sein, die von den wissenschaftlichen und politischen Akteuren bereit gestellt werden. Die Kritik, die Kepplinger und andere am Massenkommunikationssystem äußern, wäre gerechterweise also an das politische System bzw. den politischen Prozeß und dessen Rationalität zu richten.

Nach Allan Mazur entwickeln sich Kontroversen zwischen zwei Lagern von Aktivisten, die die Pro- und die Kontra-Position zur jeweiligen Technologie einnehmen. Die Medien thematisieren diese Kontroverse und übertragen sie auf die allgemeine passive Öffentlichkeit. Anders als z.B. Kepplinger verglich Mazur die Berichterstattung mit dem politischen Geschehen und stellte fest, daß der Umfang der Medienberichterstattung sehr eng mit dem Umfang der politischen Aktivitäten (z.B. Demonstrationen) der Technologiegegner zusammenhängt. Seiner Auffassung nach sind es nicht Meinungs- und Einstellungsveränderungen der Journalisten, die eine Änderung der Medienberichterstattung zur Folge haben, sondern in erster Linie Veränderungen der politischen Konstellation, wie beispielsweise die Entstehung der ökologischen Bewegung in den 70er Jahren, und neue Aktivitäten der „Lager", über die die Medien dann berichten (Mazur 1984; 1990). Nach dieser Vorstellung spielen die Medien eine wichtige Rolle als Disseminatoren und Verstärker innovativer gesellschaftlicher Prozesse, nicht aber als deren Urheber.

2.4 Korrektheit von Risikoinformationen in Massenmedien

Beispiele dafür, daß Journalisten bei der Berichterstattung über Risiken fundamentale Fehler machen – sowohl in der Wiedergabe technischer Details als auch in der Interpretation – sind beliebig zu finden. Für Wissenschaftler ist es sogar eine typische Erfahrung, daß Journalisten Fehler machen, wenn sie über ihre Arbeiten berichten (vgl. Peters/Krüger 1985).

Michael Haller (1987b) hat die Korrektheit der Tschernobyl-Berichterstattung in vier Prestigezeitungen (Frankfurter Allgemeine, Frankfurter Rundschau, Süddeutsche Zeitung und Neue Züricher Zeitung) analysiert. Dazu legte er insgesamt 171 Zeitungsberichte über die Tschernobyl-Katastrophe zwei Physikern vor, die die Artikel auf Fehler untersuchten. Mit diesem Verfahren identifizierte Haller im Schnitt 1,2 Fehler pro Artikel wie zum Beispiel Meßsystem-Bezeichnungsfehler (Curie statt Becquerel), Datenfehler oder auch falsche Behauptungen wie die, es gebe in Europa keinen einzigen graphitmoderierten Reaktor. Da Haller seine Analyse auf physikalisch-technische Aspekte beschränkte und etwa biologisch-medizinische Aussagen über Strahlenwirkungen ausklammerte, dürfte die tatsächliche Fehlerrate noch höher liegen.

Amerikanische Genauigkeitsstudien zeichnen aber ein ähnliches Bild von der Korrektheit bzw. Unkorrektheit der Wissenschaftsberichterstattung. Die Experten, die die Medienberichterstattung kritisch überprüften, monierten stets zahlreiche Fehler (vgl. z.B. Tankard/Ryan 1974).

Medien vermitteln durch ihre Risikoberichterstattung in aller Regel nur ein sehr oberflächliches Bild von den Risiken. Sie legen dar, daß eine Risikoquelle besteht (z.B. Dioxin im Boden) und welche Schäden möglich oder eingetreten sind. Sie versuchen aber nur selten, die Ursache-Wirkungs-Zusammenhänge zwischen Risikoquelle und Schäden zu erläutern, Angaben über die Wahrscheinlichkeit von Schäden zu machen, das Risiko zu quantifizieren und die Gründe für unterschiedliche Einschätzungen des Risikos zu erklären.

Bei der Analyse der Risikoberichterstattung stand bislang meist die Ausgewogenheit der Darstellung im Vordergrund; selten wurde versucht, die Berichterstattung über Risiken unter dem Gesichtspunkt der Angemessenheit für die Urteilsbildung der Rezipienten zu evaluieren. Hinweise auf die oberflächliche Natur von Risikoinformationen ergeben sich allerdings aus der Betrachtung der von den Journalisten genutzten Informationsquellen. Will Teichert fand zum Beispiel in seiner Analyse der Tschernobyl-Berichterstattung, daß zwar regelmäßig Informationen über Strahlenrisiken und Reaktorsicherheit in den journalistischen Beiträgen enthalten waren, daß diese Informationen aber überwiegend nicht von wissenschaftlichen Quellen, sondern von Quellen aus dem politisch-administrativen Bereich stammten (vgl. Teichert 1987).

Die Vernachlässigung wissenschaftlicher Risikoinformationen in journalistischen Beiträgen über Risiken wird von Sharon Dunwoody mit der Existenz professioneller „Frames" erklärt. Nach dieser Vorstellung besitzen Journalisten (unbewußte) kognitive Schemata für den Aufbau von Beiträgen, die beim Erstellen von Beiträgen rasches routinemäßiges Entscheidungshandeln unter Zeitdruck und den divergierenden Erwartungen von Quellen, Rezipienten und Vorgesetzten erlauben. Dunwoody argumentiert, daß sich bislang kein Frame „Risikobericht" entwickelt habe, der Journalisten dazu veranlassen würde, über Ereignisse unter der Risikoperspektive zu berichten (vgl. Dunwoody 1992).

Doch selbst wenn Journalisten detaillierte Risikoinformationen vermitteln wollten, dürfte dies häufig an der fehlenden Ausstattung der für die aktuelle Berichterstattung zuständigen Redaktionen mit naturwissenschaftlich-technischer Expertise scheitern. Bis auf wenige Ausnahmen ist die aktuelle Berichterstattung in den Printmedien, im Rundfunk und im

Fernsehen, politisch geprägt. Entsprechend sind die Redaktionen auch mit politisch kompetenten Journalisten besetzt. Walter Hömberg, der die Ausstattung der deutschen Medienredaktionen mit Wissenschaftsjournalisten untersucht hat, beklagt die geringe Zahl von Journalisten mit wissenschaftlicher Kompetenz und die Vernachlässigung der Wissenschaftsberichterstattung. Diese Situation hat sich nach seinen Erhebungen zwischen 1974 und 1984 eher verschlechtert als verbessert (vgl. Hömberg 1989).

Den zum Beispiel von Peter Weingart festgestellten Tendenzen der „Verwissenschaftlichung der Gesellschaft" und der „Politisierung der Wissenschaft" (Weingart 1983) und dem von Beck beschriebenen Übergang von der Industrie- zur Risikogesellschaft (vgl. Beck 1986) hinken die Medien also weit hinterher. Der Gegenstandsbereich des politischen Journalismus hat sich in den letzten Jahrzehnten allmählich verändert, aber die Medien haben bisher noch nicht angemessen darauf reagiert. Die Wissenschaftsjournalisten, die es in den Medien gibt, sind vielfach im Getto ihrer Wissenschaftsredaktionen eingesperrt und aus der aktuellen politischen Berichterstattung ausgegrenzt.

3. Massenmediale Vermittlung zwischen Risikoexperten und Laien

3.1 „Risiko" aus Expertensicht

Das zentrale Problem der Risikokommunikation aus Sicht der Experten-Community wird häufig darin gesehen, ob und wie es gelingen kann, wissenschaftliche Erkenntnisse über Risiken, also beispielsweise die Ergebnisse von Risikoanalysen, an eine breite Öffentlichkeit zu vermitteln. Daher ist es notwendig, sich zunächst einmal mit dem solchen Studien zugrunde liegenden sicherheitstechnischen Risikoverständnis auseinanderzusetzen.

Der sicherheitstechnische Risikobegriff ist aus der Versicherungsmathematik entlehnt. Er setzt sich im Prinzip aus den Faktoren „Schadenshöhe" und „Wahrscheinlichkeit des Schadenseintritts" zusammen, die miteinander multipliziert werden. Eine Konsequenz des technischen Risikobegriffes ist, daß ganz unterschiedliche Schadensverteilungen zum gleichen Risikowert führen: Ein Unfall pro Jahr mit 1000 Todesopfern und 1000 Unfälle pro Jahr mit je einem Todesopfer ergeben nach der Risikoformel den gleichen Wert.

Die Messung eines Risikos ist einfach, wenn man auf empirisch fundierte Schadensstatistiken zurückgreifen kann. Mit recht großer Genauigkeit läßt sich beispielsweise aus den Erfahrungen der vergangenen Jahre die Zahl der Verkehrstoten im Folgejahr prognostizieren, obwohl man die einzelnen Unfälle nicht vorhersehen kann.

Eine ganze Reihe von Risiken, vor allem im Zusammenhang mit Groß-
technik, Umweltchemikalien und Radioaktivität, lassen sich jedoch nicht
so einfach kalkulieren. Um aber auch da noch zu wissenschaftlich einigermaßen gesicherten Aussagen über Risiken zu kommen, wo empirische
Schadensstatistiken nicht erstellt werden können, wurden verschiedene
wissenschaftliche Verfahren entwickelt:

1) Kennzeichen vieler Umweltrisiken ist, daß zwischen dem Einwirken
einer Substanz oder dem Einwirken von radioaktiver Strahlung und dem
Auftreten einer Krankheit keine in jedem Einzelfall nachweisbare kausale
Beziehung besteht. Nicht jeder, der einer krebserregenden Substanz ausgesetzt war, erkrankt auch an Krebs, sondern erhöht wird „nur" die statistische Wahrscheinlichkeit zu erkranken. Eine statistische Beziehung zwischen einer Risikoquelle und dem Auftreten von Spätschäden ist durch
sogenannte epidemiologische Studien nachweisbar (vgl. z.B. Friedman
[3]1987). Bei epidemiologischen Untersuchungen wird eine Personengruppe,
die der Risikoquelle ausgesetzt war (z.B. Beschäftigte in Kernkraftwerken),
mit einer ähnlichen Personengruppe verglichen, die diesem Risiko nicht
ausgesetzt war.

Die Ergebnisse von epidemiologischen Studien sind allerdings nicht immer ohne Probleme zu interpretieren. Sehr häufig ist nicht genau bekannt,
wie stark die einzelnen Personen der gefährlichen Einwirkung ausgesetzt
waren und ob die unbelastete Kontrollgruppe wirklich als in den übrigen
Eigenschaften gleich anzusehen ist. Wenn sich die Kontrollgruppen in
mehr als einem Merkmal unterscheiden, zum Beispiel sowohl in der Strah-
lenbelastung als auch in den Ernährungsgewohnheiten, ist es nicht immer
möglich zu entscheiden, auf den Einfluß welchen Merkmals die Erhöhung
der Zahl der Krankheitsfälle zurückzuführen ist. Oft reichen die Fallzahlen
auch nicht aus, um statistisch signifikante Ergebnisse zu erzielen.

2) Die Methode der probabilistischen Risikoanalyse wurde entwickelt,
um sehr seltene, aber dann katastrophale Störfälle sicherheitstechnisch
analysieren zu können. Zum ersten Mal ist dieses Vorgehen in der Kern-
technik angewandt worden (vgl. US Nuclear Regulatory Commission
1975; Gesellschaft für Reaktorsicherheit 1979; 1989). Bei probabilistischen
Risikoanalysen werden aus empirisch bekannten oder von Experten ge-
schätzten Versagenswahrscheinlichkeiten einzelner Systemkomponenten –
etwa Rohrleitungen, Ventile, Notstromaggregate – Ereignisabläufe oder
sogenannte Fehlerbäume konstruiert, aus denen man dann die Wahrscheinlichkeit bestimmter Störfallverläufe berechnet. Man erhält schließlich eine Liste von denkbaren Unfallabläufen mit ihren jeweiligen Wahrscheinlichkeiten, d.h. mit einer Angabe darüber, wie häufig pro Betriebs-
jahr ein solcher Unfallablauf zu erwarten ist. Unter Berücksichtigung der
Außenparameter (Wahrscheinlichkeit bestimmter metereologischer Zustände, Bevölkerungsdichte usw.) und der Dosis-Wirkungs-Beziehungen

der durch den Unfall freigesetzten Schadstoffe ermittelt man schließlich
das „Unfallrisiko" einer bestimmten Anlage (vgl. z.B. Hauptmanns/Hertt-
rich/Werner 1987).

Allerdings können solche Studien, „wie jede Art von simulativer Analyse, die Wirklichkeit nur angenähert erfassen" (Köberlein 1987: 40). Da
eine probabilistische Risikoanalyse nie alle denkbaren Störfallverläufe abdecken kann, besteht die Kunst darin, die wesentlichen zu berücksichtigen. Der Beweis, daß dieses gelungen ist, ist jedoch nicht schlüssig zu erbringen. Eine kanadische Studie kommt am Beispiel von Chemieanlagen
beispielsweise zu dem Schluß, daß in ca. 20 Prozent der realen Störfälle
der entsprechende Störfallverlauf in der vorher durchgeführten probabilistischen Risikoanalyse nicht berücksichtigt gewesen war (Shortreed/Ste-
ward 1988). Davon abgesehen beinhalten komplexe probabilistische Risikoanalysen sehr viele subjektive Wahrscheinlichkeitsschätzungen und sind
bestimmte Fehlertypen wie die sog. „Common Mode Failures" (gemeinsame Ausfälle von Komponenten aufgrund gemeinsamer Ursachen oder
funktionaler Zusammenhänge) nur bedingt zu erfassen. Auch „kann eine
Fehleranalyse keine Phänomene aufdecken, die zum Zeitpunkt der Analyse unbekannt sind" (Hauptmanns/Herttrich/Werner 1987: 24).

Die vorstehende Darstellung verdeutlicht, daß die Ermittlung der Risiken von chemischen Stoffen oder von industriellen Anlagen auch für Experten kein triviales Problem ist. Risikoaussagen sind oft mit einem erheblichen Risiko behaftet, falsch zu sein. Die Risikohöhe kann häufig nicht
durch direkte Schadensstatistiken bestimmt werden, sondern muß über
sehr indirekte Verfahren erschlossen werden. Damit bleibt auch auf der
Expertenseite sehr viel Raum für Irrtümer, falsche Annahmen, unvollstän-
diges Wissen und subjektive Urteile.

3.2 „Risikowahrnehmung" bei Laien

Seit Mitte der 70er Jahre wurden zahlreiche Studien durchgeführt, um die
Mechanismen der Wahrnehmung von Risiken durch Laien zu untersuchen
(vgl. z.B. Tversky/Kahneman 1974; Slovic/Fischhoff/Lichtenstein 1982;
Renn 1984; Borcherding/Rohrmann/Eppel 1986). Meist wurden dabei die
Abweichungen der Laienurteile von den Einschätzungen der Experten als
Fehlwahrnehmungen aufgefaßt. Mehr oder minder unausgesprochen hatten manche Untersuchungen auch das Ziel, die Ursachen der „unrealisti-
schen" Einschätzung von Risiken durch Laien zu identifizieren, um diese
durch Informations- oder Aufklärungskampagnen beseitigen zu können.

Untersuchungen darüber, wie Laien Informationen über Unsicherheit
kognitiv verarbeiten, haben vor allem Amos Tversky und Daniel Kahneman Anfang der 70er Jahre angestellt. In zahlreichen Experimenten hatten
Versuchspersonen zum Beispiel die Aufgabe, aus gegebenen Informatio-

nen die Wahrscheinlichkeit oder Häufigkeit bestimmter Ereignisse – etwa für einen Lotteriegewinn – abzuschätzen. Diese Experimente führten zu der Schlußfolgerung, daß Laien statistische und probabilistische Informationen nur schlecht verarbeiten können. Unfähig, intuitiv Wahrscheinlichkeiten in einem mathematischen Sinn korrekt zu verarbeiten, wenden Laien bei der Abschätzung von „Unsicherheit" eine Reihe von vereinfachenden Heuristiken an. Eine von Tversky und Kahneman so genannte „Verfügbarkeitsheuristik" bewirkt beispielsweise, daß Gefahrenquellen, die besonders gut erinnert werden, in der Regel überschätzt werden; Gefahrenquellen, über die Informationen in der Erinnerung weniger leicht verfügbar sind, werden dagegen meist unterschätzt. Als ein Faktor, der gute Erinnerbarkeit gewährleistet, gilt extensive Medienberichterstattung über eine Risikoquelle (Tversky/Kahnemann 1974).

Überraschenderweise stellte sich jedoch heraus, daß Laien trotz der fehlerhaften kognitiven Verarbeitung von Wahrscheinlichkeitsaussagen und statistischen Informationen die statistische Verlusterwartung (also das Risiko im technischen Sinn) so schlecht gar nicht schätzen. Sarah Lichtenstein u.a. haben in den USA Laien für 41 Todesursachen schätzen lassen, wieviele Personen im Durchschnitt pro Jahr daran sterben. Zwar wurden von den Befragten geringe Risiken zahlenmäßig meist überschätzt und hohe Risiken dafür unterschätzt, doch stimmte die Rangfolge der genannten Todesursachen mit der aufgrund der amtlichen Gesundheitsstatistik berechneten recht gut überein (Lichtenstein et al. 1978). Zu ähnlichen Ergebnissen gelangte Ortwin Renn (1984), der mit einer verkürzten Liste von 13 Risikoquellen in der Bundesrepublik eine vergleichbare Befragung durchführte. Unterschiede zwischen der Risikobeurteilung durch Experten und Laien lassen sich daher nicht in erster Linie mit einer falschen Wahrnehmung des statistischen Risikos durch die Laien erklären.

Die Schätzung der statistischen Verlustrate durch Laien ist allerdings nur mäßig mit der *verbalen* Einstufung der „Riskantheit" korreliert (Renn 1984: 152). Laien bezeichnen also manche Dinge als riskant, die nach ihrer eigenen Einschätzung im statistischen Mittel nur wenige Todesfälle im Jahr verursachen, und andere als weniger riskant, die im Jahr sehr viele Todesfälle zur Folge haben. Für Laien ist das „Risiko" offenkundig nicht, wie für die Risikoexperten, mit einer Schätzung des statistisch zu erwartenden Schadens identisch: Laien und Experten benutzen den Begriff „Risiko" in unterschiedlicher Weise. Es läßt sich leicht vorstellen, daß daraus für die Kommunikation zwischen Experten und Laien erhebliche Probleme erwachsen.

Psychologisch orientierte Risikoforscher haben eine Reihe von Faktoren ausfindig gemacht, die bei Laien außer der statistischen Verlustrate die Einschätzung der „Riskantheit" beeinflussen. Sie bezeichneten diese Faktoren als „qualitative Risikomerkmale" und verstehen darunter Charakteristika der Risikoquelle, die bei Laien die Wahrnehmung der Risikohöhe bei gegebener statistischer Verlustrate beeinflussen (vgl. z.B. Renn 1984: 69–79). So wurde beispielsweise festgestellt, daß die Wahrnehmung eines Katastrophenpotentials bei der Kernenergie stärker mit der Risikoschätzung von Laien zusammenhängt als die wahrgenommene mittlere Verlustrate. Freiwillig übernommene Risiken werden bei gleicher statistischer Verlustrate wesentlich geringer eingeschätzt als aufgezwungene Risiken. Schließlich werden auch solche Risiken vergleichsweise höher eingeschätzt, gegenüber denen man sich als hilflos empfindet, weil keine individuellen Einflußmöglichkeiten gegeben sind.

Qualitative Risikofaktoren lassen sich einmal als Ursachen systematischer Fehlwahrnehmung bei der Einschätzung von Risiken interpretieren, zum anderen aber auch als Ausdruck legitimer individueller oder gesellschaftlicher Präferenzen. Es ist schließlich kein Naturgesetz, sondern eine Wertentscheidung, ob man 1000 Tote bei einer Katastrophe für genau so schlimm hält wie 1000 kleine Unfälle mit je einem Toten.

3.3 Unterschiede zwischen alltagssprachlichem und technischem Risikobegriff

Zwei verschiedene Risikobegriffe lassen sich idealtypisch unterscheiden: der Risikobegriff, mit dem Experten operieren, und der Risikobegriff, der in der Alltagssprache verwendet wird. Beide unterscheiden sich in mehrerlei Hinsicht voneinander.

– Der Risikobegriff der Experten berücksichtigt meist nur wenige Schadensdimensionen wie Todesfälle, Gesundheitsschäden und Vermögensschäden. Außerhalb der Experten-Community wird unter Risiko oftmals ein wesentlich breiteres Spektrum von möglichen negativen Auswirkungen verstanden. Die Kernenergie ist ein Beispiel dafür, wo in der öffentlichen Diskussion neben den Gesundheitsrisiken auch gesellschaftliche und politische Aspekte als Risiken thematisiert werden (vgl. Peters 1991b).

– Im Risikobegriff der Experten kommt Unsicherheit nur als berechenbare Wahrscheinlichkeit vor; Laien berücksichtigen demgegenüber weitere Formen von Unsicherheit, zum Beispiel die Unsicherheit darüber, ob den Berechnungen und Theorien der Experten auch zu trauen ist (schließlich ist die „unsinkbare" Titanic doch gesunken), und die Unsicherheit darüber, ob es es nicht weitere schädliche Auswirkungen gibt, die man heute noch nicht kennt (schließlich hat man lange Zeit Asbest für einen idealen Baustoff gehalten und seine Gefährlichkeit als krebserregende Substanz nicht erkannt). Diese Formen der Unsicherheit gehen in die Risikokalküle der Sicherheitsstudien nicht ein.

- Der Risikobegriff der Experten ist genau definiert, quantitativ, präzise und eng. Der alltagssprachliche Risikobegriff ist demgegenüber kompliziert, vage, qualitativ und wird von verschiedenen Personen unterschiedlich gebraucht.

- Risiko im statistischen Sinn schließlich ist ein deskriptiver Begriff. Er beschreibt die Eigenschaft einer Risikoquelle, schädliche Auswirkungen hervorzurufen. Die Vorstellung der Laien vom Risiko beinhaltet dagegen sowohl deskriptive als auch evaluative Aspekte. Sie beschreibt daher nicht nur Eigenschaften einer Risikoquelle, sondern drückt auch das Empfinden von Subjekten gegenüber dieser Risikoquelle aus (vgl. Sandman 1988).

Wenn man einmal akzeptiert hat, daß der Begriff „Risiko" im Alltagsgebrauch eine andere Bedeutung als in der Fachsprache der Risikoexperten hat, dann liegt es nahe zu fragen, welcher Begriff denn der richtigere und angemessenere ist. Aus der Sicht der meisten Experten stellt sich das Problem auch so. Die Betrachtungsweise von Laien wird von Experten in der Regel als irrational aufgefaßt und man meint, daß man sie mit Informations- und Aufklärungskampagnen bekämpfen müsse. „Risikokommunikation" ist dann, wie Sharon Dunwoody und Kurt Neuwirth kritisch anmerken, nur ein anderes Wort für „Risikoerziehung" (Dunwoody/Neuwirth 1991). Diese technokratische Auffassung läßt sich als wissenschaftlicher Ethnozentrismus bezeichnen. Eine bestimmte in der Expertenkultur verankerte Sichtweise, die Risiko-Nutzen-Perspektive (und zwar häufig in einer sehr engen Variante), wird als allgemeingültig betrachtet und verabsolutiert.

Mazur hat demgegenüber deutlich gemacht, daß die Risiko-Nutzen-Perspektive implizite Wertentscheidungen beinhaltet und keineswegs als die natürliche Betrachtungsweise gelten könne. Seiner Meinung nach gibt es konkurrierende Sichtweisen, die nicht a priori als inadäquat abgewertet werden können (vgl. Mazur 1985). Ähnlich argumentiert Beck, der von der Brechung des Rationalitätsmonopols der Wissenschaft spricht (Beck 1986: 38).

Die Relativität von Problemperspektiven und Entscheidungskriterien bedeutet natürlich nicht, daß die Sichtweise der Experten in jedem Fall als unangemessen zu betrachten ist. Angesichts der Arbeitsteilung und Spezialisierung in modernen Gesellschaften verlassen sich Laien im Normalfall auf Experten und akzeptieren ihre Problemsicht und ihr Entscheidungskalkül. Sie folgen beispielsweise ärztlichen Ratschlägen, verlassen sich auf die Bremsen ihres Autos, setzen sich bedenkenlos ins Flugzeug oder unterstellen die gesundheitliche Unbedenklichkeit von Lebensmitteln und Trinkwasser.

Nur gelegentlich zerbricht dieser unausgesprochene Konsens. Dann wird das Problem von einer technokratischen Optimierungsaufgabe zu einem politischen Streitfall und damit auch zu einem Fall für Risikokommunikation. Die Ursachen für den Bruch des Konsenses zwischen Laien und Experten können vielfältig sein: Wertewandel in der Bevölkerung, tiefgreifende Erfahrungen oder auch neue technische Entwicklungen (z.B. Kernenergie oder Gentechnologie), für die eine von Laien und Experten gleichermaßen akzeptierte Sichtweise erst gefunden werden muß.

Das Problem der Risikokommunikation zwischen Experten und Laien ist also nicht ausschließlich ein Vermittlungsproblem, das darin besteht, daß die komplizierten Risikoabschätzungen in eine für Laien verständliche Sprache übersetzt werden müssen. Es kann zwar nicht bestritten werden, daß es in der Bevölkerung vielfach falsche Meinungen über Technologien und technische Risiken gibt (und es ist jede Mühe wert, solche Fehlurteile zu korrigieren) – aber entgegen dem Vorurteil vieler Experten deutet nichts darauf hin, daß Wissensdefizite die wesentliche Ursache für Risikokontroversen und für die sogenannten Akzeptanzprobleme sind (vgl. Peters 1991a: 13–17). Die fundamentalen Differenzen zwischen Experten und Laien liegen weniger in den Abschätzungen der statistischen Schadenserwartungen, als in unterschiedlichen Problemperspektiven und Entscheidungskalkülen.

3.4 Journalisten zwischen Quellen- und Rezipientenerwartungen

Die unterschiedlichen Risikobegriffe von Experten und Laien stellen Journalisten vor enorme Probleme. Sie haben es sowohl mit Experten als ihren Informationsquellen, als auch mit Laien als ihren Rezipienten zu tun.

Bei der Risikokommunikation geht es nicht in erster Linie um Popularisierung, d.h um den laienhaften Nachvollzug interessanter, aber letztlich nicht alltagsrelevanter wissenschaftlicher Erkenntnisse, sondern es geht – überspitzt gesagt – um Leben und Tod. Die dem Popularisierungsparadigma zugrunde liegende Konzeption von Wissenschaft als einem interessenlosen, allein auf Erkenntnisgewinn gerichteten Unternehmen, das sich nach einer wissenschaftsimmanenten Logik entwickelt, ist überholt. Große Bereiche der Forschung sind mit politischen, gesellschaftlichen, militärischen und industriellen Interessen verknüpft. Wissenschaftsexterne Faktoren nehmen damit erheblichen Einfluß auf die Themensetzung, die Zuteilung von Ressourcen an bestimmte Forscher und Forschungsinstitutionen, und die Entwicklung von Forschungsparadigmen (vgl. Weingart 1989b). Während sich das Selbstverständnis von Wissenschaftlern vielfach immer noch am Idealtypus des unabhängigen und nur an zweckfreier wissenschaftlicher Erkenntnis interessierten Forschers orientiert, hat sich in (Teilen) der Öffentlichkeit ein konkurrierendes Bild der Wissenschaft und des Wissenschaftlers durchgesetzt, nämlich das eines Advokaten für bestimmte (z.B. industrielle) Interessen. Dies korrespondiert zur Ausdifferenzie-

rung eines „alternativen" Wissenschaftssystems von ökologischen Forschungsinstituten und „Gegenexperten".

Rezipienten mit einer solchen Konzeption von Wissenschaft haben andere Erwartungen an eine Berichterstattung über Wissenschaft und Technik als reine Popularisierung. Ganz besonders gilt das im Hinblick auf
Risikoinformationen, die ja das persönliche Wohlergehen betreffen. Nicht
mehr nur das Übersetzen und Erläutern, sondern auch die Analyse ver-
steckter Interessen und Intentionen des Wissenschaftlers (und seiner Auftraggeber) und schließlich Antworten auf die Frage nach der Bedeutung
dieser Information für das individuelle Handeln sind gefragt.

Die unterschiedliche Problemrepräsentation bei Experten und Laien hat
eine wichtige Konsequenz: Für Laien sind zumindest teilweise andere
Informationen entscheidungsrelevant als für Experten. Das Informationsangebot der Experten stößt daher häufig auf keine entsprechende Informa-
tionsnachfrage bei den Laien. Dafür werden bestimmte Fragen von Journalisten, etwa nach der Interessenabhängigkeit und den Motiven der Quellen, von den Experten als inadäquat zurückgewiesen.

Journalisten, die erstens nur selten über einschlägiges Fachwissen verfügen, und die sich zweitens dem Interesse ihrer Rezipienten verpflichtet
fühlen, begegnen wissenschaftlichen Quellen meist in der Rolle von Laien.
Das bedeutet beispielsweise, daß sie ihre Fragen aus der Laienperspektive
formulieren und daß sie die Antworten nicht nach den Kriterien der Experten, sondern nach denen von Laien bewerten und kommentieren.
Journalisten fragen zum Beispiel „Ist dieser Stoff gefährlich?", wo aus der
Sicht von Experten allenfalls die Frage sinnvoll wäre: „Wie gefährlich ist
dieser Stoff?" In gesellschaftlich sensiblen Bereichen sind die Beziehungen
zwischen Experten und Journalisten daher häufig gespannt. Journalisten
werfen den Experten vor, Fachchinesisch zu reden und sich um klare Stellungnahmen zu drücken; Experten beklagen sich darüber, daß ihre Stellungnahmen verkürzt, verfälscht, politisiert und aus dem Zusammenhang
gerissen würden.

Viele Wissenschaftler und Experten, von der Überlegenheit ihres Wissens überzeugt, wollen Massenmedien für die „Erziehung" der Öffentlichkeit einsetzen. Sie sehen im Journalisten einen Sekretär, der ihre Informationen möglichst authentisch zu notieren und zu vermitteln hat, und nicht
einen unabhängigen Autor, der recherchiert und das Ergebnis dieser Recherchen eigenverantwortlich publiziert. Die Erwartungshaltung der Wissenschaftler widerspricht zentral dem Rollenverständnis der Journalisten,
die sich als Interessenvertreter ihrer Leser, Zuschauer und Zuhörer gegenüber den Experten verstehen. Frustrationen (auf beiden Seiten) sind damit
vorprogrammiert. Der Wissenschaftler hat andere Vorstellungen davon,
was die Öffentlichkeit erfahren sollte und wie es die Öffentlichkeit erfahren sollte als der Journalist.

4. Massenmedien in Risikokontroversen

4.1 Streit zwischen Experten und Gegenexperten

Bislang haben wir den Prozeß der Risikokommunikation in Massenmedien im wesentlichen als Problem der Divergenz von Experten- und Laiensichtweise betrachtet. Die großen gesellschaftlichen Konflikte um technische Risiken sind jedoch dadurch gekennzeichnet, daß die politische Kontroverse durch eine wissenschaftliche Kontroverse, einen Streit zwischen Experten und Gegenexperten begleitet wird.

In solchen Risikokontroversen oder technischen Kontroversen sind die politische und wissenschaftliche Ebene untrennbar miteinander verwoben. Politiker argumentieren mit wissenschaftlichen Aussagen und Experten werden als politische Akteure wahrgenommen und sind damit politische Akteure, selbst wenn sie sich selbst nicht so sehen.

Bei seiner Analyse technischer Kontroversen unterscheidet Mazur innerhalb der Experten die Lager des technischen „Establishment" und der „Herausforderer" (Mazur 1984: 98). Selbst wenn man davon ausgeht, daß die Spaltung in Experten und Gegenexperten nicht aus der wissenschaftsinternen Dynamik heraus zu erklären ist, sondern durch den politischen Konflikt der Wissenschaft quasi aufgeprägt wird, so setzt die Möglichkeit eines zwischen Experten ausgetragenen Konflikts über die Risiken einer Technologie doch zumindest eine gewisse Ambiguität oder begrenzte Beweiskraft der vorliegenden wissenschaftlichen Erkenntnisse voraus (vgl. Mazur 1973; O'Riordan 1985).

Paradigmatisch für eine „technische Kontroverse" ist der Kernenergiekonflikt. Aber zunehmend entwickeln sich solche Kontroversen auch um andere neue Technologien, wie die Bio- und Gentechnologie, oder auch um bekannte Technologien wie die Müllverbrennung, die Großchemie und die Anwendung von Pflanzenschutz- und Düngemittel in der Landwirtschaft.

Die etablierten Experten tendieren zunächst einmal dazu, die Existenz einer wissenschaftlichen Kontroverse zu bestreiten. Sie argumentieren damit, daß die Gegenexperten „selbsternannte Experten" seien, häufig keine ausreichende Kompetenz auf dem jeweiligen Gebiet besäßen, und daß ihre Kritik außerwissenschaftlich motiviert sei. Nun kann sicher nicht bestritten werden, daß Experten und Gegenexperten häufig sehr unterschiedliche Karrieren durchlaufen haben. Es handelt sich aber insofern um eine wissenschaftliche Kontroverse, als der Streit unter Bezugnahme auf wissenschaftliche Daten, wissenschaftliche Theorien und wisssenschaftliche Methoden ausgetragen wird. Sicher ist auch, daß die Gegenexperten von großen Teilen der Bevölkerung als Experten angesehen werden (vgl. Peters u.a. 1987; Peters/Hennen 1990).

4.2 Modelle der Berichterstattung über kontroverse Risiken

Angesichts widersprüchlicher Informationen von verschiedenen Quellen, die unterschiedliche Positionen in einer Risikokontroverse einnehmen, und der begrenzten eigenen Fachkompetenz stellt sich für die Journalisten die Frage, welche Risikoinformationen sie auswählen und vermitteln sollen. Verschiedene Modelle der Berichterstattung sind hier denkbar:

1) Ein *technokratisches Modell* der Berichterstattung würde verlangen, daß die Medien „echte" und „vorgebliche" Experten unterscheiden, korrekte und falsche Informationen erkennen und lediglich die korrekten Informationen weitergeben. Was allerdings korrekte und falsche Informationen sind, darüber besteht nur bei den jeweiligen Konfliktpartnern und ihren direkten Anhängern (subjektive) Klarheit. Abgesehen davon, daß meist die Expertise bei den Journalisten fehlt, um die fachliche Argumentation der beiden Seiten nachvollziehen zu können, sind Meinungsverschiedenheiten über technische und Umweltrisiken häufig prinzipiell nicht ausräumbar.

2) Ein *konfliktorientiertes Modell* der Berichterstattung würde dagegen von der Möglichkeit ausgehen, daß beide Seiten (teilweise) recht haben, würde also nicht von vornherein eine Parteinahme der Journalisten erfordern. In der Medienberichterstattung würden beide Seiten mit ihren Aussagen und Argumenten zitiert. Ein anspruchsvoller Journalismus würde über die bloße Darstellung hinaus versuchen, die Argumentation beider Seiten nachzuvollziehen und die Positionen miteinander zu vergleichen, um die entscheidenden Punkte des Dissenses bloßzulegen.

Beide vorgestellten Modelle sind nicht ohne Probleme. Das technokratische Modell setzt – wie bereits angedeutet – voraus, daß der Journalist in der Lage ist, von zwei Positionen die richtige zu erkennen. Er müßte dazu quasi eine Funktion als Oberexperte einnehmen. Andererseits führte es leicht zu absurden Konsequenzen, wenn Medien – wie ihnen manchmal vorgeworfen wird – jede Meinung einer sich als Experte gebärdenden Person gleichermaßen ernst nehmen würden. Faktisch beruht die Berichterstattung der Medien daher auf einem Kompromiß zwischen beiden Strategien.

4.3 Einfluß der Medien in Risikokontroversen

Eine wichtige Forderung, mit der Medien bei jeglicher Berichterstattung, insbesondere aber bei der Berichterstattung über Risikokontroversen konfrontiert werden, ist die nach neutraler oder ausgewogener Berichterstattung. Dieser Forderung liegt die Vorstellung zugrunde, daß Medien machtvollen Einfluß auf das Realitätsbild, auf Meinungen, Einstellungen und Verhalten der Rezipienten besitzen. Wenn die Medien daher einseitig zugunsten einer Seite in einer technische Kontroverse oder unausgewogen über die verschiedenen Risiken berichten – so lautet verkürzt die Vorstellung – wird sich diese Berichterstattung in falschen Vorstellungen beim Rezipienten, in unangemessenen Einstellungen und schließlich in problematischem Verhalten niederschlagen. Nach dieser „Domino-Theorie" der Medienwirkung werden Medieninhalt, Einstellungen und Verhalten der Rezipienten als hintereinanderstehende Dominosteine aufgefaßt. Kippt das erste Steinchen um (d.h. wird die Medienberichterstattung negativer), dann kippen auch die Einstellung und das Verhalten der Rezipienten (vgl. Grunig 1980: 178).

Damit ist wieder die Frage der Akzeptanz technischer Risiken aufgeworfen, die explizit oder implizit hinter den meisten Betrachtungen der Risikokommunikation steckt. Es wird befürchtet, daß durch die Art und Weise, wie Massenmedien technische Risiken darstellen, die gesellschaftliche Akzeptanz dieser Technologien verhindert wird. Kepplinger (1988) argumentiert beispielsweise in dieser Weise.

Ein weiterer Ansatz von Mazur (1984; 1990) behauptet dagegen, daß nicht die Tendenz der Berichterstattung, also das Verhältnis der Zahl der positiven zur Zahl der negativen Aussagen, die Einstellungen der Öffentlichkeit zu der jeweiligen Technologie prägt, sondern der Umfang der Berichterstattung.

Die Medienwirkungsforschung ist weit davon entfernt, ein umfassendes Bild von den Wirkungen der Massenmedien auf die Einstellungen der Rezipienten zu besitzen. Weitgehend akzeptiert ist jedoch die Feststellung, daß Medienwirkungen kontingent sind, d.h. von einer Vielzahl von Faktoren außer dem Medieninhalt abhängen, daß sie von Rezipient zu Rezipient sehr verschieden sein können, daß sie häufig in Verbindung mit anderen (z.B. interpersonalen) Kanälen entstehen, und daß es keineswegs eine direkte kausale Abhängigkeit der Einstellungen der Rezipienten von der Medientendenz gibt (vgl. Dunwoody/Peters 1992).

5. Ansätze zur Verbesserung der Risikokommunikation

Mit dem Begriff „Risikokommunikation" wird ein sehr heterogenes Forschungsfeld bezeichnet, das weit über den in diesem Beitrag behandelten Ausschnitt der massenmedialen Risikokommunikation hinausgeht. Im großen und ganzen ist das Forschungsgebiet anwendungsorientiert. Das bedeutet, daß über die Analyse von Kommunikationsprozessen hinaus, Ansätze zur Verbesserung der Kommunikation über Risiken entwickelt werden sollen. Ralph L. Keeney und Detlof von Winterfeldt zählen beispielsweise folgende Ziele der Risikokommunikation auf (Keeney/von Winterfeldt 1986):

– Aufklärung der Öffentlichkeit über Risiken, Risikoanalyse und Risikomanagement,

– bessere Information der Öffentlichkeit über Risiken und Maßnahmen zu ihrer Reduzierung,

– Förderung individueller Maßnahmen zur Risikominimierung,

– verbessertes Verständnis von Werten und Besorgnissen der Öffentlichkeit (bei den Experten),

– Vergrößerung des gegenseitigen Vertrauens und der gegenseitigen Glaubwürdigkeit und

– Lösung von Konflikten und Kontroversen.

Zahlreiche Risikokommunikationsforscher gehen davon aus, daß sich über die Verbesserung der Kommunikationsprozesse eine ganze Reihe gesellschaftlicher Probleme, wie inadäquate Risikowahrnehmung, fehlende Technikakzeptanz, unerwünschtes riskantes Verhalten usw. lösen lassen. Da sich Massenmedien durch Forschungsergebnisse in der Regel wenig beeindrucken lassen, standen bislang vor allem Bemühungen um eine Verbesserung des Verhaltens der Quellen von Risikoinformationen, Experten und Risikomanagern, im Vordergrund.

Bislang ist unklar, ob dieser Forschungszweig zu anwendbaren Ergebnissen führt, die über eher auf plausiblen Überlegungen als auf systematischer Forschung beruhenden allgemeinen Ratschlägen hinausgehen. Die Ratschläge, die Risikokommunikationsforscher bislang formuliert haben und die beispielsweise von der amerikanischen Umweltbehörde aufgegriffen wurden, sind zwar weitgehend konsensfähig, aber hochgradig interpretationsbedürftig. So verbreitet die Environmental Protection Agency beispielsweise folgende „Seven Cardinal Rules of Risk Communication" (Environmental Protection Agency 1988, übers. v. Verf.):

1. Akzeptiere und beteilige die Öffentlichkeit als legitimen Partner!

2. Plane sorgfältig und sorge für eine Erfolgskontrolle Deiner Bemühungen!

3. Nimm die speziellen Anliegen der Öffentlichkeit zur Kenntnis!

4. Sei ehrlich, freimütig und offen!

5. Kooperiere und koordiniere Deine Aktivitäten mit anderen glaubwürdigen Quellen!

6. Erfülle die Bedürfnisse der Medien!

7. Sprich klar und mit Anteilnahme!

An diesem Ansatz der Risikokommunikation ist massive Kritik geäußert worden. So bezeichnen beispielsweise Earle und Cvetkovich die oben erwähnten sieben Kardinalregeln für die Risikokommunikation als „banale Platitüden", die ein größeres Wissen vortäuschten als vorhanden sei. Weitaus schwerer wiegt jedoch ihr Vorwurf des „Technozentrismus" dieses Ansatzes, den die beiden Kritiker durch die Grundfrage charakterisiert sehen, wie es erreicht werden könne, daß die Öffentlichkeit die technische Analyse eines bestimmten Risikos verstehe und akzeptiere.

Medien tragen allerdings nicht die alleinige Verantwortung für die Verbesserung der öffentlichen Kommunikation über Risiken. Genauso angesprochen sind Experten, wissenschaftliche Einrichtungen, Behörden und Unternehmen, die als Quellen von Risikoinformationen enormen Einfluß auf Themen und Inhalte der Berichterstattung nehmen und deren Aufgabe es wäre, ihre Schnittstelle zu den Medien zu verbessern. In der Bundesrepublik Deutschland gibt es im Bereich der Kommunikation von Wissenschaft und Technik mit der Öffentlichkeit – verglichen beispielsweise zu den USA – einen Nachholbedarf an Professionalität im Umgang mit Journalisten und Medien (vgl. Peters 1990). Angesprochen sind aber auch die Bildungs- und Weiterbildungseinrichtungen, die die Fähigkeit des Umgangs mit wissenschaftlichen Risikoaussagen vergrößern müßten. Nur so ließe sich die Nachfrage nach fundierten Risikoinformationen seitens der Medienrezipienten erhöhen.

Trotzdem: Auch Massenmedien müssen sich auf die Bedingungen der Risikogesellschaft einstellen. Wenn wissenschaftliche Risikoanalysen und ökonomisch-technische Kosten-Nutzen-Kalküle immer häufiger wesentlichen Einfluß auf politische Entscheidungen nehmen oder jedenfalls zu ihrer Legitimierung herangezogen werden, dann darf dies auch der Journalismus nicht ignorieren. Erst das Verstehen des technokratischen Entscheidungskalküls versetzt die Öffentlichkeit in die Lage, ggf. abweichende Entscheidungskriterien zu formulieren und politisch durchzusetzen. Das dumpfe Unbehagen an vielen Entscheidungen im Bereich ökologischer und technischer Risiken muß möglichst weitgehend durch eine reflektierte Kritik ersetzt werden.

Eine Verbesserung der Medienberichterstattung über ökologische und technische Risiken könnte an folgenden beiden Punkten ansetzen:

1) *Vergrößerung redaktioneller Ressourcen und journalistischer Kompetenz für die Recherche und Berichterstattung über technisch-wissenschaftliche Sachverhalte.*

Bislang wird die politische Struktur einer Risikokontroverse sehr detailliert, die inhaltliche Struktur dagegen nur rudimentär dargestellt. Es ist zwar einfacher, aber auf Dauer unbefriedigend und dysfunktional, wenn die inhaltliche Auseinandersetzung mit Risikoinformationen aus Gründen fehlender Kompetenz vermieden wird und allein der politische Kontext thematisiert wird, weil dafür die traditionellen journalistischen Strukturen ausreichen. Aber auch für den Bereich technisch-wissenschaftlicher Informationen muß gelten, was für den politischen Bereich selbstverständlich ist: „Check It Out" (Jerome 1986).

2) *Tiefergehende journalistische Analyse von Konflikten um Technologien, technische Anlagen oder Umweltprobleme.*

Wenn es Meinungsverschiedenheiten über die Einschätzung von Risiken gibt, so können diese auf verschiedenen Gründen beruhen. Streitparteien können unterschiedliche Werte für wichtig halten (Ökonomie vs. Ökologie), sich auf unterschiedliche Fakten berufen, Daten unterschiedlich interpretieren oder gar das Entscheidungsproblem anders definieren. Viele Konflikte basieren auch nur oberflächlich auf Kontroversen um Risiken und Nutzen. Andere Konfliktebenen liegen häufig versteckt unter der Oberfläche und strukturieren den Streit als „hidden agenda". Journalisten sollten sich verstärkt bemühen, die Kontroverse so transparent wie möglich zu machen und sollten dabei verdeutlichen, wo die entscheidenden Streitpunkte liegen.

Medien präsentieren Risikoaussagen in aller Regel als „Fakten" statt als Ergebnis voraussetzungsbehafteter und komplizierter Verfahren, in die auch subjektive Einschätzungen und Werturteile eingehen. Im Falle kontroverser Risikoaussagen, die in weiten Bereichen eher die Regel als die Ausnahme sind, wird die Widersprüchlichkeit eher politisch als wissenschaftlich aufgelöst, etwa indem auf hinter den Risikoaussagen stehende Interessen verwiesen wird. Eine solche journalistische Analyse der Interessen und Motive ist selbstverständlich notwendig, darf aber die auch vorhandene inhaltliche Dimension des Streits nicht verdecken.

Wie begründen die einzelnen Akteure ihre Risikoaussagen? Von welchen Annahmen gehen sie aus? Auf welche Studien berufen sie sich? Wie kommt es zu den unterschiedlichen Einschätzungen? Journalisten müssen lernen, verstärkt solche Fragen zu stellen und investigativen Journalismus zu betreiben, der hinter die Fassade glatter Risikoaussagen blickt. Experten und Risikomanager müssen lernen, klare verständliche Antworten auf solche Fragen zu geben. Und Rezipienten schließlich kann es in der Risikogesellschaft nicht erspart werden, Kompetenz im Umgang mit solchen Informationen zu erwerben.

DAGMAR KREBS

Gewalt und Pornographie im Fernsehen – Verführung oder Therapie?

1. Allgemeine Einführung

Die Diskussion über die möglichen Auswirkungen von Gewaltdarstellungen hat eine lange Tradition. Die Frage, wie Menschen von bildhaften oder verbalen Darstellungen beeinflußt werden, wurde schon in der Antike – hauptsächlich von Platon und Aristoteles – kontrovers diskutiert. Die Basis dieser Diskussion war dabei immer die Vorstellung, daß Menschen vor Inhalten und/oder Darbietungen geschützt werden müssen, die für sie schädlich sein können. Allerdings war die Auffassung, daß Menschen von bildlichen oder verbalen Darbietungen negativ beeinflußt werden, auch schon immer umstritten. So erhob Platon die Forderung, daß die Dichter von Märchen und Sagen beaufsichtigt werden müßten, so daß nur die guten Märchen an die Rezipienten weitergereicht würden, wobei offen blieb, was gut sein sollte und wer über gut oder nicht gut entscheiden sollte. Im Gegensatz zu Platon vertrat Aristoteles die Ansicht, durch eine Tragödie, die Stimmungen wie Furcht und Mitleid beim Zuschauer errege, werde eine reinigende Wirkung erzielt. Dieser als Katharsisthese in der Forschung bekannte Standpunkt schreibt Gewaltdarstellungen eine sozialhygienische Funktion zu, da durch die Rezeption derartiger Darstellungen Aggressionspotentiale abgebaut würden. Mit diesen beiden von Platon und Aristoteles vertretenen Standpunkten sind die lange Zeit in der Wirkungsforschung zu Gewaltdarstellungen vorherrschenden Positionen umschrieben:

– Gewaltdarstellungen haben schädliche Auswirkungen, weil die Rezipienten durch solche Darstellungen Techniken und Rechtfertigungen für Gewalt und Aggression lernen.

– Gewaltdarstellungen sind unschädlich, weil die Rezipienten durch das Ansehen von Gewaltdarstellungen stellvertretend in der Phantasie ihre eigenen aggressiven Handlungstendenzen abreagieren können.

Gewaltdarstellungen beinhalten entweder die Darstellung aggressiver Handlungen allgemein oder sexuelle Aggression; Pornographie wird hier nur insofern behandelt, als sie im Kontext sexueller Aggression dargestellt ist. Untersuchungen über die Effekte von Gewalt- und Pornographiedarstellungen konzentrieren sich auf die audio-visuellen Medien, weshalb hier hauptsächlich auf Pornographie und Gewalt im Fernsehen eingegangen wird.

2. Gewalt und Pornographie als Forschungsgegenstand

2.1 Pornographie in den Medien

Pornographie wird heute häufig in Zusammenhang mit sexueller Aggression gebracht. Dabei beinhaltet Pornographie zunächst nur die Darstellung von körperlicher Nacktheit, Sexualität und sexuellen Techniken. Historisch gesehen gehören Nacktheit und Sexualität zu den ältesten Kunstthemen, die an Höhlenwänden, auf Gefäßen oder in Statuen abgebildet wurden. Lange vor der Entstehung des römischen Reiches war bereits jede akzeptable und unakzeptable sexuelle Praktik, die wir heute kennen (mit Ausnahme obszöner Telefonanrufe), tausendfach beschrieben, gezeichnet, eingeritzt oder in Skulpturen festgehalten. Wir wissen nichts über die Wirkungen, die diese Darstellungen auf das Fühlen, Denken und Tun der Menschen hatten, noch ist etwas über Verbote von Darstellungen oder Beschreibungen sexueller und erotischer Handlungen bekannt. Erst um die Zeit der Reformation regte sich auf der Basis des Puritanismus Protest gegen solche Darstellungen. Sexuelle Aktivität per se wurde als unmoralisch angesehen und erst recht das Betrachten sexueller Stimuli, weil dies unreine Gedanken, unangemessene Wünsche und sündhaftes Verhalten fördern könnte.

Pornographie hat a priori nichts mit Gewalt zu tun. Die ethymologische Bedeutung des Wortes Pornographie setzt sich zusammen aus den altgriechischen Begriffen *porne* = Hure und *graphos* = Zeichnung, Radierung, Schrift. Als porne wurde im alten Griechenland die Hure, also die am wenigsten beschützte und respektierte Frau verstanden, die allen Männern zur Verfügung stand. Es war jedoch nicht die Prostitution an sich in der Antike gering geachtet: man denke nur an die Tempelprostituierten, die in der Gesellschaft hoch angesehen waren und zum Teil erheblichen Einfluß hatten. Pornographie bezeichnet also das Beschreiben – in Wort oder Bild – der einfachen Prostitution. Damit wird deutlich, daß pornographische Darstellungen keineswegs mit Gewaltdarstellungen gleichzusetzen sind. Sie sind sehr sorgfältig zu unterscheiden in Darstellungen, die lediglich Nacktheit und körperliche Anatomie abbilden und in Darstellungen, die sexuelle Aktivitäten mit oder ohne sichtbare Gewaltanwendung abbilden.

Über die Wirkungen der Darstellung und Verbreitung von Pornographie wurde über die Jahrhunderte hinweg ein regelrechter Glaubenskrieg geführt. Vor Beginn der 70er Jahre dieses Jahrhunderts lagen jedoch keinerlei gesicherte Erkenntnisse über die Wirkung von Pornographiedarstellungen vor (vgl. Selg 1986). Seit Beginn der 70er Jahre wird vorrangig der Effekt von pornographischen Darstellungen mit und ohne sichtbare Gewaltanwendung auf sexuelle Aggression untersucht (vgl. Huesman/Malamuth 1986).

2.2 Aggression und Gewalt im Fernsehen

Die Wirkungen der Rezeption aggressiver Handlungen werden seit Beginn der 60er Jahre untersucht. Zu diesem Zeitpunkt stellten Bandura und Walters (1963) ihre Theorie des Beobachtungslernens vor, die besagt, daß soziales Verhalten durch Beobachtung von Modellen gelernt wird. Das gilt auch für gesellschaftlich unerwünschte Verhaltensweisen wie z.B. aggressive Handlungen. Zum Zweck der Überprüfung dieser Theorie wurde von Bandura und Mitarbeitern eine Vielzahl experimenteller sozialpsychologischer Untersuchungen durchgeführt, deren Aufbau und Ergebnisse bei Kunczik (1975) ausführlich beschrieben sind. Dabei ging es in erster Linie darum nachzuweisen, daß Personen real oder im Film (Fernsehen) beobachtetes Verhalten nachahmen. Als Modelle wurden reale Personen, Filmdarsteller oder Comic-Figuren benutzt. Die dargebotenen Verhaltensweisen waren fast immer physische Aggressionen. Diese Untersuchungen wurden ausnahmslos in Laborsituationen durchgeführt. Filmszenen, die eigens für diesen Zweck erstellt worden waren, wurden den Zuschauern (meistens Kindern) in den Räumen der Universität vorgeführt. Die Ergebnisse dieser experimentellen Untersuchungen liefern klare Hinweise dafür, daß Filmdarstellungen einen modellierenden Effekt auf das Verhalten der kindlichen Zuschauer haben können. Zu beachten ist jedoch, daß die künstlich im Forschungslabor geschaffene Situation, in der man den Zuschauer vollkommen unter Kontrolle hat und die Bedingungen während des Ansehens der Filmszenen gezielt im Sinne dessen, was untersucht werden soll, manipulieren kann, wenig Ähnlichkeit mit einer alltäglichen Fernsehsituation hat.

Die Ergebnisse dieser Forschungsarbeiten hatten eine spektakuläre Wirkung: Erstens begründeten sie auf breiter Ebene das Interesse an den Wirkungen von Gewaltdarstellungen im Fernsehen. Frühere Studien von Himmelweit und Mitarbeitern (1958) sowie von Schramm et al. (1961) fanden zwar durchaus Beachtung, der Boom der Fernsehwirkungsforschung im Bereich der Wirkungen von Gewaltdarstellungen trat jedoch erst im Anschluß an die oben genannten Experimente von Bandura und Mitarbeitern zum Beobachtungslernen auf. Zweitens beunruhigten diese Ergebnisse die wissenschaftliche und erst recht die nicht-wissenschaftliche Öffentlichkeit, weil vermutet wurde, daß die in experimentellen Untersuchungen auftretenden Nachahmungseffekte (Modelleffekte) auch in der realen Fernsehsituation auftreten würden.

Es kann kein Zweifel darüber bestehen, daß das Medium Fernsehen eine sozialisierende Kraft darstellt. Allerdings muß der Einfluß des Fernsehens im Zusammenhang mit anderen Faktoren der Gesellschaft gesehen werden, die ebenfalls am Sozialisations- und Lernprozeß der Zuschauer beteiligt sind. Es ist nicht von der Hand zu weisen, daß Gewaltdarstellungen im Fernsehen – hierzu zählen vor allen Dingen Krimis und Western – vergleichsweise häufig gesendet werden und sich einer weitgehenden Beliebtheit erfreuen. (Ausgesprochen „harte", Gewalt verherrlichende Filme sind im allgemeinen Fernsehprogramm relativ selten, stehen eher auf Video-Kassetten zur Verfügung und unterliegen damit anderen, bisher noch weitgehend unerforschten Wirkungsmechanismen.) Es ist jedoch gleichfalls als historische Tatsache anzusehen, daß Gewalt als dramaturgisches Mittel ein wesentliches Element der Unterhaltung ist. Zu oft wird das Fernsehen pauschal als Sündenbock für unerwünschte Zustände in der Gesellschaft verantwortlich gemacht, wodurch eine unvoreingenommene Betrachtung der Effekte von Gewaltdarstellungen und der Bedingungen, unter denen sie auftreten können, in den Hintergrund gedrängt wird. Aufgabe der Forschung ist es, diese Bedingungen herauszuarbeiten und die Einflußmöglichkeiten von audio-visuellen Darstellungen aufzuzeigen. Die Vorgehensweise der Forschung wird in den nachfolgenden Abschnitten dargestellt.

3. Erklärende (unabhängige) und erklärte (abhängige) Variablen in der Wirkungsforschung

Jede Forschung beginnt mit forschungsleitenden Fragen und Arbeitshypothesen, in denen Vermutungen über die Beziehung zwischen Variablen, z.B. über die Ursache-Wirkungs-Relation zwischen der Rezeption von Gewaltdarstellungen und aggressiven Handlungen, formuliert werden. Mit Hilfe von Hypothesen werden Erklärungszusammenhänge zwischen Variablen festgelegt. Die erklärenden Variablen werden dabei als unabhängige Variablen, die erklärten Variablen als abhängige Variablen bezeichnet. Die Erklärung einer abhängigen Variable, z.B. aggressives Verhalten, erfolgt durch mehrere unabhängige Variablen, z.B. Konsum aggressiver Fernsehsendungen, Geschlecht, Persönlichkeitsmerkmale, in dem Sinne, daß mit einer Veränderung der unabhängigen Variable auch eine Veränderung der abhängigen Variable einhergeht. Der Zusammenhang zwischen abhängigen und unabhängigen Variablen kann von Randbedingungen, wie z.B. Situation bei der Rezeption, Anwesenheit anderer Personen usw. moderiert werden. Deshalb werden diese Randbedingungen als Moderator- oder intervenierende Variablen bezeichnet und werden ebenfalls bei der Formulierung von Hypothesen berücksichtigt. Die vorab formulierten Hypothesen werden an Hand der empirischen Ergebnisse überprüft und akzeptiert, wenn sie nicht widerlegt werden können.

3.1 Abhängige Variablen

3.1.1 Aggressive Handlungen oder Einstellungen

Die Besorgnis hinsichtlich möglicher negativer Effekte der Darstellungen von Aggression basiert darauf, daß diese einen Anreiz auf den Zuschauer ausüben können, das, was beobachtet wurde, nachzuahmen, was gesellschaftlich unerwünscht ist. Über die tatsächliche Nachahmung besteht jedoch in Fachkreisen keine Einigkeit. Das liegt – abgesehen von der theoretischen Kontroverse, welche Effekte solche Darstellungen überhaupt haben können – daran, daß sich sowohl Aggression und Gewalt als auch Pornographie durch eine Unschärfe in der Definition auszeichnen. Die Begriffe Aggression und Gewalt sind in empirischen Untersuchungen oft sehr unterschiedlich, zum Teil sogar überhaupt nicht definiert worden. Das führt zu einer Unschärfe der postulierten Wirkungen, d.h. daß pauschal Wirkungen von Darstellungen behauptet werden, die ganz unterschiedliche Handlungskontexte aufzeigen: Ist ein Kriegsfilm als aggressive Darstellung anzusehen oder trifft dies nur für Westernfilme zu? Ist eine Berichterstattung in den Nachrichten über die Kämpfe in Bosnien als aggressive Darstellung anzusehen, oder trifft das nur für den nachfolgenden Krimi zu? Wegen der Unschärfe in der Definition von Aggression und damit in der Bestimmung von Darstellungsinhalten als aggressiv werden die Effekte derartiger Darstellungen oft überschätzt. Die anzutreffenden Überzeugungen über das Ausmaß der negativen Effekte von Gewalt- und Pornographiedarstellungen sind oft nur Vorurteile, die dann entstehen, wenn ein Sachverhalt nicht klar und eindeutig definiert werden kann.

Hier wird ein zentrales Problem der empirischen Wirkungsforschung zu Gewaltdarstellungen deutlich. Gewalt und Aggression sind für verschiedene Forscher vollkommen unterschiedliche Verhaltensweisen und Erscheinungsformen. Die mangelnde begriffliche Klarheit von Gewalt oder Aggression zeigt sich in der Vielzahl der Phänomene, für die eine Wirkung behauptet wird:

– Einstellungen zu aggressiven Handlungen;

– konkretes Verhalten, das durch Verhaltensbeobachtungen erfaßt wird, wobei das Verhalten entweder

– in alltäglichen, realen Situationen (z.B. auf dem Schulhof) oder in

- künstlich hergestellten Situationen (z.B. im Forschungslabor) beobachtet wird;
- Selbstbeschreibungen von Verhaltensweisen;
- Verhaltenseinstufungen durch Eltern, Lehrer oder Gleichaltrige.

Diese Vielzahl der zu erklärenden Variablen macht die Vergleichbarkeit zwischen den unterschiedlichen Studien hinsichtlich dessen, was als Folge von Gewaltdarstellungen postuliert wird, außerordentlich schwierig. Eine für Forschungszwecke brauchbare theoretische Definition beschreibt Aggression als die beabsichtigte physische oder psychische Schädigung von Personen, anderen Lebewesen und Sachen (vgl. Bandura 1973; Berkowitz 1962; Mees 1972; Merz 1965). Diese Definition ist nicht unproblematisch, weil das Erschließen einer Absicht schwierig sein kann. Es können z.B. Schädigungen erfolgen, die von der handelnden Person nicht beabsichtigt sind, die aber vom Empfänger als schädigend und absichtsvoll und deshalb als aggressiv wahrgenommen werden. Die Konzeptualisierung der Schädigungsabsicht ist im Rahmen der Wirkungsforschung deshalb von besonderer Bedeutung, weil ein absichtsvolles, zielgerichtetes Handeln einen ganz anderen sozialen Stellenwert hat als eine zufällig und ohne Absicht erfolgte Schädigung, wie z.B. eine Rempelei in einer plötzlich bremsenden Straßenbahn.

Die Konzeption „Absicht" ist aber auch noch unter einem anderen Aspekt interessant: In der öffentlichen Diskussion um die Wirkungen von Gewaltdarstellungen werden immer wieder deren nachteilige Einflüsse auf Kinder, besonders auf kleinere Kinder hervorgehoben. Dabei ist zu beachten, daß der Einfluß, den aggressive Darstellungen auf Kinder haben können, davon abhängt, wie diese die beobachteten Handlungen – im Alltagsleben oder im Fernsehen – beurteilen. Handlungen können entweder auf der Basis ihres faktischen Ergebnisses oder auf der Basis der ihnen zugrunde liegenden Absicht beurteilt werden. Die Art und Weise, in der diese Beurteilung erfolgt, ist von der moralischen Urteilsfähigkeit abhängig und damit altersgebunden. Das moralische Denken folgt entweder Grundsätzen der Fremdbestimmtheit oder es basiert auf Grundsätzen der Selbstbestimmtheit. Die Grenze zwischen diesen beiden ineinander übergehenden moralischen Urteilsstufen wird beim Alter von etwa 7 Jahren angenommen (vgl. Kohlberg 1984). Man kann also davon ausgehen, daß bei Kindern unter 7 Jahren die Schwere des zugefügten Schadens und bei Kindern über 7 Jahren die Absicht des Angreifers zur Beurteilung einer Handlung als aggressiv herangezogen wird. Konsequenterweise müßte diesen Erkenntnissen bei der Analyse der Wirkungen von Gewaltdarstellungen dadurch Rechnung getragen werden, daß die Bestimmung der Aggressionsart, die als abhängige Variable gewählt wird, der Altersstufe der untersuchten Personen angepaßt wird. Dies ist jedoch nicht der Fall, weshalb Ergebnisse, die mit Kindern unter 7 Jahren erzielt wurden, nicht für alle

Altersstufen verallgemeinert werden können. Als Beispiel sind hier die Laborstudien von Bandura und Mitarbeitern zu nennen, deren Ergebnisse durch die Untersuchung von Kindern im Kindergartenalter gewonnen wurden.

3.1.2 Strukturelle Gewalt

Die direkte, personale Gewalt ist zu unterschieden von der strukturellen, indirekten Gewalt. Strukturelle Gewalt ist die in ein soziales System eingebaute Gewalt, die sich in ungleichen Machtverhältnissen und ungleichen Lebenschancen äußert. Bei dieser Form der Gewalt muß kein konkreter Akteur sichtbar sein, und das Opfer muß sich auch keines „Gewalteinflusses" bewußt sein. Für Galtung (1975) besteht strukturelle Gewalt dann, wenn eine Diskrepanz zwischen der aktuell vorhandenen und der potentiell möglichen Verwirklichung der Menschen innerhalb eines sozialen Systems besteht. Es ist unmittelbar einsichtig, daß die Definition des jeweils „Aktuellen" und des jeweils „Potentiellen" außerordentlich schwierig ist. Daraus folgt, daß diese beiden zentralen Bestandteile der Theorie nicht operationalisiert werden können, d.h. es können keine allgemein gültigen Regeln formuliert werden, in welcher Weise diese beiden theoretischen Begriffe durch Beobachtung oder Abfrage gemessen werden können.

Diese Problematik zeigt sich auch darin, daß die Effekte struktureller Gewalt bei der Diskussion der Wirkungen von Gewaltdarstellungen bis heute weitgehend unbeachtet geblieben sind. Allerdings wird manchmal das Medium Fernsehen selbst als ein Faktor der strukturellen Gewalt angesehen, weil gesellschaftlich relevante Subgruppen entweder in den Darstellungen unterrepräsentiert sind oder weil sie vorzugsweise als Ziel aggressiver Handlungen, als unterprivilegiert oder ganz allgemein als „abweichend" dargestellt werden.

3.1.3 Pornographie

Die Bestimmung dessen, was Pornographie ist, ist noch schwieriger als die Definition der Begriffe Aggression und Gewalt. Pornographie ist ein Begriff, der die bildliche oder verbale Darstellung von körperlicher Nacktheit, besonders von männlichen oder weiblichen Genitalien beschreibt (vgl. Selg 1986). Unter den Begriff Pornographie fallen aber auch bildliche oder verbale Beschreibungen sexueller Aktivitäten in ihrer ganzen Vielfalt. Unter lerntheoretischer Perspektive bewirkt die Deutlichkeit pornographischer Darstellungen für sich genommen weder anti- noch prosoziale Effekte. Erst die Dramaturgie der Darstellung, die bestimmte Handlungskontexte aufzeigt, so z.B., daß die Herrschaft des Mannes über die Frau naturgegeben ist, daß sexuelle Aggression oder Gewaltausübung positive Konsequenzen haben, oder daß befriedigende Sexualität mit gegenseitigem

Respekt einhergeht, ist zentral für die Wirkung, die pornographische Darstellungen haben können.

Pornographie, so wie der Begriff meistens in der (Wirkungs-) Forschung verwendet wird (vgl. Malamuth/Donnerstein 1984), umfaßt nicht nur die Darstellung sexuell expliziter Stimuli, sondern bezieht sich vor allen Dingen auf die Verbindung zwischen diesen Darstellungen und (sexuell) aggressiven Handlungen. Häufig wird nicht zwischen Pornographie als (abbildender) Darstellung und der in der Handlungskomponente enthaltenen Information (Aggression) unterschieden, so daß Pornographie oft mit sexueller Aggression gleichgesetzt wird. Als sexuelle Aggression gilt die Anwendung von Gewalt bei dem Versuch, sexuell aktiv zu werden, oder die Anwendung von Aggression im Zusammenhang mit sexueller Erregung (vgl. ebd.). Bei der Diskussion um die Wirkungen pornographischer Darstellungen ist eine sorgfältige Unterscheidung zwischen zwei mit dem Begriff Pornographie verbundenen Komponenten außerordentlich wichtig:

- die Darstellung von Nacktheit und Sexualität als Abbildung und
- die Dramaturgie der Darstellung, die bestimmte Handlungsweisen in spezifische Kontexte stellt.

In empirischen Untersuchungen, die die Wirkungen von pornographischen Darstellungen erforschen, wurden die Effekte auf unterschiedliche Weise gemessen:

- über die Akzeptanz der Gewalt gegen Frauen;
- über die Akzeptanz des Vergewaltigungsmythos (die Überzeugung, daß Frauen sich insgeheim wünschen, vergewaltigt zu werden);
- über die Auffassung, daß Frauen, die darauf aus sind, einen Mann für sich zu gewinnen, schlau und manipulativ vorgehen;
- durch die Messung physischer Reaktionen (z.B. Pulsfrequenz, Reaktionen der Genitalorgane, Pupillenreaktionen);
- über Fragen nach der eigenen Bereitschaft zu sexueller Aggression.

3.2 Unabhängige Variablen: Struktur und Inhalte von Gewaltdarstellungen

Um die Wirkungen von Gewaltdarstellungen analysieren zu können, müssen zunächst die Charakteristika von Fernsehgewalt bestimmt werden. Die hervorstechendsten Merkmale von Gewaltdarstellungen im Fernsehen sind bei Kunczik (1987) folgendermaßen beschrieben:

1. In der Mehrzahl der als Gewaltdarstellungen bezeichneten Sendungen werden Aggression und Gewalt als effizientes Mittel zur Zielerreichung dargestellt. Auch bei der Lösung von Konflikten führt Aggres-

sion praktisch immer zum Erfolg. Bestrafung von Aggression erfolgt bei den Hauptakteuren selten, ebenso wie diese typischerweise keine Opfer von Gewalthandlungen sind. Opfer von Gewalt sind üblicherweise Nebenakteure und/oder Frauen (vgl. Neverla 1991), deren Bedeutung als Identifikationsobjekt für die Zuschauer gering ist. Zuschauer identifizieren sich dann mit realen oder im Film dargestellten Personen, wenn diese ihnen sympathisch sind und materielle und/ oder ideelle Güter besitzen, die die Zuschauer selbst gerne haben möchten. Deshalb ist es naheliegend, daß Zuschauer sich eher mit den Akteuren als mit den Opfern von Gewalt identifizieren.

2. Der Prototyp des Gewalttäters oder des Aggressors ist männlich, unverheiratet und zwischen 30 und 45 Jahre alt. Diese dynamisch-aggressiven Männer sind meist von jüngeren sanften und/oder verführerischen Frauen umgeben (vgl. Neverla 1991). Aggressionen weiblicher Personen sind in den Darstellungen nur selten anzutreffen. Dieses Muster gilt vorzugsweise für Kriminalfilme von der Struktur der James Bond-Filme.

3. Der Gewaltakt selbst wird eher unrealistisch dargestellt. Die Konsequenzen der Aggressionen wie Leid, Schmerz, Verwundungen usw. werden gar nicht oder in verharmlosender Weise dargestellt. Dieses Muster ist besonders gut in Bud Spencer und Terence Hill-Filmen zu beobachten.

4. Gewalt wird nicht nur von negativen Bezugspersonen, also von Gangstern, Verbrechern, Betrügern, sondern vor allem durch die dazu legitimiert erscheinenden Vertreter von Recht und Ordnung ausgeübt. Polizisten und Privatdetektive haben für die Gewalt, die sie ausüben, in den meisten Fällen nichts zu befürchten. Die Handlungen erscheinen gerechtfertigt und dienen der Erhaltung von Ruhe und Ordnung. Die Entstehungszusammenhänge von Kriminalität werden nicht aufgezeigt, so daß aggressives Handeln seitens der Ordnungskräfte die einzig mögliche Strategie im Umgang mit und bei der Bekämpfung von Kriminalität zu sein scheint. Serien- und Politkrimis sind durch dieses Muster gekennzeichnet.

5. Wie oben schon kurz ausgeführt, ist strukturelle Gewalt in den Unterhaltungssendungen des Fernsehens von nachgeordneter Bedeutung. Die Darstellung von Gewalt ist personenorientiert. Macht, Wohlstand, Prestige werden als das Ergebnis zielgerichteten Handelns einzelner Personen dargestellt. In der Sozialstruktur begründete, Erfolg oder Mißerfolg begünstigende Faktoren werden nicht thematisiert, und auch die Bedeutung unterschiedlicher individueller Ausgangssituationen in der jeweiligen Sozialstruktur werden nicht kritisch hinterfragt. Die

Fernseh-Serien „Dallas" und „Denver" sind gute Beispiele für dieses Muster.

Zusammenfassend läßt sich also sagen:

Fernsehgewalt ist eng mit der männlichen Rolle verbunden. Gewalt kann für den Empfänger zwar tödliche Folgen haben, ist aber nur selten schmerzhaft. Gewalt wird sowohl von den „Guten" als auch von den „Bösen" als erfolgreiches Mittel zur Erreichung von Zielen und zur Lösung von Konflikten eingesetzt. Insgesamt wird aggressives oder gewalttätiges Verhalten in den Unterhaltungssendungen des Fernsehens als normale, alltägliche Verhaltensstrategie dargestellt, auf die auch moralisch integre Personen zurückgreifen. Es werden Handlungsmodelle angeboten, die demonstrieren, wie man mit Hilfe illegitimer Mittel (Aggression und Gewalt) als legitim anerkannte Ziele (Wohlstand, Macht, Prestige) erreichen kann (vgl. Kunczik 1987: 28).

3.3 Intervenierende Variablen im Wirkungsprozeß

Neben den Merkmalen der Medieninhalte gibt es auf Seiten der Rezipienten Faktoren, die das Zustandekommen einer „Wirkung" begünstigen oder verhindern. Hierzu gehören:

1. Der Grad der Ausprägung aggressiver Gewohnheiten bei den Rezipienten.

2. Die Intensität feindlicher Stimmungen, die bei den Zuschauern durch das Ansehen aggressiver Filme angeregt werden.

3. Der Grad der Assoziierbarkeit zwischen der Filmsituation und

    – einer Situation, in der die durch den Film hervorgerufenen feindseligen Stimmungen in ähnlicher Art schon vorher – also vor dem Ansehen des Films – aufgetreten sind, so daß eine Bekräftigung der feindseligen Stimmungen bei den Rezipienten stattfindet;

    – einer Situation, die nach dem Ansehen des Films besteht und die von den Rezipienten als dem Film ähnliche Situation wahrgenommen wird, so daß die Verhaltensweisen der Filmmodelle (wegen der wahrgenommenen Ähnlichkeit der Situation) in die reale Situation übertragen werden;

    – dem Opfer der aggressiven Handlungen im Film und dem Opfer der von den Rezipienten beabsichtigten eigenen aggressiven Handlungen.

4. Die Intensität der Schuldgefühle oder der Aggressionsangst, die durch das Ansehen von Gewalt- oder Pornographiedarstellungen bei den Rezipienten hervorgerufen wird.

5. Der von den Rezipienten eingeschätzte Grad der moralischen Rechtfertigung der aggressiven Handlungen im Rahmen des Filmgeschehens.

6. Der Grad der Involviertheit (Ich-Beteiligung) der Rezipienten beim Ansehen von Gewalt- oder Pornographiedarstellungen, so daß die in den beobachteten Handlungsweisen enthaltene symbolische Information (bei hoher Ich-Beteiligung) als verbindlicher für die eigene Situation eingeschätzt wird.

7. Der Grad und die Art der emotionalen Erregung, die durch das Ansehen von Gewalt- oder Pornographiedarstellungen hervorgerufen wird, so daß manche Rezipienten mit Furcht, andere mit Ärger und wieder andere mit positiven Gefühlen auf solche Darstellungen reagieren, was einen entscheidenden Einfluß auf die kognitive Verarbeitung solcher Darstellungen hat.

8. Der Grad der Realitätseinschätzung der beobachteten Darstellungen durch die Rezipienten, so daß die dargestellten Handlungsweisen höhere (geringere) Verbindlichkeit für das eigene Verhalten haben.

9. Der Grad der Identifikationsmöglichkeit mit dem Filmmodell, so daß eine starke (schwache) emotionale Verbindung zwischen den Rezipienten und einer (im Film) agierenden Person entsteht, die zu dem Bestreben der Rezipienten führt, der Film-Figur im Denken, Empfinden und Handeln möglichst ähnlich zu werden.

Alle diese Bedingungen, die Effekte von Gewalt- und Pornographiedarstellungen verstärken oder reduzieren können, sind von Faktoren abhängig, die in der Persönlichkeit und der sozialen Umgebung jedes einzelnen Rezipienten liegen. Einige dieser Bedingungen sind auch altersabhängig, wie z.B. die Identifikation mit Film-Figuren, die zwar bei Kindern auftritt, aber mit steigendem Alter abnimmt; auch identifizieren Kinder sich eher mit realen Personen als mit Film-Figuren. Unter diesem Aspekt kann dem Fernsehen allein keine verursachende Bedeutung bei der Ausbildung und Konkretisierung aggressiver Verhaltensmuster zugeschrieben werden. Das Medium kann jedoch eine intensivierende Wirkung haben, die sicher nicht unterschätzt werden darf.

4. Modellvorstellungen des Wirkungsprozesses

Bei der Erforschung der Wirkungen von Gewalt- und Pornographiedarstellungen wird im wesentlichen von zwei Modellvorstellungen ausgegangen. Die medienzentrierte Wirkungsforschung, die am besten mit der Frage „Was machen die Medien mit den Menschen?" gekennzeichnet werden kann, sucht vor allen Dingen nach Kausalbeziehungen zwischen Gewaltdarstellungen und Einstellungen oder Verhaltensweisen der Zuschauer.

Neben diesem klassischen Reiz (Stimulus)-Reaktions (Response)-Ansatz hat sich in den letzten 20 Jahren der rezipientenorientierte Forschungsansatz entwickelt. Die zentrale Frage dieses Nutzen- und Belohnungsansatzes (vgl. Katz/Blumler 1974) lautet: „Was machen die Menschen mit den Medien?" Entsprechend dieser Ausgangsfragestellung können Mediendarstellungen die Rezipienten nur dann beeinflussen, wenn sie in deren sozialer und persönlicher Situation einen subjektiven Sinn ergeben. Dieser Ansatz geht davon aus, daß Rezipienten bestimmte Bedürfnisse z.B. nach Unterhaltung und/oder Information haben und daß die Befriedigung dieser Bedürfnisse durch die Medien eine Belohnung für die Rezipienten darstellt.

Aus der Annahme, daß Medieninhalte bestimmte Bedürfnisse bei den Rezipienten befriedigen, resultiert eine gewisse theoretische Unschärfe des Nutzen- und Belohnungsansatzes. Häufig bleibt unklar, ob der erwartete Nutzen (als Ausgangspunkt der Mediennutzung) oder die Belohnung (als durch Mediennutzung erreichter Zielzustand) die Zuwendung zu bestimmten Medieninhalten erklären. Diese theoretische Problematik soll hier nicht weiter vertieft werden, da der Nutzen- und Belohnungsansatz schon abgehandelt wurde (→ III, Merten).

Festzuhalten bleibt, daß die zuschauerorientierte Wirkungsforschung die Rezipienten als Akteure im Wirkungsprozeß begreift, so daß bei der Erklärung von Wirkungen Interaktionen zwischen Rezipienten und Medium zu berücksichtigen sind.

5. Die theoretische Erklärung der Wirkungen von Gewaltdarstellungen

Zur Erklärung der Wirkung von Gewalt- und Pornographiedarstellungen ist eine Vielzahl von Thesen aufgestellt worden, die sich klassifizieren lassen als:

- Thesen, die behaupten, das Ansehen von Gewalt- oder Pornographiedarstellungen vermindere die Bereitschaft der Zuschauer zur Ausübung eigener aggressiver Handlungen, wie die Katharsisthese (vgl. Feshbach/Singer 1971) und die Inhibitionsthese (vgl. Bramel et al. 1968).
- Thesen, die behaupten, das Ansehen von Gewalt- und Pornographiedarstellungen erhöhe die Bereitschaft der Zuschauer zur Ausübung eigener aggressiver Handlungen, wie die Stimulations- (vgl. Berkowitz und Turner 1974), die Erregungs- (vgl. Zillmann et al. 1974) und die Habitualisierungsthese (vgl. Gerbner 1981).

Die kognitive soziale Lerntheorie von Bandura (1977) (siehe unten) besagt, daß in Abhängigkeit von spezifischen Randbedingungen sowohl eine Verminderung als auch eine Erhöhung der Bereitschaft zur Ausübung aggressiver Handlungen auftreten kann. Insofern lassen sich beide Thesengruppen unter die Aussagen der kognitiven sozialen Lerntheorie subsumieren, was am Ende dieses Kapitels dargelegt wird.

5.1 Kognitive soziale Lerntheorie

Die kognitive Lerntheorie liefert die umfassendsten und empirisch am besten belegten Erklärungen für die Wirkungen von Gewalt- und Pornographiedarstellungen. Soziale Verhaltensweisen werden im Sinne dieser Theorie durch Beobachtung (realer oder filmischer Modelle) gelernt. „Lernen" kann auf zweierlei Art erfolgen: einerseits durch den Mechanismus der „Imitation", andererseits durch den Mechanismus der „Beobachtung von Modellen".

Der Mechanismus des Lernens durch Imitation führt zur direkten Nachahmung des beobachteten Verhaltens. Der Mechanismus des Modell-Lernens führt dagegen zur (verdeckten) Übernahme von Handlungsmustern, die nicht direkt im Anschluß an die Beobachtung in sichtbares Verhalten umgesetzt, sondern im Gedächtnis der Beobachter gespeichert werden.

Entsprechend diesen beiden Mechanismen des Lernens unterscheidet die Lerntheorie zwischen dem Erwerb und der Ausführung beobachteter Verhaltensweisen, wobei die Ausführung von den Konsequenzen abhängt, die das beobachtete Verhalten für das Modell hat. Hat das Modell z.B. mit aggressivem Verhalten Erfolg, und reagiert positiv auf diesen Erfolg, dann steigen die Chancen für die Akzeptanz des aggressiven Verhalten bei den Zuschauern. Allerdings ist die Ausführung von Verhaltensweisen, besonders von aggressiven Verhaltensweisen, abhängig von den Konsequenzen, die die Zuschauer für sich selbst erwarten, wenn sie das Verhalten ausführen.

Aggressiven Verhaltens wird jedoch auch gelernt, wenn die Zuschauer nicht unmittelbar nach der Beobachtung aggressiver Verhaltensweisen die Gelegenheit haben, selbst aggressive Handlungen auszuführen. Der Erwerb von Verhaltensweisen erfolgt durch Abstraktion von Verhaltensregeln aus den beobachteten Verhaltensweisen und durch die „Abspeicherung" dieser Verhaltensregeln im Gedächtnis. Entscheidende Voraussetzungen für das Auftreten von Lernprozessen dieser Art sind daher die Motivation, die Aufmerksamkeit, die Konzentration und das Erinnerungsvermögen der Zuschauer sowie ihre Fähigkeit, Zusammenhänge zu erkennen und Verhaltensregeln zu abstrahieren.

Die Unterscheidung zwischen Erwerb und Ausführung beim Erlernen sozialer (oder aggressiver) Verhaltensweisen verdeutlicht die Wichtigkeit der kognitiven Prozesse, mit deren Hilfe eine Person ihre Situation definiert. Diese kognitiven Prozesse kann man sich als symbolisches, rein gedankliches Durchspielen verschiedener Handlungsalternativen in einer konkreten Situation vorstellen. Bevor sich Gewaltdarstellungen sichtbar auf konkretes Verhalten auswirken, laufen folgende interne Prozesse bei den Rezipienten ab: Sie beurteilen die beobachteten Handlungsweisen im Rahmen ihrer eigenen Fähigkeiten und Möglichkeiten; sie schätzen das beobachtete Verhalten auf Grund ihrer eigenen Lernerfahrung als gerechtfertigt oder nicht gerechtfertigt ein; auf Grund ihrer gelernten Wertvorstellungen kalkulieren sie die Erwünschtheit solchen Verhaltens und dessen Konsequenzen und gelangen letzten Endes zu einer positiven oder negativen gedanklichen Stellungnahme zu solchem Verhalten. Selbst wenn diese interne Stellungnahme positiv ist, bedeutet das nicht, daß das beobachtete Verhalten sichtbar ausgeführt wird. Das geschieht erst dann, wenn die externe soziale Situation, die ein wesentlicher Faktor bei der Kalkulation der Erfolgsaussichten des Verhaltens ist, als günstig für eine erfolgreiche Ausübung des Verhaltens eingeschätzt wird. Diese kognitiven Verarbeitungsmechanismen laufen im Kopfe der Rezipienten von Gewalt- und Pornographiedarstellungen ab, bevor sie das, was sie rezipiert haben, selbst ausführen.

Praktisch alle empirischen Untersuchungen bestätigen die Aussagen der Lerntheorie, daß aggressives Verhalten ebenso wie jedes andere Verhalten durch Beobachtung gelernt wird. Im Hinblick auf die Wirkungen von Gewalt- und Pornographiedarstellungen muß man sich jedoch vor übereilten und unkritischen Schlüssen hüten. Nicht umsonst sind die als Folge eigener Handlungen erwarteten Konsequenzen ein zentraler Bestandteil der Lerntheorie. Diese Erwartung von Konsequenzen bestimmt ganz wesentlich, welche der in Filmdarstellungen beobachteten Handlungsweisen im alltäglichen Leben ausgeführt werden. Welche Konsequenzen erwartet werden und wie sie bewertet werden, das hängt von den Persönlichkeitseigenschaften der Zuschauer und von ihrem sozialen Umfeld ab.

5.2 Einzelthesen zur Erklärung der Wirkungen von Gewaltdarstellungen

Zu Beginn dieses Kapitels wurde die Behauptung aufgestellt, daß die unterschiedlichen Thesen zu den Wirkungen von Gewaltdarstellungen sich unter die Aussagen der kognitiven sozialen Lerntheorie subsumieren lassen. Dies soll hier nun kurz unter Bezugnahme auf die einzelnen Thesen belegt werden.

In einigen Untersuchungen konnte kein sichtbarer Effekt des Konsums von Gewaltdarstellungen nachgewiesen werden. Zur Erklärung solcher Ergebnisse wurden die Katharsisthese und die Inhibitionsthese herangezogen. Während die Katharsisthese von einem triebtheoretischen Modell ausgeht, basiert die Inhibitionsthese auf der Annahme kognitiver Verarbeitung der beobachteten Inhalte.

Die triebtheoretische Basis der Katharsisthese (vgl. Berkowitz 1964; Feshbach 1955, 1961) besagt, daß sich das Bedürfnis, aggressiv zu handeln über die Zeit hinweg wie ein Spannungszustand aufbaut, der ab einem bestimmten Punkt der Spannungskonzentration zur Entladung drängt. Nach der Entladung muß sich die Spannung erst wieder aufbauen, bevor eine erneute Entladung notwendig wird. Dementsprechend postuliert die Katharsisthese, daß die Ausführung einer aggressiven Handlung eine reinigende Wirkung in dem Sinne hat, daß der Anreiz zu weiteren aggressiven Handlungen dadurch aufgehoben wird. Derselbe Effekt tritt auf, wenn aggressive Handlungen beobachtet werden, so daß allein das Miterleben und Mitfühlen bei der Beobachtung von aggressiven Handlungsabläufen die Bereitschaft der Rezipienten zu eigenen aggressiven Handlungen abschwächt, weil die Beobachtung in der Phantasie der Zuschauers so wirkt, als hätten sie selbst gehandelt.

Abgesehen davon, daß diese These durch Ergebnisse empirischer Untersuchungen widerlegt ist, sind die Annahmen der Katharsisthese vor dem Hintergrund der kognitiven sozialen Lerntheorie nicht haltbar. Tritt sichtbares aggressives Verhalten nach dem Ansehen aggressiver Darstellungen nicht auf, so bedeutet das lediglich, daß die Rezipienten solches Verhalten in der gegebenen Situation als ungeeignet einschätzen. Dennoch nehmen die Zuschauer die in den Darstellungen enthaltene Botschaft auf und können sie im Gedächtnis „abspeichern".

Die Inhibitionsthese (vgl. Berkowitz/Rawlings 1963; Bramel et al. 1968) behauptet, daß aggressives Verhalten im Anschluß an beobachtete Aggressionen deshalb nicht auftritt, weil bei den Zuschauern Schuldgefühle oder Aggressionsängste hervorgerufen werden, die eigene Aggressionen unterdrücken. Dies ist, so die Inhibitionsthese, besonders dann der Fall, wenn die negativen Konsequenzen (Verletzungen, Schmerzen) aggressiver Handlungen deutlich dargestellt werden. In den experimentellen Untersuchungen zur Überprüfung dieser These wurden zwei Arten von (eigens für diese Untersuchungen produzierten) Filmdarstellungen benutzt, die sich in der Art und Weise der Darstellung der Aggressionsfolgen unterschieden. Die eine Art der Darstellung zeigte Schmerzen und Verletzungen in einer sehr drastischen Weise, während die andere lediglich die aggressiven Handlungen zeigte, ohne die Folgen besonders hervorzuheben. Die Personen, die die Darstellung mit den drastischen Folgen der aggressiven Handlungen gesehen hatten, zeigten deutlich weniger Bereitschaft, sich im Anschluß an das Ansehen des Filmes aggressiv zu verhalten als die Personen, die nur die aggressiven Handlungen ohne die Darstellung der Folgen angesehen hatten.

Die Interpretation der unterschiedlichen Effekte bei unterschiedlicher Darstellung von Aggressionskonsequenzen läßt die Inhibitionsthese als eine Spezifizierung der kognitiven sozialen Lerntheorie erscheinen. Die aus den Handlungen des Modells resultierenden positiven oder negativen Konsequenzen haben einen verstärkenden oder abschwächenden Effekt auf die Übertragung des beobachteten Verhaltens ins eigene Verhaltensrepertoire. Auch wenn das Verhalten nicht direkt ausgeführt wird, so werden doch Verhaltensregeln aus den dargestellten Handlungsabläufen abstrahiert.

Zu den Thesen, wonach das Ansehen von Gewaltdarstellungen die Aggressionsbereitschaft beim Zuschauer fördern kann, gehören die Stimulationsthese, die Erregungsthese und die Habitualisierungsthese.

Die Stimulationsthese behauptet, daß der Konsum von Gewaltdarstellungen kurzfristig die Aggressionsbereitschaft anregt, allerdings unter der Bedingung, daß die Zuschauer gefühlsmäßig erregt sind. In den experimentellen Untersuchungen zur Überprüfung dieser These (vgl. Berkowitz/Geen 1966; Berkowitz/Turner 1974) wurde die eine Hälfte der Personen vor dem Ansehen eines Filmes mit aggressivem Inhalt von einer Person (die zum Forschungsteam gehörte) geärgert, die andere Hälfte der Personen wurde nicht geärgert. Im Anschluß an die Filmdarstellung erhielten die Personen Gelegenheit, sich gegenüber der Person des Forschungsteams, die sie geärgert (oder neutral behandelt) hatte, aggressiv zu verhalten. Die Personen, die geärgert worden waren, zeigten deutlich mehr aggressives Verhalten als die Personen, die neutral behandelt worden waren.

Ob beobachtbare Effekte von Gewaltdarstellungen nun nur in Verbindung mit Ärger oder auch ohne diesen Erregungszustand auftreten, geht aus den Untersuchungen nicht eindeutig hervor. Zudem enthalten die Hypothesen der kognitiven sozialen Lerntheorie emotionale Erregung als eine der Randbedingungen, die die Anregung oder Hemmung aggressiver Verhaltensweisen im Anschluß an die Beobachtung von Gewalt- oder Pornographiedarstellungen steuern, so daß eine eigene These hier überflüssig erscheint.

Die Erregungsthese behauptet, daß Fernsehkonsum generell zu erhöhter Erregung führt, die sich unter bestimmten Randbedingungen in aggressivem Verhalten äußern kann. Die Rezeption spannender Inhalte schafft ein Erregungsniveau, das sich in experimentellen Situationen in einer Bereitschaft zu aggressiven Handlungen manifestiert (vgl. Zillmann et al. 1974). Die Nähe dieser These zur Lerntheorie ergibt sich dadurch, daß durch Spannung Ich-Beteiligung bei den Zuschauern entsteht, die,

ebenso wie die emotionale Erregung als Randbedingung in der kognitiven
sozialen Lerntheorie enthalten ist, so daß eine eigenständige These zur Berücksichtigung dieser Faktoren im Wirkungsprozeß nicht mehr notwendig
ist.

Die Habitualisierungsthese schließlich besagt, daß häufige Rezeption
von Gewaltdarstellungen zur Abstumpfung gegenüber Gewalt im Fernsehen aber auch gegenüber agressiven Handlungen im täglichen Leben
führt. Dieser Gewöhnungseffekt wird nicht durch einen einzelnen Film
hervorgerufen, sondern entwickelt sich durch wiederholten Fernsehkonsum in Kombination mit Bedingungen der sozialen Umwelt, die diesen Effekt begünstigen. Kombiniert man die Aussage dieser These mit der kognitiven sozialen Lerntheorie, dann können als Wirkung von Gewalt- und
Pornographiedarstellungen zwei unterschiedliche Formen der Gewöhnung abgeleitet werden:

1. Erwerb von Rollenerwartungen und Einstellungen

   Mit Rollen sind hier Verhaltensweisen gemeint, die an Positionen in
   der Gesellschaft gebunden sind. Rollenerwartungen sind Annahmen
   oder Vermutungen darüber, welche Erwartungen von der Gesellschaft
   an eine Person in einer bestimmten Position (oder Situation) gerichtet
   werden. Einstellungen sind positive oder negative Haltungen zu Objekten (Personen, Themen, Verhaltensweisen). Der Kernpunkt der Habitualisierungsthese liegt nun nicht in der Annahme, daß die Gewöhnung an im Fernsehen beobachtete Gewalt das Auftreten eigener aggressiver Handlungen fördert, sondern darin, daß sowohl Kinder als
   auch Erwachsene Rollenerwartungen und Einstellungen „erwerben"
   (können), die positive Bewertungen aggressiver Verhaltensweisen beinhalten.

2. Verzerrung der Realitätswahrnehmung

   Der Konsum von Gewalt- oder Pornographiedarstellungen vermittelt
   den Zuschauern hauptsächlich Informationen über Situationen, die
   außerhalb ihres eigenen Erfahrungsbereiches liegen. Insofern kann der
   Konsum derartiger Darstellungen zu einer nicht angemessenen Sichtweise hinsichtlich der Verbreitung von Aggression und Gewalt in der
   Gesellschaft führen. Unterstützt wird diese Vermutung durch die Arbeiten von Gerbner (1981) und Groebel (1982). Auch wenn keine klare
   Kausalbeziehung zwischen Gewalt- oder Pornographiedarstellungen
   und Einstellungen und/oder Verhaltensweisen ersichtlich ist, können
   gerade die unsichtbaren Effekte auf individuelle Sichtweisen zur Verfestigung von Mustern beitragen, die auf längere Sicht Veränderungen
   in allgemeinen kulturellen Vorstellungen bewirken (können), z.B. zunehmende Akzeptanz von derzeit noch unerwünschten Verhaltensweisen.

Zusammenfassend ist festzuhalten, daß in alltäglichen Situationen selten konkrete Verhaltensweisen als Konsequenz filmisch dargestellter Aggression zu beobachten sind. Es ist anzunehmen, daß sichtbares aggressives Verhalten nach der Rezeption von Gewalt- oder Pornographiedarstellungen üblicherweise nicht auftritt, weil derartige Verhaltensweisen unerwünscht sind und negativ sanktioniert werden und weil die Zuschauer die Konsequenzen ihrer Handlungen vorauskalkulieren. Das heißt jedoch nicht, daß der Fernsehkonsum solcher Darstellungen ohne Wirkung bleibt. In realen sozialen Situationen sind eher solche Effekte wahrscheinlich, die nicht direkt beobachtbar, deshalb aber nicht weniger wichtig sind: die Modifikation von Einstellungen zu aggressiven Handlungen allgemein sowie die Modifikation von Einstellungen zu den Opfern aller Arten von Aggression. Dabei kann davon ausgegangen werden, daß die in den Handlungsabläufen von Gewalt- oder Pornographiedarstellungen angebotenen Muster der Wahrnehmung, Interpretation und Bewertung aggressiver Handlungen eher zur Verfestigung und Intensivierung als zum Entstehen solcher Einstellungen beitragen. Selbst wenn das Fernsehen als Sozialisationsagent anzusehen ist, so erfolgt die Sozialisation einer Person doch in erster Linie durch die Interaktionsprozesse in Primärgruppen (Familie, Freundeskreis). Allgemein gilt, daß Rezeptionseffekte von Gewalt- und Pornographiedarstellungen nicht generell, sondern nur unter ganz spezifischen Bedingungen auftreten (können).

6. Methoden der Wirkungsforschung: Labor- versus Feldstudien

Labor- und Felduntersuchungen unterliegen grundsätzlich unvergleichbaren Bedingungen, die zu gänzlich unterschiedlichen Aussagen über die Wirkungen von Gewaltdarstellungen führen. Während Laboruntersuchungen sich vorzüglich dazu eignen, theoretisch abgeleitete Hypothesen zu überprüfen, sind Felduntersuchungen eher dazu geeignet, die Realität außerhalb des Labors zu beschreiben. In Laboruntersuchungen können alle Bedingungen, die für die Gültigkeit einer theoretischen Aussage wichtig sind, hergestellt, manipuliert und kontrolliert werden. Das ist in Felduntersuchungen nicht der Fall, da hier, im Gegensatz zu den artifiziellen Bedingungen des Labors, „natürliche" Bedingungen der Realität vorgegeben sind. Die wichtigsten Unterschiede zwischen Labor- und Felduntersuchungen bestehen a) beim angebotenen Filmmaterial, das für Experimentalstudien meist eigens angefertigt wurde, während bei Feldstudien das Filmmaterial aus dem regulären Medienangebot stammt; b) in der artifiziellen versus natürlichen Untersuchungssituation; c) in der Auswahl der Personen: Experimente wurden meist mit Studenten durchgeführt, bei

Felduntersuchungen werden die Personen durch systematische Zufallsauswahl rekrutiert; d) in der Ermittlung der Effekte: bei Experimentaluntersuchungen wird vorrangig die Ausführung von Handlungsweisen direkt im Anschluß an die Rezeption der Filmdarstellung beobachtet, während in Felduntersuchungen meist Einstellungen ermittelt werden.

Die meisten Untersuchungen wurden im Labor, also unter künstlich hergestellten Bedingungen durchgeführt. Dies ist so lange kein Nachteil, wie die so gewonnenen Ergebnisse nicht auf alltägliche Situationen übertragen, sondern in dem Kontext interpretiert werden, in dem sie aufgetreten sind. Bei Laboruntersuchungen ist weder die Auswahl der untersuchten Personen repräsentativ für die allgemeine Bevölkerung, noch ist der Forschungskontext der Untersuchungen repräsentativ für die alltäglichen Bedingungen des Konsums von Gewalt- oder Pornographiedarstellungen. Daraus folgt, daß die Ergebnisse von Laboruntersuchungen nicht auf alltägliche Situationen übertragen und verallgemeinert werden können.

Die Gegenüberstellung von experimentellen und Felduntersuchungen führt zu dem Fazit, daß Felduntersuchungen und Experimente sich gegenseitig nicht ausschließen. Es handelt sich dabei um Forschungsstrategien mit unterschiedlichen methodologischen Voraussetzungen und Bedingungen, die für den Erkenntnisfortschritt gleichermaßen wichtig sind. Auch sind die Zielsetzungen von Labor- und Felduntersuchungen unterschiedlich: während es in Laborstudien darum geht, die Geltung von Hypothesen zu überprüfen, geht es in Feldstudien darum, Aussagen über die Häufigkeit und Verteilung der in der Gesellschaft vorkommenden Phänomene zu untersuchen und darzustellen. Labor- und Feldstudien ergänzen sich gegenseitig und sind in Abhängigkeit von der Fragestellung gleichberechtigte Forschungsdesigns.

Der Vollständigkeit halber sei auf die Grenzen hingewiesen, die der Untersuchung der Wirkungen von Gewalt- und Pornographiedarstellungen durch die Anforderungen der Forschungsethik gesetzt sind. Da es potentiell immer um Verhalten geht, das andere Menschen schädigen kann, sind ethische Erwägungen bei der Auswahl des Untersuchungsgegenstandes (sowohl bei den zu erklärenden als auch bei den erklärenden Variablen des Wirkungsprozesses) notwendig. So kann z.B. die Wirkung von Pornographiedarstellungen nicht auf der konkreten Verhaltensebene, sondern nur in Form von verbalen Stellungnahmen erfaßt werden. Auch bei der Auswahl der Versuchspersonen sind dem Forscher ethische Grenzen gesetzt, was ebenfalls besonders für die Erforschung der Wirkungen von Pornographiedarstellungen gilt. Ein ganz und gar realistischer Forschungskontext ist deshalb in der Wirkungsforschung zu Gewaltdarstellungen nicht herstellbar, weshalb eine gewisse Unsicherheit über die Stärke der tatsächlichen Effekte auch immer bestehen bleiben wird.

7. Beschreibung ausgewählter Untersuchungen zur Feststellung der Wirkungen von Gewalt- und Pornographiedarstellungen

7.1 *Wirkungen von Pornographiedarstellungen: ein Feldexperiment*

In Laborstudien (vgl. Malamuth/Donnerstein 1984) konnten Effekte der Rezeption von Pornographiedarstellungen auf die Ansichten von Männern über Frauen (erhöhte Akzeptanz des „Vergewaltigungsmythos": Vergewaltigung wird insgeheim als positiv erlebt, weil es Vergnügen bereitet, mit Gewalt zum Geschlechtsakt gebracht zu werden) nachgewiesen werden. Auch Studien, die außerhalb des Labors, in einer natürlicheren Umgebung durchgeführt wurden, erbrachten ähnliche Ergebnisse. Malamuth und Check (1985) führten eine Untersuchung durch, bei der männliche und weibliche Studierende per Zufall einer von zwei Randbedingungen zugeordnet wurden: der Experimentalbedingung, bei der die Manipulation der Forscher entsprechend ihrer Hypothese erfolgte und der Kontrollbedingung, bei der die Forscher keine Manipulation im Sinne ihrer Hypothese vornahmen, sondern möglichst alltägliche Bedingungen aufrecht erhielten. Alle Personen, die an der Untersuchung teilnahmen, bekamen Freikarten für zwei Kinobesuche an zwei unterschiedlichen Tagen. Die Personen in der Experimentalgruppe bekamen Karten für zwei Filme, die Frauen als Opfer sowohl sexueller als auch nicht-sexueller Aggression darstellten. In beiden Filmen erschien die Aggression als gerechtfertigt oder sie war so dargestellt, daß die aggresiven Handlungen zu „positiven" Konsequenzen führten. Die Personen der Kontrollgruppe bekamen Freikarten für zwei Filme, die keinerlei Darstellungen sexueller Aggression enthielten. Die Filme beider Gruppen gehörten zum regulären Kinoprogramm. Die Versuchspersonen sahen sich die Filme in ganz alltäglicher Umgebung zusammen mit anderen Kinogängern an, die ihre Karten an der Kasse gekauft hatten.

Einige Tage nach den Kinobesuchen erhielten alle Studierenden einen Fragebogen zur Erfassung ihrer Einstellungen zur Sexualität. Da der Fragebogen ganz offensichtlich von einem Umfrageinstitut kam (dies gehörte mit zum Untersuchungsaufbau), war nicht anzunehmen, daß die Personen einen Zusammenhang zwischen den Kinobesuchen und dem Fragebogen herstellten. Unter anderem waren in diesem Fragebogen a) eine Skala zur Messung der Akzeptanz interpersonaler Gewalt gegen Frauen (z.B. sexuelle Aggression, Schlagen der Ehefrau), b) eine Skala zur Messung der Akzeptanz des Vergewaltigungsmythos und c) eine Skala zur Messung der Überzeugung, daß Frauen schlau und manipulierend vorgehen, wenn sie einen Mann einfangen wollen.

Die Personen der Experimentalgruppe, die Filme ansahen, in denen Frauen als Opfer von Aggression dargestellt waren, akzeptierten Gewalt zwischen Personen in deutlich höherem Ausmaß als die Personen der Kontrollgruppe, die Filme ohne aggressive Handlungen ansahen, was allerdings nur für Männer, nicht jedoch für Frauen zutraf. Das gleiche gilt für den Vergewaltigungsmythos, der eher von den Personen der Experimentalgruppe als von denen der Kontrollgruppe akzeptiert wurde. Hinsichtlich der Überzeugung, daß Frauen schlau und manipulativ vorgehen, um Männer für sich zu interessieren, zeigten sich zwischen den beiden Gruppen keine Unterschiede.

Dieses Ergebnis wurde unter natürlichen Bedingungen erzielt. Es liefert Hinweise dafür, daß die Akzeptanz sexueller Aggression gegen Frauen bei Männern durch den Konsum von Pornographiedarstellungen mit sexuell aggressiver Dramaturgie der Handlung gesteigert wird. Es besteht jedoch Anlaß zu der Vermutung, daß dieser Effekt nur dann auftritt, wenn die Darstellungen so angelegt sind, daß positive Konsequenzen der sexuell aggressiven Handlungen aufgezeigt werden. Ist das nicht der Fall, so sind auch keine Akzeptanz fördernden Effekte zu beobachten, was wiederum den Aussagen der kognitiven sozialen Lerntheorie entspricht. Der Erwerb von Verhaltensweisen und Einstellungen wird dadurch begünstigt, daß die beobachteten Modelle positive Konsequenzen ihrer (im Falle dieses Experimentes: sexuell aggressiven) Handlungen erfahren. Als Verhaltensregel wird vom Rezipienten abstrahiert, daß sexuelle Aggression von Frauen insgeheim gewünscht wird und ihnen deshalb Vergnügen bereitet. Diese Abstraktion manifestiert sich in den sexuelle Aggression akzeptierenden Einstellungen, die im vorliegenden Experiment abgefragt wurden.

7.2 Wirkungen von Gewaltdarstellungen auf Einstellungen zu aggressiven Handlungen

Längsschnittstudien bieten den Vorteil, daß der Wirkungsprozeß nicht als Momentaufnahme, sondern kontinuierlich zu verschiedenen Erhebungs- bzw. Meßzeitpunkten beobachtet werden kann. Längsschnittdaten geben daher Aufschluß über Veränderungen oder Stabilitäten im Wirkungsprozeß. Zur Feststellung der Wirkungen von Gewaltdarstellungen wurde in der Studie von Krebs/Groebel (1979) eine repräsentative Stichprobe von Schülern im Alter von 12-15 Jahren dreimal im Abstand von jeweils einem Jahr mit einem umfangreichen Fragebogen befragt. Bei der Stichprobenziehung wurde darauf geachtet, daß sowohl die unterschiedlichen Schultypen, als auch die Ortsgrößenklassen adäquat in der Stichprobe repräsentiert waren. An allen drei Befragungen nahmen 405 Schüler (208 Mädchen und 197 Jungen) aus Haupt-, Realschulen und Gymnasien teil. Zusätzlich zu dieser „Untersuchungsgruppe", die dreimal befragt wurde, wurden zum zweiten und dritten Erhebungszeitpunkt „Kontrollgruppen" mit in die Untersuchung einbezogen, die den Fragebogen nur ein Mal erhielten. Diese Kontrollgruppen waren in allen wichtigen Stichprobenmerkmalen mit der Gruppe der wiederholt befragten Schüler vergleichbar. Bei einer Längsschnittuntersuchung ist es ratsam, derartige Kontrollgruppen mit in das Design einzubeziehen, um die statistische Überprüfung eventuell auftretender Meßeffekte (Erinnerungseffekte) der wiederholten Befragung zu gewährleisten.

Alle Schüler füllten während der regulären Unterrichtsstunden in der Schule den Fragebogen aus, wobei jeweils nur die Forscher, nicht jedoch die Lehrkräfte anwesend waren. Es sollte festgestellt werden, ob sich ein Zusammenhang zwischen Art und Intensität des Fernsehkonsums und den Einstellungen zu aggressiven Handlungen aufzeigen läßt. Alle Angaben basierten auf der subjektiven Wahrnehmung der Schüler; eine objektive Kontrolle der Angaben z.B. über die Häufigkeit des Fernsehkonsums hätte aus technischen Gründen den Rahmen dieser Studie gesprengt.

Zunächst konnte festgestellt werden, daß Mädchen eine deutlich negativere Einstellung zu aggressiven Handlungen hatten als Jungen, was auch zu erwarten war, da für Mädchen andere Erziehungsziele gelten als für Jungen. Destruktive aggressive Handlungen wurden von Jungen und Mädchen abgelehnt. Beide Gruppen hatten dagegen eine positive Einstellung zu aggressiven Vergeltungshandlungen und zum Einsatz von Gewalt durch die Polizei, wobei Jungen jedoch immer höhere Werte erreichten als Mädchen.

Unterschiede zwischen Jungen und Mädchen traten auch bei den Vorlieben für aggressive Fernsehinhalte auf, wobei Mädchen für solche Inhalte deutlich geringere Präferenzen zeigten als Jungen, bei denen die Vorliebe für aggressive Fernsehinhalte über die Zeit hinweg sogar noch zunahm. Die intensive Vorliebe der Jungen für derartige Fernsehinhalte ist damit zu erklären, daß die Altersgruppen der 12-15jährigen ganz besonders durch die Eigenschaften und Merkmale angesprochen werden, mit denen die Protagonisten ausgestattet sind: Mut, Stärke, gutes Aussehen, Macht, Erfolg usw.

Wie in einer Feldstudie (wegen der Vielzahl nicht kontrollierbarer Störfaktoren im Wirkungsprozeß) nicht anders zu erwarten, waren die Effekte des Fernsehkonsums auf die Einstellungen zu aggressiven Handlungen schwach, jedoch über die Zeit hinweg konsistent (vgl. Krebs 1981). Der Fernsehkonsum hatte einen Einfluß sowohl auf die Einstellung zu feindseligen, aggressiven Handlungen als auch auf die Einstellung zu aggressiven Vergeltungshandlungen, nicht aber auf die Einstellungen zu legitimierten Aggressionen (Gewaltanwendung durch die Polizei). Auch hier gab es Unterschiede zwischen Jungen und Mädchen: Bei den Mädchen wirkte langfristig der Fernsehkonsum auf die Einstellung zu feindseliger

Aggression. Bei den Jungen war es umgekehrt: Hier wirkte langfristig die positive Einstellung zu feindseliger Aggression sowohl auf die Intensität (Häufigkeit und Dauer) des Fernsehkonsums allgemein als auch auf die Häufigkeit des Ansehens aggressiver Fernsehdarstellungen. Dies unterstützt die häufig vertretene These, daß Personen mit aggressiven Einstellungen sich bevorzugt solchen Darstellungen zuwenden, die ihre aggressiven Einstellungen fördern. Der Fernsehkonsum wirkte bei den Jungen langfristig als Verstärkung für die Einstellung zu feindseligen aggressiven Handlungen, wohingegen diese Einstellung bei den Mädchen durch den Fernsehkonsum geformt zu werden schien. Die Einstellung zu aggressiven Vergeltungshandlungen wurde bei den Jungen über die Zeit hinweg vom Fernsehkonsum kontinuierlich beeinflußt, während bei den Mädchen über die Zeit hinweg eine wechselseitige Beeinflussung von Fernsehkonsum und dieser Einstellung zu beobachten war.

Diese Ergebnisse zeigen zweierlei: Erstens, daß nicht nur die Fernsehinhalte die Einstellungen der Rezipienten beeinflussen, sondern daß Art und Inhalt des Fernsehkonsums der Rezipienten durch ihre Einstellungen bestimmt werden. Zweitens zeigen diese Ergebnisse, daß Fernsehinhalte Einstellungen über die Zeit hinweg beeinflussen, also kumulativ im Sinne einer Verfestigung wirken können. Die hier geschilderten Einflüsse sind jedoch so schwach, daß nicht davon auszugehen ist, daß das Fernsehen einen wesentlichen Beitrag zu den Einstellungen zu aggressiven Handlungen leistet. Persönlichkeitsmerkmale und alltägliche Erfahrungen mit aggressiven Handlungen haben einen sehr viel stärkeren Einfluß auf die genannten Einstellungen. Damit wird aber deutlich, daß Fernsehkonsum nicht in erster Linie zur Entstehung von Einstellungen beiträgt, sondern daß es die durch alltägliche Erfahrungen vorhandenen Einstellungen lediglich verstärkt und untermauert.

8. Forschungsergebnisse und ihre Evaluation

Trotz der großen Zahl von Untersuchungen gibt es in der Wissenschaft keine einheitliche Meinung über die Effekte von Gewalt- und Pornographiedarstellungen. Die Mehrzahl der Forscher neigt allerdings zu der Auffassung, daß bestimmte Darstellungen eine aggressionsfördernde Wirkung haben können, die jedoch weitgehend von der Existenz zusätzlicher Einflußfaktoren (Moderatorvariablen) abhängt.

Solche Einflußfaktoren sind der kulturelle Hintergrund, das soziale und familiäre Umfeld, Persönlichkeitseigenschaften der Rezipienten selbst sowie die Situation beim Ansehen/Anhören der Darstellung: Bei Anwesenheit von Personen, die das beobachtete aggressive Verhalten negativ kommentieren, nimmt die aggressionsfördernde Wirkung von Gewaltdarstellungen deutlich ab.

Die Tatsache, daß es in der Wissenschaft keine einheitliche Meinung über die aggressionsfördernden Wirkungen von Gewaltdarstellungen im Fernsehen gibt, ist zum Teil darauf zurückzuführen, daß die in den einzelnen Untersuchungen erzielten Ergebnisse kaum generalisierbar sind. Hinzu kommt, daß die numerischen Werte der Koeffizienten meist so niedrig ausfallen, daß eine substantielle Interpretation schwer fällt. Darüber hinaus geben die meisten Studien lediglich Auskunft über die Stärke des Zusammenhanges zwischen Fernsehkonsum und aggressivem Verhalten, nicht aber über die Richtung eines Ursache-Wirkungs-Zusammenhanges. Längsschnittstudien, wie die oben geschilderte, bilden hier eine Ausnahme.

Im Hinblick darauf, daß das Fernsehen ja nur ein Faktor neben vielen anderen die Persönlichkeitsbildung beeinflussenden Faktoren ist, und unter Berücksichtigung der Ausführungen über die Bedeutung von Aufmerksamkeit, Verstehen, Abstrahieren und Erinnern ist es nicht verwunderlich, daß die empirisch gefundenen Effekte so schwach ausfallen. Von der Warte der Lerntheorie aus ist ein Muster von relativ schwachen, positiven Zusammenhängen zwischen der Rezeption von Fernsehgewalt und Aggressivität geradezu zu erwarten. Die aus Langzeitstudien erhaltenen Ergebnisse belegen, daß nur zwischen 1% und 9% der Varianz des aggressiven Verhaltens durch den Fernsehkonsum erklärt werden können. Eine vorrangige Mitwirkung bei der Persönlichkeitsbildung kann den Gewaltdarstellungen im Fernsehen mit solchen Werten nicht zugeschrieben werden. Eine verstärkende Wirkung von Gewaltdarstellungen kann durch die vorliegenden Ergebnisse jedoch als erwiesen angesehen werden. Ergebnisse von Längsschnittstudien (vgl. Krebs/Groebel 1979) liefern Belege dafür, daß aggressive Personen sich bevorzugt aggressive Medieninhalte ansehen, was die Vermutung zuläßt, daß hier möglicherweise ein sich selbst verstärkender Prozeß vorliegt. Begünstigende Faktoren für einen solchen Prozeß sind geringes Selbstbewußtsein und soziale Isolation, die mit verstärktem Fernsehkonsum einhergehen.

Aus lerntheoretischer Sicht ist der Aufbau von Gewaltdarstellungen im Fernsehen für das Lernen aggressiver Verhaltensweisen nahezu optimal: Gewalt lohnt sich abgesehen von „kleineren" Unfällen fast immer; die Handlung in solchen Sendungen ist üblicherweise spannend und aufregend, wodurch die notwendige Aufmerksamkeit gesichert wird.

Relativierend ist jedoch hervorzuheben, daß die Aufmerksamkeit nicht nur von der Qualität der Inhalte, sondern von den Interessen und Vorlieben der Rezipienten abhängt. So wird z.B. das Interesse des Zuschauers für eine Darstellung ganz erheblich durch seine soziale Umgebung beeinflußt. Vor allen Dingen der soziale Umgang entscheidet darüber, welche

Verhaltensweisen vorzugsweise im Fernsehen beobachtet werden. Dies gilt für aggressive Pornographiedarstellungen noch stärker als für andere aggressive Inhalte.

Bei allen bisher angestellten Überlegungen und selbst unter Würdigung der empirischen Ergebnisse leuchtet es allerdings nicht unmittelbar ein, daß Gewalt- und Pornographiedarstellungen bei den Rezipienten nur Aggressivität auslösen sollen. Angst als Reaktion auf derartige Darstellungen erscheint mindestens ebenso wahrscheinlich. Die angstauslösenden Wirkungen von Gewaltdarstellungen sind bei weitem nicht so ausgedehnt untersucht worden wie die aggressionsfördernden Wirkungen.

Als Fazit bleibt festzuhalten, daß Gewaltdarstellungen (hier: hauptsächlich solche im Fernsehen) zwar einen Effekt auf die Rezipienten haben können, daß dieser Einfluß aber nicht überschätzt werden sollte. Bei der Vielzahl von Faktoren, die neben den Gewaltdarstellungen (und stärker als diese) an der Ausbildung von Einstellungen und Verhaltensweisen mitwirken, kommt dem Fernsehen eher die Rolle eines „Nachhilfelehrers" denn die Rolle eines „Hauslehrers" zu (vgl. Winterhoff-Spurk 1986: 56).

Bettina Hurrelmann

Kinder und Medien

1. Medienumwelt und Medienalltag von Kindern

Kinder wachsen gegenwärtig in einer Umgebung auf, die von den Medien in einem Ausmaß geprägt wird, wie es die heute Erwachsenen noch nicht gekannt haben. Wer sich in einem ganz normalen Kinderzimmer umsieht und sich zum Vergleich zurückversetzt in seine eigene Kindheit, kann schon den Eindruck gewinnen, daß die Heranwachsenden von Medien geradezu „umstellt" sind.

Was könnte ein Besucher in einem fremden Kinderzimmer wahrnehmen? Einen Plattenspieler und einen Kassettenrecorder würde er wahrscheinlich vorfinden, unter Umständen auch einen Walkman. Dazu gibt es einen Vorrat an Platten mit Liedern und Geschichten, Tonkassetten mit Hörspielen und Musik. Auch ein Radiogerät, zumindest einen Radiowecker, könnte der Besucher entdecken, wenn nicht sogar eine Stereoanlage bereitsteht. Der Fernseher im Kinderzimmer dürfte ihn nicht überraschen, eher schon der Videorecorder. Ein Telespielgerät könnte die Ausstattung ergänzen, vielleicht sogar ein Computer mit den nötigen Programm- und Spieldisketten. Angesichts der Präsenz der elektronischen Medien mag es dann kaum noch auffallen, daß auch Bücher vorhanden sind – und dies in nicht unbedingt geringer Zahl. Andere Printmedien wie Werbekataloge, Comics, Zeitschriften und Illustrierte könnten die Palette des Gedruckten erweitern: Das Kinderzimmer als Medienpark. Dies alles, so folgert der Beobachter, animiert zum Gebrauch, drängt sich geradezu auf, läßt kaum noch Raum für Aktivitäten, die nichts mit Medien zu tun haben.

Ist das gezeichnete Szenarium nun wirklich charakteristisch für das Medienangebot, das einem durchschnittlichem Kind heute zur Verfügung steht? Ein Sektor der Medienforschung, der als „Mediennutzungsforschung" bezeichnet wird, beschäftigt sich mit den Voraussetzungen des Medienangebotes und mit dem Mediengebrauch, wobei unter „Mediengebrauch" zunächst meist nur die äußerliche Seite der Zuwendung zu einem Medium verstanden wird, etwa die Häufigkeit (*Frequenz*) des Gebrauchs und die Zeit, die man ihm durchschnittlich widmet.

In einer Untersuchung im Rahmen der Begleitforschung zum Kabelpilotprojekt Dortmund wurden 400 Dortmunder Familien mit Kindern unter 12 Jahren befragt. 200 von ihnen waren Teilnehmer am Kabelversuch. Die Ergebnisse wurden 1986 in einer Fragebogenerhebung gewonnen (vgl. Hurrelmann/Possberg/Nowitzky 1988): Danach sind Fernsehgeräte in allen Familien vorhanden, über mehr als ein Gerät verfügt nahezu die Hälfte der Haushalte, das Radio als Einzelgerät gibt es in 3/4 der Familien, so auch den Radiorecorder. Ein Hifi-Turm oder eine Kompaktanlage steht weniger häufig Familien zur Verfügung, sonstige Tonwiedergabegeräte etwa der Hälfte aller Familien. Seltener sind einige „ältere" Medien wie Tonbandgerät und Diaprojektor, Filmkamera und Filmprojektor. Zur Gruppe seltener vorhandener Medien gehören auch die „neueren" Medien Videorecorder, Computer und Telespielgerät [im Jahr 1988!].

Ergänzt man die Daten über die Mediengeräte durch die Zahlen über die Ausstattung mit Bild- und Tonträgern, so ergibt sich folgendes Bild:

Tab. 1: Ausstattung der Familien mit Bild- und Tonträgern (N=400)

Bild- und Tonträger	Familien, die über die entsprechenden Bild- und Tonträger verfügen
Schallplatten und CDs	94%
Geschichtenkassetten oder -platten für Kinder	93%
Musikkassetten und Tonbänder	88%
Videokassetten	40%
Telespiele	18%

Quelle: Hurrelmann, Bettina u.a. 1987: 34.

Familien mit Kindern sind mit elektronischen Medien sehr gut ausgestattet. Mehrfachausstattungen gibt es bei Fernseh- und Rundfunkgeräten, aber auch Tonwiedergabegeräte in den verschiedenen Ausführungen gehören offenbar zur Mediengrundausstattung der Familien. Beachtlich ist die Präsenz des Videorecorders, und auch der Computer ist in einer erstaunlich großen Zahl von Haushalten vorhanden. Vor allem die auditiven Medien können in den Familien mit einer individuellen Auswahl von Tonträgern genutzt werden. Videokassetten sind dagegen, wie die Ausstattung erwarten läßt, seltener vorhanden.

Noch deutlicher wird das Profil dieses Ergebnisses durch einen Vergleich mit der folgenden Tabelle, die einer repräsentativen Untersuchung, der Studie „Jugend und Medien" entstammt (vgl. Bonfadelli et al. 1986). Auch hier wurden mit einem Fragebogen die im Haushalt vorhandenen Medien erhoben. Befragt wurden allerdings nicht die Eltern der Kinder, sondern 12–19jährige Jugendliche und junge Erwachsene. Die Daten stammen von 1984. Die Ergebnisdarstellung berücksichtigt getrennt die Jugendlichen, die noch zuhause wohnen, und die, welche schon einen eigenen Haushalt haben. Das macht den Vergleich in der ersten Tabellenspalte mit den in Dortmund gewonnenen Ergebnissen über Familienhaushalte sinnvoll.

Tab. 2: Im Haushalt vorhandene Medien

Medium	Basis: Jugendliche, die noch zu Hause wohnen (= 61%)	Basis: junge Erwachsene, die im eigenen Haushalt wohnen (= 39%)
Fernsehen	Vollausstattung und teilweise Mehrfachbesitz (1,5 Geräte pro HH)	Vollausstattung nahezu erreicht (1,1 Geräte pro HH)
Videorecorder	in 18% der HH	in 21% der HH
Telespiel-Geräte	in 14% der HH	in 7% der HH
Home-Computer	in 7% der HH	in 4% der HH
Radiogeräte	Mehrfachbesitz typisch (2,4 Geräte pro HH)	Mehrfachbesitz typisch (1,7 Geräte pro HH)
Phonogeräte	Mehrfachbesitz typisch (2,2 Geräte pro HH)	Mehrfachbesitz typisch (1,6 geräte pro HH)
Walkman	in 25% der HH	in 9% der HH
Platten und Kassetten	je in ca. 90% der HH	je in ca. 80% der HH
Videokassetten	in 18% der HH	in 2% der HH
Telespiel-Kasetten	in 11% der HH	in 5% der HH

Quelle: Bonfadelli 1986: 8.

Auffallend ist im Vergleich zunächst einmal die hohe Übereinstimmung in der Kennzeichnung dessen, was als Grundausstattung bzw. erwartbare Mehrfachausstattung eines Familienhaushaltes mit Heranwachsenden gelten kann: Wie in der Dortmunder Studie heben sich das Fernsehen, das Radio und Tonwiedergabegeräte sowie die dafür nötigen Speichermedien vom übrigen Medienbestand deutlich ab.

Interessant sind jedoch auch die Unterschiede: Videorecorder, Computer und Walkman – wie auch Videokassetten – sind in den Dortmunder Familien häufiger zu finden als in den Haushalten mit Jugendlichen. Worin mag dieser Unterschied begründet sein? Bei der Konfrontation der Ergebnisse stößt man auf Probleme, die sich stets ergeben, wenn man empirische Daten von den Erhebungsvoraussetzungen isoliert. Notwendig sind daher mindestens immer die Fragen nach der Grundgesamtheit, auf die sich die Ergebnisse beziehen, zweitens nach der Methode der Erhebung und drittens nach dem Erhebungszeitraum. Bei den hier nebeneinandergestellten Ergebnissen sind im Punkt „Erhebungsmethode" keine gravierenden Unterschiede festzumachen (Fragebogenerhebung), aber im Hinblick auf den Zeitraum ergibt sich eine Differenz von zweieinhalb Jahren, und vor allem im Hinblick auf die Grundgesamtheit handelt es sich um völlig unterschiedliche Vorraussetzungen.

„Jugend und Medien" erfaßt eine für die Bundesrepublik und West-Berlin repräsentative Stichprobe von 12–19jährigen – sie entsprechen einem Bevölkerungsanteil von über 15 Millionen. Die Dortmunder Studie beschränkt sich auf eine Stichprobe von 400 Familien, die dadurch besonders gekennzeichnet ist, daß die Hälfte von ihnen schon 1986 einen Kabelanschluß im Haushalt hatten. Die Ergebnisse erheben keinen Anspruch auf Repräsentativität und sie beziehen sich auch vom Alter der Kinder her auf andersartige Haushalte.

Die Gründe für den Unterschied der Ergebnisse können also ganz verschieden sein, über sie sind allenfalls Hypothesen möglich. Eine plausible Hypothese, die mehrere Gründe einbezieht, wäre folgende: Die Dortmunder Stichprobe bezieht sich auf ein urbanes Wohngebiet, auf relativ junge Familien und vor allem zu einem hohen Anteil auf solche Familien, die durch ihre Teilnahme am Kabelangebot ein besonderes Interesse am elektronischen Medienangebot mitbringen. Insofern sind sie dem durchschnittlichen Familienhaushalt in der Medienausstattung ein Stück voraus – gerade dadurch können die Ergebnisse dieser Studie uns aber einen Einblick in die Veränderungsprozesse geben, die die kindliche Medienumwelt in der Familie zur Zeit in besonderem Maße betreffen.

2. Medien und Kulturwaren für Kinder im Verbund

Die Beschäftigung mit empirischen Daten führt vom Kinderzimmer in den Familienhaushalt, von einer konkret vorgestellten kindlichen Lebensumgebung in die Abstraktion von Durchschnittswerten für die Medienausstattung. Das ist insofern kein Umweg, als der Mediengebrauch, vor allem bei jüngeren Kindern, an den gesamten Familienkontext gebunden ist. Was an Medien im Haushalt zur Verfügung steht, wird im allgemeinen auch gebraucht. Und selbst wenn Kinder zum Videorecorder im Wohnzimmer und gar zum Computer im Arbeitszimmer des Vaters keinen Zugang haben, spielt es doch eine Rolle, was in der sozialräumlichen Umgebung in der Familie an Medien vorhanden und an Mediennutzung zu beobachten ist.

Mit der Feststellung, daß die Erfahrungsumwelt der meisten Kinder eine Multi-Medienumwelt ist, in der die elektronischen Medien eine besondere Rolle spielen, eröffnet sich zunächst der Blick auf Chancen der Auswahl im Gebrauch, auf eine Differenzierung je nach Kommunikationsbedürfnissen, auf je individuelle Gebrauchsprofile, die auch Kinder in dem vielfältigen Angebot vornehmen können. Die quantitative Forschung versucht, diesen Gesichtspunkt mit der Unterscheidung von „Nutzertypen" zu berücksichtigen, die etwa in Bezug auf den Fernseh- und Buchgebrauch die „Wenigseher und Vielleser" von den „Vielsehern und Weniglesern", diese wiederum von den „Vielnutzern" bzw. den „Wenignutzern" beider Medien unterscheiden (vgl. Bonfadelli 1986: 126 ff.). Solche Nutzertypen sind natürlich grobe Konstrukte, die jeweils nur wenige Aspekte berücksichtigen können und die vor allem nicht unmittelbar erkennen lassen, wie groß die Vielfalt jeweils ist, die sie dann doch wieder einebnen und verdecken.

> Übergreifende Moden, weitergereichte Inhalte, Formen, Symbole und Figuren bestimmen seit den siebziger Jahren zunehmend die Medienproduktionen für Kinder. Die „Sesamstraße" mit ihrem Gütezeichen „Vorschulerziehung" war eine wesentliche Initiation für die umfassende Vermarktung von Angeboten des zunächst nur öffentlich-rechtlichen Kinderfernsehens in sekundären Medienprodukten: von der Schallplatte und Kassette bis zur Zeitschrift, dem Leporello, dem Malbuch, dem Ausschneidebogen. Spiel- und Gebrauchsartikelhersteller hängen sich an den Fernseherfolg an und nutzen – über den engeren Medienbereich hinausgehend – das Fernsehen als einen Werbeträger mit optimaler Reichweite.
>
> Inzwischen ist der gesamte Bereich der Kulturwarenproduktion für Kinder flexibel auf das Fernsehen als Leitmedium eingestellt. Figuren und Themen wechseln rasch: Gegenwärtig (1993) sind es nicht mehr Ernie und Bert, Heidi, Pinocchio und Biene Maja, auch nicht mehr Captain Future, sondern He-Man und Skeletor mit ihrem Gefolge und weiteren Zusatzartikeln.

Das wesentliche an dieser Art des Medienverbundes ist seine kommerzielle Struktur, die sich mit der Ausweitung des Privatfernsehens vermutlich noch stärker bemerkbar machen wird: Die Kulturwarenproduktion für Kinder im allgemeinen und die Medienproduktion im besonderen nutzen das Fernsehen als vorläufig kostenlosen Werbe-Vorreiter und folgen nach, wenn eine Fernsehserie Erfolg hat. Hier eröffnet sich die Chance für gigantische Vermarktungsstrategien, die von vornherein und noch genauer aufeinander abgestimmt sind und den kindlichen Zuschauer noch gezielter als bisher als Käufer von Waren mit symbolischen Verknüpfungen zu Mediengeschichten modellieren.

Der kommerzielle Medienverbund hat nicht nur eine ökonomische Seite. Er bildet für die kindlichen Konsumenten vor allem eine subjektive Wirklichkeit vor. Der Medienwissenschaftler Jan-Uwe Rogge hat darauf aufmerksam gemacht, daß durch die Variation des Gleichen in verschiedenen medialen und gegenständlichen Erscheinungsformen geradezu ein didaktisches Prinzip verwirklicht ist: Den Begriff des Medienverbundes kennt die Didaktik schon seit Jahren als einen „terminus technicus", er beschreibt „die Optimierung eines Lernprozesses, die durch die Integration vieler aufeinander abgestimmter Medien erreicht werden soll" (Rogge 1981: 64).

Von dieser Voraussetzung her liegt es nahe, sich Kinder geradezu als Gefangene in einem Konsum- und Mediennetz vorzustellen, mit weitreichenden Folgen für ihr Bild der Wirklichkeit, für ihre Phantasien und Leitfiguren, für ihre Selbstkonzepte. Denn im Unterschied zur Didaktik, die durch die Abstimmung von medialen Lernmitteln primär auf Wissensveränderungen bei den Heranwachsenden zielt, beschreibt Rogge die Präsenz des kommerziellen Medienverbundes für Kinder als vor allem emotional einflußreich.

> Das Kind belegt die „zahlreichen [...] Angebote mit subjektiven Bedeutungen, baut seine besonderen, individuellen Beziehungen zu den Gegenständen auf, versteht sich als Mittelpunkt dieser zahlreichen, Nähe und Vertrautheit und vollständige Versorgung suggerierenden Angebote. Der kommerzielle Medienverbund spricht damit nicht so sehr die kognitiven Bereiche der Persönlichkeit an, sondern [...] die ganze kindliche Persönlichkeit erfährt ihn, die Allgegenwart des Medienverbundes wird vor allem emotiv erlebt, berührt vorwiegend affektive Persönlichkeitsbereiche" (Rogge 1981: 65).

Solche, an Einzelfällen gewonnene Beschreibungen, sind natürlich problematisch: Sie schränken nicht nur das Blickfeld auf den Medienbereich ein, sie unterschlagen auch, daß Kinder Spiel- und Medienangebote oftmals eigenwillig und ideenreich, also durchaus nicht immer im vorgegebenen thematischen und funktionalen Rahmen nutzen. Außerdem haben die Heranwachsenden keineswegs nur Zugang zu den eigens für sie produzierten Medienangeboten. Im Gegenteil: Die Diskrepanz zwischen dem Sehverhalten der Kinder und den für sie ausgestrahlten Sendungen ist in vielen Untersuchungen immer wieder bestätigt worden. Besonders Schulkinder haben ihre Fernsehzeit über das Vorabendprogramm hinaus zunehmend in die Abendstunden verlagert. Insgesamt, so wurde schon 1976 erhoben, sitzen bis 21 Uhr noch ebenso viele Kinder vor dem Bildschirm wie während der Kindersendungen (vgl. Darschin 1977). Mit der Ausweitung und Veränderung des Programmangebotes durch das Privatfernsehen wird man mit noch mehr Recht sagen können, daß es „Kindersendungen überall im Programm" gibt, „am wenigsten jedoch zu den dafür ausgewiesenen Terminen" (Kübler/Lipp 1979: 208). Ob dadurch für die kindlichen Fernsehkonsumenten die Uniformität des Angebotes aufgebrochen wird, ist eine offene Frage. Vermutlich wird sie bei den älteren Kindern durch eine neue Uniformität, nämlich die der Fernsehunterhaltung, ergänzt und allmählich verdrängt.

3. Mediennutzung von Kindern

Weil Kinder von klein an lernen, mit einem Medienensemble umzugehen, und weil sie ihre Medienerfahrungen nicht „schubladenweise" voneinander abgrenzen, fordert Jan-Uwe Rogge von der Forschung einen medien-übergreifenden Zugang (vgl. Rogge 1981: 64). Die quantitative empirische Forschung freilich tut sich schwer mit solchen Ansprüchen, den Medien-alltag von Kindern ganzheitlich zu erfassen. Sie muß zunächst einmal Beobachtungskategorien voneinander unterscheiden, ehe dann wieder über Beziehungen und Zusammenhänge in der Mediennutzung geredet werden kann. Da man jedoch weiß, daß Fernsehen für die Kinder das Leit-medium darstellt, mag es als Basisinformation interessant sein, die Zeiten zu vergleichen, die Kinder mit dem Fernsehen selbst, dann aber auch mit den anderen Medien in ihrem Alltag, durchschnittlich verbringen, und wie sich diese Anteile im Laufe des Heranwachsens bis ins Jugendalter verschieben.

Tabelle 3 zeigt wiederum Ergebnisse der Dortmunder Familienunter-suchung. Hier sind Fernsehen/Video, Schallplatten/Kassetten, Zeitun-gen/Zeitschriften und Bücher (auch Bilderbücher) nebeneinander berück-sichtigt.

Tab. 3: Durchschnittliche Mediennutzungsdauer der Kinder pro (N=629)

Medien	Mittlere Nutzungsdauer in Min. bei Kindern			
	0–3 Jahre	4–6 Jahre	7–9 Jahre	10–12 Jahre
Fernsehen (TV und Video)	25	62	97	111
Schallplatten/Kassetten	11	34	44	56
Zeitungen/Zeitschriften	1	4	6	12
Bücher	13	17	21	27
insgesamt	50	117	168	206

Quelle: Hurrelmann, Bettina et al. (1988): Familie und erweitertes Medienangebot. Bd. 7: Be-gleitforschung des Landes Nordrhein-Westfalen zum Kabelpilotprojekt Dortmund, Düssel-dorf: 94 (ergänzt um die Nutzungsdauer von Schallplatten/Kassetten).

Mit diesen vier Mediengruppen bringen die Kinder je nach Altersstufe durch-schnittlich pro Tag etwa eine Dreiviertelstunde bis dreieinhalb Stunden zu. Alle Medien steigern ihren Nutzungsumfang, sie tun dies aber in sehr unter-schiedlichem Ausmaß. Das Fernsehen ist vom Kleinkindalter an das Medium, dem am meisten Zeit gewidmet wird. Schon im Kindergartenalter verdoppelt sich die Fernsehdauer, um dann im Schulalter etwas weniger steil, aber deut-lich weiter anzusteigen. Das Schallplatten- und Kassetten-Hören erfährt eben-falls im Kindergartenalter die größte Steigerung, um dann kontinuierlich mehr Zeit zu beanspruchen. Zeitungen und Zeitschriften spielen bei den jüngeren Kindern noch keine große Rolle und werden erst von den 10-12jährigen stärker berücksichtigt. Die Nutzungszeiten von Büchern steigen mit dem Alter nur sehr langsam an. Die jüngsten Kinder beschäftigen sich mit Büchern noch etwa halb so lange wie mit dem Fernsehen. Aber schon im Kindergartenalter ver-

Abb. 1: Medienkonsum in Minuten pro Tag im Altersablauf

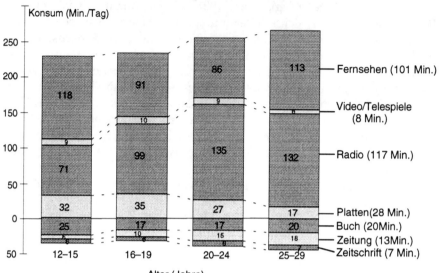

Alter (Jahre)
Quelle: Bonfadelli et al. (1986: 143).

schiebt sich das Verhältnis massiv zugunsten des Fernsehens: 10-12jährige verbringen nur noch etwa 1/4 der Fernsehzeit mit Büchern.

Man darf nach diesen Zahlen, die allerdings das Radiohören nicht mit-
berücksichtigen, wohl sagen, daß das Fernsehen und die auditiven Speichermedien den Kinderalltag und seine Veränderung mit dem Älterwerden sehr viel stärker bestimmen als die Printmedien, speziell die Bücher.

Die Studie *„Jugend und Medien"* zeigt nun interessanterweise, daß der An-
stieg des Medienkonsums mit dem Ende der Kindheit im Fernsehbereich
eine Brechung erfährt. Er geht bei den Jugendlichen deutlich zurück, um
erst bei den jungen Erwachsenen wieder anzusteigen. Im Kontrast dazu
nimmt der Stellenwert des Hörfunks im Jugendalter kontinuierlich zu.
Auch die Zeitung als tagesaktuelles Medium gewinnt leicht an Bedeutung.
Dafür tritt das Bücherlesen unter den Medienaktivitäten noch weiter
zurück.

Bei aller Unterschiedlichkeit der Untersuchungszusammenhänge, aus
denen die Daten stammen, wird doch deutlich: Das Fernsehen ist der Medienbereich, der den Kinderalltag zeitlich am stärksten bestimmt und das
Älterwerden am deutlichsten spiegelt. Die Lösung von der Kindheit dagegen manifestiert sich in einer Reduktion des Fernsehkonsums und in einer
Hinwendung zu den auditiven Medien.

Auch hier sind die angegebenen Zahlenwerte nicht zu verabsolutieren. Sie geben nicht mehr als Momentaufnahmen, und über die Art der Erhebung von
Nutzungsdaten und ihre Zuverlässigkeit kann man lange streiten. Im Fernseh-

bereich gelten elektronisch gemessene Einschaltquoten der kontinuierlichen Zuschauerforschung im Auftrag der öffentlich-rechtlichen und privaten Rundfunkveranstalter als die zuverlässigsten Werte. Daten für Kinder unter sechs Jahren werden hier aber aus methodischen Rücksichten, wie es begründet wird, nicht veröffentlicht.

Nach den Angaben der kontinuierlichen Zuschauerforschung der GfK sahen 1989 in der Bundesrepublik Kinder von 6 bis 9 Jahren in Haushalten ohne Privatsenderempfang pro Tag durchschnittlich 70 Minuten lang fern – in Haushalten, in denen man Privatsender über Kabel oder Hausantenne empfangen konnte, rund 15 Minuten länger. Die 10-13jährigen kamen auf 91 Minuten täglichen Fernsehkonsum, den sie bei Empfangsmöglichkeit der Privatsender ebenfalls – aber in geringerem Maße als die jüngeren Kinder – steigerten (vgl. Darschin/Frank 1990: 263).

Diese Zahlen geben einen ersten Eindruck davon, daß sich mit dem erweiterten Programmangebot auch der Fernsehkonsum von Kindern erhöht: Medienumwelt und Mediennutzung stehen auch hier in einem erkennbaren Zusammenhang.

Was alle diese Zahlen aber nicht erfassen können, ist Fernsehen als Nebentätigkeit neben der Nutzung anderer Medien oder neben anderen Beschäftigungen überhaupt. Wir dürfen aber annehmen, daß mit steigendem Fernsehkonsum bei Kindern auch in steigendem Maße Routinen ausgebildet werden, das Fernsehen nur als Hintergrundkulisse wahrzunehmen oder laufenden Sendungen nur sporadisch Aufmerksamkeit zu schenken. Den qualitativen Wandel des Mediengebrauchs in einer sich wandelnden Medienumwelt können vermutlich nur Einzelfallstudien empirisch differenziert genug beschreiben.

4. Medien und Sozialisation – eine kritische Diskussion gängiger Wirkungsthesen

Wenn in der öffentlichen Debatte über die Wirkungen der Medien gestritten wird, geht es fast immer darum, vor allem dem Fernsehen mehr oder weniger schädliche Einflüsse auf die Entwicklung der Heranwachsenden zuzuschreiben. Die gängige Argumentation geht dabei wie selbstverständlich von der Annahme aus, das Fernsehen löse mit seinen Inhalten oder Angebotsformen direkt und monokausal bestimmte Effekte und Veränderungen bei den Heranwachsenden aus. Daß man es dabei für ganz unterschiedliche unerwünschte Verhaltensweisen, Einstellungen und mangelnde Fähigkeiten von Kindern und Jugendlichen verantwortlich macht, deren genauer Zusammenhang mit dem Wirkungsprozeß fast immer diffus bleibt (→ III, Krebs), ändert nichts an der Popularität solcher Thesen. Im Gegenteil: Mitunter gewinnen sie ihre Popularität erst dadurch, daß sie aus einem komplexeren wissenschaftlichen Argumentationszusammenhang herausgebrochen werden.

5. Der Begriff der Mediensozialisation

Um solchen Vereinfachungen schon durch die Begriffswahl zuvorzukommen, soll hier nicht von „Medienwirkungen" gesprochen werden, sondern vom Prozeß der Mediensozialisation. Dabei wollen wir uns auf einen modernen Sozialisationsbegriff beziehen, wie er sich in den letzten drei Jahrzehnten in der wissenschaftlichen Diskussion in Soziologie, Psychologie und Pädagogik sowie in angrenzenden Wissenschaftsgebieten zunehmend durchgesetzt hat.

Neuere sozialisationstheoretische Ansätze rücken ab von den früheren Modellvorstellungen der linearen, einfaktoriellen Determination der Persönlichkeitsentwicklung. Sie verstehen Sozialisation als Entstehung und Entwicklung der menschlichen Persönlichkeit in Abhängigkeit von und in Auseinandersetzung mit der gesellschaftlich vermittelten sozialen und materiellen Umwelt (vgl. Hurrelmann/Nordlohne 1989).

Damit sind Konzepte, die von einer Anpassung der Individuen an die Bedingungen ihrer Umwelt oder von einer Prägung durch Umweltbedingungen ausgehen, überholt. Auf der anderen Seite ist die Vorstellung von der freien Selbstentfaltung der Person, wie sie vor allem in der deutschen Bildungsgeschichte eine prominente ideologische Rolle spielte, ausgeschlossen. Denn der Begriff der Sozialisation geht davon aus, daß sich die menschliche Persönlichkeit in keiner ihrer Eigenschaften gesellschaftsfrei herausbildet sondern, daß dieser Prozeß stets an übergreifende gesellschaftliche Bedingungen und an Bedingungen der sozialen Interaktion zurückgebunden bleibt, ja daß die Entwicklung der Person durch das Leben in einer gesellschaftlich vermittelten sozialen und materiellen Umgebung erst ermöglicht wird.

Eine spezifische Modellvorstellung der Person-Umwelt-Beziehung ist in der Sozialisationstheorie das „Modell der produktiven Realitätsverarbeitung" (Hurrelmann/Nordlohne 1989: 606). Hier wird die konstruktive Rolle des Individuums in der Auseinandersetzung mit der Umwelt besonders deutlich hervorgehoben. Individuum und Umwelt werden in einer Wechselbeziehung gedacht: Die Umwelt setzt nicht nur die Rahmenbedingungen für die Entwicklung der Person, sondern sie wird vom Individuum aktiv interpretiert, angeeignet – und unter Umständen auch verändert. Diese Modellvorstellung bringt den Charakter der Persönlichkeitsentwicklung als konstruktiven und im Bereich der zwischenmenschlichen Interaktion verlaufenden Prozeß zum Ausdruck, wobei verschiedene Ebenen sozialer Bedingungen in die Modellkonstruktion eingehen.

Sozialisationseinflüsse werden in diesem Modell nach unterschiedlichen Betrachtungsebenen differenziert: So werden gesellschafts-, organisations- und interaktionsspezifische Bedingungen der Sozialisation unterschieden. Gesellschaftsspezifische Bedingungen sind die allgemeinen, für eine bestimmte historische Situation charakteristischen ökonomischen, technologischen, politischen, sozialen und kulturellen Strukturen einer Gesellschaft, innerhalb derer Erwachsene und Kinder leben. Daneben gibt es spezifische gesellschaftliche Organisationen und Institutionen, die Sozialisationsaufgaben mitübernehmen oder zur Hauptaufgabe haben, wie z.B. Kirchen und Vereine, sozialpädagogische Einrichtungen, Kindergärten und Schulen. Die Ebene, die dem Alltagshandeln der Menschen am nächsten ist, ist die der unmittelbaren sozialen und räumlichen Lebensumgebung. Für die nachwachsende Generation ist hier nach wie vor die Familie nach Dauer und Intensität die wichtigste Instanz im Sozialisationsprozeß. Sie ist ein soziales System, das eine eigene Wirklichkeit bildet, wenn diese auch nach außen hin nicht hermetisch gegen andere gesellschaftliche Einflüsse abgeschlossen ist.

Was bringt ein solcher Rückgriff auf die Sozialisationstheorie für das Thema „Medienwirkungen auf Kinder"? Die Vorteile sind folgende:

Die Sozialisationstheorie hilft, einen antiquierten mechanistischen Wirkungsbegriff aufzuheben, indem sie prozessuale Strukturen betont und nicht das Ergebnis. Es muß also auch in der Betrachtung der Mediensozialisation darauf ankommen, über die Art und Weise des Umgangs mit den Medien, der Rezeption und der Verarbeitung der Medienangebote durch Kinder Genaueres zu erfahren und nicht „Medieneffekte" zu bestimmen, die nach dem simplen Schema „vorher – nachher" gewonnen werden und den eigentlichen Wirkungsmechanismus ausblenden.

Die Sozialisationstheorie beschreibt die Persönlichkeitsentwicklung als einen Prozeß der aktiven Auseinandersetzung mit der Umwelt. Zur Umwelt gehören heute selbstverständlich auch die Medien. Sie sind nicht nur ein Teil der unmittelbaren materiellen und dinglichen Lebensumgebung von Kindern, sondern sie bilden eine symbolische und kommunikative Umwelt, die nach sozialisationstheoretischer Ansicht aktiv und konstruktiv verarbeitet wird.

Als kommunikative Umwelt treten die Medien in enge Beziehung zu den personalen Interaktionsprozessen, die für die Sozialisation entscheidend sind. Hier ist nach wie vor die Familie der wichtigste Lebensbereich, in dem sich Kinder entwickeln. Genaugenommen ist der Mediengebrauch von Kindern im wesentlichen ein integraler Bestandteil der Familieninteraktion und der Familienkommunikation. Selbst wenn der Vater bei seiner Zeitungslektüre am Abend nicht gestört werden möchte, ist dies ein Faktum in der Mediensozialisation.

Angesichts der analytischen Unterscheidung von gesellschafts-, organi-
sations- und interaktionsspezifischen Bedingungen von Sozialisation, wie
sie die Sozialisationstheorie vornimmt, wird die ganze Schwierigkeit deutlich, den modernen Medien in dieser Hierarchie der Vergesellschaftung
einen auf eine Ebene beschränkten Platz anzuweisen. Denn zweifellos sind
sie mittlerweile zu wesentlichen Faktoren der ökonomischen, der technologischen, der politischen und der kulturellen Struktur der Gesamtgesellschaft geworden. Daneben sind sie eine eigene gesellschaftliche Organisation, die nach eigener Logik und eigenen Bedingungen Funktionen der
Sozialisation erfüllen kann. Schließlich sind sie in der alltäglichen und privaten Interaktionssphäre der Menschen präsent. Vieles spricht dafür, daß
es gerade die allgegenwärtige Präsenz der Medien ist, die ihre unhinter-
gehbare Bedeutung und Wirkungskapazität ausmacht.

Systemtheoretisch gewendet könnte man sagen, die modernen Massenmedien sind ein gesellschaftliches Subsystem mit engsten funktionalen Beziehungen zur Gesamtgesellschaft. Was immer Heranwachsende über ihren engeren Handlungsbereich hinaus von der Gesellschaft, in der sie
leben, erfahren, ist nicht nur durch die Medien vermittelt, sondern in starkem Maße bereits von ihnen durchsetzt oder von vornherein auf sie bezogen gestaltet. Diese enge Verflechtung mit gesamtgesellschaftlichen Prozessen unterscheidet die Medien von anderen kulturellen Systemen wie
beispielsweise Wissenschaft, Religion oder Kunst. Medien sind aber auch
eigene Sozialsysteme, die Kinder und Jugendliche als Konsumenten berücksichtigen und auf diese Weise Sozialisationsfunktion übernehmen.
Medien wirken schließlich in die Handlungssysteme der unmittelbaren
persönlichen Interaktion und Kommunikation hinein und können hier je
nach Kontext unterschiedliche Sozialisationsrelevanz gewinnen.

So gesehen durchdringen die Medien in modernen Gesellschaften gleichermaßen soziale Institutionen wie auch die Privatsphäre. Das macht ihre
Berücksichtigung in der Sozialisationsforschung unausweichlich. Das
macht aber auch Programme einer „medienfreien Erziehung" so problematisch. Die Verflechtung der Medien mit allen Bereichen der Sozialisation ist aber vermutlich auch ein Grund dafür, daß das Reden über Medienwirkungen bei Kindern – auch im wissenschaftlichen Zusammenhang –
oft recht diffus bleibt.

6. Sozialisation durch Medien

Medienangebote werden von den Individuen rezipiert und verarbeitet.
Dabei handelt es sich um einen subjektiven, aktiven und konstruktiven
Prozeß. Die Medienrezeption ist aber zugleich ein Moment in einem perso-
nalen Interaktions- und Kommunikationszusammenhang. Bei Kindern ist

dies primär der Lebenszusammenhang der Familie. Darüberhinaus sind die Medien soziale Organisationen, mit denen die Menschen qua Konsumentenrolle verbunden sind. Dies gilt gerade auch für die Inanspruchnahme von und die Spekulation auf Kinder. Schließlich sind die Medien ein bedeutsamer wirtschaftlicher, politischer und kultureller Faktor in der Entwicklung der Gesamtgesellschaft. Das schlägt durch bis auf die Ebene der familialen Sozialisation. Denn der Medienbesitz und Medienkonsum einer Familie sind nicht nur von persönlichen kulturellen Präferenzen bestimmt, sondern zugleich von gesellschaftlichen Standards, die sich ökonomisch und historisch verändern.

Neil Postman (1983), der die These vom Verschwinden der Kindheit in seinem gleichnamigen Bestseller und auch sonst publikumswirksam vertreten hat, argumentiert im Kern seines Gedankenganges medienzentriert. Das heißt, für Postman sind die Darstellungsmittel des Fernsehens – und das Fernsehen ist das Medium, das ihn vor allem beschäftigt – der wesentliche Wirkungsfaktor. Da das Fernsehen zwei Zeichensysteme miteinander kombiniert, Bild und Sprache, und da es darüber hinaus bewegte Bilder bietet, die die Hauptaufmerksamkeit des Zuschauers auf sich ziehen, begünstigt es eine Rezeption, die sich im wesentlichen auf die Bildebene bezieht. Hinzu kommt, daß die Bilder nicht symbolisch, also als zu entschlüsselnde Zeichen für einen gemeinten Sinn, aufgefaßt werden müssen, sondern durch ihre Illusionskraft schlicht ikonisch als Abbildungen der Wirklichkeit verstanden werden können.

Auf eine so primitive Rezeptionsweise ist nun das Fernsehen nach Postman auch ausgerichtet. Es verlangt dem Zuschauer keine komplexen Verstehensleistungen ab, es setzt weder Entschlüsselungsfähigkeit voraus noch entwickelt es auch eine. Es setzt auf eine passive Haltung beim Konsumenten, es will sinnlich und emotional beeindrucken und fordert keine anspruchsvolle kognitive Verarbeitung. Daher untergliedert das Fernsehen nach Postman sein Publikum auch nicht. Jedem ist alles zugänglich, zwischen Kindern und Erwachsenen gibt es keinen Unterschied.

Postman vergleicht die Zeichenstruktur der Fernsehsendungen mit der gedruckten Sprache, dem Zeichensystem der Bücher. Das Kind, das sich den Zugang zu Büchern erschließt, muß lernen, ein abstraktes Zeichensystem zu entschlüsseln, entlang einer linearen Textstruktur logisch und folgerichtig aufbauend zu denken, gegenüber den Schriftsymbolen eine distanzierte Haltung einzunehmen, die Fähigkeit zur Analyse und Reflexion zu entwickeln. Bücherlesen macht einen Lernprozeß erforderlich. Es gibt den Erwachsenen die Aufgabe der systematischen Anleitung sowie die Macht der Kontrolle über die je dosierte Einführung in die Wissensbestände der Erwachsenenwelt. Bücher differenzieren ihr Publikum. Das Fernsehen dagegen bringt solche Differenzierungen zum Verschwinden. Damit bringt es nach Postman die Kindheit überhaupt zum Verschwinden. Sein

Effekt ist das Erwachsenen-Kind ebenso wie der infantilisierte Erwachsene.

Diese Behauptungen sind ungeheuer griffig, weil sie simpel sind. Sie gehen von Annahmen über die Passivität der Fernsehrezeption und die ausbleibende Verarbeitung der Inhalte aus, die sich bei genauerer Beobachtung so nicht bestätigen lassen.

So hat beispielsweise die Freiburger Forschungsgruppe um Michael Charlton und Klaus Neumann in differenzierten Fallstudien über einzelne Kinder zeigen können, wie selektiv Kinder die Fernsehangebote wahrnehmen und wie intensiv sie diese als Material für ihre Interpretationen auf ihre jeweilige Lebenssituation beziehen (vgl. Charlton/Neumann 1986).

Aus anderer Perspektive hat der israelische Forscher Gavriel Salomon in verschiedenen Studien nachgewiesen, daß Kinder mehr aus dem Fernsehen lernen, wenn ihnen bestimmte Beobachtungsaufgaben gestellt werden (instruiertes Sehen). Danach ist es eher das gewohnte Vorverständnis des Fernsehens als ‚leichte Kost' als die Zeichenstruktur des Mediums selbst, wodurch oft die Wahrnehmung und Verarbeitung oberflächlich und beiläufig bleibt (Salomon 1984).

Postmans These verdeckt weiter, wie wenig wir wirklich über das Verhältnis der Bild- und Sprachwahrnehmungen bei fernsehenden Kindern wissen. Alles spricht dafür, daß sich hier Verschiebungen im Laufe der Entwicklung ergeben, daß kleine Kinder sich zunächst von den bewegten Bildern faszinieren lassen, daß sie aber später durchaus Geschichten konstruieren und sich dabei auch von der Sprache im Fernsehen anleiten lassen. Ältere Kinder sind in der Lage, die Gattungen des Fernsehens mit ihren Handlungsmustern und typischen Symbolen zu unterscheiden. Solche Muster werden spielerisch nachgeahmt oder ironisch aufgespießt, wobei Kinder auch die Sprache der Figuren imitieren bzw. in anderen Handlungszusammenhängen als „Sprüche" zitieren. Das alles spiegelt Lernprozesse, und es kann kein Zweifel sein, daß Fernsehen gelernt wird und gelernt werden muß (vgl. Greenfield 1987: 23 ff.) – nur wissen wir noch wenig darüber, wie das genau geschieht. Eine systematische Anleitung in diesem Lernprozeß erfahren Kinder, im Gegensatz zum Lesen, zudem üblicherweise nicht, da in den meisten Familien nur der Zugang zum Fernsehen kontrolliert wird (vgl. Kiefer/Berg 1981: 357 f.).

Das die Zeichenstruktur des Fernsehens den Wahrnehmungs- und Verarbeitungsprozeß spezifisch beeinflußt, ist gleichwohl eine plausible Annahme. Die wesentlichen Ergebnisse sind hier von Hertha Sturm et al. (1972) geliefert worden:

Hörfunk und Fernsehen vermitteln danach unterschiedliche emotionale Eindrücke bei vergleichbaren Inhalten. Das ist insofern bedenkenswert, als die Inhalte der Sendungen schneller vergessen werden als die gewonnenen emotionalen Eindrücke. Im Fernsehen gezeigte Personen und Figuren werden unmittelbar und stabil gefühlsbesetzt. Diese Besetzung ändert sich kaum in der Zeit, obwohl längst vergessen ist, worum es inhaltlich ging. Es könnte also sein, daß das Fernsehen etwa mit seinen Serienfiguren langfristige emotionale Bindungen für die Zuschauer aufbaut, die zugleich eine Bindung an das Medium bedeuten. Auf diesen Effekt setzt das Fernsehen längst – etwa bei den Vorschul- oder bei allen Seriensendungen.

Neben den emotionalen Wirkungen hat Sturm (1975) die Wirkungen herausgestellt, die mit der Zeichenstruktur des Fernsehens verbunden sein könnten. In der medienunabhängigen Erfahrung steht dem Menschen fast immer eine, wenn auch nur kurze, Zeitspanne zur Verfügung, um die Wahrnehmung eines Ereignisses seiner Erwartung anzupassen. Das Fernsehen vermittelt dagegen seine Wahrnehmungsreize oft in so rasantem Tempo, daß für die Einordnung der Eindrücke keine Zeit bleibt. Die zeitgleiche kognitive Verarbeitung wird nach dieser Ansicht durch das Fernsehen systematisch behindert und die Passivität des Zuschauers gefördert – eine Hypothese, die gerade im Hinblick auf das kindliche Fernsehen sicher Beachtung verdient. Daß die empirischen Zusammenhänge aber sehr viel komplexer sein dürften, als diese isolierende Beschreibung suggeriert, zeigt allein der Kontrast zu der soeben referierten Beobachtung der emotionalen Langzeitwirkungen.

Daß das Fernsehen schließlich die Bindung der Erfahrung an soziale Nahräume aufbricht, da es dem Zuschauer potentiellen Zugang zu allen Ereignissen, auch den entferntesten, verschafft, hat Joshua Meyrowitz (1990) zur Grundlage seiner Überlegungen gemacht. Das Fernsehen verändert nach Meyrowitz unseren Ortssinn, indem es den sozialen Ort des Erlebens vom physischen Ort der Anwesenheit unabhängig macht. Es verändert damit verbunden auch das Rollenverhalten, indem es vor keinem Handlungsraum haltmacht, Öffentliches und Privates, Intimes und Offizielles gleichermaßen zur Ansicht bringt. Diese Überlegungen sind insofern differenzierter als die von Postman, als hier gesellschaftsbezogen, insbesondere rollentheoretisch argumentiert wird. Das Fazit ist jedoch ein ähnliches: Neben anderen sozialen Unterschieden wird die Grenze zwischen Kindheit und Erwachsenheit durch den Einfluß des Fernsehens verwischt.

Diese Thesen fordern dazu auf, ein ganz wesentliches Defizit hervorzuheben: In keiner dieser Theorien findet der Kontext, innerhalb dessen Kinder und Jugendliche das Fernsehen gebrauchen, Beachtung. Die gesellschaftliche Ambivalenz von Kindheit heute ist jedoch unübersehbar. Im Konsumbereich werden Kinder weitgehend wie Erwachsene angesprochen – im Kontrast dazu wird ihr Alltag heute jedoch von den Erwachsenen in einer Weise eingeschnürt und verplant, daß kaum noch Handlungsräume für freies kindliches Erkunden und spontane Betätigung übrigbleiben.

Auch unter dem Hauptgesichtspunkt unserer Betrachtung, dem des familialen Kontextes, sind die dargestellten Wirkungsbehauptungen angreifbar: Fernsehen als Tätigkeit ist ein Teil des Alltagshandelns von Kindern, und die Fernsehkommunikation ist ein integraler Bestandteil der personalen Kommunikation. Je nach Familienkontext können die wirklichen Einflüsse des Fernsehens auch ganz andere als die hier behaupteten sein: beispielsweise die einer Abgrenzung der Eltern von den Kindern. Eben dies ist die These, die hier zu prüfen sein wird.

Die These von der Vereinzelung durch das Fernsehen ist nicht weniger populär als die vom Verschwinden der Kindheit. Auch für die Ausgrenzung von Kindern aus den Lebensbereichen anderer Menschen und Altersstufen wird das Fernsehen verantwortlich gemacht. Eine gängige Vorstellung ist die, daß bei der Vermehrung der Fernsehgeräte in den Familienhaushalten jeder in seinem eigenen Zimmer sein eigenes Programm sieht. Eine andere macht die Kommunikationsfeindlichkeit des Fernsehens selbst für die Isolationserscheinungen verantwortlich: Das Fernsehen vereinzelt, selbst wenn mehrere Personen zusammen das gleiche sehen:

> „Die Hauptgefahr des Bildschirms liegt nicht so sehr im Verhalten, das er hervorruft, als im Verhalten, das er unterbindet – die Gespräche, die Spiele, die Familienfeste und Auseinandersetzungen, aus denen das Kind so viel lernt, und die seinen Charakter prägen. Das Anschalten des Fernsehapparats kann dem Abschalten jenes Vorgangs gleichkommen, der Kinder zu Menschen werden läßt" (Bronfenbrenner 1976: 183).

Was ist von dem Vorwurf der Kommunikationsfeindlichkeit zu halten, der dem Fernsehen hier gemacht wird? Bereits Anfang der siebziger Jahre untersuchten Peter Hunziker et al. (1975), in welcher Weise das Fernsehen wichtige Beziehungen zwischen den Mitgliedern einer Familie beeinflußt, und ob es Anlaß für gemeinsame Erlebnisse und Gespräche bietet. Sie kommen zu den Befunden, daß der Schwerpunkt des Fernsehens der Eltern und der Kinder zeitlich verschoben ist, daß die Kinder inhaltlich engere Sehinteressen haben, und daß die Familienmitglieder nur in etwa über die gegenseitigen Vorlieben Bescheid wissen. Diese Befunde – mit einer kleinen Stichprobe gewonnen – werden sehr rasch zu folgender These zusammengefaßt: „Die qualitative Nutzung des Fernsehens in der Familie geschieht weitgehend additiv. Das Fernsehen stellt nur an der Oberfläche ein gemeinsames Handeln in der Familie dar" (Hunziker/Lüscher/Fauser 1975: 305 f.).

In einer späteren Veröffentlichung zur gleichen Untersuchung wird diese These bekräftigt:

> „Das gemeinsame Fernsehen ist sehr häufig ein äußerliches räumliches Beisammensein, ohne daß es dabei zu einer gemeinsamen Handlung des ‚Zuschauens' kommt. Es stellt lediglich eine Art Überschneidung der individuellen Rezeptionsabläufe dar" (Hunziker 1977: 271).

Nun werden zusätzlich die von den Familienmitgliedern erinnerten Gespräche über gemeinsam gesehene Fernsehsendungen in die Auswertung einbezogen. Das Ergebnis: Nur etwa die Hälfte der Eltern, und noch weniger der Kinder, konnten sich unter Angabe der diskutierten Sendung an solche Gespräche erinnern. Darüberhinaus waren diese Erinnerungen nur selten übereinstimmend, sie betrafen selten die gleichen Sendungen. Hunziker folgert daraus noch umfassender, „daß die gemeinsam vor dem Fernsehgerät verbrachten Stunden bezüglich des familiären Interaktions- und Kommunikationsverhaltens weitgehend ‚tote Zeit' sind" (Hunziker 1977: 280).

Wie hätte man aber – so muß man einwenden – aus abgefragten Erinnerungen überhaupt das Gegenteil erhalten können? Sind hier nicht andere Untersuchungsmethoden nötig, die die subjektiven Bewertungen gemeinsamen Fernsehens bei den Befragten selbst in den Blick stellen?

Auch eine Studie von Will Teichert (1977), die den Ergebnissen der Konstanzer Forscher vehement widerspricht, kann hier kaum weiterhelfen. Immerhin wurde in dieser Studie eine detaillierte Beobachtung der abendlichen Freizeitsituation in den Familien durchgeführt, so daß die Gesprächshäufigkeit bei eingeschaltetem Fernsehgerät und in fernsehfreien Situationen verglichen werden konnte. Außerdem wurden die Gespräche nach ihrer Länge und ihren Themen analysiert. Das Ergebnis war folgendes: Während der Tätigkeit „Fernsehen" wurden relativ häufig Gespräche geführt, allerdings waren die Gespräche kürzer. Auffallend war außerdem, daß die Äußerungen während des Sehens einen verstärkt expressiven Charakter hatten, Personalisierungen häufiger waren, und daß sich die Gespräche dominierend zum einen auf den engsten persönlichen Kreis, zum anderen auf die weit entfernte Umwelt bezogen. Gespräche über nicht unmittelbar Anwesendes, aber Erreichbares, waren seltener als in fernsehfreien Situationen. Der Verfasser folgert daraus, „daß das Fernsehen als ein gesprächsinitiierender Faktor verstanden werden kann, der vor allem Anreize zu emphatischen Teilnahme an der Umwelt bietet" (Teichert 1977: 290).

Das ist nun wiederum eine erstaunlich positive Funktionszuschreibung, die völlig darüber hinweggeht, daß beim Fernsehen zeitgleiche Gespräche einfach deswegen stark verkürzt sind, weil die Zuschauer, um nicht den Faden zu verlieren, ihre Hauptaufmerksamkeit auf die fortlaufende Sendung richten müssen.

Nun könnte es aber gerade so sein, daß das Fernsehen für viele Familien Funktionen übernimmt, die sich in der Messung der Gesprächsintensität überhaupt nicht abbilden lassen. Gemeint sind Funktionen der Strukturierung gemeinsamer Freizeit, Funktionen der Vermittlung von Nähe, der Beschwichtigung von Konflikten, Funktionen des Aufbaus gemeinsamer Wertungen und Wissensbestände u.ä.. Solche Funktionen können gerade in Familien wichtig sein, die sich nicht primär gesprächsweise miteinander verständigen, bzw. deren Gesprächsradius über die Alltagsdinge wenig hinausgeht.

Diese Funktionen sind quantitativ allenfalls vergröbert zu erfassen, in Fallstudien zeigen sie sich allerdings sehr deutlich. Als Beispiel für das Gemeinte sei hier aus einem Interview zitiert, das im Rahmen der schon erwähnten Dortmunder Familienuntersuchung aufgenommen wurde. Die Mutter, die hier ihren Alltag schildert, hat vier Kinder, ihr Mann ist Lokführer, werktags kaum zu Hause. Alle Personen dieser Familie sehen überdurchschnittlich viel fern. Das sonntägliche Fernsehen schildert sie so:

„Ja, und dann machen wir es uns eben halt sonntags nachmittags gemütlich. Dann gehen wir selten raus. Dann wirds hier eben gemütlich [...] Das ist für uns auch wichtig, weil mein Mann auch wenig im Hause ist, so über Tag, und dann sind wir schon mal froh, wenn wir alle zusammen sind [...] Vor allem ist dann auch keiner empfindlich, wenn die Kleinen dann quatschen oder die turnen auf einem rum. Das macht dann alles nichts, das stört dann auch nicht und [...] das ist dann auch ganz schön dabei."

Für diese Familie sichert das Fernsehen einen Raum der Gemeinsamkeit, in den man mühelos eintauchen kann, ohne das Zusammensein aktiv strukturieren zu müssen. Dabei erleichtert es auch die emotionale Anpassung aneinander, die durch den Arbeitsrhythmus des Vaters am Wochenende jeweils neu und kurzfristig zu vollziehen ist. Daß diese Familie wenig andere Möglichkeiten hat, ihre Lebenslage zu bewältigen, liegt sicher nicht am Fernsehen. Wenn man nach den Gründen für den extensiven Fernsehkonsum fragt, statt nur auf die Wirkungen aus zu sein, stößt man stets auf ein ganzes Geflecht von psychischen und sozialen Voraussetzungen, von denen das Fernsehverhalten nur ein Moment, nur der Gipfel eines Eisberges ist.

Das Fernsehen mag ein Medium sein, das – besonders bei extensivem Gebrauch – wenig Anregungen für den verbalen Austausch unter den Familienmitgliedern bringt und damit vielleicht auch die zuschauenden Kinder vor allem kognitiv wenig fördert. Warum in vielen Familien das Fernsehen zur Bewältigung des Alltags aber offenbar nötig ist, ist eine Frage, die über persönliche Voraussetzungen hinaus auf gesellschaftliche Bedingungen zielt.

Betrachtet man die rasanten Veränderungen von Familienstrukturen in den letzten Jahrzehnten, so gewinnt man von diesen Bedingungen wenigstens einen Eindruck: Da ist zunächst die Verkleinerung von Familien zu nennen, nur noch eine geringe Zahl von Kindern wächst mit Geschwistern auf. Hinzu kommt der rapide wachsende Anteil von Ein-Eltern-Familien und die Zunahme von Familien mit erwerbstätigen Müttern. Auch dies bedingt, daß die personale Kommunikation knapp wird, und daß der Kinderalltag mehr und mehr geplant werden muß. Soziale Kontakte ergeben sich nicht von selbst im Spiel – Spielräume sind in der Umwelt von Kindern ohnehin rar geworden. Beck (1986) hat die Veränderungen der Lebensbedingungen in den gegenwärtigen Industriegesellschaften mit dem Begriff der Individualisierung bei gleichzeitiger Standardisierung auch unter Bezug auf das Fernsehen beschrieben (Beck 1986: 212). An diesem Prozeß ist das Fernsehen also beteiligt, aber es ist falsch, die übergreifenden Zusammenhänge zu unterschlagen, in denen sich die Mediensozialisation vollzieht.

Klagen über die Mediatisierung der Wirklichkeit unter dem Stichwort „Wirklichkeit aus zweiter Hand" (Bauer/Hengst 1980) oder in katastrophaler Steigerung gar über das „Verschwinden der Wirklichkeit" (von Hentig [3]1987) sind schon seit einigen Jahren gängige Münze. Insbesondere wenn von der Erfahrungswelt der heutigen Kindergeneration die Rede ist, steigern sie sich zu einer Emphase, die, wie es scheint, ganz vergessen macht, daß Wirklichkeit nie und niemandem „an und für sich" gegeben ist, sondern eine Konstruktion darstellt – eine Konstruktion, die zum einen die Individuen je nach ihren kognitiven Voraussetzungen vornehmen, und die zum anderen in Prozessen personaler Kommunikation ausgehandelt wird. Als einen solchen Prozeß der sozial vermittelten Konstruktion von Wirklichkeit haben wir den Sozialisationsprozeß beschrieben.

Auf den Prozeß der Wirklichkeitskonstruktion haben verschiedene Sozialsysteme mit ihren Deutungsmustern Einfluß: Politik, Wissenschaft, Recht, Religion, Kunst usw. – und unter ihnen seit wenigen Jahrzehnten eben auch die modernen audiovisuellen Medien. Daß es bisher nicht üblich ist, alle ihre Deutungsangebote als „Wirklichkeit" aus zweiter Hand zu etikettieren, liegt vermutlich daran, daß sie in ihrem Kernbestand historisch und kulturell legitimiert sind und daß sie auf je besondere institutionelle Kontexte beschränkt zu sein scheinen: Politik, Wissenschaft, Recht, Religion, Literatur, Kunst u.ä. bilden je eigenständige Sozialsysteme mit unterschiedlichen Reichweiten. Die Bilderwelten der modernen Medien dagegen sind nicht nur eine historisch sehr junge Errungenschaft, sondern sie durchdringen und unterwandern offenbar in einem solchen Ausmaß den Alltag der Menschen, daß der Eindruck entsteht, sie könnten unmittelbarer als andere kulturelle Systeme die Substanz und den Bezugsrahmen der Erfahrungen bilden, die fortan vor allem von den Heranwachsenden gemacht werden: „Die neuen Medien sind so total, erfassen so viele Seiten unseres Lebens, daß es nicht sinnvoll ist, nach der Erfüllung spezieller Zwecke zu fragen", so von Hentig ([3]1987: 21). Eine mediale Scheinwirklichkeit verdrängt in dieser Problemsicht für Kinder und Jugendliche die „unmittelbare" gegenständliche und personale Erfahrung.

Die Tatsache, daß solche vereinfachenden Beschreibungen so anziehend resistent sind, liegt wohl darin begründet, daß sie für das Alltagsbewußtsein – und das heißt hier: das Bewußtsein der Erwachsenen – durchaus zutreffend Verunsicherndes und Neues zu benennen vermögen und es in einen Zusammenhang stellen, der verbreiteten Wirkungsannahmen sehr gut entspricht: Die Faszination vieler Kinder von Medienfiguren und -geschichten, die Fülle der Assoziationen, Bezugspunkte und Gespräche, die sie bei Kindern bilden, die breite Schein-Informiertheit, mit der viele Kinder Erwachsene verblüffen, ihr Verlangen nach Effekten und starken sinnlichen Reizen, die Dominanz des Fernsehens und der entsprechenden Anschlußartikel im Kinderalltag, vor allem aber die Veränderung gegenüber den eigenen Kindheitsbedingungen – all dies kann schon zu der Befürchtung führen, hier werde eine „eigentliche" Wirklichkeit verdeckt oder zum Verschwinden gebracht.

Die Tatsache, daß man sich über solche Beschreibungen auch in pädagogischen Diskussionen so schnell einigen kann, täuscht aber allzu leicht darüber hinweg, daß sie theoretisch und empirisch von falschen Voraussetzungen ausgehen. Sie beruhen auf der Annahme, daß die Darstellungsmuster und Inhalte der Medien gleichsam voraussetzungslos und direkt in individuelle Weltbilder überführt werden – was theoretisch und empirisch nicht haltbar ist. Außerdem ignorieren sie den Einfluß, den primäre Sozialisationskontexte auf den Mediengebrauch, auf die Verarbeitung von Medieninhalten und auf ihren Stellenwert für die Wirklichkeitsdeutungen haben, wie sie auch die Frage nach der Interdependenz medialen und gesellschaftlichen Wandels verdecken. Kinder und Medien erscheinen in einer solchen Denkweise von sozialen Kontexten isoliert.

Wer versucht, die Umgangsweisen von Kindern mit medienvermittelten Inhalten, Spielfiguren oder Gegenständen verstehend zu erkunden, wird zunächst erst einmal erstaunt sein, wie wenig Abbildungen, wie viel Variation, eigenwillige Veränderung und bewegliche Anpassung an subjektive Bedürfnisse diese Spiele kennzeichnen können. Es gibt eine große Zahl von Eltern, die ihre Vorstellung von der geschmackvollen Holzeisenbahn und Marionette wie ihre Abwehr gegen die gräßlichen Barbies und Kens, Heidis, He-Men, Stridors usw. revidieren mußten, weil sie sahen, daß sich diese im Spiel völlig veränderten, daß sie Elemente von neuen Geschichten, Landschaften und Konstruktionen wurden, die mit ihrer Herkunft nur noch entfernt zu tun hatten.

Die qualitative medienpsychologische Forschung hat in verschiedenen Fallstudien nachweisen können, daß Kinder Medieninhalte nach ihren Bedürfnissen individuell und konstruktiv verändern, daß sie Identifikationen oder Projektionen je nach psychischer Situation thematisch voreingenommen vollziehen, daß sie gerade auch das Fernsehen einsetzen können zur Bewältigung von Lebenskonflikten und Entwicklungsaufgaben (vgl. Neumann/Charlton 1987).

Besonders eindrucksvoll ist das Beispiel des Heimkindes Wolfram, das die schon genannte Freiburger Forschergruppe vorgestellt hat. Wolfram, der erst seit kurzem im Heim ist und eine Mutter erlebt hat, die sich ihm entzog, wagt seinen

Wunsch nach einer versorgenden Mutter im verarbeitenden Rollenspiel nach Außen zu bringen. Er hat zuvor einen Film der Kindervorschulserie „Hallo Spencer" gesehen und kann nun in seiner Bearbeitung der Filmgeschichte, indem er selbst die Rolle der „Galactica" übernimmt und nach seinen Wünschen ausgestaltet, im symbolischen Spiel ein Stückchen mehr Ich-Nähe und Handlungsautonomie gewinnen. Diesen Prozeß bewerten die Autoren im Hinblick auf die Rolle des Fernsehens folgendermaßen: „Diese Selbsthilfeversuche sind [...] selbst wiederum sozial vermittelt. Das Kind bezieht Stellung zu der Mediengeschichte und arbeitet damit an sich am gesellschaftlich Anderen. Die Selbstentwicklung, vor allem aber hier: die Selbstbehauptung gegenüber Familie und Heim, geschieht in der Reflexion gesellschaftlicher Deutungsmuster im assoziativen Freiraum Spiel mit Mediengeschichten. Die Sprache, die das Kind dabei für sein Erleben findet, hilft ihm dabei, sein ‚inneres Ausland' verstehen zu lernen" (Neumann/Charlton 1987: 276 f.).

Freilich gibt es Kinder, die in der Fernsehsymbolik kreisen und gefangen bleiben, ohne sie für eine produktive Verarbeitung ihrer Probleme einsetzen zu können. Auch solche Fallbeispiele hat die qualitative Medienforschung detailliert gezeichnet (vgl. Bachmair u.a. 1984). Hier ist jedoch stets die Frage zu stellen, welche Voraussetzungen sozialer Art diese Kinder in ihrer Entwicklung behindern, was das Fernsehen für sie so unersetzlich und die Bindung an seine Symbolik so zwanghaft macht. In den meisten Fällen wird die Analyse der Familienbeziehungen der Kinder darüber Aufschluß geben. Normalerweise wissen Kinder zwischen der Medienwirklichkeit und der Wirklichkeit ihrer sozialen Lebenswelt durchaus zu unterscheiden. Die übergangslose Vermischung oder die dauernde Auswanderung in Mediengeschichten ist zumeist eine Hilferuf aus unerträglichen sozialen Lebenssituationen.

In der Pädagogik ist die Diskussion über die „Wirklichkeit aus zweiter Hand" aber nicht nur im Hinblick auf die personalen Beziehungen in der Lebenswelt der Kinder geführt worden, sondern vor allem auch in Hinblick auf ihre Chancen, sich mit der Objektwelt handelnd auseinanderzusetzen. Die Entwicklungstheorie hat gezeigt, daß das kleine Kind seine kognitiven Fähigkeiten vor allem im praktischen Umgang mit den Dingen entwickelt (vgl. Piaget/Inhelder ^{2}1973). Auch das größere Kind gewinnt durch die Herstellung von Gegenständen Entwicklungsimpulse und Erfahrungen über die Widerständigkeit der objektivierten Welt. Diese Art der praktisch-produktiven, sinnlichen und körperlichen Auseinandersetzung hat man mit „Eigentätigkeit" bezeichnet. Mit dem Vordringen der Medien und der massenhaft produzierten Spielwaren für Kinder wurde ein zwangsläufiger Verlust an Eigentätigkeit konstatiert.

Dinge, die per Konsumhandlung erworben sind, beschränken nach dieser Ansicht durch ihre Formbestimmtheit und durch den Ausschluß des Herstellens nicht nur den Radius der Erkenntnistätigkeit für Kinder,

sondern auch ihre Möglichkeiten, in der Auseinandersetzung mit der
Objektwelt ein stabiles Selbstkonzept zu entwickeln:

> „In der Konsumkultur erkennt sich das Kind zunehmend nur in den Waren
> wieder, und die kommen aus einer anderen Lebenswelt, müssen dem Kind al-
> so äußerlich bleiben und sind austauschbar. Bei eigentätiger Aneignung objek-
> tivieren sich Selbstbild und Selbstsicherheit, Kompetenz und Urteilsvermögen.
> Das Selbstbild beruht also mehr auf Eigenem, und es ist gefestigter und ist des-
> halb auch weniger von den Urteilen und Erwartungen anderer abhängig, we-
> niger narzißtisch orientiert" (Rolff [2]1989: 155).

Im Hintergrund der dargestellten Überlegungen zur „Eigentätigkeit" der
Kinder steht ein kulturwissenschaftlicher Vergleich mit der Kindheit der
Nachkriegszeit – die ganz gewiß keine Konsum-Kindheit war –, also eine
längerfristige Perspektive auf die Veränderung der kindlichen Lebenswelt
und ihre psychischen Entsprechungen. Diese Perspektive, die isolierende
Wirkungszuschreibungen zu den Medien vermeidet und gesellschaftliche
Entwicklungen mit Mentalitätsveränderungen in Beziehung setzt, wird
man weiterhin beachten müssen, wenn es um die Diskussion der historischen Veränderungen von Weltbildern und psychischen Strukturen geht.
Damit ist aber genaugenommen auch die These von der „zweiten" Wirklichkeit oder dem Verwinden der „ersten" revidiert. Es geht um die historische Veränderung von Wirklichkeitskonzepten, an denen die Medien
selbst, vor allem aber die Art des Umgangs mit den Medien innerhalb
einer insgesamt veränderten sozialen Welt, ihren Anteil haben.

Gesellschaftliche Deutungssysteme haben auch in den früheren Jahrhunderten menschliche Weltbilder und Selbstkonzepte in starkem Maße
geprägt. Man denke nur an den Einfluß der Religion auf die Lebenswelt
der Menschen im Mittelalter, oder an den Einfluß der Aufklärungsphilo-
sophie im 18. Jahrhundert, der die Entwicklung der Fortschrittsmentalität
und der „großen Industrie" im 19. Jahrhundert möglich machte. Es ist
schwer zu sagen, wieviel medienvermittelte Wirklichkeitsdeutung Menschen überhaupt und sich entwickelnde Menschen insbesondere ohne
Schaden ertragen können und welchen Anteil von dinglichen Naherfah-
rungen und unmittelbarer persönlicher Kommunikation sie benötigen.
Hier werden in den nächsten Jahren medienethische und medienökologi-
sche Konzepte auch für die Sozialisationstheorie dringend zu entwickeln
sein (vgl. Langenbucher/Fritz 1988).

7. Mediensozialisation im Familienkontext oder: Wie Familien mit dem Fernsehen umgehen

In der Kritik der gängigen Thesen über die Wirkungen des Fernsehens auf die Heranwachsenden wurde erstens betont, daß Medienwirkungen nicht allein von den Inhalten oder Aussagen abhängen, die in den Komunikationsangeboten verbreitet werden. Zweitens wurde betont, daß Medienwirkungen darüber hinaus auch nicht nur von den medienspezifischen Strukturen abhängen, in denen die Kommunikationsangebote sich präsentieren. Statt dessen wurde hervorgehoben, daß die Medien in hohem Maße kontextabhängig wirken (→ III, Merten).

Wie stark sie in Sozialisationsprozessen sein können, hängt davon ab, wieviel Macht ihnen in den entsprechenden sozialen Zusammenhängen eingeräumt wird: Längst bevor Medienbotschaften und Medienformen „wirken" können, bestimmt das soziale Umfeld die Art und die Stärke der möglichen Wirkungen im Prozeß der Sozialisation.

Um diesen Hinweis zu konkretisieren, werden wir uns in den nächsten Abschnitten auf den wichtigsten und frühesten Sozialisationskontext beziehen, in dem Kinder die Medien zu gebrauchen lernen, den Kontext der Familie.

Familien sind personale Interaktions- und Beziehungssysteme, die in sich relativ abgeschlossen sind. Das heißt, die Eigenschaften und Handlungen jedes Familienmitgliedes beeinflussen und berühren in irgendeiner Form auch alle anderen Familienmitglieder. Das gilt auch für den Mediengebrauch. Familien nehmen zwar Einflüsse aus der sozialen Umwelt in sich auf, aber sie verarbeiten sie in jeweils spezifischer Form, ihren eigenen sozialen Bedingungen entsprechend. In unterschiedlichen Familien gibt es daher auch unterschiedliche Bedeutungen, die den Medien im Familiengeschehen überhaupt zukommen: Familien bilden durchaus unterschiedliche Präferenzen in bezug auf die gesamte Spannbreite der unterschiedlichen Medien aus, auch die Nutzungsmuster und Nutzungsroutinen, die für die einzelnen Medien gelten, sind durchaus verschieden. Der Mediengebrauch ist ein Feld der Gestaltung je eigener kultureller Lebenswelten der Familien. Somit sind auch die Erfahrungen, die die Heranwachsenden mit den Medien machen, zunächst einmal ein Teil der Interaktionserfahrungen und kulturellen Lernprozesse, die ihnen durch die Familien eröffnet werden.

Andererseits wäre es naiv, wollten wir ausblenden, daß die Medien auch ihrerseits familiale Situationen prägen. Das können sie dadurch, daß sie bestimmte „Gebrauchsprofile" anbieten. „Gebrauchsprofile", die sie im Familienalltag für unterschiedliche Funktionen geradezu prädestinieren. So bieten etwa die auditiven Medien für Jugendliche die Möglichkeit, sich aus der familialen Interaktion ein Stück weit zurückzuziehen, eine Spiegelung der eigenen Emotionen und eine subjektive Stimmungskontrolle zu erreichen. Eine vergleichbare Funktion scheinen Tonkassetten mit Geschichten für Kinder zu übernehmen. Das Fernsehen dagegen ist eher ein Medium, das sich an ein generationenübergreifendes Publikum von Erwachsenen und Kindern richtet und somit familiale Gemeinsamkeit über den Konsum des gleichen ermöglicht, ohne doch große Ansprüche an die Zuwendung und den gesprächsweisen Austausch der Zuschauer untereinander zu stellen.

Insofern ist es auch nicht von der Hand zu weisen, daß durch den Medienwandel, insbesondere durch die Erweiterung des Fernsehangebotes, die wir in der Bundesrepublik zur Zeit erleben, langfristige Rückwirkungen auf die Familieninteraktion und auf die Familiensozialisation möglich sind. Denn ein erweiterter Fernsehgebrauch könnte genau solche Eigenschaften und Verhaltensweisen in den Familien verstärken, die nach unseren bisherigen Erfahrungen mit hohem Fernsehkonsum in der Regel verbunden sind.

Insgesamt haben wir also mit wechselseitigen Abhängigkeiten zu rechnen: Familiale Voraussetzungen entscheiden, welchen Stellenwert die Medien in der Sozialisation der Heranwachsenden gewinnen – umgekehrt wirken veränderte Medienverhältnisse auch verändernd auf den Mediengebrauch der Familien, und diese Veränderungen tragen ihrerseits langfristig zu einer Verschiebung der familialen Interaktions- und Sozialisationsvoraussetzungen bei.

Ein solches Interdependenzmodell der Medienwirkung muß komplexe und zeitlich gegeneinander versetzte Wirkungen und Rückwirkungen berücksichtigen. Damit sollte deutlich geworden sein, wie unzulänglich nicht nur die einfachen Wirkungsbehauptungen in der öffentlichen Mediendiskussion sind, sondern wie unzulänglich auch der klassische Wirkungsbegriff der Kommunikationswissenschaft mit seinen direkten, kurzfristigen und streng kausalen Wirkungsannahmen gerade für die Frage der Sozialisationswirkungen der Medien ist.

In den folgenden Abschnitten wird die Wirksamkeit der Medien in der familiären Sozialisation wiederum exemplarisch am Beispiel des Fernsehens diskutiert. Dabei wird zum einen gefragt, welche Funktion das Fernsehen im Interaktionszusammenhang des Familienalltags übernimmt, um das soziale Profil der Tätigkeit „Fernsehen" genauer zu beschreiben. Zum anderen wird gefragt, welche Familieneigenschaften den Fernsehgebrauch bestimmen, um die Unterschiede in der Sozialisationsrelevanz dieses Mediums innerhalb verschiedener Familienkontexte zu beleuchten.

Generell werden auch Fragen des Medienwandels angesprochen. Im Hinblick auf das Fernsehen sind dies die Fragen, wie sich bei einem erweiterten (und im Zuge der Kommerzialisierung auch inhaltlich veränderten) Programmangebot die Sozialisationseinflüsse auf Heranwachsende verändern beziehungsweise weiter ausdifferenziert werden. Den Bezugspunkt der Diskussion solcher langfristigen Veränderungen familialer Sozialisationsbedingungen werden hier die empirischen Ergebnisse der schon erwähnten Familienuntersuchung im Rahmen des Kabelpilotprojektes Dortmund bilden. Diese Untersuchung erlaubt es, durch den Vergleich zweier Familiengruppen quasi in einer Momentaufnahme die Entwicklung abzuschätzen, die mit dem Wandel im Fernsehbereich für die familiale Sozialisation insgesamt erwartbar ist.

8. Soziale Funktionen des Fernsehens im Familienzusammenhang

Auf die sozialen Funktionen, die das Fernsehen für die Familien übernimmt, ist in der amerikanischen Medienforschung seit etwa Mitte der 70er Jahre mehrfach hingewiesen worden. So haben zum Beispiel Rosenblatt/Cunningham (1976) in einer quantitativen Studie gezeigt, daß in Familien mit einem hohen Potential an Spannungen unter den Familienangehörigen der Fernsehkonsum besonders groß ist. Sie haben daraus geschlossen, daß das Fernsehen häufig die Funktion übernimmt, in gespannten Familiensituationen, bei Problembelastungen und Gereiztheit, Konflikte zu verdecken oder Streit zu vermeiden

> Anknüpfend an Forschungen, die die Muster der Interaktion in Familien mit dem Fernsehgebrauch in Beziehung setzen, hat James Lull eine ganze Reihe von sozialen Funktionen des Fernsehgebrauchs unterschieden (vgl. Lull 1980a; Lull 1980b):
> – Zu den strukturalen Funktionen zählt er: Umgebungs-Funktionen (z.B. Hintergrundgeräusch, Nicht-allein-Sein, Unterhaltung), weiter regulative Funktionen (z.B. Zeitstrukturierung, Handlungsplanung im Alltag).
> – Zu den Funktionen relationaler Art zählt er alle Leistungen des Fernsehens, die den Zuschauern erlauben, eine bestimmte Beziehung zueinander aufzubauen oder zu erhalten: Funktionen der Erleichterung von Kommunikation (z.B. Bereitstellung von gemeinsamen Wissen; Bereitstellung von Themen für Gespräche), Funktionen der Bindung bzw. der Vermeidung (z.B. Erleben von Familiensolidarität, Vermeiden von Konflikten), Funktionen sozialen Lernens (z.B. Verhaltensmodellierung, Modelle für Problemlösungen, Wertevermittlung), Funktionen von Kompetenz- und Machtdarstellung (z.B. Rollenverstärkung, Autoritätserweis der Eltern, Argumentationshilfe).

Über die Systematik der Kategorien mag man streiten. Wichtig ist vor allem, daß durch die große Zahl der Funktionsaspekte deutlich wird, wie unterschiedlich und wie breit gestreut die Leistungen sein können, die Familien je nach ihren Voraussetzungen aus dem Medium und der Tätigkeit „Fernsehen" für sich gewinnen können. Das sind Leistungen, die über die gängigen Funktionskategorien, die traditionellerweise für das Fernsehen gebraucht werden, nämlich: Information, Bildung und Unterhaltung, weit hinausgehen. Nur wenn man auf die tiefe Verankerung des Fernsehens im Familiengeschehen achtet, kann man auch seine tiefe Verankerung in Sozialisationsprozessen angemessen berücksichtigen.

Die funktionale Analyse des Fernsehens ist auch für die Familienuntersuchung im Kabelpilotprojekt Dortmund wichtig gewesen. Hier wurde einerseits nach der Funktion der Differenzierung von Rollen und Positionen der Familienmitglieder gefragt. Denn die unterschiedlichen Positionen und Rollen der Eltern und der Kinder können sich in der Art des Fernsehgebrauchs spiegeln, aber auch bestätigen und verstärken. Andererseits wurde nach der sozialen Funktion der Integration der Familie gefragt, die das Fernsehen – nicht nur in Situationen der Konfliktbelastung – neben der Abgrenzung der Rollen auch übernehmen kann. Je stärker das Fernsehen auf diese Weise in die Familiendynamik integriert ist, so wurde angenommen, desto einflußreicher ist es auch im Prozeß der Sozialisation.

Einen ersten Eindruck von der Bedeutsamkeit des Fernsehens für die Abgrenzung von Positionen und Rollen in der Familie gewinnt man, wenn man sieht, wie sich in den täglichen Sehzeiten der Kinder Altersrollen abbilden. Kleinere und größere Kinder unterscheiden sich darin, daß mit zunehmendem Alter die Fernsehzeit deutlich ansteigt. Noch interessanter ist die Beobachtung, daß sich die Sehzeiten der Eltern wiederum klar von denen der Kinder abheben, wobei die Väter durchschnittlich etwas länger täglich fernsehen als die Mütter. Ein Vergleich mit dem Bücherlesen macht den medienspezifischen Unterschied deutlich: Die Zeit, die den Büchern durchschnittlich täglich gewidmet wird, ist nahezu indifferent gegenüber Alters- und Generationsgrenzen (vgl. Hurrelmann/Possberg/Nowitzky 1988: 112). So ist das Fernsehen in den meisten Familien zu einer Aktivität geworden, in der sich insbesondere für die Kinder Erwachsenheit in zeitlich extensiverer Nutzung tagtäglich anschaulich wahrnehmen läßt. Wer erwachsen ist, so wird den meisten Kindern in einem „heimlichen", aber dadurch umso wirksameren Lehrplan vermittelt, darf fernsehen, so lange er will.

Diese noch sehr einfachen Beobachtungen der Rollenvermittlung über den Fernsehgebrauch lassen sich vertiefen, wenn man Kompetenzzuschreibungen und Entscheidungsbefugnisse im Medienbereich betrachtet: Die Mütter gelten als die kompetentesten in der Familie im Bereich des Buches und des Lesens, den Vätern fällt im Bereich der technischen Medien die „Expertenrolle" zu. So ist auch die Sehdauer von Eltern und Kindern dann am niedrigsten, wenn die Mutter als die Kompetenteste im Fernsehbereich gilt. Umgekehrt ist die Sehdauer in der Familie am größten, wenn der Vater bestimmt, was gesehen werden soll, wenn die ganze Familie fernsieht. Wenn Vater und Kinder zusammen fernsehen, bestimmt in den meisten Fällen der Vater die Programmauswahl. Wenn Mutter und Kinder zusammen fernsehen, bestimmen überwiegend die Kinder. Auch wenn die Eltern zusammen fernsehen, treffen in den meisten Fällen die Väter die Programmentscheidung. Insgesamt kommt in gemeinsamen Sehsituationen mehrerer Familienmitglieder den Vätern die bestimmende, den Müttern eher eine vermittelnde, den Kindern eine untergeordnete Position zu.

Diese Strukturen sind nun in den Familien, die das Kabelfernsehen nutzen können, noch deutlicher (vgl. Hurrelmann/Possberg/Nowitzky 1988: 122 ff., 222 ff.). Mit dem größeren Interesse an der fortgeschrittenen Medienentwicklung verbinden sich paradoxerweise in noch ausgeprägterem Maße traditionelle, hierarchische Familienstrukturen. Das Fernsehen als Leitmedium im Familienalltag wird noch deutlicher zur Domäne des Vaters.

Neben der rollendifferenzierenden Funktion übernimmt das Fernsehen aber auch eine Integrationsfunktion im Familienalltag. Dies geschieht über gemeinsame Rezeption und gemeinsame inhaltliche Interessen an bestimmten Programmen. In den Familienuntersuchungen wurde deutlich, daß es die Eltern weniger Überwindung kostet, mit ihren Kindern gemeinsam fernzusehen, als ihnen beispielsweise etwas vorzulesen (vgl. Hurrelmann/Possberg/Nowitzky 1988: 205 ff.). Das Vorlesen setzt eine bewußte Zuwendung zu Kindern voraus, während das gemeinsame Fernsehen auch als schlichte Verhaltensroutine erfolgen kann. Dementsprechend sind Lesesituationen der Kinder in der Regel „einsame" Situationen, während das Fernsehen nach diesen Ergebnissen für die meisten Kinder oft eine familiengemeinsame Tätigkeit darstellt. Die schwache Verankerung des Lesens im Interaktionsgeschehen der Familien kann man auch daran erkennen, daß es nur in wenigen Familien Bücher gibt, die alle Familienmitglieder interessieren. Demgegenüber ist die Gemeinsamkeit der Fernsehinteressen in den Familien breit entwickelt: Daß es für das Fernsehen allen gemeinsame oder generationsübergreifende Interessen aus bestimmten Sendungsarten gibt, ist geradezu der Normalfall. Die Palette der familiengemeinsamen Sehinteressen verbreitet sich, wenn man Familien mit Kabelfernsehen und ohne Kabelfernsehen vergleicht. Insbesondere finden die Sendungsarten des Unterhaltungsangebotes eine breitere gemeinsame Zustimmung in den Familien, die das erweiterte Programmangebot nutzen können. Sehinteressen, die nur die beiden Eltern miteinander teilen, gelten dafür in Kabelhaushalten in geringerem Ausmaß politischen oder kulturellen Sendungsangeboten.

Der auch in anderen Untersuchungen festgestellte Trend zur Fernsehunterhaltung wird durch diese Ergebnisse bestätigt und durch seine soziale Bedeutung ergänzt: Fernsehunterhaltung ist – und wird mit der Programmerweiterung zunehmend – ein wichtiges integratives Moment im

Familienalltag. Die entstrukturierende, Generationsgrenzen verwischende
Wirkung, die man dem Fernsehen unter dem Stichwort „Verschwinden
der Kindheit" zugeschrieben hat, betrifft nach diesen Ergebnissen also die
inhaltliche Seite der Rezeption: Kinder und Eltern unterscheiden sich immer weniger in ihren Programmvorlieben. Dies betrifft aber nicht die familiale Rollenstruktur in der Sehsituation: In der Entscheidung über die Programmauswahl zum Beispiel werden die traditionellen, unterschiedlichen
Machtpositionen im familialen Rollengefüge im Gegenteil gerade bekräftigt.

Beide Beobachtungen lassen erwarten, daß das Fernsehen mit wachsenden Programmangebot nicht nur seine Präsenz, sondern auch seine Bedeutung in der familialen Sozialisation verstärken wird.

9. Familienvoraussetzungen und Fernsehgebrauch – mögliche Rückwirkungen des Medienwandels auf die Familieninteraktion

Wie eine Familie das Fernsehen benutzt und in welchen Funktionen es für
das Familienleben Bedeutung erhält, ist je nach den Voraussetzungen der
Familien unterschiedlich. So haben Rosenblatt/Cunningham (1976) hervorgehoben, daß in besonders spannungsreichen Familienverhältnissen
das Fernsehen die Funktion der Konfliktvermeidung und Konfliktver-
deckung erhält – bei eher harmonischen Familienbeziehungen ist das Fernsehen weniger wichtig, oder es erfüllt andere Funktionen.

Auch Lull (1980a) hat in seinen Untersuchungen nachweisen können,
daß Familien mit unterschiedlichen Interaktions- und Kommunikationsstrukturen die möglichen Funktionen des Fernsehens in unterschiedlicher
Breite und Intensität in Anspruch nehmen. So hat er betont, daß Familien,
die bei ihren Kindern darauf drängen, sich anzupassen, nicht mit Erwachsenen zu diskutieren, Autorität zu respektieren u.ä., das Fernsehen im gesamten Spektrum der unterschiedlichen Funktionen sehr viel intensiver
nutzen als Familien, die ihre Kinder ermuntern nachzufragen, mit Erwachsenen zu diskutieren, sachliche Argumente zu prüfen usw. Entsprechend
ist auch das Ausmaß des Fernsehgebrauchs bei den beiden Familientypen
unterschiedlich: Dort, wo das Medium und die Tätigkeit „Fernsehen" viele Funktionen im Familienalltag übernimmt, wird es auch extensiver genutzt.

In der Dortmunder Familienuntersuchung konnte die Beeinflussung des
Fernsehverhaltens durch Faktoren, die mehr über das Familienleben aussagen als die bloße Zuordnung zu sozialen Schichten, ebenfalls deutlich
nachgewiesen werden. Die immer wieder bestätigte Schichtabhängigkeit
des Sehkonsums sagt ja allein noch nicht viel über die „inneren Eigen-

schaften" der Familien aus, die hohen Fernsehkonsum entweder fördern oder aber unwahrscheinlich machen. In dieser Studie wurde an einer Dimension des Beziehungsklimas in der Familie, die im Rückgriff auf ein Befragungsinstrument aus der Familientherapie „Anpassungsfähigkeit an sich verändernde Aufgaben und Rollen" genannt wurde (Hurrelmann/ Possberg/Nowitzky 1988: 72 ff.), ähnliches nachgewiesen wie in den amerikanischen Untersuchungen: Starre familiale Rollen und Beziehungsregeln scheinen eine hohe Fernsehdauer zu begünstigen, denn in Familien mit unflexiblen Interaktionsstrukturen verbringen Erwachsene und Kinder überdurchschnittlich viel Zeit mit dem Fernsehen. Hier übernimmt das Fernsehen offenbar eine wichtige Stabilisierungsfunktion für die Familienbeziehungen. Aber auch Familien mit einer wenig entwickelten Gesprächspraxis neigen zu hohem Fernsehkonsum. Ebenso ist auch nach den Ergebnissen dieser Untersuchung ein starkes steuerndes, autoritäres Erziehungsverhalten der Eltern gerade nicht mit niedrigen, sondern mit hohen Fernsehzeiten der Kinder verbunden. Interessant ist nun, daß alle diese interaktionsbezogenen Familienmerkmale zwar Schichteinflüsse in sich aufnehmen, daß ihnen aber darüber hinaus auch ein eigenständiger Erklärungswert für den Fernsehkonsum in den Familien zukommt. Am deutlichsten konnte dies für die „Anpassungsfähigkeit" der Familien gezeigt werden. Und auch hier ist der Kontrast zum Bücherlesen interessant: In Familien mit rigiden, unbeweglichen Beziehungsstrukturen wird nämlich weniger Zeit mit Büchern verbracht als in Familien, die in ihren Rollen und Aufgabendefinitionen fähig zur Anpassung an sich wandelnde Bedingungen des Familienlebens sind (vgl. Hurrelmann/Possberg/Nowitzky 1988: 145 ff.).

Man muß diese Beziehungen zwischen Familieneigenschaften und Mediengebrauch als strukturelle Muster doppelseitig interpretieren: Extensives Fernsehen kann auch dazu führen, Interaktionsprobleme zu verdecken und damit langfristig die Fähigkeit zum Austragen und Lösen von Beziehungskonflikten verringern. Ebenso kann extensives Fernsehen sicherlich zur Einschränkung der Gespräche beitragen und bei den Eltern ein eher autoritäres Erziehungsverhalten verstärken. Wenn man den Umgang mit dem Fernsehen in Familien an einzelnen Fällen detailliert untersucht, bekommen diese allgemeinen quantitativen Zusammenhänge eine konkrete, hohe Plausibilität. Danach bestimmen nicht nur die Familienvoraussetzungen, wie das Fernsehen benutzt wird, sondern das Fernsehen hat auch prägende Rückwirkung auf die Interaktions- und Kommunikationszusammenhänge, in denen es stattfindet. Zumindest sind die produktiven sozialen Effekte und Anregungen, die es natürlich auch vermitteln kann, eher mit sparsamer und wählerischer und nicht mit extensiver Nutzung verbunden.

10. Fernsehkonsum und erweitertes Fernsehangebot

Diese Überlegungen geben allen Anlaß, die aktuelle Erweiterung des Fernsehangebotes kritisch zu sehen. Die Untersuchung in Dortmund hat gezeigt, daß der Fernsehkonsum der Personen in den befragten Familien mit
erweitertem Fernsehprogramm nicht unwesentlich ansteigt – besonders
deutlich steigt er bei den Kindern, und zwar umso deutlicher, je jünger die
Kinder sind (vgl. Hurrelmann/Possberg/Nowitzky 1988: 98 f.). Wie zu erwarten war, hat also die Veränderung der Medienumwelt auch Einfluß
auf den Mediengebrauch in den Familien. Ein veränderter Mediengebrauch bleibt aber langfristig nicht ohne Rückwirkungen auf die Familienbedingungen.

Dabei ist zu unterscheiden: Nicht alle Familien gehen mit der Erweiterung ihrer Fernsehmöglichkeiten auf die gleiche Weise um. Der augenscheinlichste Aspekt der unterschiedlichen Verarbeitung der neuen Programmvielfalt ist der der Schichtdifferenzen. Schichtdifferenzen sind in
den Sehzeiten der Kabelteilnehmer noch deutlicher erkennbar als in der
Vergleichsgruppe. Unter der Voraussetzung des erweiterten Fernsehangebotes bilden sich also unterschiedliche soziokulturelle Voraussetzungen im
Fernsehkonsum der Familien verstärkt ab (Hurrelmann/Possberg/Nowitzky 1988: 126 f.). Vergleichbares gilt aber auch für das Gesprächsverhalten und das Erziehungsverhalten in den Familien: Wieviel ferngesehen
wird und ob über das Gesehene noch gesprochen wird, hängt in der Teilnehmergruppe noch deutlicher davon ab, wie entwickelt die Gesprächspraxis auch sonst in der Familie ist. Wieviel Kinder fernsehen, hängt noch
stärker davon ab, welche Verhaltensspielräume ihnen der Erziehungsstil
der Eltern läßt (vgl. Hurrelmann/Possberg/Nowitzky 1988: 150 ff.).

Aus dieser Verschärfung wichtiger Zusammenhänge zwischen Familie
und Fernsehverhalten darf man wohl folgern, daß in Zukunft die Medienerfahrungen von Kindern mit unterschiedlichen familialen Voraussetzungen noch stärker auseinanderklaffen werden, als dies schon bisher immer
zu beobachten war. Das Fernsehen maßvoll zu nutzen und dem Familienleben unterzuordnen statt umgekehrt, wird mit wachsendem (und auch
inhaltlich geändertem) Programmangebot offenbar schwieriger. Vermutlich müssen wir uns auf Wirkungen und Rückwirkungen gefaßt machen,
deren Effekte sich summieren und die Kinder verstärkt benachteiligen, die
ohnehin unter schwierigen Sozialisationsbedingungen aufwachsen. In ihren Familien wird das große Programmangebot besonders ausgiebig genutzt und – wie besonders die Fallstudien detailliert beschreiben – besonders wenig auf die Kinder bezogen kommunikativ verarbeitet. Das Fernsehen bestimmt den Interaktionsstil in der Familie mehr als anderswo, und
damit sind die Voraussetzungen für die Sozialisation insgesamt betroffen.

Die Veränderungen der Lebensbedingungen von Familien in den gegenwärtigen Industriegesellschaften tragen zur Vertiefung dieser mit dem Medienwandel verknüpften Probleme bei. Man muß kein Feind des Fernsehens sein, um zu sehen, daß es der Verknappung persönlicher Kommunikation und der Standardisierung der Lebenswelten von Erwachsenen und Kindern zum einen entspricht und ihnen zum anderen auch zuarbeitet. Solche gesellschaftsgeschichtlichen Aspekte zeigen das Ausmaß der Probleme, die mit den sich verändernden Sozialisationsbedingungen insgesamt gegeben sind. Unter ihnen ist der Medienwandel nur ein Moment, und es bedeutet eben keine Bagatellisierung, wenn man betont, daß die Macht oder Ohnmacht der Medien in Sozialisationsprozessen sich mit den unterschiedlichen sozialen Voraussetzungen des Aufwachsens systematisch verbindet, also fürs erste die Chancenungleichheit von Kindern aus verschiedenen sozialen Milieus wieder verstärken wird.

BRIGITTE SPIEß

Weiblichkeitsklischees in der Fernsehwerbung

1. Anmerkungen zum Forschungsstand

Durch die nicht zu übersehende Präsenz in den Medien ist Werbung ein Massenkulturphänomen, das kulturelle und gesellschaftliche Entwicklungen in einem breiten Maße kommunikativ macht (vgl. Schmidt 1992a). Werbung stiftet individuelle und soziale Identität und bietet zunehmend Trendberichte an (z.B. Symbolbesetzung für Subkulturen, neue SeniorInnentypen, Geschlechts- und Rollenbilder usw.). Im Werbefernsehen werden in höchst komprimierter Form die populären Lebensentwürfe zitiert, die den ZuschauerInnen u.a. von ihren eigenen Erfahrungen, Träumen und Wunschvorstellungen sowie vom übrigen Programm her bekannt sind. Die werbespezifische Betrachtung des weiblichen Geschlechts erhellt somit den alltagsgeschichtlichen Boden, in dem die Vorstellungen von weiblicher Identität bzw. Existenz wurzeln.

Die bis heute vorliegenden zahlreichen inhaltsanalytischen Untersuchungen zu femininen Stereotypen in der Fernsehwerbung führen im wesentlichen zu folgenden Ergebnissen:

Bei der Darstellung von Frauen in der Werbung werden zwei Rollen favorisiert: die der Hausfrau und die der jungen, verführerischen Frau (Schmerl 1990: 183). Frauen gelten zwar als Expertinnen des Alltags, doch männliche Autoritäten bleiben ihnen in allen Expertenfragen übergeordnet (Neverla 1991: 21). Bei der Berufstätigkeit überwiegen sog. Frauenberufe, in denen die Frau für das leibliche und seelische Wohl ihrer Lieben zu sorgen hat (Neverla 1991: 17). Der steigenden Anzahl von Berufs- und Karrierefrauen in der Werbung entspricht keine steigende Anzahl „dynamischer" Körperhaltungen. Eine vergleichbare Diskrepanz zwischen expliziter Rollendarstellung (z.B. Managerin) und impliziter nonverbaler Präsentation (z.B. unsichere, raumsparende und schüchterne Körperhaltung) gibt es bei Männern nicht. Der Beruf der Werbefrauen taugt in der Regel nur als Ambiente ihrer effektvollen Präsentation, nicht als Arbeitsplatz (vgl. Brosius/Stab 1990; Schmerl 1992). Bei der Repräsentation von Weiblichkeit lassen sich in der TV- Werbung subtile Diskriminierungsmethoden beobachten (z.B. übertriebener Tonfall, neurotisches Getue, exaltiertes Gehabe usw.) (vgl. Schmerl 1990: 183; Kottelmann/Mikos 1981; Mikos 1988: 54 ff.). Die heutigen Schönheitsnormen für Frauen sind von einer beeindruckenden Rigidität. Es gibt fast nur noch einen Idealtyp, und dieser Frauentyp ist jung und schlank. Von allen Massenmedien, die dieses Ideal verbreiten (z.B. Filme, TV, Zeitungen), trägt die Werbung am stärksten – weil am direktesten und nächsten an der potentiellen Konsumentin – zu dieser zwanghaften Idealisierung bei (Schmerl 1992: 28). Sexuelle Anzüglichkeiten auf Kosten der Frau sind in der Werbung besonders beliebt. Offenbar läßt sich mit weiblicher Sexualität alles „an den Mann bringen" (Schmerl 1980: 80; vgl. Schmerl 1992: 157 ff.; Wolf 1992: 188 ff.). Über die Lebensrealität und die Verschiedenheit wirklicher Frauen sagen die Frauen in der Werbung nichts aus (Schmerl 1992: 8).

In Abgrenzung und Ergänzung zu der in den letzten Jahrzehnten vielseitig diskutierten (und mittlerweile allseits bekannten) Kritik an der diskriminierenden Darstellung von Frauen in der TV-Werbung soll in diesem Kapitel versucht werden, das Thema „Frauenbilder in der Fernsehwerbung" unter einer anderen Perspektive zu erörtern. Meine Ausgangsfrage lautet dabei: Ist der Aufbruch der Frauen während der siebziger und achtziger Jahre, sind Frauenbewegung, Emanzipations- und Individualisierungsprozesse an der Fernsehwerbung wirklich so spurlos vorbeigegangen, wie in der Forschung behauptet wird? Bei den folgenden Ausführungen beziehe ich mich vorrangig auf die Ergebnisse des Siegener Forschungsprojekts zur deutschen TV-Werbung[1]. Dieses Projekt geht von der Annahme aus, daß das Werbesystem und seine Medienangebote als sensibler Indikator für Wandlungserscheinungen der modernen Gesellschaft gesehen werden kann. In diesem Sinne ist Werbung Bestandteil und gleichzeitig Spiegelbild des gesellschaftlichen und kulturellen Wandels (vgl. Schmidt 1991c).

2. Weiblichkeitsklischees in der Fernsehwerbung – woher sie kommen

Im Gegensatz zum Programmauftrag der öffentlich-rechtlichen Fernsehanstalten verfolgt die Werbung eine wirtschaftliche Zielsetzung. Sie muß ein von vielen Konkurrenten umworbenes und daher knappes Gut produzieren, nämlich folgenreiche Aufmerksamkeit für ihre Medienangebote und

---

1 Vgl. Projekt C3 „Der kommerzielle deutsche TV-Werbespot als Indikator sozialen Wandels", Sonderforschungsbereich 240, Universität-Gesamthochschule Siegen. Die im folgenden referierte Untersuchung zu den Frauenbildern in der Fernsehwerbung ist im Auftrag der Bundeszentrale für politische Bildung entstanden (vgl. Spieß 1992).

auf diesem Weg für die dort beworbenen Produkte, Leistungen, Personen und „Botschaften"[2].

R. Paczesny hat in diesem Zusammenhang einmal die schöne Metapher geprägt: Werbung ist „[...] eine Art mediaetisierter Balztanz, der die Aufmerksamkeit eines Gegenüber erregen und auf ein bestimmtes Produkt lenken soll" (Paczesny 1988: 474). Werbung liefert heute aber nicht mehr bloß Produktinformationen nach dem Motto: „Ich stelle mein Produkt hin, erkläre was drin ist, nenne den Preis", sondern sie bietet Unterhaltung und vermittelt Werte[3].

Um Aufmerksamkeit zu erzeugen, muß versucht werden, Werbebotschaften mit solchen Ideen, Überzeugungen, Werten, kulturellen Mustern bzw. kulturellen und sozialen Entwicklungstendenzen zu verbinden, von denen angenommen werden kann, daß sie von AuftraggeberInnen wie von den Zielpublika akzeptiert oder gewünscht werden, d.h. sie müssen entweder weitverbreitet oder zielgruppentypisch sein. Mit anderen Worten, die ProduzentInnen von Werbespots sind auf eine sensible Beobachtung von Wandlungsprozessen und dominanten Tendenzen in anderen gesellschaftlichen Bereichen angewiesen. Sie müssen unter dem Druck rascher Erfolgserwartung schnell, aktuell und extrem variabel sein.[4] Dabei ist allerdings der Filter eindeutig: Alles, was die Überzeugungskraft eines Arguments oder die (Oberflächen-) Attraktivität eines Produkts oder einer Person beeinträchtigen könnte, wird in der Werbung ausgeblendet. „Sie dürfen", so formulierte ein Creative Director, „nie den Menschen so ansprechen, wie er ist, sondern sie müssen die Vision ansprechen, die ein Mensch von sich hat. Und die liegt immer auf einem anderen Niveau als seine reale Existenz. [...] Insofern gibt es wenig grauen Alltag in der Werbung und viele Träume" (Schmidt/Spieß 1994). Werbung produziert ausschließlich positive Botschaften, wobei sie unterstellt, daß alle an der Werbekommunikation Beteiligten dies erwarten und bei ihren jeweiligen Aktivitäten berücksichtigen. Werbung ist prinzipiell und offensichtlich parteilich und kann daraus Kapital schlagen, weil das Wissen von dieser Parteilichkeit zum kollektiven kulturellen Wissen moderner Industriegesellschaften gehört[5]. Die spezifische Funktion der Fernsehwerbung im Rah-

---

2 Geworben wird längst nicht mehr nur für Autos und Zahnpasta, sondern ebenso für Politiker und Parteien, für Kirchentage und Kunstausstellungen, für den Erhalt von Regenwäldern und gefährdeten Tierarten.

3 Zum Beispiel den Wunsch nach einer heilen Familienwelt, den Willen zur Völkerverständigung oder zum Umweltschutz.

4 Der Zwang zur Innovation, der durch den Konkurrenzkampf der Werbeagenturen und durch zunehmende Mengen und Paritäten von Produkten und Leistungen forciert wird, macht das Werbesystem notwendig parasitär.

5 Die Kritik an den Weiblichkeitsklischees der Fernsehwerbung hat diesen Aspekt bisher zu wenig berücksichtigt. Die von der Werbung konstruierten Leitbilder sind in der Regel kein

men des Werbesystems und die damit zusammenhängenden impliziten Annahmen müssen aber bei der Untersuchung von Weiblichkeitsklischees stets mitberücksichtigt werden, um das Bild nicht völlig zu verzerren.

Ein weiterer Faktor hat bisher in den Inhaltsanalysen der Fernsehwerbung zu wenig Beachtung gefunden: Die Werbung ist bis heute eine Sphäre, die quantitativ eindeutig von Männern beherrscht wird, darüber hinaus aber auch qualitativ von Männern geprägt ist. Es ist daher zu vermuten, daß hier Maßstäbe und Wertungen Gültigkeit haben, die vor allem in den Lebenszusammenhängen von Männern und deren Vorstellungen bzw. Erfahrungen wurzeln. Eine Verunsicherung und Lockerung der festgefahrenen Repräsentationsmaschinerie von Weiblichkeit kann daher erst dann entstehen, wenn die werbespezifische Betrachtung des weiblichen Geschlechts auch bzw. verstärkt in den Verantwortungsbereich von Werberinnen, Kundinnen und Werbefilmregisseurinnen fällt[6].

3. Weiblichkeitsklischees in der Fernsehwerbung – worauf sie verweisen

3.1. Zielsetzung und Anlage der empirischen Studie

Auswahl des Analysematerials

Bei der Auswahl der zu untersuchenden Werbespots konnte auf die Siegener Werbespot-Datenbank zurückgegriffen werden, die circa 3000 Werbespots umfaßt. Neben den laufenden Werbespots der öffentlich-rechtlichen und privaten Sender (ARD, ZDF, SAT.1, RTL, Tele5 und anderen Programmen des Kabel- bzw. Satellitenprogrammangebots) enthält das Werbespot-Archiv auch historische und prämierte TV- und Filmwerbung (1954–1992) sowie zahlreiche Arbeitsbeispiele aus 15 deutschen Werbeagenturen. Von den 3000 Werbespots sind bisher 1000 Werbespots nach einem ausgearbeiteten Kategorisierungsschema registriert, das u.a. Kriterien enthält, die für die Fragestellungen der empirischen Untersuchung rele-

---

Abbild der sozialen Wirklichkeitsmodelle von Frauen. Es ist deshalb wenig sinnvoll, die femininen Stereotypen permanent als ‚realitätsfremd' zu attackieren. Wir sollten vielmehr etwas an der Art ändern, wie wir jene Leitbilder sehen und auf sie reagieren. Das stillschweigend implizierte Publikumsbild vieler KritikerInnen läßt zudem auf einen niedrig angesetzten Bildungsgrad schließen, den sie der Mehrheit der Konsumentinnen und Zuschauerinnen von Werbespots unterstellen.

6 Zu den Arbeiten von Frauenwerbeagenturen siehe Schmerl (1992: 291 ff.). Ich schließe mich den Ausführungen von Christiane Schmerl an, die (an einer anderen Stelle) m.E. zu Recht herausstellt, daß „[...] die Verschiedenartigkeit menschlicher Möglichkeiten und Geschmacksrichtungen nicht ausgerechnet entlang der Biologie in zwei willkürliche und homogene Lager geteilt werden sollte" (Schmerl 1992: 54).

vant sind (z.B. Frauen als Akteurinnen in TV- Werbespots, geschlechtsspezifisches Rollenverhalten, konventionelle Verhaltensweisen, innovative
Verhaltensweisen). Aus dem Materialkorpus von 1000 Werbespots wurden zunächst 610 Werbespots (61%) ausgewählt, in denen Frauen als Akteurinnen bzw. Handlungsträgerinnen auftreten. Von den 610 Werbespots
wiesen 226 Werbespots (37%) ein (eindeutig) geschlechtsspezifisches Rollenverhalten (konventionell/innovativ) von Frauen auf. Aus diesen 226
Werbespots wurden insgesamt 46 Werbespots aus den Jahren 1954 bis
1991 für die Inhaltsanalyse ausgewählt und speziellen Themenbereichen,
wie z.B. Ehefrau und Mutter, berufstätige Frau, Selbstbewußte, sich selbst-
verwirklichende Frau, zugeordnet (vgl. Anhang). Den Schwerpunkt des
Analysematerials bilden die letzten drei Jahre[7]. Die historischen TV-Spots
dienten ausschließlich Vergleichszwecken und sollten beispielhaft die Entwicklungstendenzen innerhalb bestimmter Frauenklischees verdeutlichen.
Die Auswahl der 46 Werbespots erfolgte nach spezifischen Fragestellungen und Themenbereichen. Repräsentativität war nicht angestrebt.

Untersuchungskriterien

Wenn es zutrifft, daß die Werbung Bestandteil der Alltagskultur ist und
als Barometer für gesellschaftlichen Wandel dienen kann, dann muß sich
der Wandlungsprozeß des weiblichen Geschlechts auch in den aktuellen
Medienangeboten der Werbung bemerkbar machen. Hierbei ist jedoch zu
beachten, daß geschlechtsspezifische Traditionen und Rollenbilder sich allgemein nur äußerst langsam wandeln. Diese Einschätzung vertritt auch I.
Neverla, die darauf hinweist, daß die „[...] ‚Modernisierung' des Frauenbildes in den Medien, das heißt eine Anpassung dieses Frauenbildes an
den faktisch sich vollziehenden Wandel der Rollen und Funktionen der
Geschlechter in unserer Gesellschaft, aus strukturellen Gründen der gesellschaftlichen Entwicklung hinterherhinken [muß]" (Neverla 1991: 18). Die
Fernsehwerbung ist bis heute auf ein Massenpublikum ausgerichtet. Die
Mehrzahl der Zuschauerinnen von TV-Werbung (potentielle Käuferinnen)
haben den Wandel der Geschlechterrollen z.T. selbst noch nicht (bewußt)
verarbeitet bzw. vollzogen (vgl. Beck/Beck-Gernsheim 1990). Das erklärt
auch in Ansätzen die Konservierung zahlreicher traditioneller Rollenklischees in der TV-Werbung. Will man also erfahren, ob und wie sich das
Frauenbild in der Fernsehwerbung verändert hat, muß man gezielt nach
der Präsentation von Ausstiegsvarianten aus der traditionellen Frauenrolle
suchen. Innovative Veränderungen, die sich auf bestimmte Inhalte und
Präsentationsformen beziehen, lassen sich häufig nur an besonders auffäl-
ligen und (qualitätsmäßig) herausragenden Werbespots nachweisen – und
diese Beispiele sind offensichtlich (noch) eine Rarität in der deutschen

---

7   1989/90/91: 36 Werbespots; 1954-1985: 10 Werbespots.

Fernsehwerbung. Das ist u.a. darauf zurückzuführen, daß der Grad des Freiraums, der den Werbetreibenden bei der inhaltlichen Konzeption und Gestaltung eines Werbespots gewährt wird, abhängig ist von der jeweiligen Zielgruppe, der Flexibilität des Kunden und der Art des Produkts, das beworben werden soll. Die Auswahl des Analysematerials war daher in erster Linie auf solche Werbespots ausgerichtet, die innovative Verhaltensweisen und Lebensentwürfe von Frauen anbieten. Dabei waren folgende allgemeine Fragestellungen leitend:

- Wie vielfältig sind die Frauenbilder, die in der Fernsehwerbung angeboten werden?
- Welche traditionellen Rollen/Konventionen werden in der Fernsehwerbung auch heute noch bestätigt?
- Welche innovativen Veränderungen lassen sich in der Fernsehwerbung beobachten?
- Sind die Frauenbilder in der Fernsehwerbung Spiegel oder Zerrbild gesellschaftlicher Wirklichkeitsmodelle?

Diese übergeordneten Fragen wurden bei der Analyse des Untersuchungsmaterials weiter differenziert nach Rollen und Klischees, nach Rollenfunktionen und -proklamationen, nach Inszenierungen innerhalb der Rollen und der Darstellung von Verhaltensweisen und Gefühlen.

3.2 Ausgewählte Untersuchungsergebnisse

Die Ergebnistendenzen der empirischen Studie werden im folgenden nach vier verschiedenen Frauen-Klischees differenziert. An ihnen läßt sich die Konservierung und der Wandel von weiblichen Stereotypen und geschlechtsspezifischen Rollenverhalten besonders deutlich nachvollziehen:

1. Alte Frau
2. Ehefrau und Mutter
3. Berufstätige Frau
4. Selbstbewußte, sich selbst verwirklichende Frau
   Varianten: Junge Individualistin; Aggressive Frau; Coole, androgyne Frau; Schöne Frau (Schönheitsideal)

Klischee: Alte Frau

Bei der Darstellung älterer Frauen greifen die Werbepraktiker in der Regel auf zwei Rollen-Klischees zurück, wobei traditionelle Rollenvorgaben eindeutig favorisiert werden: Der Typ der bescheidenen, pflichtbewußten

Rentnerin läßt sich am häufigsten in der Fernsehwerbung beobachten[8]. Dieser Typ ist von dem starren Wertesystem der Vorkriegszeit und den Verzichterfahrungen im Krieg und in der Nachkriegszeit geprägt. Bei ihm überwiegen traditionelle Vorstellungen über das Altwerden (z.B. verminderte soziale Aktivität, Angst vor Alterssymptomen, geringes Selbstbewußtsein usw.). Der pflichtbewußten Rentnerin werden im allgemeinen Proklamationen wie Gemütlichkeit, Mütterlichkeit, Tradition, Anspruchslosigkeit usw. zugeordnet. Ihre Funktionen sind auf den familiären und häuslichen Bereich bezogen. Ihre Gefühle beschränken sich auf einen eng definierten Handlungsspielraum. Das äußere Erscheinungsbild der Frauen folgt einer ritualisierten Darstellungsform alter Menschen (z.B. konservativ, ordentlich, sittsam, freundlich). Ihre (werbespezifische) Kompetenz beschränkt sich auf ihr Alter und die damit verbundenen Erfahrungen und Weisheiten.

Der in der TV-Werbung relativ selten anzutreffende Typ der unkonventionellen alten Frau[9] löst sich dagegen bewußt von den vorherrschenden Konventionen und entwickelt eine jeweils individuelle Lebensart. Diese Ausstiegsvarianten aus der traditionellen Frauenrolle zeichnen sich dadurch aus, daß alte Frauen mit für sie ungewöhnlichen Produkten (z.B. Zigaretten, Werkzeugen) und Proklamationen (z.B. Freiheit, Abenteuer, Luxus, Genuß) in Verbindung gebracht werden. Die gesellschaftlichen Themenbereiche, in denen sie agieren, sind nicht Familie und häuslicher Bereich, sondern Freizeitaktivitäten und Öffentlichkeit. Ihre Verhaltensmuster orientieren sich an männlichen Handlungsweisen und Erscheinungsformen (z.B. Motorrad fahren, Hausboot mit einem Dampfstrahler reinigen, Lederanzug/Helm tragen usw.) und propagieren ein Außenseitertum (z.B. skurrile alte Dame, die stark geschminkt und Kaugummi kauend auf der Straße mit einem jungen Mann flirtet). Die Darstellung dieses neuen Frauentyps, der z.T. auf gesellschaftliche Konventionen und Verhaltensmaßregeln verzichtet bzw. bewußt mit ihnen spielt, erinnert sehr stark an Kino- bzw. Fernsehfilme, wie z.B. ,Harold and Maude', ,Jacob und Adele' oder ,Golden Girls'.

Die wenigen Ansätze in der Werbung, alte Frauen selbstbewußt, aktiv, dynamisch, witzig und lebenslustig darzustellen, zeigen, daß die deutsche Fernsehwerbung sehr langsam auf absehbare Bevölkerungsentwicklungen reagiert[10]. Das, was auch heute noch in der TV-Werbung präsent zu sein

---

8   Beispiel: Idee Kaffee, vgl. Anhang.

9   Beispiel: Kärcher Dampfstrahler, West (Zigaretten), vgl. Anhang

10 Im Jahre 2000 wird jeder vierte Bundesbürger zur älteren Generation gehören. 65 Prozent der Älteren sind Frauen und 35 Prozent Männer; mit zunehmenden Alter wächst der Frauenanteil auf 75 Prozent. 60 Prozent der Frauen leben alleine, Männer selten. Die alten Menschen verfügen über viel freie Zeit (32 Prozent über vier bis sechs Stunden) und werden in ihrem Freizeitverhalten immer aktiver (vgl. dazu Kübler 1992: 48-50).

scheint (die mitleiderregende oder die ulkig-groteske Alte), wird von der angesprochenen Zielgruppe zunehmend öffentlich kritisiert. Die Titel verschiedener Werbefachzeitschriften („Alte Menschen wollen sich in der Werbung optimistisch sehen", „Die aktiven Seniorinnen kommen", „Das Alter soll man ehren – oder"?) oder die Namen neu entwickelter Verbraucherschichten (z.b. Yollies – Young Old Leisure Living People) weisen darauf hin, daß sich das Selbstbildnis alter Menschen – entsprechend dem Wertewandel – in den letzten Jahren gewandelt hat (vgl. ZAW-Service 1989: 5 ff.; Greco 1989:18 ff.).

Klischee: Ehefrau und Mutter

Die Fernsehwerbung bestätigt nach wie vor traditionelle Rollenklischees von der patenten Ehefrau und Mutter. Diese Beobachtung drängt sich einem vor allem dann auf, wenn man das Frauenbild der 90er Jahre mit dem Frauenbild der 50er Jahre vergleicht:

Frauenbild der 50er Jahre[11]

In der Werbung der 50er Jahre wurde nicht nur die häusliche und die mütterliche, sondern vor allem auch die attraktive Frau propagiert. Die Frau der Nachkriegszeit sollte adrett, sexy, auf eine kindliche Art sinnlich und jugendlich sein. Der Typus von Attraktivität war allerdings eng umschrieben und ließ wenig Abweichungen zu (vgl. die Sexsymbole bzw. Filmstars dieser Epoche, wie z.B. Marilyn Monroe). Die gesellschaftlichen Themenbereiche, in denen Ehefrauen und Mütter in den Werbespots der 50er Jahre agierten, bezogen sich ausschließlich auf Familie und Haushalt. Die Frauen erfüllten überwiegend familiäre und erotische Funktionen. Ihr Verhalten kann als dem Manne unterwürfig, abhängig und schutzbedürftig umschrieben werden. Selbstverleugnung war ein implizierter Wert dieses Ideals.

Frauenbild der 90er Jahre[12]

Die Frauenbilder, die in der Fernsehwerbung in Verbindung mit der Mutterrolle und der Rolle der Ehefrau angeboten werden, sind auch heute nicht sehr vielfältig. Erweitert hat sich lediglich der Handlungsspielraum des weiblichen Geschlechts innerhalb der jeweiligen Rolle. Die Werbepraktiker konstruieren in den Werbespots den Typ einer patenten Hausfrau und Mutter. Sie ist konservativ, aber offen für neue Erfahrungen. Sie

---

11 Beispiele: Rondo (Waschautomat); Overstolz (Zigaretten), Dolores (Strumpfhosen), Triumph (Mieder), vgl. Anhang.

12 Beispiele: Melitta (Gefrierbeutel), American Express Card, Merci (Schokolade), Pampers (Windeln), Skip (Waschmittel), vgl. Anhang.

scheint den Sinn ihres Lebens in einer Partnerschaft und/oder Familie zu
sehen. Bei ihr dreht sich zwar vieles um den Mann/das Kind, aber auf
Wohlstand und Selbstverwirklichung will sie offensichtlich nicht verzichten. Die gesellschaftlichen Themenbereiche, auf die die Rollen bezogen
sind, umfassen neben Familie und Freizeit auch öffentliche Themen wie
Umweltschutz und ökologisches Engagement. Darüber hinaus billigt man
den Frauen zunehmend Expertentum in bezug auf das angebotene Produkt zu (z.B. voice overs, weibliche Produktvorstellerinnen usw.). Die
Ehefrauen und Mütter erfüllen in den Werbespots ausschließlich familiäre,
freizeitorientierte und z.T. emotionale Funktionen. Charaktereigenschaf-
ten, wie z.B. Fürsorge, Sensibilität, emotionale Anteilnahme und Intelligenz (in Verbindung mit einem pragmatischen Problembewußtsein) werden den Frauen heute durchaus zugestanden. Im allgemeinen sind sie für
das psychische und physische Wohl des Mannes/der Kinder zuständig.
Ferner zählen Selbständigkeit und Selbstverantwortung in Alltagssituatio-
nen zu den positiven Merkmalen der Ehefrauen und Mütter, insbesondere
wenn sie in Verbindung mit der beruflichen Unterstützung und der Entlastung des Mannes von familiären Alltagsproblemen gezeigt werden. Das
äußere Erscheinungsbild der Frauen ist überwiegend traditionell und konservativ. Es handelt sich meist um freundliche, gepflegte und (in Maßen)
attraktive Frauentypen, die sich je nach Situation (z.B. der Chef des Mannes erscheint überraschend zum Essen) äußerlich vielseitig verwandeln
können. Gegenüber der passiv infantilen Sinnlichkeit des Frauentyps der
50er Jahre werden erotische Anzüglichkeiten (in Verbindung mit der Rolle
der Ehefrau und Mutter) heute eher vermieden. Auffallend ist allerdings,
daß viele Frauen sehr weiblich (z.B. langes, gelocktes Haar, körperliche
Vorzüge, Gestik und Mimik) – im Sinne des traditionellen Rollenklischees
– dargestellt werden.

Klischee: Berufstätige Frau

Berufstätige Frauen sind in der TV-Werbung keine Seltenheit mehr[13].
Auch die beruflichen Positionen, in denen die Frauen zu sehen sind, beschränken sich nicht mehr nur auf (dem Manne) untergeordnete Positionen und sog. Traumberufe. Immer mehr Frauen werden in Führungspositionen gezeigt. Unklar bleibt allerdings, welche Funktionen sie in den leitenden Stellungen erfüllen. Bezieht man bei der Beurteilung der Präsentation berufstätiger Frauen die Tatsache mit ein, daß die Werbung eine jeweils spezifische „Vision" aufbauen will, die in der Regel im Kontrast zu

---

13 Beispiele: El Vital (Schampon), Krönung light (Kaffee), Ballisto (Schokoriegel), vgl.
   Anhang.

den sozialen Wirklichkeitsmodellen von Frauen steht[14], so fällt dennoch auf, in welchem Umfeld und in welcher Vielseitigkeit die sog. Karrierefrau – im Gegensatz zu ihren erfolgreichen Kollegen – heute dargestellt wird. Das werbespezifische Bild einer Frau, die heute eine leitende Stellung im Beruf einnimmt, läßt sich folgendermaßen umschreiben: Sie soll karriere- und statusbewußt, ehrgeizig, aber trotzdem genußfreudig sein; sie soll äußerlich attraktiv, jung, gepflegt und modisch sein; sie soll sportlich, fit und dynamisch wirken; und sie soll ihre beruflichen Fähigkeiten mit sehr viel Charme und Engagement – vor allem gegenüber ihren männlichen Kollegen – unter Beweis stellen. Die berufliche Funktion der Frauen in Führungspositionen ist daher eng gekoppelt mit einer freizeitorientierten, emotionalen und erotischen Funktion. Mit der Rolle der erfolgreichen berufstätigen Frau lassen sich durchgehend Proklamationen wie z.B. Erfolg, Selbstbewußtsein, Unabhängigkeitsstreben und körperliche Fitness verbinden.

Die Fernsehwerbung vermittelt mit dieser Ausstiegsvariante aus der traditionellen Frauenrolle ein Leitbild, das zum Nachdenken und zur Diskussion anregt. Die gesellschaftlichen Veränderungen in Bildung und Beruf werden (in Ansätzen) in der TV-Werbung aufgegriffen. Die Formen und Funktionen der Repräsentation einer berufstätigen Frau deuten allerdings darauf hin, daß man Frauen zwar zunehmend als intelligente und kompetente Mitarbeiterinnen schätzt, ihnen jedoch gleichzeitig ein Idealbild zuordnet, das auf traditionelle Rollenmuster – Erotik, Sinnlichkeit und Körperlichkeit – ausgerichtet ist. Hier bleiben Fragen offen: Ist das Bild der erfolgreichen berufstätigen Frau in der Werbung ein Spiegelbild oder Zerrbild gesellschaftlicher Wirklichkeitsmodelle? Anders gewendet: Handelt es sich bei dem Klischee „berufstätige Frau" vorrangig um Inszenierungen des männlichen Blicks auf erfolgreiche Frauen, oder haben wir es mit einer durchaus zutreffenden Einschätzung des beruflichen Idealbilds von Frauen zu tun?

Klischee: Selbstbewußte, sich selbst verwirklichende Frau

Das Bild der selbstbewußten, sich selbstverwirklichenden Frau stellt eine innovative Veränderung gegenüber den traditionellen Frauenporträts in der TV-Werbung dar. Neben den typisch weiblichen Tugenden (Toleranz, Schweigen, Mitgefühl, Schutzbedürftigkeit usw.) und Schwächen (Eifersucht, Überempfindlichkeit, affektiertes Gehabe usw.) gesteht man den Frauen heute auch Gefühle wie Wut und Aggression zu. Hinzu kommt ein neues Rollenverhalten: Die Frau als aktive Verführerin, die sich selbst

---

14 „Sie dürfen", so formulierte ein Creative Director, „nie den Menschen so ansprechen, wie er ist, sondern sie müssen die Vision ansprechen, die ein Mensch von sich hat. Und die liegt immer auf einem anderen Niveau als seine reale Existenz" (Schmidt/Spieß 1994).

nicht verführen läßt. Selbstgenügsamkeit, Individualismus, Narzißmus und Verführung stehen im deutlichen Kontrast zu den traditionellen Merkmalen des femininen Stereotyps.

Die selbstbewußte, sich selbst verwirklichende Frau läßt sich in der Fernsehwerbung verschiedenen Varianten von Frauenbildern zuordnen. Einige dieser Varianten werden im folgenden kurz charakterisiert.

Klischee: Junge Individualistin[15]

Dieser Typ Frau wird in der TV-Werbung bisher zwar relativ selten präsentiert, dürfte aber in Zukunft eine größere Rolle spielen – insbesondere für die zielgruppenorientierte Ansprache von jungen, gebildeten weiblichen Singles. Die junge „Individualistin" ist die Intellektuelle eines neuen Typs. Sie ist gebildet, vielseitig interessiert und zeigt ein kritisches Bewußtsein gegenüber politischen und ökologischen Themen (z.B. Energiesparen, Umweltschutz). Ihre werbespezifische Rolle ist entweder auf politische und berufliche Funktionen bezogen oder beschränkt sich auf den Freizeitbereich. Ihr äußeres Erscheinungsbild, ihre Gestik und Mimik deuten auf ein bewußtes Loslösen von den traditionellen weiblichen Leitbildern in der Werbung hin (z.B. individuelle Kleidung, mutige Frisuren, auffordernder Blickkontakt, Spaß am Schmücken und Schminken, selbstsicheres Auftreten). Mit diesem neuen Typ Frau wird ein Verhalten proklamiert, das sich durch Offenheit, Authentizität, Argumentierfreudigkeit und Entschlossenheit auszeichnet.

Neben der fortschrittlichen Variante bietet die Fernsehwerbung noch einen anderen Typ „Junge Individualistin" an. Sie ist die zeitgemäße Ausprägung der klassischen Frauenrolle (zukünftige Ehefrau und Mutter) und weist alle Attribute auf, die eine patente Partnerin bzw. Ehefrau und Mutter auszeichnen. Die visuelle Repräsentation der Frauen und ihr Verhalten lassen auf eine (eher) konservative Einstellung schließen (z.B. natürliche Schönheit, Sanftheit, unauffällige modische Kleidung). Sie präsentieren sich selbstbewußt, sind gebildet und zeigen hin und wieder Interesse an öffentlichen Themen. Ihre Funktionen, die sie als Akteurinnen in den Werbespots erfüllen, sind auf die Familie oder auf den Freizeitbereich ausgerichtet. Mit den jungen Frauen werden überwiegend Proklamationen wie Natürlichkeit, Zartheit, Gesundheit, Sauberkeit und Hygiene verbunden.

---

15 Beispiele: HDW-Beratung (Social Spot), Nikon-Kamera, Coca Cola; Ariel Ultra, vgl. Anhang.

Klischee: Aggressive Frau[16]

Sexuelle Ablehnung, Voyeurismus, Eifersucht oder angedrohte Trennungen von seiten des Mannes führen bei diesem Typ Frau zu Vergeltungsaktionen, die sich häufig nicht direkt auf die Ursache, das heißt auf den jeweiligen Mann richten, sondern auf seine Statussymbole (z.B. wertvolle Gemälde, Hifi-Anlage, Auto usw.). Auffallend ist dabei jedoch, daß die Aggression der Frauen in ihrem Handlungsablauf sehr schnell unterbrochen (der Mann entzieht sich der Frau) oder in eine positive Richtung umgelenkt werden (der Mann verführt die Frau). Die werbespezifische Inszenierung dieses Frauentyps läßt jedenfalls keine ernstzunehmenden Vergeltungsaktionen zu. Die in Wut geratenden Frauen sind entweder sehr schön und weiblich (im Sinne des klassischen Schönheitsideals), oder sie werden „cool" (d.h. ohne erkennbare Erschütterungen in Gestik und Mimik) bzw. theatralisch überspitzt dargestellt. Alle Frauentypen sind der sog. Oberschicht zuzuordnen und erinnern z.t. an Luxusgeschöpfe, die sich allerdings nicht mehr an der Seite eines aktiven und modebewußten Mannes präsentieren.

Klischee: Coole Frau, androgyne Frau[17]

Eine interessante Ausstiegsvariante aus der traditionellen Frauenrolle bietet die Fernsehwerbung seit Ende der 80er Jahre an: die sog. coole, androgyne „Powerfrau". Sie tauscht die ihr gesellschaftlich zugeschriebene Friedfertigkeit gegen Aggression und/oder Gefühlslosigkeit ein. Dieser Typ kann als eine zeitgemäße Ausprägung der „femme fatale" angesehen werden, des „[...] gefährlichen Weibes, das brave und sympathische Männer zu Hampelmännern degradiert, das allzu Weichliche in den Netzen ihrer animalischen Sexualität fängt und zu dienstbaren Mördern umfunktioniert" (Mühlen-Achs 1990: 98). Die coolen Frauentypen zeigen keine Emotionen oder sind offen aggressiv. Sie repräsentieren die starke, mutige Frau, die keine Angst vor Gewalt hat und sich auch nicht scheut, Gewalt anzuwenden. Sie wirken unabhängig, selbstgenügsam und ergreifen in jeder Situation die Initiative. Mit diesem Frauen-Klischee sind Proklamationen wie z.B. Luxus, Power, Aggression, Eigenständigkeit, Macht und Strafe verbunden. Es handelt sich in der Regel um Frauengestalten von androgyner Attraktivität, deren äußeres Erscheinungsbild und Verhalten an Prototypen wie Lesbe, Vamp und Domina oder an Tiere (Raubkatzen, gefährliche Hunde) erinnert. Als ritualisierte Darstellungsformen der coolen

---

16 Beispiele: Fiskars (Schere), Citroen, Schneider (Hifi), Egoiste (Parfüm), Telecom, Blaupunkt (Videorecorder), vgl. Anhang.

17 Beispiele: Fiskars (Schere), Citroen, Blaupunkt (Radio), Blaupunkt (Video), Lynx Tierschutz, vgl. Anhang

Frauen lassen sich kurze, dunkle Haare, schwarze (Leder-) Kleidung, ein eher kühles und z.T. surrealistisch anmutendes Ambiente, tierähnliche Bewegungen und eine ausgesprochen aggressive (coole) Gestik und Mimik nachweisen. Untersucht man die Verhaltensmuster, die den Frauen zugeordnet werden, so fällt auf, daß sie zwar Teile „uralter" Männlichkeitsbilder übernehmen (z.B. Gangart, Körperhaltung, Machtbedürfnis), aber in ihrer Gesamtdarstellung ambivalent wirken. Die perfekte äußere Fassade und der kalte, direkte Blickkontakt mit dem Betrachter steht (manchmal) im Kontrast zu der jeweils individuell präsentierten Weiblichkeit (z.B. Hüftschwung, eng anliegende Lederkleidung, Sexualsymbole). Die coole Frau verkörpert weiblichen Narzißmus, Unabhängigkeit und die Freiheit der selbstbestimmten Frau. Ihre Sinnlichkeit wird jedoch auf schauenden Fernsinn eingeschränkt; ihre perfekte Fassade erlaubt schließlich nicht einmal mehr eine Berührung.

Der androgyne Frauentyp hebt sich deutlich von den traditionellen Frauenbildern in der Fernsehwerbung ab. Ob es allerdings in den sozialen Wirklichkeitsmodellen von Frauen und Männern Wunschbilder gibt, die diesem Klischee entsprechen, bleibt vorerst eine offene und interessante Frage. Vieles deutet darauf hin, daß die Werbepraktiker hier eine Vision von Frauen aufgespürt haben, die in den öffentlichen Medien zunehmend unter den Stichworten ‚Sexuell aggressiver Feminismus', ‚Androgyne Gesellschaft', ‚Der Mythos der Piratin', ‚Die neuen Rockladies' usw. thematisiert wird (vgl. Badinter 1991; Klausmann/Meinzerin 1992). Die Reaktionen (von Männern und Frauen) auf die androgyne, coole Frau sind bis heute sehr ambivalent. Einerseits sieht man in ihr die Facette einer komplexeren weiblichen Persönlichkeit (Selbstbewußtsein, ungebrochener Wille, Zielstrebigkeit, Coolness) oder die interessante Abweichung von den gängigen Merkmalen des femininen Stereotyps. Andererseits ist man der Meinung, daß das Bild des „männermordenden Vamps" weniger mit einer tatsächlichen Autonomie von Frauen zu tun hat als vielmehr mit einer – abzuwendenden – Angst der Männer vor weiblichen Emanzipationsbestrebungen.

Klischee: Schöne Frau (Schönheitsideal)[18]

Seit den Anfängen der Fernsehwerbung wurde die Frau als erotisches Objekt des männlichen und weiblichen Blicks inszeniert. Daran hat sich bis heute nicht sehr viel geändert. Im Gegensatz zu dem eingeschränkten Schönheitsideal der 50er Jahre (sexy, jugendlich, adrett) ist das Schönheitsideal der Frau in der Folgezeit zunehmend diffuser geworden. Neben kör-

---

18 Beispiele: Dolores (Strumpfhosen), Bosch (Bremsen), Triumph (Mieder), Recadol (Schlankheitskur), Oil of Olaz (Creme), Nestlé-Schokolade, Fenjala (Lotion), Für Sie (Zeitschrift), Harzer Handkäse (vgl. Anhang).

perliche Vorzüge traten mancherlei individuelle Eigenarten, wie z.b. weibliche Eigenständigkeit, Selbstbewußtsein, Fitness. Selbst die Protestbewegungen von Frauen in den 70er und 80er Jahren gegen Attraktivitätsdiktate, das heißt gegen die Anpassung an ein herrschendes Ideal, konnten nicht verhindern, daß Frauen – insbesondere in der Werbung – schön sein müssen. Und dieses Schönheitsideal entspricht in den meisten Fällen immer noch männlichen Vorstellungen von einer attraktiven Frau. Innerhalb der proklamierten Schönheits-Klischees sind jedoch (ansatzweise) Veränderungen und Variationen erkennbar, so u.a.:[19]

– Das Bestreben nach Schmücken und Schön-Machen von Frauen ist nicht mehr ausschließlich auf den Mann bezogen.

– Wenn Frauen sich schön machen oder ihre körperlichen Vorzüge offen zeigen, akzeptieren sie sich zunehmend selbst als Geschlechtswesen bzw. betonen sie das Geschlechtswesen an sich (z.b. figurbetonte Kleidung, feminine Frisuren, Schminkverhalten usw.).

– Schön-Machen kann auch eine spielerische Erweiterung der jeweiligen weiblichen Individualität bedeuten (z.b. im Sinne von sich wohlfühlen).

– Frauen spiegeln (zunehmend) eine reflektierte, selbstbewußte Sinnlichkeit wider (z.b. das Bestreben körperlich fit zu sein bzw. etwas für das körperliche Wohlbefinden zu tun).

– Das Spiel mit bestimmten Schönheitsidealen bzw. deren Überzeichnung ist in der TV-Werbung kein Tabu mehr.

– Beide Geschlechter sind heute z.T. die Schauenden und die Präsentierenden (z.b. die Frau/der Mann als erotisches Objekt des Blicks).

– Die Attribute des herrschenden Schönheitsideals beschränken sich nicht mehr nur (ausschließlich) auf körperliche Vorzüge von Frauen, sondern beziehen auch Merkmale wie Selbstbewußtsein, Unabhängigkeit, Vitalität und Aktivität mit ein.

„Geschmückte Frauen entsprechen einer sozialen Erwartung; aber nicht notwendig auch der Beschränkung auf das Geschlechtliche. [...] Der Spaß am Schmücken setzt voraus, daß die Geschlechtsexistenz, innerhalb derer Narzißmus und Verführung Teilrollen darstellen, als Lebensperspektive wählbar ist und nicht vom Zwang der einzigen Möglichkeit belastet" (Sichtermann 1989: 48 f.).

Diese Feststellung (und Forderung) von B. Sichtermann ist sicherlich auf die Mehrzahl der Frauenbilder in der deutschen Fernsehwerbung nicht übertragbar. Die werbespezifische Nötigung zum Schönmachen wird –

---

19 Ich möchte noch einmal betonen, daß es sich bei den aufgeführten Beispielen nicht um die Mehrzahl der TV-Werbespots handelt. Es sind neue Formen der Repräsentation von Weiblichkeit, die – wie bereits erwähnt – Seltenheitswert haben.

ohne Ansehen der Person – an fast jede Frau gerichtet. Das Attraktivitätsdiktat und die Fassadenästhetik[20] haben bis heute ihre Vorbildfunktion in der Werbung nicht eingebüßt:

> „Frauen, die anhand der auf sie zielenden Bilderflut lernen, daß ihre Körper beschämende Abweichungen von der vorgegebenen Norm sind – und gleichzeitig suggeriert bekommen, daß diese Norm erreichbar ist, wenn frau nur genügend Mittel investiert –, sind zunehmend bereit, ab der Pubertät an ihrem Körper herumzufeilen und zu basteln: Sie hungern weg und trainieren weg, sie polstern aus und trainieren auf, sie packen Silicon und Collagen unter die Haut, sie straffen, liften, schneiden, glätten, bleichen, ätzen und versuchen, sich den vorgewiesenen Bildern anzunähern. Dies bedeutet lebenslange Disziplin, Druck, Qual, Gefühle von Demütigung, Angst und Minderwertigkeit – ein enormes gesundheitliches Risiko" (Schmerl 1992: 31).

Dennoch reagiert die Werbebranche auch hier (mit ihren sog. Ausstiegsvarianten) auf gesellschaftliche Entwicklungen, die in den öffentlichen Medien unter den Schlagworten ‚Neue Weiblichkeit‘ oder ‚Weiblichkeit mit intellektuellem Anspruch‘ diskutiert werden.

4. Weiblichkeitsbilder in der Fernsehwerbung – zwischen Konvention und Innovation

Die Mehrzahl der deutschen Werbespots, in denen Frauen als Akteurinnen auftreten, konservieren traditionelle Rollenklischees. Die Fernsehwerbung entwirft, verbreitet und bestätigt auch heute noch primär Rollenvorstellungen und feminine Stereotypen, wie sie in den 60er, 70er und 80er Jahren aktuell waren. Es dominiert nach wie vor das Leitbild der zarten, schwachen, liebevollen und mütterlichen Frau, das Klischee der makellosen Model-Schönheit bzw. der begehrenswerten Geliebten (inklusive femininer Hingabebereitschaft und Leidenschaftlichkeit) sowie die Propagierung „typisch weiblicher" Werte der Anpassung und Aufopferung usw. Das Gesamtspektrum der verwendeten Frauenbilder entspricht in keiner Weise dem Spektrum der von Frauen in unserer Gesellschaft ausgeübten Rollen, Tätigkeiten, Aufgaben, Interessen und Fähigkeiten.

Allerdings darf auch nicht übersehen werden, daß sich innerhalb der (von der Werbung) vorgegebenen geschlechtsspezifischen Rollenbilder deutliche Veränderungen nachweisen lassen. Diese Veränderungen beziehen sich beispielsweise auf den erweiterten Handlungsspielraum der „Ehefrau und Mutter" (Symbiose aus Mütterlichkeit und moderner Frau), auf die berufliche Position der „erwerbstätigen Frau" (Karriere ja, aber

---

20 Frauen werden z.B. immer häufiger in einer perfekten Fassade präsentiert, die keine Berührung mit dem anderen Geschlecht mehr erlauben.

nicht mehr um jeden Preis) oder auf das neue Selbst- wie Körperbewußtsein der „geschmückten Frau" (Kraft gilt nicht länger als unweiblich; die Werbung bekennt sich zur weiblichen Persönlichkeit), das sowohl
erotische Qualitäten als auch eine reflektierte, selbstbewußte Sinnlichkeit
von Frauen einschließt. Neben inkonsequenten, anpassungsfähigen und
um ihre körperliche Attraktivität bemühten Frauen konstruieren die Werbetreibenden – in verschiedenen Ausführungen und Variationen – auch
das Bild einer selbstbewußten Frau, die in ihrer jeweiligen Rolle insgesamt
beweglicher, unabhängiger und aktiver dargestellt wird als in den vergangenen Jahrzehnten.

Die Präsentation eines neuen weiblichen Rollenverständnisses in den
Massenmedien läßt die traditionellen Lebensformen von Frauen nicht unberührt. Wer sich jetzt z.B. für die Ehe, die Erziehung der Kinder oder die
Nicht- Erwerbstätigkeit entscheidet, der tut dies stets in dem Wissen, daß
es Auswege gibt. Die Werbung, die schon aus betriebswirtschaftlichem
Eigennutz gezwungen ist, gesellschaftliche Entwicklungen zu reflektieren
und die Gestaltung ihrer Botschaft auf eine psycho-demographisch be-
schreibbare Zielgruppe auszurichten, kann sich also der Notwendigkeit
nicht entziehen, ihre z.T. überholten Leitbilder und Identifikationsvorgaben neu zu überdenken. Erwähnt seien in diesem Zusammenhang die
immer noch aktuellen social-pressure-Kampagnen (im Stile von Procter &
Gamble), die auf das angeblich „schlechte Gewissen" der Frauen abzielen,
die den (deutschen) Reinlichkeitsvorstellungen bzw. den Anforderungen,
die man an sie als Expertinnen für das leibliche und seelische Wohl der
Familienmitglieder stellt, nicht genügen. Faßt man die Ergebnisse einer
jüngst durchgeführten Befragung zum Selbstkonzept von Frauen zusammen, so wünscht sich die „ideale Hausfrau" von heute beispielsweise keine
übertriebene Ordnung und Sauberkeit, keine kleinliche Haushaltsführung,
möglichst wenig Aufwand, eine gute Organisation und Planung, Zeit für
Freizeit und Hobbies usw. (vgl. Bergler/Pörzgen/Harich 1992: 87 ff.). Aufschlußreich für die deutsche Werbewirtschaft dürfte in diesem Zusammenhang auch eine Befragung von repräsentativ ausgewählten Frauen-
gruppen in USA und Kanada sein, die bereits Anfang der 80er Jahre zu
folgenden Ergebnissen führte:

> „Alle vier Gruppen, Hausfrauen wie berufstätige Frauen, reagierten höchst
> positiv auf zeitgemäße Werbespots und zeitgemäße Frauenbilder und höchst
> negativ auf traditionelle Frauendarbietungen. Auch und gerade Frauen mit
> traditionellen Lebensstilen schätzen Bilder/Szenen des modernen weiblichen
> Lebensstils und reagieren sehr positiv auf die Darstellung eines modernen
> Frauenlebens, obwohl sie selbst es nicht führen" (Schmerl 1992: 275, vgl. Bartos
> 1982).

Ein anderes Beispiel für ein überholtes Rollenmodell ist die Zur-Schau-
Stellung von Weiblichkeit bzw. die ausschließliche Reduktion von Frauen

auf das Geschlechtswesen (erotische Qualitäten, körperliche Vorzüge, Sexualisierung der Waren). Auch wenn manche Werbetreibenden und KundInnen es noch nicht wahrhaben wollen: Der öffentliche Geschmack hat sich unter dem Einfluß zunehmender Selbständigkeit und finanzieller Unabhängigkeit von Frauen gewandelt.

Das neue Selbst- und Körperbewußtsein der Frauen wird zunehmend auch für die Markt- und Werbestrategen zu einer Herausforderung[21]. Je nach Produktwelt – dies belegen die Ergebnisse der hier vorgestellten Untersuchung – werden verschiedene Frauentypen angesprochen (z.B. „junge Individualistin", „berufstätige Frau", „selbstbewußte bis egozentrische Frau", „männerfressender Vamp" usw.). In der Regel handelt es sich jedoch lediglich um eine mehr oder weniger oberflächliche Angleichung an kulturelle Veränderungen, während der ideologische Unterbau (geschichtliche Festschreibungen weiblicher Identität) unberührt bleibt. So kann zum Beispiel eine Managerin durchaus im „nicht-femininen" Pepitakostüm oder Hosenanzug gezeigt werden, aber ihr Gesichtsausdruck, ihre Körperhaltung, ihre Frisur und ihre Beziehung zu ihren Kollegen signalisieren, daß sie doch nicht zur „Männerwelt" gehört. Aggressive weibliche Gebärden – um ein anderes Beispiel zu nennen – können konterkariert werden durch subtile Signale der Anziehung und Verführung usw. Besonders auffällig ist in diesem Zusammenhang die coole, androgyne „Powerfrau". Die Werbung reagiert hier sehr deutlich auf ein Phänomen, das in den öffentlichen Medien (spätestens seit den achziger Jahren) unter dem Begriffen der ‚aggressiven Weiblichkeit', ‚Sexualität und Gewalt'[22] bzw. der These einer ‚androgynen Revolution' abgehandelt wird. Das außergewöhnlich provokante Auftreten dieses Frauentyps, ihr kraftvolles und zielstrebiges Handeln und ihre emotionale Unabhängigkeit stellen sowohl eine spielerische Erweiterung der weiblichen Identität als auch ein „Schreckgespenst" dar, das mit Vokabeln wie Selbstgenügsamkeit, Narzißmus und Gewaltverherrlichung beschrieben werden kann[23]. Zwar verweisen die Werbetreibenden hier auf das neue Leitbild einer Frau, die es

21 Die Amerikanerin Naomi Wolf hat den Zwang vieler Frauen zum perfekten Körper als Ersatz des alten Kleider- und Modediktats interpretiert: „Mächtige Industrien – die Diätmittelindustrie, die Kosmetikindustrie, die Schönheitschirugie und die Porno-Industrie – nähren sich mittlerweile von diesen unbewußten Ängsten und sind daher natürlich daran interessiert, sie zu schüren. Das Ergebnis ist eine gewaltige Wachstumsspirale" (Wolf 1992: 20).

22 Die Erscheinungsformen von Sexualität und Gewalt sind in den 80er Jahren immer vielfältiger geworden. Neben Pornographie und Sadomasochismus bieten die Medien (insbesondere das Kino) glamouröse Vergewaltigungsszenen an. Sie erotisieren sexuelle Gewalt und inszenieren extreme Angst als Erweckungserlebnis des Körpers.

23 Die stereotypen Vorstellungen von Männlichkeit und Weiblichkeit sind in dem werbespezifischen Leitbild z.T. aufgehoben worden. Erhalten haben sich dagegen „althergebrachte Assoziationen" von der dominierenden Frau, die dem Manne Unheil bringt.

wagt, aus den geschlechtsspezifischen Korsetts hinauszuspringen, ihre Zwangsläufigkeit zu bestreiten. Dieses Leitbild impliziert aber zugleich eine Ethik der Eigenliebe und des Egoismus. Kraft gilt nicht länger als unweiblich, sondern wird auch für das „zarte Geschlecht" salonfähig – allerdings verbunden mit dem Ziel, Macht und Herrschaft auszuüben. Die dargestellten Frauen erscheinen wenig bereit oder in der Lage, sich anderen Menschen zuzuwenden und Interesse an ihnen zu entwickeln. Nachdenkenswert ist in diesem Zusammenhang folgendes Argument von Sichtermann: „Das Resultat ist eine Art Tanz der Narzisse, in dem es keine Anziehung und keine Berührung mehr gibt und in dem jedes Individuum nur noch mit seiner eigenen Fassade kommuniziert" (Sichtermann 1989: 51).

Fragt man nach den sozialen Wirklichkeitsmodellen bzw. den neuen Lebensentwürfen, Sinnangeboten und Identifikationsvorgaben, die in der Fernsehwerbung für Frauen entworfen und verbreitet werden, so kommt man zu dem Ergebnis: Die Frauenbilder sind heute weder hochgradig stereotyp noch besonders vielfältig. Sie spiegeln soziale Wirklichkeitsmodelle wider, bieten Abweichungen von traditionellen Rollenklischees an und ergänzen traditionelle geschlechtsspezifische Konventionen[24].

Eines haben die „Illusionswelten", die man Frauen in der Werbung zuordnet, jedoch gemeinsam: Sie erlauben den RezipientInnen in der Regel keine produktive Auseinandersetzung mit den vorgegebenen Rollenmustern. Das werbespezifische Frauenbild krankt an dem Glauben, die Frau in der „Faszination der Oberfläche" finden zu können statt in der Begegnung und Konfrontation mit einer flexiblen und vielfältigen Persönlichkeit. Allerdings macht es m.E. wenig Sinn, die Leitbilder der Werbung kulturkritisch zu attakieren. Wenn solche Argumente eine Resonanz haben, dann ohnehin die falsche. Ich stimme daher Jean Umiker Seboeks Fazit zu: „Werbebotschaften, die Mythen einer hochentwickelten Technologie, werden ihren zukünftigen Märkten immer Zerrbilder der sozialen Wirklichkeit vorlegen. Mit der Zunahme technologischer Innovationen wird Werbung in Zukunft noch raffinierter und unaufrichtiger sein als bisher" (Barthes 1977: 46).

---

24 Bestimmte Themenbereiche, die den Wandlungsprozeß des weiblichen Geschlechts besonders deutlich demonstrieren, werden in der Fernsehwerbung ausgeblendet, zum Beispiel das Ringen der Frauen um Selbstverwirklichung, der Balance-Akt zwischen eigenem Leben und Leben zu zweit, die örtliche, soziale und alltägliche Mobilität im Wechsel zwischen Familie und Beruf, zwischen Arbeit und Freizeit, der Typus der ledigen Mutter usw.

ANHANG

Folgende 46 TV-Werbespots wurden für die Inhaltsanalyse ausgewählt:

Alter

1) Kärcher Dampfstrahler, 1990
2) West (Zigaretten), 1991
3) Idee Kaffee, 1990

Ehefrau

4) Rondo Waschautomat, 50er J.
5) Melitta (Gefrierbeutel), 1991
6) Overstolz (Zigaretten), 50er J.
7) American Express Card, 1991

Berufstätigkeit

8) El Vital (Schampoo), 1990
9) Krönung light (Kaffee), 1991
10) Ballisto (Schokoriegel), 1990

Frauen-Ratgeber

11) Petra (Zeitschrift), 1985
12) Für Sie (Zeitschrift), 1990
13) Freundin (Zeitschrift), 1988

Frauen & Technik

14) Mercedes Air Bag, 1990
15) Inter-Rent, 1990
16) Fiat Uno, 1990/91
17) Blaupunkt (Radio), 1990/91

Jugend

18) Ariel Ultra, 1991
19) HDW-Beratung (social spot), 1989/90
20) Nikon-Kamera, 1990

Mutter

21) Merci (Schokolade), 1990
22) Pampers (Windeln), 1990
23) Skip (Waschmittel), 1990

Freizeit

24) Langnese Eis, 1985
25) Baccardi Rum, 1991
26) Coca Cola, 1990

Schönheitsideal

27) Dolores (Strumpfhosen), 50er J.
28) Bosch (Bremsen), 1989
29) Triumph (Mieder), 50er J.
30) Recadol (Schlankheitskur), 1990
31) Oil of Olaz (Creme), 70er J.

Selbstbewußtsein

32) Jade (Creme), 1991
33) Gard (Haarspray), 1990
34) Harzer Handkäse, 1991

Begehren

35) Schuh-Werbung, 50er J.
36) Levis 501, 1989/90
37) Gammon (Parfum), 1990

Aggression

38) Fiskars (Schere), 1989
39) Citroen, 1986
40) Lynx Tierschutz (Social Spot), 1987

Körperästhetik

41) Nestle-Schokolade, 1991
42) Fenjala (Lotion), 1990

Vergeltung

43) Schneider Hifi, 1990
44) Egoiste (Parfum), 1990
45) Telecom, 1991
46) Blaupunkt (Videorec.), 1990/91

IV. Medienstrukturen und Mediendynamik

Siegfried Weischenberg

Journalismus als soziales System

> *Die Schwierigkeit bei der Zeitung besteht darin,*
> *aus einem Nebeneinander von widerspruchsvol-*
> *len Elementen ein organisches Zueinander zu*
> *gestalten, einen Organismus, dessen Teile wie*
> *die leibseelischen Funktionen des menschlichen*
> *Körpers ineinandergreifen und zu einer harmo-*
> *nischen Einheit verschmelzen.*
> Walter Hagemann (1950)

1. Journalisten und Journalismus

Konstruktivisten wie Heinz von Foerster (1985) provozieren mit der Feststellung, Objektivität sei die Illusion, daß Beobachtungen ohne jemanden
möglich seien, der beobachtet. Es *sind* aber Beobachter, die beobachten. Ihre Beobachtungen beruhen auf Unterscheidungen, die jeweils nicht selbst
mit beobachtet werden können, sondern nur in einer „Beobachtung zweiter Ordnung" (→ I, Schmidt)[1]. Das nicht Sichtbare – gleichwohl Voraussetzung jeder Beobachtung – ist der blinde Fleck.

Damit ist eine Grundbedingung für Wahrnehmungen beschrieben, die
zu reflektieren den journalistischen Alltag nicht gerade erleichtert. Praktischer bleibt es zu postulieren, daß Berichterstattung eine möglichst weitgehende Annäherung an die Ereignisse und damit an „die Realität" zum Ziel
hat. Als ideales Rollenbild der Journalisten wird deshalb der „Vermittler"
ausgerufen und so der Erwartungshorizont für die Primärfunktion der
Medien beschrieben.

Diese Vorstellung von einer Realität außerhalb des Beobachters mag im
Journalismus ungebrochen sein (vgl. Krieg 1991: 129 f.); vermutlich ist
aber vielen Journalisten heute durchaus die Unmöglichkeit bewußt, mit
ihren professionellen Mitteln Abbilder der Welt zu liefern. Dies bedeutet
für sie keineswegs, der „Objektiven Berichterstattung" (vgl. Weischenberg

---

1 Die Beobachtung von Unterscheidungen, die journalistische Beobachter treffen, erfolgt z.B.
im Rahmen der wissenschaftlichen Disziplin "Journalistik" (vgl. Weischenberg 1992).

[2]1990d) abzuschwören, alle bewährten beruflichen Methoden aufzugeben, nicht mehr zwischen „richtig" und „falsch" unterscheiden zu wollen und ihre Informationsangebote als „Erfindungen" zu begreifen. Sie müssen sich aber bewußt sein, daß ihre Produkte sowohl das Ergebnis der Wahrnehmungsbedingungen des journalistischen Beobachters als auch der Bedingungen sind, in deren Rahmen die journalistischen Beobachtungen zustandekommen. Auch journalistische Beobachtung ist stets das Ergebnis von systemabhängigen Unterscheidungen (→ II, Schmidt/Weischenberg).

Dieser Zusammenhang besitzt für die Auseinandersetzung mit dem modernen Journalismus besondere Bedeutung; es handelt sich bei diesem Journalismus eben nicht um die Summe von journalistisch tätigen Personen, sondern um ein komplex strukturiertes und mit anderen gesellschaftlichen Bereichen auf vielfältige Weise vernetztes soziales System. Wirklichkeitsentwürfe der Medien sind also nicht das Werk einzelner „publizistischer Persönlichkeiten", wie die traditionelle Publizistikwissenschaft behauptete, sondern das Ergebnis von sozialen Handlungen.

Von einem „sozialen System Journalismus", das durch vielfältige wechselseitig wirkende Einflußfaktoren geprägt wird, kann seit dem 19. Jahrhundert gesprochen werden, als sich – in Abgrenzung von anderen gesellschaftlichen Systemen – spezifische Handlungs- und Kommunikationszusammenhänge zur Produktion aktueller Medienaussagen herausbildeten. Seine Identität gewann dieses System unter den Bedingungen wirtschaftlicher Effizienz, großbetrieblicher Produktionsweise und rationeller Technik. Diese materielle Basis beeinflußt sowohl die Aussagen als auch die Einstellungen der Handelnden im System Journalismus. Der Untersuchung dieser steuernden und regelnden Variablen kommt somit zentrale Bedeutung zu.

Journalistische Beobachtung findet heute als organisiertes Handeln im Rahmen von Großbetrieben der Medien statt. Dieses Handeln wird deshalb in hohem Maße durch professionelle und institutionelle Standards und Regeln geprägt. Ihre Anwendung beruht auf sozialer und beruflicher Erfahrung der journalistischen Beobachter, die im Handlungssystem Journalismus durch eine medientypische Sozialisation vermittelt wird.

Nur scheinbar weiß jedermann genau, was mit der Berufsrolle „Journalist" und mit dem System „Journalismus" gemeint ist. Tatsächlich ergeben sich bei einer näheren Beschäftigung mit den Begriffen eine Reihe definitorischer, aber auch wissenschaftstheoretischer Probleme. Sie resultieren zum einen aus der außerordentlichen Vielfalt des Handlungsfeldes und zum anderen aus früheren Problemen der Kommunikationswissenschaft, dieses Handlungsfeld aus angemessener sozialwissenschaftlicher Perspektive zu erfassen.

Wenn man in den Handbüchern der Publizistikwissenschaft unter „Journalismus" oder auch „Journalist" nachschaut, erweist sich als kleinster gemeinsamer Nenner aus dort angebotenen Definitionsversuchen, daß der Journalismus eine berufliche Tätigkeit bei und für Massenmedien ist, wobei in diversen Tätigkeitsbereichen aktuelle Aussagen gestaltet werden. Dieser Journalismusbegriff – der sich nicht nur in der journalistischen Praxis, sondern auch in Teilen der zuständigen Wissenschaft gehalten hat – verkürzt die Funktionen des Systems Journalismus aber auf das Tun und Lassen von Journalisten. Die Reduzierung überrascht freilich nicht, wenn man berücksichtigt, daß das Bild vom Journalismus lange Zeit – auch in der Wissenschaft – fast ausschließlich von der Beschäftigung mit großen Journalisten bzw. Publizisten bestimmt wurde. Doch diese ontologische Perspektive verstellt den Blick auf die sozialen, rechtlichen, technologischen, politischen und ökonomischen Bedingungen, die jeweils festlegen, was Journalismus ist und welche Folgen Journalismus hat. Bekanntester wissenschaftlicher Vertreter dieses „Praktizismus" war Emil Dovifat (z.B. 1967).

Erst die Rezeption der empirischen Kommunikatorforschung, die nach dem Zweiten Weltkrieg in den USA entstanden war, hat zur Aufgabe dieses naiven „Berufsrealismus" geführt. Inzwischen besteht in der Wissenschaft weitgehender Konsens darüber, daß Journalismus kein „Wesen" hat, daß seine Merkmale nicht ein für alle Mal feststehen. Man kann „den Journalismus" deshalb auch nicht definitorisch festlegen, sondern muß die Normen, Strukturen, Funktionen und Rollen, die für seine konkrete Existenz ausschlaggebend sind, im einzelnen ermitteln.

Eine Verständigung läßt sich aber darüber herbeiführen, daß das soziale System Journalismus im Rahmen der funktionalen Arbeitsteilung in der modernen Gesellschaft vor allem *eine* Funktion wahrnimmt: Aktuelle Informationsangebote aus den diversen sozialen Systemen (Umwelt) zu sammeln, auszuwählen, zu bearbeiten und dann diesen sozialen Systemen (Umwelt) wieder zur Verfügung zu stellen. In der Begrifflichkeit Manfred Rühls (1980: 319) ist diese Primärfunktion die „Herstellung und Bereitstellung von Themen zur öffentlichen Kommunikation". Dies geschieht mit den ökonomischen, organisatorischen und technischen Mitteln der modernen Massenmedien. Dabei wird aber nicht die Welt abfotographiert, sondern jeweils ein Entwurf der Welt geliefert bzw. ein Weltbild neu konstruiert. Journalisten – auch Fotoreporter – sind in diesem Sinne keine Fotographen, sondern Konstrukteure.

2. Journalismus in systemtheoretischer Perspektive

Das soziale System Journalismus stellt – nun präziser gefaßt – Themen für die öffentliche Kommunikation zur Verfügung, die Neuigkeitswert und Faktizität besitzen und an sozial verbindliche Wirklichkeitsmodelle und ihre Referenzmechanismen gebunden sind. Es läßt sich somit auf Grund spezifischer Funktionen von anderen sozialen Systemen wie zum Beispiel dem Literatursystem abgrenzen. Geht es dort um alternative Wirklichkeitsentwürfe, so stehen hier sozial verbindliche, „realistische" Wirklichkeitsentwürfe im Vordergrund; Journalismus ist ereignisorientiert.

Aus systemtheoretischer Perspektive würde der Journalismus durch journalistisch handelnde Personen und ihre journalistischen Handlungen aber noch nicht hinreichend konstituiert; soziologisch sind die persönlichen Merkmale dieser Personen ohnehin nur insofern von Bedeutung, als sie bei der Ausübung der Berufsrolle relevant werden. Funktionaler Bestandteil des Systems ist auch das Medienpublikum, das Medienaussagen rezipiert und verarbeitet. Diese Handlungen der Rezipienten sind in vielfältiger Weise mit denen der Produzenten verknüpft, zum Beispiel durch Abgleich von Kommunikationsabsichten der Journalisten und Kommunikationserwartungen der Rezipienten. Das Publikum der Medien bestimmt somit nicht nur die eigenen Wirklichkeitskonstruktionen, sondern begrenzt auf der anderen Seite die Autonomie der Wirklichkeitskonstruktion durch Medien.

Somit können wir die Rolle der Produzenten (Journalisten), die Wirklichkeitsentwürfe dieser Produzenten (Medienaussagen), die technischen Träger der Aussagen (Medien), die Rolle der Adressaten der Aussagen (Rezipienten) und deren Verarbeitung von Medienaussagen („Medienwirkungen") unterscheiden. Die Einbeziehung der Rezipienten und der bei ihnen ablaufenden Verarbeitungsprozesse erweist sich gerade auch im Sinne eines konstruktivistischen Modells der Medienkommunikation als sinnvoll und notwendig. Denn erst durch die Verarbeitungsprozesse „im Rezipienten" kann das zustandekommen, was üblicherweise als „Medienfunktionen" ausgewiesen wird: Information, Bildung, Unterhaltung (vgl. Weischenberg/Scholl 1992).[2]

Im Rahmen wissenschaftlicher Arbeitsteilung hat es sich jedoch bewährt, das System Journalismus von der Produzentenseite her zu betrachten und über Handlungen der Kommunikatoren empirischer Forschung zugänglich zu machen. Die Medien selbst, die Medienaussagen, die Rezipienten und die Medienwirkungen stehen jeweils im Zentrum anderer Forschungszweige. Diese Arbeitsteilung findet auch in der Perspektive des folgenden Modells Berücksichtigung, das die Einflußfaktoren auf das System Journalismus systematisieren soll (s. Abb. 1); Medienangebote und

---

2 Ein solches Verständnis scheint in der Nähe von Luhmanns umstrittenem Systembegriff (→ Nachbemerkung) angesiedelt, der Systeme über Kommunikation als dreistelligen Selektionsprozeß faßt. Systeme werden aber nur über komplexitätsreduzierende Handlungen beobachtbar; Kommunikation läßt sich nicht direkt beobachten (vgl. Luhmann 1984: 191 ff.). Die „Selbstsimplifikation des Systems" (ebd.: 191) ist also notwendige Voraussetzung (auch) für eine empirische Kommunikatorforschung. Ein in diesem Sinne praktikabler – handlungsorientierter – Systembegriff liegt diesem Beitrag zugrunde.

Abb. 1: System Journalismus: Einflußfaktoren

Mediensysteme (Normenzusammenhang) • Gesellschaftliche Rahmenbedingungen • Historische und rechtliche Grundlagen • Kommunikationspolitik • Professionelle und ethische Standards	Medieninstitutionen (Strukturzusammenhang) • Ökonomische Imperative • Politische Imperative • Organisatorische Imperative • Technologische Imperative
Medienaussagen (Funktionszusammenhang) • Informationsquellen und Referenzgruppen • Berichterst.muster und Darstellungsformen • Konstruktionen von Wirklichkeit • „Wirkungen" und „Rückwirkungen"	Medienakteure (Rollenzusammenhang) • Demographische Merkmale • Soziale und politische Einstellungen • Rollenselbstverständn. und Publikumsimage • Professionalisierung und Sozialisation

Quelle: Weischenberg 1992

Rezipienten werden aus dieser Perspektive aber zumindest mit berücksichtigt.

Zur Veranschaulichung der Elemente des Systems Journalismus wollen
wir dabei auf eine Metapher zurückgreifen: Wir vergleichen Journalismus
mit einer Zwiebel (vgl. Weischenberg 1990a). Die Schalen dieser Zwiebel
stehen jeweils für die Faktoren, welche die Aussagenentstehung beeinflussen; ihre Zuordnung zeigt die Hierarchie der Einflüsse und damit ihre unterschiedliche Verbindlichkeit.

Die äußere Schale bilden die Normen, die den Journalismus umschlies-
sen: die gesellschaftlichen Rahmenbedingungen, die historischen und
rechtlichen Grundlagen sowie die weniger formalisierten professionellen
und ethischen Standards. Schält man die „Zwiebel Journalismus", so wird
zuerst der Strukturzusammenhang freigelegt. Damit sind die Zwänge der
Medieninstitutionen gemeint, in denen Journalismus zustandekommt: die
für die einzelnen Medien jeweils unterschiedlichen ökonomischen, organisatorischen und technologischen Imperative. Die Medieninstitutionen mit
ihren vertikal und horizontal gegliederten Arbeitsprozessen legen in erheblichem Maße fest, wie sich journalistische Arbeit abspielt.

Eine dritte Schale läßt sich als „Funktionszusammenhang des Journalismus" beschreiben. Hier geht es um die Leistungen und Wirkungen des
Systems: Woher beziehen Journalisten ihr Material und in welche Abhängigkeiten begeben sie sich gegenüber ihren Informationsquellen? Welchen

Mustern folgt die Berichterstattung, welche Darstellungsformen werden wann von den Journalisten verwendet? Welche Konsequenzen hat das, was Medien, was Journalisten produzieren (Medienfunktionen)? Eine zentrale Frage im Zusammenhang mit den journalistischen Leistungen betrifft schließlich die Effekte von Medienangeboten für Meinungen, Einstellungen und Handlungen des Medienpublikums.

Die vierte Schale schließlich, die von allen anderen umschlossen wird, betrifft die Produzenten selbst und den Rollenzusammenhang, in dem ihre Tätigkeit angesiedelt ist. Dies kennzeichnet im Sinne der gewählten Metapher auch, daß sich journalistisches Handeln stets in einem vorgegebenen festen Rahmen abspielt.

Im folgenden wollen wir uns auf folgende Aspekte konzentrieren:

– die historischen Grundlagen des Journalismus und dabei insbesondere die Entwicklung der journalistischen Berufsrolle sowie die rechtlichen Vorgaben für das System Journalismus im Gesellschaftssystem der Bundesrepublik (Schale 1, Abschnitt 3 dieses Beitrags);

– Organisationsformen und Entscheidungsstrukturen in Medieninstitutionen (Schale 2, Abschnitt 4);

– Glaubwürdigkeits- und Legitimationsprobleme des Journalismus, die aktuell diskutiert werden (Schale 3, Abschnitt 5);

– demographische Merkmale und Sozialisation von Journalisten und Journalistinnen (Schale 4, Abschnitt 6).

Die sozialen und kognitiven Prozesse der Wirklichkeitskonstruktion werden in konkreten Entscheidungssituationen zusammengeführt. Hier geht es dann um die Verantwortung der Journalistinnen und Journalisten für das Handeln im System Journalismus („Medienethik"). Dies ist das Thema des letzten Abschnitts.

3. Historische und rechtliche Grundlagen des Journalismus

Die Berufsrolle „Journalist", wie wir sie heute verstehen, ist etwa 100 Jahre alt und mit dem Aufkommen von „Massenkommunikation" eng verbunden. Aussagenentstehung beruht seither nicht mehr primär auf den Leistungen einzelner „publizistischer Persönlichkeiten", sondern auf komplizierten Handlungsabläufen in durchorganisierten Redaktionssystemen.

Der Übergang zu dieser Art rationeller großbetrieblicher Wirklichkeitskonstruktion vollzog sich natürlich nicht abrupt, sondern in längeren Entwicklungsphasen. Erste Ansätze für die Berufsrolle „Redakteur" hat es dabei bereits im 17. Jahrhundert gegeben. Im 18. Jahrhundert beschäftigten die größeren Zeitungen (z.B.: „Der Hamburgische Correspondent" und die „Vossische Zeitung") dann schon eigene Redakteure. Zu diesem Zeitpunkt bestand die ursprüngliche Verleger-Redakteur-Identität bei verschiedenen Blättern nicht mehr. Die erste hauptamtliche Zeitungsredaktion soll Johann Friedrich Cotta, Verleger der Augsburger Allgemeinen und damit Auftraggeber des Pariser Korrespondenten Heinrich Heine, berufen haben (vgl. Koszyk 1966: 218 ff.).

Der Berufstyp des Nur-Journalisten entstand aber erst im Nachmärz, also ab Mitte des vergangenen Jahrhunderts; damals trennten sich auch die Berufswege von Politikern und Journalisten, die bis zur Mitte des 19. Jahrhunderts oft nah beieinander gewesen waren. Diese hauptberuflichen Journalisten des späten 19. und dann des 20. Jahrhunderts wenden sich nicht mehr an eine kleine, lesekundige Elite, sondern an die Masse der Bevölkerung. Der Zeitungswissenschaftler Dieter Paul Baumert (1928) hat die zu diesem Zeitpunkt einsetzende Phase die „Periode des redaktionellen Journalismus" genannt. Bis zur März-Revolution von 1848 unterschied Baumert drei weitere Entwicklungsphasen:

- Die „präjournalistische Periode", die mit der beginnenden Neuzeit, also etwa ab 1500, einsetzt; in dieser Phase gibt es nur sporadische Nachrichtenangebote für die Bevölkerung, während die Fürsten und hohen Stände regelmäßige herrschaftsinterne Nachrichtendienste unterhalten.

- Die „Periode des korrespondierenden Journalismus", die vom 16. Jahrhundert bis Mitte 18. Jahrhunderts dauert; in dieser Phase werden die Avisen (Nachrichtenblätter) unsystematisch durch Mitteilungen von Korrespondenten oder Reisenden oder durch Gerüchte gefüllt.

- Die „Periode des schriftstellerischen Journalismus", die in der Blütezeit der Aufklärung, also im 18. Jahrhundert, beginnt; in dieser Phase – gekennzeichnet durch den Kampf gegen die politische Zensur – entsteht der Typ des gelehrten Zeitungsschreibers, der Nachrichten auswählt und kommentiert und häufig auch Verleger ist oder zum Beispiel Politiker.

Der Strukturwandel der Öffentlichkeit und damit der Strukturwandel der Presse führten dann in einer Zeitspanne von rund 50 Jahren über den Rollenwechsel der Journalisten hinaus zu einem grundlegenden Strukturwandel des Journalismus. Zum einen hatte er die berufliche und auch ideologische Abhängigkeit der Produzenten von den Medieneigentümern zur Folge. Zum anderen sorgte er dafür, daß neue Gruppen in diesen Beruf drängten, der all denen Aufstiegsmöglichkeiten versprach, die aufgrund ihrer Herkunft benachteiligt waren.

Berufsangehörige mit unterschiedlichsten Biographien wurden so kennzeichnend für den Journalismus; denn für die Massenpresse waren keine besonderen (Bildungs-) Voraussetzungen gefordert. Das sinkende Niveau der auf geschäftlichen Erfolg ausgerichteten Blätter und der journalistische

Beruf selbst, der sich von einem eher akademischen Stand zu einem Auffangbecken für alle möglichen Laufbahnen entwickelt hatte, wurden heftig attackiert (vgl. Wuttke [2]1875).

Auch im nordamerikanischen Journalismus entzündete sich nun Kritik an Exzessen eines ungezügelten marktorientierten Verhaltens der Berufsvertreter. Käufliche, verantwortungslose Journalisten sind später nicht aus Zufall häufig Gegenstand ironisierender Hollywood-Filme gewesen. Die Gründung von Journalistenschulen (seit 1908), das Entstehen der Lehrbuch-Literatur für Journalisten und vor allem die zahlreichen Ethik-Kataloge, die nach dem Ersten Weltkrieg verfaßt wurden, sind als Reaktion auf diese Entwicklung zu verstehen – vor allem aber auch das Bemühen um eine Perfektionierung der „Objektiven Berichterstattung" als Professionalisierungs-Ausweis der Journalisten. Hier gibt es einen direkten Zusammenhang zwischen der Deutung der journalistischen Berufsrolle und den verbindlichen Standards für die Abfassung der Medienangebote. Damit sind Strukturelemente benannt, die im System Journalismus bis heute Gültigkeit besitzen. (→ II, Schmidt/Weischenberg)

Mit dem Struktur- und Funktionswandel der Presse im 19. Jahrhundert (vgl. Habermas 1990) wandelte sich auch das System Journalismus. Journalistische Arbeit spielte sich nun in größeren Organisationseinheiten ab, in „Redaktionen", die sich zwischen Nachrichtensammlung und Nachrichtenpublikation schoben und für die Auswahl und Verarbeitung der Informationsangebote zuständig wurden. Diese Redaktionen sind arbeitsteilig gegliedert, zum Beispiel in die klassischen Zeitungsressorts Politik, Wirtschaft, Kultur, Lokales und auch Sport.

Pressefreiheit als Freiheit vom Staate (Meinungsfreiheit) wurde also im Laufe etwa eines halben Jahrhunderts zur Freiheit im Staate (Gewerbefreiheit); Pressefreiheit primär als Journalistenrecht wurde zur Presseverlegerfreiheit. Im 20. Jahrhundert dominierte dann endgültig die Interpretation dieses Grundrechts als liberale wirtschaftliche Individualfreiheit.

Pressefreiheit ist also kein statischer Begriff. Seine Bedeutung hat sich im Laufe der Zeit gewandelt; seine Praxis ist stets umstritten gewesen. Diese Praxis wird jeweils bestimmt von historischen Konstellationen, den gesellschaftlichen (und ökonomischen sowie technologischen) Verhältnissen, aber auch von unterschiedlichen Interpretationen der normativen Grundlagen.

So muß auch die normative Fassung von Pressefreiheit im Grundgesetz der Bundesrepublik Deutschland als Ergebnis historischer Konstellationen verstanden werden, wobei die Erfahrungen mit der Pressekontrolle im „Dritten Reich" die zentrale Rolle spielten. Die damalige Pervertierung der institutionalen Auffassung von Pressefreiheit durch ihre Verpflichtung auf die Ziele eines furchtbaren Staates ist ein Grund dafür gewesen, daß in der Verfassung der Bundesrepublik Deutschland (Artikel 5 des Grundge-

setzes) Pressefreiheit als Freiheit vom Staat, also als negatives Individualrecht definiert ist. Dieses Grundrecht können die Medieneigentümer
deshalb als gewerbliches Individualrecht gegen den Staat reklamieren –
ohne sich dabei durch Pflichten gegenüber der Allgemeinheit allzusehr
einengen zu lassen. Und sie haben dabei eine Reihe renommierter
Verfassungsrechtler auf ihrer Seite.

Der Art. 5 GG erlaubt indessen ganz unterschiedliche Auslegungen
(vgl. Branahl 1979); herrschende Lehrmeinung ist die funktionale Deutung, wonach Pressefreiheit als Mittel zur Verwirklichung des demokratischen und sozialen Rechtsstaates verstanden wird. Doch der Interpreta-
tionsspielraum des Art. 5 GG hat bis heute zu einer eher verwirrenden
Diskussion über Anspruch und Wirklichkeit des Journalismus der Bundesrepublik geführt. Im Zentrum steht dabei die Frage nach Art und Umfang einer „öffentlichen Aufgabe" (vgl. Donsbach 1982: 19 ff.). Auch hier
stellt die funktionale Interpretation die überwiegend verbreitete Lehrmeinung dar.

Allen Interpretationen fehlt jedoch die direkte verfassungsrechtliche
Grundlage. Denn Pressefreiheit als „öffentliche Aufgabe" taucht im
Grundgesetz selbst nicht auf, sondern erscheint nur in den einzelnen Lan-
despressegesetzen. Dies ist freilich insofern konsequent, als die politische
Zuständigkeit für die Medien – abgesehen von Rahmenregelungen – bei
den Bundesländern liegt.

Mit dem Artikel 5 des Grundgesetzes und den Landespressegesetzen
ist aber nur ein Teil der rechtlichen Grundlagen aufgeführt, die für das
soziale System Journalismus in der Bundesrepublik von Belang sind. Natürlich gelten auch für die Medien und die Medienakteure die allgemeinen
Gesetze. Dazu zählen etwa der Verunglimpfungs-Paragraph des Straf-
gesetzbuches (§ 90), der Volksverhetzungs-Paragraph des StGB (§ 130), das
Gesetz über die Verbreitung jugendgefährdender Schriften, verschiedene
Wettbewerbsgesetze; dann Gesetze und Ordnungen, welche die Post betreffen (insbes. Art. 73, 87 GG), sowie das Personalvertretungsrecht des
Bundes und der Länder. Darüber hinaus gibt es eine große Zahl von spezifischen Gesetzen, Urteilen, Codices und Vereinbarungen; sie determinie-
ren das System Journalismus bis zu einem gewissen Grade, erlauben auf
der anderen Seite aber divergierende Selbstbeschreibungen von Funktionen und Rollen, von Rechten und Pflichten der Medien und der in ihnen tätigen Journalistinnen und Journalisten.

4. Organisationsformen und Entscheidungsstrukturen

Massenmedien sind das Ergebnis der Institutionalisierung von Kommunikation. Ihre Leistungsfähigkeit wird durch bestimmte Strukturen sicher-

gestellt. Im System Journalismus werden dabei sowohl die ökonomischen und technologischen Bedingungen der Medienproduktion wirksam als auch die Folgen von Gruppenstrukturen, die für Organisationen allgemein kennzeichnend sind.

Systemmodelle suggerieren, die Funktion der Medien bestehe darin, Themen aus den einzelnen gesellschaftlichen Subsystemen aufzugreifen und dann als Medienaussagen diesen Systemen wieder anzubieten. Diese Primärfunktion wird im Prinzip für alle modernen Gesellschaften unabhängig von ihrer politischen und ökonomischen Konstitution unterstellt. Eine solche Vorstellung legt nahe, die Medien quasi als Relaisstationen zwischen sozialen Systemen als Informationssystemen und sozialen Systemen als Erfahrungs- und Handlungssystemen zu verstehen. Dabei würde aber ignoriert, daß der für die aktuelle Medienkommunikation zuständige Journalismus wie alle sozialen Systeme selbstreferentiell operiert. Redaktionen als soziale Systeme transportieren nicht Informationen, sondern machen aus den Informationsangeboten der sozialen Systeme etwas Eigenes; sie konstruieren Wirklichkeit. Gewiß reduzieren Medien aber Komplexität, und sie stellen Zusammenhänge her, die durch die Ausdifferenzierung der modernen Gesellschaft verloren gegangen sind (vgl. Weischenberg 1992).

Systemtheoretische Analyse sollte sich auf die „wirkliche Welt" und darin vorfindbare Probleme beziehen. Insofern „gibt" es Systeme (vgl. Luhmann 1984: 30). Doch beruhen die Grenzziehungen zwischen Systemen auf Unterscheidungen, die der Systembeobachter vornimmt. Denn auch der systemtheoretische Ansatz selbst ist eine Konstruktion, die erlaubt, zum Beispiel eine einzelne Zeitung oder, noch weiter ausdifferenziert, eine einzelne Redaktion als soziales System zu begreifen und in ihren Strukturen und Funktionen – also ihren relativ stabilen Beziehungen und ihren Leistungen – zu untersuchen.

In dem Systemmodell, das Manfred Rühl seiner Untersuchung redaktionellen Handelns zugrundegelegt hat, gehört der Zeitungsverlag der Umwelt des Systems Zeitungsredaktion an. Mit dieser rigiden Konstruktion will er sich auf die wesentlichen Prozesse innerhalb der Redaktion konzentrieren; die Beziehung zwischen Verlag und Redaktion stehe, insbesondere unter Konfliktgesichtspunkten, nicht im Zentrum redaktionellen Handelns. Andere Systeme der Umwelt, gegenüber denen die Redaktion ihre Anpassungsfähigkeit beweisen muß, sind in seinem Modell die Informatoren, das Publikum, andere Massenmedien, die Anzeigenabteilung, die „Technologie", das Redaktionsarchiv, das Presserecht, aber auch die handelnden Personen selbst „als (psychisches) Personalsystem [...] mit eigener Struktur, eigenen Interessen, Orientierungen usf." (Rühl [2]1979: 71).

Rühl stützte sich bei seinem Theorieentwurf auf die funktional-strukturelle Systemtheorie Luhmanns ([3]1972 ff.) in ihrer damaligen Fassung. Der

Autor hat sie aber durch entscheidungstheoretische Kategorien zu erweitern versucht, da er erkennen mußte, daß über normierte Strukturen und Funktionen redaktionellen Handelns allein das Spezifische des Systems Redaktion nicht ausreichend erfaßt werden könnte. Sein Interesse gilt dabei Entscheidungsprämissen, die aufgrund früherer „Meta-Entscheidungen" sozusagen als Routineprogramm den Alltagsanforderungen des Handelns in der Zeitungsredaktion zugrundeliegen (vgl. Rühl 1989: 262; Weischenberg 1992: 294 ff.).

Die Mitgliedsrolle ist bei Rühl das zentrale Formalisierungskriterium der Redaktion; sie trennt systeminterne von systemexternen Rollen eines jeden Handelnden. Mit dieser Mitgliedsrolle sind bestimmte formale Verhaltenserwartungen verbunden; bei seiner Fallstudie der *Nürnberger Nachrichten* fand Rühl insgesamt sieben Regeln heraus, die für jedes Redaktionsmitglied verbindlich sind, also die mit der Mitgliedsrolle verbundenen Verhaltenserwartungen definieren (vgl. ebd.: 246 ff.). Als wichtigste Komponenten erwiesen sich dabei die Zustimmung zu den Zwecken der Redaktion und die Anerkennung der Entscheidungsrechte der Redaktionsleitung.

Mit der Mitgliedsrolle sind auch die anderen Verhaltenserwartungen innerhalb der Redaktion eng verknüpft; sie lassen sich nur zum Zwecke der Analyse trennen:

– Arbeitsrollen als weitere formalisierte Verhaltenserwartungen in der Redaktion, die aber innerhalb gewisser Grenzen interpretierbar sind;
– Ressorts als Teilsysteme der Redaktion;
– Zwischensysteme der Redaktion: die Volontärausbildung – in deren Verlauf die Lernenden und Ausbildenden besondere Rollen übernehmen – und die Redaktionskonferenz als Einrichtung zur Erhaltung und Förderung der Integration der Ressorts ins gesamte System Redaktion;
– das redaktionelle Entscheidungsprogramm als Grundlage für die typischen Handlungen, die im Mittelpunkt des täglichen redaktionellen Arbeitsablaufs stehen.

Dieses „redaktionelle Entscheidungsprogramm" ist für die Merkmale des organisierten Systems Redaktion von besonderer Bedeutung. Entscheiden, so behauptet Rühl, dominiert in der Zeitungsredaktion, auch wenn damit keineswegs alle funktionalen Leistungen erfaßt würden. In diesem Zusammenhang geht es konkret um die redaktionellen Handlungen der Sammlung, Auswahl und Verarbeitung von Material, also um Entscheidungen, die in allen Phasen der journalistischen und redaktionellen Arbeit zu treffen sind. Diese Einzelentscheidungen werden, so ermittelte Rühl, auf der Grundlage bestimmter Routinen getroffen.

Normalerweise sind weder die Bearbeitungszeit noch der Umfang der angebotenen Informationen noch der mögliche Publikationsumfang opti-

mal, sondern höchstens ausreichend. Denn redaktionelle Arbeit hat bestimmte Charakteristika, die sie von Tätigkeiten in anderen modernen
Großbetrieben unterscheiden. Dazu gehört im einzelnen,

– daß die Produktion nicht bis ins Einzelne in arbeitsteilig ausgeführte
  Routinearbeit zerlegt werden kann;

– daß die redaktionellen Einzelentscheidungen im Rahmen der Alltagsar-
  beit nicht zeitlich präzise aufeinander abgestimmt werden können;

– daß sich die Redaktion ständig wechselnden Umweltsituationen und
  Umwelterwartungen anpassen muß, und

– daß sich das redaktionelle Entscheidungshandeln häufig in Situationen
  der Ungewißheit und des Risikos abspielt.

Insbesondere Selektionsentscheidungen werden häufig ohne Kenntnis aller
potentiellen Informationen auf der Grundlage von Erfahrung getroffen.
Hinzu kommt, daß für die Beurteilungen redaktioneller Einzelentscheidungen oft die präzisen Bewertungskriterien fehlen. Redakteure befinden sich bei ihren Entscheidungen also stets in einer vagen Situation,
die durch eine Kombination vielfältiger, vor allem organisationsbezogener
Mechanismen reduziert wird (vgl. Dimmick 1974); die Ergebnisse dieser
Unsicherheitsreduktion führen allerdings zu auffallend ähnlichen Medienaussagen.

Kennzeichnend für das redaktionelle Entscheidungshandeln ist das Ineinandergreifen von vielfältigen Faktoren. In den großen Institutionen der
Medienkommunikation gibt es nicht den allein herrschenden Verleger
oder Intendanten, der die Tagesparole erläßt; Kontrollprozesse in Redaktionen sind vielmehr als soziale Mechanismen zu verstehen. Die formellen
und informellen Kommunikationsstrukturen erweisen sich dabei als ambivalent: Einerseits dienen sie der Koordination von Handlungen der einzelnen Entscheidungsträger; sie sind in diesem Sinne also funktional für
das System Redaktion. Andererseits erweisen sie sich aber auch – oft unbewußt für die Journalisten – als Formen von Kontrolle und als Anpas-
sungsmechanismen an die redaktionelle Linie (vgl. R. Schulz 1974).

Als normative Eigenschaftskataloge von Journalisten sowie historische
Fragestellungen zum Journalismus noch die wissenschaftliche Beschäftigung mit der Aussagenentstehung in Deutschland bestimmten, gab es in
den USA bereits eine empirische Kommunikatorforschung. Sie setzte jedoch bei einer relativ engen Fragestellung in bezug auf das Entscheidungsverhalten von Journalisten an: Von wem und wie werden in den Institutionen der Massenkommunikation die Informationen ausgewählt?

Diese Frage versuchten zunächst David Manning White und nach ihm
eine größere Zahl anderer Kommunikationswissenschaftler zu beantworten. White kam zu dem Ergebnis, daß der Gatekeeper – in seiner Studie
der Nachrichtenredakteur (wire editor) bei einer Kleinstadtzeitung – dem

Publikum nur das anbietet, was er selbst für wirklich und wahr hält. In Verallgemeinerung seiner Fallstudie behauptete White, daß die Bedeutung der Rolle des Schleusenwärters ebenso groß sei wie die Subjektivität, mit der er diese Rolle ausführe (vgl. White 1950).

Fünf Jahre später führte dann der Soziologe Warren Breed (1973 [zuerst 1955]) in seiner Dissertation die strukturellen Bedingungen in die Gatekeeper-Forschung ein und konzentrierte sich insbesondere auf die Folgen der skalaren (hierarchischen) Organisation für die Durchsetzung von „Zeitungspolitik". Auch Walter Gieber (1956) rückte in seiner Fallstudie über die Auswahl und Bearbeitung von Nachrichten durch Nachrichtenredakteure bei 16 Tageszeitungen im US-Staat Wisconsin von der Vorstellung Whites ab, daß Gatekeeper unabhängig darüber entschieden, welche Nachrichten sie passieren lassen und welche nicht.

Inzwischen stehen bei der Gatekeeper-Forschung nicht mehr Personen im Zentrum des Forschungsinteresses, sondern die Institutionen der Aussagenentstehung mit ihren Einflußsphären und Entscheidungsprozessen. Vor allem deren komplexer Charakter hat kybernetische Erklärungsmodelle herausgefordert. So versuchten George A. Bailey und Lawrence Lichty (1972) – am Beispiel des Entscheidungsprozesses um einen NBC-Film aus dem Jahre 1968 über die Exekution eines gefangenen Vietkong-Offiziers durch den Chef der südvietnamesischen Polizei auf einer Straße in Saigon – nachzuweisen, daß ein Netz von Faktoren die redaktionellen Entscheidungen bestimmt. Die Forscher widersprachen nach den Erkenntnissen aus ihrer Studie der Annahme, daß einzelne Journalisten zentrale Gatekeeper-Positionen besetzten.

Die angelsächsische Gatekeeper-Forschung hat sich inzwischen in zahlreichen Fallstudien bemüht, redaktionelle Entscheidungsprozesse und Produktionsvorgänge mit einer Kombination sozialwissenschaftlicher Techniken (Input-Output-Anlayse, Befragung, Beobachtung) zu beschreiben und auf Regelmäßigkeiten zu untersuchen. Viele dieser Untersuchungen sind aber methodisch unzureichend und ihre Verallgemeinerungsfähigkeit ist begrenzt.

Grenzen sind auch der Übertragbarkeit vieler Ergebnisse auf den Journalismus in der Bundesrepublik gesetzt. Der Überblick von Gertrude Joch Robinson (1973) über „25 Jahre Gatekeeper-Forschung" besaß deshalb zunächst einmal nur Gültigkeit für die Forschung in den USA, deren Entwicklung und Ausdifferenzierung.

Robinson unterschied in ihrer Synopse zwischen individualistischen, institutionalen und kybernetischen Gatekeeper-Studien. Während in den individualistischen Untersuchungen die Selektionsfunktion einzelner Gatekeeper als persönliche Handlung zwischen Medien-Input (z.B. Agenturmaterial) und Medien-Output (z.B. Zeitungsartikel) untersucht wurden, erscheinen die Journalisten in den institutionalen Untersuchungen als

Mitglieder einer Nachrichtenbürokratie. Ihr Entscheidungsverhalten ist geprägt durch strukturelle Abhängigkeiten innerhalb und außerhalb des Mediums.

Die Befunde dieser zweiten Phase der Gatekeeper-Forschung legen nahe, überhaupt nur den Verlegern und Chefredakteuren „Schleusenwärter-Rollen" direkt zuzuordnen. Untersucht wurde im Rahmen der institutionalen Studien aber auch der Einfluß, den die Nachrichtenquelle – also zum Beispiel im Lokaljournalismus das Presseamt einer Stadt –, ein Reporter oder aber eine Nachrichtenagentur auf das Selektionsverhalten in den Redaktionen ausüben. Die Journalisten in den Redaktionen halten durch entsprechende Bearbeitungsaktionen das System in einem Zustand „dynamischer Stabilität"; ihr Handeln ist nach den Befunden der neueren Gatekeeper-Forschung in erheblichem Maße fremdgesteuert.

Kybernetische Untersuchungen werden deshalb nach Ansicht von Robinson am besten den Verhältnissen gerecht. Die Redakteure sind nach dieser Konzeption in ein Organisationssystem eingebunden, das sich über einen permanenten Kommunikationsfluß ständig selbst reguliert und dafür sorgt, daß die Art der Nachrichtenselektion das System stabilisiert. Gatekeeper steuern hier nicht mehr den Informationsfluß, sondern werden durch „Feedback-Schleifen" innerhalb und außerhalb der Redaktion selbst gesteuert.

Erfaßt werden aber so nur einzelne Einflüsse auf die Nachrichtenselektion, nicht jedoch alle Faktoren, die das Beziehungsgefüge bestimmen. Erforderlich wären also komplexere quantifizierende Erfassungsmethoden der Informationsprozesse, um den theoretischen Anspruch des Ansatzes einlösen zu können. Einen Schritt in diese Richtung hat Hienzsch (1990) bei seiner Untersuchung redaktioneller Aussagenproduktion unter den Bedingungen der elektronischen Technik unternommen.

5. Legitimations- und Glaubwürdigkeitsprobleme im Journalismus

Seit Jahren gibt es über Rechte und Pflichten der Journalisten in der Bundesrepublik eine kontroverse Diskussion. Ausgelöst wurde sie durch eine sehr weitreichende wissenschaftliche Journalismus- und Journalistenkritik, die seit der Bundestagswahl 1976 wichtige Grundlagen für kommunikationspolitische Strategien lieferte. Im Zentrum stand dabei die Behauptung, daß die Journalisten in der Bundesrepublik eine eigenartige und eigenwillige Gruppe bildeten. Die Eigenschaften und Einstellungen der Journalisten sowie die allgemeine Medienentwicklung seien Ursache für die Existenz identischer, immer wieder auftretender und überall vorhandener Medieninhalte – „Konsonanz", „Kumulation" und „Ubiquität", die angeblich Selektionsmöglichkeiten und damit selbständiges Kommunikationsverhalten des Publikums verhinderten (vgl. z.B. Noelle-Neumann 1979). Daraus resultierten „Legitimationsprobleme des Journalismus" (Donsbach 1982), denn die relativ kleine Berufsgruppe der Journalisten, deren „parteipolitische Präferenz stark in das linke Spektrum verschoben" (Donsbach 1987) sei, übe ohne rechtliche Basis große Macht aus. Es handelt sich bei diesen Argumentationsfiguren also auch um Aussagen über die Wirkungen der Medien.

Im Rahmen der Journalismuskritik werden die Journalisten als „entfremdete Elite" beschrieben, die sich in ihren Einstellungen stark von der Bevölkerung unterscheide und sich für die Wünsche und Bedürfnisse der Bevölkerung nicht interessiere (vgl. dazu auch Rust 1986); dabei wird unterstellt, daß die Journalisten ihre Einstellungen tatsächlich in Medienaussagen ummünzen können (vgl. Weischenberg 1989a). Und schließlich wird behauptet, daß sich die Journalisten in der Bundesrepublik von ihren Kollegen in vergleichbaren anderen Ländern unterschieden.

Die Annahme eines Elitebewußtsein läßt sich mit einer gewissen Berechtigung aus der sozialen Herkunft der meisten Journalisten (auch) in der Bundesrepublik ableiten. Journalismus ist ein Mittelstandsberuf. Daraus werden von Kommunikatorforschern direkte Schlüsse auf „elitäre" Medieninhalte gezogen (vgl. z.B. Fabris 1979).

Die Elite-Diskussion wurde in den Vereinigten Staaten Anfang der 80er Jahre – auf der Grundlage von Studien der Sozialwissenschaftler Robert Lichter und Stanley Rothman (z.B. 1986) – auch öffentlich geführt. In der Bundesrepublik spielt die Annahme einer entfremdeten Elite (des öffentlich-rechtlichen Rundfunks) bereits seit etwa Mitte der 70er Jahre in der Kommunikator- wie der Wirkungsforschung eine Rolle. Damals fing man an, sich für grundsätzliche Fragen wie den politischen Standort von Führungskräften des öffentlich-rechtlichen Fernsehens zu interessieren (vgl. Hoffmann-Lange/Schönbach 1987) – aber auch für eher exotisch wirkende Fragen wie den Kamerawinkel bei der Berichterstattung über Politiker (vgl. Kepplinger 1979). Dieser Versuch eines Nachweises der (vorsätzlichen) Erzielung von Medienwirkungen hatte sein frühes amerikanisches Pendant beim Fernsehduell Kennedy-Nixon am 26. September 1960, als das Network CBS den Bewerber Nixon durch angeblich falsche Ausleuchtung seines Gesichts um seine Chancen bei der Präsidentschaftswahl gebracht haben soll.

In der Bundesrepublik zeigte sich hingegen zunächst eher ein anderes Problem: Die Versippung der Medienelite mit anderen Machteliten, die dazu führen kann, daß die von ihnen geleiteten Zeitungen und Sender als Frühwarnsysteme für soziale Krisen ausfallen. In diesem Zusammenhang mag der hohe Anteil von Parteimitgliedern auf der oberen Hierarchieebene der Rundfunkanstalten (vgl. Kaase 1986) oder die geringe Durchlässigkeit der Leitungsebene bei Verlagen in Medienmetropolen wie Hamburg und München dann in der Tat Ausdruck des Problems einer „entfremdeten Elite" sein. Solche Symptome liefern jedoch keine tragfähige Basis für generalisierte Aussagen über „Top-Journalisten" und die Medienaussagen, die sie produzieren bzw. zu verantworten haben.

Gravierender erscheint die grundlegende Annahme einer sozialen Distanz zwischen den Journalisten und ihrem Publikum, die zu einseitigen Informationsangeboten der Medien führe. Diese Annahme beruht im wesentlichen auf Interpretationen von Befunden zum Publikumsbild und zu den Referenzgruppen der Journalisten sowie auf dem Vergleich demographischer Daten von Journalisten und Rezipienten (vgl. z.B. Donsbach 1987). Demnach scheint festzustehen, daß die Journalisten der Bundesrepublik durchweg ein negatives Publikumsbild besitzen und sich bei ihren Botschaften mehr an den eigenen Kollegen als am Publikum orientieren.

Für diese Kollegenorientierung sprechen prinzipiell gewiß die Mechanismen beruflicher Sozialisation im Journalismus. Doch, wie der internationale Vergleich zeigt, gibt es auch für pauschale Aussagen zum Publikumsbild der Journalisten keine empirische Basis. So ordnen die deutschen Journalisten zum Beispiel den Rezipienten eindeutig positivere Attribute zu, als dies ihre britischen Kollegen tun, so daß von einem grundsätzlich negativen Publikumsbild nicht gesprochen werden kann (vgl. Köcher 1985).

Annahmen der sozialen Distanz, die sich primär auf das abgefragte Rezipientenbild der Journalisten stützen, zielen aber ohnehin zu kurz. Wenn belegt werden soll, daß Journalisten an ihrem Publikum vorbeiberichten, weil sie es nicht kennen oder nicht kennen wollen, weil sie sich als Beruf „aus eigenem Recht" (Donsbach 1979) verstehen, sind mehr und bessere Indikatoren notwendig. Dazu können z.B. Vergleiche gehören zwischen dem, was Journalisten wollen (Kommunikationsabsichten) und dem, was die Rezipienten wollen (Kommunikationserwartungen), der Grad lokaler Partizipation von Journalisten und das Ausmaß ihrer sozialen Kontakte (vgl. Gaziano/McGrath 1987). Alle diese Parameter sind erstmals bei einer Studie über Kommunikationsverhältnisse in einer nordrhein-westfälischen Großstadt erfaßt worden (vgl. Weischenberg et al. 1989, Weischenberg/Scholl 1989, 1992).

Während Absichten und Erwartungen von Journalisten und Rezipienten nur in wenigen Studien erhoben und aufeinander bezogen wurden (vgl. Gaziano/Mc Grath 1987: 328), bildet die Untersuchung von journalistischen Rollenselbstdefinitionen traditionell einen zentralen Zweig der Kommunikatorforschung. Dabei wird unterstellt, daß das Rollenselbstverständnis von Journalisten handlungsleitend bei der und handlungswirksam für die Medienberichterstattung ist.

In einer Sekundäranalyse der Münchner Arbeitsgemeinschaft für Kommunikationsforschung (AfK) sind Ende der 70er Jahre Erhebungen in diversen Kommunikatorstudien zu „Grundstrukturen eines journalistischen Selbstbildes" zusammengestellt worden. Sie beruhen auf Untersuchungen von Rundfunk-, Tages- und Wochenzeitungsjournalisten sowie Lokalredakteuren von Tageszeitungen. Drei Kategorien von journalistischen Rollenselbstbildern ließen sich demnach zum damaligen Zeitpunkt zusammenfassen:

– der Journalist, der sich als Kritiker und Kontrolleur politischer und gesellschaftlicher Prozesse versteht;

– der Journalist, der sich als Hüter kultureller und gesellschaftlicher Normen und Werte und Erzieher zu einer gemeinsamen öffentlichen Moral versteht;

– der Journalist, der sich als Anwalt gesellschaftlich unterprivilegierter und nicht oder nur ungenügend artikulationsfähiger Gruppen versteht.

Eindeutig dominierte der Analyse zufolge bei den Journalisten der Bundesrepublik das Rollenselbstbild des „Kritikers und Kontrolleurs". 80 Prozent der Befragten favorisierten diese Rolleninterpretation. Doch dieser Befund muß vorsichtig interpretiert werden: Den Befragten waren zwar weitgehend identische Listen von Aussagen über mögliche Aufgaben eines Journalisten vorgelegt worden; die Primärrolle des „Vermittlers" wurde zum Teil aber nicht abgefragt. Wichtiger aber ist folgendes: Auf Grund der Untersuchungsanlage wurde das journalistische Rollenselbstbild auf „Entweder-oder"-Kategorien reduziert (vgl. Weiß et al. 1977).

Erst in der von Weaver/Wilhoit (1986) durchgeführten repräsentativen Studie über die Journalisten in Nordamerika ist eine solche Polarisierung von journalistischen Rollenselbstbildern mit Hilfe aufwendigerer statistischer Auswertungsverfahren vermieden worden. Dabei hat sich gezeigt, daß die beruflichen Selbstdefinitionen von Journalisten eine pluralistische Struktur mit jeweils unterschiedlichen Schwerpunktsetzungen haben.

Auch bei der oben erwähnten Fallstudie in einer nordrhein-westfälischen Großstadt zeigte sich, daß das journalistische Rollenselbstverständnis aus verschiedenen Segmenten zusammengesetzt ist, die jeweils unterschiedlich starke Bedeutung haben. Drei Rollenselbstbilder dominierten zwar bei der Gesamtauswertung: der neutrale Berichterstatter, der Wächter der Demokratie und der Kritiker an Mißständen. Doch dies waren Mittelwerte für alle Befragten, so daß unterschiedliche Kommunikationsabsichten der Journalisten nicht deutlich wurden.

Mit Hilfe der computergestützten Datenanalyse wurde deshalb nach komplexeren Typenbildungen gesucht. Dabei profilierte sich zum einen der „Anwalt", zum anderen der „Unterhalter". Diese beiden Typen haben von den Aufgaben der Journalisten und der Medien teilweise ganz unterschiedliche Auffassungen (vgl. Weischenberg 1989a: 235). Diese und andere Ergebnisse aus Fallstudien der Kommunikatorforschung werden jetzt durch eine repräsentative Untersuchung geprüft (vgl. Weischenberg/Löffelholz/Scholl 1993).

Insgesamt kann angenommen werden, daß es in der Bundesrepublik – anders als zum Beispiel in der DDR bis zum November 1989 – einen Grundkonsens zwischen Journalisten und Publikum über Inhalte und Formen der angebotenen Wirklichkeitsentwürfe gibt. Auf der anderen Seite ist aber ein wachsendes Bedürfnis festzustellen, sich mit Leistungen des Journalismus kritisch auseinanderzusetzen.

Daten der Mediennutzungsforschung weisen nach, daß die Reichweite politischer Informationsangebote immer weiter zurückgeht und die Glaubwürdigkeit aller Medien sinkt (vgl. Bentele 1988). Die Journalisten wirken durch die Informationslawine und die offenen und geheimen PR-Verführer genauso überfordert wie die Bevölkerung; jedenfalls zeigen empirische Untersuchungen, wie gering die journalistische Bearbeitungsleistung von PR-Material hier ausfällt (vgl. Baerns 1985). Kritisiert werden auch die Leistungen des Journalismus bei der Umsetzung von Informationsquantität in Informationsqualität.

Offensichtlich haben die Medien und ihre Mitarbeiter an der Schwelle zur Informationsgesellschaft in einer gewandelten Medienlandschaft Anpassungs- und Orientierungsprobleme. Vielfältige neue Informationsangebote in den elektronisch gesteuerten Kanälen brechen ihr altes Vermittlungsmonopol (vgl. Weischenberg 1985a). Gleichzeitig wachsen die Ansprüche des Publikums, das in der Informationsflut nach glaubwürdigen Botschaften sucht.

Wenn man die Glaubwürdigkeitsprobleme des Journalismus vom Publikum her erschließt, so muß man sich freilich auch mit offenbar veränderten Kommunikationserwartungen auseinandersetzen. Sie stehen im Zusammenhang mit einem allgemeinen gesellschaftlichen Wertewandel; denn die sog. postindustrielle Gesellschaft ist eine Gesellschaft wachsender Spezialisierung und Segmentierung. Eine Differenzierung von Mediennutzungsmustern in der Bevölkerung gehört zu den Folgen dieses sozialen Wandels. Die großen Zeitschriften-Verlage haben diesen Wandel mit ihren Special-Interest-Blättern zu nutzen versucht. Spezielle Segmente des Publikums artikulieren heute Bedürfnisse, die vom System Journalismus offenbar nicht oder nur unzureichend erfüllt werden.

6. Berufstypologie und Sozialisation im Journalismus

Defizite der deutschen Kommunikatorforschung werden bereits beim rein statistischen Informationsstand deutlich. Denn nicht einmal die Zahl der journalistisch tätigen Arbeitnehmer ließ sich bisher genau angeben. Dies liegt erstens daran, daß es für die berufliche Rekrutierung wie für die Berufsbezeichnung Journalist selbst keine formalen Voraussetzungen gibt. Und zweitens daran, daß in offiziellen Statistiken Journalisten immer noch in der Berufsgruppe „Publizisten" erfaßt werden, zusammen mit Schriftstellern, Dramaturgen, Lektoren und anderen Berufen.

Bisherige Berufsstatistiken zum Journalismus in Westdeutschland – soweit man davon also überhaupt sprechen kann – bündelten unterschiedliche Rollen in unterschiedlichen Berufsfeldern anhand der Zahl der in den diversen Medien jeweils Tätigen bzw. ihre Anstellungsverhältnisse. Man kam auf diese Weise zuletzt auf rund 32 500 Journalisten bei den Nachrichtenmedien – fast doppelt so viele wie vor einem Jahrzehnt. Dies konnten aufgrund der Datenlage aber nur Annäherungen sein.

Auch über die Merkmale, Einstellungen und Arbeitsbedingungen dieser heterogenen Berufsgruppe gibt es keine aktuellen und repräsentativen Daten. Zur Beschreibung der Merkmale und Einstellungen von Journalisten mußte deshalb bis heute immer noch auf die Sekundäranalyse der Arbeitsgemeinschaft für Kommunikationsforschung (AfK) zurückgegriffen werden; ihre Ergebnisse dürften allenfalls tendenziell noch zutreffen (vgl. Weiß et al. 1977).

Auch über die Struktur des journalistischen Berufsfeldes in der damaligen DDR liegen brauchbare Angaben nur ansatzweise vor. So waren nach verschiedenen Schätzungen in den zwei Fernseh- und den fünf Hörfunksendern des DDR-Rundfunks zwischen 12 500 und 15 000 Mitarbeiter beschäftigt; allein 8 000 davon gehörten zum Deutschen Fernsehfunk. Zur Ermittlung der Zahl der journalistisch tätigen Mitarbeiter des DDR-Rundfunks konnte unter Berücksichtigung verschiedener Kriterien (Personalschlüssel in bundesdeutschen Rundfunkanstalten, kaum freiberuflich tätige Journalisten im DDR-Rundfunk, relativ große Redaktionsstäbe) davon ausgegangen werden, daß dort insgesamt zwischen 3 000 und 3 500 Redakteure angestellt waren.

Wegen der schlechten Datenlage besitzt die repräsentative Studie über den „Journalismus in Deutschland" besondere Bedeutung. Dieses Projekt wird seit 1992 von der Forschungsgruppe Journalistik an der Universität Münster durchgeführt. Die ersten Befunde, die hier referiert werden können, betreffen die Verteilung der Journalisten nach Medienbereich, Geschlecht und Position (vgl. Weischenberg/Löffelholz/Scholl 1993). Bisherige Schätzungen, daß in Deutschland vor der Wende ungefähr 38 000 Journalisten und Journalistinnen – davon 28 000 im Westen und 10 000 im Osten – in fester Anstellung arbeiteten, entsprechen in etwa den Ergebnissen der Forschungsgruppe Journalistik, müssen aber erheblich differenziert werden. Denn eine repräsentativ angelegte Studie erlaubt präzisere Hochrechnungen als die früheren Angaben, die auf Bundespressestatistiken, Verbandszahlen und Durchschnittsberechnungen beruhten.

Ende 1992 arbeiteten im Westen und im Osten Deutschlands insgesamt rund 36 000 festangestellte bzw. im Volontariat befindliche Journalisten und Journalistinnen. Der größte Teil der Redakteure und Redakteurinnen – mit über 17 000 fast die Hälfte – ist bei Tages-, Wochen- und Sonntagszeitungen beschäftigt. Weitere 2 500 Journalisten (sieben Prozent) arbeiten bei den kostenlos verteilten Anzeigenblättern. Knapp ein Viertel ist im öffentlich-rechtlichen und im privaten Rundfunk tätig, zusammen 8 500; ein weiteres Sechstel (6 300) ist bei Zeitschriften beschäftigt. Den Rest – rund 1 600 – machen Journalisten und Journalistinnen bei Nachrichtenagenturen sowie Presse- und Mediendiensten aus (s. Tab. 1).

Tab. 1: Festangestellte Journalisten (incl. Volontäre) nach Medienbereichen 1992

Medienbereich	Anteil in %
Zeitungen	47,5
Zeitschriften	17,5
öffentlich-rechtlicher Rundfunk	17,0
Anzeigenblätter	7,0
privater Rundfunk	6,5
Agenturen/Dienste	4,5
Gesamtzahl der Journalisten	36 000

Bei den Zeitungen beschäftigen die mehr als 80 großen Blätter mit einer Auflage von über 100 000 gegenüber den fast 300 kleineren und mittleren Betrieben den bei weitem größten Anteil an Journalisten (fast zwei Drittel). Der Zusammenhang zwischen Auflagengröße und Personalstärke ist demzufolge nicht linear. Im Rundfunk entfällt der Hauptanteil journalistischen Personals – fast zwei Drittel – auf die öffentlich-rechtlichen Anstalten. Die privaten Sender haben deutlich weniger Arbeitsplätze anzubieten (rund 2 500). Bei den Anzeigenblättern ist die große Anzahl der Objekte (gut 800) für die sieben Prozent Anteil des Personals am journalistischen Arbeitsmarkt verantwortlich.

Auch die Zeitschriften stellen insgesamt ein eher kleineres Arbeitsmarktsegment dar. Die wenigen großen Publikumszeitschriften mit einer Auflage von 500 000 oder mehr Exemplaren beschäftigen dabei nahezu die Hälfte der im Sektor der nicht tagesaktuellen Printmedien Tätigen. Bei den kleineren Special-Interest- und Fachzeitschriften lastet die Hauptarbeit auf Freiberuflern. Schließlich läßt sich im Bereich der Agenturen und Dienste eine klare Trennungslinie zwischen den klassischen Nachrichtenagenturen (dpa, Reuters usw.) und den kleinen Presse- und Mediendiensten erkennen. Die Nachrichtenagenturen beschäftigen mit rund 100 Journalisten jeweils soviel Personal wie eine mittlere Tageszeitung, während die Mediendienste von der Personalstärke in etwa einem kleinen Anzeigenblatt gleichen.

Eine horizontale Aufteilung nach Ressorts läßt sich nur schwer bewerkstelligen, da diese über die verschiedenen Medienbereiche völlig unterschiedlich verteilt sind. Bei kleinen Medienbetrieben wie Lokalzeitungen, Anzeigenblättern, Mediendiensten, Fachzeitschriften und lokalem Hörfunk gibt es in den meisten Fällen keine oder nur eine marginale Ressortspezifizierung. Auch die großen privaten und die öffentlich-rechtlichen Rundfunkanstalten haben keine einheitliche Ressortbezeichnung, so daß ein Vergleich nur auf der allgemeinsten Ebene möglich wäre.

Beispielhaft kann jedoch anhand der Zeitungen, deren Ressortbezeichnungen noch am ehesten einander gleichen, verfolgt werden, wo die meisten Journalisten arbeiten: Rund 45 Prozent sind in den Bezirksausgaben beschäftigt, weitere 15 Prozent in der Hauptausgabe des Lokalressorts und noch einmal fünf Prozent im Ressort Regionales. Damit setzen die Tageszeitungen zwei Drittel ihres Personals für die lokal-regionale Berichterstattung (inklusive lokaler Sport) ein. Etwa zehn Prozent arbeiten im aktuell-politischen Bereich, rund acht Prozent im (überregionalen) Sport, fünf Prozent in den Feuilleton- und Kulturressorts, etwa fünf Prozent im Wirtschaftsressort und knapp zwei Prozent in Vermischtes/Aus aller Welt. Der Rest ist als Reporter, Korrespondent, in der Sonntagsausgabe oder in der Beilage beschäftigt oder erledigt nicht weiter definierte Sonderaufgaben.

Mittlerweile beträgt der Frauenanteil im Journalismus nach den Befunden der Forschungsgruppe Journalistik im Bundesdurchschnitt fast ein Drittel (insgesamt 31 Prozent). Im Osten Deutschlands liegt er sogar bei 39 Prozent (s. Tab. 2). Allerdings muß hier nach Bereichen und nach Positionen im jeweiligen Medienbetrieb differenziert werden. Insbesondere bei den klassischen Medien Zeitung, öffentlich-rechtlicher Rundfunk und Nachrichtenagenturen mit einem Anteil von 30 Prozent oder weniger, aber auch bei den Anzeigenblättern und den Stadtmagazinen sind Frauen mit einem Drittel deutlich unterrepräsentiert, während in Zeitschriften und privaten Fernsehanstalten mit 40 Prozent schon fast gleichviel Frauen wie Männer beschäftigt sind. Bei den Zeitschriften ist dies auf die personalstarken Publikumszeitschriften zurückzuführen; beim Privatfernsehen sind wahrscheinlich eher die geforderten Eigenschaften einer auch optisch ansprechenden Präsentation ausschlaggebend. Im Hörfunk ist dies nicht so wichtig, und in diesem Bereich sind die Frauen ebenfalls unterrepräsentiert (s. Tab. 3).

Tab. 2: Festangestellte Journalisten (incl. Volontäre) nach Geschlecht und Medienbereich 1992

Medienbereich	Anteil in % Männer	Frauen	Journalisten gesamt
Zeitungen	73	27	17100
Nachrichtenagenturen	75	25	1200
Mediendienste	56	44	400
Anzeigenblätter	68	32	2500
Zeitschriften	58,5	41,5	5700
Stadtmagazine	62,5	37,5	600
öffentl.-rechtl. Rundfunk	72	28	6175
privater Hörfunk	62	38	1450
privates Fernsehen	58,5	41,5	875
Durchschnitt/Summe	69	31	36000

Tab.3: Positionen von Journalistinnen in den Medien 1992

Medienbereich	Anteil der Frauen in % Chefredakteur	Ressortleiter	Reakteur	Volontär
Zeitungen	0,5	15	28	44,5
Nachrichtenagenturen	13	10,5	26,5	45
Mediendienste	29,5	54,5	48	62,5
Anzeigenblätter	20,5	30,5	35	43
Zeitschriften	23	35,5	47	59
Stadtmagazine	30,5	20,5	35	44
öffentl.-rechtl. Rundfunk	9,5	14,5	30	51,5
privater Hörfunk	37	30,5	40	50
privates Fernsehen	19,5	23	48	65
Gesamtzahl	473	1185	7984	1408

Hinsichtlich der Position zeigen sich weiterhin eindeutige Unterschiede: Höherrangige Positionen wie Chefredakteur, aber auch andere Leitungsfunktionen werden in allen Medientypen überdurchschnittlich männlich dominiert. Allerdings unterscheidet sich diese Unterrepäsentanz in den verschiedenen Bereichen deutlich (→ II, Neverla).

Während im privaten Hörfunk die Journalistinnen auf der obersten Leitungebene relativ geringfügig unterrepräsentiert sind – jedenfalls nicht oder nur kaum mehr als auf den anderen Ebenen –, korreliert in allen anderen Medienbereichen die Variable Geschlecht hoch mit der Position. Sind die Chefsessel bei den Stadtmagazinen, den Mediendiensten, den Zeitschriften, den Anzeigenblättern und dem privaten Fernsehen noch mit einem Fünftel bis zu 30 Prozent mit Frauen besetzt, können bei Nachrichtenagenturen und im öffentlich-rechtlichen Rundfunk Frauen noch wesentlich seltener in solche Positionen gelangen.

Am „konservativsten" sieht es jedoch bei den Tageszeitungen aus, wo Frauen anscheinend von der obersten Leitungsebene nahezu ausgeschlossen sind. Auf der mittleren Leitungsebene (Chef vom Dienst, Ressortleiter) entspannt sich dieses Verhältnis in den hinsichtlich des Frauenanteils hinten liegenden Medienbereichen etwas, ohne daß jedoch auch nur annähernd von einer Gleichverteilung ausgegangen werden könnte. Bei Mediendiensten sind Frauen angemessen repräsentiert, bei Zeitschriften, Anzeigenblättern und im privaten Rundfunk sind sie wenigstens nicht mehr überdurchschnittlich unterrepräsentiert.

Auf der Redakteursebene erreichen Frauen in einigen Sparten knapp 50 Prozent, beispielsweise beim privaten Fernsehen, bei Mediendiensten, Zeitschriften und mit Abstrichen beim privaten Hörfunk. Im Volontariat ist die zahlenmäßige Gleichheit in etwa überall vorzufinden; beim privaten Fernsehen sind die Frauen mit fast zwei Dritteln sogar überrepräsentiert.

Auch die Zeitschriften sind für Frauen attraktiv, obgleich die oberste Etage zu drei Vierteln aus Männern besteht. Der Zeitschriftenmarkt ist jedoch so heterogen, daß solche Aussagen spezifiziert werden müssen. Diejenigen der großen Publikumszeitschriften, die sich vorwiegend an Frauen richten und – wenn auch mit Abstrichen – hauptsächlich von ihnen produziert werden, sind für den hohen Frauenanteil verantwortlich. Bei kleineren Special-Interest- und Fachzeitschriften ist der Frauenanteil themenabhängig. Bei Sport- oder Elektronikzeitschriften bilden Frauen nach wie vor die Ausnahme.

Insgesamt zeigt sich der Journalismus also vielfältiger denn je. Das System schließt unterschiedlichste Rollen und Funktionen der Medienakteure ein.

Folgen dieser Vielfalt journalistischer Tätigkeiten zeigen sich bei der Verständigung über Grundzüge einer Journalistenausbildung. Was journalistische Kompetenz – wesentliche Grundlage qualifizierter Medienangebote – bedeutet und wie sie am besten zu „produzieren" ist, bleibt nach wie vor umstritten. Es dominiert die betriebliche Ausbildung, in der „Volontäre" ihre Berufschancen suchen. Der Journalismus in der Bundesrepublik ist nicht zuletzt aus diesem Grunde weit davon entfernt, eine Profession, also im Sinne berufssoziologischer Klassifizierung ein anspruchsvoller Beruf zu sein.

Wer in der Bundesrepublik Journalist werden will, kann sich immerhin inzwischen bei unterschiedlichsten Arten von überbetrieblichen Ausbildungsinstitutionen bewerben. In den Journalistik-Studiengängen soll die Integration von Fach-, Sach- und Vermittlungskompetenz für den Journalismus gelingen; dabei gibt es Vollstudiengänge, Aufbau- und Teilstudiengänge. An den Journalistenschulen wiederum stehen die Vermittlungskompetenz sowie instrumentelle Fertigkeiten im Zentrum. Doch auch die Studiengänge der Publizistik- und Kommunikationswissenschaft bilden heute für den Journalismus aus oder zumindest vor. Der Schwerpunkt liegt hier beim „journalistischen Fachwissen"; Sachkompetenz soll durch das Studium anderer Fächer dazu addiert werden (vgl. Weischenberg 1990c).

In vielen Mediensystemen – nicht nur den staatlich kontrollierten – ist die Journalistenausbildung ein wichtiges Mittel, um Einfluß auf die Wirklichkeitsentwürfe der Journalisten zu nehmen (vgl. Altschull 1984: 111 ff.). Dieser direkte Einfluß ist in der Bundesrepublik auf Grund des prinzipiell offenen Berufszugangs relativ gering. Dafür muß aber der Preis fehlender Kompetenzkontrolle bezahlt werden, was zusätzliche Legitimationsprobleme für das soziale System Journalismus aufwirft.

Eine geregelte Journalistenausbildung empfiehlt sich nicht zuletzt auch aus Gründen des Berufsprestiges: Welche Qualifikationsvoraussetzungen notwendig sind für das, was in Medienredaktionen geschieht, bleibt für die meisten Bürger schwer durchschaubar – oder wird auf Klischees wie das vom „rasenden Reporter" reduziert. Für diese Unklarheiten und Stereotype zahlen die Journalisten mit relativ geringem Sozialprestige.

Alle Journalisten lernen die Normen ihres Berufs aber auf dieselbe Weise: durch Sozialisation am Arbeitsplatz. Dort werden sie an das „journalistische Milieu" angepaßt. Auf dabei ablaufende Mechanismen, denen sich kein Berufsangehöriger entziehen kann, hat zuerst der nordamerikanische Soziologe Warren Breed (1973) aufmerksam gemacht. Breed entdeckte bei seiner Untersuchung von Zeitungsredakteuren, welche große Bedeutung das Normenlernen insbesondere für die Kontinuität redaktioneller Produktion besitzt.

Ausgangspunkt war seine Frage: „Wie wird Zeitungspolitik trotz der Tatsache durchgesetzt, daß sie häufig journalistischen Normen widerspricht, ihre Befolgung von den Vorgesetzten nicht gesetzlich befohlen werden kann, und Redaktionsmitglieder persönlich oft anderer Meinung sind?" Antwort: Durch Anpassung der Redaktionsmitglieder an die redaktionellen Regeln. Dies geschieht zum einen dadurch, daß der Neuling vom Chefredakteur und anderen Kollegen, durch Redaktionskonferenzen und Hausbroschüren „auf Linie" gebracht wird. Zum anderen dadurch, daß er mehr oder weniger unbewußt durch Lektüre der eigenen Zeitung, durch Redaktionsklatsch und durch eigene Beobachtungen die in der Redaktion geltenden Normen übernimmt.

Aber warum funktioniert dieser soziale Mechanismus? Warren Breed machte dazu eine Beobachtung, die später immer wieder bestätigt worden ist (vgl. z.B. Groß 1981): Viele Journalistinnen und Journalisten beziehen ihre Anerkennung nicht von den Lesern, Hörern oder Zuschauern, sondern von Arbeitskollegen und Vorgesetzten. Da Journalisten auf die Integration in die Redaktion angewiesen sind, orientieren sich auch ihre Wirklichkeitsentwürfe prinzipiell eher an den Kollegen.

Der redaktionelle Anpassungsprozeß stand auch im Zentrum des Aufsehen erregenden Tarnunternehmens von Günter Wallraff bei der *Bild*-Zeitung. Der „Mann der bei ‚Bild' Hans Esser war" beschrieb danach, wie sich bei Europas größter Tageszeitung gruppendynamische Prozesse zu einem „Betriebsklima" verdichten (vgl. Wallraff 1977).

Alle diese Beobachtungen und Befunde zeigen, wie eng der individuelle Spielraum für die Produzenten im System Journalismus ist. Dies bedeutet jedoch nicht, daß der einzelne Journalist bei seiner Wirklichkeitskonstruktion individueller Entscheidungen enthoben und insbesondere vor berufsethisch schwierigen Situationen geschützt ist.

7. Journalismus und Verantwortung

Marktwirtschaftlich organisierte Mediensysteme besitzen einen Doppelcharakter: Einerseits werden Presse und Rundfunk darin durchaus als soziale Institutionen verstanden; andererseits sind die Medien eine Industrie und dienen somit – im weitesten Sinne – (wirtschaftlichen) Einzelinteressen. Einerseits sind sie – als Kinder der Aufklärung – philosophischen Werten verpflichtet, wie z.B. Vernunft, Freiheit, Wissen, Mündigkeit. Andererseits sind die Medien und ihre Journalisten an praktisch-pragmatischen Vorgaben und Zielen wie Reichweite, Konkurrenz, Redaktionsschluß, Professionalität und Karriere orientiert. Die Spaltung geht dabei durch jedes einzelne Medium selbst. Diese „eingebaute Schizophrenie" führt zu Widersprüchen zwischen Erwartungen gegenüber den Medien und den Leistungen, zu denen sich die Medien und ihre Akteure in der Lage sehen. Die zentrale Frage ist dabei, welche Maßstäbe wir haben, wenn über journalistisches Handeln in Grenzbereichen der Berichterstattungspraxis geurteilt werden soll.

Was wir im Kontext einer Ethikdebatte diskutieren und rügen, muß gewiß zunächst als Ergebnis des Systems Journalismus erklärt werden, das nach seinen Regeln Wirklichkeit schafft. Bei der Festlegung der moralischen Maßstäbe, die in diesem System Gültigkeit besitzen sollen, geht es darum, Unterscheidungen zu treffen. Aber diese Unterscheidungen – gut/schlecht oder gut/böse – genügen nicht. Es geht auch darum, diesen binären Code selbst zu reflektieren, also erstens zu fragen, ob die Unterscheidung zwischen gut und schlecht selbst gut oder schlecht ist und zweitens zu fragen, wann man diese Unterscheidung zugrundelegen kann. Das Dilemma wird spätestens bei den Folgen des Handelns deutlich: Bekanntlich gibt es allerbeste Absichten, die zu Schrecklichem führen. Und umgekehrt kann auch aus schlimmen Absichten Gutes resultieren. Für welche Konstellation aber ist Ethik zuständig (vgl. Luhmann 1990a)? Aus der Perspektive des Sozialwissenschaftlers geht es hier vor allem darum, Systemzusammenhänge zu reflektieren; das bedeutet, auch die Unterscheidungen selbst in den ethischen Diskurs mit einzubeziehen.

Alltagsbeobachtungen im Zusammenhang mit der Wahrnehmung von Verantwortung, die für jede Ethik zentral ist, zeigen jedoch, daß die Verhältnisse so nicht sind. Offenbar haben wir große Probleme, uns die Betroffenheit anderer vorzustellen. Bei unserem eigenen Handeln, das andere betrifft, sind wir grundsätzlich risikobereiter als dann, wenn wir die Folgen des Handelns anderer auszubaden haben. Das Risiko des einen ist die Gefahr für den anderen (vgl. Luhmann 1990f: 131 ff.); die Verantwortung des einen ist die Betroffenheit des anderen. Insofern ist Ethik stets abhängig von der Situation des Handelnden.

Diese empirischen Aussagen stellen eine Ethik als binären Code, wie er auch den Pressekodizes zugrundeliegt, in Frage. Der Philosoph Robert Spaemann (1989: 223) schreibt in seinem „Versuch über Ethik" von der „Dimension des verantwortlichen Umgangs mit der Wirklichkeit". Doch um welche Wirklichkeit geht es dabei? Doch nur um die Wirklichkeit des Beobachters, der in einem bestimmten sozialen System bestimmte Unterscheidungen trifft, mit deren Hilfe er bestimmte Dinge sehen kann oder eben auch nicht. Im ökonomischen System wird er dabei Moral eher als störend ansehen, weil dort der zentrale Regelungsfaktor das Geld ist. Und er wird bestimmte Unterscheidungen gar nicht vornehmen müssen, weil sie durch das Recht, zum Beispiel eben das Medienrecht, schon vorgegeben sind. Mit anderen Worten: Moral kann nicht „von außen" an soziale Systeme wie den Journalismus herangetragen werden; sie muß vom System selbst zu „verarbeiten" sein. Die Frage ist dabei, ob Journalisten funktional eher Agenten der Gesinnung oder der Verantwortung sind.

Gerade der Rekurs auf „Wirklichkeit" oder „Wahrheit" hilft nun auch im Journalismus nicht weiter. Für moralische Entscheidungen gibt es keine „realen" Grundlagen, sondern nur subjektabhängige Kriterien und die Bedeutung, welche sie in sozialen Kontexten haben. Natürlich kann ich mich auf diese Weise auf „Sachzwänge" zurückziehen; die Verantwortung ist mir aber damit nicht abgenommen. Aufgabe einer Ethik, auch einer Ethik des Journalismus, ist damit die ständige Reflexion über die Unterscheidungen, die dem individuellen Handeln zugrundeliegen. Dabei sind die Bedingungen des Systems ebenso zu berücksichtigen wie die Bedingungen moderner Gesellschaften, die immer mehr durch Systemvernetzungen (vgl. Lenk 1988: 71) gekennzeichnet sind.

Angesichts dieser Situation, die im Bereich Kommunikation als „Informationsgesellschaft" etikettiert wird, weist der etablierte Ethik-Begriff eine zu geringe Komplexität auf. Er stammt aus der Gedankenwelt von Philosophen früherer Jahrhunderte. Im Journalismus wird er auf eine Objektwelt bezogen, die seit dem 19. Jahrhundert kaum fortgeschrieben worden ist. Aus dieser Welt – nicht aus der modernen Gesellschaft – stammt auch das nach wie vor hochgehaltene Verständnis von journalistischer Objektivität.

In der modernen Gesellschaft wird das ganzheitliche Menschenbild, traditionelle Grundlage einer Ethik, aber aufgelöst in soziale Handlungsrollen. Soziale Systeme funktionieren auf der Basis von Selbstorganisation und Selbstreferenz. Das heißt, sie erzeugen ihre internen Strukturen selbst. Und sie erzeugen ihre jeweiligen internen Zustände wesentlich durch ihre eigenen Bestandteile und nicht so sehr durch Einflüsse ihrer Umwelt.

Man muß annehmen, daß allgemeine Gesetze der Selbstorganisation und Selbstreferenz auch für die Medien und den Journalismus gelten: Je mächtiger, größer und komplexer Systeme werden, um so irrelevanter werden Normierungen, die von außen dem System angeboten werden. Das heißt, das System reagiert selbstbezogen. Auf der anderen Seite werden auch die Umwelten immer komplexer und selbstbezogener; sie lassen sich immer schlechter durchschauen. Diesen „Autismus" des Journalismus kann man nun kulturkritisch verdammen oder – jeweils nach einem „Medienunfall" – mit einer Reparaturethik bekämpfen. Stets muß man sich darüber im klaren sein, daß einer ethischen Beeinflussung des Systems enge Grenzen gezogen sind.

Es liegt nahe, ethisches Handeln von Journalisten funktional als verantwortlichen Umgang mit der Wirklichkeit verstehen zu wollen. Doch damit entstehen zunächst nur neue Probleme. Denn auch im Journalismus gibt es für „die Wirklichkeit", über die berichtet wird, keine Referenzinstanz; solche Bezüge, auf denen Pressekodizes aufbauen, sind Ideologie. Es gibt freilich einen Konsens über Wirklichkeitsbezüge des Journalismus; denn diesem Konsens verdankt das System Journalismus seine Existenz. Durch diese Wirklichkeitsbezüge und ihre Referenzmechanismen wird Journalismus von anderen Kommunikationssystemen der Gesellschaft unterschieden; wir nennen diese zum Beispiel „Literatur".

Die Referenz wird dabei selbst wieder konstruiert, etwa anhand der Glaubwürdigkeit von Medien und Journalisten, auf Grund bestimmter Darstellungsformen wie Bericht und Kommentar, oder in Hinblick auf die Nützlichkeit von Medienangeboten etwa als Orientierungshilfen für den Alltag. Ein solcher Konsens über die Wirklichkeitsbezüge würde durch die Fiktionalisierung von Nachrichten in Frage gestellt.

Die Beschäftigung mit dem sozialen System Journalismus zeigt auch bei der Erörterung medienethischer Probleme, daß für seine Beschreibung und Analyse entsprechend komplexe wissenschaftliche Konzepte und Methoden entwickelt werden müssen. Erst danach ist es möglich, Erfahrungswissen zum Verstehen der journalistischen Systemleistungen bereitzustellen.

Organisatorisches Handeln, so wurde zuletzt dargestellt, bedeutet nicht die Entlassung des einzelnen Journalisten aus der Verantwortung für die Leistungen des sozialen Systems Journalismus. Aktuell weist dieses System Legitimations- und Glaubwürdigkeitsprobleme auf. Bei ihrer Lösung geht es aber nicht um die Erfüllung von absoluten Forderungen nach Wahrheit, Moral oder Objektivität, sondern um jeweils angemessene, nützliche und zuverlässige Wirklichkeitsentwürfe in der modernen Gesellschaft.

SIEGFRIED WEISCHENBERG / ULRICH HIENZSCH

Die Entwicklung der Medientechnik

Vorbemerkungen

Die Wirklichkeitsmodelle, die Medien anbieten, lassen sich – im weitesten Sinne – als soziale Konstruktionen verstehen. Sie werden geprägt von den Wirtschaftsverhältnissen in einer Gesellschaft und von den Organisationsverhältnissen, die durch die institutionalen Ordnungen und die sozialen Rollen deutlich werden. Sie sind aber insbesondere das Produkt von Techniken, die in einer Gesellschaft zur Verfügung stehen.

Im Alltagsverständnis, aber auch im kommunikationswissenschaftlichen Sprachgebrauch, bedeutet „Technik" die Verwendung bestimmter Werkzeuge durch den Menschen. Der Einsatz dieser Artefakte, auch darüber besteht offenbar Konsens, hat direkte Auswirkungen auf das Handeln in sozialen Systemen: Schon der Übergang vom Faustkampf zur bewaffneten Auseinandersetzung mit Axt/Schild oder Pfeil/Bogen führte zu neuen Verhaltensformen der Beteiligten; eine neue Qualität erhalten technische Werkzeuge in organisierten Produktions-, Informations- und Kommunikationszusammenhängen, wie sie für moderne Gesellschaften kennzeichnend sind.

In diesem Sinne werden seit mehr als einem Jahrzehnt auch die Auswirkungen der Computer- und Nachrichtentechnik auf die Kommunikation und insbesondere auf die Massenkommunikation untersucht. Man muß sich aber darüber im klaren sein, daß ein solches Verständnis eine Verkürzung darstellt und daran wissenschaftlich insbesondere die Reduktion komplexer Verhältnisse auf einfache Kausalitäten problematisch ist.

Grundsätzlich sind Techniken die Voraussetzung jeder Art von Wirklichkeitskonstruktion durch den Menschen. Auch die Wirklichkeitskonstruktion durch Medien und Journalisten wird in einem sehr viel umfassenderen Sinne technikbestimmt, als die ausschließliche Beschäftigung mit Medientechniken als Werkzeugen nahelegen würde. Zu solchen Techniken würden in einem funktionalen Verständnis z.B. auch die journalistischen Darstellungsformen gehören, mit deren Hilfe Medien Wirklichkeit konstruieren (→ II, Schmidt/Weischenberg).

Ein solches umfassenderes Technikverständnis kann hier aus verschiedenen Gründen nur in Ansätzen zugrundegelegt werden. Dies liegt erstens an der notwendigen Differenzierung im Rahmen eines Handbuchs; zweitens am nach wie vor unzureichenden theoretischen Niveau der Auseinandersetzung mit Technik in der Kommunikationswissenschaft; drittens würde unter einer Abhandlung von Technik auf einem sehr allgemeinen Niveau die Verständlichkeit leiden.

An anderer Stelle (→ II, Elsner/Gumbrecht/Müller/Spangenberg) ist in diesem Buch paradigmatisch für die Entstehung des Druckens und des Fernsehens gezeigt worden, daß es keineswegs einen direkten Zusammenhang zwischen einer technischen Erfindung als Problemlösung und ihrer sozialen Akzeptanz gibt. Vielmehr können sich zwar mentalitätsbedingte Faktoren zwischen die Technik und ihre Anwendung schieben und damit als Trägheitsmoment wirken; auf der anderen Seite gibt es aber zahlreiche Beispiele für einen engen, ökonomisch bedingten Zusammenhang zwischen Technikentwicklung und Technikanwendung.

Die zentrale These der folgenden technikorientierten Darstellung lautet, daß die Medientechnik seit den Anfängen moderner Massenkommunikation, also mit Beginn des „Gutenberg-Zeitalters", dominierenden Einfluß auf die von den Medien entworfenen Wirklichkeitsmodelle genommen hat. Im folgenden werden deshalb Funktionsgrundlagen und Konsequenzen der wichtigsten Produktions- und Übertragungstechniken der Medien und ihre technologischen Grundlagen erklärt und problematisiert. Durch die Beschreibung ihrer Entstehung und Entwicklung sowie ihrer Merkmale soll deutlich werden, daß unter „Technik" nicht einfach isolierte technische Hilfsmittel zu verstehen sind. Die Medientechnik ist vielmehr in vielfältiger Weise mit der gesellschaftlich konstruierten Wirklichkeit verknüpft.

Technische Artefakte stehen hier insofern im Mittelpunkt, als ihre Vernetzung zu ganzen „technischen Systemen" beschrieben wird, die jeweils Ausdruck eines bestimmten Zustandes der vermittelten Kommunikation waren oder sind. Die Technisierung der Medien (und später des Journalismus) wird also als Prozeß im Rahmen allgemeiner sozialer und technologischer Entwicklungen dargestellt. Einfacher ausgedrückt: Wir betrachten die Kommunikationstechnik – auf den Stufen Handwerk, Mechanik, Elektrik, analoge und digitale Elektronik – hinsichtlich ihrer sozialen und ökonomischen Konsequenzen.

Es geht uns hier vor allem darum zu zeigen, in welchem Ausmaß Wirklichkeitskonstruktion durch Medien an technische Systeme gebunden ist. Die aktuelle Berichterstattung des Fernsehens z.B. hat durch mobile elektronische Kameraeinheiten eine neue „Qualität" mit potentiell überall realisierbarem „Live-Charakter" erhalten. Insofern steuert also der Einsatz bestimmter Techniken journalistische Handlungen, Medienaussagen und Organisationszuammenhänge. Gestaltungsfreiräume können so grundlegend verändert werden, publizistische Leistungen direkt berührt sein. Dies wird hier paradigmatisch im Zusammenhang mit der Entwicklung der Druck-, Übermittlungs- und Rundfunkmedien gezeigt. Deutlich werden soll so der direkte Zusammenhang zwischen Artefakten und Handlungen, Techniken und Inhalten bei der Wirklichkeitskonstruktion durch Medien – wobei die Folgen häufig ambivalenten Charakter haben.

1. Entwicklungslinien der Medientechnik

Der amerikanische Kommunikationsforscher George Gerbner (1969: 206) definiert Massenmedien als „[...] Technologien, die von industriellen Organisationen zur Produktion und Verbreitung von Aussagen eingesetzt werden; und zwar in Größenordnungen, die nur durch Massenproduktion und besonders schnelle Distributions-Methoden erreichbar sind". Die Existenz von Massenmedien wird in dieser Definition also direkt auf die Existenz bestimmter technologischer Grundlagen bezogen.

Ein solcher Zusammenhang ist historisch gut belegbar: Moderne Massenmedien und moderner Journalismus entstanden auf der Grundlage technischer Voraussetzungen, die Ende des 19. Jahrhunderts gegeben waren. Als die „Linotype"-Setzmaschine die handwerklichen Grenzen der Frühdruck-Zeit sprengte, war das die Geburtsstunde der modernen Presse. Ohne diese Erfindung wären etwa die Massenpresse-Produkte der ersten deutschen Großverlage Mosse, Ullstein und Scherl gar nicht denkbar gewesen. Telegraph, Telefon und Fotographie – also Techniken, die weit über den Medienbereich hinaus Bedeutung besitzen – bildeten zusammen mit den fachspezifischen Techniken auch die Grundlage für eine neues Konzept von Journalismus, für bestimmte Aussageformen und Darstellungsmittel.

Dies gilt dann in ganz besonderem Maße in diesem Jahrhundert, als mit dem Hörfunk und dem Fernsehen ganz neue Medien entstanden, die zunächst nichts waren als neue Kommunikationstechniken – Techniken, aus denen eine spezifische Medienorganisation, eine spezifische Medienökonomie und eine spezifische Medienproduktion entwickelt wurden. Dies hatte deutliche Folgen für die von Medien verbreiteten Wirklichkeitsentwürfe.

Auch innerhalb eines eingeführten Mediums hat der technische Wandel vielfältige Konsequenzen; dies wurde zuletzt bei der Presse im Zusammenhang mit der Einführung der „neuen Zeitungstechnik" seit Mitte der 70er Jahre wieder deutlich. Von diesem Zeitpunkt an brachen immer mehr Zeitungen rigoros mit der Tradition ihrer mechanischen Herstellung und machten sich auf den Weg in die elektronische Zukunft. Vergleichbare Prozesse haben sich aber bei den schon vorher „elektronisch" genannten Rundfunkmedien abgespielt. Der Computer-Chip ist bei der Produktion und Übermittlung von Medienaussagen aller Art zum zentralen Steuerelement geworden.

In der Zeitungsindustrie haben sich innerhalb eines knappen Jahrzehnts Informationsherstellung und -verarbeitung gravierender verändert als in den 100 Jahren zuvor. Die Dimensionen der Umstellung im Produktionsbereich sind zwar erst seit Anfang der 80er Jahre genauer erkennbar. Immer deutlicher wird nun, daß die Elektronisierung von Zeitungs- und Nachrichtentechnik nur einen kleinen Ausschnitt aus einer sozialen Umwälzung darstellt, die der Begriff „Informatisierung" beschreiben soll (→ IV, Löffelholz/Altmeppen). In ihren Konsequenzen kann sie ähnlich tiefgreifend sein wie das Aufkommen der Druckkunst im 15. Jahrhundert.

Mit der Elektronisierung der Zeitungsproduktion wurde das komplette System der Herstellung von Presseerzeugnissen über Bord geworfen, das an der Wiege moderner Formen von Massenkommunikation in der zweiten Hälfte des 19. Jahrhunderts gestanden hatte, also eine rund 100jährige Tradition besaß. Dieses traditionelle System der Zeitungsproduktion basierte auf einzelnen zentralen Erfindungen, die – nach knapp vier Jahrhunderten – die Satz- und Drucktechnik in der Tradition Gutenbergs der industriellen Produktionsweise zuführten.

Die Technik prädeterminiert Formen und Inhalte der vermittelten Kommunikation und die in Kommunikationsprozessen angebotenen Wirklichkeitsmodelle jedoch nicht erst, seit es „Massenmedien" und somit industriell gefertigte Kommunikationsprodukte gibt. Künstliche Hilfsmittel werden für die Kommunikation eingesetzt, seit menschliche Verständigung über den direkten sprachlichen oder gestischen Kontakt von Angesicht zu Angesicht hinausreicht.

Aus der Geschichte bekannt ist etwa die einfache Keilschrift-Technik babylonischer und assyrischer Hochkulturen; schon vor etwa 5000 Jahren wurden also mit Hilfe eines Griffels Kerben in weiche Tontäfelchen hineingedrückt. War diese Form der Zeichenfixierung zunächst eine stilisierte Bilderschrift, so entwickelte sie sich bald zu einer viel universelleren, abstrakten Lautschrift. Eineinhalb Jahrtausende vor unserer Zeitrechnung war die Keilschrift im Orient allgemein gebräuchlich – freilich nur innerhalb der gebildeten Schichten, wie etwa am Hofe, im diplomatischen Dienst oder bei reichen Kaufleuten. Ebenfalls in dieser Region wurde später eine etwas elegantere Technik entwickelt, um Wissen aufzubewahren und weiterzugeben: Berühmt ist die erste große Bibliothek der Welt in Alexandria, in der auf 400000 Papyrusrollen Wissen der damaligen Zeit festgehalten war (vgl. Smith 1980).

2. Die Mechanisierung des Schreibens

2.1 Gutenberg: Letternsatz und Buchdruck

Gutenberg erfand das System des Setzens und Druckens, nicht aber die Technik des Druckens selbst. Der Mainzer Patrizier-Sohn (geboren um 1397 als Johannes Gensfleisch) hat vielmehr bekannte Verfahrensweisen kombiniert und für seine Zwecke abgewandelt (vgl. Presser 1977). Sein System führte auch erstmals das Prinzip der Massenproduktion vor, mit Hilfe standardisierter Einzelteile qualitativ gleichwertige Produkte herzustellen. Das war revolutionär, denn bis dahin waren Produkte aus Menschenhand stets Einzelstücke. Die Schreiber, die in den Klöstern Bücher handschriftlich kopierten, verwendeten individuelle Schreibweisen und Abkürzungen, so daß keine Abschrift der anderen glich.

Das erste System der Drucktechnik (vgl. Giesecke 1991) führte einen Zusammenhang vor, der auch für die späteren technisch-sozialen Umwälzungen typisch ist: sprunghafte Steigerung der Arbeitsproduktivität, neue Formen der Arbeitsorganisation – und Einsatz erheblicher Kapitalmittel. Diese Technik zur Vervielfältigung und Verbreitung von Schrift, Text und Gedanken begleitete nun die Europäer auf ihrem Weg in die Wirtschaftsgesellschaften und Nationalstaaten. Erstaunlicherweise dauerte es seit Gutenbergs Entwicklung bis zum Druck der ersten regelmäßig erscheinenden Zeitungen aber noch 150 Jahre. Die ersten Wochenzeitungen erschienen 1609 in Straßburg und in Wolfenbüttel; 50 Jahre später folgten die ersten Tageszeitungen und Zeitschriften. Bis dahin hatten sich bei einem Teil der Bevölkerung das Bildungsniveau und der Lebensstandard soweit entwickelt, daß Vorläufer publizistischer Medien im heutigen Verständnis möglich wurden.

Diese ersten Blätter freilich haben nichts mit anspruchsvolleren Funktionen öffentlicher Kommunikation zu tun. Sie entwickeln sich vielmehr parallel zu etablierten Informationsnetzen und produzieren vor allem „Vermischtes"; die von ihnen angebotenen Wirklichkeitsmodelle sind in besonderem Maße durch den Nachrichtenfaktor „Negativismus" gekennzeichnet: Der Leser erfährt von militärischen Belagerungen und Plünderungen, von Hunger und Pest, von Naturkatastrophen und Bränden in den Städten. Mit solchen – häufig aus anderen Zeitungen nachgedruckten – Aufgeregtheiten und Absonderlichkeiten wollten die Drucker der aktuellen Blätter vor allem Geld verdienen.

Schon bei der frühen Druckkunst handelte es sich somit „wesentlich um einen Marktfaktor" (Koszyk 1972: 16). Bald jedoch entdecken auch die Gelehrten die neuen Medien für ihre Kommunikationsbedürfnisse und tauschen ihre Kenntnisse in den „gelehrten Zeitschriften" aus, sammeln und ordnen das Wissen der Zeit in Lexika und Enzyklopädien. Später verständigen sich die wirtschaftlich aufstrebenden Bürger der Städte in literarisch und politisch akzentuierten Blättern über ihre Interessenlage, politisieren und polemisieren zunehmend öffentlich, ehe dann emanzipierte Schriften die Große Revolution 1789 in Frankreich vorbereiten. Zugleich werden die bürgerlichen Wohnstuben immer mehr von informierenden, belehrenden und unterhaltenden Druckwerken aller Art überschwemmt – bis hin zu mehrbändigen Romanen, weil da der Käufer gleich die Kaufoption für die nächsten Bände miterwirbt.

2.2 Koenig: Schnellpresse mit Dampfkraft

Die Nachfrage nach aktuellem Lesestoff war zu Beginn des 19. Jahrhunderts schließlich so immens angewachsen, daß sich die Engpässe des technischen Systems immer mehr bemerkbar machten: Die Aktualität der Zeitungen litt unter dem zeitaufwendigen Handsatz und dem relativ langsamen Druckverfahren. Da die Zeitungen immer höhere Auflagen auf dem Markt absetzen konnten, druckten sie teilweise auf mehreren Druckpressen gleichzeitig – mußten dazu aber auch die Druckvorlagen mehrfach in identischer Form setzen lassen. Hier entwickelte sich allmählich ein gigantisches Rationalisierungspotential.

Zur selben Zeit, als die Dampfmaschine von James Watt mit Erfolg eingesetzt wurde und der Maschinenbau große Fortschritte machte, widmete sich ein deutscher Buchdrucker und Konstrukteur der Verbesserung des Druckvorganges. Zunächst hatte dieser Friedrich Koenig, der spätere Erfinder der Schnellpresse, ganz bescheidene Ambitionen, wie er später in einem Leserbrief an die Londoner *Times* (v. 8.12.1814) bekannte: „Mein ursprünglicher Plan beschränkte sich auf eine verbesserte Handpresse, bei welcher das Auftragen der Farbe durch einen Apparat verrichtet werden sollte."

Koenig ersetzte die alten Druckerballen durch rotierende Walzen, die mit den Bewegungen des Schiffs gekoppelt waren. Somit wurde schon beim Einschieben der Druckform unter die Presse die Farbe auf den erhabenen Stellen verteilt. Die ganze Konstruktion zeigte ihre ökonomische Effizienz durch erhöhte Druckleistung und Rationalisierungseffekte.

Doch der Thüringer Koenig mußte nach England gehen, um für weiterreichende Erfindungen aufgeschlossene Geschäftspartner zu finden; in Deutschland kamen die Verleger mit den menschlichen Arbeitskräften und ihren Leistungen ökonomisch noch gut zurecht. Das Grundprinzip seiner ersten Erfindung hat Koenig in den folgenden Jahren dann auf andere Maschinenteile angewandt: Jedes lineare Vor und Zurück wurde in kreisende, kontinuierlich rotierende Bewegung überführt. So entstand schließlich die dampfmaschinengetriebene Schnellpresse mit einer Stundenleistung von 1100 bis 2000 Zeitungsbogen, bei der sich die Druckvorlage unter einem andrückenden Zylinder hindurchbewegte. Diese Schnellpresse wurde in der Nacht vom 28. auf den 29. November 1814 erstmals bei der *Times* eingesetzt und machte einen Teil der Drucker arbeitslos. Die sozialen Folgen der technischen Innovation provozierten in jenen Tagen beträchtliche Unruhe unter Londons Arbeitern, so daß sich die Besitzer des Blattes öffentlich zu rechtfertigen versuchten.

Die Drehbewegung mitsamt Koppelung an eine Dampfmaschine, durch die Friedrich Koenig das Drucken beschleunigt hatte, konnte jetzt nur noch auf einen weiteren Bestandteil der Druckerpresse übertragen werden: die Druckvorlage selbst. Wie brachte man Tausende winziger Lettern auf einen schnell rotierenden Zylinder?

Dieser Durchbruch zum Rotationsdruck kam erst Jahre später mit der Weiterentwicklung der sogenannte Papier-Stereotypie, die zum Vervielfältigen und Aufbewahren von Druckvorlagen erfunden wurde. Die gesetzte und umbrochene Druckvorlage wurde dabei in eine stabile Pappe gepreßt und die so entstandene Mater mit Blei ausgegossen. Vor dem Guß ließ sich die Pappe rund biegen, so daß zylindrische metallene Druckformen entstanden. Mit dieser Technik konnte – ohne erzwungenen Zwischenstop beim Einlegen der einzelnen Papierbögen – endlos von der Papierrolle gedruckt werden. Das Verfahren wurde im Lauf des 19. Jahrhunderts noch weiter verbessert, so daß die vom Publikum nachgefragten Millionenauflagen der Zeitungen tatsächlich innerhalb weniger Nachtschicht-Stunden hergestellt werden konnten. Die Stundenleistung der Druckmaschinen stieg in jenen Jahrzehnten rapide an (vgl. Beier 1966: 68).

2.3 Mergenthaler: Zeilenguß mit der Linotype

Mit solchen Druckgeschwindigkeiten konnte das Setzen der Texte nicht Schritt halten. Setzen war bis Ende des 19. Jahrhunderts Handarbeit wie zu Zeiten Gutenbergs. Ein ausgeruhter, schneller Handsetzer brachte es auf etwa zwei bis drei Wörter in der Minute, also maximal 1 500 Zeichen in der Stunde. Kein Wunder, daß sich in jenen Jahren zahlreiche Tüftler und Konstrukteure am Bau einer Setzmaschine versuchten. Allein in den USA wurden mehr als 1 500 Patente dafür vergeben. Auch Mark Twain engagierte sich bei diesem Wagnis – und verlor sein gesamtes Vermögen.

Erneut setzte sich ein ausgewanderter Deutscher mit der ausgereiftesten Entwicklung durch. Ottmar Mergenthaler, Lehrersohn und gelernter Uhrmacher aus dem Württembergischen, konstruierte für die *New York Tribune* eine Maschine, die er 1886 erstmals ihrem Verleger vorführte (vgl. Goble 1984). Die Vorgänger des Erfinders waren alle an der Aufgabe gescheitert, die zentnerschweren Lettern nach dem Setzvorgang zur Wiederverwendung zurück in die Ausgangslage zu transportierten.

Allein dieses Ablegen beanspruchte beim Handsatz etwa ein Viertel der gesamten Arbeitszeit, so daß hier eine wesentliche Rationalisierungsreserve lag.

Mergenthaler löste dieses Problems einfach dadurch, daß der Buchstabenvorrat, mit dem er arbeitete, die Maschine gar nicht erst verließ, sondern in relativ geringer Anzahl in einem geschlossenen Kreislauf verblieb: Über eine Tastatur löste der Setzer Matrizen, die Gießformen der Lettern, aus einem Magazin; diese fielen hintereinander zu einer Zeile zusammen. In die Wortzwischenräume wurden Keile eingeschossen, mit deren Hilfe sich die Zeile auf die gewünschte Breite bringen ließ. Die so entstandene Negativform wurde mit flüssigem Metall ausgegossen, so daß nach dem Erkalten eine komplette Zeile übrigblieb. Ein Mechanismus sammelte die Matrizen wieder ein und führte sie in ihre Magazine zurück. Das geschah zuerst mit Blasluft (daher der Name „Blower" des ersten Linotype-Modells), später über einen Endlos-Lederriemen. Die Matrizen waren durch Zackenmuster gekennzeichnet, so daß über entsprechende Schienen jeder Buchstabe in sein Register hineinfallen mußte.

Das war ein geniales Konzept; gesetztes Material mußte nicht wieder zurücksortiert werden, sondern wurde eingeschmolzen und als Rohmaterial wieder zur Verfügung gestellt. Ständiges Umgießen trat somit an die Stelle des zeitaufwendigen Ablegens.

Die „Linotype" war von Beginn an ein gewaltiger kommerzieller Erfolg. Mit einem Anteil von 70 bis über 90 Prozent an der weltweiten Produktion wurden sie zum beherrschenden Faktor auf dem Setzmaschinenmarkt. Damit war das mechanische System der Zeitungsherstellung nun endlich komplett. Rasch produzierte Massenauflagen wurden möglich, und geschäftstüchtige Verleger bauten die ersten Medien-Großkonzerne auf. Seither erst leben die Menschen im Wortsinn mit „Massen-Medien", die ihnen Wirklichkeitsangebote machen, die in ganz besonderem Maße von der betriebsökonomischen Effizienz moderner Produktionstechnik geprägt sind. Nur mit Hilfe der rationellen Reproduktionstechnik konnten auch neue Märkte, etwa für aktuelle Straßenverkaufsblätter, erschlossen werden.

3. Die Techniken der Nachrichtenübermittlung

3.1 Optische Telegraphie und erste nationale Netze

Zunächst unabhängig von den Reproduktions- und Vervielfältigungstechniken der Presse haben sich die Nachrichtenübermittlungstechniken entwickelt. Kennzeichnend für die vielen Formen des Transports von

Nachrichten – per Boten oder mit Hilfe einfacher Techniken – war ihre in der Regel herrschaftsinterne Verwendung; die Botschaften dienten den Zwecken von Militär, Regierung und Staatsverwaltung (vgl. Riepl 1972).

Von den Griechen wird angenommen, daß sie militärische Nachrichten mit Hilfe von Feuersignalen quer über ihre Inselwelt sandten. Auch die Perser richteten eine Organisation von Fackel-Telegraphenposten ein. Die Römer verfügten über ein weitverzweigtes Netz von Nachrichtenposten, das der Herrschaftssicherung ihre Reiches rund um das Mittelmeer diente. Alle auf diese Weise übertragenen Nachrichten waren nicht für die Öffentlichkeit bestimmt. Am Ende dieser Entwicklung und an der Schwelle zur modernen Nachrichtenübertragung steht der optische Telegraph von Claude Chappe und seinen Brüdern in Frankreich.

Die politischen Umwälzungen nach dem Revolutionsjahr 1789, die in Frankreich wie auch in den europäischen Nachbarländern nicht nur zustimmend registriert wurden, hatten das Interesse an Vorkommnissen in der Republik und an ihren Grenzen rasch steigen lassen. Da kam Claude Chappes Idee gerade recht. 1792 stellte er der Gesetzgebenden Versammlung, in der auch sein Bruder Ignace saß, sein System zur Fernübertragung von Botschaften vor. Chappe wollte auf Sichtweite voneinander entfernte Stationen einrichten, die sich über bewegliche, hoch oben an einem Mast drehbar angebrachte Signalbalken verständigen konnten. Die technischen Einzelheiten und die Kodierung der Nachrichten hatte er bereits erfolgreich erprobt (vgl. Aschoff 1984).

Nach dem französischen Vorbild wurden in der ersten Hälfte des 19. Jahrhunderts weltweit optische Nachrichtenverbindungen installiert. Die längste derartige Strecke verband bis 1849 über 61 Stationen Berlin mit Koblenz und holte so die räumlich durch das Königreich Hannover abgetrennten Westprovinzen Preußens näher an die Hauptstadt heran.

Die meisten dieser Strecken wurden von staatlichen und militärischen Stellen genutzt. Doch gab es auch bereits private Linien, etwa für Meldezwecke in der Schiffahrt. Dann und wann gelangte auch eine „Telegraphische Nachricht" in die Zeitungen, wie beispielsweise im März 1848, als die *Kölnische Zeitung* eine aktuelle Meldung über Unruhen in Berlin druckte. Da zog eine „neue Wirklichkeit" in die Spalten der Zeitungen ein; denn Tagesaktualität war den Leserinnen und Lesern bis dahin unbekannt.

3.2 Elektrische Telegraphie

Die Abhängigkeit der Sichtverbindung von Witterungseinflüssen (bei nur einer Nebelbank zwischen zwei Stationen war die gesamte Linie unterbrochen) machte sich freilich schon bald störend bemerkbar. Durchschnittlich war die preußische Telegrafenlinie nur sechs Stunden täglich einsetzbar (vgl. Aschoff 1987).

Schon bald nach Entdeckung der galvanischen Elektrizität und der Bereitstellung kontinuierlicher Stromquellen durch Alessandro Volta um 1800 waren erste Versuche angestellt worden, ihre chemischen und magnetischen Wirkungen zur Signalübertragung einzusetzen. Ein Spanier machte sogar den Vorschlag, elektrische Ladungen über Metalldrähte zu übertragen und am Ende zuckende Froschschenkel als Indikatoren zu benutzen.

Der Deutsche Samuel von Soemmering benutzte 1809 aufsteigende Gasbläschen in einem Elektrolysekasten zur Anzeige von 25 Buchstaben und 10 Ziffern. Diese und zahlreiche weitere Urahnen der elektrischen Telegraphie sahen für jedes zu übertragende Zeichen eine eigene Leitung vor, so daß diese Verfahren der parallelen Signalübertragung schon wegen des hohen Materialaufwandes und der damit verbundenen Fehlerquellen nicht über große Entfernungen realisiert werden konnten. Zahlreiche Tüftler experimentierten weiter und machten teilweise weitere kuriose Vorschläge.

Die Entwicklung der Nachrichtentechnik stagnierte, bis der Mathematiker Carl Friedrich Gauß und der Physiker Wilhelm Eduard Weber 1833 in Göttingen das Physikalische Institut und die Sternwarte über eine Distanz von knapp einem Kilometer per zweiadriger Drahtleitung miteinander verbanden und mit Hilfe der Elektrizität Signale übertrugen. Sie machten erste Erfahrungen mit Störeinflüssen auf lange Drahtleitungen und entwickelten ein System der „seriellen" Signalübertragung.

1837 stellte dann der Amerikaner Samuel Morse seinen Schreibtelegraphen mit Zackenschrift öffentlich vor und konnte ihn wenige Jahre später, ab 1844, auf der ersten, durch öffentliches Geld finanzierten Versuchslinie zwischen Washington und Baltimore über eine Distanz von etwa 64 Kilometern erproben. Am Beginn der Morse-Telegraphie stand aber nicht die einfache Morsetaste, die man zur Signalgebung kurz oder lang drücken mußte, sondern ein sehr aufwendiges mechanisches System.

In jenen Jahren wurde eine Fülle elektromagnetischer Anzeigegeräte entwickelt – von kombinierten Kompaßnadeln bis zu elektromagnetischen Schrittschaltwerken, deren Zeiger jeweils auf die gemeinten Buchstaben wiesen. Letztlich setzte sich aber Morses System aus Punkten und Strichen durch, für das immer zweckmäßigere Sender und Empfänger konstruiert wurden.

Der elektrische Telegraph war in den Vereinigten Staaten von Beginn an der Öffentlichkeit zugänglich und traf genau die Bedürfnisse der Zeit. Er wird rasch ein kommerzieller Erfolg. Bald schon gab es ein nationales Leitungsnetz, das fünf Jahre nach der Einführung schon eine Gesamtlänge von 18 000 Kilometern erreichte. In Europa dienten auch die elektrischen Telegraphen (wie zuvor die optischen) zunächst „internen" staatlichen Zwecken; sie wurden in der Regel entlang des immer dichteren Eisenbahnstreckennetzes installiert (vgl. Aschoff 1987).

Der obrigkeitsstaatliche Kampf gegen die bürgerliche Freiheitsbewegung von 1848 wurde dann auch mit Hilfe schneller Nachrichtenübertragung geführt; dies hatte Militär und Staatsverwaltung die Bedeutung dieser Technik noch einmal klar vor Augen geführt. Wohl auch deshalb kam es in Preußen zu einem zügigen Ausbau des elektrischen Staatstelegraphennetzes. Um die Kosten zu senken, wurde der Telegraph aber schon bald zur allgemeinen Benutzung freigegeben.

Rasch übertraf dann die private Nutzung die jährlich maximal 10 000 staatlichen Depeschen. Zwischen 1851 und 1856 stieg die Zahl der Privattelegramme von 28 800 auf über 200 000 (vgl. Oberliesen 1982: 111 ff.). Unter den neuen technischen Bedingungen konnte das Nachrichtengeschäft in einem nie gekannten Ausmaß beschleunigt und ausgeweitet werden. Handelsinformationen und Börsenkurse wurden für die entstehenden Großhandels- und Industrieunternehmen immer wichtiger, politische Nachrichten wurden zunehmend relevant als Entscheidungshilfe im Kolonialgeschäft. Es entstand ein Markt für Nachrichten, den bestehende und neugegründete Agenturen um die Mitte des Jahrhunderts schnell besetzten.

Der Handel mit Nachrichten war jedoch risikoreich und konnte politisch unliebsame Folgen haben. Deshalb verpflichteten sich die frühen internationalen Nachrichtenagenturen ihren Regierungen bzw. Staatsverwaltungen und nahmen sie für den Kampf gegen die Konkurrenz in Dienst. Bald wurden die Nachrichtenmärkte der Welt von Monopolisten beherrscht: dem *Wolffschen Telegraphenbüro* (WTB) in Berlin, der *Agence Havas* in Paris und *Reuters Telegram Company* in London. In den USA gründeten Zeitungsverleger gemeinsam *Associated Press* (AP). Am Beispiel der Nachrichtenagenturen – und insbesondere im Fall *Reuters* (vgl. Weischenberg 1985b) – zeigt sich, wie eng die Nachrichtenübertragungstechniken und ihre Weiterentwicklung mit den ökonomischen Strukturen zusammenhängen und welche gravierenden Konsequenzen dies für das System der Massenkommunikation besitzt.

Um die Mitte des 19. Jahrhunderts glückte auch – nach mehreren gescheiterten Versuchen – das Projekt, ein Kabel zur Nachrichtenübertragung zwischen Europa und Amerika verlegen zu lassen. Stefan Zweig hat dieser Pionierleistung des Amerikaners Cyrus W. Field, die vor allem ein ungeheures ökonomisches Wagnis war, in seinen *Sternstunden der Menschheit* ein Denkmal gesetzt.

Kennzeichen der weiteren technischen Entwicklung ist, daß mehr und mehr Energieformen ineinander überführt werden können: Licht und

Schall in Elektrizität, elektrischer Strom in Licht und Schall, schließlich Licht in Schall und mechanische Bewegung in elektrischen Strom. Dadurch ließen sich im Laufe der Zeit Text-, Sprach- und Bildinformationen fast beliebig übertragen und speichern.

Auch die unterschiedlichen Datenübertragungssysteme wurden nun untereinander kompatibel. So entwickelte der Franzose Emile Baudot (1845–1903) um das Jahr 1874 ein System, das Daten über fünf parallele Stromkontakte erfaßte, die einzelnen Kontakte der Reihe nach abtastete und die Signale der Reihe nach (seriell) absendete. Für die Übertragung war also nur ein einziger Kanal notwendig. Am Empfangsort wurden die einzelnen Stromstöße (Bits) gespeichert; wenn fünf (plus Start- und Stop-Bits) Impulsschritte vollständig waren, wurden sie über einen Selektionsmechanismus dekodiert und auf Papier gedruckt – der Schnelltelegraph war erfunden.

Nach diesem Prinzip arbeiten noch heute die elektromechanischen Fernschreiber, die von vielen Nachrichtenagenturen bei der Kurzwellenübertragung benutzt werden (vgl. Siebel 1986). An Baudot erinnert die Übertragungsrate, die in „Baud" gemessen wird (1 Baud = Übertragung von 1 Bit pro Sekunde), wobei mit der Standardgeschwindigkeit von 50 Baud etwa 6 2/3 Buchstaben bzw. Ziffern pro Sekunde übertragen werden; das entspricht 400 Zeichen in der Minute.

Obwohl das Prinzip der Telegraphie technisch nicht besonders anspruchsvoll war, erwies es sich für private Zwecke doch als zu umständlich. Die zu übertragenden Botschaften mußten erst kodiert werden, ehe sie mit Hilfe einer mechanischen Apparatur gesendet werden konnten; die ankommende Zackenschrift mußte dann erst zurückübersetzt werden.

Es blieb deshalb einer anderen Datenübertagungstechnik vorbehalten, in die Privathaushalte einzuziehen: dem Telephon. Das erste Telephon, das Philipp Reis 1863 vorstellte, war ein elektromechanischer Schallwandler, der im Grunde auf einer recht banalen Mechanik beruhte. Die technisch verfeinerte Entwicklung des Amerikaners Alexander Graham Bell aus dem Jahre 1876 erwies sich dann als ausgesprochen praktisch für die Individualkommunikation, so daß sie sofort für geschäftliche wie private Belange in Dienst genommen wurde. Da das Telephon von jedermann bedient werden konnte, erfolgte die Verbreitung dieser Innovation so schnell wie bei keiner anderen technischen Entwicklung zuvor (vgl. Oberliesen 1982: 151 f.).

Auch als Recherche-Werkzeug für Journalisten setzte sich das Telephon schnell durch – mit beträchtlichen Folgen für die Informationsangebote, welche die modernen Medien machen. Oft kommen sie zustande, ohne daß Journalisten ihren Fuß vor die Redaktionstür setzen und sich damit in die „Realität" hinaus wagen müssen. Dies geben sogar Redakteure des „Spiegel" zu, der sich durch Recherchenjournalismus einen Namen gemacht hat:

> „Es werden zu viele Konserven gekocht und zu wenig Selbstgepflücktes. Viele gehen gar nicht mehr aus dem Haus und verfassen Schreibtischreportagen. Die Wirklichkeit ist ja auch meist so verwirrend, daß sie beim Schreiben nur stört" (zit. n. Die Zeit v. 25.9.1987: 15).

Was wäre der Journalismus ohne das Telephon?

3.3 Die Systeme der Nachrichten- und Zeitungstechnik

An der Wende zum 20. Jahrhundert hatte sich bei den Printmedien ein Produktionsablauf herausgebildet, der bis in die jüngste Vergangenheit hinein für die Nachrichten- und Zeitungstechnik typisch blieb (vgl. Weischenberg 1982):

- Nachrichtenbeschaffung vor allem durch Agenturen mit Hilfe telephonischer Materialsammlung und telegraphischer Vermittlung;
- Auswahl und Bearbeitung in durchorganisierten Redaktionen, dabei Vorbereitung von Texten und Bildern für die Reproduktion in der Setzerei und Druckerei;
- Herstellung von reproduktionsreifen Vorlagen mit Hilfe von Setzmaschinen, Klischieren der Fotos;
- Zusammenstellen des abgesetzten Textes und der Klischees beim „Umbruch";
- Umbildung der flachen Druckform durch Stereotypie auf Walzenform und Druck auf der Rotationspresse, bei der das Papier „endlos" zwischen rotierenden Rollen durchläuft.

Dies ist das klassische technische System der Massenkommunikation. Wegbereiter der Entwicklung sind in besonderem Maße die neu entstandenen großen Zeitungsbetriebe Ende des 19. Jahrhunderts gewesen. Sie konnten die Produktionsmittel aufgrund vorgegebener Satzmengen geplant einsetzen und waren an Maschinen interessiert, die immer schneller größere Produktmengen herstellten. So waren es auch die Großbetriebe der Massenpresse, die als erste die neu entwickelten Rotations- und Setzmaschinen kauften.

Das System der mechanisierten materiellen Texterfassung und –vervielfältigung, das Ende des 19. Jahrhunderts vor allem auf der Grundlage der Erfindungen von Gutenberg, Koenig und Mergenthaler den Zeitungen zur Verfügung stand, wurde dann weiter perfektioniert. So kam im Bereich der Satzherstellung das Verfahren des Tele-Type-Setting (TTS) zum Einsatz, das – bei der lochbandgesteuerten Fernübertragung von

Texten erprobt – durch die Trennung der Arbeitsgänge Tasten und Gießen eine weitere Steigerung der Setzgeschwindigkeit erlaubte.

Während die Zeitungsunternehmen im 19. Jahrhundert alle für sie
nützlichen Erfindungen sofort zum Einsatz brachten, gab es im 20. Jahrhundert bei den jeweiligen Innovationen dann jeweils eine Verspätung.
Dennoch waren die Presseunternehmen weiterhin bemüht, neue technische Verfahren bei der Produktion zu nutzen. So ersetzte in den Redaktionen die (mechanische oder später elektrische) Schreibmaschine die
Manuskriptabfassung von Hand. Telefon und Fernschreiber wurden, wie
dargestellt, von Anfang an als wesentliche Hilfsmittel bei der Recherche
und Nachrichtenübermittlung erkannt und eingesetzt.

Eine zentrale, in allen gesellschaftlichen Bereichen greifende Erfindung hat dann nach dem Zweiten Weltkrieg auch zu Umwälzungen in
allen Bereichen der Nachrichtensammlung, -verarbeitung und -übermitt-
lung geführt: der Computer. Zunächst wurde er von den Verlagsunternehmen nur zögernd, vor allem zur weiteren Beschleunigung der Setzgeschwindigkeit verwendet. Der alte Bleisatz kam damit aber an die
„Schallmauer" – Elektronik, Fotosatz und Offsetdruck erwiesen sich als
angemessene Verfahren der Textproduktion im Computerzeitalter und
bildeten bald ein neues technisches System bei der Presseproduktion.

4. Die Medientechniken des 20. Jahrhunderts

4.1 Hörfunk und Fernsehen

Gegen Ende des 19. Jahrhunderts gelang es Physikern und Mathemati-
kern, die Wechselwirkungen zwischen Elektrizität und Magnetismus immer besser zu verstehen. Der Engländer James Clerk Maxwell (1831–
1879) sagte als erster die Existenz von elektromagnetischen Schwingungen voraus, die sich ohne einen Leiter fortpflanzen können. Diese
Schwingungen wies der deutsche Physiker Heinrich Hertz 1887/88 mit
einer einfachen Versuchsanordnung experimentell nach: Er ließ elektrische Funken zwischen Drahtbügeln überspringen und beobachtete in entfernt stehenden Drahtbügeln eine elektrische Wirkung. Auch dort sprangen plötzlich Funken über – der „Rundfunk" war entdeckt. Hertz hatte,
wie wir heute sagen, gedämpfte Schwingungen im Ultrakurzwellenbe-
reich erzeugt und mittels Dipol-Antennen abgestrahlt und empfangen
(vgl. v. Weiher 1980: 101).

Mit technisch nicht viel ausgereifteren Apparaturen experimentierten
in den 90er Jahren vor allem der Russe Alexander Stepanowitsch Popow
(1859–1905) und der Italiener Guglielmo Marconi (1874–1937). Popow
konstruierte ein automatisches Nachweisgerät für elektromagnetische

Schwingungen und registrierte mit Hilfe langer Drähte („Antennen")
herannahende Gewitterblitze. 1896 übertrug er per Funk Morsezeichen
über 250 Meter Entfernung; ein Jahr später schon über 5,5 Kilometer zu
Schiffen der Baltischen Flotte und zur Jahrhundertwende über 45 Kilometer zwischen zwei Inseln im Finnischen Meerbusen. Marconi über-
brückte in jenen Jahren nachrichtentechnisch den Ärmelkanal und 1901
den Atlantik.

Die Sender arbeiteten zu jener Zeit noch mit starken Funkenüberschlä-
gen oder mit schnellaufenden elektrodynamischen Maschinen und erzeugten Schwingungen im Langwellenbereich, die der Erdkrümmung
folgten, zugleich aber auch durch die Bodennähe absorbiert wurden. Gigantische Antennenanlagen und immer größere Sendeleistungen kenn-
zeichneten deshalb die frühe Entwicklung des Rundfunks.

Waren es zunächst nur telegraphische Signale, die man den hochfre-
quenten Wellen mit auf den Weg gab, so konnten bald auch unge-
dämpfte Schwingungen durch Niederfrequenz moduliert werden. Damit
wurde Sprachübertragung durch Radio möglich. Schon im Jahre 1910
konnte man im Funkempfänger Arien des schon damals legendären Te-
nors Enrico Caruso aus der New Yorker Metropolitan Oper hören (vgl.
Oberliesen 1982).

Eine weitere Möglichkeit hatte sich damit aufgetan, Unterhaltungsangebote, aber auch Nachrichten in die Wohnstuben von Millionen Abnehmern zu verteilen. Technische Weiterentwicklungen ließen nicht lange
auf sich warten. Schon Thomas Alva Edison (1847–1931) hatte beobachtet, daß aus seinen glühenden Lampenfäden Elektronen austreten, diesem Effekt aber keine weitere Bedeutung beigemessen. Der Österreicher
Robert von Lieben (1878–1913) nutzte dann die im Vakuum herausgelö-
sten Träger der Elektrizität für technische Zwecke: Er steuerte ihren Fluß
durch ein elektrisch geladenes Metallgitter und konnte damit Ströme
verstärken und abschwächen. Koppelte man den Ausgang der Schaltung
mit ihrem Eingang, dann steuerte sich die Apparatur selbst und geriet
unter bestimmten Bedingungen in Schwingung. Über Schwingkreise,
parallel geschaltete Spulen und Kondensatoren, ließ sich die Frequenz
regulieren – der vollelektronische Hochfrequenzsender („Oszillator")
war damit geschaffen und löste Funkenstrecken und Hochfrequenzma-
schinen ab. Die zwischen 1906 und 1910 entwickelte Röhre ging 1912 in
Serienproduktion.

Mit diesem Verstärkerelement setzte ein steiler Aufschwung der
„Elektronik" ein, die sich im Laufe der Jahre mit komfortabler werdenden Radiogeräten den Markt der Privathaushalte erschloß. Rundfunkpolitik und -gesetzgebung, Gerätehersteller, Programmanbieter und Konsumenten bildeten so ein ganz neues gesellschaftliches Subsystem mit eigenen kommerziellen und kommunikativen Strukturen. Dieses System

forderte die frühen Ideen von „Medienwirkungen" geradezu heraus. In dieser Vorstellungswelt waren die Rezipienten eine einsame Masse, die isoliert und anonym politischer und kommerzieller Propaganda durch die Massenmedien hilflos ausgesetzt ist. So entstanden die ersten wissenschaftlichen Konzepte, die vom allmächtigen Wirkungspotential der Medien ausgingen, fast zwangsläufig (→ III, Merten).

Da sich auch optische Botschaften als elektrische Informationen übertragen ließen, kündigte sich nach dem Hörfunk („Hörrundfunk") bald auch der Fernsehfunk an. Nach mechanischen Vorbildern der zeilenweisen Bildabtastung und -wiedergabe durch den Deutschen Paul Nipkow (1860–1940) entwickelten Techniker und Ingenieure das System der Bewegtbildübertragung. Diese elektromechanische Zwischenlösung bestand zwar ihre erste Bewährungsprobe in Deutschland während der Olympischen Spiele 1936 in Berlin, machte dann aber zunächst in den USA Karriere. Erst nach dem Zweiten Weltkrieg trat das Fernsehen dann seinen Siegeszug um die Welt an (→ II, Elsner/Gumbrecht/Müller/Spangenberg).

Technische Weiterentwicklungen, welche die Sinnesreize des Produkts immer präziser auf die menschliche Sinneswahrnehmung abstimmen sollen, kommen seither immer dann ins Spiel, wenn bestehende Märkte gesättigt waren und neue Märkte erschlossen werden sollten: erst das Farbfernsehen, dann der Fernseh-Stereoton und nun auch das Breitbandfernsehen (HDTV = High Definition Television).

4.2 EDV-Technik als Kommunikationstechnik

In den 40er Jahren dieses Jahrhunderts begann das Zeitalter der elektronischen Datenverarbeitung. Staat und Wirtschaft sorgten dafür, daß die EDV schon bald in der gesellschaftlichen Praxis und damit auch in der Praxis der Massenkommunikation eingesetzt werden konnte. Insbesondere die moderne Waffentechnik war hier der Schrittmacher (vgl. Barnaby 1982).

Unter diesen Rahmenbedingungen entwickelte Norbert Wiener (1894–1964) die Grundlagen der Kybernetik, Claude Shannon (geb. 1916) seine Informationstheorie und Alan Turing (1912–1954) die Logik des maschinellen Rechnens – also all jene Prinzipien, welche die bald darauf entstehenden Rechenautomaten auf den Weg brachten. Den programmgesteuerten Computer erfand der Deutsche Konrad Zuse (geb. 1910). Doch berühmter als er wurde der erste vollelektronische Rechner ENIAC, der (mit 18 000 Elektronenröhren bestückt und 30 Tonnen schwer) ab 1945 Rechenhilfe zur Perfektionierung der amerikanischen Atombomben leistete (vgl. Oberliesen 1982: 208).

Technischer Fortschritt läßt sich nun immer seltener als das Werk genialer Einzelgänger beschreiben. Im 20. Jahrhundert sind „Erfindungen" mehr und mehr das Ergebnis organisierter Versuchsreihen, die in den Entwicklungslaboratorien der Weltunternehmen oder in regierungsnahen Denkfabriken laufen. Dies zeigt sich beispielsweise am Transistor, dem steuerbaren Halbleiterkristall, den drei Mitarbeiter der Bell Laboratories in den USA entwickelten. Dies zeigt sich besonders bei den Bemühungen, immer leistungsfähigere Halbleiterbausteine („Mikro-Chips") herzustellen, die Millionen (Mega-Bit) bis Milliarden (Giga-Bit) Zeichen fassen sollen.

Halbleiterphysik und Elektrizität entwickeln ihre größte Leistungsfähigkeit bekanntermaßen unter den Bedingungen des dualen Zahlensystems: Strom an oder aus, Durchgang offen oder gesperrt; das Ja-Nein-Prinzip kann zu vielfach verzweigten Entscheidungsabläufen kombiniert werden, wie dies in den Logikbausteinen und Mikroprozessoren realisiert wurde. Aus einer Handvoll Grundbausteinen (UND, ODER, NICHT usw.) können komplexe Netzwerke zusammengeschaltet werden, die algorithmische Funktionen erfüllen, sich also „programmgemäß" verhalten. Sobald ein solches Netzwerk addieren kann, kann es auch sonstige Entscheidungen aller Art fällen und ist universell einsetzbar.

Miniaturisierung und Komplexitätssteigerung haben seit den frühen zentralen Großrechnern inzwischen eine seinerzeit unvorstellbare dezentrale Informationsverarbeitungskapazität für jedermann bereitgestellt. Und wieder kündigt sich eine neue Generation der Mikroelektronik an, in welcher der bislang übliche zentrale Prozessor durch zahlreiche parallel arbeitende Prozessoren ersetzt wird. Diese „Transputer" oder „Number-Chruncher" (Zahlenfresser) genannten Superrechner verarbeiten Milliarden Informationseinheiten innerhalb von Sekunden und eignen sich für komplexe Operationen wie die realistische Simulation des Wetters oder des Fließverhaltens von Luft um eine Tragfläche.

Aufgrund ihrer universellen Einsetzbarkeit – Computer verarbeiten alles, was sich digital kodieren läßt – haben die Rechner auch ihren Platz in der Textverarbeitung gefunden. Papier und Farbe sind zum „Aufbewahren" von Text nicht mehr notwendig, seit Buchstaben und Wörter elektronisch auf Magnetplatten und in Halbleitern speicherbar sind und zur Weiterverarbeitung beliebig oft aufgerufen und aktualisiert werden können. Bleilettern sind ebenfalls überflüssig geworden: Die Bits und Bytes lassen sich heute durch Foto- und Lichtsatz zu Papier bringen.

Beim Fotosatz- und Lichtsatz werden die Buchstaben, die als Maske oder als Zeichen auf einer Bildröhre zur Verfügung stehen, in jeder beliebigen Größe und Form auf das Papier fotografiert. Noch schneller belichtet ein gesteuerter Laserstrahl die Druckvorlagen und – ähnlich wie in einem Kopiergerät – selbst die eigentlichen Druckexemplare (Laserdruck).

5. Merkmale und Folgen elektronischer Medienproduktion

5.1 Neue Technik bei den Tageszeitungen

Die Beschäftigung mit den Merkmalen und Folgen elektronischer Zeitungsproduktion ist besonders gut geeignet, um das ganze Spektrum von Veränderungen kennenzulernen, die der technische Medienwandel hervorrufen kann. Hier hat sich der gesamte Arbeitsablauf von einer kettenförmigen Struktur eigenständiger Funktionen zu einer sternförmigen Struktur vielfältig vernetzter Funktionen verändert.

Bei der konventionellen Zeitungsherstellung, deren technische Mittel, wie dargestellt, seit dem Ende des vergangenen Jahrhunderts bereitstanden, hatte der Journalist zunächst die Aufgabe, die Ergebnisse seiner Recherchen in eine verständliche Textform zu bringen und ein möglichst gut lesbares Manuskript abzuliefern. Dieses Manuskript diente den folgenden Abteilungen als Arbeitsvorlage; der Journalist griff in den weiteren Arbeitsverlauf nur noch beobachtend und hinweisgebend ein. Schreibkräfte erfaßten den Text neu auf Lochstreifen, ein Satzrechner besorgte Zeilenausschluß und Silbentrennung und stanzte einen neuen Lochstreifen, der die Linotype mit der beim Bleisatz möglichen Maximalgeschwindigkeit (bis zu ca. 25 000 Zeichen pro Stunde) steuerte; Korrektoren überprüften den Rohsatz, und dann stellten Metteure aus Text- und Bildelementen die komplette Seite zusammen (vgl. Weischenberg/ Herrig 1985: 25 ff.). Bei all diesen technischen Arbeitsstationen war ein relativ hohes Maß an Professionalität notwendig; die daran beteiligten Personen kontrollierten auf der Basis ihres Fachwissens die Arbeitsschritte. Dadurch, daß sie Fehler verhindern und beheben konnten, entlasteten sie die vorgeschalteten Instanzen.

Anders ist es bei der neuen Zeitungstechnik: Wenn sämtliche Arbeitsschritte und Zwischenprodukte im Rechner zusammengefaßt sind, genügt prinzipiell eine einzige Stelle, welche die Herstellung von Anfang bis Ende überwacht und steuert. Somit kann das Zentrum der gesamten Zeitungsherstellung in die Redaktion gelegt werden, wobei nun auch die gesamte Verantwortung auf die Journalisten übertragen wird. Der ehemalige Informationsbeschaffer und Texthersteller ist dadurch zum produktverantwortlichen „Redaktroniker" geworden (vgl. Weischenberg 1982: 40 ff.).

Dieses neue Tätigkeitsprofil hat ambivalente Konsequenzen für die Journalisten. Einerseits wachsen ihnen Gestaltungsfreiräume zu, denn sie haben nun bis zum Ende der Seitenherstellung Kontrolle über das publizistische Produkt. Sie können aktuelles Material noch kurz vor der Seitenbelichtung nachschieben und alte Textfassungen ohne großen Aufwand durch neue ersetzen. Zudem bieten viele elektronische Satzsysteme erheblich mehr graphische Gestaltungsmöglichkeiten, als die frühere Arbeit mit dem Blei erlaubte. Andererseits: Wenn Journalisten diese neuen Möglichkeiten ganz ausschöpfen wollen, müssen sie einen Teil ihres Arbeitsvermögens und ihrer Aufmerksamkeit in diese neuen Tätigkeiten investieren.

Die Ambivalenz der Folgen, die auch durch widersprüchliche Ergebnisse empirischer Studien über den Einsatz der neuen Technik deutlich geworden ist (vgl. z.B. Mast 1984; Prott et al. 1983), beruht insbesondere auf unterschiedlichen Anwendungsformen der Systeme. Einzelne Fallstudien bei den selbständigen Zeitungen in der Bundesrepublik, die elektronisch produziert werden (vgl. Weischenberg et al. 1987, 1988), zeigen eher undramatische Konsequenzen – jedenfalls, wenn man die Redakteure fragt.

Alle diese Befunde sind aber nur Momentaufnahmen aus einem rapide ablaufenden Prozeß. Den Journalisten stehen die wirklich grundlegenden Veränderungen ihrer Arbeitsbedingungen wohl erst noch bevor. Erst jetzt, da alle Bausteine Marktreife erlangt haben, entwickeln die elektronischen Systeme ihre Dynamik. Dabei gehen Presseproduktion, Telekommunikation und Neue-Medien-Projekte eine rationelle Verbindung ein. Dabei wird deutlich, daß neue Technik mehr ist als Fotosatz und Bildschirmgeräte. Satelliten und Kabel als Übertragungstechniken gehören dazu, außerdem die elektronischen Steuerungs- und Reportageeinrichtungen beim Fernsehen und schließlich Videotext und Bildschirmtext als neue Textmedien.

Die Dynamik dieser Systeme wird allein schon dadurch deutlich, daß Text- und Bildrechner viel mehr können, als nur die Zeitungsproduktion zu rationalisieren. Einmal erfaßtes Material läßt sich speichern und für die wiederholte Verwendung bereithalten. Die so – quasi nebenbei – allmählich entstehenden elektronischen Datenbestände können durchaus lohnenswert vermarktet werden. Auch der Aktionsradius des Unternehmens wird erweitert – etwa durch den Einsatz von tragbaren Reporterterminals, die der Journalist am Einsatzort bedient. Am Ende der elektronischen Entwicklung in der Zeitungslandschaft steht der Medienbetrieb als vollelektronisches System. Seine Bausteine sind elektronische Teilsysteme, identisch mit Organisationseinheiten eines Verlagsunternehmens (vgl. Weischenberg 1982: 55).

Die wesentlichen Rationalisierungsanstrengungen der Herstellung gelten heute dem Ziel, beim Übergang vom Satz zum Druck den Zwischenträger (Film) überflüssig zu machen, also die Druckplatte (z.B. per Laserstrahl) direkt herzustellen. Bausteine dafür sind zwar erst bei einem kleineren Teil der Tageszeitungen im Einsatz (vgl. Weischenberg 1989b).

Die umfassende Elektronisierung wird aber auf jeden Fall den Trend zu möglichst rationell hergestellten Angeboten der Massenmedien weiter verstärken.

5.2 Nachrichtenagenturen als Schrittmacher der Medientechnik

Die technischen Innovationen im Bereich der Tagespresse sind in besonderem Maße auf den Einfluß der Nachrichtenagenturen zurückzuführen, die in ihrer mehr als 100jährigen Geschichte selbst immer wieder gezwungen waren, neue Technologien zu nutzen. Nur so konnten sie immer schneller, billiger und besser Informationsmaterial beschaffen und übermitteln.

Ab etwa 1970 haben die großen internationalen Agenturen – *AP, UPI* und *Reuters,* aber auch die *Deutsche Presse Agentur* – gleichermaßen in Übermittlungs- und redaktionelle Produktionstechniken investiert. Die Sendegeschwindigkeit wurde von 75 Baud (600 Zeichen pro Minute) im Jahr 1970 auf 200 bis 300 Baud (1 200 bis 1 800 Zeichen pro Minute) und mehr gesteigert. Zur Vorauswahl und Bearbeitung der allein in der Bundesrepublik von inzwischen fünf deutschsprachigen Agenturen verbreiteten mehr als 200 000 Wörter pro Tag werden Redaktionssysteme eingesetzt, die große Textmengen organisieren und in kürzester Zeit ausstoßen können. Bildschirmterminals zur Textverarbeitung standen in der Bundesrepublik zuerst in den Redaktionen von Nachrichtenagenturen.

Von den beträchtlichen Investitionen der Dienste in elektronische Technik ist direkter Druck insbesondere auf die Tageszeitungen ausgegangen. Sie konnten die Angebote der Agenturen nur dann ökonomisch nutzen, wenn sie selbst das Material wieder direkt in Computersysteme und auf die Bildschirme der Redakteure laufen ließen.

Mit Hilfe der Elektronik haben die Nachrichtenagenturen ihre zentrale Position im internationalen Informationsnetz noch verstärkt. Immer größere Textmengen, in druckreifer Form mit Groß- und Kleinschreibung, im Meldungsaufbau an den Bedürfnissen der Kunden orientiert, stellen sie inzwischen den Medienunternehmen zur Verfügung. Das Angebot gilt nicht nur für Texte, sondern auch für Bilder. Qualitative Aspekte unseres Nachrichtensystems werden zunehmend überlagert von quantitativen Erwägungen, die in der Argumentation der Agenturen für die Einführung neuester Übertragungs- und Bearbeitungstechniken die beherrschende Rolle spielen.

Die 180 Nachrichtenagenturen in aller Welt verbreiten heute mehr als 13 Millionen Wörter täglich. Sie stehen selbst wiederum vor der Schwierigkeit, eine immer größere Zahl eingehender Wörter – bei der Deutschen Presseagentur ist sie inzwischen angeblich schon auf mehr als eine Million Wörter täglich angewachsen – zu selektieren, zu bearbeiten und weiterzugeben und dabei nicht nur auf Schnelligkeit, sondern auch auf Qualität und Genauigkeit zu achten. Dabei hilft die Organisationsfähigkeit der Terminal-Systeme.

Um den Nachrichtendurchsatz zu beschleunigen und um Auswahl und Bearbeitung zu erleichtern, haben die Nachrichtenagenturen stets auf Verarbeitungs- und Übermittlungstechniken gesetzt. Zuerst ging es dabei um die Nutzung aller Verbesserungen der Telegraphie, dann um den Einstieg in die Satellitentechnik, welche die Basis für globale Nachrichtenvermittlung schuf; zuletzt wurde in modernste Computertechnik investiert, um der Kapazitätsprobleme bei der Sammlung, Bearbeitung und Versendung Herr zu werden.

Den Kunden werden inzwischen Dienste angeboten, die von außen betrachtet kaum noch Wünsche offenlassen. Rundfunkanstalten erhalten pünktlich zu den Zeiten der Hauptnachrichtensendungen auf ihre Erfordernisse zurechtgeschnittene „Spots", Tageszeitungen werden mehrmals am Tag, vor allem aber in der Nähe des Redaktionsschlusses, mit druckreifen Zusammenfassungen bedient, die zur unveränderten Publikation verführen.

Offenbar hat die Beschleunigung der Übertragungsgeschwindigkeit nicht die Probleme der Materialüberflutung gelöst. Im Gegenteil: Die Schnelligkeit der Systeme droht in einen Teufelskreis der Textproduktion hineinzuführen. In den USA wuchsen die Wortangebote der Weltagenturen AP und UPI nach dem Einsatz der Elektronik um mehr als 100 Prozent.

5.3 Elektronische Berichterstattung (EB) beim Fernsehen

Vergleichsweise undramatisch – aber doch ähnlich vielschichtig und in allen seinen Konsequenzen kaum kalkulierbar wie der Einsatz der Neuen Technik bei der Tagespresse – verlief der Übergang von der filmischen (16-mm-Film) zur Elektronischen Berichterstattung beim Fernsehen. Dabei geht es im Grunde um „professionelles Video". Doch die Videorecorder für jedermann, die heutzutage in jedem dritten Haushalt stehen, vermitteln kaum einen Eindruck von der Kompliziertheit dieser Technik und ihrer Entwicklungsgeschichte (vgl. Röper 1983).

In den 50er Jahren stellte die amerikanische Firma „Ampex" das erste professionell brauchbare Magnetbandgerät für die elektronische Bildspeicherung vor. Die Bandmaschine hatte die Ausmaße einer ganzen Wohnzimmer-Schrankwand und speicherte die Fernsehbilder auf etwa 5 cm breites Magnetband, das mit hoher Geschwindigkeit an den Aufzeichnungsköpfen vorbeibewegt wurde. Für eine Stunde Programm wurde eine Bandmenge von umgerechnet etwa 73 Quadratmeter benötigt – das ist etwa so, als paßten auf eine VHS-180 Kassette für den Heimgebrauch nur etwa 4 Minuten Spielzeit (statt 180 Minuten). Wegen des immensen Materialverbrauchs und der komplizierten, teuren Technik konnte sich der Film gegen diese Konkurrenz – zumal angesichts seiner Qualitäts-Vorteile – im Preis-Leistungs-Wettbewerb lange Zeit gut behaupten.

Erst als durch die Halbleitertechnik Geräteausmaße und -gewichte immer geringer wurden, ließen sich Kamera und Aufzeichnungteil in einem Gerät unterbringen; die modernen „Camcorder" sind in der Amateurversion heute kaum größer als gute Spiegelreflexkameras. Diese technische Entwicklung blieb für die Mitarbeiter der Fernsehanstalten nicht folgenlos. Dabei spielte eine zentrale Rolle, daß aktuelle Filmproduktion immer umständlich und allein dadurch teuer war: Um eine Filmkamera herum gruppierten sich (etwa für aktuelle Kurzberichte) in der Regel drei, mindestens aber zwei Personen: der Kameramann, ggf. ein Assistent und der Ton-Mann. Bild und Ton wurden separat aufgezeichnet, da die verwendeten Techniken – die Fotochemie fürs Bild, das Magnetband für den Ton – nicht kompatibel sind. Bei Bedarf war auch ein Beleuchter dabei, so daß also immer ein mehrköpfiges Team zur Berichterstattung vor Ort auftauchte und allein durch seine Anwesenheit die Situation am Drehplatz beeinflußte. Die Technik führte so zu Inszenierungen und somit zu eigenen und eigenwilligen Wirklichkeitskonstruktionen durch das Medium Fernsehen.

Waren die Aufnahmen abgedreht, so ging der Film zur Entwicklung ins Labor; der Ton wurde zur synchronen Weiterverarbeitung auf ein anderes Magnetband umkopiert. Auf einem Schneidetisch wurden dann Film- und Tonstreifen wieder kombiniert und die einzelnen Einstellungen in der vom Redakteur gewünschten Reihenfolge aneinandergeklebt. Diese handwerkliche Arbeit erledigte eine Cutterin, deren Erfahrung in die Arbeit einging und die nicht selten großen Anteil an der Gestaltung des fertigen Beitrags hatte. Im Anschluß an den Bildschnitt formulierte der Redakteur seinen zusätzlichen Text (möglichst) in Anlehnung an die Bilder, und schließlich wurden alle Komponenten zusammengeführt.

Da bei dieser Arbeitsweise die verschiedenen Einstellungen, die „Szenen", jeweils getrennt vorlagen und beliebig oft eingefügt, umgestellt oder wieder herausgenommen werden konnten, blieb der ganze Beitrag bis kurz vor Sendung noch für Aktualisierungen und Verbesserungen offen, die neuen Teile konnten an beliebiger Stelle in den Filmstreifen eingefügt werden. Das bedeutete aber zugleich, daß der Redakteur bei den Filmaufnahmen am Drehort nur eine sehr grobe Idee des fertigen Beitrags im Kopf haben mußte; denn letztlich entstand das Produkt oft erst am Schneidetisch.

Bei der Elektronischen Berichterstattung verändert sich dieses gesamte traditionelle Produktionsgefüge. Bild und Ton werden auf einem gemeinsamen Träger, dem Magnetband, fixiert. Allein dadurch entfallen einzelne Arbeitsschritte wie zum Beispiel das Kopieren des Materials. Ganz eingespart wird der Ton-Techniker, der früher das Tonbandgerät transportierte und den Ton korrekt aussteuerte – Beispiel für die Gefahr eines Professionalitätsverlustes durch EB. Denn wenn heute der Redakteur mit dem Mikrofon in der Hand selbst für die Tonqualität zuständig ist, bedeutet das eben nicht, daß er auch das dazu notwendige technische Spezialwissen besitzt.

Die technische Belastung ist für einen Teil der Fernsehjournalisten durch EB erheblich gestiegen; vor allem bei privaten Sendern, die knapp kalkulieren, müssen Reporter und Redakteure über journalistische Aufgaben im engeren Sinne hinaus zahlreiche technische Tätigkeiten übernehmen. Der „fünfarmige Redakteur" (Weischenberg 1989b) ist keine satirische Schreckensvision mehr. In den USA sind längst auch „Ein-Mann-Teams" unterwegs, die – mit dem Camcorder auf der Schulter – die gesamte Berichterstattung erledigen; in Washington zum Beispiel folgt allnächtlich ein freier Journalist Feuerwehr und Polizei zu ihren Einsätzen bei Unfällen, Bränden, Selbstmordversuchen und Gefängnisausbrüchen. Er nimmt alles Brauchbare auf, schneidet in seinem Kofferraum-Studio die interessantesten Szenen zusammen und verkauft sein Material morgens an die örtlichen Fernsehstationen.

Dramaturgie und Bearbeitung ist bei solchen Streifen nicht gefragt, und so reicht bei vielen Episoden ein einfaches „Draufhalten". Dies hat sich auch dort gezeigt, wo Beiträge sorgfältiger gestaltet werden können. Da bei EB die einzelnen Einstellungen nicht per Klebeband, sondern durch elektronisches Kopieren, durch Überspielung, in die richtige Reihenfolge gebracht werden, kann nachträglich nicht einfach eine weitere Einstellung einmontiert werden. Mehrfaches Kopieren wiederum verschlechtert die Bildqualität. Diese geringere Gestaltungsflexibilität bei EB hat dazu geführt, daß die Beiträge von vornherein viel exakter geplant werden müssen als früher bei filmischer Arbeitsweise – was bedeuten kann, daß das Ereignisse noch stärker in eine vorgefertigte Schablone eingepaßt werden.

Die Folgen von EB sind insgesamt ähnlich ambivalent einzuschätzen wie die der neuen Zeitungstechnik. Einerseits besteht an den ökonomischen Vorteilen kein Zweifel. EB ist eine außerordentlich preisgünstige Produktionstechnik geworden. Das Verfahren erlaubt die Einsparung von Personalkosten im Bereich der Sendezentrale ebenso wie bei Außenreportagen. Erheblich reduzieren lassen sich auch die Materialkosten, da Magnetbänder mehrfach verwendet werden können und somit kein teurer „Abfall" entsteht. Der Minutenpreis ist weit geringer als beim Film. Da außerdem die Bildqualität inzwischen die des 16 mm Films sogar noch übertrifft und die erhebliche Reduzierung von Nachbereitungsarbeiten (insbesondere Wegfall der Filmentwicklung) außerordentliche Schnelligkeit bedeutet, scheint EB das ideale Verfahren für die aktuelle Fernsehberichterstattung zu sein. Die privaten Fernsehveranstalter in der Bundesrepublik haben deshalb von Beginn an voll auf diese Produktionstechnik gesetzt.

Andererseits gibt es eher problematische Konsequenzen für das Produkt. Beispielhaft ist schon deutlich geworden, daß durch den Einsatz von EB die gesamte Fernsehberichterstattung potentiell „Live-Charakter" erhält. Was das für die Wirklichkeitskonstruktion durch das Medium Fernsehen bedeuten kann, wurde im August 1988 beim „Gladbecker Geiseldrama" besonders gut sichtbar. Die Grenzen zwischen Fakten und Fiktionen waren auch formal aufgehoben, die Grenzen zwischen seriöser Berichterstattung und Sensationalismus ebenfalls. Wenn die aktuelle Fernsehberichterstattung also durch EB weniger auf eigene Inszenierungen angewiesen ist, so erkauft sie dies mit einem Verlust von Bearbeitungsspannen und damit von Zeit zum Nachdenken. Kein Zweifel: EB hat direkten Einfluß auf die Wirklichkeitsmodelle, die das Fernsehen anbietet.

Wünschenswert wäre deshalb, daß beide Techniken – Film und EB – je nach Berichterstattungsanlaß – eingesetzt werden könnten. Doch ein solches Postulat ist nicht realistisch, wie eine der wenigen wissenschaftlichen Studien zu diesem Thema schon 1983 deutlich gemacht hat. Bereits zu diesem Zeitpunkt, als die Umstellung bei den öffentlich-rechtlichen Fernsehanstalten erst begann und die Privaten noch gar nicht angetreten waren, kam der Autor zu einer pessimistischen Einschätzung.

> „Es wäre sicherlich begrüßenswert und unter journalistischen Gesichtspunkten nützlich, wenn der Film weiter benutzt werden kann [...] Daß der Verzicht auf Film Verminderung journalistischer Qualität bedeutet, wird bei seinem Verschwinden kein Hindernis sein. Journalistische, publizistische Folgen waren noch bei keinem Medium hinderlich, wenn ökonomische Vorteile in Aussicht standen" (Röper 1983: 110).

6. Das Supersystem: Elektronische Aussagenproduktion (EAP)

Als Folge des Einsatzes der Computertechnologie verschwinden nicht nur die Grenzen zwischen den Medien, sondern auch die Schnittstellen zwischen den Produktions- und Übermittlungstechniken für verschiedene Medien. Dadurch werden Perspektiven für multi-mediale Produktionsweisen eröffnet, die auf der Flexibilität der neuen Techniken beruhen. Man muß sich angewöhnen, auch bei der Medientechnik in Systemen zu denken. Um dies zu verdeutlichen, ist der Terminus „Elektronische Aussagenproduktion" (EAP) vorgeschlagen worden (Weischenberg 1983b).

EAP umfaßt alle Formen der Aufnahme und medienspezifischen Umsetzung (Präsentation) von Wort- und Bildinformationen mit Hilfe rechnergesteuerter Systeme (Computertechnik) und Übermittlungstechniken (Telekommunikation). Der Terminus umschließt somit Begriffe wie „Neue Technik(en)" „Integrierte Texterfassungssysteme" (ITS), „Rechnergesteuerte Textsysteme" (RTS), „Elektronische Textverarbeitung" oder „Elektronische Redaktion" (angelsächsisch: „Electronic Editing" oder „VDT Editing"), aber auch „Elektronische Berichterstattung" (EB) oder angelsächsisch „Electronic News Gathering" (ENG). Durch die Techniken der EAP können Aussagen (im Prinzip unabhängig vom Ort) nicht nur erfaßt, sondern bis hin zu medial verbreiteten Aussagen umgeformt werden (Produktionsaspekt). Es handelt sich dabei aber – anders als bei den technisch verwandten Textsystemen im Büro- und Verwaltungsbereich – um publizistische Aussagen, also um Angebote, die prinzipiell für einen nicht genau definierten Personenkreis zugänglich und verfügbar sind (Distributionsaspekt). Zum Spektrum der einbezogenen Zeichensysteme gehören nicht nur Daten und Texte, sondern prinzipiell alle möglichen schriftlichen und bildhaften (stehenden und bewegten) sowie akustischen Aussagen (Symbolaspekt). EAP durchdringt auf Grund seiner technischen Komplexität und Reichweite alle Tätigkeitsbereiche und Kooperationsformen bei der Aussagenentstehung und zieht extensiv immer weitere Kreise über den engen Bereich eines klassischen Mediums wie der Zeitung hinaus.

Schon frühzeitig ist erkannt worden, daß zur Dynamik der EAP nicht nur die Entwicklung weiterer Systembausteine und deren spätere Integration, sondern auch die Verschmelzung von Computer- und Nachrichtentechnik gehört. Dies findet seinen Ausdruck in Wortschöpfungen wie dem angelsächsischen Begriff „telematics" oder dem französischen „télématique" als Verbindung von Nachrichtenübertragung (Telekommunikation) und -verarbeitung. Dabei geht es im Rahmen des „newsmaking" (der Aussagenentstehung) um die Zuspielung von Material durch Nachrichtenagenturen, eigene Reporter/Korrespondenten und Außenbüros (Lokalredaktionen) sowie Datenbanken; es geht um die Übertragung von Texten (Fernsatz) oder ganzer Seiten im Faksimile (Ferndruck) aus der Redaktion, aber auch um die Belieferung neuer Medien mit spezifisch aufbereitetem Textmaterial (z.B. Bildschirmtext). Technische Entwicklungen und praktizierte Lösungen sind ein Beweis für den immens vergrößerten Radius der von den Nachrichtenmedien eingesetzten Rechnersysteme.

Wir wollen hier zwei Aspekte herausgreifen: die Möglichkeit der Dezentralisierung der Zeitungsproduktion durch Fernsatz/Ferndruck und die Diversifikationschance der Zeitungsunternehmen durch „Elektronisches Publizieren". Die Dezentralisierung der Produktion ist durch neue leistungsfähigere Datenleitungen und durch die Satelliten möglich geworden, die Texte und Bilder auch über große Entfernungen transportieren können. Auch dies hat direkte Folgen für die Wirklichkeitsangebote, die Medien machen können.

Bei der Erweiterung des Programmspektrums durch „Elektronisches Publizieren" können sich die Zeitungen kostengünstig auf die technischen Möglichkeiten von Redaktionssystemen stützen. Dafür vorbereitete Programme erlauben z.B., aktuelle Nachrichten so zu bearbeiten, daß sie, mit farbigen Symbolen usw. angereichert, auf Fernsehschirmen als Textdienste darstellbar werden.

Heutige Printmedien werden in der Zukunft wohl zweigleisig fahren. Das heißt, sie werden jeweils nach Bedarf ihre Aussagen über Papier oder elektronisch anbieten. Dabei findet eine Verschmelzung der Produktion statt, wobei die Zeitungen einen prinzipiellen Vorteil besitzen: Sie verfügen über professionelle Mitarbeiter, die Nachrichten im Dialog mit einem Rechnersystem aufbereiten können.

Journalistische Aussagen als Mehrzweckware zu behandeln, ist indessen nichts völlig Neues für die Nachrichtenmedien. Die betriebswirtschaftliche Erkenntnis, daß journalistische Arbeit viel zu teuer ist, um nur einen kleinen Teil der redaktionellen Produktionsergebnisse zu veröffentlichen, hat sich schon länger durchgesetzt. Nachrichtenmedien sind Speichermedien; hier werden Texte und Bilder gesammelt und – in relativ beliebiger Weise – angeordnet. Der Computer bewahrt dieses Material auf und hilft dabei, jede gewünschte neue Anordnung des Materials herzustellen. Die Konsequenz ist freilich, dem Rechner alles so aufbereitet zuführen zu müssen, daß er für den Mehrfachumschlag des Materials gerüstet ist.

Diese intermediären Vervielfältigungen lassen sich durchaus in den Bereich des Rundfunks hinein verlängern. Eine Videoreportage zum Beispiel könnte dreifach umgeschlagen werden: Bild/Ton für die Berichterstattung im Fernsehen, der (O-)Ton für das Hörfunkprogramm und der Text für ein Printmedium. Diese Amalgamation der Produktion hätte natürlich erhebliche qualitative Konsequenzen: Die Berichterstattung erfolgt nicht mehr medienspezifisch, sondern vor allem rationell.

Wirklichkeitsangebote der Medien sind gerade auch aus technischen Gründen eigene und eigenwillige Aussagen über Ereignisse. Doch durch EAP wird hier eine ganz neue Dimension der technischen Determinierung dieser Angebote eröffnet. Eine Folge kann die starke Reduzierung der inhaltlichen Komplexität von Medienaussagen auf Grund des gemeinsamen Nenners sein, den die integrierte Technik gerade noch zuläßt. Eine andere Folge können alternative (und alternativ produzierte) Wirklichkeitsentwürfe für kleinere Zielgruppen auf den Medienmärkten der Zukunft sein.

JÜRGEN PROTT

Ökonomie und Organisation der Medien

1. Wirtschaftliche Grundlagen und institutionelle Differenzierungen des Mediensystems

Massenmedien sind in vielfältiger Weise mit der Volkswirtschaft verwoben. Sie nehmen eine Schlüsselstellung ein, weil sie als Träger aktueller Informationsangebote das Schwungrad einer hochgradig differenzierten und anpassungsfähigen Wirtschaft in Gang halten. Vor allem in Gestalt der technischen Übertragungswege von Hörfunk und Fernsehen ist das Mediensystem integraler Bestandteil der sozioökonomischen *Infrastruktur* einer Volkswirtschaft. Sie könnte ohne die Verkehrswege für Waren und Dienstleistungen ebensowenig funktionieren wie ohne ein feingesponnenes technisches Netz von Übermittlungskanälen.

Darüber hinaus sind Massenmedien ökonomisch von strategischer Bedeutung, weil sie Voraussetzungen für eine Vielzahl von Aktivitäten sowohl im produzierenden Gewerbe als auch im Dienstleistungssektor schaffen. Hier genügt der Hinweis auf die immer noch wachsende Rolle der *Werbung*, deren Volumen offenbar ausreicht, um im nationalen Maßstab mehrere neue Hörfunk- und Fernsehveranstalter zu finanzieren. Ohne ununterbrochene Produktpropaganda droht dem Kreislauf zwischen Waren und Geld der Kollaps. Das gilt um so mehr, als offenbar vor allem im Konsumgütersektor die Kapitalverwertungszyklen immer kürzer werden. Damit wird es für die Hersteller auch immer schneller notwendig, veränderte Produktpaletten bekannt zu machen.

Der Informationssektor im allgemeinen und das Mediensystem im besonderen sind weiterhin ein nicht zu unterschätzender Nachfragesektor auf dem *Arbeitsmarkt*. Das fällt in einem Land wie der Bundesrepublik Deutschland quantitativ auf den ersten Blick nicht sonderlich ins Gewicht. Die exportorientierten Bereiche wie Fahrzeugbau, Maschinenbau und chemische Industrie dominieren hier nach wie vor die Nachfrage nach Arbeitskräften. Andererseits ist unbestreitbar, daß der Informationssektor im weitesten Sinne im Unterschied zu den genannten Branchen eher ausgeweitet wird als schrumpfen dürfte. Schließlich ist der Mediensektor mit der Gesamtwirtschaft verschmolzen, weil er als Abnehmer und Lieferant von Waren und Dienstleistungen auf unterschiedlichen *Gütermärkten* in

Erscheinung tritt. Hier soll der Hinweis auf die enge Verflechtung mit der Papierindustrie und den Computerherstellern genügen. Die Druck- und Verlagsindustrie gehört ja zweifellos zu den Vorreitern einer Umstellung von mechanischen Fertigungsverfahren auf integrierte Rechnersteuerung. Damit ist diese Branche gleichsam zum Experimentierfeld für die seit langem bedeutsamste Variante des technischen Wandels geworden.

Nun nähren sich gerade die Zweifel an der Fähigkeit der Presse, ihre öffentliche Aufgabe sachgerecht wahrnehmen zu können, an ihrer privatwirtschaftlichen Verfassung. Im Rahmen der allgemeinen Gewerbefreiheit hat prinzipiell jeder das Recht, seine Meinung massenhaft zu verbreiten, sofern er über die entsprechenden wirtschaftlichen Möglichkeiten verfügt. Die Verfechter der Institution des Privateigentums auch in der Presse führen vor allem das Wettbewerbsargument ins Feld: Im Konkurrenzkampf der Presseunternehmen untereinander erzwinge der Markt mündiger Bürger und souveräner Konsumenten jene inhaltliche Vielfalt, die der öffentlichen Aufgabe entspreche. Unbestreitbar jedoch ist die Verwirklichung dieser liberalen Idee von Öffentlichkeit durch Wettbewerb an einige wichtige Voraussetzungen gebunden:

- Die Herstellung und Verbreitung von Zeitungen und Zeitschriften erfordert einen hohen Kapitalaufwand, den nicht alle Marktteilnehmer gleichermaßen erbringen können. Prinzipiell gleiche Marktzutrittschancen sind nicht gegeben.

- Ein ungezügelter Wettbewerb birgt die Gefahr der Ausschaltung von Marktteilnehmern durch Konzentrationsprozesse in sich. Das „Zeitungssterben" in der Bundesrepublik Deutschland während der sechziger und siebziger Jahre, aber auch in den ersten Jahren nach der staatlichen Vereinigung, ist ein Beispiel dafür.

- Um wirtschaftlich lebensfähig bleiben zu können, müssen Presseerzeugnisse gleichzeitig auf dem Lesermarkt und dem Anzeigenmarkt verkauft werden. Wenn, wie hierzulande, der weitaus größte Teil der Erlöse aus dem Anzeigengeschäft fließt, wächst die Gefahr der Abhängigkeit des publizistischen Produkts von den Interessen und Verwertungszwängen der werbetreibenden Wirtschaft.

- Verleger als Zeitungs- und Zeitschriftenunternehmer mögen ganz unterschiedlichen publizistischen Idealen folgen. Gleichzeitig sind sie jedoch bei Strafe des eigenen wirtschaftlichen Untergangs gezwungen, das Rentabilitätsprinzip in den Vordergrund zu stellen. Damit aber geraten sie – gewollt oder ungewollt – in einen strukturellen Interessengegensatz zu den von ihnen beschäftigten Journalisten.

Dieses institutionelle Dilemma provoziert eine Reihe von Fragen im Hinblick auf die Funktion von Öffentlichkeit und die publizistischen Handlungsspielräume der Journalisten:

- Kann eine der privaten Verfügungsgewalt unterworfene Presse ihre öffentliche Aufgabe in einem demokratischen Kommunikationssystem überhaupt zureichend erfüllen?
- Kann ein Presseprodukt den Ansprüchen seiner Leser, umfassend informiert zu werden, gerecht werden, wenn sein Eigentümer Rücksichten auf die Belange kapitalkräftiger Anzeigenkunden zu nehmen hat?
- Bringt nicht die wirtschaftliche Abhängigkeit der Presse ein grundsätzliches Interesse ihrer Eigentümer an der Aufrechterhaltung der bestehenden Machtverhältnisse und damit an der Ausgrenzung unerwünschter Informationen und Meinungen mit sich?

Folgt man im Licht dieser Fragen Stellungnahmen der Zeitungs- und Zeitschriftenverleger, so besteht kaum Anlaß zur Sorge. Im Herbst 1987 ließ der Bundesverband Deutscher Zeitungsverleger (BDZV) eine aufwendige Werbekampagne in eigener Sache laufen. In einer am 7. Oktober in zahlreichen Zeitungen geschalteten Anzeige können wir lesen: „In der Zeitung kommen alle zu Wort, die etwas zu sagen haben." Anläßlich der Jahrestagung des BDZV am 5./6. Oktober 1987 kam eine Arbeitsgruppe, die sich mit der künftigen Rolle von Presseunternehmen beschäftigte, zu einem ganz ähnlichen Schluß: „Die deutschen Zeitungsverleger werden auch in Zukunft ihrer für eine freiheitliche und menschenwürdige Gesellschaft konstitutiven Funktion in publizistischer und gesellschaftspolitischer Verantwortung Vorrang vor rein wirtschaftlichen Interessen geben" (Schäfer-Dieterle 1987: 25).

Im Kreis der Verleger gibt es sicher differierende individuelle Prioritäten bei der Verfolgung unternehmerischer Ziele. Dietrich Oppenberg, Herausgeber der *Neue Ruhr/Neue Rhein-Zeitung*, machte sich schon vor Jahren zum Sprecher jener Gruppe, die als hauptsächliches Handlungsmotiv die Wahrnehmung der öffentlichen Aufgabe der Presse für sich in Anspruch nimmt. Seiner Meinung nach befinden sich ökonomische Notwendigkeiten und publizistische Verantwortung nicht in einem unauflöslichen Widerspruch zueinander. Im Gegenteil:

> „Für diese Verleger verbindet sich der Wille zur publizistischen Aussage mit der Notwendigkeit, Gewinne zu erzielen. Nur so können sie ihre publizistische Unabhängigkeit wahren. Wollen sie ihre öffentliche Aufgabe erfolgreich und auf die Dauer erfüllen, haben sie nicht nur das Recht, sondern auch die Pflicht, ihre Zeitung nach wirtschaftlichen Gesichtspunkten zu führen" (Oppenberg 1969: 121).

Auch Hans-Wolfgang Pfeifer, Vorsitzender des Verbandes Hessischer Zeitungsverleger, hebt den besonderen Charakter verlegerischer Berufstätigkeit hervor, wenn er schreibt:

> „Zeitungsverlage sind privatwirtschaftlich organisierte Unternehmen, deren Geschäftszweck darauf gerichtet ist, auf Dauer eine oder mehrere Zeitungen

herauszubringen. Das Unternehmensziel ist nicht Gewinnmaximierung. Die wohlfeile These, Zeitungsverlagen gehe es nur um das Geld, wird durch ständige, aufgeregte und aufgebrachte Wiederholung nicht richtiger. Sie wird, wie so manche andere Parole, durch die Wirklichkeit widerlegt" (Pfeifer 1988: 17).

Stattdessen unterstreicht er die „dienende Funktion" der Verleger gegenüber ihrem öffentlichen Auftrag:

> „Die technischen und die herkömmlichen Verlagsabteilungen eines Zeitungsunternehmens sind mit den entsprechenden Abteilungen anderer Wirtschaftsunternehmen durchaus vergleichbar. Die Vertriebsabteilung eines Zeitungsunternehmens hat nichts wesentlich anderes zu tun als die Vertriebsabteilung eines Kaffeerösters oder eines Automobilherstellers. Auch die Arbeit der Werbeabteilung, des Rechnungswesens, des Controlling unterscheiden sich nicht von den Arbeiten entsprechender Abteilungen in einem Industrieunternehmen. Und es ist für weite Bereiche der Gesamtleitung eines Unternehmens auch nicht wesentlich, ob es nun Schrauben oder Eiscreme herstellt oder Zeitungen druckt. Der entscheidende Unterschied zu anderen Unternehmen besteht darin, daß diese Abteilungen bei Zeitungsunternehmen nur dienende Funktion haben. Sie dienen der intellektuellen Produktion der Zeitung, die eine gesellschaftspolitische Aufgabe wahrnimmt" (ebd.: 15).

In diesen Äußerungen wird bereits ansatzweise deutlich, daß die Organisationsformen der Medien politisch umstritten und dementsprechend verschieden gestaltet sind. Am Beispiel des *Rundfunks* läßt sich nun anschaulich illustrieren, wie unterschiedlich jene Systeme verfaßt sein können, die einen wesentlichen Beitrag zu Information und Meinungsbildung leisten sollen. Grundsätzlich unterscheiden wir *drei Modelle von Rundfunkorganisationen:*

– Der *Staats- oder Regierungsfunk* ist integraler Bestandteil des politischen Systems. Die herrschende Gewalt ist vom Medium nicht getrennt. Vertreter des Staates oder der herrschenden Partei haben einen direkten Zugriff auf Programm und Personalpolitik, auf Organisation und Finanzierung des Rundfunks. Statt Instrument gesellschaftlicher Willensbildung ist der Rundfunk in dieser Organisationsform Sprachrohr politischer Propaganda.

– *Kommerzielle Rundfunksysteme* folgen dem marktwirtschaftlichen Wettbewerbsprinzip. Staatliche Instanzen begnügen sich in der Regel mit der Vergabe von Sendelizenzen und einer meist großzügigen Beaufsichtigung. Die enge Verflechtung kommerzieller Rundfunksysteme mit der Gesamtwirtschaft drückt sich in dominierender Finanzierung der Sender durch Werbeeinnahmen aus. Dieses Modell ist weitgehend dem Organisationsprinzip der privatwirtschaftlichen Presse nachempfunden.

– Die *öffentlich-rechtlichen Rundfunkanstalten* sind als staatsunabhängige Organe der Gesellschaft gedacht. Durch das Prinzip überwiegender Gebührenfinanzierung sollen sie unabhängig von marktbeherrschenden Kräften sein.

In der Bundesrepublik Deutschland schließt das Grundgesetz den Staats- und Regierungsfunk – nicht zuletzt durch die Erfahrungen des Faschismus – grundsätzlich aus. Die öffentlich-rechtliche Organisationsform hat über viele Jahre hinweg konkurrenzlos das Rundfunksystem beherrscht. Durch die Zulassung privatwirtschaftlicher Programmveranstalter unter dem Dach öffentlich-rechtlicher Aufsichtsgremien hat sich hierzulande seit einigen Jahren die Rundfunklandschaft in gravierender Weise verändert. Das folgende *dreigliedrige Organisationsmodell* von ARD und ZDF, das gleichzeitig Staatsferne wie ökonomische Unabhängigkeit von Zwängen des Marktes gewährleisten sollte, steht seitdem nur noch für einen Ausschnitt unseres Rundfunks:

– Die Interessen der Allgemeinheit gegenüber dem jeweiligen Sender vertritt der *Rundfunkrat*. Als zahlenmäßig größtes Aufsichtsgremium besitzt er das Haushaltsrecht; er überwacht die Einhaltung des Programmauftrags, wählt den Intendanten und mindestens einen Teil der Verwaltungsratsmitglieder.

– Der *Verwaltungsrat* als kleineres Gremium agiert in den laufenden Geschäften der Anstalt. Auch er nimmt vor allem Überwachungsfunktionen wahr.

– Die Gesamtverantwortung für Programm, Verwaltung und Technik als den drei Säulen der Arbeitsorganisation trägt der *Intendant*. Mit weitreichenden Befugnissen ausgestattet, vertritt er als Leiter der Rundfunkanstalt deren Interessen gegenüber der Öffentlichkeit.

2. Ökonomische Tendenzen der Presse und Probleme der inneren Pressefreiheit

Nach langen Jahren ununterbrochener wirtschaftlicher Prosperität der Presse in der Bundesrepublik Deutschland stagnierte mindestens bis zur politischen Wende in der ehemaligen DDR die Gesamtauflage der meisten Tageszeitungen. Eine Reihe von Verlagen, zu denen auch Springer gehört, beklagte – ehe die deutsche Vereinigung neue Perspektiven eröffnete – empfindliche Auflageneinbußen in diesem Sektor ihrer Geschäftstätigkeit. Folgerichtig spricht denn auch der Bundesverband Deutscher Zeitungsverleger in einem seiner letzten Jahrbücher von einem Weg in die Zukunft, der „mühe- und gefahrvoller wird als die zurückliegenden Jahre" (BDZV 1987: 7).

Wer das als subventionsheischende Schwarzmalerei abtut, übersieht die Anzeichen schwieriger werdender Verwertungsbedingungen des eingesetzten Kapitals. Weil Spielräume für weitere Kaufpreiserhöhungen nicht grenzenlos ausgereizt werden können, weil der Rückgang der deutschen Wohnbevölkerung Absatzmöglichkeiten begrenzt, und weil sich offenbar in großen Teilen der nachwachsenden Generation eine zunehmende Distanz zur Tageszeitung als alltäglich unverzichtbarer Informationsquelle ausmachen läßt, denken Zeitungsverleger heute heftiger als früher über Auswege aus dem bedrohlich erscheinenden Engpaß nach. Als nüchtern kalkulierende Unternehmer mit zumeist immer noch komfortablem finanziellen Polster verfügen die Zeitungsverleger über eine Reihe von Optionen. Vor allem drei solcher Handlungsalternativen verdienen in unserem Zusammenhang Beachtung, weil in ihnen ganz unterschiedliche Konsequenzen für die Handlungsbedingungen der Journalisten enthalten sind:

– Mit Hilfe eines straffen Kostenmanagements kann möglichen Umsatzeinbußen vorbeugend begegnet werden. Das schlägt sich in einer optimalen Auslastung des immer teureren Maschinenparks, aber auch in Personaleinsparungen nieder. Wenn sich diese Linie gegen Widerstände erfolgreich durchsetzen läßt und das Handlungsmuster der Branche überwiegend charakterisiert, engen sich publizistische Handlungsspielräume der Journalisten ein, weil ihre Arbeitsbedingungen zunehmend unter den Druck verschärfter Leistungsanforderungen geraten. Straffes Kostenmanagement im Verein mit Pressekonzentration geht darüber hinaus zu Lasten der Leser. Eberhard Witte, ein Betriebswirt, der den Zeitungsverlegern keineswegs feindlich gegenübersteht, hat auf diesen Aspekt besonders hingewiesen:

„Ein Ausscheiden nachrangiger Zeitungen ist unter dem Aspekt der Medienvielfalt besonders besorgniserregend. Die Erstzeitung am selben Ort würde automatisch mit einer Monopolstellung ausgerüstet. Wenn man zusätzlich bedenkt, daß die Zweit- oder Drittzeitungen sich bevorzugt an Leser höheren Bildungsgrades und höheren Durchschnittseinkommens wenden, dann wird deutlich, daß mit der Gefährdung dieser Zeitungstypen nicht nur die Menge, sondern auch die Qualität des Medienangebots eingeschränkt wird" (Witte/ Senn 1984: 79).

Sinkende Wahlmöglichkeiten der Leser können die Informationsfreiheit eingrenzen sowie kritische Meinungen an den Rand der Publizistik drängen. Zugleich wächst der Existenzdruck auf viele Journalisten. Wenn ihnen das Zeitungssterben Auswege verbaut, im Fall unüberwindbarer Autoritätskonflikte „zur Konkurrenz" zu wechseln, geraten sie in eine stärkere Abhängigkeit als unter den Bedingungen größerer Zeitungsvielfalt.

– Die zweite Option der von Auflagenstagnation bedrohten Verleger hat günstigere Auswirkungen für das Publikum wie für die Journalisten. Die Rede ist von der Verbesserung der publizistischen Produktqualität, um auf diese Weise alte Lesergruppen enger an die Blätter zu binden und neue Käufergruppen hinzuzugewinnen. Erfahrungen aus den USA signalisieren, daß Bedürfnisse in der Bevölkerung nach fundierten Informationsangeboten durchaus wachsen. Wenn Zeitungsverlage demzufolge die „angemessene strategische Investition in die Produktqualität nicht scheuen, werden sie erfolgreich sein" (Morton 1986: 40).

Hier stellt sich natürlich sofort die Frage, was „strategische Investitionen" sind und was unter „Produktqualität" zu verstehen ist. Im für die Journalisten günstigen Fall geht es dabei nicht um besseres Papier oder Modernisierung des Layouts, sondern um sorgfältigere Bearbeitung einer breiten Palette thematischer Beiträge unter redaktionellen Gesichtspunkten. Eine „strategische Investition" par excellence wären dann die personelle Aufstockung der Redaktion, eine Humanisierung ihrer Arbeitsbedingungen und die Erweiterung von beruflichen Kompetenzen und sozialen Handlungsspielräumen. Diese Option wird auch vom BDZV ausdrücklich offengehalten:

„Die Verlage denken um. Sie befinden sich im Umbruch. Mehr Hinweise auf Veranstaltungen als die anschließenden Berichte sind gefragt, mehr Dienstleistung und genauere Informationen über Hintergründe und Zusammenhänge eines Ereignisses – das ist die Aufgabe, die der Zeitung in Konkurrenz zum Rundfunk erwachsen ist" (BDZV 1987: 102 f.).

– Die dritte Option schließlich ist die Verlagerung überschüssigen Kapitals in andere Sektoren, vor allem in Form von Investitionen und Beteiligungen an kommerziellen Hörfunk- und Fernsehveranstaltern. Auch dabei handelt es sich allerdings um eine auf absehbare Zeit unsichere Perspektive. Einerseits liegt es nahe, daß die Verleger von Zeitungen und Zeitschriften auf der Suche nach erfolgversprechenden Anlagemöglichkeiten ein Tätigkeitsfeld erschließen, in das sie ihre spezifischen Vorteile und Kompetenzen einbringen können: bestehende Redaktionen mit Zugang zu Informationsquellen, vorhandener Rezipientenstamm, entwicklungsfähige Kontakte zu Anzeigenkunden usw. Andererseits aber müssen sie sich auf eine finanzielle Durststrecke vor allem im Fall von Engagements im aufwendigen Fernsehbereich einstellen. Dort kann den kleineren Unternehmen schnell der Atem ausgehen, wie die Fieberkurve der Gründung und Schließung kommerzieller Regionalfernsehanstalten sinnfällig zeigt. Selbst beim Springer-Verlag waren ja die Anfangsverluste, die sich aus der Beteiligung bei SAT.1 ergeben haben, auf etwa 150 Millionen aufgelaufen. Erst in einigen Jahren

Abb.: Schematische Darstellung der Bedingungen Publizistischen Handelns

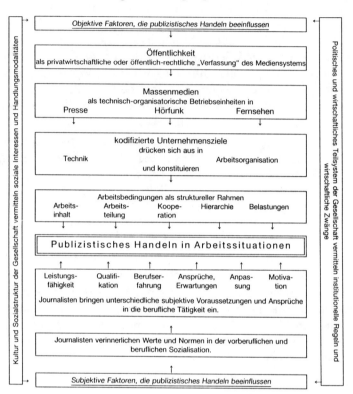

rechnet das Unternehmen mit einem ausgeglichenen Betriebsergebnis (vgl. Frankfurter Rundschau v. 25.1.1989).

Wenn wir nun der Frage nachgehen wollen, in welcher Weise die Massenmedien als Institutionen demokratischer Öffentlichkeit ihre Aufgaben im Spannungsfeld unterschiedlicher sozialer Interessen wahrnehmen, müssen wir ökonomische Sachverhalte und organisatorische Mechanismen, die wir bisher überblicksartig kennengelernt haben, gleichermaßen berücksichtigen. Das obige Schema (vgl. Abbildung) will einen Eindruck von den miteinander verflochtenen Faktoren vermitteln, die den strukturellen Rahmen publizistischen Handelns ausmachen. Es markiert gewissermaßen das Gelände, auf dem wir uns nun bewegen wollen.

Im Mittelpunkt der Darstellung steht das Erklärungsbedürftige: das publizistische Handeln in verschiedenen Arbeitssituationen. Was Journalisten tun und – manchmal wichtiger noch – was sie unterlassen, hat in vielen Fällen gesellschaftliche und politische Folgen. Gerade deshalb ist die

Erkenntnis so wichtig, daß sie in ein Netzwerk von Verhaltensvorschriften und Handlungszwängen verwoben sind, die ihrem Tun Grenzen ziehen und Optionen eröffnen, auch wenn es den Anschein haben mag, hier seien durchgehend ganz eigenwillige Künstlertypen am Werk. Dieses Geflecht von Regeln und materiellen Gegebenheiten nennen wir den objektiven Handlungsrahmen als strukturellen Hintergrund publizistischen Tuns. Ihn findet der Journalist betriebsspezifisch vor, unabhängig von seinen persönlichen Neigungen und Fertigkeiten.

Aus der Sicht des Journalisten handelt es sich dabei zunächst einmal um rechtlich fixierte Arbeitsbedingungen. Sie fordern ihm bestimmte Qualifikationen ab, erlauben ein unterschiedlich hohes Maß an Einflußmöglichkeiten, sind aber auch mit zum Teil stark belastenden Leistungsanforderungen verbunden, die ganz unterschiedlich entlohnt werden. Diese Arbeitsbedingungen sind eingebettet in die soziale Struktur der Arbeitsorganisation. Darunter verstehen wir die Abstufungen von Weisungsbefugnissen auf einer vertikalen Skala vom Chefredakteur bis zum Redaktionsvolontär. Gleichzeitig drückt die soziale Organisation des Arbeitsprozesses die Notwendigkeit aus, mit Berufskollegen sowie mit benachbarten Berufsgruppen mehr oder weniger eng zu kooperieren. Wie solche Kooperationsprozesse ablaufen, hängt ganz wesentlich von der Redaktions- und Produktionstechnik ab. Beide, die Arbeitsorganisation und die Produktionstechnik, sind Ausdruck der Verwirklichung von Unternehmenszielen, für welche die Leitungsinstanzen verantwortlich sind. Dabei macht es einen unter Umständen wesentlichen Unterschied aus, ob die Journalisten beim Hörfunk, beim Fernsehen oder bei der Presse gemeint sind.

Diese verschiedenen Massenmedien mit all ihren inneren Differenzierungen (z.B. Programmsparten beim Fernsehen, Ressorts bei Zeitungen und Zeitschriften) sind Elemente des gesellschaftlichen Teilsystems Öffentlichkeit. Sie unterliegen also Aufgabenzuschreibungen, die wir nur aus dem gesamtgesellschaftlichen Zusammenhang heraus verstehen können.

Der institutionelle Rahmen, also die entscheidenden Regeln und Organisationsgrundsätze, nach denen sich das publizistische Handeln durch die Arbeitsorganisation hindurch im Alltag der Journalisten zu richten hat, wurzelt gleichermaßen im politischen und im wirtschaftlichen System einer Gesellschaft. Er ist zugleich Ausdruck einer besonderen, geschichtlich gewachsenen Kultur und Sozialstruktur eines Landes. So können wir beispielsweise den folgenschweren Umstand, ob Presse und Rundfunk nach den Grundsätzen der Privatwirtschaft oder nach öffentlich-rechtlichen Prinzipien strukturiert sind, nicht einfach aus den praktischen Notwendigkeiten der Arbeitssituation heraus erklären, die wir bei einer Betriebsbesichtigung kennenlernen mögen. Dazu bedarf es vielmehr der Beantwortung der Frage, welche Funktionen eine bestimmte Gesellschaft den Massenmedien zuschreibt und wie sich diese Funktionen in der Interpretation durch einflußreiche Gruppen historisch gewandelt haben. Die verschiedenen Pfeile und Querverbindungen zwischen den unterschiedlichen Ebenen des Schemas sollen solche Wechselbeziehungen zum Ausdruck bringen.

Ökonomische Verfassung und Organisationsstruktur von Medienunternehmen liefern uns den Schlüssel zum besseren Verständnis von Problemen der „inneren" Presse- und Rundfunkfreiheit. Grundsätzlich sind zwar alle beruflichen Aufgaben im Herstellungsprozeß des jeweiligen Medienprodukts gleich wichtig, doch die notwendige Koordination und Leitung des Arbeitsflusses ruft ein Gefüge der Über- und Unterordnung hervor. Der Ressortleiter hat mehr zu sagen als der Redakteur, aber weniger Entscheidungsbefugnisse als der Chefredakteur. Im Arbeitsalltag mag es den Anschein haben, als seien solche hierarchischen Abstufungen eigentlich gar nicht vorhanden, weil da selten jemand ein „Machtwort" spricht, und diese große Produktionsmaschine gleichsam lautlos funktioniert. Die Autoritätsstruktur ist den Akteuren zwar in Fleisch und Blut übergegangen, damit jedoch keineswegs außer Kraft gesetzt. Immer dann, wenn die Auffassungen verschiedener Funktionsträger über Sinn und Zweck einer bestimmten Nachricht, eines bestimmten Fotos, über den Umfang oder die Diktion eines bestimmten Themas in gravierender Weise voneinander abweichen und konflikthaft aufeinander stoßen, aktualisiert sich die Hierarchie. Aus der Sicht des Systems hat sie dann den bestandserhaltenden Sinn, das konkrete Ziel der Produktion – zum Beispiel die tägliche Veröffentlichung eines marktgängigen Produkts – im Zweifelsfall sicherzustellen. Aus der Sicht der Akteure im Zeitungsbetrieb handelt es sich um einen Kompetenzstreit über die Frage, welche Funktionsgruppe für sich welches Maß an autonomen Artikulationschancen in Anspruch nehmen kann. Darum geht es bei der inneren Pressefreiheit.

Während nun die Arbeitsprozesse der öffentlich-rechtlichen Rundfunkanstalten von Aufsichtsgremien überwölbt werden, die zumindest der Idee nach in der gesellschaftlichen Verantwortung des Mediums wurzeln, ist die Hierarchie der Presseunternehmen letztlich durch die private Verfügungsgewalt über das eingesetzte Verlagskapital legitimiert. Hier fungiert allenfalls der Markt der Käufer als ein Korrektiv für das Unternehmerhandeln. Der privatwirtschaftliche Zweck des Unternehmens ist die institutionelle Voraussetzung des Betriebsablaufs. Das vorrangige Ziel, mit Hilfe des publizistischen Produkts Gewinne zu machen, um die Existenz des Unternehmens dauerhaft zu sichern oder gar auszubauen, durchdringt den Arbeitsprozeß und drückt der skalaren (= hierarchischen) Organisation seinen Stempel auf. Im Pressegewerbebetrieb entscheiden letztlich der Eigentümer und seine Handlungsbevollmächtigten darüber, was im Blatt erscheint und was nicht. Sofern sich die den Entscheidungsbefugnissen zugrunde liegenden Prinzipien mit dem allgemeinen öffentlichen Interesse decken und auch von den Journalisten des jeweiligen Betriebs akzeptiert werden, kann sich die Hierarchie auf ihre eher lautlose Koordinationsfunktion zurückziehen. Wenn die Ansichten jedoch auseinander gehen, sind Autoritätskonflikte oft unvermeidbar.

In solchen Konfliktfällen „politisiert" sich gewissermaßen die skalare Organisation des Zeitungsbetriebs. Einfache Redakteure oder gar Redaktionsvolontäre und freie Mitarbeiter am Fuß der Pyramide verfügen dann im Zweifelsfall nicht über die Chance, ihre abweichende Meinung durchzusetzen. Besser sind da schon die Ressortchefs als Abteilungsleiter der einzelnen journalistischen Arbeitsbereiche dran. Ihr Wort hat bei den übergeordneten Instanzen, der Chefredaktion vor allem, in der Regel ein recht großes Gewicht.

Die Angehörigen der Chefredaktion wiederum sind mit weitgehenden Entscheidungsbefugnissen ausgestattet, können aber auch nicht schalten und walten, ohne sich in Zweifelsfällen mit ihren ranggleichen Kollegen aus der Technik oder der besonders einflußreichen Anzeigenabteilung abstimmen zu müssen. Schließlich verfügen auch solche Hierarchiespitzen nur über entlehnte Machtbefugnis. Am Ende haben die Eigentümer des Unternehmens, die Verleger von Zeitungen oder Zeitschriften, die eigentliche umfassende Handlungskompetenz – ob sie nun personell identifizierbar und im Unternehmen unmittelbar präsent sind oder in der Anonymität von Kapitalgesellschaften zu verschwinden scheinen, ob sie selbst publizistisch engagiert sind oder nicht.

Wenn Journalisten auf der Verwirklichung der inneren Pressefreiheit etwa durch eine bundeseinheitliche Rahmenregelung bestehen, dann wollen sie eine Abgrenzung der Kompetenzen zwischen Verlag und Redaktion festschreiben lassen. Es geht ihnen darum, die in der Verfügungsgewalt über das Kapital potentiell enthaltene Chance schrankenloser und willkürlicher Machtausübung einzuengen und berechenbar zu machen. Im Sinn eines abgestuften Systems publizistischer Zuständigkeiten lassen sich dabei drei Kompetenzbereiche unterscheiden:

– Die *Grundsatzkompetenz* spricht dem Eigentümer einer Zeitung oder Zeitschrift das alleinige Recht zu, die allgemeine Grundhaltung des Blattes, seine politische Linie festzulegen. Ob also das Presseprodukt sich liberalen, konservativen oder sozialdemokratischen Wertvorstellungen verpflichtet fühlt oder gar im Sinn eines „Generalanzeiger" Forum für unterschiedliche Strömungen sein will, entscheidet demzufolge derjenige, dem das Unternehmen gehört. Mit der Anerkennung der Grundsatzkompetenz legitimieren die Journalistenverbände – was in der allgemeinen Diskussion nicht immer gesehen worden ist – letztlich das Privateigentum im Verlagswesen.

- Auf der anderen Seite steht die _Detailkompetenz_. Sie sichert das Recht des Journalisten, Aussagen im Rahmen der publizistischen Grundhaltung des Blattes frei gestalten zu können. Dazu gehört nicht zuletzt eine Bestimmung, die sich nahezu wortgleich in allen Redaktionsstatuten findet, die zwischen Journalisten und Verlagsleitungen in zahlreichen Unternehmen verabredet sind: Journalisten sollen nicht gezwungen werden können, Veröffentlichungen vorzunehmen oder zu unterlassen, wenn dies ihrer inneren Überzeugung widerspricht. Solche defensiv gedachten Regelungen sollen verhindern, daß Journalisten nicht nur ihr physisches Arbeitsvermögen, sondern auch ihre Gesinnung im Wege der abhängigen Beschäftigung an die Verleger „verkaufen" müssen.

- Was aber geschieht in Fällen, in denen die arbeitsunmittelbare Freiheit der Journalisten mit der Freiheit der Verleger kollidiert? Jetzt kommt die _Richtlinienkompetenz_ zum Zuge. In umstrittenen Fällen, die über die Tagesaktualität hinausgehen und in gewisser Hinsicht grundsätzliche Fragen aufwerfen, soll abermals der Verleger die letztinstanzliche Befugnis für sich reklamieren können.

Was wissen wir über die Alltagspraxis der inneren Pressefreiheit in bundesrepublikanischen Redaktionen? Auf der Suche nach Antworten auf diese Frage fällt zunächst eine merkwürdige Abstinenz der kommunikationswissenschaftlichen Forschung auf. Diese läßt sich offenbar stärker von unaufhörlichen Versuchen inspirieren, den beruflichen Motivationen und Rollenselbstdeutungen der Journalisten auf die Spur zu kommen, als ihre tatsächliche Arbeitssituation unter dem Gesichtspunkt struktureller Interessenunterschiede zu analysieren. Auf der anderen Seite finden wir in von Journalisten herausgegebenen Büchern und Broschüren, aber auch in den Publikationen der Berufsverbände und Gewerkschaften zahlreiche Hinweise auf die Enge des Korridors, in dem sich journalistische Autonomie realisieren muß. Es ist sicher problematisch und hier auch nicht beabsichtigt, einzelne Fälle von Pressionen gegenüber Journalisten unzulässig zu verallgemeinern; sie stehen hier prototypisch für die jederzeit aktualisierbare Durchsetzungsmacht von Verlegerinteressen gegenüber unbotmäßigen Journalisten:

- Vor einigen Jahren schickte der Verleger des Berliner _Tagesspiegel_, Franz Karl Maier, fünfen seiner Redakteure die Kündigung ins Haus, weil sie in einem Gewerkschaftsorgan kritisch über sein Blatt berichtet hatten. Die Kündigungsschutzklagen der Betroffenen waren zwar in zwei Instanzen erfolgreich, letztlich aber wurde das Arbeitsverhältnis wegen der „zerstörten Vertrauensgrundlage" durch Richterspruch gegen die Zahlung einer einmaligen Abfindung aufgelöst.

„Als Folge von Hausmitteilungen, Abmahnungen, Kündigung und Prozeß mit meist zweifelhaftem Vergleich bleibt in der Regel der eingeschüchterte Journalist auf der meist harten Suche nach einer neuen beruflichen Zukunft zurück. Und mit ihm eine immer neue Zahl von Kollegen, die die Schere im Kopf ‚beim nächsten Mal' schon zuschnappen lassen, bevor es zum Konflikt kommen kann" (Scherf 1985: 33).

– Weniger folgenreich, dafür aber beispielhafter, verlief etwa zur gleichen Zeit eine Auseinandersetzung in einer Solinger Lokalzeitung. Der Lokalredakteur hatte seinen Bericht über eine Vortragsveranstaltung mit der Überschrift „35-Stunden-Woche – möglich und nötig" versehen und in Satz gegeben. Nach Feierabend erreichte ihn zu Hause der Anruf des aufgeregten stellvertretenden Chefredakteurs, der mit dem Hinweis auf die zu erwartende Empörung des Verlegers eine Änderung anmahnte. Der Lokalredakteur weigerte sich standhaft, die Überschrift zu ändern. Am nächsten Tag stand sein Artikel mit einer vom Vorgesetzten modifizierten Überschrift im Blatt. Der düpierte Lokalredakteur erbat vom Verleger nähere Erläuterungen über diesen Zensurfall. Dieser nun beschuldigte ihn, den Anweisungen des stellvertretenden Chefredakteurs nicht Folge geleistet zu haben und strafte ihn mit einer arbeitsrechtlichen Abmahnung ab, die für den Wiederholungsfall die fristlose Entlassung in Aussicht stellte (vgl. Neumann 1985: 35 f.).

– Daß die Macht der Verleger im Zweifelsfall auch vor der Position des Chefredakteurs nicht haltmacht, dokumentiert ein Fall aus der Praxis des britischen Großverlegers und Ex-Labour-Abgeordneten Robert Maxwell, über den die *Frankfurter Rundschau* am 26.4.1984 auf ihrer ersten Seite berichtete. Vom Industriellen Roland Rowland hatte er im gleichen Jahr die renommierte Wochenzeitung *The Observer* gekauft. Rowland hatte die Freude an diesem Verlagsobjekt verloren, weil sich dessen Chefredakteur, Donald Trelford, erfolgreich gegen Verlegereingriffe zu wehren verstand. Maxwell seinerseits kündigte noch vor der Übernahme des Blattes eine harte Linie an. Bisherige Garantien redaktioneller Unabhängigkeit werde man ihm, laut *Frankfurter Rundschau*, nicht abzwingen können: „Jede Freiheit eines Chefredakteurs hat Grenzen!"

Publizistisches Handeln im Geflecht interner und externer Systemzwänge hat sich immer dann gegen Widerstände zu behaupten, wenn es die öffentliche Aufgabe ernst nimmt. Kritik in Gestalt sorgfältig recherchierter Fakten zu einem bedeutsamen Vorgang kann weh tun; und die Journalisten sollten sich nicht wundern, daß die Kritisierten sich wehren und versuchen, ihnen unangenehme Veröffentlichungen zu unterbinden. Nun stecken die Journalisten ja nicht von morgens bis abends in einer Zwangsjacke von Systemzwecken. Auch im Rahmen herrschaftsvermittelter Interessen kann der Grad der Autonomie unterschiedlich groß sein. Dieser Gedanke soll in bezug auf die erörterten Aspekte der inneren Pressefreiheit mit zwei Hinweisen begründet werden:

– Wenn Verleger von Zeitungen oder Zeitschriften ihren Redaktionen ein enges Korsett von Handlungsnormen anpassen und durch exemplarische Bestrafungen abweichenden Verhaltens durchgängige Konformität zu erzwingen trachten, folgt das keineswegs zwangsläufig aus dem vorrangigen Ziel der Profitmaximierung, sondern kann im Gegenteil Ausdruck einer kurzsichtig-borniertenen Managementstrategie sein. Es gibt ja sicher auch unideologisch-aufgeklärte Verleger, die ihr publizistisches Direktionsrecht im wohlverstandenen Eigeninteresse gegenüber der Redaktion gerade nicht ausreizen, um jene Produktionsreserven und kreativen Potentiale nicht zu gefährden, die sich auf lange Sicht als wichtige Bedingung von Markterfolgen herausstellen können. Unter strukturellen Gesichtspunkten ist es dabei belanglos, ob eine solche Strategie Ausdruck verlegerischer Menschenfreundlichkeit und publizistischer Beseelung ist oder nüchterner Einsicht in komplexe Systemnotwendigkeiten geschuldet bleibt. Hier ist etwas anderes wichtig: Die Abmahnungspolitik etwa des erwähnten Solinger Verlegers kann dessen eigenen Interessen unter bestimmten Marktbedingungen und bei sich wandelnden Ansprüchen der Leserschaft durchaus zuwiderlaufen.

– Journalisten lassen Produkte der Öffentlichkeitsarbeit, die ihnen reichlich auf den Schreibtisch flattern, häufig unbearbeitet, weil sie der wachsenden Komplexität der „Informationsgesellschaft" hilflos gegenüberstehen. Auch das ist vom System nicht in einer Weise hervorgetrieben, wie die Drüse das Sekret absondert. Sehen wir genauer hin: Journalisten verlassen sich vor allem dann auf die „Waschzettelinformationen" der Veranstalter von Pressekonferenzen, wenn sie entweder ihrem eigenen Beruf gleichgültig gegenüberstehen, oder wenn die Arbeitsbedingungen ihnen die sorgfältige Recherche verbieten. Auch Qualifikationsdefizite spielen sicher in vielen Fällen eine Rolle, in denen Redakteure vorgefertigte Texte einfach nur weiterleiten, also einen eindeutig interessengeleiteten Wirklichkeitsentwurf veröffentlichen. Häufig kommen wahrscheinlich alle diese Gesichtspunkte in gegenseitig sich verstärkender Weise zusammen. Wenn nun jedoch die Redaktionen mit einer ausreichenden Zahl gut ausgebildeter und engagiert zu Werk gehender Journalisten ausgestattet sind, die noch dazu das Glück haben, sich innerhalb eines breiten Korridors von Handlungsspielräumen innerbetrieblich bewegen zu können, sind dem PR-Journalismus deutliche Grenzen gezogen.

Abermals stoßen wir hier also im Kontext des vorgegebenen Systems auf Handlungsalternativen sowohl der Verleger als auch der Journalisten. Wenn die große Mehrzahl der deutschen Verleger augenscheinlich eine Personalpolitik knapper redaktioneller Stammbelegschaften verfolgt, an deren Rand eine wachsende Zahl flexibel einsetzbarer freier Mitarbeiter operiert, dann mag das betriebswirtschaftlichem Nutzenkalkül entsprechen und von verschärften Wettbewerbsbedingungen nahegelegt sein. Wenn andererseits Journalisten ihr Arbeitsvermögen im Sektor des Terminjournalismus quasi zurücknehmend schonen, um ihre Kreativität eher in netten, doch oft belanglosen „Geschichten" auszuleben, mag das ebenfalls einer subjektiv nachvollziehbaren Interessenlogik folgen.

Beide für sich genommen vernünftigen Handlungsentwürfe haben jedoch einen gemeinsamen Mangel. Sie gehen zu Lasten der öffentlichen Aufgabe, auf Kosten des an Aufklärung interessierten Publikums. Die Gleichgültigkeit sowohl von Verlegern als auch von Journalisten gegenüber der publizistischen Produktqualität hängt mit entfremdeten Arbeits- und Produktionsverhältnissen zusammen, die der einen Seite eine verengte betriebswirtschaftliche Perspektive und der anderen die Zurückhaltung journalistischen Engagements *nahelegen* – aber eben nicht bedingungslos *aufzwingen*. Wenn sich nämlich große Teile des Publikums mit den nachlässigen Resultaten von Terminjournalismus und Hofberichterstattung unzufrieden zeigen, geraten beide, Verleger wie Journalisten, unter externen Druck.

3. Wirtschaftliche Grundlagen des Rundfunks und Probleme der inneren Rundfunkfreiheit

Privatwirtschaftliche Zeitungsunternehmen – und ebenso die kommerziellen Rundfunkveranstalter – operieren auf Märkten mit weitgehend freier Preisbildung, sieht man einmal von tarifvertraglichen Regelungen des Arbeitsmarktes ab. Öffentlich-rechtliche Rundfunkanstalten hingegen entsprechen in ihrem Finanzgebaren sehr viel eher den öffentlichen Gebietskörperschaften. Sie wirtschaften nicht, um Gewinne zu erzielen, sondern um einem gesellschaftlichen Auftrag kostendeckend zu entsprechen. Dessen allgemeiner Charakter kommt in der hauptsächlichen Gebührenfinanzierung zum Ausdruck. Die Rundfunkgebühr, von manchen abfällig als „Zwangsabgabe" tituliert, ist nicht an die tatsächliche Nutzung, sondern bereits an den Besitz entsprechender Empfangsgeräte gebunden.

Bei annähernder Vollversorgung der Bevölkerung mit Hörfunk- und Fernsehgeräten ist die von den Länderparlamenten festgelegte Rundfunkgebühr durchaus mit einer Steuer vergleichbar. Doch muß die gebühreneinziehende Anstalt diese finanziellen Mittel zweckgebunden zur Erfüllung des gesetzlich bestimmten Programmauftrags verwenden. Ein Zeitungsverleger kann frei entscheiden, ob er viel oder wenig Gewinn machen will, ob er Überschüsse in seinem Unternehmen verwendet oder sie lieber z.B. in die Nahrungsmittelindustrie investiert. Das alles kann eine öffentlich-rechtliche Rundfunkanstalt nicht. Sie ist gehalten, mit dem Gebührenaufkommen und mit den Werbeeinnahmen als den beiden wesentlichen Finanzquellen sparsam und gezielt umzugehen. Es herrscht das finanzwirtschaftliche Prinzip der Kostendeckung.

Damit sind der ökonomischen Handlungsautonomie der Anstalten enge Grenzen gezogen. Sie können sicher publizistische Akzente durch die unterschiedliche finanzielle und personelle Ausstattung bestimmter Programmsparten setzen. Dabei stecken sie jedoch angesichts sich verschärfender Wettbewerbsbedingungen mit neu hinzugekommenen Veranstaltern in einer Klemme: Sie müssen einerseits ihre Leistungsfähigkeit durch möglichst hohe Einschaltquoten als Berechnungsbasis ihrer Werbeerlöse dauerhaft unter Beweis stellen; sonst würden sie völlig abhängig von den Gebühren und damit von der Gunst der Landesparlamente, die über Gebührenerhöhungen einvernehmlich zu entscheiden haben. Andererseits begrenzt der Programmauftrag mit der besonderen Verpflichtung, eine Art publizistische Grundversorgung der Bevölkerung zu gewährleisten, den Aktionsradius im gegenwärtig zu beobachtenden Abwehrkampf gegen das zum Teil stürmische Wachstum privater Hörfunk- und Fernsehveranstalter. Das kann dann ganz praktisch zur Folge haben, daß ARD und ZDF im Verhandlungspoker um die Übertragungsrechte publikumswirksamer Großereignisse (Tennisturnier in Wimbledon, Fußball-Europapokalspiele) früher passen müssen, als manchem Zuschauer lieb ist.

Das finanzwirtschaftliche Dilemma der öffentlich-rechtlichen Anstalten wird sinnfällig in der Personalwirtschaft. Sie müssen prinzipiell große Personalkapazitäten einsetzen können, um im Bereich aktueller Programme flexibel reagieren zu können. Es handelt sich dabei in der Regel um relativ gut bezahlte und hoch qualifizierte Arbeitskräfte, die unter Umständen nicht mit jener Kontinuität „ausgelastet" sind, die in vielen Privatunternehmen üblich ist. Ihre Arbeitsverhältnisse sind existentiell besser abgesichert und rechtlich stärker geschützt als vergleichbare Arbeitsplätze von Zeitungsjournalisten. Wenn man bedenkt, daß der Anteil der Personalaufwendungen ungefähr zwei Drittel des Budgets einer Rundfunkanstalt ausmacht, wird deutlich, wie eng die Handlungsspielräume mittlerweile geworden sind. „Das Problem der innerbetrieblich unterschiedlichen Inanspruchnahme von Kapazitäten könnten die Rundfunkanstalten teilweise dadurch abbauen, daß sie die innerbetriebliche Produktionshilfe ausbauen oder daß sie privates Produktionspersonal für unregelmäßig auftretenden Spitzenbedarf einsetzen" (Fünfgeld 1983: 752). Doch auch diese Karte ist weitgehend ausgereizt, wenn man bedenkt, daß seit langem schon die Zahl der freien Mitarbeiter die der festangestellten Redakteure deutlich übertrifft.

Die marktwirtschaftliche Grundregel, wonach Wettbewerbsbelebung den Verbrauchern in Gestalt sinkender Preise zugute kommt, gilt zumindest in diesem Sektor längst nicht überall. In den zurückliegenden Jahren haben sich vielmehr die durchschnittlichen Selbstkosten der Rundfunkanstalten je Sendeminute kräftig erhöht. Während eine solche Sendeminute für das ARD-Gemeinschaftsprogramm im Fernsehen im Jahre 1984 noch 4.311 DM kostete, mußten dafür zwei Jahre später schon 5.257 DM veranschlagt werden (vgl. Sonderheft Media Perspektiven 1987: 10). Dabei sind es gar nicht die tagesaktuellen Programmsegmente, von denen die Kostensteigerungen ausgehen (die durchschnittlichen Kosten für „Tagesschau" und „Tagesthemen" sind im Vergleichzeitraum sogar gesunken), sondern vielmehr populäre Programmsparten des Fernsehens, in denen sich die Anbieterkonkurrenz preistreibend auswirkt.

„Gegenüber 1983 haben sich die Spielfilmlizenzen im Durchschnitt um 30 Prozent, in Einzelfällen sogar um bis zu 70 Prozent verteuert. Fernsehlizenzen wurden im gleichen Zeitraum um über 60 Prozent teurer, ausgesprochene Publikumsrenner wie ‚Dallas' sogar um mehr als 100 Prozent. Auch bei den Rechten für die Übertragung von Sportveranstaltungen herrscht seit Jahren ein starker Preisauftrieb. Wo dies hinführen kann, haben soeben die Olympischen Spiele von Calgary gezeigt, für deren Übertragung das amerikanische Network ABC über 300 Millionen Dollar gezahlt hat. In diesem Dilemma bietet auch die vermehrte Produktion von Billigprogrammen keinen Ausweg, weil sich die Zuschauer auf Dauer damit nicht abspeisen lassen werden. Solange das Programmangebot begrenzt bleibt, wird der Konkurrenzkampf um die lebenswichtigen Einschaltquoten ganz automatisch zu Programmkostensteigerungen führen" (Ridder-Aab 1988: 192).

Ein Ausweg aus der Kostenexplosion könnte die Hoffnung auf die Erhöhung der Werbeeinnahmen sein. Heute schon speisen sich die Haushalte von ARD und ZDF zu 30% bis 40% aus Werbeeinnahmen. Gibt aber der Werbemarkt künftig überhaupt noch nennenswerte Steigerungen her? Nach Auffassung des renommierten Baseler Prognos-Instituts wird eine steigende Zahl von Werbungtreibenden und Werbeträgern sowie ein noch zunehmend „erklärungsbedürftiges Produktangebot" eine Ausweitung der gesamten Werbeaufwendungen bis zum Jahrhundertende um das Dreifache der bisher jährlich ca. 18 Milliarden DM in der Bundesrepublik bewirken (vgl. ebd.: 186 f.). Abgesehen von den nicht nur erfreulichen kulturellen Konsequenzen, die mit einer derartigen Überschwemmung unseres Alltags durch die Konsumbotschaften verbunden sein mögen, ist gegenüber derart optimistischen Voraussagen eine gehörige Portion Skepsis angebracht.

Aber selbst wenn die Zuwächse bescheidener ausfielen, ergäben sich theoretisch immer noch reichlich sprudelnde Finanzquellen. Prognos hat ausgerechnet, daß sich der Anteil der Hörfunk- und Fernsehwerbung des öffentlich-rechtlichen Rundfunks an der gesamten Werbung künftig zu Lasten der Privatmedien-Werbung deutlich verschieben wird. Auch wenn man dabei unterstellt, daß die kommerziellen Veranstalter daran kräftig partizipieren, bleiben ARD und ZDF immer noch ausreichende Finanzierungsmöglichkeiten über den Werbemarkt. In jedem Fall wird sich künftig der Kampf um den „Werbekuchen" verschärfen. Auf der Suche nach zusätzlichen Einnahmequellen geben im übrigen Repräsentanten des Kommerzfunks immer mal wieder zu bedenken, an den Rundfunkgebühren beteiligt zu werden.

Nicht nur die Verteilung des Gebührenaufkommens, auch das Verfahren der Gebührenfestsetzung ist seit langem umstritten. Eine Kommission zur Ermittlung des Finanzbedarfs der Rundfunkanstalten (KEF) schlägt den Länderparlamenten in unregelmäßigen Abständen Gebührenanhebungen vor, die dann einvernehmlich zu beschließen sind. Repräsentanten der Rundfunkanstalten und der Gewerkschaften werfen diesem Gremium vor allem vor, es sei falsch zusammengesetzt und lasse deshalb eine ausreichende Berücksichtigung der Belange der Anstalten vermissen.

In der Tat sind solche Besorgnisse nicht von der Hand zu weisen. Lediglich vier unabhängigen Sachverständigen in der KEF sitzen vier Vertreter der Ministerpräsidenten und vier Vertreter von Landesrechnungshöfen gegenüber, während kein Vertreter eines Aufsichtsgremiums der Anstalten, kein Vertreter bedeutsamer gesellschaftlicher Organisationen und auch niemand aus dem kulturellen Sektor dieser Kommission angehört. Das nährt die Vermutung, hier könne zu sehr nach engstirnigen haushaltswirtschaftlichen und zu wenig nach Erfordernissen des Programmauftrags entschieden werden. Auf der anderen Seite ist angesichts des beachtlichen Aufwands, der von den Rundfunkanstalten etwa bei der Eigenwerbung getrieben wird, die Notwendigkeit nicht von der Hand zu weisen, im Interesse des Gebührenzahlers auch mit tendenziell knappen Finanzmitteln sorgsam umzugehen.

Die funktionsgerechte Finanzausstattung der Rundfunkanstalten ist die eine Voraussetzung zur Wahrnehmung ihrer öffentlichen Aufgabe. Die andere besteht in ihrer faktischen Unabhängigkeit gegenüber durchsetzungsfähigen gesellschaftlichen Teilinteressen. Zweifel, ob diese Unabhängigkeit gewährleistet ist, nähren die Bemühungen zur Sicherung der inneren Rundfunkfreiheit. Ins Fadenkreuz der Kritik von Kommunikationswissenschaftlern und Journalisten geraten dabei vor allem die politischen Parteien. WDR-Chefredakteur Fritz Pleitgen faßte seine langjährigen Erfahrungen im Umgang mit Politikern im September 1991 in der Programmzeitschrift *Hörzu* (Heft 38/1991: 31) lapidar zusammen: „Politik? Was wirklich läuft, davon erfahren wir nichts."

Der Kommunikationswissenschaftler Michael Kunczik kommt zu dem Schluß, daß die Massenmedien im allgemeinen und die Rundfunkanstalten im besonderen ihre verfassungsmäßig gebotene Autonomie mehr und mehr verloren hätten: „Sie sind weitgehend von der Politik instrumentalisiert worden" (Kunczik 1988: 75). Der Politologe Max Kaase weist darauf hin, daß die Schaltstellen im öffentlich-rechtlichen Rundfunk der Bundesrepublik „[...] mit 54% Parteimitgliedern eklatant höher politisch penetriert sind als Elitepositionen der Printmedien mit 16%. Nur am Rande sei erwähnt, daß hier die CDU/CSU zwischen 1972 und 1981 ihre Position deutlich, und zwar auf Kosten der SPD, verbessern konnte" (Kaase 1986: 168).

Das war zum damaligen Zeitpunkt auch nicht verwunderlich, wenn man in Rechnung stellt, daß sich in den Rundfunkgremien in aller Regel die parlamentarischen Mehrheitsverhältnisse der Bundesländer widerspiegeln. Hinzu kommt die besondere Attraktivität von Mandaten in den Aufsichtsgremien der Anstalten aus der Sicht der Spitzenpolitiker:

> „Aufsichtsratsmitglied im öffentlich-rechtlichen Rundfunk zu werden, gewinnt für Politiker zunehmend an Reiz. Bundesminister und Staatssekretäre, Landtagsabgeordnete oder Parteisprecher, die sich zu Sitzungen einfliegen oder vorfahren lassen, unterstreichen nach außen gern die Bedeutung solcher Organe. Kein Wunder, daß Hang und Drang danach wachsen, in diesem erlauchten Kreise mitreden zu dürfen" (G. Marx 1988: 35).

Offiziell an Weisungen der sie entsendenden Institutionen nicht gebunden, schließen sich die meisten Gremienvertreter doch in parteinahen „Freundeskreisen" zusammen. Sie bereiten Sitzungen vor und wirken auf ein diszipliniertes Vorgehen und Abstimmungsverhalten hin. Es ist zu erwarten, daß sich vergleichbare Strukturen und Mechanismen über kurz oder lang in den Aufsichtsgremien der kommerziellen Rundfunkveranstalter wiederfinden werden. Ein Beispiel für Interessengemeinschaften sind die Verflechtungen zwischen SPD und Gewerkschaften. Hierzu hat eine empirische Erhebung neueren Datums die Vermutung bestätigt, daß sich die befragten Gewerkschaftsvertreter immer der SPD-nahen Fraktion anschließen (vgl. Braunschweig 1988: 9). Es ist zu vermuten, daß sie sich einer Art sozialdemokratischer Stimmführerschaft in ihrem Abstimmungsverhalten nicht zuletzt deshalb regelmäßig unterwerfen, weil diese Art der Gremienarbeit für hochrangige DGB-Funktionäre im Kanon anderer Interessenvertretungsaufgaben eher als Nebenbeschäftigung mit nachrangiger Bedeutung gilt.

Was einst als Spiegelbild gesellschaftlicher Vielfalt gedacht war, ist nach Ansicht zahlreicher Kritiker zu einem parteipolitisch beherrschten Proporzgerangel heruntergekommen. Alfred Horné beispielsweise, lang-

jähriger Vorsitzender der Gewerkschaft Kunst, beklagte eine Art Beute-
mentalität der Parteien gegenüber den Rundfunksendern:

> „Die Parteien kungeln vorher aus, daß der Intendant oder Direktor von der ei-
> nen, der Stellvertreter oder Chefredakteur zum Ausgleich von der anderen
> Partei nominiert werden darf und dann von allen gewählt wird. So erhalten
> vorwiegend Spitzenpolitiker die Spitzenpositionen in den Funkhäusern; dort
> tummeln sich ehemalige Staatssekretäre, Regierungsjuristen, Abgeordnete,
> Diplomaten; Journalisten sind jedenfalls längst in der Minderheit. Kein Wun-
> der also, wenn die Gefahr immer größer wird und die praktische Handhabung
> der Führungspositionen immer häufiger erkennen läßt, daß weniger pro-
> grammorientierte und journalistische, sondern eher parteipolitische und be-
> hördentypische Kriterien bei den Entscheidungen in der Personal- und damit
> auch Programmpolitik den Ausschlag geben. Der Fisch stinkt oben zuerst –
> das gilt auch für die Funkhäuser. Aber der Parteibazillus ist ansteckend und
> wandert allmählich das ganze Redaktionstreppenhaus hinunter. Im Stockwerk
> der leitenden oder gewöhnlichen Redakteure hat er sich inzwischen schon
> weit verbreitet, und er wird eines Tages auch die Pförtner im Erdgeschoß und
> die Fahrzeugmeister in der Tiefgarage befallen" (Horné [3]1981: 82 f.).

Auch nach Ansicht des Publizisten und Schriftstellers Ralph Giordano lastet die „schwere Machtpranke" der Parteien schon seit langem lähmend
auf den Sendern. Seiner Meinung nach verfolgt eine bestimmte Fraktion
der Konservativen nicht nur das Ziel, den Rundfunk als Pfründe zur Versorgung wichtiger Politiker mit Macht und Einfluß zu mißbrauchen. Ihr
gehe es darum,

> „das schönste Nachkriegsgeschenk an die Deutschen zu zerstören – das mo-
> derner westlicher Demokratiepraxis entstammende System der Öffentlich-
> Rechtlichen nach BBC-Muster. Zu zerstören, weil sie die Rundfunk- und Fern-
> sehanstalten der Bundesrepublik Deutschland immer noch nicht in ein gefügi-
> ges Sprachrohr des Staatskonservatismus umwandeln konnten. Ich nenne sie
> die ‚Schädiger der Nation', denn genau darauf liefe es hinaus, wenn sie ihr
> Ziel erreichten" (Giordano 1988: 136).

Die Empörung der Kritiker entzündet sich immer wieder an den öffentlich
bekannt werdenden Eingriffen leitender Instanzen der Funkhäuser in die
Gestaltung einzelner Programmbestandteile. Es mag dabei im Einzelfall
umstritten bleiben, ob solche Interventionen, die zur Veränderung oder
Verhinderung ganzer Sendungen führen, im wohlverstandenen Interesse
des Programmauftrags geboten scheinen oder nicht. Aus der Sicht der
betroffenen Programm-Mitarbeiter handelt es sich dabei häufig um Eingriffe in die innere Rundfunkfreiheit, ja, um Fälle von Zensur, welche die
Grenzen journalistischen Tuns beengen. Beispiele für solche Eingriffe sind
aus allen Programmsparten überliefert. Greifen wir hier nur eines heraus.

Im Frühjahr 1987 machte der Redaktionsleiter des WDR-Magazins
„Monitor", Klaus Bednarz, anläßlich der 6. Tutzinger Medientage auf den

wachsenden Druck aufmerksam, der von innen und außen auf die an der
Sendung beteiligten Journalisten ausgeübt werde:

> „Redaktionen, die sich etwa kritisch mit der Atomenergie auseinandersetzen,
> sehen sich einer immer größer werdenden Front von Politikern, an der
> Atomwirtschaft beteiligten Wirtschaftsunternehmen und Rundfunkräten aus
> den Anstalten gegenüber" (zit. n. Dieterich 1987: 20).

Es kann sicher nicht darum gehen, die Journalisten in den Funkhäusern
unter Denkmalschutz zu stellen. Wer das Recht prononcierter öffentlicher
Meinungsbildung für sich in Anspruch nimmt und sich dabei eines wirksamen Mediums bedient, der muß darauf gefaßt sein, daß angegriffene Institutionen sich wehren. Nicht immer handelt es sich dabei gleich um so
etwas Unanständiges wie Zensur. Wer sich zu Unrecht öffentlich an den
Pranger gestellt fühlt, dem läßt unser Presserecht das Instrument der Ge-
gendarstellung. Offenbar ist aber gerade den besonders einflußreichen unter den angegriffenen Institutionen dieser Weg der Richtigstellung zu umständlich und zu wenig effektiv, sofern sie über kurzgeschaltete Drähte
verfügen können, um ihre Entrüstung unmittelbar und häufig eben vorbeugend zur Geltung zu bringen.

Das Problem der verfassungsrechtlich gewollten weitgehenden Unabhängigkeit der Massenmedien von Zwängen institutionalisierter Macht
und Herrschaft spitzt sich besonders im unmittelbaren Kontakt etwa der
Funkjournalisten mit Politikern zu. Die Politiker sind ja gerade in komplexen Informationsgesellschaften mehr denn je auf eine günstige öffentliche Selbstdarstellung angewiesen. Rundfunk und Fernsehen bieten ihnen
die verlockende Chance, sich verhältnismäßig häufig in ein günstiges, kar-
rierefördendes Licht zu setzen. Die medienwirksame Inszenierung von
Politik, die Konstruktion einer politischen Wirklichkeit nach Gesichtspunkten maximaler Zustimmungschancen durch das Medienpublikum,
kann sich in einer Umkehrung des Verhältnisses von Öffentlichkeit und
politischer Macht ausdrücken. Nicht die öffentliche Ereignisse aufklären-
den Journalisten bestimmen dann die Tagesordnung und die Präsentationsformen von Politik in den Medien, sondern die Politiker, sofern sie
dem Mißverständnis unterliegen, die Reporter, Korrespondenten und Redakteure seien letztlich dienstbare Geister ihres jeweiligen politischen Gel-
tungsstrebens.

Auf der Suche nach den Ursachen für solche Umbrüche geraten auch
die Arbeitsbedingungen der in den Funkhäusern Tätigen in das Blickfeld.
Einerseits im Vergleich zu ihren Pressekollegen oft recht günstig gestellt,
sind sie doch andererseits Teil hochgradig bürokratisierter und zerglie-
derter Systeme, denen unvoreingenommene Beobachter ihre primäre Aufgabe nicht immer ansehen können:

„Erstens sehen die meisten Funkhäuser nicht anders aus als Ministerien (einige erinnern freilich noch mehr an besonders gut florierende Versicherungsgesellschaften), und zweitens wimmelt es darin von Anstaltsinsassen, die sich Direktoren, Haupt- oder nur Abteilungsleiter, Referenten oder Ressortleiter nennen, wie es eben in einer Behörde üblich ist. Für einen Außenstehenden ist jedenfalls nicht so leicht zu erkennen, daß es sich um ein publizistisches Medium handelt, in dem in erster Linie Redakteure tätig sind. Derartige Äußerlichkeiten sind inzwischen nicht mehr nebensächlich, denn die Titelstruktur unserer Anstalten ist zugleich auch ein Anzeichen dafür, daß wir Funkleute in Gefahr sind, uns eher als Mitglieder einer Behörde zu fühlen und uns auch so zu verhalten, aber nicht als Produzenten, Transporteure und Dolmetscher in einem der Freiheit und Vielfalt verpflichteten Massenmedium" (Horné 1981: 79 f.).

Verfestigte und unübersichtliche Strukturen, ein differenziertes System von Regeln und verwaltungsmäßigen Einengungen im Rahmen großbetrieblichen Zuschnitts sind das eine. Die konkreten Arbeitsbedingungen sind die andere Seite der Medaille. Heinz Hostnig, ehemaliger Leiter der Hörspielredaktion des NDR, macht auf den im Lauf der Jahre gestiegenen Termin- und Leistungsdruck vieler Funkbeschäftigter aufmerksam, der ihnen kaum Gelegenheit zur Nachdenklichkeit als Voraussetzung für kreative Fähigkeiten lasse:

„Die Kommunikation der Redakteure ist unter den gegebenen Verhältnissen auf ein Minimum zusammengeschrumpft. Wer nimmt noch wahr, daß es da etwas Gemeinsames gibt, nämlich das Gesamtprogramm? Wer gibt noch Impulse weiter für Innovationen, Verbesserungen, Änderungen? Wer sollte sich damit abgeben? Wer hätte die Zeit dazu? Den Technikern und Kameraleuten geht es in dieser Hinsicht nicht viel besser. Man beachte nur einmal die an Werbefilme erinnernden hektischen Schnittfolgen in den verschiedensten Programmbereichen und was sich da schon an Atemlosigkeit vermittelt, und stelle sich deren Steigerung vor, wenn die Medienlandschaft sich um solche Träger erweitern sollte, für die sich das Leben aufs bloße Japsen reduziert hat" (Hostnig 1980: 109).

Die Reduktion hierarchischer Strukturen auf ein Mindestmaß ist deshalb nach Ansicht dieses Funkpraktikers eine zwingende Forderung, um die innere Rundfunkfreiheit von den beschriebenen Entfremdungsmechanismen wenigstens ein Stück weit zu befreien.

4. Fortschreitende Kommerzialisierung: Risiko oder Chance für das Mediensystem?

In der Bundesrepublik Deutschland ist der allgemeine Konsens über das institutionelle Arrangement brüchig geworden, in dessen Rahmen die Massenmedien ihren gesellschaftlichen Zwecksetzungen nachkommen können. Das duale System von öffentlich-rechtlich verfaßtem Rundfunk und privatwirtschaftlich organisierter Presse, so heißt es gelegentlich in Sonntagsreden, habe sich prinzipiell bewährt. Es könne so lange bestehen bleiben, wie nach allgemeiner Überzeugung Presse und Rundfunk ihren Öffentlichkeitsfunktionen relativ klaglos folgen können.

Die Zweifel daran wachsen jedoch in dem Maße, in dem der marktwirtschaftliche Wettbewerbsmechanismus nicht halten kann, was er verspricht: allgemeine Zugänglichkeit zu den Informationsangeboten, Vielfalt der Medien und des inhaltlichen Angebots. Wenn die Verfechter des dualen Mediensystems die zugleich Pluralität und wirtschaftlichen Erfolg stiftenden Errungenschaften der Presse rühmen, müssen sie sich den Vorwurf gefallen lassen, daß die Zirkulation einer immer größeren Menge aktuellen Wissens von einer eher kleiner werdenden Zahl kapitalkräftiger Konzerne gesteuert werden kann.

Angesichts der zunehmenden Verflechtungen der verschiedenen Unternehmen zu multinational operierenden Verbundsystemen ist die Gefahr unabweisbar, daß unser Mediengefüge endgültig aus der Balance dieses institutionellen Arrangements gerät, weil das öffentlich-rechtliche Prinzip als die eine Säule dieses Modells bröckelt. Vor einigen Jahren bereits hat Elke Halefeldt auf diese Problematik vorausschauend aufmerksam gemacht:

„Ein Presseprivileg bei der Einführung privaten Rundfunks hieße, die eingetretenen und kaum mehr rückgängig zu machenden Fehlentwicklungen bei einem der wichtigsten Massenmedien, der Zeitung, auf ein zweites, den Rundfunk, zu übertragen und sie damit zu potenzieren. Mit publizistischen Zielen und dem Schutz grundgesetzlich verbürgter Rechte der Informations- und Meinungsfreiheit sind Presseprivileg und publizistische Doppelmonopole unvereinbar. Aber auch die Übertragung des Pressemodells auf den Rundfunk ist, alle Besonderheiten der Veranstaltung von Rundfunk dabei beiseite lassend, vor dem Hintergrund dieser Bilanz der Forschungsergebnisse zur Vielfalt der bundesdeutschen Presse mit publizistischen Zielvorstellungen nicht zu begründen" (Halefeldt 1985: 733).

Stein des Anstoßes ist der Prozeß der Kommerzialisierung des Rundfunks. Er setzte nicht erst mit dem Aufkommen privater Programmveranstalter ein, gewinnt aber seitdem in der Bundesrepublik erheblich an Dynamik. Aus der Sicht der Journalisten hat der Kommunikationswissen-

schaftler Denis McQuail die Kommerzialisierung als doppelten Druck beschrieben. Er komme einmal von einer an Profitmaximierung orientierten
Organisationsstruktur und insofern gleichsam „von oben". Der tatsächliche oder vermeintliche Bedarf des Publikums sei ein kommerzieller
Druck, der „von unten" komme (vgl. McQuail 1986: 634).

Der Autor geht damit in seiner Analyse der Kommerzialisierungsphä-
nomene unausgesprochen von der Erkenntnis aus, daß der Warencharak-
ter von Information, Unterhaltung und Kommunikation solche Hand-
lungsstrukturen hervorruft, die zur Umdeutung des gesellschaftlichen
Sinns der Massenkommunikation führen. Jedenfalls können ihre demokratischen Funktionen dabei eingeschränkt werden. Kommerzialisierung ist
dann nichts anderes als die Umwandlung „öffentlicher Güter" in „markt-
fähige" Produkte. Nicht das gesellschaftlich notwendige, sondern das ver-
käufliche aktuelle Wissen steuert dann die Themen der Meinungsbildung.

Denis McQuail widerspricht nun aber jener, der marxistischen For-
schungstradition verpflichteten Grundannahme, Kommerzialisierung sei
zwangsläufig ein Prozeß, in dem letztlich die „ideellen" gesellschaftlichen
Ziele von ökonomischen Zwecksetzungen verdrängt werden. Er plädiert
für eine differenzierte Sichtweise. Seiner Meinung nach gibt es „[...] auch
Vorteile durch ‚Kommerz', und eine ‚ökonomische' Annäherung an Probleme der Produktion oder Distribution von Kultur und Information ist
nicht notwendig unverträglich mit der Verfolgung des Gemeinwohls"
(McQuail 1986: 641). Der Autor versucht solche Ambivalenzen in einer
theoretischen Kosten-Nutzen-Analyse auf verschiedenen Ebenen der
Kommunikation nachzuweisen:

– Auf der Ebene der *Gesellschaft* und allgemeinen Wohlfahrt liegen die
  Risiken („Kosten") in der Bildung privater Monopole, in der Dominanz
  von Gewinnzielen gegenüber gesellschaftlichen Kommunikationserfor-
  dernissen sowie in der Gefahr einer aufbrechenden Kultur- und Wissenskluft. Die Chancen („Nutzen") verortet McQuail in Gegengewich-
  ten gegenüber staatlicher Macht, im technologisch innovativen Zuschnitt sowie in den steigenden Beschäftigungsmöglichkeiten.

– Die zweite Ebene ist das *Publikum* als Konsumentengruppe. Hier sind
  hauptsächlich die Risiken in der Vernachlässigung bestimmter finanz-
  schwacher Käufergruppen, in Qualitätsminderungen der angebotenen
  Produkte und in Verzerrungen kommunikativer Beziehungen zu sehen. Nahezu spiegelbildlich verhalten sich dazu die Chancen des privatwirtschaftlichen Arrangements: Mehr Auswahlmöglichkeiten und
  Konsumfreiheit, mehr Möglichkeiten zur Bedarfsbefriedigung, niedrige Preise.

– Auf der dritten Ebene kommen die *professionellen Kommunikatoren*, also
  hauptsächlich die Journalisten, ins Spiel. Die Kosten, die sie unter den

Bedingungen der Kommerzialisierung zu erbringen haben, sind sinkende Beschäftigungschancen als Folge der Monopolbildung, ideologisch einseitiger Druck von oben, Überlagerung professioneller Interessen durch finanzielle Gesichtspunkte. Dem stehen nun Chancen gegenüber, die auf mehr Arbeitsplätze, Honorierung von Innovation und Leistung sowie geringe ideologische Einmischung bei wirtschaftlichem Erfolg hinauslaufen.

– Die vierte und letzte Ebene nennt McQuail „Personen, die als *soziale Handlungsträger* oder *soziale Agenten* kommunizieren möchten" (McQuail 1986: 636). Es handelt sich dabei offenbar um den Kreis der mit unterschiedlicher Sanktionsgewalt ausgestatteten Informanten der Journalisten im weitesten Sinne. Unter Bedingungen der Kommerzialisierung laufen die Risiken vor allem auf die Verzerrung des regelmäßigen Zutritts infolge unterschiedlich verteilter ökonomischer Macht und auf hohe Markteintrittskosten hinaus. Das bewirkt weiterhin Verzerrungen der Botschaften zu Lasten des sozialen Wandels und auf Kosten abweichender Meinungen. Andererseits stiftet Kommerzialisierung den Nutzen einer Preissteuerung des Marktzutritts. Randgruppen erhalten Artikulationschancen, weil die prinzipielle Freiheit, eigene Medien zu gründen, Botschaften transportabel macht, die unter Umständen mit wenig Aufwand verbreitet werden können.

Dieses Kosten-Nutzen-Modell von McQuail liest sich wie eine Aufzählung der kapitalismuskritischen Positionen einerseits und der liberalen Wertmaßstäbe andererseits. Aus der Perspektive der „Nutzenseite" von Kommerzialisierung wird auf den verschiedenen Ebenen die These variiert und illustriert, marktwirtschaftliche Institutionen (Wettbewerb, Privateigentum, freie Preisbildung, Konsumentensouveränität usw.) seien optimal in der Lage, wirtschaftliche Leistungsfähigkeit mit allgemeiner Kommunikationsfreiheit und weitgehender Handlungsautonomie der Journalisten zu verknüpfen.

Aus der Perspektive der „Kostenseite" ergibt sich das umgekehrte Bild: Privatwirtschaftliche Prinzipien stiften ungleich verteilte Kommunikationschancen, behindern sozialen Wandel und schnüren die professionellen Kommunikatoren in funktionswidriger Weise ein. Wie sich Kosten und Nutzen, Risiken und Chancen der Kommerzialisierung im gesellschaftlichen Prozeß der Massenkommunikation zueinander verhalten, ist ein politisch prinzipiell offenes Problem. Denis McQuails begriffliche Einkreisung des Problemfeldes von Organisation und Ökonomie der Medien unter dem Aspekt seiner fortschreitenden Kommerzialisierung ist beachtlich, weil sie uns vor einer eindimensionalen Problemverkürzung schützen kann und die Gestaltungsoffenheit des Systems Massenkommunikation reklamiert.

HORST RÖPER

Das Mediensystem der Bundesrepublik Deutschland

Vorbemerkungen

„Machtkampf der Mediengiganten" (*Süddeutsche Zeitung*), „Zwist Kirch-Springer geht in eine neue Runde vor dem Kadi" (*Frankfurter Rundschau*), „Offener Schlagabtausch" (*Kirche und Rundfunk*), „Aufmarsch der Bataillone" (*Die Zeit*), „Kirch und Springer schaden nicht nur sich selbst" (*Frankfurter Allgemeine Zeitung*): Solche Schlagzeilen über den jahrelangen Streit zwischen dem größten Verlagshaus der Bundesrepublik, dem Axel Springer-Konzern, und dem größten Filmhändler Europas, Leo Kirch, haben die Öffentlichkeit auf die sprunghaften Veränderungen im Mediengeschäft aufmerksam gemacht.

Dabei geht es den Medienkonzernen erkennbar darum, in der sich abzeichnenden „Informationsgesellschaft" möglichst große Marktanteile in der Wachstumsbranche Massenmedien zu erringen. Informationen, auch massenmedial verbreitete, erhalten darin einen steigenden Wert. Der Trend zur Freizeitgesellschaft läßt zudem die Nachfrage nach Unterhaltungsstoffen stetig steigen. In dieser Situation wollen sich die Großunternehmen durch Diversifikation in benachbarte Branchen und durch Internationalisierung ihrer Geschäfte einen wachsenden Marktanteil sichern.

Der Münchener Unternehmer Leo Kirch hat als einer der ersten die Wachstumschancen durch einen Verbund von bis dahin meist noch getrennt agierenden Firmen im AV- und Printmedienmarkt gesehen. Seine Beteiligung am Springer-Konzern diente diesem Ziel. Kirch, der jahrzehntelang seine Umsätze im wesentlichen durch den Verkauf ausländischer Filmproduktionen an öffentlich-rechtliche Anstalten erzielt hatte, beteiligte sich (zunächst verdeckt) auch am privaten Fernsehsender SAT.1. Er wurde größter Gesellschafter dieses Unternehmens. Sein wichtigster Partner bei SAT.1 war der Springer-Konzern.

Zunächst deckten sich die Zielsetzungen beider Unternehmen. Der Springer-Verlag sollte durch eine gewogene Berichterstattung in seinen Programm-Zeitschriften und insbesondere in der Bild-Zeitung den Sender bekannt machen und seine Akzeptanz fördern. Bei Springer wiederum versprach man sich vom privaten Rundfunk eine erhöhte Nachfrage nach Printprodukten, insbesondere nach Programmzeitschriften. Die beiden

Partner übernahmen damit Konzepte, die beispielsweise der australische Medien-Multi Rupert Murdoch im internationalen Mediengeschäft bereits praktizierte.

Trotz der eigenen Dynamik dieser Springer-Kirch-Connection zeigt der Fall exemplarisch die Merkmale der heutigen Medienlandschaft und deren Entwicklung aus der Perspektive von Großunternehmern:

- Zur Etablierung von privaten Rundfunkbetrieben bedarf es zumindest im Fernsehmarkt eines hohen Kapitaleinsatzes, der offensichtlich selbst die Finanzkraft einzelner Konzerne übersteigt.

- Diese Etablierung kann durch einen Medienverbund mit Printmedienbetrieben ganz wesentlich gefördert werden.

- Die Gründung von neuen Printmedien scheint in den weitgehend gesättigten Märkten kaum erfolgversprechend. Einen Medienverbund können Rundfunkbetriebe also nur mit etablierten Verlagsunternehmen eingehen.

- Andererseits sind auch die Verlagsunternehmen nicht in der Lage, aus eigener Kraft im Fernsehmarkt zu agieren. Ihnen fehlen das Know-how und die Verbindungen zu den internationalen Märkten, insbesondere zur internationalen Filmindustrie.

Synergie-Effekte werden aber nicht nur auf der internationalen oder nationalen Ebene durch einen Medienverbund erzielt. Sie werden auch in regionalen oder lokalen Märkten realisiert, z.B. zwischen Zeitungsverlagen oder Anzeigenblattproduzenten und lokalen/regionalen Hörfunkstationen. Solche intermediären Konzentrationstendenzen stehen im Zentrum dieses Beitrages über das Mediensystem der Bundesrepublik Deutschland und seine ökonomischen Grundlagen – den zentralen Einflußfaktor für die Wirklichkeitsentwürfe von Presse und Rundfunk.

Zunächst jedoch sind die Entwicklungen einzelner Medientypen und deren Märkte isoliert voneinander zu beschreiben. Ausgangspunkt bilden die Printmedien, insbesondere Zeitungen und Zeitschriften.

1. Printmedien

1.1 Entwicklung nach dem Zweiten Weltkrieg

Schon während des Zweiten Weltkrieges hatten sich die Alliierten darauf verständigt, den Deutschen zunächst jede Art der Herausgabe von Medien zu verbieten und später unter alliierter Kontrolle neue Medien zuzulassen. Lizenzen für Zeitungen und Zeitschriften sollten an jene vergeben werden, die aus der Zeit des Nationalsozialismus nicht vorbelastet waren.

Den Medien räumten die Alliierten hohe Bedeutung für ihr Ziel ein, die Deutschen zu Demokraten umzuerziehen (Reeducation).

Die ersten Lizenzen für neue Zeitungen wurden bereits im Juni 1945 vergeben. Damit begann die Phase der sogenannten Lizenzpresse, in der insgesamt 176 Lizenzen für Zeitungen vergeben wurden. Die vier Besatzungsmächte setzten aber in die von ihnen ausgesuchten Lizenznehmer zunächst selbst nur bedingtes Vertrauen. Nicht alle verzichteten auf eine Kontrolle der Presse. Die Phase der Vorzensur, also der Vorlage der Publikationen vor der Veröffentlichung, währte in den drei Westzonen allerdings nicht lange. Bereits nach einigen Monaten begnügten sich die Alliierten mit einer Nachzensur.

Im September 1949, einen Tag, nachdem in den vereinigten drei Westzonen unter Führung Konrad Adenauers die erste Bundesregierung gebildet worden war, hob die Alliierte Hochkommission den Lizenzierungszwang auf. Obwohl die Lizenzphase nur gut vier Jahre dauerte, wurden damals viele Titel geschaffen, die auch die heutige Medienlandschaft noch prägen, z.B. Zeitungen wie die *Frankfurter Rundschau*, die *Süddeutsche Zeitung*, die *Rhein-Neckar-Zeitung* oder die *Westdeutsche Allgemeine Zeitung*. Auch *Der Spiegel*, *Die Zeit* oder der *Stern* sind unter alliierter Kontrolle entstanden. Später sollte sich herausstellen, daß die Lizenz zur Herausgabe einer Zeitung oder einer Zeitschrift oft der erste Schritt für die Entwicklung bedeutender Verlage war, wie etwa des Springer-Konzerns. Die Lizenznehmer konnten ihre neuen Blätter vielfach fest im Markt etablieren.

Nach der Aufhebung der Lizenzpflicht erlebte der Pressemarkt einen Boom. In den ersten sechs Monaten nach der Freigabe wurden allein 400 neue Zeitungen herausgegeben. Zum großen Teil hatten diese Titel Tradition, denn nach der Aufhebung des Lizenzzwangs meldeten sich insbesondere die Alt-Verleger mit ihren Publikationen zurück.

Mit dem Begriff „Alt-Verleger" wurden jene Unternehmer bezeichnet, die schon vor 1945 verlegerisch tätig gewesen waren und wegen ihrer Verstrickung in den Nationalsozialismus zunächst keine Erlaubnis zur Herausgabe der alten Titel erhielten. In der Folge entwickelte sich ein harter Konkurrenzkampf zwischen den wiederbelebten alten und den neuen Titeln. Manche Zeitung überlebte diesen Konkurrenzkampf nicht und wurde bald eingestellt (vgl. Koszyk 1986).

Der Markt wies aber weiterhin Lücken auf, die für Neugründungen genutzt wurden. 1960 hatte sich die Zahl der Zeitungstitel auf rund 500 eingependelt. Die Gesamtauflage war auf 15 Millionen geklettert. Während aber die Auflage bis in die 80er Jahre auf rund 25 Millionen Exemplare stieg, ging die Zahl der Titel seit 1960 wieder zurück. Noch rasanter stieg die Zahl der Zeitschriften: 1986 wurden in der Bundesrepublik knapp 7000 Titel verlegt[1].

Derzeit haben wir es mit gegenläufigen Trends im Pressemarkt zu tun: Die durchschnittliche Auflage der Zeitungen steigt, die der Zeitschriften stagniert oder nimmt sogar ab. Dies gilt insbesondere für den Urtyp der heutigen Publikumszeitschriften, die Illustrierten, die ein breites Themenfeld bearbeiten.

Der Käufer wendet sich inzwischen von den sogenannten „general interest"-Titeln mit einem breit gefächerten Themenangebot ab und wählt stattdessen zunehmend Lektüre, die genauer seine Interessengebiete abdeckt, sogenannte „special-interest"-Titel. Die Verlage haben sich auf dieses veränderte Kaufverhalten längst eingestellt und immer mehr themenzentrierte Blätter auf den Markt gebracht. Fehlschläge blieben dabei zwar nicht aus; andererseits haben viele neue Titel große Publika gewonnen. Dies gilt z.B. für *Auto-Bild*, *Geo*, *natur*, *Sports* oder – thematisch noch eingegrenzter – *Surfen* oder *Tennis*.

1.2 Zur aktuellen Struktur der Printmedien

Die Printmedien sind sowohl in ihrem Erscheinungsbild als auch in ihrer Verlagsstruktur heute sehr vielgestaltig. Trotz der auch in dieser Wirtschaftsbranche längst eingetretenen Konzentrationseffekte wird die Verlagsstruktur mehrheitlich von kleinen und mittleren Betrieben geprägt. 35 Prozent der Verlage beschäftigen weniger als 100 Mitarbeiter (vgl. Statistisches Bundesamt 1989: 13).

Insgesamt beschäftigten die Verlage 1989 rund 250000 Mitarbeiter, von denen allerdings gut 130000 als Teilzeitbeschäftigte arbeiteten (z.B. als Zusteller). Die Verlage erreichten einen Gesamtumsatz von 32,8 Milliarden Mark (vgl. Statistisches Bundesamt 1989: 12). Wichtigste Einnahmequelle ist der Anzeigenbereich und nicht – wie vielfach angenommen – der Vertrieb, also die Verkaufserlöse. Die Umsatzanteile sind bei den einzelnen Medientypen allerdings unterschiedlich. Auf sie wird in den Abschnitten über die wichtigsten Medientypen[2] noch eingegangen.

---

1 Unter dem Gattungsbegriff ‚Zeitschrift' werden sehr unterschiedliche Typen zusammengefaßt: Kundenzeitschriften, Amtsblätter, Mitgliederzeitschriften, Werkzeitschriften, Fachzeitschriften und die sogenannten Publikumszeitschriften. Ihre Zahl ist auch in den letzten Jahren weiter gestiegen, die Auflage allerdings nicht mehr so stark wie noch in den 60er Jahren.

2 Diese Medientypen definitorisch eindeutig zu trennen, fällt schwer. Generell ist auffallend, daß wichtige Begriffe in der Kommunikationswissenschaft oft unterschiedlich verwendet werden. Dies gilt z.B. für den Begriff ‚Presse'. Zum Teil wird er auch heute noch in seiner ursprünglichen Bedeutung als Sammelbegriff für die Printmedien verstanden. Andererseits werden damit auch die Medien in ihrer Gesamtheit, unter Einschluß insbeson-

1.2.1   Zeitungen

Den Begriff ‚Zeitung' definiert die amtliche Pressestatistik folgendermaßen:

> „Zeitungen sind alle periodischen Veröffentlichungen, die in ihrem redaktionellen Teil der kontinuierlichen, aktuellen und thematisch nicht auf bestimmte Stoff- oder Lebensgebiete begrenzten Nachrichtenübermittlung dienen, also in der Regel mindestens die Sparten Politik, Wirtschaft, Zeitgeschehen, Kultur, Unterhaltung sowie Sport umfassen und im allgemeinen mindestens zweimal wöchentlich erscheinen. Die Sonntagszeitungen, die die Nachrichtenlücke eines Tages schließen, werden hier einbezogen" (Statistisches Bundesamt 1989: 6).

Bestimmende Faktoren sind mit anderen Worten also die Periodizität („mindestens zweimal wöchentlich") und die Universalität („nicht auf bestimmte Stoff- oder Lebensgebiete begrenzte Nachrichtenübermittlung"). Ausnahmen sind dabei möglich (Sonntagszeitungen). Für Probleme der Zuordnung sorgt z.B. das *Handelsblatt*, das sich auf die Wirtschaftsberichterstattung konzentriert; es wird trotz begrenzter Universalität im Nachrichtenangebot als Zeitung definiert.

Abgrenzungsprobleme ergeben sich auch zu dem Typ solcher Wochenzeitungen, die nur eine lokale, allenfalls regionale Verbreitung haben. Sie werden in der Pressestatistik zu den Zeitschriften gezählt, obwohl einige zweimal wöchentlich erscheinen und nicht ausschließlich über das lokale Geschehen informieren, sondern auch andere Themen aufnehmen. Um Verwechslungen auszuschließen, werden sie deshalb im folgenden als lokale Wochenblätter bezeichnet.

Die Pressestatistik für 1989 verzeichnete 337 Hauptausgaben von Zeitungen. Sie definiert: „Hauptausgabe ist in der Regel die für den Verlagsort bestimmte Ausgabe einer Zeitung, in Zweifelsfällen die Ausgabe mit dem höchsten Anteil an der Gesamtauflage" (Statistisches Bundesamt 1989: 8). Neben diesen Hauptausgaben wurden 865 sogenannte Nebenausgaben verlegt, die sich in der Regel durch einen anderen Lokalteil von der Hauptausgabe unterscheiden. Diese Zeitungen erreichten eine Gesamtauflage von 20,9 Millionen Exemplaren.

---

dere des Rundfunks, gemeint, z.B. wenn von Pressefreiheit geprochen wird. Den Begriff ‚Rundfunk' haben die Medienreferenten der Bundesländer immer wieder neu definiert, um beispielsweise neuere technische Entwicklungen wie Bildschirmtext oder Videotext aus- oder einzugrenzen. Trotz dieser Definition wird unter ‚Rundfunk' irreführend oft nur der Hörfunk, nicht aber Hörfunk, Fernsehen und Videotext verstanden. Definitorische Probleme verursachen auch immer wieder Ungereimtheiten in der Medienstatistik, da selbst zentrale Begriffe wie 'Zeitung' oder 'Zeitschrift' oft unterschiedlich verwendet werden. So weit wie möglich halten wir uns deshalb hier an die Definitionen der Pressestatistik des Statistischen Bundesamtes (hier verstanden als „Printmedien"-Statistik).

Tab. 1: Bedeutende Wochen- und Sonntagszeitungen

Die Zeit, Hamburg	501.000
Bayern Kurier, München	156.000
Diese Woche, Hamburg *	ca. 150.000
Wochenpost, Berlin	111.000
Rheinischer Merkur/Christ und Welt, Koblenz	113.000
Deutsches Allgemeines Sonntagsblatt, Hamburg	89.000
Wochenzeitungen gesamt	1.120.000
Bild am Sonntag, Hamburg	2.458.000
Welt am Sonntag, Hamburg	399.000
Sonntagszeitungen gesamt	3.857.000

Auflagenzahlen für 1. Quartal 1993 nach ivw; * nach Verlagsangaben

Tab. 2: Boulevard-Zeitungen

Bild, Hamburg	4.230.000
Express, Köln/Düsseldorf	426.000
B.Z., Berlin	339.000
Abendzeitung, München	223.000
Hamburger Morgenpost	174.000
tz, München	166.000
Berliner Kurier	160.000
Morgenpost Sachsen, Dresden	144.000
Mitteldeutscher Express, Halle	68.000
Boulevard-Zeitungen gesamt	5.930.000

Auflagen für das 1. Quartal 1993 nach ivw

Dieser Wert ist seit einigen Jahren relativ stabil; die Verlage scheinen das Marktpotential nunmehr ausgeschöpft zu haben. Mit größeren Steigerungsraten ist nicht mehr zu rechnen. Eigenständige Typen stellen die Wochen- und Sonntagszeitungen dar (s. Tabelle 1).

Neben dieser Unterscheidung nach der Erscheinungsweise wird bei Zeitungen auch nach der Vertriebsart in *Abonnementzeitungen* und *Straßenverkaufszeitungen (Boulevardzeitungen)* differenziert. Marktführer ist mit großem Abstand zur Konkurrenz der einzige bundesweit verbreitete Titel, die Bild-Zeitung.

Bedeutendster Zeitungstyp in der Bundesrepublik ist die täglich erscheinende Abonnementzeitung, und zwar jene mit lokaler oder allenfalls regionaler Verbreitung. Die 326 Abonnementzeitungen erreichten mit ihren 1 162 Ausgaben eine Gesamtauflage von 14,8 Millionen Exemplaren. Im Westen vertreiben insgesamt sechs Zeitungen den überwiegenden Teil ihrer Auflage außerhalb der Region ihres Verlagsstandortes; im engen sta-

Tab. 3: Überregionale Tageszeitungen

Süddeutsche Zeitung, München	394.000
Frankfurter Allgemeine Zeitung	391.000
Die Welt, Hamburg/Berlin	212.000
Frankfurter Rundschau	214.000
Die Tageszeitung, Berlin	65.000
Überregionale Tageszeitungen gesamt	1.276.000

Auflagen für das 1. Quartal 1993 nach ivw

Tab. 4: Zeitungen nach Auflagenhöhe

unter 2.500	28
2.500 – 5.000	31
5.000 – 10.000	65
10.000 – 25.000	85
25.000 – 50.000	45
50.000 – 75.000	16
75.000 – 125.000	27
125.000 – 250.000	36
250.000 und mehr	10

Quelle: Pressestatistik 1990

tistischen Sinne sind dies die *überregionalen Zeitungen*. Der Begriff hat aber längst auch eine qualitative Dimension erfahren, so daß heute in der Regel von fünf überregionalen Zeitungen gesprochen wird (s. Tabelle 3).

Rund zwei Drittel des Umsatzes der Zeitungen werden durch Anzeigen erzielt, nur ein Drittel macht der Vertrieb aus. Bei den Straßenverkaufszeitungen und bei den Wochenzeitungen stammt der Umsatz in etwa je zur Hälfte aus beiden Bereichen. Der im Rahmen der Pressekonzentration ausgelöste Schwund an Titeln betraf insbesondere Zeitungen mit kleinen Auflagen. Dennoch erreicht noch heute rund ein Drittel aller Zeitungstitel nur Auflagen von unter 10 000 Exemplaren (s. Tabelle 4).

254 Zeitungen oder rund 75 Prozent aller Titel erreichen Auflagen unter 50 000 Exemplaren. Sie können damit als typisch für den bundesdeutschen Zeitungsmarkt angesehen werden.

1.2.2 Zeitschriften

Neben den Tageszeitungen haben in den Debatten über die Pressekonzentration die Zeitschriften eine erhebliche Rolle gespielt, deren Zahl im internationalen Vergleich immer noch sehr groß ist. 1990 wurden 8 106 Zeitschriften mit einer Gesamtauflage von 328 Millionen Exemplaren je Er-

Tab. 5: Zeitschriften-Typen

Typ	Anzahl Titel		Auflage in 1.000	
	1990	1976	1990	1976
Politische Wochenblätter	95	102	1.942	2.157
Konfessionelle Zeitschriften	318	288	7.500	8.697
Publikumszeitschriften	1.526	807	119.408	77.043
Fachzeitschriften mit überwiegend wissenschaftlichem Inhalt	1.446	1.083	9.640	6.541
Andere Fachzeitschriften	1.954	1.078	57.010	3.668
Kundenzeitschriften	112	98	51.931	39.487
Amtliche Blätter	1.293	300	2.823	827
Anzeigenblätter	1.001	–	63.495	–
Kommunale Amtsblätter	136	–	719	–
Sonstige Zeitschriften	125	88	13.360	3.905

Quelle: Pressestatistik 1976 und Pressestatistik 1990

scheinungstag herausgegeben. Diese Zeitschriften werden in der Bundespressestatistik unterschiedlichen Typen zugerechnet (s. Tabelle 5).

Diese Auflistung zeigt bereits, welche unterschiedlichen Publikationen in der Pressestatistik unter den Begriff Zeitschriften subsumiert werden. Statistisch werden Zeitschriften wie der *Stern* oder das kostenlos verteilte Blatt *Die kluge Hausfrau* zunächst gleich behandelt. Verkürzt kann man sagen, daß Zeitschriften alle periodisch erscheinenden Publikationen sind, die nicht zu den Zeitungen gehören. Die Pressestatistik definiert genauer:

> „Als Zeitschriften im Sinne der Pressestatistik werden alle periodischen Druckwerke mit kontinuierlicher Stoffdarbietung angesehen, die mit der Absicht eines zeitlich unbegrenzten Erscheinens mindestens viermal jährlich herausgegeben werden, soweit sie keine Zeitungen sind" (Statistisches Bundesamt 1989: 6).

Wesentlich sind unter anderem also eine redaktionelle, kontinuierliche Stoffdarbietung (z.B. im Unterschied zu Prospekten und Katalogen) und mindestens viermal jährliches Erscheinen (z.B. im Unterschied zu Jahrbüchern).

Anders als bei den Zeitungen ist die Titelzahl und die Auflage der Zeitschriften ständig gestiegen. Dies trifft auf fast alle Zeitschriftengruppen zu, wenn auch in unterschiedlichem Maße. Schon jetzt gilt die Bundesrepublik weltweit als das Land mit den meisten Zeitschriften. Die Zahl der Titel dürfte noch weiter steigen, denn seit einigen Jahren ist ein anhaltender Trend zur Segmentierung festzustellen. Dies gilt insbesondere auch für die Publikumszeitschriften. Thematisch eingeschränkte Blätter haben

Tab. 6: Marktanteile der größten Verlage

Verlag/	Marktanteil in %									Titelzahl	
Konzern	1974	1976	1978	1980	1982	1984	1986	1988	1992	1988	1992
	ungewichtet										
Bauer	20,6	21,3	20,53	20,53	19,88	20,15	19,20	19,52	19,76	28	28
Springer	8,9	8,5	8,44	8,44	8,17	10,55	10,20	9,61	8,93	14	14
Burda	21,4	18,5	12,17	12,17	12,18	11,34	10,72	10,40	6,81	15	10
Gruner+Jahr	8,4	7,6	6,67	6,67	6,51	5,84	7,74	6,56	6,23	15	17
Gesamt	59,3	55,9	47,81	47,81	46,74	47,88	47,86	46,08	41,73	72	69
	gewichtet										
Bauer	30,5	32,9	32,10	32,10	32,03	31,89	31,52	32,38	32,65		
Springer	13,7	13,3	12,99	12,99	13,02	16,98	17,57	16,84	15,95		
Burda	13,3	12,1	11,01	11,01	11,21	10,42	9,98	10,09	7,65		
Gruner+Jahr	8,8	8,2	6,06	6,06	5,85	5,02	7,00	6,33	6,25		
Gesamt	66,3	66,5	62,16	62,16	62,11	64,31	66,07	65,64	62,50		

Quelle: Röper 1992: 417.

sich inzwischen auf Kosten der Illustrierten ausgeweitet, wobei genauere Daten zu diesem Konkurrenzverhältnis aber nicht vorliegen. Der generelle Trend wird aber auch von Verlagen bestätigt. So schätzt der Verlagsleiter des *Stern*, Althans, daß allein die Zeitschrift *Geo* den *Stern* 50.000 Käufer gekostet habe. Die großflächigen Bildreportagen beispielsweise sind seitdem eben nicht mehr allein die Domäne des *Stern*.

Zielgruppen für neue Produkte werden von den Verlagen immer genauer definiert. So brachte der Bauer-Verlag neben der erfolgreichsten Jugendzeitschrift *Bravo* die Zeitschrift *Bravo-Girl* auf den Markt. Dieser Trend der Zielgruppenpräzisierung hat in den letzten Jahren zu erheblichen Umschichtungen unter den Zeitschriften geführt. Um so überraschender ist, daß die vier großen Verlage von Publikumszeitschriften ihren summarischen Marktanteil seit Jahren fast konstant gehalten haben.

Der Hamburger Heinrich Bauer-Konzern ist mit Abstand der größte Verlag von Publikumszeitschriften. Dies gilt nicht nur für die Bundesrepublik; zusammen mit den im Ausland verlegten Zeitschriften gilt Bauer als auflagenstärkster Verlag in Europa. Mit einem Anteil von knapp einem Drittel der Auflage hat der Bauer-Konzern in der Bundesrepublik eine Größe erreicht, die nach den Kriterien der Günther-Kommission eine „Gefährdung der Pressefreiheit" darstellt. Der Springer-Verlag ist mit seinem Marktanteil sogar zu einer „Beeinträchtigung der Pressefreiheit" geworden. Die Verlage Burda und Gruner + Jahr liegen unterhalb dieser kritischen Schwellen. Ihr Marktanteil ist, verglichen mit 1974, zurückgegangen.

Bei den Publikumszeitschriften belegt Tabelle 7 die enorme Zahl der Neugründungen. Von 1970 bis 1988 wurde die Titelzahl fast verdoppelt. Durch die parallel überproportional steigende Auflage wuchs die durchschnittliche Auflage pro Titel lange Zeit. Seit etwa 1980 geht die durch-

Tabelle 7: Entwicklung der Titelzahl der Publikumszeitschriften

Verlag/Konzern	1970	1972	1974	1976	1978	1980	1982	1984	1986	1988	1992
Bauer	13	13	13	14	14	18	18	22	26	28	28
Springer	2	3	3	6	9	8	7	12	12	14	10
Burda	7	10	10	9	11	9	12	13	14	15	14
Gruner+Jahr	12	8	7	7	8	9	11	11	15	15	17
Gesamt	34	34	33	36	42	44	48	58	67	72	69
Publikumszeitschr. ges.	237	206	207	217	255	267	295	340	385	449	519
davon Konzerntitel in %	14,3	16,5	15,9	16,6	16,5	16,5	16,3	17,1	17,4	16,0	13,3
Durchschnittsaufl. aller Publikumszeitschriften in Tausend Exemplaren	255	304	326	345	306	317	303	278	265^2	234^2	235
Durchschnittsauflage der Konzernzeitschr. in Tausend Exemplaren	1011	1090	1212	1164	921	919	870	780	728	673	737

Quelle: Röper 1992: 419.

Tab. 8: Auflagenentwicklung der Anzeigenblätter

Jahr	Titelzahl	Auflage in Mio.	Netto-Anzeigen-Index Umsatz in Mrd.	
1970	?	8	–	–
1975	250	11,5	–	–
1980	703	32,5	–	–
1985	952	49,3	1,22	100,0
1989	984	52,9	1.81	148,4
1990	1.141	65,6	1,97	161,5

Quelle: BVDA 92

schnittliche Auflage pro Titel aber zurück. Dies gilt auch für die Zeitschriften der vier größten Verlage. Ihre durchschnittlichen Auflagen pro Titel liegen aber immer noch weit über dem Branchenschnitt.

1.2.3 Anzeigenblätter

Die Anzeigenblätter haben bundesweit seit den 70er Jahren einen enormen Aufschwung genommen. Anzeigenblätter werden Druckerzeugnisse genannt, die überwiegend Anzeigen aufweisen und in einem bestimmten Gebiet kostenlos an die Haushalte verteilt werden.

Von den etablierten Zeitungsverlegern anfangs zumeist unbeachtet, wuchsen sie vielerorts zur ernsthaften Konkurrenz für die Zeitungen heran, zumindest auf dem Anzeigenmarkt. Inzwischen haben auch die Zeitungsverlage auf diese Konkurrenz reagiert. Sie kauften bestehende Blätter auf oder beteiligten sich daran; sie gründeten eigene Anzeigenblät-

Tab. 9: Erscheinungsweise der Anzeigenblätter 1990

Erscheinungsweise	Titelzahl	Auflagenhöhe in Mio.
wöchentlich	884	49
14täglich	59	2
monatlich	41	1,7

Quelle: BVDA 92; Stand: 1. 1. 1992.

ter, um bereits existierende, verlagsfremde Blätter vom Markt zu
verdrängen oder schlicht um Märkte zu besetzen. In einer Studie über
Niedersachsen wurde beispielsweise 1988 festgestellt, daß 37 der 59
niedersächsischen Zeitungsverlage eigene Anzeigenblätter herausgeben.
Diese Blätter erreichen etwa 40 Prozent der Gesamtauflage in
Niedersachsen (vgl. Pätzold/Röper 1989b). Im Rahmen einer anderen
Studie über Nordrhein-Westfalen wurde ermittelt, daß dort neun der
zehn auflagenstärksten Anzeigenblatt-Produzenten Zeitungsverlage sind
oder mit diesen verbunden sind (vgl. Pätzold/Röper 1992).

Die Datenlage bei Anzeigenblättern war vor allem in Bezug auf die
Auflagenzahlen lange Zeit unbefriedigend. Inzwischen werden auch bei
Anzeigenblättern die Auflagenzahlen kontrolliert, so daß die Daten wohl
valider geworden sein dürften. Immer noch fehlt allerdings ein vollständiger Überblick über diese Medienbranche, die also weit weniger erschlossen ist, als etwa der Zeitungsmarkt. Zum Teil mag dies auch darauf
zurückzuführen sein, daß die Bewegungen im Markt (Einstellen bzw.
Neuerscheinen von Titeln) immer noch deutlich stärker sind als bei anderen Medien. Diese branchentypischen Bewegungen machen Marktüber-
sichten mit absolut sicheren Daten nahezu unmöglich.

Der Bundesverband Deutscher Anzeigenblätter (BVDA) gibt für 1990
eine Gesamtzahl von 1 141 Titeln mit einer Gesamtauflage von rund 65
Millionen Exemplaren an. Berücksichtigt man die Steigerungsraten, dek-
ken sich diese Daten in etwa mit der Pressestatistik, die für 1990 bei einer
Zahl von 1 001 Titeln eine Auflage von 63,5 Millionen feststellte (vgl. Statistisches Bundesamt 1991). Die Zeiten des sprunghaften Wachstums scheinen inzwischen zwar vorbei, die Branche hat andererseits aber offenbar
immer noch nicht die Sättigungsgrenze erreicht. Anzeigenblätter gedeihen
vor allem in großstädtischen Ballungsgebieten und haben in ländlichen
Regionen deutlich weniger Erfolg. Der größte Teil der Anzeigenblätter erscheint nach einer Untersuchung des BVDA inzwischen wöchentlich, einige Blätter erscheinen sogar zweimal wöchentlich.

1.2.4 Lokale Wochenblätter

Die Anzeigenblätter sind nicht nur zu einer Konkurrenz für die Tageszeitungen geworden. Sie bedrängen insbesondere auch den Typ der *lokalen*

Wochenblätter. Diese in der Regel nicht sehr umfangreichen Blätter mit einem meist eng begrenzten Verbreitungsgebiet, das ihnen in der Berichterstattung eine Konzentration auf das heimische Gebiet erlaubt, haben gegen die Konkurrenz der Anzeigenblätter einen schweren Stand. Probleme entstehen durch die Konkurrenz insbesondere bei den Anzeigenerlösen. Die Anzeigenblätter bieten der werbenden Wirtschaft eine hohe Abdeckung der Haushalte und sind deshalb sehr beliebt bei den Inserenten. Diese hohe Haushaltsabdeckung und die damit verbundene Reichweite können die lokalen Wochenblätter ihren Anzeigenkunden nicht bieten. 1986 erreichten sie eine durchschnittliche Auflage von nur gut 5000 Exemplaren. Auch die Tageszeitungen erreichen in der Regel weniger Haushalte als die Anzeigenblätter.

Viele Lokale Wochenblätter sind deshalb in den letzten Jahren eingestellt worden. Allein von 1979 bis 1989 verringerte sich ihre Zahl laut Pressestatistik von 117 auf 86. In einzelnen Regionalstudien wurde ein prozentual noch größerer Schwund festgestellt. So verschwanden in Nordrhein-Westfalen zwischen 1981 und 1984 10 von 33 Titeln (vgl. Pätzold/Röper 1992: 21 f.). In Niedersachsen existierten 1988 nur noch 5 lokale Wochenblätter (vgl. Pätzold/Röper 1989b). Einige Verleger entschlossen sich wegen der harten Konkurrenz der Anzeigenblätter, aus ihren lokalen Wochenblättern Anzeigenblätter zu machen.

1.3 Problem Pressekonzentration

Unter dem Begriff „Pressekonzentration", werden ökonomische (Anbieterkonzentration) und publizistische Konzentration (Angebotskonzentration) zusammengefaßt. Formen ökonomischer Konzentration sind:

– Auflagensteigerung durch Vertriebszugewinne
– Auflagensteigerung durch Vermehrung der verlegten Titel
– Auflagensteigerung durch Übernahme anderer Verlage.

Dabei ist zunächst unwichtig, ob die übernommene Firma der übernehmenden einverleibt oder als verbundenes Unternehmen rechtlich selbständig weitergeführt wird. Publizistische Konzentration – vielfach direkt verbunden mit ökonomischer Konzentration – wird entweder durch die Einstellung einzelner Produkte oder durch die Zusammenlegung von Produkten ausgelöst. Der Springer-Verlag hat beispielsweise – genau wie viele andere auflagenstarke Verlage – seine heutige Marktstellung auch durch Zukäufe erreicht. Für die Entwicklung vieler Verlage waren Zukäufe sogar entscheidender als die Steigerung der eigenen Auflage über Wachstum. In der Regel übernahmen jeweils größere Verlage kleinere Nachbarverlage, festigten damit in ihren bisherigen Märkten ihre Position oder weiteten ihr Verbreitungsgebiet in die Nachbarschaft aus. Vielfach

wurden die übernehmenden Verlage später selbst Opfer der Pressekonzentration, wenn sie von einem noch größeren Verlag übernommen wurden. Diese Kette ist bis heute nicht abgerissen.

Derartige Verlagsübernahmen vollziehen sich teilweise in Etappen: Der
größere Verlag übernimmt zunächst nur einen Teil des Kapitals, steigert
diesen Anteil im Laufe der Jahre dann oft bis zur vollständigen Übernahme. Parallel dazu entwickelt sich oft auch die betriebliche Kooperation.
Am Anfang steht häufig eine Zusammenarbeit im Vertrieb, die dann über
die Werbung und die Produktion bis in den Bereich der Redaktion ausge-
baut wird.

Bemessungsgrundlage für die Pressekonzentration sind Marktanteile in
den einzelnen Mediengattungen (z.B. Zeitung), unter Umständen noch
weiter differenziert (z.B. Abonnement- und Kaufzeitungen), auf bestimmten Märkten (bundesweit, landesweit, lokal). Einen Spezialfall stellt die
Konzentration der überregionalen Berichterstattung von Zeitungen dar.
Die meisten Tageszeitungsverlage unterhalten keine eigene Hauptredaktion, in der jener Stoff verarbeitet wird, der nicht das lokale Geschehen betrifft; sie übernehmen die überregionale Berichterstattung von anderen
Verlagen.

1989 gab es in Westdeutschland nur noch 120 Hauptredaktionen.
Einige davon produzierten für mehrere andere Verlage. Zu diesen gehört
z.B. die Hauptredaktion der *Hannoverschen Allgemeinen Zeitung*; 13 Zeitungen aus anderen Verlagen erscheinen mit diesem Hauptteil. Gemessen an
der Auflage aller in Niedersachsen verkauften Abonnementzeitungen ergibt sich für diese Zeitungsgruppe ein Marktanteil von knapp 25 Prozent.
Der Verlag der *Hannoverschen Allgemeinen Zeitung* hat dadurch in Niedersachsen einen publizistischen Einfluß gewonnen, der allein aus der Anbie-
terstruktur bzw. aus der Angebotsstruktur des Zeitungsmarkt so nicht erkennbar wird.

Eine zentrale Bedeutung kommt der Marktstellung der einzelnen Zeitung zu. Unter ökonomischen Aspekten versteht man darunter die Rangfolge der Zeitungen nach ihrem Auflagenanteil im Verbreitungsgebiet.
Der jeweils führenden Zeitung, der sogenannten Erstzeitung, fließt praktisch automatisch der größere Teil der Anzeigen zu. Zeitungen in nachrangiger Marktstellung haben es wesentlich schwerer.

„1985 setzten von den damals insgesamt 367 Abonnementtageszeitungen primär lokaler/regionaler Verbreitung nicht weniger als 319 (86,9%) den überwiegenden Teil ihrer Auflage auf Märkten ab, auf denen sie die Position des
marktanteilsstärksten (51,2%) oder sogar des alleinigen (35,7%) Anbieters
zeitungsvermittelter Lokalinformation hielten. An der Verkaufsauflage der lo-
kalen/regionalen Abonnementzeitungen von insgesamt 13,7 Millionen Stück
betrug der Anteil der in diesem Sinne marktbeherrschenden Blätter 12,3 Millionen Stück (89,6%). Von den restlichen 48 Zeitungen (13,1%), die ihre Aufla-

ge von insgesamt 1,4 Millionen Stück (10,4%) überwiegend in nachrangiger Marktposition verkaufen mußten, waren viele durch Kapitalbeteiligung oder auch Kooperationsvereinbarungen dem örtlich führenden Wettbewerber verbunden" (Bundesregierung 1986: 51).

Diese Merkmale des Zeitungsmarktes verweisen auf wesentliche publizistische Aspekte. Kooperationsvereinbarungen z.B. im Vertrieb waren oft die Vorboten für einen insgesamt eingeschränkten Wettbewerb zwischen konkurrierenden Blättern. Häufig folgte darauf eine Kooperation im redaktionellen Bereich. Kapitalbeteiligungen schließlich, also ökonomische Konzentration, hatten in der Regel auch publizistische Konzentration zur Folge. Diese publizistische Konzentration weist viele Erscheinungsformen auf: Einzelne Produkte der Zeitungen werden vereinheitlicht (etwa das Rundfunkprogramm oder die Wochenend-Beilage), Lokalteile werden zusammengelegt, die Verbreitungsgebiete der Zeitungen werden gegeneinander abgegrenzt, so daß die Wahlmöglichkeit unter verschiedenen Blättern für den Leser entfällt oder Zeitungen werden eingestellt. Anzeigenseiten zu vereinheitlichen, ist für die Verlage besonders gewinnträchtig. Der Anzeigenkunde soll so gezwungen werden, in allen Zeitungen zu inserieren.

In vielen Gebieten erscheinen heute zwar noch mehrere Zeitungen. Sie werden aber oft von einem Verlag produziert (z.B. in Aachen, Bremen und Teilen des Ruhrgebiets) oder stammen aus Verlagen, die vollständig oder in Teilen einem anderen Verlag gehören (z.B. in München, Köln, Hamburg, Berlin). Bei derartigen Anbieterkonstellationen besteht die Gefahr, daß das unterschiedliche redaktionelle Angebot ausgedünnt wird.

Zwei Beispiele sollen diese Spielart der Pressekonzentration verdeutlichen. In Bremen werden von einem Verlag die beiden einzigen ortsansässigen Zeitungen verlegt: der *Weser-Kurier* und die *Bremer Nachrichten*. In den letzten Jahren wurden nach und nach einzelne Redaktionen der *Bremer Nachrichten* aufgelöst. Das Blatt übernimmt heute vom *Weser-Kurier* alle redaktionellen Teile bis auf den Politikteil. In Nordrhein-Westfalen werden in einigen Gebieten unterschiedliche überregionale Zeitungsteile mit identischem Lokalteil angeboten. Im Kreis Unna etwa erscheinen vier Zeitungen, die aber nur zwei verschiedene Lokalteile anbieten.

Dieses vielgestaltige Erscheinungsbild der bundesdeutschen Zeitungslandschaft erschwert jede Art von Zeitungsstatistik, macht sie zum Teil fast unmöglich. Summarische Angaben über den bundesdeutschen Zeitungsmarkt sollten deshalb sehr vorsichtig interpretiert werden. Dies gilt z.B. für Angaben über regionale Teilmärkte und für Angaben über die sogenannte Zeitungsdichte. Unter der Zeitungsdichte wird das Angebot von unterschiedlichen, lokal informierenden Zeitungen in einem Gebiet verstanden.

Tab. 10: Einzeitungskreise und betroffene Bevölkerung

		Kreisfreie Städte/Kreise										Zeitungs-dichte φ
	insges.	davon: mit Zeitungsdichte										
		1	2	3	4	5	6	7	8	9	10	2,7
Bundesrepublik Deutschland (absolut)												
1954	558	85	162	190	89	28	2	–	1	–	1	2,3
1964	566	121	201	184	53	6	–	–	–	1	–	2,2
1967	564	145	228	152	35	3	–	–	1	–	–	1,7
1976	343	156	139	37	7	3	1	–	–	–	–	1,7
1979	331	150	133	38	5	4	–	1	–	–	–	1,7
1981	328	152	133	34	4	4	–	1	–	–	–	1,7
1983	328	154	132	32	4	5	–	1	–	–	–	1,7
1985	328	157	136	27	3	4	–	1	–	–	–	1,7
1989	328	160	132	28	2	5	–	1	–	–	–	1,7
Bundesrepublik Deutschland (in v.H.)												
1954	100	15,2	29,0	34,1	15,9	5,0	0,4	–	0,2	–	0,2	
1964	100	21,4	35,5	32,5	9,4	1,1	–	–	–	0,2	–	
1967	100	25,7	40,4	27,0	6,2	0,5	–	–	0,2	–	–	
1976	100	45,4	40,5	10,8	2,0	0,9	0,3	–	–	–	–	
1979	100	45,3	40,2	11,5	1,5	1,2	–	0,3	–	–	–	
1981	100	46,3	40,5	10,4	1,2	1,2	–	0,2	–	–	–	
1983	100	46,9	40,2	9,8	1,2	1,5	–	0,2	–	–	–	
1985	100	47,9	41,4	8,2	0,9	1,2	–	0,3	–	–	–	
1989	100	48,8	40,2	8,5	0,6	1,5	–	0,3	–	–	–	

Quelle: Schütz 1989: 740.

Die Zeitungsdichte ist einer der wesentlichen Gradmesser für publizistische Konzentration. Dies gilt insbesondere für die Quantifizierung von Monopolgebieten, die auch als Ein-Zeitungs-Kreise bezeichnet werden. Diese extreme Form der publizistischen Konzentration hat immer größere Teile des Bundesgebietes erfaßt (s. Tabelle 10).

In rund der Hälfte aller Kreise und kreisfreien Städte in Westdeutschland wird also nur noch eine Zeitung mit lokaler Information vertrieben. Von dieser Entwicklung sind insbesondere ländliche Gebiete mit geringer Einwohnerzahl (und dem damit verbundenen geringen Anzeigenaufkommen) und hohen Vertriebskosten betroffen. Längst gibt es Monopole aber auch in Großstädten wie Aschaffenburg, Osnabrück und Wuppertal.

Maßgeblich für statistische Angaben zur Zeitungsdichte ist die Existenz von Zeitungen, die sich in ihrem Hauptteil unterscheiden. Eine ausschließliche Betrachtung des Zeitungsangebots sagt auch in Mehr-Zeitungs-Gebieten noch nicht viel über den tatsächlichen Wettbewerb aus. Vielerorts erscheinen die beiden einzigen Zeitungen im selben Verlag (wie z.B. in Bremen). Echter Wettbewerb ist dadurch ausgeschlossen. Man spricht deshalb von „unechten Wettbewerbsgebieten" (vgl. Lange/Pätzold 1983: 170 f.). Derartige Marktverhältnisse sind in den einschlägigen Pressestatistiken allerdings nicht berücksichtigt. Auch das mindert ihren Wert und sollte zur Vorsicht bei einer Interpretation der Daten führen.

Ein zweiter wichtiger Gradmesser für die publizistische Konzentration ist die Zahl der Hauptredaktionen. Zeitungen mit demselben Hauptteil – oder zumindest mit identischen ersten beiden Seiten – werden zu sogenannten Publizistischen Einheiten zusammengefaßt (s. Tabelle 11). Der Aussagewert der Publizistischen Einheit wurde jedoch lange Zeit überbewertet. Die zentrale Leistung von regionalen Tageszeitungen ist nicht die Berichterstattung über das überregionale Geschehen, sondern die Berichterstattung aus der Region.

Tabelle 11: Zeitungsstatistik im Überblick

Jahr	Publizistische Einheiten		Verlage als Herausgeber	
	absolut	Index 1954=100	absolut	Index 1954=100
1954	225	100	624	100
1964	183	81	573	92
1967	158	70	535	86
1976	121	54	403	65
1979	122	54	400	64
1981	124	55	392	63
1983	125	56	385	62
1985	126	56	382	61
1987	121	54	(375)	(60)
1989	119	53	358	57
	Ausgaben		Verkaufte Auflage in Mio. Stück	
	absolut	Index 1954=100	absolut	Index 1954=100
1954	1500	100	13,4	100
1964	1495	100	17,3	129
1967	1416	94	18,0	134
1976	1229	82	19,5	146
1979	1240	83	20,5	153
1981	1258	84	20,4	152
1983	1255	84	21,2	158
1985	1273	85	20,9	156
1987			20,7	155
1989	1344	90	20,3	152

Quelle: Schütz 1989: 770.

Die seit 1975 erhobene offizielle Bundespressestatistik gibt über die publizistische und ökonomische Konzentration der Tagespresse ein nur unzureichendes Bild. Sie basiert auf Daten, die von den Verlagen gemeldet werden. Sie ist also im wesentlichen eine Unternehmensstatistik. Dabei orientiert sie sich an den formal-juristisch unabhängigen Unternehmen; Kapitalverhältnisse und insbesondere Kapitalbeteiligungen anderer Verlage bleiben unberücksichtigt. Im Rahmen der Pressekonzentration ist die

formal-juristische Eigenständigkeit von Verlagen häufig auch dann gewahrt worden, wenn das Kapital vollständig von anderen Verlagen übernommen worden war. Ausschlaggebend dafür sind z.B. steuerrechtliche
Gründe. Ein vollständiger Überblick über die Besitzverhältnisse der Verlage fehlt, so daß kaum Aussagen über die Pressekonzentration nach den
Besitzverhältnissen gemacht werden können.

Nur für die zehn auflagenstärksten Zeitungsverlags-Unternehmen werden von der Fachzeitschrift *Media Perspektiven* Daten unter Berücksichtigung der Kapitalstrukturen veröffentlicht. Diese Dokumentation faßt Verlage nach Kapitalbeteiligungen zu Verlagsgruppen zusammen (vgl. Röper
1989a).

Pressekonzentration und Politik

Der Hamburger Springer-Konzern ist der mit großem Abstand auflagenstärkste Verlag. Die hohe Gesamtauflage und die spezifische Berichterstattung der *Bild-Zeitung* hatte während der Studentenunruhen Ende der 60er
Jahre zu der Forderung „Enteignet Springer" geführt. Das Problem der
Pressekonzentration wurde zu jener Zeit in der Öffentlichkeit intensiv diskutiert. Im Bundestag sprachen sich alle Parteien für den Erhalt der ver-
bliebenen Pressevielfalt aus. 1967 setzte die damalige Bundesregierung die
sogenannte Günther-Kommission ein. Sie erhielt den Auftrag „zur Untersuchung der Gefährdung der wirtschaftlichen Existenz von Presseunternehmen und der Folgen der Konzentration für die Meinungsfreiheit in der
Bundesrepublik".

Die Kommisssion legte 1968 ihren Bericht vor, der eine Reihe von Vorschlägen zur Stärkung der Pressevielfalt enthielt. Zur gleichen Zeit meldeten sich auch andere Gruppen mit Vorschlägen zu Wort: Parteien, Gewerkschaften und der Zeitungsverleger-Verband. Einige dieser Vorschläge werden im folgenden kurz skizziert – unterteilt nach Vorschlägen, die
sich innerhalb des geltenden Systems realisieren lassen und jenen, die
darüber hinausgehen.

Eine Reihe von Vorschlägen wurde zur Förderung der Vielfalt und zur
Intensivierung des Wettbewerbs gemacht. Insbesondere die Verleger, aber
auch die Gewerkschaft IG Druck und Papier und die Günther-Kommission schlugen Subventionen und Steuervergünstigungen vor allem für
kleinere und mittlere Verlage vor. Das Ziel war also der Erhalt der in ihrer
unabhängigen Existenz als besonders gefährdet angesehenen Verlage.
Wenn der Erhalt der Verlage nicht zu sichern war, sollten Übernahmen
durch konkurrierende Verlage möglichst verhindert werden. Eine verschärfte Fusionskontrolle durch die Kartellbehörden sollte diesem Ziel
dienen. Zunehmende ökonomische Konzentration sollte so verhindert
werden.

Andere Vorschläge, z.B. aus der SPD, gingen noch weiter. Danach sollten als zu groß erachtete Unternehmensgruppen entflochten, also in kleinere Betriebe zerlegt werden. Maßgeblich dafür sollte das Überschreiten bestimmter Auflagenhöhen und Auflagenanteile sein. Ähnlich gelagert waren Vorschläge zur Begrenzung von Marktanteilen oder auch der Gesamtauflage einzelner Unternehmen.

Als Ursachen für die Pressekonzentration waren die privat-wirtschaftliche Organisation der Presse und die ihr immanente Orientierung an den Profitinteressen des Kapitals ausgemacht worden. Einige Vorschläge liefen deshalb darauf hinaus, diese Organisation zu überwinden. Z.B. sollten Printmedien ähnlich wie der Rundfunk in öffentlich-rechtliche Verantwortung überführt werden. Andere Autoren schlugen Stiftungen und Genossenschaften als wirtschaftliche Träger vor.

Alle Bundesregierungen haben sich aber mit solchen Reformen schwer getan. Zum einen ist dies im Verfassungsgebot der Staatsferne der Medien begründet. So droht etwa bei einer Subventionierung einzelner Verlage die Gefahr unerlaubter Eingriffe des Staates in die Aussagenproduktion (nach welchen Kriterien wird subventioniert?). Zum anderen scheuen Politiker publizistische Reaktionen von Verlegern bei Entscheidungen gegen ihre Interessen.

Die Debatte über die Pressekonzentration litt immer unter der fehlenden, allgemein akzeptierten Operationalisierung des Vielfalts-Postulats, das durch das Bundesverfassungsgericht mehrfach festgeschrieben worden ist. Wann ist die Pressevielfalt als gefährdet anzusehen? Diese Frage ist immer wieder unterschiedlich beantwortet worden. Gemäß den von der Günther-Kommission mehrheitlich verabschiedeten Werten stellt ein Anteil eines Verlages von 20 Prozent und mehr am Gesamtmarkt der Zeitungen oder der Zeitschriften eine „Gefährdung der Pressefreiheit" dar. Ein Anteil ab 40 Prozent wurde als „Beeinträchtigung der Pressefreiheit" angesehen. Danach stellt der Springer-Konzern mit seinem Marktanteil von rund 25 Prozent bei den Zeitungen heute eine Gefährdung der Pressefreiheit dar. Die Kommission hatte für Verlage mit einem doppelten Anbieterstatus im Zeitungs- und Zeitschriftenmarkt und bei Erreichen der kritischen Auflagenschwelle von 20 Prozent in einem Teilmarkt die Grenzen in dem anderen Markt auf 10 Prozent für eine Gefährdung und 15 Prozent für eine Beeinträchtigung der Pressefreiheit angesetzt.

Ein zweites Beispiel: Der Essener WAZ-Konzern und seine *Westdeutsche Allgemeine Zeitung*, heute die auflagenstärkste Abonnementzeitung in der Bundesrepublik, hat mehrere kleinere Verlage vollständig übernommen. Bis Anfang der 70er Jahre wurde die Eigenständigkeit der übernommenen Zeitungen aufgegeben. Sie wurden der WAZ einverleibt. Nur die drei großen Titel *Neue Ruhr/Rhein Zeitung*, *Westfälische Rundschau* und *Westfalenpost* blieben erhalten. Die vier Titel des Konzerns stehen untereinander

in großen Teilen ihrer jeweiligen Verbreitungsgebiete in publizistischer
Konkurrenz.

Unter anderem diese spektakulären Übernahmen durch die WAZ führten dazu, daß der Bundestag das Kartellrecht für die Verlagsbranche verschärfte. Die sogenannten Aufgreifkriterien wurden wesentlich herabgesetzt, so daß das Bundeskartellamt seitdem bei praktisch allen Fusionen
ab einer Höhe von 25 Prozent die Übernahme prüft. Als eines der Aufgreifkriterien gilt im Kartellrecht generell ein gemeinsamer Jahresumsatz
der beteiligten Unternehmen von 500 Millionen Mark; für den Presseb-
reich wurde diese Schwelle auf 25 Millionen Mark gesenkt.

Das Tempo der Pressekonzentration hat sich seitdem tatsächlich – allerdings auf dem erreichten hohen Niveau – merklich verlangsamt. Die
Bundesregierung führte dies in ihrem Medienbericht 1978 auf die verschärfte Fusionskontrolle zurück. „Dies anzunehmen, liegt gerade im Ta-
geszeitungsbereich nahe, weil bedeutende Zusammenschlüsse hier seit
dem Inkrafttreten der Pressefusionskontrolle nur noch vereinzelt vorge-
kommen sind" (Bundesregierung 1979: 3).

Das Bundeskartellamt besitzt allerdings keine Kompetenz für publizistische Aspekte der Medienkonzentration. Seine Zuständigkeit ist allein
darauf begründet, Wettbewerbsbeschränkungen zu verhindern. Entscheidend für diese Beurteilung ist in der Regel der Werbemarkt. So kann das
Kartellamt beispielsweise eine Fusion von konkurrierenden Verlagen untersagen, wenn sie auf dem Werbemarkt zu einer Einschränkung des
Wettbewerbs führen könnte. Explizit sind publizistische Kriterien für die
Arbeit der Kartellwächter also nicht maßgeblich. Implizit ist jede ihrer
Entscheidung allerdings von publizistischem Gewicht. Das Verbot der Fu-
sion konkurrierender Zeitungsverlage kann beispielsweise zum Erhalt von
Zeitungen führen.

1975 verabschiedete der Bundestag zudem das Gesetz über eine Pressestatistik, das alle Verlage verpflichtet, dem Statistischen Bundesamt
jährlich umfangreiche Daten über ihre Unternehmen zur Verfügung zu
stellen. Der Bundestag wollte sich mit diesen Daten einen Überblick über
die Entwicklung des Pressemarktes verschaffen, um insbesondere die
Pressekonzentration beobachten und gegebenenfalls mit weiteren Maßnahmen reagieren zu können. Trotz anhaltender Konzentration sind weitere Maßnahmen allerdings ausgeblieben.

1.4 *Printmedien in der DDR*

Wenn bisher von der „Bundesrepublik" die Rede war, so bezog sich dies
auf die alte Republik ohne das Territorium der ehemaligen DDR. Seit der
Vereinigung entwickelte sich allerdings auch schnell wieder ein gesamt-

deutscher Medienmarkt, der bisher pressestatistisch noch nicht vollständig erfaßt ist.

Die Gemeinsamkeiten der Mediensysteme der beiden Teile Deutschlands waren trotz der aus historischer Sicht nur kurzen Episode der DDR und trotz der langen gemeinsamen Geschichte gering. In der direkten Nachkriegszeit gab es zwischen der sowjetischen Zone und den anderen Besatzungszonen in einer kurzen Phase Gemeinsamkeiten in der Medienpolitik. Auch die Sowjetunion untersagte zunächst alle deutschen Massenmedien und führte zeitweilig den Lizenzzwang ein. Bei der Auswahl neuer Lizenznehmer für Zeitungen und Zeitschriften endeten die Gemeinsamkeiten aber bereits.

Erst nach der „Wende" ist im Westen im einzelnen bekannt geworden, wie das System der Massenmedien und jede einzelne Publikation in der DDR dann von der SED gelenkt wurden. Zwar waren auch vorher schon wesentliche Züge dieses Kontroll- und Leitungssystems bekannt; Details blieben allerdings verborgen. So wußten beispielsweise nur wenige Eingeweihte, daß Erich Honecker persönlich fast täglich die erste Seite des SED-Zentralorgans „Neues Deutschland" vorzensiert hatte.

Wichtigstes Organ für die Kontrolle der Medien war ein Sekretariat beim Zentralkomitee des SED. Ihm unterstanden die Abteilungen für Agitation, die das Tagesgeschäft besorgte, und die für Propaganda, zuständig für die längerfristigen Zielsetzungen. Das Zentralkomitee erließ direkte Weisungen an die Medien, insbesondere an die Nachrichtenagentur ADN und die wichtigste Zeitung der Republik, das *Neue Deutschland*. An den Beiträgen dieser beiden Medien konnten sich die Journalisten bis in die Provinz nicht nur orientieren, sondern wesentliche Teile der Berichterstattung aller Medien wurden aus diesen Quellen gespeist.

Dadurch stellte sich in der DDR das von der Partei gewünschte weitgehend homogene Erscheinungsbild der Presse ein. Da über diesen Weg nicht alle Berichterstattungsfelder abgedeckt werden konnten, wurden darüberhinaus alle Chefredakteure wöchentlich nach Ost-Berlin zusammengerufen, um dort vom Zentralkomitee weitere, zum Teil sehr detaillierte Weisungen zu erhalten. Diese Weisungen betrafen die politische Linie im allgemeinen, aber auch Details wie die Plazierung und – wohl noch wichtiger – die Unterlassung bestimmter Nachrichten. Wenn dennoch einzelne Abweichungen von der Linie der Partei auftraten, hatte der jeweilige Chefredakteur persönlich die Verantwortung zu tragen.

Auf organisatorischer Ebene bediente sich die SED im wesentlichen dreier Instrumente: Für die Herausgabe von Presseprodukten galt der Lizenzzwang. Alle Printmedien bekamen das Druckpapier zentral zugeteilt, so daß von daher nicht nur Einfluß auf den Umfang der Produkte genommen werden konnte. Für den Vertrieb von Presseprodukten war al-

lein die Deutsche Post der DDR zuständig; so konnte die Zustellung miß-
liebiger Produkte jederzeit unterbunden werden.

Eine direkte Vorzensur fand zwar durchweg nicht statt. Sowohl in der
Presse als auch im Rundfunk gab es aber wahrscheinlich in den meisten
Redaktionen inoffizielle Mitarbeiter des Ministeriums für Staatssicherheit
(Stasi), die schon vor Drucklegung bzw. Sendung mißliebige Beiträge zu-
rückhalten konnten. Hinzu kam ein weitgehend perfektes Selektions- und
Ausbildungssystem für Journalisten, für das vor allem die Sektion Journa-
listik an der Universität Leipzig zuständig war.

Der gesamte Rundfunk gehörte dem Staat. Im wesentlichen griffen
auch dieselben Kontrollmechanismen wie bei den Printmedien, wo sich
die wichtigsten Zeitungen und Zeitschriften der DDR in der Hand der
SED befanden. Dazu gehörte mit seiner Sonderstellung zunächst das Zen-
tralorgan *Neues Deutschland*. Zudem diverse hochauflagige Titel für bestimmte Gruppen, beispielsweise die *Junge Welt* der Jugendorganisation
FDJ oder die *Tribüne* des Freien Deutschen Gewerkschafts-Bundes. Von
hoher Bedeutung waren zudem die sogenannten Bezirkszeitungen. Für
jeden Bezirk der DDR gab die SED eine Zeitung heraus, die mit bis zu 23
Lokalteilen auch die lokale Berichterstattung übernahm. Diese 14 Zeitungen hatten den Löwenanteil an der Gesamtauflage der Tagespresse.

Hinzu kamen – wenngleich mit deutlich geringeren Auflagen – Zeitungen der Blockparteien CDU, LDPD und NDPD. Neben ihren jeweiligen
Zentralorganen verlegten diese Parteien Regionalzeitungen für jeweils
mehrere Bezirke. Die Lokalberichterstattung blieb so eine Domäne allein
der SED-Zeitungen. Insgesamt erschienen in der DDR zuletzt Tageszeitungen mit einer Gesamtauflage von 9 Millionen Exemplaren (vgl. Holzweißig 1989: 74).

Der Zeitschriften-Markt war mit insgesamt 542 Zeitschriften ebenfalls
gut besetzt. Diese Titel erreichten 1987 eine Gesamtauflage von 2,8 Millionen Exemplaren (vgl. Holzweißig 1989: 82). Zu den auflagenstärksten Titeln zählten drei Blätter aus dem größten Verlag der DDR, dem Berliner
Verlag, der ebenfalls zum Unternehmensbereich der SED gehörte: Die
Neue Berliner Illustrierte (rund 800 000 Exemplare); die Frauenzeitschrift
Für Dich (935 000) und die Programmzeitschrift *FF dabei* (1 500 000).

Etwas außerhalb dieses kontrollierten Mediensystems standen allein
einige kleinauflagige Medien der Kirchen. Ihnen wurde ein größerer Spielraum zugestanden, doch auch dies innerhalb von engen Grenzen.

2. Privater Rundfunk

Bis 1984 war der Rundfunk in der Bundesrepublik ausschließlich öffentlich-rechtlich organisiert gewesen. Diese Organisationsform – eine Reakti-

on auf den Mißbrauch des Rundfunks durch die Nationalsozialisten sowie auf begrenzte technische Verbreitungsmöglichkeiten, die einen marktwirtschaftlichen Wettbewerb ausschlossen – sollte dem Rundfunk die Rolle eines Kulturträgers sichern. Er unterliegt damit der Gesetzgebung der Länder (Kulturhoheit der Länder).

2.1 Entwicklung des privaten Rundfunks

Heute gibt es – vom bundesweiten Satellitenfernsehen bis zum lokalen Hörfunk – keinen Bereich des Privatfunks ohne Beteiligungen von Verlagen. Zu diesen Beteiligungen wurden die Verleger nicht genötigt. Sie haben durch ihre Verbandsgliederungen die Privatisierung des Rundfunks und ihre eigene Beteiligung daran über Jahrzehnte hartnäckig verfolgt und waren in ihrer Gesamtheit in der Bundesrepublik wohl der wichtigste Förderer des Privatfunks.

Den Verlegern ging es bei ihren Plänen im besonderen um die Werbeeinnahmen des Rundfunks. Diese Einnahmen hatten die öffentlich-rechtlichen Rundfunkanstalten Mitte der 50er Jahre für sich entdeckt. Gegen den Bayerischen Rundfunk und seine Werbetochter, die als erste die Hörfunkwerbung eingeführt hatten, klagte der Bundesverband Deutscher Zeitungsverleger (BDZV) 1956. Diese Klage blieb allerdings erfolglos. Der Bayerische Rundfunk durfte weiterhin seine Hörfunkwerbung senden. Andere öffentlich-rechtliche Anstalten folgten diesem Beispiel und erschlossen sich damit, neben den Gebühren, eine zweite Einnahmequelle.

Nachdem Diskussionen über ein zweites Fernsehprogramm aufgekommen waren, wurden einzelne Verleger erneut aktiv. Dieses Programm wollte die Freies Fernsehen GmbH veranstalten, die Ende 1958 von Tageszeitungsverlagen und der Industrie gegründet worden war. Zeitweilig schien diese Gesellschaft gute Chancen für ihr Projekt zu haben.

Die Bundesregierung und vor allem Bundeskanzler Konrad Adenauer verfolgten aber bald andere Interessen. Sie favorisierten die Deutschland Fernsehen GmbH, deren Anteile je zur Hälfte vom Bund und den Ländern getragen werden sollten. Die Gesellschaft sollte im wesentlichen nur als Anbieter des Programms agieren; die Produktion sollten private Firmen übernehmen. Das war der Grund für Verlage, neue TV-Firmen zu gründen oder sich an bestehenden zu beteiligen.

Doch das Bundesverfassungsgericht erklärte das „Adenauer-Fernsehen" für verfassungswidrig. So kam es zur Gründung des Zweiten Deutschen Fernsehens. Die Verleger resignierten deshalb aber nicht. Im November 1964 unterbreitete der Bundesverband Deutscher Zeitungsverleger den Vorschlag, „die Herstellung und Lieferung des gesamten Mainzer Programms einschließlich der Werbesendungen (zu) übernehmen" (vgl. BDZV 1964). Damit sollte der durch die aufgekommene Rundfunkwerbung angeblich verzerrte Wettbewerb der Medien untereinander wieder ausgeglichener werden. Die Ministerpräsidenten lehnten den Vorschlag im Frühjahr 1965 aber ab. Nachdem auch diese Bemühungen des BDZV, in den bundesweiten Rundfunk einzusteigen, nicht gefruchtet hatten, verlagerte der Verband seine Aktivitäten auf einzelne Bundesländer.

Anfang der 70er Jahre hatten die Zeitungsverleger auch den lokalen Rundfunk entdeckt. Da als Betreiber für Sender mit kleinen Verbreitungsgebieten die öffentlich-rechtlichen Anstalten ihrer Meinung nach nicht in Frage kamen, sollte der Lokalfunk über Werbeeinnahmen finanziert werden. Diese Finanzierung bot den Verlegern den Hebel, eigene Ansprüche an die Organisation eines Lokalfunks anzumelden. In einer Denkschrift des BDZV zum Thema „Lokalrundfunk und Presse" aus dem Jahre 1971 wurde dieser Anspruch umfassend formuliert.

Zur gleichen Zeit waren die Probleme der Pressekonzentration bereits deutlich erkennbar. Auch darauf ging der BDZV in seiner Denkschrift ein und behauptete, „[...] daß die Existenz mehrerer ‚Informationsunternehmen' im Lokalbereich nicht die Regel, sondern nur ein zeitweiliger ‚Glücksfall' sein kann" (BDZV 1971: 15). Überlegungen, durch den Lokalfunk den publizistischen Wettbewerb zu beleben, sahen die Verleger damit als obsolet an: „Aus diesem Grunde müssen alle Versuche, die Einzelstellung eines lokalen Informationsunternehmens durch Konkurrenzunternehmen zu ergänzen, an den wirtschaftlichen Gegebenheiten scheitern" (BDZV 1971: 15). Nach dieser Einleitung kamen die Verleger dann zu ihren Kernforderungen:

> „Die Finanzierung lokalen Rundfunks aus lokalen Werbeerlösen, die den Tageszeitungen entzogen würden, verstieße daher gegen die Verfassungsgarantie für die Presse im wirtschaftlichen Bereich. Aus diesen Tatsachen rechtfertigt sich die Forderung, den lokalen Rundfunk den privatwirtschaftlich geführten Zeitungen zu überlassen. [...] Lokaler Rundfunk wird sich zunächst auf Hörfunk beschränken müssen, weil Fernsehen zu kapitalintensiv ist. Später sind kombinierte Lokalsender denkbar, die zeitweilig Fernsehen, im übrigen aber Hörfunk ausstrahlen" (BDZV 1971: 16).

Der Anspruch der Verleger war damit umfassend dokumentiert: Lokaler Rundfunk ja, aber ausschließlich organisiert durch die Zeitungsverlage und zwar Hörfunk und Fernsehen. Man spielte also mit offenen Karten, wobei von den Gefahren publizistischer Machtkonzentration nicht die Rede war. Das sogenannte FRAG-Urteil des Bundesverfassungsgerichtes von 1981, das zwar die saarländischen Bestimmungen über den Privatfunk aufhob, gleichzeitig aber privaten Rundfunk grundsätzlich als verfassungskonform erklärte, belebte die Bemühungen um Privatfunk dann nachdrücklich.

Schon 1980 hatten die Mitglieder des BDZV einstimmig beschlossen, sich am Kabelpilotprojekt in Ludwigshafen zu beteiligen. Die Delegiertenversammlung des BDZV plädierte dann im Jahr darauf erneut einstimmig für eine Beteiligung an einer Europäischen Fernsehgesellschaft, die mehrheitlich von der RTL-Muttergesellschaft Compagnie Luxembourgeoise de Télédiffusion (CLT) getragen werden sollte. Dieser Plan sorgte selbst in der damaligen Bundesregierung unter Helmut Schmidt für Unruhe. Immerhin wurde befürchtet, daß unter maßgeblicher deutscher Beteiligung ein Fernsehprogramm aus dem Ausland für den deutschen Markt ausgestrahlt werden sollte. Zwar scheiterte auch dieser Plan, aber die Dämme gegen den Privatfunk waren bereits gebrochen.

Einzelne Verlagsunternehmen bereiteten sich nun intensiv auf die Stunde Null des Privatfunks vor, darunter auch die Erste Private Fernsehgesellschaft mbH (EPF) in Ludwigshafen. Sie wurde überwiegend vom Verlag der Rheinpfalz getragen. 26 Prozent an der EPF hielt die Neue Medien GmbH des BDZV. Zwei Jahre später sollte EPF das erste private Regionalfernsehen bestreiten.

Der BDZV und die Tageszeitungsverleger waren damit am Ziel. Rund dreißig Jahre nach den ersten Bemühungen etablierten sich die Verlage nun sehr rasch als Anbieter von Rundfunkprogrammen. Ob lokal, regional, bundesweit oder gar grenzüberschreitend, ob Hörfunk oder Fernsehen – die Verleger waren dabei. Jahrzehntelang hatten sie für dieses Ziel gearbeitet, hatten immer wieder neue Gesellschaften gegründet, Memoranden verfaßt, Gutachten erstellen lassen und insgesamt sicherlich etliche Millionen Mark dafür investiert.

Als sich in den ersten Privatfunkjahren die hochgeschraubten Erwartungen an die Neuen Medien nicht in klingender Münze niederschlugen, war die Enttäuschung dann groß. Abhilfe sollte einmal mehr die Politik schaffen, die nach Ansicht der Verleger nicht nur den Boden bereiten müsse für eine neue Wirtschaftsbranche, sondern auch dafür zu sorgen habe, daß die entstehenden jungen Firmen üppig gedeihen könnten. Die Verfechter der Marktwirtschaft forderten nun immer deutlicher Sonderregelungen für den privaten Rundfunk.

Vor allem kleineren Zeitungsverlagen, so zeigte sich, fiel es schwer, die enormen finanziellen Mittel für ihr Engagement im Privatfunk aufzubringen. Erste kritische Stimmen gegen das Privatfunkengagement wurden nun auch unter den Verlegern laut. Hier und dort reifte in den Kleinverlagen die Erkenntnis, von den größeren Verlagen benutzt worden zu sein. Tatsächlich hatten die Vertreter der großen Verlage, zeitweilig insbesondere der Springer-Konzern[3], das Marschtempo bestimmt. Die Kleinverlage waren ihnen meistens willig gefolgt.

---

3   Dies gilt z.B. für die Gründung der Aktuell Presse-Fersehen GmbH & Co KG in Hamburg, an der über 100 Zeitungsverlage beteiligt sind. Zur Gründung wurde ein inaktives Springer-Unternehmen umbenannt. Der Hamburger Konzern gab rund zwei Drittel der Anteile an die anderen Verlage ab.

Es ist deshalb unzutreffend, wenn heute behauptet wird, die Verleger seien zum Engagement im Privatfunk genötigt worden, um die Wettbewerbsfähigkeit ihrer Blätter zu erhalten. Für sie galt nicht einmal, was der *Spiegel*-Herausgeber Rudolf Augstein in einem Leserbrief an die Zeitung *Die Welt* (v. 30.1.1970) für sich in Anspruch nahm:

„Grundsätzlich möchte ich sagen, daß wir im Spiegel vor der Vergabe solcher Lizenzen stets gewarnt haben und das auch heute noch tun. Wenn aber die politischen Instanzen, wie im Saargebiet geschehen, entgegen allen Warnungen, private Sendelizenzen rechtlich ermöglichen und tatsächlich vorbereiten, so müssen wir selbstverständlich danach trachten, uns zu beteiligen".

Augstein und sein Verlag sind dieser Linie treu geblieben und 1988 mit Spiegel-TV tatsächlich als Fernsehanbieter in den Markt eingestiegen. Die Mehrheit der Zeitungsverlage war bereits zuvor im Rundfunk aktiv geworden.

Die Kabelpilotprojekte

In den siebziger Jahren fand die Forderung nach Einführung von privatem Rundfunk Unterstützung auch durch die rasche technische Entwicklung. Der damals noch weitgehend unkritisch als „technischer Fortschritt" bezeichnete Entwicklungsgang führte zu derartig komplexen Fragestellungen, daß die Bundesregierung sich der wissenschaftlichen Hilfe von außen bedienen wollte. 1974 berief die sozial-liberale Koalition die „Kommission für den Ausbau des technischen Kommunikationssystems" (KtK). Eine der drängenden Fragen, welche die Kommission beantworten sollte, galt dem Nutzen des Aufbaus von Breitbandverteilnetzen. Diese in anderen Ländern bereits umfangreich erprobten Netze von breitbandigen Kabeln konnten sowohl für die Individualkommunikation als auch für die Massenkommunikation genutzt werden.

Die KtK empfahl, die Errichtung eines bundesweiten Breitbandverteilnetzes zurückzustellen und „zunächst Pilotprojekte (Modellversuche) mit Breitbandkabelsystemen" (KtK 1976: 119) durchzuführen:

> „Die vorgeschlagenen Pilotprojekte dienen grundsätzlich dem Ziel, die noch offenen Fragen des Bedarfs, verschiedene Möglichkeiten seiner Deckung durch bekannte und neue Inhalte, die Akzeptanz und die Nutzungsintensität durch die Teilnehmer sowie die Bereitschaft zur Übernahme von Investitionsausgaben und Preisen für laufende Dienstleistungen zu klären" (KtK 1976: 123).

Im Hintergrund ging es dabei insbesondere um die Fragen der „Verkabelung", wie es später kurz hieß, und des privaten Rundfunks, wobei der Rundfunkaspekt überwog. Deshalb lag die Zuständigkeit für die Pilotprojekte bei den Bundesländern und nicht etwa bei der Bundespost. 1978 einigten sich die Ministerpräsidenten auf befristete Versuche mit Breitbandkabelsystemen. Erst zwei Jahre später wurde dann über die Finanzierung der vier vorgesehenen Versuche entschieden.

Diese Versuche waren in der Öffentlichkeit durchaus umstritten. Bürgerinitiativen wurden unter anderem auch aus datenschutzrechtlichen Gründen unter dem Motto „Stop Kabel" gegründet. Die Gegner der Versuche trauten vor allem der Aussage nicht, daß die Versuche keine Vorentscheidungen darstellten. Sie forderten immer wieder die sogenannte Rückholbarkeit ein, durch die gewährleistet werden sollte, daß durch die notwendigerweise hohen Investitionen nicht zwangsläufig Fakten für die Verkabelung und für den privaten Rundfunk geschaffen würden. Später sollte sich erweisen, daß diese Rückholbarkeit nicht gegeben war.

Auf jeden Fall wurden die als Kabelpilotprojekte bezeichneten Versuche in Ludwigshafen, München, Dortmund und Berlin viel zu spät gestartet, um Bedarfsanalysen für grundsätzliche Entscheidungen liefern zu können. Darauf deutet auch das Scheitern der wissenschaftlichen Begleitkommission hin, die alle vier Pilotprojekte auswerten sollte; sie löste sich vorzeitig auf. Konsequent verhielt sich nur die Bayerische Staatsregierung: nach gut eineinhalb Jahren wurde der Münchener Versuch Ende 1985 vorzeitig beendet.

Inzwischen waren die Fakten schon geschaffen worden. Nach der Wende hatte die Regierung Kohl den Verkabelungsstop der Regierung Schmidt aufgehoben. Die Bundespost begann, mit einem Milliardenaufwand die Bundesrepublik mit einem Breitbandnetz zu überziehen. Erste ausländische und inländische Privatfernsehanbieter erreichten über die neue Satellitentechnik mit ihren Programmen die Bundesrepublik. In einzelnen Bundesländern konnten die Bürger seit Anfang 1984 z.B. das Programm RTLplus mit der Dachantenne empfangen. Der luxemburgische Anbieter umging dabei geltendes Recht, indem er von Luxemburg aus sein speziell für das deutsche Publikum zusammengestellte Programm sendete.

Die normative Kraft des Faktischen bestimmte nun damit – trotz fehlender rechtlicher Grundlage – das Geschehen. Rechtlich höchst umstritten war schließlich die in Rheinland-Pfalz erteilte Lizenz für ein Satellitenfernsehen an das ECS-Konsortium (die Vorläuferorganisation von SAT.1). Anfang 1985 nahm diese Organisation die Sendetätigkeit über den Satelliten ECS auf. Der Ministerpräsident von Rheinland-Pfalz, Bernhard Vogel, würdigte dies mit dem später viel zitierten Begriff „Urknall": Die Ära des privaten Rundfunks in der Bundesrepublik hatte damit begonnen (vgl. Weischenberg 1992: 144 ff.).

Dies geschah, während in den sogenannten Pilotprojekten noch immer gemäß dem Vorschlag der KtK Bedarf und Akzeptanz erforscht wurden. Der Versuch in Berlin hatte sogar noch nicht einmal begonnen. Damit waren die sogenannten Kabelpilotprojekte endgültig zur Farce geworden.

2.2 Struktur des privaten Rundfunks

Die Struktur des privaten Rundfunks in der Bundesrepublik ist wegen der Zuständigkeit der Bundesländer sehr unterschiedlich ausgefallen. Gemeinsamkeiten unter den Bundesländern sind beschränkt auf sehr ähnliche Regelungen zum Jugendschutz und zur Werbung. Unterschiede bestehen insbesondere bei der Präferenz von lokalen oder regionalen Sendern im Hörfunk und in der Sicherstellung der wiederholt durch das Bundesverfassungsgericht geforderten Vielfalt.

Das Bundesverfassungsgericht hat zwei Organisationsprinzipien für den Privatfunk zugelassen: das binnen-plurale und das außen-plurale Modell. Publizistische Machtkonzentration im Privatfunk soll verhindert werden durch eine Vielzahl von Anbietern und Angeboten (außen-plural) oder durch eine Absicherung des Vielfaltspostulats bei den einzelnen Anbietern (binnen-plural). Dies könne sichergestellt werden durch möglichst heterogen zusammengesetzte Anbietergemeinschaften oder durch Programmbeiräte, die diesen Anforderungen genügten.

Beide Modelle werden derzeitig praktiziert. Zudem gibt es in einigen Bundesländern auch Mischformen mit Strukturelementen beider Organisationsprinzipien. Dies gilt z.B. für den privaten Hörfunk in Baden-Württemberg, wo an einigen Orten mehrere Anbieter zugelassen wurden und an anderen – wo dies aus wirtschaftlichen Gründen als nicht tragfähig angesehen wurde – für einzelne Veranstalter Programm-Beiräte berufen wurden.

In Bayern und Baden-Württemberg haben die Gesetzgeber die kleinräumige Organisation für den Hörfunk präferiert. Sie drückt sich in einer Vielzahl von Programmanbietern aus, die jeweils nur über ein begrenztes Verbreitungsgebiet verfügen. In Baden-Württemberg gibt es neben lokalen Programmen allerdings auch sogenannte Regionalprogramme, die z.T. ganze Regionen abdecken. In Norddeutschland lag die Präferenz dagegen eindeutig bei landesweiten Programmen.

Im Fernsehbereich haben sich andere Regelungen durchgesetzt. Unter den Bundesländern bestand früh Einigkeit, die in einem Bundesland bereits lizenzierten Anbieter auch andernorts zu berücksichtigen, so daß die Programme national gesendet werden könnten. Dies gilt insbesondere für die Anbieter RTL und SAT.1 und ähnlich auch für die beiden kleineren Anbieter Tele5 (inzwischen Deutsches Sportfernsehen) und Pro7; sie können über Kabelanschlüsse heute in allen Bundesländern empfangen werden.

In der Praxis hat sich allerdings herausgestellt, daß die neuen Distributionswege über Kabel und Satellit weniger bedeutsam sind, als zunächst erwartet. Die Bevölkerung zeigte sich gegenüber der Verkabelung lange Zeit sehr reserviert. Noch 1986 waren nur rund 35 Prozent jener Haushalte verkabelt, die dazu bereits die Möglichkeit hatten. Private Satelliten-empfangsanlagen für einzelne Haushalte spielten wegen der hohen Kosten nur eine marginale Rolle, setzten sich ab etwa 1990 – insbesondere in den neuen Bundesländern – dann jedoch stärker durch.

Als wichtigste Distributionstechnik stellte sich Mitte der 80er Jahre der herkömmliche Weg heraus: die Nutzung der terrestrischen Frequenzen. Diese Technik wird schon seit Jahrzehnten von den öffentlich-rechtlichen Anstalten genutzt. In vielen Gebieten galten lange Zeit allerdings alle Frequenzen als belegt. Die Zahl der Frequenzangebote, welche die Bundespost dann doch machen konnte, reichte und reicht freilich nicht aus, um alle interessierten Programmanbieter zu versorgen.

Unter den Anbietern setzte deshalb sehr bald ein hartes Ringen um diese Frequenzen ein, sobald sie in einem Bundesland angeboten wurden. Dieser Konkurrenzkampf konzentrierte sich vor allem auf die beiden großen Anbieter RTL und SAT.1. Auffällig war dabei, daß SAT.1 von den Unions-geführten Bundesländern stärker berücksichtigt wurde, während in den SPD-geführten Bundesländern RTL besser zum Zuge kam. Tele5 und Pro7 (bzw. dessen Vorläufer Eureka TV) zogen bei diesem Wettbewerb in der Regel den kürzeren.

Die Landesmedienanstalten nutzten das intensive Interesse der Anbieter, um von ihnen Regionalsendungen zu fordern. Die Gleichung lautete: Produziere ein Landesmagazin und du erhältst eine Frequenz. Dennoch wurden bis 1989 nur wenige Landesprogramme von RTL und SAT.1 realisiert.

Noch weniger durchsetzen konnte sich das Lokalfernsehen. Anfang der 80er Jahre war dieses neue Medium noch als eine der wesentlichen Neuerungen gepriesen worden; selbst die Bundespost warb mit imaginären Bildern eines Lokalfernsehens für den Kabelanschluß. In den folgenden Jahren zeigte sich sehr deutlich, daß die wirtschaftliche Basis für lokale Programme in der Regel nicht ausreichte. Die ersten Versuche wurden zu gigantischen Mißerfolgen. Nachdem sie viel Lehrgeld bezahlt hatten, schlossen die Pioniere in der Regel nach wenigen Jahren den Betrieb. Nur wenige haben diese Anfangsschwierigkeiten überwunden. Aus betriebswirtschaftlicher Sicht waren sie zu früh gestartet; der Markt war noch nicht reif. Erst in der zweiten Hälfte der 90er Jahre wird mit dem Durchbruch des Lokalfernsehens gerechnet.

Über Kabel werden stattdessen immer mehr ausländische Programme gezeigt, die allerdings meistens nur in der jeweiligen Landessprache gesendet werden und wohl deshalb kaum auf nennenswerte Akzeptanz bei den Zuschauern stoßen. Gleichgültig, ob es sich um die englischsprachigen Sender Sky Channel oder Super Channel oder das französischsprachige TV 5 handelt; sie alle finden kaum Beachtung. Allenfalls sogenannten Spartenprogrammen, also Programmen mit einem eindeutigen inhaltlichen Schwerpunkt wie Sport oder Musik, werden Durchsetzungschancen eingeräumt.

Im Entwicklungsstadium befinden sich in der Bundesrepublik noch die sogenannten Pay-TV-Programme – Angebote, für deren Empfang der Zuschauer gesondert bezahlen muß. In den USA und Frankreich haben sich solche Angebote längst durchgesetzt. In der Bundesrepublik wird derzeitig von dem Sender Premiere nur ein einziges Pay-TV-Programm angeboten, das allerdings schnell eine ausreichende Zahl von Zuschauern gefunden hat.

Von den meisten Beobachtern wurde lange Zeit nur zwei, allenfalls drei Vollprogrammen eine Überlebenschance gegeben. Durch die Entwicklung der ehemaligen DDR hat sich das geändert. Der Werbemarkt der größer gewordenen Bundesrepublik bietet heute wohl einer größeren Programmzahl eine ausreichende wirtschaftliche Basis, vor allem Spartenprogrammen mit ihrer inhaltlichen Spezialisierung und Pay-TV-Programmen. Für landesweite Programme und insbesondere für lokale Programme sind die Aussichten bis auf Ballungsräume mit hohem Werbeaufkommen nach wie vor ungewiß.

3. Multimediale Anbieterstrukturen

Durch den privaten Rundfunk haben Unternehmen wie Bertelsmann mit der Tochterfirma Gruner & Jahr, der Axel Springer-Verlag, der Kirch-Konzern, der Burda-Verlag oder der Holtzbrinck-Konzern ihre Stellung als Medienanbieter enorm ausweiten können. Diese Großunternehmen mit Jahresumsätzen zwischen 1 und 17 Milliarden Mark sehen ihre Zukunft im Medienverbund. Darunter versteht man Kooperationen zwischen unterschiedlichen Medien – wenn möglich in einem Unternehmen. Solche Kooperationen sollen den unternehmerischen Erfolg verbessern, also Gewinnsteigerungen ermöglichen.

Beispielhaft zeigt dies folgende Konstellation: Ein großer Medienkonzern nimmt mit einer seiner Schallplattenfirmen eine berühmte Pop-Gruppe unter Vertrag. Zeitungen und Zeitschriften berichten über die Gruppe und ihre neuesten Werke, die von Radiosendern des Konzerns bevorzugt gespielt werden. Die passenden Musik-Videos werden im Privatfernsehen gezeigt. Diese Medienpräsenz kommt dem Absatz der Songs zugute.

Ein zweites Beispiel: Ein Medienkonzern verpflichtet einen bekannten Romanautor. Sein neuestes Werk erscheint als Vorabdruck in Zeitungen oder Zeitschriften des Konzerns. Die Filmrechte liegen bei einer Produktionsfirma des Konzerns, die den Film über den eigenen TV-Sender ausstrahlen will. Als Videocassette wird der Film über kombinierte AV- und Buchclubs verkauft.

So können zum einen in der Produktion Kosten eingespart werden, zum anderen stützen sich die Medien des Konzerns gegenseitig durch werbliche Effekte. Derartige Unternehmensstrategien verfolgen international zum Beispiel die Medien-Giganten Murdoch und Berlusconi. Sie haben dabei längst die engen nationalen Märkte überschritten und ein Geflecht von internationalen Beteiligungen aufgebaut. So lassen sich weitere Synergie-Effekte erzielen. TV-Fiction-Produktionen sind beispielsweise schon lange ein international gehandelter Stoff, der bei internationalem Verbund gleich mehrfach im eigenen Konzern eingesetzt werden kann.

Die Bundesrepublik ist in dieses internationale Mediennetz bislang noch wenig eingebunden. Kapitalbeteiligungen der internationalen Medien-Multis lassen sich hierzulande (bisher) kaum ausmachen. Noch seltener sind Investitionen deutscher Medienunternehmen in ausländischen Rundfunkmärkten, auch wenn die großen Zeitschriftenverlage und Konzerne wie die WAZ, Holtzbrinck, Gruner & Jahr, Burda und Bauer inzwischen in vielen Ländern mit gewichtigen Beteiligungen bei Printmedien engagiert sind (s. Tabelle 12).

Unter kommunikationspolitischen Aspekten ist die Entwicklung zum multi-medialen Medienkonzern gewiß problematisch, denn einzelne Unternehmen haben inzwischen auf die veröffentlichte Meinung und damit auch auf die Meinungsbildung der Bevölkerung erheblichen Einfluß. Eine Darstellung der zahlreichen Aktivitäten des Springer-Konzerns soll diesen Trend zu multi-medialen Anbieterstellungen und den damit verbundenen Gefahren für die Pressefreiheit veranschaulichen.

Daß der Springer-Konzern unter den Zeitungsverlagen mit einem Marktanteil von 28 Prozent mit großem Abstand an erster Stelle liegt, wurde bereits gezeigt. Die Zeitungsmärkte in den Bundesländern Hamburg und Berlin werden von ihm beherrscht. Insbesondere durch die Programmzeitschriften ist der Konzern unter den Zeitschriften-Verlagen der drittgrößte. Im bundesweiten Fernsehen hat sich der Konzern bei SAT.1 engagiert. 20 Prozent der Anteile von SAT.1 hält er direkt, zusammen mit indirekten Beteiligungen kommt er auf einen Anteil von ca. 27 Prozent. Auch beim Deutschen Sportfernsehen mischt Springer mit (knapp 25%). In vielen Bundesländern ist er zudem am Hörfunk beteiligt: bei Radio Hamburg (35%), Funk und Fernsehen Nordwestdeutschland in Niedersachsen (7,6%), Radio Schleswig-Holstein (17,9% und indirekte Beteiligungen), Antenne Bayern (16%), Funk und Fernsehen Hessen (19,5%), Radio NRW (ca. 6,5%). In Baden-Württemberg besitzt der Konzern Anteile an lokalen Hörfunksendern. Damit ist der Springer-Konzern das einzige Unternehmen, das in allen alten Bundesländern mit privatem Hörfunk Beteiligungen hält oder hielt. Für andere Hörfunksender werden über den AS-News-Service aktuelle Beiträge angeboten.

Tab. 12: Ausländische Beteiligungen an nationalen TV-Programmen (%)[4]

Unternehmen	RTL	DSF	n-tv	Vox	RTL2	Pre-miere	Kabel-kanal
CLT, Luxemburg	46,1				15,0		
Berlusconi, Italien		33,5					
Ringier, Schweiz		17,1					
CNN, USA			27,5				
Time-Warner, USA			19,6				
East German Investment Trust, GB			19,5				
Rothschild-Gruppe, Frankreich			6,8				
Com2i, Luxemburg			4,1				
Canal+, Frankreich						37,5	
Metro-Gruppe, Schweiz/BRD							45
indirekt:							
Dentsu, Japan				ca. 4			
ABC, USA					ca. 13		

Quelle: Röper 1993: 65.

Im Bildschirmtext und im Videotext zählte der Konzern zu den Pionie-ren. Der Springer-Verlag war der erste private Anbieter eines Videotext-Programms (über den Kanal von SAT.1). In den letzten Jahren engagierte sich der Konzern zunehmend auch in der TV- und Filmproduktion, zeit-weilig auch im Handel mit Filmrechten, sowie im Rechtehandel (z.B. zu-sammen mit seinem Aktionär Kirch für die Fußball-Bundesliga).

Schon seit Jahren verlegt der Konzern eine Reihe von Anzeigenblättern und zählt auch in dieser Medienbranche bundesweit zu den größten An-bietern. Insgesamt hat die rasante Entwicklung des Konzerns ihm eine Stellung verschafft, die ihn auf praktisch allen relevanten Märkten zu ei-nem der größten Anbieter gemacht hat. Ob dies dem Postulat der Presse-vielfalt entspricht oder nicht bereits zu einem die Pressefreiheit bedrohen-den Grad der Medienkonzentration geführt hat, kann freilich endgültig nicht beantwortet werden, da dafür die Bemessungs-Kriterien fehlen.

Nach den Kriterien der Günther-Kommission stellt der Konzern, wie bereits erwähnt, sowohl im Zeitungs- als auch im Zeitschriftenmarkt eine „Gefährdung der Pressefreiheit" dar. Die Kommission berücksichtigte damals nicht den noch wenig ausgeprägten Markt der Anzeigenblätter, geschweige denn den privaten Rundfunk und die neuen Textdienste. Die Kommission ging aber damals bereits davon aus, daß der Doppelstatus eines Anbieters im Zeitungs- und Zeitschriftenmarkt bei der Einstufung der kritischen Schwellen für die Pressefreiheit berücksichtigt werden muß. Man kann zwar nur darüber spekulieren, zu welchem Ergebnis die Kom-

---

4   Darüber hinaus besteht bei Time Warner und bei Sony Interesse an Beteiligungen am geplanten Musik-Programm „Viva". Die japanische Firma Dentsu hält Anteile an der DCTP Entwicklungsgesellschaft für TV-Programme mbH.

mission gekommen wäre, hätte es schon damals multimediale Anbieterstrukturen heutigen Zuschnitts gegeben. Sicherlich aber wäre die Schwelle für eine Beeinträchtigung der Pressefreiheit in einzelnen Märkten noch weiter herabgesetzt worden. Danach müßten heute wohl auch die zahlreichen Aktivitäten der Konzerne Bertelsmann, Burda und Holtzbrinck als Gefährdung für die Pressefreiheit im Sinne der Kommission eingestuft werden.

Derartige Überlegungen sind aber so lange bedeutungslos, wie die Parlamente sich in dieser Frage nicht engagieren. Die publizistische Konzentration bleibt weitgehend einem Wildwuchs überlassen. Je mehr sich die dadurch verstärkten Strukturen gefestigt haben, um so schwieriger wird es für die Politik, Grenzen des Wachstums festzulegen. Entscheidungen der Politik über einen erweiterten Schutz der Pressefreiheit unter Berücksichtigung der multi-medialen Verflechtungen sind derzeitig nicht in Sicht. Vielmehr ist derzeitig strittig, ob die Pressekonzentration tatsächlich steigt.

Auch mehr als fünf Jahre nach den Anfängen des privaten Rundfunks in der Bundesrepublik ist die Diskussion über Strukturfragen dieser neuen Medienbranche noch nicht verebbt. Im Zentrum steht dabei die Diskussion über die Beteiligung von Verlagen, die multimediale Konzentrationseffekte verursacht. Selbst über diesen Effekt gehen aber bereits die Ansichten auseinander.

Das bunte Meinungsbild verdeutlichte eine Expertenbefragung der IG Medien. Die befragten Vertreter aus Verlagen, aber auch Politiker, verneinten die zunehmende Pressekonzentration, z.B. Jürgen Todenhöfer, Geschäftsführer des Burda-Verlages: „Die Presse- und Medienkonzentration nimmt nicht stetig zu" (IG Medien 1989: 11). Dagegen Björn Engholm, Vorsitzender der SPD-Medienkommission: „Der Konzentrationsprozeß bei den Printmedien ist in bedenklicher Weise vorangeschritten und greift zunehmend auch in den Bereich des privaten Rundfunks über. Publizistische Konkurrenz ist aber unverzichtbar. [...] Deshalb beobachte ich die multimedialen Konzentrationserscheinungen mit großer Sorge" (ebd.: 11).

Einen diametral entgegengesetzten Standpunkt vertritt nach wie vor die Bundesregierung. Der seinerzeit für die Presse zuständige Staatssekretär Spranger sieht in der Rundfunkbeteiligung gerade ein Mittel zur Bestandssicherung der Presse. Vor Zeitungsverlegern führte er aus:

„Durch eine breite Beteiligung an den neuen Medien haben Sie Ihre Verlage langfristig abgesichert. Dafür haben Sie jahrelang wirtschaftliche Verluste in Kauf genommen. Diese Beteiligung der Presse am privaten Rundfunk ist ein Mittel, um die Funktionsfähigkeit der Presse zu erhalten und die Pressevielfalt zu sichern" (Spranger 1988: 20).

Gemeinsam ist diesen Stellungnahmen allein, daß die Beziehungen zwischen dem Pressemarkt, insbesondere dem Zeitungsmarkt, und dem privaten Rundfunk durchaus gesehen werden. Inzwischen wird ja auch der Begriff ‚Pressekonzentration‘, ursprünglich auf die Printmedien beschränkt, umfassend für alle Konzentrationserscheinungen in der Medienbranche verwendet, denn die Verzahnung der beiden Branchen Printmedien und Rundfunk schreitet ungeachtet der Diskussion über das Für und Wider in erheblichem Ausmaß fort. Nicht zuletzt dadurch hat sich vor allem im Bereich der nationalen privaten Fernsehprogramme eine enorme Konzentration ergeben. Manche Beobachter sprechen von zwei Gruppen, die diesen Markt unter sich aufgeteilt haben: zum einen die Verbindung Kirch- und Springer-Konzern und zum anderen eine Verbindung zwischen Bertelsmann und der luxemburgischen CLT.

Am Beispiel des Springer-Konzerns wurde diese Problematik multimedialer Verflechtungen im nationalen Markt beschrieben. Ähnliche Probleme ergeben sich durch den Privatfunk bei Anbieterstrukturen auch auf der regionalen und der lokalen Ebene. Dabei geht es um Konzentrationen bei den Medien mit regionaler bzw. lokaler Information und insbesondere um die Stellung der Zeitungsverlage. Am Stichtag 1. Juni 1989 hatten sich bereits 295 Zeitungsverlage im Rundfunk engagiert oder planten diesen Schritt (vgl. Röper 1989a). Verglichen mit 1987 entspricht das einer Steigerung von zehn Prozent. Die aktuellste Ausgabe der Bundespressestatistik verzeichnet für den 31. Dezember 1986 305 Zeitungsverlage (vgl. Statistisches Bundesamt 1989: 11).

Wegen der unterschiedlichen Erfassungskriterien lassen sich die Daten der zitierten Studie und die der Bundespressestatistik zwar nicht unmittelbar miteinander vergleichen. Immerhin aber zeigen diese beiden Werte, daß der überwiegende Teil der bundesdeutschen Zeitungsverlage den Privatfunk entdeckt hat und in dieser Branche eine Zukunft auch für das eigene Unternehmen sieht.

Das größte Interesse genießt dabei der Hörfunk. Eine Vielzahl von Verlagen hat sich bei landesweiten Sendern engagiert. Dies gilt z.B. für Anbieter in Schleswig-Holstein und Hessen, wo ausschließlich bzw. fast ausschließlich Zeitungsverlage lizensiert wurden. Andererseits haben sich bereits die ersten Zeitungsverlage enttäuscht aus dem Hörfunk zurückgezogen. Selbst für Monopolverlage bietet das Medium offenbar nicht zwangsläufig eine ökonomisch solide Basis. So stellten z. B. der Verlag der Zeitung *Main-Echo* in Aschaffenburg oder das *Haller Tagblatt* in Schwäbisch-Hall ihre Radio-Programme wieder ein. Derartige Fälle sind aber (noch) gegenläufig zum Trend.

Unter publizistischen Aspekten als besonders fragwürdig erweist sich die Beteiligung von Monopolverlagen am Lokalfunk, wobei die Zahl der im Hörfunk aktiven Verlage, die in ihrem Verbreitungsgebiet Marktanteile von 80 Prozent und mehr erreichen, mit 63 hoch ist. Das heißt, daß heute gut drei Viertel aller im Lokalfunk aktiven Verlage im Verbreitungsgebiet

Tab. 13: Gesamte erfaßte Beteiligungen von Zeitungsverlagen im subregionalen und lokalen Rundfunk 1989

	Fernsehen				Hörfunk			
	aktiv		Interesse		aktiv		Interesse	
	abs.	%	abs.	%	abs.	%	abs.	%
1987 gesamt	7	3	30	12	38	15	108	42
1989 gesamt	3	1	66	23	81	28	92	31
1987 monopolähnliche Stellung	6	3	25	13	29	16	84	45
1989 monopolähnliche Stellung	2	1	55	28	63	32	62	32

Quelle: Röper 1989a: 537.

ihrer Zeitungen ein Monopol oder monopolähnliche Marktstellungen besitzen. Bei den am Lokalfunk interessierten Verlagen sind es rund zwei Drittel. Die Gefahr, daß auch künftig die publizistische Konzentration steigt und Rundfunkbeteiligungen der Verlage sogar zu Doppel-Monopolen führen, ist demnach sehr groß (s. Tabelle 13).

Der private Rundfunk ist insgesamt in seinen Strukturen noch wenig gefestigt. Parallel zur Aufbauphase beginnt schon jetzt eine – wahrscheinlich anhaltende – Phase der Konzentration. Daß auch Zeitungsverlage trotz ihrer Wettbewerbsvorteile gegenüber Nicht-Verlagen zu den ersten Aussteigern zählen, ist allerdings überraschend; denn prinzipiell haben Zeitungsverlage gegenüber anderen Lokalfunkanbietern bessere Möglichkeiten zur Kostenreduktion. Die Werbeakquisitionsabteilung kann beispielsweise für beide Medien des Unternehmens arbeiten. Archive werden bimedial genutzt. Trotzdem werden mit lokalen Hörfunkprogrammen Millionen Verluste gemacht.

Nicht nur die beiden Aussteiger unter den Zeitungsverlagen zeigen jedoch, daß die pauschale Aussage Sprangers, die Verlage würden ihre Existenz durch das Rundfunk-Engagement absichern, zweifelhaft ist. Unter publizistischen Aspekten kommt hinzu, daß Fälle ökonomischer Konzentration in der Zeitungslandschaft heute überwiegend auch Auswirkungen auf die Anbieterstrukturen im Privatfunk haben. Erstes Beispiel dafür war vor Jahren die Übernahme des Boulevard-Blatts *Hamburger Morgenpost* durch den Großverlag Gruner & Jahr, wobei der Anteil der *Morgenpost* an Radio Hamburg gleich mitgekauft wurde. Inzwischen hat es eine Reihe von gleichgelagerten Fällen gegeben. Denkbar sind aber auch Auswirkungen auf die Presselandschaft, die durch Kapitalveränderungen im privaten Rundfunk ausgelöst werden. Beide Medienbranchen sind gegenwärtig bereits so eng miteinander verzahnt, daß die Anbieterstrukturen kaum noch zu trennen sind.

Gerade ökonomische Belange hatten dazu geführt, die Zeitungsverlage bei der Lizenzierung des Privatfunks faktisch zu privilegieren. Daran hat auch das ausdrückliche Verbot eines Presseprivilegs durch das Bundesverfassungsgericht nichts geändert. Die handlungsleitende These der Landesmedienanstalten war offenbar in allen Bundesländern – mit Ausnahme des Saarlands –, daß Lokalfunk zumindest einen Teil der Werbung in Zeitungen substituiere. Den Verlagen würden durch die Existenz des Lokalfunks also Einnahmen entzogen. Trotz der seit Jahren sehr hohen Renditen der Zeitungsverlage war dies für die Landesmedienanstalten der wesentliche Grund für die diversen Verlagslizenzierungen.

Ausreichend belegt ist die Substitutions-These aber nach wie vor nicht. Aus der Praxis gibt es inzwischen sogar Widerspruch von Verlagsvertretern. Sie sind zu der Überzeugung gelangt, daß es zwischen Lokalfunk und Zeitungen in der Werbung keine Substitutionseffekte gebe[5].

Die Mehrzahl der Landesgesetzgeber hatte sehr wohl die durch die Beteiligung von Zeitungsverlagen am Privatfunk entstehenden publizistischen Probleme gesehen und zum Teil pressespezifische Beteiligungsbeschränkungen in die Gesetze aufgenommen. Inzwischen zeigt sich aber immer mehr, daß die Exekutive der Legislative nicht folgt. Die gesetzlichen Vorschriften werden über die Maßen großzügig zugunsten der Zeitungsverlage ausgelegt. Konzentrationshemmende bzw. -verhindernde Gesetzesregelungen sind längst ausgehöhlt worden (vgl. Pätzold/Röper 1989a).

Die Verlage bedienen sich dabei im wesentlichen zweier Instrumente. Sie nutzen teilweise massiv ihren politischen und publizistischen Einfluß oder, wo das nicht hilft, kaschieren einen Teil ihres Engagements über Statthalter, Strohmänner oder auch über Familienangehörige; derartig verdeckte oder gesplittete Beteiligungen sind auch in anderen Branchen nicht neu. Diese Praktiken sind auch durch das wichtigste wirtschaftliche Kontrollorgan kaum wirksam zu bekämpfen: das Bundeskartellamt in Berlin. Das Amt hat wiederholt mit solchen Fällen zu tun gehabt. Den Wettbewerbshütern ist es bei derartigen Fällen nur teilweise gelungen, ihrer Aufgabe gerecht zu werden.

Die rechtlichen Schwierigkeiten für das Bundeskartellamt, „verdeckte Beteiligungen" zu würdigen, sind unübersehbar. Gleichfalls große Schwierigkeiten haben die Aufsichtsorgane im Privatfunk. So konnten die Verlage vielerorts enorm starke Stellungen im Lokalfunk auf- und ausbauen. Während die Gesetzgeber die Beteiligung von Zeitungsverlagen am Privatfunk gerade wegen der vermuteten Substitutionswirkung im Werbemarkt erlaubten, sieht das Kartellamt diese Substitution als nicht gegeben an.

Dies gilt sogar für Fälle, in denen sich Monopolverlage an lokalen Sendern in ihrem Verbreitungsgebiet beteiligen, die ihrerseits in diesem Ver-

---

5   So äußerte sich z.B. der ehemalige Anzeigenchef und jetzige Hörfunkchef des WAZ-Konzerns in Essen, Ernst Schillinger, während der Stendener Medientage am 3. und 4. Juni 1989 in Stenden.

breitungsgebiet zumindest in ihrer spezifischen Eigenschaft als Lokalsender ein Monopol haben. Ein solches Doppel-Monopol stellen beispielsweise die Aktivitäten des *Südkurier* in Konstanz dar. Die Beteiligung des Verlages am Seefunk Radio Bodensee wurde durch das Kartellamt auch nicht eingeschränkt, als der *Südkurier* fast vollständig in den Besitz des Holtzbrinck-Konzerns überging. Vergleichbare Fälle hat es auch andernorts gegeben.

Das Kartellamt begründet sein Nichteinschreiten dabei immer mit den gleichen Argumenten: Die privaten Sender hätten gegenüber der weit überlegenen öffentlich-rechtlichen Konkurrenz keine marktbeherrschende Stellung; dies gelte auch, wenn die öffentlich-rechtliche Anstalt nur landesweite Programme verbreite und der private Anbieter nur einen eng begrenzten Teil dieses Gebietes mit Lokalfunk versorge.

Die Abwägungsklausel des Gesetzes gegen Wettbewerbsbeschränkungen erlaubt es dem Kartellamt, Verlagsbeteiligungen im Privatfunk selbst dann nicht zu untersagen, wenn lokal Doppel-Monopole oder ähnliche Marktverhältnisse entstehen. Die Kartellwächter nehmen dies in Kauf, weil der private Rundfunk durch Verlagsbeteiligungen wirtschaftlich gestärkt den Wettbewerb mit den öffentlich-rechtlichen Sendern eher bestehen könne.

Die Sorge des Kartellamts gilt derzeitig also offenbar insbesondere der Etablierung von Konkurrenz zum öffentlich-rechtlichen Rundfunk. Daß dabei im Mediensystem insgesamt Wettbewerbsverhältnisse entstehen können, die der Idee des Kartellrechts zuwiderlaufen, ist dabei zumindest nachrangig. Gerade das Argument, die Stärkung einzelner Anbieter zu akzeptieren, wenn dadurch auf dem als zentral geltenden Rundfunkmarkt Wettbewerb entsteht, und zwar auch, wenn dies auf anderen Märkten nicht wettbewerbskonform ist, kann für das Mediensystem insgesamt noch gravierende Folgen haben. Die Orientierung an dem jeweils stärksten im Wettbewerb kann die Gewichte auch in den Printmedien völlig verändern.

Im Vergleich mit den öffentlich-rechtlichen Anstalten sind fast alle privaten Anbieter gewiß in der Rolle des David. Geht es darum, diese zu stärken, müßte das Kartellamt demnächst bei Kapitalübernahmen im Zeitungsmarkt fast alles billigen. Der konzentrationsverhindernde bzw. -mindernde Einfluß des Kartellamts auf den Zeitungsmarkt würde ohne Not geopfert. Dabei hat gerade die drohende bzw. vollzogene Kontrolle durch das Bundeskartellamt im Zeitungsmarkt seit Mitte der 70er Jahre für eine sinkende Zahl von Fusionen gesorgt. Gänzlich verhindern konnte das Kartellamt Verlagsfusionen freilich zu keinem Zeitpunkt.

4. Schlußbemerkungen

Durch die kapitalmäßige Verzahnung von Presse und Rundfunk ist in der Bundesrepublik die publizistische Konzentration enorm gewachsen. Das Bundeskartellamt hat für Fragen der publizistischen Konzentration keine Kompetenz, sondern muß allein über die Wettbewerbsverhältnisse im Werbemarkt wachen. Tatsächlich sind allerdings beide Problemfelder eng miteinander verknüpft.

Für die publizistische Konzentration bei den Printmedien liegt die Kompetenz beim Bund. In der Regierungskoalition sind aber mehrfach Vorschläge zur Verschärfung des Kartellrechts verworfen worden. So wurde beispielsweise die Empfehlung der Monopolkommission abgelehnt, die Lizenzierung im Privatfunk grundsätzlich der Fusionskontrolle durch das Kartellamt zu unterwerfen. Dadurch könnten auch jene Fälle von sogenanntem internen Wachstum überprüft werden, die sich derzeitig völlig dem Kartellrecht entziehen.

Insbesondere die Organisation des lokalen Hörfunks in Baden-Württemberg und Bayern hat längst dazu geführt, daß an einer Reihe von Standorten heute Doppel-Monopole oder ähnliche Konzentrationen publizistischer Macht zu verzeichnen sind. Durch das Verfahren des Frequenzsplittings wurden derartige Anbieterkonstellationen in Bayern zum Teil abgemildert: Neben den örtlichen Zeitungsverlagen wurden auch andere Anbieter lizenziert. Außerhalb weniger Großstädte, wo es mehrere Programme auf unterschiedlichen Frequenzen gibt, kommt es damit in Bayern aber zu Anbieterkonstellationen, die jeweils zumindest ohne zeitgleiche Konkurrenz im Hörfunk senden.

Auch im Anzeigenbereich existiert in diesen Gebieten dadurch nur bedingt Wettbewerb. Zum einen haben sich viele Lokalfunkanbieter zu Werbegemeinschaften zusammengeschlossen. Zum anderen wollen viele Anzeigenkunden nur ein bestimmtes Publikum erreichen, das am besten zu bestimmten Tageszeiten angesprochen werden kann. Diese Werbezeiten werden aber oft nur von einem Anbieter der werbenden Wirtschaft angeboten. In der Regel haben die Zeitungsverlage in Bayern attraktive Sendezeiten zugesprochen bekommen, stehen also im Wettbewerb gut da. Hinzu kommt, daß sie den Kunden Kombinationstarife für den Hörfunk und die Tageszeitung anbieten können. Doppel-Monopole sind daher zumindest in Süddeutschland bereits Realität.

Die Perspektiven der Anbieter- und Angebotsvielfalt im Medienmarkt sehen düster aus. Im Zeitungsmarkt ist solche Vielfalt schon längst nicht mehr gegeben. Im Zeitschriftenmarkt entfallen auf nur vier Unternehmen rund zwei Drittel der verkauften Auflage. Die Entwicklung des privaten Rundfunks hat in den letzten Jahren dazu geführt, daß auch in diesem Medium gerade die größeren Printmedienbetriebe eine wichtige Rolle spielen. Ihr Einfluß im ökonomischen und politischen System der Bundesrepublik wächst ungebrochen, weil die zuständigen Kontrollinstanzen ihrer Aufgabe nicht gerecht werden.

Die Politik scheint bisher nicht zur Korrektur dieser Fehlentwicklung bereit. Sie scheut offensichtlich Konflikte mit den großen Medienbetrieben und beugt sich dem großen Einfluß der Unternehmen auf die öffentliche Meinung. Ein Ende dieser Vermachtungstendenzen im Mediensystem der Bundesrepublik scheint deshalb nur durch die Judikative erreicht werden zu können. Einzelne Urteile in diese Richtung sind bereits ergangen. Sie haben allerdings nur jeweils regional begrenzte Bedeutung.

Wichtig wäre eine Konkretisierung des Vielfaltspostulates durch das Bundesverfassungsgericht, das diesen Gedanken immer wieder in den Vordergrund gestellt hat. Das Gericht hat schon durch seine bisherigen Urteile das Mediensystem stärker geprägt als andere Bereiche. Es scheint zumindest nicht ausgeschlossen, daß das höchste Gericht hier erneut die Entwicklungsrichtung vorgeben wird, da das politische System den Handlungsbedarf nicht sehen will – auch wenn es sich andererseits vielstimmig über die Weltbilder beklagt, welche die Medien heute offerieren.

HANS J. KLEINSTEUBER

Nationale und internationale Mediensysteme

1. Aspekte eines „globalen Mediendorfes"

Es gibt verschiedene Möglichkeiten, die Tragfähigkeit allgemeiner oder theoretischer Aussagen über die Natur von „Kommunikation" zu prüfen. Eine der ergiebigsten ist der Weg in die „weite Welt hinein", also eine Überprüfung anhand von Beispielen außerhalb der Bundesrepublik Deutschland.

Wiederholt wurde in diesem Handbuch darauf verwiesen, daß die konstruktivistische Kognitionstheorie, indem sie die Subjektabhängigkeit allen Erkennens von Wirklichkeit betont, besonders gut geeignet sei, auf verschiedene Kulturen und deren unterschiedliches Verständnis von Kommunikation einzugehen. Die bewußte Abkehr von der Vorstellung eines absoluten Wertsystems kann uns dabei helfen, daß wir unsere, unter sehr spezifischen Bedingungen gewonnene Art der Wahrnehmung nicht für die einzig mögliche oder doch zumindest für die einzig „normale" halten. In der Kulturforschung nennt man eine Einstellung, bei der die eigene Sichtweise von Wirklichkeit als die einzig gültige angesehen wird, „Ethnozentrismus". Der konstruktivistische Ansatz hilft zu verstehen, daß andere Umweltbedingungen, andere geographische Verhältnisse, andere Klimate, andere Wege des Wirtschaftens und des Zusammenlebens notwendig auch andere Formen der Kommunikation haben entstehen lassen.

Gleichzeitig wird deutlich, daß alle Erdenbürger als Mitglieder der Weltfamilie über Gemeinsamkeiten verfügen, die sich quasi als Konstanten der konstruktivistischen Theorie ergeben: hochdifferenzierte Sinnesorgane, Gehirn, ein hohes Maß an Ähnlichkeit im ganzen Körperbau. So verwundert es auch nicht, daß in allen menschlichen Kulturen sehr ähnliche Rahmenbedingungen der Kommunikation entstanden sind, so z.B. Sprache, Erinnerung, Musik, Bilder, Symbole.

Die Welt mit ihren (laut UNO) ca. 160 Staaten und 37 abhängigen Territorien wirkt in bezug auf die Traditionen und Eigentümlichkeiten der Kommunikation wie ein großes Labor, wie ein Panoptikum der unterschiedlichsten Lebensweisen. Wir Mitteleuropäer haben spezifische Kommunikationserfahrungen gesammelt, etwa geprägt durch annähernd hundertprozentigen Alphabetismus, durch einen hohen Anteil der Mediennutzung im Zeitbudget der Menschen oder auch durch die reichen historischen Erfahrungen mit dem Institut der Pressefreiheit. Im „abendländischen" Europa nahm die erste industrielle Revolution ihren Ausgang und mit ihr die Technisierung unserer Umwelt. Längst ist unser Alltag von Techniken aller Art durchdrungen, was zur Folge hat, daß wir gegenüber vortechnischen Kulturen viel weniger direkte Kommunikation betreiben und uns stattdessen auf Medieninstitutionen und deren Angebot verlassen. Technisierungsprozesse haben auch zu einer verstärkten Visualisierung unserer Kultur geführt, etwa durch die Ausbreitung des Fernsehens, des Comics, der Werbung, des Videos oder anderer Formen, mit denen uns die Bilder unserer eigenen Kultur entgegentreten.

Doch unter verschiedenen kulturellen Ausgangsbedingungen werden dieselben Fernsehprogramme ganz unterschiedlich wahrgenommen, werden die bekannten, in der ganzen Welt laufenden US-amerikanischen Familienserien in die jeweils national geprägten Erfahrungswelten von Familien eingebaut und interpretiert. Faszinierend zu sehen, wie unterschiedlich Männer, Frauen und Kinder ihre Programme auswählen, anschauen und miteinander erleben: Dieselben Folgen der US-Unterhaltungsserie Dallas werden z.B. wegen sehr unterschiedlicher Vorerfahrungen und Interpretationen auch sehr verschieden verarbeitet und kommentiert (vgl. Liebes/Katz 1986). Oder ein anderes Beispiel: Wer darf Programme auswählen und das Familienverhalten vor dem Fernseher bestimmen? Erstaunlich genug ist es in Großbritannien und den USA eher der Mann, in der „Macho"-Kultur Lateinamerikas dagegen die Frau, denn ihr unbestrittenes Revier ist das Heim – und damit auch der heimische Fernsehempfänger (vgl. Lull 1988: 237 ff.). Will man die so entstehenden Situationen vergleichend angehen, so hat sich in den letzten Jahren so etwas wie ein „ethnographischer" Ansatz der Medienforschung herausgebildet.

Die medientechnische Entwicklung wirft dabei zahlreiche Fragen auf: Wie wirkt das Fernsehen in Extremsituationen, wenn es per Satellit in ein unzugängliches Eskimodorf im Norden Kanadas eingestrahlt wird? Wie hört sich ein Radioprogramm an, das australische Ureinwohner, die Aborigines, füreinander produzieren; Menschen, deren Lebensweise wir als die steinzeitlicher Sammler und Jäger klassifizieren würden?

In Teilen Lateinamerikas gelten Radio und Fernsehen als wichtigste Medien; die Presse ist vergleichsweise wenig verbreitet. Ein wesentlicher Grund dafür ist ein erheblicher Grad des Analphabetentums. Was bedeutet das zum Beispiel für die Weiterentwicklung der Kultur? Bei uns konnte die Werbung ihren Siegeszug, zunächst als Zeitungsreklame, erst antreten, nachdem die Adressaten der Werbung das Lesen erlernt hatten; heute gibt es aber Radio- und TV-Werbung, die den Verbraucher auch dann erreicht, wenn er Analphabet geblieben ist. Besteht nicht die Gefahr, daß mit dem Transfer unserer elektronischen Medientechniken in die Dritte Welt unsere Medienkultur selektiv und damit letztlich zerstörerisch übernommen wird? Tragen wir so zur Zerstörung gewachsener Kulturen und Kommunikationsformen in der Dritten Welt bei? Viele dieser Fragen können hier sicherlich nur ansatzweise beantwortet werden; zu vielfältig und widersprüchlich sind die Verhältnisse auf unserem Globus.

Dieser Beitrag beschäftigt sich mit den Mediensystemen außerhalb der Bundesrepublik Deutschland. Natürlich nicht mit allen Systemen der Riesenzahl von Staaten, die es in unserer Welt gibt; wohl aber mit Systemen, die charakteristisch sind für das, was wir außerhalb der Grenzen unseres Landes vorfinden.

Die Medienstrukturen anderer Länder sind uns zumindest punktuell dadurch vertraut, daß sie als Baustein unserer eigenen Medienordnung auftauchen können. Teilweise werden sie uns aber auch völlig fremd bleiben. Suchen wir zunächst einige Beispiele für Medieneinflüsse von jenseits unserer Grenzen: An einem gut sortierten Kiosk werden wir Publikationen auch aus anderen Ländern finden, z.B. die *Neue Zürcher Zeitung* oder die *International Herald Tribune*. Bei ersterer handelt es sich um eine seriöse und zuverlässige, traditionsreiche und konservative Informationsquelle aus einem Nachbarland, dazu eine der ältesten Zeitungen deutscher Sprache. Letztere ist eine Zeitung im Besitz zweier US-amerikanischer Pressehäuser (*New York Times, Washington Post*) mit eigener Redaktion in Paris und Druckorten in verschiedenen Teilen der Welt. Sie gibt uns ein Beispiel vom journalistischen Stil der seriösen US-Presse. Zeitungen dieser Art eignen sich sehr gut, um mit ihrem Studium einen ersten Einstieg in das hier besprochene Thema zu finden.

Sicherlich finden wir auch Zeitschriften in der Auslage unseres Kiosks, wie etwa die bedeutende britische Wirtschaftszeitschrift *Economist* (teilweise der in Düsseldorf erscheinenden *Wirtschaftswoche* vergleichbar, der sie auch als Vorbild diente) oder Importe aus den Herkunftsländern unserer Gastarbeiter in türkisch, griechisch und serbokroatisch. Aus London kommt *The European*, eine junge englischsprachige Wochenzeitung, die noch darum kämpfen muß, eine grenzüberschreitende Leserschaft in ganz Europa aufzubauen. Nicht immer ist die Zuordnung so eindeutig; es gibt auch deutsche Tochterproduktionen ausländischer Zeitschriften, etwa *Reader's Digest* oder den *Playboy, Cosmopolitan* oder *Marie Claire*. Seit 1988 wird die sowjetische *Moskau News*, ein typisches und lesenswertes Perestroika-Blatt, auf Deutsch angeboten.

Insbesondere aber die „elektronischen Medien" haben keinen Respekt vor Grenzen, und nach wie vor ist wohl das Radio das internationalste aller Medien. Wer ein Empfangsgerät mit Langwelle oder Kurzwelle besitzt, hat die Möglichkeit, ohne großen Aufwand die Programme aus vielen Teilen der Welt einzufangen, beispielsweise die *Voice of America, Radio Moskau* oder auch „Exoten", wie *Radio Habana* aus Kuba – und auch die *Deutsche Welle*. Dieser in Köln ansässige Sender vertritt die Bundesrepublik in Amerika, Afrika und Asien und versteht sich als Visitenkarte. Viele dieser global organisierten Stationen haben – historisch gesehen – der politischen Propaganda gedient oder tun es auch heute noch, etwa wenn die betreibenden Staaten in Auseinandersetzungen verwickelt sind (vgl. Köhler 1988).

Wer in einem der Randgebiete der Bundesrepublik wohnt oder über einen Kabelanschluß verfügt, wird in Nachbarstaaten produzierte Fernsehprogramme empfangen können. Dazu zählen in vielen Fällen deutschsprachige Programme aus anderen Staaten (Österreich, Schweiz), mitunter aber auch Angebote in anderen Sprachen (etwa aus Frankreich, Dänemark oder Polen). Satelliten ermöglichen es seit einigen Jahren ohnehin, fremdsprachige Programme in unsere Kabelnetze einzuspeisen, etwa den englischsprachigen *Super Channel* aus London, den mehrsprachigen Eurosport-Spartenkanal oder das 24-Stunden-Nachrichtenangebot vom *Cable News Network* (CNN), das direkt aus Atlanta, Georgia, in den USA zu uns kommt.

Es gibt also tatsächlich so etwas wie ein „globales Netz" der Kommunikationsverbindungen, dessen Bestandteile wir uns allerdings genauer anschauen wollen. Denn es gilt, bei der Begrifflichkeit Vorsicht walten zu lassen. So anschaulich das Bild eines Netzes erscheint, es darf nicht übersehen werden, welche Probleme damit verbunden sind. Im Unterschied zum regelmäßig gewirkten Netz etwa des Fischers zeigt das Kommunikationsnetz viele und extreme Ungleichmäßigkeiten. Es besteht aus machtvoll strahlenden Metropolen der Medienproduktion und einer Peripherie von Regionen, in denen fast ausschließlich von außen kommende Programme konsumiert werden.

2. Zur Klassifikation von Mediensystemen

Methodisch gesehen wird bei dem Blick auf internationale Mediensysteme der Vergleich im Mittelpunkt stehen. Um sich der großen, von niemandem mehr zu bewältigenden Zahl nationaler Mediensysteme zu nähern, wird gezielt nach deren Ähnlichkeiten und Unterschieden gefragt. Auf dieser Grundlage lassen sie sich dann zu Gruppen ordnen. Fast alle Analysen der Welt-Mediensituation gehen so vor (vgl. Edelstein 1983; Head 1985).

Verdeutlichen wir diesen Ansatz am konkreten Beispiel. Wer das Angebot der Fernsehanstalten von *ARD* und *ZDF* mit der *British Broadcasting Corporation* (BBC) vergleicht, wird über die Sprachunterschiede hinweg viele Ähnlichkeiten feststellen. Wenn man sich zudem vor Augen führt, daß die Briten mit dem BBC-Modell prägenden Einfluß auf den Wiederaufbau des Rundfunks in den deutschen Westzonen nach 1945 nahmen, ist diese strukturelle Nähe unmittelbar nachvollziehbar. Eine solche Weitergabe von Medienmodellen und -erfahrungen ist weit verbreitet. Sie mag Ausdruck der Leistungsfähigkeit einer bestimmten Medienorganisation sein, kann aber oktroyiert erfolgen und ist dann Ausdruck von Abhängigkeitsbeziehungen.

Das Rundfunksystem der Sowjetischen Besatzungszone und seit 1949 der (ehemaligen) DDR entstand unter prägendem Einfluß der sowjetischen Besatzungsmacht. Es verfügte in Institutionen und ideologischer Begründung folgerichtig über viele Parallelen zum Modell in der UdSSR. Entsprechend können viele der weiter unten getroffenen Aussagen zur alten UdSSR auf Medienideologie und -organisation der ehemaligen DDR übertragen werden.

Wieder anders steht es mit den Mediensystemen in der Dritten Welt. Insbesondere in den ehemals kolonialisierten Teilen Afrikas und Asiens waren die Fundamente der heutigen Mediensysteme noch von den alten Kolonialmächten, insbesondere Großbritannien und Frankreich, gelegt worden. In Lateinamerika, das schon vor mehr als eineinhalb Jahrhunderten das koloniale Joch abwarf, machte sich die Hegemonie der Großmacht USA mehr als deutlich bemerkbar. Von den Strukturen und Inhalten finden wir auf diesem Teilkontinent so etwas wie eine „abhängige Entwicklung", bei der Mediensysteme formal unabhängig entstanden, faktisch aber ausländische Eindrücke sehr stark blieben. In der Dritten Welt kommen die Vorbilder, die Techniken und importierten Programme fast immer aus den westlichen Staaten. Abhängigkeiten dieser Art dürfen allerdings nicht statisch gesehen werden; sie können neue Trends auslösen: Früher beherrschte die „Seifenoper" aus den USA die lateinamerikanischen Märkte, heute sind dort eigenproduzierte melodramatische Unterhaltungsserien, die „Telenovelas", der große Renner.

Idealtypisch kann man drei Arten von Mediensystemen unterscheiden:

– den westlich-liberalen Typ

– den ehemals östlich-realsozialistischen Typ

– den Dritte-Welt-Typ

Diese Einteilung spiegelt eine längst geläufige Dreiteilung der Welt wider, die wir aus anderen Bereichen – beispielsweise der Politik und Ökonomie – kennen. Wird beispielsweise in einer Gesellschaft das private Eigentum an Produktionsmitteln besonders geschützt, so ist die Wahrscheinlichkeit hoch, daß große Teile der Medien in privater Verfügung stehen. Stellt dagegen eine Partei einen Führungsanspruch auf die politische Herrschaft, wird sie auch die Medien als zentrale Einrichtung der öffentlichen Meinungs- und Willensbildung kontrollieren wollen.

Freilich ist jeder der hier beschriebenen drei Typen nicht ‚real' in dem Sinne, daß alle Wesensmerkmale in jedem erwähnten Staat vorkommen müssen. Die Typen sind vielmehr (dies ein Gedanke Max Webers) in einem Maß von Abstraktheit „ideal", also nicht immer auf einen einzelnen Staat und seine Besonderheiten beziehbar. Sie drücken die kollektiven Eigenheiten einer größeren Anzahl von Staaten aus.

Die nationalen Besonderheiten einzelner Staaten sind also viel zu wichtig für die Medienpolitik, als daß sie außer acht gelassen werden dürften. Um ein einfaches Beispiel zu nennen: Trotz der generellen Nähe der bundesdeutschen *ARD* zur *BBC* verfügt erstere gleichwohl über weltweit einmalige Besonderheiten; herausragend ist dabei die dezentrale Vernetzung von Länderanstalten. In keinem anderen Staat der Welt findet sich eine von Bundesländern und ihrer Kulturkompetenz getragene Grundstruktur des öffentlich-rechtlichen Rundfunks.

Die Situation ist aber noch komplizierter; denn über alle Systemgrenzen hinweg gibt es auf der anderen Seite auch wieder charakteristische Gemeinsamkeiten. Faktoren wie die Fläche eines Landes, die Bevölkerungszahl und deren Kaufkraft sowie der technische Entwicklungsstand erweisen sich als wesentliche Determinanten für jedes Mediensystem. Bei der Versorgung von Großflächenstaaten wie der UdSSR oder Kanada entstehen gleichartige Versorgungsprobleme, die jeweils auch ähnlich – etwa durch den frühen und ausgedehnten Einsatz von Satelliten – gelöst worden sind. Oder: Die Fähigkeit, die eigene Bevölkerung mit national produzierten Programmen zu versorgen, nimmt mit der Größe der Finanzkraft der Bevölkerung zu. So haben z.B. die US-Bürger und die Inder jeweils die Möglichkeit, viel mehr im eigenen Land produzierte Filme zu sehen, als etwa die Belgier oder die Bewohner Sri Lankas.

Schließlich dürfen die nachfolgend im Detail beschriebenen Typen auch niemals widerspruchsfrei gesehen werden. Es wird sich dabei jeweils um herrschende Tendenzen handeln, denen durchaus auch Gegenkräfte und Widerstände entgegenstehen. So werden zwar die westlichen Medienmärkte zunehmend von großen Medienkonzernen beherrscht, gleichwohl findet sich aber eine quicklebendige und wachsende Szene mehr oder minder „alternativer" Medien. Oder: Trotz aller Zensurtätigkeit gab es in Osteuropa selbst während der Phase härtester Pressekontrollen immer Untergrundmedien, primitiv vervielfältigt oder sogar von Hand geschrieben, in denen der Widerstand gegen das offizielle Mediendiktat lebendig blieb.

2.1 Der westlich-liberale Typ

In den westlichen Staaten sind zwei Grundmodelle der Rundfunkorganisation entstanden: die öffentliche und die kommerzielle Richtung. Das in der Bundesrepublik (und auch nur dort) ‚Öffentlich-rechtlich' genannte Modell läßt sich international am ehesten unter dem Begriff des ‚public service' zusammenfassen. Der grundlegende Unterschied wird in der Organisationsform deutlich: Die *ARD* und andere öffentlich-rechtliche Anbieter in der Bundesrepublik sind als Anstalten verfaßt, privat-rechtliche Anbieter hingegen als Unternehmen, etwa als Gesellschaften mit beschränkter Haftung (GmbH), *RTL* als GmbH & Co KG.

Das öffentliche Modell entstand in Europa nach dem Ersten Weltkrieg und findet seine international prominenteste Verkörperung immer noch in der *BBC*. ‚Public service' steht dafür, daß eine mehr oder minder vom Staat unabhängige öffentliche Einrichtung, von der Allgemeinheit kontrolliert und ganz oder überwiegend aus Gebühren finanziert, Radio und Fernsehen anbietet, wobei besondere Programmstandards zu beachten sind (vgl. Negrine 1989: 193 ff.). Weil die BBC mit ihren Leistungen überzeugte, wurde ihr Organisationsmodell von anderen Staaten des britischen Commonwealth direkt kopiert: als *Canadian Broadcasting Corporation* (CBC) in Kanada, als *Australian Broadcasting Company* (ABC) in Australien. In anderen Teilen Europas entstand das ‚public service'-Modell weitgehend autonom vom britischen Vorbild und zeigt deshalb entsprechende Variationen: In Frankreich, mit einer Tradition der starken Exekutivgewalt, nahm die Zentralregierung den Rundfunk massiv unter ihren Einfluß; in Italien wiederum machten sich die Parteien im Rundfunksystem der *Radiotelevisione Italiana* (RAI) breit, freilich ganz anders als in der Bundesrepublik.

Mit ganz wenigen Ausnahmen (etwa *RTL* in Luxemburg) dominierte dieses ‚public service'-Modell in Europa bis an die Wende zu den 80er Jahren. Bis dahin gab es lediglich in Großbritannien ein ausgebautes kommerzielles Fernsehen: *Independent Television* (ITV, seit 1954/55), das allerdings unter so intensiver öffentlicher Kontrolle (der damaligen Aufsichtsbehörde ITA/IBA) stand, daß es oft noch unter den Begriff des ‚public service' subsumiert wurde. Insofern kann man auch darüber streiten, ob das ‚duale' Rundfunksystem wirklich von Großbritannien ausgegangen ist. Im Vergleich zu Frankreich, Italien und der Bundesrepublik zeigte das Land in den 80er Jahren einen eher niedrigen Kommerzialisierungsstand (vgl. Negrine 1989; Gellner 1990).

Nach einem Urteil des italienischen Verfassungsgerichts von 1976 begann eine Welle kommerzieller Anbieter auf den europäischen Markt zu drängen. Das Gericht hatte seinerzeit entschieden, daß lokaler Rundfunk auch außerhalb der öffentlichen RAI zulässig sei. Diese an sich unbedeutend klingende Formel ermöglichte die Errichtung örtlicher, werbungsfinanzierter Anbieter. Sie schlossen sich alsbald (und gegen den Sinn des Urteils) in nationalen Networks zusammen und wurden weitgehend von einem „Medienmogul" übernommen, dem vormaligen Bauunternehmer Silvio Berlusconi. Zu Beginn der 90er Jahre finden sich kommerzielle Anbieter in allen großen Staaten Westeuropas, lediglich kleinere Staaten oder Regionen – etwa Skandinavien, Österreich, Schweiz – halten sich noch mehr oder minder an ein öffentliches Angebotsmonopol. Doch sind auch sie längst den Einstrahlungen kommerzieller Anbieter von außerhalb ihrer Grenzen ausgesetzt, vermögen sich also dem allgemeinen Trend nicht mehr zu entziehen.

Was aber heißt „kommerzieller Anbieter"? Es handelt sich dabei um Medienbetriebe, die erwerbswirtschaftliche Anliegen verfolgen, also Geld verdienen wollen. Sie finanzieren sich in der Regel ausschließlich über bezahlte Werbeinblendungen; entsprechend muß ihr ganzes Trachten darauf abzielen, Zuschauer (oder Zuhörer) zu „maximieren". Je mehr Adressaten sie erreichen, umso höhere Einnahmen aus der werbetreibenden Wirtschaft werden erzielt.

Dieses Modell entstand in den USA bereits in der Frühzeit des Hörfunks während der 20er Jahre und wurde dort sehr bald und bis heute zur dominierenden Organisationsform (vgl. Winckler 1984). In den USA finden wir folglich den Prototyp dieser Kategorie.

Der kommerzielle Hörfunk entstand seinerzeit in den USA auf der lokalen Ebene, doch erwies es sich bald als viel profitabler, Programme zentral zu produzieren und an die lokalen Stationen weiterzuleiten. Damit wurden Network-Strukturen geschaffen, wie sie inzwischen für kommerzielle Anbieter in vielen Ländern charakteristisch sind (z.B. in Italien, Frankreich) und einzelne Hörfunknetze in Bundesländern (z.B. NRW). Die drei großen Fernseh-Networks in den USA sind heute:

- *National Broadcasting Company* (NBC)

- *Columbia Broadcasting System* (CBS)

- *American Broadcasting Company* (ABC).

Diese drei Network-Gesellschaften sind jeweils Bestandteil größerer Medienkonzerne in den USA, ihre Bedeutung ist allerdings angesichts neuer Konkurrenten in den letzten Jahren gesunken. Seit Jahren drängen kleine und spezialisierte Anbieter auf den Markt, oft mit Hilfe von Kabel oder Satellit. So finden wir inzwischen auch Networks mittlerer Größe (z.B. Murdocks *Fox Television*), Spartenprogramme für Sport, Nachrichten, Kinder oder Religion, sowie Anbieter von Pay-TV, also über Abonnentengebühren finanzierte, werbungsfreie Fernsehkanäle (Marktführer: *Home Box Office*, HBO). Inzwischen empfängt mehr als die Hälfte der US-Haushalte ihr Fernsehprogramm nicht mehr terrestrisch, sondern über einen Kabelanschluß. Durch das Kabelfernsehen stehen dem Konsumenten mehrere Dutzend Programme zur Auswahl. Auf Grund dieser Konkurrenz ist die frühere Dominanz der drei großen Networks im Fernsehangebot deutlich zurückgegangen. Dennoch beherrschen sie auch jetzt noch – mit langsam rückgängiger Tendenz – den Markt: etwa 60 Prozent aller Einschaltungen entfallen auf ihre Sendungen.

Es gibt auch ein öffentliches Fernsehen in den USA: *Public Broadcasting Service* (PBS), ein Network, das sich durchaus dem ‚public service‘-Ideal verbunden fühlt, aber dennoch deutliche Unterschiede zum europäischen Modell aufweist. Die örtlichen Trägerorganisationen von *PBS* sind nichtkommerzielle, oft private Einrichtungen (z.B. Universitäten, Schulen, Stiftungen, Kommunen). ‚Public‘ meint hier Handeln im öffentlichen Interesse, nicht notwendig in öffentlicher Trägerschaft. Das Sendernetz finanziert sich aus Spenden der Zuschauer und staatlichen Zuweisungen. Gebühren sind in den USA unbekannt. *PBS* bietet ein gehobenes Kulturprogramm und erreicht daher nur Minderheiten: Auf *PBS* entfallen ca. 3 Prozent aller Einschaltquoten in den USA.

Das Mediensystem in den USA ist fast perfekt durchdrungen von Kommerzialität – ein Faktum, das Auswirkungen auf viele andere gesellschaftliche Lebensbereiche haben muß, beispielsweise das kulturelle Leben oder den politischen Prozeß (vgl. Schiller 1986). Wahlkämpfe finden dort vorzugsweise in bezahlten Werbespots statt, die wie Produktwerbung aufgebaut sind und auch entsprechend plaziert werden (vgl. Kleinsteuber 1989).

Viele der US-Fernsehprogramme sind natürlich auch bei uns bekannt: „Dallas" bei den Öffentlich-rechtlichen oder die „Springfields" auf RTL stehen dafür. In ihnen wird die Unterhaltungsorientierung dieses Fernsehsystems deutlich, das auf höchstmögliche Zuschauereinschaltungen, die sorgfältig beobachteten ratings, angewiesen sind. Es liegt nahe, daß die für das Fernsehen der USA produzierten Serien auch bei kommerziellen Anbietern im Ausland hoch im Kurs stehen, stellen sie sich doch optimal auf die Funktion als Werbe-Umfeld ein, bieten sie z.B. regelmäßige Spannungshöhepunkte, bei denen dann die Unterbrechungswerbung plaziert werden kann. Da sie zudem sehr preiswert angeboten werden, beherrschen sie wesentlich die Programmärkte der Welt.

Kommerzielle Anbieter machten sich, bevor sie nach Europa kamen, schon außerhalb der USA auf den Märkten von Kanada und Australien breit. Sie verdrängten dort die anfangs beherrschenden ‚public service'-Anbieter *CBS* bzw. *ABC* und dominieren heute weitgehend die Märkte. Grob gerechnet entfallen in diesen beiden Ländern, in denen die kommerzielle Konkurrenz jeweils mehrere Jahrzehnte alt ist, nur noch ein Fünftel aller Einschaltquoten auf den jeweiligen öffentlich-rechtlichen Anbieter (vgl. Kleinsteuber/Wiesner/Wilke 1991).

Gibt es eine Konkurrenz öffentlich-rechtlicher Anbieter, so sprechen wir – auch in Anlehnung an internationalen Sprachgebrauch – von einem dualen Rundfunksystem. Es ist heute das vorherrschende Modell, sowohl in Europa, als auch in den angelsächsischen Staaten außerhalb der USA. Dieser Begriff wirkt allerdings insofern statisch, als er die weltweite Dynamik einer ansteigenden Kommerzialisierung überdeckt. Tatsächlich beobachten wir derzeit einen – wie es der Medienjurist Wolfgang Hoffman-Riem ausdrückt – Wechsel des Paradigmas, weg vom Rundfunkrecht und hin zum Wirtschaftsrecht (vgl. Hoffmann-Riem 1988: 57 ff.). Diese wohl unumkehrbare Dynamik bedeutet, daß weltweit Rundfunk unter öffentlicher Verantwortung und als Kulturfaktor abnimmt, während seine kommerzielle Spielform überall zunimmt – besonders auch in der ehemals realsozialistischen und der Dritten Welt.

Wo immer kommerzielle Konkurrenten entstanden sind, verloren die öffentlichen Anbieter über die Jahre nicht nur einen großen Teil ihrer Zuschauer, sondern auch ihrer Glaubwürdigkeit. Schließlich wurde auch ihre Finanzierungsgrundlage immer prekärer und in einer ungleichen Konkurrenz zogen sie regelmäßig den kürzeren. Gerade der internationale Vergleich ermöglicht es, die Langzeitfolgen der Kommerzialisierung in

Kanada und Australien zu analysieren. In beiden Staaten gerieten die Öffentlichen Anbieter in Legitimationsschwierigkeiten, und eine Gebührenfinanzierung ließ sich nicht mehr durchhalten. Heute werden CBS und ABC aus dem Staatshaushalt alimentiert. Damit läßt sich abschätzen, was auch in Europa passieren wird, wenn nicht medienpolitisch dagegengesteuert wird.

In westlichen Ländern ist aber nicht nur ein Prozeß hin zu einem höheren Kommerzialisierungsgrad der Medien festzustellen. Bereits seit 1949 gibt es in den USA Radiostationen (zuerst *KPFA* in Berkley, einem Vorort von San Francisco), die darauf beruhen, daß örtliche Radioenthusiasten und Gruppen aktiv werden und ihre eigene Radiostation aufbauen. Diese inzwischen 140 Radiostationen in den USA, die heute ‚community radio' genannt werden, sind weder öffentlich noch kommerziell organisiert; sie versuchen, einen „dritten Weg" zwischen beiden zu gehen.

Auch in Europa wurde seit den 60er Jahren diskutiert, ob man mit ‚alternativen Medien' eine Art von Gegenöffentlichkeit herstellen könne. In dieser alternativen Zielsetzung drückte sich der Wunsch aus, wegzukommen von den etablierten Medien und Hierarchien, von ihren professionellen Ansprüchen und wirtschaftlichen Interessen. In der Bundesrepublik gelang dies vor allem im Printbereich, besonders mit der *Tageszeitung* (taz), die ihre französische Entsprechung in der recht erfolgreichen *Liberation* findet.

In vielen anderen westlichen Ländern fand dagegen eher ein Boom im Bereich nicht-kommerzieller Lokalradios statt. Sie werden von örtlichen Initiativen getragen, finanzieren sich vorwiegend aus freiwilligen Zuweisungen und bieten besonders gute Zugangsmöglichkeiten für interessierte Radiomacher, fast immer Amateure. In Skandinavien heißen sie „Nahradio" (im Nachbarland Dänemark funken 280 von ihnen), und in Südeuropa werden sie in der Nachfolge der früheren „freien Radios" nun als „assoziierte" (so in Frankreich) oder „demokratische" (so in Italien) Radios geführt (vgl. Kleinsteuber 1991).

Hintergrund der Gemeinsamkeiten im westlich-liberalen Medientyp ist vor allem die Idee der Pressefreiheit. Das Bürgertum Europas kämpfte jahrhundertelang für sie; ihre erste verfassungsmäßige Absicherung als Grundrecht erhielt sie aber in den USA. Die heute noch gültige amerikanische Verfassung (von 1787) wurde 1791 um einen Katalog von Grundrechten ergänzt, deren erstes bereits die Pressefreiheit garantiert (daher auch ‚First Freedom'): „Der Kongreß darf kein Gesetz erlassen, das die [...] Rede- und Pressefreiheit [...] beschränkt." Diese Garantie ist so umfassend angelegt, daß es in den USA, anders als in Europa, bis heute keinen Gesetzesvorbehalt und damit auch kein einheitliches Presserecht gibt. Der Staat soll sich nach diesem Verständnis vollständig aus den Belangen der Presse heraushalten. Diese Idee einer grundrechtlichen Absicherung der Pressefreiheit (sowie der verwandten Rechte Informations- und Redefreiheit) gehört bis heute zum Selbstverständnis aller westlichen Mediensysteme.

Es besteht in den Demokratien westlichen Typs ein weitreichender Konsens darüber, daß Pressefreiheit einen hohen Rang genießt und die Unabhängigkeit der Medien und die freien Informationsmöglichkeiten der Bürger für die Willensbildung in einer Demokratie von essentieller Bedeutung sind. Wie diese Pressefreiheit konkret ausgestaltet werden soll, bleibt freilich umstritten. In der frühliberalen Version war sie vor allem als Gewerbefreiheit verstanden worden, also als Recht jedes Bürgers, seine eigenen Presseorgane ungehindert herausgeben zu dürfen. Dieses Prinzip sorgte zwar für Staatsferne, ermöglichte aber gleichzeitig die privatwirtschaftliche und gewinnbringende Nutzung von Medien. So entstanden neue Gefährdungen, etwa, daß einige große Medienkonzerne die Märkte beherrschen oder Medien für politische Zwecke instrumentalisiert werden. Daher wird in diesen Staaten heute zunehmend diskutiert, ob der Schutzanspruch der Pressefreiheit nur gegen den Staat wirken darf, oder ob nicht im Interesse der Bürger auch der Presse bestimmte Auflagen gemacht werden können (→ IV, Röper).

Unbestritten bleibt, daß ‚elektronische Medien' – anders als Printmedien – einer Aufsichtsstruktur bedürfen, gleichgültig ob sie öffentlich oder kommerziell verfaßt sind. Die leitende Vorstellung dabei ist, daß sich die Sendefrequenzen in öffentlichem Besitz befinden und nur auf Zeit sowie mit bestimmten Auflagen zur weiteren Nutzung vom Staat freigegeben werden.

Im Bereich des „public service" ist die Aufsichtsinstanz oft in die sendende „Anstalt"[1] integriert. Dies geschieht in Form von Gremien, in denen Vertreter der Regierung, des Parlaments oder anderer Repräsentanten einer mehr oder weniger legitimierten Öffentlichkeit die Kontrolle ausüben. Daß in einem solchen Medium Parteivertreter dominieren, wie in den Rundfunkräten der Bundesrepublik, ist im internationalen Vergleich nur eine der möglichen Spielarten. In Großbritannien besteht der „Board of Governors" der BBC traditionell weniger aus Karrierepolitikern als aus Honoratioren, geachteten Vertretern einer in Großbritannien relativ homogenen Elite, die für ein hohes Maß an Unabhängigkeit der kontrollierten BBC bürgen. Aber selbst wenn die Parteien das Sagen haben, wie in Italien, kann es ganz anders als bei uns aussehen. Dort hatten sich die Parteien die Kanäle der *RAI* untereinander aufgeteilt: Das erste Programm stand den Christdemokraten nahe, das zweite den Sozialisten; selbst die Kommunisten (jetzt Partei der Linke) verfügten noch über ein Radioprogramm.

Für den kommerziellen Bereich sind eigens geschaffene Aufsichtsbehörden typisch. Sie arbeiten oft nach dem Modell der bereits 1934 geschaffenen Federal Communications Commission (FCC) in den USA. Dazu zählen auch die Landesmedienanstalten der Bundesrepublik, für die die

---

1 Der Begriff steht hier in Anführungsstrichen, weil diese Institution nur in Deutschland vorkommt.

FCC so etwas wie ein „determinierendes Vorbild" darstellt (Hoffmann-Riem 1989: 37), sowie der seit 1988 in Frankreich tätige Conseil Supérieur de l'Audivisuell (CSA), dessen Name und gesetzliche Grundlagen sich in den letzten Jahren mehrfach geändert haben. Diese Behörden vergeben Sendelizenzen und legen bestimmte Programme und Verhaltensstandards der Sender fest. Die Briten wandten dabei 1991 erstmals ein ganz neues Verfahren an, indem ihre (neue) Behörde, die Independent Television Commission, Sendelizenzen – nach Überwindung einer sogenannten Qualitätsschwelle – dem Meistbietenden zusprach.

Heute erscheint das Programmangebot kommerzieller Anbieter in den verschiedenen Ländern sehr homogen, und zwar unabhängig von den jeweiligen, national oft sehr unterschiedlichen gesetzlichen Bestimmungen. Diese Situation läßt darauf schließen, daß staatliche Auflagen, so präzise sie auch immer formuliert sein mögen, gegenüber kommerziellen Anbietern nur sehr begrenzt anwendbar sind.

Innerhalb der westlich-liberalen Staatenwelt erschien Anfang der 80er Jahre mit der Europäischen Gemeinschaft (EG) ein weiterer Akteur auf der medienpolitischen Bühne. In der Medienpolitik der EG wird kein Unterschied mehr zwischen öffentlichen und kommerziellen Anbietern gemacht (vgl. Betz 1989). Faktisch wurde damit das kommerzielle Fernsehen ‚hoffähig', obwohl es nicht einmal in allen EG-Staaten zugelassen ist (Dänemark hält an einem modifizierten öffentlichen Modell fest). Die EG verkennt nicht, daß sie mit der Befürwortung kommerzieller und grenzüberschreitender Anbieter vor allem für diejenigen eine Lanze bricht, die viel US-Programmaterial senden und damit die europäische Filmindustrie potentiell gefährden. Deshalb wurde in die Fernsehrichtlinie aus dem Jahre 1989 eine Regelung eingebaut, wonach ein Mindestmaß von 50% europäischer Eigenproduktionen zu senden ist. Diese Quotenregelung ist allerdings nicht rechtsverbindlich; Schritte zu ihrer Durchsetzung wurden nicht unternommen.

Die Politik der EG spielte in den letzten Jahren zweifellos den großen europäischen Medienkonzernen von Silvio Berlusconi, Rupert Murdoch (der nicht einmal Europäer ist) oder dem Bertelsmann-Konzern in die Hände. Deshalb ist sie vielfach kritisiert worden, u.a. von Europas Kulturschaffenden, Journalistenorganisationen und öffentlichen Fernsehanbietern. Inzwischen wurden erste Maßnahmen zur Sicherung der europäischen Kulturindustrie ergriffen: So unterstützt die EG mit ihrem Media-Programm die Produzenten und Verleiher von Kinofilmen (vgl. Kleinsteuber/Wiesner/Wilke 1990).

2.2 *Der östlich-realsozialistische Typ*

Wer es unternimmt, Medien in Staaten zu analysieren, die sich einst als solche des „realen Sozialismus" verstanden, wird zwei Ebenen deutlich voneinander unterscheiden müssen. Sie korrespondieren mit der inneren

Widersprüchlichkeit derartiger Herrschaftssysteme, die schließlich zu ihrem Zusammenbruch führte.

Zuerst einmal gab es die Ebene der marxistisch-leninistischen Ideologie ein relativ geschlossenes Modell über die Rolle der Medien in der entstehenden kommunistischen Gesellschaft. Zum zweiten entwickelte sich eine Praxis in den sozialistischen Staaten, die sehr viel pragmatischer angelegt war und manchmal mit der Theorie offen kollidierte. Zusätzlich gilt: Die Epoche des realen Sozialismus ist (wenn man von der Volksrepublik China und einigen anderen asiatischen Staaten absieht) wohl endgültig beendet; hier wird also ein historisch gewordener Typ beschrieben. Endgültige Urteile können zu diesem Zeitpunkt nicht gefällt werden, doch es scheint, daß sich Osteuropa auf den westlich-liberalen Typ zubewegt.

Das Medienverständnis in der „alten" Sowjetunion wurde fast ausschließlich aus den Schriften Lenins abgeleitet und begründet. Karl Marx eignete sich schon deswegen nicht dafür, da er – zeitweise selbst als Journalist und sogar kurze Zeit als Verleger tätig – das fortschrittlich-liberale Konzept einer sich kritisch verstehenden Presse verfocht, wie es für die kämpferische Linke im 19. Jahrhundert typisch war. So schrieb Karl Marx in der ersten Nummer der *Rheinischen Zeitung* vom 1. Januar 1843:

> „Die Presse ist nichts und soll nichts sein als das laute, freilich ‚oft leidenschaftliche und im Ausdruck übertreibende und fehlgreifende tägliche Denken und Fühlen eines wirklich als Volk denkenden Volkes'. Daher ist sie wie das Leben, immer werdend, nie fertig. Sie steht im Volksmund und fühlt all sein Hoffen und sein Fürchten, sein Lieben und sein Hassen, seine Freuden und sein Leiden ehrlich mit" (Marx/Engels 1969: 115 f.).

Lenin hatte dagegen neben seiner „Partei neuen Typs", deren Konzept er bereits vor der bolschewistischen Revolution von 1917 entwickelt hatte, auch eine „Presse neuen Typs" gefordert. Dazu zählte eine gesamtrussische Zeitung unter Führung der kommunistischen Partei, die zugleich kollektiver Propagandist, Agitator und Organisator sein sollte. Besonders die Begriffe ‚Agitation' (wenige Ideen für viele) und ‚Propaganda' (viele Ideen für wenige) waren für dieses Medienverständnis charakteristisch. In ihm standen die Aufgaben der „Transmission", der Übersetzung und Vermittlung von Parteibeschlüssen in die Gesellschaft, im Vordergrund. Die Presse wurde so vor allem als Instrument der Führung und Leitung durch die KPdSU verstanden (vgl. Kunze 1978).

Die Unterschiede zu Westeuropa und dem dort vorherrschenden Prinzip der Pressefreiheit sind unverkennbar. Aber die Erfahrungen im alten zaristischen Rußland waren auch ganz andere. Zensur und Repression gehörten zur Alltagserfahrung aller kritischen Journalisten wie aller Organisationen auf der politischen Linken. Dazu kamen die große Rückständigkeit, die riesigen ländlichen Gebiete, in denen der vorherrschende Analphabetismus die Entstehung eines westlichen Typus der Presse verhinderte. Entsprechend schwingt in Lenins hierarchischem Informations-Vermittlungsmodell auch die Vorstellung mit, das Land modernisieren zu müssen und die vorhandenen Medien zu erzieherischen Zwecken einzubinden.

Nach der bolschewistischen Revolution wurden die vorhandenen Pressemedien im revolutionären Rußland innerhalb kurzer Zeit mit Verboten und Verstaatlichungen unter den Einfluß der Kommunistischen Partei gebracht. Bereits 1921 lag das Informations- und Meinungsmonopol faktisch bei der Parteiführung, die Kommunikationspolitik wurde vor allem von der Abteilung für Agitation und Propaganda im Zentralkomitee konzipiert. Der Mobilisierungsauftrag bezog sich dabei nicht nur auf die Presse, auch mit „Agitprop"-Eisenbahnzügen, mit Straßentheatern und Plakatserien wurde für die Ziele der Revolution geworben. 1921 nahm die Zensurbehörde Glavlit ihre Arbeit auf, die erst im Verlauf der Glasnost ihre Bedeutung verlor. Ab 1925 wurde der gesamte Informationsfluß über die Monopol-Nachrichtenagentur TASS geleitet.

Den Parteimedien verblieb in den 20er Jahren allerdings ein gewisser Spielraum. So konnten noch berühmte Filmwerke (etwa Sergej Eisensteins Panzerkreuzer Potemkin 1925) entstehen. Die Machtkämpfe nach Lenins Tod 1924 fanden auch in den Medien ihren Niederschlag, bis sich seit etwa 1928 Stalins bürokratisch-hierarchischer Apparat vollends durchsetzte und die Presse vollständig gleichgeschaltet wurde. Es entstand eine Struktur, die in der UdSSR bis zum Beginn der Ära Gorbatschow bestimmend war und mit der sowjetischen Besatzung Osteuropas nach dem Zweiten Weltkrieg in der gesamten ostmitteleuropäischen Region und der DDR zum bestimmenden Modell wurde.

Auch im realen Sozialismus gab es eine Verankerung der Medien in der Verfassung. Aber das entsprechende Grundrecht zielte in eine ganz andere Richtung als im westlich-liberalen Typ, betonte eher den Anspruch auf Medienleistungen seitens des fürsorgenden Staates.

Träger der Tageszeitungen in der alten UdSSR waren Partei, Staat und gesellschaftliche Organisationen. Zu den einflußreichsten Publikationen wurde die *Pravda* (gegr. 1912), als zentrales Parteiorgan vom Zentralkomitee der KPdSU ediert, und die *Izvestija* (gegr. 1917), als zentrales Staats- und Regierungsorgan vom Präsidium des Obersten Sowjets herausgegeben. Partei und Staatsapparat verlegten weitere zentrale Spezialpublikationen (etwa für Industrie und Landwirtschaft); ebenso fanden sich Publikationen auf den nachgeordneten Ebenen des sowjetischen Föderalstaates: Republikpresse, Regionalpresse (Gau, Gebiet, Kreis), Lokalpresse und auch Zeitungen in großen Betrieben. Wichtige Träger von Zeitungen waren zudem die gesellschaftlichen Organisationen wie die Gewerkschaften mit *Trud* (gegründet 1921), die Jugendorganisation mit *Komsomol'skaja Pravda* (gegründet 1925) und der Schriftstellerverband mit der *Literaturnaja Gasjeta* (gegründet 1929).

Hörfunk und Fernsehen wurden im Monopol des Staates produziert und verbreitet. Die Verantwortung lag beim Staatskomitee für Fernsehen und Rundfunk, das dem Ministerrat unmittelbar unterstellt war. Oberstes

Verwaltungs- und Kontrollorgan für den Rundfunk war ‚Gostelradio', ein Kollegium, dessen Mitglieder vom Ministerrat der UdSSR bestimmt wurden. Das zentrale Produktionszentrum Ostankino, nahe der Hauptstadt Moskau gelegen, produzierte vier Fernsehprogramme, mehrere davon zeitversetzt und über Satellit in der ganzen Sowjetunion bis zur pazifischen Küste verbreitet. Das Angebot umfaßte folgende Schwerpunkte: Ein Programm für die Gesamtunion, ein Programm mit Moskauer Zuschnitt, ein Programm mit populär-wissenschaftlichem und bildungsorientiertem Inhalt sowie einen Kanal, der primär Kunst, Sport und Unterhaltung bot (vgl. Michel 1990: D 214-215).

Die Medienapparate der UdSSR waren von Berufsjournalisten besetzt, die nach Parteigesichtspunkten ausgewählt worden waren und Journalistenschulen und -fakultäten besucht hatten. Aus der Frühzeit der bolschewistischen Bewegung stammte der Einbezug von Arbeiter- und Bauernkorrespondenten (Rabsel'kors), nebenamtlichen Berichterstattern, die aus ihrem jeweiligen Tätigkeitsbereich (etwa ihrem Betrieb) berichten sollten. Die Interessen der Machthaber in der kommunistischen Partei zielten aber auf zentrale Kontrolle aller Medieninhalte, weswegen vertikale Informationskanäle und professionelle Redakteure mit einem erwiesenen marxistisch-leninistischen Bewußtsein das System auf allen Ebenen prägten. Ideologiefremde Bemühungen wurden mißbilligend beobachtet und bei Grenzüberschreitungen alsbald geahndet.

Das gesamte Mediensystem der UdSSR erweckte den Eindruck eines nach außen perfekt abgeschirmten und nach innen lediglich propagandistischen Zielen dienenden Informationsapparates. Diese Vorstellung ist sicherlich in erheblichem Umfang richtig gewesen, zumal die Größe und Abgeschlossenheit des Landes, dazu die hohe Sprachbarriere, diese Politik – ganz ähnlich wie bei anderen Ländern mit kontinentalen Ausmaßen – unterstützt haben. Andererseits gab es aber auch immer gegenläufige Tendenzen. Von außen strahlten viele Hörfunksender wie BBC oder Radio Free Europe ein. Um der Langeweile der eigenen Medienproduktionen zu begegnen, spielten Importe von Unterhaltungsprogrammen eine viel größere Rolle als z.B. in den von der isolierten Lage her durchaus vergleichbaren USA.

Innerhalb der Sowjetunion gab es, zumindest für den kundigen Leser, auch immer Medien, die sich – den jeweiligen Möglichkeiten entsprechend – offener gaben und in Maßen Diskussionen zuließen. Dazu zählte über viele Jahre die Literaturzeitschrift *Literaturnaja Gasjeta*, die mit ihrer Auflage von 6,5 Millionen Exemplaren keine Entsprechung im Westen fand.

Sorgen und Nöte der Bürger verschafften sich vor allem in Leserbriefen Luft, die millionenfach bei den großen Medien eingingen. Sie wurden von der Führung systematisch ausgewertet und je nach Aufgabenstellung gezielt publiziert. Seit der Ära Breschnew, also etwa seit den späten 60er

Jahren, gab es auch eine bescheidene Szene von teilweise geduldeten, teilweise verfolgten Untergrundblättern, den Samisdat.

All diese Ungereimtheiten in einem perfekt erscheinenden System verweisen bereits darauf, daß die gedruckten und gesendeten Angebote bei den Bürgern nur auf begrenzte Zustimmung und Glaubwürdigkeit stießen. In der Tat wurde auch den Inhabern der Macht zunehmend klar, daß ihre Propagandamaschine weitgehend leerlief, daß Informationen aus dem Westen letztlich mehr Vertrauen als den eigenen geschenkt wurde. So konnten unglaubliche Dinge geschehen: Im Jahre 1983 stellte in Krasnojarsk das örtliche Organ des staatlichen Pressewesens sein Erscheinen einfach ein; keiner vermißte es, und die Behörden bemerkten den stillen Tod erst nach Wochen.

Ein wesenlicher Bestandteil sowjetischer Medienpolitik bestand in der Abschottung gegenüber westlichen „Einflüssen", notfalls mit Hilfe von Störsendern und Zollformalitäten. Auch die DDR verfolgte diese Politik, mußte allerdings akzeptieren, daß alle Bürger Radioprogramme und die große Mehrheit auch TV-Sendungen aus dem Westen empfangen konnten. Während in der DDR Druckmedien aus dem Westen bis 1989 unerreichbar waren, waren sie z.B. in Polen und Ungarn seit vielen Jahren zugänglich – Grenzen zog nur der chronische Devisenmangel. Auch andere westliche Medien – Filme, Fernsehserien, Musik usw. – waren längst integrierter Bestandteil des osteuropäischen Medienangebotes geworden. So ergab sich die paradoxe Struktur, daß in den Staaten, die sich ideologisch abzuschotten suchten, westliche Medieneinflüsse viel wirksamer waren als in der Gegenrichtung (vgl. Becker/Szecskö 1989). Der Import östlicher Medien wurde im Westen im Prinzip nicht behindert, traf aber kaum auf Interesse.

Seit 1985 aber öffneten sich die Medien nicht nur der kritischen Berichterstattung, sondern begriffen sich auch zunehmend als Sprachrohr der Bürger und ihrer Bürgerrechte gegen die omnipotente Bürokratie. Sie verstanden ihre Rolle zunehmend als Mittler und Advokat, bauten ihre Publikation von Leserbriefen und Stimmen ihrer Leser aus und sahen sich als Schrittmacher einer neuen, kritischen Öffentlichkeit. In der *Literaturnaja Gasjeta* z.B. wurde eine neue Rubrik eingerichtet: „Wenn ich Direktor wäre", die Leserbriefmeinungen zu aktuellen Themen vorbehalten war. Ein neues Pressegesetz beendete am 1. August 1990 endgültig die Zensur. Danach entstand eine erhebliche Zahl neuer Periodika, die alle erdenklichen politischen Richtungen vertraten. Bis 1991 konnten sich dann viele von der KPdSU völlig unabhängige, häufig oppositionell zu ihr eingestellte Medien etablieren, die relativ frei berichten. Auch kommerzielle Anbieter, besonders vom Westen unterstützte und mit Programmen belieferte Radiostationen sind entstanden. Mit Sicherheit wird das Ende der Sowjetunion und deren Umwandlung in einen Bund souveräner Staaten auch im Medienbereich massive Änderungen auslösen. Derzeit (1993) ist die künftige Entwicklung nicht prognostizierbar.

Weiter als in der UdSSR sind die Veränderungen in Ostmitteleuropa gediehen. Dort wurden – mit den bereits früher relativ offenen Staaten Ungarn und Polen an der Spitze – die Medien der alten Parteiregime entweder eingestellt oder privatisiert. Ausländische Investoren sind willkommen, neue Publikationen werden nach westlichem Muster auf den Märkten eingeführt. In Polen wurden (und werden 1991 noch) Zeitungen, die früher fast alle der Kommunistischen Partei angehörten, an Interessenten verkauft oder versteigert. Warschaus auflagenstärkste Boulevardzeitung *Express Wieczorny* wurde z.B. von Walesas Solidarnosc übernommen, andere Zeitungen gingen an Redaktionsgemeinschaften, die englischsprachige *Warsaw Voice* mehrheitlich an eine kanadisch-amerikanische Firma.

Aber auch hier gilt, daß die Entwicklung viel zu sehr im Fluß ist, als daß bleibende Urteile gefällt werden könnten. Westeuropäische Medienunternehmen wie der Springer Verlag haben sich schon früh mit der Finanzierung neuer Presseobjekte, z.B. in Ungarn, engagiert. Die Veränderungen im Medienbereich werden von manchen in den betroffenen Staaten als Beginn einer neuen, freiheitlichen Ära gefeiert. Andere haben die Invasion westlicher Medien und Medieneigner als eine Art Ausverkauf empfunden.

2.3. Der Dritte-Welt-Typ

Kann die in diesem „globalen" Beitrag entwickelte Weltsicht schon in bezug auf westliche und östliche Systeme nur erste Hinweise geben, so gilt dies umso mehr für die Dritte Welt. Diese „Dritte Welt" an sich gibt es nicht, erst recht nicht für Medienordnungen; dazu sind Voraussetzungen und Rahmenbedingungen viel zu unterschiedlich. Ein Beispiel: Nicht die USA mit dem Produktionszentrum Hollywood stellen die meisten Filme der Welt her; das führende Filmland heißt Indien – mit Filmen, die vor allem das eigene Land mit seinen über 800 Mio. Menschen versorgen. Oder: Vor der ‚iranischen Revolution', die den Schah vertrieb und den exilierten Ayatollah Khomeini zurückbrachte, waren seine Anhänger über Tonkassetten und xeroxkopierte Zeitungen informiert worden. Der allmächtig scheinende Schah kontrollierte und zensierte zwar Presse und Fernsehen, also die „Big Media", die „Little Media" der Opposition nahm er offenbar nicht ernst (vgl. Singhal/Rogers 1989: 15 ff.).

Zur Dritten Welt zählen Kulturen, die schon lange vor uns eine hochentwickelte Schriftfähigkeit entwickelt hatten (wie die Chinesen) und solche, in denen eine relativ hohe Verbreitung des Fernsehens mit weiterhin hohen Analphabetenraten einhergeht – wie in Teilen Lateinamerikas (vgl. Kunczik 1985: 181 ff.).

Die riesigen Unterschiede zwischen entwickelter und sich entwickelnder Welt spiegeln sich in den internationalen Kulturstatistiken wieder, wie sie die UNESCO herausgibt (s. Tab. 1).

Tab. 1: Verteilung von Medien pro 1.000 Einwohner (Stand 1988)

	Fernsehemp-fänger	Radioemp-fänger	Tageszeitun-gen
Entwickelte Staaten	485	1008	337
Entwickelnde Staaten	44	173	43
Total	148	370	113

Quelle: UNESCO 1991: 6-13 ff.

Deutlich wird, daß die technisch, bzw. kulturell anspruchsvolleren Medienformen Fernsehen und Zeitung extrem unterschiedlich zwischen den „Nord-" und „Süd-Staaten" verteilt sind. Dagegen findet das Medium Hörfunk mit den inzwischen sehr preisgünstigen Transistorradios eine deutlich weitere und relativ gleichere Verbreitung.

Die Unterschiede werden letztlich noch eklatanter, wenn man nach Kontinenten und Großregionen der Welt differenziert, hier am Beispiel des Fernsehens verdeutlicht (s. Tab. 2).

Tab. 2: Fernsehgeräte pro 1.000 Einwohner, Stand 1988:

Kontinente:

Afrika	28
Amerika	398
Asien	53
Europa (incl. UdSSR)	372
Ozeanien	411

Großregionen:

Afrika (ohne arabische Staaten)	14
Arabische Staaten	90
Nordamerika	790
Lateinamerika	149

Quelle: UNESCO 1991: 6-22

Derartige Statistiken verdeutlichen, daß in Nordamerika (USA, Kanada) auf ca. 1,2 Menschen rechnerisch ein Fernsehgerät entfällt, in Schwarzafrika sind es dagegen ca. 71 Menschen pro Empfänger. Schlüsseln wir diese Zahlen noch weiter auf, so finden wir z.B. in Mali und in Burundi auf 5 000 Menschen ein Fernsehgerät; in der Bundesrepublik dagegen (379 Geräte auf 1 000 Einwohner) kommen rechnerisch fast drei Menschen auf jeden Empfänger (vgl. UNESCO 1991: 9 ff.). Die Gesamtbetrachtung läuft auf zwei zentrale Einsichten hinaus:

– Die Verteilung von Medien und damit der Zugang zu den von ihnen beförderten Informationen ist in der Welt sehr ungleich verteilt.

- Die Industriestaaten und ganz besonders einige hochentwickelte westliche Staaten beherrschen in großem Umfang die Medienmärkte der Welt.

Im politischen „Norden" dieser Welt – damit sind Nordamerika, Westeuropa und Teile Ostasiens gemeint – wurden historisch bzw. werden gegenwärtig die Medientechniken für die gesamte Welt entwickelt: So Druckmaschinen, Rundfunksende- und Empfangsgeräte, Satelliten. Zwar werden heute schon Farbfernsehgeräte in Teilen der Dritten Welt in Lizenz produziert; dennoch gibt es eine fast vollständige Abhängigkeit von westlichem know-how, Patenten und Schlüsseltechnologien. Ein Land der Dritten Welt, das seine innere Fernsehversorgung auf Satelliten umstellt – oft eine ideale Verbreitungstechnik für derartige Staaten – macht sich so auf unabsehbar lange Zeit über importierte Hochtechnologien (die technische „Hardware") von den liefernden Industriestaaten abhängig. Eine derartige Abhängigkeit wird aber nicht nur über die „Hardware" von Sende- und Empfangstechnik hergestellt, sondern ebenso über Organisationsformen und Programme, also die „Software" des internationalen Mediensystems (vgl. Becker 1985).

In den meisten Fällen sind die heutigen Medienstrukturen in der Dritten Welt entweder direkt in der Phase kolonialer Herrschaft entstanden oder sie wuchsen zumindest unter starkem Einfluß westlicher Hegemonialstaaten heran (vgl. Kunczik 1985; Katz/Wedell 1987). So leben in den ehemaligen Kolonialstaaten Afrikas noch heute vielfach Pressestationen und Rundfunkstrukturen weiter, die denen der ehemaligen Mutterländer – zumindest der äußeren Form nach – deutlich ähneln.

Zu den Besonderheiten der Medien in der Dritten Welt zählt ihre Modernisierungsfunktion. Bereits in den 50er Jahren war immer wieder hervorgehoben worden, daß Medien ideal zur Realisierung entwicklungspolitischer Ziele eingesetzt werden können. Mit ihnen sollten Alphabetisierungskampagnen ebenso durchgeführt werden wie Erziehungsprogramme, etwa für die Kleinbauern ländlicher Gebiete. „Modernization by Communication" lautet die Devise (vgl. Schramm 1964; Luyken 1980). In der Praxis erwies sich die Forcierung des Medieneinsatzes zugunsten abstrakter Modernisierungsziele aber oft als fragwürdig, erreichten die Angebote oft nur wenige und mitunter gar die falschen Menschen.

3. Das globale Netz der Informationen

Über die Struktur des internationalen Kommunikationsnetzes gibt es unterschiedliche Vorstellungen. Sie reichen von einem „global village" (wie es Marshall McLuhan genannt hatte), in dem die Bürger gleichberechtigt ihre Informationen aussenden und empfangen, bis zu der Vorstellung eines „Medienimperialismus", dem zufolge einzelne Staaten oder Unternehmen die Informationsproduktion monopolisieren und damit Herrschaft in anderen Teilen der Welt auszuüben vermögen (vgl. Schiller 1984; McPhail 1987).

Bevor wir die Sinnfähigkeit solcher Ansätze prüfen können, sollen an zwei Beispielen die Welt-Informationsströme beschrieben werden. Es handelt sich dabei um die Nachrichtenagenturen und ihre Bedeutung sowie die internationalen Programmärkte.

3.1 Die Welt-Nachrichtenagenturen

Ein Bereich, in dem immer wieder eine mediale Dominanz weniger westlicher Industriestaaten behauptet wird, ist der der großen Nachrichtenagenturen. Vier große Unternehmen beherrschen hier traditionell das Feld: *Associated Press* (AP) und *United Press International* (UPI) aus den USA, *Reuters* aus Großbritannien und *Agence France Press* (AFP) aus Frankreich. Dazu wurde früher noch manchmal die sowjetische Agentur *TASS* gezählt, die während des „Kalten Krieges" den osteuropäischen Markt beherrschte. Mitunter wird auch die bundesdeutsche *dpa* dazugezählt, die gleichfalls, wenn auch in vermindertem Umfang, in allen Regionen der Welt vertreten ist (vgl. Boyd-Barrett 1980; Höhne 1984; Schenk 1985; Altschull 1990).

Die „vier Großen„ beherrschen in großem Umfang das internationale Nachrichtengeschäft. Eine wissenschaftliche Studie zum Thema umfaßte Medien in 29 Staaten, die inhaltsanalytisch untersucht worden waren. Sie zeichnete folgendes Bild:

> „Es waren in der Tat die ‚Big-Four'-Agenturen des Westens, die als zweitwichtigste Quelle für internationale Nachrichten fungierten, und unsere Daten geben sehr wahrscheinlich nicht vollständig die Nachrichten aus diesen Quellen wieder. Es mag schon so sein, daß die ‚Big Four' nur eine begrenzte Zahl von Nachrichten‚speisen' anbieten, aber es gibt keinen Hinweis darauf, der vermuten ließe, daß es zumindest eine Kollektion alternativer Nachrichtenmenüs von den vielen anderen Arten der Quellen gebe, die heute existieren" (Sreberny-Mohammadi 1984: 128 f.).

Als wichtigste Quelle für aktuelle Meldungen wurden nationale Agenturen und Korrespondenten genannt. Dieser Eindruck trügt allerdings, denn kleine nationale Agenturen sind regelmäßig auf das Material der Weltagenturen angewiesen und verstärken so indirekt deren Gewicht noch.

Dieselbe Studie kommt zu dem Ergebnis, daß es so etwas wie eine ‚Nachrichtengeographie' gebe. So läßt sich nachweisen, daß in allen Weltteilen an erster Stelle die Nachrichten aus der eigenen Region gebracht werden, also Meldungen über die nähere politische Umgebung. Bereits an zweiter Stelle finden sich dann ungeachtet des untersuchten Landes Nordamerika und Westeuropa als Regionen, über die detailliert berichtet wurde, also die Heimatländer der Weltnachrichtenagenturen.

Die großen westlichen Nachrichtenagenturen sind zweifellos die vorherrschende Kraft im internationalen Informationsfluß. Nur große Redaktionen können sich überhaupt eigene Auslandskorrespondenten an einigen Brennpunkten des Geschehens leisten. Von entscheidender Bedeutung wird es daher sein, wie sie die vielgestaltige Wirklichkeit unseres Globus in ihren „Nervenbahnen" abbilden.

Den ,vier Großen' wird immer wieder vorgehalten, daß sie die Welt aus der Perspektive ihrer Heimatländer sehen, daß sie heimatliche Vorkommnisse ungebührlich hervorheben, und daß die Dritte Welt in ihrer Berichterstattung nur eine geringere Rolle spielt. Während über die Metropolen dieser Welt präzise und detailliert berichtet werde, würden periphere Länder nur dann zum Thema, wenn es von dort Katastrophen und Krisen, Umstürze und Gewalt zu vermelden gebe (das sog. „bad-news-syndrom"). Dagegen finde das mühselige Ringen der armen Länder um Fortschritte im wirtschaftlichen und sozialen Bereich kaum Berücksichtigung. Die Berichterstattung erscheine insgesamt unsensibel gegenüber den Weltordnungen außerwestlicher Kulturen und stecke häufig voller „abendländischer" Vorurteile und Stereotypen.

Die Agenturen entwerfen sicherlich ein eigenwilliges Bild der Welt, das dann nicht nur in ihren Heimatstaaten, sondern rund um die Welt reproduziert wird. Es reicht bis in die Länder der Dritten Welt hinein, die so ihrer ureigenen Probleme entfremdet bleiben und in ihrer abhängigen Mediensituation in einer Art „mentaler Selbstkolonialisierung" enden. Die Kommunikationsströme der Agenturen sind demnach sternförmig auf einige Metropolen in den USA und Westeuropa gerichtet und demzufolge von der Vorstellung eines globalen Netzes weit entfernt.

Die Nachrichtenagenturen selbst stellen nicht in Frage, daß sich ihre Organisation zentralistisch auf den jeweiligen Heimatstaat bezieht, wobei sie sich der jeweils fortgeschrittensten Großtechniken wie Computer und Satelliten bedienen. Zu ihrer Rechtfertigung betonen sie, daß sie keine entwicklungspolitische Institution darstellen, sondern sich durch Dienstleistungen für die sie tragenden und von ihnen belieferten Medienunternehmen finanzieren müssen. Zudem gebe es derzeit kaum Alternativen, denn die Stationierung eines Korrespondenten sei sehr kostenaufwendig (mindestens 100 000 US-Dollar pro Jahr) und rentiere sich immer nur für wenige Anbieter. Außerdem, so begründen sie ihr dünnes Korrespondentennetz in der Dritten Welt, verhielten sich Regierungen in den dortigen Staaten keineswegs immer entgegenkommend gegenüber Journalisten, besonders, wenn sie sich ungerechtfertigt kritisiert fühlen.

In Reaktion auf die geschilderten Einseitigkeiten haben sich jedoch auch Veränderungen ergeben. Europäische Agenturen haben ihre Aktivitäten auf dem lateinamerikanischen Markt verstärkt, um Alternativen zu den traditionell starken US-Agenturen zu bieten. Die *dpa* bietet z.B. einen spanischsprachigen Dienst an, mit in Hamburg tätigen Spanisch sprechenden Mitarbeitern, der etwa 130 Kunden in Lateinamerika bedient, darunter führende Presse- und Fernsehanbieter.

Es gibt auch Ansätze zur Selbsthilfe. So haben sich Journalisten aus vielen Staaten der Süd-Sphäre zusammengeschlossen und ein eigenes, zweifellos bescheidenes Agenturnetz aufgebaut. *Inter Press Service* (IPS), gegründet 1964 und in Rom ansässig, versucht aus unabhängiger Warte, dem vertikalen Informationsfluß der großen Agenturen einen stärker horizontal orientierten, u.a. von den nationalen Agenturen der Dritten Welt gefütterten, Nachrichtenstrom entgegenzusetzen. Obwohl inzwischen in 77 Staaten mit Korrespondenten oder freien Mitarbeitern vertreten und in 10 Staaten berichtend, bleibt *IPS* doch eine der kleineren Agenturen.

3.2 Die internationalen Programmärkte

Wie kaum ein anderer Bereich verdeutlichen die internationalen Programmärkte das Ungleichgewicht der globalen Mediensituation. Die USA – mit ihren riesigen Studios in Hollywood – liefern allein 49 Prozent aller weltweit exportierten Fernseh-Programmstunden. Daneben gibt es einige wenige Staaten, zu denen auch die Bundesrepublik Deutschland zählt, die in nennenswertem Umfang Material in andere Staaten ausführen (der „Renner" ist *Derrick*), gleichzeitig aber auch ein großer Importeur von US-Material sind. Schließlich gibt es eine Gruppe von Staaten, zu der fast alle in der Dritten Welt zählen, die große Mengen Programmaterial aus den USA und anderen großen westlichen Industriestaaten einführen, aber selbst nicht oder fast nicht am Export beteiligt sind.

Eine erste, von der UNESCO in Auftrag gegebene Studie über internationale Programmströme betonte 1973 zwei zentrale Trends:

- Es gibt eine „Einbahnstraße" von den großen Exportnationen zum Rest der Welt.

- Unterhaltungsmaterial dominiert diesen Programmfluß.

Eine weitere Studie konnte 1983 belegen, daß inzwischen nur wenig Wandel eingetreten war (vgl. Varis 1984). Ein Ausschnitt aus dem Datenmaterial wird in Tabelle 1 dokumentiert.

Die Daten verdeutlichen, daß die USA als größtes Programmexportland der Welt selbst fast keine Filme und Serien importieren (das wenige, was eingeführt wird, ist vor allem britisches Material für das öffentliche *PBS*-Fernsehen). Umgekehrt spielen US-Programme in allen Teilen der Welt, so auch in Westeuropa, eine erhebliche Rolle: 44 Prozent aller dort gesendeten Programme – das sind zehn Prozent der gesamten Sendezeit – stammen aus den USA (vgl. Varis 1984: 148). Dieser Anteil von US-Programmen in Westeuropa, gemessen 1983, ist seitdem sogar noch angestiegen, weil die neu zugelassenen kommerziellen Anbieter vor allem auf das kostengünstige amerikanische Unterhaltungsmaterial setzen. Auf dieses Problem einer Programm-Amerikanisierung hat die EG, wie oben bereits berichtet, reagiert, allerdings sehr hilflos, mit deklarierten Quoten und einer Filmförderungspolitik.

In Lateinamerika sind die USA das Ursprungsland von drei Vierteln aller importierten Programme. Andere Länder Lateinamerikas sind lediglich mit zwölf Prozent beteiligt; dabei handelt es sich meist um Telenovelas aus Brasilien und Mexiko. In den letzten Jahren ist der Grad der lateinamerikanischen Selbstversorgung jedoch gestiegen. Westeuropa hat nur minimalen Anteil am dortigen Markt. In Schwarzafrika wurden insgesamt 40 Prozent aller Programme importiert. Auch hier sind die USA der mit Abstand größte Lieferant. Daneben spielen die früheren Kolonialländer Großbritannien und Frankreich, dazu die Bundesrepublik eine bescheidene Rolle. In Kenia kamen bundesdeutsche Fernsehfilme zeitweise gar auf 25 Prozent des insgesamt importierten Fernsehangebots; es handelte sich meist um Unterhaltungsmaterial wie Sport- und Musikbeiträge.

Ein sehr ungleicher Fluß des Programmaterials zeigte sich 1983 gleichfalls im Ost-West-Verhältnis (vgl. auch Becker/Szecskö 1989: 55 ff.). Vor der „Wende" in Ost- und Mittelosteuropa kamen zwei Drittel aller in Osteuropa importierten Programme aus nicht-sozialistischen Staaten, während umgekehrt Westeuropa gerade zwei Prozent aus Osteuropa bezog, die USA überhaupt keine (vgl. Varis 1984: 151). Die Zahlen – erhoben zu einer Zeit, da die „realsozialistischen Systeme" noch funktionsfähig waren – würden heute nach den Umwälzungen in der Region sicherlich noch deutlich höher liegen. Ein krasses Ungleichgewicht der globalen Kommunikationsströme und ihrer Richtung steht außer Frage; von „Einbahnstraßen" zu sprechen erscheint also durchaus gerechtfertigt.

4. Zur Gestaltung der internationalen Medienbeziehungen

Die Auseinandersetzung um die Ordnung der Medienverhältnisse bewegt sich zwischen einem „freien Spiel der Kräfte" auf der einen Seite und der „lenkenden öffentlichen Einflußnahme" auf der anderen. Dabei werden diejenigen Staaten und Unternehmen, die über eine starke Marktposition verfügen, also die „Gewinner", für eine höchstmögliche Freiheit von politischer Intervention plädieren, während die „Verlierer" politische Maßnahmen zur Kompensation der Ungleichheiten befürworten.

Zur zentralen Arena der Auseinandersetzungen zwischen westlichen Industriestaaten und der Dritten Welt um die Gestaltung der Welt-Medienordnung wurden in der zweiten Hälfte der 70er Jahre die Vereinten Nationen und speziell ihre Unterorganisation UNESCO. Sie ist für Kulturfragen im weitesten Sinne zuständig. Ein Blick in die Geschichte zeigt, daß die Vereinten Nationen 1945 unter dem beherrschendem Einfluß des Westens ihre Arbeit begannen, sich in den 70er Jahren aber als Sprachrohr der Dritten Welt verstanden.

Das erste Konzept eines ungehinderten Informationsflusses ('free flow') stammt aus den Anfangsjahren der Vereinten Nationen und spiegelt vor allem die Interessenposition der westlichen Industrienationen wieder. Das Gegenkonzept einer neuen Internationalen Informationsordnung entstand dagegen im Umfeld der UNESCO und transportiert die Vorstellungen der Dritten Welt von einer ausgeglichener zu gestaltenden Medienzukunft (vgl. Steinweg 1984). Bereits in der UNO-Deklaration zur Freiheit von Information von 1946 heißt es:

> „Alle Staaten sollen eine Politik proklamieren, unter der der freie Fluß (free flow) von Informationen innerhalb von Staaten und über Grenzen hinweg geschützt wird. Das Recht, Informationen zu suchen und weiterzugeben, sollte gesichert werden, um die Öffentlichkeit in den Stand zu setzen, Tatsachen festzustellen und Ereignisse einschätzen zu können" (zit. n. Head 1985: 378).

Diese häufig variierte Doktrin des „Freien Informationsflusses" setzte marktwirtschaftliche Denkweisen im Medienbereich um. Dabei blieb die Vorstellung leitend, daß die ungehinderte Zirkulation von Informationen überall in der Welt zu einem Optimum an gegenseitiger Kenntnis der Nationen und damit auch zur Friedenssicherung beitragen werde. Auch die Bundesrepublik verfocht immer diese Position.

Als Gegenkonzept entstand in den 70er Jahren, damals zuerst in Auseinandersetzungen um die neue Satellitentechnik, das Konzept einer Neuen Internationalen Informationsordnung (angelehnt an die seinerzeit gleichfalls geforderte Neue Weltwirtschaftsordnung), mit dem die Entwicklungsländer ihre Unzufriedenheit über die globalen Kommunikationsbeziehungen artikulierten. Hauptpromotoren waren die blockfreien Staaten, ausgetragen wurde die Auseinandersetzung innerhalb der UNESCO.

Einen Höhepunkt erreichte die Kampagne für eine Neue Internationale Informationsordnung mit der Mediendeklaration der UNESCO von 1978, in der es (im besonders umstrittenen Art. VI) heißt:

> „Zur Schaffung eines neuen Gleichgewichts und größerer Gegenseitigkeit beim Informationsaustausch [...] ist es erforderlich, die Ungleichheiten im Informationsfluß nach und aus den Entwicklungsländern sowie zwischen diesen Ländern zu berichtigen" (zit. n. Becker 1979: 231).

Gefordert wurde also eine Art korrigierende Welt-Medienpolitik. Schließlich berichtete 1980 eine Kommission, benannt nach ihrem Vorsitzenden, dem Iren Sean McBride, der UNESCO und legte eine umfassende Analyse der Probleme und Defizite der internationalen Medienordnung vor (genannt McBride-Report). Diese Studie „Many Voices – One World" gibt immer noch einen einzigartigen Überblick über alle Aspekte der Weltmedienordnung (vgl. UNESCO 1980).

Die über die UNESCO transportierten Forderungen der Dritten Welt trafen auf erbitterten Widerstand der westlichen Industriestaaten. Sie sahen die Prinzipien der Meinungs-, Informations- und Medienfreiheit be-

droht – auch wenn deren Sicherung ein Bestandteil aller UNESCO-Erklä-
rungen blieb. Letztlich ging es wohl nicht nur um Prinzipien, sondern
auch um ökonomische Interessen und die unbestreitbar dominierende Position des Westens in der Welt-Medienordnung, die dieser nicht preiszu-
geben bereit war. Diese Auseinandersetzungen waren schließlich auch der
Auslöser dafür, daß die USA, Großbritannien und Singapur die UNESCO
1984 verließen – vor allem ein schwerer finanzieller Verlust, denn die USA
allein trugen ein Viertel des Etats der Weltorganisation (vgl. Preston et al.
1989).

Dieser Rückzug hatte allerdings auch eine beruhigende Wirkung. Als
Resonanz auf die heftige westliche Kritik wandte sich die UNESCO in den
darauffolgenden Jahren neuen Themen zu, so daß der Konflikt viel an Bri-
sanz verloren hat. Auf der 25. UNESCO-Generalkonferenz Ende 1990
zeigten sich alle Seiten um Ausgleich bemüht. In den Beschlüssen der De-
legierten fanden sich nun vermittelnde Formulierungen wie die, daß „der
freie Fluß der Information auf internationaler ebenso wie auf nationaler
Ebene" gesichert werden solle und deren „weitere und besser ausgegli-
chene Verbreitung ohne irgend einen Hinweis für die Ausdrucksfreiheit"
erfolgen müsse. Letztlich erwiesen sich die Auseinandersetzungen schon
deshalb als wenig hilfreich, weil Deklarationen allein an den bestehenden
Ungleichgewichtigkeiten nichts zu korrigieren vermögen.

Als Konsequenz richtet die UNESCO ihre Arbeit verstärkt auf konkrete
Entwicklungsvorhaben. Im Kommunikationsbereich hat sich die Organisation vor allem darauf konzentriert, Medienprojekte in der Dritten Welt
zu fördern, wie es die Entwicklungsländer immer gefordert hatten. Es
handelt sich um eine Aufgabe, der sich auch die westlichen Industriestaaten nicht verschließen wollen, zumal ihnen mit der Ausbildung von Medienschaffenden und dem Technikexport auch wieder neue Einflußmöglichkeiten eröffnet werden.

5. Auf dem Weg zu gerechteren globalen Medienstrukturen

Mediensysteme sind nicht von der allgemeinen ökonomischen und politi-
schen Entwicklung abgekoppelt, sondern eng mit ihr verwoben. Wenn im
Westen der Privatbesitz an Investivkapital als hoher Wert geführt, der
Staat am liebsten als Nachtwächter gesehen und dem Markt eine hohe
Selbstregulationskraft zugesprochen wird, so finden wir genau diese
Merkmale auch im westlich-liberalen Medien-Typus vereint.

In Osteuropa hatten kommunistische Parteien versucht, auf der Grundlage ihres politischen Führungsanspruchs ein revolutionär anderes Mediensystem zu etablieren: den östlich-realsozialistischen Typus. Er ist bis auf
Rudimente von der Medien-Landkarte verschwunden, wobei nicht abzu-
sehen ist, was schließlich noch verbleiben könnte. Es erscheint denkbar,

daß die osteuropäische Öffnung in Richtung auf Pluralisierung und Liberalisierung erfolgt, ohne daß die Kommerz-Orientierung des Westens in
vollem Umfang übernommen wird. Wahrscheinlicher ist aber wohl, daß
der Osten das westlich-liberale Modell weitgehend ungebrochen übernimmt. Vorboten sind die vielen Aufkäufe und Neugründungen westlicher Unternehmen in dieser Region.

Die westliche Lebensweise mit überwiegend kapitalistisch organisierter
Produktion und breit gestreutem Massenkonsum strahlt nach wie vor ein
hohes Maß an Attraktivität aus – bis tief in die Dritte Welt hinein. Sie
schafft aber auch für die, die daran nicht zu partizipieren vermögen,
große Probleme. Das gilt besonders für Staaten der Dritten Welt, deren
Medien-Typ eine Verbindung westlicher Elemente mit den Modernisie-
rungsaufgaben eines sich entwickelnden Landes versucht. Die meisten
Mediensysteme der Dritten Welt bezogen einst ihr Organisationsmodell
aus dem Westen und viele ihrer Inhalte (Nachrichten, Programme) haben
dort ihren Ursprung. So bleibt der „Süden" vielfältig vom „Norden" abhängig.

Man könnte die Situation mit einem Bild beschreiben, bei dem der Westen die glitzernden Einkaufszentren repräsentiert, die Dritte Welt dagegen die Armutsviertel einer Stadt. In wissenschaftlicher Sprache kann
man wohl von den „Metropolen" der hochentwickelten Industriestaaten
und der „Peripherie" der armen Länder sprechen. Die derzeit massive
Abhängigkeit der Medien in der Dritten Welt von Technik und Organisa-
tionswissen, Nachrichten und Programmen der „Ersten Welt" ruft förm-
lich danach, durch ausgewogenere Strukturen und eine größere Betonung
der eigenen Identität ersetzt zu werden. Der bereits erwähnte McBride-
Report fand dafür unter dem Stichwort ‚Kommunikationspolitik' die
folgenden, bedenkenswerten Worte:

> „Alle Menschen und Völker haben gemeinschaftlich ein unveräußerliches
> Recht auf ein besseres Leben, welches – wie es auch immer verstanden wird –
> ein soziales Minimum auf nationaler und globaler Ebene sicherstellen muß.
> Dies ruft nach der Stärkung der Leistungsfähigkeit und der Beseitigung großer
> Ungleichheiten; Mangel daran bedrohen die soziale Harmonie oder sogar den
> internationalen Frieden. Es muß eine wohlüberlegte Bewegung weg von Be-
> nachteiligung und Abhängigkeit und hin zu Selbstverantwortung und der
> Schaffung gleicherer Möglichkeiten geben. Da Kommunikation mit jedem
> Aspekt des Lebens verwoben ist, ist es ganz klar von höchster Bedeutung, daß
> die bestehende ‚Kommunikationslücke' rasch verkleinert und schließlich ganz
> beseitigt wird" (UNESCO 1980: 321).

MARTIN LÖFFELHOLZ/KLAUS-DIETER ALTMEPPEN

Kommunikation in der Informationsgesellschaft

1. Information – Kommunikation – Gesellschaft

Im Verlauf der letzten drei Jahrzehnte hat sich der Begriff ‚Informationsgesellschaft' zu einer Schlüsselkategorie politischer und ökonomischer Diskurse über den sozialen Wandel von Industriegesellschaften entwickelt – mit erheblichen Konsequenzen gerade auch für die Debatte über die Zukunft der (Medien-)Kommunikation. Die wissenschaftliche Relevanz des Begriffes wird freilich nach wie vor recht unterschiedlich bewertet: Schäfers (^{2}1986: 131 ff.) zählt ‚Informationsgesellschaft' zu den Grundbegriffen der Soziologie. Willke (1989: 23) findet den Begriff im Rahmen der Selbstbeschreibung der modernen Gesellschaft „sinnvoll". Luhmann (1992: 17) hingegen meint, hier werde lediglich ein mit allen Zügen forcierter Einseitigkeit behaftetes Schlagwort kreiert. Tatsächlich könne die Moderne „[...] sich selbst noch nicht ausreichend beschreiben, also markiert sie ihre Neuheit durch Bestempelung des Alten und verdeckt damit zugleich die Verlegenheit, nicht zu wissen, was eigentlich geschieht" (ebd.: 14).

Es ist Luhmann zuzustimmen, daß ein theoretisches Erklärungsmodell nicht existiert, das die strukturellen Merkmale verdeutlicht, welche die moderne Gesellschaft – und zwar langfristig und nicht nur für den Moment – gegenüber älteren Gesellschaftsformationen auszeichnet. Angenommen wird zwar, daß sich Sozialsysteme durch selbstorganisierende Prozesse verändern, also durch Wechselwirkungen zwischen der Systemorganisation und den Systemkomponenten, in denen beide sich verändern (vgl. Hejl ^{2}1992b: 289). Veränderungen in Sozialsystemen können dabei sowohl durch systeminterne und systemexterne Faktoren als auch durch emotionale und kognitive Prozesse der Individuen angeregt werden (ebd.: 272). Angenommen wird ebenfalls, daß Veränderungen sich insbesondere aus der spezifischen Eigenschaft von Menschen ergeben, „stets mehrere soziale Systeme zu konstituieren" (Hejl 1987: 329), weil dadurch widersprüchliche Wirklichkeitsmodelle und Handlungsanforderungen ermöglicht werden, die von den Individuen kreativ ausgeglichen werden müssen. Offen bleibt jedoch nach wie vor die zentrale Frage nach der Autonomie kognitiver und sozialer Systeme gegenüber ihrer Umwelt (vgl. Hejl 1990b: 226 ff.; Hejl 1987: 329 ff.). Und für eine Analyse der Perspektiven der Kommunikation fehlt eine systemtheoretisch gestützte Konkretisierung des aktuellen gesellschaftlichen Wandels.

Mit der Erfindung der „Informationsgesellschaft" wird Information bzw. Kommunikation (als Prozeß der sozialen Konstruktion von Informationen) erstmals in den Fokus einer Gesellschaftsbeschreibung gerückt, die sich auf eine historisch konkretisierbare Phase der Gesellschaftsentwicklung bezieht. Die Relevanz dieser Beschreibung beruht dabei in erster Linie auf der Prämisse, daß Informationen sowohl als Produktionsfaktor wie Konsumgut, als Kontroll- wie Steuerungsmittel wichtiger werden (vgl. Spinner ²1986: 134; Willke 1989: 171). Menschliches Handeln ist darüber hinaus unauflöslich mit Information als subjektabhängiger Konstruktion von Sinn und mit Information als Angebot zur Konstruktion von Sinn eines alter ego verknüpft. Um die Zukunft der (Medien-)Kommunikation zu beschreiben, reicht es deshalb noch weniger als früher aus, in reduktionistischer Weise allein die Evolution der Medien zu betrachten.

Anders als bei früheren Gesellschaftsbeschreibungen erlaubt der Stand der Theoriebildung heute freilich auch, die Informationsgesellschaft – trotz ihres möglicherweise zentralen Stellenwertes – nicht als holistisches Modell, sondern als einen unter mehreren Ansätzen zu verstehen, die als Selbstbeschreibungen der Gesellschaft auf jeweils unterschiedlichen Beobachtungen von Beobachtungen beruhen. Vom Anspruch auf ein universales Gesellschaftskonzept können wir deshalb Abstand nehmen, ohne die Relevanz von Ansätzen zu beschneiden, in denen die wachsende Bedeutung von Informationen zum Ausgangspunkt einer Gesellschaftsbeschreibung wird. „The social construction of the Information Revolution" (Brants 1989) führte dabei zu unterschiedlichen Modellen der „Informationsgesellschaft", welche ihrerseits die Prognosen zur Entwicklung von Medien und Kommunikation in je unterschiedlicher Weise prägen.

2. Die soziale Konstruktion von Informationsgesellschaften

2.1 Die Informationsgesellschaft als „information economy"

Die ersten Ansätze zur Konstruktion von Informationsgesellschaften entwickelten sich im Kontext modernisierungspolitischer Debatten über die Zukunft der Industriegesellschaft, die seit Anfang der 60er Jahre zunächst in Japan und in den USA sowie in der Folge auch in den übrigen Industrieländern geführt wurden. Angesichts struktureller Verschiebungen im System internationaler Arbeitsteilung und wachsender Konkurrenz um internationale Absatzmärkte, angesichts von Währungskrisen sowie der Verknappung und Verteuerung von Energie wurde der deterministische Entwicklungsoptimismus vergangener Jahrzehnte immer öfter von kritischen Fragen nach den „Breakdowns of Modernization" (Eisenstadt 1964), nach den ökonomischen und ökologischen Grenzen des Wachstums abgelöst.

Auf der Suche nach einer erneuten Entgrenzung des Wachstums entstand in Japan, beeinflußt durch Überlegungen des Anthropologen und Biologen Tadao Umesao, schon Mitte der 60er Jahre eine strategische Allianz zwischen politischem und ökonomischem System, die der Informationsindustrie eine Schlüsselrolle im Modernisierungsprozeß zuwies und auf eine rasche informationstechnologische Expansion zielte. Die von der Allianz verfolgte Modernisierungsstrategie basierte im wesentlichen auf den Prämissen einer von Umesao entwickelten gesellschaftlichen Stadientheorie: In seiner 1963 vorgelegten Studie „Joho Sangyo Ron" (Über Informationsindustrien) postulierte er, daß die „ektodermalen Industrien" (Information, Kommunikation, Bildung) für den Strukturwandel der Industriegesellschaft ebenso zentral seien wie die „mesodermalen Industrien" (Transport, Schwerindustrie) für den Übergang von der Agrar- zur Industriegesellschaft (vgl. Ito 1989b: 13 ff.). Umesaos Ansatz steht in der Tradition des – später oft kritisierten – Paradigmas einer linearen Modernisierung; gesellschaftliche Entwicklung wird dabei als geradliniger Prozeß von „niedrigeren" (traditionale Gesellschaft) zu „höheren" (moderne Gesellschaft) Entwicklungsstufen betrachtet (vgl. z.B. Rostow 1960). Gleichzeitig adaptierte Umesao das volkswirtschaftliche Drei-Sektoren-Modell, in dem nationale Ökonomien als Addition von Landwirtschafts-, Industrie- und Dienstleistungssektor definiert werden (vgl. z.B. Fourastié 1954).

Anders als Japan verfügten die USA – maßgeblich gesteuert durch militärpolitische Interessen (vgl. Eurich 1991: 102 ff.) – Anfang der 60er Jahre schon über eine relativ hochentwickelte Informationsindustrie. Ihre ökonomische Relevanz bildete den Ausgangspunkt für die erste empirische Studie zur Identifizierung eines Informationssektors in der Volkswirtschaft: Das als Differenzierung des Wirtschaftssystems bis dahin gebräuchliche Drei-Sektoren-Modell (Landwirtschaft, Industrie, Dienstleistungen) wurde um einen vierten Sektor erweitert: die „Wissensindustrie" (vgl. Machlup 1962). Machlups Studie gilt, zusammen mit japanischen Untersuchungen (vgl. Ito 1989b: 23), als Beginn der „information economy"-Forschung, die Indikatoren zur empirischen Identifizierung von Informationsgesellschaften entwickelt und prüft (vgl. z.B. Porat 1976; OECD 1981).

Als maßgebliche Indikatoren zur Abgrenzung von Industrie- und Informationsgesellschaften werden seither in der Regel – etwa bei den vergleichenden Analysen der Organization for Economic Co-operation and Development (OECD) – die Wertschöpfung durch Informationstätigkeiten sowie die Anzahl der „Informationsarbeiter" benutzt. Der Politologe Karl Deutsch definierte, auf diesen Indikatoren aufbauend, Informationsgesellschaften als nationale Ökonomien, in denen mehr als die Hälfte der Berufstätigen in überwiegend informationsorientierten Berufen tätig ist und in denen die Wertschöpfung aus diesen Beschäftigungen mehr als die Hälfte des Bruttosozialprodukts beträgt (vgl. Deutsch 1983: 69 f.). Zu den weiteren Indikatoren von Informationsgesellschaften zählen darüber hinaus zum Beispiel der „Ausgaben-Koeffizient", also die anteilmäßigen Ausgaben der privaten Haushalte für Informationsgüter und -dienstleistungen, sowie der „Sammelindex", in den u.a. die national verbreitete Zeitungsauflage pro Einwohner, die Zahl von Computern pro Einwohner und die Zahl der Telefongespräche eingehen (vgl. Hensel 1990: 162).

Legt man die Kriterien der OECD zugrunde, so können die USA schon seit längerer Zeit als Informationsgesellschaft bezeichnet werden: Der Anteil der Informationsarbeiter an der Gesamtzahl der Beschäftigten soll dort nach verschiedenen Berechnungen zwischen 46 und 60 Prozent betragen (vgl. Otto/Sonntag 1985: 95). In Westdeutschland soll ihr Anteil sich zwischen 1960 und 1980 ungefähr verdoppelt haben und bei etwa 40 Prozent liegen (vgl. Dostal 1986: 69 ff.). Die Medienwirtschaft und die elektronische Industrie – als wesentliche Teilsegmente der Informationswirtschaft – bilden außerdem seit Mitte der 80er Jahre mit einem Gesamtjahresumsatz von rund 100 Milliarden D-Mark den zweitgrößten Wirtschaftsbereich nach der chemischen Industrie (vgl. Becker 1986: 169 f.). Weltweit setzt die Informationsindustrie nach neuesten Zahlen jährlich rund 2 850 Milliarden US-Dollar um, übertroffen nur von der Tourismusbranche (2 900 Milliarden US-Dollar) (vgl. Der Spiegel v. 5.4.1993: 154 f.).

Diese auf der Grundlage des „information economy"-Ansatzes ermittelten Daten deuten freilich, entgegen manchen wachstumsapologetischen Aussagen, einen basalen Wandel der Gesellschaftsstruktur allenfalls an. Die empirische Evidenz einer „Informationsgesellschaft" kann nicht hinreichend als nachgewiesen gelten, da grundlegende Prämissen des „information economy"-Ansatzes nach wie vor in Frage gestellt werden müssen (vgl. Löffelholz 1993a: 114 f.; Becker/Bickel 1992: 29 ff.; Schröder et al. 1989: 20 ff.; Kubicek 1985: 84 f.). Problematisch ist insbesondere die statistische Abgrenzung des Informationssektors auf der Basis von Berufen oder Tätigkeiten. Nach der OECD-Definition gehören zu den „Informationsarbeitern" alle Erwerbspersonen, die Informationen produzieren, verarbeiten und verteilen oder den Apparat zur Vermittlung und Verbreitung in Gang halten. Mit dieser weiten Definition werden Tätigkeiten (wie z.B. Kindergärtnerin, Buchhalter, Physiker, Förster, Gastwirt), die strukturell und funktional höchst heterogen sind, als Informationsberufe homogenisiert. Aussagen über gesellschaftliche Strukturveränderungen lassen sich allein aus der Beobachtung, daß eine Menge heterogener Berufe wächst, kaum ableiten – zumal unklar definiert ist, wann eine Tätigkeit, in der stets verschiedenartige Arbeitshandlungen gebündelt sind, als Informationsberuf zu klassifizieren ist.

Gegen den „information economy"-Ansatz ist darüber hinaus einzuwenden, daß hochkomplexe gesellschaftsstrukturelle Wandlungsprozesse über ein Raster von Indikatoren, und seien sie auch erheblich feiner gesetzt als in den erwähnten Studien, weder hinlänglich differenziert noch auch nur annähernd vollständig beschrieben werden können. Die Indikatorenauswahl (und ihre Begründung) gehört zu den Grundproblemen von Gesellschaftsstrukturanalysen (vgl. z.B. Zapf 1977), deren Kriterien – und Probleme – die „information economy"-Forschung importiert hat. In jedem Fall verführt die Beschränkung des „information economy"-Ansatzes auf technische und ökonomische Indikatoren zu einer reduktionistischen Argumentation: In funktional differenzierten Gesellschaften folgt sozialer Wandel keineswegs allein technisch oder ökonomisch spezifizierten Rationalitäten.

2.2 Die Informationsgesellschaft als „nachindustrielle Gesellschaft"

Im Unterschied zum wirtschaftsdeterministischen „information economy"-Ansatz hat der Soziologe Daniel Bell das analytische Konzept einer „nachindustriellen Gesellschaft" entworfen, in dem sozialer Wandel als multidimensionaler Prozeß modelliert wird. In diesem Prozeß würden verschiedene „Achsen" industriegesellschaftlicher Organisation (Wirtschaftssektoren, Berufsgruppen, Technologiegrundlagen, gesellschaftliches Leitprinzip) so grundlegend verändert, daß von einer nachindustriellen Gesellschaft gesprochen werden könne. Die nachindustrielle Gesellschaft beruhe insbesondere auf einer wachsenden Bedeutung des Informationssektors gegenüber der Güterproduktion, auf einer primär von Informationen (statt von Rohstoffen und Energie) abhängigen Produktion sowie auf einem veränderten „axialen Prinzip" (gesellschaftliche Leitorientierung). Würden in Industriegesellschaften in erster Linie mit Maschinen Güter hergestellt und gelte Privateigentum als axiales Prinzip, gehe es in nachindustriellen Gesellschaften primär um die Gewinnung und Verwertung von Informationen und Wissen. Ermöglicht werde dies, indem intuitive Urteile durch Algorithmen, durch die auf computergestützter Informationsverarbeitung basierende „intellektuelle Technologie" substituiert werden. Theoretisches Wissen werde so zur Leitlinie sozialer Organisation, und die nachindustrielle Gesellschaft entwickele sich zur Wissens- bzw. Informationsgesellschaft (vgl. Bell 1989: 112 ff. u. 353; 1980).

Ursächlich für den Übergang zur Informationsgesellschaft sind für Bell vor allem technische Innovationen (insbesondere in der Mikroelektronik) sowie die exponentielle Vervielfältigung und Differenzierung des Wissens. Die quantitative und qualitative Vergrößerung von Wissensbeständen und das technologisch-ökonomische Wachstum des Informationssektors stünden dabei in einer wechselseitigen Beziehung, seien jedoch auch durch weitere Dimensionen des sozialen Wandels induziert – zum Beispiel durch die wachsende Bedeutung des Wissenschaftssystems (vgl. Bell 1989: 179 ff.). Im politischen Kontext der 70er Jahre, als eine Gesellschaftsplanung mit wissenschaftlichen Methoden noch als durchsetzungsfähig galt, wird verständlich, warum Bell davon ausging, daß wissenschaftlich fundierte Entscheidungen relativ zu anderen gesellschaftlichen Steuerungsmitteln erheblich an Einfluß gewinnen würden.

Ein Rückblick auf die Einführung und Diffusion der Telematik (*Telekommunikation und Informatik*) beweist freilich, daß gerade die als Basistrend geltende Informatisierung der Gesellschaft ganz wesentlich den immanenten Regeln marktwirtschaftlich organisierter Systeme folgt. Nicht das zum Beispiel durch systematische Technikfolgenabschätzung produzierte theoretische Wissen, sondern primär Profitmaximierung, Wettbewerb, technologischer Anpassungsdruck und der Staat als Aggregator einzelwirtschaftlicher Interessen bestimmen Dynamik und Modalität der Informationsgesellschaft (vgl. Werle 1990; Kubicek/Berger 1990: 45 ff.). Die Informationsgesellschaft ist insofern nicht als nachindustrielle Gesellschaft, sondern als informatisierte Industriegesellschaft marktwirtschaftlicher Prägung zu konzeptualisieren.

2.3 Die Informationsgesellschaft als „informatisierte Industriegesellschaft"

Im Rahmen traditioneller industriegesellschaftlicher Konzepte werden die Werkzeuge der Produktion, insbesondere die entsprechenden Technologien, als zentrale Ursachen des sozialen Wandels angesehen (vgl. Dahrendorf 1959). Weitgehend konsentiert werden Informations- und Kommunikationstechnologien aufgrund ihrer Multifunktionalität, ihrer Vernetzungsmöglichkeiten, ihrer Diffusionsgeschwindigkeit und ihrer Diffusionsbreite als Basistechnologien konstruiert. Ihre Einführung stünde demnach am Anfang der Informatisierung der Gesellschaft, die deshalb auch als „zweite industrielle Revolution" (Steinmüller 1981: 152 ff.) interpretiert wird: Der Automatisierung der Handarbeit folgt – so eine gebräuchliche Formel – die Automatisierung der Kopfarbeit.

Als entscheidende Ursache für die schnelle Diffusion von Informations- und Kommunikationstechnologien identifiziert Beninger (1986) eine Steuerungskrise, die durch die industrielle Revolution ausgelöst worden sei: Mit der Industrialisierung und der wachsenden Notwendigkeit, Güter weiträumig und schnell zu verteilen, habe auch der Bedarf an Kontrolltechnologien zugenommen, die mittels Informationsverarbeitung den Warenaustausch steuern und kontrollieren könnten. Ausgehend von existenten Technologien seien deshalb innerhalb eines Jahrhunderts das moderne Mediensystem sowie ein System von „Massenrückkopplungstechnologien" (Beninger 1986: 20) entstanden, die – wie beispielsweise die Markt- und Meinungsforschung – insbesondere der Absatzoptimierung dienen sollten. Neben Beningers „supply-push"-These, nach der die Genese der Informationsgesellschaft primär auf Interessen der Industrie zurückzuführen sei, existieren auch Erklärungskonzepte, die einen „technology-push", „demand-pull" oder „policy-push" in den Mittelpunkt stellen (vgl. Freeman 1987; Ito 1989b: 20 ff.).

Die Konstruktion der Informationsgesellschaft basiert also im wesentlichen auf zwei in ihrer empirischen Basis ähnlichen, in ihren Prämissen und Folgerungen für die Zukunft der Gesellschaft aber durchaus unterschiedlichen Modellen: Einerseits wird die Informatisierung als Teil industriegesellschaftlicher Konzepte analysiert (Informatisierung als weitere Industrialisierung), andererseits als deren Überwindung (Informatisierung statt Industrialisierung). Weitgehend vernachlässigt werden im „information economy"-Ansatz, in den Konzepten einer nachindustriellen bzw. informatisierten (Industrie-) Gesellschaft und auch in einflußtheoretischen Studien (weil sie nicht auf dem System-Umwelt-Paradigma gründen) zum einen die Kontingenz von und die Reziprozität zwischen technologischen Innovationen und ihrer sozialen Umwelt. Zum anderen bleiben die (latenten) Folgen von Modernisierungsprozessen unberücksichtigt.

3. Dynamik und Riskanz der Informationsgesellschaft

Weiterführende Beschreibungen der Genese und Konsequenzen der Informationsgesellschaft werden durch konstruktivistisch inspirierte Theorien selbstorganisierender Systeme ermöglicht (vgl. Hejl ²1992b; Krohn/Küppers/Paslack 1987), die auch in technik-soziologischen Studien zunehmend an Relevanz gewinnen (vgl. Joerges 1989: 59 ff.; Bijker et al. 1984). Damit verknüpfte Überlegungen deuten zunächst auf einen begrifflichen Wandel des „Wandels": Assoziationen wie Trend, Kontinuität und Steuerbarkeit, die seit den 20er Jahren die sozialwissenschaftliche Debatte über die Evolution der Gesellschaft prägten, werden von Attributen wie Kontingenz, Unsicherheit und Selbststeuerung abgelöst (vgl. G. Schmidt 1989: 251 f.). Selbstorganisierende soziale Systeme als Produkt der funktionalen Differenzierung moderner Gesellschaften weisen Merkmale auf, die gängige Konzepte des sozialen Wandels grundlegend in Frage stellen: Selbstorganisierende Systeme sind multi-hierarchisch und struktur-determiniert, sie generieren intern Handlungsoptionen, ihre Komponenten sind komplex (vgl. Krohn/Küppers/Paslack 1987: 441 ff.). Die Dynamik der Informationsgesellschaft entsteht dabei – wie im folgenden gezeigt wird – aus der nicht auflösbaren Widersprüchlichkeit von funktionaler Differenzierung und operativer Geschlossenheit sozialer Systeme (vgl. Löffelholz 1993c).

Um trotz der steigenden Spezialisierung (funktionale Differenzierung) und dementsprechend wachsender Kontingenz gesellschaftlicher Teilsysteme (vgl. Luhmann 1975c: 171) eine funktionsfähige Gesellschaft zu konstituieren, nehmen die Interdependenzen zwischen den gesellschaftlichen Subsystemen zu. Gleichzeitig wachsen jedoch – im Zuge steigender Autonomie und Rekursivität einzelner Subsysteme – auch die Independenzen bestimmter sozialer Systeme, die schließlich zu operativer Geschlossenheit, Selbstorganisation und Heterarchie als „Prinzip der potentiellen Führung" (von Foerster 1984: 8) führen. Soll eine funktional differenzierte Gesellschaft erhalten bleiben, kann gesellschaftliche Integration deshalb nicht über eine hierarchische Instanz „hergestellt" werden, sondern allein über diskursive Abstimmungsprozesse operativ zwar geschlossener, strukturell aber gekoppelter Teilsysteme (vgl. Willke 1989: 48 u. 114 f.). Abstimmungsprozesse erfolgen dabei prinzipiell systemintern (selbstreferentiell), aber auf der Basis systemexterner Informationsangebote, die Bewußtsein und Kommunikation sowie soziale Systeme miteinander koppeln (→ I, Schmidt; vgl. Schmidt 1992b: 307 f.). Die strukturelle Kopplung von Systemen beeinträchtigt ihre jeweilige Selbstreferentialität dabei nur insofern, als sie die Kontingenz der Strukturvariation von Systemen selektiv beeinflußen kann.

Sowohl die wachsenden Interdependenzen als auch die zunehmenden Independenzen sozialer Systeme führen zu einer größeren Kommunikationsdichte, die u.a. in der expandierenden Menge der Informationsangebote beobachtbar wird (vgl. Brünne et al. 1987; Bell 1989: 182 ff.). Um den in der Weltgesellschaft wachsenden Integrationsbedarf sozialer Systeme zu bewältigen, entstand das moderne Mediensystem, das gravierende Leistungssteigerungen für die Gesellschaft bewirkt und gleichzeitig selbstreferentiell zu weiteren Leistungssteigerungen des Kommunikationssystems führt (vgl. Giesecke 1991; Merten 1990: 24 ff.). Die Herausbildung selbstorganisierender Systeme, die Optionen intern generieren, selektieren und aggregieren, geht darüber hinaus offenbar ebenfalls mit quantitativ komplexeren Kommunikationen einher, die über eine entsprechende Strukturbildung (z.B. spezialisierte Medien) die Selbst-Reproduktion der Selbst-Organisation absichern.

Die Informationsgesellschaft kann insofern als Mediengesellschaft konzeptualisiert werden, in der Organisation und Komponenten selbstorganisierender Systeme sowie soziale Systeme untereinander zunehmend über Informationsangebote gekoppelt werden, die von eigenständigen Medienteilsystemen produziert und distribuiert werden. Das Mediensystem operiert dabei mit wachsender Autonomisierung von anderen gesellschaftlichen Subsystemen selbstreferentiell: Politik, Ökonomie und alle übrigen Gruppen und Organisationen müssen die „Spielregeln der Mediengesellschaft" akzeptieren, wollen sie gesellschaftlich – das heißt dann: medial – erfolgreich sein. Für die Integration funktional differenzierter Gesellschaften werden jedoch nicht nur Informationsangebote wichtiger, die im Fokus einer an den „Massen"- Medien orientierten Einordnung der Informationsgesellschaft stehen. Mindestens ebenso wichtig müssen Angebote zur spezialisierten bzw. individualisierten Kommunikation genommen werden, die beispielsweise in Datenbanken bereitgestellt und durch individuelle Computerzugriffe abgerufen werden (vgl. Becker/Bickel 1992). Gerade derartige Informationsangebote, die eine „massen"-mediale Vermittlung und damit die selbstreferentiellen Regeln einer traditionellen Mediengesellschaft nicht voraussetzen, provozieren Fragen nach der Verteilung und Verfügbarkeit von Informationen in der Informationsgesellschaft.

Die widersprüchliche Dynamik von funktionaler Differenzierung und operativer Geschlossenheit reproduziert sich in der Informationsgesellschaft auch auf der Ebene des Mediensystems: In wachsendem Maß übernehmen einzelne Medienteilsysteme spezialisierte Kommunikationsleistungen, die Integrationsleistung des Mediensystems insgesamt verringert sich – und schlägt möglicherweise sogar als „reflexive Modernisierung" (Beck 1986: 17) in eine Desintegration sozialer Systeme um. Dies verdeutlicht, daß die rasante Diffusion von Informations- und Kommunikationstechnologien zwar zur Reichtumsproduktion von Industriegesellschaften erheblich beiträgt (indem u.a. quantitativ und qualitativ komplexere Kontroll-Leistungen im Güterverkehr erbracht werden können), gleichzeitig werden jedoch auch Risiken produziert, die – angesichts der Diffusionsbreite der IuK-Technologien – ebenfalls alle sozialen Systeme betreffen. Die Informationsgesellschaft als Produkt der Modernisierung der Moderne wird zur Risikogesellschaft als Produkt der reflexiven Modernisierung der Moderne. Der Machtgewinn des technisch-ökonomischen Fortschritts wird immer mehr durch Risiken überschattet, die gerade durch den technisch-ökonomischen Fortschritt entstehen und in politischen und sozialen Auseinandersetzungen zunehmend an Bedeutung gewinnen (vgl. Beck 1986: 17 ff. u. 345 ff.).

Risiken ergeben sich zudem daraus, daß moderne Gesellschaften wegen der für sie typischen Überfülle von Handlungsmöglichkeiten zunehmend „an die Grenzen der Kontrolle ihrer eigenen Potentialität" (Willke 1989: 98) stoßen. Daraus entstehende Risiken sind nur schwer kontrollierbar, da sie in der Regel nicht aufgrund irrationaler Handlungen bestimmter Einzelakteure entstehen, sondern aufgrund von Nebenfolgen individuell durchaus rationaler Aktivitäten, die – im Systemzusammenhang aggregiert – das jeweilige System gefährden können.

4. Die technologische Infrastruktur

Obwohl die Dynamik und Riskanz der Informationsgesellschaft sich keineswegs auf die Einführung von Informations- und Kommunikationstechnologien (IuK-Technologien) reduzieren läßt, stellen diese Technologien doch einen entscheidenden Bezugspunkt der Analyse dar; denn deren spezifische Merkmale (Multifunktionalität, Vernetzung, Diffusionsgeschwindigkeit, Diffusionsbreite) prägen die technologische Infrastruktur und damit die Konturen der Informationsgesellschaft.

Die Beziehungen zwischen Technikentwicklung und sozialem Wandel können aus der Perspektive einer Theorie selbstorganisierender Systeme als reziprok, reflexiv und selbstreferentiell beschrieben werden (vgl. Weingart 1989: 193 f.). Die Gesellschaft verändert sich demnach weder technologie-determiniert, noch entwickelt sich die Technologie einfach aufgrund vorgegebener politischer, militärischer oder ökonomischer Imperative. Die IuK-Technologien verdanken ihre Expansion – wie andere großtechnische Systeme auch – nicht etwa einzelnen „Ursachen" (z.B. einem „technology-push" oder „market-pull"), sondern kontingenten Konstellationen verschiedener sozialer Systeme (insbesondere Technik, Wirtschaft, Politik und Recht). Möglichkeiten technologischer Weiterentwicklung, ökonomische Investitions- und Profitmaximierungsinteressen sowie politische Steuerungsabsichten sind innerhalb makro-ökonomischer und – politischer Leitnormen mithin kontingent und konnten deshalb zu international unterschiedlichen Strategien der Implementation informationstechnologischer Systeme führen.

Alle diese nationalen Strategien setzen grosso modo zunächst freilich eine aktive Industriepolitik und staatliche Forschungsförderung voraus. Dominierte in den USA dabei in der Anfangsphase eine militärisch orientierte Innovationspolitik, so standen in Japan die zukünftigen Bedingungen und Chancen des Weltmarkts im Vordergrund, die von einer Allianz aus Staat und Wirtschaft frühzeitig antizipiert wurden (vgl. Okimoto 1989). In der Bundesrepublik Deutschland übernahm die Bundespost – aufgrund politischer Konstellationen in den 70er Jahren mit einem erheblichen time lag gegenüber anderen Industriestaaten (vgl. Mettler-Meibom 1986: 184) – die Federführung für den Ausbau der informationstechnologischen Infrastruktur (vgl. Klein 1991; Werle 1990: 349 ff.; Seeger 1988: 152 ff.). Um den Vorsprung anderer Industriestaaten abzubauen, fördert der bundesdeutsche Staat die Implementation der IuK-Technologien seit einigen Jahren mit erheblichen Investitionen und Subventionen; allein 1990 waren es rund 819 Millionen D-Mark (vgl. Böttger/Fieguth 1992). Erst in den 80er Jahren wurde den europäischen Industriestaaten aber deutlich, wie unzureichend nationale Innovationsstrategien waren, um die negativen Handelsbilanzen gegenüber den USA und Japan auszugleichen. Die Europäische Gemeinschaft investierte seitdem, insbesondere im Rahmen des „European Strategic Programme for Research and Development in Information Technology" (ESPRIT), rund 40 Prozent ihres gesamten Forschungsetats in die Förderung der IuK-Technologien (vgl. Tang 1992: 16 ff.).

In allen OECD-Ländern gehört die informationstechnologische Vernetzung als infrastrukturelle Voraussetzung der Informationsgesellschaft zu den zentralen Ausbauzielen; denn die nachrichtentechnische Verbindung zwischen einzelnen Nutzern (z.B. von Computern) erschließt erhebliche weitere Rationalisierungspotentiale (vgl. OECD 1992a). Nach dem Ausbaukonzept der Deutschen Bundespost werden derzeit sowohl das langsame und störanfällige Fernsprechnetz wie auch die vorhandenen Spezialnetze durch ein einziges Kommunikationsnetz ersetzt: zunächst durch das Schmalband-ISDN (Integrated Services Digital Network), später dann durch das integrierte Breitbandfernmeldenetz, das u.a. eine Konvergenz von Telekommunikation, Informatik und Rundfunk ermöglichen soll (vgl. OECD 1992b). In den USA erprobt der Medienkonzern Time/Warner seit 1991 ein Kabelfernsehen mit zunächst rund 150 – später eventuell 1000 – Kanälen, das „Broadcasting" in „Narrowcasting" transformieren, neuartige interaktive Dienste bereitstellen und individualisiertes Fernsehen vorbereiten könnte (vgl. Jentzsch 1991).

Als weitere wesentliche infrastrukturelle Voraussetzung der Informationsgesellschaft gelten Computer, die universell einsetzbar sowie mit verschiedenen anderen Technologien kombinierbar sind und damit unterschiedlichste Handlungsabläufe integrieren können. Gearbeitet wird derzeit insbesondere daran, Biologie, Mechanik und Elektronik miteinander kompatibel zu machen – und letztlich sogar die Grenzen zwischen Mensch und Maschine ganz aufzuheben: Den „Rechnern" soll das Denken, Sehen, Hören und Fühlen beigebracht werden – mit Mikrosystemtechnik und neuronalen Netzen, welche die (vorläufigen) Ziele IuK-technologischer Entwicklungen darstellen. Mit der Verbindung elektronischer, optischer und mechanischer Siliziumteile auf einem Chip soll ein „intelligentes" Kleinstsystem entstehen, das eigenständig „lernen" kann (etwa bruchstückhafte Informationen zu einem sinnvollen Ganzen zu ergänzen).

Besonders deutlich zeigen sich die Universalität und Kopplungsqualität von Computern an der Vision der „Telematik-Ecke" (Volpert 1988: 23), in der Unterhaltungselektronik und Kommunikationstechnologien (Telefon, Stereoanlage, Bildplattenspieler, hochauflösendes Fernsehen, Computer, usw.) als multifunktionelles Kommunikationszentrum („Multimedia") zusammengefaßt werden könnten. Vorstufen zukünftiger Multimedia-Anwendungen existieren schon (zum Beispiel der vom „Institut für Integrierte Informations- und Publikationssysteme" entwickelte Prototyp einer „Multimedia-Zeitung"). Die für Multimedia erforderliche Kommunikationsinfrastruktur wird auf breiterer Basis aber erst in den nächsten Jahren sukzessive in den privaten Haushalten etabliert werden (vgl. Knoche/Seufert 1987: 114) – dann allerdings mit gravierenden Konsequenzen für die Produktion, Distribution und Rezeption von Medienangeboten.

Kurz- und mittelfristig geht es im Mediensystem nach wie vor darum, Medienangebote schneller, aktueller, effizienter und – mit den neuen IuK-Technologien – auch individueller zu produzieren und distribuieren. Während bei den Printmedien dabei in erster Linie über die Verbesserung der elektronischen Redaktionssysteme sowie partiell über die Einrichtung von Faksimilezeitungen und die Nutzung von Expertensystemen nachgedacht wird, umfaßt das Spektrum bei den technisch aufwendigeren Funkmedien die Digitalisierung der Studios sowie die Einführung von Dialogdiensten, neuen Programmverteilformen (z.B. individualisiertes Pay-TV) und hochauflösendes Fernsehen (HDTV). Der geplanten Einführung des hochauflösenden Fernsehens kommt dabei eine besondere Bedeutung zu, denn HDTV verspricht eine verbesserte Bild- und Tonqualität, vor allem aber einen Absatzmarkt mit einem

weltweiten Volumen von schätzungsweise 500 bis 700 Milliarden DM
(vgl. Bahl 1991, Herkel 1989, Simmering 1989).

5. Die Zukunft der Medienkommunikation

Neuartige technologische Infrastrukturen formen die Konturen der Informationsgesellschaft in besonderer Weise. Ihre Dynamik gründet insgesamt jedoch auf vielfältigeren Prozessen der Selbstorganisation sozialer
Systeme – insbesondere auch im Mediensystem, das als „Kommunikati-
onsdienstleister" die Genese der Informationsgesellschaft als Mediengesellschaft entscheidend mitgestaltet hat und reflexiv wiederum von gesellschaftlichen Transformationsprozessen betroffen ist. Die Funktionen und
Strukturen des Mediensystems werden im nächsten Jahrzehnt vor allem
von drei miteinander verknüpften Basistrends ergänzt, modifiziert oder
substituiert: der Kommerzialisierung, Internationalisierung und Individualisierung der Medienkommunikation.

5.1 Kommerzialisierung und Deregulation

Kommerzialisierung bezeichnet einen Prozeß, in dem soziale Systeme sich
zunehmend nach ökonomischen Regeln marktwirtschaftlicher Gesellschaften organisieren. Privateigentum, Warenform und Profitmaximierung gehören dabei zu den wichtigsten Institutionen, die in diesem Prozeß
durchgesetzt werden (vgl. McQuail 1986). Im deutschen Mediensystem
zeigen sich Kommerzialisierungstendenzen besonders auffällig im Rundfunk: in seiner ordnungspolitischen Deregulation, der Zulassung privat-
kommerzieller Veranstalter, einem wachsenden werbefinanzierten und
deshalb einschaltquoten-orientierten Programm sowie einer zunehmenden intermediären Konzentration (vgl. Lange 1991). Konsequenzen der
Kommerzialisierung werden aber auch im durchgängig privatwirtschaftlich organisierten Printmediensystem deutlich: Im Zeitschriftensektor verschärft sich der Wettbewerb, weil Zahl und Auflage der Zeitschriften kontinuierlich zunehmen, und im ansonsten stabilen Zeitungsmarkt wuchs
die ökonomische Konzentration, da mit der Herausbildung eines gesamt-
deutschen Medienmarktes vor allem größere Unternehmen expandieren
konnten (vgl. Röper 1990; → IV, Röper).

Nach Prognosen rundfunk-bezogener Zukunftsforschung wurde mit
der Deregulierung des Rundfunks ein Prozeß eingeleitet, an dessen Ende
private Anbieter den Markt dominieren und öffentlich-rechtliche Anstalten eine lediglich untergeordnete Bedeutung besitzen könnten (vgl. Braunschweig et al. 1990: 215 ff.). Eine differenzierte Betrachtung der sich
schnell verändernden rundfunkökonomischen Bedingungen stützt diese
Prognose: Zwischen 1988 und 1992 hat sich der (Netto-)Werbeumsatz pri-

vater Fernsehveranstalter von 259 Mio. DM auf 3040 Mio. DM fast verzwölffacht, während die ARD im gleichen Zeitraum 310 Mio. DM einbüßte (vgl. Seidel/Libertus 1993: 80 ff.). Angesichts rückläufiger Einschaltpreise wird dieser Trend sich weiter fortsetzen. Kurz- und mittelfristig werden die öffentlich-rechtlichen Anstalten zwar in wichtigen Teilbereichen (Publikumsreichweiten, Finanzausstattung, Programmvor-räte, technische Ressourcen, Kompetenz der Mitarbeiter) ihre Existenz sichern können. Langfristig aber scheint zumindest das ZDF in seiner jetzigen Form kaum überlebensfähig, die ARD hätte erhebliche Probleme. Als ein Ausweg kommt eine engere Kooperation der öffentlich-rechtlichen Anstalten in Frage. Vorgeschlagen wird freilich auch, die Gebühreneinnahmen auf die ARD zu konzentrieren und das ZDF zu privatisieren. Insgesamt ist davon auszugehen, daß der Wettbewerbsdruck in den nächsten Jahren weiter wachsen wird: Denn weitere Anbieter drängen auf den Markt, die Fernsehnutzungszeit jedoch wird wahrscheinlich weiterhin auf dem in den letzten zwei Jahrzehnten erreichten Niveau stagnieren (vgl. Berg/Kiefer 1992: 43).

Für die Programmangebote ergeben sich aus der Deregulation der Rundfunkstruktur und dem verschärften Wettbewerb weitreichende Konsequenzen. Schon heute liegt eine Reihe empirischer Belege vor, die mittel- und langfristige Auswirkungen auf die Programmangebote erkennen lassen. So hat sich in den letzten zwei Jahrzehnten die Zahl der gesendeten Spielfilme drastisch erhöht: von 270 im Jahr 1966 auf 4565 im Jahr 1988. Allein die privaten Rundfunkveranstalter haben dabei 1988 mehr als 2700 Spielfilme, also rund 60 Prozent aller gesendeten Filme, ausgestrahlt (vgl. Frankfurter Rundschau v. 18.1.1990: 20). Mit der Zunahme von Programmen, die idealtypisch dem Unterhaltungsbereich zugeordnet werden können, geht gleichzeitig eine partielle Veränderung von Informationssendungen einher: Modifizierte Auswahl-, Gestaltungs- und Präsentationskriterien wandeln Nachrichtensendung zur „news show" (vgl. Faul 1988: 243 ff.).

Die privaten Veranstalter, welche die Produktion derart konzipierter Programmangebote maßgeblich in Gang gesetzt haben, handeln dabei zunehmend als Vorreiter für ihre öffentlich-rechtliche Konkurrenz. In der Auseinandersetzung um Einschaltquoten, von denen nicht nur die Höhe der Werbeeinnahmen, sondern – vermittelt über politische Interessen – auch die Finanzierung aus Rundfunkgebühren abhängen, kopieren die öffentlich-rechtlichen Rundfunkanstalten manche (scheinbaren) Erfolgsrezepte der Privaten. Auch wenn sich diese Anpassungsbestrebungen in den Programmen der Rundfunkanstalten bislang nicht eindeutig nachweisen lassen und eine Konvergenz privat-kommerzieller und öffentlich-rechtlicher Programme umstritten ist (vgl. Krüger 1991), werden aller Voraussicht nach massenattraktive Programme in den nächsten Jahren auch bei ARD und ZDF verstärkt die besten Sendeplätze belegen und Sendungen, die kleinere Zielgruppen ansprechen, in Programmnischen gedrückt.

5.2 Internationalisierung und Europäisierung

Mit der Kommerzialisierung der Medienkommunikation eng verbunden ist eine Entgrenzung nationaler Medien(absatz)märkte: Medienorganisationen agieren zunehmend transnational, und Medienangebote werden über nationale Grenzen hinaus verbreitet (vgl. Wilke 1990: 3). Die Internationalisierung betrifft in erster Linie Großunternehmen, die durch einen Medienverbund Synergieeffekte auf allen Märkten (lokal, national und international) anstreben – durch die Auslastung von Druckereien, im Vertrieb und in der Werbung. Solche multimedialen Anbieterstrukturen setzen eine Internationalisierung der Absatzmärkte voraus, da nur auf diese Weise Großanbieter langfristig ihre Existenz sichern können. Die Medienwirtschaft von morgen wird aus diesem Grund sehr wahrscheinlich von einer „Oberliga von Megakonzernen" (Luyken 1990: 627) bestimmt, die zum Großteil auf ertragreichen Printmedien-Unternehmungen aufgebaut sind und ihre Überschüsse in den Fernseh- und Videomarkt investieren. Ihr internationales Engagement erstreckt sich dabei häufig auf Kapitalbeteiligungen und auf andere Arten der Finanzierung, nicht aber auf eine aktive Tätigkeit in der Produktion und Distribution von Medienangeboten (vgl. ebd.: 627 f.).

Die Internationalisierung des Medienmarktes wird entscheidend gefördert durch die Entwicklung des europäischen Binnenmarktes, die wiederum mit erheblichen Auswirkungen für den wirtschaftlichen Aktionsradius und die Wettbewerbsverhältnisse der Medien verbunden ist. Diese Veränderung der Marktstellung nationaler im Verhältnis zu internationalen Unternehmen ist vor allem für privatwirtschaftlich organisierte Medien und insbesondere hinsichtlich der Werbefinanzierung bedeutsam (vgl. Wilke 1990). Generell verläuft der Übergang nationaler Mediensysteme zu einem europäischen Kommunikationsraum bislang jedoch eher schleppend: Sprachprobleme und mangelnde Rentabilität „europäischer" Medien beeinträchtigen wohl auch in den nächsten Jahren die Herausbildung eines gesamteuropäischen Medienmarktes.

In bestimmten Teilbereichen freilich entstehen derzeit schon neue Handlungsbedingungen: Große Medienkonzerne weiten ihren Aktionsradius aus, indem sie ausländische Verlage kaufen, redaktionelle Konzepte exportieren oder in Zusammenarbeit mit Partnern aus dem jeweiligen Land adaptieren und vertreiben (vgl. Luyken 1989: 170 ff.). Einen neuen Investitionsschwerpunkt stellen dabei die bevölkerungsreicheren osteuropäischen Länder dar, die nach der politischen Öffnung zusätzliche Absatzmärkte versprechen (vgl. Röper 1993; Wilke 1991). Langfristig entsteht so ein ganz neues „Medienwirtschaftsgefüge" (Luyken 1990), das verstärkt von branchenfremden Akteuren (z.B. Banken) mitgestaltet wird, de-

ren Investitionen in Medien ausschließlich an der Befriedigung ökonomischer Interessen ausgerichtet sein werden. Im Tempo ist die Europäisierung der Kommunikation abhängig vom europäischen Einigungsprozeß,
den ökonomischen Erfordernissen des Binnenmarktes, der Harmonisierung nationaler Gesetzgebungen, bestimmten technologischen Prozessen
(z.B. der Einführung eines europäischen ISDN) sowie der kulturellen Integrationsbereitschaft der Rezipienten.

5.3 Individualisierung und Segmentierung

Gerade die oft unterschätzten kulturellen Differenzen zwischen den europäischen Nationen stellen ein wichtiges Hemmnis der Medienintegration dar. Mit dem formalen Vollzug des Binnenmarktes hat sich die
euphorische Hoffnung auf eine paneuropäische kulturelle Identität
(„Einheit in der Vielfalt") als kaum durchsetzungsfähig erwiesen, betont
wird nun wieder die „Vielfalt in der Einheit". Diese Einsicht in die
nach wie vor unterschiedlichen Kommunikationsbedürfnisse von Nationen korrespondiert mit einem von dem US-Wissenschaftler Richard
Maisel schon Anfang der 70er Jahre erkannten Basistrend. Danach wird
die Produktion von Medienangeboten in wachsendem Maß an den Interessen immer kleinerer Publikumsgruppen ausgerichtet. In der Informationsgesellschaft nimmt die Bedeutung der sogenannten Massenmedien ab; demgegenüber wächst die Bedeutung einer spezialisierten
Medienkommunikation (vgl. Wilke 1992: 258 f.).

Stärkere Zielgruppenorientierungen zeigen sich besonders deutlich im
Zeitschriftenbereich: Special-Interest-Titel mit mittleren und kleinen Auflagen gewinnen Marktanteile, während General-Interest-Zeitschriften erhebliche Einbußen hinnehmen müssen. Auch im Fernsehsektor erreicht
die Spezialisierung ein neues Niveau: Aus der durch Spartenprogramme
eingeleiteten Segmentierung des Publikums wird mit dem in den USA
derzeit erprobten „smart TV", bei dem die Zuschauer per direktem Zugriff auf Film- und Nachrichtenarchive ihr Programm beliebig zusammenstellen können, das individualisierte Fernsehen, das Einzelnutzungen ermöglicht und damit den definitiven Endpunkt von Individualisierungsprozessen im Mediensystem darstellt. Die auf individuelle Bedürfnisse abgestimmte „persönliche Zeitung", die Zeitungen in Nachrichtenagenturen
transformieren würde, befindet sich ebenfalls in einer ersten Erprobungsphase; technisch ist ihre Realisation heute schon möglich.

Mit der zunehmenden Individualisierung der Medienkommunikation
wächst die Kluft zwischen expandierenden Medienangeboten und stagnierender Mediennutzung. Medienexpansion und Medienspezialisierung
als Dimensionen der Informationsgesellschaft steigern die Kontingenz der
individuellen Informationsmöglichkeiten und damit die Kontingenz von
Informationen als subjektabhängigem Sinn. Mit der Pluralisierung von Informationschancen wachsen die individuellen Möglichkeiten, ein anderes

Bild der Welt zu entwerfen. Gleichzeitig aber wächst damit auch das Risiko von Normenkonflikten – ein Problem, das in jedem Fall die politische Kommunikation in einen neuen Kontext stellt und vielleicht sogar die Kopplung sozialer Systeme über Medienangebote – und damit die Selbstorganisation der funktional differenzierten Gesellschaft – in Frage stellt.

5.4 Funktionaler und struktureller Wandel des Journalismus

Angesichts dieser Perspektiven der Medienkommunikation, die wesentlich auf der Einführung schnellerer und komfortablerer Technologien der Individualkommunikation beruhen, wird immer häufiger gefragt, ob wir in langfristiger Perspektive Journalismus als soziales System (→ IV, Weischenberg) überhaupt noch brauchen werden, um (politische) Öffentlichkeit herzustellen. Diesem Szenario einer Kommunikation ohne professionelle Kommunikatoren steht in der wissenschaftlichen Diskussion eine gegensätzliche Prognose gegenüber, nach der die Bedeutung des Systems Journalismus gerade in der Informationsgesellschaft wachse, da die quantitative und qualitative Komplexität von Wirklichkeitsmodellen zunehme und Orientierungshilfen für die Rezipienten deshalb wichtiger würden. Beide Szenarien kennzeichnen extreme Pole im Diskurs um die Zukunft des Journalismus in der Informationsgesellschaft, die nur langfristig ihre Relevanz beweisen können. Kurz- und mittelfristig steht der Journalismus vor strukturellen und funktionalen Veränderungen, welche die Bedingungen und Folgen der Medienkommunikation entscheidend modifizieren könnten.

Nach den Befunden einer Studie zur Zukunft des Journalismus (vgl. Weischenberg/Altmeppen/Löffelholz 1994) werden drei Funktionen die journalistischen Leistungen in der Informationsgesellschaft dominieren: Zu den traditionellen Funktionen Information und Unterhaltung, deren normativ strenge Dichotomie durch das „Infotainment" schon heute deutlich gebrochen wird, tritt die Orientierung. Journalistisch produzierte Medienangebote sollen die Konstruktion von Orientierungswissen ermöglichen, das die Rezipienten befähigt, in individuellen und sozialen Situationen adäquat zu operieren (vgl. Baacke 1975: 286).

Orientierung durch Wissen liegt dabei in einem doppelten Sinn vor: als Orientierung nach innen, als Ausgleich des psychischen Gleichgewichtes (auch zur Vermeidung kognitiver Dissonanzen) sowie als Orientierung nach außen, als Faktor, der „das Verhalten in der Alltagswelt reguliert" (Berger/Luckmann 1977: 21). Etabliert sich die Orientierungsfunktion des Journalismus auf breiter Basis, wird die Perspektive stärker auf die Vermittlungs- und weniger auf die Informationsleistung der Journalisten gerichtet: Information wird durch Gebrauchs- und Handlungswissen abgelöst, mit dem Orientierungen innerhalb quantitativ und qualitativ komplexerer Informationsumwelten und als Muster für adäquates Handeln zur Verfügung gestellt werden.

Neben funktionalen Verschiebungen wird der Journalismus von morgen vor allem seine Strukturen ändern, um die Herausforderungen der Informationsgesellschaft zu bewältigen. In Erwägung gezogen werden dabei vor allem andere Formen der Arbeitsorganisation, da die gegenwärtigen quasi-industriellen, hierarchisch-arbeitsteiligen Strukturen der Medienbetriebe bei der Bewältigung bestimmter Aufgaben dysfunktional wirken. Insbesondere Berichterstattungskrisen wie die Kernkraftwerk-Katastrophe von Tschernobyl, das Gladbecker Geiseldrama und zuletzt der Krieg am Golf führten zu einer intensiveren (Selbst-)Beobachtung des Journalismus-Systems und gaben Impulse für die Diskussion arbeitsorganisatorischer Innovationen (vgl. Löffelholz 1993b). Zwar hat sich die bestehende Arbeitsteilung in den Redaktionen insgesamt offenbar so weit bewährt, daß eine generelle Auflösung dieser Strukturen auch langfristig eher unwahrscheinlich ist. Neue oder modifizierte Formen der Arbeitsorganisation werden deshalb vor allem über eine schrittweise Aufweichung der klassischen Ressortaufteilung erreicht: Die Ressortgrenzen werden durchlässiger, die Ressortaufteilung verändert sich oder könnte sogar ganz aufgehoben werden.

Daneben ist es möglich, daß einzelne Medien „Projektredaktionen" einführen werden, um die Herausforderungen der Informationsgesellschaft effizienter (wegen quantitativ und qualitativ komplexerer Berichterstattungsgegenstände) und effektiver (wegen der steigenden Nachfrage nach Orientierungswissen) zu bewältigen. Denn in „Projektredaktionen" können komplexe Querschnittsthemen über Ressortgrenzen hinweg durch ein Team von Journalisten (und Fachleuten) bearbeitet werden. Der Zugang zur Thematik wird damit erleichtert, Hintergründe und Zusammenhänge können adäquater vermittelt und die Abhängigkeit von den Informationsquellen könnte gelockert werden. Anstelle der bislang zu beobachtenden additiven Aneinanderreihung einzelner, unverbundener Beiträge zu einem Thema tritt dann die Projektredaktion mit einer integrativen Berichterstattung.

Diesen Indizien für eine ganzheitlichere Arbeitsorganisation, die auch durch die weitere Verschmelzung von technischen und journalistischen Tätigkeiten gefördert wird, steht die Einschätzung gegenüber, daß die journalistische Produktion arbeitsteiliger wird. Vor allem induziert durch technische Innovationen kommt es zu einer weiteren Ausdifferenzierung von Berufsrollen (neue Arbeitsteilung). Gleichzeitig führt die wachsende Informationskomplexität zur Spezialisierung einzelner Journalisten, die sich – häufig als Freiberufler – mit hervorragenden Sachkompetenzen als Fachleute für bestimmte Berichterstattungsthemen profilieren können.

In diesem Neben- und Miteinander von arbeitsteiliger und ganzheitlicher Medienproduktion bedeutet die „neue Ganzheitlichkeit", daß die Journalisten zwar mehr Verantwortung für das Gesamtprodukt (Zeitungsseite, Zeitung, auch Sendeblocks) erhalten. Durch die Einführung von integrierten Redaktionssystemen hat sich gleichzeitig aber auch die Arbeitsmenge für Journalisten erheblich erhöht, während sie sich für die anderen Verlagsbeschäftigten (graphische Facharbeiter, kaufmännische Angestellte) drastisch reduziert hat oder auf dem gegenwärtigen Stand bleibt. Ganzheitliches Arbeiten im journalistischen Berufsfeld hat demnach – ähnlich wie im industriellen Sektor – keineswegs nur eine positive Konnotation. Die Übernahme ganzheitlicher Produktion bedingt verminderte Zeitbudgets sowie eine erhöhte physische und psychische Arbeitsbelastung. Dies wiederum geht – auch weil Personalstellen nicht aufgestockt, sondern eher noch verringert werden – zu Lasten von Selektion, Redigieren und Recherche als zentralen journalistischen Tätigkeiten (→ IV, Weischenberg).

Problematisch ist dieser Zusammenhang insbesondere, weil der journalistischen Selektionsarbeit gleichzeitig eine höhere Bedeutung beigemessen wird. Diese Diskrepanz wird wahrscheinlich vor allem aufgefangen durch verstärkten Technikeinsatz als Konsequenz rationell durchorganisierter und technisch dominierter Produktionsbetriebe (vgl. Kern/Schumann 1986; Alemann/Schatz 1986). Die Implementation technischer Systeme und ihr steter Ausbau werden also auch weiterhin der betriebswirtschaftlich effizientere Faktor gegenüber kostenintensiveren Personalaufwendungen sein, um unter den Bedingungen steigender Informationsmengen eine effiziente Nachrichtenselektion zu ermöglichen. Generell weist dies darauf hin, daß die vollständige Elektronisierung der Medienredaktionen in absehbarer Zeit bevorsteht. Ansätze zu einer ganzheitlicheren, ressortübergreifenden Berichterstattung werden dadurch konterkariert. Und die journalistische Arbeit insgesamt wird dann noch weniger an inhaltlich-kreativen und noch stärker an formal-technischen Kriterien ausgerichtet.

6. Risiken der Informationsgesellschaft

Die neuen IuK-Technologien durchdringen aufgrund ihrer enormen Diffusionsbreite das Arbeitsleben, aber auch die private Lebenswelt. In vielen Lebensbereichen ereignet sich Kommunikation deshalb immer weniger in einer Situation zwischenmenschlicher Begegnung, sondern in einem „Mensch-Maschine-Mensch-Kontakt": Der menschliche Partner wird durch einen maschinellen ersetzt; Kommunikation wird zunehmend technisiert. Die Technisierung der Kommunikation weist dabei ambivalente Züge auf: Derselbe Computer, der die Arbeit erleichtert, von monotonen Tätigkeiten entlastet, schnellen Zugriff auf Daten ermöglicht, kontrolliert – als Personalinformationssystem – jede Arbeitshandlung: den Beginn, die Pausen, die Leistungsfähigkeit, das Ende der Arbeit.

Eine Ambivalenz anderer Form entsteht mit der Digitalisierung des Telefons: Das Telefon gehört zu den wichtigsten Kommunikationsmedien, aber wenn das Telefon klingelt, muß der Angerufene nicht abheben, er kann die Aufforderung zur Kommunikation ablehnen. Doch er weiß nicht, wer ihn anrufen will. Ist es geschäftlich, privat? Ist es ein Freund, ein Verwandter oder ein ungeliebter Nachbar? Die Kommunikation wird nur in wenigen Fällen abgelehnt, da hierbei zuviele Fragen und Zweifel bleiben. Beim digitalisierten Telefonapparat wird die Entscheidung des Angerufenen, ob er abhebt oder nicht, ob er also zur Kommunikation bereit ist, durch die Technik grundlegend beeinflußt. Auf dem Display des digitalisierten Telefons erscheint, vor dem Abheben, die Nummer des Anrufers. Ist es ein guter Freund, der anruft, nimmt der Angerufene ab, ist es der ungeliebte Nachbar, nimmt er nicht ab. Er weiß, wer anruft, welches Gespräch ihn möglicherweise erwartet und kann danach seine Entscheidung ausrichten.

Wahrnehmung und Interpretation des Anrufs und des Anrufers führen zu einer Selbststeuerung des Kommunikationsverhaltens, das sich vom traditionellen Verhalten grundlegend unterscheidet. Dabei verändert die Technisierung die Kommunikationsformen und das Kommunikationsverhalten in unterschiedlicher Weise, also weder ausschließlich positiv noch gänzlich negativ. Lineare und monokausale Prognosen – hier Verteufelung, dort Glorifizierung – taugen offensichtlich nicht zu einer differenzierten Analyse der Kommunikationsrisiken in der Informationsgesellschaft. Als Ausgangspunkt tragfähiger scheint die Einsicht zu sein, daß „Alltagswelten, die wenig mit dem Computer zu tun haben, und Alltagswelten, die mehr und in unterschiedlicher Weise mit dem Computer zu tun haben, [...] nebeneinander bestehen [werden]" (Rammert 1990a: 18).

Nach einer systematisierenden Studie von Hennen (1990: 219 ff.) können im wesentlichen drei Wirkungsdimensionen von Kommunikationsrisiken unterschieden werden: (1) die Kompetenzen und Bedürfnisse des Individuums, (2) die Qualität sozialer Beziehungen und der gesellschaftlichen Integration sowie (3) das politische System und das Verhältnis Staat/Bürger. Für das Individuum bestehen die Hauptrisiken in der „Taylorisierung geistiger Arbeit", der Entwertung persönlicher Erfahrungen, dem Verlust von Autonomie und Kreativität sowie dem Verlust sozialer Kompetenz durch einen Rückzug in die Computerwelt. Risiken für die sozialen Beziehungen bestehen insbesondere in der Zerstörung sozialer Beziehungen durch eine zunehmende Mensch-Maschine-Kommunikation, der Rationalisierung lebensweltlicher Aktivitäten sowie einer gesellschaftlichen Desintegration durch Rückzug in die Medienwelt. In der politischen Kommunikation geht es in erster Linie um die Zunahme von Kontrolle durch Personalinformationssysteme, ein wachsendes Wissensmonopol der politischen Administration, die Kumulation von Daten(macht) durch die Vernetzung von Datenbanken, ungleiche politische Beteiligungschancen durch eine zunehmende Wissenskluft sowie eine wachsende politische Apathie durch erhöhten Medienkonsum.

Daneben wird befürchtet, daß mit der Technisierung und Mediatisierung der Kommunikation Männlichkeit und Weiblichkeit, Kindheit und Erwachsensein sich „vermischen", daß das „Denken maschinisiert" wird und „kommunikative Kompetenz" verloren geht. Kommunikative Kompetenz meint dabei „die Fähigkeit des Menschen, variable Verhaltensschemata zu produzieren" (Baacke 1975: 286), also sein Kommunikationsverhalten flexibel zu gestalten, um auf unterschiedliche Situationen sozialen Handelns reagieren zu können. Prognosen beschwören schließlich die Entwicklung „künstlicher Nachbarschaften", in denen der Weg zum anderen nicht mehr durch Nachbars Garten verläuft, sondern über Bildschirme und Breitbandkabel. Ob zukünftige Generationen sich mit einer solchen Form von Nachbarschaft zufrieden geben, ist unsicher. Sicher ist nach den bisherigen Erfahrungen jedoch, daß Kommunikationsbeziehungen immer dann mittels Technik rationalisiert werden, wenn dies ökonomisch effektiv ist und individuell akzeptiert wird (vgl. z.B. Kubicek/Berger 1990; Roßnagel et al. 1989; Eurich 1988; Meyrowitz 1987; Alemann/Schatz 1986; Kubicek/Rolf [2]1986; Mettler-Meibom 1986; Otto/Sonntag 1985). Zunehmend werden in der bislang weitgehend von Männern dominierten Debatte über die Risiken der Informationsgesellschaft auch spezifisch weibliche Betroffenheiten und Betrachtungsweisen thematisiert (vgl. z.B. Frissen 1992; Böttger/Mettler-Meibom 1990; Jansen 1989).

Risiken der Medienexpansion liegen vor allem in der wachsenden Selektivität der Informationsnutzung, dem vergrößerten Anteil verpaßter und mißglückter Kommunikation, der verminderten Kontaktqualität bei der Mediennutzung und der ungleichen Verteilung des Wissens (vgl. Schulz 1990b: 151). Der Einfluß der Medien

> „[...] has had an impact on all our relationships. The new media have altered our patterns of communication just as surely as the Ice Age changed the contours of the land. [....] Time and space, man's age old barriers, have been erased and each of us lives with this new reality. When our concepts of time and space are altered, our perception of reality shifts. Knowledge and truth take on different dimensions. Our symbols have new or added meanings. And, our notions of self and other are affected. The very stuff of human communication is changed" (Gumpert/Cathcart [3]1986: 9).

Weitere spezifische Risiken der Mediatisierung zeigen sich insbesondere bei der medialen Beschleunigung, Fiktionalisierung und Entertainisierung, die uns zum Beispiel mit der Berichterstattung über den Golfkrieg vorgeführt wurde (vgl. Löffelholz 1993c). In dieser Ausnahmesituation schimmerten Veränderungen in der Kultur der Kommunikation auf, die sich schon längere Zeit andeuteten. Sie werden aber aufgrund unserer eingeschränkten Möglichkeiten, uns in unserer Kommunikation selbst zu beobachten, offenbar nur wahrgenommen, wenn – zum Beispiel Medien – (noch) gültige Kommunikationskonventionen radikal brechen. Daneben gibt es eine Vielzahl weiterer Perspektiven der Informationsgesellschaft, die, wie die folgenden Fragen, oft nur in Ansätzen thematisiert worden sind:

- Welche Folgen ergeben sich aus der zunehmenden Internationalisierung von Medienmärkten und Kommunikationsbeziehungen – insbesondere durch die wachsende Bedeutung der Satellitenkommunikation und durch den grenzüberschreitenden Datenfluß?

- Führt der kommunikationsbezogene Wandel in Zukunft tatsächlich zu einer weiter „wachsenden Wissenskluft" zwischen Bevölkerungssegmenten mit höherem Status bzw. höherem formalem Bildungsabschluß und Gruppen mit vergleichsweise niedrigerem Status und Bildungsabschluß – gerade bei der politischen Information?

- Wie verändern sich die Rezeptionsgewohnheiten durch die Einführung neuer Informations- und Kommunikationstechnologien – zum Beispiel durch das hochauflösende Fernsehen?

- Welche Folgen hat der Wertewandel, der Wandel von Relevanz- und Zeitstrukturen der Rezipienten für die Akzeptanz und Nutzung von Medien?

- Schließlich: Gibt es eine Grenze, an der wir (Massen-)Medien nicht weiter auf Kosten unserer kognitiven Autonomie etablieren wollen oder können?

Im Diskurs über die Möglichkeiten, welche die Technik für die Zukunft von Kommunikation und Medien schafft, argumentieren verschiedene Kritiker für einen politisch-ökonomischen Paradigmenwechsel zur „Sozialverträglichkeitsprüfung" aller gesellschaftlichen Änderungen und Neuerungen. Sozialverträglichkeit bedeutet dabei,

> „[...] die Durchsetzungschancen derjenigen gesellschaftlichen Bedürfnisse und Interessen zu stärken, die von der technischen Entwicklung im Bereich der Informations- und Kommunikationstechniken besonders betroffen sind und aufgrund struktureller Gegebenheiten keine angemessenen Möglichkeiten haben, sich gegen die einseitige Abwälzung der sozialen Kosten der technischen Entwicklung zur Wehr zu setzen" (Alemann/Schatz 1986: 34).

Initiativen zur Stärkung strukturell benachteiligter Gruppen müßten dabei auch von den Betroffenen selbst ausgehen: „Wir müssen uns wieder auf unsere menschlichen Stärken besinnen. Wir müssen gesellschaftlich gegensteuern. Wir müssen uns individuell verweigern und uns selbst verändern" (Volpert 1988: 175).

Möglichkeiten zur gesellschaftlichen Gegensteuerung sind nach den bisherigen Erfahrungen jedoch nur eingeschränkt vorhanden: Die Ziele ökonomischer und politischer Interessengruppen wurden sowohl bei der Einführung der IuK-Technologien als auch bei der Neuorganisation des Mediensystems weitgehend unverändert durchgesetzt. Der Staat und vor allem die Bundespost haben zusammen mit der Industrie in weiten Teilen ihre dominante Rolle bei der technisch-ökonomischen Entwicklung demonstriert, während sich die „sozialtechnokratische Option" (Verbindung von massenhafter Nutzung der IuK-Technologien mit größtmöglicher So-

zialverträglichkeit) nur teilweise und die „Technikbegrenzungsoption"
(mit dem Kerngedanken der Partizipation aller sozialen Systeme) gar
nicht durchsetzen konnten (vgl. Berger et al. 1988).

Nachbemerkung

SIEGFRIED J. SCHMIDT

Konstruktivismus in der Medienforschung: Konzepte, Kritiken, Konsequenzen

Vorbemerkung

Reaktionen auf das Funkkolleg „Medien und Kommunikation. Konstruktionen von Wirklichkeit" (vgl. dazu Weischenberg 1993) sowie Reaktionen auf konstruktivistische Publikationen der letzten Jahre (vgl. dazu zusammenfassend Nüse et al. 1991) haben deutlich gemacht, daß wichtige konstruktivistische Hypothesen unzureichend formuliert worden sind. Da auch im vorliegenden Handbuch viele – wenn auch nicht alle – Autoren konstruktivistisch argumentieren bzw. auf konstruktivistische Hypothesen zurückgreifen, sollen in diesem Beitrag einige Klarstellungen und weiterführende Korrekturen versucht werden. Da in Kapitel I zusammenfassende Darstellungen konstruktivistischer Positionen gegeben werden, konzentriert sich dieser Beitrag auf Aspekte, die dort nicht so ausführlich angesprochen werden, die aber zur Klärung von Kontroversen beitragen können.

1. Konstruktivismus und Neurobiologie

Von den heute gehandelten philosophischen Schulen und Richtungen hat der Konstruktivismus wohl die engsten Beziehungen zu Forschungsansätzen und Ergebnissen der Neurobiologie – so enge Beziehungen, daß viele Philosophen monieren, Konstruktivisten rechneten zu faktengläubig und umstandslos von biologischen Ergebnissen auf erkenntnistheoretische Hypothesen hoch (vgl. Janich 1992). Andere – auch Biologen – bemängeln, der Konstruktivismus verlasse sich bei seinen Argumentationen zu stark auf eine ganz bestimmte Version von Neurobiologie, die im Fach keineswegs voll konsensfähig sei, und raten daher zu mehr Vorsicht bei der Koalitionsbildung. Wieder andere sind mit Kant der Ansicht, die Philosophie könne von Neurobiologie und Psychologie überhaupt nichts lernen, und schon jedes Hilfsansuchen der Philosophie an die Naturwissenschaften sei unzulässig.

Wir haben es also offensichtlich mit einer schwierigen Verbindung zu tun, die von einem gemeinsamen Interesse gestiftet ist: dem Interesse am Beobachter, an Kognition und an Beschreibungen des Beobachters durch andere Beobachter (Beobachtungen zweiter Ordnung). Konstruktivistische Philosophen vertreten die Auffassung, daß alles, was Einzelwissenschaften wie etwa die Neurobiologie an Einsichten über den Beobachter und seine Kognition beibringen können, gründlich erwogen werden muß, will man über Wahrnehmung, Erkenntnis, Wirklichkeit und Wahrheit philosophieren.

Allerdings müssen sie sich dabei zu Recht von Peter Janich ermahnen lassen, sich gegenüber den Resultaten von Physik und Biologie nicht „philosophisch naiv" zu verhalten: Auch die Naturwissenschaften, die eine konstruktivistische Kognitionsforschung fundieren sollen, müssen als Teil einer kulturgeschichtlichen Praxis rekonstruiert werden (1992: 37, 42).

In dieser Situation hat Gerhard Roth jüngst vorgeschlagen, die philosophischen und die neurowissenschaftlichen Teile konstruktivistischer Diskurse als voneinander unabhängig zu betrachten:

> „Innerhalb des Konstruktivismus lassen sich zwei Teile unterscheiden: Ein Teil, der die philosophisch-erkenntnistheoretischen Aussagen über die Abgeschlossenheit des kognitiven Systems und die Unmöglichkeit objektiven, gesicherten Wissens beinhaltet, und ein anderer Teil, der empirische, d.h. kognitionspsychologische und neurobiologische Erkenntnisse über die Konstruktivität der Wahrnehmung umfaßt. Beide Teile stützen sich gegenseitig, können aber im Prinzip unabhängig voneinander existieren. Die Erkenntnistheorie des Konstruktivismus ist weitgehend unabhängig von der neurobiologischen und psychologischen Kognitionsforschung entstanden und läßt sich auch unabhängig davon begründen (von Glasersfeld, 1987). Umgekehrt kann man von der Konstruktivität der Wahrnehmung überzeugt sein, ohne im erkenntnistheoretischen Sinne radikaler Konstruktivist zu sein. Man kann z.B. annehmen, daß das Gehirn aufgrund evolutiver oder ontogenetischer Gesetze die Welt richtig konstruiert oder besser: re-konstruiert. Diesen Beweis muß man dann allerdings vollbringen (falls dies möglich ist). Das Gegenteil gilt hingegen nicht: falls empirische Untersuchungen zeigen, daß Wahrnehmung ganz oder weitgehend abbildend ist, dann ist es schwer, die erkenntnistheoretische Position des radikalen Konstruktivismus aufrechtzuerhalten" (1993: 1).

2. Konstruktivismus und Kulturwissenschaften

Neben der Orientierung konstruktivistischen Denkens an den Neurowissenschaften läßt sich in letzter Zeit ein verstärktes Interesse konstruktivistischer Autoren an kulturwissenschaftlichen Forschungen[1] beobachten, die reichhaltiges Material für eine empirische wie historische Plausibilisierung konstruktivistischer Hypothesen zur Verfügung stellen. Der sich dabei abzeichnende Interessenrahmen kann kurz so skizziert werden:

---

1   Hinweise auf die Fruchtbarkeit einer solchen Zusammenarbeit finden sich häufig (beiläufig) bei Heinz von Foerster (1993).

Nimmt man an, daß Erkennen gebunden ist an ein erkennendes System, dann bezieht sich Erkenntnistheorie als Erkennen des Erkennens notwendig auf selbstreferentielle Prozesse erkennender Systeme. Erkennen, so nehmen Evolutionsbiologen, Entwicklungspsychologen und Konstruktivisten verschiedenster Orientierung heute an, kann nicht auf intellektuelle Operationen begrenzt werden, sondern realisiert sich als Lebensprozeß, der Kognition, Kommunikation und Medien auf der Grundlage evolutionär entstandener und kulturell spezifizierter Möglichkeiten und Begrenzungen integriert.

Mit diesen Prämissen kommen zwei wichtige Konzepte der philosophischen Diskussion der letzten Jahre ins Spiel: ‚Beobachter' und ‚Systemrelativität'. Diese beiden Konzepte verweisen darauf, daß Realität für Menschen stets und „unhintergehbar" als kognizierte Realität, d.h. als Erfahrungswirklichkeit oder Umwelt „vorhanden" ist[2]. Diese Umwelt wird über Wahrnehmung, Sensomotorik, Kognition, Gedächtnis und Emotion, über kommunikatives und nicht-kommunikatives Handeln informationell („sinnhaft") von Menschen erzeugt und erhalten. Sie läßt sich beschreiben als eine sinnhaft geordnete und sozialstrukturell (institutionell) abgesicherte Gesamtheit von Wissen, das für erkennende Systeme ökologisch valide ist und im Zuge der soziokulturellen Reproduktion von Gesellschaften an deren Mitglieder übermittelt wird. Mit anderen Worten, jedes Individuum wird schon in eine sinnhaft konstituierte Umwelt[3] hineingeboren und auf sie hin sozialisiert und geht nie mit „der Realität als solcher" um. Wahrnehmen, Denken, Fühlen, Handeln und Kommunizieren sind somit geprägt von den Mustern und Möglichkeiten, über die der Mensch als Gattungswesen, als Gesellschaftsmitglied, als Sprecher einer Muttersprache und als Angehöriger einer bestimmten Kultur verfügt. Evolution, Sprache, Sozialstrukturen und die symbolischen Ordnungen der Kultur liefern dem Individuum die konventionellen Muster für typisches Verhalten: Das Individuum erkennt seine sozial bestimmten Möglichkeiten im Verhalten anderer und handelt danach. Kollektives Wissen, das individuelles Handeln orientiert und reguliert, resultiert aus sozialem Handeln der Individuen und orientiert wiederum deren soziales Handeln. Als soziales Handeln kann kommunikativ gerichtetes Handeln gelten, das über Erwartungserwartungen reflexiv auf die Ebene sozialen bzw. kollektiven Wissens gerichtet ist und sich konventionalisierter Ausdrucksformen bedient. Soziales Handeln bekommt damit Zeichencharakter. Und

---

2   Auf die bei Philosophen beliebte Frage, was/wie denn die unabhängig vom Menschen existierende Realität sei, kann man mit Carl Friedrich von Weizsäcker so antworten: „Sprechen wir sinnvoll von Realität, so sprechen *wir* von Realität; spricht niemand von Realität, so ist von Realität nicht die Rede" (1980: 142).

3   Helmuth Feilke (1994) hat vorgeschlagen, diese Umwelt als ‚Oikos' zu bezeichnen. Er zieht diesen Begriff, der auf Handlungsmöglichkeiten hindeutet, dem Begriff ‚Mesokosmos' der evolutionären Erkenntnistheoretiker vor, der eher die Notwendigkeit von Anpassung betont.

andererseits ist in den Zeichen natürlicher Sprachen – auf Ausdrucks- wie auf Inhaltsebene – Handlungswissen sozial (durch Bezug auf Geschichte und Praxis) „sedimentiert"[4]. Die Rede von ‚Wirklichkeitskonstruktion' muß nach diesen erkenntnis- und kulturtheoretischen Prämissen in verschiedener Hinsicht differenziert werden.

3. „Konstruktionen" von Wirklichkeit(en)?

Bei der kritischen Diskussion konstruktivistischer Theorien taucht immer wieder ein Mißverständnis auf, das durch die umgangssprachliche Verwendung von ‚Konstruktion' nahegelegt wird. Umgangssprachlich bezeichnet man die planvolle, intentionale und zum Teil auch willkürliche Herstellung von etwas als Konstruktion. Im Gegensatz dazu – wobei man einräumen muß, daß viele Konstruktivisten diesen Unterschied leider nicht deutlich machen – benutzen Konstruktivisten diesen Ausdruck, um Prozesse zu bezeichnen, in deren Verlauf sich Wirklichkeitsvorstellungen herausbilden, und zwar keineswegs willkürlich und ohne Auseinandersetzung mit der Umwelt, sondern gemäß den konkreten biologischen, kognitiven und sozio-kulturellen Bedingungen, denen sozialisierte Individuen in ihrer sozialen wie natürlichen Umwelt unterworfen sind[5]. Über viele dieser Bedingungen kann ein Individuum überhaupt nicht verfügen, viele sind ihm gar nicht bewußt.

Schon deshalb wäre es sinnlos, Wirklichkeitskonstruktion als willkürlichen oder planvollen sowie in jeder Phase bewußt gesteuerten Prozeß aufzufassen. Wirklichkeitskonstruktion widerfährt uns mehr, als daß wir über sie verfügen – weshalb wir die Konstruiertheit unserer Umwelt normalerweise erst dann bemerken, wenn wir beobachten, wie wir beobachten, handeln und kommunizieren. Konstruktivismus sollte deshalb als eine Theorie des Beobachters zweiter Ordnung bezeichnet und bewußt als ein operationaler Konstruktivismus (vgl. Luhmann 1990 f.) konzipiert werden.

Wirklichkeitskonstruktion wird hier näher bestimmt als ein empirisch hoch konditionierter sozialer Prozeß, in dem sich Modelle *für* (nicht *von*) ökologisch validen Erfahrungswirklichkeiten/Umwelten im sozialisierten Individuum als empirischem Ort der Sinnproduktion herausbilden. Das Attribut ‚sozial' verweist dabei auf die überindividuellen Bedingungen

---

4   „Interpretiert man Handlungen in diesem Sinne als kommunikativ gerichtetes (und eben dadurch reflektierbares) Verhalten, das sich konventionalisierter Ausdrucksformen bedient, so folgt mit Notwendigkeit der *Zeichen*charakter jedweden Handelns. [...] Zeichen stellen [...] in überdauernder Form denjenigen, die über sie verfügen, *Handlungswissen* zur Verfügung" (Bickes 1993: 168, 170).

5   Von daher gesehen war die Wahl des Namens ‚Konstruktivismus' sicher keine glückliche Entscheidung. Zu Einzelheiten eines kulturtheoretisch argumentierenden Konstruktivismus vgl. Schmidt 1994.

dieses Prozesses, wie sie durch Sozialstruktur und Kultur gegeben sind; ‚Modelle für' spezifiziert solche Konstruktionen als überlebensermöglichend bzw. ökologisch valide und wendet sich damit gegen alle Konzepte, die Wahrnehmung und Erkenntnis als Abbildung oder als Repräsentation „der Realität" konzipieren; und die Bindung an Individuen als empirische Orte der Konstruktion und der Anwendung kollektiven Wissens verweist auf die biologisch-evolutionären und kognitiv-psychischen Bedingungen von Wirklichkeitskonstruktionen.

4. Sprache und/als Common Sense

Daß Sprache eine wesentliche Rolle für kognitives wie soziales Handeln spielt, gehört spätestens seit Wilhelm von Humboldt zum philosophischen Common Sense. Wie sehen Konstruktivisten Sprache und wie schätzen sie deren Rolle ein? In jüngster Zeit läßt sich eine deutliche Annäherung zeichentheoretischer Sprachkonzeptionen an instrumentalistische und pragmatistische Sprachtheorien beobachten (vgl. dazu Feilke 1994; Bickes 1993): Sprache wird hier theoretisch modelliert als soziales Instrument bzw. als soziale Institution der Verhaltenskoordinierung. Dabei kann man sowohl zurückgreifen auf Humberto R. Maturanas Bestimmung der Sprache als System von Orientierungsorientierungen (wobei diese Orientierung als ökologisch-pragmatisches Faktum betrachtet wird), als auch auf Charles Morris´ Auffassung, daß Zeichen sich durch den Bestimmtheitsgrad von Erwartungen unterscheiden, die sie erzeugen. Helmuth Feilke konzipiert entsprechend sprachliche Zeichen als Zeichen für die sprachliche Koordination von Handlungen. Die Unterscheidungen, die Sprachen benennen, stammen aus dem Sprechen und sind in ihren Leistungen auf das Sprechen als eine sozial bestimmte Handlung bezogen. Sprecher nutzen Unterscheidungen, um Erfahrungen, Vorstellungen usw. zu artikulieren; und umgekehrt werden solche Nutzungserfahrungen zum Bestandteil sprachlichen Wissens, und der Gebrauch von Sprache orientiert sich an solchen Erfahrungen mit Sprache.

> „Ebenso wie die SprecherInnen einer Sprache diese nutzen, um ihre Vorstellungen, Auffassungen und Erfahrungen im weitesten Sinne zu artikulieren, werden umgekehrt auch die Nutzungserfahrungen ihrerseits zum Bestandteil eines sprachlichen Wissens. Der Gebrauch der Sprache orientiert sich sinnvollerweise an solchen Erfahrungen mit Sprache, und in dem Maße, in dem die eigene Spracherfahrung sozial kalkulierbar und in ihrer Wirkung auf den anderen berechenbar wird, wird sie ein intersubjektives Wissen der SprecherInnen und ein zur wechselseitigen Orientierung einsetzbares Steuerungsmittel im Meinen und Verstehen. Der gleichsinnige Gebrauch der entsprechenden Mittel setzt dabei notwendig ein allgemeines Wissen über deren aus dem Gebrauch erwachsene *Bedeutung für die Kommunikation* voraus. Der Gebrauch der Ausdrucksmittel ist insofern i.S. der Herkunft des Ausdrucks Sympathie von

‚sym-patheiá' durch ‚gleiche Empfindung, Mitleiden und Teilnahme' (vgl. Ethymolog. WB 1989) motiviert. Das ist der Sinn auch der wichtigen sprach-theoretischen Bestimmung des Begriffs ‚Sympathie' durch Philip Wegener" (Feilke 1994: 23).

Auch die Struktur der Ausdrucksmittel und ihres Gebrauchs wirkt bereits als Zeichen für schematisierte Gebrauchszusammenhänge. Der Ausdruck als sprachliche Form ist sozial typisiert (= sozial geformte Verallgemeine-rung von Wahrnehmung) und bildet einen spezifischen Bereich kollekti-ven Wissens. Mit anderen Worten: Common Sense ist sprachliches Wissen und sprachliches Wissen ist Common Sense.

Die Referenz sprachlicher Ausdrücke läßt sich dementsprechend nicht über Zeichen-Objekt-Relationen modellieren, sondern sollte bestimmt werden als an prototypischen Verwendungen orientierter sprachlicher Common Sense.

Ludwig Wittgenstein hat immer wieder darauf hingewiesen, daß Spra-che ein intrinsischer Teil der Wirklichkeit ist und ihr nicht etwa gegen-übersteht. John Langshaw Austin und John Searle haben in ihrer Sprech-akttheorie betont, daß Worte immer auch Taten sind. Pierre Bourdieu hat auf den „sprachlichen Markt" verwiesen, auf dem soziale Unterschiede in der symbolischen Ordnung der differenziellen Unterschiede der Sprache widergespiegelt werden. Er spricht dezidiert von „sprachlichem Kapital" und von „Distinktionsgewinnen" durch das Verfügen über bestimmte sprachliche Register. Solche Argumente verweisen darauf, daß Sprache selbst bereits durch Orientierungen orientiert ist, und daß ein „[...] not-wendiger Vorrang einer *sozial* bestimmten Kompetenz bei der produkti-ven und rezeptiven Konstruktion kommunikativer Bedeutung" besteht (Feilke 1992: 5).

Diese Argumentation kann mit Blick auf den kindlichen Spracherwerb wie folgt differenziert werden: Kindlicher Spracherwerb ist ein auffällig langwieriger Entwicklungs- und Lernprozeß, in dem Zeichenerkennung und Artikulation, die Segmentierung von Lautfolgen, deren planvolle Kombination und situativ sinnvolle Verwendung gelernt werden müssen. Diese Prozesse müssen erfolgreich verbunden werden mit Erwartungen an kognitive und kommunikative Orientierungsfunktionen sprachlicher Äußerungen, mit dem Erwerb von verschiedenartigen Schemata, Gattun-gen, Erzählmustern, Metaphern usw. Verbale und non-verbale Kommuni-kationsmöglichkeiten müssen in ihrem komplizierten Zusammenspiel er-lernt werden. Spracherwerb läßt sich also bestimmen als Erwerb eines In-strumentariums zur Kopplung von Kognition und Kommunikation mit Hilfe artikulierter Zeichenkomplexe (= Medienangebote), ohne daß des-halb die operative Autonomie kognitiver wie kommunikativer Systeme aufgehoben würde. Dabei ist wichtig zu beachten, daß ein Kind immer in einem Lebenszusammenhang sprechen lernt und spracherwerbend funkti-onierende Lebenszusammenhänge „erwirbt". Lehrende und Lernende agieren als beobachtete Beobachter, deren Verhaltenssynthesen sich (partiell) aneinander angleichen.

Das Kind lernt im Sozialisationsprozeß, wie die Wirklichkeitsmodelle seiner Gesellschaft aufgebaut sind, und welche Handlungsmöglichkeiten (im weitesten Sinne von kognitiven bis kommunikativen und nichtsprachlichen Handlungen) es im Rahmen seiner Sozialstruktur darin nutzen kann und welche nicht. Spacherwerb führt also zum individuellen Erwerb kollektiven Sprachverwendungswissens (auf der Ausdrucksebene wie auf der Inhaltsebene), das sich durch Reflexivität in der Zeit-, Sach- und Sozialdimension selbst stabilisiert. Dieses kollektive Wissen bildet die vom normalen Sprecher intuitiv erwartete Grundlage für die Interindividualität von Kognitions- wie Kommunikationsprozessen. Auf sozialer Ebene dient Sprache Gesellschaften als Institution zur sozialen Kontrolle mit Hilfe von kulturell programmierten Bedeutungen. Auf diese Bedeutungen beziehen sich die sozialen Erwartungen an sogenanntes Verstehen, das Sprecher sich in einer Kommunikationssituation attestieren, wenn sie kommunikative Anschlußhandlungen produzieren, die den jeweiligen Erwartungen der Sprecher entsprechen. Insofern bezeichnet die Kategorie ‚Verstehen‘ auf der sozialen Ebene einen Prozeß sozialer Bewertung und Kontrolle der Anschlußfähigkeit von Kommunikationen. Damit kommt in hermeneutischen Prozessen ein oft übersehener Machtfaktor zum Tragen; denn die entscheidende Frage in der Kommunikation lautet: Wer kann/ darf wem in welcher Situation attestieren, er/sie habe „richtig verstanden"? (→ I, Rusch)

Im Unterschied dazu läßt sich die kognitive Operation, die traditionell „Verstehen" genannt wird, theoretisch modellieren als Operation aus Anlaß bzw. im Vollzug der Wahrnehmung eines Ereignisses bzw. eines Medienangebotes, das von kognizierenden Systemen als kohärent empfunden wird. Auf der kognitiven Ebene macht die Differenz Verstehen/Mißverstehen keinen Sinn. Ich als Textrezipient zum Beispiel kann einen Text nicht mißverstehen; wohl kann ich Probleme beim Aufbau einer kohärenten kognitiven Struktur bekommen, die Rezeption abbrechen usw.

Da jede Einzelsprache immer nur eine ganz bestimmte Selektion möglicher Unterscheidungen und Benennungen semiotisch konkretisiert, kann sie auch beschrieben werden als ein System blinder Flecken der/bei der Beobachtung und Unterscheidung; denn im Verlauf der Verwendung einer bestimmten Sprache bleiben andere Möglichkeiten unbeobachtbar. Dadurch erzeugt jede einmal erworbene Muttersprache die intuitive Gewißheit, *man* müsse doch genauso über die Umwelt und über Sprache sprechen, wie es die jeweilige Muttersprache nahelegt.

5. Kultur als Programm

In der Geschichte der Kulturtheorien[6] unseres Jahrhunderts läßt sich eine Tendenz ausmachen, Kultur als Modell für Verhalten zu konzipieren, das näher gekennzeichnet wird als ein System kollektiven Wissens bzw. kollektiv geteilter Sinnkonstruktionen, mit deren Hilfe Menschen ihre Wirklichkeiten deuten. Friedrich H. Tenbruck (1989) – alles andere als ein Konstruktivist – hat betont, daß die Konstruktion von Wirklichkeit durch die Verwandlung von Gegebenheiten in symbolische Vorstellungen kein natürliches Produkt sinnlicher Anschauung ist, und hat damit auf den engen Zusammenhang zwischen Wahrnehmung, Erkennen, Sprache und Kultur verwiesen.

Entsprechend dem Duktus der bisherigen Überlegungen liegt es nahe, die Kulturthematik ebenfalls über die Kategorien Unterscheidung/Beobachtung/Benennung zu diskutieren.

Wahrnehmen, Erkennen und Sprechen operieren mit Unterscheidungen, die kommunikativ zugänglich (gemacht) werden. Soziale Gemeinschaften und Gesellschaften – bzw. kurz: soziale Systeme – müssen über ein System kollektiven Wissens verfügen, das als Bezugspunkt für soziales Handeln dient, indem es in Form von Erwartungserwartungen soziales Handeln orientiert und Kontingenz reduziert[7]. Dieses System kollektiven Wissens, das ich im folgenden Wirklichkeitsmodell nenne, entsteht in der gesellschaftlichen Evolution über die Konstitution und Thematisierung für wichtig gehaltener Unterscheidungen, die meist in Form von Gegensatzpaaren (Dichotomien) formuliert werden (vgl. dazu Murdock 1945). Diese Dichotomien können abstrakt auf vier Dimensionen verteilt werden:

– Welterkundungs- und Technikprogramme (Wie geht man mit der Umwelt um?)

– Menschenbildannahmen (Wie regelt man interpersonale und soziale Fragen?)

– Wert- und Normfragen (Wie werden gut und böse, heilig und profan usw. bestimmt?)

– Emotionen (Wie werden Emotionen, ihr Ausdruck und ihre Bewertung sozial und personal inszeniert?)

Wirklichkeitsmodelle lassen sich danach beschreiben über die Menge der gesellschaftlich für relevant gehaltenen Dichotomien, die Komplexität der Relationen zwischen ihnen und die Art und Weise ihrer normativen und affektiven Besetzung. Sie bilden ein komplexes System kollektiv geteilten

---

6 Zur Übersicht über Kulturtheorien seit E.B. Taylor vgl. Singer (1968) und Baumhauer (1982).

7 Ganz ähnlich bestimmt Hejl soziales Verhalten „... als *jedes* Verhalten, das auf der Basis einer sozial erzeugten Realitätsdefinition oder -konstruktion hervorgebracht wird oder das zu ihrer Bildung oder Veränderung führt" (1987: 317).

Wissens, auf das sich individuelle kognitive wie kommunikative Handlungen beziehen. Diese Dichotomien und ihre Relationierungen[8] werden in allen sozialen Systemen kontinuierlich thematisiert, wobei der Kommunikation eine zentrale Bedeutung zukommt, da hier der Sinn der Unterscheidungen und ihre Beziehungen zu anderen Unterscheidungen semantisch expliziert werden. Dabei darf diese Thematisierung nicht dem Zufall überlassen bleiben, soll ein soziales System seine Identität nicht gefährden. Daher muß diese Thematisierung dauerhaft sozialstrukturell abgesichert sowie in ihren Verlaufsmöglichkeiten programmiert werden.

Kultur läßt sich konzipieren als das Programm[9] kommunikativer Dauerthematisierung für wichtig gehaltener Dichotomien im Wirklichkeitsmodell eines sozialen Systems. Soziale Systeme, so folgt daraus, sind ohne Kultur nicht denkbar, Kultur wiederum nicht ohne soziales System. Beide können nur gemeinsam entstehen und bestehen, da Sozialität notwendig kollektives Wissen voraussetzt und kollektives Wissen ohne „social agency" (im Sinne Archers 1988) nicht denkbar ist. Darum machen hier unidirektionale wie funktionalistische Erklärungsansätze wenig Sinn.

Kultur als Programm braucht Dauer, und die Anwendung dieses Programms muß sozialstrukturell (wenigstens teilweise) institutionalisiert werden, soll Kultur die beiden zentralen Aufgaben der Reproduktion von Gesellschaft und der Ko-Orientierung von Individuen in sozialen Systemen bewältigen können. Kultur reproduziert einmal gefundene Problemlösungen über Sozialisation, über Riten und Feiern, Mythen, Tabus usw. und sichert damit die Identität einer Gesellschaft. Kultur begrenzt und orientiert die Handlungsmöglichkeiten der Individuen und ermöglicht damit ihre soziale Integration – oder eben auch ihren Ausschluß aus sozialen Systemen. Insofern ist *der* Mensch Schöpfer aller Kultur, aber *jeder* Mensch Geschöpf einer spezifischen Kultur.

Kultur ko-orientiert Kognition wie Kommunikation über kollektives Wissen, das allerdings im Individuum als empirischem Ort der Sinnproduktion immer neu produziert werden muß, wobei individuelle Varianten der Programmanwendung zur kulturellen Dynamik beitragen. Dieses kulturelle Wissen wird beobachtbar und beschreibbar in Form symbolischer Ordnungen (wie zum Beispiel Schemata, Grammatiken, Erzählmuster, Diskurse, Stilistiken), in geprägten Ereignissen (Riten, Zeremonien), in Objekten (Kunstwerken, Gerätschaften), in Mythen, Religionen, Theorien usw. Über dieses kollektive Wissen, das die Produktion und Rezeption von Medienangeboten reguliert und in der Kommunikation selbst thematisiert werden kann (= Selbstbeobachtung einer Kultur), koppelt Kultur Kognition und Kommunikation über Medienangebote. Daraus folgt: Je be-

---

8   So können zum Beispiel arm/reich relationiert werden mit machtlos/mächtig, jung/alt, ungebildet/gebildet, häßlich/schön usw.

9   Der hier verwendete Programmbegriff schließt an James R. Beninger (1986) an. Er konzipiert Kultur als offenes, lernendes Programm im Sinne einer begrenzten Menge von Regeln des Verhaltens, die auf eine unbegrenzte Menge von Situationen anwendbar sind.

deutsamer medienvermittelte Kommunikation in einer Gesellschaft wird, desto größer wird der Einfluß von Medien und Kommunikation auf die Anwendung und Interpretation des Programms Kultur – weshalb wir heute wohl zu Recht davon ausgehen können, in einer Medienkultur zu leben (vgl. dazu u.a. Schmidt 1992a; → II, Merten/Westerbarkey).

Kultur als Programm differenziert sich – entsprechend der sozialen Differenzierung der Gesellschaft – aus in Subprogramme, die spezielle Problembereiche „bearbeiten". Dabei tritt im Laufe der Geschichte die Schwierigkeit auf, daß funktional ausdifferenzierte Gesellschaften eine Fülle von kulturellen Subprogrammen ausbilden (von der literarischen Kultur bis hin zur Sport- oder Industriekultur), deren Zusammenhang zum Teil nur noch sehr lose ist. Ähnlich unbeobachtbar wie funktional differenzierte Gesellschaften als ganze sind, werden auch deren Kulturprogramme *als ganze* unbeobachtbar. Während vor-moderne Gesellschaften ihre Kulturprogramme der Beobachtung gerade zu entziehen versuchten, werden *spezifische* Aspekte von Kulturprogrammen und deren Anwendungsresultate über moderne Medien zunehmend beobachtbar und auch tatsächlich beobachtet. Damit aber wird aus der Perspektive des Beobachters zweiter Ordnung auch die Kontingenz *jeder* kulturellen Problemlösung beobachtbar, womit das äußerst schwierige Problem auftritt, wie Gesellschaften mit Kontingenzbeobachtung umgehen, ob sie sie überhaupt zulassen, und wenn ja, ob sie sie auch wirklich ertragen.

Beim Nachdenken über Kultur sollten biologische, soziologische und psychologische Dimensionen gleichermaßen berücksichtigt werden. Menschen verfügen aufgrund des bis heute unerklärlichen Wachstums des Neocortex vor ca. 500 000 Jahren über neuronale Möglichkeiten, unterschiedlichste Systemzustände zu erzeugen, zu verknüpfen, zu bewerten und zu vergleichen – Möglichkeiten, die keineswegs für das Überleben erforderlich sind. Diese Komplexität muß – wie Peter M. Hejl überzeugend dargestellt hat (1987) – durch die „Erfindung" von Gesellschaft und Kultur in ökologisch und sozial valider Weise reduziert werden. Das heißt, Kultur ist biologisch erfordert und sozial produziert. Biologisch (gattungsgeschichtlich) entstandene Kontingenz ermöglicht und erfordert Orientierungsprogramme. Soziales Handeln ist nur auf der Basis kollektiven Wissens, das heißt auf der Basis von Orientierungsorientierungen, möglich. Und kollektives Wissen erfordert eine für die Beteiligten eindeutige semantische Programmierung und kommunikative Thematisierung.

So gesehen entsteht in der biologischen wie sozialen Evolution ein sich selbst organisierender und stabilisierender Wirkungszusammenhang von biologisch bestimmten Möglichkeiten und Problemen des Menschen als Gattungswesen, die über den Aufbau gemeinsam geteilter Wirklichkeitsmodelle Sozialität ermöglichen und vollziehen sowie langfristig sozialstrukturell absichern und dabei Kultur als Programm der Reproduktion und Kontrolle entfalten. Dabei legitimiert Kultur einerseits Sozialstrukturen und Machtverteilungen durch Sinngebung, reguliert andererseits

durch die Entfaltung symbolischer Ordnungen die individuelle Entwicklung psychischer Systeme und ihrer sozialen Handlungsmöglichkeiten,
wobei diese Regulierung die Rahmenbedingungen markiert, innerhalb deren sich Individualität als – mehr oder weniger kreative – Ausnutzung
dieser Rahmenbedingungen entfalten kann.

6. Sprache, Kultur und Wirklichkeitskonstruktion(en)

Kultur und ihr wichtigstes Instrument, Sprache(n), werden von den Mitgliedern einer Gesellschaft nicht willentlich gewählt und erlernt. Sie sind
damit sozialisationsgeschichtlich „unhintergehbar", auch in dem Sinne,
daß sie nur *in* Kultur und Sprachen beobachtbar und beschreibbar sind.

Wahrnehmung wird aufgrund biologischer und psychischer Bedingungen erlernt und von sozialisierten und akkulturierten Individuen vollzogen. Deshalb erscheinen Wahrnehmungen im Bewußtsein notwendig als
„Wahrnehmungen-als": Wir nehmen nicht einfach wahr, sondern wir nehmen etwas *als* etwas wahr (vgl. auch Carl Friedrich von Weizsäcker 1980),
weil die Wahrnehmung selbst durch die Beobachtung von Beobachtungen
und die Benennung von Wahrnehmungen im Laufe der Sozialisation
immer schon sinnhaft (semantisch distinkt) ist. Wahrnehmung ist mithin
essentiell abhängig vom kognitiven System (seiner Sensomotorik, seinem
Wissen, seinen Emotionen, seinem Gedächtnis), von Sprache und
Kommunikation, von Sozialstruktur und Kultur.

Sobald wir wahrnehmen und reden, agieren wir als Beobachter (als Aktanten und Kommunikatoren) innerhalb einer Kultur, in der durch Geschichte, Sozialisation und ökologische Praxis auch schon jede Wahrnehmung soziokulturell geprägt ist in dem Sinne, den man mit der Metapher
des blinden Fleckes beschreiben kann. Die Feststellung, daß es Systeme
nur in bezug auf Umwelten und Umwelten nur in bezug auf Systeme gibt,
ist eben keinesfalls trivial. Die entscheidende empirische wie philosophische Frage lautet vielmehr: *Wie* konstruiert ein System seine Umwelten?
Welche empirischen Bedingungen wirken dabei zusammen? Und wie ist
eine Beobachtung und Beschreibung solcher Konstruktionen überhaupt
möglich, wenn das Erkennen sich selbst erkennen muß?

Konstruktivisten wird oft vorgeworfen, sie leugneten die Existenz der
Realität, der Wahrheit usw., sie verträten einen haltlosen Relativismus,
Solipsismus oder Individualismus. Solche Vorwürfe verbleiben in alten
philosophischen Denkschemata, die nach „der Realität" von wahrgenommenen Objekten und nach „der Wahrheit" von Aussagen fragen. Eben
diese Fragen verlassen Konstruktivisten (nach dem hier vertretenen Verständnis von Konstruktivismus). Die Hinweise auf die hoch komplexen
empirischen Bedingungen, unter denen kognitive wie kommunikative
Sinnproduktionen (Wirklichkeitskonstruktionen) operieren, sollten verdeutlichen, daß Wirklichkeitskonstruktionen an die internen operativen

Bedingungen kognitiver wie kommunikativer Systeme gebunden sind, unter denen Umwelt be- und verarbeitet wird. Und zu diesen internen operativen Bedingungen gehören die Bestände kollektiven Wissens, auf die oben mehrfach hingewiesen worden ist.

Damit wird jede Sinnproduktion – von der Wahrnehmung bis zur Theoriebildung – aus der Perspektive des Beobachters zweiter Ordnung zeitrelativ, das heißt sozial und kulturell determiniert. Sie wird – auch und gerade in den Naturwissenschaften – rückgebunden an soziokulturell geprägtes gesellschaftliches Handeln von Individuen, die durch ihr Operieren in ihrer Umwelt Sinnesdaten im Rahmen interner Auswertungskonzepte und Bewertungsschemata auf ihren „Realitätsgehalt" hin überprüfen. Diese komplexen Operationen sind – wie zu zeigen versucht wurde – biologisch, psychisch, sozial und kulturell konditioniert, wodurch sich schon „bloße" Wahrnehmungen immer als sinnhafte „Wahrnehmungen-als" realisieren.

In diesem Prozeß spielt Umwelt natürlich eine notwendige und wichtige Rolle; aber es dürfte höchst problematisch sein anzunehmen, daß gerade dieser Faktor den Gesamtprozeß sozio-kultureller Wirklichkeitskonstruktionen nach seinen „Gesetzen" bestimmt. Was sollte uns die Gewißheit geben, daß die Umwelt gerade unsere Sprache spricht, wo Menschen doch so viele Sprachen sprechen und in jeder Sprache so viele Dialekte? Und jede erkenntnistheoretische oder kognitionswissenschaftliche Rekonstruktion der Genese solcher „Wirklichkeiten" bleibt *unsere* (Re-)Konstruktion, die sich in *unserer* Umwelt bewährt oder scheitert.

7. Kommunikation: unwahrscheinlich oder wahrscheinlich?

In der Kommunikationstheorie der letzten Jahre spielen systemtheoretisch-konstruktivistische Überlegungen Niklas Luhmanns eine zunehmende Rolle. Dabei sind viele neue Aspekte entwickelt worden, aber auch viele neue Probleme aufgetaucht, so daß eine kurze resümierende Auseinandersetzung mit Luhmanns Kommunikationstheorie hier erforderlich ist.

Eine der bekanntesten Thesen Luhmanns ist sicher die von der Unwahrscheinlichkeit der Kommunikation: „Kommunikation ist unwahrscheinlich. Sie ist unwahrscheinlich, obwohl wir sie jeden Tag erleben, praktizieren und ohne sie nicht leben würden." Zur Erläuterung führt er unter anderem an:

a) Es ist unwahrscheinlich, daß einer überhaupt versteht, was der andere meint, wo doch beide voneinander getrennte und individualisierte Bewußtseine und Gedächtnisse haben.

b) Es ist unwahrscheinlich, daß eine Kommunikation mehr Empfänger erreicht, als in einer Kommunikationssituation anwesend sind.

c) Unwahrscheinlich ist schließlich der Erfolg einer Kommunikation. Selbst wenn die Information verstanden wird, ist damit noch nicht gesichert, daß die Kommunikation auch als eine bestimmende Größe in das eigene Verhalten übernommen wird und das Erleben, Denken und Handeln von Adressaten bestimmt (1981a: 26).

Johannes Berger (1987) hat zu Recht betont, daß das Problem der Unwahrscheinlichkeit der Kommunikation das Zentralproblem der Luhmannschen Systemtheorie darstellt. Indem Luhmann Soziales gleichsetzt mit solchen Phänomenen, die durch doppelte Kontingenz charakterisierbar sind – allen voran Kommunikation –, setzt er das Soziale nicht als vorgegeben oder selbstverständlich voraus, sondern betrachtet es als höchst unwahrscheinlich und muß dann nach Erklärungen suchen, die das Unwahrscheinliche dennoch möglich machen, zumal er die Ansicht vertritt, daß sinnbenutzende Systeme füreinander undurchsichtige black boxes sind (Luhmann 1985: 156).

Auf den ersten Blick sieht es so aus, als stehe Luhmann vor demselben Problem wie konstruktivistische Theoretiker, die ebenfalls erklären müssen, wie operational geschlossene kognitive Systeme miteinander interagieren und kommunizieren können. Aber Luhmann verschärft das Problem, indem er – in deutlichem Gegensatz zu den meisten Konstruktivisten – Kommunikation als ein autopoietisches, geschlossenes und autonomes System charakterisiert.

8. Kommunikation ohne Menschen?

In den meisten der heute vertretenen Kommunikationstheorien gibt es einen stillschweigenden Konsens, Kommunikation von den kommunizierenden Individuen (Kommunikanden) her zu modellieren. Genau diesen Konsens stellt Niklas Luhmann mit seinem kommunikationstheoretischen Ansatz in Frage, wobei seine Theorienstrategie – wie auch in Bezug auf erkenntnistheoretische Fragen – darauf abzielt, in der Argumentation ohne beteiligte Subjekte/Individuen auszukommen.

Luhmann konzeptualisiert Kommunikation bekanntermaßen als Synthese von drei Selektionen, nämlich Information, Mitteilung und Verstehen: „Irgend ein Kommunikationsinhalt muß anders sein, als er sein könnte. Irgend jemand muß sich entschließen, dies mitzuteilen, obwohl er es auch unterlassen könnte. Und irgend jemand muß dies Geschehen (unter Einschluß der Differenz von Information und Mitteilung) verstehen, obwohl er sich ebenso gut mit ganz anderen Dingen befassen oder die Differenzen und Selektionen auch übersehen oder nicht erfassen könnte" (1986a: 51).

Dieses Konzept von Kommunikation führt Luhmann in schwer nachvollziehbarer Weise zu der These: „Der Mensch kann nicht kommunizieren; nur die Kommunikation kann kommunizieren" (1990b: 31). Wie kommt Luhmann zu dieser kontra-intuitiven Behauptung, wo doch bei seiner dreistelligen Relation durchaus Menschen vorkommen?

Luhmann beginnt seine kommunikationstheoretischen Überlegungen mit der „These vom genetischen Primat der Kommunikation" (ebd.: 17), die sich seines Erachtens schon durch Untersuchungen der Interaktion mit Neugeborenen belegen läßt. Kommunikation im Sinne der oben genannten Konstellation von Selektionen ist danach lange vor jedem Spracherwerb und gleichzeitig mit der Entwicklung des sensorischen Unterscheidungsvermögens möglich.

Damit wird deutlich, daß Luhmann ‚Kommunikation' als Oberbegriff für sprachliche und nichtsprachliche Kommunikation verwendet, und daß seine drei Selektionen so etwas wie eine Grundkonstellation für/von Kommunikation und damit zugleich von Sozialität bezeichnen: Jemand bietet (s)eine Information als Mitteilung an und erhebt Anspruch auf (bzw. sucht Bereitschaft für) Verstehen. Teilnahme an Kommunikation macht es – so Luhmann – nach einer gewissen Zeit sinnvoll, „[...] ein alter Ego zu unterstellen, um Erfahrungen kondensieren zu können" (ebd.: 19). Entsprechend ist für Luhmann Kommunikation die Bedingung für Intersubjektivität und nicht umgekehrt Intersubjektivität die Bedingung für Kommunikation[10]. „Es ist dieser Vorgang des Sicheinlassens auf Situationen, die als Kommunikation interpretiert werden, der Anlaß gibt zur Entstehung von ‚doppelter Kontingenz', mit der dann die Autopoiesis sozialer Systeme anläuft" (ebd.: 19). Unter ‚doppelter Kontingenz' versteht Luhmann, daß Ego sein Verhalten am erwarteten Verhalten Alters ausrichtet. Folgerichtig bestimmt er soziale Strukturen als „nichts anderes [...] als Erwartungsstrukturen" (1985: 397)[11].

Wie aber kommt Luhmann nun zu der These, Menschen könnten nicht kommunizieren, wo es doch auch seines Erachtens offensichtlich Menschen sind, die „[...] im Umgang mit Kommunikation zwischen Mitteilung und Information zu unterscheiden und die Differenz dann mit Sinngehalten anzureichern" in der Lage sind? (1990b: 19)

Hier operiert Luhmann mit der Trennung von Bewußtsein und Kommunikation. „Das Bewußtsein hat seine für die Kommunikation unerreichbare Eigenart in der Wahrnehmung bzw. in der anschaulichen Imagination" (1990b: 19). Daraus schließt Luhmann, daß Wahrnehmung selbst nicht kommunizierbar ist. Zwar kann Kommunikation sich wie auf vieles so auch auf Wahrnehmung beziehen; aber während Wahrnehmung Unterschiedenes (z.B. den Baum im Garten) trotz des Unterscheidens als Einheit erfaßt, ist Kommunikation „[...] immer das Prozessieren einer Unter-

---

10 Die naheliegende Möglichkeit einer Co-Evolution scheint Luhmann nicht zu erwägen. Seine Argumentation bleibt beim Entweder-Oder.

11 Zur Kritik dieser zentralen Rolle des Erwartungsbegriffs vgl. Englisch (1991).

scheidung als Unterscheidung – und zwar der Unterscheidung von Information und Mitteilung" (ebd.: 20 f.)[12].

Aus diesen Hypothesen darf nicht gefolgert werden, daß Bewußtsein und Kommunikation gar nichts miteinander zu tun hätten. Luhmann betont an vielen Stellen, daß Kommunikation nur über Bewußtsein mit der Systemumwelt verbunden ist. Bewußtsein ist unentbehrlich für Kommunikation, und Kommunikation setzt immer eine Mehrheit psychischer Systeme voraus (ebd.: 23). Aber deshalb darf Kommunikation seines Erachtens nicht auf die Funktion eines Verständigungsmittels oder eines Instruments der Verhaltenskoordination unter Menschen verkürzt und das Wahrheitsproblem nicht als ein Problem der Intersubjektivität konzipiert werden. Dafür liefert Luhmann drei Argumente: Bewußtsein ist ein geschlossenes kognitives System, das seine eigenen Operationen nie direkt an die Operationen anderer kognitiver Systeme anschließen kann. Denken bleibt aber sozial ohne Effekt, wenn es nicht kommuniziert wird. Und individuell bewußtes Wissen läßt sich nicht isolieren bzw. allein auf die Ressourcen individueller Bewußtseine zurückführen. „Wir stellen [...] die Zurechnung von Wissen um von Bewußtsein auf Kommunikation, also von psychischer auf soziale Systemreferenz" (ebd.: 23). Im Rahmen dieser Argumentation konzipiert Luhmann Kommunikation als ein operativ selbständiges System. „Alle Begriffe, mit denen Kommunikation beschrieben wird, müssen daher aus jeder psychischen Systemreferenz herausgelöst und lediglich auf den selbstreferentiellen Prozeß der Erzeugung von Kommunikation durch Kommunikation bezogen werden" (ebd.: 24).

Entsprechend interpretiert Luhmann Information, Mitteilung und Verstehen auch als kommunikative (soziale), nicht als psychische Konzepte oder Konstrukte. Ein an Kommunikation beteiligtes Bewußtsein denkt, so Luhmann, nicht etwa jeweils daran, daß ein Wort Zeichen für etwas ist; entscheidend ist, daß in der Kommunikation ein Wort als Zeichen für eine Information behandelt wird[13]. Ebenso wenig muß Verstehen psychologisch verstanden werden: Es geht dabei – so Luhmann – nicht um eine Erklärung psychischer Zustände oder gar um eine „Vollerfassung selbstreferentieller Systeme durch einzelne externe oder interne Operationen" (1990b: 26). Vielmehr wird durch Verstehen ein Bezug auf die Selbstreferenz des beobachteten Systems hergestellt. Mit anderen Worten, das beobachtende System versteht auch dann (oder gerade weil), wenn das beob-

---

12 An solchen Formulierungen wird deutlich, daß Luhmann primär an der sozialen Realisierung der kommunikativen Grundkonstellation (drei Selektionen) interessiert ist und nicht an Strukturen oder gar an „Inhalten" der Kommunikation. Außerdem stellt sich die Frage, ob die theoretisch getroffene Unterscheidung zwischen Information und Mitteilung im Prozessieren (= als Kommunikation) nicht ebenso als Einheit erfaßt wird wie die Differenz von Gegenstand und Umgebung (= Figur-Grund).

13 Hier steht Luhmann noch in der Tradition Ferdinand de Saussures, der Sprache als ein System von Zeichen konzipiert, die Ideen ausdrücken. – Vgl. dagegen die in Abschnitt 4 skizzierte konstruktivistische Sprachtheorie.

achtete System unzugänglich bleibt. Kommunikation „stellt" nicht laufend „fest", ob die beteiligten psychischen Systeme verstanden haben oder nicht, sondern sie entscheidet, ob Kommunikation weiterläuft. Darum auch ist es wenig sinnvoll, Kommunikation als Übertragung von Information anzusehen. Kognitive Systeme, die an Kommunikation teilnehmen, können immer viel mehr Informationen prozessieren, als sie in die Kommunikation eingeben (ebd.: 27).

Diese Kurzfassung der Luhmannschen Kommunikationstheorie macht deutlich, daß Widersprüche zwischen traditionellen Kommunikationstheorien und der Luhmannschen Version von Kommunikationstheorie weitgehend vermeidbar sind, wenn man die Unterscheidungen, mit denen jeweils operiert wird, expliziert und kritisch revidiert.

Evolutionstheoretisch gesehen läßt sich die Grundkonstellation für/ von Kommunikation als Zusammenwirken dreier Selektionen beschreiben, das die Unterscheidung zwischen Mitteilung (kommunikativem Handeln), Information (Thema, Inhalt der Mitteilung) und Verstehen (Annehmen dieser Selektion) miteinander vermittelt und damit Sozialität konstituiert.

Bei der Beobachtung interaktiver Kommunikationsprozesse muß die Kooperation von Bewußtsein unterstellt werden, um eine Unterscheidung von Mitteilung, Information und Verstehen bei den Kommunikanden plausibel zu machen. In dieser Hinsicht konzidiert auch Luhmann: „[...] keine Kommunikation ohne Bewußtsein, aber auch: keine Evolution von Bewußtsein ohne Kommunikation" (ebd.: 38). Kognitive und kommunikative Operationen verlaufen hier für einen Beobachter zeitlich synchron, ohne daß daraus auf ein Kausalverhältnis zwischen beiden geschlossen werden darf, da Bewußtsein und Kommunikation operativ anders arbeiten und getrennten Bereichen zugehören: Bewußtsein dem Bereich des Individuums, Kommunikation dem Bereich des Sozialen.

Aus der Sicht seiner soziologischen Systemtheorie interessiert sich Luhmann nur für solche kognitiven Ereignisse oder Operationen (Wissen, Gedanken, Vorstellungen), die – wie auch immer – kommuniziert werden. In dieser Perspektive „beziehen sich" dann Kommunikationen auf Kommunikationen. Aber Luhmann schränkt ein: „Man könnte geradezu sagen, daß das gesamte kommunikative Geschehen durch eine Beschreibung der beteiligten Mentalzustände beschrieben werden könnte – mit der einzigen Ausnahme der Autopoiesis der Kommunikation selber" (1990b: 38 f.). Zwar kann man sich in der Kommunikation auch auf psychische Systeme beziehen und sie – so Luhmanns Vorschlag – als Personen bezeichnen. Aber „[...] Personen sind demnach Strukturen der Autopoiesis sozialer Systeme, nicht aber ihrerseits psychische Systeme oder gar komplette Menschen. [...] Personen können Adressen für Kommunikation sein" (ebd.: 33 f.). Aber auch wenn sie als „Aufzeichnungsstellen für komplexe sequentielle Kommunikationsverläufe vorausgesetzt werden" oder als „Zurechnungspunkte für Kausalannahmen und insbesondere für Verantwortung dienen" (ebd.: 34), bleibt das, nach Luhmann, ein Geschehen auf der Ebene der Kommunikation, „ohne jede determinierende Auswirkung auf Bewußtseinsprozesse" (ebd.)[14].

Hier sind meines Erachtens verschiedene Differenzierungen vonnöten: „ohne jede determinierende Auswirkung" muß nicht heißen „ohne jede Auswirkung". Hans Joachim Giegel hat zu Recht darauf hingewiesen, daß Kommunikation für psychische Systeme ein wichtiges Umweltfaktum darstellt, das in der Verarbeitung die kognitiven Verarbeitungsstrukturen selbst tangiert (1987: 234). Kommunikation selegiert, welche Verarbeitungsstrukturen sozial akzeptiert werden, was wiederum auf psychische Systeme zurückwirkt.

Luhmanns Redeweise, Kommunikation produziere Kommunikation, und nur Kommunikation könne kommunizieren, macht nur in einer genau begrenzten Hinsicht Sinn: Nach Luhmann „treibt" Kommunikation „Autopoiesis", soweit sie Anschlußfähigkeit organisiert. Die Einheit des Systems Kommunikation sowie die Elemente, aus denen das System besteht, werden durch das System selbst produziert (1990b: 30). Jede Kommunikation erzeugt von Moment zu Moment eine „eigene Nachfolgekommunikation" (ebd.: 31). Hier ergeben sich nun zumindest terminologisch erhebliche Probleme bzw. Inkohärenzen der Argumentation:

a) Beobachtet man Kommunikationen unter einer rein soziologischen, das heißt allein auf den Vollzug von Sozialität bezogenen Perspektive, dann kann man abstrakt davon sprechen, daß Kommunikationen „sich" auf Kommunikationen beziehen[15]. Aber diese Aufmerksamkeitsreduktion wird – wie Johannes Berger betont – „erkauft mit einer Abblendung von System-Umwelt-Problemen" (1987: 137). Im Bereich der face-to-face-Kommunikation beobachtet man lediglich, wie Argument auf Argument, Antwort auf Frage, Erzählung auf Aufforderung usw. folgt. Im Bereich massenmedial vermittelter Kommunikation stellt man fest, wie sich z.B. Texte auf Texte beziehen: Themen werden aufgegriffen, Texte zitiert, parodiert oder kommentiert, übersetzt, interpretiert oder kanonisiert. In dieser Perspektive bzw. Beschreibungsweise wird bewußt ausgeblendet, daß es – bis heute – immer Menschen sind, die Texte produzieren, die sprechen und zuhören. Wenn niemand einen Text liest, kann dieser in der Kommunikation keine Rolle spielen, da ihn niemand zu einem kommunikativen Ereignis macht. So wie auch das Bewußtsein nur auf der

---

14 Daß sich Kommunikationen auf Personen statt auf «komplette Menschen» beziehen, ist m. E. eher ein Merkmal funktional differenzierter Gesellschaften mit festen sozialen Rollen als ein universales Merkmal von Kommunikation überhaupt. Aus der Sicht des Individuums sind Kognition wie Kommunikation eine Angelegenheit des „ganzen Menschen", auch wenn sich aus der Sicht der Gesellschaft in der rollensortierten Kommunikation in der Regel nicht die Frage stellt, was im Bewußtsein abläuft, solange ein Kommunikator sozial akzeptabel kommuniziert, und solange nicht zugleich auch abgerufen wird, was ein Kommunikator „sonst noch" ist, weiß, kann, fühlt oder wünscht.

15 Hartmut Esser bezeichnet Luhmanns Annahme, daß Handlungen sich aus Handlungen entwickeln, als „autopoietischen Fehlschluß" (1989: 71).

materialen Grundlage des Körpers und des Zentralnervensystems „emergieren" und operieren kann, ohne je über diese verfügen zu können, kann auch Kommunikation nur auf der materialen Grundlage von Aktanten und Texten (bzw. anderen Medienangeboten) „emergieren" und operieren, ohne über diese verfügen zu können. Auch Luhmann betont, daß „[...] schließlich ein System ohne Umwelt keine einzige eigene Operation vollziehen könnte, also zum Beispiel Kommunikation ohne Bewußtsein, dieses ohne Gehirn, dieses ohne Neuronen reproduzierenden Organismus" (1990f: 7).

b) Luhmann konstatiert, „Kommunikation ist Kommunikation im sozialen System der Gesellschaft" (1990b: 31). Soziale Systeme ebenso wie die Gesellschaft bestehen seines Erachtens aus Kommunikationen und nur aus Kommunikationen. Andererseits spricht er aber auch von Kommunikation als System (a.a.O.: 37 und passim)[16]. Diese Redeweise ist zumindest irreführend, wenn soziale Systeme als Kommunikationssysteme eingeführt werden, also sich selbst – so Luhmann – herstellen und organisieren; denn dann stellt sich die Frage, wie Relevanzabschätzungen, Präferenzen, Durchsetzungsstrategien und ähnliches entstehen. Warum und wie setzt sich eine Kommunikationsofferte durch und provoziert Anschlußhandlungen, wird also gesellschaftlich folgenreich? Was „bleibt auf der Strecke" (konkret: ungehört bzw. ungenutzt im Archiv)? Wie kann das Verhältnis zwischen funktional zugeordneten und funktional nicht oder mehrdeutig zugeordneten (sogenannten lebensweltlichen) Kommunikationen bestimmt werden? Wird am Beispiel solcher Fragen nicht deutlich, daß Luhmanns Kommunikationstheorie zu strukturarm ist, um die beobachtbare Ordnung von Kommunikationsprozessen (Anschließbarkeit, Unterdrückung, Gratifikation, Vergessen usw.) durch bzw. im Rahmen von Institutionen, Organisationen, Geschlechter- und Generationsverhältnissen und sozialen wie politischen Machtkonstellationen auch nur in den Blick kommen zu lassen?

c) Luhmann spricht von Kommunikation, ohne genauer zwischen verschiedenen Kommunikationstypen zu differenzieren. Interaktive mündliche Kommunikation aber operiert grundlegend anders als medientechnisch vermittelte Kommunikation. Eine Beobachtung interaktiver Kommunikation dürfte kaum möglich sein ohne Beobachtung von Kommunikanden, auf die Kommunikationsakte als Handlungen zugerechnet werden. Luhmanns (aktivistische) Redeweise von Kommunikation, die Kommunikation produziert (und auf die allein sich seine These von der autopoietischen Natur sozialer Systeme stützt!), macht nur Sinn, wenn man Massenkommunikationsprozesse beobachtet, in denen Aktanten in der Tat zunehmend hinter Medienangeboten zurücktreten und sich Medien-

---

16 So spricht Luhmann etwa in 1988a durchgängig irritierend von „einem" und „dem" Kommunikationssystem als einem autopoietischen System, ohne ein einziges Beispiel anzuführen.

angebote selbst auf Medienangebote zu beziehen scheinen – wenn man eine abstrakte soziologische Perspektive anlegt. Operiert man dagegen mit der Unterscheidung interaktive Kommunikation/Massenkommunikation, dann läßt sich beobachten, wie beide reziprok auf einander einwirken, und wie im Einzelfall individuelle Aktanten beide Kommunikationstypen beeinflussen können, etwa durch das Lancieren neuer Themen, das Erfinden von Gerüchten, das Kreieren neuer Metaphern usw.

d) Luhmann überzieht die Trennung von Bewußtsein und Kommunikation einseitig auf Kosten der Berücksichtigung von Beziehungsaspekten. Natürlich macht es Sinn, beide theoretisch getrennten Bereichen zuzuordnen und bewußtzuhalten, daß Bewußtsein nicht „identisch" in Kommunikation, Kommunikation nicht „identisch" in Bewußtsein transformiert werden kann. Über diesem Argument darf aber nicht vergessen werden, daß sowohl evolutionär als auch aktual Bewußtsein und Kommunikation gar nicht ohne einander denkbar und beschreibbar sind – zur Begründung dieser Hypothese sei nur auf die Dauerdiskussion zum Verhältnis von Sprache und Denken verwiesen.

e) Luhmanns Vorschlag, Wissen radikal von Bewußtsein auf Kommunikation umzurechnen, macht nur Sinn, wenn man Wissen als Bestand und nicht als Fähigkeit konzipiert. In der neueren Gedächtnisforschung (vgl. Schmidt 1991a, b) neigt man aus guten empirischen Gründen dazu, Wissen nicht als einen im Gedächtnis sedimentierten Bestand kognitiver Inhalte zu konzipieren, sondern als Fähigkeit, in einer entsprechenden Situation adäquate kognitive Operationen durchführen zu können, die in einer bestimmten Situation ein Problem lösen. Damit wird auch die Vorstellung problematisch, Wissen könne in Medienangeboten gleichsam auf Abruf sozial archiviert werden. Vielmehr votiere ich für eine Auffassung, wonach Medienangebote jeweils von kognitiven Systemen zum Anlaß gezielter Wissenskonstruktion benutzt werden müssen, um kognitiv wie auch – in Anschlußoperationen – kommunikativ genutzt werden zu können (vgl. Hejl 1991; von Foerster 1993). Ein so konzipierter Wissenbegriff macht die Entscheidung obsolet, Wissen entweder der Kognition oder der Kommunikation zurechnen zu müssen. Vielmehr erscheint Wissen jetzt als – erkennbare und verlernbare, mehr oder weniger hoch entwickelte – Fähigkeit, Gedanken zu produzieren und weiterzuarbeiten bzw. (nach sozialer Einschätzung) kompetent (da mit Anschlußerfolgen und sozialem Reputationsgewinn) an kommunikativen Diskursen verschiedenster Art teilnehmen zu können.

f) Mit Luhmanns Berufung auf George Spencer Browns Unterscheidungslogik ist gegen Luhmann darauf zu bestehen, einmal getroffene Unterscheidungen nicht zu ontologisieren. Luhmann beobachtet Gesellschaft mit Hilfe der Unterscheidung Kognition/Kommunikation, plaziert Kognition dann entsprechend in die Umwelt sozialer Systeme, behauptet aber anschließend, soziale Systeme *seien* nichts anderes als Kommunikation. Luhmann beobachtet Kommunikation mit Hilfe der

Unterscheidung Mitteilung/Information/Verstehen, behauptet aber dann, Kommunikation *sei* nichts anderes als das Prozessieren dieser Unterscheidung.

Die hier formulierte Kritik an Luhmanns Kommunikationstheorie konzentriert sich nach den vorangegangenen Überlegungen also auf folgende Punkte: Luhmanns Argument, Kognition und Kommunikation seien füreinander black boxes, muß differenziert werden. Operationale Schließung meint nicht etwa energetische oder materiale Schließung; Rekursivität setzt nicht zwingend Geschlossenheit voraus; und Selbstorganisation macht die Beeinflussung eines Systems nicht gänzlich unmöglich (vgl. dazu Hejl 1989). Die Annahme der Selbstorganisation von Kognition und Kommunikation führt also nicht notwendig zu dem Schluß, Kommunikation komme vollständig ohne Individuen aus und müsse ohne Begriffe mit Bewußtseinsreferenz beschrieben werden. Luhmann bringt sich in diesen Zwang nur dadurch, daß er postuliert, soziale Systeme seien nichts anderes als Kommunikation und sie seien autopoietisch. Aber selbst wenn man diese Annahmen einmal akzeptiert, entfällt damit keineswegs die Aufgabe, konkret anzugeben, welche „Umweltmaterialien" Kommunikation systemspezifisch benutzt, um daraus ihre Komponenten zu produzieren bzw. emergieren zu lassen, wenn man auf Aktanten aus theoretischen Gründen verzichten möchte. Wenn Texte und andere Medienangebote in die Umwelt sozialer Systeme gerückt werden: Wie „prozessiert sich" Kommunikation ohne diese „Rohstoffe"? Und wie geht man systemtheoretisch mit dem trivialen Einwand um, daß Kommunikationssysteme schnell zusammenbrechen würden, gäbe es keine Kommunikanden mehr? Wenn Luhmann schon einräumt, daß Bewußtsein unentbehrlich ist für Kommunikation und Kommunikation immer eine Mehrheit psychischer Systeme voraussetzt: Was – außer einem undifferenzierten Autopoiesepostulat (vgl. Teubner 1987) – hindert ihn, Kommunikation in der Doppelperspektivierung auf kognitive und soziale Systeme hin *konkret* zu bestimmen?

Ein Grund mag das von vielen Kritikern bemängelte geringe Interesse Luhmanns an Empirie sein (vgl. Haferkamp 1987). Ein anderer dürfte in Luhmanns ontologisierendem Sinnbegriff liegen (so Schmid 1987: 41). Berücksichtigt man nämlich Aktanten hinsichtlich ihrer kommunikationskonstituierenden Aspekte (nicht als „komplette Menschen", aber auch nicht nur als „Personen"), dann verläuft Kommunikation nicht von selbst, dann ist es nicht „die Kommunikation", die etwas beobachtet, feststellt, eingrenzt, und dann gibt es auch nicht die von Luhmann postulierte ominöse „Selbstbeweglichkeit des Sinngeschehens" (1985: 101).

Kognitive Systeme beeinflussen Kommunikation als soziales System durchaus – wenn auch nicht in kausaler Weise –, zum Beispiel, indem sie Medienangebote erstellen und dies aufgrund ihrer Sozialisationsgeschichte und unter Verwendung von kollektivem Wissen schon im Blick auf Sozialsysteme und in Erwartung dort geltender Operationsbedingungen tun.

Sinnproduktion, so die Argumentation oben in Abschnitt 4, erfolgt empirisch ausschließlich in kognitiven Systemen nach sozialen Regeln und unter konkreten politischen Bedingungen (womit die m.E. metaphysisch ontologisierende Sinnkonzeption Luhmanns entbehrlich wird). Dasselbe dürfte für Wissen gelten: Auch Wissen wird – je aktuell – im kognitiven System sozial erzeugt. Daher macht es wenig Sinn, Wissen entweder in psychische oder in soziale Systeme zu verlagern. Mit anderen Worten, auch Wissen entsteht erst durch strukturelle Kopplung von Kognition und Kommunikation über kollektives Wissen bzw. im allgemeinsten Sinne über Kultur (s.o. Abschnitt 5).

Luhmanns Definition von Kommunikation als dreifache Selektion ist eindeutig aktantenbezogen und an interaktiver Kommunikation orientiert. Seine spätere Rede von Kommunikation, die Kommunikation produziert, kennzeichnet nur eine reduktive Beobachterperspektive, die meines Erachtens lediglich ein Zeitverhältnis erfaßt. Gegen seine Behauptung, nur Kommunikation könne kommunizieren, wird hier (gestützt auf Luhmanns eigene Kommunikationsdefinition) die Behauptung gesetzt, nur Aktanten (gesehen als Kommunikanden, nicht als „komplette Menschen", die in Kommunikation als sozialem Prozeßgeschehen zumindest in funktional differenzierten Gesellschaften nicht vorkommen (können)) kommunizieren, d.h. sie nehmen Kommunikationsofferten an, verarbeiten sie kognitionsspezifisch und setzen sie in neue Kommunikationsofferten bzw. sinnvolle Handlungen um. Was von Kommunikationen (im Sinne von Kommunikationshandlungen) gesellschaftlich relevant wird, das entscheidet sich dann in der Tat im gesellschaftlichen (und insofern über konkrete Individuen hinausgehenden) Reproduktionsprozeß und hängt eng zusammen mit dem sozialen Status der Kommunikanden im jeweiligen Sozialsystem. Die Grundkonstellation von Kommunikation und Sozialität, die Wahrnehmung und Ausnutzung der Differenz von Mitteilung und Information als Vollzug doppelter Kontingenz, muß von Aktanten in konkreten Kommunikationsprozessen realisiert werden, ob in interaktiver Kommunikation oder in Massenkommunikation, die ebenfalls nicht ohne synchrone Bewußtseinstätigkeit funktioniert.

9. Medien und „Massenkommunikation"

Mit Blick auf interaktive Kommunikationen erscheint es mir wenig plausibel, auf den Handlungsaspekt und den Aktantenaspekt zu verzichten. Ein so hoch abstrahierter Kommunikationsbegriff würde dann nur noch das Vorliegen der oben genannten Grundkonstellationen bzw. das Vorliegen „sinnhafter Sozialität" konstatieren, erlaubte aber keine empirische Detailforschung, wie sich Kommunikationsprozesse vollziehen, welche Bedingungen wirken, welche Voraussetzungen erfüllt sein müssen, welche Folgeprozesse auftreten u.ä.m.

Wie steht es nun aber mit sogenannter Massenkommunikation? Läßt sich vielleicht hier von Kommunikation sprechen, die kommuniziert? Ehe diese Frage beantwortet werden kann, müssen zunächst einige Unterscheidungen eingeführt werden, die sich auf den Themenkomplex Medien beziehen. Beim Reden über ,Medien' sollte genau unterschieden werden zwischen

- konventionalisierten Kommunikationsmitteln im Sinne der zur Kommunikation verwendeten Materialien einschließlich der Konventionen ihres Gebrauchs (z.B. Schrift plus Grammatik und Lexikon),
- Medienangeboten, das heißt Resultaten der Verwendung von Kommunikationsmitteln (z.B. Texte),
- Techniken, die zur Erstellung von Medienangeboten verwendet werden (z.B. Schreibcomputer),
- Institutionen bzw. Organisationen, die zur Erstellung von Medienangeboten erforderlich sind (z.B. Verlage), einschließlich aller damit verbundenen ökonomischen, politischen, rechtlichen und sozialen Aspekte.

Die massenhafte Entwicklung und Verwendung von Medienangeboten geschieht heute in eigenständigen, weithin industriell geprägten Organisationen (vgl. etwa Weischenberg 1992). Verlagshäuser, Funkhäuser und Filmgesellschaften bilden in ihrer Interaktion das „Massenmediensystem" unserer Gesellschaft und entfalten ihre Funktionsmöglichkeiten intern durch weithin selbstorganisierende Ausdifferenzierung.

Medienangebote (Texte, Bilder, Filme usw.) lassen sich – vor allem aufgrund langer ko-evolutiver Prozesse von Kommunikation und Kognition – in den beiden voneinander zu trennenden Dimensionen jeweils systemspezifisch „prozessieren", wobei die Prozesse und deren Ergebnisse in unterschiedlichem Maße (un)vorhersagbar sind. Kognitive Operationen lassen sich (wie prekär und different auch immer) in Medienangebote „transformieren" und können in sozialen Systemen Kommunikationsprozesse auslösen; Medienangebote können andererseits kognitive Operationen auslösen. Obgleich Medienangebote also zur Umwelt von Kognition wie von Kommunikation zu zählen sind, regen sie deren strukturelle Kopplung an. Allerdings geschieht dies in einer Weise, die (von stereotypen Situationen einmal abgesehen) in ihren Resultaten nie eindeutig prognostizierbar ist, weil die Beobachtung und Verarbeitung von Medienangeboten nur ein – wenn auch ein wichtiges – Moment in kognitiven wie kommunikativen Operationszusammenhängen bildet. Daß dabei die Materialität dieser Operationsanlässe eine nicht zu unterschätzende Rolle für Wahrnehmungs- wie Kommunikationsmöglichkeiten spielt, darf nicht übersehen werden (vgl. Gumbrecht/Pfeiffer 1988; Großklaus 1989; 1990).

Würde man nun – Luhmanns Vorschlag entsprechend – soziale Systeme als ausschließlich aus Kommunikationen bestehend beschreiben[17], und würde man dementsprechend Aktanten, Kognitionen und Medienangebote kategorial in die Umwelt sozialer Systeme plazieren, dann fragt sich, was im/als Sozialsystem noch als Konstituens von Kommunikation übrig bleibt außer der Feststellung der kommunikativen Grundkonstellation. Wenn Medienangebote nicht produziert, aus Archiven selegiert, öffentlich präsentiert und kommentiert werden und die Herstellung von Medienangeboten provozieren, die sich thematisch, stilistisch usw. darauf beziehen, dann „läuft nichts" im/als Sozialsystem Kommunikation; Kommunikation produziert dann keine Kommunikation mehr. Und verengt und abstrahiert man die Perspektive so, daß nur der aktantenfreie Bezug von Kommunikationen auf Kommunikationen in den Blick kommen soll, dann übersieht man, daß strenggenommen nur der Bezug von Medienangeboten auf Medienangebote beobachtbar ist, wobei man wieder beim alten Projekt der Texthermeneutik angekommen ist – eine mögliche, aber wohl kaum eine innovative Perspektive. Und selbst hierbei stößt man auf zwei bekannte Probleme:

a) Medienangebote beobachten sich nicht, sie sind passiv. Jemand muß sie zueinander in Beziehung setzen, und wer immer das tut, tut es unter systemspezifischen Bedingungen, mit Interessen, Zielen und „blinden Flecken".

b) Abstrahiert man bei der Beschreibung von Kommunikation von kommunikationskonstitutiven bzw. -relevanten Aspekten kognitiver Systeme und deren Einbettung in konkrete Lebenssituationen, dann muß man Bedeutungen in die Medienangebote (also in die Umwelt) selbst verlegen; denn die als Kommunikation gedeutete Beziehung von Medienangeboten auf Medienangebote soll ja wohl kaum semantisch leer ablaufen. Im Gegensatz dazu steht die mit der konstruktivistischen Erkenntnistheorie gekoppelte Forderung, den Informationsbegriff an die Operation von Systemen zu binden und nicht in die Umwelt zu versetzen. Erst kognitive und – wie nach Luhmanns Logik anzunehmen ist – auch kommunikative Systeme, die nicht „in ihre Umwelt ausgreifen" (wo die Medienangebote plaziert sind), erzeugen Bedeutung durch ihre selbstorganisierten Operationen; also kann die Bedeutung nicht sinnvoll in die Medienangebote selbst verlegt werden. Und auch eine Argumentation, die Kommunikation an die Sinnkategorie ankoppelt, steht vor der Schwierigkeit, daß diese Kategorie ebenfalls sehr allgemein definiert ist (nämlich als „Einheit der Differenz von *Aktualität und Possibilität*", Luhmann 1988c: 42), und Sinn ausserhalb von Kognition und Kommunikation plaziert.

---

17 Irritierenderweise heißt es bei Luhmann dann aber auch: «Erst durch Ausdifferenzierung von Kommunikationsprozessen kann es zur Ausdifferenzierung sozialer Systeme kommen. Diese bestehen keineswegs nur aus sprachlicher Kommunikation» (1985: 210).

Wir stehen hier vor einem ähnlichen Problem wie dem, das Niklas Luhmanns Zuordnung von Wissen zu Gesellschaft statt zum Individuum aufwirft. Einerseits dürfte unbestritten sein, daß – vor allem moderne – Gesellschaften dank leistungsfähiger Speichermedien über mehr Wissen verfügen, als ein einzelner je produzieren oder verarbeiten könnte. Auf der andern Seite müssen Wissensbestände, die ja vorwiegend in Medienangeboten vorgehalten werden, auch abgerufen und in kognitive Operationen überführt bzw. zur Produktion neuer Medienangebote investiert werden. Ein Buch ist kein Wissen, es bietet lediglich Anlässe zur Wissensproduktion durch Aktanten nach sozialen und kulturellen Regeln.

10. Haben Medienangebote Bedeutungen?

Damit kommen wir zu einer weiteren Frage, die in den letzten Jahren sehr kontrovers diskutiert worden ist. Im Zentrum steht dabei die von Konstruktivisten vertretene These, daß Medienangebote (Texte, Fernsehsendungen usw.) ihre Bedeutung nicht in sich selbst enthalten, sondern daß ihnen Bedeutungen von Kommunikanden attribuiert werden. Auch hier sind wieder Differenzierungen angebracht.

Ohne Produzenten und Distributoren keine Medienangebote, ohne Rezipienten keine „Lektüren" solcher Angebote: Information, Bedeutung oder Sinn „gibt es" nach diesen Prämissen nicht in Medienangeboten, sondern nur im kognitiven System, „in den Köpfen" von Menschen. (Eine Bibliothek sammelt Bücher, keine Informationen.) Bei der Sinn- oder Bedeutungsproduktion sind nun vor allem kollektive Wissensaspekte relevant, die von Individuen *geteilt* werden (Regeln, Konventionen, Normen, Common Sense) und qua Erwartungserwartung soziales Handeln zugleich ermöglichen und sich in ihm bestätigen (Wissen des Wissens). Da kulturell geprägtes kollektives Wissen Kognition und Kommunikation orientiert und bei der Produktion wie Rezeption von Medienangeboten unausweichlich benutzt wird, bleibt jede Bedeutungsattribuierung an Medienangebote gebunden an kognitive Systeme und ermöglicht dennoch – durch reflexiven Bezug aller Beteiligten auf kollektives Wissen – erfolgreiche Kommunikation. Kommunikation ist erfolgreich, insofern sie sich – auf der Ausdrucksebene wie auf der Inhaltsebene – auf Ergebnisse vorausgegangener Kommunikationen als auf voraussetzbares intersubjektives Wissen bezieht, also Beiträge zu Themen liefert, für die es gesellschaftlich geformte Muster in Gestalt von Schemata, Gattungen, Erzählformen, Metaphern usw. gibt.

Gesellschaftlich geprägte Muster der Produktion und Rezeption von Medienangeboten sichern also – in gewissem Umfang – eine erfolgreiche Kopplung von kognitiven und kommunikativen Prozessen. Gleichwohl transportieren Medienangebote keine Information, sondern lediglich mustergeprägte Zeichenketten. Dadurch liefern sie konventionalisierte Anlässe für individuelle Sinnkonstruktionen, die in ihrem Verlauf, ihrer subjektiven emotionalen Besetzung und hinsichtlich der Einschätzung ihrer lebenspraktischen Relevanz nur vom einzelnen Individuum realisiert werden können und daher von Individuum zu Individuum je nach Textsorte, Kontext und individueller Disposition unterschiedlich stark variieren.

Wie die Wirkungsforschung inzwischen gelernt hat (→ III, Merten), machen die Menschen etwas mit den Medien, nicht umgekehrt, obwohl (oder gerade weil) intersubjektiv geteiltes soziokulturelles Wissen die Produktion und Rezeption von Medienangeboten intersubjektiv prägt. Diese Prägung liefert gewissermaßen die allgemeinen Voraussetzungen für das (Wieder-) Erkennen und die Akzeptanz für und von Medienangeboten. Die Wirkung dieser Angebote aber wird bestimmt von den Nutzergewohnheiten und -erwartungen, von Motivationen und emotionalem Engagement, von Rezeptionsstrategien (z.B. involviert/distanzlos vs. kritisch/analysierend) usw.[18] Eine genaue Untersuchung des Zusammenwirkens solcher Faktoren könnte erst das allgemeine konstruktivistische Postulat konkretisieren, daß kognitive Systeme selbstorganisierend operieren und nur in Ausnahmefällen intentional steuerbar sind.

11. Ist der Konstruktivismus ein relativistischer Subjektivismus?

Die Betonung des Subjekts – in erkenntnistheoretischer wie in kommunikationstheoretischer Perspektive – hat Konstruktivisten oft den Vorwurf eingetragen, sie hielten am alteuropäischen emphatischen Subjektbegriff fest (→ I, Schmidt) und verträten – entgegen allen Beteuerungen – eben doch einen individualistischen Reduktionismus bzw. einen idealistischen Subjektivismus.

Wie die bisherigen Darstellungen vielleicht gezeigt haben, entspricht dies nicht den Intentionen konstruktivistischen Denkens, das Beobachtung und Beobachter als kognitive Systeme in das Zentrum der Überlegungen stellt. Bei der Betonung des beobachtenden Subjekts in erkenntnistheoretischer Perspektive sollen dabei zwei Einsichten gewonnen werden:

a) Beobachter sind untrennbar an ihre Beobachtungen geknüpft, Beobachtungen lassen sich nicht von Beobachtern ablösen (von Foerster 1993: 288).

b) Beobachter operieren unter den Bedingungen, die ihnen als Gattungswesen ontogenetisch „zugewachsen" sind[19]; sie operieren auf der

---

18 Vgl. dazu die differenzierten empirischen Studien zur Fernsehrezeption von Vorderer (1992).

19 Promp (1990: 114 f.) betont, daß der Mensch „... aufgrund seiner Beschaffenheit von sich aus die Ausrichtung an der vorgefundenen Umwelt erstrebt und betreibt." Die Umwelt hat „grundsätzlich Angebotscharakter [...] Wenn dennoch Gesetzmäßigkeiten in der

Grundlage sprachlich erworbenen Common Sense-Wissens im Rahmen sozialstruktureller Ordnungen; und sie produzieren Sinn im gesellschaftlich vorgegebenen System kulturellen Wissens, das stets mit Normen und Emotionen verbunden ist.

Wenn der Beobachter mit allen seinen beobachtungsrelevanten Eigenschaften in die Beobachtung wie in die Beschreibung der Beobachtung einbezogen wird, dann macht die Vorstellung von Objektivität als Erfassung einer beobachterunabhängigen Realität in der Tat keinen Sinn mehr. Die traditionelle Ontologie und Erkenntnistheorie sollte demnach – wie Heinz von Foerster im Anschluß an Jean Piaget vorgeschlagen hat – durch eine Theorie des Wissenserwerbs, also durch eine ontogenetische Theorie, ersetzt werden (von Foester 1993: 290). Eine solche Theorie des Wissenserwerbs sollte zwei grundsätzliche Annahmen Piagets berücksichtigen: „Kein Wissen beruht ausschließlich auf Wahrnehmungen, denn diese werden stets von Handlungsschemata geleitet und von solchen begleitet. Wissen ergibt sich aus Handlungen." Und:

> „Eine ,Observable' oder eine ,Tat-Sache' wird immer von dem Zeitpunkt ihrer Beobachtung her verstanden. [...] Kurz, die ganze Begriffsbildung auf seiten des Subjekts schließt die Existenz reiner Tat-Sachen aus, die völlig jenseits der Aktivitäten dieses Subjekts liegen, um so mehr, als das Subjekt die Phänomene variieren muß, um sie zu assimilieren" (zit. nach von Foerster 1993: 290 f.).

Verbietet man den Einschluß des Beobachters in die Beobachtungen nicht einfach aus logischen Gründen, um Paradoxien zu vermeiden, sondern akzeptiert man diesen Einschluß als wichtiges Argument, dann folgt daraus, daß sich menschliches Wissen nicht auf „die Realität" bezieht, sondern auf menschliches Wissen von der Realität[20]. Ob dieses Wissen wahr ist, wird genau in diesem Selbstbezug unter Anwendung biologisch, sozial und kulturell entstandener Parameter, Kriterien und Praxiserwägungen sozial entschieden. Damit tritt ein pragmatischer Wahrheitsbegriff in den Vordergrund, wie ihn Carl Friedrich von Weizsäcker gefordert hat, der die Prädikate richtig und falsch nicht isolierten Sätzen, sondern nur ganzen Handlungsweisen zuschreibt (1980: 152). Wissen resultiert aus Handeln, leitet Handeln kognitiv an und konstituiert dessen Sozialität und Kulturspezifik. Wissen und Handeln, gebunden an Aktanten in sozialen Systemen, darf deshalb nicht abgekoppelt werden von sozialstrukturellen Verhältnissen, sowie von Macht, Einfluß, Vertrauen und Autorität. Das gilt auch für methodisch kontrolliert erworbenes (= hergestelltes) wissenschaftliches Wissen. Auch hier liegen die Realitätsgarantien, wie Niklas

---

Wirksamkeit von Umweltfaktoren gefunden werden, so sind dies Gesetzmäßigkeiten des reagierenden und rezipierenden Organismus. [...] Die aktive Auswahl und Verarbeitung des Umweltangebots als Eigenleistung des Heranwachsenden verhindert jede von ihm nicht selbst mitgetragene Formung seines verhaltenssteuernden Systems."

20 So existiert ein Handlungspartner für uns nie als beobachterunabhängige Gegebenheit, sondern ausschließlich in Form des Wissens, das wir von ihm haben, sowie in Form der emotionalen Einstellung zu ihm.

Luhmann paradox formuliert, in den verwendeten Unterscheidungen: „Die Realität ist das, was man nicht erkennt, wenn man sie erkennt" (1990 f.: 51).

Sind also wissenschaftliche Entdeckungen – wie Gregory Bateson und Heinz von Foerster behauptet haben – Erfindungen? Hat Newton die Schwerkraft entdeckt oder erfunden? (von Foerster 1993: 291) Um auf solche Einwände antworten zu können, muß noch einmal das Beobachtungsproblem angesprochen werden, womit wir an den Anfang unserer Überlegungen zurückkommen.

Beobachtungen erster Ordnung invisibilisieren die Einheit der Unterscheidung, mit der sie beobachten, und verführen damit zu unserem Alltagsrealismus, der Subjekt und Objekt sauber voneinander zu trennen können glaubt[21]. Kulturen operieren im Prinzip nicht anders, weshalb man Kulturen auch als Systeme der blinden Flecken einer Gesellschaft bezeichnen könnte. Sobald aber Beobachterstandpunkte zweiter oder dritter Ordnung eingenommen werden, wird auch Latenzbeobachtung möglich. Die Einsicht in die Konstruktivität als generelles Prinzip aller beobachtenden Systeme wird damit unausweichlich. Die Reaktionen auf diese Einsicht prägen die Signatur gegenwärtigen Philosophierens, das angesichts der Universalität des Konstruktionsprinzips verstört bis postmodern verschmitzt die Konsequenzen diskutiert und dabei alte Schlagworte neu belebt: Zwingen oder verführen die Einsichten in die kognitive Verfassung unserer Wirklichkeit zu totalem Relativismus? Versinken wir in einen grauen oder grellen Pluralismus, in haltlose Komplexität? Was bleibt vom Vertrauen in Rationalität und Vernunft? Liefern die Wissenschaften überhaupt noch empirisch gehaltvolles Wissen? Leben wir im Zeitalter der Simulationen, der Simulacra und der virtual realities?

Ein billiges Argument gegen den Relativismusvorwurf könnte lauten, daß es Relativismus nur geben kann, wo es Absolutes gibt – und wer wollte das heute noch ernsthaft dingfest machen. Luhmann (1990f: 29) hat wohl Recht, daß man sich mit dem Konstruktivismus wie mit der Unterscheidungslogik auf einen „unauflöslichen Relativismus" eingelassen hat, der aus der Systemspezifik kognitiver wie sozialer Systeme folgt. Berücksichtigt man aber, daß alle Systemoperationen stets nur als empirisch konditionierte Operationen möglich sind, dann wird deutlich, daß ein konstruktivistischer Relativismus nichts zu tun hat mit Willkür, Chaos oder Nihilismus.

Daß Konstruktivität als universaler menschlicher Operationsmodus heute vielen als Gefahr erscheint, liegt wohl eher daran, daß zunehmende funktionale Differenzierung moderner Gesellschaften das Unterscheiden einerseits freigegeben und beobachtbar gemacht hat, getroffene Unterscheidungen aber andererseits nicht länger in gesellschaftliche Gesamtfor-

---

21 Dagegen: „Castoriadis remarks in passing that the question of what comes from the observer and what comes from ‚what is' will forever remain undecidable" (Livingston 1984: 23).

men oder Gesamtdeutungen einbindet und damit ihre Konstruktivität invisibilisiert. Relativismus konstruktivistischer Art rät nicht an: Gib alle Hoffnung auf Sicherheit auf!, sondern verkörpert sich eher in der Regel des Beobachtens zweiter Ordnung, die Luhmann so formuliert hat: Beobachte die Konditionierungen des Unterscheidens und Bezeichnens in kognitiven wie in kommunikativen Systemen! Die Anwendung dieser Regel führt allerdings zur Korrosion aller Heilsversprechen, Ideologien, Diktaturen und Supertheorien; sie entzieht den „Meistererzählungen" die Legitimation. Aber sie eröffnet andererseits Kritikpotential, sie legitimiert Differenz und Widerspruch. Wer sich nicht mehr auf „die Natur des Menschen", auf unbefragbare Werte und letzte Wahrheiten berufen kann, braucht viel Phantasie und Kreativität, braucht Musilschen Möglichkeitssinn und vor allem Verantwortlichkeit. Er oder sie muß nicht nur damit rechnen, daß eine Pluralität von Beobachtern die Realität in vielen Facetten wahrnimmt und bewertet, sondern daß, wie Gotthard Günther formuliert hat, mit Polykontexturalität zu rechnen ist, also mit einer nicht begrenzbaren Vielheit von Kontexten als Bereichen der Möglichkeit sinnvoller Unterscheidungen.

Dieser Relativismus hat enge Bezüge zu einem „achtenswerten" postmodernen Pluralismus, wie ihn etwa Wolfgang Welsch im Anschluß an Jean- Francois Lyotard vertritt.

Wolfgang Welsch wendet sich emphatisch gegen falsche Formen postmoderner Pluralität, nämlich gegen Beliebigkeit und Potpourri, die Pluralität tilgt, „[...] indem sie alles zu einem Brei der Gleichheit und Beliebigkeit verrührt." Hier wird Pluralismus bloß als Auflösungslizenz, nicht aber als Reflexionsgebot erfaßt und praktiziert (Welsch [2]1988: 81). Wie aber kann man sich dem „real existierenden Pluralismus" (Acham) in Politik, Religion und Wissenschaft gegenüber verhalten? Geht wirklich alles (Feyerabend), oder brauchen wir einen postmodernen Holismus (Baudrillard), weil ungehemmte Pluralisierung und Differenzbildung ab einem bestimmten Punkt kontraproduktiv werden? Oder ist überhaupt nur noch universale Indifferenz angesagt, die Faszination der schönen Oberflächen, Konsum und Identitätsbricolage? Oder bleibt uns zumindest die Wissenschaft als Hort von Wahrheit und Sicherheit?

12. Wissenschaft, Pluralismus und Empirie

In der Konsequenz postmodernen wie konstruktivistischen Argumentierens liegt die Hypothese, daß alle Erkenntnis- und Wahrheitssuche kulturell geprägt und damit – aus der Sicht eines Beobachters zweiter Ordnung – bio-sozio-historisch kontingent ist. Davon sind auch die Naturwissenschaften nicht auszunehmen, die keine objektiv wahre Abbildung der Realität liefern, sondern ebenfalls (nur?) Wirklichkeitsmodelle, die allerdings auf ihre (im sozio-historischen Kontext evaluierte) technische Effizienz in unserer Umwelt hin überprüft werden können. Geschichtlichkeit und Relativität sind mithin in keiner Wissenschaft mehr als Makel anzusehen, wodurch, wie etwa Karl Acham und Helga Nowotny betonen, der Pluralismus der Wertsysteme, Traditionen und Theorien entdramatisiert wird (Nowotny 1992; Acham 1990). Wer wie aufgeklärte kritische Rationalisten, postmoderne Denker und Konstruktivisten Pluralismus als Alternative zu einem theoretischen Monismus befürwortet, tritt einerseits für die Freiheit der Wissenschaften ein, bindet andererseits diese Freiheit an die Bedingung, daß die Suche nach Alternativen (also ein rationaler Theorienpluralismus) als vernünftiger Wille zur Problemlösung realisiert wird. Rationalität verschwindet damit nicht etwa aus den Wissenschaften, sondern erscheint als Methode der kontrollierten Problemformulierung und Problemlösung (vgl. dazu Niemann 1993). Eben hier, an Methode und Rationalität, verläuft die Grenzscheide zwischen wissenschaftlichen und nichtwissenschaftlichen Erkenntnismöglichkeiten. Damit ist wohlgemerkt eine Differenz beschrieben, aber nicht bewertet. Wissenschaft versucht, Probleme zu lösen, die wissenschaftlich lösbar sind. Daneben stehen – wie Ludwig Wittgenstein immer wieder unterstrichen hat – Probleme, die auf anderen Wegen, mit anderen Problemlösungsstrategien gelöst werden oder unlösbar sind. Wissenschaftler würden sich lächerlich machen, erhöben sie heute noch einen Alleinvertretungsanspruch für alle Arten von Problemlösungen. Aber es wäre auch verkehrt, Wissenschaft bloß als ein Sprachspiel unter anderen zu bezeichnen; denn in ihrem Bereich gibt es bis heute keine ernstzunehmende Alternative.

Auch wenn wissenschaftliche Erkenntnis nicht länger auf Objektivität im Sinne absoluter Wahrheit orientiert oder durch sie legitimiert werden kann, ist damit noch lange keiner Beliebigkeit das Wort geredet. Wissenschaftliche Erkenntnis als Suche nach bestmöglichen Problemlösungen behält spezifische Differenzqualitäten gegenüber Kunst, Politik oder Religion. Auch wenn kein objektives Maß für beste Problemlösungen in konkreten historischen Kontexten zur Verfügung steht, gibt es in der Wissenschaft bewährte Kriterien gegen Beliebigkeit, angefangen von der logischen Konsistenz der Argumentation, der Einfachheit und Widerspruchsfreiheit der Theorie bis hin zur empirischen Überprüfung, bei der all das herangezogen wird, was zum Zeitpunkt der Prüfung als unproblematisch gilt. Dabei spielt die Sprache, in der Problemstellungen und Problemlösungen formuliert sind, eine ebenso wichtige Rolle wie der nachvollziehbare methodische Weg der Problemlösung. Allerdings nimmt eine konstruktivistisch verstandene Wissenschaft Paradoxien als produktiv in Kauf und versucht nicht, sie durch ein Ausweichen auf Metasprachen zu eliminieren.

Solche Paradoxien betreffen vor allem Bereiche, die durch sogenannte autologische Begriffe gekennzeichnet werden können: So unter anderem die Beobachtung der Beobachtung (Selbstbeobachtung), die Erkenntnis der Erkenntnis (Erkenntnistheorie), die Kommunikation über Kommunikation, das Bewußtsein des Bewußtseins (Selbstbewußtsein). Paradox ist schließlich auch und gerade der Konstruktivismus als Theorie selbst: Wenn er „Recht hat", kann er nicht mehr beanspruchen, „Recht zu haben" (Bardmann 1993). Danach kann – was viele Kritiker entsetzen mag – menschliches Wissen jeder Art nur danach beurteilt werden, ob es ökologisch valides Handeln im weitesten Sinne anleiten kann, ob es in diesem Sinne für den einzelnen und die Gesellschaft überlebensfördernd bzw. nützlich ist – wobei ein absoluter (menschenunabhängiger) Maßstab für solche Nützlichkeit ebenso auszuschließen ist wie absolute Wahrheitsmaßstäbe, was die ständige Bemühung um *humane* Maßstäbe und deren Einhaltung aber gerade erzwingt und nicht etwa ausschließt.

Wissenschaft operiert prinzipiell auf der Ebene von Beobachtungen zweiter Ordnung. Das bedeutet zweierlei. Zum einen beobachtet sie die Bedingungen und Konditionierungen des Unterscheidens und Benennens, betreibt Latenzbeobachtung und kommt damit ihrem Kritik- und Analyseauftrag nach, der ihr historisch im Zuge funktionaler Differenzierung zugewachsen ist. Zum zweiten betreibt sie – auch im Bereich der sogenannten Geisteswissenschaften – empirische Forschung, falls sie denn sinnvoll, das heißt zum Ziele jeweils bestmöglicher rationaler Problemlösungen betrieben wird.

Was aber kann ‚empirisch' für Konstruktivisten noch bedeuten? Grundsätzlich formulieren Konstruktivisten die Frage nach der Wirklichkeit von einer ontologischen in eine kognitionstheoretische Frage um. Kriterien für Wirklichkeit müssen kognitionsbezogen bestimmt werden. Wie Peter Kruse (1988: 35) gezeigt hat, ist das zentrale Kriterium für Wirklichkeit Stabilität: „Denkresultate werden von uns unter anderem immer dann als wirklichkeitsbezogen eingestuft, wenn sie gezielte Vorhersagen ermöglichen, das heißt eine stabile Handlungsgrundlage bilden, wenn sie reproduzierbar, das heißt logisch stabil, und vermittelbar, das heißt sozial stabil sind. Das gilt für jede wissenschaftliche Theorie."

Während realistische Erkenntnistheoretiker davon ausgehen, daß die Stabilität des Seins die Stabilität der Wahrnehmung bedingt und diese jene bestätigt, kommt Kruse – in Anlehnung an Ergebnisse der Gestaltpsychologie wie der Theorie dissipativer Strukturen – zu dem umgekehrten Ergebnis. Stabilität, so Kruse, ist Ergebnis selbstorganisierter Ordnungsbildung, die ständig aktiv aufrechterhalten werden muß, da die grundlegende Funktionsweise kognitiver Systeme Instabilität ist. Damit wird eine Einsicht neu bestätigt, die Heinz von Foerster mit seinem Theorem der Eigenwertbildung formuliert hatte. Kognition ist für von Foerster Errechnen von Errechnungen, und das Objekt der Wahrnehmung wird damit theoretisch faßbar als Symbol für Eigenverhalten, das immer dann stabil wird, wenn die rekursive Anwendung kognitiver Operationen auf kognitive Operationen keine Zustandsveränderung mehr herbeiführt (vgl. von Foerster 1993).

Wissenschaftliche Erkenntnisproduktion vollzieht sich primär auf der Ebene von Kommunikation im Rahmen des Sozialsystems Wissenschaft. Kommunikativ gehen Wissenschaftler nicht mit stabilen Realitäten um, sondern mit kommunikativ stabilisierten Beschreibungen oder Unterscheidungen, d.h. mit sozio-kulturell geprägtem Wissen über unsere Umwelt.

‚Empirisch forschen' kann dementsprechend bestimmt werden als Herstellung logischer, pragmatischer und sozialer Stabilitäten, mit denen Wissenschaftler wie mit unabhängigen Gegenständen kommunikativ umgehen. Alles was zu dieser Stabilitätskonstruktion argumentativ erfolgreich herangezogen werden kann, fungiert – je nach Kriterium und Kontext – als Datum oder Beleg. Die Erzeugung von Daten nach theoretisch-methodologisch kontrollierten Verfahren ist aber genau das, was Heinz von Foerster als Trivialisierung beschrieben hat (von Foerster 1993: 206f.), nämlich als eine Form der Konstruktion von stabilen Unterscheidungen unter zum Teil extrem komplexitätsreduzierten Bedingungen (etwa in Laborversuchen).

Konsequenterweise muß also ‚empirisch' von der traditionellen Referenz auf „die Realität" und den Beobachter erster Ordnung umgepolt werden auf Kognition und methodisch kontrollierte Beobachtung zweiter Ordnung. Die aus empirischer Forschung resultierende Intersubjektivität trägt genau so lange, wie sich ihre Auswirkungen auf die wissenschaftliche Kommunikation stabil halten lassen; sie endet, wenn sie einer neuen Beobachtung zweiter Ordnung nicht (mehr) standhält. Wie Michael Stadler und Peter Kruse (1990: 147) mit Nachdruck betonen, können empirische Untersuchungen „[...] im Denken eines Konstruktivisten eher Hinweise als Beweise erzeugen; Hinweise nämlich auf eine in sich stimmige, konsistente Sichtweise von nach bestimmten Regeln erzeugten Daten, die beim Hinzukommen weiterer Daten oder Überlegungen durch jede andere Sichtweise abgelöst werden kann, die einen höheren Grad an Konsistenz aufweist."

Wissenschaftliches Denken ist also aus zwei Gründen zu einem theoretischen Pluralismus verpflichtet. Zum einen, um alle Möglichkeiten von Problemlösungen ausschöpfen zu können – Vielheit wird hier im Konflikt fruchtbar[22]; und zum anderen, um Einzigkeits- und Alleinvertretungsansprüche auflösen zu können. In diesem Sinne ist sie ein „Gegenmittel gegen die Allheilmittel" (Acham). „Der Wille zur Wahrheit als das Bestreben, nicht täuschen zu wollen, auch sich selbst nicht, bildet dabei das ethische Fundament jeder rationalen Argumentation." (Acham 1990: 59) – Im-

---

22 Das betont aus postmoderner Perspektive auch Wolfgang Welsch: „[...] erst auf der Ebene des Widerstreits von Konzeptionen tritt jene Pluralität hervor, die gravierend und fruchtbar ist, und die Subjekte wären gehalten, bis in diese Dimension des Widerstreits sich argumentierend zurückzuarbeiten". Welsch bindet denn auch Pluralität an die „Praxis der Artikulation und Zuschärfung"(²1988: 322).

re Lakatos hatte diese Haltung in den sechziger Jahren „intellectual ho-
nesty" genannt.

Wissenschaften liefern Modelle von und für Wirklichkeit auf eine spezifische Weise, die so kein anderes Sozialsystem imitieren kann (und warum sollte es auch?). Die Kontingenz ihrer Problemlösungen ist unübersehbar, ihre Wahrheitsgewißheit verblaßt oder ganz geschwunden. Aber
noch ist ihre Unentbehrlichkeit unbestreitbar, eine Alternative nicht in
Sicht. Die Mühe lohnt, ihr Kritikbewußtsein durch Visibilisierung ihres
Status als kognitives Konstrukt zu befördern.

Literaturverzeichnis

Abramson, Albert (1987): The history of television, 1880 to 1941, Jefferson, NC/London.

Acham, Karl (1990): Der Mensch im Zeitalter des kulturellen Pluralismus, in: A. Huter (Hrsg.): Zukunft des Fernsehens – Ende der Kultur?, Innsbruck/Wien: 31–61.

Adoni, Hanna/Sherrill Mane (1984): Media and the social construction of reality. Towards an integration of theory and research, in: Communication Research, 11: 323–340.

Adorno, Theodor W. et al. (^{3}1974): Der Positivismusstreit in der deutschen Soziologie, Darmstadt/Neuwied.

Alemann, Ulrich von/Heribert Schatz (1986): Mensch und Technik. Grundlagen und Perspektiven einer sozialverträglichen Technikgestaltung, Opladen.

Alfes, Henrike F. (1992): Literatur und Gefühl. Emotionale Aspekte literarischen Schreibens und Lesens, Braunschweig-Wiesbaden (im Druck).

Allport, Floyd H. (1954): The structuring of events: Outline of a general theory with applications to psychology, in: Psychological Review, 61: 281–303.

Altenburg, Detlef/Jörg Janut/Hans-Hugo Steinhoff (Hrsg.) (1991): Feste und Feiern im Mittelalter, Sigmaringen.

Altschull, Herbert J. (1984): Agents of power. The role of the news media in human affairs, New York.

Altschull, Herbert J. (1990): Agenten der Macht. Die Welt der Nachrichtenmedien – eine kritische Studie, Konstanz.

Amelunxen, Hubertus von/Andrei Ujica (Hrsg.) (1990): Television/ Revolution. Das Ultimatum des Bildes. Rumänien im Dezember 1989, Marburg.

Archer, Margaret S. (1988): Culture and agency. The place of culture in social theory, Cambridge.

Arnheim, Rudolph (1981): A forecast of television, in: Ders.: Understanding Television, New York: 3–9 .

Arnold, Klaus (1973): Trithemius, Johannes: De Laude Scriptorum. Zum Lobe der Schreiber, in: Mainfränkische Hefte, 60.

Asch, Solomon E. (1954): Effects of group pressure upon the modification and distortion of judgements, in: D. Cartwright/A. Zander (eds.): Group dynamics. Research and theory, London: 151–162.

Aschoff, Volker (1984/1987): Geschichte der Nachrichten, Bd. 1: Beiträge zur Geschichte der Nachrichtentechnik von ihren Anfängen bis zum Ende des 18. Jahrhunderts, Bd. 2: Nachrichtentechnische Entwicklungen in der ersten Hälfte des 19. Jahrhunderts, Berlin/ Heidelberg.

Assmann, Aleida (1991): Erinnerungsräume. Zur kulturellen Konstruktion von Zeit und Identität, Habil. Schr. Heidelberg.

Assmann, Aleida (1993): Arbeit am nationalen Gedächtnis. Eine kurze Geschichte der deutschen Bildungsidee, Frankfurt a. M.

Assmann, Aleida/Dietrich Harth (Hrsg.) (1991): Mnemosyne. Formen und Funktionen der kulturellen Erinnerung, Frankfurt a. M.

Assmann, Jan (1992): Das kulturelle Gedächtnis. Schrift, Erinnerung und politische Identität in frühen Hochkulturen, München.

Attneave, Fred (1971): Multistability in perception, in: Scientific American, 6: 62–71.

Austin, John Langshaw ([2]1972): Zur Theorie der Sprechakte, Stuttgart.

Axelrod, Robert (1984): The Evolution of Cooperation, New York.

Axelrod, Robert (1988): Die Evolution der Kooperation, München.

Ayish, Muhammad (1991): Risc communication: A cross-cultural study, in: European Journal of Communication, 6, 2: 213–222.

Baacke, Dieter (1975): Kommunikation und Kompetenz. Grundlegung einer Didaktik der Kommunikation und ihrer Medien, München.

Baacke, Dieter/Günter Frank/ Martin Radde (1991): Medienwelten – Medienorte. Jugend und Medien in Nordrhein-Westfalen, Opladen.

Bachmair, Ben et al. (1984): Symbolische Verarbeitung von Fernseherlebnissen in assoziativen Freiräumen, 2 Teile, Gesamthochschule Kassel.

Bachmann, C./Hans Kummer (1980): Male assessment of female choice in Hamadryas baboons, in: Behavioral Ecology and Sociobiology, 6: 315–321.

Badinter, Elisabeth (1991): Ich bin Du. Die neue Beziehung zwischen Mann und Frau oder die androgyne Revolution, München/Zürich.

Baerns, Barbara (1985): Öffentlichkeitsarbeit oder Journalismus. Zum Einfluß im Mediensystem, Köln.

Bahl, Volker (1991): Wer die Norm hat, hat den Markt! Und das war's dann zu HDTV?, in: Wechselwirkung, 52: 36–40.

Bailey, George A./Lawrence Lichty (1972): Rough justice on a saigon street, in: Journalism Quarterly, 42: 221–229.

Bammé, Arno (1990): System oder Maschine? Sozialwissenschaftliche Anmerkungen zur biologischen Bestimmung lebendiger Systeme als autopoietische Maschinen, in: V. Riegas/C. Vetter (Hrsg.): Zur Biologie der Kognition. Ein Gespräch mit Humberto R. Maturana und Beiträge zur Diskussion seines Werkes, Frankfurt a. M.: 237–263.

Bandura, Albert (1973): Aggression. A social learning analysis, Englewood Cliffs.

Bandura, Albert (1977): Social learning theory, Englewood Cliffs.

Bandura, Albert/Richard H. Walters (1963): Social learning and personality development, New York.

Bantz, Charles R. et al. (1981): The NEWS factory, in: G. C. Wilhoit (ed.): Mass Communication Review Yearbook, Vol. 2: 366–389.

Bardeleben, Hans (1985): Conclus. Ein sozialwissenschaftliches Clusteranalyseprogramm, in: Soziologisches Forum 11 (Institut für Soziologie der Universität Gießen).

Bardmann, Theodor M. (1993): Dummheit – Ein Zugang zum konstruktivistischen Denken? (im Druck).

Barnaby, Frank (1982): Mikroelektronik im Krieg, in: G. Friedrichs/A. Schaff (Hrsg.): Auf Gedeih und Verderb, Wien/München/Zürich: 257–288.

Barthes, Roland (1977): Image – Music – Text, London.

Bartlett, Frederic C. (1932): Remembering. A study in experimental and social psychology, Cambridge.

Bartos, Rena (1982): Women, the moving target, New York.

Bass, Abrahahm Z. (1972): Zur Verbesserung des "Gatekeeper"-Modells, in: B. Badura/K. Gloy (Hrsg.): Soziologie der Kommunikation, Stuttgart: 139–146.

Baudrillard, Jean (1978): Agonie des Realen, Berlin.

Baudrillard, Jean (1982): Der symbolische Tausch und der Tod, München.

Baudrillard, Jean (1985): The masses: The implosion of the social in the media, in: New Literary History, 16, 3: 577–589.

Baudrillard, Jean (1990): Videowelt und fraktales Subjekt, in: K. Barck/P. Gente/H. Paris/S. Richter (Hrsg.): Aisthesis. Wahrnehmung heute oder Perspektiven einer anderen Ästhetik, Leipzig: 252–264.

Baudry, Jean-Louis (1975): Le dispositif. Approches métapsychologiques de l' impression de réalité, in: Communications, 23: 56–72.

Bauer, Karl. W./Heinz Hengst (1980): Wirklichkeit aus zweiter Hand. Kindheit in der Erfahrungswelt von Spielwaren und Medienprodukten, Reinbek.

Bauer, Raymond A. (1964): The obstinate audience, in: American Psychologist, 19: 319–328.

Bauer, Wilhelm (1920): Das Schlagwort als sozialpsychologische und geistesgeschichtliche Erscheinung, in: Historische Zeitschrift, 122, 2: 212 ff.

Baumert, Dieter Paul (1928): Die Entstehung des deutschen Journalismus. Eine sozialgeschichtliche Studie, München/Leipzig.

Baumhauer, Otto A. (1982): Kulturwandel. Zur Entwicklung des Paradigmas von der Kultur als Kommunikationssystem. Forschungsbericht, in: DVJS: Kultur, Geschichte und Verstehen, 56 (Sonderheft): 1–167.

Bausch, Hans (Hrsg.) (1980): Rundfunkpolitik nach 1945, 2 Bde., München.

Baxmann, Inge (1988): Die Gesinnung ins Schwingen bringen. Tanz als Metasprache und Gesellschaftsutopie in der Kultur der zwanziger Jahre, in: H. U. Gumbrecht/K. L. Pfeiffer (Hrsg.): Materialität der Kommunikation, Frankfurt a. M.: 360–373.

Beaugrande, Robert A. de/Wolfgang U. Dressler (1981): Einführung in die Textlinguistik, Tübingen.

Beck, Klaus (1989): Telefongeschichte als Sozialgeschichte: Die soziale und kulturelle Aneignung des Telefons im Alltag, in: Forschungsgruppe Telefonkommunikation (Hrsg.): Telefon und Gesellschaft, Berlin: 45–75.

Beck, Ulrich (1986): Risikogesellschaft. Auf dem Weg in eine andere Moderne, Frankfurt a. M.

Beck, Ulrich/Elisabeth Beck-Gernsheim (1990): Das ganz normale Chaos der Liebe, Frankfurt a. M.

Becker, Jörg (1979): Free flow of information. Informationen zur Neuen Internationalen Informationsordnung, Frankfurt a M.

Becker, Jörg (1985): Massenmedien im Nord-Süd-Konflikt, Frankfurt a. M.

Becker, Jörg (1986): Folgen neuer Informations- und Kommunikationstechnologien, in: R. Erd/O. Jacobi/W. Schumm (Hrsg.): Strukturwandel der Industriegesellschaft, Frankfurt a. M./New York: 169–181.

Becker, Jörg/Susanne Bickel (1992): Datenbanken und Macht. Konfliktfelder und Handlungsräume, Opladen.

Becker, Jörg/Tamas Szecskö (eds.) (1989): Europe speaks to Europe, Oxford.

Beier, Gerhard (1966): Schwarze Kunst und Klassenkampf. Geschichte der Industriegewerkschaft Druck und Papier und ihrer Vorläufer seit dem Beginn der modernen Arbeiterbewegung, Bd. I: Vom Geheimbund zum königlich-preußischen Gewerkverein (1830–1890), Frankfurt a. M./Wien/Zürich.

Beilenhoff, Wolfgang (Hrsg.) (1974): Poetik des Films, München.

Bell, Daniel (1976): Welcome to the post-industrial society, in: Physics Today, 29: 46–49.

Bell, Daniel (1980): The social framework of the information society, in: L. Dertouzos/J. Moses (eds.): The computer age: A twenty-year view, Cambridge/London: 163–211.

Bell, Daniel (1989): Die nachindustrielle Gesellschaft, Frankfurt a. M./New York.

Ben-Avner, Amos (1989): The other world of memory. State funerals of the French third republic as rites of communication, in: History & Memory, 1: 85–109.

Benard, Cheryl/Edith Schlaffer (1981): Männerdiskurs und Frauentratsch. Zum Doppelstandard in der Soziologie. Ein Beitrag zur Methodeninnovation, in: Soziale Welt, 3: 119–136.

Beninger, James R. (1986): The control revolution. Technological and economic origins of the information society, Cambridge.

Bentele, Günter (1982): Objektivität in den Massenmedien - Versuch einer historischen und systematischen Begriffsklärung, in: ders./R. Ruoff (Hrsg.): Wie objektiv sind unsere Medien?, Frankfurt a. M.

Bentele, Günter (1988): Der Faktor Glaubwürdigkeit. Forschungsergebnisse und Fragen für die Sozialisationsperspektive, in: Publizistik 33, 2–3: 406–426.

Bentele, Günter (1990): Wie wirklich ist die Medienwirklichkeit? Überlegungen und Betrachtungen zur Konstruktion moderner Informationsgesellschaften. Antrittsvorlesung Bamberg 12.7.1990 (Skript).

Bentele, Günter (1992): Ethik der Public Relations als wissenschaftliche Herausforderung, in: PR-Magazin, 5: 37–44.

Bentele, Günter/Robert Ruoff (Hrsg.) (1982): Wie objektiv sind unsere Medien?, Frankfurt a. M.

Berelson, Bernard (1954): Communication and public opinion, in: W. Schramm/D. F. Roberts (eds.) (1954): The process and effects of mass communication, Urbana: 342–356.

Berg, Klaus/Marie-Luise Kiefer (Hrsg.) (1987): Massenkommunikation II. Eine Langzeitstudie zur Mediennutzung und Medienbewertung 1964–1985, Frankfurt a. M.

Berg, Klaus/Marie-Luise Kiefer (Hrsg.) (1992): Massenkommunikation IV. Eine Langzeitstudie zur Mediennutzung und Medienbewertung 1964-1990, Baden-Baden.

Berger, Johannes (1987): Autopoiesis: Wie ‹systemisch› ist die Theorie sozialer Systeme?, in: H. Haferkamp/M. Schmid (Hrsg.): Sinn, Kommunikation und soziale Differenzierung. Beiträge zu Luhmanns Theorie sozialer Systeme, Frankfurt a. M.: 129–152.

Berger, Peter L. et al. (1988): Optionen der Telekommunikation. Materialien für einen technologiepolitischen Bürgerdialog, 3 Bde., Düsseldorf.

Berger, Peter L./Thomas Luckmann (1969): Die gesellschaftliche Konstruktion der Wirklichkeit. Eine Theorie der Wissenssoziologie, Frankfurt a. M.

Berger, Peter L./Thomas Luckmann (1970): Die gesellschaftliche Konstruktion der Wirklichkeit. Eine Theorie der Wissenssoziologie, Frankfurt a. M.

Bergler, Peter L./Thomas Luckmann (1977): Die gesellschaftliche Konstruktion der Wirklichkeit. Eine Theorie der Wissenssoziologie, Frankfurt a. M.

Bergler, Reinhold (1991): Werbung – Spiegelbild der Gesellschaft. Aufgabe, Wirkung, Vorurteile/Reflexion, aber keine Manipulation, in: Frankfurter Allgemeine Zeitung v. 15.6.1991: 15.

Bergler, Reinhold/Brigitte Pörzgen/Katrin Harich (1992): Frau und Werbung. Vorurteile und Forschungsergebnisse, Köln.

Berkowitz, Leonard (1960): Some factors affecting the reduction of overt hostility, in: Journal of Abnormal and Social Psychology, 60: 14–22.

Berkowitz, Leonard (1962): Aggression. A social psychological analysis, New York.

Berkowitz, Leonard (1964): Aggressive cues in aggressive behavior and hostility catharsis, in: Psychological Review, 71: 104–122.

Berkowitz, Leonard/Charles Turner (1974): Perceived anger level, instigating agent and aggression, in: H. London/R. E. Nisbet (eds.): Thought and feeling. Cognitive alteration of feeling states, Chicago: 174–189.

Berkowitz, Leonard/Edna Rawlings (1963): Effects of film violence and inhibition against subsequent aggression, in: Journal of Abnormal and Social Psychology, 66: 405–412.

Berkowitz, Leonard/Russell G. Geen (1966): Film violence and the cue properties of available targets, in: Journal of Personality and Social Psychology, 3: 525–530.

Berry, Colin (1988): Rundfunknachrichtenforschung. Ein Beitrag zur Klärung von Präsentation und Motivation, in: Media Perspektiven, 3: 166–175.

Bette, Karl-H. (1989): Körperspuren. Zur Semantik und Parodoxie moderner Körperlichkeit, Berlin/New York.

Betz, Jürgen (1989): Die EG-Fernseh-Richtlinie – Ein Schritt zum europäischen Fernsehen?, in: Media Perspektiven, 11: 677–688.

Bickes, Hans (1993): Semantik, Handlungstheorie und Zeichenbedeutung, in: H. Stachowiak (Hrsg.): Pragmatik. Handbuch pragmatischen Denkens, Hamburg: 156–185.

Bielefeld, Jürgen (1986): Zur Begrifflichkeit und Strukturierung der Auseinandersetzung mit dem eigenen Körper, in: Ders. (Hrsg.): Körpererfahrung. Grundlage menschlichen Bewegungsverhaltens, Göttingen/ Toronto/Zürich: 3–36.

Bijker, Wiebe E. et al. (eds.) (1984): The social construction of technological systems, Cambridge.

Binder, Elisabeth (1983): Die Entstehung unternehmerischer Public Relations in der Bundesrepublik Deutschland, Münster.

Birus, Hendrik (Hrsg.) (1982): Hermeneutische Positionen, Göttingen.

Bischof, Norbert (1966): Erkenntnistheoretische Grundlagenprobleme der Wahrnehmungspsychologie, in: W. Metzger (Hrsg.): Handbuch der Psychologie, Bd. 1, Göttingen: 21–78.

Bischoff, Friedrich (1953): Das ferngelenkte Bild der Welt, in: Frankfurter Allgemeine Zeitung v. 3.6.1953.

Blalock, Hubert M. (1961): Causal inferences in nonexperimental research, Chapel Hill.

Bloor, David (1980): Klassifikation und Wissenssoziologie: Durkheim und Mauss neu betrachtet, in: N. Stehr/V. Meja (Hrsg.): Wissenssoziologie, Opladen: 20–51.

Blühdorn, J./J. Ritter (Hrsg.) (1971): Positivismus im 19. Jahrhundert, Frankfurt a. M.

Blumenauer, Hartmut et al. ([2]1988): Einführung in die journalistische Methodik, Leipzig.

Blumler, Jay G./Elihu Katz (eds.) (1974): The uses of mass communications. Current perspectives in gratification research, Beverly Hills.

Bock, Michael (1990): Medienwirkungen aus psychologischer Sicht: Aufmerksamkeit und Interesse, Verstehen und Behalten, Emotionen und Einstellungen, in: D. Meutsch/B. Freund (Hrsg.): Fernsehjournalismus und die Wissenschaften, Opladen: 58–88.

Boese, Carl-Heinz (1940): So fingen wir an!, in: Welt-Rundfunk, 4, 1: 16 (zit. nach: Fernseh-Informationen, 1985, 8: 234).

Bohle, Robert H. (1986): Negativism as news selection predictor, in: Journalism Quarterly, 4: 789–796.

Bohn, Rainer/Eggo Müller/Rainer Ruppert (Hrsg.) (1988): Ansichten einer künftigen Medienwissenschaft, Berlin.

Böhret, Carl et al. (Hrsg.) (1977): Wahlforschung: Sonden im politischen Markt, Opladen.

Bolz, Norbert (1990): Theorie der neuen Medien, München.

Bonfadelli, Heinz (1986): Jugend und Medien. Befunde zum Freizeitverhalten und zur Mediennutzung der 12–29jährigen in der Bundesrepublik Deutschland, in: Media Perspektiven, 2: 1–21.

Bonfadelli, Heinz et al. (1986): Jugend und Medien. Eine Studie der ARD/ ZDF-Medienkommission und der Bertelsmann Stiftung, Frankfurt a. M.

Borcherding, Katrin/Bernd Rohrmann/Thomas Eppel (1986): A psychological study on the cognitive structure of risk evaluations, in: B. Brehmer/H. Jungermann/P. Lourens/G. Sevón (eds.): New directions in research on decision making, North-Holland: 245–262.

Borsch, Peter/ Hermann-Josef Wagner (1983): Energie und Umwelt, in: E. Münch (Hrsg.): Tatsachen über Kernenergie, Essen: 251–271.

Böttger, Barbara/Barbara Mettler-Meibom (1990): Das Private und die Technik. Frauen zu den neuen Informations- und Kommunikationstechniken, Opladen.

Böttger, Barbara/Gert Fieguth (1992): Zukunft der Informationstechnologie, Münster.

Bourdieu, Pierre (1982): Was heißt sprechen? Die Ökonomie des sprachlichen Tausches, Wien.

Boventer, Hermann (1984): Ethik des Journalismus. Zur Philosophie der Medienkultur, Konstanz.

Bowler, Peter J. (1975): The changing meaning of ‚evolution', in: Journal of the history of ideas, 36: 95–114.

Boyd, Robert/Peter J. Richerson (1985): Culture and the evolutionary process, Chicago/ London.

Boyd-Barrett, Oliver (1980): The international news agencies, London.

Bramel, D./Barry Taub/Barbara Blum (1968): An observer's reaction to the suffering of his enemy, in: Journal of Personality and Social Psychology, 8: 384–392.

Branahl, Udo (1979): Pressefreiheit und redaktionelle Mitbestimmung, Frankfurt a. M.

Branahl, Udo (1992): Recht und Moral im Journalismus, in: M. Haller/Holzkey (Hrsg.): Medienethik, Opladen: 224–241.

Brand, Steward (1990): Media Lab. Computer, Kommunikation und neue Medien. Die Erfindung der Zukunft am MIT, Reinbek.

Brants, Kes (1989): The social construction of the information revolution, in: European Journal of Communication, 4: 79–97.

Braunschweig, Stefan (1988): Programmierte Einflußlosigkeit oder ungenutzte Chance. Probleme der Vertretung in Rundfunkgremien aus der Sicht gewerkschaftlicher Gremienmitglieder. Arbeitspapier, Hamburg.

Braunschweig, Stefan/Hans Kleinsteuber/Volkert Wiesner/Peter Wilke (1990): Radio und Fernsehen in der Bundesrepublik Deutschland. Erfahrungen und Ansätze für eine gewerkschaftliche Politik, Köln.

Brecher, Kenneth/Michael Feirtag (1979): Astronomy of the ancients, Cambridge/Mass.

Breed, Warren (1973): Soziale Kontrolle in der Redaktion: Eine funktionale Analyse, in: J. Aufermann et al. (Hrsg.): Gesellschaftliche Kommunikation und Information, Bd. 1, Frankfurt a. M.: 356–378.

Brinkmann, Donald (1943): Das Gerücht als massenpsychologisches Phänomen, in: Schweizerische Zeitung für Psychologie und ihre Anwendungen, 2: 200–212 u. 272–283.

Broadbent, Daniel E. (1958): Perception and communication, Oxford/London.

Bronfenbrenner, Uri (1976): Ökologische Sozialisationsforschung, Stuttgart.

Brosius, Hans Bernd (1995): Alltagsrationalität in der Nachrichtenrezeption. Ein Modell zur Wahrnehmung in der Nachrichtenrezeption, Opladen.

Brosius, Hans Bernd/Joachim Friedrich Staab (1990): Emanzipation durch Werbung, in: Publizistik, 35, 3: 292–327.

Bruner, Jerome S. (1973): Beyond the information given, London.

Bruner, Jerome S./Cecil C. Goodman (1947): Value and need as organizing factors in perception, in: Journal of Abnormal and Social Psychology, 42: 33–44.

Bruner, Jerome S./Leo Postman (1947): Emotional selectivity in perception and reaction, in: Journal of Personality, 16: 69–77.

Brünne, Michael/Franz-Rudof Esch/Hans-Dieter Ruge (1987): Berechnung der Informationsüberlastung in der Bundesrepublik Deutschland, Ms., Saarbrücken.

Bücher, Karl (1919): Die Anfänge des Zeitungswesens, in: Ders.: Die Entstehung der Volkswirtschaft, Tübingen.

Bundesministerium für Bildung und Wissenschaft (Hrsg.) (1987): Frauen im Kultur- und Medienbetrieb: Pilotstudie des Zentrums für Kulturforschung für das BMBW, Bonn.

Bundesregierung (1979): Medienbericht 78. Bericht der Bundesregierung über die Lage der Medien in der Bundesrepublik Deutschland 1978, Bonn.

Bundesregierung (1986): Medienbericht 85. Bericht der Bundesregierung über die Lage der Medien in der Bundesrepublik Deutschland 1985, Bonn.

Bundesverband Deutscher Anzeigenblätter (BVDA) (1992): Mitten im Markt. Anzeigenblätter in Deutschland, Beiblatt, Bonn.

Bundesverband Deutscher Zeitungsverleger e.V. (BDZV) (Hrsg.) (1964): Pressefreiheit und Fernsehmonopol. Beiträge zur Frage der Wettbewerbsverzerrung zwischen den publizistischen Mitteln, Köln.

Bundesverband Deutscher Zeitungsverleger e.V. (BDZV) (1971): Lokalrundfunk und Presse, Bonn.

Bundesverband Deutscher Zeitungsverleger e.V. (BDZV) (1987): Zeitungen '87, Bonn.

Bundesverband Deutscher Zeitungsverleger e.V. (BDZV) (1988): Zeitungen '88, Bonn.

Bungard, Walter/Helmut E. Lück (1974): Forschungsartefakte und nicht-reaktive Meßverfahren, Stuttgart.

Burger, Harald (1984): Sprache der Massenmedien, Berlin/New York.

Burke, Peter (1991): Geschichte als soziales Gedächtnis, in: A. Assmann/D. Harth (Hrsg.): Mnemosyne. Formen und Funktionen der kulturellen Erinnerung, Frankfurt a. M.: 289–304.

Butler, Thomas (1989): Memory. History, culture and the mind, Oxford.

Byrne, Richard W./Andrew Whiten (eds.) (1988): Machiavellian intelligence. Social expertise and the evolution of intellect in monkeys, apes and humans, Oxford.

Cahn, Michael (1991): Der Druck des Wissens: Geschichte und Medium der wissenschaftlichen Publikation, Ausstellungskatalog Staatsbibliothek Berlin, Wiesbaden.

Campbell, Donald T. (1969): Variation and selective retention in socio-cultural evolution, in: General Systems, 14: 69–85.

Campbell, Donald T./J. C. Stanley (1963): Experimental and quasi-experimental designs for research, Chicago.

Cantril, Hadley (1966): Invasion from Mars. A survey in the psychology of panic, New York.

Capon, Noel/James Hulbert (1973): The sleeper-effect – An awakening, in: Public Opinion Quarterly, 37: 333–358.

Carey, James (1969): The communications revolution and the professional communicator, in: P. Halmos (ed.): The Sociology of mass-media comunicators, Keele: 23–38.

Carnap, Rudolf ([2]1961): Der logische Aufbau der Welt.

Cauter,T./J. S. Downham (1954): The communication of ideas. A study of contemporary influences on urban life, London.

Cavalli-Sforza, Luigi L./Marcus W. Feldman (1981): Cultural transmission and evolution: A quantitative approach, Princeton, N.J.

Charlton, Michael/Klaus Neumann (1986): Medienkonsum und Lebensbewältigung. Methode und Ergebnisse der strukturanalytischen Rezeptionsforschung – mit fünf Falldarstellungen, München/Weinheim.

Charlton, Michael/Klaus Neumann (1988): Mediensozialisation im Kontext. Der Beitrag des Kontextualismus und der Strukturanalyse für die Medienforschung, in: Publizistik, 33: 297–315.

Chase, Dennis J. (1971): The aphilosophy of journalism, in: The Quill, 9: 15–17.

Cheney, Dorothy L./Robert M. Seyfarth (1990a): The representation of social relations by monkeys, in: Cognition , 37, 1–2: 167–196.

Cheney, Dorothy L./Robert M. Seyfarth (1990b): How monkeys see the world. Inside the mind of another species, Chicago/London.

Cherry, Colin (1957): On human communication, New York.

Cherry, Colin (1971): World communication: Threat or promise? A socio-technical approach, London/New York.

Ciompi, Luc ([3]1986): Zur Integration von Fühlen und Denken im Licht der "Affektlogik". Die Psyche als Teil eines autopoietischen Systems, in: K.P. Kisker et al. (Hrsg.): Psychiatrie der Gegenwart, Bd. 1, Berlin/Heidelberg/New York: 373–410.

Clapham, Michael (1957): A history of technology, Bd. 2: From the renaissance to the industrial revolution, Oxford.

Cohen, Bernard (1983): Nuclear journalism. Lies, damned lies, and news reports, in: Policy Review, 3: 70–74.

Coing, Helmut (1976): Die juristischen Auslegungsmöglichkeiten und die Lehren der allgemeinen Hermeneutik, in: H. Brakert/E. Lämmert (Hrsg.): Reader zum Funk-Kolleg Literatur, Bd. 1, Frankfurt a. M.: 235–247.

Collins, Randall (1987): Interaction ritual chains, power and property: The micro-macro connection as an empirically based theoretical problem, in: J. C. Alexander et al. (eds.): The micro-macro link, Berkely/Los Angeles/London: 193–206.

Combs, Barbara/Paul Slovic (1979): Newspaper coverage of causes of death, in: Journalism Quarterly, 4: 837–843, 849.

Corboud, Adrienne/Michael Schanne (1987): Sehr gebildet und ein bißchen diskriminiert. Empirische Evidenz zu "weiblichen Gegenstrategien" und individuellen Erfolgen schweizerischer Journalistinnen, in: Publizistik, 3: 295–304.

Cosmides, Leda/John Tooby (1989): Evolutionary psychology and the generation of culture, Part II, Case study: A computational theory of social exchange, in: Ethology and Sociobiology, 10: 51–97.

Cosmides, Leda/John Tooby (1992): Cognitive adaptations for social exchange, in: J. Barkow/ L. Cosmides/J. Tooby (eds.): The adapted mind: Evolutionary psychology and the generation of culture, New York (im Druck).

Dahrendorf, Ralf (1959): Class and class conflict in industrial society, Stanford.

Daly, Martin/Margo Wilson (1989): Homicide and cultural evolution, in: Ethology and Sociobiology, 10: 99–110.

Darnton, Robert (1975): Writing news and telling stories, in: Daedalus, 104: 175–194.

Darschin, Wolfgang (1977): Veränderungen im Fernsehkonsum der Kinder, in: Media Perspektiven, 11: 613–624.

Darschin, Wolfgang/Bernward Frank (1990): Tendenzen im Zuschauerverhalten. Fernsehgewohnheiten und Fernsehreichweiten im Jahr 1989, in: Media Perspektiven, 4: 254–269.

Dasser, Verena (1988): Mapping social concepts in monkeys, in: R. W. Byrne/A. Whiten (eds.): Machiavellian intelligence. Social expertise and the evolution of intellect in monkeys, apes and humans, Oxford: 85–93.

Davison, W. Phillips (1959): On the effects of communication, in: Public Opinion Quarterly, 23: 343–360.

Davison, W. Phillips (1989): On the ethics of constructing communication, in: B. Dervin et al. (eds.): Rethinking communication, Newbury Park.

Deleuze, Gilles (1989): Das Bewegungs-Bild Kino, Frankfurt a. M.

Deutsch, Karl (1983): Soziale und politische Aspekte der Informationsgesellschaft, in: P. Sonntag (Hrsg.): Die Zukunft der Informationsgesellschaft, Frankfurt a. M.: 68–88.

Deutsches Institut für Fernstudien an der Universität Tübingen (Hrsg.) (1990/91): Funkkolleg Medien und Kommunikation, Konstruktionen von Wirklichkeit. Einführungsbrief und Studienbriefe 1–10, Weinheim/Basel.

Deutsches Manager-Magazin (Hrsg.) (1988): Imageprofile 1988, Düsseldorf.

Dewey, John (1916): Democracy and education, London/New York.

Dieterich, Johannes (1987): Autonomie des Rundfunks vor dem schleichenden Ausverkauf. VI Tutzinger Medientage: "Politik im Fernsehen", in: die feder, 5: 20.

Dijk, Teun A. van (1980): Textwissenschaft. Eine interdisziplinäre Einführung, München.

Dijk, Teun A. van (1987): News as discourse, Hillsdale (N.J.).

Dijk, Teun A. van (1988): Case studies of international and national news in the press, Hilldale (N.J.).

Dijk, Teun A. van (1991): Racism and the press. Critical studies in racism and migration, London/New York.

Dilthey, Wilhelm (1981): Der Aufbau der geschichtlichen Welt in den Geisteswissenschaften, Frankfurt a. M.

Dimmick, John (1974): The gate-keeper: An uncertainty theory, Journalism Monographs Vol. 37, Columbia.

Doelker, Christian (1979): "Wirklichkeit" in den Medien, Zug.

Doelker, Christian (1989): Kulturtechnik Fernsehen: Analyse eines Mediums, Stuttgart.

Donohew, Lewis/Seth Finn/William G. Christ (1988): The nature of news revisited: The roles of affect, schemas, and cognition, in: L. Donohew/ H. E. Sypher/ R. T. Higgins (eds.): Communication, social cognition and affect, Hillsdale, N.J.: 195–218.

Donohue, George A./Phillip J. Tichenor/Clarice N. Olien (1972): Gatekeeping: Mass media systems and information control, in: F. G. Kline/ P. Tichenor (eds.) (1972): Current perspectives in mass communication research, Beverly Hills/London: 41–69.

Donsbach, Wolfgang (1979): Aus eigenem Recht. Legitimitätsbewußtsein und Legitimationsgründe von Journalisten, in: H. M. Kepplinger (Hrsg.): Angepaßte Außenseiter, Freiburg/München: 29–48.

Donsbach, Wolfgang (1982): Legitimationsprobleme des Journalismus. Gesellschaftliche Rolle der Massenmedien und berufliche Einstellung von Journalisten, Freiburg/München.

Donsbach, Wolfgang (1987): Journalismusforschung in der Bundesrepublik. Offene Fragen trotz Forschungsboom, in: J. Wilke (Hrsg.): Zwischenbilanz der Journalistenausbildung, München: 105–142.

Doob, Leonard W. (1950): Goebbel's principles of propaganda, in: Public Opinion Quarterly, 14: 419–442.

Dorsch, Petra (1980): Objektivität durch Subjektivität? Ein Gespräch mit dem Reporter Riehl-Heyse, in: W.R. Langenbucher (Hrsg.): Journalismus & Journalismus. Plädoyers für Recherche und Zivilcourage, München: 97–105.

Dorsch, Petra/Konrad Teckentrup (Hrsg.) (1981): Buch und Lesen international, Gütersloh.

Dostal, Werner (1986): Der Informationssektor und seine Entwicklung in der Bundesrepublik Deutschland, in: T. Schnöring (Hrsg.): Gesamtwirtschaftliche Effekte der Informations- und Kommunikationstechnologien, Berlin: 69–94.

Douglas, Mary/Aaron Wildavsky (1982): Risk and culture. An essay on the selection of technical and environmental dangers, Berkeley.

Dovifat, Emil (1967): Zeitungslehre, 2 Bde., Berlin.

Dröge, Franz W./Rainer Weissenborn/Henning Haft (1969): Wirkungen der Massenkommunikation, Münster.

Droste, Heinz-W. (1989): Public Relations. Analyse-Schema für die Praxis des PR- Beraters auf der Grundlage funktionalistischer Betrachtung, Wiesbaden.

Duggan, Joseph J. (1989): Performance and transmission, aural and ocular reception in the twelfth and thirteen-century vernacular literature of France, in: Romance Philology, 43, 1: 49–58.

Dunbar, Robin I. M. (1992): Neocortex size as constraint on group size in primates, in: Behavioral and brain sciences (im Druck).

Duncker, Karl (1981): Ethical relativity. An inquiry into the psychology of ethics, in: Gestalt Theory , 3–4: 255–268.

Dunwoody, Sharon (1992): The media and public perceptions of risk: How journalists frame risk stories, in: D. W. Bromley/K. Segerson (eds.): The social response to environmental risk: Policy formulation in an age of uncertainty, Norwell: 75–100.

Dunwoody, Sharon/Hans Peter Peters (1992): Mass media coverage of technological and environmental risk: A survey of research in the united states and germany, in: Public Understanding of Science, 2: 199–230.

Dunwoody, Sharon/Kurt Neuwirth (1991): Coming to terms with the impact of communication on scientific and technological risk judgments, in: L. Wilkins/P. Patterson (eds.): Risky business: communicating issues of science, risk and public policy, New York: 11–30.

Durham, William H. (1990): Advances in evolutionary culture theory, in: Annual Review of Anthropology, 19: 187–210.

Durham, William H. (1991): Coevolution. Genes, culture, and human diversity, Stanford.

Durkheim, Émile (1974): Représentations individuelles et représentations collectives, in: Ders.: Sociologie et philosophie, Paris: 13–50.

Durkheim, Émile (1975a): Le problème sociologique de la connaissance, in: Ders.: Textes, Bd. 1: Éléments d'une théorie sociale. Hg. von V. Karady. (Coll. „Le sens commun") Paris: 189–194.

Durkheim, Émile (1975b): Le problème religieux et la dualité de la nature humaine, in: Ders.: Textes, Bd. 2: Religion, Morale, Anomie. Hg. von V. Karady. (Coll. „Le sens commun") Paris: 23–59.

Durkheim, Émile (1975c): Apports de la sociologie à la psychologie et à la philosophie, in: Ders.: Textes. Bd. 1: Éléments d'une théorie sociale. Hg. von V. Karady. (Coll. „Le sens commun") Paris 184–188.

Durkheim, Émile (1983): Les règles de la méthode sociologique. Paris: PUF. 21. Aufl. Deutsch: Regeln der soziologischen Methode. Hg. u. eingeleitet v. R. König. Darmstadt und Neuwied.

Durkheim, Émile (1985): Les formes élémentaires de la vie religieuse. Le système totémique en Australie, Paris.

Durkheim, Émile (1986): De la division du travail. Paris: PUF 11.

Durkheim, Émile (1987): Le dualisme de la nature humaine et ses conditions sociales, in: Ders.: La science sociale et l'action. Hg. und eingeleitet von J.-C. Filloux. (Coll. „Le Sociologue") Paris: 314–332.

Durkheim, Émile (1988): Über soziale Arbeitsteilung. Studie über die Organisation höherer Gesellschaften. Mit einer Einleitung von N. Luhmann und einem Nachwort von H.-P. Müller und M. Schmid, Frankfurt a. M.

Durkheim, Émile/M. Mauss (1969): De quelques formes primitives de classification, in: Ders.: Journal Sociologique. Mit einer „Introduction" und Anmerkungen von J. Duvignaud. (Coll. „Bibliothèque de philosophie contemporaine"), Paris: 395–461.

Duske, Dagmar (²1989): Und ewig lockt das Gleiche. Strategien und Inhalte kommerzieller Frauenzeitschriften, in: C. Schmerl (Hrsg.): In die Presse geraten. Darstellung von Frauen in der Presse und Frauenarbeit in den Medien, Köln/Wien: 101–118.

Earle, Timothy C./George Cvetkovich (1988): Platitudes and comparisons: A critique of current (wrong) directions in risk communication, Paper presented at the annual meeting of the Society of Risk Analysis, Washington.

Eberle, Joseph (Hrsg.) (1962): Psalter profanum. Weltliche Gedichte des lateinischen Mittelalters, Zürich.

Eco, Umberto (1972): Einführung in die Semiotik, München.

Edelstein, Alex S. (1983): Konzept für eine vergleichende Kommunikationsforschung, in: Rundfunk und Fernsehen, 28, 1: 12–23.

Edelstein, Wolfgang/Monika Keller (1982): Perspektivität und Interpretation. Beiträge zur Entwicklung des sozialen Verstehens, Frankfurt a. M.

Eisenhut, Werner (1974): Einführung in die antike Rhetorik und ihre Geschichte, Darmstadt.

Eisenstadt, Shmuel N. (1964): Breakdowns of modernization, in: Economic development and cultural change, 12: 245–367.

Eisenstein, Elizabeth L. (1979): The printing press as an agent of change. Communications and cultural transformations in early-modern Europe, Cambridge.

Eisenstein, Cornelia (1994): Meinungsbildung in der Mediengesellschaft, Opladen.

Ekman, Paul/Wallace V. Friesen (1969): The repertoire of nonverbal behavior: Categories, origins, usage and coding, in: Semiotica, 1: 48–96.

Elias, Norbert (1976): Über den Prozeß der Zivilisation. Soziogenetische und psychogenetische Untersuchungen, 2 Bde., Frankfurt a. M.

Elias, Norbert (1987): Über die Zeit. Arbeiten zur Wissenssoziologie II, Frankfurt a. M.

Elsner, Monika/Thomas Müller/Peter M. Spangenberg (1991): Thesen zum Problem der Periodisierung in der Mediengeschichte, in: H. Kreuzer/H. Schanze: Fernsehen in der Bundesrepublik Deutschland, Perioden – Zäsuren – Epochen, Heidelberg: 38–50.

Elsner, Monika/Thomas Müller/Peter M. Spangenberg (1993): Zur Entstehungsgeschichte des Dispositivs Fernsehen in der Bundesrepublik Deutschland der fünfziger Jahre, in: K. Hickethier (Hrsg.): Institution, Technik und Programm. Rahmenaspekte der Programmgeschichte des Fernsehens, München: 31-66.

Emrich, Hinderk M. (1992): Konstruktivismus: Imagination, Traum und Emotionen, in: S. J. Schmidt (Hrsg.): Kognition und Gesellschaft. Der Diskurs des Radikalen Konstruktivismus, Bd. 2, Frankfurt a. M.: 76–96.

Englisch, Felicitas (1991): Strukturprobleme der Systemtheorie – Philosophische Reflexionen zu Niklas Luhmann, in: S. Müller-Doohm (Hrsg.): Jenseits der Utopie, Frankfurt a. M.: 196–235.

Environmental Protection Agency (1988): Seven cardinal rules of risk communication, Washington.

Erbring, Lutz (1989): Nachrichten zwischen Professionalität und Manipulation, in: M. Kaase/W. Schulz (Hrsg.): Massenkommunikation. Theorien, Methoden, Befunde (= Kölner Zeitschrift für Soziologie und Sozialpsychologie, 30): 301–313.

Erdheim, Mario (1984): Die gesellschaftliche Produktion von Unbewußtheit, Frankfurt a. M.

Ericson, Richard E./Patricia M. Baranek/Janet B. L. Chan (1989): Negotiating control: A study of news sources, Milton Keynes.

Esser, Hartmut (1989): Verfällt die ‹soziologische Methode›?, in: Soziale Welt, 1/2: 57–75.

Eurich, Claus (1988): Computer, neue Medien und Kultur. Informationstechnologien in den publizistischen und künstlerischen Berufen, Hamburg.

Eurich, Claus (1991): Tödliche Signale. Die kriegerische Geschichte der Informationstechnik von der Antike bis zum Jahr 2000, Frankfurt a. M.

Eurich, Klaus/Gerd Würzberg (1980): Dreißig Jahre Fernsehalltag. Wie das Fernsehen unser Leben verändert hat, Reinbek.

Euromedia Research Group (ed.) (1992): The media in western Europe. The Euromedia Handbook, London.

Europäische Gemeinschaften (1989): Richtlinie des Rates vom 3. Okt. zur Koordinierung bestimmter Rechts- und Verwaltungsvorschriften der Mitgliederstaaten über die Ausübung der Fernsehtätigkeit, in: Media Perspektiven, Dokumentation II: 107–114.

Evers, Adalbert/Helga Nowotny (1987): Über den Umgang mit Unsicherheit. Die Entdeckung der Gestaltbarkeit von Gesellschaft, Frankfurt a. M.

Ewald, O. (1905): Richard Avenarius als Begründer des Empiriokritizismus.

Fabris, Hans Heinz (1979): Journalismus und bürgernahe Medienarbeit. Formen und Bedingungen der Teilhabe an gesellschaftlicher Kommunikation, Salzburg.

Farr, Robert M./Serge Moscovici (eds.) (1984): Social representations, Cambridge/Paris.

Faul, Erwin (1988): Die Fernsehprogramme im dualen Rundfunksystem, Berlin/Offenbach.

Fechner, Gustav Theodor (1879): Die Tagesansicht gegenüber der Nachtansicht, Leipzig.

Feilke, Helmuth (1994): Common-Sense Kompetenz. Überlegungen zu einer Theorie des ‹sympathischen› und ‹natürlichen› Meinens und Verstehens, Frankfurt a. M.

Fellmann, Ferdinand (1982): Phänomenologie und Expressionismus, Freiburg i.B./München.

Fernsehen und Familie (1955): Schriftenreihe der Evangelischen Akademie für Rundfunk und Fernsehen, 2, München.

Fernsehen. Gestalten – Senden – Schauen (1953): Illustrierte Monatshefte für Fernsehfreunde, 6: 291.

Feshbach, Seymour (1955): The drive reducing function of fantasy behavior, in: Journal of Abnormal and Social Psychology, 50: 3–12.

Feshbach, Seymour (1961): The stimulating versus cathartic effects of vicarious aggressive activity, in: Journal of Abnormal and Social Psychology, 63: 381–385.

Feshbach, Seymour/R. D. Singer (1971): Television and aggression. An experimental field study, San Francisco.

Festinger, Leon (1957): A theory of cognitive dissonance, Evanston.

Findahl, Olle/Birgitta Höijer (1985): Some characteristics of news memory and comprehension, in: Journal of Broadcasting & Electronic Media, 29: 379–396.

Fishman, Mark (1982): News and nonevents. Making the visible invisible, in: J. S. Ettema/D. C. Whitney (eds.): Individuals in mass media organisations, Beverly Hills/London: 219–240.

Fiske, John/John Hartley (1978): Reading television, London.

Fleck, Florian (Hg.(1986): Zukunftsaspekte des Rundfunks, Stuttgart.

Flusser, Vilém (1987): Die Schrift. Hat Schreiben Zukunft?, Göttingen.

Fodor, Jerry A. (1965): Could meaning be an p_m ?, in: Journal of Verbal Learning and Verbal Behavior, 4: 73–81.

Fodor, Jerry A. (1971): Could meaning be an r_m ?, in: D. D. Steinberg und L. A. Jakobovits (eds.): Semantics. An Interdisciplinary Approach, Cambridge: 558–569.

Foerster, Heinz von (1984): Principles of self-organisation – in a socio-managerial context, in: H. Ulrich/G. Probst (eds.): Self-organisation and management of social systems, Berlin u.a.: 2–24.

Foerster, Heinz von (1985): Sicht und Einsicht. Versuche zu einer operativen Erkenntnistheorie, Braunschweig/Wiesbaden.

Foerster, Heinz von (1993): Wissen und Gewissen. Versuch einer Brücke. Herausgegeben von S. J. Schmidt, Frankfurt a. M.

Fourastié, J. (1954): Die große Hoffnung des 20. Jahrhunderts, Köln.

Fox, Elizabeth (ed.) (1988): Media and politics in Latin America, London.

Frankl, Viktor (1985): Die Sinnfrage in der Psychotherapie, München/ Zürich.

Freeman, Christopher (1987): The case for technological determinism, in: R. Finnigan/G. Salaman/K. Thompson (eds.): Information Technology: Social issues, Sevenoaks/Kent: 5–18.

Freud, Sigmund (1960): Zur Psychopathologie des Alltagslebens, Frankfurt a. M./Hamburg.

Freud, Sigmund ([8]1989): Die Traumdeutung, Studienausgabe Bd. 2, Frankfurt a. M.

Friedman, Gary D. ([3]1987): Primer of epidemiology, New York.

Frisby, John P. (1983): Sehen: optische Täuschungen, Gehirnfunktionen, Bildgedächtnis, München.

Frisch, Karl von (1965): Tanzsprache und Orientierung der Bienen, Berlin/ New York.

Frissen, Valerie (1992): Trapped in electronic cages? Gender and new information technologies in the public and private domain: an overview of research, in: Media, Culture and Society, 1: 31–49.

Früh, Werner (1983): Der aktive Rezipient – neu besehen. Zur Konstruktion faktischer Informationen bei der Zeitungslektüre, in: Publizistik, 28: 327–342.

Früh, Werner (1989): Semantische Struktur- und Inhaltsanalyse (SSI). Eine Methode zur Analyse von Textinhalten und Textstrukturen und ihre Anwendung in der Rezeptionsanalyse, in: M. Kaase/W. Schulz (Hrsg.): Massenkommunikation. Theorien, Methoden, Befunde (= Kölner Zeitschrift für Soziologie und Sozialpsychologie, Sonderheft 30): 490–507.

Früh, Werner (1992): Medienwirkungen: Das dynamisch-transaktionale Modell, Opladen.

Früh, Werner/Klaus Schönbach (1982): Der dynamisch-transaktionale Ansatz. Ein neues Paradigma der Medienwirkungen, in: Publizistik, 27: 74–88.

Fuchs, Dieter/Jürgen Gerhards/Friedhelm Neidhard (1992): Öffentliche Kommunikationsbereitschaft. Ein Test zentraler Bestandteile der Theorie der Schweigespirale, in: Zeitschrift für Soziologie, 21: 284–295.

Fuchs, Peter (1992): Die Erreichbarkeit der Gesellschaft. Zur Konstruktion und Imagination gesellschaftlicher Einheit, Frankfurt a. M.

Fünfgeld, Hermann (1983): Zur Personalwirtschaft der öffentlich-rechtlichen Rundfunkanstalten, in: Media Perspektiven, 11: 752.

Fürst, Birgit (1987): Frauen im Journalismus. Eine Befragung von Absolventinnen der Deutschen Journalistenschule. Diplomarbeit an der Universität München.

Gage, Nathaniel L./David C. Berliner (1979): Pädagogische Psychologie 2 Bde., München/Wien/Baltimore.

Galef Jr., Bennet G. (1988): Imitation in animals: History, definition, and interpretation of data from the psychological laboratory, in: T. R. Zentall/B. G. Galef Jr. (eds.): Social learning. Psychological and biological perspectives, Hillsdale, N.J.: 3–28.

Galtung, Johan (1975): Strukturelle Gewalt. Beiträge zur Friedens- und Konfliktforschung, Reinbek.

Galtung, Johan/Mari Holmboe Ruge (1965): The structure of foreign news. The presentation of the congo, cuba and cyprus crises in four norwegian newspapers, in: Journal of Peace Research, 2: 64–91.

Gans, Herbert J. (1980): Deciding what's news. A study of CBS evening news, NBC nightly news. Newsweek and time, New York.

Gaziano, Cecilie/Kristin McGrath (1987): Newspaper credibility and relationships of newspaper journalists to communities, in: Journalism Quarterly, 64, 2/3: 317–328, 345.

Gehner, Christiane (1992): Krieg der Bilder, in Fotogeschichte, 12, 43: 77–82.

Geldsetzer, Lutz (1975): Hermeneutik, in: A. Diemer/I. Frenzel (Hrsg.): Fischer Lexikon Philosophie, Frankfurt a. M.: 95–101.

Gellner, Winand (1990): Ordnungspolitik im Fernsehwesen: Bundesrepublik Deutschland und Großbritannien, Frankfurt a. M.

Gendolla, Peter (1989): Punktzeit. Zur Zeiterfahrung in der Informationsgesellschaft, in: R. Wendorff (Hrsg.): Im Netz der Zeit. Menschliches Zeiterleben interdisziplinär, Stuttgart: 128–139.

Genossenschaft Deutscher Bühnenangehöriger (Hrsg.) (1988): Deutsches Bühnenjahrbuch. Das große Adreßbuch für Bühne, Film, Funk und Fernsehen. Spielzeit 1988/89, Hamburg.

Gerbner, George (1969): Institutional pressures upon mass communications, in: P. Halmos (ed.): The sociology of mass media-communicators, Keele: 205–248.

Gerbner, George (1981): Die "angsterregende Welt" des Vielsehers, in: Fernsehen und Bildung, 15: 1–3, 16–42.

Gerbner, George/Larry Gross (1976): Living with television: The violence profile, in: Journal of Communication, 26: 173–199.

Gerbner, George/Larry Gross/Michael Morgan/Nancy Signorielli (1980): Aging with television: Images on television drama and conceptions of social reality, in: Journal of Communication, 30: 37–47.

Gerbner, George/Larry Gross/Michael Morgan/Nancy Signorielli (1982): Charting the mainstream: Television's contribution to political orientations, in: Journal of Communication, 32: 100–127.

Gerhard, Ute/Jürgen Link (1991): Kleines Glossar neorassistischer Feindbild-Begriffe, in: H. Hoenecke/H. Wittich (Hrsg.) Buntesdeutschland. Ansichten zu einer multikulturellen Gesellschaft, Reinbek: 138–148.

Gerhards, Jürgen/Friedhelm Neidhardt (1991): Strukturen und Funktionen moderner Öffentlichkeit, in: S. Müller-Doohm/K. Neumann-Braun (Hrsg.): Öffentlichkeit, Kultur, Massenkommunikation, Oldenburg: 91–110.

Gerwin, H. (Hrsg.) (1992): Die Medien zwischen Wissenschaft und Öffentlichkeit, Stuttgart.

Gesellschaft für Reaktorsicherheit (1979): Deutsche Risikostudie Kernkraftwerke. Eine Untersuchung zu dem durch Störfälle in Kernkraftwerken verursachten Risiko, Köln.

Gesellschaft für Reaktorsicherheit (1989): Deutsche Risikostudie Kernkraftwerke Phase B. Eine zusammenfassende Darstellung, GRS-72, Köln.

Gheorghiu, Vladimir A. (1989): The development of research on suggestibility: Critical considerations, in: V. A. Gheorghiu/P. Netter/H. J. Eysenck/R. Rosenthal (Hrsg.): Suggestion and suggestibility, Berlin: 3–55.

Gibson, James J. (1982): Wahrnehmung und Umwelt. Der ökologische Ansatz in der visuellen Wahrnehmung, München.

Gieber, Walter (1956): Across the desk: A study of 16 telegraph editors, in: Journalism Quarterly, 33: 423–432.

Gieber, Walter (1972): Eine Nachricht ist das, was Zeitungsleute aus ihr machen, in: D. Prokop (Hrsg.): Massenkommunikationsforschung 1: Produktion, Frankfurt a. M.: 221–228.

Giegel, Hans-Joachim (1987): Interpenetration und reflexive Bestimmung des Verhältnisses von psychischem und sozialem System, in: H. Haferkamp/M. Schmid (Hrsg.): Sinn, Kommunikation und soziale Differenzierung. Beiträge zu Luhmanns Theorie sozialer Systeme, Frankfurt a. M.: 212–244.

Giegler, Helmut/Georg Ruhrmann (1990): Remembering the news. A LISREL Model, in: European Journal of Communication, 5, 4: 463–488.

Giegler, Helmut/Klaus Merten (1996): Kontakte durch Annonce. Inserenten, Texte und Resonanz von Kontaktanzeigen, Opladen (im Druck).

Giese, Franz (1925): Girlkultur. Vergleiche zwischen amerikanischen und europäischen Rhythmus und Lebensgefühl, München.

Giesecke, Michael (1991): Der Buchdruck der frühen Neuzeit. Eine historische Fallstudie über die Durchsetzung neuer Informations- und Kommunikationstechnologien, Frankfurt a. M.

Giordano, Ralph (1988): Wer das Fernsehen kaputtmacht, in: Stern, 52: 136.

Glasersfeld, Ernst von (1981): Einführung in den Radikalen Konstruktivismus, in: P. Watzlawick (Hrsg.): Die erfundene Wirklichkeit, München: 16–38.

Glasersfeld, Ernst von (1984): Preliminaries to any theory of representation, Athens/Georgia.

Glasersfeld, Ernst von (^{2}1985a): Einführung in den radikalen Konstruktivismus, in: P. Watzlawick (Hrsg.): Die erfundene Wirklichkeit. Wie wissen wir, was wir zu wissen glauben? Beiträge zum Konstruktivismus, München/Zürich: 16–38.

Glasersfeld, Ernst von (1985b): Konstruktion der Wirklichkeit und des Begriffs der Objektivität, in: H. Gumin/A. Mohler (Hrsg.): Einführung in den Konstruktivismus, München: 1–26.

Glasersfeld, Ernst von (1985c): Reconstructing the concept of knowledge, in: Archives de Psychologie, 3: 91–101.

Glasersfeld, Ernst von (1987): Wissen, Sprache und Wirklichkeit. Arbeiten zum radikalen Konstruktivismus, Braunschweig/Wiesbaden.

Glasersfeld, Ernst von (1992): Aspekte des Konstruktivismus: Vico, Berkeley, Piaget, in: G. Rusch/S. J. Schmidt (Hrsg.): Konstruktivismus: Geschichte und Anwendung. Delfin 1992, Frankfurt a. M.: 20–33.

Goble, George Corban (1984): The obituary of a machine: The rise and fall of Ottmar Mergenthaler`s linotype at U.S. newspapers, Ph.D. Diss., Indiana University.

Godzich, Wlad (1991): Vom Paradox der Sprache zur Dissonanz des Bildes, in: H. U. Gumbrecht/K. L. Pfeiffer (Hrsg.): Paradoxien, Dissonanzen, Zusammenbrüche. Situation offener Epistemologie, Frankfurt a. M.: 747–758.

Goebel, Gerhart (1953): Das Fernsehen in Deutschland bis zum Jahre 1945, in: Archiv für das Post- und Fernmeldewesen, 5: 259–392.

Goffman, Erving (1974): Das Individuum im öffentlichen Austausch, Frankfurt a. M.

Goldmeyer, Erich (1982): The memory trace: Its formation and its fate, Hillsdale.

Goody, Jack (1977): The domestication of the savage mind, Cambridge.

Goody, Jack (Hrsg.) (1981): Literacy in traditional societies [= Literalität in traditionalen Gesellschaften, Frankfurt a. M.]

Goody, Jack (1986): The logic of writing and the organization of society, Cambridge.

Goody, Jack (1987): The interface between the written and the oral, Cambridge.

Goody, Jack/Ian Watt (1963): The consequences of literacy, in: Comparative Studies in Society and History, 5: 304–345.

Goody, Jack/Ian Watt (1986): Consequences of Literacy; dt. Entstehung und Folgen der Schriftkultur, Frankfurt a. M.

Goody, Jack/Ian Watt/Kathleen Gough (1986): Entstehung und Folgen der Schriftkultur, Frankfurt a. M.

Gottschlich, Maximilian (1980): Journalismus und Orientierungsverlust. Grundprobleme öffentlich-kommunikativen Handelns, Wien/ Köln/ Graz.

Graber, Doris (1984): Processing the news. How people tame the information tide, New York.

Grande, Edgar et al. (Hrsg.) (1991): Perspektiven der Telekommunikationspolitik, Opladen.

Greco, Alan J. (1989): Ältere als Kommunikatoren in der Werbung, in: Vierteljahreshefte für Medien und Werbewirkung, 1: 18–20.

Greenfield, Patricia M. (1987): Kinder und neue Medien. Die Wirkungen von Fernsehen, Videospielen und Computern, München/Weinheim.

Gregory, Richard L. (1973a): Auge und Gehirn, München.

Gregory, Richard L. (1973b): The confounded eye, in: R. L. Gregory/E. H. Gombrich (eds.): Illusion in nature and art, London: 49–95.

Groebel, Jo (1982): Macht das Fernsehen die Umwelt bedrohlich?, in: Publizistik, 27: 152–165.

Groebel, Jo (1989): Fernsehen und Angst. Ergebnisse einer längsschnittlichen Studie und eines Kulturvergleichs, Göttingen.

Groeben, Norbert (1982): Leserpsychologie: Textverständnis – Textverständlichkeit, Münster.

Groeben, Norbert (1984): Rezeption als Konstruktion. Das Prinzip der 'Sinnkonstanz' am Beispiel von Ironie, in: J. Engelkamp (Hrsg.), Psychologische Aspekte des Verstehens, Berlin: 185–201.

Groeben, Norbert (1988): Leserpsychologie: Lesemotivation – Lektürewirkung, Münster.

Groß, Bernd (1981): Journalisten. Freunde des Hauses? Zur Problematik von Autonomie und Anpassung im Bereich der Massenmedien, Saarbrücken.

Großklaus, Götz (1989): Nähe und Ferne. Wahrnehmungswandel im Übergang zum elektronischen Zeitalter, in: G. Großklaus/E. Lämmert (Hrsg.): Literatur in einer industriellen Kultur, Stuttgart: 489–520.

Großklaus, Götz (1990): Das technische Bild der Wirklichkeit, in: Fridericiana. Zeitschrift der Universität Karlsruhe: 39–57.

Groth, Otto (1960): Die unerkannte Kulturmacht. Grundlegung der Zeitungswissenschaft, Berlin.

Grunig, James E. (1980): Communication of scientific information to nonscientists, in: B. Dervin/M. J. Voigt (eds.): Progress in communication sciences, 2, Norwood, NJ: 167–214.

Grunig, James E./Todd Hunt (1984): Managing public relations, New York/London/Tokio.

Gumbrecht, Hans Ulrich (1979): Faszinationstyp Hagiographie – ein historisches Experiment zur Gattungstheorie, in: C. Cormean (Hrsg.): Deutsche Literatur im Mittelalter – Kontakte und Perspektiven, Stuttgart: 37–84.

Gumbrecht, Hans Ulrich (1984): Literaturgeschichte – Fragment einer geschwundenen Totalität?, in: L. Dällenbach/C. Hart-Nibbrig (Hrsg.): Fragment und Totalität, Frankfurt a. M.: 30–45.

Gumbrecht, Hans Ulrich (1985): The body versus the printing press. Media in the early modern period: Mentalities in the reign of castile, and another history of literary forms, in: Poetics, 14: 209–227.

Gumbrecht, Hans Ulrich (1988): Beginn von 'Literatur'/Abschied vom Körper?, in: G. Smolka-Koerdt/P. M. Spangenberg/D. Tillmann Bartylla (Hrsg.): Der Ursprung von Literatur. Medien, Rolle und Kommunikationssituationen zwischen 1450 und 1650, München: 15–50.

Gumbrecht, Hans Ulrich (1993): "Everyday world" and "Life-world" and philosophical concepts. A genealogical approach, in: M. E. Blanchard: The problem of daily life, Baltimore (im Druck).

Gumbrecht, Hans Ulrich/Karl Ludwig Pfeiffer (Hrsg.) (1988): Materialität der Kommunikation, Frankfurt a. M.

Gumpert, Gary/Robert Cathcart (eds.) (^{3}1986): Intermedia. Interpersonal communication in a media world, Oxford.

Gumppenberg, Dietrich V. (1991): Stellenwert und Instrumente der PR in unterschiedlichen Branchen, in: PR-Magazin, 4: 35–46.

Günther, Gotthard (1976): Beiträge zur Grundlegung einer operationsfähigen Dialektik, 3 Bde., Hamburg.

Haacke, Wilmont (1957): Das Vertrauen der Öffentlichkeit ("Public Relations"), in: Jahrbuch für Absatz- und Verbrauchsforschung, 3: 129.

Haarmann, Harald (1990): Universalgeschichte der Schrift, Frankfurt a. M.

Habermas, Jürgen (1981): Theorie des kommunikativen Handelns, 2 Bde., Frankfurt a. M.

Habermas, Jürgen (1990): Strukturwandel der Öffentlichkeit. Untersuchungen zu einer Kategorie der bürgerlichen Gesellschaft, Frankfurt a. M.

Haedrich, Günther/Günther Bartenheier/Horst Kleinert (1982): Öffentlichkeitsarbeit, Berlin/New York.

Haensel, Carl (1952): Fernsehen – nah gesehen. Technische Fibel – Dramaturgie – Organisatorischer Aufbau, Frankfurt a. M./Berlin.

Haferkamp, Hans (1987): Autopoietisches soziales System oder konstruktives soziales Handeln? Zur Ankunft der Handlungstheorie und zur Abweisung empirischer Forschung in Niklas Luhmanns Systemtheorie, in: H. Haferkamp/M. Schmid (Hrsg.): Sinn, Kommunikation und soziale Differenzierung. Beiträge zu Luhmanns Theorie sozialer Systeme, Frankfurt a. M.: 51–88.

Hahn, Alois (1988): Kann der Körper ehrlich sein?, in: Hans Ulrich Gumbrecht/Karl Ludwig Pfeiffer (Hrsg.): Materialität der Kommunikation, Frankfurt a. M.: 666–679.

Halbwachs, Maurice (1985a): Das Gedächtnis und seine sozialen Bedingungen, Frankfurt a. M.

Halbwachs, Maurice (1985b): Das kollektive Gedächtnis, Frankfurt a. M.

Halefeldt, Elke (1985): Rasche Ernüchterung nach vorschnellem Start. Sat.1 und BDVZ fordern von Medienpolitikern bessere Marktchancen, in: Media Perspektiven, 10: 721–726.

Hallenberger, Gerd/Joachim Kaps (1991): Hätten Sie´s gewußt? Die Quizsendungen und Game Shows des deutschen Fernsehens, Marburg.

Haller, Michael (1987a): Die Reportage. Ein Handbuch für Journalisten, München.

Haller, Michael (1987b): Wie wissenschaftlich ist Wissenschaftsjournalismus? Zum Problem wissenschaftsbezogener Arbeitsmethoden im tagesaktuellen Journalismus, in: Publizistik, 3: 305–319.

Haller, Michael (^{2}1990): Die Reportage. Ein Handbuch für Journalisten, München.

Haller, Michael (^{4}1991): Recherchieren. Ein Handbuch für Journalisten, München.

Hans-Bredow-Institut (Hrsg.) (1990): Internationales Handbuch für Rundfunk und Fernsehen 1990/1991, Baden-Baden.

Hansen, Miriam (1991): Spectatorship in American silent films, Cambridge, Mass.

Hardt, Hanno (1988): Comperative media research. The world according to America, in: Critical Studies in Mass Communications, 5: 129–146.

Harré, Rom (ed.) (1986): The social construction of emotions, Oxford.

Hauff, Jürgen (1975): Hermeneutik, in: J. Hauff et al.: Methodendiskussion. Arbeitsbuch zur Literaturwissenschaft, Bd.2., Frankfurt a. M.: 1–82.

Haug, Walter (1983): Schriftlichkeit und Reflexion. Zur Entstehung und Entwicklung eines deutschsprachigen Schrifttums im Mittelalter, in: A. Assmann/J. Assmann/C. Hardmeier (Hrsg.): Schrift und Gedächtnis. Archäologie der literarischen Kommunikation 1, München: 141–157.

Hauptmanns, Ulrich/M. Herttrich/Wolfgang Werner (1987): Technische Risiken: Ermittlung und Beurteilung, Berlin.

Hauptmeier, Helmut (1987): Sketches of theories of genre, in: Poetics, 16: 397–430.

Hauptmeier, Helmut/Dietrich Meutsch/Reinhold Viehoff (1987): Literary understanding from an empirical point of view, Siegen.

Hauptmeier, Helmut/Siegfried J. Schmidt (1985): Einführung in die empirische Literaturwissenschaft, Braunschweig/Wiesbaden.

Havelock, Eric A. (1963): Preface to Plato, Cambridge.

Havelock, Eric A. (1980): The coming of literature communication to western culture, in: Journal of Communication, 30: 90–98.

Havelock, Eric A. (1990): Schriftlichkeit. Das griechische Alphabet als kulturelle Revolution, Weinheim.

Hawkins, Robert P./Suzanne Pingree (1990): Divergent psychological processes in constructing social reality from mass media content, in: N. Signorelli/M. Morgan (eds.): Cultivation analysis. New directions in media effects research, Newsbury Park/ London/New Dehli: 35–50.

Head, Sydney W. (1985): World broadcasting systems. A comparative analysis, Belmont Calif.

Hebb, Donald Olding: (1969): Einführung in die moderne Psychologie, Weinheim/Berlin.

Heider, Fritz (1946): Attitudes and cognitive organization, in: Journal of Psychology, 21: 107–112.

Hejl, Peter M. (1982): Sozialwissenschaft als Theorie selbstreferentieller Systeme, Frankfurt a. M./New York.

Hejl, Peter M. (1987): Konstruktion der sozialen Konstruktion: Grundlinien einer konstruktivistischen Sozialtheorie, in: S. J. Schmidt (Hrsg.): Der Diskurs des Radikalen Konstruktivismus, Frankfurt a. M.: 303–339.

Hejl, Peter M. (1988): Durkheim und das Thema der Selbstorganisation, Siegen.

Hejl, Peter M. (1989): Self-regulation in social systems: Explaining the process of research, LUMIS-Schriften L1, Universität GH Siegen.

Hejl, Peter M. (1990a): Self-regulation in social systems, in: W. Krohn/ G. Küppers/H. Nowotny (eds.): Selforganization – Portrait of a scientific revolution, Dordrecht/Boston/London: 114–127.

Hejl, Peter M. (1990b): Soziale Systeme: Körper ohne Gehirne oder Gehirne ohne Körper? Rezeptionsprobleme der Theorie autopoietischer Systeme in den Sozialwissenschaften, in: V. Riegas/C. Vetter (Hrsg.): Zur Biologie der Kognition. Ein Gespräch mit Humberto Maturana und Beiträge zur Diskussion seines Werkes, Frankfurt a. M.: 205–236.

Hejl, Peter M. (1991): Wie Gesellschaften Erfahrungen machen oder: Was Gesellschaftstheorie zum Verständnis des Gedächtnisproblems beitragen kann, in: S. J. Schmidt (Hrsg.): Gedächtnis. Probleme und Perspektiven der interdisziplinären Gedächtnisforschung, Frankfurt a. M.: 293–336.

Hejl, Peter M. (1992a): Culture as a network of socially constructed realities, in: D. Fokkema/A. Rigney (eds.): Trends in cultural participation in Europe since the Middle Ages, Amsterdam/Philadelphia (im Druck).

Hejl, Peter M. ([2]1992b): Selbstorganisation und Emergenz in Sozialsystemen, in: W. Krohn/G. Küppers (Hrsg.): Emergenz: Die Entstehung von Ordnung, Organisation und Bedeutung, Frankfurt a. M.: 269–292.

Hejl, Peter M. (1992c): Die zwei Seiten der Eigengesetzlichkeit. Zur Konstruktion natürlicher Sozialsysteme und dem Problem ihrer Regelung, in: S. J. Schmidt (Hrsg.): Kognition und Gesellschaft. Der Diskurs des Radikalen Konstruktivismus 2, Frankfurt a. M.: 166–212.

Hejl, Peter M. (1995): The Importance of the concepts of 'organism' and 'evolution' in E. Durkheim's 'Division of social labor' and the influence of H. Spencer, in: E. Mendelsohn/P. Weingart/R. Whitley (eds.): The transfer of images and metaphors between biology and the social sciences, sociology of the sciences, Yearbook 1995, Dordrecht (im Druck).

Hennen, Leo (1990): Risiko-Kommunikation: Informations- und Kommunikationstechnologie, in: H. Jungermann/B. Rohrmann/P. M. Wiedemann (Hrsg.): Risiko-Konzepte – Risiko-Konflikte – Risiko-Kommunikation, Forschungszentrum Jülich: 209–258.

Hensel, Matthias (1990): Die Informationsgesellschaft. Neuere Ansätze zur Analyse eines Schlagwortes, München.

Hentig, Hartmut von ([3]1987): Das allmähliche Verschwinden der Wirklichkeit. Ein Pädagoge ermutigt zum Nachdenken über die neuen Medien, München.

Herkel, Günter (1989): Siehste was, hörste was, biste was. Vom Medienmarkt der neunziger Jahre, in: Kontrapunkt, 18: 10–13.

Herzog, Herta (1941): On borrowed experience. An analysis of listening to daytime sketches, in: Studies of Philosophy and Social Science, 9: 65–95.

Hienzsch, Ulrich (1990): Journalismus als Restgröße. Kybernetisierung und Orientierungsverlust in der Tageszeitungsredaktion, Wiesbaden.

Himmelweit, Hilde T./Abraham N. Oppenheim/Pamela Vince (1958): Television and the child. An empirical study of the effect of television on the young, London.

Höffe, Otfried ([3]1986): Lexikon der Ethik, München.

Hoffmann-Lange, Ursula /Klaus Schönbach (1987): Geschlossene Gesellschaft. Berufliche Mobilität und politisches Bewußtsein der Medienelite, in: H. M. Kepplinger (Hrsg.): Angepaßte Außenseiter, Freiburg/ München: 49–75.

Hoffmann-Riem, Wolfgang (1988): Rundfunkrecht und Wirtschaftsrecht – Ein Paradigmawechsel in der Rundfunkverfassung?, in: Media Perspektiven, 2: 57–72.

Hoffmann-Riem, Wolfgang (1989): Rundfunkaufsicht Band II: Rundfunkaufsicht in vergleichender Perspektive, Düsseldorf.

Hofstätter, Peter R. (1940): Ruf und Bestand, in: Zeitschrift für angewandte Psychologie und Charakterkunde, 60: 64–95.

Höhne, Hansjoachim (1984): Report über Nachrichtenagenturen, Baden-Baden.

Holm, Kurt (Hrsg.) (1975): Die Befragung 1, München.

Hölscher, Lucian (1979): Öffentlichkeit und Geheimnis, Stuttgart.

Holzer, Horst (1967): Illustrierte und Gesellschaft. Zum politischen Gehalt von *Quick, Revue* und *Stern*, Freiburg.

Holzweißig, Gunter (1989): Massenmedien in der DDR, Berlin.

Hömberg, Walter (1987): Konflikte, Krisen, Katastrophen. Angst durch die Medien – Angst vor den Medien, in: Universitas, 11: 1133–1142.

Hömberg, Walter (1989): Das verspätete Ressort. Die Situation des Wissenschaftsjournalismus, Konstanz.

Honegger, Claudia (1991): Die Ordnung der Geschlechter. Die Wissenschaft vom Menschen und das Weib 1750-1850, Frankfurt a. M./New York.

Hörmann, Hans (1976): Meinen und Verstehen. Grundzüge einer psychologischen Semantik, Frankfurt a. M.

Hörmann, Hans (1978): Meinen und Verstehen. Grundzüge einer psychologischen Semantik, Frankfurt a. M.

Horné, Alfred ([3]1981): Anstaltseigene Wahrheiten im öffentlich-rechtlichen Rundfunk, in: B. Engelmann u.a. (Hrsg.): Anspruch auf Wahrheit. Wie werden wir durch Presse, Funk und Fernsehen informiert, Göttingen: 78–98.

Horton, Donald/ Richard R. Wohl (1956): Mass communication and para-social interaction: Observations on intimacy at a distance, in: Psychiatry, 19: 215–229.

Hosokawa, Shuhei (1990): Der Walkmann-Effekt, in: K.-H. Bark/P. Gente/H. Paris/S. Richter (Hrsg.): Aisthesis. Wahrnehmung heute oder Perspektiven einer anderen Ästhetik, Leipzig: 229–251.

Hostnig, Heinz (1980): Über die Rückgewinnung von Vertrauen, in: M. W. Thomas (Hrsg.): Ein anderer Rundfunk – eine andere Republik oder die Enteignung des Bürgers, Berlin/Bonn: 104–109.

Hovland, Carl I./Irving L. Janis/Harold D. Kelley (1953): Communication and persuasion, New Haven.

Hovland, Carl I./Arthur A. Lumsdaine/Fred D. Sheffield (1949): Experiments on mass communication, Princeton.

Hruska (1993): Die Zeitungsnachricht. Information hat Vorrang, Bonn.

Hucklenbroich, Peter (1990): Selbstheilung und Selbstprogrammierung. Selbstreferenz in medizinischer Wissenschaftstheorie und künstlicher Intelligenz, in: V. Riegas/C. Vetter (Hrsg): Zur Biologie der Kognition. Ein Gespräch mit Humberto R. Maturana und Beiträge zur Diskussion seines Werkes, Frankfurt a. M.: 116–132.

Huebner, Michael/ Alexander Krafft/Günther Ortmann (1988): Auf dem Rücken fliegen. Thrills am Computer, in: A. Kraft/G. Ortmann (Hrsg.): Computer und Psyche. Angstlust am Computer, Frankfurt a. M.: 99–146.

Huesmann, L. Rowell/Neil M. Malamuth (1986): Media Violence and Antisocial Behavior, in: Journal of Social Issues, 42,3.

Humphrey, Nicholas K. (1988): The social function of intellect, in: R. W. Byrne/Andrew (eds.): Machiavellian intelligence. Social expertise and the evolution of intellect in monkeys, apes, and humans, Oxford: 13–26.

Hunziker, Peter (1977): Fernsehen in der Familie. Eine Analyse der Gruppenstrukturen, in: Fernsehen und Bildung, 3: 269–285.

Hunziker, Peter/Kurt Lüscher/Richard Fauser (1975): Fernsehen im Alltag der Familie, in: Rundfunk und Fernsehen, 3-4: 284–315.

Hurrelmann, Bettina (1989): Fernsehen in der Familie. Auswirkungen der Programmerweiterung auf den Mediengebrauch, Weinheim/München.

Hurrelmann, Bettina et al. (1987): Famile und erweitertes Medienangebot. Auswirkungen der Programmerweiterung auf den Mediengebrauch, Zwischenbericht, Universität Bielefeld.

Hurrelmann, Bettina/Klaus Nowitzky/Harry Possberg (1988): Familie und erweitertes Medienangebot. Ergebnisse der ersten Erhebungswelle der Familien-Untersuchung im Kabelpilotprojekt Dortmund, in: Media Perspektiven, 3: 152–165.

Hurrelmann, Klaus/Elisabeth Nordlohne (1989): Sozialisation, in: G. Endruweit/G. Trommsdorf (Hrsg.): Wörterbuch der Soziologie, Bd. 3, Stuttgart: 604–611.

Husserl, Edmund (1982): Die Krisis der europäischen Wissenschaften und die transzendale Phänomenologie, Hamburg.

IG Medien (Hrsg.) (1989): Verhindert die Pressekonzentration die Meinungsfreiheit?, in: Kontrapunkt, 0: 10 ff.

Illich, Ivan (1991): Im Weinberg des Textes. Als das Schriftbild der Moderne entstand, Frankfurt a. M.

Informationsgemeinschaft zur Feststellung der Verbreitung von Werbeträgern e.V. (ivw) (1992): Auflagenliste 1/92, Bonn.

Inglis, Ruth A. (1938): An objective approach to the relation between fiction and society, in: American Sociological Review, 3: 526–533.

Ito, Youichi (1989a): A non-western view of the paradigm dialogues, in: B. Dervin et al. (eds.): Rethinking communication, Vol. 1, Newbury Park: 173–177.

Ito, Youichi (1989b): Information society studies today, in: M. Schenk/J. Donnerstag (Hrsg.): Medienökonomie. Einführung in die Informations- und Mediensysteme, München: 13–34.

Iyengar, Shanto/Donald R. Kinder (1987): News that matters. Television and American opinion, Chicago/London.

Jacquiot, J. (1968): Médailles et jetons, Paris.

James, William (1891): The Principles of psychology. Vol. 2, London.

Janich, Peter (1992): Die methodische Ordnung von Konstruktionen. Der Radikale Konstruktivismus aus der Sicht des Erlanger Konstruktivismus, in: S. J. Schmidt (Hrsg.): Kognition und Gesellschaft, Frankfurt a. M.: 24–41.

Janich, Peter (1993): Über den Einfluß falscher Physikverständnisse auf die Entwicklung der Neurobiologie, in: E. Florey (Hrsg.): Das Gehirn – Organ der Seele? Zur Ideengeschichte der Neurobiologie, Berlin: 309–326.

Janowitz, Morris (1975): Professional models in journalism: The gatekeeper and the advocate, in: Journalism Quaterly, 52: 618–626, 662.

Jansen, Sue Curry (1989): Gender and the information society: A socially structured silence, in: Journal of Communication, 39: 196–215.

Japp, Uwe (1981): Hermeneutik, in: H. Brackert/J. Stückrath (Hrsg.): Literaturwissenschaft, Grundkurs 2, Reinbek: 451–463

Jaynes, Julian (1976): The origin of consciousness in the breakdown of the bicameral mind, Boston.

Jean, Georges (1991): Die Geschichte der Schrift, Ravensburg.

Jensen, Klaus Bruhn (1986): Making sense of news. Towards a theory and an empirical model of reception for the study of mass communication, Aarhus.

Jentzsch, Barbara (1991): Verkabelt bis zum geht nicht mehr. US-Medienkonzern Time/Warner plant 150 bis 1000 TV-Kanäle, in: Kontrapunkt, 17: 13–15.

Jerome, Fred (1986): Check it out. Journalists communicating about risk, in: Technology in Society, 4: 287–290.

Joas, Hans (1985): Durkheim und der Pragmatismus. Bewußtseinspsychologie und die soziale Konstitution der Kategorien, in: Kölner Zeitschrift für Soziologie und Sozialpsychologie, 37: 411–430.

Joerges, Bernward (1989): Soziologie und Maschinerie. Vorschläge zu einer "realistischen" Techniksoziologie, in: P. Weingart (Hrsg.): Technik als sozialer Prozeß, Frankfurt a. M.: 44–89.

Johnson, Allen W./Timothy Earle (1987): The evolution of human societies. From foraging group to agrarian state, Stanford, Cal.

Johnson, Marcia K./Carol L. Raye (1981): Reality monitoring, in: Psychological Review, 1: 67–85.

Jörg, Sabine (1992): Sehen im Zeitraffer: Wie der Fernsehzuschauer die Welt wahrnimmt, in: W. Hömberg/M. Schmolke (Hrsg.): Zeit Raum Kommunikation, München: 277–285.

Jüttemann, Herbert (1979): Phonographen und Grammophone, Braunschweig.

Kaase, Max (1986): Massenkommunikation und politischer Prozeß, in: W. R. Langenbucher (Hrsg.): Politische Kommunikation, Grundlagen, Strukturen, Prozesse, Wien: 156–171.

Kaase, Max (1989): Fernsehen, gesellschaftlicher Wandel und politischer Prozess, in: Ders./W. Schulz (Hrsg.) Massenkommunikation. Theorien, Methoden, Befunde (= Kölner Zeitschrift für Soziologie und Sozialpsychologie, Sonderheft 30): 97–117.

Kaase, Max/Winfried Schulz (Hrsg.) (1989): Massenkommunikation. Theorien, Methoden, Befunde (Kölner Zeitschrift für Soziologie und Sozialpsychologie, Sonderheft 30), Opladen.

Kaiser, Ulrike (^{2}1989): "Sie werden an uns vorbeigeschrieben..." Leserinnenkritik an Tageszeitungen, in: C. Schmerl (Hrsg.): In die Presse geraten. Darstellung von Frauen in der Presse und Frauenarbeit in den Medien, Köln/Wien: 77–110.

Kamper, Dietmar/Christoph Wulf (1982): Die Parabel der Wiederkehr, in: Ders. (Hrsg.): Die Wiederkehr des Körpers, Frankfurt a. M.: 9–21.

Kamper, Dietmar/Christoph Wulf (Hrsg.) (1984): Das Schwinden der Sinne, Frankfurt a. M.

Kant, Immanuel (1956): Kritik der reinen Vernunft, in: I. Kant, Werke, hrsg. von H. Weischedel, Bde. 3 u. 4, Frankfurt a. M.

Kapr, Albert (1987): Johannes Gutenberg. Persönlichkeit und Leistung, München.

Katholische Nachrichtenagentur (1990): Waten im Film-Müll. Masse statt Klasse. Bischofskonferenz zu TV-Programmen, in: Frankfurter Rundschau, v. 18.1.1990: 20.

Katz, Elihu/Daniel Foulkes (1962): On the use of the mass media as "escape": Clarification of a concept, in: Public Opinion Quarterly, 26: 377–388.

Katz, Elihu/George Blumler (eds.) (1974): The uses of mass communication. Current perspectives on gratification research, London.

Katz, Elihu/George Wedell (1987): Broadcasting and the Third World. Promise and performance, London.

Katz, Elihu/Jay G. Blumler/Michael Gurevitch (1974): The uses and gratifications approach to mass communication, Beverly Hills/London.

Katz, Elihu/Paul F. Lazarsfeld (1955): Personal influence. The part played by people in the flow of mass communication, Glencoe.

Kausch, Michael (1988): Kulturindustrie und Populärkultur. Kritische Theorie der Massenmedien, Frankfurt a. M.

Kean, Victor J. (1985): The disk from Phaistos, Athen.

Keeney, Ralph L./Detlof von Winterfeldt (1986): Improving risk communication, in: Risk Analysis, 4: 417–424.

Keidel, Wolf-Dieter (1963): Kybernetische Systeme des menschlichen Organismus, Köln/-Opladen.

Keil, Susanne (1990): Gibt es einen weiblichen Journalismus? Magisterarbeit Universität Münster.

Kellermann, Kathy (1985): Memory processes in media effects, in: Communication Research, 12: 83–131.

Kenny, David A. (1979): Correlation and causality, New York.

Kepplinger, Hans Mathias (1975): Realkultur und Medienkultur. Literarische Karrieren in der Bundesrepublik, Freiburg/München.

Kepplinger, Hans Mathias (1980): Optische Kommentierung in der Fernsehberichterstattung über den Bundeswahlkampf 1976, in: T. Ellwein (Hrsg.): Politikfeld-Analysen 1979, Opladen: 163–179.

Kepplinger, Hans Mathias (1982): Die Grenzen des Wirkungsbegriffs, in: Publizistik, 27: 98–113.

Kepplinger, Hans Mathias (1985): Die aktuelle Berichterstattung des Hörfunks. Eine Inhaltsanalyse der Abendnachrichten und politischen Magazine, Freiburg/München.

Kepplinger, Hans Mathias (1988): Die Kernenergie in der Presse. Eine Analyse zum Einfluß subjektiver Faktoren auf die Konstruktion von Realität, in: Kölner Zeitschrift für Soziologie und Sozialpsychologie, 4: 659–683.

Kepplinger, Hans Mathias (1989): Künstliche Horizonte. Folgen, Darstellung und Akzeptanz von Technik in der Bundesrepublik, Frankfurt a. M.

Kepplinger, Hans Mathias (Hrsg.) (1979): Angepaßte Außenseiter, Freiburg/München.

Kepplinger, Hans Matthias/Hans-Bernd Brosius/Joachim Friedrich Staab (1991): Instrumental actualization: A theory of mediated conflicts, in: European Journal of Communication, 6, 3, 263–290.

Kerker, Armin (1986): Spiel ohne Grenzen? Medienexport in die Dritte Welt, in: Der Überblick, 4: 33–36.

Kern, Bärbel/Horst Kern (1988): Madame Doctorin Schlözer. Ein Frauenleben in den Widersprüchen der Aufklärung, München.

Kern, Horst/Michael Schumann (1986): Das Ende der Arbeitsteilung? Rationalisierung in der industriellen Produktion: Bestandsaufnahme, Trendbestimmung, München.

Key, Vladimir O. (1961): Public opinion and American democracy, New York.

Kiefer, Marie-Luise/Klaus Berg (Hrsg.) (1981): Kinder – Medien – Werbung. Ein Literatur- und Forschungsbericht, Frankfurt a. M.

Kiefer, Marie-Luise/Klaus Berg (Hrsg.) (1987): Massenkommunikation III. Eine Langzeitstudie zur Mediennutzung und Medienbewertung 1964-1985, Frankfurt a. M.

Kittler, Friedrich (1986): Grammophon, Film, Typewriter, Berlin.

Kittler, Friedrich (1989a): Die künstliche Intelligenz des Weltkrieges: Alan Turing, in: Ders./ G. C. Tholen (Hrsg.): Arsenale der Seele. Literatur- und Medienanalyse seit 1870, München: 187–202.

Kittler, Friedrich (1989b): Medien und Drogen in Pynchons Zweitem Weltkrieg, in: D. Kamper/W. van Reijen (Hrsg.): Die unvollendete Vernunft. Moderne versus Postmoderne, Frankfurt a. M.: 240–259.

Kittler, Friedrich (1989c): Synergie von Mensch und Maschine. Ein Gespräch mit Florian Rötzer, in: Ästhetik des Immateriellen, 2, Kunstforum, 98: 108–117.

Kittler, Friedrich (1990): Fiktion und Simulation, in: K. Barck/P. Gente/H. Paris/S. Richter (Hrsg.): Aisthesis. Wahrnehmung heute oder Perspektiven einer anderen Ästhetik, Leipzig: 196–213.

Kittler, Friedrich A./Manfred Schneider/Samuel Weber (Hrsg.) (1987): Diskursanalysen 1: Medien, Opladen.

Klapper, Joseph T. (1954): Studying the effects on mass communication, in: Teachers College Record, 16: 95–103.

Klaue, Siegfried/Manfred Knoche/Axel Zerdick (Hrsg.) (1980): Probleme der Pressekonzentrationsforschung, Baden-Baden.

Klausmann, Ulrike/Marion Mainzerin (1992): Piratinnen, München.

Klein, Gustav (1991): Der Ausbau der Telekommunikationsinfrastruktur durch die Deutsche Bundespost: Stand und Ausblick, in: E. Grande et al. (Hrsg.): Perspektiven der Telekommunikationspolitik, Opladen: 16–42.

Kleinsteuber, Hans J. (1987): Fernsehen und Wahlen in den USA. Kommerzialisierte Medien und Kommerzialisierung in der Politik, in: Media Perspektiven, 10: 604–614.

Kleinsteuber, Hans J. (1989): Electronic Dreaming: Aboriginal Radio im weißen Australien, in: Rundfunk und Fernsehen, 37, 4, 486–496.

Kleinsteuber, Hans J. (1991): Radio – Das unterschätzte Medium. Erfahrungen mit nichtkommerziellen Lokalstationen in 15 Staaten, Berlin.

Kleinsteuber, Hans J./Denis McQuail/Karen Siune (eds.) (1986): Electronic media and politics in western Europe, Frankfurt a. M.

Kleinsteuber, Hans J./Volkert Wiesner/Peter Wilke (1991): Public Broadcasting im internationalen Vergleich. Analyse des gegenwärtigen Stands und Szenarien einer zukünftigen Entwicklung, in: Rundfunk und Fernsehen, 29, 1: 33–55.

Kleinsteuber, Hans J./Volkert Wiesner/Peter Wilke (Hrsg.) (1990): EG-Medienpolitik. Fernsehen in Europa zwischen Kommerz und Kultur, Berlin.

Klier, Peter (1989): Warum man die Öffentlichkeit so schlecht belügen kann (De incorrupta rei publicae fide pudoris causa), in: P. Klier/J.-L. Evard, (Hrsg.), Mediendämmerung. Zur Archäologie der Medien, Berlin: 40–51.

Knoche, Manfred/Wolfgang Seufert (1987): Prognosen zur Entwicklung der Kommunikationsinfrastruktur in den Ländern der Europäischen Gemeinschaft bis zum Jahr 2005. Ergebnisse einer Delphi-Studie im Rahmen des EG-Forschungsprogramms FAST, in: Media Perspektiven, 2: 111–129.

Knorr-Cetina, Karin (1989): Spielarten des Konstruktivismus. Einige Notizen und Anmerkungen, in: Soziale Welt, 40, 1/2: 86–96.

Koberger, Vera (1991): Product Placement, Sponsoring, Merchandising im öffentlich-rechtlichen Fernsehen, Münster.

Köberlein, Klaus (1987): Sicherheitsanalysen im Lichte von TMI und Tschernobyl, in: Kernkraftwerke. Risikountersuchungen, Sicherheitsanalysen, Reaktorunfälle, Nr. 23 der Reihe atw-Broschüren „Kernenergie und Umwelt", o.O.: 22–40.

Köcher, Renate (1985): Spürhund und Missionar, München.

Köck, Wolfram K. (1987): Kognition, Semantik, Kommunikation, in: S. J. Schmidt (Hrsg.): Der Diskurs des Radikalen Konstruktivismus, Frankfurt a. M.: 340–373.

Köck, Wolfram K. (1990): Autopoise, Kognition und Kommunikation. Einige kritische Bemerkungen zu Humberto R. Maturanas Bio-Epistemologie und ihren Konsequenzen, in: V. Riegas/C. Vetter (Hrsg): Zur Biologie der Kognition. Ein Gespräch mit Humberto R. Maturana und Beiträge zur Diskussion seines Werkes, Frankfurt a. M.: 159–188.

Koestler, Arthur (1980): Die Nachtwandler, Frankfurt a. M.

Kohlberg, Lawrence (1984): The psychology of moral development. The nature and validity of moral stages, San Francisco.

Köhler, Bernd F. (1988): Auslandsrundfunk und Politik. Die politische Dimension eines internationalen Mediums, Berlin.

Köhler, Wolfgang (1938): The place of value in a world of facts, New York.

Köhler, Wolfgang (1940): Dynamics in psychology, New York.

Köhler, Wolfgang/Hedwig von Restorff (1933): Analyse von Vorgängen im Spurenfeld I, in: Psychologische Forschung, 4: 299–342.

Köhler, Wolfgang/Hedwig von Restorff (1937): Analyse von Vorgängen im Spurenfeld II, in: Psychologische Forschung, 1: 56–112.

Komission für den Ausbau des technischen Kommunikationssystems (KtK) (1976): Telekommunikationsbericht, Bonn.

Koolwijk, Jürgen Van/Maria Wieken-Mayser (Hrsg.) (1974): Techniken der empirischen Sozialforschung, Bd. 4: Erhebungsmethoden: Die Befragung, München.

Kortenkamp, A. (1988): Risikoabschätzung für Dioxine und Furane, in: A. Kortenkamp/B. Grahl/L.H. Grimme (Hrsg.): Die Grenzenlosigkeit der Grenzwerte, Karlsruhe: 1–15.

Koschnick, Wolfgang J. (1988): Standard-Lexikon für Mediaplanung und Mediaforschung, München/London/New York.

Koselleck, Reinhart (1979): Geschichte, Geschichten und formale Zeitstrukturen, in: Ders.: Vergangene Zukunft. Zur Semantik geschichtlicher Zeiten, Frankfurt a. M.: 130–143.

Koselleck, Reinhart (1985): Fortschritt und Beschleunigung. Zur Utopie der Aufklärung, in: Der Traum der Vernunft. Vom Elend der Aufklärung. Eine Veranstaltungsreihe der Akademie der Künste, Berlin. Erste Folge, Darmstadt/Neuwied: 75–103.

Koszyk, Kurt (1966): Deutsche Presse im 19. Jahrhundert, Berlin.

Koszyk, Kurt (1972): Vorläufer der Massenpresse. Ökonomie und Publizistik zwischen Reformation und Französischer Revolution, München.

Koszyk, Kurt (1986): Pressepolitik für Deutsche 1945-1949, Berlin.

Koszyk, Kurt/Karl H. Pruys (Hrsg.) (1969): Wörterbuch zur Publizistik, München.

Kottelmann, Joachim/Lothar Mikos (1981): Frühjahrsputz und Südseezauber. Die Darstellung der Frau in der Fernsehwerbung und das Bewußtsein von Zuschauerinnen, Baden-Baden.

Krawietz, Werner/Michael Welker (Hrsg.) (1992): Kritik der Theorie sozialer Systeme. Auseinandersetzungen mit Luhmanns Hauptwerk, Frankfurt a. M.

Krebs, Dagmar (1981): Gewaltdarstellungen im Fernsehen und die Einstellungen zu aggressiven Handlungen bei 12-15jährigen Kindern. Bericht über eine Längsschnittstudie, in: Zeitschrift für Sozialpsychologie, 12: 281–302.

Krebs, Dagmar/Jo Groebel (1979): Wirkungen von Gewaltdarstellungen im Fernsehen auf die Einstellungen zur Gewalt und auf die Angst bei Kindern und Jugendlichen – Eine Längsschnittstudie. Arbeitsbericht des Instituts für Psychologie der Rheinisch Westfälischen Technischen Hochschule Aachen.

Kreuzer, Helmut (Hrsg.) (1979): Fernsehforschung – Fernsehkritik, Göttingen.

Kreuzer, Helmut/Christian W. Thomsen (Hrsg.) (1993 ff.): Geschichte des Fernsehens in der Bundesrepublik Deutschland – Die Programme 1952-1990, Bd. 1-5, München.

Kreuzer, Helmut/K. Prümm (Hrsg.) (1979): Fernsehsendungen und ihre Formen, Stuttgart.

Krieg, Peter (1991): Blinde Flecken und schwarze Löcher. Medien als Vermittler von Wirklichkeiten, in: P. Watzlawick/Ders. (Hrsg.): Das Auge des Betrachters. Beiträge zum Konstruktivismus, München/Zürich: 129–138.

Krieger, Karl-Friedrich (1979): Die Lehnshoheit der deutschen Könige im Spätmittelalter, Aalen .

Krippendorff, Klaus (1989a): On the ethics of constructing communication, in: B. Dervin/L. Grossberg/B. J. O´Keefe/E. Wartella (eds.): Rethinking communication, Bd. 1, Newbury Park/London: 66–96.

Krippendorff, Klaus (1989b): The power of communication and the communication of power, in: Communication, 12: 175–196.

Krippendorff, Klaus (1990): Eine häretische Kommunikation über Kommunikation über Kommunikation über Realität, in: DELFIN, 13, 7, 1: 52–67.

Kriz, Jürgen (1973): Statistik in den Sozialwissenschaften, Reinbek.

Kron, Wolfgang/Günter Küppers (1992) (Hrsg.): Emergenz: Die Entstehung von Ordnung, Organisation und Bedeutung, Frankfurt a. M.

Krohn, Wolfgang/Günter Küppers/Rainer Paslack (1987): Selbstorganisation – Zur Genese und Entwicklung einer wissenschaftlichen Revolution, in: S. J. Schmidt (Hrsg.): Der Diskurs des Radikalen Konstruktivismus, Frankfurt a. M. : 441–465.

Kromrey, Helmut ([5]1991): Empirische Sozialforschung, Opladen.

Krüger, Udo Michael (1991): Zur Konvergenz öffentlich-rechtlicher und privater Fernsehprogramme. Enstehung und Gehalt einer Hypothese, in: Rundfunk und Fernsehen, 1: 83–96.

Kruse, Peter (1988): Stabilität – Instabilität – Multistabilität. Selbstorganisation und Selbstreferentialität in kognitiven Systemen, in: DELFIN, 11: 35–57.

Kruse, Peter/Gerhard Roth/Michael Stadler (1987): Ordnungsbildung und psychophysische Feldtheorie, in: Gestalt Theory, 3-4: 150–167.

Kruse, Peter/Michael Stadler (1990): Stability and instability in cognitive systems: Multistability, suggestion and psychosomatic interaction, in: H. Haken/M. Stadler (eds.): Synergetics of cognition, Berlin: 201–215.

Kubicek, Herbert (1985): Die sogenannte Informationsgesellschaft. Neue Informations- und Kommunikationstechniken als Instrument konservativer Gesellschaftsveränderung, in: E. Altvater/M. Baethge u.a.: Arbeit 2000. Über die Zukunft der Arbeitsgesellschaft, Hamburg: 76–109.

Kubicek, Herbert/Arno Rolf ([2]1986): Mikropolis. Mit Computernetzen in die "Informationsgesellschaft", Hamburg.

Kubicek, Herbert/Peter Berger (1990): Was bringt uns die Telekommunikation? ISDN - 66 kritische Antworten, Frankfurt a. M./New York.

Kübler, Hans-Dieter (1992): Die Alten und die neuen Medien, in: werben & verkaufen, 4: 48–50.

Kübler, Hans-Dieter/Claudia Lipp (1979): Kinderfernsehen versus Kinder sehen fern, in: H. Kreuzer/K. Prümm (Hrsg.): Fernsehsendungen und ihre Formen. Typologie, Geschichte und Kritik des Programms in der Bundesrepublik Deutschland, Stuttgart: 207–229.

Kubler, Thierry/Emmanuel Lemieux (1990): Cognaq Jay 1940. La télévision française sous l'occupation, Paris.

Kuchenbuch, Ludolf (1987): Schriftlichkeitsgeschichte als methodischer Zugang: Das Prümer Urbar von 893 bis 1983. Hagen Fernuniversität, Kurseinheit 2.

Küchenhoff, Erich et al. (1975): Die Darstellung von Frauenfragen im Fernsehen, Stuttgart.

Külpe, Oswald (1902): Ueber die Objectivirung und Sujectivirung von Sinneseindrücken, in: Philosophische Studien, 3: 508–556.

Kummer, Hans (1982): Social knowledge in free-ranging primates, in: D.R. Griffin (Hrsg.): Animal mind – human mind, Berlin/Heidelberg/New York: 113–130.

Kummer, Hans/Verena Dasser/Paul Hoyningen-Huene (1990): Exploring primate social cognition: Some critical remarks, in: Behavior, 112: 1–2.

Kunczik, Michael (1975): Gewalt im Fernsehen, Köln.

Kunczik, Michael (1978): Massenmedien und Entwicklungsländer, Köln.

Kunczik, Michael (1985): Massenmedien und Entwicklungsländer, Köln.

Kunczik, Michael (1987): Gewalt und Medien, Köln.

Kunczik, Michael (1988): Journalismus als Beruf, Wien.

Kunze, Christiane (1978): Journalismus in der UdSSR, München.

La Roche, Walther von ([6]1982): Einführung in den praktischen Journalismus. Mit genauer Beschreibung aller Ausbildungswege, München.

Laing, Ronald D. (1977): Das Selbst und die Anderen, Reinbek.

Laing, Ronald D. (1979): Das geteilte Selbst. Eine existentielle Studie über geistige Gesundheit und Wahnsinn, Reinbek.

Laing, Ronald D./H. Phillipson/A.R. Lee (1978): Interpersonelle Wahrnehmung, Frankfurt a. M.

Lange, Bernd-Peter (1991): Das duale Rundfunksystem in der Bewährung. Geregelter Wettbewerb oder ruinöse Konkurrenz?, in: Media Perspektiven, 1: 8–17.

Lange, Bernd-Peter/Ulrich Pätzold (1983): Medienatlas Nordrhein-Westfalen. Grundlagen der Kommunikation, Bd. 1, Bochum.

Lange, Klaus (1980): Abbildung oder Konstruktion von Wirklichkeit? Politik in Nachrichtenmedien. Sozialwissenschaftliche Materialien, Stuttgart.

Lange, Ulrich (1989): Telefon und Gesellschaft. Eine Einführung in die Soziologie der Telekommunikation, in: Forschungsgruppe Telekommunikation (Hrsg.): Telefon und Gesellschaft Bd. 1, Berlin: 9–44.

Langenbucher, Wolfgang R./Angela Fritz (1988): Medienökologie –Schlagwort oder kommunikationspolitische Aufgabe, in: W. D. Fröhlich/R. Zitzlsperger/B. Franzmann (Hrsg.): Die verstellte Welt. Beiträge zur Medienökologie, Frankfurt a. M.: 255–270.

Langer-El Sayed, Ingrid (1971): Frau und Illustrierte im Kapitalismus. Die Inhaltsstruktur von illustrierten Frauenzeitschriften und ihr Bezug zur gesellschaftlichen Wirklichkeit, Köln.

Lasswell, Harold D. (1927): The theory of political propaganda, in: American Political Science Review, 21: 627–631.

Lasswell, Harold D. (1948): The structure and function of communication in society, in: Lyman Bryson (ed.): The communication of ideas, New York: 37–52.

Lausberg, Heinrich (1990): Handbuch der literarischen Rhetorik, München.

Lazarsfeld, Paul F./Bernhard Berelson/Hazel Gaudet (1944): The people's choice, New York.

Lazarsfeld, Paul F./Morris Rosenberg (1955) (eds.): The language of social research, Glencoe.

Leinemann (²1990): Das Politikerportrait, in: Haller, Michael: Die Reportage, München: 253–266.

Lenk, Hans (1988): Verantwortung in, durch, für Technik, in: W. Bungard/H. Lenk (Hrsg.): Technikbewertung. Philosophische und psychologische Perspektiven, Frankfurt a. M.: 58–78.

Lenneberg, Eric H. (1968): Language in the light of evolution, in: Sebeok, Thomas A. (ed.): Animal communication, Bloomington/London: 592–613.

Leonhardt, Rudolf Walter (1976): Journalismus und Wahrheit, Luzern.

Leroi-Gourhan, André (1980): Hand und Wort. Die Evolution von Technik, Sprache und Kunst, Frankfurt a. M.

Lévi-Strauss, Claude (1962): La pensée sauvage, Paris.

Lévi-Strauss, Claude (1975): Strukturale Anthropologie II, Frankfurt a. M.

Lewin, Kurt (1936): Principles of topological psychology, New York.

Lewin, Kurt (1963): Psychologische Ökologie, in: D. Cartwright (Hrsg.): Feldtheorie in den Sozialwissenschaften. Ausgewählte theoretische Schriften, Bern/Stuttgart: 206–222.

Lewis, David (1975): Konventionen. Grundlagen der Kommunikation, Berlin/New York.

Lichtenstein, Sarah/Paul Slovic/Baruch Fischhoff/Marl Layman/Barbara Combs (1978): Judged frequency of lethal events, in: Journal of Experimental Psychology, 6: 551–578.

Lichter, S. Robert/Stanley Rothman/Linda S. Lichter (1986): The media elite. America's new powerbrokers, Bethesda/Maryland.

Liebes, Tamar/Elihu Katz (1986): Patterns of involvement in television fic-tion. A comparative analysis, in: European Journal of Communication, 1, 1: 151–171.

Lindgens, Monika (1982): Der Markt der Frauenzeitschriften in der Bundesrepublik, in: Media Perspektiven, 5: 336–348.

Lindlau, Dagobert (1980): Die Exekution der Wirklichkeit – Oder: Wider die falsche Objektivität, in: W. R. Langenbucher (Hrsg.): Journalismus & Journalismus. Plädoyers für Recherche und Zivilcourage, Müchen: 131–146.

Lindner, Rolf (1990): Medien und Katastrophen. Fünf Thesen, in: H. P. Dreitzel/H. Stenger (Hrsg.): Ungewollte Selbstzerstörung. Reflexionen über den Umgang mit katastrophalen Entwicklungen, Frankfurt a. M./New York: 124–134.

Lindsay, Peter H./ Donald A. Norman (1981): Einführung in die Psychologie. Informationsaufnahme und -verarbeitung beim Menschen, Berlin.

Lindsay, Peter H./Donald D. Norman (1972): Human information processing. An introduction to psychology, New York/London.

Lippmann, Walter (1922): Public opinion (Die öffentliche Meinung), New York.

Livingston, Paisley (ed.) (1984): Disorder and order, Saratoga.

Löffelholz, Martin (1993a): Auf dem Weg in die Informationsgesellschaft. Konzepte – Tendenzen – Risiken, in: Hessisches Kultusministerium (Hrsg.): Zukunftsdialog zu Lehren und Lernen: Angebote, Wiesbaden: 111–122.

Löffelholz, Martin (Hrsg.) (1993b): Krieg als Medienereignis. Grundlagen und Perspektiven der Krisenkommunikation, Opladen.

Löffelholz, Martin (1993c): Beschleunigung, Fiktionalisierung, Entertainisierung. Krisen (in) der "Informationsgesellschaft", in: Ders. (Hrsg.): Krieg als Medienereignis, Opladen: 49–64.

Lord, Albert B. (1960): The singer of tales, Cambridge Ma.

Lord, Albert B. (1965): Der Sänger erzählt. Wie ein Epos entsteht, München.

Lotman, Jurij/Boris Uspenskij (1977): Die Rolle dualistischer Modelle in der Dynamik der russischen Kultur, in: Poetica , 9: 1–40.

Ludes, Peter (1991): Fernsehnachrichtensendungen als Indikatoren und Verstärker von Modernisierungsprozessen: Probleme eines interkulturellen Vergleichs zwischen den USA, der Bundesrepublik und der (ehemaligen) DDR, in: S. Müller-Doohm/K. Neumann-Braun (Hrsg.): Öffentlichkeit, Kultur, Massenkommunikation, Oldenburg: 111–129.

Lüger, Heinz Helmut (1983): Pressesprache, Tübingen.

Luhmann, Niklas (1964): Funktionale Methode und Systemtheorie, in: Soziale Welt, 15: 1–25.

Luhmann, Niklas (1968): Vertrauen. Ein Mechanismus der Reduktion sozialer Komplexität, Stuttgart.

Luhmann, Niklas (1970a): Reflexive Mechanismen, in: Ders.: Soziologische Aufklärung, Opladen: 92–112.

Luhmann, Niklas (1970b): Öffentliche Meinung, in: Politische Vierteljahresschrift 11: 2–28.

Luhmann, Niklas (1971a): Öffentliche Meinung, in: Ders.: Politische Planung. Aufsätze zu Soziologie von Verwaltung und Politik, Opladen: 9–34.

Luhmann, Niklas (1971b): Sinn als Grundbegriff der Soziologie, in: J. Habermas/Ders.: Theorie der Gesellschaft oder Sozialtechnologie – Was leistet die Systemforschung?, Frankfurt a. M.: 25–100.

Luhmann, Niklas (^{3}1972): Soziologische Aufklärung, Opladen.

Luhmann, Niklas (1975a): Die Weltgesellschaft, in: Ders.: Soziologische Aufklärung 2, Opladen: 51–71.

Luhmann, Niklas (1975b): Politische Planung, Opladen.

Luhmann, Niklas (1975c): Soziologische Aufklärung 2, Opladen.

Luhmann, Niklas (1975d): Systemtheorie, Evolutionstheorie und Kommunikationstheorie, in: Ders.: Soziologische Aufklärung, Bd. 2, Opladen: 193–204.

Luhmann, Niklas (1978): Soziologe der Moral, in: Ders./S. H. Pfürtner (Hrsg.): Theorietechnik und Moral, Frankfurt a. M.: 8–116.

Luhmann, Niklas (1979a): Identitätsgebrauch in selbstsubstitutiven Ordnungen, besonders Gesellschaften, in: O. Marquard/K. Stierle (Hrsg.): Identität, München: 315–345.

Luhmann, Niklas (1979b): Öffentliche Meinung, in: W. R. Langenbucher (Hrsg.): Politik und Kommunikation, München/Zürich: 29–61.

Luhmann, Niklas (1981a): Die Unwahrscheinlichkeit der Kommunikation, in: Ders. : Soziologische Aufklärung 3, Opladen: 25–34.

Luhmann, Niklas (1981b): Veränderungen im System gesellschaftlicher Kommunikation und die Massenmedien, in: Ders.: Soziologische Aufklärung 3, Opladen: 309–320.

Luhmann, Niklas (1984): Soziale Systeme. Grundriß einer allgemeinen Theorie, Frankfurt a. M.

Luhmann, Niklas (1985): Das Problem der Epochenbildung und die Evolutionstheorie, in: H. U. Gumbrecht/U. Link-Heer (Hrsg.): Epochenschwelle und Epochenstrukturen im Diskurs der Literatur- und Sprachhistorie, Frankfurt a. M.: 11–33.

Luhmann, Niklas (1986a): Intersubjektivität oder Kommunikation: Unterschiedliche Ausgangspunkte soziologischer Theoriebildung, in: Archivio di Filosofia , 54: 41–60.

Luhmann, Niklas (1986b): Systeme verstehen Systeme, in: N. Luhmann/K. E. Schorr (Hrsg.): Zwischen Intransparenz und Verstehen. Fragen an die Pädagogik, Frankfurt a. M.: 72–117.

Luhmann, Niklas (1987): Soziologische Aufklärung 4, Opladen.

Luhmann, Niklas (1988a): Was ist Kommunikation?, in: F. H. Simon (Hrsg.): Lebende Systeme. Wirklichkeitskonstruktion in der Systemischen Therapie, Berlin/Heidelberg usw.: 10–18.

Luhmann, Niklas (1988b): Wie ist Bewußtsein an Kommunikation beteiligt?, in: H. U. Gumbrecht/K. L. Pfeiffer (Hrsg.): Materialität der Kommunikation, Frankfurt a. M.: 884–905.

Luhmann, Niklas (1988c): Erkenntnis als Konstruktion, Bern.

Luhmann, Niklas (1990a): Das Erkenntnisprogramm des Konstruktivismus und die unbekannt bleibende Realität, in: Ders.: Soziologische Aufklärung 5. Konstruktivistische Perspektiven, Opladen: 31–58.

Luhmann, Niklas (1990b): Die Wissenschaft der Gesellschaft, Frankfurt. a. M.

Luhmann, Niklas (1990c): Gesellschaftliche Komplexität und öffentliche Meinung, in: Ders.: Soziologische Aufklärung 5. Konstruktivistische Perspektiven, Opladen: 170–182.

Luhmann, Niklas (1990d): Gleichzeitigkeit und Synchronisation, in: Ders.: Soziologische Aufklärung 5. Konstruktivistische Perspektiven, Opladen: 95–130.

Luhmann, Niklas (1990e): Paradigm lost: Über die ethische Reflexion der Moral. Rede anläßlich der Verleihung des Hegel-Preises 1989, Frankfurt a. M.

Luhmann, Niklas (1990f): Soziologische Aufklärung 5. Konstruktivistische Perspektiven, Opladen.

Luhmann, Niklas (1991a): Das Moderne der modernen Gesellschaften, in: W. Zapf (Hrsg.): Die Modernisierung moderner Gesellschaften, Frankfurt a. M./New York: 87–108.

Luhmann, Niklas (1991b): Soziologie des Risikos, Berlin/New York.

Luhmann, Niklas (1991c): Verständigung über Risiken und Gefahren, in: Die politische Meinung, 36, 5: 86–95.

Luhmann, Niklas (1991d): Wie lassen sich latente Strukturen beobachten?, in: P. Watzlawick/P. Krieg (Hrsg.): Das Auge des Betrachters. Beiträge zum Konstruktivismus. Festschrift für H. von Foerster, München/Zürich: 61–74.

Luhmann, Niklas (1992): Beobachtungen der Moderne, Opladen.

Lukes, Steven (1975): Émile Durkheim. His life and work. A historical and critical study, Harmondsworth.

Lull, James (1980a): Family communication patterns and the social uses of television, in: Communication Research, 7: 319–334.

Lull, James (1980b): The social uses of television, in: Human Communication Research, 6: 197–205.

Lull, James (1988): World families watch television, London.

Luria, Aleksandr R. (1986): Die historische Bedingtheit individueller Erkenntnisprozesse, Weinheim.

Lutz, Bendedikt (1988): Strategien des Textverstehens oder Plädoyer für einen soziopsychologischen Ansatz linguistischer Verstehensforschung. Dissertation, Wien.

Lutz, Benedikt/Ruth Wodak (1987): Information für Informierte. Linguistische Studien zu Verständlichkeit und Verstehen von Hörfunknachrichten, Wien.

Luyken, Georg-Michael (1980): Communication and development – Forschung in den USA: Wissenschaft oder Ideologie?, in: Rundfunk und Fernsehen, 18, 1: 110–122.

Luyken, Georg-Michael (1989): "Europa 1992": Auch ein Binnenmarkt für die Medien?, in: Rundfunk und Fernsehen, 2–3: 167–179.

Luyken, Georg-Michael (1990): Das Medienwirtschaftsgefüge der 90er Jahre. Horizontale und vertikale Unternehmensverflechtungen – Neue strategische Allianzen – Öffentliches Interesse, in: Media Perspektiven, 10: 621–641.

Lyotard, Jean-Francois (1992): Europa, die Juden und das Buch, in: F. Balke/E. Méchoulan/B. Wagner (Hrsg.): Zeit des Ereignisses – Ende der Geschichte?, München: 177–180.

MacArthur, John R. (1993): Die Schlacht der Lügen. Wie die USA den Golfkrieg verkauften, München.

MacDougall, Curtis (⁴1982): Interpretative reporting, New York.

Mach, Ernst. (1918): Die Analyse der Empfindungen, Jena.

Machlup, Fritz (1962): The production and distribution of knowledge in the United States, Princeton, N.J.

Malamuth, Neil M./Edward Donnerstein (eds.) (1984): Pornography and sexual aggression, New York.

Malamuth, Neil M./James V. P. Check (1981): The effects of mass media exposure on acceptance of violence against women. A field experiment, in: Journal of Research in Personality, 15: 436–446.

Malamuth, Neil M./James V. P. Check (1985): The effects of aggressive pornography on beliefs in rape myths: Individual differences, in: Journal of Research in Personality, 19: 299–320.

Maletzke, Gerhard (²1972): Psychologie der Massenkommunikation, Hamburg.

Mannheim, Karl (1969): Ideologie und Utopie, Frankfurt a. M.

Marler, Peter (1968): Visual systems, in: T. A. Sebeok: Animal communication, Bloomington/London: 103–126.

Marquard, Odo/Karlheinz Stierle (Hrsg.) (1979): Identität, München.

Marr, David (1982): Vision , San Francisco.

Marx, Giesela (1988): Eine Zensur findet nicht statt. Vom Anspruch und Elend des Fernsehjournalismus, Reinbek.

Marx, Karl/Friedrich Engels (1969): Pressefreiheit und Zensur, Frankfurt a. M.

Mast, Claudia (1984): Der Redakteur am Bildschirm. Auswirkungen moderner Technologien auf Arbeit und Berufsbild der Journalisten, Konstanz.

Mathy, Klaus (⁴1988): Das Recht der Presse. Ein Handbuch für die Redaktionsarbeit und für den Umgang mit der Presse, Köln.

Matt, Rüdiger (1980): Ein anderer Lokaljournalismus: Rezepte wider die tägliche Informationsverhinderung, in: W. R. Langenbucher (Hrsg.): Journalismus & Journalismus. Plädoyers für Recherche und Zivilcourage, München: 131–146.

Maturana, Humberto R. (1982): Erkennen: Die Organisation und Verkörperung von Wirklichkeit, Braunschweig/Wiesbaden.

Maturana, Humberto R. (²1985): Erkennen: Die Organisation und Verkörperung von Wirklichkeit, Braunschweig/Wiesbaden.

Maturana, Humberto R. (1987): Kognition, in: S. J. Schmidt (Hrsg.): Der Diskurs des radikalen Konstruktivismus, Frankfurt a. M.: 89–118.

Maturana, Humberto R./Francisco J. Varela (1987): Der Baum der Erkenntnis. Die biologischen Wurzeln menschlichen Erkennens, Bern.

Mazur, Allan (1973): Disputes between experts, in: Minerva, 3: 242–263.

Mazur, Allan (1984): Media influences on public attitudes toward nuclear power, in: W. R. Freudenburg/E. A. Rosa (eds.): Public reactions to nuclear power. Are there critical masses?, Boulder, CO: 97–114.

Mazur, Allan (1985): Bias in risk-benefit analysis, in: Technology in Society, 1: 25–30.

Mazur, Allan (1990): Nuclear power, chemical hazards, and the quantity of reporting, in: Minerva, 3: 294–323.

McCall, George/J. L. Simmons (1974): Identität und Interaktion, Düsseldorf.

McCombs, Maxwell E./Donald L. Shaw (1972): The agenda-setting function of mass media, in: Public Opinion Quarterly, 36: 176–187.

McCulloch, Warren S. (1965): A heterarchy of values determinied by the topology of nervous nets, in: Ders.: Embodiments of mind, Cambridge, Mass.: 40–45.

McGrath, Joseph E. (1988): Time and social psychology, in: Ders. (ed.): The social psychology of time, Newsbury Park/Beverly Hills/London/ New Dehli: 255–267.

McLuhan, Marshall (1962): The Gutenberg galaxy, Toronto.

McLuhan, Marshall (1968): Die Gutenberg-Galaxis, Düsseldorf.

McLuhan, Marshall/Quentin Fiore (1967): Das Medium ist Massage, Frankfurt a. M./Berlin/ Wien.

McPhail, Thomas L. (1987): Electronic colonialism. The future of international broadcasting and communication, London.

McQuail, Dennis (1986): Kommerz und Kommunikationstheorie, in: Media Perspektiven, 10: 633–643.

Media Perspektiven (1987): Daten zur Mediensituation in der Bundesrepublik. Basisdaten 1987. (Sonderheft Media Perspektiven), Frankfurt a. M.

Mees, Uwe (1972): Aggression, in: A. Schick (Hrsg.): Aktuelle Themen der Psychologie, Stuttgart: 66–94.

Mentré, François (1920): Les générations sociales, Paris.

Merten, Klaus (1973): Aktualität und Publizität. Zur Kritik der Publizistikwissenschaft, in: Publizistik, 18: 216–235.

Merten, Klaus (1976): Reflexivität als Grundbegriff der Kommunikationsforschung, in: Publizistik, 21: 171–179.

Merten, Klaus (1977a): Kommunikation. Eine Begriffs- und Prozeßanalyse, Opladen.

Merten, Klaus (1977b): Nachrichtenrezeption als komplexer Kommunikationsprozess, in: Publizistik, 22: 450–463.

Merten, Klaus (1978): Kommunikationsmodell und Gesellschaftstheorie, in: Kölner Zeitschrift für Soziologie und Sozialpsychologie, 30: 572–595.

Merten, Klaus (1982): Wirkungen der Massenkommunikation. Ein theoretisch-methodischer Problemaufriß, in: Publizistik, 27: 26–48.

Merten, Klaus (1983): Zweierlei Einfluß der Medien auf die Wahlentscheidung, in: Media Perspektiven, 7: 449–461.

Merten, Klaus (1985a): Faktoren der Rezeption von Nachrichtensendungen. Ergebnisbericht zum Projekt der ARD/ZDF Medienkommission, Münster/Universität Münster.

Merten, Klaus (1985b): Gesellschaftliche Differenzierung und gesellschaftliche Integration. Zur Struktur und Funktion kommunikativer Evolution, in: U. Saxer (Hrsg.): Gleichheit oder Ungleichheit durch Massenmedien, München: 49–60.

Merten, Klaus (1985c): Re-Rekonstruktion von Wirklichkeit durch Zuschauer von Fernsehnachrichten, in: Media Perspektiven, 10: 753–763.

Merten, Klaus (1985d): Some silence in the spiral of silence, in: K. I. Sanders/L. L. Kaid/D. Nimmo (eds.): Political Communication Yearbook 1984, Carbondale: 31–42.

Merten, Klaus (1987): Öffentliche Meinung, in: A. Görlitz/R. Prätorius (Hrsg.): Handbuch der Politikwissenschaft, Reinbek: 327–332.

Merten, Klaus (1988a): Abschlußbericht zum Projekt Vergleichende Nachrichtenanalyse der Medienkommission des Bundes und der Länder, Münster.

Merten, Klaus (1988b): Aufstieg und Fall des „Two-Step-Flow of Communication". Kritik einer sozialwissenschaftlichen Hypothese, in: Politische Vierteljahresschrift, 29: 610–635.

Merten, Klaus (1990): Unsere tägliche Wirklichkeit heute. Wie Medien die Kommunikation entfalten, in: Deutsches Institut für Fernstudien an der Universität Tübingen (Hrsg.): Funkkolleg Medien und Kommunikation. Konstruktionen von Wirklichkeit. Studienbrief 5, Weinheim/Basel: 11–40.

Merten, Klaus (1991a): Artefakte der Medienwirkungsforschung: Kritik klassischer Annahmen, in: Publizistik, 36, 1: 36–55.

Merten, Klaus (1991b): Django und Jesus. Verbal-nonverbales Verhalten der Kanzlerkandidaten Kohl und Rau im Bundestagswahlkampf 1987, in: M. Op de Hipt/E. Latniak (Hrsg.): Sprache als Politik. Sozialwissenschaftliche Semantik- und Rhetorikforschung, Opladen: 188–210.

Merten, Klaus (1992a): Funktion von Images, in: Markenartikel, 54, 4: 3–9.

Merten, Klaus (1992b): Begriff und Funktion von Public Relations, in: PR-Magazin, 11: 35–46.

Merten, Klaus (1992c): Meinungsführer in der Mediengesellschaft, in: Markenartikel, 1: 26–27.

Merten, Klaus ([2]1995a): Inhaltsanalyse. Eine Einführung in Theorie, Methode und Praxis, Opladen (im Druck).

Merten, Klaus (1995b): Konstruktivismus für die Kommunikationswissenschaft (im Druck).

Merten, Klaus (1995c): Reale und fiktive Opinion-Leader. Eine Mehrstufenanalyse zum Two-Step-Flow (im Druck).

Merten, Klaus (1995d): Kataster Medienwirkungsforschung. Abschlußbericht zum DFG-Forschungsbericht, Ms., Universität Münster (in Vorbereitung).

Merten, Klaus (1996a): Kartierung von Wirkungen (in Vorbereitung).

Merten, Klaus (1996b): Kontaktanzeigen – ein neues Medium der Mediengesellschaft? (im Druck).

Merten, Klaus et al. (1996): Evolution der Kommunikation, Opladen (im Druck).

Merten, Klaus/Petra Teipen (1991): Empirische Kommunikationsforschung. Darstellung, Kritik und Evaluation, München.

Merton, Robert King (1949): Social theorie and social structure, Glencoe.

Merton, Robert King (1967): Funktionale Analyse, in: H. Hartmann (Hrsg.): Moderne Amerikanische Soziologie, Stuttgart: 119–150.

Merton, Robert King (1968): The Matthew effect in science, in: Science, 159: 56–63.

Merz, Friedrich (1965): Aggression und Aggressionstrieb, in: H. Thomae (Hrsg.): Handbuch der Psychologie, Göttingen: 569–601.

Mettler-Meibom, Barbara (1986): Soziale Kosten der Informationsgesellschaft, Frankfurt a. M.

Mettler-Meibom, Barbara (1991): Plädoyer für eine kommunikationsökologische Sichtweise, in: S. Müller-Doohm/K. Neumann-Braun (Hrsg.): Öffentlichkeit, Kultur, Massenkommunikation. Beiträge zur Medien- und Kommunikationssoziologie, Oldenburg: 199–212.

Metzger, Wolfgang (1941): Psychologie, Dresden.

Metzger, Wolfgang (1975): Gesetze des Sehens, Frankfurt a. M.

Metzger, Wolfgang (1982): Möglichkeiten der Verallgemeinerung des Prägnanzprinzipes, in: Gestalt Theory,1: 3–22.

Meutsch, Dietrich (1987): Literatur verstehen. Eine empirische Studie, Braunschweig/Wiesbaden.

Meyer, Peter (1988): Universale Muster sozialen Verhaltens. Wie entstehen aus genetischer Variabilität strukturell ähnliche Lösungen?, in: HOMO, 38, 3/4: 133–144.

Meyer, Philip (1973): Precision journalism. A reporter´s introduction to social science methods, Bloomington/London.

Meyer, Philip (1991): The new precision journalism, Bloomington/London.

Meyer-Abich, Klaus M. (1986): Technische und soziale Sicherheit: Lehren aus den Risiken der Atomenergienutzung, in: Aus Politik und Zeitgeschichte, 32: 19–33.

Meyrowitz, Joshua (1987): Die Fernseh-Gesellschaft. Wirklichkeit und Identität im Medienzeitalter, Weinheim/Basel.

Meyrowitz, Joshua (1990): Überall und nirgends dabei. Die Fernsehgesellschaft, Weinheim.

Michel, Lutz P. (1990): Das Rundfunksystem der UdSSR, in: Hans-Bredow-Institut (Hrsg.): Internationales Handbuch für Rundfunk und Fernsehen 1990/91, Baden-Baden/Hamburg: D214–225.

Middleton, David/Derek Edwards (eds.) (1990): Collective remembering, London/Newsbury Park/New Delhi.

Mikos, Lothar (1988): Das Frauenbild in der Fernsehwerbung hat sich kaum verändert, in: Medium: 54–57.

Mitteilungen der Reichs-Rundfunk-Gesellschaft, 459, 23.3.1935.

Mommsen, Margareta (1987): Von 'Kritik und Selbstkritik' zu 'Glasnost', in: M. Mommsen/H.-H. Schröder (Hrsg): Gorbatschows Revolution von oben, Berlin.

Morin, Edgar (1991): Kultur <-> Erkenntnis, in: P. Watzlawick/P. Krieg (Hrsg.): Das Auge des Betrachters. Beiträge zum Konstruktivismus. Festschrift für H. von Foerster, München/Zürich: 75–84.

Morton, John (1986): Die mittelbaren Vorteile strategischer Investitionen, in: Zeitungstechnik, 12: 40.

Moscovici, Serge (1984): The phenomenon of social representations, in: R. M. Farr/S. Moscovici (eds.): Social representations, Cambridge/Paris: 3–69.

Mühlbauer, Josef (1959): Fernsehen. Das Wunder und das Ungeheuer, Basel/Freiburg/Wien.

Mühlen-Achs, Gitta (1990): Von Männern und Mäuschen. Zur psychologischen Funktion männlicher und weiblicher Rollen in Film und Fernsehen, in: G. Mühlen-Achs (Hrsg): Bildersturm, München: 88–105.

Mukai, Shutaro (1979): Zwischen Universalität und Individualität, in: Semiosis, 1: 41–51.

Müller, Rolf S. (1992): Ich bin ein Zeitungsmensch und erzähle Geschichten, in: R. Gerwin (Hrsg.): Die Medien zwischen Wissenschaft und Öffentlichkeit: 67–71.

Müller, Thomas/Peter M. Spangenberg (1991): Fern-Sehen – Radar – Krieg, in: M. Stingelin/W. Scherer (Hrsg.): HardWar/SoftWar. Krieg und Medien 1914 bis 1945 (Literatur- und Medienanalysen, Bd. 3), München: 275–302.

Müller-Gerbes, Sigrun (1989): Wer beim Fernsehen aufpaßt behält mehr, in: Frankfurter Rundschau v. 1.11.1989: 12.

Münch, Richard (1991): Dialektik der Kommunikationsgesellschaft, Frankfurt a. M.

Münster, Clemens (1955): Was tut das Fernsehen für die Familie?, in: Fernsehen und Familie. Schriftenreihe der Evangelischen Akademie für Rundfunk und Fernsehen, 2, München: 29–44.

Muratow, Sergej Aleksandrowich (1991): Soviet television and the structure of broadcasting authority, in: Journal of Communication, 2: 172–184.

Murdock, George P. (1945): The common denominator of cultures, in: R. Linton (ed.): The science of man in the world of crisis, New York: 123–142.

N.N. (1989): Springer-Zeitungen entblättern, in: Frankfurter Rundschau v. 25.01.1989: 6.

Namer, Gérard (1977): La sociologie de la connaissance chez Durkheim et les Durkheimiens, in: Année Sociologique, 28: 41–77.

Navazio, Robert (1977): An experimental approach to bandwaggon research, in: Public Opinion Quarterly, 41: 217–225.

Negrine, Ralph (1989): Politics in the media in Britain, London.

Negt, Oskar/Alexander Kluge (1972): Öffentlichkeit und Erfahrung. Zur Organisationsanalyse von bürgerlicher und proletarischer Öffentlichkeit, Frankfurt a.M.

Neisser, Ulric (1976): Cognition and reality, San Francisco.

Neuhaus, Johannes (Hrsg.) (1902): Das erste gedruckte Buch Gutenbergs in deutscher Sprache, Kopenhagen.

Neumann, Claus/Michael Charlton (1987): Lebensbewältigung mit Medien. Eine strukturanalytische Fallstudie in einem Erziehungsheim, in: medien + erziehung, 5: 268–277.

Neumann, Hannerl (1981): Die Journalistin im Rundfunk. Zur Geschichte der geschlechtsspezifischen Personalanteile seit 1949. Magisterarbeit Phil. Fak. Universität München.

Neumann, Norbert (1985): Wenn der Kollege aus Solingen nicht funktioniert, in: U. Gröttrup (Hrsg.): Zensierter Alltag, Göttingen.

Neumann, Odmar (1985): Perspektiven der Kognitionspsychologie, Berlin/Heidelberg/New York.

Neuman, Walter Russell (1976): Patterns of recall among television news viewers, in: Public Opinion Quarterly, 40: 112–123.

Neuman, Walter Russell (1990): The threshold of public attention, in: Public Opinion Quarterly, 54: 159–176.

Neverla, Irene (1983): Arbeitsmarktsegmentation im journalistischen Beruf, in: Publizistik, 3: 343–362.

Neverla, Irene (1986): Balanceakt zwischen Angleichung und Abweichung im Journalismus. Aspekte beruflicher Sozialisation von Journalistinnen, in: Publizistik, 1–2: 129–137.

Neverla, Irene (1991): Männerwelten, Frauenwelten. Wirklichkeitsmodelle, Geschlechterrollen, Chancenverteilung, in: Deutsches Institut für Fernstudien an der Universität Tübingen (Hrsg.): Funkkolleg Medien und Kommunikation. Konstruktionen von Wirklichkeit. Studienbrief 7, Weinheim und Basel: 11–38.

Neverla, Irene/Gerda Kanzleiter (1984): Journalistinnen. Frauen in einem Männerberuf, Frankfurt a. M.

Niemann, Hans-Joachim (1993): Die Strategie der Vernunft. Rationalität in Erkenntnis, Moral und Metaphysik, Braunschweig/Wiesbaden.

Niethammer, Lutz (Hrsg.) (1980): Lebenserfahrung und kollektives Gedächtnis, Frankfurt a. M.

Noelle-Neumann, Elisabeth (1963): Umfragen in der Massengesellschaft, Reinbek.

Noelle-Neumann, Elisabeth (1973): Kumulation, Konsonanz und Öffentlichkeitseffekt. Ein neuer Ansatz zur Analyse der Wirkung der Massenmedien, in: Publizistik, 18: 26–55.

Noelle-Neumann, Elisabeth (1974): Die Schweigespirale. Über die Entstehung der öffentlichen Meinung, in: E. Forsthoff/R. Hörstel (Hrsg.): Standorte im Zeitstrom. Festschrift für Arnold Gehlen, Frankfurt a. M.

Noelle-Neumann, Elisabeth (1977a): Der getarnte Elefant. Über die Wirkung des Fernsehens, in: Dies.: Öffentlichkeit als Bedrohung, Freiburg/ München: 115–126.

Noelle-Neumann, Elisabeth (1977b): Öffentlichkeit als Bedrohung, Freiburg/München.

Noelle-Neumann, Elisabeth (1979): Massenmedien und sozialer Wandel – Methodenkombination in der Wirkungsforschung, in: Zeitschrift für Soziologie, 8: 164–182.

Noelle-Neumann, Elisabeth (1980): Die Schweigespirale. Öffentliche Meinung – unsere soziale Haut, München.

Noelle-Neumann, Elisabeth (1989): Wirkung der Massenmedien, in: Dies./W. Schulz/J. Wilke (Hrsg.): Publizistik/Massenkommunikation, Frankfurt a. M.: 360–400.

Noelle-Neumann, Elisabeth/Winfried Schulz (1971): Publizistik, Frankfurt a. M.

Nora, Pierre (1990): Zwischen Geschichte und Gedächtnis, Berlin.

Nowotny, Helga (1989): Eigenzeit. Entstehung und Strukturierung eines Zeitgefühls, Frankfurt a. M.

Nowotny, Helga (1992): Kommunikation, Zeit, Öffentlichkeit, in: W. Hömberg/M. Schmolke (Hrsg.): Zeit Raum Kommunikation, München: 17–29.

Nüse, Ralf et al. (1991): Über die Erfindung/en des Radikalen Konstruktivismus, Weinheim.

O'Gorman, Hubert (1975): Pluralistic ignorance and white estimates of white support for racial segregation, in: Public Opinion Quarterly, 39: 313–330.

O'Gorman, Hubert/Stephen L. Garry (1977): Pluralistic ignorance – A replication and extension, in: Public Opinion Quarterly, 40: 449–458.

O'Riordan, Timothy (1985): Political decisionmaking and scientific indeterminacy, in: V. T. Covello/J. L. Mumpower/P. J. M. Stallen/V. R. R. Uppuluri (eds.): Environmental impact assessment, technology assessment, and risk analysis. Contributions from the psychological and decision sciences, Berlin: 973–1004.

Oberliesen, Rolf (1982): Information, Daten und Signale. Geschichte technischer Informationsverarbeitung, Reinbek.

Oeckl, Albert (1964): Handbuch der Public Relations. Theorie und Praxis der Öffentlichkeitsarbeit in Deutschland und der Welt, München.

Ogorek, Regina (1986): Richterkönig oder Subsumtionsautomat? Zur Justiztheorie im 19. Jahrhundert, Frankfurt a. M.

Okimoto, J. I. (1989): Between MITI and the market. Japanese industrial policy for high technology, Stanford.

Ong, Walter J. (1982): Orality and literacy: The technologizing of the word, London.

Ong, Walter J. (1987): Oralität und Literalität. Die Technologisierung des Wortes, Opladen.

Oppenberg, Dietrich (1969): Der Zeitungsverlag, in: E. Dovifat (Hrsg.): Handbuch der Publizistik, Bd. 3: Praktische Publizistik, Berlin: 121.

Organization for Economic Co-operation and Development (OECD) (1981): Information activities, electronics and telecommunications technologies, Paris.

Organization for Economic Co-operation and Development (OECD) (1992a): Information networks and new technologies. Opportunities and policy implications for the 1990s, Paris.

Organization for Economic Co-operation and Development (OECD) (1992b): Telecommunication and broadcasting: Convergence or collision?, Paris.

Otto, Peter/Philipp Sonntag (Hrsg.) (1985): Wege in die Informationsgesellschaft. Steuerungsprobleme in Wirtschaft und Politik, München.

Paczesny, Reinhard (1988): Was ist geheim an der Verführung? Strategien, Techniken und Materialität der Werbung, in: H. U. Gumbrecht/ K. L. Pfeiffer (Hrsg.): Materialität der Kommunikation, Frankfurt a. M.: 474–483.

Paech, Joachim (1988): Literatur und Film, Stuttgart.

Paech, Joachim (1991): Eine Dame verschwindet. Zur dispositiven Struktur apparativen Erscheinens, in: H. U. Gumbrecht/K. L. Pfeiffer (Hrsg.): Paradoxien, Dissonanzen, Zusammenbrüche. Situationen offener Epistemologie, Frankfurt a. M.: 773–789.

Palmgreen, Philip (1984): Der "Uses and Gratification Approach", in: Rundfunk und Fernsehen, 32: 51–62.

Parry, Milman (1971): The making of homeric verse. The collected papers of M. Parry, Oxford.

Parsons, Talcott (1964): Evolutionary universals, in: American Sociological Review, 29: 339–357.

Pätzold, Ulrich/Horst Röper (1989a): Organisationsprobleme des lokalen Rundfunks in der Bundesrepublik Deutschland, Düsseldorf.

Pätzold, Ulrich/Horst Röper (1989b): Printmedien in Niedersachsen, Dortmund.

Pätzold, Ulrich/Horst Röper (1992): Medienland Nordrhein-Westfalen, Düsseldorf.

Pavlik, John V.(1987): Public relations. What research tells us, Newsbury Park.

Penfield, Wilder/Theodore Rasmussen (1950): The cerebral cortex of man, New York.

Perkins, F. Theodore (1932): Symmetry in visual recall, in: American Journal of Psychology, 3.

Perky, Cheves W. (1910): An experimental study of imagination, in: American Journal of Psychology, 3: 422–452.

Perrow, Charles (1984): Normal accidents. Living with high-risk technologies, New York.

Peter, Burckhard (1986): Schmerzkontrolle (Leitthema). Hypnose und Kognition, 1.

Peter-Bolaender, Martina (1986): Förderung von Körperbewußtheit und Körperbewußtsein durch Tanzimprovisation, in: J. Bielefeld (Hrsg.): Körpererfahrung. Grundlage menschlichen Bewegungsverhaltens, Göttingen/Toronto/Zürich: 252–272.

Petermann, Franz (1978): Veränderungsmessung, Stuttgart/Berlin/Köln/ Mainz.

Peters, Hans Peter (1990): Ein Blick über den Teich: Wissenschaftsjournalismus und Öffentlichkeitsarbeit – Anmerkungen zu Forschung und Praxis in den USA, in: S. Ruß-Mohl (Hrsg.): Wissenschaftsjournalismus und Öffentlichkeitsarbeit, Gerlingen: 55–78.

Peters, Hans Peter (1991a): Durch Risikokommunikation zur Technikakzeptanz? Die Konstruktion von Risiko„wirklichkeiten" durch Experten, Gegenexperten und Öffentlichkeit, in: J. Krüger/S. Ruß-Mohl (Hrsg.): Risikokommunikation. Technikakzeptanz, Medien und Kommunikationsrisiken, Berlin: 11–66.

Peters, Hans Peter (1991b): Risiko-Kommunikation: Kernenergie, in: H. Jungermann/B. Rohrmann/P. M. Wiedemann (Hrsg.): Risikokontroversen. Konzepte, Konflikte, Kommunikation, Berlin: 63–159.

Peters, Hans Peter/Gabriele Albrecht/Leo Hennen/Hans Ulrich Stegelmann (1987): Die Reaktionen der Bevölkerung auf die Ereignisse in Tschernobyl. Ergebnisse einer Befragung, in: Kölner Zeitschrift für Soziologie und Sozialpsychologie, 4: 764–782.

Peters, Hans Peter/Jens Krüger (1985): Der Transfer wissenschaftlichen Wissens in die Öffentlichkeit aus der Sicht von Wissenschaftlern. Ergebnisse einer Befragung der wissenschaftlichen Mitarbeiter der Kernforschungsanlage Jülich, Jül-Spez-323, Jülich.

Peters, Hans Peter/Leo Hennen (1990): Orientierung unter Unsicherheit. Bewertung der Informationspolitik und Medienberichterstattung nach „Tschernobyl", in: Kölner Zeitschrift für Soziologie und Sozialpsychologie, 2: 300–312.

Peukert, Detlev J. K. (1990): Mit uns zieht die neue Zeit ... Jugend zwischen Disziplinierung und Revolte, in: A. Nitschke/G. A. Ritter/D. J. K. Peukert/R. vom Bruch (Hrsg.): Jahrhundertwende. Der Aufbruch in die Moderne 1880-1930, Reinbek: 176–202.

Pfaffenholz, Alfred (1989): Erinnerung im Rundfunk. Gesendetes Manuskript, Radio Bremen.

Pfeifer, Wolfgang u.a. (1989): Etymologisches Wörterbuch des Deutschen, 3 Bde., Berlin.

Pfeifer, Hans-Wolfgang (1988): Verleger, Manager, Publizist, in: R. Terheyden (Hrsg.): Beruf und Berufung – zweite Festschrift für Johannes Binkowski, Mainz: 17.

Pfeiffer, Karl Ludwig (1988): Materialität der Kommunikation?, in: H. U. Gumbrecht/K. L. Pfeiffer (Hrsg.): Materialität der Kommunikation, Frankfurt a. M.: 15–28.

Pfister, Manfred (1989) (Hrsg.): Die Modernisierung des Ich. Studien zur Subjektkonstitution und Frühmoderne, Passau.

Pfürtner, Stephan H. (1978): Zur wissenschaftstheoretischen Begründung der Moral, in: N. Luhmann/Ders. (Hrsg.): Theorietechnik und Moral, Frankfurt a. M.: 176–250.

Phémister, M. R. (1951): An experimental contribution to the problem of apparent reality, in: The Quarterly Journal of Experimental Psychology, 1: 1–18.

Phillips, Barbara E. (1977): Approaches to objectivity: Journalistic versus social sience perspectives, in: M. Hirsch et al. (eds.): Strategies for communication research, Berverly Hills/London: 63–77.

Piaget, Jean (1974): Die Bildung des Zeitbegriffs beim Kinde, Frankfurt a. M.

Piaget, Jean (1975): Der Aufbau der Wirklichkeit beim Kinde. Gesammelte Werke, Bd. 2, Stuttgart.

Piaget, Jean/Bärbel Inhelder (²1973): Die Psychologie des Kindes, Freiburg.

Piontkowski, Ursula (1976): Psychologie der Interaktion, München.

Platon. Phaidros 274c – 278b (Übersetzung Edgar Salin), in: A. Assmann/ J. Chr. Hardmeier (Hrsg.) (1983): Schrift und Gedächtnis. Archäologie der literarischen Kommunikation I, München: 7 f.

Platon. Sämtliche Dialoge Bd.II Phaidros. (Übersetzung v. Constantin Ritter) Hamburg: Meiner (1988), Kap. LX, 104 ff.

Plessner, Helmuth (1976): Die Stufen des Organischen und der Mensch. Einleitung in die philosophische Anthropologie (1926), in: Ders.: Gesammelte Schriften, Bd. IV, hg. von G. Dux/O. Marquard/E. Ströker, Frankfurt a. M.: 360–425.

Pöppel, Ernst (1989): Gegenwart – psychologisch gesehen, in: R. Wendorff (Hrsg.): Im Netz der Zeit. Menschliches Zeiterleben interdisziplinär, Stuttgart: 11–16.

Porat, Marc U. (1976): The information economy, Stanford.

Portele, Gerhard (1989): Autonomie, Macht, Liebe, Frankfurt a. M.

Postman, Neil (1983): Das Verschwinden der Kindheit, Frankfurt a. M.

Postman, Neil (1992): Wir informieren uns zu Tode, in: Die Zeit, Nr. 41: 61–62.

Powers, William T. (1973): Behaviour. The control of perception, Chicago.

Prakke, Hendricus Johannes et al. (1968): Kommunikation der Gesellschaft, Münster.

Presser, Helmut (1977): Gutenberg, Reinbek.

Preston, William/Edward S. Herman/Herbert I. Schiller (1989): Hope and Folly. The United States and UNESCO 1945-1985, Minneapolis.

Prigogine, Ilya (1985): Vom Sein zum Werden. Zeit und Komplexität in den Naturwissenschaften, München/Zürich.

Pringle, J.W.S.(1951): On the parallel between learning and evolution, in: Behavior, 3: 174–215.

Prokop, Ulrike (1983): Die Melancholie der Cornelia Goethe, in: Feministische Studien, 2, 2: 46–77.

Promp, Detlef W. (1990): Sozialisation und Ontogenese – ein biosoziologischer Ansatz, Berlin/Hamburg.

Prott, Jürgen (1976): Bewußtsein von Journalisten. Standesdenken oder gewerkschaftliche Solidarisierung?, Frankfurt a. M./Köln.

Prott, Jürgen et al. (1983): Berufsbild der Journalisten im Wandel? Zeitungsredakteure unter den Bedingungen der Bildschirmarbeit, Frankfurt a. M.

Pusch, Luise F. (1980): Das Deutsche als Männersprache – Diagnose und Therapievorschläge, in: Linguistische Berichte, 69: 59–74.

Pusch, Luise F. (Hrsg.) (1988): Töchter berühmter Männer, Frankfurt a. M.

Püschel, Ulrich (1992): Von der Pyramide zum Cluster. Textsorten und Textsortenmischung in Fernsehnachrichten, in: E. W. B. Hess-Lüttich (Hrsg.): Medienkultur – Kulturkonflikt, Opladen: 233-258.

Püschel, Ulrich (1993): Zwischen Wissen und Gewißheit. Zur Ereignisberichterstattung im Fernsehen, in: A. Grewenig (Hrsg.): Inszenierte Information, Opladen: 269-286.

Radway, Janice A. (1984): Reading the romance. Women, patriarchy and popular literature, Chapel Hill/London.

Raible, Wolfgang (1983): Vom Text und seinen vielen Vätern oder: Hermeneutik als Korrelat der Schriftkultur, in: A. Assmann/J. Assmann/C. Hardmeier (Hrsg.): Schrift und Gedächtnis. Archäologie der literarischen Kommunikation I, München: 20–23.

Rammert, Werner (1989a): Technisierung und Medien in Sozialsystemen – Annäherung an eine soziologische Theorie der Technik, in: P. Weingart (Hrsg.): Technik als sozialer Prozeß, Frankfurt a. M.: 128–173.

Rammert, Werner (Hrsg.) (1989b): Technik und Gesellschaft. Jahrbuch 5: Computer, Medien, Gesellschaft, Frankfurt a. M.

Rammert, Werner (1990a): Computerwelten – Alltagswelten. Von der Kontrastierung zur Variation eines Themas, in: Ders. (Hrsg.): Computerwelten – Alltagswelten, Opladen: 13–26.

Rammert, Werner (1990b): Materiell – Immateriell – Medial: Die verschlungenen Bande zwischen Technik und Alltagsleben, in: Österr. Zeitschrift für Soziologie, 4, 15: 26–39.

Rath, Claus-Dieter (1983): Elektronische Körperschaft. Mitgliederversammlung im Wohnzimmer, in: Tumult 5 (Nach der Demokratie. Im Fernsehraum), Wetzlar.

Ratzke, Dietrich (1984): Handbuch der neuen Medien. Information und Kommunikation. Fernsehen und Hörfunk, Presse und Audiovision heute und morgen, Stuttgart.

Rechenberg, Ingo (1973): Evolutionsstrategie, Stuttgart.

Reiss, Erwin (1979): Wir senden Frohsinn. Fernsehen unterm Faschismus, Berlin.

Renckstorf, Karsten (1980): Nachrichtensendungen im Fernsehen, Berlin.

Renn, Ortwin (1984): Risikowahrnehmung der Kernenergie, Frankfurt a. M./New York.

Richards, John/Ernst von Glasersfeld (1984): Die Kontrolle von Wahrnehmung und die Konstruktion von Realität, in: Delfin, 3: 4–25.

Riché, Pierre (^{2}1989): Ecoles et enseignement dans le Haut Moyen Age, Paris.

Richerson, Peter J./Robert Boyd (1989): A Darwinian theory for the evolution of symbolic cultural traits, in: M. Freilich (ed.): The relevance of culture, New York: 120–142.

Ricklefs, Ulfert (1975): Hermeneutik, in: W. H. Friedrich/W. Killy (Hrsg.): Fischer Lexikon Literatur, 2/1:, Frankfurt a. M.: 277–293.

Ridder-Aab, Christa Maria (1988): Der Werbemarkt der Zukunft. Prognosen, Prämissen, Probleme, in: Media Perspektiven, 4: 185–197.

Riegas Volker (1990): Das Nervensystem – offenes oder geschlossenes System?, in: Ders./C. Vetter (Hrsg): Zur Biologie der Kognition. Ein Gespräch mit Humberto R. Maturana und Beiträge zur Diskussion seines Werkes, Frankfurt a. M.: 99–115.

Riepl, Wolfgang (1972): Das Nachrichtenwesen des Altertum, Hildesheim/New York.

Ries, Conrad (1950): Joseph Goebbels, Baden-Baden.

Riley, Donald A. (1964): Memory for form, in: L. Postman (ed.): Psychology in the making, New York: 402–465.

Rings, Werner (1962): Die 5. Wand: Das Fernsehen, Wien/Düsseldorf.

Ritter, Manfred (1986): Wahrnehmung und visuelles System, Heidelberg.

Rittner, Volker (1986): Körper und Körpererfahrung in kulturhistorisch-gesellschaftlicher Sicht, in: J. Bielefeld (Hrsg.): Körpererfahrung. Grundlage menschlichen Bewegungsverhaltens, Göttingen/Toronto/ Zürich: 125–155.

Robinson, Gertrude Joch (1973): Fünfundzwanzig Jahre Gatekeeper-Forschung: Eine kritische Rückschau und Bewertung, in: J. Aufermann/H. Bohrmann/R. Sülzer (Hrsg.): Gesellschaftliche Kommunikation und Information, Frankfurt a. M.: 255–345.

Robinson, Joan P./Mark. R. Levy (eds.) (1986): The main source. Learning from television, Beverly Hills (Cal.)/London.

Rock, Irvin (1983). The logic of perception, Cambridge/Mass.

Rogge, Jan-Uwe (1981): Medienverbund und Umwelt, Medienbiographie und Lebensgeschichte, in: Informationen Jugendliteratur und Medien, 4: 62–74.

Rolff, Hans-Günter (²1989): Massenkonsum, Massenmedien und Massenkultur – Über den Wandel kindlicher Aneignungsweisen, in: U. Preuss-Lausitz u.a.: Kriegskinder, Konsumkinder, Krisenkinder. Zur Sozialisationsgeschichte im zweiten Weltkrieg, Weinheim/Basel: 153–167.

Rolke, Lothar (1992): Messen und Bewerten. Die Wirkung von PR, in: PR-Magazin, 8: 35–42.

Roloff, Eckard Klaus (1982). Journalistische Textgattungen, München.

Ronneberger, Franz (1988): Sozialisation der Journalisten-Elite, in: Publizistik, 2–3: 395–405.

Ronneberger, Franz/Manfred Rühl (1992): Theorie der Public Relations, Opladen.

Röper, Horst (1983): Elektronische Berichterstattung. Formen und Folgen der neuen Fernsehproduktion, Hamburg.

Röper, Horst (1986): Stand der Verflechtung von privatem Rundfunk und Presse 1985, in: Media Perspektiven, 5: 281–303.

Röper, Horst (1987): Stand der Verflechtung von privatem Rundfunk und Presse 1987, in: Media Perspektiven, 11: 693–710.

Röper, Horst (1988): Formationen deutscher Medienmultis, in: Media Perspektiven, 12: 749–765.

Röper, Horst (1989a): Daten zur Konzentration der Tagespresse in der Bundesrepublik Deutschland im I. Quartal 1989, in: Media Perspektiven, 6: 325–338.

Röper, Horst (1989b): Stand der Verflechtung von privatem Rundfunk und Presse 1989, in: Media Perspektiven, 9: 533–551.

Röper, Horst (1990): Formationen deutscher Medienmultis 1990, in: Media Perspektiven, 12: 755–774.

Röper, Horst (1991): Presse unter dem Hammer, in: Journalist, 2: 26 ff.

Röper, Horst (1992): Daten zur Konzentration der Publikumszeitschriften in Deutschland im I. Quartal 1992, in: Media Perspektiven, 7: 416–427.

Röper, Horst (1993): Formationen deutscher Medienmultis 1992, in: Media Perspektiven, 2: 56–74.

Rosenberg, Milton C./Carl I. Hovland (1960): Cognitive, affective and behavioral components of attitudes, in: M. C. Rosenberg et al. (eds): Attitude organization and change, New Haven: 1–14.

Rosenblatt, Paul C./Michael Cunningham (1976): Television watching and family tensions, in: Journal of Marriage and Family, 1: 105–111.

Rostow, Walt W. (1960): Stadien wirtschaftlichen Wachstums, Göttingen.

Roßnagel, Alexander/Peter Wedde/Volker Hammer/Ulrich Pordesch (1989): Die Verletzlichkeit der "Informationsgesellschaft", Opladen.

Roth, Gerhard (1978): Die Bedeutung der biologischen Wahrnehmungsforschung für die philosophische Erkenntnistheorie, in: P. M. Hejl/W. K. Köck und G. Roth (Hrsg.): Wahrnehmung und Kommunikation, Frankfurt a. M./Bern/Las Vegas: 65–78.

Roth, Gerhard (1985): Die Selbstreferentialität des Gehirns und die Prinzipien der Gestaltwahrnehmung, in: Gestalt Theory, 4: 228–244.

Roth, Gerhard (1987): Die Entwicklung kognitiver Selbstreferentialität im menschlichen Gehirn, in: D. Baecker/J. Markowitz/R. Stichweh/H. Tyrrell/H. Willke: Theorie als Passion. Niklas Luhmann zum 60. Geburtstag, Frankfurt a. M.: 394–422.

Roth, Gerhard (1991): Die Konstitution von Bedeutung im Gehirn, in: S. J. Schmidt (Hrsg.): Gedächtnis. Probleme und Perspektiven der interdisziplinären Gedächtnisforschung, Frankfurt a. M.: 360–370.

Roth, Gerhard (1992): Das konstruktive Gehirn: Neurobiologische Grundlagen von Wahrnehmung und Erkenntnis, in: S. J. Schmidt (Hrsg.): Kognition und Gesellschaft, Frankfurt a. M.: 277–336.

Roth, Gerhard (1993): Die Konstruktivität des Gehirns: Der Kenntnisstand der Hirnforschung (im Druck).

Roth, Gerhard/Helmut Schwegler (1992): Kognitive Referenz und Selbstreferentialität des Gehirns: Ein Beitrag zur Klärung des Verhältnisses zwischen Erkenntnistheorie und Hirnforschung, (unpubl. Manuskript, Universität Bremen).

Roth, Paul (1991): Glasnost in der Sowjetunion, in: Aus Politik und Zeitgeschichte, 16: 3–14.

Rother, Rainer (1990): Authentizität. Filmische Strategien zur fiktionalen Darstellung von Geschichte, in: G. C. Tholen/M. O. Scholl (Hrsg.): Zeit-Zeichen. Aufschübe und Interferenzen zwischen Endzeit und Echtzeit, Weinheim: 305–319.

Rötzer, Florian (Hrsg.) (1991): Digitaler Schein. Ästhetik der elektronischen Medien, Frankfurt a. M.

Rücker, Elisabeth: Hartmann Schedels Weltchronik. Das größte Buchunternehmen der Dürer-Zeit, München.

Rühl, Manfred (^{2}1979): Die Zeitungsredaktion als organisiertes soziales System, Fribourg.

Rühl, Manfred (1980): Journalismus und Gesellschaft. Bestandsaufnahme und Theorie-Entwurf, Mainz.

Rühl, Manfred (1989): Organisatorischer Journalismus. Tendenzen der Redaktionsforschung, in: M. Kaase/W. Schulz (Hrsg.): Massenkommunikation. Theorien, Methoden, Befunde, Opladen: 253–269.

Rühl, Manfred (1991): Zwischen Information und Unterhaltung. Funktionen der Medienkommunikation, in: Deutsches Institut für Fernstudien (Hrsg.): Funkkolleg Medien und Kommunikation. Studienbrief 9, Weinheim: 11–37.

Rühl, Manfred/Ulrich Saxer (1981): 25 Jahre Deutscher Presserat. Ein Anlaß für Überlegungen zu einer kommunikationswissenschaftlichen Ethik des Journalismus und der Massenkommunikation, in: Publizistik, 4: 471–507.

Ruhrmann, Georg (1989): Rezipient und Nachricht. Struktur und Prozeß der Nachrichtenrekonstruktion, Opladen.

Ruhrmann, Georg (1991a): Risikokommunikation und die Unsicherheiten der Gentechnologie. Entwicklung, Struktur und Folgeprobleme, in: S. Müller-Doohm/K. Neumann-Braun (Hrsg): Öffentlichkeit, Kultur, Massenkommunikation, Oldenburg: 131–164.

Ruhrmann, Georg (1991b): Zum Problem der Darstellung fremder Kulturen in der deutschen Presse, in: Zeitschrift für Kulturaustausch, 41: 42–53.

Ruhrmann, Georg (1992): Risikokommunikation, in: Publizistik, 37: 5–24.

Ruhrmann, Georg (1993): Ist Aktualität noch aktuell? Journalistische Selektivität und ihre Folgen, in: M. Löffelholz (Hrsg.): Krieg als Medienereignis. Grundlagen und Perspektiven der Krisenkommunikation, Opladen: 81–96.

Ruhrmann, Georg (1994): Öffentliche Meinung, in: K. Dammann/D. Grunow/K. P. Japp (Hrsg.): Die Verwaltung des politischen Systems. Neue systemtheoretische Zugriffe auf ein altes Thema. Niklas Luhmann zum 65. Geburtstag, Opladen.

Rusch, Gebhard (1986): Verstehen verstehen, in: N. Luhmann/ K. E. Schorr (Hrsg.): Zwischen Intransparenz und Verstehen. Fragen an die Pädagogik, Frankfurt a. M.: 40–71.

Rusch, Gebhard (1987a): Autopoiesis, Literatur, Wissenschaft, in: S. J. Schmidt (Hrsg.): Der Diskurs des Radikalen Konstruktivismus, Frankfurt a. M.: 374–400.

Rusch, Gebhard (1987b): Erkenntnis, Wissenschaft, Geschichte. Von einem konstruktivistischen Standpunkt, Frankfurt a. M.

Rusch, Gebhard (1987c): Psychologie und Medienerziehung, in: L. J. Issing (Hrsg.): Medienpädagogik im Informationszeitalter, Weinheim: 79–89.

Rusch, Gebhard (1987d): Kognition, Mediennutzung, Gattungen. Sozialpsychologische Aspekte von Medien und Mediengattungen, Fernsehen und Fernsehgattungen in der Bundesrepublik Deutschland, in: SPIEL, 6, 2: 227–272.

Rusch, Gebhard (1990): Verstehen verstehen. Kognitive Autonomie und soziale Regulation, in: Deutsches Institut für Fernstudien (Hrsg.): Funkkolleg Medien und Kommunikation. Studienbrief 4, Weinheim/Basel: 11–44.

Rusch, Gebhard (1991): Zur Systemtheorie und Phänomenologie von Literatur. Eine holistische Perspektive, in: SPIEL, 10 , 2: 305–339.

Rusch, Gebhard (1992): Auffassen, Begreifen und Verstehen. Neue Überlegungen zu einer konstruktivistischen Theorie des Verstehens, in: S. J. Schmidt (Hrsg.): Kognition und Gesellschaft. Der Diskurs des Radikalen Konstruktivismus 2, Frankfurt a. M: 214–256.

Rusch, Gebhard/Siegfried J. Schmidt (Hrsg.) (1992): Konstruktivismus: Geschichte und Anwendung, Delfin-Jahrbuch 1992, Frankfurt a. M.

Rust, Holger (1986): Entfremdete Elite? Journalisten im Kreuzfeuer der Kritik, Wien.

Rusterholz, Peter (1975): Hermeneutik, in: Grundzüge der Literatur- und Sprachwissenschaft, Bd. 1: Literaturwissenschaft, München: 89–104.

Rysman, Alexander (1977): How the "gossip" became a woman, in: Journal of Communication, 1: 176–180.

Sachsman, David B. (1976): Public relations influence on coverage of the environment in San Francisco area, in: Journalism Quarterly, 1: 54–60.

Salomon, Gavriel (1984): Der Einfluß von Vorverständnis und Rezeptionsschemata auf die Fernsehwahrnehmung von Kindern, in: M. Meyer (Hrsg.): Wie verstehen Kinder Fernsehprogramme?, München/New York/London/Paris: 199–218.

Salomon, Gavriel (1987): Psychologie und Medienerziehung, in: L. J. Issing (Hrsg.): Medienpädagogik im Informationszeitalter, Weinheim: 79–89.

Sandman, Peter M. (1988): Hazard versus outrage: A conceptual frame for describing public perception of risk, in: H. Jungermann/R. E. Kasperson/P. M. Wiedemann (eds.): Risk communication. Proceedings of the international workshop on risk communication, October 17–21, 1988, Jül-Conf-70, Jülich: 163–168.

Sarcinelli, Ulrich (1987): Symbolische Politik. Zur Bedeutung symbolischen Handelns in der Wahlkampfkommunikation der Bundesrepublik Deutschland, Opladen.

Sarcinelli, Ulrich (1991): Massenmedien und Politikvermittlung – eine Problem- und Forschungsskizze, in: Rundfunk und Fernsehen, 36, 4: 469–486.

Savage, Jay M. (1973): Evolution, München/Bern/Wien.

Schachter, Stanley/Jerome E. Singer (1962): Cognitive, social, and physiological determinants of emotional state, in: Psychological Review, 4: 379–399.

Schäfer-Dieterle, Susanne (1987): Zeitungsverleger denken über redaktionelle Konzepte nach, in: die feder, 11: 25.

Schäfers, Bernhard (Hrsg.) (²1986): Grundbegriffe der Soziologie, Opladen.

Scheler, Max (1960): Die Wissensformen und die Gesellschaft, Bern/München.

Schelsky, Helmut (1964): Gedanken zur Rolle der Publizistik in der modernen Gesellschaft, in: F. Hodeige/C. Rothe (Hrsg.): Atlantische Begegnungen. Eine Freundesgabe für Arnold Bergsträsser, Freiburg.

Schelsky, Helmut (1965): Der Realitätsverlust der modernen Gesellschaft (1954), in: Ders.: Auf der Suche nach Wirklichkeit. Gesammelte Aufsätze, Düsseldorf/Köln: 391–404.

Schenk, Michael (1987): Medienwirkungsforschung, Tübingen.

Schenk, Ulrich (1985): Nachrichtenagenturen, Berlin.

Scherer, Helmut (1990): Massenmedien, Meinungsklima und Einstellung. Eine Untersuchung zur Theorie der Schweigespirale, Opladen.

Scherf, Günther (1985): Zurück bleibt ein eingeschüchterter Journalist, in: U. Gröttrup (Hrsg.): Zensierter Alltag, Göttingen.

Scheuch, Erwin K. (1973): Das Interview in der Sozialforschung, in: R. König (Hrsg.)(³1973): Handbuch der empirischen Sozialforschung, Bd. 2, Stuttgart: 66–190.

Schiller, Herbert I. (1984): Die Verteidigung des Wissens. Information im Zeitalter der großen Konzerne, Frankfurt a. M.

Schiller, Herbert I. (1986): Die Kommerzialisierung der Kultur in den Vereinigten Staaten, in: Media Perspektiven, 10: 659–677.

Schindel, Carl (1922): Die deutschen Schriftstellerinnen des neunzehnten Jahrhunderts, Leipzig.

Schlesinger, Philip (1990): Rethinking the sociology of journalism: Source strategies and the limits of media-centrism, in: M. Ferguson (ed.): Public communication. The new imperatives. Future directions for media research, London: 61–83.

Schmerl, Christiane (1980): Frauenfeindliche Werbung: Sexismus als heimlicher Lehrplan, Berlin.

Schmerl, Christiane (²1989): Die öffentliche Inszenierung der Geschlechtscharaktere – Berichterstattung über Frauen und Männer in der deutschen Presse, in: Dies. (Hrsg.): In die Presse geraten. Darstellung von Frauen in der Presse und Frauenarbeit in den Medien, Köln/Wien: 7–52.

Schmerl, Christiane (1990): Frauenbilder in der Werbung, in: G. Mühlen Achs (Hrsg.): Bildersturm, München: 183–205.

Schmerl, Christiane (Hrsg.) (1992): Frauenzoo der Werbung. Aufklärung über Fabeltiere, München.

Schmid, M. (1987): Autopoiesis und soziales System: Eine Standortbestimmung, in: H. Haferkamp/M. Schmid (Hrsg.): Sinn, Kommunikation und soziale Differenzierung. Beiträge zu Luhmanns Theorie sozialer Systeme, Frankfurt a. M.: 25–50.

Schmidt, Claudia/Christoph Bruns/Christiane Schöwer/Christoph Seeger (1989): Endstation Seh-Sucht? Kommunikationsverhalten und Medientechniken, Frankfurt a. M.

Schmidt, Gert (1989): Die "Neuen Technologien" – Herausforderungen für ein verändertes Technikverständnis der Industriesoziologie, in: P. Weingart (Hrsg.): Technik als sozialer Prozeß, Frankfurt a. M.: 231–255.

Schmidt, Siegfried J. (²1976): Texttheorie, München.

Schmidt, Siegfried J. (1980): Grundriß der Empirischen Literaturwissenschaft, Bd. 1: Der gesellschaftliche Handlungsbereich Literatur, Braunschweig/Wiesbaden.

Schmidt, Siegfried J. (1982): Grundriß der Empirischen Literaturwissenschaft, Bd. 2: Zur Rekonstruktion literaturwissenschaftlicher Fragestellungen in einer Empirischen Theorie der Literatur, Braunschweig/ Wiesbaden.

Schmidt, Siegfried J. (Hrsg.) (1987a): Der Diskurs des Radikalen Konstruktivismus, Frankfurt a. M.

Schmidt, Siegfried J. (1987b): Der Radikale Konstruktivismus: Ein neues Paradigma im interdisziplinären Diskurs, in: Ders. (Hrsg.): Der Diskurs des Radikalen Konstruktivismus, Frankfurt a. M.: 11–88.

Schmidt, Siegfried J. (1987c): Liquidation oder Transformation der Moderne?, in: H. Holländer/C. W. Thomsen (Hrsg.): Besichtigung der Moderne: Bildende Kunst, Architektur, Musik, Literatur, Religion. Aspekte und Perspektiven, Köln: 53–70.

Schmidt, Siegfried J. (Hrsg.) (1987d): Skizze einer konstruktivistischen Mediengattungstheorie, in: Spiel, 6: 163–205.

Schmidt, Siegfried J. (1989): Die Selbstorganisation des Sozialsystems Literatur im 18. Jahrhundert, Frankfurt a. M.

Schmidt, Siegfried J. (1990a): Der beobachtete Beobachter. Zu Text, Kommunikation und Verstehen, in: V. Riegas/Ch. Vetter (Hrsg.): Zur Biologie der Kognition. Ein Gespräch mit Humberto R. Maturana und Beiträge zur Diskussion seines Werkes, Frankfurt a. M.: 308–328.

Schmidt, Siegfried J. (1990b): Wir verstehen uns doch ? Von der Unwahrscheinlichkeit gelingender Kommunikation, in: Deutsches Institut für Fernstudien (Hrsg): Funkkolleg Medien und Kommunikation. Studienbrief 1, Weinheim: 50–78.

Schmidt, Siegfried J. (Hrsg.) (1991a): Gedächtnis. Perspektiven der interdisziplinären Gedächtnisforschung, Frankfurt a. M.

Schmidt, Siegfried J. (1991b): Gedächtnisforschungen: Positionen, Probleme, Perspektiven, in: Ders. (Hrsg.): Gedächtnis: Probleme und Perspektiven der interdisziplinären Gedächtnisforschung, Frankfurt a. M.: 9–55.

Schmidt, Siegfried J. (1991c): Werbewirtschaft als soziales System. Arbeitshefte Bildschirmmedien, 27, Universität-GH-Siegen.

Schmidt, Siegfried J. (1992a): Medien, Kultur: Medienkultur. Ein konstruktivistisches Gesprächsangebot, in: Ders. (Hrsg.): Kognition und Gesellschaft. Der Diskurs des radikalen Konstruktivismus 2, Frankfurt a. M.: 425–450.

Schmidt, Siegfried J. (1992b): Über die Rolle von Selbstorganisation beim Sprachverstehen, in: W. Krohn/G. Küppers (Hrsg.): Emergenz: Die Entstehung von Ordnung, Organisation und Bedeutung, Frankfurt a. M.: 293–333.

Schmidt, Siegfried J. (1993): Zur Ideengeschichte des Radikalen Konstruktivismus, in: E. Florey/O. Breidbach (Hrsg.): Das Gehirn – Organ der Seele? Zur Ideengeschichte der Neurobiologie, Berlin: 327–349.

Schmidt, Siegfried J. (1994): Kognitive Autonomie und soziale Kontrolle, Frankfurt a. M.

Schmidt, Siegfried J./Brigitte Spieß (1994): Die Geburt der schönen Bilder. Fernsehwerbung aus der Sicht der Kreativen, Opladen.

Schmidt, Siegfried J./Siegfried Weischenberg (1990): Die Münzen der Kommunikation. Gattungen, Berichterstattungsmuster, Darstellungsformen, in: Deutsches Institut für Fernstudien (Hrsg.): Funkkolleg Medien und Kommunikation. Studienbrief 6, Weinheim /Basel: 11–48.

Schmidt-Faber, Werner (1986): Argument und Scheinargument. Grundlagen und Modelle zu rationalen Begründungen im Alltag, München.

Schmidtchen, Gerhard (1962): Die Evolution der Rundfunkmedien, in: Publizistik, 12: 293–302.

Schneider, Franz (1966): Pressefreiheit und politische Öffentlichkeit. Studien zur politischen Geschichte Deutschlands bis 1948, Neuwied/ Berlin.

Scholl, Armin (1993): Die Befragung als Kommunikationssituation. Zur Reaktivität im Forschungsinterview, Opladen.

Schönbach, Klaus (1977): Trennung von Nachricht und Meinung. Empirische Untersuchung eines journalistischen Qualitätskriteriums, Freiburg/München.

Schönbach, Klaus (1984a): Der "Agenda-Setting-Approach": Theoretische Perspektiven und praktische Relevanz, in: K. Renckstorf/W. Teichert (Hrsg.): Empirische Publikumsforschung, Hamburg: 88–97.

Schönbach, Klaus/Werner Früh (1984): Der dynamisch-transaktionale Ansatz II: Konsequenzen, in: Rundfunk und Fernsehen, 23: 314–329.

Schott, Rüdiger (1968): Das Geschichtsbewußtsein schriftloser Völker, in: Archiv für Begriffsgeschichte, 12: 166–205.

Schottenloher, Karl (1922): Flugblatt und Zeitung, Berlin.

Schöttler, Peter (1989): Mentalitäten, Ideologien, Diskurse. Zur sozialgeschichtlichen Thematisierung der "dritten Ebene", in: A. Lüdtke (Hrsg.): Alltagsgeschichte. Zur Rekonstruktion historischer Erfahrungen und Lebensweisen, Frankfurt a. M./New York: 85–136.

Schramm, Wilbur (1964): Mass media and the development. The role of information in the developing countries, Stanford.

Schramm, Wilbur (1981): What is a long time?, in: G. C. Wilhoit/J. H. de Bock (eds.) (1981): Mass Communication Review Yearbook, Vol. 2, Beverly Hills/London: 202–206.

Schramm, Wilbur/Donald F. Roberts (1972): The process and effects of mass communication, Urbana.

Schramm, Wilbur/Jack Lyle/Edwin B. Parker (1961): Television in the lives of our children, Stanford.

Schreiber ([2]1990): Über die Kunstform der Reportage, in: M. Haller: Die Reportage, München: 245–252.

Schröder, Klaus Theo/Ulrich Eckert/Peter Georgieff/Dirk-Michael Harmsen (1989): Die Bundesrepublik Deutschland auf dem Weg zur Informationsgesellschaft?, in: Aus Politik und Zeitgeschichte, 15: 17–24.

Schudson, Michael (1991): The sociology of news production revisited, in: J. Curran/M. Gurevitch (eds.): Mass media and society, London/New York: 141–159.

Schulz, Rüdiger (1974): Entscheidungsstrukturen der Redaktionsarbeit. Eine vergleichende empirische Analyse des redaktionellen Entscheidungshandelns der regionalen Abonnementzeitungen unter besonderer Berücksichtigung der Einflußbeziehungen zwischen Verleger und Redaktion, rer. pol. Diss., Universität Mainz.

Schulz, Winfried (1970): Kausalität und Experiment in den Sozialwissenschaften, Mainz.

Schulz, Winfried (1976): Die Konstruktion von Realität in den Nachrichtenmedien, Freiburg/ München.

Schulz, Winfried (1982): Ausblick am Ende des Holzweges. Eine Übersicht über die Ansätze der neuen Wirkungsforschung, in: Publizistik, 27: 49–73.

Schulz, Winfried (1989a): Massenmedien und Realität, in: M. Kaase/Ders. (Hrsg.): Massenkommunikation. Theorien, Methoden, Befunde, Opladen.

Schulz, Winfried (1989b): Nachricht, in: E. Noelle-Neumann/ W. Schulz/J. Wilke (Hrsg.): Das Fischer Lexikon Publizistik Massenkommunikation, Frankfurt a. M.: 216–240.

Schulz, Winfried (^{2}1990a): Die Konstruktion von Realität in den Nachrichtenmedien. Analyse der aktuellen Berichterstattung, Freiburg/ München.

Schulz, Winfried (1990b): Mehr Medien machen nicht mündiger, in: Bundeszentrale für politische Bildung (Hrsg.): Die alltägliche Pressefreiheit. Von der Verantwortung der Zeitungsmacher, Bonn: 147–155.

Schütz, Alfred/Thomas Luckmann (1975): Strukturen der Lebenswelt, Bd. 1, Neuwied/ Darmstadt.

Schütz, Alfred/Thomas Luckmann (1984): Strukturen der Lebenswelt, Bd. 2, Frankfurt a. M.

Schütz, Walter J. (1985): Deutsche Tagespresse 1985, in: Media Perspektiven, 7: 497–520.

Schütz, Walter J. (1989): Deutsche Tagespresse 1989, in: Media Perspektiven, 12: 748–775.

Schwab, Ingo (1983): Das Prümer Urbar. Publikation der Gesellschaft für rheinische Geschichtskunde XX, Rheinische Urbare, Bd. 5, Düsseldorf.

Sebeok, Thomas A. (ed.) (1968): Animal communication, Bloomington/ London.

Seeger, Peter (1988): Telematik. Der Funktionswandel der Telekommunikations-Infrastruktur und die Instrumentalisierung der Deutschen Bundespost für Innovationsstrategien, Münster.

Segal, Sydney J. (1971): Processing of the stimulus in imagery and perception, in: S. J. Segal (Hrsg.): Imagery: Current cognitive approaches, New York: 69–100.

Seidel, Norbert/Michael Libertus (1993): Rundfunkökonomie. Organisation, Finanzierung und Management von Rundfunkunternehmen, Wiesbaden.

Seiffert, Helmut (^{10}1983): Einführung in die Wissenschaftstheorie. Sprachanalyse, Deduktion, Induktion in Natur und Sozialwissenschaften, München.

Selg, Hans (1968): Diagnostik der Aggressivität, Göttingen.

Selg, Hans (1986): Psychologische Beiträge zur Wirkungsforschung, Bern.

Sellin, Volker (1985): Mentalität und Mentalitätsgeschichte, in: Historische Zeitschrift, 241: 555–598.

Shannon, Claude E./Warren Weaver (^{2}1976): Mathematische Grundlagen der Informationstheorie, München/Wien.

Shepard, Walter J. (1909): Public opinion, in: American Journal of Sociology, 15: 32–60.

Sherif, Muzafer (1935). A study of some social factors in perception, in: Archives of Psychology, 2: 60–84.

Shibutani, Tamotsu (1966): Improvised news, Indianapolis/New York.

Shortreed, John H./Angela Steward (1988): Risk assessment and legislation, in: Journal of Hazardous Material Sonderheft: 315–334.

Shotter, John (1984): Social accountability and selfhood, Oxford.

Sichtermann, Barbara (1983): Die Schönheit, die Demokratie und der Tod, in: Dies: Weiblichkeit. Zur Politik des Privaten, Berlin: 44–56.

Sichtermann, Barbara (1989): Weiblichkeit. Über die Schönheit, die Demokratie und den Tod, München.

Siebel, Wolf (1986): Presseagenturen auf Kurzwelle (RTTY). Frequenzen – Sendepläne – Informationen, Wachtberg/Pech.

Siegel, Ronald K. (1977): Hallucinations, in: Scientific American, 4: 132–140.

Sievers, Burkard (1974): Geheimnis und Geheimhaltung in sozialen Systemen, Opladen.

Simmel, Georg (^{5}1968): Das Geheimnis und die geheime Gesellschaft (1908), in: Ders.: Soziologie, Berlin: 256–304.

Simmering, Klaus (1989): HDTV – High Definition Television. Technische, ökonomische und programmliche Aspekte einer neuen Fernsehtechnik, Bochum.

Sinclair, Marianne (1984): Wen die Götter lieben. Idole des 20. Jahrhunderts, Reinbek.

Singer, Eleanor/Phyllis Endreny (1987): Reporting hazards: Their benefits and costs, in: Journal of Communication, 3: 10–26.

Singer, Milton (1968): The concept of culture, in: D. L. Sills (ed.): International Encyclopedia of the Social Sciences, New York: 527–543.

Singhal, Arvind/Everett M. Rogers (1989): India's information revolution, London.

Siune, Karen/Wolfgang Truetzschler (eds.) (1992): Dynamics of media politics. Broadcast and electronic media in western Europe, London.

Slovic, Paul/Baruch Fischhoff/Sarah Lichtenstein (1982): Facts versus fears: Understanding perceived risk, in: D. Kahneman/P. Slovic/A. Tversky (eds.): Judgment under uncertainty: Heuristics and biases, Cambridge: 463–489.

Smith, Anthony (1980): Goodbye Gutenberg, New York/Oxford.

Smith, Antony (1977): Technology and controll: the interactive dimensions of journalism, in: J. Curran et al. (eds.): Mass communication and society, London: 174–194.

Smits van Waesberghe, Josef (1972): Musikerziehung. Lehre und Theorie der Musik im Mittelalter, Leipzig.

Spaemann, Robert (1989): Glück und Wohlwollen. Versuch über Ethik, Stuttgart.

Spangenberg, Peter M. (1988): TV, Hören und Sehen, in: H. U. Gumbrecht/K. L. Pfeiffer (Hrsg.): Materialität der Kommunikation, Frankfurt a. M.: 776–798.

Spangenberg, Peter M. (1992): Ereignisse und ihr Medium. Über das Verhältnis von Wahrnehmung, Interaktion und audiovisueller Kommunikation, in: F. Balke/E. Méchoulan/B. Wagner (Hrsg): Zeit des Ereignisses - Ende der Geschichte?, München: 89–109.

Spector, Paul E. (1981): Research designs, London.

Spelke, Elisabeth S. (1988): The origins of physical knowledge, in: L. Weiskrantz (ed.): Thought without language, Oxford: 168–210.

Spencer Brown, George (^{2}1972): Laws of form, New York.

Sperber, D./D. Wilson (1986): Relevance, communication and cognition, Oxford.

Spiegel, Bernd (1961): Die Struktur der Meinungsverteilung im sozialen Feld, Bern/Stuttgart.

Spieß, Brigitte (1992): Frauenbilder in der Fernsehwerbung. Gefangen zwischen alten Leitbildern und neuen Rollenvorstellungen, in: Schriftenreihe der Bundeszentrale für politische Bildung (Hrsg.): Frauenbilder im Fernsehen, Bonn: 91–109.

Spinner, Helmut F. (^{2}1986): Informationsgesellschaft, in: B. Schäfers (Hrsg.): Grundbegriffe der Soziologie, Opladen: 131–136.

Spranger, Carl-Dieter (1988): Rede während der Jahrestagung des Bundesverbands Deutscher Zeitungsverleger e.V. am 11.10.1988 in Bremen, Ms.

Sreberny-Mohammadi, Annabele (1984): The world of the new's study. Results of international cooperation, in: Journal of Communication, 1: 121–133.

Staab, Joachim Friedrich (1990): The role of news factors in news selection: A theoretical reconcideration, in: European Journal of Communication, 5: 423–443.

Stadler, Michael/Peter Kruse (1986): Gestalttheorie und Theorie der Selbstorganisation, in: Gestalt Theory, 2: 75–98.

Stadler, Michael/Peter Kruse (1989): Martin Luther, Wolfgang Köhler und die Wirklichkeit des Tintenfasses. Eine Replik auf Arnheim, in: Gestalt Theory, 3: 199–203.

Stadler, Michael/Peter Kruse (1990a): The self-organization perspective in cognition research: Historical remarks and new experimental approaches, in: H. Haken/M. Stadler (Eds.): Synergetics of Cognition, Berlin: 32–52.

Stadler, Michael/Peter Kruse (1990b): Über Wirklichkeitskriterien, in: V. Riegas/C. Vetter (Hrsg.): Zur Biologie der Kognition, Frankfurt a. M.: 133–158.

Stadler, Michael/Peter Kruse (1991): Synergetik der Kognition. Eine neue interdisziplinäre Perspektive, in: D. Frey/G. Köhnken (Hrsg.): Bericht über den 37. Kongreß der Deutschen Gesellschaft für Psychologie in Kiel 1990, Göttingen: 463–469.

Statistisches Bundesamt (Hrsg.) (1979): Fachserie 11. Bildung und Kultur, Reihe 5: Presse, Wiesbaden.

Statistisches Bundesamt (Hrsg.) (1989): Fachserie 11. Bildung und Kultur, Reihe 5: Presse, Wiesbaden.

Statistisches Bundesamt (Hrsg.) (1991): Fachserie 11. Bildung und Kultur, Reihe 5: Presse, Wiesbaden.

Stehr, Nico/Volker Meja (1980): Wissen und Gesellschaft, in: N. Stehr/V. Meja (Hrsg.): Wissenssoziologie. (Sonderheft 22 der Kölner Zeitschrift für Soziologie und Sozialpsychologie), Opladen: 7–19.

Steinmetz, Horst (1983): Historisch-strukturelle Rekurrenz als Gattungs-/ Textsortenkriterium, in: Textsorten und literarische Gattungen. Dokumentation des Germanistentags in Hamburg vom 1.-4. April 1979, Berlin: 68–88.

Steinmüller, Wilhelm (1981): Die Zweite industrielle Revolution hat eben begonnen, Kursbuch 66: 152–159.

Steinwachs, Burkhart (1991): Geisteswissenschaften und Medien, in: W. Frühwald/H. R. Jauß/ R. Koselleck/J. Mittelstraß/B. Steinwachs: Geisteswissenschaften heute. Eine Denkschrift, Frankfurt a. M.: 142–159.

Steinweg, Rainer (1984): Medienmacht im Nord-Süd-Konflikt: Die Neue Internationale Informationsordnung, Frankfurt a. M.

Stieler von, Caspar (^{2}1969): Zeitungs Lust und Nutz, Bremen.

Stierlin, Helm (1991): Zwischen Sprachwagnis und Sprachwirrnis, in: P. Watzlawick/P. Krieg (Hrsg.): Das Auge des Betrachters. Beiträge zum Konstruktivismus. Festschrift für H. von Foerster, München/Zürich: 151–166.

Stok, Wilhelm (1929): Geheimnis, Lüge und Mißverständnis. Ergänzungsheft II der Kölner Vierteljahrshefte für Soziologie, München/Leipzig.

Sturm, Hertha (1975): Die kurzzeitigen Angebotsmuster des Fernsehens, in: Fernsehen und Bildung, 9: 39–50.

Sturm, Hertha et al. (1972): Medienspezifische Lerneffekte – eine empirische Studie zur Wirkung von Fernsehen und Rundfunk, München.

Swanson, David L. (1988): Feeling the elephant. Some obervations on agenda-setting research, in: Communication Yearbook, 11: 603–619.

Szabó, Máté (1991): Kriterien des Gedenkens. Die Bestattung von Imre Nagy als politisches Symbolereignis, in: Osteuropa. Zeitschrift für Gegenwartsfragen des Ostens: 985–996.

Tang, Matthias (1992): Die Forschungs- und Technologiepolitik der Europäischen Gemeinschaft. Entwicklungslinien und Widersprüche, in: Wechselwirkung, 55: 15–19.

Tankard, James W./Michael Ryan (1974): News source perceptions of accuracy of science coverage, in: Journalism Quarterly, 2: 219–225, 334.

Teichert, Will (1977): „fernsehen" und Interaktionen. Eine Stellungnahme zu Peter Hunzikers Aufsatz „Fernsehen in der Familie. Eine Analyse der Gruppenstrukturen", in: Fernsehen und Bildung, 3: 286–296.

Teichert, Will (1987): Tschernobyl in den Medien. Ergebnisse und Hypothesen zur Tschernobyl-Berichterstattung, in: Rundfunk und Fernsehen, 2: 185–204.

Tenbruck, Friedrich H. (1989): Die kulturellen Grundlagen der Gesellschaft. Der Fall der Moderne, Opladen.

Tetzner, Karl/Gerhart Eckert (1954): Fernsehen ohne Geheimnisse, München.

Teuber, Hans-Lukas (1961): Neuere Beobachtungen über Sehstrahlung und Sehrinde, in: R. Jung/H. Kornhuber (Hrsg.): Neurophysiologie und Psychophysik des visuellen Systems, Berlin: 256–274.

Teubner, Gunter (1987): Hyperzyklus in Recht und Organisation. Zum Verhältnis von Selbstbeobachtung, Selbstkonstruktion und Autopoiese, in: H. Haferkamp/M. Schmid (Hrsg.): Sinn, Kommunikation und soziale Differenzierung. Beiträge zu Luhmanns Theorie sozialer Systeme, Frankfurt a. M. : 89–128.

Theleweit, Klaus (1989): Buch der Könige. Orpheus (und) Eurydike, Berlin.

Thomas, Keith (1988): Vergangenheit, Zukunft, Lebensalter. Zeitvorstellungen im England der frühen Neuzeit, Berlin.

Tichenor, Philipp/George A.Donohue/Clarice N. Olien (1970): Mass media flow and differential growth in knowledge, in: Public Opinion Quarterly, 34: 159–170.

Tietze, Wolfgang/Manfred Schneider (Hrsg.) (1991): Fernsehshows. Theorie einer neuen Spielwut, München.

Tönnies, Ferdinand (1979): Gemeinschaft und Gesellschaft. Grundbegriffe der reinen Soziologie, Darmstadt.

Tooby, John/Leda Cosmides (1989): Evolutionary psychology and the generation of culture, Part I., Theoretical considerations, in: Ethology and Sociobiology, 10: 29–49.

Treppner, Sabine (1990): Public Relations: Systematisierungsversuch eines Forschungsfeldes und aktueller Stand der Theoriebildung. Magisterarbeit, Universität Münster.

Trithemius, Johannes (1973): De laude scriptorum. Zum Lobe der Schreiber, hrsg. und übersetzt von Klaus Arnold, in: Mainfränkische Hefte, Heft 60, Würzburg.

Trivers, Robert L. (1971): The evolution of reciprocal altruism, in: Quarterly Review of Biology, 46, 4: 35–57.

Trömel-Plötz, Senta (1985a): "Es ist nicht meine Haut." Semantik eines Fernsehgesprächs: Rudolf Augstein und Alice Schwarzer, in: medium, 3: 6–15.

Trömel-Plötz, Senta (Hrsg.) (1984): Gewalt durch Sprache. Die Vergewaltigung von Frauen in Gesprächen, Frankfurt a. M.

Trömel-Plötz, Senta (1985b): Frauensprache: Sprache der Veränderung, Frankfurt a. M.

Trommsdorff, Gisela (1969): Kommunikationsstrategie sechs westdeutscher Frauenzeitschriften, in: Kölner Zeitschrift für Soziologie, 1: 60–92.

Tuchman, Gaye (1971): Objectivity as strategic ritual: An examination of newsmen´s notions of objectivity, in: American Journal of Sociology, 77: 660–679.

Tuchman, Gaye (1978): Making news. A study in the construction of reality, New York.

Tuchman, Gaye (1980): Die Verbannung von Frauen in die symbolische Nichtexistenz durch die Massenmedien, in: Fernsehen und Bildung, 1–2: 10–42.

Tunstall, Jeremy/Michael Palmer (1991): Media moguls, London.

Turvey, Michael T./Claudia Carello/Nam-Gyoon Kim (1990): Links between active perception and the control of action, in: H. Haken/M. Stadler (Hrsg.): Synergetics of cognition, Berlin: 269–285.

Tversky, Amos/Daniel Kahnemann (1974): Judgment under uncertainty: Heuristics and biases, in: Science, 4157: 1124–1131.

UNESCO (Hrsg.) (1980): Report by the international commission for the study of communication problems: Many voices – one world, London.

UNESCO (Hrsg.) (1981): Viele Stimmen, eine Welt. Kommunikation heute und Morgen, Konstanz.

UNESCO (Hrsg.) (1991): Statistical Yearbook, Paris.

Uricchio, William (Hrsg.) (1991): Die Anfänge des Deutschen Fernsehens. Kritische Annäherungen an die Entwicklung bis 1945 (Medien in Forschung und Unterricht, Serie A, Bd. 30), Tübingen.

US Nuclear Regulatory Commission (1975): Reactor safety study – An assessment of accident risks in U.S. commercial nuclear power plants, WASH 1400 (NUREG 75/014), October 1975.

Van den Daele, Wolfgang (1991): Risiko-Kommunikation: Gentechnologie, in: H. Jungermann/ B. Rohrmann/P. M. Wiedemann (Hrsg.): Risikokontroversen. Konzepte, Konflikte, Kommunikation, Berlin: 11–61.

Vansina, Jan (1985): Oral tradition as history, Madison.

VanSlyke Turk, Judy (1986): Information subsidies and media content: A study of public relations influence on the news, in: Journalism Monographs, 100: 1–29.

Varela, Francisco J. (⁴1991): Autonomie und Autopoiese, in: S. J. Schmidt (Hrsg.): Der Diskurs des Radikalen Konstruktivismus, Frankfurt a. M.: 119–132.

Varis, Tapio (1984): The international flow of television programs, in: Journal of Communication, 34, 1: 143–152.

Virilio, Paul (1986): Krieg und Kino. Logistik der Wahrnehmung, München.

Virilio, Paul (1987): Das öffentliche Bild, Bern.

Virilio, Paul (1989): Die Sehmaschine. Berlin.

Virilio, Paul (1992): Töten heißt, erst den Blick rüsten, ins Auge fassen. Paul Virilio im Gespräch mit Hubertus von Amelunxen, in: Fotogeschichte, 43: 91–98.

Virilio, Paul (1993): Krieg und Fernsehen, München.

Vogelsang, Waldemar (1991): Jugendliche Video-Cliquen. Action- und Horrorvideos als Kristallisationspunkte einer neuen Fankultur, Opladen.

Voigt, Rüdiger (1989): Mythen, Rituale und Symbole in der Politik. In: Ders. (Hrsg.): Symbole der Politik – Politik der Symbole, Opladen.

Vollmer, Gerhard (1983): Evolutionäre Erkenntnistheorie, Stuttgart.

Volpert, Walter (1988): Zauberlehrlinge. Die gefährliche Liebe zum Computer, München.

Völzing, Paul Ludwig (1979): Begründen, Erklären, Argumentieren. Modelle und Materialien zu einer Theorie der Metakommunikation, Heidelberg.

Vorderer, Peter (1992): Fernsehen als Handlung. Filmrezeption aus motivationspsychologischer Perspektive, Berlin.

Vowinckel, Gerhard (1991): Homo sapiens sociologicus, oder: Der Egoismus der Gene und die List der Kultur, in: Kölner Zeitschrift für Soziologie und Sozialpsychologie, 43, 3: 520–541.

Waffender, Manfred (1991) (Hrsg.): Cyberspace. Ausflüge in virtuelle Wirklichkeiten, Reinbek.

Walb, Lore ([2]1989): Lehrstück: Frauenrolle. Aspekte einer Frauenfunkgeschichte zwischen 1945 und 1979, in: C. Schmerl (Hrsg.): In die Presse geraten. Darstellung von Frauen in der Presse und Frauenarbeit in den Medien, Köln/Wien: 215–248.

Wallraff, Günter (1977): Der Aufmacher. Der Mann der bei *Bild* Hans Esser war, Köln.

Warren, Richard M. (1961): Illusory changes of distinct speech upon repetition – the verbal transformation effect, in: British Journal of Psychology, 3: 249–258.

Watzlawick, Paul (1979): Wie wirklich ist die Wirklichkeit?, München.

Watzlawick, Paul (Hrsg.) (1981): Die erfundene Wirklichkeit. Wie wir wissen, was wir zu wissen glauben, München.

Watzlawick, Paul/Janet Beavin/Don D. Jackson (1969): Menschliche Kommunikation. Formen, Störungen, Paradoxien, Bern/Stuttgart/Wien.

Watzlawick, Paul/Janet Beavin/Don D. Jackson (1971): Menschliche Kommunikation. Formen, Störungen, Paradoxien, Bern/Stuttgart/Wien.

Weaver, David H./G. Cleveland Wihoit (1986): The american journalist. A portrait of U.S. news people and their work, Bloomington, Ind.

Weber, Max ([5]1972): Wirtschaft und Gesellschaft, Tübingen.

Weber, Ronald (ed.) (1974): The reporter as artist: A look at the new journalism controversy, New York.

Wedding, Nugent (1955): Public relations in busines, in: University of Illinois Bulletin, 47, 39: 9.

Weibel, Peter (1989): Der Ausstieg aus der Kunst als höchste Form der Kunst (Ein Gespräch mit Sara Roggenhofer und Florian Rötzer), in: Ästhetik des Immatriellen? Das Verhältnis von Kunst und neuen Technologien, Teil II, Kunstforum: 60–75.

Weidenmann, Bernd (1989): Der mentale Aufwand beim Fernsehen, in: J. Groebel/P. Winterhoff-Spurk (Hrsg.): Empirische Medienpsychologie, München/Weinheim: 134–149.

Weiher, Sigfrid von (1980): Tagebuch der Nachrichtentechnik von 1600 bis zur Gegenwart, Berlin.

Weinel, Claudia (1984): Feministische Presse in der Bundesrepublik Deutschland und West-Berlin. Magisterarbeit Phil. Fak. Universität München.

Weingart, Peter (1983): Verwissenschaftlichung der Gesellschaft – Politisierung der Wissenschaft, in: Zeitschrift für Soziologie, 3: 225–241.

Weingart, Peter (1989a): "Großtechnische Systeme" – ein Paradigma der Verknüpfung von Technikentwicklung und sozialem Wandel?, in: Ders. (Hrsg.): Technik als sozialer Prozeß, Frankfurt a. M.: 174–196.

Weingart, Peter (Hrsg.) (1989b): Technik als sozialer Prozeß, Frankfurt a. M.

Weischenberg, Siegfried (1982): Journalismus in der Computergesellschaft. Informatisierung, Medientechnik und die Rolle der Berufskommunikatoren, München/New York.

Weischenberg, Siegfried (1983a): Investigativer Journalismus und "kapitalistischer Realismus", in: Rundfunk und Fernsehen, 31, 3-4: 349 –369.

Weischenberg, Siegfried (1983b): Zur Dynamik elektronischer Aussagenproduktion, in: Media Perspektiven, 3: 159–174.

Weischenberg, Siegfried (1985a): Die Unberechenbarkeit des Gatekeepers. Zur Zukunft professioneller Informationsvermittlung im Prozeß technisch-ökonomischen Wandels, in: Rundfunk und Fernsehen, 33, 2: 187–201.

Weischenberg, Siegfried (1985b): Marktplatz der Elektronen. Reuters auf dem Weg zurück in die Zukunft – eine Fallstudie zum Profil künftiger Massenkommunikation, in: Publizistik, 30, 4: 485–508.

Weischenberg, Siegfried (1986): Journalisten am Bildschirm. Anmerkungen zu neueren empirischen Studien über die Folgen des Computereinsatzes in den Zeitungsredaktionen, in: Rundfunk und Fernsehen, 34, 2: 261–264.

Weischenberg, Siegfried (1987): Diener des Systems. Wenn Journalisten den Politikern zu nahe kommen, in: Die Zeit, 14: 13–17.

Weischenberg, Siegfried (1988): Nachrichtenschreiben. Journalistische Praxis zum Studium und Selbststudium, Opladen.

Weischenberg, Siegfried (1989a): Der enttarnte Elefant. Journalismus in der Bundesrepublik – und die Forschung, die sich ihm widmet, in: Media Perspektiven, 4: 227–239.

Weischenberg, Siegfried (1989b): Der fünfarmige Redakteur, in: Neue Medien, 3: 30–37.

Weischenberg, Siegfried (1990a): Das "Paradigma Journalistik", in: Publizistik, 35, 1: 45–61.

Weischenberg, Siegfried (1990b): Die Realität des John F. Kennedy. Wirklichkeitskonstruktion in Theorie und Praxis der Medienkommunikation, in: Deutsches Institut für Fernstudien (Hrsg.): Funkkolleg Medien und Kommunikation. Einführungsbrief, Weinheim/Basel: 38–49.

Weischenberg, Siegfried (Hrsg:) (1990c): Journalismus & Kompetenz. Qualifizierung und Rekrutierung für Medienberufe, Opladen.

Weischenberg, Siegfried (^{2}1990d): Nachrichtenschreiben. Journalistische Praxis zum Studium und Selbststudium, Opladen.

Weischenberg, Siegfried (1990e): Der Kampf um die Köpfe. Affären und die Spielregeln der „Mediengesellschaft", in: Deutsches Institut für Fernstudien (Hrsg.): Funkkolleg Medien und Kommunikation. Studienbrief 1, Weinheim/Basel: 11–49.

Weischenberg, Siegfried (1992): Journalistik. Theorie und Praxis aktueller Medienkommunikation, Bd. 1: Mediensysteme, Medienethik, Medieninstitutionen, Opladen.

Weischenberg, Siegfried (1993): Die Wirklichkeit der Medien(wissenschaft). Ein Nachtrag zum „konstruktivistischen Funkkolleg", in: medien praktisch, 16, 3: 18–22.

Weischenberg, Siegfried (1995): Journalistik. Theorie und Praxis aktueller Medienkommunikation, Bd. 2: Medientechnik, Medienfunktionen, Medienakteure, Opladen.

Weischenberg, Siegfried et al. (1987): Elektronische Redaktionssysteme der Tagespresse in der Bundesrepublik, in: Journalist, 37, 11: 43–58.

Weischenberg, Siegfried et al. (1988): Neue Technik in Redaktionen von Tageszeitungen, in: Journalist, 38, 3: 41–48.

Weischenberg, Siegfried/Armin Scholl (1989): Kommunikationserwartungen und Medieneffekte, in: Rundfunk und Fernsehen, 37, 4: 421–434.

Weischenberg, Siegfried/Armin Scholl (1992): Dispositionen und Relationen im Medienwirkungsprozeß. Theoretische Exploration und empirische Evidenz für ein Interdependenzmodell zu den Folgen vermittelter Kommunikation, in: W. Schulz (Hrsg.): Medienwirkungen. Einflüsse von Presse, Radio und Fernsehen auf Individuum und Gesellschaft, Weinheim: 91–107.

Weischenberg, Siegfried/Klaus-Dieter Altmeppen/Martin Löffelholz (1994): Zukunft des Journalismus. Technologische, ökonomische und redaktionelle Trends, Opladen.

Weischenberg, Siegfried/Martin Löffelholz/Armin Scholl (1993): Journalismus in Deutschland. Design und erste Befunde der Kommunikatorstudie, in: Media Perspektiven, 1: 21–33.

Weischenberg, Siegfried/Peter Herrig (1985): Handbuch des Bildschirm-Journalismus. Elektronische Redaktionssysteme – Grundlagen/ Funktionsweisen/ Konsequenzen, München.

Weischenberg, Siegfried/Susanne von Bassewitz/Armin Scholl (1989): Konstellationen der Aussagenentstehung, in: M. Kaase/W. Schulz (Hrsg.): Massenkommunikation, Opladen: 280–300.

Weise, P. (1989): Homo oeconomicus und homo sociologicus. Die Schreckensmänner der Sozialwissenschaften, in: Zeitschrift für Soziologie, 18: 148–161.

Weiß, Hans-Jürgen et al. (Arbeitsgemeinschaft für Kommunikationsforschung) (Hrsg.) (1977): Schlußbericht Synopse Journalismus als Beruf, unveröff. Man., München.

Weizenbaum, Joseph (1978): Die Macht der Computer und die Ohnmacht der Vernunft, Frankfurt a. M.

Weizsäcker, Carl F. von (1980): Der Garten des Menschlichen. Beiträge zur geschichtlichen Anthropologie, München.

Welsch, Wolfgang (²1988): Unsere postmoderne Moderne, Weinheim.

Wente, Jürgen K.: Das Recht der journalistschen Recherche. Ein Beitrag zum Konflikt zwischen den Medienfreiheiten und der informatiellen Selbstbestimmung, Baden-Baden.

Werle, Raymund (1990): Telekommunikation in der Bundesrepublik. Expansion, Differenzierung, Transformation, Frankfurt a. M./New York.

Wertheimer, Max (1988): Über Wahrheit, in: Gestalt Theory, 2: 119–128.

Westerbarkey, Joachim (1991a): Das Geheimnis. Zur funktionalen Ambivalenz von Kommunikationsstrukturen, Opladen.

Westerbarkey, Joachim (1991b): Geheimnis-Management. In: gdi-impuls, 9, 1: 47–55.

Wetzel, Michael (1991): Die Enden des Buches oder die Wiederkehr der Schrift, Weinheim.

White, David M. (1950): The gatekeeper: A case study in the selection of news, in: Journalism Quarterly, 27: 383–390.

Whitehead, Alfred North/Bertrand Russel (²1986): Principia mathematica, Frankfurt a. M.

Wilke, Jürgen (1990): Regionalisierung und Internationalisierung des Mediensystems, in: Aus Politik und Zeitgeschichte, 26: 3–19.

Wilke, Jürgen (1991): Internationale und nationale Perspektiven der Veränderung des Mediensystems im vereinten Deutschland, in: W. A. Mahle (Hrsg.): Medien im vereinten Deutschland. Nationale und internationale Perspektiven, München: 167–176.

Wilke, Jürgen (1992): Informationsgesellschaft im internationalen Kontext, in: H. Reimann (Hrsg.): Transkulturelle Kommunikation und Weltgesellschaft. Theorie und Pragmatik globaler Interaktion, Opladen: 249–262.

Wilke, Jürgen/Bernhard Rosenberger (1991): Die Nachrichtenmacher. Zur Strukturen und Arbeitsweisen von Nachrichtenagenturen am Beispiel von AP und dpa, Köln/Weimar/Wien.

Willke, Helmut (1989): Systemtheorie entwickelter Gesellschaften. Dynamik und Riskanz moderner gesellschaftlicher Selbstorganisation, Weinheim/München.

Winckler, Klaus (1984): USA. Analyse eines Unterhaltungsmonopols, Berlin.

Winkler, Hartmut (1992): Das Ende der Bilder? Das Leitmedium Fernsehen zeigt deutliche Symptome der Ermüdung, in: K. Hickethier/I. Schneider (Hrsg.): Fernsehtheorien. Dokumentation der GFF-Tagung 1990, Berlin: 228–235.

Winterhoff-Spurk, Peter (1986): Fernsehen. Psychologische Befunde zur Wirkungsforschung, Bern.

Winterhoff-Spurk, Peter (1989): Fernsehen und Weltwissen. Der Einfluß von Medien auf Zeit-, Raum- und Personenschemata, Opladen.

Witte, Eberhard/Joachim Senn (1984): Zeitungen im Medienmarkt der Zukunft. Eine betriebswirtschaftliche Untersuchung, Stuttgart.

Wittgenstein, Ludwig (1977): Philosophische Untersuchungen, Frankfurt a. M.

Wittgenstein, Ludwig (1984): Philosophische Untersuchungen, in: Werkausgabe in 8 Bänden, Bd. 1, Frankfurt a. M.

Wolf, Christa (1979): Kein Ort. Nirgends, Darmstadt/Neuwied.

Wolf, Naomi (1992): Der Mythos Schönheit, Hamburg.

Wolkan, R. (1918): Der Briefwechsel des Eneas Silvius Piccolomini (Fontes rerum austriacarum 68), Wien.

Wright, Charles R. (1960): Functional analysis and mass communication, in: Public Opinion Quarterly, 24: 605–620.

Wulf, Friedrich (1922): Über die Veränderung von Vorstellungen (Gedächtnis und Gestalt), in: Psychologische Forschung, 3–4: 333–373.

Wundt, Wilhelm (1885): Essays, Leipzig.

Wuttke, Heinrich (^{2}1875): Die deutschen Zeitschriften und die Entstehung der öffentlichen Meinung. Ein Beitrag zur Geschichte des Zeitungswesens, Leipzig.

Zapf, Wolfgang (1977): Lebensbedingungen in der Bundesrepublik. Sozialer Wandel und Wohlfahrtsentwicklung, Frankfurt a. M.

ZAW-Service (1989), 157/158: 22–24.

Zedtwitz-Arnim, Georg Volkmar Graf von (1961): Tue Gutes und rede darüber, Berlin/ Frankfurt a. M./Wien.

Zeitschrift für Soziologie. Themenheft: Soziologische Systemtheorie, 21, 6, Dezember 1992.

Zerfaß, Ansgar/Andreas Georg Scherer (1993): Die Irrwege der Imagekonstrukteure. Ein Plädoyer gegen die sozialtechnologische Verkürzung der Public-Relations-Forschung. Nürnberg (= Diskussionsbeitrag 77 Lehrstuhl Betriebswirtschaft der Universität Nürnberg).

Zetterberg, Hans L.(^{3}1973): Theorie, Forschung und Praxis in der Soziologie, in: R. König (Hrsg.): Handbuch der empirischen Sozialforschung, Bd.1, Stuttgart: 104–160.

Zielinski, Siegfried (1989): Audiovisionen. Kino und Fernsehen als Zwischenspiele in der Geschichte, Reinbek.

Ziemke, Dean A. (1980): Selective exposure in a presidential campaign contingent on certainty and salience, in: Communication Yearbook, 4: 497–511.

Zillmann, Dolf/J. L. Hoyt/K. D. Day (1974): Strength and duration of the effect of aggressive, violent, and erotic communication on subsequent aggressive behavior, in: Communication Research, 1: 286–306.

Zillmann, Dolf/Jennings Bryant (1982): Pornography, sexual callousness, and the trivialization of rape, in: Journal of Communication, 4: 10–21.

Zimmer, Dieter E. (1988): Die Elektrifizierung des Schreibens. Kleines Vorwort zur Ära des Schreibcomputers, in: Die Zeit Nr. 28 v. 8.7.1988.

Zitterbarth, Walter (1991): Der Erlanger Konstruktivismus in seiner Beziehung zum Konstruktiven Realismus, in: M. F. Peschl (Hrsg.): Formen des Konstruktivismus in der Diskussion, Wien: 73–87.

Zumthor, Paul (1972): Essai de poétique médiévale, Paris.

Zumthor, Paul (1984): The text and the voice, in: New Literary History, 16, 1: 67–92.

Zumthor, Paul (1985): Die lebendige Stimme, in: Unesco-Kurier: 7 f.

Zur Lippe, Rudolf (1974): Naturbeherrschung am Menschen, 2 Bde., Frankfurt a. M.

Zur Lippe, Rudolf (1978): Am eigenen Leibe. Zur Ökonomie des Lebens, Frankfurt a. M.

Personenregister

Sachregister

Die Herausgeber

KLAUS MERTEN, Prof. Dr., Professor für empirische Kommunikationsforschung, Institut für Publizistik- und Kommunikationswissenschaft, Universität Münster

SIEGFRIED J. SCHMIDT, Prof. Dr., Direktor des LUMIS-Instituts, Universität - GH Siegen

SIEGFRIED WEISCHENBERG, Prof. Dr., Direktor des Instituts für Publizistik- und Kommunikationswissenschaft, Universität Münster

Die Autoren

KLAUS DIETER ALTMEPPEN, wissenschaftlicher Mitarbeiter, Institut für Journalistik, Universität Hamburg

ALEIDA ASSMANN, Dr., freischaffende Wissenschaftlerin, Heidelberg

JAN ASSMANN, Prof. Dr., Professor für Ägyptologie, Universität Heidelberg

MONIKA ELSNER, wissenschaftliche Mitarbeiterin, Universität - GH Siegen

HANS ULRICH GUMBRECHT, Prof. Dr., Department of Comparative Literature, University of Stanford

MICHAEL HALLER, Prof. Dr., Institut für Journalistik, Universität Leipzig

PETER M. HEJL, Dr., LUMIS-Institut, Universität - GH Siegen

ULRICH HIENZSCH, Dr., freischaffender Wissenschaftler, München

BETTINA HURRELMANN, Prof. Dr. , Professorin für Pädagogik, Universität Köln

HANS J. KLEINSTEUBER, Prof. Dr., Professor für Politische Wissenschaft, Universität Hamburg

DAGMAR KREBS, Priv.-Doz. Dr., ZUMA Mannheim

KLAUS KRIPPENDORFF, Ph. D., Professor an der Annenberg School for Communication, Philadelphia

PETER KRUSE, Dr., wissenschaftlicher Assistent, Fachbereich Psychologie, Universität Bremen

MARTIN LÖFFELHOLZ, Dr., z.Zt. Gastprofessor, Institut für Journalistik, Universität Leipzig

THOMAS MÜLLER, wissenschaftlicher Mitarbeiter, Universität - GH Siegen

IRENE NEVERLA, Prof. Dr., Professorin für Journalistik, Institut für Journalistik, Universität Hamburg

HANS PETER PETERS, Dr., Forschungszentrum Jülich, Programmgruppe Mensch, Umwelt, Technik

JÜRGEN PROTT, Prof. Dr., Professor für Industrie- und Betriebssoziologie, Hochschule für Wirtschaft und Politik, Hamburg

HORST RÖPER, Geschäftsführer der Fa. FORMATT, Dortmund, Lehrbeauftragter, Institut für Publizistik- und Kommunikationswissenschaft, Universität Münster

GEORG RUHRMANN, Dr., wissenschaftlicher Mitarbeiter, Universität Duisburg

GEBHARD RUSCH, Dr., wissenschaftlicher Mitarbeiter, Universität - GH Siegen

PETER-MICHAEL SPANGENBERG, Dr., wissenschaftlicher Assistent, Universität - GH Siegen

BRIGITTE SPIEß, Dr., wissenschaftliche Mitarbeiterin, LUMIS-Institut, Universität - GH Siegen

MICHAEL STADLER, Prof. Dr., Professor für Psychologie, Universität Bremen

JOACHIM WESTERBARKEY, Dr., Priv. Doz. für Kommunikationswissenschaft, Institut für Publizistik- und Kommunikationswissenschaft, Universität Münster